群学争鸣
社会学所代表作
（1980—2020）

上海社会科学院社会学研究所课题组 / 编

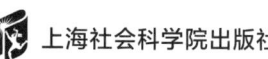

编 委 会

组长 李　骏

顾问 杨　雄　王莉娟

成员 刘　漪　程福财

　　　　朱　妍　魏莉莉　束方圆

前　言

上海社会科学院社会学研究所成立于1980年1月25日,是社会学自改革开放后恢复重建以来,最早成立的专业研究机构之一。当时参与筹建的有李剑华、黄彩英、薛素珍等同志,均于解放前在国内外著名高校主修社会学。经历1985—1987年短暂的机构更名和2015年青少年研究所的整建制并入,社会学所在张开敏、丁水木、卢汉龙、周建明、杨雄等历任所长的领导和几代同仁的奋斗下,至今已走过40年不平凡的岁月。截至2020年1月25日,全所共有科研人员32名、行政人员3名,领导班子为李骏(所长)、程福财(副所长)、刘漪(办公室主任)。

为庆祝和纪念社会学所成立40周年,我们成立了编委会,出版《群学争鸣:社会学所代表作(1980—2020)》一书。我们请全所离退休和在职科研人员每人自主选取一篇代表作,又增补了李剑华、黄彩英、薛素珍、张开敏、段镇等几位早期创始人和所领导的代表作,汇编成这本论文集,按主题分为五个研究领域,分别是:社会学理论与方法、社会转型与发展、社会问题与治理、家庭与社会政策、青少年社会学。从本书的目录可以清晰地看出,社会学所40年来,不仅保持了相对集中的研究领域,而且在每个研究领域内也实现了科研人员的代际接替。通过这本几乎与改革开放同步、跨越时间达40年之久的论文集,读者也能一窥中国社会学恢复重建以来在理论、方法、议题、研究上的延续与变迁。

所内许多同仁为本书的出版作出了贡献。刘漪、束方圆等收集整理了离退休同志的代表作,朱妍统稿校对了在职同志的代表作,杨雄(社会学所原所长)、王莉娟(社会学所原办公室主任)提出了宝贵的意见和建议,李骏对全书内容体例作统筹安排。由于时间紧张和可行性等原因,部分离退休和曾经在本所工作但后来离职的科研人员代表作未能收录于本书,甚为遗憾。由于人手有限,全书编辑校对工作难免有疏漏失误之处,还请各位同仁和读者谅解指正。此外,郑思琪、鲁琳也对本书的编辑出版有所贡献,在此一并致谢。

2020年是具有特殊意义的一年,继改革开放40周年、新中国成立70周年之后,中华民族即将全面建成小康社会实现第一个百年奋斗目标。社会学所恰逢此时迎来40周年,衷心祝愿她一路前行、不断奋进!

本书编委会
2020年2月

目 录

前言 \ 1

社会学理论与方法

李剑华　社会学研究的方向 \ 3
张开敏　记取历史教训　开展人口研究
　　　　——回忆20世纪50年代人口学的一场论战 \ 5
陈　烽　社会形态的两重划分与我国当前社会变革的实质 \ 9
许妙发　社会学的繁荣与发展：迈向中国化之路 \ 27
胡建一　稳评定量分析方法的比较 \ 40
郑乐平　后现代视角和分析方法 \ 50
张结海　实验市场中的价格预期 \ 77
王　芳　道德认知的默会维度
　　　　——基于认知结构的分析 \ 93
薛亚利　风险的民主化与科层制隐忧 \ 102
夏江旗　对"价值无涉"方法论的检讨
　　　　——兼及马克斯·韦伯的学术失误 \ 113
刘　炜　门槛模型：一个社会学形式理论的建构与拓展 \ 123

社会转型与发展

卢汉龙　中国社会主义实践的三大转变 \ 143
潘大渭　俄罗斯的社会转型
　　　　——从浪漫回归现实 \ 160

陶　冶　社会转型期的人民内部矛盾辨析 \ 169

周建明　社会主义建设过程中国家、集体与农民关系的建构与演变 \ 180

田晓虹　从日本"町内会"的走向看国家与社会关系演变的东亚路径 \ 187

陆晓文　市场经济行为规范的道德两重性与精神文明建设 \ 198

李　骏　非稳定就业与劳动力市场分割
　　　　——内地与香港的比较研究 \ 204

朱　妍　组织忠诚的社会基础：劳动关系"嵌入性"及其作用条件 \ 225

臧得顺　臧村"关系地权"的实践逻辑
　　　　——一个地权研究分析框架的构建 \ 246

王　会　乡村社会私人性闲暇兴起及其后果
　　　　——基于多省份农村的田野调研与讨论 \ 267

社会问题与治理

吴锦芳　中年知识分子业余生活的调查 \ 279

丁水木　维护社会稳定的两个理论问题 \ 282

夏国美　社会性别、人口流动与艾滋病风险 \ 288

刘文敏　上海村级经济发展趋势与对策建议 \ 302

刘正强　中国访民的理想型
　　　　——立基于韦伯社会行动理论的本土解释 \ 307

张虎祥　中国社会治理的转型及其逻辑 \ 322

陶希东　跨界治理：中国社会公共治理的战略选择 \ 336

康　岚　个体化赋权：特大城市中新"土—客"关系的调适路径 \ 347

朱志燕　民族形象建构与双重弱势：城市中的维吾尔族流动人口
　　　　——对"切糕事件"的社会学分析 \ 357

张友庭　污名化情境及其应对策略
　　　　——流动人口的城市适应及其社区变迁的个案研究 \ 367

苑莉莉　贫困治理创新中的慈善信托研究
　　　　——基于网络化治理的视角 \ 383

家庭与社会政策

黄彩英　城市家庭的养老功能及其变化 \ 401

薛素珍	离婚问题今析 \ 409	
吴书松	老年残疾人社会保障问题研究 \ 415	
徐安琪	离婚风险的影响机制	
	——中国的综合解释模型探讨 \ 425	
孙克勤	转型期的我国养老保险制度改革 \ 439	
汤 潇	市场背景下我国福利企业发展分析	
	——以上海市为例 \ 449	
徐浙宁	我国关于儿童早期发展的家庭政策(1980—2008)	
	——从"家庭支持"到"支持家庭"? \ 458	
程福财	中国流浪儿童福利政策的绩效：基于流浪儿童视角的分析 \ 474	
张 亮	"丁克"家庭：青年人的时尚？	
	——一项国际比较研究 \ 486	
刘汶蓉	转型期的家庭代际情感与团结	
	——基于对上海两类"啃老"家庭的比较 \ 497	
魏莉莉	提升国家竞争潜力亟需变革家庭教养方式	
	——基于上海市"90后"青少年成就动机的实证研究 \ 515	
何 芳	美国家庭支持服务育儿模式之审视 \ 528	

青少年社会学

段 镇	论中国儿童组织的社会功能
	——为庆祝中国少年先锋队40周年而作 \ 539
金志堃	青年研究在亚洲 \ 545
倪新明	儿童劳动教育与全面发展
	——纪念马克思逝世100周年 \ 548
姚佩宽	论青春期性教育的适合性原理 \ 556
陈建强	段镇少先队教育思想评述 \ 563
苏颂兴	当今世界青年研究的若干趋势 \ 571
孙抱弘	后发型现代化进程与民族性发展
	——新时代国民素质与青少年教育建构性演进之路的探讨 \ 580
董小苹	1992—2012：中国青少年的社会参与 \ 594
杨 雄	青少年性行为"滞后释放"现象的实证解释 \ 610

曾燕波　社区青年就业促进机制研究
　　　　——上海市中心城区社区青年的生存与发展 \ 626
裘晓兰　日本"无欲世代"的群体画像和成因探析 \ 638
雷开春　青年网络集体行动的社会心理路径分析 \ 648
华　桦　社会转型时期的青年未来观研究
　　　　——以对上海部分"80""90"后的调查为例 \ 662
刘　程　城市青年的社会信心现状及其影响因素 \ 677
梁海祥　居住方式对青少年健康的影响
　　　　——基于中国教育追踪调查数据的实证研究 \ 690
徐一叶　针对自闭症谱系障碍患儿的音乐治疗干预 \ 706

社会学理论与方法

社会学研究的方向

李剑华

自从法国孔德创立社会学这门学科以来,已经有100多年的历史。社会学和其他社会科学比较起来,由于其生也晚,在社会学研究的范围上,引起其他社会科学的非难。当社会学要谈到犯罪问题的时候,就被认为侵犯了法律学的领域,当社会学不能不谈到经济问题的时候,就被认为侵犯了经济学的领域,当社会学要谈到教育问题的时候,就被认为侵犯了教育学的领域,如此等等。社会学为了要在社会科学的广阔天地中争得生存的权利,每走一步,都要经过不平凡的战斗。

社会学在我国的遭遇更是不幸。有些人认为有了历史唯物主义,就可以完全代替社会学,甚至有些人认为社会学是专为资产阶级利益服务的科学。于是,20世纪50年代初期各大学的社会学课程被取消了,各大学社会学系被取消了,社会学刊物被停止出版了,社会学从此被打入了冷宫。这是不公正的。

我们认为社会科学研究的对象是社会现象。社会学是社会科学中的一个学科,因而社会学不能不与政治经济学、法律学、教育学、伦理学、宗教学、民族学、历史学、文学等处于平等的地位,并有着密切关系。

社会学是研究社会现象中社会关系的科学。一切人与人的关系,如劳动关系、家庭关系、婚姻关系、民族关系、邻居关系、领导与被领导关系等关系,以及社会关系中发生的问题,如劳动问题、就业问题、妇女问题、婚姻问题、犯罪问题、人口问题、宗教问题、民族问题、贫穷问题、住宅问题、青少年问题、城乡关系问题、安定团结问题、社会道德问题等,都属于社会学研究的范围。

社会学研究的范围既然如此广泛,从事社会学研究的人,只能选择当前比较普遍、比较突出的问题,集中主要力量打歼灭战,不可能在一段时间内同时加以研究。

在社会现象中,在具体的历史条件下,一切事情都有其个别情况。我们不能按照主观意志,随便抽出一些个别事实去进行调查研究,至于根据个别事实就随便作出结论,那是更错误的。如上所述,我们要选择当前比较普遍、比较突出的问题进行调查研究。例如当前较普遍和突出的问题之一是大中城市中的青少年犯罪问题。为此,社会学工作者就应该根据青少年的年龄、性别、犯罪时间、地点、文化教育程度、家庭情况、就业情况、经济情况、思想情况、社会影响、犯罪情况(包括是个人犯罪还是集体犯罪、是屡犯还是偶犯)等方面来进行调查研究。

从社会现象中研究青少年的犯罪问题,可以看出社会学与法律学的关系及其不同分工。犯罪事实发生以前,如何预防犯罪,是社会学研究的问题;发生以后,如何依法论处、如何量刑、如何劳动教养、如何防止犯罪的再发生、如何把犯罪者改造成为新人,成为社会上一个有用的人,那就是法律学研究的范围了。当然,社会学家所研究的问题,法律学家也要研究的。为了维护社会治安,保障社会秩序、工作秩序、生活秩序、教学科研秩序的正常进行,为了加强和巩固无产阶级专政,保证四化的顺利实现,这就要求社会学与法律学的紧密团结合作。因为社会现象是一个整体,作为研究社会现象的社会科学各部门的分工,不是"划疆而治""老死不相往来"的。

(原文载于《社会》1981年第1期)

记取历史教训　开展人口研究

——回忆20世纪50年代人口学的一场论战

张开敏

我国历代对人口问题都非常重视,出现了不少卓越的人口理论家,留下了丰富的人口思想遗产,供后人研究借鉴。1949年之后,随着生产的发展和人民生活的改善,20世纪50年代前期,我国人口已经开始迅速增长,平均年增长率一般都在2%以上,个别地区甚至接近4%。当时,一些有识之士及时地对人口问题提出了不少值得进一步探讨的论点和建议。然而,不幸的是,这些论点和建议非但未能得到足够的重视并展开广泛深入的讨论,却反而横遭压制和摧残,以致人口问题从此成为禁区,学术界对之望而却步,噤若寒蝉,人口理论几成绝响。其后果如何,有目共睹,无须赘言。

粉碎"四人帮"以后,大地春回,万象更新,学术界恢复了"百花齐放,百家争鸣"的繁荣景象。中共中央和国务院对人口问题高度重视,有计划地控制人口已经成为加速实现四个现代化的战略性任务。在新的形势下,人口理论的研究亟须加快步伐,为制定和贯彻正确的人口政策提供科学的论据,为切实执行计划生育,早日实现四个现代化作出应有的贡献。

然而,抚今追昔,感慨无穷;继往开来,激励良多。重温20世纪50年代人口理论的一场论战,对促进当前人口理论的研究工作不无裨益。

50年代从事人口问题研究的大多为老一辈的学者专家,他们曾经受到历史上各种人口思想的影响,其观点或有不尽符合马列主义之处,其立论亦有可以商榷之余地,但他们为社会主义祖国服务的一片丹心,不容泯没,他们直言无畏的凌凌风骨,尤足令人敬佩。

当时关于人口问题的讨论,在时间上主要集中于50年代后期,在论点上主要围绕着控制人口增长与实现社会主义工业化以及提高人民生活水平的关系而进行。主要著作有王亚南的《马克思主义的人口理论与人口问题》、马寅初的《新人口论》、吴景超的《中国人口问题新论》、陈长衡的《谈谈过渡时期的中国人口问题》,以及其他作者的诸多有关论文。其内容,要言之,可以分为下列几点。

一、关于社会主义建设和积累资金问题

《新人口论》和《中国人口问题新论》都较多地论述了这一问题。马寅初老先生持论尤为恳

切,他首先提出:"除毛主席所说的人民内部矛盾这一主要矛盾外,我认为人口多,资金少,也是一个很重要的矛盾。"

又说:"我国最大的矛盾是人口增加太快而资金积累得似乎太慢。"

"因人口多,所以消费大,积累小,而这点积累又要分摊在许多部门中,觉得更小了。"

马老在分析人口与消费、积累的关系时,出于对社会主义祖国的热爱,大声疾呼:

"资金积累如此之慢,而人口增殖如此之速,要解决'资金少,人口多'的矛盾,不亦难矣哉?"

吴景超先生在《中国人口问题新论》中也提出了相同的论点,他说:"中国的活劳动与物化劳动之间的比例关系是不平衡的。我们的问题,是现在还没有足够的生产资料可以把目前存在的劳动,加以最合理、最经济、最有效的利用。"

因而他认为:"过高的人口出生率,是有碍于积累的迅速增加的。"

吴先生还说:"我们提倡节育,除了一般人所说的为了妇婴的健康、子女的教育、民族的繁荣等理由外,还是为了要迅速地提高人民的劳动生产率,要使我们的生产合乎社会主义基本经济规律及有计划按比例发展规律的要求,因而使我们现在能顺利地完成过渡时期的总任务,将来能不过分费力地解决基本经济任务。"

老一代知识分子对社会主义向往热爱之情,跃然纸上,感人至深。

二、关于劳动就业问题

1949年以前,中国留下了严重的失业问题,经人民政府大力安排,随着国民经济的全面发展,到了1956年、1957年,失业问题已经基本解决。然而人口的激增隐伏着若干年后就业安排的困难。这一问题,在当时的人口学讨论中已预先敲起了警钟,如钟惠澜先生即提出:

"若对人口生殖不加限制的话,今后每年将出现1 000多万无事可做的人。"

孙本文先生也指出:

"如果全国总人口照目前的增加率每年要增加1 200万人,除了农业部门外,至少尚有400万—500万人要就业。可见,照这个人口增长速度,以后职工就要发生问题的。"

王亚南先生发人深思地提问:

"人的劳动在任何社会阶段,都是极宝贵的财产,或财富的源泉,问题在于我们的社会制度,能在何种程度允许对它的现有劳动力作合理的利用与安排。"

马寅初先生则提得更为直率与具体,他说:"今年增加的1 300万人,能在工业中安插的不过100万人,其余1 200万要在农村工作。"

马老更进一步联系到实现现代化之后的就业问题,提出了在当时即值得加以深思的问题。他语重心长地问道:

"我深信社会主义事业愈发展,机械化、自动化必随之扩大,从前1 000个人做的事,机械化、自动化以后,50个人就可以做了,请问其余950人怎么办?"因而,马老的结论就是:"我就考虑到人多，就不能很快地机械化、自动化……我们过多的人口，就拖住了我们高速度工业化的后腿，使我们不能大踏步前进。"

早在 50 年代即提出这一问题，能不说是科学预见和老谋深算吗？

三、关于改善人民生活问题

把人口与生活资料相联系，特别是与粮食生产相联系，在当时确属冒险之举，然而这一禁忌却仍未能阻挡科学家们对真理的探讨。孙本文先生在《文汇报》上发表的一篇论文《八亿人口是我国最适宜的人口数量》中说：

"粮食增产是有限度的，因为耕地面积是有限度的。所以如果以后人口继续增长，总数达到 9 亿、10 亿，那么粮食供应分配情况就不是这样乐观了。"

马寅初先生也提出，"就粮食而论，也非控制人口不可。"并且举出 1953 年每人平均耕地为 2 亩 8 分，1955 年已降至 2 亩 7 分的实例，说明这一问题的严重性。此外，马老还进一步联系到国民经济各部门的发展，说明人口增长与农、轻、重之间的关系。他说：

"各种经济作物与粮食争土地，二者之间一定要求得一个适当的平衡。若人口无限增殖，这一适当平衡将更被破坏，因人口增殖，粮食必须增产，经济作物的面积就要缩小，直接影响到轻工业，间接影响到重工业。"

10 多年来，农、轻、重比例关系的失调固然有着多种原因，但是人口的激增使得矛盾分外突出的事实，也是不可否认的。

钟惠澜先生以医学名家，对人口问题亦有卓见，他说："对人口生育如不加限制，则人民生活在某些程度上不但不能提高，很可能反而要比现在降低。"

"如果在 15 年内，我们将人口控制在 7 亿以内，积极地完成祖国经济建设计划，那么 1972 年的时候，全国人民可以得到丰衣足食的美满生活。"

遗憾的是，这样的合理化建议未能付之实现，而上述孙本文先生关于人口增加到 9 亿、10 亿时的困难，却不幸而言中。

王亚南先生在批判马尔萨斯的同时，也从理论上指出："我们原不否认，一个社会，特别是劳动生产力水平很低的社会的现有生活资料，即使公平合理地被分配于全体居民间，仍可能有供不应求，仍可能有人口压迫生活资料的现象发生上述论点的现实意义，在今天更为明显了。"人大五届二次会议的"政府工作报告"中指出："要使粮食生产和其他农副产品生产的发展同人口的增长和工业的发展比较适应。"正是历史经验的总结。

四、关于文化教育、科学研究问题

10 多年来，我国的文化教育、科学研究事业惨遭"四人帮"破坏，损失严重，对国民经济造成极大危害。当前要尽快地恢复和发展文化教育、科学研究事业,深感人口过多,消费过大的负累。然而,早在20多年前,马寅初先生对这一问题即已作了评论。他极力主张提高人口质量以适应科学文化的发展,老先生不避风险,力排众议,毅然指出:"我们已进入原子能时代,科学的发明层出不穷,要利用这些新发明,利用者就非有相当的知识和技术不可。这些人不在乎多,而在乎精。"

又说:"我们必须首先推进产业部门的技术装备,从速提高劳动生产率而后才能奠定科学研究的物质基础。现在我们科学工作的条件虽然有很大的改善,但是,由于受现有工业水平和国家财力的限制,还不能完全满足开展研究的要求。欲达到这个目的,唯有加速积累资金,一面努力控制人口,不让人口的增殖拖住科学研究前进的后腿。"

为此,他坚持认为:

"我国人口的数量与质量两不相称,几乎无人不知。"

"唯有在人口问题上,我们要赶的是'质',不是'量',因为就量而论,我们早已赶上了。"

"要提高质量就非控制数量不可。"

马老关于"提高人口质量"的建议,在当时备受围攻。然而,实践证明,我们今天在实现四个现代化的过程中,痛感人口虽多而人才缺少的事实,岂非一向轻视人口质量的确证。

综观上述诸论点,中肯贴切,析理精微,所论控制人口增长对我国社会主义建设与人民物质、文化生活改善之重要意义,至为明显,无可置疑。若能及早采纳力行,今日将受益匪浅。但是,令人难以索解的是,顷刻之间,形势急转,研究竟成追究,讨论变为讨伐,直至60年代初,犹有未绝。

所幸1963年以后,在毛泽东同志和周恩来同志亲自关怀下,我国的计划生育工作,筚路蓝缕,历尽艰辛,总算有所开展。广大计划生育工作者,任劳任怨,奋斗不懈,坚持工作,建立了不可磨灭的功勋。1973年,国务院成立了计划生育领导小组,在中共中央的领导下,我国计划生育工作取得了显著的成绩,为今天以及今后计划生育的进一步开展,奠定了坚实的基础。周恩来生前遗愿"要求在21世纪以内把人口净增率控制在1‰"①,即将提前实现;周恩来生前遗言"社会主义制度对人口没有计划这也算是个短处,马克思、列宁没有遇到这个问题,也没有提出解决的办法,我们要来研究",②今日思之,倍感迫切。人口理论之落后,由来已久;计划生育之宏图,方兴未艾。著书立说,申明利害,振聋聩发,明辨是非,为计划生育,开一代之新风,已成当务之急,势在刻不容缓。切盼学术理论界同志,努力趁良时,关键在今朝!

(原文载于《学术月刊》1979年第9期)

---

① 《在计划工作会议上的讲话》,1966年9月。
② 《在全国农业科学技术工作会议和解放军全军政治工作会议联合举行的报告会上所作的政治报告》,1968年2月。

社会形态的两重划分与我国
当前社会变革的实质

陈 烽

一、问题的提出

随着改革与开放的深入、全面发展,在我国已经出现一股巨大的社会变革的潮流。从总体上把握这场社会变革,在理论上给予明晰的说明,是摆在我们面前的迫切任务。

但是,我国原有的社会发展基本理论体系却无力承担起这一历史重任。在它的五种社会形态的划分中,在它关于社会主义社会生产关系对生产力、上层建筑对经济基础基本适应、只需完善的论断中,无法找到我国当前进行如此重大社会变革的必要性,更无法得出人们日益感受到这是"一场深刻的社会革命""第二次革命"的判断。因为革命意味着质变,而我国社会的社会主义性质在这场变革中并不发生质变。在这种理论体系下,人们往往直接引用生产关系要适应生产力、上层建筑要适应经济基础的一般原理,对当前特定的社会实践加以论证。令人尴尬的是,这种理论体系对五种社会形态依次更替的"普遍规律"的概括,一方面无法得到除西欧之外的世界绝大部分地区普遍史实的支持,另一方面却始终成为中国"不能超越资本主义发展阶段""应当补资本主义的课"等主张的依据。

近几年来,西方学者关于社会发展的一些理论、学说开始引起人们的注意和兴趣。他们的"农业社会(文明)"到"工业社会(文明)""传统社会"到"现代社会"等概念和论述,已被日益广泛地用来说明我国当前的社会变革,人们感到这种历史分期法有其可取之处,他们对两大历史时期社会特征的许多描绘和概括,在相当程度上反映了世界历史的普遍事实。而这些内容正是我国原有社会发展理论中所缺乏的。但是,从我国原有社会发展理论看来,这种方法和理论的明显问题是"技术决定论"和"超阶级性","工业化"和"现代化"只是与生产力的发展水平相联系的概念,不能用来说明经济制度、政治制度和意识形态的性质,因而不能构成社会形态的概念。把工业化、现代化扩大为社会整体的状态,不仅抹杀了资本主义社会与社会主义社会的本质区别,而且意味着我国不仅在生产力的发展水平上,而且在整个社会的发展阶段上都低于西方发达国家,这与社会主义社会形态高于资本主义社会形态的发展观和基本原则是不相容的。

挑战是严峻的。唯一的出路是重新理解和继续发展马克思主义的社会发展基本理论。所谓重新理解,就是彻底审视我国原有的社会发展基本理论体系是否真正符合和完整体现了马克思主义经典作家的原意,也就是"回到马克思";所谓继续发展,就是严格按照当今世界和我国社会发展的事实,对经典作家的有关理论进行检验、修正、补充和发展,也就是"超越马克思"。在这一过程中,吸收西方社会发展理论中的合理成分是完全必要的。

需要强调指出的是,长期受到忽视的马克思关于社会发展三大形态的理论,为我们的探索提供了一个极为重要的基点。马克思指出:"人的依赖关系(起初完全是自然发生的),是最初的社会形态,在这种形态下,人的生产能力只是在狭窄的范围内和孤立的地点上发展着。以物的依赖性为基础的人的独立性,是第二大形态,在这种形态下,才形成普遍的社会物质变换,全面的关系,多方面的需求以及全面的能力的体系。建立在个人全面发展和他们共同的社会生产能力成为他们的社会财富这一基础上的自由个性,是第三个阶段。第二个阶段为第三个阶段创造条件。因此,家长制的、古代的(以及封建的)状态随着商业、奢侈、货币、交换价值的发展而没落下去,现代社会则随着这些东西一道发展起来。"① 马克思在这里划分三大社会形态的方法显然不同于他划分五种社会形态的方法,而对前两大社会形态的划分则接近于"传统社会"与"现代社会"的划分。本文试图对马克思的划分社会形态的两种方法和理论,及其对认识我国当前的社会变革的意义,作一概要的探讨。

二、生产关系的两重结构

人类社会是由各种社会关系构成的综合体系,生产关系是其中最基本的关系。以生产关系的不同类型作为区分人类社会不同形态的根本标志,是马克思主义的科学方法。生产关系是人们在社会生产活动中结成的相互关系的总称,它实际上包含着十分丰富的内容,是一个由多种关系组成的体系。按照笔者对马克思主义经典作家有关论述的理解,生产关系至少可以分解为两个基本方面或层次,劳动占有关系和劳动交换关系。这两者构成了生产关系的两重结构。要想取得对生产关系完整、科学的认识,必须对这两重结构分别进行考察,然后综合起来加以认识。

(一) 劳动占有关系及其历史类型

劳动占有关系所表明的是在社会生产过程中人们是否和怎样实现对自己或他人劳动的占有。它包括人们对劳动产品的占有关系和对劳动要素的占有关系。

劳动占有关系的最终体现是人们对劳动产品的占有关系。劳动产品是劳动的物化,对劳动的占有最终表现为对劳动产品的占有。恩格斯曾经使用"产品占有方式"的概念来论述个体生产与资本主义生产的根本区别,指出前者是"占有我自己的产品",后者是"占有别人的产品"。② 劳动产品的占有关系也就是劳动产品的分配关系,不同的产品分配方式形成不同的产品

---

① 马克思:《政治经济学批判》,《马克思恩格斯全集》第46卷(上),人民出版社1979年版,第104页。
② 恩格斯:《反杜林论》,《马克思恩格斯选集》第3卷,人民出版社1972年版,第310页。

占有关系。

人们对劳动产品的占有关系又取决于人们对劳动要素的占有关系。人们只有取得对劳动要素的占有才能实现对自己或他人劳动产品的占有。劳动要素包括物的要素和人的要素：生产资料和劳动力。不同的生产资料占有关系与不同的劳动力占有关系相结合产生了不同的劳动占有关系。因此，对两者必须同时进行考察。

在人类历史发展的过程中，在不同地区和时代，在社会生产中获得过统治地位的劳动占有关系有五种基本类型，即原始公社占有制、奴隶占有制、封建占有制、资本主义占有制和社会主义占有制，个体占有制在许多地区和时代广泛存在，但未占过统治地位。马克思主义认为，共产主义占有制是人类劳动占有关系的未来形态。

需要指出的是，在劳动占有关系的各基本类型之间并不存在着逐级进化、依次更替的必然联系。在人类发展的历史上，只是在西欧出现过从原始的、奴隶的、封建的到资本主义的占有制依次更替的过程。马克思本人曾坚决反对把他从研究西欧历史中得出的结论推广到人类发展的一切过程中去。他明确指出，西欧道路的历史必然性只限于西欧，把这种必然性"彻底变成一般发展道路的历史哲学理论"，"会给我过多的荣誉，同时也给我过多的侮辱"。遗憾的是，正是马克思的一些"忠实"后继者使马克思和他的学说蒙受了这种不应有的侮辱。

在我国原有社会发展理论中，对生产关系的考察主要就是以生产资料所有制为中心对劳动占有关系的考察。劳动占有关系确是生产关系体系中极为重要的组成部分，但并不是全部。仅仅研究劳动占有关系不足以把握生产关系体系的整体发展规律。这种研究的局限性已在它无力为我国当前的改革、开放提供理论依据的状况中十分明显地表现出来了。现实中的生产关系绝不仅仅是"为谁生产"的问题，而且是"怎样生产"的问题，绝不仅仅是要素和产品的"归属"问题，而且是生产的"运行"问题。这就需要考察生产关系的另一重要组成部分——劳动交换关系。

（二）劳动交换关系及其历史形态

马克思主义的创始人从来没有把自己的视点仅仅局限于劳动占有关系，而是从一开始就对劳动交换关系予以高度重视。马克思在《德意志意识形态》中大量使用"交往形式""交往方式""交往关系"等用语来表达他的生产关系范畴的雏形。他指出，随着生产力的发展，"已成为桎梏的旧的交往形式被适应于比较发达的生产力，因而也被适应于更进步的个人自主活动类型的新的交往形式所代替"。[①]"始终必须把'人类的历史'同工业和交换的历史联系起来研究和探讨"。[②] 不久，马克思在致安年柯夫的信中指出："在人们的生产力发展的一定状况下，就会有一

[①] 马克思、恩格斯：《路德维希·费尔巴哈与德国古典哲学的终结》，《马克思恩格斯选集》第 1 卷，人民出版社 1972 年版，第 79 页。

[②] 同上，第 34 页。

定的交换(commerce)和消费形式。"①随后,在《雇佣劳动与资本》中马克思第一次明确使用了"生产关系"的概念,并指出:"人们在生产中不仅仅同自然界发生关系。他们如果不以一定方式结合起来共同活动和互相交换其活动,便不能进行生产。"②总之,在马克思制定生产关系概念的初期,劳动交换关系是其中的基本含义。在以后的发展中,劳动交换关系始终是马克思主义经典作家着力研究的极为重要的内容。

劳动交换关系表明的是在社会生产过程中人们怎样分工协作和相互交换劳动。分工与交换是一个问题的两个方面。

劳动交换关系首先表现为人们之间的分工协作关系。人类的生产劳动从来就是一种社会性活动,在这种社会性活动中人们总是结成一定的分工协作关系。在我国原有社会理论中,分工一直被认为属于生产力的范畴,这是非常片面的。分工固然是生产力的一种社会结合方式,但更是生产过程中人与人之间的一种社会关系。马克思在论述货币是一种社会关系时曾明确指出:"货币所表现的关系也像任何其他经济关系如分工等一样,是一种生产关系。"③

劳动交换关系又表现为人们之间的产品交换关系。处在一定分工协作关系中的人们,一般总要通过一定形式的产品的交换来交换他们的劳动。

劳动的分工也就是社会劳动在不同生产环节或部门之间的分配,产品的交换也就是不同生产环节或部门中的个别劳动的联结。因此,劳动交换关系也就是社会劳动与个别劳动的关系。它表明个别劳动如何取得社会性,即如何被社会承认为有效劳动。

总之,分工协作关系、产品交换关系、个别劳动与社会劳动的关系都是劳动交换关系不同侧面的表现。而所有这些关系的制度化、规范化表现的总和,也就是人们常说的社会生产的组织结构和运行机制,或者称为"经济体制"。

随着人类生产的历史发展,劳动交换关系也不断发生历史演变。在世界的不同地区和时代,劳动交换关系的具体类型是丰富多样的,但从最基本的特征来看,可以区分为依次演进的两大形态——自然经济和商品经济。马克思主义认为,自由经济("产品经济"的概念很不科学)是人类劳动交换关系的未来形态。

在自然经济形态下,劳动交换关系的总特征是直接的劳动交换。它具体表现为占统治地位的是自然分工和不发达的社会分工、个别劳动与社会劳动的直接联系和产品的直接交换。自然分工表现为以性别、年龄等差别为基础的生理分工,和以自然环境的差别为基础的地域分工。畜牧业、种植业和手工业的分工虽已逐渐出现,但主要包含在自给自足的生产单位内部。各生产单位之间没有普遍的生产分工关系,生产单位内部也缺乏普遍的专业化劳动分工。直接生产过程中的劳动是一种综合性劳动,劳动中的物质因素和精神因素没有分离,劳动者是自己产品

---

① 马克思:《致巴·瓦·安年柯夫(1846年12月28日)》,《马克思恩格斯全集》第27卷,人民出版社1972年版,第477页。
② 马克思:《雇佣劳动与资本》,《马克思恩格斯选集》第1卷,人民出版社1972年版,第362页。
③ 马克思:《哲学的贫困》,《马克思恩格斯全集》第4卷,人民出版社1958年版,第119页。

完整、独立的创造者。生产的直接目的是使用价值——自给自足。直接的劳动交换表现为直接的产品交换，即产品的交换并不表现为商品的交换，而是直接通过生产单位内部的产品分配来进行。直接的劳动交换又表现为直接的劳动分配，即直接以生产各种使用价值所需耗费的个别劳动时间为尺度，把社会劳动按一定比例分配于生产的各个环节和部门。因此，个别劳动直接属于社会劳动，或者说个别劳动具有直接的社会性，在自然经济漫长的历史阶段中，土地是主要生产资料，农业是主要生产部门，生产的社会化程度很低，生产力的发展十分缓慢。商品的生产和交换已有初步发展，但在分散、孤立的自给自足经济中只处于补充和从属地位。

在商品经济形态下，劳动交换关系的总特征是间接的劳动交换，它具体表现为占统治地位的是发达的社会分工、个别劳动与社会劳动的间接联系和产品的间接关系，发达的社会分工是以生产过程的专业划分为基础、将劳动者分别固定于不同职业岗位上的分工。社会分工的深入发展不仅造成各生产单位之间产业、行业和种类的分化，而且造成生产单位内部工艺操作程序的分化。直接生产过程中的劳动是一种专业性劳动，劳动中的物质因素和精神因素互相分离，劳动者不再是自己产品完整、独立的创造者。生产的直接目的不再是使用而是交换。于是形成了全社会范围的分工协作体系和劳动交换关系。这种劳动交换关系，在生产力的发展程度不足以消灭社会分工和人们之间利益差别的条件下，唯一可以被接受的方式就是实行产品的等价交换——以社会必要劳动时间来计量的等量劳动相交换。个别劳动不再直接属于社会劳动，只有通过其产品的市场交换才被承认为社会劳动。社会劳动已无法直接分配，而只能通过市场竞争来间接分配。社会分工和等价交换在使人们成为各自独立的商品生产者的同时，又使他们通过普遍的社会物质交换在广阔的范围内相互依赖，在商品经济形态下，工业是主要生产部门，生产是发达的社会化大生产，价值规律驱赶着商品生产者在市场竞争中不断改进生产技术，节约劳动消耗，使生产力在不断变革、更新中以自然经济条件下无法比拟的速度迅猛发展，从而为更高的经济形态准备历史条件。

在未来自由经济形态下，直接的劳动交换关系将在更高的形态上得到再现。它表现为自由分工、自由劳动、个别劳动与社会劳动的直接统一和产品的直接交换。劳动的分工不再是把劳动者束缚于某一固定岗位的绳索，人们将根据自己的才能和爱好，自由地投入到广阔的社会劳动的不同领域之中。从直接生产过程中摆脱出来的劳动本身，精神因素与物质因素又重新结合起来，成为真正体现人的本质的自由创造活动和生活的第一需要。人力基本退出直接生产过程，使价值实体——社会必要劳动时间的基础崩溃了，于是等价交换转化为无偿交换，间接劳动分配转化为直接劳动分配。衡量社会财富的尺度不再是劳动时间，而是人们可以自由支配的时间。人类的生产从此进入自由王国的领地。

总之，人类生产的历史就是劳动分工不断进展的历史，就是劳动交换不断扩大的历史，也就是生产的社会化程度不断提高的历史。而这一历史进程是由生产力发展的标志——生产工具的发展直接决定的。劳动交换关系的三大历史形态直接决定于生产工具的三大历史形态。自然经济的基础是手工工具系统，手工工具对劳动者体力和技巧的高度依赖，决定了劳动分工与交换只能采取简单、初级的形式。商品经济的基础是机械化工具系统,机器的使用推动社会分工在深度和广度上迅速发展。使商品的生产与交换以不可抗拒的力量在社会生产中获得统治地位。自由经济的基础是自动化工具系统,生产的全面自动化使人力退出直接生产过程,直接劳动时间的耗费与劳动产品之间失去可以相互比较的比例关系,从而导致商品经济的消亡。因此,劳动交换关系是由生产力直接决定的生产关系,它的历史发展充分表现为一个自然历史过程,各基本发展阶段具有依次更替的必然性。这就是商品经济形态不可逾越的根本原因,从世界历史发展的事实来看,所有地区都经历过自然经济形态,在此之后也都进入商品经济形态。虽然我国和一些社会主义国家曾经一度试图越过商品经济充分发展的阶段,但实践已经证明这是无法办到的,因为以机械化工具系统为基础的社会化大生产只能以商品经济的形式存在。

(三) 生产关系两重结构的相互关系

在现实的生产关系中,劳动占有关系与劳动交换关系是有机地结合为一个统一整体的。一定的占有关系总是通过一定的交换关系得到实现,一定的交换关系也总是在一定的占有关系下进行。两者之间存在着相互依存、相互制约的关系。但是,从两者相互作用的性质和程度来看,是劳动交换关系决定劳动占有关系,劳动占有关系反作用于劳动交换关系。

1. 劳动交换关系决定劳动占有关系

首先,劳动交换关系决定劳动占有关系的基本性质。它表现为劳动分工协作关系的发展决定了私有制的产生和消亡。在人类发展的初期,石器的使用使人们只能进行自然分工和简单协作的集体劳动,这样的劳动分工协作关系决定了人们共同占有生产要素、平均分配劳动产品的劳动占有关系。铁器的使用使以家庭为单位的个体劳动逐渐取代集体劳动,劳动分工协作关系的这种变化,使生产要素和劳动产品的私人占有随之产生,剩余产品的出现,只是使占有他人劳动产品成为可能,而公共管理职能与直接生产劳动的社会分工,才把这种可能变成了现实。恩格斯曾经指出:"第一次社会大分工,在使劳动生产率提高,从而使财富增加并且使生产场所扩大的同时,在既定的总的历史条件下,必然地带来了奴隶制。"[①]任何阶级的剥削性占有都必须以完成某种公共管理职能为基础,否则它就不能维持这种占有。随着劳动分工协作关系在不同地区和条件下的具体发展,私有制的发展也表现为各种不同形态和阶段。而当生产工具的全面自动化使社会产品极大丰富,人们之间利益差别的消失成为可能时,是社会分工向自由分工的转化把这种可能变为现实,私有制彻底消亡。这是因为人力退出直接生产领域,使全体社会成员获得充裕的自由发展时间,所有人的全面发展使凝固式劳动分工成为不必要和不可能。人们之间不再存在由社会分工掘成的鸿沟,因劳动的社会差别而产生的利益差别的基础也就消失了。劳动的主要目的不再是取得劳动产品,而是享受劳动本身——全面发展的人的自我实现。总之,劳动者的社会分工是一切社会利益差别的基础,从而是不平等的劳动占有关系的基础。正如马克思所指出的:"分工发展的各个不同阶段,同时也就是所有制的各种不

---

① 恩格斯:《家庭私有制和国家的起源》,《马克思恩格斯选集》第4卷,人民出版社1972年版,第157页。

同形式。这就是说,分工的每一个阶段还根据个人与劳动的材料、工具和产品的关系决定他们相互之间的关系。"①

其次,劳动交换关系决定劳动占有关系的基本形式。它表现为在自然经济和自由经济形态下,劳动占有关系的形式具有直接性,形式与内容相统一;在商品经济形态下,劳动占有关系的形式具有间接性,形式与内容相背离。在典型的自然经济条件下,由于劳动交换关系的直接性(即不经过商品交换),劳动占有关系的性质也是直接、裸露地表现出来的。对占有自己的劳动来说,保持了对自身劳动力的占有,就保持了这种占有;部分丧失了对自身劳动力的占有,就部分丧失了这种占有;全部丧失了对自身劳动力的占有,就全部丧失了这种占有。反过来说,对他人劳动的占有是通过直接占有他人劳动力来实现。因此,劳动占有关系在内容和形式上是直接统一的。原始公社的平等占有关系在形式上也是平等的。奴隶制和封建制的不平等占有关系在形式上也是不平等的,表现为直接的人身奴役和强制的产品剥夺。商品经济条件下劳动交换关系具有间接性,对劳动的占有也变为间接的占有,即只有经过商品交换才能实现占有。劳动占有关系的性质是间接的、隐蔽地表现出来的,内容与形式发生背离。资本主义占有关系是剥削性的不平等占有关系,但在形式上却是平等的,表现为工人与资本家之间劳动力商品与工资的等价交换。社会主义占有关系是非剥削性的不平等的占有关系,但在形式上也是平等的,表现为劳动者之间平等的按劳分配——正如马克思指出的,按劳分配是形式上的平等、实际上的不平等。在自由经济直接劳动交换关系的基础上,共产主义占有关系成为内容与形式重新统一的真正平等的占有关系,即在需要面前人人平等。

总之,是劳动交换关系决定劳动占有关系,劳动占有关系必须适应劳动交换关系。恩格斯早已从唯物史观的高度对此作出过明确的结论。他在《反杜林论》中指出:"唯物主义历史观从下述原理出发:生产以及随生产而来的产品交换是一切社会制度的基础。在每个历史地出现的社会中,产品分配以及和它相伴随的社会之划分为阶级或等级,是由生产什么、怎样生产以及怎样交换产品来决定的。所以,一切社会变迁和政治变革的终极原因,……应当在生产方式和交换方式的变更中去寻找。"②恩格斯在这里所说的生产方式显然不包括劳动占有关系,只包括"生产什么、怎样生产",而"怎样生产"的问题,主要就是怎样分工协作的问题。归根到底,劳动交换关系的这种决定作用来源于生产力的决定作用。是生产力的发展直接制约和决定着劳动交换关系的发展,并通过劳动交换关系间接地制约和决定着劳动占有关系的发展。因此相对地说,劳动交换关系是更为基本、更为稳定的生产关系,是生产关系的深层结构,劳动占有关系则是较为多变、较不稳定的生产关系,是生产关系的浅层结构。生产力对劳动交换关系的直接决定作用表现为很强的必然性,生产工具的三大形态直接决定了劳动交换关系的三大形态,各形态之间具有不可逾越性;生产力对劳动占有关系的间接决定作用则表现为较大的偶然性,或者说有

---

① 马克思、恩格斯:《路德维希·费尔巴哈与德国古典哲学的终结》,《马克思恩格斯选集》第 1 卷,人民出版社 1972 年版,第 26 页。

② 恩格斯:《反杜林论》,《马克思恩格斯选集》第 3 卷,人民出版社 1972 年版,第 307 页。

较大的"弹性",在一定的适应范围内,劳动占有关系可以采取各种不同的具体形式,或出现跳跃性的发展。因此,劳动交换关系只是决定劳动占有关系的基本性质和基本形式,而不是所有具体性质和具体形式。

2. 劳动占有关系反作用于劳动交换关系

劳动占有关系并不是完全消极、被动地适应劳动交换关系,而是具有积极、能动的反作用。它可以促进劳动交换关系的进步,也可以阻碍劳动交换关系的进步,甚至在一定条件下引起劳动交换关系的倒退。不同的占有者,尤其是占支配地位的占有者,总是力图采用最有利于实现和扩大自身利益的分工和交换方式。奴隶主对奴隶的人身占有,使他们可以用强制的方法驱使奴隶进行大规模的简单协作的集体劳动,以生产更多的剩余产品,而这又促使社会分工进一步发展。马克思在论述古希腊奴隶制的历史作用时曾经指出:"只有奴隶制才使农业和工业之间更大规模的分工成为可能,从而为古代文化的繁荣,即为希腊文化创造了条件。"在中国封建社会中,由官府举办的"官工""官商"在手工业和商业中占统治地位,把商品生产和交换严格限制并内在结合在有利于增进地主和官府利益的范围内,这是简单商品生产和交换迟迟不能发展为现代发达商品经济的重要原因。商品的生产和交换一旦与资本主义占有关系相结合,立即在资产者追求剩余价值的无限欲望推动下得到迅猛发展,市场规模的不断扩大把越来越多的地区和人们卷入以市场为中心的社会分工协作体系。资本主义对社会分工和商品经济的巨大推动作用,不仅得到马克思主义经典作家的充分肯定,而且至今仍然继续存在。总之,劳动占有关系对劳动交换关系的反作用是十分明显的,在一定条件下甚至表现为决定性作用。肯定劳动交换关系从根本上制约着劳动占有关系,并不意味着劳动占有关系的发展失去相对独立性和巨大反作用。从历史发展的连续过程来看,两者表现为相互制约、互为因果的关系。

3. 两重结构历史形态的基本对应关系

从世界历史发展的过程来看,劳动交换关系的三大基本形态与劳动占有关系的六种基本类型存在着一定的基本对应关系,即自然经济对应于原始公社占有制、奴隶占有制和封建占有制,商品经济对应于资本主义占有制和社会主义占有制,自由经济对应于共产主义占有制。在这种基本对应关系中,劳动交换关系的每一基本形态都能与对应的各种占有关系相结合,在这些占有关系之间并不存在必然的顺序关系。生产关系的两重结构决定了人类生产关系历史发展的两重性。从生产关系的深层结构——劳动交换关系来看,世界各国的历史发展经历着一条基本相同的发展路线,呈现为"单线式"从生产关系的浅层结构——劳动占有关系来看,世界各国的历史发展经历了多种不同的发展路线,呈现为"多线式"。而从生产关系两重结构的结合来看,世界各国的历史发展呈现为"单线"与"多线"相互交织的网状形态。

应当指出,在马克思原来的理论构想中,商品经济形态与资本主义发展阶段是完全对应的。资本主义与商品经济在同时获得充分发展之后一起走向消亡。而作为共产主义初级阶段的社会主义乃是不再存在商品经济的社会。因此,马克思预言商品经济和资本主义最发达的国家将率先进入社会主义。但是,历史的现实发展,却是一部分两者均未充分发展的国家率先变革生产关系的浅层结构走上社会主义道路,而在生产关系的深层结构上仍然处于商品经济历史阶段。这样,我们就应根据历史的实践对马克思的原有构想加以修正,破除商品经济只能与资本主义相结合的认识,确立商品经济也可以与社会主义相结合的认识。但是,这样的社会主义社会与马克思当年设想的社会主义社会在生产关系的深层结构上已有本质的区别,两者分别属于两大不同历史阶段。因此,马克思当年的设想对于目前现实中的社会主义社会来说,在很大程度上是不能适用的。然而我们并不能就此判定马克思的预言完全是错误的。因为当前的社会主义社会在商品经济充分发展之后仍然可能经历马克思所设想的那种发展阶段,即作为共产主义初级阶段的从商品经济向自由经济过渡的阶段。只有经过那时的社会实践才能对马克思的预言最终作出检验。我们现在还只能说马克思没有预见到至少在部分国家中,商品经济的充分发展还需要经历与一种特殊的社会主义劳动占有关系相结合的历史阶段。这种特殊的社会主义劳动占有关系由于必须适应商品经济发展的需要,必然与共产主义初级阶段的劳动占有关系具有很大的不同。因此,这种社会主义社会是共产主义初级阶段之前的一个相对独立的历史阶段。为了将目前现实中的社会主义与马克思当年设想的社会主义相区别,下文将把后者直接称为共产主义的初级阶段。

从目前的现实状况来看,社会主义国家与资本主义国家共同处于商品经济的发展阶段,都担负着充分发展商品经济的历史任务。从未来的发展前景来看,社会主义国家将在商品经济获得充分发展之后进入共产主义初级阶段。资本主义国家的发展则存在两种可能:一种是资本主义不能充分完成发展商品经济的任务,而需要先经历某种社会主义的发展阶段再进入共产主义初级阶段。另一种是资本主义能够充分完成发展商品经济的任务而直接进入共产主义的初级阶段。后一种情况与马克思当年的设想相吻合。

三、社会形态的两重划分

在对生产关系的两重结构进行考察之后,我们就可以进一步对马克思划分社会形态的两种方法和理论进行探讨了。

(一) 生产关系的两重结构与社会形态的两重划分

一定的生产关系的总和构成社会的经济基础,一定的经济基础决定一定的上层建筑,由此而产生一定的社会形态,这是人们熟知的马克思主义基本原理。但由于我国原有社会发展理论把生产关系仅仅归结为以所有制为核心的劳动占有关系,以致认为经济基础仅仅是由所有制关系组成,上层建筑也仅仅是由所有制关系决定的。通过本文前一部分的讨论我们已经看到,劳动交换关系是生产关系的深层结构,从而也是经济基础的重要组成部分。因此,上层建筑并不仅仅是由劳动占有关系决定的,同时也是由劳动交换关系决定的。也就是说,经济基础的两重结构决定了上层建筑具有两重属性,它既有反映劳动占有关系的一面,也有反映劳动交换关系的一面。这样,划分社会形态的基础就并非只能是劳动占有关系的不同类型,而且也可以是劳动交换关系的不同类型。这就是马克思划分社会形态的两种方法的现实基础。

劳动占有关系决定人们在经济生活中的基本利益关系，并进而决定人们在政治生活和精神文化生活中的基本利益关系。这种基本利益关系在阶级社会中主要是阶级利益关系。以劳动占有关系的六种基本类型为基础，可以把人类社会划分为原始社会、奴隶社会、封建社会、资本主义社会、社会主义社会六种基本社会形态。从这个角度看，世界各国的历史发展是"多线式"。

劳动交换关系决定人们在经济生活中的基本活动方式（或者说组织结构和运行机制），并进而决定人们在政治生活和精神文化生活中的基本活动方式。以劳动交换关系的三大基本形态为基础，可以把人类社会划分为马克思所指出的三大社会形态。在没有找到更为合适的概念之前，我把它们直接称为自然经济社会、商品经济社会和自由经济社会。从这个角度看，世界各国的历史发展是"单线式"。

总之，对人类社会的历史形态可以作双重划分。六种社会形态的划分反映了人类社会的六种基本利益关系，三大社会形态的划分反映了人类社会的三种基本活动方式。三大社会形态在历史时期上分别涵括了六种社会形态，自然经济社会涵括了原始社会、奴隶社会和封建社会，商品经济社会涵括了资本主义社会和社会主义社会，自由经济社会对应于共产主义社会。

我国原有社会发展理论体系只注重于对反映人们基本利益关系的社会形态特征进行考察，这就使它在反映人类社会生活上带有很大的片面性和局限性。要想取得对人类社会生活完整、全面的认识，就必须同时对反映人们基本活动方式的社会形态特征进行考察。

（二）三大社会形态的基本特征

由于三大社会形态的划分，是依据劳动交换关系决定的人们社会活动的基本方式，因此当我们在讨论中涉及人们之间基本利益关系时，主要不是着眼于这些利益关系本身，而是着眼于这些利益关系的实现方式。又由于自由经济社会是对人类未来历史发展的预测，我们的讨论重点是自然经济社会和商品经济社会。

三大社会形态的基本特征，不仅分别表现为社会的经济生活、政治生活和精神文化生活三个基本领域中的单一性特征，而且表现为社会结构、城乡关系、生活方式和人的发展等方面的综合性特征。本文仅就其中的五个方面作些概要的探讨。

1. 经济生活

本文第二部分已就三大社会形态的劳动交换关系做过简要讨论，这里仅再就商品经济社会形态的经济组织结构和运行机制作一些探讨。

商品经济要求社会的基本生产单位必须是具有独立经济利益和自主活动能力、能够自负盈亏的经济实体，从而具有强有力的内在动力机制，能够随时对市场信号作出灵敏的反应，现代商品经济的发展必然导致生产资料所有权与经营权的分离，把对生产的直接经营管理权转移到具有专业知识的管理者手中。现代商品经济的日益社会化必然导致资金的社会化组织形式——股份制等的出现，以利社会资金的广泛筹集、迅速集中和灵活转移，商品经济也必然要求劳动者摆脱任何形式的人身依附关系，使劳动力能够以商品的形式与物的生产要素一起在市场上自由流动。商品经济要求通过建立在价值规律基础上的市场机制来分配经济资源、调节社会生产。市场调节包括两种形式,一种是依靠价值规律的自发作用,一种是自觉地利用价值规律的作用(或称为有计划的市场调节)。当商品经济的运行处于完全竞争的市场条件下时,自发的市场调节就可以基本胜任;但当垄断等因素的出现使市场处于不完全竞争的条件下时,由政府出面依据价值规律、通过调节市场参数对社会生产进行一定的自觉调节,就是商品经济发展本身的客观要求了。市场调节要求建立包括商品、资金、技术和劳动力等各项生产要素的统一、完备的市场体系,通过市场竞争实现各项生产要素的宏观配置和微观组合。市场竞争只承认机会的平等和竞争结果的不平等。对竞争中的失败者,则要求通过社会保障系统建立基本生存保障体系,以维持社会劳动力的正常再生产和提供后备劳动力。在社会保障系统中实行一定限度的不等价交换(社会保险)和无偿支付(社会救济),这既是商品经济的自我否定,也是商品经济的自我补充。

2. 政治生活

在自然经济社会中,形式上不平等的劳动占有关系产生形式上的不平等的政治体制——专制政体,即产生一种建立在社会成员等级权利基础上的不受约束的最高权力。它的基本特征是以世袭或暴力为基础的政权产生方式,权力高度集中和缺乏制衡的政权组织方式,神秘化、特权化的政治活动方式。各级政府官员的产生主要靠自上而下的遴选和任免,行政行为人格化,以长官意志为转移。社会统治和管理的基本方式是"人治"。

在商品经济社会中,平等的劳动交换关系和形式上平等的劳动占有关系,产生形式上平等的政治体制——民主政体,即产生一种建立在公民平等权利基础上的少数服从多数的最高权力,它的基本特征是以普选制和代议制为基础的政权产生方式,权力纵横划分和相互制衡的政权组织方式,公开化、大众化的政治活动方式。民主化和高效化的原则要求将执行系统的事务官与选举产生的政务官加以区分,实行公开竞争、择优录用、严格考核的"文官制"("公务员制")使行政行为规范化、非人格化。高度发达的社会分工协作体系造成社会活动方式的高度相互依赖和契约化,要求实行全面的"法治",确立法律面前人人平等的原则。自由、平等、"人权"成为社会政治生活中的普遍观念和公认准则。正如马克思和恩格斯所深刻指出的:流通中发展起来的交换价值过程,不但尊重自由和平等,而且自由和平等是它的产物,它是自由和平等的现实基础。作为纯粹观念,自由和平等是交换过程的各种要素的一种理想化的表现;作为在法律的、政治的和社会的关系上发展了的东西,自由和平等不过是另一次方的再生物而已。由于人们生活在"相互平等地交往"的体系中,"自由和平等也很自然地宣布为人权"。① 人类进入自由经济社会后,作为国家形式的民主走向消亡。

3. 精神生活

在自然经济社会中(自原始社会以后),由于社会分工不发达,精神生产主要是少数社会统

---

① 恩格斯:《反杜林论》,《马克思恩格斯选集》第 3 卷,人民出版社 1972 年版,第 145 页。

治阶层分子的特权。自给自足的生产方式和生活方式，使科学技术和文学艺术的发展、更新十分缓慢，教育方式主要是家庭教化与经验传授。与专制政体相适应，社会精神文化领域中占统治地位的是大一统的宗教模式或伦理模式。社会意识中的主要倾向是：血缘和地缘意识，权利崇拜、保守、封闭的思维方式，压抑个性的群体道德，消极、被动的人生态度，重义轻利的价值取向，因袭、单一的生活方式选择。

在商品经济社会中，发达的社会分工使社会精神生产成为专业化的行业和职业，精神产品在不同程度上纳入市场体系。由于社会不同层次的需求，应用性科学研究和普及性文艺创作主要受到市场机制的激励和调节，基础性科学研究和提高性文艺创作主要受到社会捐助和政府资助的鼓励和扶持。商品经济的市场竞争推动科学技术在不断革命中迅速发展，社会生活的急剧变迁促使文学艺术在不断更新中日趋繁荣。与民主政体相适应，社会精神文化领域中的大一统禁锢模式被打破，在科学研究和文艺创作领域中实行学术和创作自由，在不触犯法律的前提下，允许各种学派、流派、风格、样式的自由发展和平等竞争。教育方式走向社会化、体制化，普及公民基本教育成为保证社会经济、政治、文化生活正常运行和高速发展的基础建设。社会意识的主导倾向是：自主和自立意识，开拓、创新精神，开放、多维的思维方式，崇尚科学、崇尚理性的社会风气，尊重人、人的价值和尊严的人道主义准则，保护个性的群体道德，忠于职守、讲求信誉的职业道德，文明、礼貌的社会公德，积极、主动的人生态度，求实、求新的价值取向，个性化、多样化的生活方式选择，以及日益增长的世界意识、人类意识。

在自由经济社会中，精神生产与物质生产重新结合为人的自由创造活动，人类精神生活步入真正灿烂辉煌的自由境界。

4. 社会结构

这里讨论的社会结构，主要是社会的阶级、阶层、群体结构和功能结构。它们是经济、政治、文化生活在社会宏观上的综合反映。

自然经济的社会结构是封闭性、单一化结构。社会关系的基本特征是直接的依赖关系，表现为血缘依赖关系、人身隶属的依赖关系和人身依附的依赖关系。个人直接从属于群体或他人而没有独立性，初级群体是社会活动的基本单元。社会的功能结构缺乏分化，基本相似的"同质性"初级群体综合性地完成着大部分社会功能。简单的次级群体——社会组织以家长制为基本特征。在阶级社会中，人们之间的阶级、阶层关系表现为等级、身份关系。人们的社会地位与角色主要是"先赋"的，各阶级、阶层主要以血缘遗传的方式世代承袭。社会流动很小。

商品经济社会的社会结构是开放性、多元化结构，社会关系的基本特征是间接的依赖关系，即"以物的依赖性为基础的人的独立性"。个人摆脱了对群体和他人的直接依赖关系而获得形式上的独立，个体成为社会活动的基本单元。社会的功能结构高度分化，各不相同的"异质性"社会组织专门化地完成大部分社会功能。复杂的社会组织以"科层制"为基本特征。初级群体趋于衰落，自愿结社成为社会群体生活的重要形式。人们之间通过社会分工和商品交换建立起普遍的、间接的依赖关系和社会联系。社会的阶级、阶层关系表现为形式上平等、自由的契约关系。社会各功能领域中的精英力量是企业家(经理)、政治家和知识分子阶层。人们的社会地位与角色主要是"自致"的。社会流动很大。

在自由经济社会中,社会结构的总特征是自由人的联合体。社会关系的基本特征是人们摆脱一切直接、间接的依赖关系而真正获得独立和自由。社会的阶级、阶层差别消灭,个体与社会实现和谐统一。

5. 个体的发展

马克思指出:"人们的社会历史始终只是他们个体发展的历史。"①个体的发展是社会发展在微观上的综合反映。

在自然经济社会中,个体发展的基本特征是不发达的完整性。自然分工、不发达的社会分工和综合性劳动,使个体的发展处于一种不发达的完满状态,表现为"原始的丰富"②。但是,对群体的直接从属使人的个性没有独立,人们尚没有完全脱离自然等同状态。人类总体能力的低下和社会联系的贫乏,造成个体发展很大的局限性。

在商品经济社会中,个体发展的基本特征是发达的片面性。发达的社会分工和专业性劳动,使个体的发展处于一种畸形的发达状态,表现为发达而片面的个体能力。摆脱对群体的直接从属使人的个性获得形式上的独立,人们之间出现丰富的个性差异。人类个体能力狭窄、片面的发展造成了人类总体能力全面、发达的体系。而这种总体能力的迅速发展又为消灭个体的片面发展创造着条件。

在自由经济社会中,个体发展的基本特征是全面、自由的个性。"单面人"复归为"全面人",每个人自由、全面的发展是其他人自由、全面发展的条件。

以上关于三大社会形态基本特征的探讨,只是一些极为粗略的概述,不可能完全准确,也无法深入展开。但三大形态劳动交换关系的普照之光给整个社会生活染上的不同色彩是鲜明可见的,劳动交换关系对社会文明发展的全面要求和影响是客观存在的。这些要求和影响在社会生活各方面的实现程度,会依世界各国具体条件不同而在时间、形式上产生很大差异,不可能完全同步,也不会千篇一律。但劳动交换关系各形态对社会文明的统一的、共性的要求,总会顽强地、或迟或早地表现出来。同时,社会生活各领域的组织方式、运行方式、活动方式也对劳动交换关系的发展有巨大的反作用,这不是本文讨论的重点,就不展开了。

(三)两种商品经济社会的异同

商品经济社会包含着资本主义社会与社会主义社会两种具体类型。科学、准确地认识这两种具体社会的异同,是科学、准确地把握我国当前社会变革的重要前提。从总体上说,由于劳动占有关系的基本类型不同,资本主义社会与社会主义社会在社会基本利益关系上有根本区别;由于劳动交换关系的基本形态相同,资本主义社会与社会主义社会在社会基本活动方式上基本

---

① 马克思:《致巴·瓦·安年柯夫(1864年12月28日)》,《马克思恩格斯全集》第27卷,人民出版社1972年版,第478页。
② 马克思:《政治经济学批判》,《马克思恩格斯全集》第46卷(上),人民出版社1979年版,第109页。

相同。

对资本主义社会应当重新加以认识。在资本主义社会的历史发展中,市场经济、民主政体、现代科学和多元文化取得了巨大发展,社会结构和个体发展也取得巨大进步,社会生活的文明程度达到人类有史以来的一个很高的水平,所有这一切乃是根源于商品经济发展的巨大推动作用,从根本上说,这些社会文明发展的进步成果不应称为资本主义社会文明,而应称为商品经济社会文明。以资本主义占有关系为基础的资本主义制度的历史功绩,就在于它在很大程度上顺应、反映了商品经济对社会生活各个领域文明发展的要求。由于商品经济首先是在西方资本主义国家中发展起来的,商品经济社会文明也在那里经过几百年的发展而达到了很高的程度,并已开始出现某些将最终导致商品经济消亡的征兆。但同时,资本主义制度又使商品经济社会文明发展的进步性要求无法得到充分实现,使整个商品经济社会文明的发展受到很大限制和严重扭曲。少数人对多数人劳动的占有,使大部分社会财富集中在少数人手中,造成巨大的贫富差距和根本的利害冲突,分散、对立的私人占有制使发达商品经济对自觉的计划调节的要求只能在十分有限的范围和程度上实现,整个社会生产无法根本摆脱周期性动荡造成的巨大损失。社会各阶级、阶层社会经济实力上的巨大不平等,使形式上平等、自由的政治斗争和民主程序产生客观上有利于少数人的政治结果,使法律代表的社会意志更多地反映和服从少数人的意志。社会的精神生产在很大程度上服从于资产者对剩余价值的追求,造成大量迎合低级庸俗趣味的精神产品。私有观念的恶性膨胀,使自我中心、享乐至上、损人利己、尔虞我诈等观念和行为不断滋生,使精神上的空虚、道德上的堕落、生活上的腐败和各种社会病态无法避免。贪婪的资产者在把商品经济推向世界的时候,更是通过各种野蛮的超经济手段,进行直接的掠夺和不平等交换,推行强权政治,造成不平等的国际分工体系和不平等的国际政治体系。所有这一切都是与商品经济社会文明发展的客观要求相悖的,从而使资本主义制度下的社会文明呈现出巨大的发展、进步与严重的倒退、堕落并存的局面。

对社会主义社会也应当重新加以认识。由于社会主义社会与资本主义社会同处于商品经济社会这一大历史文明形态之中,它在社会生活各领域的基本活动方式上必然与资本主义社会基本相同。而且由于现实中的社会主义国家都是从商品经济不发达的国家中产生的,因此它们在商品经济社会文明的发展程度上一般也落后于西方发达国家(用西方学者的术语来说,就是在从"传统"到"现代"的发展序列上落后于发达国家)。确认这种相对落后和相对进步,并不意味着对社会主义的否定、对资本主义的肯定,而是对自然经济社会文明的否定、对商品经济社会文明的肯定。而且,从根本上说,以社会主义占有关系为基础的社会主义制度在本质上更能反映和适应商品经济社会文明发展的要求。由于在总体上消灭了劳动占有关系上的剥削性不平等,避免了巨大的贫富差距和根本的利害冲突,公有制占统治地位使发达商品经济客观要求的自觉的计划调节能够充分实现。经济上阶级剥削的消灭使政治上的平等、自由和民主化能够真正产生有利于全体社会成员整体利益的政治结果,使法律能够真正反映全体社会成员的共同意志。社会主义基本制度使社会的精神生产摆脱对少数人私利的依附,更好地为提高全体社会成员文化素质和精神境界服务。社会主义对人的解放可以使自由、平等、民主等观念和人道主义等道德准则获得更充分的发展和表现。社会主义奉行的独立自主、平等互利、和平共处的对外政策有助于建立新的平等的国际分工体系和国际政治体系。总之,社会主义制度能够避免资本主义制度的各种弊病,使整个商品经济社会文明得到更充分、更健康的发展。当然,这首先要求社会主义的劳动占有关系和社会生活各领域的组织结构与运行方式,必须建立在适应而不是违背商品经济社会文明发展的要求之上。对于劳动占有关系来说,就是不能企图实行对生产资料和劳动力的全社会范围的公共占有,以及对劳动产品的直接按劳分配(以个别劳动时间为依据);而只能实行以生产资料的局部的公共占有为主和劳动力的个人占有,以及对劳动产品的间接按劳分配(以社会必要劳动时间为依据)。只有这样才能使社会的经济单位和劳动者成为具有独立经济利益、能够自负盈亏的商品生产者。这也正是把社会主义占有关系作为区别于共产主义占有关系的另一独立类型的原因。

我国原有社会发展理论只以劳动占有关系为基础划分社会形态,因而过分强调了社会主义社会与资本主义社会的全面对立,以及目前的社会主义社会比资本主义全面进步,结果造成把发达资本主义国家中许多反映商品经济社会文明的进步现象,作为资本主义的腐朽现象加以否定,把目前社会主义国家中许多反映自然经济社会文明的落后现象,作为社会主义的进步现象加以肯定。可是随着时间的推移,当人们逐渐发现发达资本主义国家不仅在生产力水平上,而且在经济、政治、文化等各个领域的组织方式、活动方式和思维方式上都有许多更为进步之处时,对社会主义制度的全面怀疑就自然产生了。有人强调"正视现实",提出应当补资本主义的课,有人竭力回避现实,以抽象论证来"维护"社会主义的先进性。两种截然相反的态度,却出于同一个认识根源。非此即彼的理论框架使人们在社会主义抑或资本主义的两极对立中犹豫徘徊,单一、僵化的思维模式使人们无法回答亦此亦彼的现实问题。

四、我国当前的社会变革的实质

要想准确把握我国当前的社会变革,首先必须对我国原有的社会发展基本状态与性质有一个恰当的认识。

近代以来,我国在劳动占有关系上进入半封建、半殖民地状态,在劳动交换关系上处于自然、半自然经济状态。现代商品经济成分比重很小,并且因大部分是由帝国主义通过超经济强制移植入我国而畸形发展。与此相应的是中央集权的专制政体或军阀割据的分裂状态。近代以来一批批爱国志士不断掀起变革中国的浪潮,企图通过走西方资本主义国家的道路来发展我国的商品经济及其社会文明,但这种努力没有成功。中国共产党人循着俄国十月革命的道路,以社会主义为旗帜,领导人民推翻了帝国主义、封建主义和官僚资本主义的统治,变革了阻碍我国商品经济及其社会文明发展的劳动占有关系和政治统治关系,从而在客观上为我国商品经济及其社会文明的健康发展扫清了道路。因此,中国社会主义革命客观上担负着在中国充分发展商品经济及其社会文明的历史使命。

遗憾的是这一点当时尚没有被人们所认识,反而在中华人民共和国成立以后的30年中力图走一条与此完全不同的道路。在理论上,由于对马克思主义社会发展理论理解上的片面性和某种教条主义态度,主张依据马克思对共产主义初级阶段的设想建立"产品经济"体制,依据列宁关于过渡时期无产阶级专政的理论建立"一元化"政治体制。在实践上,由于自然经济社会文明成分及其传统影响的潜移默化,逐步形成了一种带有浓厚自然经济社会文明色彩的经济、政治、文化体制和社会体制。(应当指出,这种体制在其初期曾经强有力地推动了我国社会生产力和社会生活的进步,但当社会化大生产发展到一定程度之后,其消极作用就日渐明显地表现出来了。)所谓"产品经济"体制实际上是一种限制和排斥商品经济关系、政府直接管理为基本特征的实物配给型体制,即一种放大的半自然经济型体制。按行政系统和区划管理经济,使社会化的经济机体被人为地分割为无数"大而全""小而全"的半自给自足单位,以分配代替交换,以调拨代替流通。统包统配的就业制度使劳动力事实上为部门、单位所有,产生类似人身依附的依赖关系,社会流动很小,形成半封闭的社会结构。"一元化"的政治体制造成权力过分集中,缺乏合理的划分和制衡,民主政体很不完善。政府机构对社会生活过渡地直接干预和控制,社会功能结构缺乏分化。政府官员的选拔使用和管理缺少公开的竞争机制、严格的考核和监控机制。家长式领导比较普遍,行政行为人格化色彩较浓。缺乏实施宪法的保障制度,政治、经济、文化和社会生活立法十分薄弱,法律面前人人平等的原则和公民的基本权利经常遭到破坏,以权代法的"人治"现象较为普遍。在思想文化领域中存在着半封闭的大一统模式,在学术研究和文艺创作领域中经常出现粗暴的行政干预,知识分子多次遭到不公正的排斥、打击、忽视科学、教育事业的发展,自由、平等、人道主义等观念长期受到不适当的批判。在社会思想观念中较为普遍地存在着个人和权力崇拜倾向、血缘、宗法观念,平均主义的价值取向,束缚个性的群体道德原则等。所有这一切都日益严重地阻碍了我国商品经济及其社会文明的全面发展和进步。总之,从劳动占有关系决定的社会基本利益关系来看,我国原有社会的性质是社会主义社会,从劳动交换关系决定的社会基本活动方式来看,我国原有社会的性质是半自然经济社会。

我国当前社会变革的实质,就是在社会主义性质不变的前提下,实现从半自然经济社会文明形态向商品经济社会文明形态的转变。在社会基本利益关系上,这种变革并不引起质变(但会引起量的调整),因此表现为"改革"在社会基本活动方式上,其变革是一种质变,所以可以视为"革命"。正是由于这种社会变革不是一个阶级推翻另一个阶级的统治,而是改变社会所有成员的活动方式,它只能以自上而下、有领导、有步骤地以渐进形式进行。而从半自然经济社会文明形态向商品经济社会文明形态转化的整个过渡时期,就是我国社会主义社会发展的初级阶段。这一过渡时期的长短,是要以代际更替的尺度来计算的。

我国当前社会变革的重要前提是开展商品经济社会文明的启蒙运动。在欧洲商品经济社会文明兴起的初期,资产阶级启蒙思想家高高举起的自由、平等、民主、法治等旗帜,实际上是反映、代表了商品经济社会文明发展的呼声。这一思想启蒙运动为商品经济社会文明的发展提供了强大的精神武器,建立了不可磨灭的历史功绩。但是,由于资产阶级的偏见,这些美好的口号和目标一开始就被建立在抽象的、非历史的理论基础之上,并由于资本主义制度的限制和扭曲而从来没有真正彻底地实现过。我国自然经济社会文明的历史传统非常深厚,1949年后又在相当程度上继续留存于社会生活的各个领域,并在思想理论上造成对马克思主义学说的某种扭曲。因此,我们要在社会主义条件下实现从半自然经济社会文明形态向商品经济社会文明形态的转化,也必须进行广泛、深入的思想启蒙运动。要在科学地恢复和发展马克思主义基本原理的前提下,为商品经济社会文明的思想启蒙运动提供一个科学的理论基础。要改变社会主义与商品经济社会文明互不相容的思维模式,建立社会主义与商品经济社会文明有机统一的理论框架。要在社会各阶层中深入、广泛、持久地开展社会主义商品经济社会文明的思想启蒙活动,为我国商品经济社会文明的健康发展创造普遍的社会思想基础和前提。这种思想启蒙活动也必然为克服那些以为只有走资本主义道路才能发展商品经济社会文明的错误认识提供有说服力的思想武器。

我国当前社会变革的必要条件是实行全面的对外开放。商品经济本质上是开放的、世界性的经济形态,它担负着把整个人类的生产活动联为一体的历史使命。商品经济社会文明本质上也是开放的、世界性的文明形态,它使人类文明的发展超出了国家、民族的界限,在全世界的范围内联结在一起,使各国、各民族的社会文明在相互交流、影响、促进中向前发展。在这种人类文明的世界性汇合、交流中,包含着新旧两大文明形态的冲突,总的趋势是商品经济社会文明战胜自然经济社会文明而成为人类文明发展的主流。这种人类文明的世界性汇合、交流,又是一体化与多元化的统一,它既蕴含着各国、各民族本质上趋同的倾向,又表现为各国、各民族形式上多样化的发展。从根本上说,我国和许多落后国家爆发社会主义革命的原因,只有以这种世界性的文明交流和冲突为背景才能得到合理的揭示;而当前我国和许多社会主义国家发生社会变革的外部动因,也是发达的世界商品经济社会文明体系造成的巨大压力和强大引力。正由于我国商品经济社会文明发展的相对落后,更需要从外部为"引进"商品经济社会文明发展的积极因素来促进、强化我国商品经济社会文明的发展,也只有把我国商品经济社会文明的发展纳入世界商品经济文明发展的体系和主流之中,它才能在经受世界性竞争、比较的洗礼中真正成熟和壮大起来。因此,全面对外开放对于我国当前的全面社会变革来说,绝不是可有可无的因素,而是关系到胜败存亡的必要条件。在一定意义上可以说,全面对外开放程度是我国社会变革发展程度的指示器。我们应当坚决而稳妥地全面打开对外开放的大门,放开眼界吸收、借鉴世界各国发展商品经济社会文明的成果、经验和教训。由于我国社会的社会主义性质和具体的历史与民族条件,在这种吸收和借鉴中,要将资本主义制度对商品经济社会文明的扭曲予以复原,对资本主义制度造成的腐败现象加以剔除,并与我国商品经济及其社会文明的成长、发育程度相适应,与本民族的传统、特性相结合。由于国际经济、政治条件的巨大变化,我国和落后国家商品经济社会文明的发展也不可能重复西方发达国家的具体道路。对这些都是必须有清醒认识的。

最后，应当强调指出，商品经济社会文明既有相对于自然经济社会文明的巨大历史进步性，也有相对于自由经济社会文明的历史局限性。如高度的社会分工引起劳动的异化和人的异化，竞争造成的巨大压力和起伏动荡，社会关系物化引起的各种拜物教，以及形式上的平等和事实上的不平等等各种缺陷和弊病。但是，这些缺陷和弊病是它自身运动中不可避免的。我们可以避免资本主义的弊病，但无法避免商品经济社会文明的弊病。只想享受商品经济社会文明带来的欢乐而不愿承受商品经济社会文明造成的痛苦，乃是一种非历史的幻想，正如人类只能以牺牲部分成员的利益为代价经过阶级社会走向无阶级社会一样，人类也只能经过以物的依赖性为基础的人的独立性走向全面发展的自由个性。在这里，任何情感的好恶和道德的评判都只能服从历史的选择。这种选择以铁的必然性表现出来，使任何善良的愿望无法抗拒。我们只有勇敢地经受商品经济社会文明的洗礼，才有可能走向美好、壮丽的未来。

（原文载于《社会学研究》1988年第3期。此次收录略有修改）

社会学的繁荣与发展：
迈向中国化之路

许妙发

1930年,以中国社会学社的成立为标志,社会学在中国进入了一个全面繁荣发展的新阶段。这一时期出版的各种社会学著作数量之多,质量之高,涉及的领域之广,以及在学术上的地位和影响都是空前的。这一局面的形成,大致有三个方面的原因。

首先,在国内各大学、研究机构和社会调查团体中,已经形成了一大批具有较高理论素养和较为丰富的社会实地研究经验的知名学者群体,如陶孟和、陈长蘅、李达、孙本文、陈达、许仕廉、潘光旦、吴景超、李景汉、应成一、杨开道、吴泽霖、黄文山、李剑华、言心哲、吴文藻、严景耀、柯象峰、李安宅、杨堃、张世文、龙冠海、陈序经、李树青等,同时还有像费孝通、林耀华、瞿同祖、冯和法、张之毅、田汝康、史国衡、陈定闳等一批迅速成长起来的社会学新锐。他们在经历了对欧美社会学相当时间的移植和模仿后,试图跳出西方社会学的窠臼,面对中国的国情和社会问题,进行独立思考和实地调查研究。

其次,中国的社会学家们虽然师学渊源不尽相同,研究领域也各有侧重,但他们确立了共同"建设一种中国化的社会学"的奋斗目标,并在"依据有系统的计划努力切实进行"[①]。比如：系统地介绍世界各国社会学名著、重要的社会学理论与研究方法;实地研究中国社会的特性,并对各地重要的文化区域开展系统的实地调查;"采用欧美社会学上之方法,根据欧美社会学家精密有效的学理,整理中国固有的社会思想和社会制度,并依据全国社会实际状况,综合而成有系统、有组织的中国化的社会学"[②];运用社会学的理论和方法,研究解决实际社会问题,推进中国社会的改造和建设。诚如中国社会学社第一任正理事孙本文所言："全国社会学者正在努力建筑社会学的基础……各专一门,各尽所长,以期分工合作完成整个社会学的使命。"[③]

再次,1931年"九一八"事变以后出现的严重的民族危机、崩溃的农村经济、剧烈的社会变迁和尖锐的社会问题,迫使社会学者们自觉或不自觉地走出学术研究的"象牙塔",深入社会的各个层面和农村的各个社区,广泛而深入地进行认识国情、改造中国的实地调查和学术研究,从而

---

① 孙本文：《中国社会学之过去现在及将来》,载于《中国人口问题》,世界书局1932年版。
② 同上。
③ 孙本文：《当代中国社会学》,胜利出版公司1948年版,第238页。

极大地拓展了社会学研究的范围和领域,丰富了社会学的研究成果。

总之,从20世纪30年代开始,中国社会学无论是在普通社会学的研究领域,还是在社会学分支学科的开拓发展以及经验社会学的研究上,都取得了长足的进步,堪称是中国社会学蓬勃发展的历史时期。

一、理论社会学研究的进展

从20世纪30年代起,社会学基本理论研究,从社会文化、制度、社会生物因素以及整体综合性等方面展开。

当时中国的社会学界,虽然还没有形成学术上的流派,但已经出现了各专一门、有所侧重的研究趋向。多数社会学家依据其所学专长和各自的研究重心,分别呈现出注重社会心理因素、注重社会文化因素、注重社会生物因素、注重社会整体或综合性等特点,并以此来解释社会现象,构建其社会学理论和方法体系。在30年代出版的近20部普通社会学著作中,孙本文的《社会学原理》堪称是这一时期最具代表性和最有影响的一部著作。之所以这样说,一是因为这部综合学派的社会学著作是集欧美社会学原理之大成,二是该书于1935年出版直至1949年,重版达11次之多。其间,于1940年被列为部颁教学用书,在当时学术界产生过广泛的影响。

《社会学原理》初版时为5编26章,后作者加以修订,增删为5编28章。作者认为该书的重点所在系"介绍欧美社会学上最新思想",即文化学派的社会学,强调文化是社会成立的基本因素,"无文化即无社会"。全书"注重文化与态度之讨论",认为"文化与态度的交互作用,乃产生种种社会现象。文化固然常受态度的影响,而态度也常受文化的影响,二者互为因果,不能分离"[①]。作者把社会学体系的理论基础建立在文化社会学的观点之上,提出社会学研究的中心是人类的文化,而文化具体体现为人类的社会行为,因而社会学是研究社会行为的科学。孙本文认为,既然社会生活完全受文化支配,因此要改造社会,也就是要改造文化欲根本改造社会者,必须从社会的根本要素文化方面下手。从物质文化方面,改造社会的物质生活。从非物质文化方面,改造社会的精神生活。[②] 由于《社会学原理》在阐述社会学的基本概念、基本理论、基本问题以及研究方法上自成体系,"采各家之长,凡社会学上重要方面,无不论及。循序渐进,欲使社会学全部知识,成为一有机的体系"[③]。同时,该书的论断又"取欧美社会学上最新思潮,并信其较为正确者",而且"引证事实之处,凡可得本国材料者,即用本国材料"[④],因而成为当时中国理论社会学研究方面最具权威性的著作。

注重社会文化因素的学者除孙本文外,还有黄文山(字凌霜)、陈序经、吴文藻等。黄文山在

---

① 孙本文:《社会学原理》,商务印书馆1935年版,第293页。
② 同上,第338页。
③ 同上,第2页。
④ 同上。

《社会进化》(1929)一书中提出:"我们可以说,社会的进化,无非文化之发达,一群的文化之演进支配社会文化之方向或趋势,必要求诸文化进化的原理。"①陈序经在《中国文化的出路》(1934)一书中,运用西方社会学、人类学和文化学的各种理论为基础,提出一元论的文化观,全面论述其全盘西化的理论和主张。吴文藻在《〈社会学丛刊〉总序》(1944)一文中指出:"现代社区的核心为文化,文化的单位为制度,制度的运用为功能。我们就是要本着功能的眼光及制度的入手,来考察现代社区及现代文化。因此,也可以说,社会学便是社区的比较研究,文化的比较研究,或制度的比较研究。"②

除了上述注重文化与制度的因素外,还有注重社会生物因素和社会整体综合性研究的理论观点。前者如潘光旦在《自由之路》(1946)一书中提出的,不仅要从社会进步,而且从种族进步来研究社会生活的三个方面:一是通性,即"尽人具备之性",这是社会秩序的基础;二是个性,个性尽管有高下优劣之分,但保护、培植的适宜,则是文化进步的一大因缘;三是性别,即男女之分,婚姻的制度、家庭的组织,至于民族的寿命,都直接或间接地依赖着它。后者如吴文藻在其主编的《〈社会学丛刊〉总序》中阐发的观点理论符合事实,事实启发理论,必须理论与事实糅合一起,获得一种新综合,而后现实的社会学才能根植于中国土壤之上。③ 又如应成一在《社会学原理》(1932—1933)一书中认为,社会学是沟通各种科学界域,融合各种科学见解,贯通心理现象、生物现象和物理现象,以研究社会现象为目的的一门综合科学。

与吴文藻一样既重视社会文化因素又注重社会整体研究的还有孙本文。1944年,他发表《社会学体系发凡》一文,意欲进一步深化和完善其在《社会学原理》中阐述的社会学理论体系。孙本文从社会学研究对象是社会行为这一基本点出发,把社会行为分成基本的社会行为(又分交互、集体)和复合的社会行为(又分团体、社区)两种,进而提出社会行为本身应当研究:社会行为形成的因素(包括地理、生物、心理、文化),社会行为表现的过程(接近、远离),社会行为表现的机构(基本的社会制度——社会规范,复合的社会制度——社会组织),社会行为表现的功能(社会控制的方法、方式、领导人物的控制)和社会行为变迁的内容与方向(方式、内容、原因、方向)。这五大问题中每个问题都包括若干个小问题,每个小问题连带而及若干个方面,直至论及实际行为而止,由此层层推演而成一种系统、严密的研究体系。

翌年,孙本文又在《社会学的基本观点》一文中,进一步从方法论上为自己的社会学体系提出社会整体、社会结合、社会有机和社会演进四个基本观点。所谓社会整体的观点,即研究任何社会现象、社会问题,都要从整个社会来观察;社会结合的观点,就是把社会看成是人与人的结合,必须重视人与人之间的关系和行为;社会有机的观点,是说个人与社会密不可分,不可忽视;社会演进的观点,就是要看到社会的本质是变动的、向前发展的,任何社会现象有它的历史,也必然有其发展变化。

---

① 黄凌霜:《社会进化》,世界书局1929年版,第5页。
② 吴文藻:《〈社会学丛刊〉总序》,载于《文化论》,商务印书馆1944年版,第2页。
③ 同上。

孙本文这一探索中国化的社会学理论体系,有些观点与方法,在吸收和综合欧美社会学理论研究的基础上有所提高,并有所完善。然而严格说来,这个体系还远没有摆脱西方社会学理论尤其是文化学派和心理学派思潮的束缚。正如日后他自己所说的那样不是把社会物质资料生产方式看作是决定社会发展、决定社会由一种制度过程到另一种制度的主要力量,而是把社会的地境因素、生物因素、心理因素或文化因素看作是决定社会一切的条件。显然,这样不是属于唯心主义的一元论,就是属于唯心主义的多元论。① 然而不可否认,作为综合学派社会学的核心人物,孙本文的社会学理论体系代表了发展时期中国社会学理论研究的最高成就,其影响甚至一直延续到中国社会学的恢复与重建时期。

二、分支社会学研究的深化

20世纪30年代以后,中国的社会学者在不断地开拓应用社会学的研究领域,出版了各种分支社会学著作多达24种,涉及的门类有农村社会学、都市社会学、社会心理学、教育社会学、两性社会学、知识社会学、犯罪社会学、文化社会学等,其中尤以农村社会学和社会心理学这两个分支学科发展最快,影响较大。

农村社会学在西方社会学中也属于一个比较后起的分支学科,但它在中国的出现并不算太迟,20世纪20年代中期已经有顾复所著的《农村社会学》问世。到了30年代,农村社会学的研究有了进一步的发展,前后共有5本著作问世。其中较有影响的两本书是冯和法的《农村社会学大纲》和言心哲的《农村社会学概论》。

冯和法所著的《农村社会学大纲——中国农村社会研究》,出版于1929年。1934年出第4版时,作者对全书作了较大篇幅的修改。书中指出,农村社会学是普通社会学的一个分支,农村社会学的成立,并不是要对农村社会进行单独的或隔绝的研究,是为专门深究起见,而把农村社会学作为研究的对象。研究的方法,还是应用普通社会学的基本概念,不但要注意各种农村社会现象在动的方面的相互关联与互倚,更要注意到农村社会现象与都市社会现象间的关联与互倚。作者认为,应当从总的社会现象中去研究农村社会现象的构成、变动及趋势,并且要从社会生产关系中发现和分析各社会因子间的关联与因果,而不应该凭空地、单独地解说各种社会现象本身。此书不仅运用了历史唯物主义的观点对中国农村生产关系进行解剖,而且还以土地问题为中心议题进行分析论证,积极主张反对帝国主义和封建主义的压迫。虽然作者自称该书还没有完全摆脱美国"农村社会学"的模式,但在当时仍不失为一本有影响的社会学著作,获得诸多中外学者的好评,并被多所大学采作课本。

言心哲所著《农村社会学概论》出版于1934年,该书试图"从整个社会观点,用有系统的方法,讨论我国农村社会各项问题"②作者在书中旁征博引,尽可能地把中外学者的观点和见解无

---

① 孙本文:《帝国主义时代资产阶级社会学的思潮内容及其对旧中国的影响》,《新建设》1956年第11号。
② 言心哲:《农村社会学概论·序》,中华书局1934年版。

一遗漏地介绍给读者,并且在分析中国农村社会学的研究状况时,比较重视搜集各地社会学者在开展实地调查中获取的第一手资料和统计数据,论述全面,材料翔实,因而成为集以前同类著作之大成,是中国农村社会研究中的"农村社会学派"的代表作。但也有学者对他的著述提出批评,认为作者叙述农村社会学在中国重要的理由,并不从根本的社会结构与社会经济发展的比重来说明,只是提出什么民食、人口、农户、农家、民意、教育、历史、原料,以及农村与都市的关系等表面的情形①,因而成了一种"炒杂烩"式或"百科全书"式的农村应用社会学。

与此同时,成立于1933年的中国农村经济研究会及其《中国农村》月刊,在陈翰笙的领导下,团结一批有志于改造中国农村的革命青年和进步人士,开展了广泛的农村社会调查。他们在获得大量丰富的实际材料以后,发表了一系列的调查报告和研究文章,对农村社会学在中国的发展起到了一定程度的推动和促进作用。

社会心理学研究在20世纪30年代的发展主要表现为,出版的译著质量明显提高,并且出现了中国学者自己编写的著作。1931年,由赵演翻译的美国心理学家奥尔波特(F. Allpot)所著《社会心理学》一书出版。该书系社会心理学名著,全书贯穿了社会心理学是研究人的社会行为与社会意识的科学的观点。1934年,高觉敷编著的《群众心理学》出版。此书系根据国外多名学者的著作编写而成。作者认为本书只是要描写群众的行动及群众行动之背后的动机,对于舆论、宣传、流言等事,只求根据近时实验的结果而加以诠释,最后数章评述群众心理学,然而学说创造谈何容易,以作者的努力,则又岂敢。② 这正是当时社会心理学研究的实际状况的写照。

20世纪40年代中后期,社会心理学研究有了突破性的进展,其标志是孙本文所著《社会心理学》(1946)一书的出版。该书共有6编30章,分别探讨了社会心理学的目的、对象、范围、问题以及渊源流派,阐述了人类行为的基础与形式,社会环境对个人行为的影响和社会制约个人行为的法则,讨论了个人行为对于社会的影响,个人对于社会环境调适的法则以及社会心理学的应用。书后附有社会心理学重要文献年表、重要作家小传以及书目、人名索引等附录。作者认为,社会心理学是介乎心理学与社会学之间的以个人行为与社会的相互影响为研究对象的一门学科。孙本文指出,现代社会心理学的发展趋势是:在内容方面,注重个人在社会中的调适行为及整个社会情景的背景;在方法方面,注重实际观察与实验的研究;在应用方面,注重社会各部门实际问题的探讨。该书贯彻理论与应用并重的原则,特别是在社会心理学原理的应用上,以不背离中国固有的优良思想和当时的世界潮流为主,将社会心理学的各种流派和学说融为一体。尤为可贵的是,作为中国第一部系统的社会心理学专著,孙本文在书中广泛取材于中国的有关资料,在社会心理学中国化方面作了有益的尝试。

在社会学分支学科不断深化发展的同时,大批研究中国社会问题的著作也相继问世。其中泛论社会问题的有9种,讨论人口问题的有18种,研究婚姻、家庭、妇女问题的有10种,研究劳工问题的有6种,还有其他诸如研究贫穷、华侨、自杀等问题的著作近10种。其中,陈达的《中国

---

① 冯和法:《评言心哲先生著〈农村社会学概论〉》,《中国农村》1935年3月第1卷第6期。
② 高觉敷:《群众心理学·自序》,中华书局1934年版。

劳工问题》(1929)、《人口问题》(1934)影响较大。

《中国劳工问题》是陈达研究 20 世纪前期中国都市劳工问题的专著。该书依次阐述了工人生活、工会组织、罢工斗争、工资和工时、生活费、福利设施和劳工法规 7 个问题,并分别将国外情况与此对比。书中还详细列举了从 1918 年至 1926 年期间中国工人每年的罢工次数,参加的工人数和罢工日数等资料。作者采用生存竞争和成绩竞争的理论来分析中国的劳工问题,认为中国劳工问题关系到工界、雇主、社会和政府等各个方面,而与劳工问题最有关系的是资产阶级和劳工阶级。为此,他提出了具体解决劳工问题的 4 个设想:用科学的方法研究劳工的生活状况;制定保证工作条件的工厂法和社会保险等立法,强迫劳资双方共同遵守;研究制定劳工能够谋生的工资标准以及制定合作制度、失业保险、科学管理等制度,改善劳资关系,以利劳资合作。陈达站在同情劳动大众的立场上,提出改善劳资关系、增进社会发展的良好愿望,虽然在当时的社会制度下难以得到实现,但却体现出一个社会学家为改变中国贫穷落后面貌和社会贫富不均现象的责任感和良知。书中提供的丰富而翔实的资料,不但受到社会各界人士的重视,还常常被许多学者在研究中加以引用和参考。

陈达的《人口问题》曾被商务印书馆列为清华大学丛书之一。该书以生存竞争与成绩竞争的理论为主导,结合当时世界各国的人口状况与人口政策,对中国人口的现状与发展作了详尽的论述。书中联系我国的耕地面积、生产水平、生活程度等因素,明确提出,中国人口太多,应当通过推行节制生育来限制人口数量,主张每对夫妇一般只生一对子女,即实行"对等替换"。作者同时还强调要重视提高人口的素质,他认为,影响人口品质的原因,既有先天的遗传因素,又有后天的环境因素。因此,为了提高人口品质,既要实行符合优生原则的区别生育率,也要大力发展教育卫生事业。总之,人口数量直接与生存竞争有关,人口品质直接与成绩竞争有关,解决中国人口问题的出路就在于减少人口数量,提高人口质量,唯有如此,才能改变中国贫穷落后的面貌,达到强国富民的目的。

三、社会调查的持续发展与乡村建设运动的崛起

1. 社会调查的重点转移

从 20 世纪 30 年代起,社会调查运动在持续不断地向前发展的同时,其研究重点也开始转向农村经济方面。如北平社会调查所与中央研究院社会科学研究所合作开展的保定清苑农村经济调查,中央研究院社会科学研究所与岭南大学联合进行的广东农村经济调查,中华平民教育促进会主持的河北定县农村社会调查,以及金陵大学、清华大学、燕京大学、南开大学、华洋义赈会等学术机构和社会团体开展的清河镇调查、江苏吴江开弦弓村经济调查、江宁淳化农村社会调查、泗阳社会调查、旧凤凰村调查、南宁社会调查等,并先后发表了一批有一定学术价值和社会影响的调查报告,其中最著名的当属李景汉的《定县社会概况调查》(1933)和费孝通的《江村经济》(英文版)(1939)。

《定县社会概况调查》是李景汉运用社会学方法,以县为单位所做的系统实地社会调查的专著。该书共分17章,从内容看,既包括全县普通概况,又包括定量方面的数据;既包括全县各村的概貌,又包括62个村庄及翟城村的典型;既有农业、工商业、手工业、农村借贷和家庭生活费的经济状况,又有文化、教育、卫生、风俗、娱乐、宗教等社会状况;既有县衙门的情况,又有地方团体的情况;既反映了天灾的情况,也反映了人祸(赋税、兵灾)的情况。正文前冠以河北省图、定县图、定县自治区图、高头村图、翟城村图等12幅地图,以加深对被调查社区的空间印象。书中穿插照片62张,以加强对社会生活的形象说明。由于报告具有内容翔实,以事实说话,以实用为目的,不作评论与结论,不是为调查而调查等特点,因此"可以帮助人民对于中国一般的农村情况有一个鸟瞰的认识,尤其是从这些表格的数字里可以发现许多的农村社会问题,得到许多社会现象的线索"。① 该书出版后,得到众多社会学家的推崇。晏阳初、陈达、孙本文、吴景超、陈翰笙等人分别从各种不同的角度肯定了李景汉这部著作的学术价值,认为此书为研究定县及整个华北地区的社会概况提供了一条可供比较的基线,调查中所使用的方法也有较大的参考价值,是国内外了解20世纪30年代中国社会问题的必备书籍。

《江村经济》是费孝通于1936年回家乡江苏吴江县开弦弓村养病期间,通过深入细致的实地考察,在此基础上用英文写成的博士论文。1939年在英国出版,英文书名为《中国农民的生活》。开弦弓村是一个农业加手工业的典型社区,通过调查,农村中农业、家庭副业和乡村工业的关系问题引起了费孝通的关注。在他看来,传统中国农村经济具有工农相辅的内涵,农业与手工业的密切结合在中国延续了几千年。世界经济萧条和工业中广泛地技术改革,引起了国际市场上原料价格的下跌,进而引起中国农村的农民收入降低到不足以维持最低生活水平所需的程度。在开弦弓村,当时经济萧条的直接原因是家庭手工业的衰落,实际上这也是中国所面临着的传统工业的衰亡,这完全是西方资本扩张的结果。通过对开弦弓村的深入调查研究,费孝通准确地把握了农村的基本问题"是人民的饥饿问题"②。他认为仅仅实行土地改革、平均地权并不能最终解决中国农村问题,问题的关键"不在于紧缩农民的开支,而应该增加农民的收入","恢复农村企业是最根本的措施"③即走乡村工业化之路。书中,作者对中国农民的消费、生产、分配和交易等体系作了详尽的描述,阐明了江村这一经济体系的特定地理环境,以及和所在社区的社会结构的关系。

2. 乡村建设运动的理论和实践

乡村建设运动是20世纪二三十年代,也就是1926—1937年间,由一大批知识分子倡导并参加的、以建设和复兴中国农村与解决中国农民问题为主旨的、颇具声势的社会改革运动。参加运动的先后有600多个团体,主要有:山东乡村建设研究院、中华职业教育社、河南镇平等县民团组织、江宁实验县、兰溪实验站、定县平民教育实验区、广西经济委员会农村建设实验区等。

---

① 中华平民教育促进会编印:《定县的实验》,《社会学研究》1989年第5期。
② 费孝通:《江村经济》,江苏人民出版社1986年版,第200页。
③ 同上,第202页。

其中影响最大的有3个,它们分别是:晏阳初领导的定县平民教育实验区,梁漱溟领导的山东乡村建设研究院和俞庆棠领导的江苏乡村教育。在乡村建设运动中,涌现出各种各样的乡村建设思想,其中以晏阳初的"民族再造"和梁漱溟的"创造新文化,救活旧农村"两种乡村建设思想最为系统,影响也最大。

1926年,晏阳初领导的中华平民教育促进会选定定县为华北地区实验区,之所以选中定县为实验县,是因为"定县的农民生活,乡村组织,农业的情形,都可以相当的代表全国各县。定县距离城市较远,人民生活未受都市的特殊影响,交通上有平汉铁路的便利,比较合适的做县单位的实验"①。实验区起初注重平民教育,开展识字运动,后觉悟到在乡村办教育而不谋求整个的乡村建设,是无法达到改造社会、振兴中国农村目的的。1930年平教会针对调查中归纳出来的中国农民"愚、穷、弱、私"四种缺点,提出了在人人取得最低限度的文字教育的基础上,实施四大教育,即以文艺教育培养知识力,以救农民之愚;以生计教育培养生产力,以救第一编农民之穷;以卫生教育培养强健力,以救农民之弱;以公民教育培养团结力,以救农民之私。这四种教育,包括了平民生活的一切。他们相信,办好了这四种教育,社会就有了基础,就能够在定县实现"除文盲,做新民"的目标。为了推行四大教育,平教会又提出了"学校的""家庭的""社会的"三种方式连环进行的设想,力图实现政治、教育、经济、自卫、卫生和礼俗六大整体建设。定县实验区的工作,曾吸收了包括博士、硕士在内的200多名优秀知识分子的共同参与,在经过数年努力以后,也取得了一定的成绩,其中平民教育的效果最为明显。1933年定县平民学校的高、初两级毕业生就达1 644人。平教会在进行社会调查工作的同时,从1932年起,开始编写定县社会调查丛书,先后出版的著作和调查报告有:《定县社会概况调查》《实地社会调查方法》《定县秧歌选》《定县农村工业调查》《定县选样人口调查》《定县土地分配调查》《定县农民生活费调查》等14种,其中李景汉撰写的《定县社会概论调查》和张世文撰写的《定县农村工业调查》两书影响最大,前者被认为是一部"极有价值之著作"。②

1931年,梁漱溟在山东邹平县创办乡村建设研究院。研究院分为三部分:第一部分是乡村建设研究部,招收大专院校的毕业生,任务是研究乡村建设理论;第二部分是乡村服务训练部,招收高初中毕业生或同等学历者,任务是训练乡村服务的工作人员;第三部分是乡村建设实验区。整个工作采用行政机关教育化的制度,依据丹麦"始终以人生问题为中心"的教育模式,通过建立乡学、村学,吸收全部乡村的人做学众,启发农民的自觉性。梁漱溟认为,要解决中国的社会问题,必须从积极的文化建设方面来进行乡村建设。除了消极地救济乡村以外,更要紧地还是积极地创造文化,所谓乡村建设,就是要从中国文化里转变出一个新文化来。③ 他主张,中国建设必须走乡村建设的道路,必须走振兴农业以引发工业的道路。中国要建立一个新的礼俗社会,就要从文化教育入手,乡办农校,政教合一。

---

① 李景汉:《〈定县社会概况调查〉序》,平教会1933年版。
② 何廉:《定县社会概况调查·序》,平教会1933年版。
③ 梁漱溟:《乡村建设大意》,邹平乡村书店1936年版,第25页。

对于乡村建设运动的理论和实践,社会学家们纷纷发表了不同的看法。吴景超在《第四种国家的出路》(1937)一书中指出,搞乡村建设运动解决不了中国农民的问题,"中国农民的生计问题,不是现在各地的农村运动所能解决的","农村运动的力量所能达到的农民,在全体农民中,不过九牛之一毛,即使这些农民得救,对于大局还是无补。这一点还不算重要。最重要的,就是这个问题的性质太过于复杂,牵涉的方面太多,不是几个私人团体所能解决的"①。陈序经在《中国文化的出路》(1934)一书中毫不客气地批评乡村建设运动,他认为,乡村建设是一种实际工作,然而10多年的乡村建设工作,还未超出空谈计划与形式组织的范围,实际工作寥寥无几,就是做了,也多是空而无用。即便是亲身参加了乡村建设运动的李景汉本人也不无感慨地指出:定县实验区的工作虽然取得了一些成绩,但是,定县的社会经济组织,仍然保留着原有的生产关系,定县最大多数民众的经济生活,并没有发生根本的变革。农村经济随着国民经济的破产而日益衰落,其原因是没有也不可能解决农村经济的根本问题——土地问题。因此,土地问题得不到适当解决,则农村一切问题无从谈起。②

但是,如果从乡村建设运动与社会学的关系上看,则不难发现,在参加乡村建设运动的知识分子中,有不少是社会学的教授与学生,他们为乡村建设人员讲授农村社会学的知识,指导开展农村社会调查,也在一定程度上推动了农村社会学在中国的普及与发展。

四、社区研究与社会学中国化的路径

1937年,抗日战争全面爆发。北京、天津、上海、广州等地的大学和研究机构纷纷内迁至四川、云南、贵州等西南各省,大批社会学家亦随校迁移而云集于川、黔、贵三地。他们怀着强烈的爱国热情,在物质生活条件极度缺乏的情况下,开展战时社会服务工作,进行人口普查实验和乡村建设实验,对不同类型社区和少数民族地区进行深入的调查研究。其间,以清华大学国情普查研究所、云南大学社会学研究室和华西大学边疆研究所3个学术研究机构最为著名。其取得的研究成果和发表的各种著作,对中国社会学的发展有着重要的学术贡献和影响。

清华大学国情普查研究所成立于1939年,由陈达担任所长,李景汉任调查主任。该所以开展较大规模的现代式普查工作为重点研究方向,目的是为战争期间及战后制定适合国情、系统周密的统计计划和整个国策提供理论依据与技术经验。1939年1—4月,该所在呈贡县进行了人口普查工作。1942年春,又主持了与内政部和云南省政府合作进行的昆明市、昆明县、昆阳县和普宁县四个县市的户籍调查,并且对呈贡县及昆阳县的一镇三乡进行了户籍人事调查和呈贡县的农业普查,先后发表了《云南呈贡县人口普查初步报告》(1940)、《云南省户籍示范工作报告》(1944)、《云南省呈贡县、昆阳县户籍及人事登记初步报告》(1946)等一批调查报告。在此基础上,陈达用英文写成《现代中国人口》一书,于1946年在美国发表。该书对我国近百年来的人

---

① 吴景超:《第四种国家的出路》,商务印书馆1937年版,第21—22页。
② 李景汉:《定县土地调查》,《社会科学》1936年第1卷第2期。

口发展规律作了深入的研究,并结合 20 多个国家的人口研究资料,进行对比分析,论述了中国人口发展变化与社会经济条件、婚姻、家庭、职业等的内在联系,探讨了人口政策、优生及性教育问题,因而受到国际社会学界的重视,被誉为是一本真正以科学态度研究中国的书。

云南大学社会学研究室同样成立于 1939 年,前期由吴文藻负责主持工作,后由费孝通接任。参加研究室工作的先后有田汝康、张之毅、史国衡、谷苞、李有义、胡庆钧等十几人。他们以社区分析的研究方法,从一些尚未受到近代工商业影响的农村开始,进而到农村手工业,再到近代工业的发展过程中,循着调查预先准备好的假设,步步深入,逐步获得答案,并与不同地区类似的情况进行比较,以便对所研究的问题得出更加可靠的结论,并提出新的假设。起初,研究室在禄村和玉村 3 个不同的乡村社区观察研究土地制度、土地集中与手工业、资本积累、家庭组织的关系,后来扩展到在昆明的工厂里观察研究农民如何转变为工人,以及内地如何发展工业等问题,同时也开展了对少数民族的调查。在深入进行实地考察的基础上,发表了一系列的调查报告和研究成果,计有:费孝通的《禄村农田》(1943)、张之毅的《易村手工业》(1943),史国衡的《昆厂劳工》(1946)、田汝康的《芒市边民的摆》以及《玉村土地与业》《洱村小农经济》《个旧矿工》《化城镇的基层行政》《内地女工》等。

华西大学边疆研究所成立于 1941 年,先后由李安宅和林耀华主持。该所的实地研究工作近似于云南大学社会学研究室,也是在一定的小区里进行长期的、多方面的实地观察,研究少数民族地区不同部落的宗教制度和土司制度,旨在用当地的事实来验证人类学的理论,并加以引申和修正。其间,林耀华撰写的《凉山夷家》为该所重要的研究成果。

抗战期间在西南地区形成的社区研究和边疆少数民族调查的热潮,在理论架构和研究方法上有了新的变化。在理论上,社区研究汲取了英国社会人类学的功能主义学派理论作指导,即本着功能的眼光,从制度入手,来考察现代社区与现代文化;在研究方法上,采用"田野作业"法,注重实地考察,切身体验,直接去和实际社区生活发生接触。因此,社区研究就是"大家用同一区位或文化的观点和方法,来分头进行各种地域不同的社区研究","民族学家考察边疆的部落或社区,或殖民社区;农村社会学家则考察内地的农村社区,或移民社区;都市社会学家则考察沿海或沿江的都市社区。或作模型调查,即静态的社区研究,以了解社会结构;或专作变异调查,即动态的社区研究,以了解社会历程;甚或对于静态与动态两种状况,双方兼顾,同时并进,以了解社会组织与变迁的整体"。①

社区研究的出现,给人以耳目一新的感觉。中国以往的社会调查,大都以叙述社会实况为主体,至于社会事实存在的原因及社会各部分之间相关的意义,是不去研究的。而社区研究不但要叙述事实,记录事实,还要说明事实内涵的意义,并且进一步解释事变发生的原因。吴文藻在倡导中国社区研究时指出,把社会学的理论和方法与文化人类学或社会人类学结合起来,对中国进行社区研究,与我国国情最为吻合。因为"以试用假设始,以实地试验终;理论符合事实,

---

① 吴文藻:《中国社区研究的西洋影响与国内近况》,《社会研究》第 102 期。

事实启发理论；必须理论和事实综合在一起，获得一种新综合，而后现实的社会学才能根植于中国土壤之上，又必须有了本此眼光训练出来的独立的科学人才，来进行独立的学科研究，社会学才算彻底地中国化"①。由此可见，吴文藻倡导的社区研究，不但在社会学研究的方法上另辟蹊径，而且又是和社会学中国化的目标紧密联系在一起的。

从 30 年代起，吴文藻先后发表了《现代社区研究的意义和功用》《西方社区研究的近今趋势》《中国社区研究计划的商榷》《功能学派社会人类学的由来与现状》等多篇文章，倡导和推动社区研究的开展。1940 年，他发起系列社会学专题论文写作，为《社会学丛刊》作准备。吴文藻主编丛刊的意图，从长远考虑，是要在中国建立起一种比较社会学的基础，他认为现代社区的核心为文化，文化的单位为制度，制度的适用为功能。我们就是要本着功能的眼光，以及从制度入手的方法来考察现代社区及现代文化。因此，也可以说，社会学就是社区的比较研究，文化的比较研究，或制度的比较研究。② 为了建立比较社会学的稳固基础，吴文藻认为《社会学丛刊》必须做两个方面的工作。一方面要介绍健全的理论和方法，另一方面要提供正确的实地调查报告。他把丛刊分为甲、乙两集。甲集征集的范围，除普通社会学以外，兼有特殊社会学的内容。有关文化功能方面的如经济社会学、法律社会学、宗教社会学、道德社会学、艺术社会学；有关团体制度的，如家族社会学、阶级社会学、专业社会学、民族社会学、国家社会学。此外兼收关于历史上社会制度的专题研究，当代社会的变迁研究。乙集则专收各类社区的实地调查报告，有属于边疆民族的部落社区，有属于内地工业前期的村镇社区，有属于初期工业化的近代都市社区。吴文藻特别指出，这种本着社会学理论而进行的实地调查工作，是建立"社会学中国化"的基础。丛刊从 1943 年至 1948 年共出版了 9 种。其中，甲集 4 种，分别是：马林诺夫斯基（Bronislaw Malinowski，1884—1942）著、费孝通等译的《文化论》(1944)，张东荪著的《知识与文化》(1946)，斐司著、费孝通译的《人文类型》(1944)，费孝通著的《生育制度》(1947)。乙集收集了 5 种，分别是：费孝通著的《禄村农田》(1943)、张自毅著的《易村手工业》(1943)、史国衡著的《昆厂劳工》(1946)、田汝康著的《芒市边民的摆》(1946)、林耀华著的《凉山夷家》(1947)。后丛刊又增添了丁集，收集了瞿同祖的《中国法律与中国社会》(1947)。《社会学丛刊》的出版，对推动中国社会学的发展和民族学的建设起了相当积极的作用，同时，也为中国社会学和民族学的研究积累了丰富的资料。而其中更重要的意义还在于，吴文藻首倡的社区研究，为社会学研究的中国化、本土化开启了一条新的路径。

五、其他社会学研究成果

20 世纪 30 年代中后期，还有一些比较重要的社会学著作问世，它们是言心哲的《现代社会事业》(1944)、李树青的《蜕变中的中国社会》(1945)、孙本文的《近代社会学发展史》(1947)和《当

---

① 吴文藻：《吴文藻自传》，《晋阳学刊》1982 年第 6 期。
② 吴文藻：《〈社会学丛刊〉总序》，载于《文化论》，商务印书馆 1944 年版。

代中国社会学》(1948)等。这些著作拓展和丰富了社会学的第一编研究领域,对社会学的发展和学科建设起了一定的作用,其学术上的影响也延续了相当长的一段时间。

社会事业与社会行政的研究,在1949年前的中国向来不受重视。抗战爆发前,仅有燕京大学和沪江大学设有社会事业或社会行政课程,而这也是受到美国社会工作的影响所致。当时除了二三篇介绍社会个案学和提倡发展中国社会事业的文章外,还没有专门的著作出版,社会事业的研究尚处在一片空白的状态。

抗战期间,为培养战时急需的社会服务和社会行政人员,各校纷纷开设社会事业课程,有关的著作也迅速增加。1942—1947年,社会事业与社会行政方面的著作出版了21本,其中内容最为翔实、资料最为丰富的是言心哲所著的《现代社会事业》一书。作者首先对"社会事业"这个名词作了专门的界定和诠释,言心哲指出,在我国,有把"社会事业"译成"社会工作"的,也有称为"社会福利""公共福利""社会行政""社会事业行政""社会服务行政"的。按照中国的习惯,社会事业能包括一切慈善事业或社会救济、社会福利、贫民救济、儿童保护、劳工福利、社会保健、妇女救济、犯人感化、社会保险、合作事业等,因此,社会事业是社会学中的一个重要部门。社会学是研究社会关系的,社会事业则是帮助个人在特定的社会环境中解除失调问题的,但两者之间是互依互补的关系。社会学理论的发展,可以为社会事业提供理论指导;而社会事业获得的各种实际经验,也可以丰富社会学的研究领域。"总而言之,社会学是着重于原理的指示,而社会事业则注意于实用方面。因此有人将社会事业称为应用社会学,不仅理论与实际应双方并顾,而且要有密切的联系。"①书中,作者在广泛介绍欧美各国社会事业概况的同时,详尽阐释了社会个案工作、社会团体工作、社区服务工作,以及社会事业人才的训练等问题。言心哲认为,现代社会事业在以前是被大大地忽视了,要使今后的社会事业对于民族复兴和国家建设起到更大的作用,必须在理论的阐发、人才的培养、制度的建立、方法的改善,以及理论与实际的沟通,教研部门与政府机关的合作等多个方面,均应根据中国的实际情况,参考欧美各国的经验和制度,作深入的探讨与改善,以期达到减少民众困苦、培养国家元气、消弭和预防社会病态、增进大众福利之目的。

《蜕变中的中国社会》是李树青运用制度学派的观点和方法,探讨和分析中国社会结构及其变迁的著作。该书系由作者在《东方杂志》等期刊上发表的论文汇集而成,副题为"制度社会学论丛"。全书共分6个部分,依次为社会学与社会方法、社会思想及理论、中国社会的分析、文明与文化、社会移动与社会变迁和战时社会问题,虽涉猎的内容范围较广,但仍有所侧重。李树青从自我主义、家族主义、乡土主义、民主主义、"社会人"、社会身份等角度来讨论社会思想及理论;从知识分子、儒家思想的社会背景、士大夫的生活与妓女、中国的家族组织与重建来分析中国的社会;从乡村文明到都市文明、中西文化问题、文化的"体"与"用"、文化发展的条件、中国文化问题、创建第三期的中国文化来说明文明与文化的关系;从社会的阶梯、社会的筛箕、为什么

---

① 言心哲:《现代社会事业》,商务印书馆1944年版,第22页。

中国社会未能资本主义化、工业化商业化与资本主义、蜕变中的中国社会等方面来论述中国的社会移动与社会变迁。作者从环境、民族与制度等相互关系的变动中,历史地剖析了中国社会文化的特点及其社会变迁的根源,并通过对经济、政治和家族制度的分析,探讨了中国社会发展的方向问题。李树青认为,无论有多少使中国未能资本主义化的原因,中国社会终究还是要工商业化、资本主义化的。这是因为在经济方面,因为职业机会增多,社会会由贫变富;在社会方面,由于新兴的经济力量,冲毁了封建社会中的等级身份制,社会会由静止而变为流动。"所以无论我们对资本主义本身的爱憎如何,但对于中国社会的商业化与工业化,却是愈早愈佳的。"①

孙本文撰写的《近代社会学发展史》和《当代中国社会学》是社会学史研究中具有重要史料价值和学术影响的两本专著。前者叙述了自孔德创立社会学起,至第二次世界大战结束止100多年间世界社会学发展的历史,总共评述了各国各派社会学家346人的学说,脉络清晰,通俗简洁。作者把100多年来的社会学发展过程划分为三个时期:草创期,从孔德创立社会学至19世纪末,勃兴时期,自1896年斯宾塞的《社会学原理》第三册出版,至20世纪20年代;建设时期,1920年后。该书还在《特殊社会学》一章中,分别介绍了领悟社会学、现象学派的社会学、逻辑实验社会学、知识社会学、情景社会学等国外新近出现的一批新兴学派。该书是中国学者自著的西方社会学史著作中最为系统的著作。后者则是一部国内当时独一无二的中国社会学发展简史。该书全面而客观地叙述了中国社会学的产生与发展过程,对中国社会学的现状与研究水平作了客观中肯的评价,对重要著作、教学研究、实地调查、专业团体、学术刊物等情况都有仔细交待,无一遗漏。该书资料丰富,内容翔实,并附有"中国社会学重要文献分类简表"和"中国各大学社会学教授姓氏录",是当时中国社会学史研究中最具学术和资料价值的著作,为以后的研究者提供了重要的借鉴和参考依据。

(原文载于卢汉龙、彭希哲编:《二十世纪中国社会科学(社会学卷)》,上海人民出版社2005年版)

---

① 李树清:《蜕变中的中国社会》,商务印书馆1945年版,第230页。

稳评定量分析方法的比较

胡建一

一、国内稳评界对稳评定量分析方法的不同观点

李开孟[①]认为:"项目稳评应该是投资项目社会评价的重要组成部分。国际上,投资项目社会评价主要强调采用定性分析方法,这在世界银行、亚洲开发银行等国际组织及西方国家基本形成了共识。但不反对在项目稳评中将定量分析作为一种辅助分析工具,但必须分清主次,即以定性分析为主,定量分析为辅。"同时指出"对项目社会稳定风险等级进行判断,采用综合风险指数法,是我国工程咨询领域一个非常独特的方法创新,但其所蕴含的分析思路、内在逻辑和判断标准设定等均存在问题","通过计算综合风险指数来评价拟建项目的所谓'整体'社会稳定风险等级,这样的分析思路就值得商榷"。

事实上,社会稳定风险分析是投资项目可行性研究的一个重要组成部分。就方法论而言,投资项目社会稳定风险分析与一般风险分析的思路和方法是相通的。在可行性研究中,需要分析市场风险、财务分析、技术风险、政策风险等,针对每一类风险,分别评价其风险水平,并分别研究规避各种风险的对策措施,以便使项目的所有风险均降低到可接受的水平,而不是在对拟建项目的各个风险分别进行分析评价的基础上,再进行叠加计算,得出项目"整体"的风险水平。所以,先进行单因素风险分析,然后再通过叠加计算"项目整体"的综合风险指数,并用以判断项目整体的等级,这个分析思路就很另类。

投资项目的社会稳定风险分析不是多目标决策问题,而是单一目标决策问题,其目标只有一个,就是保持社会稳定,避免出现群体性事件或个人极端事件。从项目评价的方法论角度,应该将这些相互关联的风险因素整合为一个联合体,将众多风险因素的联合体视为一个独立风险,分析判断其风险水平或风险等级。

彭振武[②]认为:综合风险指数评判标准中"有一个基本的技术性错误——将风险指数与风险程度评价值混为一谈。在咨询评估工作中,经常需要对有关计算结果进行指数化或标准化处理,即基于一定的分析目的、按照一定的转化标准将具有不同量纲、不同内涵的计算结果处理为

---

① 李开孟:《项目稳评应方法科学标准合理》,《中国投资》2014年第4期。
② 彭振武:《当前我国普遍采用的以整体风险等级为导向的项目稳评框架问题剖析》,《技术经济》2013年第12期。

可进行比较和计算的指数。将某项目的风险程度评价值 R＝0.64（相当于 0.8×0.8）等同于风险指数 I＝0.64，不符合最基本的指数量化处理规范。如果一个项目的风险程度 R≥0.64 为高风险，则就认为风险指数 I≥0.64 为高风险，这是没有依据的。虽然两者数值相同，但其含义明显不同"。

同时指出现行的稳评定量计算方法是"首先，采用适当方法估计单因素风险程度；然后，采用专家打分法等确定各单因素风险在项目整体风险中的权重；最后，采用综合风险指数法等计算项目整体风险指数"。而"上述分析过程没有给出专家确定各单因素风险权重的明确方法"。

赵心田[①]提出了稳评风险因素的权重计算公式：

$$a_j = 2[m(1+n) - R_j] \div mn(1+n)$$

其中：R_j 为第 j 个因素的秩和，a_j 表示第 j 个风险因素的权重，m 为专家人数，n 为风险因素个数。通过专家对识别出的风险因素按照其重要程度进行排序；对专家排序数据进行整理，计算各风险因素的实际顺序号和计算顺序号，得到调整后风险因素重要程度排序表；计算权重值；一致性检验等步骤，获得权重。

胡建一[②]提出了"在定量研究中，社会稳定风险作为从属于可行性研究风险中的一项风险估计研究，并处于项目前期研究阶段，在相关经济技术工程分析尚未充分开展的条件下，更应注重社会稳定风险综合概率分析，以及各单因素社会稳定风险概率的形成及其对综合概率的影响。即综合概率（P）等于各单因素社会稳定风险概率（Pi）与其对综合概率的影响（I）之积的和【P＝Σ(Pi×I)】构成。其数值范围在（0＜P＜1）之间"，以及对综合概率的等级判定标准。

上述专家的不同理解和观点，为我们不断完善和做好稳评定量分析工作，提供了稳评后评估的检验方法和操作思路。

二、稳评定量分析要素的基本概念理解

稳评定量分析方法涉及的要素主要是：风险概率 p、风险影响 q、风险程度 pq、权重 I、用以评判风险等级的风险指数 5 个指标。这 5 个指标的相互关系除了风险 R 等于风险概率 p 与风险影响 q 的乘积即等于风险程度 pq 无异议外，风险指数等级与风险程度 pq 评价等级、权重 I 对应的究竟是风险概率 p 还是风险程度 pq 还是风险指数等级，都是不很明确的，概念上的混淆直接导致了风险指数值的意义不清。

（1）风险概率 p 的定义是指风险事件发生的可能性，其取值范围在（0＜p＜1）之间，特别要

---

① 赵心田：《社会稳定风险评估中风险因素的权重研究》，《中国工程咨询》2014 年第 4 期。
② 胡建一：《关于社会稳定风险分析与评估几个基本概念的若干思考》，《中国工程咨询》2014 年第 8 期。

注意的是相互独立的风险概率是不能直接相加的。

（2）风险影响 q 的定义是指风险事件发生后所造成的损失,可以是价值量的体现,每个 q 的取值范围如果定义在(0,1)之间,则若干个风险因素的风险影响是可以相加的,且取值在 Σq 的范围内。例如有 6 个稳评风险因素,如果每个稳评风险因素一旦发生,带来的损失是 100 万元,则 6 个因素的总风险影响就是 600 万元。如果每个稳评风险因素的最大损失值定义为 1,则 6 个因素的总风险影响就是 6。但一般这个值是在可能发生稳评事件时用来估计一下总风险程度占到总风险影响的比重（用作分母）。

（3）风险程度 pq 的定义是指可能发生的风险事件带来的损失程度,可用 $R=qp$ 来表示,如有多个风险因素,其总损失程度也可用 $R=\Sigma qp$ 来表示。每个 qp,也可以是价值量的体现,取值范围应与风险影响 q 的取值范围一致。

假如一个风险因素的风险概率为中等,取值 0.5,其风险影响 100 万,则该因素的风险程度就是二者的乘积 50 万；如果风险影响重大,取值为 1,则该风险因素的风险程度就是二者的乘积 0.5。在这里,特别想说明的是风险程度值是一个在量纲一致情况下可以叠加的计量分值,与不能直接叠加的评判风险等级值含义上不一样。再假如第二个风险因素的风险概率为较大,取值 0.7,其风险影响 100 万,则第二个因素的风险程度就是二者的乘积 70 万；如果风险影响重大,取值为 1,则第二个风险因素的风险程度就是二者的乘积 0.7。在这里,两个风险因素可能带来的总风险程度损失为 50 万＋70 万＝120 万,或者分值 1.2,占到总风险影响的 60％。进一步的计算（权重放在下一段叙述）可以算出两个风险因素的综合概率为 61.66％（即包含了风险影响）,那么,对该稳评风险的描述就是：在 61.66％的风险概率下可能带来的损失为 120 万元（或风险程度评价分值 1.2）。也就是该风险可能造成的后果。

（4）权重 I 的理解：权重表示在评价过程中,被评价对象的不同侧面的重要程度的定量分配,对各评价因子在总体评价中的作用进行区别对待。权重是一个相对的概念,针对某一指标的重要程度。例如,某一稳评风险因素指标的权重是指该指标在整体稳评风险分析评价中的相对重要程度。

在稳评定量分析实践中,可以有两种直接获取稳评风险因素权重的方法。

一是加权平均法：

$$权重\ I_j = \frac{q_j p_j}{\Sigma q_j p_j}$$

j 为第 j 个稳评风险因素(j＝1、2、3……)；

I_j 为第 j 个稳评风险因素的权重；

$q_j p_j$ 为第 j 个稳评风险因素的风险程度；

$\Sigma q_j p_j$ 为全部稳评风险因素的风险程度之和。

表1 举上述风险程度中的例子：可以求出2个风险因素的权重分别为：0.416 7、0.583 3

风险因素 w	风险概率 p	风险影响 q	风险程度 pq	权重 I	综合概率 pI
W1	中等 0.5	重大 1	0.5	0.416 7	0.208 3
W2	较大 0.7	重大 1	0.7	0.583 3	0.408 3
Σ		2	1.2	1.000 0	0.616 6

在估计风险概率和风险影响的前提下，其风险程度、权重和综合概率都是可以计算出来的，相对减少了多估计环节的主观随意性。因此，我们认为该方法较好地反映了每个风险因素在该风险的重要性，并综合反映了单因素概率、影响和总体情况。

二是专家排序法：

$$a_j = 2[m(1+n) - R_j] \div mn(1+n)$$

其中：R_j 为第 j 个因素的秩和；

a_j 表示第 j 个风险因素的权重；

m 为专家人数；

n 为风险因素个数。

表2所示为风险因素重要程度的专家打分：

表2 风险因素重要程度专家打分表（按1为最重要，2、3……8、9 重要程度递减排序）

序号	风险因素	专家1	专家2	专家3	专家4	专家5	专家6	R_j	权重 a_j
1	W1	9	7.5	9	9	7.5	8	50	0.037
2	W2	4	4.5	5	8	7.5	4.5	33.5	0.098
3	W3	3	2	3	3	2	4.5	17.5	0.157
4	W4	7	7.5	6.5	4	4.5	8	37.5	0.083
5	W5	1	2	1.5	1	2	1	8.5	0.191
6	W6	2	2	1.5	2	2	2	11.5	0.180
7	W7	5	4.5	8	5	4.5	6	33	0.100
8	W8	8	7.5	6.5	6	7.5	8	43.5	0.061
9	W9	6	7.5	4	7	7.5	3	35	0.093

资料来源：赵心田：《社会稳定风险评估中风险因素的权重研究》，《中国工程咨询》2014年第4期。

该方法为稳评定性分析，为直接进行整体风险等级判定提供了路径。在实践中，用以帮助判断概率的大小更为实用。

（5）风险指数的理解：原本风险指数是用来将不同量纲的独立风险换算成统一的无量纲的指数来进行整体评价的一种指标。在用专家排序法获得稳评风险因素权重后，风险指数与不同的稳评风险要素相乘便可以获得不同解释的整体稳评风险指数理解。

① 譬如用风险因素的各个等级值与其权重相乘再求和,获得整体的稳评风险等级值,再与评判标准相应区间比对得出评判结论,可称为等级指数。

② 用风险因素的各个概率值与其权重相乘再求和,获得整体的不含风险影响的稳评汇总概率值,再与评判标准相应区间比对得出评判结论,可称为概率指数。

③ 目前很流行的是用风险因素的各个风险程度值与专家排序法获得权重相乘再求和,认为这就是整体的稳评风险等级值。这种方法在认识上是错误的。因为一是风险概率、风险影响、风险程度三要素存在相互关系,其权重计算应该使用加权平均法来获得,而不必再增加一次专家权重的打分估计;二是更重要的一点,风险程度值与权重值相乘以后,尽管它也用百分比表示,但它并不是指数,而是一个分值。所以风险程度值与权重值相乘以后只能称之为程度分值,却不是程度指数,不适宜于用作风险等级的评判标准(即用 $\Sigma p \times q \times I$ 的公式获取值作为风险等级判定是错误的)。

④ 综合概率法是通过估计稳评风险因素的风险概率(可以用主观概率法,提倡用客观概率法),估计风险影响,计算风险程度,计算权重(不必再增加一次专家权重的打分估计),计算获得包含风险影响的稳评综合概率值,再与评判标准相应区间比对得出评判结论,可称为综合概率指数(用公式表示:$P=\Sigma(P_i \times I)$ 或 $P=\Sigma(P_i \times q_i \div \Sigma P_i q_i)$)。

三、几种稳评方法对实践案例的分析比较

一般稳评分析评估基本按照以下思路和步骤开展研究工作:① 围绕项目的社会调查;② 识别稳评单因素风险;③ 归纳确定主要的稳评风险因素;④ 估计单因素风险概率、影响和程度;⑤ 确定权重;⑥ 确定项目初始整体风险等级;⑦ 提出风险防范和化解措施;⑧ 确定采取措施后的项目整体风险等级;⑨ 提出结论和建议。例如:某实践案例的稳评定性分析归纳如下(见表3):

表3 某稳评案例定性分析归纳表

序号	风险因素	风险概率	风险影响	风险程度
1	W1	中等	较大	一般
2	W2	较高	中等	一般
3	W3	较高	较大	较大
4	W4	较高	较大	较大
5	W5	较高	较大	较大
6	W6	中等	中等	一般

我们分别用等级指数法、概率指数法、综合概率指数法和程度分值法四种方法对上述定性结论做定量分析。

（一）等级指数法的分析检验

案例对识别出的 6 个风险因素的风险概率采用了专家定性判定的方法，给予了 4 个较高、2 个中等的定性估计结论；同样也对风险影响给予了 4 个较大、2 个中等的定性估计结论；在此基础上，对风险程度给予了 3 个较大、3 个一般的定性估计结论。按照等级指数法的分析步骤，将上述 6 个单风险因素标注在风险概率-影响矩阵图上（见图 1），按照单因素风险程度等级一般风险取值 0.36，较大风险取值 0.64，作为整体初始风险指数定量计算的第一步。

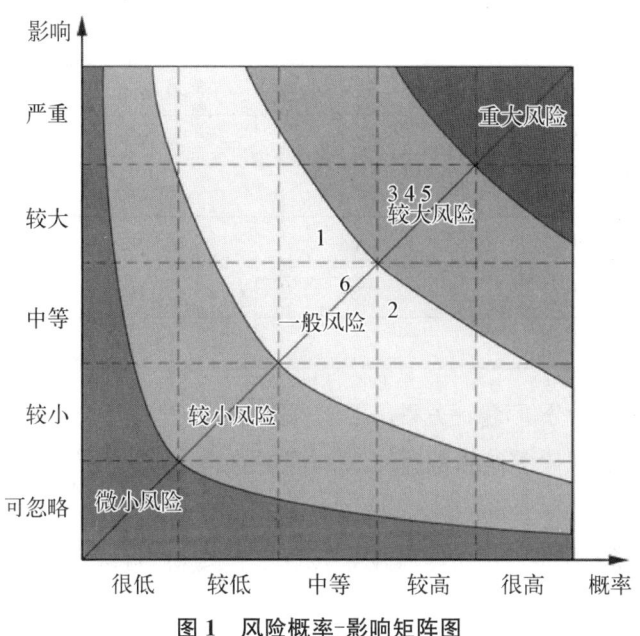

图 1　风险概率-影响矩阵图

第二步对 6 个风险因素依据经验按重要性顺序排队赋值，用单个赋值与赋值之和相除，得出每个风险因素的权重。表 4 所示权重的取值方法可以理解为专家排序法，尽管看起来只有一位专家在打分，但从权重取值的方法上应该仍是可以运用的，只是主观随意性太强了些。

表 4　权重估计表

序号	风险因素	重要性排序赋值	权 重
1	W1	1	0.048
2	W2	2	0.095
3	W3	4	0.190
4	W4	5	0.238

续 表

序号	风险因素	重要性排序赋值	权重
5	W5	6	0.286
6	W6	3	0.143
	合计	21	1.000

第三步将单因素风险程度等级与权重列表相乘求和取的项目整体初始风险指数。

表 5 整体初始风险等级指数估算表

序号	风险因素	风险等级	权重	风险等级指数
1	W1	0.36	0.048	0.017
2	W2	0.36	0.095	0.034
3	W3	0.64	0.190	0.122
4	W4	0.64	0.238	0.152
5	W5	0.64	0.286	0.183
6	W6	0.36	0.143	0.051
	合计		1.000	0.559

通过上述步骤的定量分析,稳评方得出了该项目存在 3 个较大、3 个一般单风险因素。计算出的该项目的初始综合风险等级指数为 0.559,属于符合中风险等级(B级)范围的定性定量结论。

但在认知上,通常对构成一项整体风险等级的各单项风险等级,往往是单项风险等级的最大风险等级就是该项整体风险的等级,而不会因为有几项低风险等级存在,使得整体风险等级降低了。例如,本项目存在的措施前较大风险等级值是 0.64,那就应该是判定的最大风险等级值是 0.64,而不能是加权平均以后反而降低为 0.559 了。事实上,对整体风险等级概念上存在认知上的不同观点。

(二) 概率指数法的分析检验

由于案例给出了定性分析的稳评单因素风险概率结论,因此假定各风险概率在其定性范围内取中值和权重不变的情况下,通过单因素风险概率值与权重值相乘再相加获得的 0.6618 汇总概率指数值,尽管不包含风险影响因素,但初始概率指数值落在高风险(A级)区间内,却可以明确表明项目整体发生稳评风险事件的可能性为 66.18%,其中 4 个较高概率的单因素风险,尤其应当引起注意。因此,同样的分析评估报告给出的基础数据,可以引申出更多的分析结论。尽管概率指数法的分析结论比等级指数法进一步,但也有不包含风险影响分析的缺陷。

表 6 措施前稳评风险概率指数估算表

序号	稳评风险因素 w	单因素风险概率	权重	概率指数
1	W1	0.5	0.048	0.024 0
2	W2	0.7	0.095	0.066 5
3	W3	0.7	0.190	0.133 0
4	W4	0.7	0.238	0.166 6
5	W5	0.7	0.286	0.200 2
6	W6	0.5	0.143	0.071 5
	合计		1.000	0.661 8

(三) 综合概率指数法的分析检验

也由于案例给出了定性分析的稳评单因素风险概率和风险影响结论的基础数据,完全可以在定性分析的基础上,按照给出的风险概率、风险影响区间标准,将定性结论一一对应取值。如假定各风险概率取中值、各风险影响取中值,按照公式计算风险程度,再按加权平均法计算出权重,最后得出的措施前综合概率指数 0.650 4 以及总风险程度值占总风险影响值的比重 63.68%。这两个数据明确表示了项目初始整体发生稳评风险事件的可能性为 65.04%(包含稳评风险影响),其风险程度总损失量占到全部风险影响的 63.68%(见表 7)。在这里,如果按照现行等级标准来判定,则处于高风险状态,但如用概率标准来衡量,则表示发生稳评风险事件的可能性处于较高状态,风险影响处于较大影响状态。这为决策者提供的定量信息要比等级指数只提供的一个风险等级判定,概率指数只提供了整体风险发生的可能性更为有用。

表 7 措施前稳评风险综合概率指数估算表

稳评风险因素 w	风险概率 p	风险影响 q	风险程度 pq	权重 i	综合概率指数 pi
W1	0.5	0.7	0.35	0.144 6	0.072 3
W2	0.7	0.5	0.35	0.144 6	0.101 2
W3	0.7	0.7	0.49	0.202 5	0.141 7
W4	0.7	0.7	0.49	0.202 5	0.141 7
W5	0.7	0.7	0.49	0.202 5	0.141 7
W6	0.5	0.5	0.25	0.103 3	0.051 7
合计		3.8	2.42	1.000 0	0.650 4
总风险程度占总风险影响的比重			63.68%		

(四) 程度分值法的分析检验

案例在估计单因素风险概率和风险影响的前提下计算出风险程度值再与专家法获得权重值相乘

再求和得出了 0.4357 的程度分值结论(见表8)作为判断整体风险等级的依据。事实上采用 $\Sigma p \times q \times I$ 的公式获取值作为风险等级判定依据一是多了一个人为估计参数;二是容易低估风险等级;三是对综合评价指数理解错误,以为低于1的数值就是指数。因此,程度分值法不能作为稳评定量分析的方法。

表 8 措施前稳评风险程度分值估算表

稳评风险因素 w	风险概率 p	风险影响 q	风险程度 pq	权重 I*	程度分值 pqI
W1	0.5	0.7	0.35	0.048	0.0168
W2	0.7	0.5	0.35	0.095	0.0333
W3	0.7	0.7	0.49	0.190	0.0931
W4	0.7	0.7	0.49	0.238	0.1166
W5	0.7	0.7	0.49	0.286	0.1401
W6	0.5	0.5	0.25	0.143	0.0358
合计				1.0000	0.4357

* 权重值与等级指数法和概率指数法中的权重相同。

四、结论与建议

上述程度分值、等级指数、概率指数、综合概率指数的稳评综合评价计算方法都可用于措施前和措施后的稳评整体风险指数估计。我们认为用综合概率指数法是一种很好的综合了各方优点的方法。由于对社会稳定风险分析是单一目标决策问题,对各个单风险因素的等级判定并不需要,只要对项目的稳定风险等级进行总体综合判断即可满足要求。因此,综合概率指数法可以很好地解释项目总体发生稳评风险事件的可能性,也能帮助判断各风险因素发生风险概率的高低及可能损失的大小,从而从定量分析上帮助决策者的决策判断(见表9)。

表 9 稳评定量分析方法比较

分析方法	措施前		方法比较
程度分值法	0.4357	B级	取单因素风险程度值与权重积之和,等级值低估。方法错误。3个估计参数,得出1个等级结果
等级指数法	0.559	B级	取单因素等级值与权重积之和,结果可以接受,但不能解释整体风险等级值被平均低估。2个估计参数,得出1个等级结果
概率指数法	0.6618	A级	取单因素概率值与权重积之和,结果可以接受,但不包含对风险影响的估计。2个估计参数,得出1个等级结果、1个整体概率
综合概率指数法	0.6504	A级	计算单因素风险程度值与全部风险程度和的比重(即权重)再与单因数风险概率值相乘积后求和,结果反映了整体风险发生的可能性与可能发生的损失结果。2个估计参数,得出1个等级结果、1个整体概率、1个整体损失后果估计

基于同样的分析评估定性数据，运用综合概率指数法获得的定量分析结论更为合理。应是较好反映稳评风险的一种定量分析方法，它很好地解释了整体风险事件发生的可能性问题和可能带来的损失后果程度。通过分析概率和影响能够合理解释小概率高风险和高概率小风险因素的不同情况。同时对稳评分析的基本概念理解清楚，建议可以作为稳评定量分析方法的完善补充。

（原文载于《中国工程咨询》2016年第5期）

后现代视角和分析方法

郑乐平

一、社会理论的概念界定及作用

为了说明后现代主义与社会理论的关系,以及后现代主义对当代现代理论所产生的种种影响,我们有必要先来梳理一下社会理论的概念。

由于所持的研究范式的差异,不同的理论家对社会理论这个词语的理解显然是不同的。

吉登斯和特纳是当代西方两个最多产的、最卓越的、最有影响力的社会理论家,然而他们之间的差异也是显而易见的。在乔纳森·特纳(他与吉登斯一起编撰了《当代社会理论》(1987)一书)①看来,社会理论就是社会学理论。这种用法取消了学科理论与对社会本质的一般看法之间的区别。作为一个实证主义者,特纳痛恨社会思想家介入哲学化论证的倾向。在他看来,哲学化论证无法对可证实概念进行严格的分析研究,因此社会理论或社会学理论应当遵循任何一门自然科学理论的规则;然而,吉登斯则对如下的社会理论观进行了辩护:为了认识这个世界,我们必须将更一般的问题作为背景来进行思考。因此,社会理论必然"涉及对那些溢出至哲学领域的问题进行分析"②。吉登斯认为,无论社会理论是什么,它一直不会在社会科学与哲学化论证之间作出严格的区分。因而,吉登斯相信的是惯常意义上的社会理论。

当代著名的社会理论家亚历山大和哈贝马斯也对社会理论的概念提出了自己不同的界定。亚历山大认为社会理论就是后实证主义的基础主义;哈贝马斯则认为它是现代性的解放知识理想。由于特纳、亚历山大、哈贝马斯和吉登斯使用了不同的语言,学科理论与社会理论之间的区分最终变得模糊了。

勒默认为,社会理论指的是任何有关社会或社会生活的理论,它既是事实的,又是批判的,因而与科学理论区分了开来。尽管社会理论与"社会学理论"之间的区别在今天常常是模糊不清的,但还是存在差异。例如,许多社会学家相信,社会学像其他学科一样是一门科学,因而得服从于严格的规则和礼仪——在他们看来,最重要的是遵循那些能够确保客观

---

① Giddens, Anthony & Turner, Jonathan. 1987, *Social Theory Today*, Cambridge, England: Polity Press.
② Ibid.

性的规则①。

批判理论家凯尔纳和贝斯特认为,现代社会理论包含两个传统:一个传统分析那些大的、宏观的社会结构和关系;另一个传统则聚焦于日常生活的微观要素,而最近则出现了将这两个传统结合起来的尝试。②

针对上述有关社会理论的不同界定,我们也许只能采取吉登斯和特纳的应对方法,即承认"任何有关社会理论的界定必然是有争议的"③。试图寻找社会理论的性质和目标的一致性(或共识)的人也许会感到失望。但缺乏共识是由社会科学的性质决定的,而是否有或应该有一个统一的社会理论框架本身也是一个众说纷纭的议题。

那么社会理论究竟起着什么作用呢?凯尔纳和贝斯特认为,社会理论为社会现实提供了指南,它提供了社会的模型和认知地图,这种"大画面"能够使我们看到,譬如说,经济、政治、社会制度、话语、实践以及文化等因素如何相互作用产生了社会系统。社会理论描绘并连接了不同的社会现实领域,从理论上揭示了经济、国家、性、话语等社会或个人日常生活中的各种不同力量之间的因果关系,使我们能够认识到它的组织,它的基本的社会关系、实践、话语及制度,它的整体性及相互依赖性,它的冲突与片段化特征,它的权力结构以及它的压迫与统治模式。社会理论分析这些要素如何配合,共同构成了特定的社会,以及社会如何有效地运转或为什么不能有效地运转。④

安东尼奥(Robert J. Antonio)则强调了社会理论的相对自主性的一面,他认为如果我们要保持学科的诚实性和承诺,不管它受到当前文化和政治多大程度的限制,我们需要社会理论的帮助,来澄清我们实践的意义,为这种实践的规范性方向承担责任,提升其有限的"自主性",以摆脱其他的制度领域和权力。⑤

社会理论并不能取代专门化的研究或经验-分析理论。在一个专业化时代,亦需依托技术知识来有效地把握其自身的局限性,思量可能的后果,从而拥有不同于哲学和宗教的合法性。

从 20 世纪六七十年代以来,西方社会出现了各种各样的新的理论范式,它们对占主导地位的定量的、经验主义和实证主义的社会理论和社会研究提出了质疑。而 20 世纪 80 年代以来,后现代主义的出现,以及广泛流行(尤其在学术圈外)则对现代社会理论提出质疑和挑战,同时也给社会理论的复兴和发展提供了新的理论空间。

---

① Lemert, Charles.1992, "General Social Theory, Irony, Postmodernism", in S. Seidman & D. Wagner, (eds.) *Postmodernism and Social Theory*, New York: Basil Blackwell.
② 道格拉斯·凯尔纳、斯蒂文·贝斯特:《后现代理论——批判性的质疑》,中央编译出版社 1999 年版,第 334 页。
③ Giddens, Anthony & Turner, Jonathan. 1987, *Social Theory Today*, Cambridge, England: Polity Press.
④ 道格拉斯·凯尔纳、斯蒂文·贝斯特:《后现代理论——批判性的质疑》,中央编译出版社 1999 年版,第 333—334 页。
⑤ Sica, Allan. 1998, *What is Social Theory? The philosophical debate*, Mass. & Oxford: Blackwell.

二、后现代视角

(一) 后现代社会观

后现代主义的视野首先反映在不同后现代理论家对后现代社会和文化的描绘中,当然这种描述不是同一的、统一的,而是异质的、多样的。

鲍德里亚(Jean Baudrillard)代表着一种激进的后现代主义观点。他直到 20 世纪 80 年代才使用"后现代"的话语,但在 60 年代后期的著作中,已形成了其后现代的观点,即把发达资本主义国家视作以符号激增为特征的、以大众为媒介的消费社会。① 鲍德里亚将现代性描绘为一个以机械化、商品化和一般交换为基础的,由生产和工业资本主义支配的时代,而将后现代主义说成是一个由新技术(其特征是客体和图像的无限制的复制)界定的后工业社会。

他宣称,新的后现代时代的决定性特征是:社会(真实)已蒸发为一种"幻象"(simulacra)的偶然游戏;符号和图像取代了"真实"的东西。为此,他描述了如下的后现代时期的图景:"我们置身于一种模仿逻辑中,它与事实逻辑和理性秩序毫不相干。"② 相互矛盾的图像和信息的激增"内爆"了符号和指涉物、真实和虚拟之间的界线,消解了真理和意义概念。极端的后现代理论家把人的形象建构为一个"能指人"(homo significance),他是由与外界毫无关联的语言、文本、符码和图像构成的。因此,不同的社会理论应当仅仅被视为相互冲突的叙事,或者不可通约的视野,而不是对外部社会现实的描摹。

鲍德里亚的片面性在于他看到了当代社会和文化之急速变化和复杂多样的一面,对这些现象的分析和描述有其独到和犀利之处,但他忽略了事物之相对稳定和结构化的一面。

利奥塔在概括后现代社会理论时,也直接借用了后工业社会理论,强调了计算机及其他信息技术形式在改变社会秩序中所起的革命性作用。然而,不像鲍德里亚,利奥塔聚焦于新信息技术暗中削弱传统知识和合法性概念的方式。他辩称,一切现代知识形式,无论是实证主义、解释学,还是新马克思主义,都明确诉诸某种普遍性标准来使自己合法化。但最近出现了"对宏大叙事的不信任"。后现代社会具有一种根本的异质性。

福柯在其早期著作中,按照新的知识构成来描绘当代社会,把哲学、生物学和政治经济学作为主导话语形式在现代时期的出现与他称作的"反科学"(精神分析学、人种学和语言学等)作了对比。

杰姆逊③认为,后现代主义是晚期资本主义的文化逻辑。他赞同利奥塔的如下看法:当今

---

① Kellner, Douglas. 1988, Postmodernism as Social Theory: Some Problems and Challenges, *Theory, Culture & Society*, Vol. 5: 240-269.
② Baudrillard, Jean. 1983, *Simulation*, New York: Semiotext.
③ Jameson, Fredric. 1984, Periodizing the 60's, in Sohnya Sayres, et al. (eds.) *The 60s Without Apology*, Minneapolis: University of Minnesota Press.

发达资本主义社会是以文化和社会上的反常异质性为标志的。但他拒绝了后工业社会的标签,认为它是一种误导,他以"跨国资本主义"取代了后工业社会的概念。由于跨国资本主义的出现,资本主义借助新技术和媒体扩展至先前未曾商品化的领域。杰姆逊把这一新趋势描绘为对自然和无意识的拓殖,包括资本主义对前资本主义第三世界的更全面的渗透,以及新型媒体操纵形式的出现。与法国理论家不同,杰姆逊是在新马克思主义的框架内分析当代西方社会的变迁的。

杰姆逊致力于复活马克思主义的解放计划,他拒绝了后结构主义激进的相对主义立场。他认为当代发达资本主义社会处于一种"各种风格和话语杂陈、毫无规范"的状态。① 如今在文化和社会中的新事物采取的是一种拼拼凑凑的杂烩形式,它只是过时风格的花样翻新,以满足消费社会永不满足的求新之欲。

贝尔②将"后现代主义"这个词局限于文化领域。在他看来,后现代主义代表着现代主义艺术中的敌对趋势的增强,其特征是拒斥中产阶级的规范和价值。它还代表着这些趋势从一个艺术家的小圈子扩展至一大群主导着当代文化景观的精英。由于他们的观点借助大众媒体影响了更广泛的人群,因而削弱了发达社会的整个构造。

在后现代理论家看来,由于文化的普遍碎片化和社会的解体,社会结构和过程的连贯性已被破坏。甚至依然倚重于现代理论的杰姆逊③亦将后现代主义描述为非连续性过程十分复杂的策源地:普遍的、即兴的、非线性的变化,支离破碎的、压倒一切的空间,不和谐的声音,风马牛不相及的图像和信息,所有这一切产生了一种精神分裂症般的精神断裂,分解成了一系列未决的、分离的、非连续的事件。后现代经验之极端的碎片化和非线性的性质终结了定型的社会现象,结果勾销了社会理论的对象,即社会结构(如阶级、性别、种族、等级制度、科层组织、市场等)和结构化的社会过程(如整合、分化、支配、剥削等)。在这些后现代条件下,全球性的阶级理论话语变得过时而毫不相干了。

尽管不同的后现代理论家对后现代社会提出了不同的看法,但由于大多数后现代理论家拒斥社会、社会结构等概念,所以他们普遍缺少一种宏观的社会结构分析和经济分析。这是因为后现代主义最初是从文化、艺术等领域发展而来的,因而有重视文化,而忽视社会结构的一面。另一方面,也是因为其基本的理论和方法论立场决定的。由于他们一概抛弃大理论和宏观分析方法,所以他们提不出,或者也不想提出一种有说服力的社会理论。

(二) 后现代文化观

自我参照的文化,是后现代化引起人们广泛争论的观点之一。它坚持文化是按照其自身的

---

① Jameson, Fredric. 1984, Periodizing the 60's, in Sohnya Sayres, et al. (eds.) *The 60s Without Apology*, Minneapolis: University of Minnesota Press.
② 丹尼尔·贝尔:《资本主义文化矛盾》,生活·读书·新知三联书店 1992 年版。
③ Jameson, Fredric.1984, "Postmodernism, or the Cultural Logic of Late Capitalism", *in New Left Review*, no 146, pp.53-93.

自主逻辑运作的,而摆脱了现代理论之社会学的形成基础。这个观点强调了"能指"和"所指"之间的分裂(即象征符码缺乏共享的概念和外部指涉物,或共同的意义和对象),及随之而带来的符号决定论。极端的后现代主义立场视文化是一种完全自主的"指意系统"(regime of signification),换句话说,能指是以一种纯粹偶然的方式运行的,一切所谓"在……之下"和"在……之后"的"真实"因素都是"模仿"之物。他们将社会还原为一种囊括一切的"文化表面",他是不受"物质的"和"结构的"因素制约的。现代理论家和许多后现代主义者攻击这种激进的文化主义立场,但他们仍然承认,这表达了文化经验上的一种重大的、定性的,或后现代主义的转变,这种转变削弱了社会,削弱了再现社会的能力。他们将后现代的"无深度性"看作大众文化、消费文化、艺术等领域的"文化支配"。现代理论家将后现代主义概括为晚期资本主义的"逻辑",但他们警告道,文化的模仿外观颠覆了其自己所声称的"深度"决定因素的断言①②③。他们拒绝了关于后现代文化完全自主和土崩瓦解的争论,但仍然主张它削弱了受众领会、吸收,甚至认真对待其理论或者其他分析和干预社会生活的系统努力。极端和温和立场之间的差异也许不像现代理论家愿意承认的那么大。

为什么后现代主义者如此看重文化,赋予文化比社会更重要的地位?是由于社会本身的原因,还是因为看法变了?虽然大多数现代理论家赋予了社会以更重要的地位,但在不少后现代理论家看来,社会是一个空泛的概念,或者干脆认为"社会已死"。

费瑟斯通指出,要理解后现代文化,我们不仅需要解读这些记号,而且还必须观察这些记号如何在日复一日的实践中为人民大众所使用。当然,像出现在18世纪英国和19世纪中期巴黎的那种大量的记号繁衍一样,新的文化商品与货物之泛滥,也具有文化之民主化效应。这样,通过解读符号来确定特殊文化商品的持有者、实践主体的特殊地位与社会位置,就变得更为困难了。不过,还是可以认为,仍然将会有人继续去从事重新定义和解读文化商品的工作。④

迪马齐奥(1987)认为,如果后现代主义是向社会性的或全球性的去文化分层的转变的一种征兆(这在许多原来符号等级遭到动摇的其他领域中是很明显的,它为大众文化研究的普及与合法性提供了广阔空间)那么我们需要在社会间及社会内两个层次上,在群体内部斗争与相互依赖关系的变迁动力中,找到它的位置,所以为了理解后现代,需要进行深刻的反思。

如果说,后现代主义表明了文化的重要性在上升的话(这使我们想起了鲍德里亚的论断:今天的一切都是文化的),那么,我们就不应该仅仅把这种重要性当作商品生产的逻辑和技术的延伸来理解,而应该去研究探讨商品的传播和消费模式,研究那些具有接受后现代敏感性之秉性的符号专家、文化媒介人及其接受者们的实践。⑤

---

① 杰姆逊:《后现代主义与文化理论》,北京大学出版社1997年版。
② 丹尼尔·贝尔:《资本主义文化矛盾》,生活·读书·新知三联书店1992年版。
③ Harvey, David. 1989. *The Coalition of Post modernity*, London: Blackwell.
④ 迈克·费瑟斯通:《消费文化与后现代主义》,译林出版社2000年版,第92页。
⑤ 同上,第93页。

鲍曼将后现代主义描绘为"现代文化"对"现代社会"的"根本胜利",这一胜利使"以权力为支撑的结构"和"等级制度"失去了光泽。① 他认为,由于资本从劳动者手里"解放"了出来,产生了一种从生产向消费范式的转移,从而销蚀了传统权威。在他看来,新的后现代秩序主要依赖于市场"诱惑",即由消费者选择和愉悦,而不是由意识形态、监视,或武力来调节。他看到了中央生活计划和"不变的"自我观的终结,因为它们服务于工作日的生存方式、大众政治方案、"合法的"知识、中央集权管理,及资产阶级的规训。鲍曼辩称,去中心的、后传统的、多重的后现代认同拥抱不确定性、多元性、变动不居,从话语上证明目的和手段之正当,并培育了选择、责任感和能动性。虽然,鲍曼提出了一系列的新出路,但他认为,后现代并没有"增加个人自由的总量",而是"以一种渐趋两极化的方式"对其进行了再分配。因而,一方面,中上层阶级获得了更多的自主性,另一方面,处于边缘的人们则被剥夺了"建构认同的资源及……获得公民权利的手段"。这些局外人依然是全景监视和高压政治的对象。他不能想象两极化和不平等有什么实质性的减弱,或者一种后现代的替代物能够代替已经走投无路的阶级和再分配政治。所以,他以一种矛盾的心态信奉后现代性。②

以一种现代的声音,鲍曼谈到了文化向"诠释的"或"后现代的"范式的转型,这种转型是从以生产为中心的资本主义(根植于工作和高压政治)向消费资本主义(以休闲和诱惑为基础)转移的一个组成部分。尽管这个立场强调了结构分析之需要,但鲍曼又坚持认为,社会学的"结构"和"社会"之概念发轫于"合法理性"的破产,是为自上而下的统治服务的。因而,在他身上占主导地位的后现代声音赞同文本主义的策略,而减弱了组织和权力的重要性。③

极端的文化主义立场视组织和政治经济为副现象(epiphenomena),或者干脆弃它们于不顾。但即使贝尔亦强调文化的首要性,而杰姆逊则以一种极为激进的方式重构了"基础-上层建筑"的概念,从而包容了后现代主义关于文化完全自主的观点。由此,后现代主义的"结构"层面通常不得不排除在文化论辩之外。④

拉什⑤则对后现代化提出了另一种观点:如果文化现代化是一个分化的过程,那么后现代化是一个去分化的过程。如果说,研究现代(及作为分化的现代化)的典范理论家是韦伯,那么研究后现代的典范理论家,不是鲍德里亚而是瓦尔特·本杰明。他指出,一种既定的文化范式主要有4个成分:(1)文化对象,即美学的、理论的和伦理的对象等各类型间的关系;(2)整体文化和社会间的关系;(3)该种文化的"文化经济"——其要素反过来是生产和消费、文化制度、流通方式,及文化产品或商品本身的条件;(4)意指模式,即能指、所指和指涉物之间的关系。如果说,现代化预设了这些方面的分化,那么后现代化则目睹了在所有这些方面的去分化。

---

① Bauman, Zygmunt. 1992, *Intimations of Postmodernity*. London and New York: Routledge.
② Ibid.
③ Ibid.
④ Sica, Allan. 1998, *What is Social Theory? The philosophical debate*, Mass. & Oxford: Blackwell.
⑤ Lash, Scott. 1990, *Sociology of Postmodernism*, London: Routledge.

(三)后现代社会研究

在社会学中,后现代主义的概念、方法和文本受到了明显的忽视,毫无疑问,这是因为它们向传统的社会理论和社会学提出了挑战。然而,与哲学、心理学和经济学相比,社会学具有支离破碎和多样性的特征,人们也可以将社会学视为一门后现代学科。后现代主义者所赞成的话语差异和不可通约性,是今天的社会学家在制度层面上时时遭遇的。而且社会学一直关注地方性的知识、话语、仪式和互动形式,这在一定程度上破坏了其更为科学的实践者所追求的普遍性真理的主张。但不管怎么说,当代社会学在很大程度上还是由现代主义的假设当道。①

但慢慢地越来越多的社会学家开始将各种后现代主义的主题融入其研究中。迄今大多数有关后现代主义的社会学文献主要是对传统研究方法所作的理论和方法论批判,以及对后现代理论家的评论。目前已有不少研究者将后现代的视野用于范围广泛的社会学问题②,如性别、种族、生态保护等。

由于后现代主义的多义性和复杂性,要在社会学中寻找可充当后现代主义典范的文章或著作,是困难的。但我们可以略述后现代主义对社会研究进行质疑而提出的一系列问题。后现代主义关注的是在西方社会大规模结构转型的性质和广度,以及它们对社会互动和建构社会认同所产生的影响,关注的是新的理论策略和方法论。就这一点而言,后现代主义的视野与经典社会学传统中的马克思、韦伯、齐美尔、杜尔克姆、米德及其他人的方案有着惊人的对应,因为前者亦力图找到理解其所处时代社会结构和日常生活中戏剧性变化的新方法。

不过,大多数后现代主义的拥护者未能识别后现代理论和现代社会理论中的批判性思潮之间的连续性。一个明显的例证是,后现代主义对现代理性形式的批判是韦伯早就预期的。追求纯粹客观性的科学主张受到了本土方法论和解释社会学的挑战,而结构主义对主体的批判则为当代反人本主义理论提供了养料。可以说,在后现代主义作为一种时髦的话语出现之前,社会学家赖特·米尔斯、彼得·伯杰丹尼尔·贝尔断言,现代性已经走投无路,接踵而至的是全新的后现代时期。然而,为了证明"后……"这个前缀的正当性,后现代理论却与现代理论拉开了距离。

后现代主义在社会科学中的出现,主要受到了法国后结构主义和福柯的影响。来自社会学之外的跨学科思想家:如米歇尔·福柯、南茜·弗雷泽(Nancy Fraser)、尤根·哈贝马斯、弗里德里克·杰姆逊和科内尔·韦斯特(Cornel West)比社会学理论家拥有更多的听众。③

人类学家乔治·马库斯和米歇尔·费切尔④提供了后现代主义这个词在当代社会研究中的最佳定义。他们将它界定为传统标准不再适用的"表象危机",这隐含着一种认识论的和存在论

---

① Best, Steven. 1994, *The Postmodern Turn: New Perspectives*, New York: Cambridge University Press.
② 波林·罗斯诺:《后现代主义与社会科学》,上海译文出版社1998年版。
③ Sica, Allan. (1998) *What is Social Theory? The philosophical debate*, Mass. & Oxford: Blackwell.
④ Clifford, James and George E. Marcus. (eds.) (1986) *Writing Culture: The Poetics and Politics of Ethnography*. Berkeley: University of California Press.

的问题意识,目前的知识和经验状况不是根据其自身来加以界定的,而是按照它们将要追随的东西,如后工业的、后叙事的、后结构主义的来加以界定。①

后结构主义研究取向在以下两个当代社会研究的亚领域中表现得尤为明显。其一,不少人类学家和社会学家将后结构主义的文本和作者概念用之于对民族志描述的重新考察②③,这些学者对作为最终权威文本的传统民族志和作为权威作者的民族志学者的地位提出了质疑。其二,女性主义作家则运用解构主义方法来分析父权制话语。在这种话语中,性差异被用来确立那些与性别或身体任意联结的意义。

弗兰克④认为,社会学家迟迟进入有关后现代主义的论争,是因为社会学本身是现代性的产儿。而法国理论家鲍德里亚则指出,"社会学只能描述社会性(the social)的膨胀,及其兴衰沉浮。它只能靠对社会性所作的实证的、确定的假设为生。社会性的重新合并,即内爆,会离社会学而去"⑤。这种启示录式的口吻在近来的社会学家中亦有共鸣。

丹津(Norman Denzin)声称,"社会学不再适用于社会"⑥,因而告诫道,"如果将后现代主义理论关在门外,社会学会有效地将自己与后现代主义相隔绝"⑦。威廉·博格(William Bogard)同样坚持:"将后现代主义引入社会学理论的主流会产生不舒服的,因而多半是不会接受的义务,因为我们社会学家面对的是一种终结的可能性,而不只是社会理论的转型。"⑧

在后现代主义的作品中,呈现了明显的学科杂交的特征,这无疑是一桩好事,但也出现了令社会学家困惑的策略和立场的游移与多样性。

对于鲍德里亚来说,以某种规范性方法,或者以布迪厄式的阶层分析的方式,来讨论随意聚合在一起的大众,注定要失败。因为这样的分析形式,只适于系统发展的前一个阶段,而现在这一阶段已被取代了。进一步说,后现代社会学另一层更深的含义可能是,不仅强调社会的终结,同时也还强调了历史的终结。⑨

需要指出的是,鲍德里亚的"社会终结"论反映的是一种片面的实体论观点。实际上,社会并不是某种处于我们之外的东西,它就存在于人与人的交往行为或互动中,存在于各种组织和制度的运作中,存在于各种集体行动中。既然这样,只要有人存在,那么社会也就必然会存在。

---

① 乔治·E. 马尔库斯、米开尔·M. J. 费彻尔:《作为文化批评的人类学——一个人文学科的实验时代》,生活·读书·新知三联书店 1998 年版。
② Clifford, James and George E. Marcus. (eds.) (1986) *Writing Culture: The Poetics and Politics of Ethnography*. Berkeley: University of California Press.
③ 乔治·E. 马尔库斯、米开尔·M. J. 费彻尔:《作为文化批评的人类学——一个人文学科的实验时代》,生活·读书·新知三联书店 1998 年版。
④ Frank, Arthur W. (1987) "Review essay on *Fragments of Modrnity*, *The Flight from Ambiguity*, *Schopenhauer and Nietzsche*", *Symbolic Interaction* 10: 295 – 306.
⑤ Baudrillard, Jean. 1983, *Simulation*, New York: Semiotext.
⑥ Denzin, Norman K. 1986, "Postmodern Social Theory", *Sociological Theory* 4: 203.
⑦ Ibid., 4: 211.
⑧ Bogard, William. 1987, "Reply to Denzin", *Sociological Theory* Vol.5: 208.
⑨ 迈克·费瑟斯通:《消费文化与后现代主义》,译林出版社 2000 年版,第 49 页。

那么,在一个后现代世界里,究竟如何践行后现代社会学,或社会学呢?它们是否一回事呢?后现代理论是否意味着社会学的终结,或转型?

不少社会理论家和社会学家提出了自己不同的看法。

后现代思想家福柯很少谈及社会学学科,更多谈及的是规训的社会学。福柯提出了理论化历史、社会、权力和现代主体形成的新方式。他的研究与实证主义的当代批判,与"冲突理论"的研究路径、与越轨社会学、"历史社会学"学派、理性的社会学史,以及社会化和现代化理论等有着直接的关联。

就像许多当代理论家一样,福柯的研究是跨学科的。尽管福柯的研究具有扑朔迷离、变化无常的特点,但在他一身的学术生涯中,还是有着明显的主题。福柯的主要计划一直是撰写一部对我们所处历史时代的持久批判它使看似给定和自然,但实际上是权力和统制之偶然建构物的有关知识、理性、社会制度,及主体性的现代形式"问题化"。在一系列的历史研究中,通过分析权力在现代精神病学、医学和犯罪学中的运作,以及考察个人被建构为主体和知识客体的不同途径,福柯试图从几个角度来发展上述的主题。由于受到乔治·康吉扬（Georges Canguihem）和加斯东·巴歇拉（Gaston Bachelard）的影响,福柯将他的研究方向从对自然科学所作的历史和认识论的描述转向了对人的科学的政治批判。

另有一些人取一种介于现代主义和后现代主义之间的中间立场,如理查·哈维·布朗在《社会科学与作为话语的社会:迈向一种公民权能的社会学》一文中提出了一种多元性的一般理论,他认为,社会科学的话语揭示了一般理论的多元性:每种理论都是内在一致的,都拥有不同的基本隐喻,以及不同的意识形态旨趣。实证主义的一般理论使用的是有机体和机器的隐喻,其意识形态的旨趣集中于社会秩序的稳定和维系。但这些隐喻无法描绘人的能动性（human agency）,因而,当实证主义者试图扩展其理论,以容纳个人的生活世界时,就会漏洞百出。由此,布朗提出了另一种隐喻:社会是一种话语或语言,而不是一个有机体和机器。他认为自己并不想提出一种新的普遍范式,而是使实证主义的研究取向相对化,由此引入一种更为宽泛的视点多元主义。①

然而,社会即话语这一隐喻（root metaphor）,也许在逻辑上、道德上和政治上更为合适。逻辑上,这个隐喻可以通过一种整合的、首尾一贯的方式,既能描绘社会结构,又能表述个人意识,亦即能够同时描绘"语言"和"言语";道德上,这一取向以个人能动观和人是世界之原创者作为起点和归宿,由此为一切可能的道德提供了理论资源;政治上,它有助于揭示任何话语的意识形态编码过程,从而鼓励公众讨论的批判性和公开性(同上)。

社会是由交往行动构成的。社会结构被视为由言语活动创造的一系列语言结构。例如,在经济分析中,货币建构(即意指)了价值,它并不代表(即传递)其他任何东西的价值。对布朗来说,这种研究取向有几种优点:它包含了微观、中观和宏观分析;它敢于自我反省,敢于承认自己

---

① Brown Richard H. 1992,"Social Sciences and Society as Discourse: Toward a Sociology of Civic Competence", in S. Seidman & D. Wagner, (eds.) *Postmodernism and Social Theory*, New York: Basil Blackwell.

的道德政治功能;它有助于打破武断的政治界限。

鲍曼①认为,社会学的结构与知识分子的社会角色密切相关。在现代时期,国家与知识分子之间有一种同盟关系。受到广泛的知识分子文化的影响,社会学经过塑造,承担了"立法者的角色",换句话说,它的目标是发现社会组织和演化的原理。尽管现代社会学所具有的合法性,是以真理和普遍的社会效用为依据的,但它被整合进了创造和治理一个理性社会的现代国家的宏伟目标中。现代社会学所全神贯注的社会组织和社会整合原理,以及越轨、犯罪和精神疾病等问题反映的是现代性的治理"合法性"精神。

社会向后现代性的转变,改变了国家与知识分子之间的关系。如我们所见,国家不再怎么需要知识分子,随着市场取代国家成为整合社会的机制,知识分子的立法性角色也随之消失了。知识分子的失去权力使他们的立法者角色过时了。

(四) 知识、权力和社会

知识、权力和社会之关系可以说是后现代社会理论分析的核心内容之一。

福柯的《知识考古学》对考察历史,事实上可以说任何一门学科的新方法展开了论证。他试图对每一门学科,不只是社会科学,而且包括自然科学,不只是理论和学究式的学科,而且包括应用和实用学科,进行再概念化。所有这一切有什么共同之处呢? 它们全都拥有话语之形式。这些学科不是反映或研究世界,而是建构我们所处世界的真正本质,以决定我们行动的方式。它们是谈论的方式,而不是谈论本身。因此它们具有内在的社会性,在更深的意义上它们是权力的来源。

1. 知识/权力

现代理论把知识看成是中立的、客观的,或者是解放性的。福柯则认为知识与权力是不可分割的。但必须指出的是,他并不认为权力和知识是等同的。

福柯论述了知识和权力的相关性。在他看来,所有的认识方式都是权力的运作:"真理是此世之物,它只是多重限制形式的产物"②。这种权力不能还原为人际支配,而是一般社会生活和文化构成物。

他的"权力/知识"观体现了后现代理论家对知识的中立性、客观性的怀疑,以及对启蒙思想家所承诺的解放蓝图的怀疑。权力和知识之间的(循环)关系是福柯在用系谱学方法批判人文科学的过程中提出来的。在权力关系的网络中产生的各门学科,如精神病学、社会学、犯罪学等,应用隔离、限制、监视和客观化等形形色色的实践与技术来规范人的行为,反过来在此过程中,又发展、完善、传播了新的权力技术。如精神病院、医院、监狱等机构,就是通过观察个体行为,利用矫正技术进行实验,从而获得社会控制知识的实验室。

福柯认为,教育系统本身主要是一个权力系统。教育话语系统聚焦于我们可以说的和所思考的;它构成了什么对象是真实的;何为公? 何为私? 什么属于技术专家的职权范围。在福柯

---

① Bauman, Zygmunt. 1992, *Intimations of Postmodernity*. London and New York: Routledge.
② Foucault, Michel. 1980, *Power/Knowledge*, New York: Pantheon Books.

的眼里,学校是个人必须通过的一系列的仪式。其最终成果被用来划分何人有资格谈论特定的主题,何人因其缺乏专业知识而被排除在严肃的话题之外。不像其他社会,现代社会是由书面文字支配的,即由体现在法律条款中的话语形式、官僚的报告,以及专业术语支配的。所有这一切组成了基本的现代权力体系。

另一种深化上述观点的途径是应用福柯的观点:权力并不总是压制性的,它也可以是建设性的:

> 如果权力只是压制,如果权力只是说不,你真的以为人们会服从它? 使权力变得适用,使它为人们所接受的只是在于如下的事实:它不仅仅作为一种说不的力量压在我们的身上,而是它穿越(traverses)和产生事物,权力诱发快乐,形成知识,制造话语。①

特定的"知识/权力"体系(regimes)产生某些区分、合法性标准、可接受的程序规则,另一方面则拒绝其他的区分、标准和规则。因此,只要这些组合使某些话语形式成为可能,如自然科学中的例子,它们也会使不可能存在的沟通形式成为可能。所以,借助自然科学话语而显露的权力截然不同于我们将其与肉体暴力相联系的权力,只要它与知识所有权相联系,往往会使沟通中断。

福柯的高明之处,在于他在一般似乎并不含有政治、道德意味的知识、学术话语之背后,发现了它们与权力之实实在在的关系。

法国社会学家布迪厄(Pierre Bourdieu)则从另一个角度,论述了文化与权力的关系。他提出了"符号暴力"的概念。"符号暴力"是布迪厄社会学理论的中心概念之一。他是这样定义其含义的,"通过掩盖作为其实力之基础的权力关系,以设法强加意义,并自称它是合法的权力"。这种权力分布极为广泛。它构成了正规学校教育,以及育儿方式、人们的行为举止、宗教和传播媒介的内容。用来界定世界,及相互间在世界中的位置的文化意义,其合法性是以暴力为基础的。但这种暴力是隐而不露的,并且必须如此。学校里传授的是统治阶级认可的文化,但学校必须声称其是中立的,因为只有看起来是中立的,才能赋予统治阶级一方以额外的权力。布迪厄的主要论点是:文化具有相对的自主性,这赋予了其特殊的实力。学校文化是一种任意的选择,是从各种可能性中选出来的,但它必须掩盖其任意性;它不能传播文化相对主义,如果它不想损害自己的话。

由于福柯拒绝从国家结构中制度化权力形式,或者从各种"权力精英"(米尔斯语)对权力进行控制的角度来从事权力分析,这就使他的权力分析有着一种先天的不足。

布迪厄的"符号暴力"理论则从另一个角度弥补了福柯权力分析的不足。在福柯的权力分析中,缺少任何意识形态理论和符号性权力的概念,事实上,这些意识形态理论或符号学权力的

---

① Rabinow, Paul. ed. 1977, *The Foucault Reader*. New York: Pantheon Books.

概念可以在信仰、价值或传统层面上来解释社会凝聚力。在这方面,福柯使用的是规范化权力的概念,这种规范化权力被解释为通过权力的运作而强加在个体身体上面的"真理"。

2. 后现代权力观

福柯提出了一种新的后现代权力观。他认为权力是分散的、不确定的、形态多样的、无主体的、建设性的。而现代权力观的主流模式:法权模式和经济学模式,因为太陈旧而不再合适。经济学模式把权力归属于阶级统治和经济强制;而法权模式则将权力理解为法律、法定权利、道德权利和政治主权。

与现代理论家的总体化理论不同。福柯认为权力和理性嵌置于各种话语和制度性场域中。因而他采用了一种多元分析法。福柯的研究方法与法兰克福学派及其他现代理论家不同,他反对对理性化作普遍化描述。

现代社会的权力是一种"关系性"权力,它"在无数的点上被运用",具有高度不确定的品格,并且从来都不是某种"可以获得、抓住或分享"的东西,根本不存在可供争夺的权力源泉或中心,任何主体也不可能占有它。权力纯粹是一种结构性活动,对它来说,主体只不过是无名的导管或副产品。

福柯早就将重点从马克思-韦伯的权力转向了在集权组织之下运作的过程。但他认为,与其说始于18世纪欧洲的权力之大规模扩散增进了民主化,毋宁说增强了人类的多重性的约束。他把新的"人的科学"视为多面理性化的前沿,它比以往更为彻底地惩戒了身体。在他看来,"规范化"的做法通过在不同机构中的训练、考试和治疗而大大扩散了。对福柯来说,权力不是中央行政机构及刑事机构中少数领袖的固定资产,而是内在于现代知识、教育和治疗之中,流经一切地方(局部)网络。

权力是贯穿福柯整个思想的主题。他的大部分历史研究关注的是比较粗暴野蛮的权力,其间一切东西都发生于公众之无情的眼光下。权力是近乎透明的、一切都是直接为了维护排除和压制的界线:麻风病人和疯子被关在城镇的外围地区,罪犯和异端分子在集市上被当众活活烧死。在福柯看来,现代性是向一种不同的权力组构的转变。公与私之间产生了明显的分化,它们之间的界线是由拥有专业话语的专家控制的。现代监狱、精神病院、工厂、福利制度等全都是同一个结构的应用。所有这些机构都在围墙后实施规制。福柯进一步认为,人们试图逃避现代性之限制的手段仍然是这一基本结构的延续。

自20世纪70年代以后,权力问题在福柯的著作中有了更频繁的论述,与早期侧重于权力的否定性方面不同,他强调了权力肯定性的一面。福柯认为,权力本质上是建设性的,而非压制性的,它"致力于生产、培养和规范各种力量,而不是专心于威胁、压制和摧毁这些力量"[①]。这种权力无须借助肉体暴力,借助法律,而是借助于各种规范、政治技术,以及对身体和灵魂的塑造。按照这种观点,权力构成了从制度到主体间的全部社会关系的基础,因而基本上是一种能动的

---

① Foucault, Michel. 1980, *Politics, Philosophy, Culture*, ed. Lawrence D. Kritzman, New York: Routledge.

力量。为此,他进一步指出,要想理解权力,就必须分析其最复杂多样和最具体的表现,而不是仅仅关注其最集中的形式。这种对权力关系侧面和日常生活方面的关注,福柯称其为"权力的微观物理学"。

尽管福柯重新将权力解释为一种肯定的、异质的力量,但作为福柯著作之核心的仍然是否定的权力观,即把权力看作是一种单一的强制力量,或者说他持的是一种具体否定,抽象肯定的态度。这使福柯无法解释社会变迁的可能性,以及社会生活之能动性和自主性的一面。这个缺陷也是大多数后现代理论家的通病。

福柯后来关于治理(governance)的论著则从一条新的路径,对权力作了一种新的阐释。其一,通过对在暴力、支配和表现为个人间关系特征的权力类型之间作出更为明确的区分,治理性的观念拓展了权力的范畴;其二,权力既被定义为客观化力量,又被定义为主观化力量。权力约束了个人,但是它也构成了个人自由的可能性条件。①

在这个意义上,权力是"去中心的",而不是任何主体的属性。权力被规范化,成为戒律,为主体每天所践行。这看来抓住了权力体验的一个重要维度,但同时遮蔽了人们区分权力是什么,应当是什么的机会和智谋在现代社会中的增长。权力的中心疑难在这种系统阐述中消失了:不存在任何区分合法权力和非合法权力的标准。福柯的理论事实上使这一标准变得不可能了。

当然,福柯的权力分析也招致了一些人的批评,认为他忽视了权力在国家和决策机构中的作用,忽视了权力的多种可能性,以及片面地将权力看作一种纯粹否定的、强制性的力量,因而未能建立起一种完整的权力理论。针对人们对其权力观的批评,福柯作了如下的回应:

> 实际上存在的是繁多的、不同形式的权力关系,它们可以运转于家庭关系、制度内部、行政活动以及统治阶级与被统治阶级之间。权力关系都有特殊的合理性形式,这些形式与相应的权力关系一致。这是一个分析的空间,绝非仅是诉诸唯一的决策机关。……即使我研究权力关系,我也绝不是在建立一套关于权力的理论;只不过在我的问题是要了解主体的反思与真理话语之间的联系的范围内,若我的问题是"主体如何能够说出关于自身的真实",那么,我认为,权力关系是我试图分析的诸关系中的决定性因素。②

他进一步解释道:

> 我丝毫不是一个权力理论家。……在我看来,由权力现象所产生的政治分析不能把握那些我想提及的更微妙、更细节的现象。如果我如我之所行说出我之所真,那么,这部分是通过某些作用于我,以及我作用于他人的权力关系而把自我建构为主体……我不研究理

---

① 路易丝·麦克尼:《福柯》,黑龙江人民出版社1999年版。
② 林贤治:《福柯集》,上海远东出版社1998年版,第506页。

论,我研究的是,在某一时期自我对自我的自反性以及与此相联系的真理话语的建构方式之历史。当我谈论18世纪的监禁制度时,我谈论的是在当时那样地存在着的权力关系。我因此无可指摘,除非人们强加给我一个完全与我的计划不同的计划,这种计划要么是提出关于权力的普遍理论,要么还是如现在这样地对权力进行分析。①

3. 知识与主体

权力和主体是贯穿福柯著作始终的两个主题。就其宣布主体的死亡而言,就其关于全部知识都不可避免地置于权力关系之中而言,这两个主题确实是福柯思想最广为人知的方面。这两个主题的发展:从权力理论扩展为治理观念,以及从主体问题到"自我伦理学"观念的转换,形成了福柯思想的主线。②

权力和知识是福柯整个研究工作的两个轴心,后来又加入了第三个轴心:伦理。由此扩展了他的研究焦点,不仅包括主体经由"支配技术"为他人所建构的方式,而且包括主体通过"自我技术"改变自己的方法。尽管,存在这些方法和风格的变化,但在他的研究中有一个潜在的连续性,他的所有著作分析了经验(如癫狂、疾病、违法、性行为、自我认同)、知识(如精神病学、医学、犯罪学、性学和心理学)和权力(如在精神病和刑事机构中行使的权力,以及在其他实行个人控制的机构中行使的权力)之间的关系。

福柯认为,现代个体既是知识的客体,又是知识的主体。现代个体并不是一个"受压制的"存在物,而是一个在"科学-规戒机制"之母体中被积极地构筑的存在物,一个"通过一整套的力量与身体技术被精心组织起来的"道德的、法律的、心理的、医学的、性的存在物。③

按照福柯的理解,"主体"一词有双重含义:主体"既可能由于支配或依赖关系而受制于他人,也可能由于良心或自我知识而受到……自身认同的束缚"④。福柯反对那种把良心、自我反省与自由联系在一起的启蒙运动模式。他继承了尼采在《道德的谱系》中提出的主张:自我知识,尤其是表现为道德意识的自我意识,乃是权力借以使个人将社会控制予以内化的策略以及这种内化的后果。⑤

然而,在福柯的晚期著作中,发生了重大的理论转变。他重估了启蒙运动对当代批判的积极贡献,并且认识到了自己的研究同从康德、尼采,再到法兰克福学派的批判理论之间的关联性。同时,他开始有保留地谈论创造性主体。这些转变发生在他把研究焦点从统治技术(个人在话语实践中受他人统治并被客观化)转向自我技术(个人通过伦理或自我建构方式创造自己的认同)的过程中。福柯对此作了如下的解释:

---

① 林贤治:《福柯集》,上海远东出版社1998年版,第506—507页。
② 路易丝·麦克尼:《福柯》,黑龙江人民出版社1999年版,第3页。
③ Foucault, Michel. 1979. *Discipline and Punish*, New York: Vintage Books.
④ Foucault, Michel. 1982, "The Subject and Power", in Dreyfus and Rabinow op.cit, p.212.
⑤ Dews, Peter. 1987, *Logics of Disintegration: Post-Structuralist Thought and the Claims of Critical Theory*. London and New York: Verso.

如果我们要想分析主体在西方文明中的谱系,我们就不仅要考虑支配技术,而且还应考虑自我技术。我们还必须指出这两种类型的自我之间的互动关系。我以前研究精神病院、监狱等机构时,也许更多强调的是统治技术……但是,在今后的几年中,我将从自我技术方面入手去研究权力关系。①

(五) 道德、政治和社会理论

与实证主义者追求研究的客观性和中立性不同,后现代理论家倾向于如下的社会研究形式:它们融合了明确的现实意图和道德意图,它们是随情景而变的,并且受其关注焦点(局部优先于一般)的制约,它们是由叙事构成的,而不是表达了一般理论。因而,有人提出应把一般理论转化为融合实用道德利益的社会叙事。

后现代理论家强调了任何一项研究的社会、历史、文化的嵌入性(或者说社会、历史、文化的依赖性),强调了它所含有的道德和政治性质。

塞德曼认为,社会科学知识不仅带有广义的文明,以及作为其一部分的民族文化的印记,而且带有其生产者身上更为具体的阶级、种族、性别或性取向的印记。因此,应该对一般理论主张,及其所应用的基本概念进行解构,以揭示作者所持的特定社会立场和旨趣。他否定建立一般社会理论的可能性,赞同对科学所作的激进的去中心化。

主张去中心化的后现代理论强调了社会科学的实践-道德意义和政治意义。勒默(C. Lermert)指出,社会科学的认识论与政治不可避免地纠缠在一起。他辩称,社会科学的范畴和解释,必然会通过强调某些社会过程和赋予特定的群体和社会议程以特权之方式,来建构社会现实。后现代理论家认为,社会科学知识隐含于现实设计中的,它不是一个科学提供具有实际功用之知识的问题。相反,社会科学知识被视为一种策略,借此个人和群体可以促进其利益,寻求一种社会议程,或者争夺权力。科学与权力之间的关联超越了意识形态。因此,社会科学在现代社会中成为一种主要的社会政治力量,与经济、国家、家庭或者教会是比肩而立的。

同样,布迪厄也把社会学看作一种具有显著政治性的科学:"原因在于它极为关注符号支配的各种策略和机制,并融汇于中,环环相扣。从事社会科学研究的学者们在权力场域中所处的被支配地位,以及社会科学研究对象的特有性质,都决定了社会科学不可能保持中立的、超脱的和无政治意义的立场。它永远不可能达致自然科学所具有的那种'无可争议'的地位。这一点的证据就在于:社会科学总是不断地面临各种形式的抵制和监督(来自内部的绝不少于来自外部的),威胁着要一点一点蚕食它的自主性。这种抵制和监督对于生物学或物理学这些发展最为成熟的领域来说,几乎闻所未闻。"②

总之,后现代主义试图以解构主义的方式进行理论化,以系谱学的分析取代理论建构的种

---

① Foucault, Michel and Sennet, Richard (1982) "Sexuality and Solitude", in D. Rieff (ed.) *Humanities in Review*, Vol.1, London: Cambridge University Press.

② 皮埃尔·布迪厄、华康德:《实践与反思——反思社会学导引》,中央编译出版社1998年版,第53—54页。

种努力,从而重新引入道德和政治关注。

三、后现代分析方法

(一) 后现代分析方法的来源

后现代分析方法可以恰当地称之为后结构主义方法,因为它集中关注由索绪尔提出,并被列维·斯特劳斯应用于文化领域的指意过程。

后结构主义在很大程度上,仍然是一种文学理论,而后现代主义则成了更一般的文化理论,包括大众文化、建筑、科学、音乐、电影等,但不管后现代主义是什么,后现代主义是不可还原的,所以有必要思考一下如下的命题:后现代主义和后结构主义建立在政治基础之上,它们是世界历史结构变迁的产物。后结构主义是始于 20 世纪 60 年代的世界社会结构变迁的组成部分。

假如后现代主义被界定为艺术、科学和社会中的再现/表述危机,方法问题就会随之而生。尽管后现代主义社会研究方法包含各种姿态,一般还是可以追溯到两种来源:瑞士语言学家菲尔南德·索绪尔(Ferdinand de Saussure)的结构语言学和尼采的哲学。

1. 索绪尔的结构语言学

索绪尔开创了对符号、象征和符号系统的分析。这一研究方法最初被设想为一门"符号科学",因为它考察了有意义语言产生的多种方式。

在索绪尔看来,语言符号由两部分构成:声音成分(能指)和精神或概念成分(所指),后者代表着世界中的某种事物。索绪尔还区分了语言(langage)和言语(parole)。语言指的是由一整套语言学规则组成的语言结构;言语是指个别说话者对结构体系的日常使用。对索绪尔来说,语言学应当集中研究语言,而不是言语。因为对前者的了解有助于揭示语言在日常实践中发挥作用的原理。在社会科学中(主要通过列维·斯特劳斯),索绪尔的结构研究方式被视为提供了一种分析不同社会关系和制度形式的模型,因为任何客体都能成为一种符号,如果它被用来交流某个信息,也就是被用来意指某种面向。

2. 尼采的哲学

如哈贝马斯指出的,"随着尼采进入现代性话语之中,这场论争从根底上改变了"[1]。由于尼采对理性和知识持有一种激进的、反启蒙的批判姿态,他的思想在很大程度上为美国社会学界所忽视,但他对法国后现代主义的影响是巨大的,特别是其激进的视角主义(perspectivism)。尼采将现代性的危机诊断为"上帝之死",并认为艺术高于科学和道德。

针对实证主义的事实观,"存在的只是事实",尼采回答道"不,事实恰恰是那不存在的东西,存在的只是解释。我们不可能确立任何'原原本本的'事实"[2]。因此,尼采既拒绝了实证主义科

---

[1] Habermas, Jurgen. 1987, *Lectures on the Philosophical Discourse of Modernity*, Cambridge, Mass.: MIT Press.
[2] Nietzsche, Friedrich. 1967, *The Will to Power*, translated by Walter Kaufmann and R. J. Hollingdale. New York: Random House.

学的傲慢,又拒斥了超验实在的宗教概念,而支持视点的多样性。

尼采的视角主义和索绪尔语言学之间的连接,包含在后者有关语言符号具有任意性的学说中。索绪尔指出,语言学符号的任意性有双重含义:就能指和能指所指称的东西之间只存在一种惯常的联系来说,能指是任意的;而所指之所以是任意的,是因为每一种特定的语言都以不同的方式来划分整个领域。德里达①在索绪尔身上察觉了一种后结构主义的倾向。具有实质意义的是,在后现代社会中,传统的标准和规范已失去了其合法性。

由此,不同的后现代取向变成了根据不断转换的指意过程描述社会生活的主题变奏。鲍德里亚使用持续的符号激增来分析当代社会的"超真实性";利奥塔将社会互动描绘成一个创造性的语言学指意过程。其他法国思想家亦形成了类似的后结构主义分析方法,尽管无人能建立一种独特的后现代社会理论。

对索绪尔和尼采的后结构主义综合做得最好的是福柯。德雷弗斯和拉比诺(Dreyfus and Rabinow)清晰地概括了尼采对后结构主义方法的影响:

> 人们越是解释,越会发现找到的不是文本或世界的固定意义,而只是其他的解释。这些解释是由其他人,而不是由事物的性质所产生的和强加的。一旦发现了破解这种无根性,解释之内在的任意性也就变得显豁了。②

按照结构主义语言学和人类学,语言这个词表达的不仅是单词、词典和一整套语法规则,而且是一种意义构成系统。也就是说,任何一种(不管是言语的,还是非言语的)构成意义、组织文化实践、再现和理解世界(包括理解自己)的系统。这样一种语言是后结构主义分析的聚焦点。

在后结构主义者看来,语言分析提供了一种理解社会关系如何被构想的切入点,因为理解社会关系如何被构想,也就意味着理解了它们是如何运作的:制度是如何构成的,生产关系是如何被体验的,集体认同是如何建构的,等等。

如果不去关注意义和范畴构成的语言和过程,那么人们只能将过分简化的模型置于世界之上。这类模型只会延续陈旧的认识,而不会拓展新的解释的可能性。

问题是要找到分析特定"文本"的路径。不仅是书籍、文献,而且包括任何种类的,任何媒体中的表达,包括文化实践。后现代主义者坚持词和文本没有固定或内在的意义,坚持在词/文本和思想或事物之间不存在任何透明的或自我确证的关系,坚持语言和世界之间不存在基本的或最终的对应关系。这些问题必须通过以下的分析来回答,也就是说,意义是如何,在何种特定语境中,在哪种特定的人际交往中,借助何种文本和社会过程获得的? 这些问题也可以转换成下述更一般的问题:意义是如何变化的? 一些意义是怎么变成规范意义的,而另一些又怎么会消

---

① Derrida, Jacques. 1976. *Of Grammatology*, Baltimore: Johns Hopkins University Press.
② Dreyfus, Hubert & Paul Rabinow. 1983. *Michel Foucault: Beyond Structuralism and Hermeneutics*. 2nd. Ed. Chicago: University of Chicago Press.

失的？这些过程对于权力的构成和运作又揭示了些什么呢？

（二）解构主义的推理方式

德里达为后现代分析提供了一种解构主义的研究路径。这种解构主义的策略进一步发展了索绪尔的另一种观点：语言是由任意符号(其意义是由差异界定的)的关系体系构成的。因为意义以差异为基础的，因此一切试图将自己置于某种基本标准或原始出发点之上的社会理论，本身就是差异的产物。于是，解构主义成为显露一切思想体系之语境性的方法。德里达关注的是意义的模棱两可性如何一直受到单一解释的压制。

后现代社会理论的一般概念：解构、差异和去中心。

后现代社会理论大多数是围绕着以上3个概念展开的。解构是差异社会理论的方法之一。它源自对社会世界的去中心。后现代主义和后结构主义从一开始就具有强烈的政治色彩。差异、去中心、解构都具有类似的政治含义。这与后现代主义和后结构主义的起源有关。

解构主义运动直接引发于1968年5月巴黎所发生的政治事件。福柯和德里达的早期文章就写于那段日子。福柯对人道主义的攻击，德里达对中心观念的抨击，利奥塔和杰姆逊后来对现代理性的批判，都与欧美20世纪60年代的政治运动有着直接的关联。

1. 解构

解构分析是由法国哲学家雅克·德里达创始和命名的，而尼采(1844—1900)、海德格尔(1889—1976)则是重要的先驱，他们曾对"知识"和"真理"等基本哲学概念的有效性提出了质疑。

在德里达看来，解构涉及对文本中差异运作的分析。这一方法包括两个步骤：颠覆和置换(移置)的二元对立。这一双重过程揭示了表面两分的词语间的相互依赖性，以及其意义与特定历史的相关性。解构证明词语间的对立不是自然的对立，而是建构起来的对立，是在特定的语境中为了特定的目的建构起来的。

德里达认为，解构不是一种方法，而是一种临时性的规则。那么解构到底具有怎样的一些规则呢？还是仅仅是一些原则性的东西？

对此，德里达对解构作了如下的解释：

首先是回顾，也就是行使记忆的权力，去了解文化是从哪里来的，传统是从哪里来的，权威与公认的习俗是从哪里来的。那些起规范作用的、具有协调性、支配性的因素都有其来历，而解构的责任是尽可能去重建这种霸权的谱系：它从哪儿来，而为什么是它获得了今日的霸权地位。

其次，解构不是一种单纯的理论姿态，而是一种介入伦理和政治转型的姿态。因此，也是去转变一种存在霸权的情境，去叛逆霸权、质疑霸权。解构一直是对非正当的教条、权威与霸权的对抗。

最后，解构不是"否定"，是一种肯定、一种投入、一种承诺。是对那种不能被还原成某种文化、某种哲学、某种宗教的思想说是。对思想说是，对生活说是，对要来的东西说是，并通过记忆去改变事物。对思想、生活与未来来说，不存终极目的，只存在无条件的肯定。

那么，在德里达看来，解构就成为一种面向思、面向生活/生命、面向未来的精神。

德里达认为:"一般的解构是不存在的。只存在既定文化、历史、政治情境下的一些解构姿态。针对每种情境,有某种必要的策略,这种策略依情况的不同而有别,我们应当分析的是这种具体上下文中的兴趣所在。"

解构与其说是一种哲学,不如说是一种活动,一种解读文本的方式。解构批评家采纳了一种后结构主义的语言观。按照这种观点,能指(signifier)并不产生确定的所指(signified),而是产生新的能指。能指的这种无穷的游戏意味着一个词的意义并非铁板钉钉,而是依从于其他的能指。例如,当我们考察韦伯的"身份"概念时,必须与他提出的其他概念一起加以考察。

后结构主义的文本解读法标志着与传统的形式主义批评的背离,后者认为文本是自足的,可以被完全理解。形式主义批评持有如下的信念:只要对文本细心研究就能产生这部作品的意义。对于后结构主义来说,意义的产生是无限制的,因为并非只存在一种意义,而是多重意义联合起来形成了一个文本的话语。就像一种能指产生了更多的能指,文本中的一种意义,引出了更多的意义。因而,当某个人追踪文本中的一条意义线索时,他/她到达的不是"中心",而是通向了其他可能的解释和意义。在解构理论家看来,所谓的文本中心是一种幻觉,因而试图在文本中寻找单一的、唯一正确的意义是错误的。

德里达批评了中心观念。他借用了几何学的悖论:中心确定了一个圆,但它却不是构成圆圈的线条的一部分。在德里达看来,圆心是我们所强加的东西,是我们认为它在那儿,然而实际上它并非圆圈的一部分。这一剖析扩展至了作为文本分析对象的西方思想。因为我们为了理解周围的世界,而强加了诸如中心,或二元对立这样一种结构,然而这一中心并非实际存在:它并非一种客观的现实。德里达并非要我们放弃圆的概念,而是要我们承认它只是幻想和被建构之物。因而,我们可以批判性地检验我们的思想体系,而不必完全拆散我们感知实在的能力。德里达承认中心观念是我们整理我们思想的一个必要手段,但事实是,它并非真实得允许我们批判我们所创造的特定中心。

虽然解构批评家相信文本中并不存在中心意义,但问题是,何为解构一部作品呢?通常的误解是,认为解构一个文本指的是将它拆开,显露其局限性。实际上,在解构活动中,人们不是拆解文本,而是显露文本业已拆解自己的手段。

德里达并没有将解构主要看作一种文学批评样式,而是作为阅读各式各样文本的一种方式,从而揭露和颠覆西方思想的内在预设。德里达关注的是西方思想的结构,以及这种结构所依赖的2元对立:如日夜、黑白、说写、男女等。他指出,这种二元对立实际上是微型等级制度,其间前项优于后项。他试图证明这些二元对立并非某种外部现实的真正再现(表述),而是我们用来使自己思想条理化的建构。通过说明没有一种二元性是完全对立的,而是相互补充的,它们所隐含的等级制是我们人为的建构。

德里达没有提出一种单一的解构方法,他拒绝刻板的程序,而提倡一种文学的、文化的和哲学的解读。解构对有关阅读和写作的传统假定提出了挑战,并丰富了社会科学的研究,如人类学、社会学和教育学等,改变了人们对文化研究和实践的解释。

因此,后结构主义与社会科学具有潜在的关联性,它提供了解读和重构社会科学研究的技术和方法。它不仅破解了定量社会科学的技术符码,而且提供了一种新的阅读和写作方式。在后结构主义看来,定量方法是一种修辞法,是对有关社会世界的某种假定和价值观的编码。解构拒绝将方法论仅仅看作一套控制数据的技术程序。它显露了科学表层底下的价值观和旨趣,促使人们审视其所作的假定,对其提出质疑。

2. 差异

后结构主义语言分析的另一个重要方面是与差异概念联系在一起的。这个概念出之于索绪尔的结构主义语言学,它的含义是:意义是通过或明或暗的对比产生的,一种肯定的定义依赖于对作为其对立面的某物的否定或压制。因此,任何一个单一的概念事实上都包含着被压制的或被否定的材料,一个概念是在与另一个词语的明显对立中建立起来的。

强调差异是后现代主义者的一个共同特征,其目的是拒斥大理论研究取向或"大叙事"。后现代主义不愿建立一种能够解释社会各个方面的理论,而是注重考察个人和群体的多样化的经验,它强调的是差异,而不是相似性和共同经验。在不少后现代主义者看来,现代世界是"片断的、分裂的、无序的、中断的",不稳定的,从宏观上来说是不可理解的。① 这一研究方法的主要部分是批判宏大理论和解构文本。它要求读者自己解释文本,但不是将该读者对文本的解释强加给他人。②

对意义的任何分析都会涉及对否定和对立意义的梳理,领会它们是如何在特定的语境中起作用的。对立依赖于隐喻和相互参照,并往往采用的是家长制的话语。性差异(阳刚与阴柔)是为编码,或为确立那些与性别或身体没有直接关系的意义服务的。这样一来,性别的意义与各种各样的文化表象联结在一起,而这些东西反过来又确立了男女关系被组织和理解的词语。这种分析路径引起了女性主义学者的兴趣和关注。

固定的对立掩盖了事物相互依赖的一面,换句话说,它们是从一种特地确立的对比中,而不是某种内在的,或纯粹的对立中引出意义的。在德里达看来,相互依赖是等级式的:某个词语是主导的、优先的,而对立的词语则是从属的、次要的。德里达认为,西方哲学传统建立在如下的二元对立上:统一/多样、同一/差异、在场/缺席、普遍/特殊等。这些对词组的前一个词语被赋予了首要性;而后一个词语则被描绘为次要者,或派生者。然而,第一个词语依赖于第二个词语,并从后者引申出意义,因此第二个词语可以被视为第一个词语的定义的生成者。如果二元对立提供了对意义建构方式的洞察,如果它们如德里达所认为的那样运作,那么对意义的分析不能从其表面价值来看待二元对立,而必须从它们所包含的过程来"解构"它们。

差异原则是去中心化的社会理论的内容之一。现在有一批研究受惠于后结构主义的如下观念:当世界去中心化后,社会差异的首要性就变得明显了。最值得关注的是桑德拉·哈

---

① 波林·罗斯诺:《后现代主义与社会科学》,上海译文出版社1998年版,第170页。
② 同上。

丁(Sandra Harding)的研究。她认为,所有理论,包括女权主义理论,都会将社会分析还原为一种总体化的原则。为此,她提出了"支离破碎的认同"的概念:人们不能通过颠倒性别原则来说明或解决性别歧视,因为并不存在本质的女人这样的东西,就像并不存在本质的男人。相反,女人必须参照为性别、种族、阶级和世界地位所肢解的认同来思考(想象)自己。并不存在抽象的绝对女人,只有黑皮肤的——非洲的,白皮肤的——工人阶级的,或者富有的、美国的……女人。

一旦抽象的"女人"被解构为具体的"女人","性别"也就被认为不具有固定的参照物,女权主义本身作为一种能够反映自然化的,或本质化的说话者的理论也就消失了。它并不是作为我们政治认同的基础部分,作为形成政治团结的动机而消失的……但由于性别歧视结构的历史特殊性,这股女权主义的思潮有助于激励我们珍惜和维护我们的"连字符",即那些表达我们形形色色斗争的理论表达。①

支离破碎的认同这一概念的价值是显而易见的。当社会理论家重新评价种族、阶级和性别这些被分割的范畴之际,这一概念的出现并非是偶然的。然而,就像差异概念一样,我们还不足以认可后结构主义社会学的优势。

斯科特(Joan W. Scott)也运用后结构主义理论对平等和差异进行了解构。她认为,女权主义之所以需要理论,是因为它可以用来分析父权制在其所有表现形式——意识形态的、制度的、组织的、主体的——中的作用,不仅说明其连续性,而且说明其在时间上的变化。

由此可见,后现代理论将后结构主义以非中心、差异和讽喻等词语重新思考西方历史的目标进一步激进化了。

3. 去中心

针对"中心化的"哲学,尤其是现代主义,后结构主义引入了基于"去中心"这一新概念之上的知识分子政治。去中心不仅被理解为一种哲学,或现代主义的对立概念,它也是一种实践。

从某种角度来说,去中心是德里达和福柯②对中心化哲学进行抨击时所用的哲学概念。从另一个角度来看,去中心化意味着与一切传统的和现代的社会形态的政治对立。因为在这些社会形态中,结构起着抑制社会自由的作用。因此,认为后结构主义和后现代主义是一种源自政治实践的知识形式,是妥切的。这一态度表达的不仅是后结构主义试图为了政治目的而压倒了哲学,而且在于其声称话语和写作必须被看作理智工作的主题和手段。

勒默认为,对去中心的这样一种解释,对社会学家是一种不堪承受的要求,因为他们习惯于将政治视为某种完全不同于科学的东西,或者充其量可以贡献其专门知识的东西,而后结构主义声称知识分子的工作是与政治相关的。

---

① Harding, Sandra. 1986, *The Science of Question in Feminism*, Ithaca: Cornell University Press.
② Foucault, Michel. 1972, *The Archeology of Knowledge*, New York: Pantheon Books.

(三) 考古学/系谱学分析

福柯的考古学不同于列维·斯特劳斯的结构主义，在于它拒绝一种普遍的、超历史的无意识。它认为话语构成的规则在不同的历史时期经历了戏剧性的变化，从而产生了截然不同的认识论条件。因此，福柯称这些规则为既定文化的历史先验物，话语的对象不是虚构的本体，而是历史的构成物。同时，考古学也反对"注解"，或"阐释"，即试图揭示言语的深层意义。考古学回避对文本意义进行解释学的分析，而主张对符码作结构性的分析。就它只描述但不作解释而言，考古学与实证主义有着相似之处，但它打破了实证主义对无理论知识的盲信，它揭示了知识的无意识决定因素，并强调那些被视为话语"事实"的东西是与历史和认识紧密相关的。

福柯的考古学分析表明，主体并没有构造出意义，主体只是产生于话语的表达位置的效应，正是这种考古学分析引出了"主体之死"的观念。思想之构造主体的消解对于理性概念具有十足的破坏性。

考古学分析，代表了福柯对启蒙哲学进行激进批判的进一步拓展。在福柯的眼里，启蒙哲学所扮演的角色体现在对癫狂的贬低和排斥之中。

福柯认为，新的"反科学"（counter-sciences），如精神分析学、民族学和语言学的接踵而至，放弃了人的视角，而是认为知识的条件存在于表达性意识之外，从而开创了一种全新的、后现代主义知识型（episteme）。它们是反科学，不是因为它们不如人的科学那么理性和客观，而是因为它们试图打碎人的形象，它们摧毁了人的正面性的基础，并证明无意识表达的可能性条件存在于作为人类有限性之最终根基的死亡、欲望和法则等更深层的超心理学原则之中。

考古学和系谱学随后又结合于理论/实践的形式中。如福柯陈述的"'考古学'将会是分析话语的合适的方法论，而'系谱学'则是一种策略，借助这种策略，只要弄清了地方性话语，那些一度处于从属地位的知识就会得到解放，并开始发挥作用"①，考古学力图表明主体是虚构物，而系谱学则试图凸显主体建构的物质脉络，引出"主体化"的政治后果，以抵抗主体化的实践。考古学批评人的科学根植于人本主义的假设之中，系谱学则将这些理论与权力的运作相连接，并试图将历史知识置身于局部斗争的运作中。考古学在现代知识及其成对物（doublets）的语境中揭示人文科学的诞生过程，系谱学则突出人文科学所预设和增强的权力关系。

在向系谱学的转变中，福柯更注重话语的物质条件，更注重分析"话语构成与非话语领域（制度、政治事件、经济实践和过程）之间的关系"②。因此，他以权力的运作作为研究的主题，特别是当它们以产生知识和主体性的身体作为目标时，更是如此。这种转变不是唯理论的考古学和唯物论的系谱学之间的决裂，因为福柯从未完全将话语与社会关系和实践相分离；相反，它标志着对社会实践和权力关系更充分的主题化。

在《规训与惩戒》③一书中，福柯描写了灵魂、肉体和主体在不同的权力规训策源地（运作于

---

① Foucault, Michel. 1980, *Power/Knowledge*, New York: Pantheon Books.
② Foucault, Michel. 1972, *The Archeology of Knowledge*, New York: Pantheon Books.
③ Foucault, Michel. 1979, *Discipline and Punish*, New York: Vintage Books.

监狱、学校、医院、工作场所等之中)的历史形成过程。个人现在不仅被解释为话语的建构物,而且被解释为规训技术的结果,他们的真正身份和欲望是被决定的、被构成的。规训性个体的这种编织是与人文科学的研究和目的分不开的。同样,在《性史》①中,福柯试图描写权力和多态技术的历史,因为 16 世纪末严格地将身体铭刻在性欲的话语里,而这种话语是由科学的求知之志支配的,它们具有一种强有力的"规范化"效应。为了理解近代价值评估和主体化实践,系谱学越过了科学理论所强加的合法性,以及总体化叙事的界线,试图建立局部知识的自主性实在和局部性抗争。

追随尼采有关道德、禁欲主义、正义和惩罚的系谱学,福柯试图写出无人知晓的、被遗忘的、边缘的话语史。因此,他认为癫狂、医学、惩罚和性欲等话语具有独立的历史和制度性基础,不能简单地还原为现代国家和经济等宏观现象。系谱学必须记录下与单调的最终结局不相干的事件的特异性;它必须在最不妥协的地方寻找它们,即在我们感到无历史的东西——如情感、爱情、良心、本能——中探寻它们。②

福柯指出,系谱学的任务就是去恢复被总体化叙事所压制的自主话语、知识和声音。让这些被压制的声音发言。这一点对于修正人们关于权力是什么,权力在什么地方的看法至关重要。系谱学对那种认为目前状况是永恒的和自明的看法提出了质疑,揭示了隐藏在中立或友善面具下的权力与统治的实际运作方式。

系谱学试图揭示出客观化的理性形式(及其真理与知识体系)作为历史性的偶然而非永恒的力量是如何形成的。正如福柯所指出的,"只要我们认识到它们是如何形成的,我们就能消解它们"③。

(四) 话语分析

何为话语? 初看之下,它只是谈话、交流:似乎只是用符号来指称事物。这是结构主义语言学的出发点,指的是能指与所指的关系,以及符号内部的关系。但福柯认为,话语不仅仅是符号群,而是实践,它们构成了他们正在谈论的对象。话语含有比指向事物的符号更多的东西。福柯将自己的任务设定为分析那"更多的"东西。

对话语的关注并不是始于福柯。话语是语言学和文学研究的一个主题,更近的则有语言哲学。将语言学的概念应用于社会及其产物是法国结构主义运动的关键。但福柯不只是一个结构主义者,尽管他承认自己与这场运动有某种血缘关系。可以说,福柯赋予了话语一种新的研究路径。列维·斯特劳斯等结构主义者将社会及其产物作为由符号结构而成的系统来考察。列维·斯特劳斯等人看来想寻找支配社会符号系统的潜在代码。按照语言学的某种基本原理,结构主义者期望这些系统能够由二元对立建构出来。之后,结构主义的方案遭到了抨击,于是"后结构主义者"和"解构主义者"辩称,这种代码不仅仅是二元的,甚至这种代码根本就找不到,

---

① Foucault, Michel. 1980, *Politics, Philosophy, Culture*, ed. Lawrence D. Kritzman, New York: Routledge.
② Foucault, Michel. 1977, *Language, Counter-Memory, Practice*, Ithaca: Cornell University Press.
③ Foucault, Michel. 1988, *Politics, Philosophy, Culture*, ed. Lawrence. D Kritzman New York: Routledge.

或者认为代码本身是历史的产物,它们不断地受到重新解释。结构主义始于寻找人类精神某种永恒的、普遍的潜在属性,到头来却变成了一种激进的相对主义。按照这种相对主义,没有什么东西可以说是有效的。

在福柯看来,话语不是单纯的语言和文本,而是一种具有历史、社会和制度独特性的陈述、术语、范畴和信仰之结构。

福柯认为,对意义的阐释牵涉到冲突和权力。意义是在话语的"力场"(field of force)中局部争夺的对象,(至少自启蒙运动以来)控制特定场域的权力存在于知识所有权中。这种所有权不仅体现在作品中,而且体现在规训和专业组织中,体现在机构(医院、监狱、学校、工厂等)中,体现在社会关系(医生/病人、教师/学生、雇主/雇员、父母/孩子、丈夫/妻子)中。

因此,话语既包含或体现在言词中,又包含和体现在组织和机构中。所有这一切构成了被阅读的文本或文献。话语场是相互重叠、相互影响、相互竞争的;它们诉诸各自所拥有的有关权威和合法性的"真理"。这些真理据称不受人类之干预,它们要么是已知的、自明的,要么是可以通过科学探究发现的。正是因为它们被赋予了客观真理的地位,它们是无可争议的,理所当然地起着合法性的功能。达尔文的进化论就是这种合法性真理的范例之一,有关性别差异的生物学理论则是另一个范例。这些"真理"的权力来自它们充当了论辩双方所认可的首要前提,因此话语场中的冲突被设计为如何遵循这些前提,而不是对其提出质疑。福柯的众多著作阐明了那些看来大相径庭的论辩所共享的假定,从而显露了激进批判的局限性,以及主导意识形态或认识论的权限。

福柯认为,考察话语的方法之一,是将话语系统确认为一种"排除"或约束系统。话语系统涉及一系列的边界,它规定了什么可以说,什么不可以说;因而,如果某件事情不能说,那么甚至也不会被想到。福柯认为,有3种主要的排除形式:疯狂与理智的区分,被禁止的言辞,以及求真意志。

1. 疯癫与理性

福柯在《疯癫与文明》一书中,想要说明的是:疯癫不是一种自明的行为或生理学事实,而是社会文化实践,或者说话语的产物。

在中世纪,癫狂者只是一个贱民,即社会遗弃者。就像麻风病人被隔离在恐怖营,疯子被关在船上,任其在海上漂流。这一切与宗教观念,与该诅咒者有着关联,但他们身上同时包含着某种神圣的东西。这不是一个医学范畴的问题,而是一个社会公共组织的问题。

但到了18世纪末,"疯癫被确定为一种精神疾病。这表明了一种对话的破裂,确定了早已存在的分离,并最终抛弃了疯癫与理性用以交流的一切没有固定句法、期期艾艾、支离破碎的语词。精神病学的语言是关于疯癫的理性独白。它仅仅是基于这种沉默才建立起来的"。为此,福柯明言道:"我的目的不是撰写精神病学语言的历史,而是论述那种沉默的考古学。"[①]

[①] 米歇尔·福柯:《疯癫与文明》,生活·读书·新知三联书店1999年版,第2—3页。

福柯认为,在现代精神病学世界中,现代人不再与疯子交流,而是由理性的人,即医生去对付疯癫,从而认可了由抽象理性所建立的医生-病人关系。而疯癫者也只能透过抽象的理性与社会交流。由此,现代精神病学作为一系列的实践开始定型,不再将癫狂排除在社会之外,而是容纳和控制它。例如社会改良者,英国的威廉·塔克(William Tuck)和法国的菲力普·皮内尔(Philippe Pinel)切断了疯子身上的锁链,将他们置于专门的机构中,按照一定的程序,教之以理性和自制。精神病院成为一个实施监视、控制、转变人们行为的机构。

由此,癫狂受到了理性的支配。"这种理性就是秩序、对肉体和道德的约束,群体的压力以及整齐划一的要求"①。在其他领域也有类似的发展。

正如德赖弗斯和拉比诺所阐明的:

> 话语是一种权力体系。它意味着谁有发言权,谁无发言权。一些人得保持沉默(至少在某些场合下),或者他们的话被认为不值得关注。在对癫狂进行医疗的例子中,我们可以看到这一点。在中世纪社会里,癫狂概念的形成是宗教话语和公共隔离实践的一部分;整个共同体介入了承认和划定癫狂和正常之界线的行动之中。18和19世纪之交,癫狂交到了专家的手里,他们的意见才作数。同样,性行为话语系统的潜在基础也是权力。可以被公开谈论的性行为其社会地位不同于只能隐藏在幕后的性行为。话语系统在情感和思想的层面上会产生压制;尽管它是一种隐蔽的,表面上无行为人的控制系统,然而它在社会中是一种真实的权力。

当然,福柯的分析不是有关这个主题的终结之语。在许多方面,20世纪末期不同于福柯所论述的现代初期;话语系统方面的变化也许要比福柯所认识的多得多。权力的形式也可能更为多样化,人们对权力的抗争方式也更多种多样。福柯的贡献在于将整个世界置于话语层面之下,并使这一方式变得广为人知。

2. 性与话语

话语系统形塑我们世界的另一种方式是,允许什么东西可以说,什么东西不可以说。关于这一点有许多例子可举。福柯选择了性行为,毫无疑问在任何社会它都是一个惹人注意的主题。

福柯是这样描写17世纪初的欧洲的:

> 17世纪初叶,人们似乎还能经常见到一些坦率的行为。性行为并不需要多加保密;人们谈论它并无多少禁忌,做起来也不用偷偷摸摸;私通之类的事也是司空见惯。与19世纪相比,对下流、猥亵和淫秽的行为相当宽松。在那个时代,人们可以随意展示人体器官和交

---

① 米歇尔·福柯:《疯癫与文明》,生活·读书·新知三联书店1999年版,第2页。

合演示,成年人边看边谈笑风生,早熟懂事的孩子们也夹杂在成年人中间:那是"自我展示"人体的时代。①

至19世纪,对待性的方式完全改观了,回避沉默成了人们的行为规范,"只有一种得到从社会到每个家庭的承认,但它是一种功利性的繁殖场所:父母的卧室"②。当然,性行为并没有销声匿迹。维多利亚是一个对待性最为拘谨的时代,但也是一个卖淫泛滥的时代,温文尔雅、一本正经的资产阶级绅士常常暗中偷情,整个社会有一个性行为的后台。福柯强调,问题的关键不是行为,而是话语;这不是人们做了什么,认为自己做了什么的问题,而是如何阐明什么事可说,什么事不可以说的问题。

其实,福柯对性史的研究,是为了通过"性"这一特殊的领域来阐明话语与权力的关系,在于"寻找权力的各种形式,权力作用的渠道;寻找权力为了达到最为模糊、最为独特的行为模式渗入各种话语之中的途径;寻找权力得以达到几乎难以察觉的欲望形式,揭示权力如何渗透并控制日常生活中的快感……总之,寻找权力的多面技巧"。其最终目的是"激发'认知的意志',使之成为人们的支柱和工具"③。

3. 求真意志

首先需要指出的是,福柯的"真理"概念与常人的理解并不一样。他解释道,"我说的真理不是指需要发现或让人接受的真实事物,而是人们据以区分真假并赋予真实以特殊权力效能的全部规则;还要确定,这里涉及的不是有利于真理的斗争,而是围绕真理的地位及真理所起的经济-政治作用的斗争"。

他进一步对真理作了如下的解释:

——真理是指一整套有关话语的生产、规律、分布、流通和作用的有规则的程序。

——真理以流通方式与一些生产并支持它的权力制度相联系,并与由它引发和使它继续流通的权力效能相联系。这就是真理制度。

——该真理制度不仅具有意识形态或上层建筑的性质,它是资本主义形成和发展的一个条件。④

福柯认为,真理概念之形成本身是一个排斥性的话语系统。话语借助"排除程序"而发生作用,它通过"禁止""区分"和"拒绝",或"求真意志"等策略而发挥功能。"区分"和"拒绝"的原则表明,"理性的"话语为了维护自己的统一性,必然贬低和排斥"他者"的话语和体验。任何社会(除了现代的工业社会之外)都打上了"求真意志"的烙印,这种求真意志在真与假之间建立了一种区分,从而决定了知识如何发挥作用、被维持和传播。

---

① 米歇尔·福柯:《性史》,青海人民出版社1999年版,第3页。
② 同上,第4页。
③ 同上,第11页。
④ 米歇尔·福柯:《福柯集》(杜小真编选),上海远东出版社1998年版,第446—447页。

趋向真理的话语是一个现代观念。我们生活在话语形式中,因此我们视此为当然,但实际上是历史将我们带至今天我们所在之处。

例如,17世纪以前的欧洲刑法是基于"特权"概念之上的;有一些自明的原则必须加以维护:顺从上帝、国王的权威、贵族的尊严等。向现代刑罚学的转变不仅仅是向更人道主义的方向转变,即取消以前的严刑拷打和犹如狂欢节般的公开处决。更重要的是,借助社会学、医学和心理学话语中的真理,证明了法律之正当。各式各样的法律被证明是正当的,因为它们是基于"真理"话语之上。福柯认为,现代社会之出现,是因为这种新的话语形式,即由"求真意志"支配的话语取得了优势地位。

福柯所使用的"求真意志"一词是对尼采的回应。尼采曾提议应当将现代科学和批判意识用于其自身。当人类学家开始将遥远部落的社会制度解释为特定社会原因的产物时,尼采声称他想以同样的方式考察现代文明。在他看来,我们自身的制度和道德一点也不比任何古代的或部落的社会具有更永恒的真实性;它们也是历史过程的结果。我们文明的一个主要特征是,强调科学、理性、以及对人类发现真理的能力的确信无疑。但这种态度更多的是信念,而不是事实。这只是表明了我们时代的人类权力意志的一种形式。这是一种求真之志。

福柯至少在某种程度上继承了尼采上述看待现代世界的方式。就像尼采,福柯试图揭示这种求真之志的社会建构方式,以及与此相伴随的,排除了话语所能运行的其他所有方式。

福柯强调,我们应当认识我们自身话语的基础,即我们自身对真理的关注。真理不是绝对之物,而是历史的产物,是出现在特定时间、特定地点的某种话语形式的焦点。话语更基本的形式是实践,而不是意识。将意识提升至理想的话语形式恰恰是我们时代之特殊的、好沉思的、理智的话语实践形式。

(原文载于郑乐平著:《超越现代主义和后现代主义——论新的社会理论空间之建构》,上海教育出版社2003年版。此次收录略有修改)

实验市场中的价格预期

张结海

一、前　　言

所谓预期是指经济主体对于当前决策有关的经济变量的未来值的估计,是决策者对于决策有关的不稳定性经济变量的主观预测。预测可以被看成一种更加精确化的预期,它是一种清晰的,通常以数量形化为表现形式的预期。1961 年,Muth 首次把过去经济学者在就经济分析中所暗含的经济机制分为静态的预期形成、外插型预期形成和适应性预期等三种非理性预期。[①] 设 P_t 为第 t 期的实际价格,F_t 为 $t-1$ 期所预期的第 t 期的价格,那么三种预期形成可以用公式表达如下:

静态的预期形成:

$$F_t = P_{t-1}, \tag{1}$$

也就是将前期的实际价格当作现期的预期价格。

外插型预期形成:

$$F_t = P_{t-1} + \beta(P_{t-1} - P_{t-2}), \tag{2}$$

其中,β 为预期系数。外插型预期模型认为 t 的预期等于前期价格水平加上(或减去)前两期的价格之差。如果 $\beta > 0$,则过去的变化趋势预期将继续保持,反之,则相反。如 $\beta = 0$,则外插预期模型变为静态预期模型。

适应性预期形成:

$$F_t = F_{t-1} + \beta(P_{t-1} - F_{t-1}), \tag{3}$$

其中,β 为适应系数,它决定了预期校正其过去误差的速度。β 为 0—1 的一个常数。适应性模型认为,当期预期等于上期预期加上(或减去)上期预期误差的若干倍数。显然,$\beta = 1$ 时,适应性预期变为静态预期。

---

① Muth, J. F., Rational Expectations and the Theory of Price Movements, Econometrica, 1961, 29: 315-335.

Muth 在讨论非理性预期的同时,从古典经济理论的/理性人0假设出发提出了理性预期的概念。他认为先前的预期理论实际上浪费了许多有用的信息,而信息应该被看作可用于最优配置的一个重要资源,追求效用最大化的经济主体自然会使用其可获得的一切信息来形成预期。由于与任何经济系统行为相关的信息部分是构成该系统的基础结构,他认为,理性的经济个体应利用其关于经济结构的知识去形成预期。12 年后 Sargent 将它更准确地表述为,理性预期就是假定,公众的预期正确地取决于经济理论所告诉他们应该去干的那些事情。① 换句话说,理性预期理论认为理性的经济主体是能够准确做出预测的。用公式表示如下,其中为 e_t 以 0 为均值的随机误差项。

$$F_t = P_t + e_t. \tag{4}$$

理性预期理论提出以后,人们试图用经验数据对此进行检验。然而研究结果相互矛盾。在 1947—1975 年间从 1 864 个个体所获得的数据所作的交叉区域时间系列分析的基础上,Figlewski 和 Wachetl 下结论道:"……因此尽管理性预期作为一种理论模型有相当的吸引力,但它无法为战后实际的通胀提供充分的解释。对我们样本的个体价格预测的简单测试就已经令人信服地拒绝了理性预期假设"。② 他们同时发现可以因个体和时间不同而不同的适应性预期模型最好地描述了价格预期形成的过程。Gramlich 将同是 1956—1980 年的时间跨度对经济学家调查的数据和对普通家庭调查的数据进行比较分析,并得到了一些有趣的结论:首先,理性预期假说被拒绝——通货膨胀的预期既出现偏差又无效率。有趣的是经济学家们的预期要比普通家庭的偏差更大,而且,经济学家们通胀预测能力要比普通家庭差一些。其次,经济学家和普通家庭的通胀预期都强烈地受到当前和过去的通胀率,以及当前和过去货币供应增长率的影响。普通家庭还受到被他们认为会增加通胀率的财政赤字、是否是共和党人担任总统,以及被认为能够降低通胀率的工资水平的影响;相对应的,这些变量对经济学家没有产生显著的影响。另外,普通家庭相信政府的政策(如,财政赤字、控制)能够影响通货膨胀,而经济学家对政府的这些反通胀的政策显然缺少信心。③

然而,Bryan 和 Gavin 指出,Gramlich 的研究中使用了一个错误的模型,这个模型假定一个长期的政策和结构的稳定性。纠正了这个错误以后,他们发现尽管经济学家的数据仍反对理性预期理论,但普通家庭的调查数据却与理性预期假设一致。④ Evans 和 Wachtel 再次检查经济学家的消费品价格指数(CPI)预测数据,同样发现通胀预期在结构上滞后实际通胀率,表现出

---

① Sargent, T. J., Rational Expectations, the Real Rate of Interest, and the Natural Rates of Unemployment, Brooking Papers on Economic Activity, 1973, 21: 429 – 544.

② Figlewski, S., P. Wachtel, The Formation of Inflation Expectations, Review of Economics and Statistics, 1981, 63: 1 – 10.

③ Gramlich, E. M., Model of Inflation Formation: A Comparison of Household and Economist Forecasts, Journal of Money, Credit, and Banking, 1983, 15: 155 – 173.

④ Bryan, M. F., W. T. Gavin, Model of Inflation Expectations Formation: A Comparison of House hold and Economist Forecasts, Journal of Money, Credit, and Banking, 1986, 18: 540 – 544.

一种"顽强"的预测错误,似乎通胀预测经常出现偏差。这种存在于通胀预测和实际通胀之间的系统误差以前通常被理解为非理性的证据,因为预测表现出一种忽视相关信息的趋势。他们认为这一解释是不令人满意的,因为它没有解释为什么相关信息被忽视。① 总之,Evans 和 Wachtel 的观点是预测本身是理性的,但同时面对一个使系统误差不可避免的复杂预测环境,这种环境的最大特点是财政政策和通胀本身带来了不确定性。扣除这种不确定性影响,个体预测仍是理性的。

Mishkin 提出在个体市场中有关预期和价格形成机制还不十分清楚的前提下,那种建立在对总价格水平作预测的调查研究所得到的数据是否必须和微观市场行为所表现的预期一致?他强调即使数据精确地描述市场预期,个体市场单位的理性也不是对于从为了利益,利用所有机会这个意义上来说的市场效率的必要条件。② 因此,调查所表现出的与理性预期模型之间的偏差并不表明市场的无效率。Ganer 也指出许多学者(如,Friedman③,McCallum④)认为一个长期的"或然性稳定状态"环境是理性预期假设的理论基础。⑤

在这种情况下用实验的方法来检验理性预期理论就应运而生了。给定先前的调查研究没有能力去寻找支持(或反对)理性预期假说的证据,Williams 采用计算机化的双向拍卖市场来进一步研究这个问题。因为双向拍卖市场能够提供一个严格符合 Muth 式理性假设前提条件。⑥ Williams 采用的模拟市场为稳定市场(通胀率为 0),每次实验包含 4 或 5 期交易期。由 146 个被试参与的 12 计算机化的双向拍卖市场获得了一共 534 个预测数据。实验结果表明价格预测往往是平均交易价格的有偏差的估计,而预测误差呈现明显的一阶序列相关。其结果没有支持 Muth 的理性预期假设。但 Williams 认为,利用重复的稳定市场环境的实验研究表明市场结果和经济主体的预期最终相互支持以及从交易中的获利会充分实现的这层意义上说明理性预期假说也许是一个有用的均衡概念。同时 Williams 认为简单的外推型预期模型只能勉强地描述实验所获得的数据也被拒绝。实验结果和适应性模型相一致。然而,对所有实验来说,适应性预期模型的表现并不稳定,适应系数和市场预测目标的可变性之间呈弱的负相关。

本研究利用 Smith 和 Williams 发展的实验经济学的方法,在 Williams 研究基础上,采用变化的模拟市场,即在同一市场系列由稳定转变成通胀(或由通胀转变成稳定)来检验上述预期理

---

① Evans, M., P. Wachtel, Inflation Regimes and the Sources of Inflation Uncertainty, Journal of Money, Credit, and Banking, 1993, 25: 475 – 511.

② Mishkin, F. S., Are Market Forecasts Rational? American Economic Review, 1981, 71: 295 – 360.

③ Friedman, B. M., Optimal Expectation and the Extreme Information Assumptions of "Rational Expectations" Macromodel, Journal of Monetary Economics, 1979, 5: 23 – 41.

④ MaCallum, B. T., The Current State of the Policy-Ineffectiveness Debate, American Economic Review Papers and Proceedings, 1979, 69: 240 – 245.

⑤ Garner, C. A., Experimental Evidence on the Rationality of Intuitive Forecasters, in L. Vernon ed, Research in Experimental Economics. Greenwich: J. A. I. Press, 1982, 2: 138 – 128.

⑥ Williams, A. W., The Formation of Price Forecasts in Experimental Markets, Journal of Money, Credit, and Banking, 1986, 19: 1 – 18.

论。最后,讨论部分还将讨论模拟市场参数、设置的不同对实验的影响。

二、方　　法

(一) 研究设计

Williams 采用独立的、没有通胀的稳定市场来检验预期理论。本研究采用变化的,既有稳定的也有通胀的市场,重点探索通胀市场的表现。主要关心的是,在 Williams 的稳定市场中的价格预期不吻合理性预期假设而且适应性预期模型表现也不稳定的情况下,通胀市场是否会连适应性预期也不支持。

为了达到这个目的,我们对 Williams 的实验设置作了两个调整：第一,在 Williams 的稳定市场中,卖方的成本和买方的价值始终保持不变；而本实验中成本和价值在通胀市场中按照某一通胀率(5%,10%和15%)增长以模拟通胀市场。第二,在稳定市场中,由于成本和价值不变,因此实验无法重复,为了解决这一问题,不让被试觉察出单位价值(或成本)。Williams 实验采用在基础安排上每次增加一个任意值的做法,而本研究采用旋转技术,也就是在成本和价值的设置每期分别在卖方和买方内部进行旋转。在通胀市场中,也同样采用旋转技术。总之,本研究着重考查以下几个方面：

第一,通胀市场是否和稳定市场一样能够达到均衡？ 如果能,均衡的速度是否和稳定市场一样？本研究假定稳定市场即使能够达到均衡,但均衡速度要比稳定市场慢。

第二,通胀市场中的价格预期是符合理性预期假说,还是符合适应性预期模型？本研究预测通胀市场中的价格预期不会符合理性预期假设。这是因为：第一,通胀市场的变化比稳定市场多,预测的难度也就比稳定市场大。第二,任何实验都不可避免地存在学习效应。因此,完全有理由假定被称为"学习模型"的适应性预期理论应该更能描述实验数据。最后,Williams 实验的被试生活在市场经济高度发达的美国,而且部分被试是参加过类似实验的有经验的被试。而本研究使用的是生活在长期计划经济环境下的非经济专业中国学生并且都是第一次参加这样的实验。

第三,将比较从稳定市场到通胀市场的改变过程中以及从通胀市场到稳定市场改变过程中市场及价格预期所受的影响。本研究假定"通胀→稳定"的改变对预期的影响要比"稳定→通胀"的改变要大得多。这是因为降价要比涨价更容易引起人们的注意。另外,在市场从通胀转向稳定(或从稳定转向通胀)的过程中,通胀市场的通胀率会对通货预期的调整速度产生影响。要么通胀率越高调整速度越慢,要么通胀率越低调整速度越慢。

(二) 被试

被试是公开招募的本科生,共 170 名。从中随机挑选 40 名并随机分配到预备实验以及正式实验的 4 个组。

(三) 实验设置

实验共分 7 组,每组 8 个人,其中 4 个人组成买方,4 个人组成卖方。第一组为预备实验,其余 6 组为正式实验,为 2(市场状况：先稳定后通胀或先通胀后稳定)×3(通胀比率：5%、10% 或 15%)设计。① 基本设计如表 1 所示。

表 1 实 验 设 计

实验组别	通 胀 系 列	
1(预备实验)	稳定 $t^* \in [1,12]$ $P_t^{e**} = 139$	通胀 $t \in [13,15]$ $P_t^e = 139(1.15)^{t-12}$
2	稳定 $t \in [1,7]$ $P_t^e = 146$	通胀 $t \in [8,16]$ $P_t^e = 146(1.05)^{t-7}$
3	稳定 $t \in [1,7]$ $P_t^e = 146$	通胀 $t \in [8,16]$ $P_t^e = 146(1.15)^{t-7}$
4	通胀 $t \in [1,9]$ $P_t^e = 146(1.10)^{t-1}$	稳定 $t \in [10,16]$ $P_t^e = 313$
5	通胀 $t \in [1,9]$ $P_t^e = 146(1.15)^{t-1}$	稳定 $t \in [10,16]$ $P_t^e = 447$

* t 为市场时期； ** P_t^e 为 t 期均衡价格。

(四) 参数

图 1 为正式实验中买方价值和卖方成本的基本安排。从图中可以看出所有市场第一期的市场均衡值。注意其中买卖双方各有 6 个单位无法成交,这样的安排只是为了构成一个完整的供求曲线。尽管在稳定市场中,图 1 所示的供求状况保持不变,但是在通胀市场中卖方成本和买方价格均按设定的固定通胀比率(5%、10% 或 15%)上涨,同时均衡价格按该期通胀率上涨。另外,为了不让被试觉察出实验安排,每期的卖方成本买方价值分别在卖方买方中进行旋转。其顺序是：1,2,3,4;2,3,4,1;3,4,1,2;4,1,2,3……

特别注意的是,与 Williams 的相比,本文所描述的实验市场有如下不同：首先,除了稳定市场外,本研究使用了通胀市场。其次,同样是稳定市场,为了不让被试觉察出实验安排,Williams 采用的办法是同时在买方价值和卖方成本上加上一个任意值,而本研究采用的是旋转。最后,Williams 使用了少量的经验被试,这些被试参加过多次类似的实验,对规则和程序相当熟悉,而本研究的被试全部是第一次参加类似实验。

三、实 验 结 果

(一) 预备实验结果

由于双向拍卖市场实验在国内尚属首次,实验中可能出现的情况一无所知。预备实验的目

---

① 每一模拟市场付给被试的利润约为 150 元人民币。由于经费不足,最后在不影响实验设计思想的前提下,将通胀率为 5%、15% 的市场只各进行了一次。

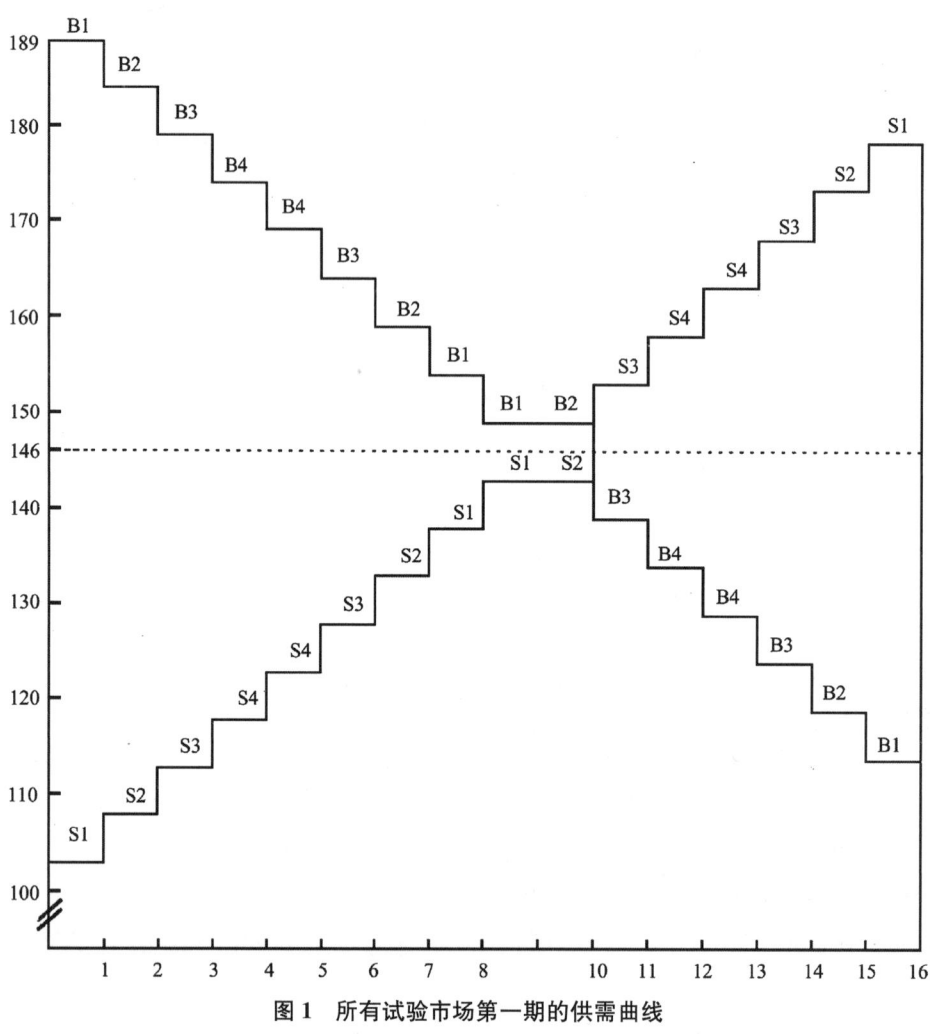

图 1 所有试验市场第一期的供需曲线

的是：

其一，使主试熟悉实验程序，以便完善实验控制。

其二，为正式的实验设计指明方向。

预备实验发现的最大问题是市场交易的平均价格在全部的 15 期交易期中都低于理论均衡价格，平均为 18.03 法郎，表现为买方的交易剩余为卖方的 1.8 倍。分析起来，预备实验的这一结果可能有四方面的原因：(1) 双向拍卖模拟市场和真实的市场最大区别在于双向拍卖模拟市场中交易的商品是一个抽象的商品，它不像真实商品那样可以使买卖双方对其成本和价值进行评估，相反其成本值和价值均由实验设计"任意"决定。这一状况使买方在市场初期就处于有利地位。比如某商品的成本设定为 20，价值设定为 100，其均衡价格是 60 [=(20+100)/2]。对于买方而言，他可以推断该商品的成本在 0—100，只要交易价格低于 50，买方将肯定获取大于 1/2 的交易剩余。而对于卖方而言，他无法确定该商品的价值，因此也就无法确定肯定获取大于 1/2

的交易剩余的下限价格。(2) 获利率是衡量获利的一个常见指标。在上面的例子里,即使交易价格为 60,卖方的获利率为 200%,而买方的获利率为 40%。要使双方的获利率相等,交易价格应为 33.33,同样低于均衡价格 60。许多研究[1][2][3]表明相对获利(也就是获利率)而不是绝对获利是影响经济行为的主要因素。预备实验的参数设计中卖方成本与买方价值之间的差距相对较大,是导致市场交易价格始终低于均衡价格的原因之一。(3) 改革开放使中国的绝大部分市场成为买方市场,至少在真实的市场环境里,买方比卖方处于更有利的地位。商品积压的压力似乎要大于原材料紧缺的压力,我们有理由假定在双向拍卖模拟市场中,当双方处于僵持状态时,卖方更容易做出让步。(4) 作为被试的学生绝大部分在日常生活中只有购买的经验,而较少有出售的经验,因此更擅长买方的角色。

在以上的影响因素中,唯独第二因素可以通过实验参数加以控制,因此,正式实验中卖方成本和买方价值之间的剩余区间被缩短。实验结果表明,这一改动起了较大的作用。另外,预备实验还表明 15 个交易期加上实验指导要持续 4 个小时以上,被试和主试都很疲劳。在正式实验的交易期无法缩短的情况下,正式实验的交易商品单位被缩短为 4 个,以减少疲劳对实验的影响。

(二) 正式实验结果

1. 市场表现综述

尽管双向拍卖市场表现不是本研究的主要目的。但是预测是包含在实验市场里的,一个简单的描述还是有必要的。图 2 呈现的是市场 3 和市场 4 交易价格系列和描述性统计。横轴是由竞争模型而来的均衡价格。在通胀市场里均衡价格每期都在上升。为了得到一个统一的印象,所有的均衡价格都假设为 0。图中的点表明的是该交易价格与均衡价格之间的差异。效率指数是每一交易期中的潜在交易剩余被买卖双方所实现的百分比。平均交易价格是每期交易价格的平均值。交易数量指在该交易期里买卖双方实际交易的商品数量。从图 2 可以看出:(1) 市场效率比较高,这与先前的研究一致[4][5]。(2) 通胀市场要比稳定市场效率低,前期比后期低。交易量和市场效率无关。(3) 无论通胀市场还是稳定市场都表现出趋于均衡的趋势。

2. 相对调整速度

通胀市场也能达到均衡吗?如果能,是否和稳定市场速度一样?调整速度有以下 3 个测量指标:(1) 平均交易价格与理论均衡价格之间的差异;(2) 单个交易价格与平均交易价格绝对值的平均值;(3) 单个交易价格与理论均衡价格绝对值的平均值。使用全部正式实验市场的前半

---

[1] Kahneman, D., A. Tversky, The Psychology of Preferences, Scientific American, 1982, 198: 160 – 173.
[2] Kahneman, D., A. Tversky, Choices, Values and Frames, American Psychologist, 1983, 39: 341 – 350.
[3] Thaler, R., Mental Accounting and Consumer Choice, Marketing Science, 1985, 4: 199 – 214.
[4] Smith, V. L., A. W. Williams, The Effect of Rent Asymmetries in Experimental Auction Markets, Journal of Economic and Organization, 1982, 3: 99 – 116.
[5] Williams, A. W., The Formation of Price Forecasts in Experimental Markets, Journal of Money, Credit, and Banking, 1986, 19: 1 – 18.

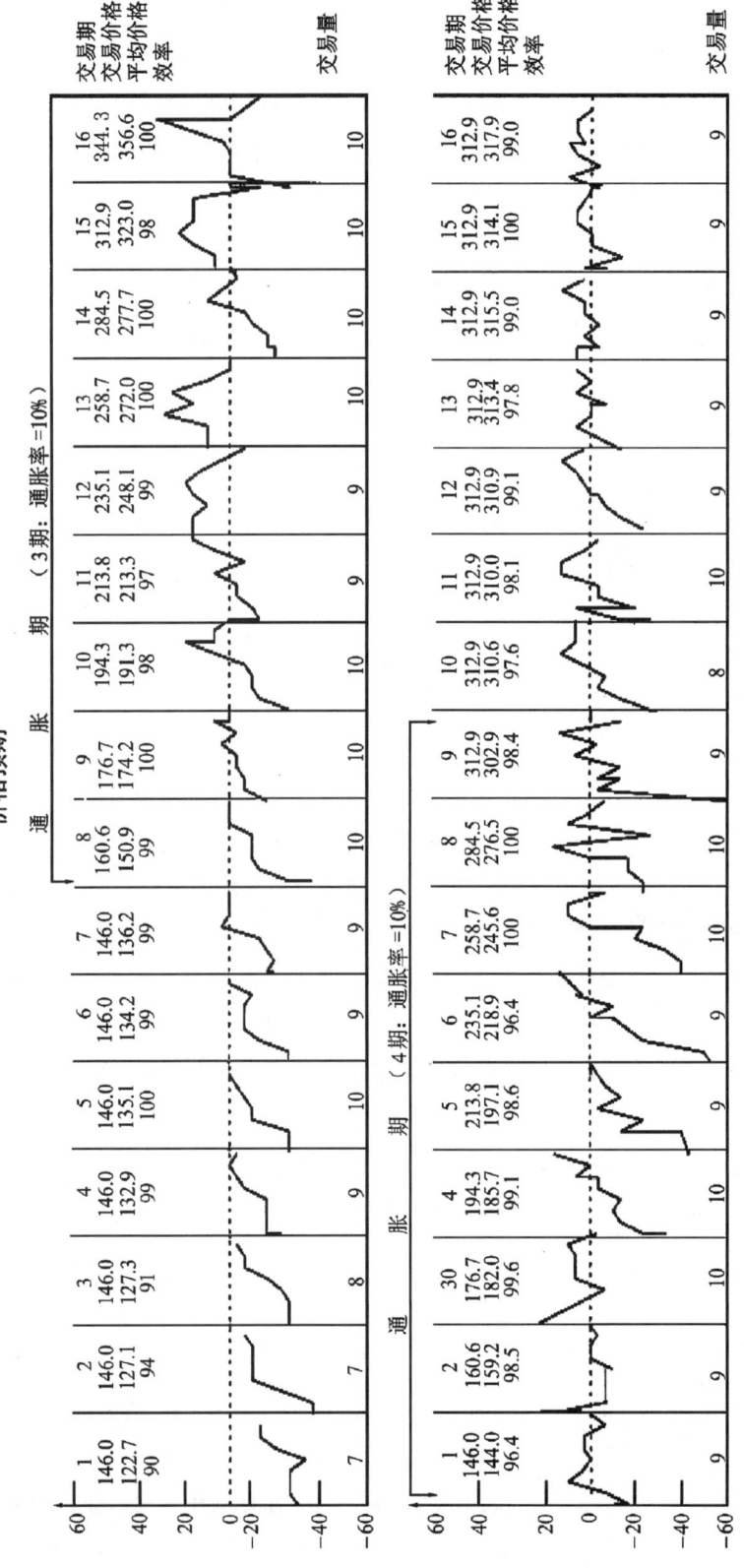

图 2 市场 3 和市场 4 交易价格系列和描述性统计

部分的数据①分别检测这三个模型:

设:$\overline{P}_t = t$ 期的平均交易价格;

$P_t^e = t$ 期的竞争均衡价格;

$P_t^c = t$ 期第 c 个交易价格;

$V_t = t$ 期交易量;

$Z_t^k =$ 根据三个模型所得的收敛度($k \in 1,2,3$);

$Z_t^k = ae^{\beta t}$ 是假设的形式。

根据第一个模型,得 $Z_t^{(1)} = |P_t^e - \overline{P}_t| = ae^{\beta t}$。回归结果如表 2 所示:结果表明,除实验市场 3 外,其他的实验市场的收敛方向如预料的那样。然而,仔细地检查表明稳定市场中的 β 值显著地小于通胀市场中的 β。而且通胀市场的 R^2 也比较低。总之,实验结果表明,通胀市场同样趋于均衡,但是收敛速度要比稳定市场慢得多。

表 2 三种价格收敛平均值的估计

实 验	$\ln Z_t^{(1)} = a + \beta t + \epsilon_t^{(1)}$				$\ln Z_t^{(2)} = a + \beta t + \epsilon_t^{(2)}$				$\ln Z_t^{(3)} = a + \beta t + \epsilon_t^{(3)}$			
	$\hat{a}$ (t-ratio)	$\hat{\beta}$ (t-ratio)	R^2 (s.e.)	n	$\hat{a}$ (t-ratio)	$\hat{\beta}$ (t-ratio)	R^2 (s.e.)	n	$\hat{a}$ (t-ratio)	$\hat{\beta}$ (t-ratio)	R^2 (s.e.)	n
2(稳定)	2.38 (7.59)	−0.19 (−3.32)	0.57 (0.62)	7	2.59 (10.34)	−0.12 (−2.56)	0.49 (0.40)	7	3.43 (15.16)	−0.17 (−4.31)	0.65 (0.59)	7
3(稳定)	3.25 (30.84)	−0.16 (−5.73)	0.89 (0.11)	7	2.23 (11.57)	−0.07 (−1.35)	0.31 (0.21)	7	2.68 (15.16)	−0.13 (−4.53)	0.86 (0.31)	7
4(通胀)	1.06 (1.67)	0.11 (1.03)	0.15 (0.69)	9	1.75 (7.60)	0.04 (1.03)	0.13 (0.32)	9	1.62 (2.24)	0.15 (1.28)	0.19 (0.89)	9
5(通胀)	2.33 (6.92)	−0.12 (−2.16)	0.38 (0.46)	9	2.33 (10.67)	−0.07 (−1.68)	0.26 (0.30)	9	2.75 (11.57)	−0.12 (−2.81)	0.53 (0.33)	9

* 注 $Z_t^{(1)} = |P_t^e - \overline{P}_t|$;$Z_t^{(2)} = \frac{i}{v_t}\sum_c |P_t^c - \overline{P}_t|$;$Z_t^{(3)} = \frac{i}{v_t}\sum_c |P_t^c - P_t^e|$。

第二个模型以单个交易价格与平均交易价格之间的离散度为指标。模型的表述为:

$$Z_t^{(2)} = \frac{i}{v_t}\sum_c |P_t^c - \overline{P}_t| = ae^{\beta t}$$

从表 2 的回归方程可以看出,稳定市场的收敛趋势要比通胀市场明显,尽管差异并不显著。因为两个稳定市场的 $\beta < 0$,并且市场 2 达到显著的程度。而通胀市场 4 的 β 值为正数。总之,使用第二种收敛测量指标得到了类似的结果。

---

① 由于后半部分的市场是被改变的市场,其数据不适宜以下的分析。

第三个模型以单个交易价格与均衡价格之间的离散度为指标,模型包含以上两种测量指标。设:

$$Z_t^{(3)} = \frac{i}{v_t} \sum c \mid P_t^c - P_t^e \mid = ae^{\beta t}$$

使用第三种指标揭示同样的趋势。两个稳定的 β 值为负并达到显著性水平,而通胀市场的 β 值较大,并且市场 4 没有表现出收敛的趋势。

3. 预测属性

(1) 整体预测属性。理性预期假说认为平均价格与预测之间的差异是白噪音。因此该差异是一个以 0 为平均值的正态分布并且与其他变量无关。严格地说,该模型应该应用于个体水平上的分析,但平均预测的某些属性不无兴趣。设 F_t 为所有被试对 t 期价格预测的平均值,F_t^i 为第 i 个被试在观察了第 $t-1$ 期价格之后对 t 期平均交易价格的预测。将所有通胀市场的有关交易期 ($t \geq 2$) 的数据合拢在一起,以价格预期的平均值为自变量得到以下两个回归方程:

$$\begin{aligned}&& n=8 && \\ \overline{P}_t &= 6.747\,5 + 0.952\,8\,\overline{F}_t & R^2 &= 0.976\,9 \\ &(0.491)\quad(15.954) & D-W &= 1.749\,1\end{aligned} \quad (5)$$

$$\begin{aligned}&& n=8 && \\ \overline{P}_t &= 42.440\,3 + 0.997\,1\,\overline{F}_t & R^2 &= 0.976\,5 \\ &(2.342)\quad(15.798) & D-W &= 1.808\,9\end{aligned} \quad (6)$$

从这两个回归方程看,价格预期相当准确。两个回归方程均符合理性预期模型。其中,市场 4 平均对平均交易价格低估了 6.75 法郎。市场 5 低估了 42.44 法郎(达到显著水平)。

另外,在"稳定→通胀"的市场中,市场结构的变化并没有带来明显的价格预期变化,而在"通胀→稳定"的市场中,市场结构的变化带来明显的价格预期变化。这一点与研究假设相吻合。但是,与研究假设相矛盾的是通胀率的不同并不影响预期的偏离。在本研究中,通胀率为 10% 和 15% 时,市场都只有一个交易期的预期冲击。这一点也与总体预期服从理性预期模型相一致。

(2) 个体预测属性。这个部分将在个体水平上检验价格预期的特点。由于外插模型一方面理论上比适应性预期模型及理性预期模型落后,另一方面也为 Williams 的结果所拒绝。所以本研究只对后两种模型进行检验。同样,由于 4 个市场后半部分均是被改变的市场,其数据同样不适宜以下的分析。也就是说,实验 2 和 3 呈现的数据是稳定市场的数据;实验 4 和 5 呈现的是通胀市场的数据。

适应性预期认为,经济主体根据其前期的预测误差 ($P_{t-1} - F_{t-1}$) 来校正其当期的预测值,是一种错误学习型预期形成机制,用公式(3) $F_t = F_{t-1} + \beta(P_{t-1} - F_{t-1})$ 表示。

如果 $\beta=1$,公式(3)变为 $F_t=P_{t-1}$,成为一种静态预期模型;如果 $\beta=0$, $F_t=F_{t-1}$,模型变为一种简单的固定预期。

公式(3)转换为回归估计公式:(其中 i 为个体)

$$F_t^i - F_{t-1}^i = \beta_0^i + \beta_1^i(P_{t-1} - F_{t-1}^i) + \epsilon_t^i \tag{7}$$

如果 $\beta_0=0$ 同时 $0<\beta_1\leqslant 1$,表明适应性预期模型成立。

所有市场中所有个体预期回归方程的估计值如表3所示。稳定市场和通胀市场的结果都没有支持适应性预期模型。联合假设 $\beta_0=0, 0<\beta_1\leqslant 1$ 只有市场5中的5个个体不能被拒绝,其他均被拒绝。

表3 适应性预期模型检验 $F_t^i - F_{t-1}^i = \beta_0^i + \beta_1^i(P_{t-1} - F_{t-1}^i) + \epsilon_t^i$

实验	个体	β_0	β_1	R^2	$D-W$	t 值		
						$H_0: \beta_0=0$	$H_0: \beta_1=0$	$H_0: \beta_1=1$
2	1	19.094 0	1.027 8	0.426 9	1.561 3	2.300*	1.930	0.052
	2	24.149 3	1.126 3	0.635 7	2.098 2	5.289**	2.954*	0.331
	3	14.849 5	1.354 0	0.631 7	0.931 1	2.929*	2.503*	0.766
	4	15.451 3	−0.453 8	0.202 3	1.595 8	1.597	−1.126	−3.141
	5	23.368 4	0.971 7	0.396 5	0.485 7	4.197**	2.290*	0.064
	6	12.348 6	1.164 8	0.935 4	0.943 3	7.320*	10.759**	1.522
	7	19.597 7	0.444 7	0.228 4	2.052 4	1.216	4.228**	1.519
	8	27.660 8	0.570 3	0.155 2	0.918 6	4.101**	0.959	0.722
3	1	−2.228 0	1.277 6	0.732 8	2.562 8	−1.352	2.869**	0.623
	2	1.111 2	0.697 1	0.752 6	1.497 8	1.095	3.021**	3.020**
	3	−0.604 4	1.104 5	0.843 8	2.391 4	−0.146	4.026**	0.381
	4	0.262 9	0.693 2	0.620 8	2.453 8	0.223	2.216*	0.981
	5	1.427 7	0.715 4	0.778 0	2.984 7	0.929	3.243**	1.290
	6	0.485 2	1.029 3	0.537 3	1.310 3	0.118	1.867*	0.053
	7	3.868 6	1.041 5	0.995 0	1.823 9	20.434**	17.322**	0.691
	8	2.535 1	1.432 0	0.789 2	1.300 4	1.924*	4.310**	1.300
4	1	19.094 0	1.027 8	0.426 9	1.561 3	2.300*	1.930	0.052
	2	24.149 3	1.126 3	0.635 7	2.098 2	5.289**	2.954*	0.331
	3	14.849 5	1.354 0	0.631 7	0.931 1	2.929*	2.503*	0.766
	4	15.451 3	−0.453 8	0.202 3	1.595 8	1.597	−1.126	−3.141
	5	23.368 4	0.971 7	0.396 5	0.485 7	4.197**	2.290*	0.064

续表

实验	个体	β_0	β_1	R^2	$D-W$	t 值 $H_0:\beta_0=0$	$H_0:\beta_1=0$	$H_0:\beta_1=1$
4	6	12.348 6	1.164 8	0.935 4	0.943 3	7.320**	10.759**	1.522
4	7	19.597 7	0.444 7	0.228 4	2.052 4	1.216	4.228**	1.519
4	8	27.660 8	0.570 3	0.155 2	0.918 6	4.101**	0.959	0.722
5	1	4.833 4	0.746 2	0.407 8	1.238	0.255	2.033*	0.691
5	2	−19.239 1	1.477 9	0.882 0	2.043	−2.153*	6.697**	2.165*
5	3	−11.396 0	0.664 6	0.494 2	1.192	−0.543	2.421*	1.222
5	4	10.529 4	0.617 1	0.528 9	3.096	0.968	2.596**	1.611
5	5	−1.295 4	0.726 0	0.719 3	2.206	−0.145	3.921**	1.479
5	6	27.177 9	0.319 0	0.153 0	2.396	2.226*	1.041	2.222*
5	7	17.460 8	0.598 0	0.284 7	1.765	0.933	1.545	1.039
5	8	−3.258 0	0.939 4	0.874 9	0.443	−0.543	6.480**	0.419

*在 0.05 水平上拒绝零假设；**在 0.01 水平上拒绝零假设。

理性预期模型的含义是经济主体对某一经济变量的预期是该变量的实际（实现）值的无偏估计。最常用的模型是 Muth 的公式：

$$P_t = (\alpha-\gamma)/\beta - (\delta/\beta)F_t - U_t/\beta. \tag{8}$$

当 $U_t=0$ 时，即在供求相等并无随机因素影响供给，有：$P_t=F_t$

转换为回归估计公式为：（其中 i 为个体）

$$P_t = \beta_0^i + \beta_1^i F_t^i + \epsilon_t^i. \tag{9}$$

对 t 交易期的平均交易价格的预测（F_t）假定是实际平均交易价格（P_t）加上一个平均值为 0 随机误差项（ϵ_t）。如果 $\beta_0=0$，同时 $\beta_1=1$，表明理性预期模型成立。

回归估计的结果如表 4 所示。结果通胀市场较好地支持了理性预期假说，在通胀市场里 16 个个体中只有 6 个 $\beta_0=0$ 的假设被拒绝，所有个体的 β_1 接近 1 而显著地大于 0。所有 16 个个体只有 1 个个体的联合假设 $\beta_0=0$，同时 $\beta_1=0$ 被拒绝。这也与整体预测的数据相吻合。

表 4　理性预期模型检验：$P_t = \beta_0^i + \beta_1^i F_t^i + \epsilon_t^i$

实验	个体	β_0	β_1	R^2	$D-W$	t 值 $H_0:\beta_0=0$	$H_0:\beta_1=0$
2	1	29.125 0	0.800 0	0.911 5	2.629 6	1.806	6.420**
2	2	67.815 6	0.496 6	0.809 7	2.283 9	4.315**	4.126**

续 表

实验	个体	β_0	β_1	R^2	$D-W$	t 值	
						$H_0: \beta_0 = 0$	$H_0: \beta_1 = 0$
2	3	109.588 8	0.582 0	0.656 4	2.502 2	13.081**	2.765**
	4	49.712 3	0.636 0	0.569 9	1.875 8	1.380	2.303*
	5	179.781 7	0.349 1	0.346 2	0.429 9	−0.828	3.152**
	6	126.987 8	0.042 8	0.005 8	0.566 5	3.484**	0.154
	7	58.227 8	0.556 6	0.820 4	2.883 7	3.345**	4.275**
	8	74.384 8	0.439 5	0.892 8	1.908 8	2.055**	1.609
3	1	9.308 9	0.588 0	0.985 6	1.790 9	1.357	2.364*
	2	3.997 5	0.607 7	0.979 9	2.645 6	0.480	3.190**
	3	21.764 6	0.304 8	0.959 8	1.885 1	1.989*	1.187
	4	−96.403 1	0.866 9	0.889 0	1.526 8	−2.830**	7.019**
	5	−53.160 5	0.394 3	0.702 1	1.170 2	−1.032	1.063
	6	−41.740 6	0.495 8	0.595 2	1.874 3	2.970**	1.079
	7	5.569 0	0.252 9	0.816 2	2.257 9	0.233	0.980
	8	51.310 1	0.723 8	0.905 5	1.392 3	3.471**	4.263**
4	1	43.273 6	0.817 1	0.941 8	0.345 9	2.326**	9.858**
	2	10.597 4	0.941 9	0.948 7	1.988 6	0.519	10.535**
	3	26.631 4	0.898 8	0.953 8	1.585 4	1.484	11.130**
	4	22.124 0	0.808 0	0.986 9	2.236 9	2.308*	21.306**
	5	−23.077 3	1.061 1	0.950 3	1.575 1	−0.995	10.711**
	6	−25.699 4	1.147 2	0.953 2	0.831 7	−1.133	11.065**
	7	−2.303 6	1.012 1	0.932 5	1.359 5	−0.092	9.107**
	8	21.395 5	0.868 0	0.965 5	2.143 4	1.355	12.974**
5	1	20.904 8	0.955 0	0.959 2	1.943 2	0.915	11.883**
	2	19.712 2	0.925 3	0.992 6	2.125 4	2.041*	28.282**
	3	17.843 2	0.956 0	0.987 9	2.516 7	1.435	22.096**
	4	−1.833 6	1.033 2	0.990 2	2.244 3	−0.154	24.656**
	5	−25.175 2	1.123 9	0.990 5	2.437 6	−1.956*	24.536**
	6	17.899 3	0.983 6	0.940 6	1.020 2	1.237	18.982**
	7	21.162 1	0.947 9	0.983 6	2.954 1	1.476	18.938**
	8	−11.348 2	1.051 1	0.999 0	2.016 3	−2.946*	78.587**

* 在 0.05 水平上拒绝零假设；** 在 0.01 水平上拒绝零假设。

稳定市场中,16个个体中有7个$\beta_0=0$的假设被拒绝,尽管所有个体的β_1有10个显著地大于0。但只有2个显著地大于1。联合假设$\beta_0=0$,同时$\beta_1=0$成立的只有1个。

四、讨　论

本研究得到的最突出的结果是,总的来说,通胀市场比稳定市场更符合理性预期假说。这一点既与Williams[①]的结果不一致,也实际上出乎意料,因为一般来看,稳定的市场要比变化的市场容易预测。那么,怎样解释这个看似奇怪的结果呢？

笔者认为可以用误差来解释。正如前面提到的那样,为了不让被试觉察出实验安排,本研究采用了旋转技术。在稳定市场中,旋转技术使得参数相同的实验得以重复。然而,尽管是重复实验,但是平均交易价格始终处于波动之中,而这种波动完全是一种随机误差。相对应的是,在通胀市场中,尽管也存在随机误差,但是交易价格的变化主要由有规律的实验设置所导致。

解释这一奇怪现象的关键是,一方面随机误差是无法预测的,由于随机误差的存在,稳定市场中该期的平均交易价格通常不等于前期的平均交易价格并且存在"高于"和"低于"两种变化方向,如果高,被试就会预期下一期更高;如果低,被试就会预期下一期更低。另一方面错误的预测反过来又加剧平均交易价格的波动。相反在通胀市场中,随机误差只会影响平均交易价格的数值,但不影响其变化方向,因此通胀市场的设置反倒提高了预测的准确性。另一个支持"随机误差无法预测"的间接证据是,Williams和本研究的稳定市场中的预期均不能和适应性预期吻合良好。如果这个思路站得住脚,同样可以用来解释为什么Williams的实验没有支持理性预期假设。正如前面提到的那样,Williams采用在每期市场中加一个任意值的方法来控制实验,其结果使得每一期市场为互不相干的孤立市场,前一期与当期,当期与下一期之间毫无关系,被试对下期平均交易价格的预测完全依赖于决策单上成本(或价值)本身的判断。与本研究报告的通胀市场相比,Williams的市场中平均交易价格的变化实际上不包含任何帮助预测的信息。

同时,本研究提出以适应性预期为中心的3个假定实际上被实验结果全部拒绝。首先,中国被试表现出了理性预期,而不是像事先预测的那样表现为适应性预期。而且这一结论分别从几个方面得到证实。回归模型是最直接的证据,无论是个体水平还是群体水平的检验都支持了理性预期假说。这一点也从通胀率水平的高低不影响预期中得到进一步证实。最后,当市场结构发生变化时,不同的变化均只带来预期的一个交易期的调整,这一现象也间接地支持了理性预期理论。最后需要指出的是双向拍卖模拟市场的另一个不足是它无法考查预期对市场的反作用。因为市场中买方的价值和卖方的成本是事先设定的,买卖双方均无权对此进行更改。双向拍卖模拟市场要求第一期的商品不能留到第二期去交易,而且,每期内的4个商品要按顺序交易,这也无法考查投机行为。

---

① Williams, A. W., The Formation of Price Forecasts in Experimental Markets, Journal of Money, Credit, and Banking, 1986, 19: 1-18.

附录：口头双向拍卖市场程序

8位被试随机地被分为两组——买方和卖方，并分别给予代码买1、买2、买3、买4和卖1、卖2、卖3、卖4。然后发给他们相应的买卖决策单。买方决策单告诉买方每一单位商品的价值；卖方决策单告诉卖方每一单位商品的成本。指导语为："欢迎你们参加我们的模拟市场。你们中的4位成为卖方，4位成为买方。你们所要做的是进行商品交易。对于卖方来说，交易价减去成本为该单位的赢利，在某交易期中所交易的全部单位的赢利总和为该单位总赢利。对于买方来说，单位价值减去买入价为该单位赢利，在某交易期中所交易的全部单位的赢利总和为该单位总赢利。在本市场中价格和赢利均以法郎3为单位，实验结束以后以一定的比率当场兑换成人民币。

"市场是这样进行的：首先举手，被确认之后，先说代码，再说单位，最后说价格（出价或要价）。比方说'B1第一个单位出价90法郎''S3第一个单位要价216法郎'。由于出价低而要价高，因此无法成交，必须买卖一方或双方同时做出让步，交易才能实现。这时B1（也可以是买方中的任何人）自己将价格升为120，特别注意下一次出价必须高于前一次出价。仍无法成交。S4将价格降为193，特别注意下一次叫价必须低于前一次叫价。B3第一单位出价136，B4第一单位出价147，这时S2第一单位接收（如下图所示）同时B4和S2把147填入各自的决策单。"

出		价	要		价
代码	单位	价格	代码	单位	价格
B1	1	90	S3	1	216
B1	1	120	S4	1	193
B3	1	136	S2	1	接收
B4	1	147			
B4	2	88	S1	1	192
B2	1	接收	S2	2	153
.			.		
.			.		
.			.		

图3 市场交易示意图

"第一次交易结束后，再次出价或叫价可以为任意值。假设S1第一个单位要价192，B4因为第一个单位已经交易完毕，他开始交易第二个单位，出价88法郎。同样，S2第一个单位已经交易完毕，他要价153，B2第一个单位接收。在这里B2是第一单位与S2的第二个单位交易的。市场允许任何单位之间的交易，并不限制交易在同一个单位之间进行。"

"在上面的例子里，147和153称之为交易价格，在同一交易期内所有交易价格的平均值为平均交易价格，平均交易价格预测是要求预测下一期平均交易价格。预测最准确（预测值和实际值差异的绝对值之和最小）的同学将额外获得200法郎，如果有一个以上的同学预测同样准确，每人获200法郎。"[①]

[①] 参考Williams(1987)的研究，确定200法郎为奖励预测准确的被试。该数量多到可以使被试认真地完成预测任务，又少到不使被试为了得到预测奖金而操纵市场。

决策单用订书钉装订,使得被试只能看到当期的决策单。第 0 期交易的目的是检验被试是否完全掌握市场交易规则。0 期交易结束以后,被试将 0 期交易单撕下,看了 1 期交易单上的数值之后预测第 1 期的平均交易价格,填在第 14 行,然后上交决策单,开始第 1 期的交易。从第 1 期开始,每期的平均交易价格都公布在黑板上一旁,使所有被试能在所有时间看到当期的平均交易价格及以前的变化过程。正式交易每期 6 分钟,并在第 5 分钟时发警告。每次实验持续约 3—4 个小时。

(原文载于《经济学季刊》2003 年第 1 期)

道德认知的默会维度
——基于认知结构的分析

王 芳

一、对道德认知结构研究的分析

(一) 道德认知研究的困境

道德认知是对现实道德关系和道德规范的认识,包括道德知识的获得、道德概念的形成和道德思维能力的发展等。道德认知是个复杂的概念,涉及哲学、伦理学、心理学、社会学、教育学等多个领域。本文所论述的道德认知主要聚焦在哲学认识论上的对道德认知的分析和认知心理学的认知过程研究。从认识论的范畴看,哲学上对道德的研究主要有四种主张。道德实在论使用形而上学的手段对规范和价值的本体论进行证明,认为可以从认知的角度把握。功利主义把对行为方式总体价值的期待作为取向,为论证道德判断提供原则。元伦理学主要关注道德的语言形式和描述。道德功能论则回到了前现代的论证模式,试图重新建立类似宗教传统的权威性。目前在认识论领域对这些问题未达成共识,对这些问题的哲学讨论则必定影响到道德认知的理论和实践。

目前对道德认知的研究已深入到对道德认知过程的研究。参考哲学上对道德认知的不同认识论传统,笔者梳理了目前研究中的主要分歧。在道德认知过程中,首先体现在道德认知的普遍性与分殊性的争论。哲学家一般是从某种人性设定出发研究道德的,而为了推导出道德原则的普遍性,就需要首先把人性设定为普遍的。但假如对假设前提(对人性的认识)没有共识,其推理过程及结论必不可靠。因此近代哲学家麦金太尔认为,道德是一种地方性、分殊性的存在。既然道德普遍性的推理是不可靠的,而承认道德的分殊性又放任了道德差异甚至导致相对主义和道德虚无,那么如何在道德探究方式的普遍性与分殊性之间或之外得到新的解决办法,需要一种新的认识进路。其次是在认知过程中对道德判断这一关键步骤的认识上,涉及道德认知的理性和实践性的争论。具体在道德判断过程中,这些不同的观点主要表现为对道德推理和道德判断在道德认知中的作用上的不同认识。比如,道德推理和判断对道德行为的作用是绝对的还是有条件的,以什么形式在何种范围内发挥作用等。因为哲学上对道德认识的不同主张悬而未决,因此在道德认知过程中关于认知结构的形成、道德推理和判断的作用等具体问题分歧仍存。

为了解决道德认知过程研究的困境,需要回到哲学上对认知的一些关键概念和步骤作梳理。目前知识论和认识论的一些最新研究成果或可以帮助找到解决这类问题的有效路径。在当代哲学家们努力探索认识论研究的新方向中,对默会知识(tacit knowledge)和默会认识(tacit knowing)的研究是哲学认识论领域新的理论热点。目前在国内乃至世界上享有盛誉的默会认识研究学者郁振华认为,对默会知识的研究为认识论乃至一般意义上的哲学研究开辟了新天地。因为传统认识论专注于明确知识的研究,而默会知识论则强调人类认识默会维度的优先性,从而拓宽和深化了认识论的研究领域。本文将采用郁振华先生对默会知识论的一些研究成果,以科尔伯格道德发展理论中对道德认知结构的阐述为例,通过比较默会认识与道德认知的结构一致性,试图从新的认识维度来诠释道德认知领域的这些仍悬而未决之问题。

(二) 道德认知结构的理论渊源及特点

从目前对道德认知的研究和评价看,学界公认的集大成者仍然是美国道德哲学家和认知心理学家科尔伯格,他的理论框架及实证研究方法历经半个世纪仍无人能出其右。因此本文还是以科尔伯格道德发展理论中的一些观点作为展开论述的基础。

科尔伯格是在皮亚杰的发生认识论基础上,根据自己的道德哲学以及心理学上认知发展理论提出并建立了道德发展的认知理论,他对道德认知的研究主要集中在对道德认知阶段的研究。从科尔伯格对道德认知阶段的阐述中,可以看到他认定道德发展不同阶段的主要标准是道德认知的思维方式,也即认知的结构。这些理论假设的基础源于皮亚杰的发生认识论,发生认识论的核心就是研究人类的认识起源和思维发展的结构。皮亚杰说:"认识的获得必须用一个将结构主义(Structurism)和建构主义(Constructivism)紧密地连结起来的理论来说明,也就是说,每一个结构都是心理发生的结果,而心理发生就是从一个较初级的结构转化为一个不那么初级的(或较复杂的)结构。"① 认识是不断建构的产物,建构形成结构,结构对认识起着中介作用;结构不断地建构,从比较简单的结构到更为复杂的结构,其建构过程则依赖于主体的不断活动。皮亚杰认为,我们可以越过那些可观察到的东西来尝试着建构结构,并不是从主体有意识地说的或想的什么来形成结构,而是以当他解决对他来说是新问题时,他依靠他的运演所"做"的什么来建构结构。因此,我们就可以把逻辑看作是这些结构的形式化,以及随后的超越这些结构。②

皮亚杰的关于认知结构的观点是在格式塔学派的观点基础上形成的。在心理学史上,最早从结构的角度研究认识的是格式塔学派。格式塔学派的创始人德国心理学家冯特的主要任务就是寻求知觉的结构(格式塔或完形),但是这个词在从德文到英文时没有被译为"structure"(结构)。考夫卡曾指出,这个名词不得译为英文"structure",是因为"structure"在英美心理学界已得到了很明确而且很不同的含义,因此考夫卡采用了铁钦纳(Titchener)的译法,翻译为

---

① 皮亚杰:《发生认识论原理·序言》,商务印书馆1995年版。
② 参考皮亚杰:《发生认识论原理》,商务印书馆1995年版。

"configuration",中文则译为完形或格式塔。格式塔心理学的核心主张是,认为知觉不是用主观方法把原本存在的碎片结合起来的内容的总和或主观随意决定的结构,知觉不是盲目相加起来的、散乱的难于处理的元素般的形质,也不仅仅是附加于已经存在的资料之上的形式的东西,知觉要研究的是整体,是具有特殊的内在规律的完整的历程,是有具体的整体原则的结构。格式塔理论强调整体、模式、组织作用、结构等在认识过程中的作用,并注重个体对感觉信息输入、组织和解释的主动性,这些观点为现代认知心理学所接纳。在研究方法上格式塔学派主张用现象学的方法研究直接经验,也影响了现代认知心理学的研究方法。

皮亚杰的认知结构就是在接受了格式塔学派的一些观点形成的。比如他认为结构具有普遍的调节功能,对人的经验和行动有控制作用,个体心理的连贯性是少数具有普遍性的结构的表现。但皮亚杰的结构与格式塔学派的完形结构并不相同,皮亚杰的结构不是指格式塔式的事物或信念,而是指可以应用于事物、信念或个体心理空间等的连贯的心理操作或心理活动。举例来说,儿童对物质守恒的信念并不是结构,而达到这种信念的一套心理运算才是结构。从皮亚杰不同于格式塔学派的对结构的表述上可以看出他对格式塔理论的推进在于:他认为认识既不能看作是在主体内部结构中预先决定了的,它们起因于有效的和不断的建构;也不能看作是在客体的预先存在着的特性中预先决定了的,因为客体只是通过这些内部结构的中介作用才被认识的,并且这些结构还通过把它们结合到更大的范围之中而使它们丰富起来。

科尔伯格对道德认知结构的研究正是基于皮亚杰的认知发展结构的基本理论,他认为认知的基本发展包括认知结构的基本转换,认知结构的发展是有机体结构和环境结构之间相互作用过程的产物,认知结构总是行为结构和图式,结构发展的机制是在有机体与环境相互作用的动态平衡。但他不止于此,他对道德认知研究的贡献在于提出并通过实验验证道德认知阶段的学说。科尔伯格的道德认知阶段具有以下特征:个体在不同发展阶段思考或解决同一问题的方式具有显著的差异,这些不同的思维方式在个体的道德认知发展中形成一个不变的序列,在这些不同的、序列性的思维方式中,每一个都形成一个结构的整体,因此道德认知阶段是一个具有层级结构的整合体。①

二、道德认知的默会维度

如前所述,对默会认识的研究是哲学认识论领域新的热点,本文的主旨在于用默会知识论分析道德认知的结构,探究默会认识与道德认知在结构来源、发展方向以及表现形式等问题上是否存在一致,在此有必要对默会知识与默会认识的概念作简要说明以引出对认识结构的分析比较。②

根据郁振华先生的研究,默会知识是波兰尼首先在其名著《个体知识》中提出的,它指一种

---

① 参考科尔伯格:《道德发展心理学:道德阶段的本质与确证》,华东师范大学出版社 2004 年版,第 7—32 页。
② 关于默会知识论的完整论述以及研究进展请阅读郁振华先生的文章,在此不作展开。

只可意会不可言传的知识，是一种经常使用却又不能通过语言文字符号予以清晰表达或直接传递的知识，主要是相对于显性知识而言。波兰尼认为，所有的认识都包含一个默会的尺度，也就是说，在每一种外显认识的背后，均存在一整套没有表达出来的、有时是不可表达的假设与信念。而对于默会认识的含义，在波兰尼看来默会认识是一种难以用名言符号来充分表达的理解力，是一种领会经验，是个体重组经验以期对之实现理智的控制的能力。所以默会认识是认识者使附随认识(subsidiary knowing)与中心认识(focal knowing)默会整合起来的一种认识机制，它包含由此及彼(from-to)的结构。在这里由此是指默会认识中的附随认识，及彼是指默会认识中的中心认识，整合则是将附随认识融进中心认识。因此默会认识论有三个主要特征："首先，认识论研究中'人'(认识者)的凸现。……其次，认识论和本体论、认识和存在的统一。……再次，科学和人文的统一。"①

在波兰尼对默会知识和默会认识的概述中可以清晰地看到格式塔学派的某些观点。事实上，波兰尼对默会认识基本结构的理解主要是受到了格式塔心理学的启发，他对默会认识结构的阐述也主要围绕着整体和部分、综合体和细节的关系而展开。他指出，对各种线索、细节、部分的辅助意识是默会认识的第一个项目，是认识所依赖的；对对象的集中意识是第二个项目，是认识所关注的。他把第一个项目也即辅助意识称为邻近项(proximal term)，第二个项目也即集中意识称为末端项(distal term)，而要把握某一对象需要将有关的各种线索、细节整合起来作为一个综合体才能加以认识。

与皮亚杰一样，波兰尼也认为格式塔心理学的弱点在于把知觉理解为一种被动的经验。波兰尼则认为，将各个部分融合为一个整体，将各种细节整合为一个综合体是认识者在追求知识的过程中主动地塑造其经验的过程，是认识者积极地发挥其默会能力的过程。默会认识展开于从(from)第一个项目转向(to)第二个项目的动态过程之中。由于在很多方面第一个项目显得更接近于认识者，而第二个项目则比较远离认识者，实现这种由认识者所依赖的向所关注的转换，靠的就是认识者主动整合的能力，默会认识就建立在认识者的主动整合上。认识者把诸细节、线索作为辅助物整合进集中对象，在辅助意识和集中意识之间建立起 from-to 的动态关系，就是波兰尼的默会认识的基本结构。②

从上述分析中可以看出默会认识的结构与道德认知结构在渊源上相同，都是接受了格式塔学派的观点。在各自的理论研究进展方向上，科尔伯格认为道德认知结构的发展是有机体结构和环境结构之间相互作用过程的产物，结构发展的机制是在有机体与环境相互作用的动态平衡。波兰尼则一再强调默会认识不是一种被动的经验，而是认识者积极主动地发挥其默会能力的过程。因此二者的结构发展方向上也基本一致，都是强调认识者主动的整合能力和结构的动态平衡。基于二者结构的同质性，笔者将采用默会认识论的认识原理分析道德认知的结构，以此来阐述道德认知的默会维度。

---

① 郁振华：《波兰尼的默会知识论》，《自然辩证法研究》2001 年第 8 期。
② 参考郁振华：《波兰尼的默会知识论》，《自然辩证法研究》2001 年第 8 期。

1. 道德判断的结构与内容:知道怎样(know how)①与知道什么(know that)

在波兰尼看来,默会认识本质上是一种理解力(understanding),是一种领会经验、把握经验、重组经验,以期达到对经验的理智的控制的能力。传统的认识论专注于明确知识,认识明确知识的过程主要是知道是什么(know that)。而默会知识论则肯定在明确知识之外还有默会知识,甚至认为默会知识之于明确知识具有逻辑上的在先性和根源性,认识默会知识的过程主要是知道怎样(know how)。默会认识论中的"知道什么"(know that)和"知道怎样"(know how)主要是使用了赖尔对知识分类的概念。赖尔认为 knowing-how 逻辑上先于 knowing-that,无论是发现还是拥有一种 knowing-that 的知识,都以 knowing-how 为前提。因为默会知识相对于明确知识具有理论上的优先性,默会能力在人类认识的各个层次上都起着主导性的、决定性的作用,因此知道怎样(know how)与知道什么(know that)相比,显然具有认识上的主导性、决定性和优先性,也可以被称为人类认识的默会维度。②

现在来比较道德认知结构(主要体现在道德判断中)是否具有同样的特点。不难看出,在道德认知结构的建构过程中,从道德判断结构对道德判断内容的优先性可以充分看到道德认知默会维度的端倪。根据科尔伯格的研究,道德认知的发展集中表现在道德判断上,道德认知的发展体现在道德判断结构的变化上。而道德判断的结构是指怎样思考道德问题的方式,它是对道德内容思维加工的方法和过程,这其实就是默会认识中的知道怎样(know how)。一种道德判断结构可以理解为道德的"能力之知"。科尔伯格说:"依照皮亚杰的做法,我们就道德判断的内容及其结构或形式加以区分。就结构而言,我们指思维的一般原则或模式,而不是特定的道德信念或理念。也就是说,我们认为观念不是彼此独立习得或使用的,而是按照一般结构特征联系在一起。我们强调思维的形式而非内容,这是因为形式展示了不同个体发展规律的普遍性。而且,就道德行为而言,如果不事先理解包含或产生道德信念的一般世界观或概念框架,我们就无法理解一个人的道德信念。"③

道德认知的结构是知道怎样(能力之知),道德认知的内容是知道什么,这段话很直白地说明了结构与内容的关系,与默会认识中(know how)与(know that)的关系论述方式基本一致。举例来说,在科尔伯格设计的"海因兹偷药"实验中,儿童所做出的偷药或者不偷药的判断只是道德判断的内容(know that)。在这一选择过程中,比结果更重要的是做出道德选择时所依据的推理方式(know how),这种推理方式就是道德判断的结构。也就是说,评判人们对道德问题的看法,不能局限于道德判断的具体内容(know that),而必须要考虑道德思维的结构才能了解其道德观点的真正价值和意义(know how)。道德判断的结构使个体形成某种道德观念,并据此作为对有关道德问题进行判断和推理要遵循的方向。所以说,道德判断的结构从整体上调控了个

---

① 郁振华先生也将"know how"翻译为"能力之知",似乎更切合科尔伯格的道德判断的能力体现在判断的结构中的阐述,也更论证了本文的主题。但本文仍采用直译,以免因牵入"能力"这一更具包容性的概念而引起误解。
② 参考郁振华:《波兰尼的默会知识论》,《自然辩证法研究》2001 年第 8 期。
③ 转引自郭本禹:《道德认知发展与道德教育》,福建教育出版社 1999 年版,第 85 页。

体对道德问题的认知。随着认知经验的扩展,这一结构会发生转变和重构,从而表现出发展和变化。

科尔伯格穷其一生研究道德判断的结构问题,因为他认为道德发展的阶段是由道德判断的结构决定的,道德阶段的不同主要体现在道德判断或推理的结构不同,道德发展的阶段是由道德判断的结构限定的。(发展理论家往往把阶段称作结构)因此分析一个人道德判断的发展结构,不在于选择偷药或不偷药的具体内容,而在于做出具体选择背后的不同推理方式。科尔伯格也正是按照道德判断结构的不同,将个体的道德发展阶段分为3个水平6个阶段,道德判断的结构,也即知道怎样(know how,能力之知)是判断道德发展阶段的基石。

2. 道德判断的个体性:认识者的身体在位

道德判断除了对结构的重要性提出要求,同时科尔伯格还认为道德判断不仅根据结构变化的原则发生,还要借助于道德主体的情感和价值取向,而且判断都是在特定的、具体的条件下完成的。因为判断是在深入细致的认识和辨析的基础上形成的,在一定的具体的条件下判断不能模棱两可。从判断的具体内容来看,由于事物在其发展过程中整体与局部、阶段与全过程是统一的,如果只是正确地断定了其中的一个方面或某一阶段的情况而忽略了其他方面或阶段的情况,这个判断也是片面的和不恰当的。因此,所有的判断都有其适用的范围和不可跨越的界限,道德判断也总是被某些确定的主体在具体的情境下发生,这个观点其实也说明了道德认知所具备的言说不清的默会维度。

因为道德认知的结构与道德观念总是具体相遇在个别情境中,主体的道德判断也总是与自身特定的生活经历相连。举例来说,对诸如善、公正等这样一些抽象的道德概念,只有当个体在实际生活中去体验时才可能变成具体的、可认知的道德内容。所以在道德判断中具体的道德经验对能引起判断的内容是必不可少的,甚至可以说,道德判断本身就是一种寻求和解决道德冲突的行为方式。科尔伯格对道德判断的这一认识源自杜威。杜威认为,一个行动者能够对自己作为一个行动者来下判断,因而能控制他的动作的唯一方法就是:为了使他决定采取一定行动而使他有进行判断之必要的这个条件。在单纯理智的判断中,内容或对象是用某些其他价值相同的对象或内容固定下来的。但是道德的判断不仅是理智的,它把判断者参与在所判断的内容之中,并涵盖了所判断的对象对判断者发生的决定性的作用。"道德判断中所判断的对象或所构成的情境不是一个冷冰冰的、遥远的和漠不关心的外在对象,而是最独特地、紧密地、完善地为这个行动者自己所具有的对象;它就是作为对象的行动者。"① 当我们把对象本身决定为判断对象时,我们都自然联系到对象经验的变化,把经验当作一种活动,而且这种活动是有规则的自主活动,也即行动、行为、实践。道德判断的这个特点呼应了默会认识中人的身体在位的特点,引出了道德认知的又一个默会维度,也即道德认知判断过程中的个体性和经验性。

波兰尼认为,人们认识外部实在的重要方面就是使外部刺激以辅助物的方式起作用以及对

---

① 杜威著:《人的问题》,上海世纪出版集团2006年版,第208页。

身体的辅助意识。波兰尼认为人的身体在宇宙中有一种独特的地位,即在通常情况下我们不把我们的身体视为一个对象,而要认识其他对象则必须依赖于对我们身体的各种机能的意识。我们身体的特殊性在于如下事实,即它是唯一的诸事物的集合,我们对它的认识几乎完全依赖于对这些事物的意识以便关注其他的事物。也就是说我们对身体的意识总是一种辅助意识,目的是为认识其他的对象。在对任何事物的认识中都包含了对身体的辅助意识。身体的这种独特的认识论特征,揭示了所有人类知识的身体根源。也就是说在默会认识中我们不仅要依赖于来自对象的信息,还要依赖于我们身体的诸项机能,依赖于作为背景知识的各种以往的经验和理论,只有整合了各方面的辅助意识,才能对研究主题达成集中的认识。从身体的独特的认识地位出发,波兰尼进而将辅助意识形象地描述为寓居(indwelling)或内化(internalization)。心灵寓居于身体之中并在认识外部事物时身体起着工具作用,我们对自己的身体只有辅助意识。而对某物拥有辅助意识意味着我们将自己投注于其上,寓居于其中或者将其内化为自己的一部分。①

通过分析道德判断的特点,笔者引出了道德判断本身具有的默会认识的两个典型特征,很自然地得出道德认知具备默会的认知维度。当然,笔者的目的不止于得出对道德认知研究的这一创新认识,更重要的是想说明这一发现对道德的认知发展具有何种意义。

三、道德认知默会维度对道德认知发展的意义

从上述两个部分的论述可以得出:不仅道德认知和默会认识的结构来源相同,而且在认识结构上也基本一致,道德认知具备人类认识的默会维度。从道德认知默会维度的角度重新分析道德认知,可以得到新的促进道德认知发展的方式,这就是道德认知的默会策略。根据道德认知的默会策略,道德认知的发展需要两个必不可少的条件。道德认知的默会策略体现在道德认知过程中,首先是要关注道德判断能力的发展,也就是知道怎样(know how)的能力的建构。针对这一条件,科尔伯格在教育上使用道德两难讨论法②来帮助个体提高道德判断能力。对这一方面重要性的认识国内已有很多论述,而且在实践中也已改良了传统的道德教育说教模式,通过活动教学法、情境教学法等诸多新的教育教学方法来提高认知主体的道德判断能力。

但是这些方法到底对道德认知的发展起到多大的作用?科尔伯格曾对两难讨论法的效果进行过实证研究,在为期两年的时间里,他和两位同事先采用道德两难讨论法来对女犯人进行道德教育,发现单纯教会女犯人思考道德问题的方式而没有给她们机会把所学的知识转化为行

---

① 参考郁振华:《波兰尼的默会知识论》,《自然辩证法研究》2001年第8期。
② 所谓道德两难,是指同时涉及两种道德规范且两者不能兼顾的情境或问题。它以道德两难故事为基本材料,让学习者对情景中的道德问题进行讨论并回答围绕该故事提出的相关问题,以此判断学习者所处的道德认知发展阶段并引导和促进其进一步发展的方法。

动导致道德教育的收效甚微。后来科尔伯格又开始采用团体公正法的实验①并大获成功。科尔伯格道德教育中团体公正法实证的成功说明了道德认知发展中需要身体在位的默会维度,即在道德发展中更重要的是要求人在道德认知中的身体在位。这个身体在位不单是要求认识者在道德认知中的主体意识。根据波兰尼对默会认识中人的身体在位的描述,认知中的身体在位要求认识者还要作为被认知的对象而存在,因为在对任何事物的认识中都包含了对身体的辅助意识,身体的这种独特的认识论特征揭示出所有人类知识的身体根源。

道德认知的默会维度要求人在道德认知结构中的身体在位,体现在促进道德认知发展的教育实践上,就是科尔伯格所倡导的角色承担。角色承担的概念来自米德,他认为社会化的实质是角色扮演,即学会理解他人对于角色的期待,并按照这种期待从事角色行为的能力;社会化过程是一个从只能扮演有限的、特定的角色到能够扮演普遍的、一般化他人的角色的演进过程。塞尔曼把这种角色承担也称为社会观点采择。科尔伯格把这个概念迁移到了道德教育领域,使之成为道德教育的一个过程和手段。科尔伯格指出,比一般认知激励更为重要的因素是角色承担,也就是使扮演者暂时置于他人的社会位置并按照这一位置所要求的规范和态度行事,以增进扮演者对他人社会角色及其自身原有角色的理解,从而更好地实施自己角色的行为。因为个体道德的不断发展其实质反映的是个体之间或个体与社会之间的一种特殊关系,角色承担能为个体发展带来新的经验和体会,使他意识到他人的观点、社会的期待和普遍的价值观的存在,因此能为其道德判断的发展提供更为直接的条件。我国学者郭本禹认为,角色承担在逻辑阶段和道德阶段之间起着一种桥梁作用。没有逻辑阶段的提高就没有新的角色承担阶段和道德阶段的提高,同样地,没有角色承担阶段的提高也就没有新的道德阶段的提高。没有角色承担能力,道德推理的发展就没有可能。②

从默会知识的特点来看,这种知识也是行动中的知识(knowledge in action)或者内在于行动中的知识,是只有通过我们在做某事的行动中才能拥有的知识。从道德认知的默会维度分析看,道德知识似乎也完全具备这些特性。这个观点对于道德发展特别是针对道德教育中的某些现状颇有启示。目前的道德教育方式主要表现为采用灌输的方式输入一些规则或教条,或者能采取一些活动教学的手法,但是还局限在对道德规则等范例的讨论,所讨论的道德情景与现实生活相差甚远。所以个体虽然拥有许多道德知识,但是因为缺乏实际的行动来促成道德认知结构的转变,导致道德认知能力的低下和在具体的道德实践中缺乏力量。

而道德认知的默会维度支持一种实践性的教育方法,强调通过生活实践来促进认知结构的发展而不仅仅是道德知识的堆砌。它不仅要求学生积极地理智讨论参与,而且更强调通过学生实践的活动来引发道德行为和促进认知结构的发展,因而其实质在于把促进道德的发展也就是

---

① 公正团体法是科尔伯格对道德讨论法本身存在问题的矫正和补充,他参考了以色列集体农庄上一所中学的方法。团体公正法要求成员形成集体协作和同负责的精神,建立一套有益于团体发展和生活的集体行为规范。

② 参考郭本禹:《道德认知发展与道德教育》,福建教育出版社 1999 年版,第 93 页。

把道德教育的过程转变为一个主动的实践过程,把道德的发展变成个体自身生活的一部分,使其更好地担负起自己的道德责任。一个人不是直接按照道德原则来行动,而是按照这些原则产生的具体内容判断来行动,道德判断在任何情况下都需要实践能力的不断完善。不去练习和经历,没有人能够成为一个好的数学家或建筑师,同样没有练习和经历,也没有人能够成为一个好人。一个好人不仅知道通常做什么是好的,而且也知道在何时何地应怎么去做。

(原文载于《学术月刊》2011 年第 7 期)

风险的民主化与科层制隐忧

薛亚利

一、风险本质争议与民主化共识

1986年,德国社会学家乌尔里希·贝克《风险社会》问世,在书中他首次提出了"风险社会"(Risk Society)概念,此后,有关风险社会的研究开始在学界兴起①。20多年来,作为一种概化话语的"风险社会"②,逐步从一个学者的个人创见,转变为一种公共性的概念工具,在社会学、政治学、公共政策等领域取代了对社会问题这一传统概念的表达使用。

然而,风险究竟为何物,又有何特性,却是一个富有争议的话题。作为概念创始人,贝克简要示意"风险可以被界定为系统地处理现代化自身引致的危险和不安全感方式"。③ 鉴于对风险界定过于宽泛,贝克又用五个特征来用于进一步说明,分别为:(1)风险本质的可建构性;(2)风险后果的相对平等性;(3)风险控制推动社会变迁效能;(4)风险知识阐释的政治性;(5)风险管理关涉政治合法性。④ 然而,这些特征不仅本身含混不清,而且相互关联,因而让人难以看清风险的最终本质。在国内对风险社会的概念解读上,也意义不一,如赵延东认为风险社会有六种特征,分别为不可感知性、整体性、建构性、平等性、全球性、自反性⑤;而陈岳芬从对风险传播的角度来看,认为风险社会有三个基本特征,不确定性、有组织的不负责任、飞去来器效应⑥等。

在风险本质的模糊不清的争议中,关于风险到底是实在的还是建构的二元对立的讨论,一直是关注的焦点。自20世纪80年代以来,贝克的"风险社会"便遭批评不断,原因是这种风险缺乏主观认知分析。似乎基于实在论,道格拉斯和维达夫斯基的批评独树一帜,他们持风险的

---

① [英]齐格蒙·鲍曼:《现代性与大屠杀》,译林出版社2004年版;[美]斯蒂芬·布雷耶:《打破恶性循环——政府如何有效规避风险》,宋华琳译,法律出版社2009年版;[英]巴鲁克·费斯科霍夫:《人类可接受风险》,王红漫译,北京大学出版社2009年版。
② 成伯清:《风险社会视角下的社会问题》,《南京大学学报》2007年第2期。
③ [德]乌尔里希·贝克:《风险社会》,何博闻译,译林出版社2004年版,第18页。
④ 同上,第21—22页。
⑤ 赵延东:《解读"风险社会"理论》,《自然辩证法研究》2007年第6期。
⑥ 陈岳芬:《风险社会危机传播困境之分析》,《暨南学报》2008年第6期。

建构论,即认为风险没有增加,只是能感觉到的风险增多而已,而他们的《风险与文化》一书,又提供了批判的参考范本。面对这种批评,贝克很快修正了社会风险的概念,他在新编《风险社会及其超越》中又对风险概念加了8点说明,特意声明在风险本质到底是客观实在还是主观建构问题上,他持折中态度,声称风险具有客观和主观两重性。国内对风险本质的看法,也沿袭了这种模棱两可的认定。其中,又有学者主张在对风险的具体研究中,采用一种实用主义的立场①,这种立场不纠结于偏向性的认识,主张在具体的情景中对风险加以具体认定,从而搁置了风险的争议问题。

论及风险的建构或实在本质,争议不休,但它另一个特征,即风险的"民主化"或"平等性",却获得相对共识。关于风险的民主化特征,概括于生态风险的衍生后果,用贝克的话说"化学烟雾,……它打击所有人"②,这种民主化有时带有时间上的滞后性,贝克用了一个形象的比喻即"飞去来器效应"③,但这种风险后果迟早被全部社会群体承担。④ 随着对风险民主化的认识深入,这种民主化开始从生态主义视角扩展到政策主义视角,并逐步聚焦于风险管理及政策制定,后者的核心思想认为风险管理具有公共性,因为风险导致现代政策环境的转变,它拓展了公共政策的公共性,更新了公共政策的评价标准,转换了公共政策议程的设置模式⑤,从而更专注风险的实践意义。

然而,风险民主化的问题,需要重新进行梳理和检讨。贝克论述风险是一个宏观的政治过程,作为一种社会类型,它在制度设置、组织类型及政策意涵上各有体现,但是,让人疑惑的是,风险的民主化,似乎更多地在政策意涵的浅层次上被人认识,至于在制度设置或组织类型上,风险似乎依旧停留在模糊不清的状态,那么,在此我们存疑:在何种制度框架和组织类型中,风险民主化被提及?既定的制度框架或组织类型,与风险民主化之间有何关系?风险民主化是否对制度框架或凭借组织,有能动的改进作用?对这些问题的追问,已并非风险后果大众均担的直观分析所能解释,它需要结合更多风险议题的讨论,才能逐步澄清。

二、风险民主化:从制度到组织

对风险转变为现代公共议题的历史性回溯,等级制度主义是分析视角之一。西方在风险的

---

① 司马媛、童星:《对风险社会理论的再思考及政策适应》,《学习与实践》2011年第12期。
② [德]乌尔里希·贝克:《风险社会》,何博闻译,译林出版社2004年版,第42页。
③ 飞去来器,又名回旋镖、自归器、飞去飞来器等,英文表达为boomerang,原来是一种用于狩猎和战争的木制武器,使用时,向猎物或敌人发出飞去来器以后,如果没有击中目标飞去来器会神奇般地旋回发出者的手中。如今,飞去来器已成为现代人户外休闲娱乐健身的器材。飞去来器的运动原理和陀螺一样,其自转轴也绕铅直线旋转,升力及稳定性使飞去来器上升,而其自旋轴之转动则令飞去来器瞬时飞回。
④ [德]乌尔里希·贝克:《风险社会》,何博闻译,译林出版社2004年版,第39—42页。
⑤ 司马媛、童星:《对风险社会理论的再思考及政策适应》,《学习与实践》2011年第12期。

研究上,常见的有 3 个分析视角①,分别是等级制度主义、市场个人主义和边缘的派系主义,但 3 种视角对风险分析的侧重点不同,它们所具体分析的风险类型依次为社会风险、经济风险和自然风险②,关于市场个人主义和边缘派系主义的分析,由于其因果关系直接,较易被人所接受。所谓的市场个人主义,主要指保护个人利益的理性行动会无视整个社会的失序,从而构成了潜在的社会风险,如经济风险;所谓的边缘派系主义,主要指自然和生态灾害,总是先被社会的边缘群体或派系群体发现甚至承受,从而形成了局部的或群体性的风险。相比较而言,等级制度主义视角的风险解析,却因解释隐晦,始终没有找到更为切中要害式的分析对象,也就无法形成一条清晰的分析路径。

在对风险的等级制度主义分析中,由于对制度这个模糊意象的指认,导致制度视角的分析,局限在一个制度"内"和"外"的粗疏分析框架中。道格拉斯和维达夫斯基,在对风险的分析上,采用的就是制度"外"的分析框架,而贝克和吉登斯采用的是制度"内"的分析框架,道格拉斯和维达夫斯基,两人认为风险的多少取决于被感知的程度,而感知风险者多来自体制外的社团群落,他们会采取一些暴力和暴行,而这些行为则具有风险识别作用,一方面象征这些社团群体的边缘社会地位,另一方面也迫使其他社会成员察觉到了风险。在道格拉斯和维达夫斯基的分析中,这些社团群体具有体制"外"的社会地位,准确来说是未被纳入体制内的底层地位,如外来者、罪犯和外国人等,他们是风险根源,因为制造出最终被社会辨识的风险文化,从而成为被理所当然谴责的对象③。贝克和吉登斯则从体制"内"展开了风险分析,但在具体的分析对象上,两人选择的侧重点不同,到底哪种群体被视为体制内的代表人物?贝克选择了普通大众——个体化成员,而吉登斯选择了知识精英——专家群体。贝克对风险的制度分析,提出了在"个体化"社会的问题,认为疏离原子化的个体生存状态,决定了个体难以抵御社会风险,因而,风险的应对还须着眼于宏观制度设计的改进④;吉登斯则提出了"信任"问题,认为信任是制衡风险社会的基本力量,而知识专家在制度框架内作用重大,他们知识供给的质量状况,往往形成特定水平的信任,从而在总体上影响着整个社会信任的发展程度,因而在抵御风险的制度建设上,有各种知识精英倡导的社会运动,如劳工运动、生态运动、和平运动和女权运动等,将成为改善制度建设

---

① 关于风险的这三个分析视角,系拉什在他批判玛丽·道格拉斯和阿隆·维达夫斯基的《风险与文化》一书时总结出来的。拉什认为道格拉斯和维达夫斯基对风险采用的是一种文化解释路径。她们认为风险文化是导致社会结构变化的根本原因,按照风险文化的不同,可以细分为三种不同的文化类型,分别是等级制度文化、市场个人主义文化和"派系""边缘"文化。不同的文化会衍生出不同的风险类型,如等级制度文化会衍生社会风险,而市场个人主义会衍生出经济风险,而"派系""边缘"文化会衍生出自然生态风险,但是,不管何种类型的风险文化,最终是文化导致了社会结构的组织解体。拉什对道格拉斯和维达夫斯基的批判,包含着有关风险本质认识的一个基本争议问题,即风险到底是实在的还是建构的?道格拉斯和维达夫斯基持风险的建构论,但拉什却坚持社会风险实在论,他认为社会结构的变化,首先是经济变化引起的,而这种经济变化则是风险文化发展的基础。显而易见,拉什反对风险文化建构论。

② [英]斯科特·拉什:《风险文化》,载 B. 亚当、U. 贝克、V. 龙编著:《风险社会及其超越——社会理论的关键议题》,北京出版社 2005 年版,第 68—91 页。

③ 同上。

④ [德]乌尔里希·贝克:《风险社会》,何博闻译,译林出版社 2004 年版,第 276—291 页。

的重要契机。① 由此可见,贝克和吉登斯两人因选择制度代言人的不同,也决定了两人对问题意识、风险态度和风险对策的不同。

然而,即使贝克和吉登斯的分析侧重点有所不同,但两者有一个共同点,即在等级制度主义分析视角下,他们都把注意力放在了依附体制之内的群体力量上,而且由于他们的分析对象处在制度的不同等级上,从而也关注了制度的等级性。他们分别关注了制度的"下"(贝克——普通大众)和"上"(吉登斯——知识精英),但他们都没有去分析等级制度本身——现代科层组织。虽然贝克和吉登斯在自己风险理论中也提到过科层组织的风险问题,但他们并没将其上升到制度分析的层面。如贝克在对风险特征分析上,曾提出一个"有组织的不负责任"的说法,但他立论的根据却是技术理性的逻辑,他认为风险有赖于知识阐释,遵从因果分析,但这种归因的结果往往是找不到责任主体,如大气污染的风险归因。② 吉登斯也是如此,他认为现代社会的信任形成至关重要,而这种信任产生和培育的地方在科层制的末端,如航空公司的安全水平,可以通过空姐的服务质量加以体现。吉登斯将其称为是"抽象体系的交汇处",而这种抽象体系则由专家系统及其知识运用所产生的象征系统构成。

尽管贝克和吉登斯在分析风险时,都提及过组织体制与风险的某种关联,但两人都在科层组织体制的外围打转,并没有切进组织体制的分析中去,因此,科层组织作为一种现代常见的组织现象,风险与其关系并不清楚。在科层组织内部风险是如何被运作?在那些不确定或富于变化的风险背后,科层组织在其中又起何种作用?一些风险能被不断累积夸大,最终酿成危机,而另一些风险则可以被消减控制,最终转危为安,在风险的差异性后果中,科层组织到底又起何种作用?这些有关风险的组织孕生问题都没有得到回答。

三、科层组织的风险隐忧

那么,现代科层制与风险社会的关系到底如何?从韦伯发现资本主义的科层组织特征后,资本主义又发展了100多年,科层组织也得到了前所未有的发展。"在当今社会,科层制已成为主导的组织制度,并在事实上成了现代性的缩影。除非我们理解这种制度形式,否则我们就无法理解今天的社会生活。"③科层制俨然已是现代社会的组织基础,但科层制的现代扩展是一种必然的历史过程,我们需要理解这种过程的发端。

(一)科层制的隐忧

韦伯在对西方资本主义精神进行抽丝剥茧式的分析后指出,科层制是资本主义精神的基本特征。韦伯在全世界范围比较了各种经济形态的特征后,认为有三大特征被西方的资本主义经

---

① [德]乌尔里希·贝克:《风险社会》,何博闻译,译林出版社2004年版,第39—49页。
② [英]吉登斯:《现代性后果》,田禾译,生活·读书·新知三联书店2000年版,第139—142页。
③ [美]彼得·布劳、马歇尔·梅耶:《现代社会中的科层制》,马戎、时宪明、邱泽奇译,学林出版社2001年版,第8页。

济形式所独享,即世界范围而不是地方性的贸易关系、讲求效率的科层组织而不是手工作坊制和广泛而不是局部的科技应用。对其中的组织特征,韦伯如是说:"现代西方已经发展了一种非常不同的、在其他任何地方都没有出现的资本主义形式:(形式上)自由劳动的合理的资本主义组织,这在其他地方仅有一些迹象。"①然而,这三大特征并不是并列关系,其中的组织形式是现代资本主义的核心特征,它内在地支撑其他两个特征,韦伯将这种组织的特殊性赋予了资本主义,"总的说来,所有这些西方资本主义的独特性质,之所以具有重大意义,完全是由于它们与资本主义劳动组织密切结合的缘故"。② 需要指出的是,科层制之所以是资本主义的核心特征,还有另外一层含义,即这种组织形式并不体现在经济领域,而是广泛地分布在社会的各个领域,"因为合理的现代资本主义不仅需要技术生产手段,而且需要一种可靠的法律体系和按章行事的行政管理制度……这样一种法律体系和这样的行政管理,能以如此完善的法律和形式为经济活动服务,也仅见于西方"。总之,科层组织已不仅仅是经济组织的特征,而是整个社会的特征。③

揭示了资本主义精神及其组织形式的发展的祛魅本质,韦伯表达了他对这种组织后果的隐忧。新教改革的结果是释放了个体理性,从而为资本主义发展提供了原始动力,但随着个体理性从价值导向转向工具导向时,韦伯发现了这种理性增长的消极后果,异化的物质生活是对人性禁锢的牢笼。宗教正是人类超越这种物化生活的精神力量,然而,当资本主义发展起来时却脱离了宗教精神。"今天,宗教禁欲主义的精神已经逃出了这个牢笼,但是胜利的资本主义已经不再需要它的支持,因为这个资本主义的基石是机械。"④那么,未来的资本主义社会将是一种牢笼式的生活,韦伯用一个隐喻"牢笼"来猜测失去宗教价值支持的资本主义社会发展方向,他如是说:"没有人知道未来谁将生活在这个牢笼之中,或者,在这场巨大发展告终时,是否会出现面貌一新的先知,或者是否会出现旧观念、旧理想的大复兴;如若两者皆非,是否会出现病态的、以自我陶醉为粉饰的机械僵尸。"⑤面对不定的未来,韦伯认为必须关注组织在未来社会发展中的作用,他如是说:"下一步的任务应该是说明禁欲合理主义对社会实用伦理的内容,亦即从秘密宗教集会到国家的这样一些社会集团的组织类型和职能的重要作用。"⑥

(二) 科层制的三大反功能

然而,随着科层组织在现代社会的普及,其反功能也被辨识出来。在科层制的漫长发展历程中,学者们也逐步摆脱了对科层制理性效率优越性的片面认识,开始认识它的负面效应。在韦伯对科层制的特征归纳中,认为它的组织效能建立在六大优点之上,分别是例行的层级管理

---

① [德] 马克斯·韦伯:《新教伦理与资本主义精神》,彭强、黄晓京译,陕西师范大学出版社 2002 年版,第 19 页。
② 同上,第 21 页。
③ 同上,第 24 页。
④ 同上,第 176 页。
⑤ 同上。
⑥ 同上,第 177 页。

制、等级制的职务权威、专业化的知识素养、脱离私人生活的职业活动和管理的普遍化原则①。"韦伯强调的几乎都是科层制的正面功能,特别是相对于传统管理方式的正面功能"②,然而,具备优势的科层制却出现了消极的运作结果。布劳和梅耶认为科层制具有反功能,具体表现在三个方面,分别为管理方式的非人格化,无力纠错及组织增生的偏好,和抵制革新及固化社会分层③,这些对科层制反面功能的揭示,证实了韦伯的隐忧。

布劳和梅耶对用"怪圈"来形容科层制的反功能,首当其冲的就是它的非人格化规则。通过分析法国社会学家克罗茨对烟草企业科层组织的观察研究,布劳、梅耶印证科层制的第一个怪圈,即增加规则、集中化和刚性趋向,科层制密布各种规则,用于安排巨细无分的行为和工作内容,这就导致科层制排斥人的判断力而代之以管理理性,让决策不断地集中化,引发对新规则和更集中决策的需求,这让科层制变得刚性,"如果不是改变环境,科层制将抵制变迁,直至无法抵抗的危机出现"。④

科层制的第二个反功能怪圈,是它的组织增生性。布劳和梅耶总结说,科层组织的诞生便决定了它的永生,它无法消灭自己,因为它解决问题的组织依赖方式,它有"问题—组织—问题—更多组织"的惯性运行路径。⑤ 企业科层组织中财务问题解决的方式,就是建立更为细化的监督,这种做法增加了专家审查的组织环节,这种做法就是组织的增生,长远来看将导致组织的庞大和低效。

科层制的第三个反功能怪圈,就是它的社会后果——固化社会阶层。通过对前人两项扶贫项目的组织实施研究,布劳和梅耶总结了科层制最难以被觉察的反功能,即仅仅关注目标推进的效率而非价值立场的是非对错—项本来旨在改进现实保护穷人的援助项目,却以获得本地富人支持能推进项目而变得保守,同时援助方向从资助穷人变成了审查穷人,项目最终不能打破阶层隔阂以提升机会平等,而是固化原有的社会分层及其机会不平等。⑥

(三) 科层制的四种风险机制

当风险理论兴起,风险成为解析现代社会的新特征时,科层制的风险后果也被明确地指认出来。在对科层制的风险后果揭示上,作为对现代性的批判大师,鲍曼的科层风险分析可谓是独树一帜,通过对第二次世界大战期间犹太人被屠杀的组织过程的深入研究,以及对米格拉姆试验⑦的不

---

① [德]马克斯·韦伯:《经济与社会》,阎克文译,上海世纪出版集团2010年版,第1095—1097页。
② [美]彼得·布劳、马歇尔·梅耶:《现代社会中的科层制》,马戎、时宪明、邱泽奇译,学林出版社2001年版,第139页。
③ 同上,第139—161页。
④ 同上,第8页。
⑤ 同上,145—148页。
⑥ 同上,149—155页。
⑦ 米格拉姆试验,系耶鲁大学心理学家米格拉姆在1974年主持的一场实验,实验内容是一些人按照命令指示去电击另一些人,实验的结果发现科层组织的层级多少及与其产生伤害行为的多少成正比关系,具体实验为:在同样接到上级命令的情况下,在电击者和被击者面对面时,电击伤害程度较少,但当电击者离受害者距离较远而无法看到后者时,电击伤害程度较大,这是因为多等级的科层组织会自动产生权威,导致个体的服从,即使是参与到不道德的事件。

凡洞见,他抛弃了流行陋见①,旗帜鲜明地谴责现代科层制具有制造风险和灾难的能力。一言概之,他的核心观点为,任何时代都有屠杀,但凭借现代性的科层组织,才出现了超大规模的屠杀,也是危害人类的巨型风险。鲍曼之所以对科层制有如此判断,也是源于他发现了科层组织累积风险的隐秘机制。

科层制中隐藏着的四种转换机制,前两种是"行动序列化"和"再道德化"。② 鲍曼认为在大屠杀这场损害人类基本原则的风险灾难中,科层制制造了一种无责任状态,鲍曼称其为"漂浮的责任",这与贝克提出风险带有"有组织的不负责任"有相似之处。但导致这种无人认领的"漂浮"责任的组织原因何在?在贝克歇步的地方,鲍曼接力前行,他清晰地揭示了科层组织累积风险的四种机制,分别是"行动序列化"和"再道德化"(对科层组织对体制内行动者之间关系的形塑),以及"非人性化"和"转移化"(科层制对组织内行动者和组织外行动对象关系的形塑)。所谓的"行动序列化",就是等级科层制对命令执行的惯性表现,对来自上层的任务命令,不同层级的工作人员会依照上一级的命令,依次执行。科层制中的下达命令会沿着科层制的等级依次下传,即使命令执行有误甚至命令不合理,也会"将错就错",也就会"不再纠错",执行过程不会发生中断。这种科层制的惯性,需要一种相应的道德素养,即工作人员对体制纪律的一致遵从和内部忠诚,如此一来,这些体制内的行动者被重新道德化,对他们而言,命令的执行只是客观中立的技术操作,而命令的高效执行及与其他行动者的团结配合,就代表了高的道德水平,这就是科层组织的第二个机制,即"再道德化"。

在科层制内部,还有另外两个转化机制,即"非人性化"和"转移化"。说到底,科层制内行动者之间关系的特质,决定了体制内行动者与体制外行动对象的关系的两个特质。科层制作为一种有效率的管理制度,各项管理细则及任务指向对象是人,但科层制工作人员对命令执行的技术化态度及内部忠诚,导致他们对任务理解的短视,工作只是专业技术的例行操作,难以顾及工作的指向对象是人这一基本事实,即出现了行动者对行动对象的非人性化态度,也即任务目标指向的"非人性化";同时,在任务的命令和执行主体上发生分离,它们分布在科层制的不同等级内,出现了命令者不是执行者,而是众多执行者又不是命令者的局面,因而,在"命令—执行—结果"这个过程中,出现了责任的推诿现象,每个人都可以找到责任推脱的充足理由,即所谓责任的可"转移化"机制。在此,我们也就能够理解鲍曼所说的"漂浮的责任"的蕴意,它形象地表达了责任在科层制的层级之间存在但又居无定所的悖论状态。

从总体来看,鲍曼对科层制内嵌风险机制的揭示,有助于我们理解风险何以是现代社会的

---

① 具体来说,在大屠杀的原因解释上,鲍曼抛弃了三种滥调,它们分别是:第一,性格论,认为犹太人大屠杀是纳粹分子中那些极端变态人格所为的结果,如对希特勒及一些纳粹头目进行人格上的精神分析;二是种族论,认为犹太民族先天素质的某些缺陷引致的结果,典型的说法就是犹太民族的偏好金融职业的寄生性和抵抗压迫的柔弱性等;三是制度变革论,认为德国的民主制度遭到破坏形成了极权主义体制,而这种权力缺乏制衡的体制最终酿成了犹太人的大屠杀。鲍曼对以上的三种论调,一一进行驳斥,最终将大屠杀的根源锁定在现代性科层组织上。

② [英]齐格蒙·鲍曼:《现代性与大屠杀》,杨渝东、史建华译,译林出版社2004年版,第203—214页。

隐性特征。鲍曼揭示出的四种机制,是对科层制反功能研究的延续,科层制的风险机制研究,已经不再停留在对科层制总体特征的归纳层面,而是深入到体制内一般行动者的行为特征探讨层面,是对科层制反功能的微观解释,可谓更进一步。这种科层制内在机制的研究,替代了对科层制正功能和反功能研究的理论,也就为探讨风险在科层组织内部的隐秘运作提供了新型话语解释空间,科层组织的平台作用,蕴含着能将风险从微渺的局部状态转为弥漫的社会性危机的可怕力量,如果将风险简单地分为"天灾"和"人祸"的话,现有研究已发现这两种风险之间能够转化,不少"天灾"为"人祸"的结果,也就是会说"天灾"的社会属性越来越明显,导致自然灾害的人为风险逐步占据了主导地位①,为何如此,乃是越来越多的风险危机由政府行政不作为或行政失当所致,风险"起于青萍之末",身后背景乃是庞大的科层组织。

(四) 风险对科层制的挑战

获悉科层制的风险隐忧,我们会深谙其风险管理能力的局限性。对于风险的认识及管理目标而言,科层制的组织行为结果也许离其甚远,的确,科层制度的管理行为往往与风险的危机情境之间存在多种差距:第一是目标差距,风险控制的要求和目标经历了层层上报的过滤,会形成管理上的偏差效应;第二是结构差距,科层制下各个专业不同的辖属机构之间存在协作困难;第三是弹性差距,例行化的管理规则抵制风险管理所要求的灵活对策;第四是知识差距,科层制难以及时获悉风险源的知识更新状况;第五是动态差距,科层制的层级权威设置导致风险控制进展情况的信息披露具有滞后性。② 此外,对于风险失控现象,科层制有时难辞其咎。从传播角度来看,风险可被视为一种可加工的特殊信息,一旦经过信息放大站(Amplification Stations)的过滤过程(Filtering Process),风险信号(Signals)有可能被放大,从而出现风险的加剧效应(Intensification),这可能引发更大影响范围的次生"涟漪效应"(Ripple efforts)。目前,学者将科学家、媒体、政治系统、利益团体等视为实体的信息放大站③,在这些放大站中科层组织是基础性存在。风险管理的实践活动依赖科层制,从某种程度来说,也就将风险置于深度不确定状态,因为风险可以依附科层制的组织平台不断叠加和再度增生。

科层制的有限风险管理能力,导致科层制在风险管理中的"被管理"局面,即科层制的被迫改进现象。在风险压力面前,科层制会出现两种情况,一是"组织失效"④,风险会让科层制陷入

---

① 张海波、童星:《公共危机治理与问责制》,《政治学研究》2010 年第 2 期。
② 陶鹏、童星:《深度不确定性与应急管理》,《学术界》2011 年第 8 期。
③ Kasperson, R., O. Renn, P. Slovic, H. Brown, Ja. Emel, R. Goble, J. Kasperson, & S. Ratick, 1988, "The Social Amplification of Risk A Conceptual Framework", *Risk Analysis*, 8(2): 177-187.
④ "组织失效"(Organizational Failure)概念,系佩罗在其《下一次灾难》一书中所借用的关键概念,"组织失效"原是经济管理文献中的一个备受重视的议题,它关注韦伯意义下的有目的、有计划、有协调的现代理性组织,如何在外部环境压力和内部管理的异化或失误的情况下,初始目的和功能被颠覆,甚至在管理和运作上陷入矛盾和混乱,这是科层制结构和管理上的原有弊端在特殊状态下的凸显,自然灾害和紧急状况只是特殊的催化事件而已,"组织失效"通常是导致应急救灾的失误的主要原因。具体参见童小溪、战洋:《脆弱性、有备程度和组织失效:灾害的社会科学研究》,《国外理论动态》2008 年第 12 期。

混乱,而科层制又无力控制风险,"组织失效"成为风险管理失误的主要原因①;另一种是"去科层化",风险管理的应急性,会对科层制起到重塑的冲击作用,导致常规的科层制管理出现了"去科层化"现象,在对灾害管理的组织视角研究中,恩里克·克兰特利(Enrico Quarantelli)发现了 4 种组织变革类型,分别为维持型(Established)、扩张型(Expanding)、拓展型(Extending)、突现型(Emergent),正是基于组织结构与形态的转变,克兰特利正式提出了灾害风险管理上的去科层化建议。②

但是,在这 4 种类型中,前 3 种类型并没有突破科层制原有组织惯性。所谓的维持型组织,也就是依赖科层制原有的组织框架;而所谓的扩张型和突现型组织,其实是科层制问题对策上的一贯表现,它天生就具有组织增生的偏好③,因而这两种组织类型,也是科层制膨胀惯性的表现,还称不上是新型组织类型;至于拓展型组织,评价它风险管理的效能,就要看它是否能与科层体制外的力量建立有效关联,从而对科层制自身的风险机制予以制衡。

四、出　路

毋庸置疑,在风险的管理和控制上,科层制是责任主体。在人类的风险应对历史上,我们已摆脱了早期社会的分散应对,转变为现代社会的集中组织应对,而科层制是以政府为主的大型组织运行的基础,也是完成复杂任务和应对特殊情形的保障;然而,科层组织有可能自行产生或扩大风险,这就让风险和科层制的关系产生纠结。因而现代风险的应对,陷入一个悖论性的境地,一方面,在管理应对上,它对科层制有所依赖;另一方面,它又可能在科层制中潜藏放大。那么,风险管理应对出路何在?

(一) 风险应对的科层制依赖

现代风险挑战了科层制,但依然依赖科层制。不管如何,科层制的诞生极大地推进了社会的进步水平,它依然是公共服务供给的最主要形式,我们已经无法摆脱对它的依赖,它依然是大型社会危机的处理方式。如果说为了避免科层制的弊端,另起炉灶以其他形式的组织类型去取代科层制的话,这显然是一种神话。布劳和梅耶认为,尽管科层制具有反功能,但至今并没有能替代它的组织类型,那些尝试取代集中式的科层制,主张集体决策的组织实验大多都失败了。失败的具体原因有四:一是这些组织的碎片化,无力组织起来;二是集体决策意见分歧过大而陷于分裂;三是这类组织的意识形态之争无法取得定论;四是这类组织对控制和协调的反感,导致与科层组织的对立者对其的普遍反感和敌视。④

---

① 童小溪、战洋:《脆弱性、有备程度和组织失效:灾害的社会科学研究》,《国外理论动态》2008 年第 12 期。
② Brouillettel, J. R. & E. L. Quarantelli, 1971, "Types of Patterned Variation in Bureaucratic Adaptations to Organizational Stress", *Sociological Inquiry*, 41(1): 39-46.
③ [美]彼得·布劳、马歇尔·梅耶:《现代社会中的科层制》,马戎、时宪明、邱泽奇译,学林出版社 2001 年版,第 147 页。
④ 同上,第 188 页。

由于风险对科层制的反作用,关于风险管理的研究,已开始探讨它对组织的依赖程度,并关注不同组织类型在应对风险上的能力差异。这些研究大多从认识风险危机的过程特点出发,如非线性过程(nonlinear dynamics)、门槛效应(threshold effects)、爆发性(cascades)和有限预测性(limited predictability),进而探讨管理过程中组织依赖程度(exploitation)和对应急状态的适应能力(exploration)之间的平衡状态,尝试提出组织类型学的框架,这类研究发现了组织的运作能力不同,也导致其应对风险危机的能力不同:在四类组织,即僵化(rigid)、健全(robust)、灵活(flexible)和脆弱(fragile)组织中,健全和灵活的组织更能应对危机,而所谓的健全和灵活的标准,其实是民主化而非集中式的科层组织类型,它们能在风险管理中与其他组织如行政组织和民间组织进行协同合作。①

(二)风险民主化对科层制的制衡

抵御风险不得不依赖科层制,而科层制本身又蕴含风险,那么,对科层制的制度组织的改进,将是理所当然的。有学者主张将科层制嵌入在权力分布较为分散的社会网络中②,这种看法就是对科层组织的权力关系进行制衡,归根结底,是因为过于集中的、金字塔式的科层组织结构,容易在风险面前出现"组织失效",因而,就必须有民主的、自下而上的治理结构,对科层制的内在弊端进行权力制衡。从科层制的组织层级及权力运作来看,虽然政府科层制作为公共性的体制设置,其工作人员并不一定能代表公共利益,政府监管部门的行政人员利益的狭隘性,政府监管部门能力的有限性,监管部门的信息的不充分性,都是风险抵御的不利因素,从风险预防及应对的长效性来看,必须抵制权力过于集中的科层制组织形式,主张风险管理主体应从一元化逐步转为多元化,以多元参与的方式来保障风险管理上的民主化,如构建良性的国家与市民社会的互动关系,培育和健全第三部门或各类民间组织团体等,同时,构建政府管制行为的制衡机制,如司法审查制和公众参与的绩效评估③,将是风险社会的必然发展方向及组织特色。

因而,仅从生态后果或政策意义来理解风险的民主化,显然低估了"民主化"的进步意涵,它还有更深的制度合法性及组织改进意义。通过内嵌的隐秘机制,科层制有可能将风险进一步放大,这种危机后果将更具有隐晦性和灾难性。在对风险危机④的问责管理上,有学者主张制度组

---

① Dult, A. & V. Galaz, 2008 "Governance: An International Journal of Policy", *Administration and Institutions*, 21(3): 311 - 335.
② 童小溪、战洋:《脆弱性、有备程度和组织失效:灾害的社会科学研究》,《国外理论动态》2008 年第 12 期。
③ 耿弘、童星:《从单一主体到多元参与——当前我国食品安全管制模式及其转型》,《湖南师范大学学报》2009 年第 3 期。
④ 在对外化风险的公共危机认识上,张海波和童星认为从风险根源上分析,大致有三类即原发型、诱发型和关联型危机:一是"诱发型"危机,是指政府在突发事件的处理中行政不作为或行政失当,从而诱发公众对政府的质疑,如 2003 年的"非典"和"重庆开县井喷",2005 年的"九江瑞昌地震",2008 年的南方冻雨雪灾等;二是"原发型"危机,是指政府行政不作为或行政失当导致突发事件,政府成为危机的一部分,如 2005 年的"安徽池州事件",2008 年的"贵州瓮安事件"和"云南孟连事件",2009 年的"陕西凤翔血铅事件"等;三是"关联型"危机,是指政府并无直接导致危机的行为,但政府官员言行失当引发公众的质疑和联想,也可以使政府而临危机,如"官员抽天价烟"等。在风险的问责上,两者富有见地提出三个主要建议:一是风险问责时段的扩大,不能只问风险转化为危机后果的责任,问责时段从事后响应问责延伸到事前预防和善后恢复问责;二是风险问责对象要扩大,不能只问行政人员之责,而且也要问权力更大的党政人员之责;三是风险根源的体制性根源,不能只问相关个人之责,还应问相关政策、制度、结构、价值之责。具体参见张海波、童星:《公共危机治理与问责制》,《政治学研究》2010 年第 2 期。

织的归因,而非简单的个人归因,从而建议风险问责应从对人的问责,推进到问政策、制度、结构、价值之责上,这种说法间接说明了风险本身对制度设计及其组织关系的制衡作用。

总之,风险的民主化探讨将研究方向转向了风险应对的科层制依赖上,以及科层制特殊的组织方式及其有限的管理能力上。当然,为了更好地应对风险,科层制必须要在风险应对中不断改进提升,因为来自风险治理的压力必将导致科层制内外的权力制衡,只有这样我们才能避免科层制隐忧的现实转化。无论如何,论及危机应对,我们必须在科层制中继续前行,既带着它的问题,也带着对它改进的希望。

(原文载于《学术月刊》2014 年第 11 期)

对"价值无涉"方法论的检讨
——兼及马克斯·韦伯的学术失误

夏江旗

一、"价值无涉"的内涵

"价值与事实相分离"这个首先由马克斯·韦伯(Max Weber)系统提出的社会科学的客观性原则,今天在社会科学领域内依然是广为接受的科学标准。① 这一原则用韦伯的术语讲就是"价值无涉"(Wertfreiheit,value-free)。② 这在韦伯看来"所涉及的只是极不起眼的要求:研究者和描述者应当无条件地把经验事实的规定(包括他所研究的、经验的人的'有价值取向的'行为,这个行为是他所要加以说明的)与他的实际的价值判断态度,亦即在判断这些事实(包括经验的人的可能成为研究对象的'价值判断')令人愉快或令人不愉快的意义上的'鉴定'态度区分开来,因为这是两个根本不同的问题"。③ 这一要求所蕴含的旨趣乃是:将价值判断从经验科学的认识中剔除出去,划清科学认识与价值判断或者说"认识"与"评价"的界线与题域。所谓经验科学,此处并非主要指谓现代自然科学,而是"诸如以人的文化制度和文化事件为对象的一切科学"④,诸如历史学、经济学和社会学等社会科学。而所谓价值判断"应当理解为关于受到我们行动影响的现象是卑下的或是正当的评价"⑤。由此可见,所谓社会科学的"价值无涉"是说:经验科学无法向任何人说明他应该做什么,而只是说明他能做什么——和在某些情况下——他想要做什么;韦伯继续论述道,"无论如何,只有在有价值信仰的前提下,实际地赞成价值判断的努力才有意义。但是,评价这种价值的有效性,是信仰的事情……不是经验科学的课题"⑥。韦伯视科学认识与价值判断为两种分别对现实进行思想整理的模式,它们彼此之间绝无必然的逻辑关系:"实在与赋予它以意义的价值观念的关联,以及对由于与价值观念的关联而带有色彩的现实

---

① 韩水法:《韦伯社会科学方法论概论(译者序)》,马克斯·韦伯:《社会科学方法论》,韩水法、莫茜译,中央编译出版社2002年版,第19页。
② 马克斯·韦伯:《社会科学方法论》,韩水法、莫茜译,中央编译出版社2002年版,第136—182页。
③ 同上,第146页。
④ 同上,第3页。
⑤ 同上,第136页。
⑥ 同上,第6页。

成分从其文化意义的角度进行的选择与整理,与根据规律对实在的分析和用一般概念对实在的整理,是两种完全不同的互相对立的考察方式。"① 显而易见,韦伯坚定鲜明地把"实在"划分为"事实"与"价值"这样两种迥然相异的维度,前者属于科学认识的领地,由社会科学予以处理;后者则划归宗教信仰或者习俗成见之域,是社会政策所欲涉及调整的对象。两者必须分离或者保持距离,以免相互混淆。

欲将事实与价值相分离绝非易事,即使对于韦伯本人来说,也是一项艰巨的任务,因为人的社会生活包括认识实在的活动与手段,如韦伯所分析的那样,无不与价值密切关联。实际上,对于"价值无涉"最为常见的反驳就是,人们即使在选择事实时也有价值的因素在起作用。② 或许人们可以极有理由地提出另一个更大的质疑:难道价值判断本身不也正是一种(行为)事实?其思考所及照顾到了以上两个问题。针对第一个问题,韦伯提出了另一个著名的方法论概念——"价值关联(Value-related)"。如韦伯所坦承的,这一概念的形成得益于与其同时代的新康德主义者海因里希·李凯尔特(Heinrich Rickert)的著作③,韦伯提醒说,所谓"'价值关联'这一短语只意味着关于特殊的科学兴趣'的哲学解释,而这种兴趣支配着经验研究对象的选择和形成","文化的亦即价值的兴趣给纯粹经验科学的工作指引了方向。价值讨论能够阐明和区分价值兴趣,这一点现在是清楚的,对于科学工作者,尤其对于历史学者来说,他们能够在很大程度上免除,或无论如何能够减轻他们本来的经验研究中极其重要的准备工作,即'价值解释'的任务"④。如果理解不错的话,韦伯是承认价值与事实之间的关联的,但这种关联已经是价值作为一种兴趣在事实之外对事实的关联,也就是说,价值关联已然是在价值与事实相分离的前提与基础上发生与存在的,具体而言,就是在对事实展开经验科学的研究之前或者进行研究选题时,实际的价值判断才会通过"价值讨论"转化结晶成研究者的兴趣而对事实发挥影响。对于第二个质疑,韦伯的态度是,价值判断本身当然足以成为一种事实,但它只是构成并存在于人们日常议论、实践行动与决策之中的事实,而不是构成科学认识的"事实",相反,它必须也只能被看成科学批判的对象。⑤ 韦伯反驳道:"肯定一种伦理的或宗教的现象有很高的价值丝毫没有告诉我们,这种价值的实现所带来的或会带来的不同寻常的结果也会得到同样积极的价值评价"。韦伯的论辩思路简洁明了:一门研究伦理与价值判断的"实在的"伦理科学自身不应会产生出一门"伦理学"。⑥ 依此逻辑,柏拉图的《理想国》就不能再称作"理想国",而应该改为《苏格拉底等人谈话中的价值判断》或者《对最合乎人性之社会的探究》。总之,《理想国》连带亚里士多德的《尼各马科伦理学》本身并非是伦理学,而是研究伦理与价值判断的伦理科学,然而,《理想国》及《尼各马科伦理学》本身不是作出价值判断的"伦理学"又能是什么呢?看来,它们只能被剔出韦伯所谓的

---

① 马克斯·韦伯:《社会科学方法论》,韩水法、莫茜译,中央编译出版社 2002 年版,第 27 页。
② Stanislav Andreski, *Max Weber's Insights & Errors*, Routledge & Kegan Panl, 1984, p.19.
③ 参见海因里希·李凯尔特:《文化科学与自然科学》,涂纪亮译,商务印书馆 1986 年版。
④ 马克斯·韦伯:《社会科学方法论》,韩水法、莫茜译,中央编译出版社 2002 年版,第 156—157 页。
⑤ 同上,第 147 页。
⑥ 同上,第 148 页。

"实在的"伦理科学——不作伦理判断的伦理科学之列。韦伯对此更进一步的论述是:"理解一切"并不意味着"原谅一切",但是对他人观点本身的理解也不导致同意它们。① 对这句话,我们看来只能这样"理解"才算得上对韦伯忠实:理解某一价值判断不等于对这一价值判断作出价值判断,它们是两码事。这包含两层意思:其一,"理解某一价值判断"只是经验科学认识意义上的事实,研究者在所要研究的价值判断面前必须保持价值中立;其二,人们当然可以对某一事实或价值判断进行价值评价,但这已不是科学认识,而是信仰意见。社会科学家在其学术研究中的任务与职责或者说志业(beruf)乃在于客观中立地探求有关实在(事实与价值)的客观性知识,而不是演讲布道、大谈价值与理想,充当精神领袖或道德斗士。②

二、"价值无涉"原则的现实意图及其理论脉络

韦伯之所以大力倡议经验科学研究中"价值无涉"的方法论原则,首先出于其针砭世风的明确论战意图:在当时的德国大学中,一部分教师根据自己的大学教师资格,要求大学并因而要求自己本人发挥塑造学生人格及向其灌输政治的、伦理的、美学的或其他意识的一般作用;而另一些人则主张学术讲堂只有通过由专业人才施行的专业教育才能发挥它真正有价值的作用,因此"理智的诚实"是应该培养的唯一特殊的美德。因而,在《社会科学和经济科学"价值无涉"的意义》一文中,韦伯开门见山地点明其所要讨论的问题是:人们在大学授课时"是否应当'宣明'他们所赞成的某种伦理的,或建立在文明理想以及其他世界观基础上的实际的价值判断"。③ 韦伯认为这个问题是无法从科学上予以讨论并得以最终解决的,它取决于每位学者与教师对自己职责的理解和定位。对第一种由教师向学生单方面灌输价值判断,把讲堂变成价值讨论场所的主张和做法,韦伯持反对态度。这并非由于这样做对训练学生明辨形形色色价值的能力不利,而是由于在韦伯看来,教师并不具有以教师的权威名义向学生灌输价值判断的合法性和正当性,个人至高的生活决定与专业教育必须由学生自己作出,听众依据自己的良心来处理生活问题的权利,比之教师对其进行价值教育的权力具有绝对的优先性。韦伯担忧的还有另一方面的因素,即在当时的德国,事关民族命运的重大价值问题却被禁止自由讨论。④ 因此,即使赞成向学生灌输价值观念亦属无关痛痒而无甚大意义。至于对学生只作专业教育而尽可能地不在讲堂上宣讲任何实际价值问题的"价值无涉"的教育路线,就实际情况而言又是不可能行得通的,出于利害得失等多种现实因素,教师难免要激情讲论或片面强调某些价值观念以吸引听众,从而保住自己来之不易的教职和声誉。故而,韦伯认为当下最为恰当可取的教育方式是,在一切具体环境下,学者或教师在授课时都要毫不犹豫地向自己和学生宣明,哪些陈述是纯粹从逻辑推

---

① 马克斯·韦伯:《社会科学方法论》,韩水法、莫茜译,中央编译出版社2002年版,第149页。
② 马克斯·韦伯:《学术与政治》,冯克利译,生活·读书·新知三联书店1998年版,第41—43页。
③ 马克斯·韦伯:《社会科学方法论》,韩水法、莫茜译,中央编译出版社2002年版,第136页。
④ 同上,第143页。

演而来的或是对纯粹经验事实的说明,哪些陈述是自己实际的价值判断,并且必须把这一点看作自己天经地义、义不容辞的责任。韦伯批评说,一名学者大可在出版物中、在公共集会中、在社团中以任何其他公民都可利用的形式去做他的上帝或魔鬼所要求的事情,但在学校讲堂上他必须坚持价值与事实相分离的原则要求,这亦是所谓"理智诚实(intellectual probity)"的绝对要求。①

然而,韦伯如此决绝地要求价值无涉究竟基于什么更深刻的现实与逻辑凭据呢?由上所析可知,价值之所以必须与事实分离,是由于在韦伯眼里,价值判断乃属信仰或信念之物,而信仰或信念早已不是往昔一元化的状态,在宗教改革之后,已是诸神纷争割据的多元化局面了,信仰已属个人之事,根本与科学无关。至此,韦伯的用意已隐然可辨,那就是各种价值信仰无优劣、高下、真伪之分,必须阻断科学与宗教信仰之间的联合,或者更准确地说,必须防止宗教或信仰拉拢科学为其服务(辩护、宣传),并以此攻击、打压、迫害其他宗教或信仰,党同伐异,扩充地盘。韦伯敏锐地觉察到人类所面临着的险境:世界的祛魅导致价值的多元化,但多元的价值之间如何相安无事、和平共处?因为人们"所有的行动,自然也包括视情况而定的不行动,都意味着在结果中赞成某些价值,因而——今天人们特别不喜欢承认的——总是意味着反对另外一些价值"。②韦伯试图在洛克、康德等人业已建立的"宗教宽容""言论自由"的保障机制之外③,建造另一道防火墙——树立"事实与价值分离"的学术研究规则,力使科学研究与宗教、信仰分家。

事实上,早在启蒙巨擘康德那里,同一方向的努力就得到了全面的纲领性说明和勾勒。众所周知,韦伯深受康德思想的影响。康德在其为启蒙运动辩护的檄文《答复这个问题:什么是启蒙运动》(1784年,又译为"何谓启蒙")中认为,所谓启蒙就是人类脱离自己所加之于自己的不成熟状态,欲摆脱这种不成熟状态,就"要有勇气运用(你)自己的理性"。④但康德感觉到人类要摆脱不成熟的无知状态极可能使另一个启蒙的目标——和平安全的社会最终落空。为此,康德把理性的运用划分为两种方式,即公开运用和私下运用,相应地,理性也分为公用理性与私用理性。所谓理性的公开运用是指任何人作为学者在全部听众面前所能做的那种运用,亦即言论自由。⑤所谓理性的私下运用是指一个人在其所受任的一定公职岗位或者职务上所能运用的自己的理性,比如军人以服从上级命令为天职。⑥那么,这种理性的私人运用具体就社会科学家及教师而言,就是韦伯所论的必须持守"事实与价值相分离"的原则。

---

① 马克斯·韦伯:《社会科学方法论》,韩水法、莫茜译,中央编译出版社2002年版,第137页。
② 同上,第5页。
③ 洛克:《政府论》,叶启芳、瞿菊农译,商务印书馆1964年版;洛克:《论宗教宽容》,吴云贵译,商务印书馆1982年版;康德:《历史理性批判文集》,何兆武译,商务印书馆1997年版。
④ 康德:《历史理性批判文集》,何兆武译,商务印书馆1997年版,第2页。"要有勇气运用你自己的理性(Sapere aude)!"语出古罗马诗人贺拉斯(Herace)的《诗论》。
⑤ 康德:《历史理性批判文集》,何兆武译,商务印书馆1997年版,第24—25页。康德在这个问题上曾与普鲁士官方的检查制度发生冲突,参见《论一个常见的说法:这在理论上是正确的,但在实践上是行不通的》,《历史理性批判文集》,第164—210页。
⑥ 康德:《历史理性批判文集》,何兆武译,商务印书馆1997年版,第25页。

然而，这些前后赓续的努力果真能奏效吗？所谓"言论自由"的学说与"价值无涉"的人文社会科学原则之间能否和谐地相容共存以促进人类的长远福祉？不妨拿其与古典原则作番对勘。古典思想家出于哲学真理与习俗信仰，哲人与民众之间两不相害的需要采取了说谎(lying)①和双重教诲(dual teaching)②的隐微术(esotericism)，以限制、规范哲学家自己的言论自由。而现代的"言论自由"信条就不是用来限制知识分子自己之言论自由的，当然也不会像前现代神权政治那样对异端分子或民众的言论自由加以限制，反而是保护众人言论自由的。这里的"保护"有两层含义。一是针对政府的，由于所谓的"真理愈辩愈明"，只有自由言论才会使社会启蒙化，所以必须允许甚至鼓励人民自由言论，言论自由必须作为公民的宪法权利得到政府的尊重。二是针对公民的，即每个公民不得侵犯他人言论自由的合法权利，防止人们因观点不同而大动干戈。一个有名的说法就是：虽然我不同意你说这样的话，但我坚决捍卫你说这样的话的合法权利。不难想到，现代思想家为了启蒙而主张言论自由时，必须做两件工作：第一，争取权力的庇护和支持，甚至与权力联合。③ 从而哲学政治化（现代意义上的权力政治），哲学变身为意识形态，哲人成为知识分子，学术为权力服务并权力化。第二，推翻神权政治，政教分离。④ 当然，有人肯定会反问："难道'价值无涉'不正是知识分子对自己言论自由的限制吗？"我们承认，韦伯的思考具有现代学者所难得的政治成熟和高贵品质，但事与愿违，价值无涉这一原则本身恰恰进一步放纵了言论自由并激化了真理与习俗之间的紧张关系。我们知道，价值无涉即使被接受，依韦伯的说法，也只在科学研究和讲堂上有效，学者、教师在其他场合完全享有与其他公民一样的言论自由。因此价值无涉原则的贯彻域是相当有限的，相反，这却为"价值有涉"制造了虚假的"价值无涉"的伪装。

"价值无涉"这一原则内在的破坏性更源于韦伯所谓"理智诚实"的绝对要求。所谓"理智的诚实"也就是在理智上保持正直真诚：第一，事实就是事实，价值就是价值，不要人为地混淆；第二，哪怕事实或价值对己不利，也要坦然面对或秉笔直书。问题正出在这里，要使事实与价值之间作出的区分愈加清晰有力，就愈加要求科学研究上的精力投入与自由，不言而喻，其结果就是整理与发掘出的"事实"在规模与数量上愈加庞大，然而，这些日益增多的"事实"中的某些不仅仅是只对研究者本人不利，更常常是对民众不利，而且，这些"事实"愈是达到韦伯所要求的价值中立的客观性，愈成为"无懈可击"的"真理"，其对习俗的迫害也就愈尤愈烈，而习俗的反弹也就愈强愈甚。只消提布鲁诺、哥白尼的事例就够了。实质上，所谓"理智的诚实"说白了就是"哲学

---

① 柏拉图：《理想国》，郭斌和、张竹明译，商务印书馆 1986 年版，第 80、88、127 页。

② 摩西·迈蒙尼德：《迷途指津》，傅有德译，山东大学出版社 1998 年版，第 12—13 页。这一譬喻来自《旧约圣经·箴言》第 25 章第 1 节："一句中肯适宜的话，就如装在银器里的金苹果"。

③ 请参昆廷·斯金纳：《近代政治思想的基础》（两卷本），奚瑞森、亚方译，商务印书馆 2002 年版；欧金尼奥·加林主编：《文艺复兴时期的人》，李玉成译，生活·读书·新知三联书店 2003 年版；李瑜编译：《文艺复兴书信集》，学林出版社 2002 年版。

④ 请参但丁：《论世界帝国》，朱虹译，商务印书馆 1985 年版；霍布斯：《利维坦》，黎思复、黎廷弼译，商务印书馆 1995 年版；霍布斯：《论公民》，应星译，贵州人民出版社 2003 年版；斯宾诺莎：《神学政治论》，温锡增译，商务印书馆 1963 年版；斯宾诺莎：《政治论》，冯炳昆译，商务印书馆 1999 年版。

的自由(freedom of philosophy)"①,在现代社会,"哲学家"不再如古典哲人那般地节制,他们的口号是:勇气,要有勇气运用你的理性!我们知道,在古典德性论中,勇气是护卫者(军人)所具备的德性,节制则是达至个体灵魂与城邦整体和谐的更为高级的德性。勇气隐隐地指涉着斗争,而节制所欲求的则是和谐。抛弃节制、标举勇气难道不正意味着丢弃和谐、拾起斗争?由此可以说,古、今原则之间的第二点区别就在于是否让"真理"或"哲思"直接公开地与民众见面。古典原则更多地采用说谎与双重教诲的方式,试图在不惊吓积压如山的习俗成见的同时消除积压如山的问题与邪恶,现代原则则是在"真理"惊吓和挤压习俗与宗教的前提下试图保持社会的和平。

现代生活经验史表明,现代原则——"言论自由"与"价值无涉"——的结果就是诸神纷争的价值多元主义进一步强化为人们的"意蒂牢结"(ideology,意识形态),各种价值都具有同样的正当性而流行于世,这就意味着价值本身被贬低了价值。在这样的虚无主义时代中,人的一切选择就都只能是盲目的选择,人被免除了选择善恶与是非、好坏与对错的责任,因此我们不可能再作为有责任的存在者而生活。正如斯特劳斯所说:"虚无主义的不可避免的实践结果就是狂热的蒙昧主义"。② 韦伯试图通过"价值无涉"为现代人挽留和塑造出最后一种"责任意识":那就是义无反顾地献身于"职责",而无论它以及由此产生的"与时俱变的要求"在具体情况下究竟会是什么。③ 在经验科学中,研究者应当克制自己,排除并非严格地从属于职责的东西,而最需要排除的便是他自己的爱与恨④,这就是研究者的最高职责。而在价值选择中,则要"按照你的意愿去追随上帝或者恶魔,但是不管你作出何种抉择,都要付出你全部的身心与力量"⑤。我们可以总结性地说,在韦伯那里,所谓高尚就是献身于某一事业,无论它是善还是恶;卑下则意味着对所有的事业都淡然于心。韦伯试图以此作为最后一道防线来阻止完全的混乱:我必须忠实于自己,我必须对我的根本目标坚持一贯,我必须理性地选择我的目标所要求的手段。可这是为什么?全无心肝的纵欲之徒和感情用事的平庸之辈(韦伯语)所信奉的原则,与理想主义者、有识之士或圣贤们所信奉的原则都同样地站得住脚,当我们沦落到如此境地时,这又有什么意义呢?

三、"价值无涉"原则的运用后果:韦伯自己的学术失误

韦伯的方法论原则注定是不利于其学术研究的。笔者试着就此对韦伯学术上的一些失误

---

① 斯宾诺莎《神学政治论》一书的根本关切和目的就是捍卫"哲学追问的自由"。另参 Leo Strauss, *Spinoza's Critique of Religion*, The university of Chicago Press, 1997。
② 利奥·斯特劳斯:《自然权利与历史》,彭刚译,生活·读书·新知三联书店 2003 年版,第 6 页。
③ 同上,第 140 页。
④ 马克斯·韦伯:《社会科学方法论》,韩水法、莫茜译,中央编译出版社 2002 年版,第 140 页。
⑤ 马克斯·韦伯:《学术与政治》,冯克利译,生活·读书·新知三联书店 1998 年版,第 49 页。

作些粗略检讨。

韦伯认为社会科学问题的提出受到与价值关联的现实的影响①,研究者按照自己的良知和他个人的世界观在各种相关的价值之间进行斟酌和选择②,并由此形成自己的研究兴趣,从而支配着研究对象的选择和形成,这就是研究选题或准备阶段所谓的"价值关联"。但这些发挥关联作用的价值又是什么品质的呢?韦伯否认存在如古典社会思想所保守的什么价值和目的等级制:所有的价值都在同一等级上。这在韦伯看来是我们这个"已经吞噬知识大树的文化时代的命运"——"那些最强有力地推动我们的最高理想,始终只是在与其他理想的斗争中发挥作用,而其他的理想之于其他人,就如我们的理想之于我们亦是同样地神圣的"③。韦伯认为各种价值、理想之间不但同样地神圣正当,而且它们之间处于永恒的冲突之中④,这种冲突是无可解决的。⑤ 这导致了两方面的后果:其一,韦伯认为"和平与普遍的幸福"只是一个不合情理的虚幻目标,即使这一目标能够达到,它也不是人们所向往的。韦伯认为这一论题只不过是一种更古老更普遍的观点的普及版而已,亦即伦理与政治之间的冲突是无可解决的:不为道德上有罪之事,政治行动有时乃是不可能的。⑥ 最激进的马基雅维里主义从各个方面来说都应被视为理所当然的,并且从道德角度也是无可指责的。⑦ 由此可见,韦伯所看到的正是由马基雅维里所开启的现代视野。其二,既然所有价值都在同一个等级上,那么能够同时满足两种或多种价值要求的社会政策或规划——妥协综合的中间路线,就显得更为可取。然而,韦伯却声称:"政治家的实际责任恰恰是调解既有的对立观点,而不是支持其中一方的意见。但是,这与科学的'客观性'毫无关系。'中间路线'不比最极端的右的或左的党派理想多一丝一毫的科学真理。"⑧可是,社会科学是否就不需要去关心给社会问题找到切合实际的解决办法吗?无论韦伯作为一名实际政治家是如何的明智,也无论他对于狭隘的党派精神如何的憎恶,作为一名社会科学家,他在研究社会问题时出于一种与政治家毫无共同之处的精神,除了鼓励他更加刚愎自用外,那种精神不能服务于任何别的实际目的。

现在我们回过头来看看韦伯是如何说明他关于诸种价值之间相互冲突的立场的,我们的讨论仅限于他的说明中的两个例子。第一个例子是他用来说明大多数社会政策问题的。社会政策关乎正义,可是"正义公设的内涵无法由任何一种伦理学予以明确的规定"⑨。韦伯认为如下两种相反的观点是同样合理并站得住脚的。按第一种观点,人们对于那些成就甚多的人所欠也甚多,人们应该给卓尔英才以更多的机会;而按第二种观点,人们对于能够成就甚多的人要求也

---

① 马克斯·韦伯:《社会科学方法论》,韩水法、莫茜译,中央编译出版社 2002 年版,第 156 页。
② 同上,第 5 页。
③ 同上,第 8 页。
④ 同上,第 161 页。
⑤ 同上,第 151 页。
⑥ 马克斯·韦伯:《学术与政治》,冯克利译,生活·读书·新知三联书店 1998 年版,第 110 页。
⑦ 同上,第 111 页。
⑧ 马克斯·韦伯:《社会科学方法论》,韩水法、莫茜译,中央编译出版社 2002 年版,第 8—9 页。
⑨ 同上,第 150 页。

应更多,人们应该力图通过严厉的预防措施消除由不平等的智力天赋造成的不公正,从而实现平等化。① 毫无疑问,根据古典社会思想,第一种观点是正确的,智力天赋和德性上的不平等是不应消除也是不可能消除的。如若韦伯是对的话,古典社会思想关于不平等的洞见就必然被摒弃掉其之于第二种观点的真理性,两种观点就变得同样合理。退一步讲,作为客观科学的社会学就会把坚持认为只有一种观点合乎正义的任何人都视为狂徒,然而,不知正义为何物的社会学又有何用呢?

第二个例子是韦伯所说的"意图伦理"(gesinnungsethik, ethics of intention)与"责任伦理"(verantwortungsethik, ethics of responsibility)之间所存在的不可调和的矛盾。根据后者,一个人的责任要扩展到可以预见的其行动所产生的后果;根据前者,一个人的责任只限于其行动的内在正当性。② 韦伯以工团主义为例来说明意图伦理:工团主义者关心的不是他的革命行动的结果如何或是否成功,而是他自己内心的真诚,以及要在自己内心保持并在他人心中唤起某种道德态度,别的东西并不是他所关心的。对于一个信念坚定的工团主义者来说,即使你能够确切无疑地证明,在某一特定的情势下,他的革命行动在一切可以预见的将来只会对革命工人们的生存本身造成破坏,这种论证也不会对他起到任何作用。按照韦伯的论述,如果一个工团主义者是始终一贯的话,那么他的王国并不在此岸。换言之,倘若他是始终一贯的话,他就不再是一个工团主义者了,亦即他不再是一个致力于运用属于此岸的手段,将此岸的工人阶级解放出来的人了。由此可见,韦伯归之于工团主义的意图伦理,在现实中乃是一种异于所有此岸的社会政治运动的伦理,正如基督教的伦理一样,它乃是严格意义上的彼岸伦理。③ 因此,所谓意图伦理与责任伦理之间的不可调和的冲突,实际上就是此岸伦理与彼岸伦理之间永恒的冲突。韦伯深信,如果严格地着眼于此岸,客观的规范乃是不可能的:除了以天启为基础之外,不可能存在什么绝对有效而又特殊的规范。然而,问题是韦伯从来没有证明过人类不可能得到客观的规范,或者不同的此岸伦理之间的冲突是人类理性所无法解决的。但是,古典社会思想的产生本身就有力地证明了人类获得客观规范的可能性,而且诸种此岸伦理之间也有着自然秩序——目的等级制,从而它们之间也就有了达致和谐的可能。

"价值无涉"要求社会科学研究必须严格地限制在纯粹历史的或"解释性"的路数之内,依韦伯所说,就是只"理解",不"评价"。社会科学家要毫无怨言地接受其研究对象的自我解释,也就是要深入研究对象的内在心境以领会其行动的意义。韦伯在《社会学基本概念》一文中指出:"社会学就是这样一门科学:它以解释的方式理解社会行动,并将据此而通过社会行动的过程和结果对这种活动作出因果解释。"④然而,这一点无论如何是难以做到的。韦伯特别关注伦理社

---

① 马克斯·韦伯:《社会科学方法论》,韩水法、莫茜译,中央编译出版社2002年版,第150页。
② 同上,第151页。
③ 同上。
④ 韩水法:《韦伯社会科学方法论概论(译者序)》,马克斯·韦伯:《社会科学方法论》,韩水法、莫茜译,中央编译出版社2002年版,第11页。又见马克斯·韦伯:《社会学的基本概念》,胡景北译,上海人民出版社2000年版,第1页。

会学和宗教社会学,但要进行此类社会学的研究,就必须知道宗教是什么,就必须对真正的宗教与虚伪的宗教、高级的宗教与低级的宗教作出分辨:高级宗教之为高级,乃是因为其中的宗教动机是在更高的层次上发挥效能的。事实上,韦伯宗教社会学的成败得失正端赖于诸如"意图伦理"与"祭司式的形式主义"(或僵化的准则)、"崇高的"宗教思想与"纯粹的巫术""真正的而非表面上的深邃洞见之活头源水"与"全然非直观的、形式化的意象的迷宫""灵动的想象力"与"书呆气的思想"之间的区分。倘若韦伯不是几乎持续不断地使用价值判语,他的著作就不仅是枯燥的而且亦无甚多意义可言。

避开价值判断,有使研究者沦为研究对象所设骗局和自欺欺人的牺牲品的危险。研究者被禁止谈及"德行""宗教""艺术""文明"等,如果他所研究的民族或部落没有这些概念的话。另一方面,对于那些自称是"德行""宗教""艺术""文明"等的东西,他都得把它们视为"德行""宗教""艺术""文明"等来接受。比如韦伯自己就把合法统治的类型等同于被人们认为是合法统治的类型。更为棘手的问题是,假如构成研究对象的人群中不同的人有不同的解释,研究者又该如何处理呢?究竟采纳谁的解释呢?还是一一客观地罗列出来?一个典型例子。当韦伯讨论到什么是诸如加尔文教这样的历史现象的本质时,他说:人们在把某种事物称之为某种历史现象的本质时,其或者是指人们认为具有永久价值的现象的某一方面,或者是指使现象得以发挥最重大的历史影响的那一方面。① 韦伯甚至提都没提到第三种可能,那实际上也是第一位的和最为显著的可能性,亦即加尔文教的本质,与加尔文本人认为是他的事业的本质或主要特征的东西,应该是一致的。韦伯认为,加尔文教的神学是现代资本主义精神的一个主要导因。② 这一结论是在对加尔文教派信徒的行为进行分析的基础上得出的,但却是对加尔文本人学说的一种极端误解。或者用加尔文本人的话来说,那是一种对于精神性教义的肉身化解释,是加尔文本人教义的堕落。这样,韦伯的结论就必须改为:加尔文神学的堕落或败坏导致了资本主义精神的出现。只有加上了这种关键性的限定词,这个论点才能与它所指涉的事实大体上一致。然而,韦伯无法加上这种极其要紧的限定,因为他被自己强加了不得下价值判断的禁忌。为了避开价值判断,他被迫给出一幅不符合事实真相的图景,他轻易地就把加尔文教的本质等同于它在历史上最有影响的方面。韦伯拒绝把加尔文教的本质等同于加尔文本人认为最具本质性的东西,因为加尔文的自我解释,自然会成为对那些号称追随加尔文的加尔文派教徒进行客观判断的标准。我们实有必要再作些补充,韦伯将资本主义精神追溯到宗教改革,尤其是加尔文教显得并不成功。实际上,韦伯所研究的清教乃是与已然存在的资本主义世界和平相处的清教:它不是资本主义精神的起因。他没有看到,在16世纪,发生了一场有着明确意识的与整个古典社会思想传统的决裂,这一决裂发生在纯粹哲学或理性或世俗的思想层面。决裂始自马基雅维里等

---

① 马克斯·韦伯:《社会科学方法论》,韩水法、莫茜译,中央编译出版社2002年版,第23、43页。
② 参见马克斯·韦伯:《新教伦理与资本主义精神》,于晓、陈维刚译,生活·读书·新知三联书店1987年版。

人①,这些哲人的著述比之清教改革家的著述要早上好几十年。简而言之,韦伯过高地估计了在神学层面上所发生的革命的重要性,同时却过低地估计了在世俗理性层面所发生的革命的重要性。

"价值无涉"使韦伯的"理解社会学"面临着危机,诚然,无论韦伯可能有什么失误,他都是当之无愧的最伟大的社会学家之一。因为,自韦伯以来,还没有一个人对社会科学的基本问题投入了那么多的智慧、精力以及几乎是狂热的献身精神。尽管如此,韦伯的问题依然像鬼魅一样与现代社会学如影随形。惜乎这一重大社会科学方法论问题(实际上必然牵涉到政治哲学的范畴)很少得到社会科学学者严肃的对待和深入的反思。韦伯自己的学术得失,使作为后人的我们有理由怀疑,在"事实与价值相分离"的原则规范下,现代社会科学能否成功出色地担当起解释、预测、批判、教育的学科功能,套用19世纪的一句流行语来问:社会科学该怎么办?

(原文载于《上海行政学院学报》2004年第5期)

---

① 参见利奥·斯特劳斯:《霍布斯的政治哲学:基础与起源》,申彤译,译林出版社2001年版;利奥·斯特劳斯:《关于马基雅维里的思考》,申彤译,译林出版社2003年版。

门槛模型：一个社会学形式理论的建构与拓展

刘　炜

在社会科学领域,形式理论(formal theories)已取得了广泛的应用。相较于一般经验研究,形式理论的建构目的并不在于追求主要基于经验事实的理论抽象,而是通过设置若干基础假定,仅以此进行逻辑推导,并得出新的结论或猜想。这一与经验研究截然不同的理论生产方式,有其独特的建构逻辑。一方面,形式模型是一种以形式语言,尤其以数理语言,来表述解释逻辑的研究方法。演绎性与精确性就成为其理论建构的固有特点;另一方面,一个形式模型的解释逻辑越是能得到多样化拓展,说明该模型越是具备扩大解释范围的潜力。理论外延的可变大小也直接关系到形式模型的优劣。由此来看,一个社会科学取向的经典形式理论应当具备以下三个特征:(1) 形式化,针对一个在经验层面重复出现的机制性问题,试图建立简明扼要的行为假设,并只基于给定的行为假设推论这一社会过程,而不囿于纷繁复杂的经验现象或者反复无止的概念阐释;(2) 数理化,为了避免歧义,将理论逻辑转化成更为精确的数学语言,并以数理模型而非以案例叙述或统计分析的方法,解析其社会过程;(3) 延展性,在一个简单形式理论的基础上,通过修正原有的行为假设和解释机制,完成理论的有效积累,并且,这一积累逻辑不应只流于跨领域式的理论扩张,而更有待于促成模型的范式性修正。

微观经济学理论就是经典形式模型的一个代表。在一代代经济学家的努力下,首先,从亚当·斯密对市场的描述中,抽象出基于"经济人"假设的市场供求关系,完成了理论的形式化塑造。其次,"边际革命"奠定了供求分析的数理基础,并在数理推演上不断深化"效用最大化"的思想。后续的微观经济学派,诸如扩展效用理论、信息经济学等,都是新古典经济学模型进一步领域扩张或理论修正的典范,理论之树已然蔚为大观。反观社会学领域,形式理论却未得到充分发展。社会学者一方面更善于从具体经验现象中发展理论,另一方面,其繁复的解释范式一定程度上也阻碍了单一行为假设下的系统性积累。[①] 至今,社会学界虽不乏颇有影响力的形式理论,但能兼有以上3个重要特征的范例却少之又少。比如,罗伯特·默顿的自证预言尽管能形式化地描述社会过程的微观基础,却不容易实现数理转化;又如,哈里森·怀特基于生产商角

---

① Hage, J. 1994. *Formal theory in sociology: opportunity or pitfall?* New York: State University of New York Press.

色互动的市场理论虽然建构起了相应的数理模型,但作为一个原创的形式理论,其初始复杂程度已超乎新经济社会学家们的想象,所以,最终难以发展出后继的研究。①

是不是基于社会学视角的研究就不适合建构经典形式理论?其实也不尽然。马克·格兰诺维特的门槛模型(threshold models)就是一个较好的示范。② 作为20世纪70年代以来全球最知名的社会学家之一,格兰诺维特对新经济社会学作出了奠基性的贡献。熟稔于该领域的学者,通常对其所提出的弱关系概念与嵌入性观点如雷贯耳,事实上他的门槛模型同样获得了学界的高度关注。从高频引用情况来看,该模型除了被广泛应用于传播学、毒理学以及政治学研究之外,格兰诺维特本人与后续的社会学者更是对其进行了诸多的理论性扩展和修正。③ 为此,本文旨在解析门槛模型的一系列建构和拓展思路,并通过与微观经济学的理论发展做比较,试图发现社会学形式模型的独特之处。

针对经典形式理论的三个特征,以及社会学式的学科视角,笔者对门槛模型及其后续发展的讨论重点如下:(1)深入简单门槛模型的全部形式化与数理化过程,逐一梳理与解释其建模思想,并展示后续模型的延展逻辑;(2)从行为假设的形式化、社会过程的数理化以及形式理论的延展性这三方面,具体辨析微观经济学理论与门槛理论的建模差异,并尝试总结两者的固有特点。另外,还需说明的是,本文强调形式理论的目的并不在于判定其与经验研究孰优孰劣,而是希望通过补充一个理论生产的重要视角,对后续的社会学研究产生一定的借鉴意义。

一、社会学的经典形式理论:简单门槛模型及其后续的模型拓展

在论及"集体行动何以可能"这一议题时,社会学理论习惯于运用制度化的社会规范与价值来解释个体行为。然而,格兰诺维特认为这一理论只说明了集体行为与个人动机之间的简化关系——"如果一个群体中的大多数成员做出相同的行为决策,可以推论,无论最初的情况如何,

---

① Merton, R. K., 1968. *Social theory and social structure*. New York: Free Press; White, H. C., 1981a. "Production Markets as Induced Role Structures". *Sociological Methodology* 12: 1-57; White, H.C. 1981b. "Where Do Markets Come From?" *American Journal of Sociology* 87: 517-547.

② Granovetter, M. 1978. "Threshold models of collective behavior". *American Journal of Sociology* 83(6): 1420-1443.

③ Granovetter, M., & Soong, R. 1986. "Threshold models of interpersonal effects in consumer demand". *Journal of Economic Behavior & Organization* 7(1): 83-99; Granovetter, M., & Soong, R. 1988. "Threshold models of diversity: chinese restaurants, residential segregation, and the spiral of silence". *Sociological Methodology* 18: 69-104; Hedström, P. 1994. "Contagious Collectivities: On the Spatial Diffusion of Swedish Trade Unions, 1890-1940". *American Journal of Sociology* 99(5): 1157-1179; Chwe, M.S. 1999. "Structure and Strategy in Collective Action." *American Journal of Sociology* 105(1): 128-156; Watts, D J, Dodds P. S., and Newman M. E. J., 2002. "A Simple Model of global Cascades on Random Networks". *Proceedings of the National Academy of Science of the USA*, 99: 5766-5771; Watts, D. J. & P. S. Dodds, 2009. "Threshold Models of Social Influence." In the *Oxford Handbook of Analytical Sociology*. Edited by P. Hedström & P. Bearman. Oxford: Oxford University Press.

大多数成员最终都会共享同样的社会规范和信仰"①。这意味着,单从趋同的总体结果直接推论趋同的个人习性,就是既有的社会学理论对宏观行为与微观动机之间的线性认识。然而,从具体社会过程来看,不仅行动者有认知差异,而且即便认知近乎相同的行动者参加集体行动,往往也会导致多样化的社会结果。这在事实上,与人际趋同理论的解释逻辑相悖。

为此,在多数情况下,"仅仅知晓集体行动参与者的社会规范、偏好、动机与信仰,只是理解其行为结果的必要非充分条件"②。所以,更待解答的问题:在何种情况下,"一群暴徒加入了暴动"? 又在何种情况下,只有"一个疯狂的刁民在团结的公民面前打破了一扇窗户"③? 为了充分解释导致多样化后果的社会过程,格兰诺维特"试图挑战社会规范可以引导集体行为方向这样的模糊理论",并强调"抽离出规范的架构是很重要的"。④ 如果要具体解释个体的行为如何聚合成(aggregate)社会后果,就需要观察人与人之间复杂而非线性的互动过程。为此,区别于个体趋同的行为假设,门槛理论从个体决策的互动性和异质性两个角度出发,建构关于互动聚合过程的模型。

(一) 行为假设的形式化:互动性与异质性

格兰诺维特对行为假设的形式化处理都基于"门槛"概念而展开。论文甫一开篇,他即开宗明义地强调,该形式理论的关键在于"门槛"——做出某一决策的人数规模或比例超过某一阈值时,给定的行动者将采取相同的决策。格兰诺维特坦言,"门槛"思想最早源自托马斯·谢林关于居住隔离问题⑤(residential segregation)的讨论,但两者的不同之处在于,格氏的门槛模型能将"分析的特征一般化",并重在回应"在某个人达到行为阈值之前,需要察觉到多少行动人数",以及考察行为人数的具体累积效应。⑥ 换言之,格氏的门槛模型更注重于定义个体决策的确切来源,并解析人与人之间的互动机制。那么,格兰诺维特是如何实现该模型行为假设的形式化呢?

首先,他认为"并无必要将个体行动仅仅视为理性成本效益的计算结果……无论这些个体'门槛'背后的认知或规范因素是什么","人可以有成打的理由参与暴动,却不必然牵涉个人的成本效益分析"。⑦ 在格兰诺维特看来,这种仅以他人之前的互动结果作为个体决策考量的设定,既赋予了"门槛"更具人际互动意义的阈限判断依据,又可实现个人认知的抽象化。与"搭便

---

① Granovetter, M. 1978. "Threshold models of collective behavior". *American Journal of Sociology* 83(6): 1420 - 1443. p.1420.

② Ibid., p.1420.

③ Ibid., p.1425.

④ [美]马克·格兰诺维特:《镶嵌:社会网与经济行动》,罗家德等译,社会科学文献出版社2007年版,第 4 页。

⑤ Schelling, T. 1971a. "Dynamic Models of Segregation." *Journal of Mathematical Sociology* 1(July): 143 - 186; Schelling, T. 1971b. "On the Ecology of Micro-motives" *Public Interest*, no. 25(Fall), pp. 61 - 98; Schelling, T. 1972. "A Process of Residential Segregation: Neighborhood Tipping." In *Racial Discrimination in Economic Life*, edited by A. Pascal. Lexington, Mass.: Heath.

⑥ Granovetter, Mark, 1978. "Threshold models of collective behavior". *American Journal of Sociology* 83(6): 1420 - 1443. pp.1422 - 1423.

⑦ [美]马克·格兰诺维特:《镶嵌:社会网与经济行动》,罗家德等译,社会科学文献出版社2007年版,第 4 页。

车"理论①中的"经济人"假设相类似,这种只受他人决策结果影响的行为假设同样体现了社会学式的"片面深刻"。

虽然行动者具有相同的抽象决策形式,但并不代表会产生趋同的个体决策结果,所以,另一个需要形式化的重点在于如何表示个体间的差异性。格兰诺维特将认知上的个体差异而非个体趋同,作为解释集体行为结果的主要因素。在他看来,这种异质性可通过门槛分布形态来衡量。以人群暴动为例,既然"不同人在加入暴动之前会要求不同程度的安全性,并且从暴动中获取的收益也各不相同"②,那么,个体愿意参加暴动的多种实质性差异就需要化约为一个新变量范畴下的形式性差异,而仅有抽象意义的门槛分布形态正好符合这一要求。因而,格兰诺维特用门槛变量来衡量个人采取行动的阈限,与此同时,门槛分布形态又能形式化地呈现出行为决策的人际差异。

为了进一步凸显"门槛"的形式化特征,我们不妨再通过函数关系来辨析。与自证预言一样,门槛模型所要解释的社会过程也可以理解为一种信念形成机制③(belief-formation mechanism)。也就是说,无论是自证预言,还是门槛模型,个人信念被社会所建构都是两者共有的核心解释机制。假设 b_{it} 是在时间 t 时个体对采取行动的信念强度,那么,可以看成是其他个体在时间 t−1 时采取行动的人数的增函数 g,即 $b_{it}=g(n_{t-1})$。虽然自证预言与门槛模型都强调个体信念来源于他人行为结果的互动性假设,但两者的本质区别还在于如何表达 b_{it} 与 n_{t-1} 之间的具体函数关系,以及由此而形成的系统的聚合动力学过程(the aggregate dynamics of the system),也就是说,个体行为的信念强度与其他已参与行动的人数,这两者之间的函数差异会直接关系到信念形成机制的不同。显然,自证预言并未指明函数 g 的具体内涵,而门槛模型已明确将其表示为个人门槛的函数。作为个人门槛基础上的另一个关键变量,门槛分布形态又能用于测量不同行动者的信念差异。所以,个体间的门槛异质性如何导致不同的集体行动后果,就成为门槛模型作为信念形成机制的一种解释创新。

(二) 社会过程的数理化:门槛分布与均衡结果

门槛及其分布形态的形式化设定为模型的进一步数理化做了铺垫。为了精确模拟个体差异对集体行动后果的影响,形式模型的数理"转译"工作势在必行。格兰诺维特指出,在形式意义上,构建模型的目的在于从门槛的初始分布去预测最终做出某项决定的人数规模或比例。那么,在数理意义上,这一研究内涵可转化为,随时间推移,在给定动态系统中确定均衡点(equilibrium points)的问题。④

---

① Olson, M. 1971. *The Logic of Collective Actions*. Cambridge: Harvard University Press.
② Granovetter, M. 1978. "Threshold models of collective behavior". *American Journal of Sociology* 83(6): 1420-1443. p.1422.
③ Hedström, P & R. Swedberg. 1998. *Social Mechanisms: An Analytical Approach to Social Theory*. New York: Cambridge University Press.
④ Granovetter, M. 1978. "Threshold models of collective behavior". *American Journal of Sociology* 83(6): 1420-1443. p.1424.

首先,格兰诺维特通过两种门槛分布"失之毫厘,差之千里"的比较来强调差异的重要性。试想一个广场上有100人,如果发生暴动的门槛分布如下:一个人的门槛是0,一个人的门槛是1,一个人的门槛是2,以此类推,最后一个人的门槛是99。显而易见,这是一个均匀的门槛分布。那位门槛是0的行动者,在任何情况下都会参与暴动,他的暴动行为势必激励门槛是1的行动者参与暴动,因为只要有一人参加暴动,门槛是1的行动者就会参加,那么广场上的100人如骨牌效应一般,接连响应,加入暴动行列,暴动的均衡值就是100。

　　现在将均匀的门槛分布重新排列。如果只把原来门槛是1的行动者设定其门槛为2,这一微小的改动,却会产生截然不同的社会后果——门槛是0的行动者仍然参与暴动,却没有门槛是1的人紧跟其后,那么,暴动也就止于一个人,均衡值就变成了1。这两个看似几乎完全相同的人群,其暴动结果之所以差之霄壤,只在于两者的社会聚合过程有所不同。① 在以往的集体行动研究中,这类对偏好分布的讨论长期未受到重视。部分集体行动从群体的平均偏好(average level of preferences)来看理应发生,实则却未发生,面对此类情况,门槛模型尤其具有理论意义。

　　为了便于描述门槛分布与均衡结果之间的微妙关系,格兰诺维特建构了一个简单的数理模型,试图从代数上证明门槛分布差异对集体行动结果的显著影响(详见图1)。x设为门槛,f(x)就是门槛的分布,而F(x)则是累积分布函数,它等于门槛小于x的人数比例。在时间t时,参加暴动的人数比例为r(t)。假设我们知道在特定时间点t的r(t),比如,在第二期时(t=2),50%的人加入暴动,那么第三期就会有门槛小于或等于50%的所有人加入。这个过程可用一个差分

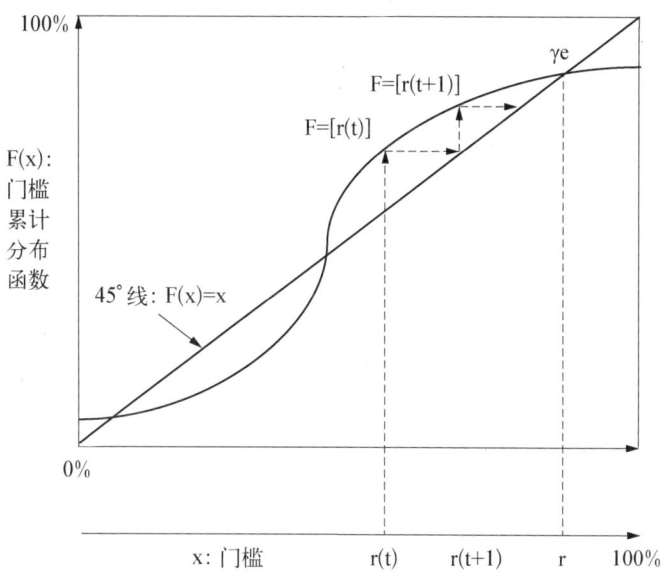

图1　找出门槛分布均衡点的图解,r(t)=时间t上的暴动人数比例

---

① Granovetter, M. 1978. "Threshold models of collective behavior". *American Journal of Sociology* 83(6): 1420-1443. p.1425.

方程表示：r(t+1)=F[r(t)]。如果当时间 t 时,参加暴动的累积人数比例为 F[r(t)],那么时间 t+1 时,门槛等于或小于 F[r(t)]的人,会参加暴动,记为 r(t+1),而此时参加暴动的累积人数比例为 F[r(t+1)],以此类推。为了使 F[r(t)]的值在 x 轴上找到相应的 r(t+1),添加一条 45°线,使 F(x)=x。让前向递归的过程(forward recursion)可不断重复,持续在 45°线上找到 r(t+n)=F[r(t+n−1)]。当 r(t)=r(t+1)时,即可确定均衡值(前提条件是行动者一旦参与就不会退出)。根据定义,如果状态向量一旦等于x̄,它在所有将来时刻仍等于x̄,则向量x̄就是动态系统的一个均衡点。① 在本模型中,可以看到,当 r(t)趋于极限时,即可找到均衡点 γe。γe 就是曲线第二次从 45°线上方跨越时的交点,代数上可用 F(r)=r 来表示。

格兰诺维特发现,与平均偏好的思路不同,即使在正态分布的情况下,数理模型中的门槛分布也超出了与中心趋势相关的常规变化形态,并获得了分布差异意义上的数理证明。② 为了进一步说明在控制中心趋势不变的情况下,门槛分布差异本身所起到的作用,格兰诺维特又设想当门槛的平均数保持不变而标准差持续变化时,会对均衡结果产生什么影响? 经过模拟后,他观察到,当 100 个行动者,个体门槛呈现正态分布,并且平均门槛恒定为 25 时,产生了令人惊讶的均衡结果(详见图 2)。Y 轴为均衡值 γe,X 轴为标准差 σ。当到达一个临界点 σc 时,参加暴动的均衡人数渐渐上升到 6 人。而当超过临界点 σc 时,也就是大约在 12.2 时,γe 忽然陡增到接近 100,之后又开始逐步下降。均衡出现于累积分布函数第一次从 45°线上方交会之处。门槛正态分布下的曲线会与 45°线相交三次、两次或一次(详见图 3)。当标准差小于临界点 σc 时,第一次曲线从上方与 45°线交会在一个低点,然后交会于其下,再次交会于其上;当标准差等于临界点 σc 时,前两次的交会点合为一点,之后再从 45°线上方与其相交;当标准差大于临界点 σc 时,只

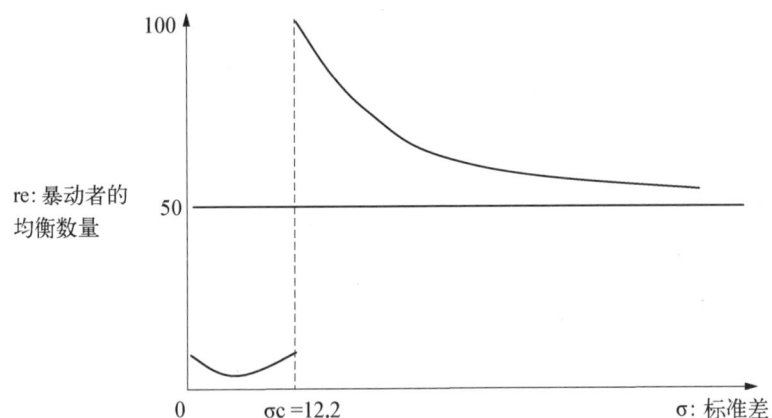

图 2　暴动人数的均衡值与门槛正态分布下的标准差(平均数 25,个数 100)

① Luenberger, D.G., 1979. *Introduction to dynamic systems: theory, models, and applications.* Wiley. p.320.
② Granovetter, M. 1978. "Threshold models of collective behavior". *American Journal of Sociology* 83(6): 1420-1443. p.1427.

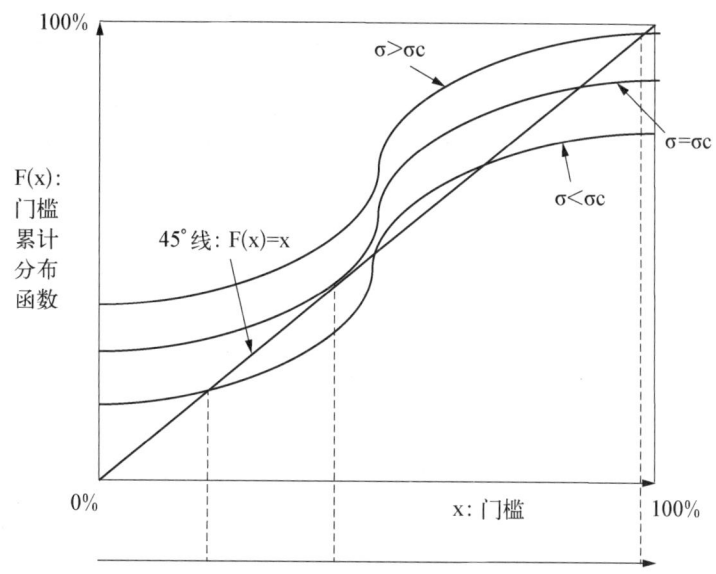

图 3　正态分布下累积分布函数曲线与 45°线交会情况（平均门槛恒定）

有一个交会点，并且初始均衡值接近于100，随着分布密度降低，均衡值逐渐下降。可见，临界标准差附近的微小变动会直接导致均衡结果的巨大差异，这也是只关注于平均偏好的理论所无法解释的。所以，"如果没有一个明确关于聚合过程的理论模型，我们将很难精确推断何种偏好结构会造成何种社会后果"①。

（三）形式理论的延展性：对门槛及其分布形态的拓展

由以上的模型建构可知，在个体行为的互动性与异质性假设的基础上，门槛模型分析的最终目的，其实是在任意排列组合的门槛分布下，通过社会过程的数理化来推断均衡值及其稳定性特征。② 作为一个基础形式理论，如果门槛模型的均衡稳定性发生变化，我们该如何做出解释呢？格兰诺维特主要从个体的互动性与异质性，即个人门槛及其分布形态，这两个维度上的变化来逐一讨论，进而引出了门槛模型的两种理论拓展路径。

首先，格兰诺维特指出，如需讨论均衡的稳定性，就有必要将现实中的多种影响因素纳入门槛分布的考量之中，例如社会结构或社会行动在空间维度上的分布等。关系的强弱即是社会结构的重要表现之一。举例来说，如果朋友之间的影响力是陌生人之间的两倍，并且假设100人之间都从陌生人关系变为朋友关系，那么，所有人参加集体行动的门槛值都会降低一半。通过计算机仿真真实情况下的门槛均匀分布，格兰诺维特发现，一旦受到任何社会结构的影响，100名暴动者的均衡结果都是不稳定的。③ 另外，空间分布差异也会导致均衡结果的可变性。设想

---

① Granovetter, M. 1978. "Threshold models of collective behavior". *American Journal of Sociology* 83(6): 1420 - 1443. p.1428.

② Ibid., p.1428.

③ Ibid., p.1430.

在某些大城市中所有人具有均匀分布的门槛:1%的人口有门槛0%,1%的人口有门槛1%,以此类推,1%的人口有门槛99%,从中随机抽取100人聚集在同一时空下,一次抽中门槛是0%的行动者概率为0.01,那么,100次都抽不到门槛0%的行动者,其概率为(1-P)100,约等于0.37。如果只有一人参加暴动,其概率为0.14。可见,最终均衡结果有一半的概率不是0即是1。当门槛均匀分布时,均衡结果在任意排列组合下会变得何其脆弱。① 因此,格兰诺维特认为这两个方面都是简单门槛模型解释力不足的原因。

作为以上经验变量引入的延续,赫斯特洛姆与崔时英都发现了简单门槛模型的一个隐含条件——人与人之间的影响力大小都相同,然而,大量事实已经证明,社会网络的类型与结构会限制社会影响的传播。② 他们分别从空间分布与关系强弱的角度对门槛分布做了进一步的理论修正,但这两个研究只针对门槛分布实现了结构上的复杂化,并没有对社会网络的连接性做进一步的形式化处理。不满足于人际结构上的经验性修正,沃茨等人将假定"人际完全互通"("all-to-all")的简单门槛模型作为一个特例,融入随机网络模型之中。③ 在门槛模型的基础上,沃茨等人新设 k_i 作为行动者 i 能直接影响到的"邻居"数量,而且假设社会网络中的个人决策信息只来源于身边人。这一"地方性"的视角,使个人门槛 Φ 仅参照于已参与集体行动的"邻居"人数占总"邻居"人数的比例——例如,当 i 身边已有一个行动参与者,且 i 的门槛小于等于"邻居"总数分之一时,亦即,当 $\Phi \leq 1/k_i$ 时,i 就会参与该行动。所以,门槛分布 $f(\Phi)$ 与"邻居"数量的程度分布 p_k 共同组成了集体行动传播过程中的关键变量。通过计算机模拟发现,社会影响力的联通实际上只限于小范围,出了这一范围,影响力联接程度通常比较小。并且,随着个人门槛的异质性增强,大规模通联的可能性也会增加;但是当每个人"邻居"数量的异质性增强时,大规模通联的可能性反而会降低。可见,在随机网络模型中,影响力若要成功传播,不仅取决于群体影响下的个人特征(如门槛等),而且也要考虑到人与人之间的连接性问题。所以,格兰诺维特与赫斯特洛姆所提及的空间分布这一经验性考量,就被沃茨等人的模型形式化为"邻居"数量的程度分布 p_k。当人均"邻居"数量等于 $N-1$(N 为总体人数)且每人"邻居"数量的标准差为 0 时,人与人之间实现了完全互通,那么,简单门槛模型就可作为新模型解释逻辑的一部分了。

除了从门槛分布角度考量均衡稳定性的变化之外,门槛的内涵变化同样会导致均衡结果的

---

① Granovetter, M. 1978. "Threshold models of collective behavior". *American Journal of Sociology* 83(6): 1420-1443. p.1431.

② Hedström, P. 1994. "Contagious Collectivities: On the Spatial Diffusion of Swedish Trade Unions, 1890-1940". *American Journal of Sociology* 99(5): 1157-1179; Chwe, M.S. 1999. "Structure and Strategy in Collective Action." *American Journal of Sociology* 105(1): 128-156.

③ Watts, D. J., Dodds P. S. and Newman M. E. J., 2002. "A Simple Model of global Cascades on Random Networks". *Proceedings of the National Academy of Science of the USA*, 99: 5766-5771; Watts, D.J. & P. S. Dodds, 2009. "Threshold Models of Social Influence." In the *Oxford Handbook of Analytical Sociology*. Edited by Hedström, P & Bearman, P. Oxford: Oxford University Press.

改变。① 当然,这种变更决策依据的目的仍然是为了面对重要的机制性问题——格兰诺维特分别借用两类复杂门槛模型,重新解释了经济学中的著名议题:"凡伯伦效应"与"居住隔离"。② 如果说简单门槛模型旨在呈现单一群体参与"从众"行为的社会过程,那么,格兰诺维特通过两种将单门槛变为双门槛的假设转换方式,使个体决策依据多元化,则进一步拓展了原有的解释机制。

在简单门槛模型的叙述中,他已然察觉到"从众"与"求异"效应③都普遍存在于集体行动之中:"一个谨慎的人会在暴动人数比例是 50% 的时候加入暴动,但是,由于担心事情闹得太大而招致当局镇压,又在 90% 时退出。"④如果将"求异"行为引入门槛模型,门槛变量的内涵会发生什么变化? 解释机制与均衡结果又会有何不同? 在只有"从众"行为的情况下,门槛变量表示他人行动的人数规模或比例越大,个体参与集体行动的可能性越高;相较之下,"求异"行为正好与之相反,也就是说,他人行动的人数规模或比例越大,个体退出集体行动的可能性反而越高。所以,格兰诺维特假定低门槛(加入门槛)分布为 f_L,高门槛(退出门槛)分布 f_U,累积分布函数为 F_L 和 F_U。可建立新的差分方程:$r(t+1)=G(r(t))=F_L(r(t))-F_U(r(t))$。均衡求解也与简单门槛模型相似:通过前向递归的方法,可以在 $(0,1)$ 的区间中渐进地找到均衡值 $G(r_e)$。当 $G(x)$ 呈现单峰形态时,门槛分布与均衡结果之间的关系也发生了相应的改变。作为高低门槛累积分布函数之差的函数 G,不一定只会呈现单调性。从数理上看,函数 G 在与 45°线交会前只呈现单调递增的形态,可得到稳定的均衡值;如果函数 G 在与 45°线交会前已从峰值回落,就无法前向递归得到稳定的均衡结果,会表现出在两值之间来回摆动的模式。均衡的稳定性发生了显著的变化。

除了通过引入"求异"行为来拓展门槛内涵之外,格兰诺维特同样从群体差异的角度来丰富互动性假设。以饭馆用餐为例,一个合乎常理的现象也可能是:"当饭馆内白人或黑人顾客的人数规模或比例超过一定阈限时,相同肤色的潜在顾客才会进店用餐。"⑤族群视角的引入,提示我们一个更为抽象的新问题:当行动者由不同群体组成,个体决策的依据变为只关注与自己身份相同的参与者规模或比例时,集体行动何以可能? 门槛模型的解释机制与均衡结果又将如何变

---

① Granovetter, M., & Soong, R., 1986. "Threshold models of interpersonal effects in consumer demand". *Journal of Economic Behavior & Organization* 7(1):83 - 99; Granovetter, M., & Soong, R., 1988. "Threshold models of diversity: chinese restaurants, residential segregation, and the spiral of silence". *Sociological Methodology* 18:69 - 104.

② Veblen, T. 1961. *The Theory of the Leisure Class: an economic study of institutions*. New York: The Modern library; Schelling, T. 1971a. "Dynamic Models of Segregation." *Journal of Mathematical Sociology* 1(July):143 - 186; Schelling, T. 1978. *Micromotives and Macrobehaviors*. New York: W.W. Norton & Company, Inc.

③ Leibenstein, H., 1950. "Bandwagon, Snob, and Veblen Effects in the Theory of Consumers' Demand". *Quarterly Journal of Economics*, 64(2):183 - 207.

④ Granovetter, M. 1978. "Threshold models of collective behavior". *American Journal of Sociology* 83(6):1420 - 1443. p.1439.

⑤ Granovetter, M., & Soong, R., 1988. "Threshold models of diversity: chinese restaurants, residential segregation, and the spiral of silence". *Sociological Methodology* 18:69 - 104. p.70.

化？格兰诺维特假设有两个群体，"个体的身份只从属于一个群体，而且，只由于所属群体内的行动者做出二择其一决定的规模达到一定阈值，个体才会考虑做出相同的行为"[①]。这样就形成了以不同群体规模为依据的另一种双门槛假设。而且，该门槛模型关注群体间存在互斥关系——两类群体规模此消彼长。还是以餐厅用餐为例，首先假设土耳其裔与日耳曼裔的总人数分别为 N_T、N_G，并且，两者都是固定值。两组累积分布函数分别来表示土耳其裔与日耳曼裔顾客的门槛：以土耳其裔为例，$F_T(P_T)$ 就代表那些门槛小于等于店内土耳其裔人数比例（P_T）的所有土耳其人的人数比例；同样，对日耳曼裔而言，门槛就是 $F_G(P_G)$。可以得到差分方程：$n_T(t+1)=N_TF_T[P_T(t)]$，以此来表示土耳其裔群体中的成员是否在餐厅里用餐的社会过程。同理，$n_G(t+1)=N_GF_G[P_G(t)]$ 可以表示为日耳曼裔群体的相似社会过程。其中，$P_T(t)=n_T(t)/[n_T(t)+n_G(t)]$。通过前向递归的方法，我们同样可以找到两者的均衡点，也就是说，当 $n_T(t+1)=n_T(t)$ 以及 $n_G(t+1)=n_G(t)$ 时，分别得到均衡值 T 与 G。由此可得，$T=N_TF_T[T/T+G]$，以及 $G=N_TF_T[G/T+G]$。显然，均衡结果是否真实存在，仍然取决于它的稳定性。格兰诺维特采用线性化方法来估计均衡结果的稳定性。通过复杂的数理分析，格兰诺维特得出的定性结论是：当两个群体的总体规模越小而店内用餐人数在均衡状态下越大时，均衡结果越有可能达到稳定。

二、经典形式模型的比较：微观经济学理论与门槛理论

综上可以看出门槛模型对集体行动议题的洞察力。这些理论发现不仅有助于我们深入理解该模型的关键要义，而且更能引发对社会学形式理论的一般化讨论。作为门槛理论的主要创见，以个人门槛及其分布为表征的互动性与异质性行为假设，借助动态系统模型的数理转化，以及两种类型的理论延伸，都在建构和拓展的逻辑上与微观经济学的理论发展相异。为此，以下笔者希望通过两类形式理论的建模比较，试图探究社会学形式理论的独有特征。

（一）行为假设的形式化："经济人"与"门槛人"

新古典经济学的形式化，主要体现在个体行为假设的早期演进上。早期政治经济学家无不观察到个人利益与公共利益之间的微妙关系，并寓意个人逐利对市场繁荣的正当性。[②] 然而，后续的经济学家却从两个方面进一步聚焦于行动者的经济学意涵：首先，摈弃了个体的社会福利取向，只强调个体的功利主义动机，进而将个人行为抽象成追求财富的自利行为[③]；其次，又将经

[①] Granovetter, M., & Soong, R., 1988. "Threshold models of diversity: chinese restaurants, residential segregation, and the spiral of silence". *Sociological Methodology* 18: 69-104. p.73.

[②] Mandeville, B. 1962. *The fable of the bees*. Penguin; Smith, Adam., 2003. *The Wealth of Nations*. New York: Bantam Classics.

[③] Mill, J.S. 1998. *Utilitarianism*. New York: Oxford University Press; Mill, J. S., 2008. *Principles of Political Economy and Chapters on Socialism*. Oxford Paperbacks.

济学的关注目光从公共领域拉回到私人领域,并明确赋予了个人在市场交换中秉承利益最大化的行为原则。① 从经济学者对个人行为的形式化"脱脂"过程来看,一方面,个人利益与社会福利之间的关系已越来越不重要,取而代之的是,以纯粹个人利益为导向的经济分析逐渐成为市场交换的讨论核心。这一简化假定直接导致了,个人行为在被"原子化"处理的同时,研究者不再关注市场过程中复杂的社会互动问题;另一方面,个人在市场中所扮演身份的差异也在经济学者的分析视野中逐步模糊起来,转而个体都变成利益最大化理念的践行者。这种同质化的个人行为假设使经济学一度化约为只分析供给与需求关系的社会科学。

不可否认,早期经济学的形式化确实成为后续经济学者得以深入探究"市场如何可能"这一关键问题的理论基石,但也需要看到的是,行动者的原子化与同质化,阻碍了经济学者从其他基本行为维度去思考行为假设的可能性。如果从现实生活来看,经济行动嵌入于社会结构之中②,那么,"经济人"假设也仅仅是行动者的理想类型之一。在形式理论范畴下,除了从经验层面考察"经济人"假设与社会现象的相符程度之外,另一个更具理论意义的对话方式即是重新设定基本行为假设,并能与"经济人"假设下的理论模型形成机制差异甚至完全替代。不同于原子化和同质化的设置思路,我们可以创建具有社会学意涵的"社会人"假设,门槛理论就是此类做法的一个范例。

显然,格兰诺维特恰恰揭示了"经济人"假设所未能发现的行动者的另一面。尽管"搭便车"理论常被看成是"经济人"假设在集体行动问题上的成功应用,但这也意味着原子化与同质化假设同样被沿用到了集体行动的分析之中。针对集体行动议题的形式理论差异,奥利弗曾对不同模型做了区分。③ 其中,"搭便车"理论被认为是单一行动者模型的代表。也就是说,该模型在群体行为给定的条件下,行动者决策只表现出个体利益最大化且不与他人互动的一面。不满足于单以"经济人"假设讨论公共问题,格兰诺维特提出了"门槛人"假设。自涂尔干以降,社会学者倾向于从社会结构与规范的角度来考察个人行为中的社会性。门槛模型继承了这一理论传统:个体的行为决策只取决于他人的行为结果。而且,格兰诺维特进一步将之形式化为门槛变量,即某行动者只有当他人参与某一行动的人数规模或比例达到某一阈值时才会参与。这种互动化假设与"经济人"的原子化假设形成了鲜明对比。不仅如此,格兰诺维特还凸显了行动者差异的重要性。无论是"高度社会化"所关注的社会规范意义,还是"低度社会化"所设想的个人利益最大化,实际上都把行动者"平均化"为毫无偏好差异的个体,这也导致了两种解释范式之间不必要的抵牾。④ 格兰诺维特反其道而行,强调行动者之间的认知差别,并通过设置行动者的门槛分布形态来抽象反映人际差别。这一异质化假设不但区别于同质化假设,并且同质化假设下的

---

① Marshall, A. 2006. *Principles of Economics*. New York: Cosimo Classics.
② Granovetter, M. 1985. "Economic Action and Social Structure: The Problem of Embeddedness." *American Journal of Sociology* 91(3): 481–510.
③ Oliver, P.E. 1993. "Formal Models of Collective Action." *Annual Review of Sociology* 19(1): 271–300.
④ Granovetter, M. 1985. "Economic Action and Social Structure: The Problem of Embeddedness." *American Journal of Sociology* 91(3): 481–510.

搭便车困境完全可作为门槛理论中的一种门槛分布而非唯一门槛分布来做讨论,克服了孤立的方法论个人主义下行为视角的单一性。

可见,格兰诺维特不仅创设了与"经济人"假设相悖的"门槛人"假设,来考察社会互动条件下的集体行动结果,而且,搭便车的行动逻辑亦能包含于表征异质性的门槛分布之中,足以窥得社会学形式理论的洞察力。单从"门槛人"假设的形式化而言,已然浮现出社会学形式理论有别于新古典经济学的两个重要微观基础——人际互动与人际差异。当然,建构"社会人"假设的宗旨还是在于能创造性地回应关键的机制问题,就如同在集体行动议题下,门槛理论能够展示出门槛分布差异如何导致不同行为结果的创见,而这也是同质化视角力所不逮之处。

此外,我们也要看到,当新古典经济学在萨缪尔森引入显示偏好的理念后,个人的实际选择就能体现出个人的具体效用,并且,对个人而言的效用比较又能明确地反映在偏好的排序上。① 只要保持内部一致性,个体行为就是在追求效用最大化。反观门槛理论,格兰诺维特所设置的门槛变量虽然可以抽象地涵盖个人所有的偏好、动机、规范等认知因素,但无法还原出这些认知因素之间的关系与权重。比如,两个拥有相同门槛的行动者,却往往具备不同的认知因素组合,这样就不能进一步比较两者认知的内部结构差异了。所以,基于人际互动与人际差异的门槛理论同时也将个人认知的内涵视作一个"黑箱"。

(二) 社会过程的数理化:"静态边际分析"与"动态系统分析"

个体行为假设与数理模型表达往往保持着方法论思维的一致性,有时甚至是一个互为强化的过程。新古典经济学的"科学化"还要追溯到漫长的"边际革命"时代。"在边际主义的旗帜下,经济学不再关注在历史上起决定性意义的人与人之间的阶级制度与社会关系,而是……趋向于成为一种仅仅关注抽象的个别原子和东西之间的拜物教似的关系"。② 这也使理论重点从古典派的增长论转向新古典派所强调的分配和效率,换言之,经济分析从宏观动态转向了微观静态。后继的新古典经济学家通过微分求解的方法,将边际效用思想广泛运用到静态经济分析之中。从此,经济学逐步演变为一门讨论选择的科学,并致力于研究在约束条件下效用函数的最大值问题。虽然这种借用边际分析的数理方法确实能找到一般均衡时效用函数的最优解,但此类既可表示某一个体又能表示某一群体的效用最大化分析,却不能明确呈现市场从个人上升到集体的具体社会过程。

这一数理方法的局限也不可避免地体现在奥尔森对集体行动问题的讨论之中。虽然奥尔森已经意识到,"分析集团大小与集团中的个人行为之间的关系是相当困难的,部分因为一个集团里的每个人对他所属集团追求的集团物品可能抱有不同的价值观"③,但是,当他在推断个体何时会参与集体行动时,仍然沿用了效用最大化的论证思路——个人收益与集团收益之间的边

---

① Samuelson, P.A. & W.D. Nordhaus. 1992. *Economics*. New York: McGraw-Hill.
② Winch, D. 1973. "Marginalism and Boundary of Economic Science". *The Marginal Revolution in Economics*. Edited by Black, Collison R.D., Coats, A.W. & Goodwin, Craufurd D.W., Durham: Duke University Press.
③ Olson, M. 1971. *The Logic of Collective Actions*. Cambridge: Harvard University Press.

际比较。为了说明个人收益与集团规模之间的关系,并以此最终求得个体愿意参加行动的条件,奥尔森考察了个人购买不同数量公共物品的损益情况。假设集团规模与个体占集团收益的份额都为常数,通过个人获得公共物品的比率 T 对个人收益 A_i 求导,当此项最大值为 0 时,可得到个人提供公共物品的条件:当个人得到的集体物品数量最优(集团收益率超过成本增加率的倍数等于集体收益超过个人收益的倍数)时,集团总收益与成本之比要大于集团收益与个人收益之比。不可否认的是,奥尔森的确完美论证了针对集团利益与个人利益的关系,个人在效用最大化时提供公共物品的条件。然而,个体同质化的行为假设致使奥尔森相信,每位行动者都会在效用最大化时做出相同的利益计算,从而,当集团规模扩大时,行动者纷纷选择搭便车;不仅如此,原子化假设又使集体行动中的参与者只从个人利益出发,并直接与抽象的集团利益做比较,而不顾及他人。所以,这种静态边际分析的思路就是在个体效用最大化的趋同假设下,将集体行动过程简单分割成个体与集团的二元利益比较。

与搭便车理论不同,格兰诺维特的门槛模型则强调集体行动的互动聚合过程。如果搭便车模型被视作时间变量阙如的静态分析,那么,门槛模型就可看成是集体行动随时间变化而变化的动态解释。可见,动态与静态的主要差别即在于前者"是能产生时变曲线的现象,该曲线在某一时刻的特征与它在其他时刻的特征相联系"①,但后者并不具有此类特点。针对个体的互动性与异质性假设,格兰诺维特采用动态系统分析作为呈现集体行动变化过程的数理工具。这一源自物理系统的同构模型,如今也常被应用于族群演变、经济的组织行为等一系列社会系统问题之中。一方面,相异于同质化行为假设,异质性假设需要具体表现出系统的分布结构,而各类结构关系正可成为动态系统模拟均衡结果的前提条件;同样,与原子化行为假设不同的是,互动性假设要求前一时刻的行动结果对后一时刻的行动决策会产生递延影响,而动态曲线也恰好满足了个体间的行为叠加效应。另一方面,动态与静态分析在均衡结果求解上也存在本质区别。通过边际分析,求得个体的效用最大值,只可呈现静态的均衡结果;与之截然不同的是,借助动态系统,均衡结果并不取决于同质化的个体决策,而是体现了互动效应下的动态结果——如上文所述,当系统中的状态向量处于均衡状态而不再移动时,说明系统达到了均衡点。作为一个离散系统,集体行动的动态过程只需要用差分方程来模拟,通过前向递归的方法就能找出均衡点。比之静态分析,这一动态视角的优势即在于可以清晰而准确地说明哪种门槛分布会导致哪种均衡结果。换句话说,系统的社会构成(composition)与集体行动的社会后果能够一一对应起来,因而,在方法论上不必再拘泥于"平均偏好"所造成的思维局限了。

从新古典经济学与门槛模型的数理思想比较中,我们很容易发现后者对动态系统的强调,这也提示了社会学形式理论应当着重考察社会过程的互动聚合机制,而非仅仅满足于在区分微观个体与宏观群体的基础上,静态而割裂地解释其社会过程。另外,格兰诺维特认为,相较于博弈论方法,动态系统分析也有其独特优势。他尤其从两个方面指出博弈理论的缺陷:(1) 博弈

---

① Luenberger, D.G., 1979. *Introduction to dynamic systems: theory, models, and applications*. Wiley. p.320, p.1.

理论假设所有行动者一起做出决定。但现实来看,每个人的决定会取决于他人先前的决定。共时的决策不但排除了集体行动的渐进性,而且预设人们在行动之前观念已趋于一致。(2) 行动者被简化为只拥有共同的偏好。如之前对新古典经济学的批评,平均偏好的思路忽视了行动者之间的差异。① 除此之外,动态系统分析也使门槛模型避免了类似博弈论对 n 维收益矩阵(pay-off matrix)的分析,而只需运用一维门槛向量,即可准确呈现集体行动的具体机制。

(三)形式理论的延展性:理论拓展路径的学科比较

进入 20 世纪五六十年代,微观经济学家开始反思"经济人"假设的适用性及其内涵等问题。其中有一类经济学者致力于以经济学的方法,来分析传统上非经济领域的研究议题。如布坎南、塔洛克对民主立宪过程的讨论,波斯纳关于法律的经济分析以及贝克尔对社会性议题的扩展效用分析等都可看成是这一扩张性路径的典范。② 以贝克尔的扩展效用理论为例,在"经济学帝国主义"向非传统经济领域"扩张"的过程中,单一的货币理性已无法满足于解释非经济活动的行为。为此,贝克尔在效用最大化的前提下,通过扩充个人偏好的内涵,试图形式化地分析原本被视作"非理性"的行为。针对利他主义行为,贝克尔提出了一个有趣的问题:如果利己在不同环境条件下的存活价值是不难理解的,那么,为什么人类中的利他行为能够延续下来?根据定义,利他主义者宁愿减少自身消费以增加他人消费;而利己主义者愿意采取能增进他们财富的一切行为而不考虑对其他人的影响。然而,利他主义行为得以延续至今就说明,即使没有对利己主义者的社会控制,利他主义者的消费和财富也会超过利己主义者。所以,贝克尔认为利他主义行为同样可以作为个人理性的结果加以解释。他假设 h 为利他主义者,i 为利己主义者,那么,利他主义者 h 的效用函数可表示为 $U_h=U_h(X_h, X_i)$,X_h 与 X_i 分别为 h 与 i 的自身消费。h 的预算约束为 $pX_h+h_i=I_h$,h_i 表示 h 转移给 i 的货币量,I_h 表示 h 的自身收入,所以,i 的预算约束为 $pX_i=I_i+h_i$,$pX_h+pX_i=I_i+I_h=S_h$,S_h 就是 h 的社会收入。由此,h 的效用函数最大化的均衡条件是:$(\partial U_h/\partial X_h)/(\partial U_h/\partial X_i)=MU_h/MU_i=p/p=1$。这时,h 对 i 转移适量资源以使 h 从其自身的增量和 i 的消费增量中获得相同的效用。在进一步推论时,贝克尔发现了一种"腐化"原理:每当利他主义者通过他的行为对其他人行为的影响来增加其自身消费时,利己主义者具有试图仿效利他主义行为的动机,因为不论虚实,"外显"的利他主义行为都能增加自身消费。可见,贝克尔在效用函数中引入了原属社会性范畴的利他主义动机,丰富了仅仅持有利己偏好的"经济人"假设。

从形式理论的发展路径来看,无论是双门槛设置,还是扩展效用理论,都通过拓展原有行为假设的内涵,实现了向其他学科议题的扩张。然而,双门槛模型与扩展效用理论之间仍然存在

---

① Granovetter, M. 1978. "Threshold models of collective behavior". *American Journal of Sociology* 83(6):1420-1443. p.1434.

② Buchanan, J.M. & G. Tullock. 1962. *The Calculus of Consent*. Ann Arbor: University of Michigan Press; Becker, G.S. 1978. *The Economic Approach to Human Behavior*. Chicago: University of Chicago Press; Posner, R.A., 2011. *Economic Analysis of Law*. New York: Aspen Publisher.

扩张策略上的差异。这一差异主要表现在社会学向经济性议题与经济学向社会性议题扩张时，行为假设的可还原层次上。不管是引入"求异"信念的门槛，还是分别表征互斥群体的"从众"门槛，格兰诺维特都进一步扩大了门槛概念的内涵。在信念形成机制的范畴下，设置作为复数的个人门槛变量，使门槛模型得以解释原属经济学领域的"凡伯伦效应"与"居住隔离"问题。然而，门槛内涵的扩大并不代表所有层次的决策依据都可被一一纳入其中。由于格兰诺维特只通过门槛值测量行动者的个人阈限，并没有赋予其明确的个人认知结构，换言之，门槛理论的方法论个人主义只涉及个体对群体层面的行为结果考量，而无关个体层面自身的具体认知，所以，无论简单门槛模型再另外引入哪类门槛变量，该变量都仅限于描述群体层面的社会效应对个人的影响，比如只涉及参与者数量变化的"求异"效应等。这也是个人只依据他人行为结果而决策的信念形成机制所固有的方法论局限。反观扩展效用理论，个人偏好的内涵扩大可以同时伴随着群体与个人两个层面的决策依据引入。如同原本属于群体互动范畴的利他主义动机，作为一个新的行动者偏好，被纳入扩展效用函数之中。与若干门槛变量分别独立表征若干群体行为结果不同，扩展效用函数中的不同偏好及其行为结果都能最终通约成个人效用来比较。由于偏好之间的结构与函数关系（利己主义动机与利他主义动机等）已知，所以，各类层次偏好所导致的行为结果都能还原为单一加总下的成本、收益与效用。此外，理论扩张策略本身也存在一定的建模限制。首先，如果丰富行为假设的目的还是在于进一步解释新的机制性问题，那么，随着决策依据一味的类型化与复杂化，反而会越来越不能回应关键的机制问题。比如，两类双门槛模型分别用以解释"凡伯伦效应"与"居住隔离"问题，如果在此基础上再进一步引入不同内涵的门槛变量，往往就难以找到可与之对应的现实意义或理论意义。其次，决策依据的多元化也容易造成数理分析的繁复化。例如，"求异"行为的引入使互动聚合过程在变得复杂化的同时，均衡结果也在求解过程中产生了更大的不确定性——均衡值可能形成来回震荡的状态。显然，在双门槛的基础上，如果再引入新的门槛变量，均衡结果的不确定性会愈发显著。同样，扩展效用理论或多或少也存在这两个扩张策略上的问题。

作为经济学另一类反思的重要开端，赫伯特·西蒙认为个体在决策时，由于掌握信息与分析计算的能力有限，完全理性的"经济人"过于理想化，应当被更符合现实的有限理性的"社会人"所代替。[①] 这一革命性的洞见直接奠定了经济学家进一步修正"经济人"假设的主要思想基础。作为重要的现实约束条件，交易成本或信息因素对市场机制的影响都是这一修正性思路的代表。以信息经济学为例，阿克洛夫的"柠檬"市场理论就试图证明非对称信息导致市场"逆向选择"的机制。[②] 在二手车质量信息不对称的情况下，由于买家并不了解高质量与低质量车的差别，因而，无论质量高低，都倾向于以相同的价格购买。如果买家总是以市场的平均质量来估价，这就造成高质量车主会退出该市场，久而久之，市场中的平均车价越降越低，其平均质量也

---

① Simon, H.A., 1955. "A Behavioral Model of Rational Choice". *Quarterly Journal of Economics* 69(1): 99–118.
② Akerlof, G. 1970. "Market for 'Lemons': Quality Uncertainty and the Market Mechanism". *The Quarterly Journal of Economics* 84: 488–500.

越降越低,就逐步形成了"逆向选择"过程。在此基础上,斯宾塞引入了市场信号的概念。① 作为市场参与者解决"逆向选择"问题的一种对策,市场信号就是那些可以被其他参与者观察,并且在市场上传递个体行为和特征的信息。在信息不对称的市场里,通过大量释放信号,依然可以获得被"逆向选择"所破坏的市场效率。所以,当行动者的信息完全对称时,市场价格能明确反映商品质量,价格机制就作为信息经济学的一种解释特例而存在;当信息不完全对称时,原本仅凭价格机制即可判断质量优劣的"神话"被"逆向选择"过程打破了。为了重获市场效率,作为替代性机制的"信号传递"成了信息非对称条件下新的效率机制解释。

无论是社会网络的连接性问题,还是信息的对称性问题,都分别成为门槛模型与新古典经济学理论的现实约束条件。针对此类约束条件,两个模型都发展出替代性的解释机制。并且,类似于物理学中的相对论对牛顿定律的修正,两类形式模型同样实现了既有理论的范式性增长——社会网络限制下的信念形成机制与"逆向选择"过程中的"信号传递"机制分别将简单门槛模型与新古典经济学视作解释逻辑中的一个特例,并拓展了原有的理论范畴。然而,这类行为假设修正也存在学科之间的理论拓展差异——现实约束条件对新模型的作用在两个理论中有不同的体现。在门槛模型的理论拓展中,沃茨等人发现,社会网络的连接形态会影响到集体行为的传播过程。原本作为一个重要外生条件的人际关系连接问题,被沃茨等人直接转换成作为内生变量的"邻居"数量的程度分布,融入简单门槛模型之中。在摒弃了原来"人际完全互通"假设的同时,新模型将人际连接的影响分布形式化为一个结构性变量,与同为结构性变量的个人门槛共同组成了影响集体行动结果的两个关键因素。不仅如此,为了适应于人际连接的程度分布,个人门槛的参照对象只需在规模维度上从全部行动者调整为直接相连的"邻居"。所以,作为社会学形式理论的一个优势,注重社会结构变化的个人行为分析便于将重要而容易忽视的外生条件,转化成另一个内生而并置的结构性变量,进一步丰富了原来的信念形成机制。与这一"由外生条件转向关键内生变量"的修正方式不同,信息经济学会随外生条件的变化而重建新的解释机制。为了克服信息不对称所导致的"逆向选择"效应,斯宾塞引入了"信号"变量。作为效率机制的另一类表征,"信号传递"机制同样可以通过释放个体信息或特征,使市场获得效率。然而,信息经济学所关注的重点不在于信息不对称条件限制下的价格机制,而在于信息不对称条件下作为效率替代的"信号传递"机制,形成了一种解释机制的完整替代。所以,在微观经济学的理论修正中,外生条件难以进一步形式化为关键的内生变量。

三、结 论

作为社会学形式理论的一个范例,格兰诺维特的门槛模型从个人行为的互动性与异质性角度出发,凭借动态系统分析模拟了在集体行动时不同门槛分布导致不同人数均衡结果的互动聚

---

① Spence, M. 1973. "Job Market Signaling". *Quarterly Journal of Economics* 87(3): 355–374.

合机制,并且,展示了两类形式理论发展路径的具体逻辑。一方面,这一具有代表性的社会学形式模型,与微观经济学理论一样,同时具备经典形式理论的三个重要特征;然而,另一方面,在行为假设的形式化、社会过程的数理化,以及形式理论的延展性上又体现出与微观经济学的不同之处。虽然社会学形式理论的稀缺现状难免会造成有限案例的归纳性不足,但两者比较之余,我们仍然可以尝试总结出社会学形式理论的一些发展方向:

第一,对人际互动与人际差异的强调,使我们看到社会构成的些微变化完全可能导致社会后果的巨大差别,这也是惯于设定"平均偏好"的既有理论所未能揭示之处。在形式理论意义上,这一信念形成机制能帮助我们克服一系列诸如"道义小农"还是"理性小农"之类的各执一端的争论[1],但也要看到,这些经典的行为假设之争又可能成为重要的思想来源,指引我们进一步建构出具备互动性与异质性视角的社会学行为假设。

第二,对社会过程的数理化呈现,应当成为社会学形式理论需要探索的另一个重要目标。齐美尔所提出的"社会何以可能"作为社会学的核心命题[2],已激发了一代又一代社会学家不断发掘各类解释机制。在此基础上,为了更为精确、更少歧义地展示机制过程,社会理论的数理"转译"势必成为形式模型能否进一步"科学化提纯"的关键。所以,探究以动态系统分析为代表的互动聚合模型,正是社会学迈向经典形式理论的一个重要途径。

第三,无论是向其他议题领域的扩张,还是实现理论的范式性修正,都是基础形式理论进一步拓展的重要方式。对社会学形式模型而言,只基于他人行为结果的个人行为假设,一方面易于将现实约束条件转化成新的关键内生变量,形成理论的范式性增长,而另一方面却难以还原到个人内部的认知结构层面,进一步拓展行为假设的内涵。所以,如何打开个人认知的"黑箱",以及如何将个人认知结构与他人行为结果相结合,都是需要进一步探索之处。当然,社会学形式理论的延展逻辑还不尽于此,只要能使解释机制产生本质变化的拓展方式都值得我们去发现。

(原文载于刘世定主编:《经济社会学研究》(第六辑),社会科学文献出版社2019年版)

---

[1] Scott, J.C., 1976. *The Moral Economy of the Peasant*. New Haven: Yale University Press; Popkin, S.L. 1979. *The Rational Peasant: The Political Economy of Rural Society in Vietnam*. Berkeley, Los Angeles: University of California Press.

[2] Simmel, G. 2009. "Excursus on the Problem: How is Society Possible." *Sociology: Inquires into the Construction of Social Forms*. Brill.

社会转型与发展

中国社会主义实践的三大转变*

卢汉龙

中国的社会主义实践从 20 世纪 50 年代中期完成对"城乡资本主义的社会主义改造"以后，经历了近 30 年的努力，形成了一个国家主导的集中计划再分配型经济体系，社会形态也随之改变。1985 年开始，中国全面实行经济体制改革，同时坚持具有中国特色的社会主义发展方向。对照这两个不同历史时期的社会主义发展，我们可以把中国当前的社会主义实践概括为三个重要的转变。下面我们先从这些转变的背景开始逐一加以分析。

一、"社会主义初级阶段"与中国"早熟"的社会主义发展模式

中国社会主义实践的重要转变可以把日程表从 1987 年召开的中国共产党第十三次代表大会算起。在那次大会召开以前邓小平首肯并支持关于中国社会主义发展的现阶段还处于"初级阶段"的判断，并且指出这种初级阶段的形态会保持较长的历史时期。[①]

其实在邓小平理论体系里，关于社会主义初级阶段的理论只是一个政治结论，发挥得并不充分。但是，初级阶段理论提供了正确认识中国社会主义的方法论基础。它尊重历史、坚持原则，采取了务实的态度来认识当今中国的社会主义。它使人们对中国特色社会主义的发展与变迁有更为冷静与客观的思考。它提醒人们注意实行社会主义的出发点是为了人的全面发展。

和列宁几乎是同时代的法国社会学家杜尔凯姆曾对社会主义作过精辟的论述。他相信，"社会主义就是有意识地重组经济生活"。杜尔凯姆去世以后，他的讲义被整理出版了，其中第

---

* 本文是在 2001 年中国社会学会的年会上提交的论文，并在山东济南召开的年会上宣读，获优秀论文一等奖。

① 1987 年 3 月 21 日，在报给邓小平的《关于草拟十三大报告大纲的设想》中提出，"十三大"报告全篇拟以社会主义初级阶段作为立论的根据。"初级阶段"这个提法，在党的文件中已 3 次出现，但都没有发挥，"十三大"报告的起草工作准备循着这个思路加以展开，说明由此而来的经济建设的发展战略，由此而来的发展社会主义商品经济的任务和我国经济体制改革的方向，由此而来的建设社会主义民主政治的任务和我国政治体制改革的原则，由此而来的加强和改善党的领导的任务，由此而来的在理论和思想指导上避免"左""右"两种倾向的必要性。邓小平 3 月 25 日对这个设想作了批示："这个设计好。"首肯了社会主义初级阶段的提法。参见《一切从社会主义初级阶段的实际出发》《邓小平文选》第 3 卷，人民出版社 1994 年版，第 252 页。

一卷便题为《社会主义》。他把"社会主义"定义为,"任何试图将全部或部分经济条件(现正日见普及的条件)与社会之控制、意识中心加以结合的学说,即称之为社会主义"①。这是一个涵盖面广又比较容易操作的对社会主义的理解,即社会主义是把经济条件、社会控制、意识形态结合起来的一种努力。其中发人深思的是对经济条件的"全部或部分"的限定。也可以说,不同的社会主义区别正是在于经济条件与社会控制和意识形态结合的范围与程度之不同:有全部结合在一起的,也有部分结合在一起的。在杜尔凯姆看来,社会是一个实体。它不是个人的简单相加。他注意到现代社会的危机在于不可能满足所有个人的需求欲望。当现代社会依靠人的智力和体力形成巨大的社会生产力,并通过人性对自我需求满足的经济动力创造出人类历史上前所未有的物质财富时,如何来公平分配社会的财富成为经济系统无法自我完成的过程。社会却是可以用来确定不同人群需求差别的权威,只有社会能以公众利益的名义估算各阶层在社会分配中的应得的酬报。因为社会是相对于个人而存在的一种实体。我认为从根本上来认识,社会主义(socialism)便是相对于个体主义(individualism)②而言的,是以整体为出发点来看待个人对应面的意思,是强调对自由放任的市场经济的制约。发展经济依靠的是个人理性、个人的自我盘算。而社会则是以集体利益、集体意识、集体行动来最大限度地代表个人的利益。它以公众利益的名义对个体牟利的经济冲动加以限制,要求人们做出牺牲与让步,正确对待社会的公平与差别。社会主义强调的是集体理性,集体的盘算,它更希望以社会整体优先,以整体利益来代表和覆盖个体的局部利益。

从 19 世纪到 20 世纪,社会主义作为一种良好的社会预设被大量滥用。早在 1845 年恩格斯就抱怨说很多德国人的社会主义是"不明确而且无法明确的模模糊糊的幻想"③。正统的马克思主义一向认为社会主义将首先在工业国出现,而且是要靠暴力革命才能确保用无产阶级的政权来实现社会主义。但是,包括马克思本人,在他 20 世纪 60 年代后期的著作里提到了英国向社会主义和平演变的可能性。他认为在美国和其他一些国家也存在这种和平道路的可能性。从列宁到毛泽东,开创了非工业化国家实现社会主义的新的探索。他们都是采取武装的暴力革命,夺取了政权的方式推行社会主义。俄罗斯和东欧、中国,以及其他一些以共产党领导的社会主义国家都是没有经过充分的市场经济发育和资本主义生产关系的发展而直接进入马克思所设计的社会主义。也就是说,在不发达的生产力条件下采取了先进的"社会主义"生产关系。可以说,这是一种社会早熟的现象。从另一个方面看,我们也可以把中国接受马克思主义解读为是由于马克思的共产主义理论和中国传统的"大同"理想有着一致和相通的地方,而中国近百年来的积弱不起,又激起了对"无产阶级"意识形态的共鸣。中国其实并没有马克思社会理论的科学

---

① 宋林飞:《西方社会学理论》,南京大学出版社 1997 年版,第 45 页。
② 英文 individual 一直被翻译理解为中文的"个人",其实它的意义是指社会中的"个体",是和整体社会相对应的独立的个别部分。所以翻译为"个体"比较合适。就中文的"个人"而言,英文中合适的对应词当是 person。
③ 《简明不列颠百科全书》中美联合编审委员会:《简明不列颠百科全书》(第 7 卷),中国大百科全书出版社 1985 年版,第 125 页。

的事实基础。① 中国完全是早熟的社会主义难以把握经济条件、社会控制、意识形态的结合程度,容易将"经济条件"完全受社会的控制并和"共产主义"的政治意识形态相结合,结果造成超越发展阶段的经济基础(生产力发展水平)和上层建筑(人民对美好生活的需要)的新的矛盾。20 世纪社会主义国家的社会主义实践正是或多或少地存在着这样的早熟问题。换句话说,社会主义国家的社会主义实践虽然在不同程度上都符合杜尔凯姆所指出将经济条件、社会控制、意识形态结合起来的试图,但可惜未能达到一种完美的恰如其分的结合,中国也不离其辙。

20 世纪的全球发展事实表明,马克思主义的批判理论对资本主义社会自我改造的推动作用一点也不亚于对经济相对落后的早熟实现社会主义的共产主义国家的作用。100 多年来,资本的作用和产权制度已经改变。资本产权从单一的"所有权"分化为拥有权、经营权、分配权和(产权)转让权等四种权利。而对这四种权利的占有也已经不再是集中在一个行为主体(作为行动者的"资本家")身上,从而使资本本身的社会意义也发生了分化。私有化的资本在不断地变为社会化的拥有。比如出现了职工持股、股份合作公司、股份有限公司、共同基金等。私有产权对生产的作用,以及它和社会化大生产的矛盾已经发生了根本性的变化。随着生产变得日益复杂,产权的所有权和经营权的分离,出现产权所有人和支配使用人的差异。由于现代生产力进步与生产方式的改变,生产要素也发生了质的变化。"资本"的内涵结构和对经营中利润分配的支配作用也随之发生变化。物质与金融"资本"在生产资料中所处的地位与作用也起了根本性的变化。特别是随着管理和技术在生产过程中的作用越来越重要。出现了"人力"资本冲淡了"金融"资本作用的"新资本论"②。出现了生产者(生产力中的活劳动部分)通过集体谈判肢解分配权,取得最大限度的分配所得的现象。因此分配支配权的社会化也开始出现。社会蛋糕的切法变了。现代政府的税收制度和再分配公共财政制度的建立,资本家资本对剩余价值"侵占"的份额和游戏规则都发生了变化。财产的转移也从自然的、纯个人的行为变为受社会控制的社会行为,比如采取股份制度和股市交易、制定和实施了遗产继承法,以及鼓励各种社会捐赠的免税制度等。当代的资本主义社会在福利国家的社会目标下,更是不断地增加社会再分配的力度。经济条件的社会控制事实上在不断地得到加强。也就是说,资本主义社会也正越来越具有"社会主义"的特征。我们认为这也就是为什么邓小平提出可以搁置改革中一些措施是姓"资"还是姓"社"的问题,而提醒人们认识到我们是处于社会主义的初级阶段。这正是从理论上要求我们回到早熟社会主义的基本原点来考虑我们的社会主义,反思我们的社会主义实践中的经验,客观地对待当今我国具有中国特色的社会主义现代化发展方向。

邓小平说,初级阶段就是"不发达的社会主义"。他又说,我们在搞社会主义,"事实上我们

---

① 统计资料表明,中国共产党成立时,中国仅得马克思所指的产业工人 200 万(毛泽东:《中国社会各阶级的分析》,1925 年)。1953 年,中华人民共和国成立后不久的统计表明,这个数字为 1603 万,不足全国人口的 5%。因此,从中国本身的历史传统来看,中国的革命可以解读为现代农民起义。

② "上海'九五'社会发展问题思考"课题组编:《上海跨世纪社会发展问题思考》,上海社会科学院出版社 1997 年版,第 114—167 页。

不够格"①。这些都从不同方面反映了中国第二代领导人对中国社会主义实践的自我反思,促使中国的社会主义必须跳出对经济条件的过度控制和政治意识形态为中心的牢笼,认真思考党的纲领层次,走出一种新的发展模式。

认真观察下来,邓小平关于社会主义初级阶段的理论促成了中国跨世纪的社会主义实践发生了三个重要的转变:第一,发展目标从"大同"的理想到"小康"的现实目标转变;第二,各项具体经济与社会制度设置从"战时体制"逐步转变为"平时体制";第三,实行社会主义的方式从"国家"社会主义正在向"集体"社会主义的方向转变。下面我们围绕着这种中国特有的新的社会主义市场经济的模式来分别加以剖析。

二、社会主义实践从"大同"理想到"小康"目标的转变

邓小平关于中国现代化发展以实现"小康"发展为目标的设计思想最早是在1979年年底他对日本首相的谈话中提出来的。当时邓小平用"小康"一词来形象地向日本友人描述中国现代化的大致目标。这是邓小平为中国现代化建设最初设计的目标,不久便提出"三步走",到21世纪20年代基本实现现代化的战略步骤。我们对已发表的《邓小平文选》三卷本进行了文本内容分析,邓小平从1979年到1992年总共有28次讲话和报告中提到"小康"发展的目标。这些论述有以下一些特点:

1979年第一次提到"小康"时,是把它作为不同于日本这样发达社会的中国现代化概念提出来的。主要含义是经济发展水平和人民生活水平。他对大平正方首相说:我们要实现的四个现代化,是中国式的四个现代化。我们的四个现代化的概念,不是像你们那样的现代化,而是小康水平。

5年以后,当中国农村改革已取得明显成效时的1984年,邓小平开始使用"小康社会"一词,把它的含义从经济层面推向了社会层面,并且说,"翻两番、小康社会、中国式的现代化,这些都是我们的新概念"。那年,通过对深圳和苏南等发达地区的调查研究以后,他确立起更大的信心,对小康社会提出了更具体的理解。在以后的年月里,邓小平专门使用"小康社会"的提法有8次,而且其针对的话题已不单单是生活水平和经济发展程度,包括关于中华民族大团结,用中国历史教育青年,香港回归的"一国两制"政策,以及关于中央权威和宏观管理等。②

邓小平有关小康的讲话,其对象是以外宾为主,显示"小康"为中国的现代化概念。特别令人寻味的是,其中一次是1986年在会见来自世界各国各地的荣氏亲属时专门提到的,邓小平以此来号召"争取整个中华民族的大团结"。在这次讲话中,"小康"的语意背景是中华文化和"家庭",以及"私人家族"等。

---

① 邓小平:《邓小平文选》(第三卷),人民出版社1994年版,第225页。
② 同上,第64、206、21、278页。

"小康",在中国《辞海》里列有两种解释。① 一种是指"经济比较宽裕",可以安稳度日的意思。这也是民间大多数人对小康的理解,它的语意比较的框架是经济生活水平,是相对于富裕和贫穷而言,可以说这是"小康"的民间含义。② 但是,小康另有一种学理上的含义。在中国的古籍理念中,"小康社会"是相对于"大同社会"而言的。它是不同于理想型的"大同世界"的现实社会。这点对于我们的分析理解小康的"中国特色"十分之重要。回顾历史,中国寻求现代化的发展,从康有为、孙中山到毛泽东都在不同程度上以大同社会为发展的理念。康有为在20世纪初发表的《大同书》里将中国的大同思想和他在周游世界各国时所得到的西方空想社会主义的一些片段结合了起来。提出"大同之世,天下为公,无有阶级,一切平等"的大同社会总构想。③ 康有为对大同社会的设计反映了中国士大夫对社会的人性关怀,是20世纪中国社会主义的先声。中国民主革命的先驱孙中山先生也将"大同"作为实现中国三民主义的终极目标。孙中山的"共和之梦"和他的"建国方略",以及他后期"以俄为师"的政治宣言都充满着开启中国现代化先河的资产阶级民主革命人士对中国大同理想的认同。在孙中山的政治主张中,"平均地权"和"节制资本"是两个核心内容。他并且宣称:三民主义中的"民生主义"事实上和所谓的"社会主义、共产主义与集产主义"并不矛盾对立。④ 传世极广的"天下为公"墨宝更是他一生政治追求和人生抱负的最好注释。⑤

笔者认为,中国传统文化中的"天下大同"理想,以及历史上对实现大同的不懈追求是马克思主义得以对中国当代发展产生如此重要影响的人文基础。可以认为,马克思主义作为一种无产阶级的意识形态唤起中国文化中对大同理想的追求和希望。中国共产党成功地将两者结合了起来,使之成为建设一个现代中国的初心和巨大的政治动力。

马克思主义产生的基础是西方资本主义实践与新兴的社会科学,是19世纪中叶形成的无产阶级意识形态。从历史的角度去分析,人们也会发现"大同"的理想在中国历史上往往是代表了革命派的一种意识形态,具有对现实社会的强烈批判性倾向。而小康的观念则不同。"小康"是一种现实主义的观念,往往也是一般民众的生活追求。历史上的小康思想对社会的期许是一种改良派的观点。中国共产党在取得政权以后,主要领导人把马克思主义的阶级斗争理论教条化,最终导致了发动"文化大革命"这样的历史性灾难。这一段弯路推究其深层的原因可以说是和中国文化中的大同理念有关的,是马克思主义的共产主义思想和中国传统的大同理想不切实际的结合,从而产生了在社会主义实践过程中过度控制了经济条件和强化了政治意识形态为中

---

① 辞海编辑委员会:《辞海》,上海辞书出版社1999年版,第3147页。
② 其实民间含义的小康也并不仅有经济水平的比较含义,民间在谈到小康时,往往和"小康之家"连用,是相对于"大户人家"而言的,隐含着深厚的社会与人文意义。
③ 康有为:《大同书》,中华书局1935年版。
④ 隗瀛涛:《共和之梦——孙中山传》,四川人民出版社1995年版,第355—358页。
⑤ 关于孙中山"天下为公"的社会主义思想含义可以从它的英语翻译中看得出来。在英语世界里"天下为公"被翻译为"All Under Heaven are Equal"。参见美国纽约曼哈顿唐人街孙中山做过演讲的"孙逸仙广场"上树立的孙中山铜像下"天下为公"石碑所配译的英语。

心的结果。

邓小平十分理解这种错误的结合给中国人民带来的灾难程度。他的政治生涯使他深知,中华人民共和国成立后的整个经济与社会体制的形成,有着极其深刻的历史根源和错综复杂的原因。各国的发展必须从各自的实际出发,而争取广大人民群众的认同和支持是任何政党和执政者必须遵循的原则。他自我批评我们配不上马克思所分析的社会主义发展规律事实上就是揭示了我国社会主义的早熟。邓小平的伟大正是在于他敢于冲破"大同社会"意识形态理想结构的束缚,使中国走上合乎人类社会发展规律的现实主义道路。因此,从"大同"到"小康"是一个重要的思想解放。①

如果我们不只是停留在只言片语的表述,而是以更为广泛的语意语境来认识邓小平关于小康理论的现实意义,我们便能更深刻地体会到邓小平很好地将现代化发展的人文与社会的意义中国化了。小康的目标确实唤起了广大人民群众对发展的认同,激发起了人们对现代化建设的积极性。改革开放以来,正是"奔向小康"这个实实在在的目标激励着普普通通的中国老百姓把握机遇,用自己的勤劳与智慧取得了中国历史上最快的发展。下面我们进一步对有关"小康"发展目标的社会学理论内容及其对中国社会主义转变的意义加以具体的分析。

笔者认为,《礼记〈礼运〉篇》中关于"大同和小康"的社会论述,其实并不必理解为是社会发展不同阶段的记叙,而是历代"礼乐之因革及阴阳造化流通之理"②。"大同与小康"反映了中国特有的辩证思维方式对社会的理解,是中国学人的一种政治智慧,是超脱"进化论"的。在中国的文化理念里,"发展"是一种"演化",被理解为是一种周而复始的循环渐进。大同只是曾经有过,但又可望而不可即的美好愿望(如数学中的"极限")。在"大道"为人性所覆盖而隐退的时候,显现的则是实实在在的小康人生,即是一种更为符合人性的社会情景(如数学中"导数"的公式)。

社会发展的自然规律和人文标准(大道)是走向大同世界。但是,只有在社会处于激烈变动,促使天道显现的时候(可以认为是历代的改朝换代时)大同的理想才被推进一步。所以说"大道之行"时,天下为公。一般来看,革命者之所以推重"大同"理念,因为革命者所处的年代也往往是最不公平的年代,大同思想代表"天性良知",可以唤起民众起来造反,推翻旧的制度建立新的秩序。而大同的蓝图则是人人向往的人间天堂,是革命者对人民的最好许诺与思想鼓动。③ 小康社会的思想往往流行于太平盛世,也就是一般现实社会的生动写照。历史上的改革派往往顺应已有的社会现实,尊重现实,认同一般人性对社会的理解与追求。大同与小康的显隐交替实际上反映了人类广义人性中的两面性。在任何一个社会里,大同代表了一种"天性"的理想追求,而小康则是一种"人性"的现实要求。因此,如何将理想和现实有机地结合起来是每一代人共同面对的发展问题。这种结合必须从现实出发,但又要有理想的引导。表中描述的小

---

① Davis, D. S. 2000, *Consumer Revolution in Urban China*. Berkeley: University of California Press, pp.124-144.
② (元)陈皓:《〈礼记〉集说》。
③ 中国历代的许多农民起义领袖都标榜自己所干的事业是"替天行道"。

康社会的现实情况虽然可以说是农业社会的写照,但却给人们一幅清晰的具有中国话语特色的社会结构蓝图。它对于我们今天认识处于社会主义的初级阶段的中国以及当前"以人为本"的社会主义实践仍有莫大的启迪。

表1 中国文化中关于"大同"与"小康"的社会比较

社会特征	大同(理想社会)	小康(现实社会)
历史条件	大道之行也	(今)大道既隐
社会基础	天下为公	天下为家
财产经济	货恶其弃于地也,不必藏于己	货为己
劳动关系	力恶其不出于身也,不必为己	力为己;以功为己
分工制度	壮有所用;男有分,女有归	设制度,立田地,贤勇智
人际关系	人不独亲其亲,不独子其子;老吾老以及人之老,幼吾幼以及人之幼	各亲其亲,各子其子
社会等级与政治	选贤与举能	大人世及以为礼;谨于礼者;著其义,考其信
社会控制与分配	讲信修睦;老有所终,壮有所用,幼有所长,矜寡孤独废疾者皆有所养	城郭沟池以为固,礼仪以为纪,以正君臣,以笃父子,以睦兄弟,以和夫妻,以设制度
社会结果	谋闭而不兴,盗窃乱贼不作;外户不闭	谋用是作,兵由此起,六君此其选

资料来源:根据《礼记〈礼运篇〉》整理。

首先,现实社会是以家庭为细胞发展起来的。而且,人际关系也是以亲属血缘关系为最基本,以家人赡养和家人亲情为主要的资源转移和感情依托的方式。在中国人的社会里,家庭不但是一个组成社会的制度,而且是一种社会组织,承担着各种社会功能。"没有一个民族的家庭,像在中国扮演那样重要的角色"①。邓小平本人具有十分强烈的家庭观念。据他的子女回忆,"在父亲心中,家庭仅次于政治,十分重要","他也是一家之长,是丈夫、是父亲。家庭和亲情,也永远在他心中占有重要的地位"。在"文革"被隔离与下放期间,他给毛泽东和中央领导写的信,大部分都是谈子女的安排问题。② 正如他的夫人卓琳所说的,别看我们在中央工作,我们也是普通家庭。③ 正是这样一位中国人民的儿子,最懂得家庭在中国人心目中的地位。

其次,小康社会的经济和物质财富是以私人所有制为基础的。或者说,和大同的社会不同,小康社会承认私人财产合理性。在小康社会里财产、劳力、智力均是个人自己所有的。人们的经济活动所得也属于自己("货力为己")。邓小平从改革一开始的指导思想便十分明确,那就是让大多数人过得更好。④ 邓小平女儿毛毛曾提到这样一件事颇令人深思。1971年,邓小平在江西劳动时,儿子邓朴方病残在家。他原来是北大技术物理系的高才生,一身学问和技能,但受到

---

① 韦政通:《中国的智慧》,中国和平出版社1988年版。
② 毛毛:《邓小平"文革"岁月》,中央文献出版社2000年版,第185页。
③ 同上,第264页。
④ 杨澜:《我问故我在:杨澜访谈录》,学林出版社1999年版,第54页。

迫害只有瘫痪在床终日闲居。一天,邓小平问厂里的领导陶排长,有没有机电方面的事情可以让邓朴方做,或者有没有坏的无线电收音机也可以叫朴方修理。结果陶厂长想来想去厂里实在没有电工活,而他工资才四五十元,上有老,下有小,连一个无线电收音机也买不起。邓小平听了十分感慨,建设社会主义已经20多年了,一个工人家庭连一台收音机也买不起。邓小平对计划经济体制所造成的人力资源的浪费,以及人们生活的清贫和私人家庭财产的匮乏感有切肤之痛。他曾经语重心长地对井冈山地区的同志说,过去毛泽东在这里干革命时很穷,现在还是穷,以后会好的。① 所有这些都从不同的方面促使邓小平对当时的公有化体制进行反思,思考如何让人们的生活过得更好,如何才能让国家和人民真正富强起来。从而在改革开放以后采取了一系列藏富于民的政策。

第三,小康本身是有等级含义的。小康社会所表述的是一个有等级差别的社会,而追求小康一定意义上就是在追求平等,追求中等水平上的相对平等。中国古代思想家的理念指出,现实社会是一个有等级的社会。但学者们也认为,中国历史上的等级制度和西方的阶级社会等级是有明显差别的。中国早就结束了分封贵族的封建等级制度,而采用中央集权的官僚科层制度。费孝通曾指出,中国是一种以个人为中心的差序格局的社会,而西方社会是一种以个人契约关系结成的团体格局的社会。梁漱溟则认为,中国社会是一个以职业分途而不分阶级的社会。综合这些观点可见中国的社会等级制度一方面具有先赋的家族宗法制度和伦理本位社会的特点,同时在等级之间又是比较开放,是可以自致流动的系统。这种等级制度并不是单纯使用西方的阶级理论所能尽述的。中国社会的等级制度以礼为纲常,君臣、父子、兄弟、夫妻的人伦纲常关系折射出社会的等级关系。这种保守的人文传统经过相对开放的职业通途的补充,使社会的不平等既不容置疑,又并非不能改变,表现出极大的弹性。在中国,素有"富不过三代","皇上也有三门穷亲戚"的说法。而躬耕苦读,十年寒窗,求得一纸功名,便能改换门庭也时时被传为佳话。所以大部分中国人历来安守"小康之家"的社会标准,实际上反映了对社会平均分配的认同,小康所追求的正是中等生活程度的人生。事实上任何社会都有不平等现象。实际上无论是过去所谓的"社会主义的按劳分配",还是现在所提的"按市场的生产要素分配"都是会有社会差别的。为了保证这种差别公平合理,保证大多数人的参与和分享,而不是歧视排斥和两极分化,提出小康目标便是一个重要的战略思想。这是将"社会目标"和"个人目标"有机地结合起来的现实主义道路,自然会在体制上导向社会主义。

第四,小康社会是一个靠法律和制度来规范,靠精英和能人来治理的社会。人们生活在这样一个"天下为家"私有制社会里,由于分工和等级的存在,所以纷争自然而起,由此必须建立一定的制度来规范个人的行为,保持社会能均衡稳定发展,并有贤德之士来治理国家。中国古籍中关于小康的社会控制与社会分配是十分强调国家的纲纪礼仪,论资排辈和讲究名分。小康推重"正君臣,笃父子,睦兄弟,和夫妻"。在社会分配上不求大富而求中等。可以说,中国的"小康

---

① 毛毛:《我的父亲邓小平:"文革"岁月》,中央文献出版社2000年版,第204、244页。

人家"追求的是一种"中层阶级"的生活方式,意味着安分守己,循规蹈矩,"小康"历来便是一个稳定社会的代名词。

以上有关小康社会的理论特点妥切地表达了一个常态社会符合人性的现实社会蓝图。如果从整个人类世界的长远发展来看,中国追求中等发达水平的小康生活将对世界处于一个稳定进步状态作出积极的贡献。因为中国是一个占世界人口 1/5 以上(22%,2000 年普查)的大国,这么大比例的人口如果能达到中等程度的生活,将是人类进步的一大标志。而且更为重要的事实是,作为一个完整独立的民族国家,这么大比例的统计人口也只能处于中等水准的范围之内,否则人类世界的总体分配将会出现不平衡。对于这一点我们必须要有足够清醒的认识。因为目前世界上处于发达水平的国家总人口大约占到世界总人口的 17%。如果加上中国的人口比例,总数差不多就会占到世界人口的 40% 以上。根据统计学原理,稳定的分配结构应该是一个中间大两头小的正态分布(钟形)。现在有些处心积虑的人对于中国的进步与成长有一种我们可以称之为"统计学的担忧"。他们担心中国这么一个泱泱大国,如果整体生活水平向发达水准迈进将是一个不可接受的前景。因为世界上不可能 40% 以上的人口都处在发达社会的行列,这样势必会影响整个统计分布格局,造成全球性分配的不平衡。因而,中国作为一个统一的主权国家,平均保持中等的小康生活水平将是世界稳定发展的一个重要条件。中国有必要积极面对全球化的挑战,以长期保持中等发达的小康目标来参与世界新秩序的建立。

因此,邓小平关于小康社会的目标设计连带出一系列关于社会主义实践道路的重新选择。而小康发展目标所产生的对中国改革开放巨大的推动力使党和人民加深了对社会主义初级阶段里基本社会情况的理解,采取积极的态度处理个体生活与社会整体发展之间关系。就国家发展而言,中国需要将国强民富"殷实小康"作为自身现代化的现实目标;就社会进步而言,中国需要形成一个有广袤基础的"小康阶层"起到稳定社会的中坚作用。有必要强调一下,具有中国特色的"小康阶层"概念是和国际上通行的"中产阶级"理论有着内在联系的,其间显示了中西方叙事和分析的异曲同工之妙。①

三、社会主义实践从"战时体制"到"平时体制"的转变

中国跨世纪以来社会主义实践的第二个转变集中体现在具体的制度层面。人们不难发现,中国社会主义在体制层面上的变化正在经历着一个从充满战争年代特征的军事体制向一种和平时期的常态体制转换的过程。这种转变首先是由于引进了市场经济的各种条件,使社会主义的各种制度设置更为符合现代经济与社会发展的一般规律。同时,这种转变又是在国际上意识形态冲突淡化的背景下出现的,是冷战时代结束后一个开放与和平发展趋势带来的自然结果。

中国在共产党领导下建设社会主义的历史可以从 1956 年国家宣布完成对城市资本主义改

---

① 卢汉龙:《全面小康与中国的"中产阶级"研究》,《探索与争鸣》2011 年第 11 期。

造算起。而从 1949 年中华人民共和国成立到 1956 年,在中国共产党的领导下中国实行过第一次的经济体制改革。这次改革是将一个殖民地、半殖民地、半封建的私有经济制度改造成一个社会主义公有为主体的经济制度。① 第一次的经济体制改革和 1979 年以后的经济体制改革相类似,也是从农村开始,逐步推向城市的。那就是把解放区开始的土地改革推向全国农村,然后进一步开展农村的集体化运动和对城市的资本主义改造。这些改革的措施是在以新民主主义革命向社会主义革命"过渡"的政治战略下进行的。当时究竟这个过渡时期的目标是什么,对岸在哪里其实也并不是十分清楚的。如前面所提到的,中国的社会主义有着早熟的历史特点,在发展马克思列宁主义的社会主义实践中没有现成的经验可以借鉴。中国社会主义会仿效当时斯大林的苏联社会主义模式,一方面是因为尊奉列宁对马克思主义的发展,另一方面却是第二次世界大战后的国内外形势使毛泽东必须使自己"一边倒"②。中华人民共和国成立后,以美国为首的西方国家对中国实行经济制裁和政治颠覆。从 1950 年朝鲜战争到 1958 年的台海危机,战争的阴影一直没有离开过中国。可以说这样建设起来的社会主义经济与社会制度必然带有浓重的"战时体制"的特征。

从另外一个角度来看,中国素有强权政治和集权统治的历史文化传统。中国共产党的政权是通过武装革命取得的,中国的第一代领导人基本上都曾是军事领导人。1949 年以后城乡的各级中层以上的干部大多也是军队转业的干部。一直到 1956 年,国内许多党政干部仍是采用部队的供给制方式。因此,采取军队管理的方法对中国领导干部来讲相对在行,也是比较习惯的。这正是中国的计划经济体制容易带有战时特征的重要原因。信手拈来,我们可以举出许多中国社会、经济、政治制度中留有战时文化特点的例子。比如,政府国务院部门没有"社会部",但设有"民政部",这是对应"军政"而言的战争时代的军队设置的延伸。③ 在中国的政府机关和国有企业里至今仍广泛保留"后勤"部门的说法。直接生产部门被称为"一线"部门,也就是战场中"前线"的意思。工作职位一向被称为"岗位",至今广泛使用"下岗"其实也是一个地道的军队用语等。

中国的社会主义制度经济上采取集中计划、集中生产、集中分配的方法。这是一种类似于军队管理的生产方法。著名的"大锅饭"事实上也是起源于部队的伙食方式。中国的再分配经济不重视货币在经济活动中的媒介符号的作用,也不强调精确的数量核算,而是采用军事式的资源调拨,自上而下布置任务,靠行政指令(事实上类似于"军事命令")安排工作。在那个年代里,我们耳熟能详的是"××即是命令……","××即是战场……",那样的豪言壮语。日用生活品靠计划供应,也就是通常只有在战争时代、生产停顿时才采用的那种"配给制度"。人们的日

---

① 笔者认为,中国 1979 年至今的经济体制改革是中国共产党领导下的第二次经济体制改革,而且有必要将这次改革和 1949 年开始的第一次改革结合起来认识。也就是中华人民共和国成立以来的前 30 年和后 30 年的发展历史不能割裂开来。

② 指倒向苏联。中华人民共和国成立初期,毛泽东曾多次表示我们就是要"一边倒",以针对美国等西方国家的遏制。

③ 中华人民共和国成立初期,民政部曾一度改设为内务部,但后来又恢复称民政部。

常生活充满着战时社会主义的痕迹。

更为重要的是,中国 50 年代完成社会主义改造后逐步建立起来的社会经济体制,不但表现为经济上的集中计划,而且在社会的组织制度和组织方式上完全也是类军事化的集权管理。从 1958 年起,农村实行人民公社制度。将延续数千年的中国广大乡村编制为公社——生产队——生产小队这样的三级类军队组织。城市企事业单位被组织成结构严密的单位行政系统。大家知道,人民公社是"政社合一"的组织形式,城市的"单位体制"也是一种经济与社会功能高度合一的全能性组织。这些组织均具有部队组织的全能特点。它们既是生产的单位,又是生活的"后方",它们对组织成员具有控制、管理、提供生活保障与公共福利的功能。人民公社和单位系统的组织体制是以部队组织的方式组织起来的,是战时军队组织的各种地方翻版。可以毫不夸张地说,改革前的全国人民实际上生活在一个军事化的集体之中。全国上下思想统一、舆论划一、生产方式同一、生活方式单一。国外社会学家把中华人民共和国的这种社会经济形态称为"新权威主义"①。这种威权政治的运作和管理实质上类似于西方庄园经济时代的"依附制度",是处于工业经济时代之前的一种落后生产关系和社会关系的表现。

显然,战时体制具有强制性的制度和组织效率,它可以集中所有的资源,不惜牺牲地为一个目标去努力奋斗。但是,战时体制的方式在和平时期是难以持久的。因为它失去了为之奋斗的共同目标,淹没了每一个"士兵"的个体性差别与需求,结果只能造成士气的低落和军队的涣散。

战时体制的逻辑是"你死我活",强制性的。但是在和平建设时期,大量的社会情景与社会交往不必一定是那种"零和博弈"的关系。甚至在战后几十年的国际关系中,局部战争的结局也变得非"零和"起来。如果我们仔细观察一下 50 年代初的朝鲜战争和 70 年代中结束的越南战争,我们便可以发现一个耐人寻味的事实:朝鲜战争是一场参战各方都认为自己是战胜方的战争,而越南战争却是一场参战各方都认为自己没有取得胜利的战争。可以说,朝鲜战争开始了一种"双赢"的战争结局思想,而越南战争却又提供了一种"两败"的战争结局教训。所以,人们甚至必须重新审视战争的逻辑与功能。

70 年代后期,邓小平在推行中国共产党领导下的第二次经济体制改革的同时也提出了对外开放的重要决策。这是邓小平对国际国内形势进行综合判断以后所做出的一种英明选择。1972 年美国总统尼克松访华,中美两国领导人在上海签署了著名的《上海公报》,结束了两国长期敌对和互不来往的历史。不久,各方"皆输"的越南战争结束。1975 年,联合国恢复了中华人民共和国的合法地位。接着,日本、美国也相继和中国建立了正常的外交关系。邓小平直接参与了其中一些重大外交事件的决策,同时也有机会出国访问,亲眼目睹世界社会的变化与各国对中国的友好态度。在这样的大背景下,邓小平正确地做出了世界是处于"和平与发展"时期的判断。这一判断对中国的社会主义实践的转变起了十分重要的影响。它除了坚定邓小平对贫穷不是社会主义,中国的体制必须加以改革的紧迫性认识以外,更具积极意义的是,它开始解除

---

① Walder, A. G. 1986, *Community Neo-Traditionalism: Work and Authority in Chinese Industry*. University of California Press.

中国共产党对国外敌对力量的过度担忧,客观冷静地看待共产主义国家在社会主义实践中所走的弯路。回顾几十年的历史,中国的对外政策从在"两大阵营对峙"中一边倒开始,到长期采取"不结盟、不称霸"的保持隔离,直到"和平与发展"条件下的积极参与,中国与世界强国战争对立的姿态逐步有了转变。80年代以后,大陆关于"阶级斗争为纲"的提法得到彻底唾弃,台湾地区蒋经国致力岛内建设、开党禁、消除"戒严令",台海敌对局势开始缓和,香港回归问题摆上政治议题,中国的国际地位日高。种种迹象表明,战争的阴影开始得以化解,中国重新得以以平常之心进入国际社会舞台。所以我认为,经济体制改革简单地讲便是在和平与发展的大环境下将过去的那种战时体制转换成平时体制,恢复经济运行的常态,按一般规律办事。同时,邓小平基于现实的小康思想也导向了在常态体制下实践社会主义。

跨世纪的改革开放使中国经济与社会的体制变得越来越常态化。我们可以从任何一个成功的改革举措中体会到中国的改革实际上是在使一个充满战争时期特别状态下的经济与社会制度逐步走上平时状态的经济与社会制度。1980年,理论界开始引进现代市场经济和商品规律的观念,虽然有无数的争论和意识形态障碍,但是毕竟最后被得到容纳。中国所有的经济改革政策,凡是成功的都是在摆脱战时体制的束缚,向正规市场经济的体制与国际规则靠拢。中国开始逐步恢复了多种经济所有制共存的市场模式,中国开始发行股票与建立股票、期货、金融交易市场,中国开始承认并培育劳动力市场,中国开始建立现代企业制度,中国积极争取"复关"和加入世界贸易组织,中国开始承认发展中会有社会问题和社会分化,中国开始对公民的离境和出国放开限制,中国开始建立和完善在市场经济基础上的新的社会保障制度,中国开始确立起依法治国,建立法治国家的意识,并且在法制建设方面取得了长足的进步,等等。凡此种种事实表明,从战时体制到平时体制的转变可以用来解读中国改革开放后社会主义实践的许多变化。而且,凡是成功的举措,基本上就是回到常态体制。

中国社会主义实践向平时状态变革还集中体现在社会组织形态的变化。1984年,中国取消了农村人民公社制度,重新恢复了乡村建制。1985年中国共产党第十二次代表大会通过的全面开展经济体制改革的决定中明确提出市场化改革的方向是政企分开,要使企业真正成为独立经营的市场主体。改革直接指向城市的"单位行政体制"。随着改革的深入,在整个90年代国有单位所受到的冲击最大,战时状态的单位行政体制正在逐步瓦解。个体对农村公社和城市单位的依附关系逐步走向解体。

对照改革前中国人民的生活形态,最为明显的变化便是经济与社会生活的多样性出现了。这是和过去那种"军事社会主义"的铁板生活形成截然不同的鲜明对照。社会多样性是现代社会的主要特征,也是时代进步的标志。社会多样性的出现正是社会主义重视"人"的一个结果。改革与开放好比使全国城乡居民从部队"复员"到了"地方",农民开始流动,城市里的"单位人"变成了"社会人"。生活变得丰富多彩,绚丽纷呈,但同时也变得有竞争、有差别、有机会、有风险。个人的自我选择多了,自我责任也同时多了。社会需要重新组织起来,帮助每一位成员参与社会共同生活。如何在市场经济的条件下,保持社会对经济条件的控制与意识形态为中心,中国社会主义实践需要进一步创新求变。下面我们来继续分析中国社会主义实践的第三个重要转变。

四、社会主义实践从国家社会主义到集体社会主义的转变

如前述，中国的社会主义实践在完成对"城乡资本主义的社会主义改造"以后，形成一个以国家为主导的集中计划再分配的社会经济体制。这种再分配体制的特点是国家掌握几乎所有的资源，以行政强制的方式来推行社会主义的。也就是说，这是以国家强权实行对经济条件的控制和以国家的政治意识形态为中心。显然，国家控制和社会控制并不是一回事。国家控制只是社会控制的一种特殊形式。因此，学术界将国家控制推行的社会主义称为"国家社会主义"。这里要特别提出重申的是，长期以来，也许是语言翻译的问题，也许是学术落伍的原因，国内学术界一直把"国家社会主义"（state-socialism）和臭名昭著的"纳粹主义"等同起来。其实它们是有区别的两个概念，使用的原词也不同。"纳粹主义"是德文 National sozialismus 的音译，正确的意思应该理解为"民族社会主义"。由于"纳粹"一词中的前缀音 nation 也有"国家"的意思，所以过去有将"民族社会主义"译为"国家社会主义"的说法。特别是 50 年代中国大量使用苏联翻译的概念，均将此混为一谈。而我们这里所说的"国家社会主义"是仅指使用国家权力对经济实行控制推行社会主义的做法。这与一般的由政府来推行社会福利政策不同，但和民族社会主义实行民族扩张和法西斯极权统治更不能混为一谈。

中国采取国家推行社会主义的办法有理论认识上的原因，也有中国国情的原因。在马克思理论中原本就有通过无产阶级夺取政权，实行资本主义向共产主义的社会主义社会过渡的推断，所以用共产党领导的国家力量来实行社会主义是题中应有之义。同时我们也必须认识到，中国政治上采取国家集权统治和管理是素有传统的，其间有环境、人口、经济、社会等综合原因。历史学家认为，中国的地域辽阔，人口众多，长期以来靠农耕经济为主，水是十分重要的生存稀缺资源。中国赖以生产和生存的水系以东西走向为主，经年水患不止。所以治水在中国历来是重要的政治问题。从尧、舜六君至今，统治者的主要职能便是祭天和治水。中国文字中"统治"的"治"也用的是"水"字傍，属"水"部，所以有所谓中国的政治文化是一种"治水文化"。意思是谁能把水治理好了，谁就是英明的领导。治水文化的特点就是要中央集权。因为绵绵水系是一个大系统，必须统一管理，决不能让各地自行其是。同时，让水域各方利益平衡也是中央集权的功能，所以平均主义也是治水文化的又一个特征。虽然就当代的生产力水平来讲，用治水文化来解释集权政治特点未免有点牵强。但集权政治作为文化的传统，的确是中国政治历史中的一个事实。

中华人民共和国成立以后，在当时的国际国内条件下，选择了苏联的社会主义发展模式。这种模式通过权力集中的方式推行共产主义的理想，同时也用共产主义大同的目标来巩固集中

的权力,实行无产阶级专政。由于这种公有制模式的主要特点是以国有化作为公有制的实现形式,使整个经济处于国家各级政府的严格控制之下,经济活动成为政治活动和行政管理的一个部分,形成一种以政府再分配权力直接对经济条件进行控制。这种再分配的经济体制是在大同社会的意识形态理想下设计的。中国的社会主义一步步远离以个人为基础的市场经济受社会控制的原则,走上了经济活动直接受国家控制的道路。集中计划经济靠国家权力强势推行社会主义,结果造成再分配权力和经营发展之间的角色混乱(政企不分问题)。这种被称为"国家社会主义"的做法同时还会碰到如同西方"福利国家"一样的管理技术和成本方面的问题。行政的"权力科层制度"控制了技术性的"权威科层制度",使经济发展的效率低下,所以改革表现为一个国家权力分解的过程。这种分解包括了中央政府向地方政府的"分权",上级部门向下级部门的"放权",以及政府向市场单位、社会部门的"让权"的过程。在整个权力分解和"让予"①的过程中,社群单位成为接受再分配权力消解过程中的直接受惠者,形成了不同的利益群体。

　　在西方文化中,社会的起点是个人。社会是一种人际交往中形成的"伙伴"关系②,是一种"群"的概念。所以孔德认为,关于社会的科学最终会发展到"人学"。但是中国人的文化里社会是"早熟"的,即忽略个人而直接产生整体的"群"的概念。所谓"物以类聚,人以群分"意思便是个人是以所属的"群"来划分的。所以中国社会以群体为起点。启蒙思想家严复在将英国斯宾塞的社会学名著 The Study of Sociology 翻译成中文时,将书名定为《群学肄言》,把"社会学"译为"群学",取西文的"society(今译社会)"对应为中文里的"群"。这是中西社会文化首次交会时中国学人对西方"society"概念的第一感觉。其实当时严复不是没有想到中国语言中的"社会"一词。他在《〈群学肄言〉译余赘语》一文中写道:"群有数等,社会者,有法之群也"。接着又解释说:"西学社会之界说曰:民聚而有所部勒(即英语的 political 的音译——今译政治,本文转引者注)祈向者,曰社会。"③可见严复对西文"社会"的第一感觉的理解是"有组织的、有政治诉求的群体"。同样的理解也在他的另一本著名的译著中得到更充分的证明。那就是甄克斯的 The Introduction of Politics History。在这本译著里,严复将书名译为《社会通诠》,即原文中的"politic"(即"政治")被翻译为中文的"社会"。严复不愧为学贯中西的启蒙学者第一人。他本人对中西文字意境的理解真是到了炉火纯青的地步。他把西方人的"社会"理解翻译为中国人的"群",而将西方人的"政治"理解翻译为中国人的"社会"。所谓"政治"乃是"治理众人之事",即是处理群体之间的关系。这对我们今天来认真思考中国的社会含义,以及在中国人的社会里,社会与政治的关系究竟如何仍深有启迪。在这里我们可以这样说,如果要真正读通中西社会学语汇中传递的概念含义,我们在念到西文 society 时,要把它放在"人群"的语境里去理解,而在念

---

① 我把政府将一部分权力让步给市场和社会的现象称为"让予"政策。这是和20世纪50年代的"赎买"政策有异曲同工之妙。可以理解为是"赎回"政策,即市场和社会将政府过度占有的公共权力"赎买"回来,从这个意义上讲,政府"寻租"在所难免。

② 在西文拉丁文中,社会一词的原意为"伙伴"。

③ 卢云昆:《严复文选》,远东出版社1996年版,第127页。严复提出语言的翻译必须"信、达、雅",他本人的工作确为楷模。

到中文"社会"时,应该把它放在"政治"的语境里来理解。由此在中国(西方),社会结构会被理解为是政治结构(人群结构),社会组织会被理解为是政治组织(人群组织),社会问题会被理解为是政治问题(人群问题),"社会主义"会被理解为是"政治主义"("人群主义")等。这样可以帮助我们读通中外文献,会有茅塞顿开之感。

中国文化中的社会与政治的意义重叠,源自中国的社会不是一种"人-群"的组合,而是一种"群-群"组合的结构模式。由于中国文化里的社会不是由个人组成,社会的组成单位不是个体而是群体,个人只是以属于一定社会群体的"名"与"份"进入"人间世界"(简称"世间",现已少用)的。因此严复曾说:"个人名义不经见,可见中国言治之偏于国家,而不恤人人之私利"。他又形象地比喻说,世间万物均有总体和部分,比如笔是总体,毫毛是部分,饭是总体,米粒是部分,同样,国家是总体,个人(民)是部分。① 从社群组织的角度来看,家庭是最基本的首属群体,世间最复杂和最大的群是"国"。因此就西方人的个人与社会对应关系而言,在中国人的天下世间里,"家"和"国"是一对基本的关系。有史以来"家-国"关系一直是中国人社会关系的主线。中国文化中的这种群体主义的倾向和近代西方传入的社会主义理念可以说是一拍即合。西方社会主义主张资本由国家或社会共同体所有,财富公平分配(牛津词典"socialism"条)。这和中国的群体主义思想传统是不矛盾的。因此中国十分容易接受社会主义的思想理念,而且一旦条件成熟,马上可以把实现社会主义的努力上升到国家级层面所有的社会主义。1949年以后最初二三十年的中国社会主义实践便是在这种社会文化的基础上走过来的。

但是仔细考量一下又不难理解,现代西方的社会主义文明是一种从个人出发的"群体"主义的文明。它是通过物质文明、市场经济和资本主义这三个层面发展起来的。② 物质文明有赖于科技与生产力,市场经济以个人的理性盘算为基础。形形色色的交换是通过个人的行为得以实现的。事实表明中国的社会主义如果没有一定的物质文明为基础,不通过市场经济的发展与发育是难以实现的。邓小平以他作为第一代中国社会主义实践的领导人的经验,实事求是地承认"贫穷不是社会主义",认识到社会主义也要引进市场经济制度。但是,社会主义的市场经济是不是也是要以个人为基本的核算单位,从个体出发的呢?邓小平的"先富理论"和"小康思想"已经涉及了这一点,但并没有真正解答这个问题。对西方社会来讲,市场经济以个体主义为基础是不会有什么疑问的。而且,西方市场经济发展400年,也是从唤醒个体的启蒙运动开始的,是和科学进步、生产力水平的提高分不开的。当这种理性盘算的市场机制引进到以群体为出发点的中国人早熟的社会里来的时候,必然会出现两种不同的后果:一种是以社群单位为主体的集体理性盘算。这可以说是国家社会主义解体之后的原生性结果;另一种后果则是如同在西方社会里一样必然也会唤醒对个体价值的认同,造成生产者的觉醒和消费者的自主,个人的盘算成为市场中最基本的活力。

20多年来在社会主义市场经济的形成过程中,这些原生性的社群集体主义结果已经可以得

---

① 卢云昆:《严复文选》,远东出版社1996年版。
② 布罗代尔:《15至18世纪的物质文明、经济、资本主义》,生活·读书·新知三联书店1997年版。

到许多事实的证明。我国出现了诸如家族经济、族群经济、官僚部门经济、地方经济、单位墙头经济的现象。这些群体的经济盘算，对内是"社会主义"的，对外是"市场经济"的，造成中国社会主义的"集体主义"趋向。①

近代中国没有经过资本主义便进入了社会主义发展的阶段，完全是得益于中国的社会早熟。但是中国的社会主义缺乏个体主义文化的基础也是一个不容回避的事实。当中国的国家级社会主义被发现缺少个人盘算的机制而效率低下时，放权和依赖于较小群体的盘算无疑是自然的结果，但绝不会是唯一的结果。因此我们对中国特色社会主义的理解是：一方面，市场盘算依然十分重要，并仍可在社会群体之间进行，但社会公共性调节的范围已从国家级下降到一般的社会集体（或群体）级，出现了我们可以称之为社会集体的社会主义现象。② 另一方面，"社会主义初级阶段"的理论设计（其实是科学论断的理论假设），意味着我们还要补个体主义不彰的不足。或者说我们的个体主义发展也还处于"初级阶段"。在 20 世纪开始的前 20 多年里，中国曾有过一场个性大解放运动，在当时国内外种种因素的共同作用下，它一方面推动了中国的资本主义发展，另一方面也为中国带来了共产主义和社会主义的思想。辛亥年的中国革命推翻了封建王朝，取得了民主共和的胜利以后，曾经有过开启中国现代化新纪元的很好的机遇。在孙中山的三民主义理论体系里有着十分丰富的"以人为本"的社会主义的思想内涵，或者说是"民本思想"。但是执政的国民党反动派一直没有认真实行三民主义的理想。国民党在大陆执政的年代里，内战外患不断，腐败的国民党根本"没有足够的行政推动力"去实现孙中山所提出的"耕者有其田"的土地改革③，中国经济发展的条件在帝国主义的侵略和殖民掠夺下受到限制。终于，在中国共产党领导下以马克思主义为意识形态指导的中国新民主主义革命取得了成功。应当看到，80 年代开始的中国市场经济改革又一次大大地激发了中国社会的个体觉醒。在 20 世纪最后的这 20 年里，由于引入了常态的市场经济体制的中国广袤的土地上正发生着一场静悄悄的消费革命。市场经济的商业文化带来了个体自主性的增加，反过来正在为个体主义文化的成长提供了土壤和养料。邓小平关于社会主义初级阶段的理论将在中国现代化进程中被不断地证明：早熟了的中国社会将会在市场经济的洗礼下重新审视和调整它的"家国"关系传统，建立起一种新的个体与社会的关系。现在已经认识到，公有制的实现形式可以有多种，不必一定是国有制。进一步尚须认定，在常态体制下，私人财产权是基本的人权，必须得到尊重。适合社会化大生产的所有制方式将是社会化的资本。资本社会化既符合保护私人产权的原则，给经济生活以活力，又可防止私人垄断和国家再分配权力的权贵滥用。披着"国有"外套的权贵所有制比私有制更为可怕，危害更大。种种迹象表明国家权力软化以后，中国实践社会主义的内生力

---

① 卢汉龙：《从墙头经济看中国的集体社会主义》，《上海社会科学院学术季刊》1999 年第 4 期。"集体主义"也可称"集体社会主义"。
② 卢汉龙：《中国社会分层新结构：从国家社会主义向集体社会主义的变化》，载菱田雅晴编：《现代中国的国家与社会关系》，日本静冈大学出版社 1998 年版。
③ 启跃：《国民党怎样丢掉了中国大陆》，新疆人民出版社 1997 年版，第 124 页。

将在族群集体之中。需要十分重视的是在党政权力向社会"让予"的过程中,如何保证公共利益不受掌握再分配权力集团的过度侵害,防止权力集团内部的"集体社会主义"泛滥,以真正体现社会的公平。观察和研究这种家-国关系的变化与发展将是我们社会科学研究工作者的一项十分重要的任务。

(原文主要内容载于彭立荣主编:《中国社会学会学术年会获奖论文集 No.2(2001·济南)》,社会科学文献出版社2002年版;另见卢汉龙:《补课集:中国社会学新探》,上海人民出版社2016年版)

俄罗斯的社会转型

——从浪漫回归现实

潘大渭

俄罗斯的社会转型如若从戈尔巴乔夫时期算起,已经历了十余年的时间,三易其主。在饱受动荡和磨难的这片广袤的欧亚地域上,无论从社会心理层面,还是从社会理论层面来看,人们对自身社会转型的态度和认识从最初的浪漫逐渐向现实回归。这一转变凝聚了俄罗斯人民自己的切身感受和对自己沉痛教训的反思。

一、俄罗斯社会转型的阶段性

俄罗斯社会转型从该社会自身的认识层面上来看,大致可以分为三个阶段:20世纪80年代,在当时的苏联社会中争论焦点集中在是否应该改变现状和如何冲破现存的社会体制。随后,在90年代初期,获得政权的自由民主势力提出激进的改革方案,急切地期盼俄罗斯快速地过渡到西方发达国家的发展模式。在这两个阶段,社会心理的基本取向是对西方的文化和价值观念充满了浪漫主义色彩的向往。进入20世纪90年代中期,激进经济改革对社会带来的负面影响持续蔓延,生产急剧下滑、通货恶性膨胀居高不下、社会两极分化日趋严重、多数民众生活水平骤然下降、社会治安恶化,再加上西方承诺的经济援助迟迟不到位①,所有这些因素导致民众普遍对西方模式的自由经济感到失望,已接受激进经济改革洗礼的俄罗斯则在失望和迷茫中反思,俄罗斯是否应该完全接受西方文化,走全盘西化的道路。带着西化的价值观念与传统的(俄罗斯的和苏联时期的)价值观念的冲突,俄罗斯蹒跚地进入21世纪。

俄罗斯的学界用了三个不同的概念来描述这三个不同发展阶段。一是"перестройка",其含意相当于英语中"reconstruction""reorientation"和"reorganization"三个词的含义,意指对当时苏联政治、经济体制的改造,使其获得新生。二是90年代初期,俄罗斯在论述本国的社会改革时,通用"переход"(transit,过渡)这个概念。"过渡"这个概念意指社会的改革是向一个明确的目标"过渡",即"从极权主义过渡到民主化从行政命令的经济过渡到市场经济"。这个概念反映

---

① 当俄罗斯宣布实施激进经济改革后,西方国家并没有立即慷慨解囊相助。国际货币基金组织是在俄罗斯开始激进经济改革后第7个月才开始实施其援助计划的。

了当时俄罗斯急切希望跨入西方社会的期盼。三是 90 年代中后期,"过渡"这个概念被"трансформация"(transformation,转型)这个概念所替代。这三个概念在词义上的差异实际上反映了俄罗斯社会对"俄罗斯向何处发展?"这个重大问题的认识发生了根本的转变。因为,他们认为,"转型"这个概念所含的意义,虽然有发展的总趋势,但是发展的最终目标和实现目标的途径并不明确。这里隐含了两层意思:第一,对单一发展模式的否定,十余年改革的实践迫使他们放弃改革初期那种浪漫和极端的观点,认识到任何一个完美无缺的社会发展模式只有结合本国实际才会具有生命力,因此在世界上并不存在,也不可能存在一个可供所有国家套用的发展模式;第二,俄罗斯目前在探索新的发展道路时难以形成切合实际的共识,多数人,其中包括部分理论界的精英,对改革的现实结果感到失望,对未来前景感到迷茫。基于这种认识,在俄罗斯的理论界出现两种趋势:一是积极调整自己以往的观点,力图再次寻找切合本国实际的理论;二是放弃理论上无休止的纠缠,力图从解决实际问题着手来逐步实现宏观层面的变化。这一变化在其社会学界表现得尤为明显。

时任全俄社会舆论研究中心主任的著名社会学家 Ю. 列瓦达在回顾和总结俄罗斯近十多年的变化时指出:"显然,'трансформация'这一价值和感情色彩中性的术语能更有效地用来研究目前所发生事件的各个方面。"正如 Т. 扎斯拉夫斯卡娅所说①,这一术语既摆脱"戈尔巴乔夫时期'ускорение'(加速)和'перестройка'(改革)这些口号式概念所赋予的社会-政治幻想,同时也避免了在 90 年代初期改革的关键用语,即'переход'(过渡)这一术语所隐含的目的论。因为正是这个时期的改革表明,这些'游戏'规则导致的最激进变化并没有顺利抵达某个'彼岸'。"②由此可见,对上述"术语"内涵的认识和区分在俄罗斯的学术界已是一种基本共识。

普京主政后在政治、经济和社会方面所作的一系列调整,应该说是对上述变化的一个回应。普京在接手政权时面对的现实是:第一,社会情绪普遍低落。根据全俄社会舆论研究中心 2002 年年底所发表题为《新俄罗斯晴雨表》(New Russia Barometer)的一份研究报告③,对苏联时期的评价持肯定态度的民众从 1992 年的 40% 左右上升到 2001 年的 70% 左右④。另据全俄社会舆论研究中心的 10 年跟踪资料,被调查者中认为应该停止改革的人在 1992 年占 27%,1996 年占 28%,2002 年占 24%,认为应该继续改革的比例在上述 3 年分别为 47%、40% 和 39%,表示难以发表意见的比例分别为 26%、42% 和 37%。⑤ 这表明对俄罗斯现有改革持支持态度的人逐年

---

① Ю. 列瓦达在这里是指 Т. 扎斯拉大斯卡娅在第 5 届"俄罗斯向何处去?"国际学术会议开幕式上对俄罗斯社会改革所作的总结,详见:Заславская Т. И. Социальные результаты реформы и задачи социальной политики // Куда идет Россия? Трансформация социальной сферы и социальная политика. Вып. 5. М.:1998. С. 9 - 11.

② Левада Ю. Свидетели времени Куда идет "Куда идет Россия?"(размышление над серией книг)// Мониторинг общественного мнения. №4. М.:ВЦИОМ, 2002. С. 15.

③ 这项研究历时 9 年(1992 年 1 月—2002 年 7 月),全面记载了俄罗斯近十年来社会变迁的结果和民众的反应。这个研究报告之所以有意义,不仅因为它是全俄范围的十次跟踪调查德结果,而且是出自西方学者之手。

④ Роуз Р. Десятилетие сдвигов, но без особого успеха // Мониторинг общественного мнения. №4. М.:ВЦИОМ, 2002. С. 28.

⑤ Мониторинг перемен:основные тенденции / Мониторинг общественного мнения №4. М.:ВЦИОМ, 2002. С. 5.

减少,而越来越多的人则对改革抱观望或怀疑的态度。第二,俄罗斯社会呈分裂状态。一方面,力主西方价值观念的利益集团在十余年的转型过程中,特别是在私有化的过程中取得了较多份额的社会资源,在世界经济一体化的背景下又处于实际上的强势地位;而另一方面,根深蒂固的传统观念与社会的失望和迷茫情绪交织在一起,则成为广大民众普遍接受的一种价值观念。这两种截然不同的观念相互抵御和对抗,成为制约俄罗斯顺利实现转型的重要原因之一。经历了十余年的动荡和磨难,俄罗斯的广大民众已不再轻信各种可望而不可即的动人口号,厌倦了无休止的争权夺利和政治家们提出的诱人许诺,对现有的政治制度(political institution)普遍表示不信任①,其中尤其是对最能体现所谓俄罗斯政治民主的"杜马"和"政党"表示不信任。② 他们需要实实在在的利益和实惠,他们最关心的是有效的治理,而不是治理的形式。而对既得利益者而言,他们关注的重点自然是力图维护自己既有利益。所以,在某种意义上来说,维持社会稳定,先保住"存量"的利益,然后伺机获得"增量"利益,已成为俄罗斯社会的一种共识。第三,十余年变革虽然使俄罗斯的社会从一个泛国家的一元社会向多元因素决定的社会结构过渡,社会结构演变为多层次的形态,但从科学院的调查研究到卡内基基金会的调查研究③,其结果均显示出俄罗斯目前的社会结构依然是底部略大的金字塔形结构,社会缺乏一个足够的中产阶层,或中产阶级作为支撑改革和稳定社会的力量,而基础层、下层和底层的比例却高达70%以上。特别要指出的是,有相当一部分原属于社会中间阶层的专业人员在转型过程中社会边缘化程度加剧,他们的经济地位和社会地位急剧下降,有些甚至被排斥到社会的下层。④ 从这点来看,俄罗斯的改革政策在过去十余年缺乏应有的社会基础,而社会的管理和稳定仍然主要依靠垂直机制。另一方面,从"千年之交的俄罗斯"到执政期的四个国情咨文,普京无不透露出励精图治的决心,始终把治国目标设定为恢复国力,重振雄风,使俄罗斯"能平等地跻身于世界最发达国家之列"⑤。综合上述两方面的因素,普京欲实现自己的治国宏愿,首先着手的自然是理顺关系,积蓄力量,逐步整合自己的资源,增强国家的宏观控制力,尽快形成新的社会规则和秩序,并在此基础上寻求和激发社会内部的发展动力。正因为如此,普京正式就任总统后就全力推进权力结构改革:强化中央权力、收回地方主权、实行法律专政。引人注目的是,在他就职后不久即毅然出击当时操纵媒体的经济寡头古辛斯基,随即又将矛头指向曾在俄罗斯政坛叱咤风云的金融寡头别列佐夫斯基。普京如此快就兑现自己在就任总统前的诺言,是清楚无误地表明,他将力图

---

① Горшков К. М. Российское общество в условиях трансформации (социологический анализ) М.: РНИСиНП, 2000. Россия: трансформирующееся общество /Под редакцией В. А. Ядова. М.: КАНОН-ПРЕСС-Ц, 2001. Россия в поисках стратегии: общество и власть /Институт социально-политических исследований. Москва, 2000.

② Мониторинг перемен: основные тенденции /Мониторинг общественного мнения. №6. М14. ИОМ, 2002. С. 14.

③ Заславская Т. И. Социальная трансформация российского общества. М.: Издательство «Дело», 2002. Голенкова З. Т. Социальное неравенство и социальная трансформация в российском обществе //Социология и общество. Санкт-Петербург, 2000. Беляева Л. Социальная стратификация и средний класс в России. М.: ACADEMIA, 2001. Малева Т. Средний класс «здесь и сейчас» /Брифинг Московского центра Канерги, Том4. Вып.12 Декабрь 2002.

④ Беляева Л. А. Россия перед историческим выбором //Свободная мысль.1993. №15. С. 61–66.

⑤ Путин В. Послание Президента России Федеральному Собранию в 2003 году. Москва, 2003. С. 1.

在政治上强化国家控制力,在经济上建立有秩序的市场经济,在社会上顾及民意,培育社会健康力量。在执政方针上,普京坚守实用主义的立场并逐渐表露出倾向西方、回归欧洲的态势;面对俄罗斯社会充斥消极、不满和冷漠情绪的现状,普京政府加强了对社会领域的关注,努力缩小贫富差距。2003年10月发生的霍多尔科夫斯基事件也显露出普京决心调整社会转型政策的征兆。普京在治国方略上所显现的与其前任的差别,在一定程度上与俄罗斯学者们对本国社会转型理论思考的变化是契合一致的。

二、俄罗斯社会转型的理论思考

社会转型理论也就是社会发展理论。从广义上说,它包括哲学、经济学、社会学和政治学等学科对社会发展规律及其表现形式的研究。如特指社会学对社会发展问题的研究,则可以追溯到19世纪初社会学诞生之初。自然,讨论不同时期和不同观点的发展社会学理论,不是本章的任务。在这里仅限于讨论近年来俄罗斯社会学界对本国社会转型实践的理论思考,并从其观点的变化中去认识和分析俄罗斯社会转型的特点和面临的问题。

自20世纪80年代后期起,随着对一元意识形态的反思和突破,多元社会思潮在俄罗斯的存在已成为人们接受的现实。虽然在不同时期的社会思潮有其特定的内容,但综观十余年来俄罗斯的社会思潮基本保持这样一个格局,即激进的西方主义和激进的民族主义或斯拉夫主义并存,此外是一些倾向这一方,或倾向另一方的略微温和的中间派。在80年代后期90年代初,鉴于对改革前景过于乐观和浪漫的估计,激进的西方主义基本上主导了俄罗斯(或苏联)社会。反映在社会理论层面,则是崇尚单一模式的现代化理论和精英推动理论。面对一个全然与初衷大相径庭的结果,最初的浪漫热情逐渐消退,在严酷的现实面前,俄罗斯社会跌入不满、悲观和迷茫之中,激进的西方主义已失去昔日的魅力,人们在反思中更多选取的是比较温和的中间观点,在理论思考上相应开始否定单一发展的模式,并努力探索和寻求合理的社会推动力。从而,现有的一些有影响的主流社会学理论并不支持激进的思潮。在他们的理论中,均放弃了以前单一追求西方社会发展模式的倾向,更多地强调俄罗斯的具体国情、民族文化特点和社会民众的选择对社会转型产生的影响。他们明确指出,"现代化"的概念如果只是简单地等同于"向某一种社会模式发展",使用这个概念就不再具有合理性。正因为如此,他们也不愿简单地对俄罗斯社会发展的未来做出任何肯定的预测。

从社会发展的目标设定上来看,在俄罗斯的转型初期(指20世纪80—90年代)所设定的目标是急切地期盼用一种新的体制代替原有的旧体制,而在这一目标部分实现,同时又面对实现这一目标而产生的严重消极后果时,人们开始关注如何缓和社会矛盾,完善现有的社会存在。所以,如果说在改革的前期,俄罗斯的思想界和理论界基本上关注的是如何用新的体制来替代旧体制,如何形成新的社会和经济的发展机制,那么,随着改革引发的负面效应的逐渐显现,人们开始反思单纯的体制替代是否合理,转而关注社会主体对社会变化的反应和社会主体在社会变化过程中所起的积极或消极作用。因此,在现有的一些主流理论中,不仅更多地考虑俄罗斯的国情,而且对"社会主体"提出新的认识。目前,他们所指的"社会主体",除社会精英外,更多的是指社会民众。最直接的体现就是"社会行动者"(social actor)这个概念在文献中频繁出现。俄罗斯改革所形成的举步维艰的局面和产生的社会不满情绪迫使人们将目光重新投向那些承担了改革的代价而获益甚少的民众。

90年代中后期,俄罗斯开始转向"转型"问题时,Г.Ф.纳乌莫娃作为一个在理论上承上启下的社会学家,提出后进现代化理论。她认为,在历史发展的进程中,各个国家的发展有先后之分,发展滞后的国家总是在"追赶"发展超前的国家。后进国家正是通过这种不断的"追赶"来实现自己的现代化。正因为如此,各国的现代化只有一个模式,不存在选择的问题。在某种意义上,现代化是被迫接受的唯一选择。这就意味着,后进国家不是选择什么发展模式,而是如何朝这唯一模式发展的问题,即后进的国家如何追赶先行一步的欧美国家。虽然如此,但她并不同意采取激进的手段来实现"现代化"。在她看来,在后进现代化社会要解决的不是纯"工艺"问题,即制度和文化的移入,而是所移入的制度和文化与发展的关系问题。所以,某些后进现代化社会强行替换价值观,往往出现经济暴虐和文化暴虐。正因为如此,她强调从民族心理的角度来讨论一个国家的民族性对社会发展的影响,而不是从民族文化的角度来讨论这个问题。确切地说,主要应该讨论人是如何有意识和积极地创建自己的内心世界,人是如何认知和评价社会过程、自己在社会过程中的地位、在有意识选择自己生存模式时如何调整和构筑自己的价值观。①

从理论渊源来看,Г.Ф.纳乌莫娃的后进现代化理论,实际上是现代化理论和趋同论的翻版。这些理论认为,在统一的全球社会中,社会变化的趋势由边缘向中心发展。作为第二次世界大战后兴起的现代化理论和趋同论,其历史背景是当时世界各国划分为发展程度不同的三个世界,随着三个世界之间的联系和影响日益增多,社会学家开始思考在非同质的全球构成体中社会变化的趋势。现代化理论和趋同论在70—80年代曾一度遭到冷遇,进入80年代,特别是中东欧一些国家和苏联发生剧变后,后现代化理论作为趋同论的变体重趋活跃。作为在50—60年代流行的现代化理论和趋同论,其基本观点是一致的,他们认为,社会呈线性发展,即较不发达的国家沿发达国家的方向发展,其发展趋势是必然和不可逆转的,而最终的目标是现代化。② 由此得出的结论只能是:在现代化进程中社会的发展只能沿用一个模式。Г.Ф.纳乌莫娃在俄罗斯从"过渡"时期转向"转型"时期之际,也就是俄罗斯在还没有完全摆脱"过渡"时期偏激观点影响的情况下寻求改革的出路之际,既秉承了现代化理论和趋同论的主要观点,同时又不得不面

---

① 参阅 Наумова Г. Ф. Рецидивирующая модернизация России: беда, вина, ресурс человека. М.: Эдиториал УРСС, 1999。

② T. Parsons, Societies: Evolutionary and Comparative Perspectives. Englewood Cliffs: Prentice Hall, 1966; Neil J. Smelser, Social Change in the Industrial Revolution. London: Rutledge University Press, 1959; Shmuel N. Eisenstadt, Modernization: Protest and Change. Englewood Cliffs: Prentice Hall, 1966b; Samuel P. Huntington, Political Order in Changing Societies. New Haven: Yale University Press, 1968.

对俄罗斯的实际指出"后进现代化社会要解决的不是纯制度和文化的移入,从而部分地汲取了后现代化理论中对社会推动力的重新认识"。正因为如此,Г.Ф.纳乌莫娃的后进现代化理论,一方面并没有完全回答俄罗斯社会现实提出的问题,为俄罗斯的改革指出一个切合实际的方向,但另一方面她在批判制度和文化简单移入的基础上指出人的认知和评价在社会变化过程中的适应和重构问题,这对后来一些社会学家重新理解和解释社会主体在社会转型中的作用具有一定的积极影响。

面对与改革初期的期望大相径庭的结果,一部分曾对全盘西化寄予希望的社会学家,如Г.Т.扎斯拉夫斯卡娅和В.А.亚多夫等人,通过反思纷纷提出自己折中的转型理论。Г.Т.扎斯拉夫斯卡娅和В.А.亚多夫皆是俄罗斯社会学的奠基人。早在20世纪50—60年代他们就作为开拓者亲手推动了苏联社会学的恢复和重建。从学术思想来说,社会学在当时苏联的整个学术界是接受意识形态"解冻"影响最深的一个领域。在当时担任苏共中央理论和政治刊物《共产党人》杂志主编和主管苏共中央科学文化工作的А.М.鲁缅采夫的直接支持下,在社会学界聚集了一批思想活跃的青年学者。"布拉格之春"事件发生后,苏联意识形态重新收紧,相当一批从事社会学研究的学者被调离莫斯科,其中包括Т.И.扎斯拉夫斯卡娅和В.А.亚多夫在内,分别被"遣散"到新西伯利亚和列宁格勒(现圣彼得堡)。但他们依然按自己的意愿和观点继续从事社会学研究。如Т.И.扎斯拉夫斯卡娅在阿甘别吉扬的指导下深入农村调查,这些调查为她日后发表的著名报告《一个社会学家的札记》提供了基础资料,同时也促成她成为一个对苏联体制持批判态度的学者。① 在戈尔巴乔夫时期她曾是当时改革方案设计的直接参与者,后又担任叶利钦的总统顾问。但就是这位曾痛斥苏联体制,积极倡导改革的学者,面对改革的实际结果和眼前的现实不得不流露出悲观失望的情绪,改变自己的初衷。扎斯拉夫斯卡娅在《改革的社会结果和社会政策的任务》一文中明确表示我个人对(改革)结果的评价是悲观的。②

Г.Т.扎斯拉夫斯卡娅在自己以前的理论中主要强调社会精英的创导性活动。她认为,参与转型过程的多元主体包括社会精英有目的的活动和社会民众的适应性反应活动。民众只是消极地适应精英创导的活动。③ 然而,在她近期提出的制度——结构理论中,强调社会的转型不能简单地依靠制度的移入,同时还指出"社会行动者"的活动既包括社会精英的创导性活动,也包括社会民众的活动。在这一点上,Т.И.扎斯拉夫斯卡娅与20世纪80—90年代兴起的后现代主义有某种契合。在批判现代主义理论和趋同论的基础上,后现代主义理论正是在"社会行动者"和发展模式上提出与现代化理论和趋同论不同的观点。前者认为"自上而下"行动的政治精英已不被视为现代化的推动力。发动群众,即"自下而上"的活动被置于关注的焦点,因为这种活

---

① 参阅 Россия, которую мы обретаем: Исследования Новосибирской экономико-социологической школы / Институт экономики и организации промышленного производства Сибирского отдела РАН. Новосибирск: Наука, 2003.
② Заславская Т. И. Социальные результаты реформы и задачи социальной политики // "Куда идет Россия?" Трансформация социальной сферы и социальная политика. М.: МВШСЭН, 1998. C. 5.
③ 参阅潘大渭:《俄罗斯社会学的发展和研究现状》,载《国外社会科学前沿》上海社会学科学出版社1999年版,第77—122页。

动往往对抗墨守成规和保守的政府。现在,自发性的社会运动和有魅力的领袖人物被视为现代化的主要活动者。① 与此同时,后现代主义还认为,现代化具有多元的发展模式和多维的发展过程。② Г.Т.扎斯拉夫斯卡娅提出这一观点,不仅是看到俄罗斯的转型之所以举步维艰在于缺乏社会内部生成的动力,而且也表露出对俄罗斯现有"精英"的失望。在自己的理论中,她还借用了 T.帕森斯"societal society"的概念来表述多层次和多维度的社会转型过程,提出社会转型涉及社会体制③的三个方面,它们依次为:权力机构等作为社会外壳的社会制度、社会里层的社会结构和社会内核的社会文化。改革活动最先涉及的对象往往是社会制度(social institution),特别是决定社会的制度社会④类型的那些社会制度,即权力制度、所有制、市民社会和人权。但是,在这些制度中只有行政和法律的形式部分,即行政和法律制度的组织机构、组织形式等能直接实施改革,而它们的社会文化基础只能作为间接调节的对象。社会体制中比较深层和比较难以控制的层面是社会结构。对社会结构不可能直接实施改革,只能通过相关制度的变革来实现预设的变化。社会结构的变化与制度的形式基础变革相比,是衡量和评价改革比较具有实在内容、比较可靠和比较具有社会意义的指标。变革最基础的战略目标是社会文化,在这里是指主要的社会价值观结构、需求结构、社会动机及其趋势、日常生活活动的规范和方式等。社会文化特征的变化,是衡量社会变革是前进还是倒退的重要标志。决定和影响这些变化的社会机制,主要是"社会行动者"的相互作用。扎斯拉夫斯卡娅自己并不隐讳,这一思想在理论观点上有相当一部分吸收了诺贝尔奖获得者 D.诺尔顿的制度学派观点。⑤

B.A.亚多夫是改革初期另一位力主西化的社会学家。与 Г.Т.扎斯拉夫斯卡娅一样,他在自己 90 年代末提出的多元社会发展理论中越来越多地强调俄罗斯的特殊国情。⑥ 他认为,今天的社会发展理论的出发点,在肯定社会变化是合乎常规的同时,不应该有任何预先设定的综合标准来评价社会的变化。此外,在社会理论中除"实证知识"外,必然还应该有人的价值舍取。人类历史的进程否认了各个国家和民族都是按中欧或西欧模式那种直线式的、非循环的和渐进的发展理论。历史不是自然—历史过程,而是社会—历史过程。也就是说,在现代社会虽然有一个共同的发展趋势,但没有,也不可能有一个统一的发展模式。他与 Г.Т.扎斯拉夫斯卡娅一样,把自己的理论建立在"社会行动者"的作用上面。所以他指出,研究社会转型的第一个要点,是

---

① Штомпка П. Социология социальных изменений. М.: Аспект Пресс, 1966. C. 181.
② 同上,第 182 页。
③ 在这里的"社会体制"("societal society")类似我们平时所指的广义上的"社会制度"。作者更多地从"社会结构"和"社会制度"的角度来论述。为了区分"social institution"(社会制度),故在这里用"社会体制"表示。
④ 帕森斯把社会分成三个层次:个体的、社会的和制度社会的。在制度社会这一层次主要描述社会的功能和社会制度。
⑤ 参阅 Заславская Т. И. Социальная трансформация российского общества. М.: Издательство «Дело», 2002. C. 498.
⑥ 参阅 Россия: Трансформирующееся общество /Под редакцией проф. В. А. Ядова. М.: Кано-Пресс-Ц, 2001. Социальные трансформации в России: теории, практики, сравнительный анализ (рукопись)/Под редакцией проф. В. А. Ядова. М.: 2002.

必须认识到社会转型不仅仅是制度的变迁,更重要的是社会行动者的作用。① 在社会转型过程中,主体会对该社会的内部挑战和全球范围的外部挑战作出自己的反应,警告或制止不符合自己意愿或认为是危险的各种趋势,促成各种符合自己意愿的趋势。正因为如此,他把社会认同视为研究社会转型的第二个要点。在他看来,社会文化观点和主体活动观点应该比结构功能主义更适于解释当今社会发生的变化。就俄罗斯而言,俄罗斯社会是属于不同于欧洲文明的另一种文明,它是"另一个欧洲"。西方社会的稳定是依靠横向相互作用的公民社会结构,而俄罗斯的社会体系是以纵向相互作用为基础的金字塔。这将决定俄罗斯是会再次形成权威主义,还是形成一个有民主取向的强政府。但有一点是明确的,即如果民众意识不认同国家的权力结构,或者说国家权力结构在民众意识中缺乏合法性,那么俄罗斯将不可能实现有效的社会转型。同时,俄罗斯的文化特点决定了俄罗斯的社会认同的分裂。这决定了俄罗斯的社会转型的趋势将是一些大城市成为西欧类型社会发展的"前哨",而在这些城市的周围是一些保留了相当多俄罗斯传统秩序,甚至苏联时期传统秩序的"停滞"地区。

А.С.阿希耶泽尔从文化的角度提出类似的观点。② 他认为,从文化的角度来看,俄罗斯社会处于两种文明之间,所以是一个分裂的社会。А.С.阿希耶泽尔提出,认识社会的发展机制、发展规律和解决其面临的问题应从三个层次着手:在一般哲学层次从主体的角度研究在各个层次实现自身和整个社会再生产的社会主体的主观生产活动;第二个层次揭示历史过程变动一般规律;第三个层次研究具体的历史过程。因此,分析社会的变动首先应该分析再生产方式的结果。再生产的类型与一定的基本文明类型相联系。传统文明所具有的是静态的再生产,其目标是维持现有的社会。社会的整个体系,以及这个体系的各个部分(社会关系、文化、个性),都与被理想化的旧观念相适应。在自由文明中占统治地位的是积极的再生产,其特点是积极实现社会再生产,不断深化其文化内涵,提高社会的效益。处在两种不同类型文明间的国家,在社会自身越来越复杂的过程中,其变动具有冲突性和自身的破坏性。两种不同类型的文化就像两个不同的种族。每个种族都是一个"被教化"的介质。它们自身的再生产,是通过各种形式的结构性紧张的再生产实现的。社会的进步或退步,取决于不同种族间这种双重性的再生产机制的变化。借助这种综合性的观点可以提出这样一个逻辑形式,即作为思维的和大众行动的形式本身,同时又是建立或破坏社会关系的形式,即社会变动的形式。在理解这个问题时有两个关键的范畴:逆转和调解。逆转是把已积累的昔日社会文化外推至新的情景,结构问题处在前沿,功能问题从属于结构问题。逆转作为一个社会现象,是大众愤懑的大规模爆发,调解是在二元对立的两极寻找适度,以此形成新的意义、新的文化层面、新的二元对立。在这种新的对立的体系中,出现全新的社会关系和新水平的再生产活动,从而使个性和社会关系得到发展,形成历史过程的

---

① 社会行动者(social actor),即积极行动并影响社会现实的人或组织,所以从普通的公民到一个国家的政府或国际组织,都是社会行动者。

② Ахиезер А. С. Россия:некоторые проблемы социокультурной динамики/Мир России. 1955г. №1.

变动。俄罗斯则处在两个文明的中间,这是兼有两种文明的文化和社会关系成分的一种特有的中间文明。这种文明缺少本质联系,容易产生悲剧式的事件,从而使破坏性再生产占有主导地位。由于缺少两种文明间的本质联系,社会无法克服文化与社会关系之间的矛盾,所以俄罗斯社会是分裂的社会。A.C.阿希耶泽尔指出,在分裂的情况下,社会总是在不可逆转的混乱边缘保持平衡。在分裂社会,每个分裂部分的意图和努力都会产生飞旋镖的双重效应,各分裂部分以相反方向产生作用,试图使对方休克和陷入混乱。分裂是社会价值观念的表象。它具有各种不同的形式:社会与国家之间,民众与权力精英,民众与思想精英,精英与精英之间,在审议某些重要决定的条款之间等。当对立的价值观念出现分裂时,会感染到民众和个体。俄罗斯目前就是处在这样的状态之中,也就是俄罗斯多次无法实现顺利转塑的原因所在。

Г. Ф.纳乌莫娃的理论与 Г.T.扎斯拉夫斯卡娅、В. А.亚多夫、A. C.阿西耶泽尔的理论虽然在提出的时间上并没有很大的距离,但是从它们之间的差别可以看出俄罗斯学者在对本国转型的基本判断和认识上的变化。可以说,多数人对20世纪80—90年代的改革结果均表示失望,而对俄罗斯社会发展前景则缺乏明确和乐观的判断。面对以往试图割断历史和盲目照搬带来的沉痛教训,在认识上逐步向现实回归,更多地顾及本国的国情和实际。他们普遍看到,仅仅依靠少数精英自上而下的推动而忽视社会内在积极性的生成,是导致俄罗斯改革陷入困境的主要原因之一。这些认识反映了俄罗斯社会对20世纪80—90年代以来所实施一系列改革的态度和接受的程度。按一般规律说,人们的认识是一个逐步深化的过程,随着认识的深化,人们的认识越来越接近事物的本质。然而人的认识过程并不是一个直线发展的过程,所以我们也不能断言上述的理论一定就是当前在这一领域最接近事物本质的认识,但至少反映了在这一阶段社会普遍接受的看法,或者说这些理论总结和概括了社会对改革的态度和看法。值得注意的是,在俄罗斯当局的施政中也逐步体现出理论上的这一变化。这表明俄罗斯社会已形成这样一种共识,即由权力精英实施的自上而下的改革与社会基础层面为谋求生存而发生的自发性改革(或称为"应变")相互交织、相互作用,已成为今日俄罗斯社会变革的一种范式。为激发社会积极性,在社会内部生成转型的推动力,俄罗斯将会调整和改变前一阶段完全依靠精英推进改革的方式。

(原文载于冯绍雷、相蓝欣主编:《俄罗斯的社会转型》,上海人民出版社2005年版)

社会转型期的人民内部矛盾辨析[*]

陶 冶

20世纪70年代末以来,我国社会以经济改革为先导进入了一个从社会主义计划经济体制向社会主义市场经济体制转变的社会转型期(也有称之为社会转制期或转轨期)。如何正确认识和处理社会转型期的人民内部矛盾,已成为学术界研究的重要课题。在认识这一问题时,有的简单地从毛泽东当时论及的各种人民内部矛盾来对比今日的人民内部矛盾,有的囿于《关于正确处理人民内部矛盾的问题》一文所述方法。笔者认为,仅仅继承毛泽东当时的论述是不够的,需要从社会现实的发展中深入研究当今社会转型期的变化,对旧有的各种人民内部矛盾和新发生的人民内部矛盾都要把握,根据各种矛盾的特点探索解决的方法。只有这样才能从实践和理论上丰富关于人民内部矛盾的学说。

一、当前社会转型期和当时社会的差异

本文试从社会实际和理论认识两方面来认识当前社会转型期与当时社会的差异。

(一)社会实际:社会经济格局和社会阶级组成的差异

1957年年初的社会经济格局是在经过对个体农业、个体手工业和资本主义工商业的社会主义改造的基础上形成的,并正在运用国家权力,建立新型的社会主义计划经济体制,准确地说,正处于构建这个经济体制的起点。这可从下列三个层次看:

第一,经济的所有制构成。因缺乏全国范围的各种所有制资料,现用不同产值来反映各种经济所有制的比重。工业产值方面:国营工业占67.5%,公私合营工业占32.5%,私营工业仅占0.1%。商业的批发业方面,国营、供销社和公私合营企业所经销的比重达99.9%,私营的也仅占0.1%;商品零售额中除私营商业占7.6%外,其余皆是国营、供销社、公私合营企业所销售。农业中参加合作社的农户占总数96.3%。手工业方面合作社手工业产值占91.7%,个体仅占8.3%。[①]

第二,国家财政收入构成。国家财政收入由于所有制的改造也从源自多种经济所有制转为

---

[*] 本文获第三届上海市哲学社会科学优秀论文二等奖。
[①]《陈云文稿选编》(1949—1956年),人民出版社1981年版。

以公有制经济为主,1956年全国财政收入源自全民所有制经济的比重从33.4%(1950年)上升到73.5%,源自集体所有制经济的比重从0.3%(1950年)增加到15.7%,源自公私合营经济的比重从0.4%(1950年)增加到8.6%,而源自私营经济和个体经济的比重分别从30.2%、34.5%(1950年)下降到仅占2.2%和2.1%。①

第三,经济运行机制中的计划和市场关系。所有制改造以后,政企趋向合一,国家通过制定全国经济计划直接组织经济生产,如当时负责经济工作的领导人所说:全国工农业产品的主要部分是按照计划生产的,同时有一部分产品是按照市场变化而在国家计划许可范围内自由生产的。计划生产是工农业生产的主体,按照市场变化需求的自由生产是计划生产的补充。② 自此以后一个从中央到地方直至基层的高度集权的计划经济体制逐步构建起来。

与经济格局变动密切关联的社会阶级阶层组成随之发生重大变化,官僚资产阶级和封建地主阶级被消灭,剥削阶级成员在改造中。富农阶级也正在被消灭、改造之中。民族资产阶级在生产资料所有制改造以后,整体意义上的阶级已不存在,作为个人领取定息者114万人,处在由剥削者变为劳动者的转变过程中。③ 农民和其他个体劳动者共约20 670万人通过合作化变为集体劳动者,工人阶级,包括全民和城镇集体所有制在内有2 753万职工,是国家的领导阶级。④

概括地说,当时社会的经济成分和社会阶级已由多元向一元化统一。可以想见,各种社会成员在短短几年中被统一在一种所有制经济体制、一种政治制度和一种意识形态下,矛盾将是怎样的复杂、激烈。1956—1957年上半年内所发生的许多社会事件正是这些矛盾的反映。毛泽东在这个时候清醒地提出区分两类不同性质的社会矛盾的课题,告诫全党要正确处理好人民内部矛盾,在理论上是对马列主义的一个创造,在实践中则非常及时地对国家政治生活起了重要的指导作用。

当前再提正确处理人民内部矛盾,已处于一个不同的社会转型阶段。经过20多年计划经济体制实践以后,人们认识到这个体制对发展生产力的局限和弊病,通过渐进的改革,建立以市场作为配置资源基础的经济体制,即市场经济体制。从计划经济体制转向市场经济体制这一社会转型,使经济格局与1957年发生了重大差别。

仍然从三个层次看。在经济的所有制构成方面,形成了以公有制为主体,多种经济并存的局面。从各种所有制的产值方面看,全民所有制工业的比重从77.6%(1978年)下降到56%(1989年),集体经济比重增长到35.7%(1989年),"三资"企业、私营经济产值的比重由几乎为零上升到8.24%(1989年)。⑤ 国家财政收入的来源也发生了变化,源自全民所有制经济的收入比重从88.5%(1971年)下降到71.6%(1985年),源自集体所有制经济的收入增长到23%(1985

---

① 财政部综合计划司编:《中国财政统计》(1950—1985年),中国财政经济出版社1987年版,第30页。
② 《陈云同志文选编》,人民出版社1982年版,第12页。
③ 《中国社会统计资料》,中国统计出版社1987年版,第38页。
④ 同上。
⑤ 《中国社会发展报告》,辽宁人民出版社1991年版,第138页。

年),源自私营经济的收入比重增加到5%(1985年)。① 经济运行机制的计划和市场关系方面,经过逐项渐进的改革,政府正在退出直接组织生产、流通、分配的具体领域,而通过各种杠杆(利率、税负、产业政策导向等)宏观调控市场,让市场发挥配置各种资源的作用,市场的作用在不断增强,到1992年年初,在全部社会商品中,计划决定生产的生产资料商品已降到30%以下,消费品则不到10%,其余皆由市场调节。

至于社会阶级阶层的组成,与1957年的差异更大。在农村,占全国农户总数98%的1.8亿农户实行家庭联产承包制,农民家庭又成为自主的商品生产者。到1989年年底,5.36亿农村人口中的4.09亿劳动者,已有9500万成为乡镇企业职工,1444余万个体工商户从事商业、服务业和交通运输业,有313万民办教师和文化工作者,有127万农村医生和社会福利工作人员,有100余万半脱产、脱产的农民到县、乡两级政府任职(合同制工人)。这一亿多已经从事非农产业的劳动者,大约相当于7000万户,占全国农户总数36.4%左右。② 他们的身份已经从农民转化出来,取得了新的职业和社会地位,成为新生的社会阶层。城镇地区社会阶级阶层的变化更复杂些,这里仅从就业的单位所有制分析,全民所有制单位职工9980余万,占城镇地区劳动者70%(1988年,下同),各种集体所有制单位职工3527万,占24%,个体工商户1887万余户,从业人员3184万人③,私营业主及其雇工159.8万。④ 在阶层方面比较显著的是,一个握有职权、收入相对较高的社会管理层正在形成,一个掌握着生产资料、收益较高的私营经济业主群体已经出现。

社会转型期的经济格局正在从一元向多元并存发展,社会阶级阶层从原有的工人、农民两个阶级基础上正在分化、发展为多个阶层,这种分化尚在初期,还要发展、细化。形象地说,社会转型期的社会趋向是分化、发散式的,与1957年社会趋向收敛、集中恰恰相反。这一社会趋向的基本特点决定着各种人民内部矛盾的普遍、多样化和复杂化,这也给解决人民内部矛盾的方法带来了一系列的问题。

(二) 理论认识:对社会主要矛盾和中心工作认识的比较

在理论上,与人民内部矛盾紧密相关的是社会主义社会的主要矛盾问题,它在认识社会矛盾的哲学层次上,制约和关联着人民内部矛盾,因此有必要在这方面进行比较。

1956年秋,党的八大《政治报告》和《决议》都指出,我国无产阶级和资产阶级之间的矛盾已经基本解决,国内的主要矛盾,已经是人民对于建立先进的工业国的要求同落后的农业国的现实之间的矛盾,已经是人民对于经济文化的迅速发展的需要同当前经济文化不能满足人民需要的状况之间的矛盾⑤,当时这个观点在党的全国代表大会上通过,是全党的共识,现在来看已被

---

① 财政部综合计划司编:《中国财政统计》(1950—1985年),中国财政经济出版社1987年版,第30页。
② 《中国社会发展报告》,辽宁人民出版社1991年版,第138页。
③ 《上海证券报》1994年9月26日。
④ 《中国社会统计资料》,中国统计出版社1990年版,第48、52页。
⑤ 《中共八大政治报告》,数字摘自同书。

实践证明是正确的。但是由于多种因素,这一重要的正确观点后来未能贯彻执行,其中很重要的原因,是毛泽东对我国社会主要矛盾的认识有了反复和变化,最后偏离了这一正确观点。这集中表现在《关于正确处理人民内部矛盾的问题》在 1957 年 2 月的讲话原稿和同年 6 月发言稿两者之间的重要改动中,以及同年 10 月的八届三中全会上的发言。已有人对两篇文稿进行比较研究后指出:(1) 在发言稿中增加了"无产阶级和资产阶级之间的阶级斗争,无产阶级和资产阶级之间在意识形态方面的阶级斗争还是长期的、曲折的,有时甚至是很激烈的"文字,这在逻辑上和讲话原稿中主要矛盾是人民内部矛盾的主旨相冲突。(2) 提出在意识形态方面社会主义和资本主义之间谁胜谁负的问题没有真正解决的论断,间接否认马克思主义在国家生活中已取得的指导地位,又提出要进行"政治战线和思想战线上的社会主义革命"。(3) 两稿的全文,都无一处提及当时我国社会的主要矛盾是什么,虽然提到了"革命时期、大规模的急风暴雨式的群众性阶级斗争已经结束了",提到了"向自然开战",但是这些提法显然不能代替对社会的主要矛盾明确的、概括性论述。① 在夏季,国内少数右派分子的活动和其他国际因素,对他的认识和判断产生了很大影响,到该年 10 月的八届三中全会上,他明确否定了"八大"《决议》的观点,说"讲主要矛盾是先进的社会主义制度同落后的社会生产力之间的矛盾。这种提法是不对的",而很坚定地说:"无产阶级和资产阶级的矛盾,社会主义道路和资本主义道路的矛盾,毫无疑问,这是当前我国社会主义的主要矛盾。"②

当时其他领导人对社会主要矛盾的认识和党的八大《决议》是一致的。如刘少奇认为:"公私合营以后,无产阶级与资产阶级的矛盾也基本解决了。现在人民内部的矛盾已成为主要矛盾。"③然而由于毛泽东在领导层处于的特殊地位和党内民主不充分,他的认识和观点成为党的占主导地位的基本认识,在以后的政策方针和实际工作中,逐步把无产阶级和资产阶级的矛盾作为主要矛盾来看,党的中心工作也就转移到抓社会主义和资本主义两条道路的斗争上去。

因为在理论认识上发生错误,把并非社会主要矛盾的所谓两个阶级矛盾当作主要矛盾,也就不可能正确地认识当时各种人民内部矛盾并把它们置于恰当的地位来处理,例如:把在党的会议上提出不同意见的彭德怀等人当成资产阶级代表人物来斗争,把安徽农民自发组织搞家庭承包当成走资本主义道路批判,等等,教训是很深刻的。

现在,我们对社会主义社会主要矛盾的认识已经回到了正确的观点和立场上。十一届三中全会果断地停止使用"以阶级斗争为纲"的口号,重新肯定党的八大关于社会主要矛盾的正确论述。党的十三大又明确我国社会处于社会主义初级阶段,在这个初级阶段里,主要矛盾是人民日益增长的物质文化需要同落后的社会生产力之间的矛盾。邓小平明确阐述了主要矛盾和中心工作的关系,"目前时期的主要矛盾,也就是目前时期全党和全国人民所必须解决的主要问题

---

① 中国人大中共党史编:《新中国 40 年研究》,中国人大出版社 1990 年版,第 127 页;《晚年毛泽东》,春秋出版社 1989 年版,第 40 页。
② 《毛泽东选集》第 5 卷,人民出版社 1977 年版,第 475 页。
③ 《刘少奇选集》下卷,人民出版社 1981 年版,第 269 页。

或中心任务,由于三中全会决定把工作重点转移到社会主义现代化建设方面来,实际已经解决了。我们的生产力发展水平很低,远远不能满足人民和国家的需要,这就是我们目前时期的主要矛盾,解决这个主要矛盾就是我们的中心任务。"[①]

这些认识和观点在领导层是比较统一的,并且由此形成政策不断付诸实践,虽然前几年一度出现过"以反'和平演变'为中心、两个中心一起抓"的主张,由于对主要矛盾的认识坚定,及时否定了这种主张,排除了干扰。这是我们今天认识和处理人民内部矛盾非常有利的社会宏观条件,它有两个方面积极作用:第一,在对主要矛盾正确认识的前提下,从事实际工作的人在政治稳定、发展趋向明确的大环境下思想较统一地去认识和处理各种人民内部矛盾。第二,重申"百花齐放,百家争鸣"的方针,给学术理论界提供了探讨科学真理的宽松氛围,不戴帽子,不打棍子,允许不同观点的争论,允许认识错误和修正错误,这进而又有利于对社会转型期各种矛盾(包括各种人民内部矛盾)的研究和认识深化。

二、在社会的利益格局转换中认识人民内部矛盾

自20世纪70年代末以来,在正确认识社会主义社会主要矛盾、确立正确的中心工作的同时,我们已认识到高度集权的计划经济体制对发展社会生产力的局限及其弊端,必须进行改革。经过多年探索和实践,1993年秋,确立了建立社会主义市场经济体制为经济改革的目标。这一改革和当今的人民内部矛盾是怎样的关系呢?或者说当今的社会变革怎样影响着人民内部矛盾呢?下文试从确认社会主要矛盾延伸而来的利益主体问题和改革带来的社会的利益格局转换两方面来分析。

(一)确认社会主要矛盾必然承认各种利益主体的地位及其行为正当

肯定了社会主要矛盾是人民日益增长的物质文化需要和还不能满足这种需要的社会生产之间的矛盾,也就要承认以地区、生产单位、农户家庭、劳动者个人等各种形式出现的利益主体的合法地位。所谓利益主体,是指具有自身利益愿望,并能自主地行动实现其愿望的个人或由个人组合成的群体或组织。在原体制下,这些个人或组织也都存在,然而由于内外两方面因素,并非利益主体,只是个利益体。因素之一,在利益体本身,因为原体制下倡导的价值观超越了现实阶段,不分对象、在全国范围内倡导国家利益高于集体利益、集体利益高于个人利益,而不是合情合理地处理国家、集体和个人三者的利益关系,合理的利益愿望得不到应有承认,谋取利益的正当行为受到抑制。因素之二,在利益体外部,社会的各种资源(生产资料、资金、权力职位、就业机会、工资奖金、医疗保障、住房等)都被纳入各种计划,利益体只能接受计划的安排,不可能自主地使用资源去谋取利益。改革以来,各种利益体通过政府下放权力,获得应有的自主权,发挥自身积极性逐步成为利益主体。多年来确立的一系列法律法规(如"三资"企业的法律,国

[①] 《邓小平文选》人民出版社1983年版,第168页。

有企业转换经营机制的法规,农村生产经营中的政策和法规、劳动法等)就是在企业、农户家庭、劳动者不同层次上确认各种利益主体的合法地位。于是各种利益主体的地位开始凸显,其追求正当权益的行为也得到承认。于是各种利益主体在争取自身地位和权益过程中彼此间会发生矛盾,在人与人的关系层次上,只要根本利益不是对立的、不可协调的,这些矛盾应当都是人民内部矛盾。

(二)改革——社会的利益格局转换

从原来高度集权的中央计划体制转变为市场作为资源配置基础性手段的市场经济体制,是一场涉及生产组织和运行机制,社会管理组织和权力运用,有关的具体社会制度、各社会成员既得利益和地位、生活方式和价值观念等众多领域的社会变革。

在原体制下各社会成员在各自一定的个人和外部的条件下具有不同的既得利益和相互间的利益关系,这就是社会的利益格局。例如城镇地区的全民所有制企业占有较好的各种资源要素(有机成分较高的固定资产、较多的国家投资额,素质较好的劳动力,由计划保证的原材料供应和产品销售等),从而获得较好的利润并分配于其成员;相比之下,集体所有制企业只具有较差的各种资源要素,由此得到较低的利润。农村地区的集体所有制生产组织和其成员则具有更差的资源要素,加上受户籍身份约束,生活供应在国家产品供销计划之外而使其在收益、就业、受教育、医疗等各种权益所得方面都比城市居民差。目前,这一基本的社会利益格局已被打破,在发展市场经济的进程中正在形成新的利益和利益关系。如目前已经看到的,一开始就立足于市场产生和发展起来的"三资"和乡镇企业,经营机制的活力强,一般经济效益都较好,原计划体制内的国有企业和集体企业活力差,经济效益有限或较差;至于建立在经济基础上的社会管理组织和各种社会事业单位也都在发生利益和利益关系的变化,当前这种转换尚在进行中,从这个意义上来说,改革是一场社会利益格局的转换。

社会的绝大多数成员都和这一转换有关,或强或弱,或早或迟,或直接或间接地和转换发生联系,这就存在着和发生着各种各样的人与人之间的矛盾,其中绝大多数的矛盾是在根本利益一致的基础上的矛盾,即各种人民内部矛盾。概而言之,社会的利益格局转换支配性地影响着当今的人民内部矛盾,也许可以说,离开这一视角,就难以正确认识和把握好各种人民内部矛盾。

三、对社会转型期人民内部矛盾的分类

怎样概括社会转型期的人民内部矛盾呢?关键是要认识各种矛盾在利益格局转换中的共性和特殊性,把具有共性的几种人民内部矛盾的本质集中起来,归结为性质相同或相似的一类。运用这样的方法,试将社会转型期的人民内部矛盾作以下九类概括。

(一)城乡居民的利益矛盾

城市地区居民和农村地区居民在实际利益方面存在相当的差距,如果说在原体制下城乡

矛盾也已存在但因为整体水平尚属贫困因而不显著,那么现在这一矛盾则日渐显著了。其表现形式有:(1)国家对农村投资过少,影响了农村的发展。农业投资占全国投资总额的比重,"五五"时期为10.5%,"六五"为5.1%,"七五"只为3%①,投资减少相当明显。(2)城乡商品交换不平等。1978年以前农民通过工农业产品的"剪刀差"向国家提供的积累,平均每年有100亿—300亿元,1978年以后"剪刀差"虽有缩小,但绝对额仍在增加,仍达600亿—800亿元②,高于国家对农业的投资额。虽然多次提升农产品价格以提高农民所得,但农用生产资料和消费品价格也趋大幅上升,农民实际受益有限。(3)城乡人均收入差距又复扩大。在改革的前10年里,农民名义收入增加高于城市职工收入增长,城乡人均收入差距从2.4倍(1978年)一度缩小到2倍(1987年),然而在1988—1991年间农民收入增长缓慢,1990年又扩大到2.2倍,1993年扩大至5倍,大大高于世界各国的工农收入一般差距(1—2倍)③。此外在一时难以用经济尺度衡量的医疗、住房、教育、养老、户籍等方面,农民都处于比城市居民利益低得多的地位。

(二)中央和地方、地方和地方之间的矛盾

在高度集权的计划体制下,尽管存在着中央和地方的利益矛盾,但受下级服从上级、地方服从中央的原则的强烈约束,抑制着这对矛盾显化,地方之间的矛盾也是通过中央加以调节。改革以后中央政府权力下放和地方政府权力相对扩大,中央和地方都成为利益主体,这对矛盾逐渐尖锐起来。其表现形式有:(1)中央和地方在财政收入中的比重升降引起国家调控能力减弱。1978年以来,财政实行"分灶吃饭",对企业实行"放权让利"改革,调动了地方和企业积极性,目前全国财政收入占国内生产总值的比重从34%(1978年)下降到15%(1993年),较多收益为企业和劳动者所得;中央财政收入占全国财政收入的比重从57%(1981年)下降到38.6%(1992年)。④ 同时由预算外收入构成的"第二财政"迅速扩大,其相当于国家预算收入的比重从31%(1978年)上升到95%(1992年)。在整个财政收入中,地方财政收入占4/5,中央财政收入只占1/5⑤,从而导致中央在控制投资过热、通货膨胀和国民收入再分配方面的宏观调控能力削弱。(2)实行中央和地方分税制,使中央重新收回了地方的一部分利益,1994年起实行的分税制依靠同一地区中国家税局和地方税局两个征税系统,保证中央财政从税收增长中逐步提高其比重,以期达到中央直接掌握的财政收入占60%以上,用于中央支出占40%左右,再通过转移支付方法把20%的收入转给地方政府,用于投资项目。⑥ 这意味着中央将从各地区税收增量中比以前多拿走一部分。地方为保护自身利益的倾向已出现,如一些省区对分税制有所抵触或实行不力。(3)各地方之间在原料的供给和价格、投资项目资金的分担和利润分配、全国各种市场的

---

① 《中国社会发展报告》,辽宁人民出版社1991年版,第138页。
② 《1993—1994年中国:社会形势分析与预测》,中国社会科学出版社1993年版,第51页。
③ 同上,第129页。
④ 同上,第32—36页。
⑤ 同上,第129页。
⑥ 同上,第130页。

管理和利益分配方面存在利益矛盾。

（三）国家、生产单位和劳动者的矛盾

这是三种利益主体之间的矛盾，原体制下国家集中了许多不该集中的权力，包揽了很多事，也背上很大包袱。在社会转型的过程中，这对矛盾的趋向是国家放回各项应属企业的自主权，同时减少承担的责任；企业单位逐渐成为"四自"的利益主体，劳动者在取得择业权、辞职权等权益的同时面临竞争、风险、自我负责等新问题。这一矛盾的表现形式有：（1）政府有关部门和企业单位在资产分割、经营责任、税负、利润分配方面的矛盾。（2）国家和企业单位减少对劳动者的养老、医疗、物价补贴、住房的负担和劳动者在适应市场竞争、优化组合、择优汰劣方面的矛盾，以及政府既有促成企业转换机制、放手企业成为利益主体的一面，又有需要保持社会稳定、控制失业率趋高的一面而构成的需要两方面兼顾的矛盾。

（四）少数民族和汉族以及少数民族之间的矛盾

在《关于正确处理人民内部矛盾的问题》中已提到这一矛盾，当时着重反对大汉族主义。而当前主要是少数民族经济社会发展整体落后和东部发达地区差距扩大的矛盾。具体表现形式有：（1）少数民族地区经济在有所发展同时和全国平均水平的差距在扩大。1978年全国人均工农总产值585元，民族自治区地方为342元，为全国水平的58%，10年之后全国人均水平1 710元，民族自治区地方仅681元，为全国水平的40%。① （2）贫困地区相对集中在少数民族地区，国家1985年重点扶持的331个贫困县中，少数民族区占了50%。② 到1992年，159个民族自治区地方除少数几个县财政收支平衡或略有节余外，绝大多数仍出现财政赤字。③ （3）人口数量增长较快，人口素质对低下和今后发展的矛盾。少数民族总人口已从3 532万，占全国人口6.1%（1953年）增加到9 120万，占8.06%（1990年），年平均增长率35‰，是汉族增长率10.8‰的3倍余，然而平均文化程度很低，全国的文盲人口60%集中在少数民族地区。20世纪80年代初出现的汉族干部和专业人员离开西部民族地区的"孔雀东南飞"现象一度缓解之后，在90年代初又出现，而且流出人才趋低龄化，不仅有汉族，还有少数民族干部和专业人才。④ （4）国际因素对我国少数民族影响错综复杂。我国有数个少数民族和国际上其他民族国家为同一民族，近几年这些民族国家的泛民族主义思潮扩展。如1992年西亚某国召开东土耳其斯坦民族大会，中心议题是成立"东土耳其斯坦"，并呼吁联合国、人权国际组织等向中国施加压力。1993年召开"世界蒙古人大会"提出"三蒙统一"（我国内蒙古自治区为其"三蒙"之一）和建立"大蒙古国"口号。⑤ 西藏分裂势力还在活动。显而易见，国际因素对我国边疆少数民族和中央政府的关系、和当地汉族居民的关系产生一定的影响。

---

① 《中国少数民族地区社会发展特征与转型》，《社会学研究》1994年第1期。
② 同上。
③ 同上。
④ 同上。
⑤ 《1993—1994年中国：社会形势分析与预测》，中国社会科学出版社1993年版，第190页。

一般地说,这种矛盾是人民内部矛盾。但是其中和那些与反华势力勾结的国内民族分裂主义者的矛盾有可能转化为对抗性矛盾。

(五) 党和非党、非党之间的矛盾

在《关于正确处理人民内部矛盾的问题》中提到的这个矛盾,现在依然存在。"非党",毛泽东当时专指各民主党派,现在从实际情况看,应泛指"非共产党"的其他一切社会成员。另一个变化是各民主党派已成为参政党。这对矛盾的具体表现形式有:(1)执政党和参政党在实行"长期共存,互相监督"方针时的具体矛盾,"长期共存"已成共识,"互相监督"难以实行。(2)各民主党派之间在发展成员,分配人大、政协代表名额,参与政治生活方面的矛盾。

以上五类是《正确处理人民内部矛盾》中有论述、当前继续存在,并在内容和表现形式上都有发展的人民内部矛盾,同时转型期还出现下列几类新矛盾。

(六) 先富裕者和尚未富裕者的矛盾

提倡"让一部分人先富起来后",社会出现了先富起来的一部分人,由此导致一种所得利益出现较大差距所产生的矛盾。具体表现有:(1)农村中部分干部、农民先富者和尚处温饱或贫困者的矛盾。(2)部分科技人员、部分干部自办事业"下海"后先富裕起来和一般劳动者的矛盾。(3)部分个体户、私营业主通过合法或不合法的手段、途径比一般劳动者暴富的矛盾。(4)部分人利用转型期在某些领域出现的管理空白(如批租土地转手高卖、有的明星逃避收入征税、利用内部消息炒卖股票等)钻空子暴富和一般劳动者的矛盾。(5)政府干部、企业管理者通过权钱交易、贪污受贿、侵占国有资产等手段比一般劳动者"先富"的矛盾。

一般而言,社会公众对(1)、(2)先富者是认可的,但对(3)、(4)、(5)等先富者抱着强烈不满,常以"分配不公""腐败""脑体倒挂"等社会热点议论表现出来,普遍期望通过加强收入管理,调节二次分配和法律惩治来解决这类矛盾。这一矛盾还有在其他层面上的表现,如合资厂职工先富者和其母体厂职工的矛盾,某些倾斜发展行业(如金融、证券业)先富者和"夕阳"行业(如纺织业)职工的矛盾等。

(七) 企业管理层与一般职工的矛盾

这是利益格局转换以来劳动者之间在职责、权力和分配方面存在较大利益差距引起的一种矛盾,近年来有许多研究报告都提出企业内部存在这一矛盾是工人阶级内部主要矛盾的观点。[①] 具体表现有:(1)改革劳动人事制度引起劳动关系双方权益矛盾增加。1993年上海劳动争议仲裁部门受理争议案倍于1992年,1994年又倍于1993年,其中集体争议又呈直线增加。双方争议范围从用工、工资方面扩展到福利待遇、工时、劳动保护等范围。[②] (2)由于不允许罢工,矛盾激化时以停工、怠工事件来表现。1993年1—5月仅对17个省份不完全统计,发生停

---

① 柏宁湘:《现阶段我国工人阶级内部矛盾及变化趋势伐析》,《社会科学》1993年第6期;冯同庆:《中国职工状况调查的综合分析》,《1993—1994年中国:社会形势分析与预测》,中国社会科学出版社1993年版。

② 数据来源于作者对上海市劳动局的访谈记录。

工、怠工事件194起,参加人数3.2余万人。① (3) 发生矛盾的企业从前几年限于"三资"企业和私营企业扩大到国有企业,集体企业。

在这类矛盾中存在一种有特殊性的私营经济中的雇主和雇员、雇工的矛盾,因为私营经济业主不可避免以谋取剩余价值为目的之一,和雇员、雇工为谋取自身按劳取酬的利益存在根本性冲突,是一种对抗性矛盾。但是在国家工商财税管理的法律约束下,雇主的剥削受到限制和雇员、雇工能忍受一定程度的剥削,这种矛盾又以非对抗性形式出现。在社会转型期,政府有可能通过工商管理部门、私营经济协会和工会等组织采用社会协商的办法,把这一矛盾控制在非对抗性的范围之内。

(八) 待业、失业者和农村转移出来的劳动力与有限的就业岗位的矛盾

这个矛盾是20世纪五六十年代人口的失控引起的人口增长失调延续至今的,从而对经济和社会发展产生巨大的压力,具体表现形式有:(1) 企业实行自主用工制度和富余人员量多难以解决的矛盾。全国企业富余人员总数约1700万人,其中国有企业达1000万左右,按全国总工会分析,如果劳动人事制度改革到位,企业尽自身最大努力可安置732万余,只占43%,尚有57%无法解决。② (2) 城镇新增劳动力无法为经济发展所容纳的矛盾。据测算全国劳动力资源总量将由6.92亿增加到7.81亿,净增8400万人。其中城镇地区在1991—1995年间每年需安排新成长劳动力720万—800万人,而经济发展所提供的就业岗位平均每年只能吸收630万人,无法解决的达百余万人。③ (3) 农村转移出的剩余劳动力无法被城市化和第二、第三产业的发展所吸纳。按发展中国家一般规律,当农业产值比重降到国民生产总值50%以下,城镇人口比重应上升到总人口50%以上,非农劳动者比重应上升到社会全部劳动者50%以上。但我国在1989年农业产值比重已降到32%时,城镇人口只达到30%左右,非农劳动者只占29%左右,农村中剩余劳动力已沉积1.3亿多(1992年),无法为城镇地区和第二、三产业吸纳。预计到2000年,农村剩余劳动力至少将达到2亿多人。④

(九) 部分公务人员腐败渎职与社会公众的矛盾

这是在利益格局转换中,由于法律滞后和体制弊端,在各地普遍出现的公务人员中犯罪分子和社会公众的矛盾。具体表现有:(1) 公务人员贪污受贿。1982—1986年间,全国各级纪委查处党员贪污受贿案件23.3万件,占经济违纪案件50%;全国各级行政监督机关在1989年、1990年、1991年分别立案3.89万件、5.12万件和5.21万件,行政处分国家机关工作人员分别有2.37万人、4.68万人和5.02万人,移送司法机关依法惩处的分别有2.7千人、3.4千人和3.5千人。⑤ (2) 公务人员玩忽职守和失职对国家利益和集体利益造成的公民生命和财产损失。1991

---

① 《1993—1994年中国:社会形势分析与预测》,中国社会科学出版社1993年版,第248页。
② 《中国社会发展报告(1990)》,辽宁人民出版社1991年版,第248页。
③ 同上,第247页。
④ 同上,第74页。
⑤ 王铁:《公职人员的腐败渎职研究》,《社会学研究》1993年第3期。

年全国各级检察机关 1991 年查处玩忽职守和严重失职案 3 189 件,比 1990 年上升 5.2%,其直接经济损失达 8.3 亿元,在 1990 年上升 3.7%。查处严重官僚主义失职错误的党员 3 300 余人,也比 1990 年上升 7%。① 中央检察机关估计,这样的办案数量将要持续相当长一段时间,这也就是说腐败渎职分子和社会公众的矛盾将是长期存在的,反腐败斗争也将是长期的。

(原文载于《上海社会科学院学术季刊》1995 年第 1 期)

---

① 王铁:《公职人员的腐败渎职研究》,《社会学研究》1993 年第 3 期。

社会主义建设过程中国家、集体与农民关系的建构与演变

周建明

在农村人口占绝大部分的中国,要建设社会主义,解决好农业、农村与农民问题,既涉及农村发展的道路、制度、体制和方针政策,国家发展战略中农业与工业的关系、农村与城市的关系,也涉及农村的政治建设、社会治理、文化建设。其中,处理好农民与国家、集体与农民的关系是关键。

从合作化到农业税费改革以来的实践表明,我国农村建设中的集体化机制和以此为依托的国家集体两条腿走路的方针是中国特色社会主义优越性的体现。在不同的历史阶段,这种机制都可以通过把农民组织起来,办好那些一家一户自己办不了、办不好,又亟须办的大事。单靠充分调动市场经济主体的积极性和充分发挥市场经济配置资源的有效性,或靠政府发挥好作用均无法替代这个机制,它是发挥农民主体性作用的基本途径。

从这角度来看,中华人民共和国成立70年来中国农村发展的前后两个阶段都取得了伟大的成就,也都走过弯路,值得我们总结。

一、以农业集体化为基础构建国家、集体与农民的关系

中华人民共和国成立之后的全面土地改革,彻底完成了新民主主义革命。到1952年年底,全国90%以上的农业人口都完成了土地改革,实现了耕者有其田,极大地激发了广大农民的生产积极性,使劳动光荣成为风气,大幅度改善了农民生活。土地改革是一场伟大的生产关系变革,成为中国农村走社会主义道路的奠基石。

1953年,中共中央提出过渡时期总路线和总任务:要在一个相当长的时期内,逐步实现国家的社会主义工业化,逐步实现国家对农业、手工业和资本主义工商业的社会主义改造。在社会主义工业化过程中,国家实行了农业支持工业、农村支持城市的方针。在农村,中央提出最根本任务是领导农民联合起来,实行农业的社会主义改造,使农业由落后的小规模生产的个体经济变成先进的大规模生产的合作经济,逐步克服工业和农业这两个经济部门发展不相适应的矛盾,并使农民能够逐步摆脱贫困的状况,取得共同富裕。

为解决粮食供求矛盾日益突出的问题,1953年起国家对粮食、棉花棉布、油料实行统购统销政策,在主要农产品总量不足的条件下,运用国家机器来确保其供应和人民生活稳定。之后,这种做法被制度化,在基本保证城乡农产品供求的同时,也极大地限制了市场对农业生产的调节作用。后来,为限制城市对农副产品需求过度增长,又不得不实行户籍制度来限制农民的迁徙自由。在土改基础上领导农民互助合作化、对主要农产品实行统购统销、实行户籍制、实行工农产品剪刀差,成为国家领导农民、组织农民、依靠农民共同走社会主义工业化和农业现代化道路的政策支柱。

通过5亿农民的互助合作化,农村建立了社会主义基本制度,这为改变农村的政治、社会、文化基础,进行发展奠定了基础,为建设中华人民共和国创造了重要的条件,影响极为深远。但互助合作化也留下了深刻的教训:中国农民中小农经济生产方式根深蒂固,国情复杂,全国发展极不平衡,因此领导农民完成社会主义改造是一个艰巨而复杂的过程。把目标定得过高,不充分留有余地,对不同的认识轻易上纲上线,这使党难以保持谨慎的态度,难以充分发扬民主,因此也难免摔跟头。结果,毛泽东在七届二中全会上所提倡的谦虚谨慎、不骄不躁的作风被严重削弱,主观主义、浮夸的风气助长。这为1958年开始的"大跃进"和"人民公社化"运动准备了条件。

经历了巨大曲折的人民公社体制是70年农村发展道路的重要阶段。1958年"人民公社化"以"运动"方式开展,到1961年下半年制定《人民公社六十条》才进入制度化的稳定发展阶段。这个体制更多地反映了改革开放之前中国农村发展道路的特点。

"人民公社化"对农村生产力造成了一定程度的破坏。1961年八届九中全会提出通过大兴调查研究之风来总结教训,走出困难局面,耗时3年。从中得到的重要教训是:缩小人民公社的规模,建立公社、生产大队、生产小队三级核算单位;长期保留自留地,坚决反对平均主义。之后,又用了半年时间,终于找到人民公社"三级所有,队为基础"这一与生产力水平相对比较适应的体制,使我国农业集体化体制基本定型。人民公社体制虽不可避免地具有时代的局限性,但把集体经济稳定了下来,并保障了农村的各项建设,有力地支持了国家的社会主义工业化与城市的发展,在一个历史阶段中把国家与农民、集体与农户的关系确定下来。

人民公社体制体现了土地集体所有、统一经营和集体分配的优势,为每个社员的基本生活提供了保障,为发展生产开辟了空间。在国家财政不足的条件下,依靠集体经济的力量发展了社会保险、公共服务和公共福利,开展了农村建设,大大提高了农民群众的福利和农村的人类发展指数,也保证了国家社会主义工业化的开展,保障了城市供应,为社会稳定、国家安全发挥了重要的历史作用,并留下了许多宝贵的遗产。

人民公社时期靠集体经济把劳动力组织起来,进行了大量的农村水利建设和农田基本建设,扩大了农业灌溉面积[①],保证了农业的增产,依靠中国自己的力量基本上保证了人民吃饭穿

---

① 我国的灌溉面积1957年为2733.9万公顷,1980年达到4488.8万公顷,占耕地面积45%。参见辛逸:《试论人民公社的历史地位》,《当代中国史研究》2001年第3期。

衣的需要。人民公社体制孕育和发展出社队企业。它对于壮大集体经济、扩大农民的就业途径，提高农民的收入与福利，促进国家的工业化都起到了非常重要的作用。[①] 农业所提供的财政积累，对城市与社会主义工业化的发展提供了强有力的支持。[②]

在国家财力极为有限的条件下，以人民公社为基础，农村基本形成了以小学教育为主的普通学校教育，以扫盲为中心的成人教育和以农业中学为载体的职业教育，大幅增加了适龄儿童的入学率，降低了文盲率，提高了农村人均受教育年限。

依托于人民公社体制的农村合作医疗制度，覆盖了85%以上的农村人口，为缺医少药的中国农村预防和消灭传染病、地方病起到重要的作用，通过县、乡、村三级医疗保健体系为传染病预防、分级医疗、计划免疫、妇幼保健、计划生育等工作提供了依托机制，为大幅改善中国农民的健康状况作出了贡献。从1949年到1980年，中国人的平均预期寿命从35岁增加到68岁，婴儿死亡率从200‰下降到55‰。[③]

人民公社体制对国防建设和社会治理作出了重要贡献。在不扩军的前提下，建立"召之即来，来之能战"的民兵组织，是增强国防、抵御侵略的一个有力举措。以集体经济为依托，对烈军属在劳动、分配上进行照顾，成为国家优抚政策的重要组成部分。

人民公社体制为在农村开展社会建设与社会治理创造了条件：实行移风易俗，基本上消灭了懒汉；实行男女同工同酬，极大地提高了妇女的地位，改变了传统男尊女卑的旧习俗。

组织起来共同生产、统一经营、统一分配、共同进行农田基本建设和基础设施建设、共同扫盲、共同参与合作医疗，使人民公社形成了以集体经济为单位的利益共同体。生产队作为集体生产与分配的基本单元，与熟人社会重叠。在两代人的时间里，集体生产方式超越了千年以来的小农经济，在此基础上形成了农村经济社会共同体。集体主义成为农村集体经济的意识形态。这些都给国家战略的实施、农村的各项建设与社会治理创造了极为有利的条件，也创造出许多宝贵的经验。

以人民公社为代表的农村发展道路，是当时中国共产党对什么是社会主义、怎样建设社会主义认识的产物，是整个国家发展战略的组成部分，汇聚着亿万农民的奋斗。中国农村集体化道路的核心是在党的领导下，把农民组织起来，不仅开辟了发展生产的空间，也使农民能共同创造自己的社会生活、公共服务、公共文化，与社会主义工业化、城市发展战略相互支持，成为国家的教育、医疗卫生、交通、水利、文化、国防发展战略的重要支撑。

另外，党和国家对人民公社作为农村发展体制的认识也有着历史局限性：在指导思想上对我国将长期处在社会主义初级阶段认识不足；在看到农业集体经济优越性的同时，没有充分认

[①] 1978年，社队企业已超过150万家，吸收了2 800万农村劳动力，1983年社队企业已占全国工业总产值的11.7%。参见潘维：《农民与市场》，商务印书馆2003年版，第70、71、101页。

[②] 人民公社期间，农业提供的积累占国民收入积累量的比例大多数年份占30%以上。参见辛逸：《试论人民公社的历史地位》，《当代中国史研究》2001年第3期。

[③] 李鸿斌：《重新构建解放初期至20世纪70年代末中国婴儿死亡率》，《中国医院统计》2015年第5期。

识到改变小农经济这一任务的长期性。在全国农村自然条件、社会文化、经济基础极不平衡,各地党的基层组织建设、农村干部队伍很不平衡的条件下,一刀切地实行人民公社制度导致了很大的分化:全国既出现了一批充分体现集体经济优越性的先进单位,也存在许多分配"大锅饭",社员积极性低,生产发展缓慢的社队;大部分农民缺乏积极性,生活仍十分困难,许多集体经济缺乏凝聚力。而城市发展动力、活力不足,吸纳就业能力不足,进一步使农村人多地少的矛盾突显出来。

一方面,在人民公社体制下把亿万农民群众组织起来,自力更生,艰苦奋斗,在国民经济的发展、集体经济的发展和城乡人民生活水平的提高方面取得了伟大的成就;另一方面,农业与现实需要之间的矛盾不断扩大,与世界上先进水平的差距不断拉大,广大农民的积极性未能充分发挥,经济发展与满足人民群众日益增长的物质文化生活需要之间的差距、与越来越大的就业压力之间的矛盾不断突出,许多农民的温饱问题未能得到解决。激发农业和农村的活力、解决农民的温饱、提高全国人民的生活水平的压力必然导致改革。

二、改革开放以来集体与农户、国家与农民关系的演变及带来的问题

始于20世纪70年代末的农村改革的核心是调动农民积极性,促进农业生产发展,它从改变集体与农户的关系开始,进一步改变国家与农民的关系,使中国农村的发展走上不同的道路。

1982年,在农村改革中,家庭联产承包制普遍推行,人民公社制度撤销,"三级所有,队为基础"的体制随之瓦解,农村基本经营制度发生了重大变革。农村改革的初心是坚持土地集体所有,长期实行家庭承包制和统分结合的双层经营制度。结果家庭承包制得到了有力推行,而统分结合的双层经营制度并未能很好实现。实行家庭承包制后极大地调动了农户的积极性,也削弱了集体经济和农村在经济、政治、文化、社会、生态中的共建共治共享机制。

21世纪初,国家与农民的关系发生了根本性的转变:国家把农业支持工业、农村支持城市的方针转变为工业反哺农业、城市支持农村,取消了农业税和"三提五统"收费,提出基本公共服务均等化的目标,逐步承担起大部分农业和农村基础设施建设的责任。这表明在工业化、城市化和整个经济发展进步的基础上,原来一部分长期由集体承担的责任已改为由国家来承担,比如农村的基础教育、优抚工作、乡村道路建设、计划生育、农村供电、水利设施建设、五保户供养等。同时,为适应工业化、城市化、市场化的发展趋势,国家也逐步解除户籍制度的约束,为农民的自由迁徙与择业、为工业服务业和城市化的快速发展提供了可能。

历史证明,农村改革极大地调动了亿万农民的积极性,极大地解放和发展了农村的社会生产力,极大地改善了广大农民的物质和文化生活,为建立和完善社会主义初级阶段基本经济制度和社会主义市场经济进行了创造性探索,为实现人民生活从温饱不足到总体小康的历史性跨越、为社会主义现代化作出了巨大贡献。但同时,农村改革也带来了许多新的问题。实行家庭

承包制之后,许多一家一户的农民自己办不好、办不了、无法办的事,必须由集体来负责。单靠充分调动市场经济主体的积极性和充分发挥市场经济配置资源的有效性,或靠政府发挥好作用均无法替代这个机制,它是发挥农民主体性作用的基本途径。

农村改革中始终没有提出怎样调整农户与集体关系的指导思想。集体经济在理论上没有被否定,但现实中却没有政策保证。由此造成绝大部分村没有集体经济收入或集体经济收入极为薄弱,"统"的作用未能很好发挥。它反映出农村改革指导思想的缺陷:应怎样认识农村的集体经济在过去、今天、未来的作用?在长期搞家庭承包制和市场经济的条件下,怎样处理农户与集体的关系?有利于生产力的发展、有利于人民生活的提高、有利于综合国力的增强的改革标准,并未能解决农村集体的功能问题。当对市场和产权的迷信形成时,农村集体经济常被认为是产权不明的"怪物",是农村基层干部腐败的温床。在土地的三权分置、承包地量化确权、农村集体经济产权制度改革中都可以看到这种认识的影子。农村集体经济只守住了土地集体所有这一底线,但在土地承包权被界定为"用益物权"的条件下,土地集体所有的权能已十分空泛,集体经济无法在乡村振兴中成为有能力的主体,农村也因此失去了共建共治共享的内在动力。国家财政对"三农"问题的加大投入并没有激活农村内在的活力,反而造成了农村干部和农民中"凡是农村建设都是国家的责任"的观念。农村建设由原来国家与集体两条腿走路的模式,演变成这样一个怪圈:村级组织虽承担农村建设与治理责任,但缺乏资源与能力;农户对集体享有权利而无责任;国家虽然对农村建设承担起越来越多责任,却远包不下所有的农村建设事务,农民的主体地位没能很好体现,依赖心理越来越重。

虽然中央一贯要求壮大农村集体经济,但始终缺乏可落地的政策,而强化农民经济权利的改革客观上又在不断削弱集体的能力。这种现象的根源在于农村改革没有认识到在农村建设中所谓"发挥农民主体作用",就是要使集体经济成为重要主体,没有提出坚持家庭承包制、确保发展壮大集体经济的改革措施,由此导致村级组织能力弱化,农村共建共治共享机制被极大地削弱,农村的建设变成高度依赖政府投入的行为。在农村改革中只强调农民的利益而看不到集体与农民利益之间的一致性,看不到集体经济所代表的历史进步性,就会把农户与集体的利益对立起来,堵塞协调两者之间平衡的改革思路。

在实践中涌现出了许多在实行家庭承包制之后又重新联合起来的村社一体的新型集体经济,在新的历史条件下走出了一条"统分结合"的道路,为社会主义新农村建设、美丽乡村建设、乡村振兴提供了重要经验,但可惜的是,这并没有被作为趋势得以提倡。

乡镇企业的发展与改制反映了同样的过程。社队企业是人民公社"统一经营、统一分配"体制的产物,20世纪70年代受党中央肯定而发展起来,80年代改名为乡镇企业,90年代进行改制,它们是推动中国的工业化、城镇化、市场化和农业现代化的一支重要力量。在撤销人民公社体制、推行家庭承包制时,决策者更多的是依据相对落后农村的情况做出的决策,对集体经济相对发展、社队企业的发展状况、前景、与农业和农民之间的关系缺乏深思熟虑,社队企业甚至一度受到非议。直到1984年,中央才对社队企业正式肯定,要求大力发展。

1994年党的十四大决定把建立社会主义市场经济作为经济体制的改革目标。党的十五大又提出调整和完善所有制结构。在这种大背景下,农业部按照产权概念来要求乡镇企业转制,大部分乡镇企业搞了集体产权私有化的改制,农村集体经济的命运也迎来重大的转折。2016年中央要求推进农村集体产权制度改革,出发点一是完善农村基本经营制度,增强集体经济发展活力;二是维护农民的合法财产权利,增加农民的财产性收入。这项改革在增加集体经济发展活力方面贡献不大,却在很大程度上对农村集体经济的发展造成了限制,对处理好集体与农户的关系带来了困难。

实践告诉我们,社会主义追求的共同富裕并不等同于在市场经济中大家发财,只有形成以集体利益为核心的乡村共同体,才能做到有困难同当、发展成果共享。正是在这个意义上,从整个中国农村发展道路来看,20世纪50年代以来中国农村所走的集体化道路具有历史意义。它创造出农户与集体之间、农村基层政权与集体经济组织之间、农民与国家战略之间的相互支持、互为发展条件,也体现在党领导下组织起来的农民对农村新生活的创造上。

这个问题同样也反映在农村基层的组织体制的演变中。人民公社撤销后,村民委员会作为村民自我组织、自我教育、自我服务的农村基层群众自治组织,替代了统一经营和统一组织公共服务的生产队和生产大队。村民委员会理论上仍以集体经济基础为前提,但已是以一家一户的农民为本位,而不是以集体经济为基础的乡村共同体,因此削弱了立足于集体来进行公共建设和提供公共服务的优势。

在中国农民中实行民主和自治,以熟人社会为基础是必要条件。人民公社体制中"三级所有,队为基础"形成的曲折过程,也是农村的集体化体制与熟人社会契合的探索过程。在人民公社体制中,生产大队是一个半熟人社会,也是实行"统"的最后边界。如果行政村的范围再扩大,村民委员会就会越来越形式化,变为主要靠政府的财政投入维持,在功能上则向乡镇政府的下伸机构转变。如果说,农业税费改革中,国家取消农业税体现了从"农业支持工业,农村支持城市"的方针向"工业反哺农业,城市支持农村"的转变,那么为减轻农民负担而取消集体对农户的公积金、公益金、管理费的提留,也就取消了农户对集体的责任与义务,反映了对"农村走集体化道路、把农民组织起来"认识上的盲目性,结果瓦解了村民自治制度中农户与集体之间权利与责任义务对等的基础,极大地冲击了村集体组织农民共建共治共享的功能,也将以集体经济为基础的乡村共同体概念排挤出农民的生产生活,导致农村的建设失去了内在动力,失去了组织村民进行村内建设的内在资源,也失去了组织农民共建共治共享的基础。

三、在乡村振兴中,营造农户充满活力、集体富有能力的局面

从合作化到农业税费改革以来的实践表明,我国农村建设中的集体化机制和以此为依托的国家集体两条腿走路的方针是中国特色社会主义优越性的体现。在不同的历史阶段,这种机制

都可以通过把农民组织起来,办好那些一家一户自己办不了、办不好、又亟须办的大事。靠充分调动市场经济主体的积极性和充分发挥市场经济配置资源的有效性、靠政府发挥好作用无法替代这个机制,它是发挥农民主体性作用的基本途径。改革开放之前,我们国家依靠这个机制走过了农业农村发展极其艰苦的阶段,长期地支持了社会主义工业化和城市的发展。同样,在实行工业反哺农业、城市支持农村方针的条件下,实行家庭承包制的同时,我们也仍须依靠集体化机制来实现乡村振兴。

在长期实行家庭承包制和市场经济的条件下,农村基层党的领导与村民自治应以什么样的体制、在什么范围内有效运行,仍是一个依据变化着的农村和农民状况有待不断探索的问题。其中,具有一般意义的是:组织起来是使农民成为乡村振兴主体的关键;不脱离农村的熟人社会,依据历史、文化、经济上的条件构建共同利益是村民自治的重要条件;集体经济是实现共建共治共享的基础;党的基层建设应与集体经济、村民自治活动紧密结合;国家对农业农村的支持必须与以农民为主体紧密结合。在新时期,重建共建共治共享的机制是乡村振兴的核心环节。

对于40年来的农村改革,有人用保障农民的经济权利和尊重农民的民主权利来概括它的主线[1],这有合理的一面:不保障农民的经济权利难以调动亿万农民的积极性,也难以适应向市场经济转型的历史趋势,但其回避了一个重大问题:在保障农民经济权利和尊重农民民主权利的同时,是否还要发挥好集体这个主体的功能?在农户利益与集体的利益冲突时,应怎样引导农民正确对待这两者之间的关系?也就是在农村发展中是只强调以农户为单元的农民权利,还是同时也坚持集体这个主体,实现"统分结合"?这个分歧的核心在于是否把农村的共建共治共享作为改革目标,也变成乡村振兴中关键环节。在"三农"问题上的改革措施发出的政策信号是复杂的:既出台了一些支持农村集体经济发展的政策试点,但又推出了对集体土地实行所有权、承包权、经营权的三权分置,和农村集体经济实行产权制度改革。这两者在目标导向上并不自动兼容。

乡村振兴并不只意味着加强政府在乡村建设和治理中的作用、实现农民都富裕化,同时也必须要加强农村集体功能的发挥,加强农村集体经济的基础,才能激活农村的共建共治共享机制。在实行保障农民经济权利的"分"的改革的同时,同样必须重视发挥集体"统"的功能,兼顾集体与农民两者的利益,因地制宜、因时制宜,发挥好各自的长处,形成"国家大力支持,农户充满活力,集体富有能力"的局面,才能实现乡村振兴。这是70年以来农村发展的经验教训告诉我们的道理,也是中国特色社会主义农村发展的必由之路。在发展市场经济、长期实行家庭承包制的条件下,同时要壮大集体经济、发挥好集体的作用,实现"统分结合",是事关中国前途的政治问题,而不只是具体的经济问题,既需要强有力的国家意志,也必须要有系统的政策予以支持。

(原文载于《东方学刊》2019年秋季刊)

---

[1] 陈锡文:《中国农村改革的历程》,《百年潮》2017年第2期。

从日本"町内会"的走向看国家与社会关系演变的东亚路径

田晓虹

20世纪90年代以后,国家与社会的关系逐渐成为国内学界探讨的一个热点。讨论初期人们大多采用"国家—市民社会"的二分法,90年代末"国家—经济领域—市民社会"的三分法被引入讨论,相对应的"政府部门""营利部门"和"第三部门(非营利部门)"的概念被广泛采用。在讨论中,人们发现东亚地区在国家与社会的关系及"第三部门"的发展上具有与西方国家很不相同的历史特性和演进路径。于是,如何提炼、概括东亚地区的本土特征并给予相应的学术定位,就成为有关研究继续深入的一个重要课题。

日本作为率先进入发达国家行列的东亚国家,是讨论现代化的"东亚模式"时受人注目的一个焦点。在日本,具有广泛覆盖面的城市基层地缘组织——"町内会"的成长与发育经历了近80年的时间。作为一个典型案例,透视町内会在现代化进程中角色与功能的转变及其转变方式,可以为研究东亚特色的国家与社会关系的演进路径,提供一个内涵颇丰的探讨空间。我国已有学者分别从政治体制和第三部门的角度对町内会作过一些专门研究[①],笔者拟在补充、综合其研究资料的基础上,就本文所关注的主题作进一步的梳理和讨论。

町内会的规模大小不等,一般由30—200户左右的居民家庭组成。它形成于20世纪初叶,"二战"后曾一度被强制解散,50年代以"自治会"的名义重新出现,70年代在政府大力推进社区建设的背景下再次登场,90年代以来又显示出新的特点。从其诞生至今,经历了近代产业化时期、高度产业化时期和向"后现代"过渡的富裕社会时期,其角色和功能的演变大致可分为行政末端、半官半民、准市民团体三个不同阶段。

一、行 政 末 端

在日本,关于邻里互助关系的文字记载,可以追溯到约1500年前的大和时代。但直到明治

---

① 韩铁英:《日本町内会的组织和功能浅析》,《日本学刊》2002年第1期;王绍光:《多元与统一》,浙江人民出版社1999年版,第193—196页。

维新之前，日本一直处于以种植和渔猎为主的农业社会之中，邻里互助关系的主要特征正如滕尼斯（F.Tönnies）关于"共同社会"①的论说，是以亲密的、私人的和排他的情感为基础的自然团结的"有机体"关系。这与产业化之后城市"利益社会"中的街坊邻里关系有着很大的不同。

明治维新带来的第一次城市化高潮，使城市人口逐年增加，1920 年，工薪阶层家庭已经占家庭总数的 45.3%，而在 1888 年还只有 11.2%。② 新移民的集聚与定居，要求形成具有互助和管理功能的街坊组织，以满足都市化初期生活安定与社会整合的需要。在居民自发意向和政府的支持下，一些城市地域居民组织应运而生。

关于町内会的起源，在日本的有关研究文献中存在着"关东大地震起源论"一说。1923 年 9 月 1 日，日本发生关东大地震，东京、横滨两大城市和许多村镇被摧毁，全国 1/20 财富成了灰烬。面对毁灭性的打击，迫切需要将处于"人间地狱"般惨境的居民组织起来，开展灾后的恢复重建工作。为此，政府采取的一项重要措施就是建立地域居民组织，尤其在东京地区曾全力以赴地推进地域居民的组织化。以至直到今天为止，东京有不少町内会仍然沿用当年初建时的名称——"町会"③。到 20 世纪 30 年代中期，日本在全国城市普遍建立了"町内会"。

早期町内会的角色定位是辅助性行政末端组织，主要功能是"上意下达"，协助政府完成各项基层行政任务。它一方面行使政府对地域社会的管理和控制功能，一方面对居民的经济活动（本地区的私营者和打工者）和家庭生活提供便利，加强街坊邻里间的亲睦互助。"二战"前，町内会以城市旧中间阶层为核心，负责人大多由当地具有一定威望的名人担任。活动以他律性为主，保守主义色彩浓厚。④

"二战"期间，出于军国主义战时体制的需要，内务省于 1940 年发布《关于建立和完善部落会町内会等组织的训令》，将町内会法制化。在国家总动员的战时体制下，政府要求在全国范围内统一建立强制性街坊组织，町内会的人事权由上一级区政府行使。1943 年町内会从法律上被划归"市制""町村制"等行政末端机构之内。战时的町内会功能得到特别强化和扩大，它既是联保连坐的治安组织，又是征税、发放配给物资的唯一渠道，在防空防火、救护伤员、镇压反战反政府者等方面均发挥了很大作用⑤，成为军国主义进行战争动员和社会控制的重要工具。

由于町内会在"二战"中扮演的不光彩角色，在战后美国占领军主持的民主化改革中，有关町内会的法规被废除。占领当局于 1947 年发布政令，将町内会组织作为军国主义团体予以解散。但是实际上许多行政工作依然需要通过基层街坊组织执行，于是大多便以改换名称的办法

---

① 在日本社会学界，滕尼斯的"Gemeinschaft"和"Gesellschaft"两个概念大多被翻译为"共同社会"和"利益社会"；在中国社会学界，这两个概念大都依据英译的"Community"和"Society"被转译为"社区"和"社会"。笔者以为"共同社会"和"利益社会"的译法更传神。
② 大桥隆宪：《日本の階級構成》，岩波新书 1971 年版，第 26 页。
③ 本节内容主要参考了日本法政大学宫崎伸光教授于 2003 年 3 月 5 日给笔者的学术复信。
④ 盐原勉：《社会学の基礎知識》，有斐阁 1970 年版，第 231 页。
⑤ 韩铁英：《日本町内会的组织和功能浅析》，《日本学刊》2002 年第 1 期。

维持了下来。①

1952年,随着和平条约的生效,町内会以民间自治组织的名义在全国范围内复活。新成立的同类街坊组织则称为"自治会",也有一些原来的町内会改称"自治会",这主要为了消除"战时角色"的阴影和使名称更带有民主色彩。② 从此以后,"町内会"和"自治会"两种名称就同时并存了(为了行文简洁,后文只使用町内会这一名称)。

二、半官半民

20世纪50年代中期,日本进入了经济高速增长的时期,在随后的20年间迅速跨入高度产业化社会。新一轮的都市化浪潮改变了人们的生活方式和生存空间,随着城市居民与地域社会的功能性互动和交换关系的变化,町内会的角色地位呈现出一个先抑后扬的态势。

在这一浪潮的初期,规模化、集约型产业的迅猛发展,使家庭作坊式的地域性生产和经营日渐萎缩,人们的职业由先赋约制的、封闭的"地域本位"转向自主择业的、流动的"所属本位"。同时,"核心家庭制"取代了传统的"直系家庭制",它使城市中的亲属、近邻网络支持下降。生产结构和生活方式的变化削弱了人们与地域社会的纽带关系,地方行政部门的政治决定和政策方针的推行处于缓滞状态③,町内会的对内、对外功能也处于相对薄弱状态。

20世纪70年代中期,日本的人均国民生产总值达到5 000美元,家庭的年收入增加了10倍以上④,全国城市数量从1953年的286个发展到1975年的643个。⑤ 有近80%的日本国民持有了"中流"意识。⑥ 新中间阶层的扩大,民主主义教育的推进,以及城市居民的职业稳定和生活安定,促进了民众权利意识和主体意识的萌发与增长,这突出地表现为市民对赖以生存的环境问题的空前关注。

此间,经济高速发展,各种公共设施得以开发,城市的区域布局因此发生重大变化。人口、物流、机构在有限的城区中心地带、内环地带、外环地带进行分布组合,直接、间接地改变了物理环境、生态环境和文化环境,急速影响着人们的生活空间和生存质量。工厂排污造成的空气、水质污染危及人们的健康,轨道交通的振动、噪音侵扰市民的安宁,建造高架道路、人行天桥、商业设施等导致视野景观的破坏,城市开发造成文物建筑无可挽回的损坏……这一切与市民不断增强的重视生命健康和生活质量的意识发生冲突,反对呼声一浪高过一浪,还引发了诸多法律诉

---

① 王绍光:《多元与统一》,浙江人民出版社1999年版,第194页;韩铁英:《日本町内会的组织和功能浅析》,《日本学刊》2002年第1期。
② 王绍光:《多元与统一》,浙江人民出版社1999年版,第193页。
③ 青井和夫:《家族と地域の社会学》,东京大学出版社1980年版,第162页。
④ 矢野恒太纪念会编:《世界国势図会》,国势社1989年版,第154页。
⑤ 本间康平:《社会学概论》,有斐阁1988年版,第308页。
⑥ 福武直:《日本社会の构造》,东京大学出版会1987年版,第146页。

讼。① 以保护居住环境为发端的市民运动的兴起和高涨,使町内会作为地域共同体代表的角色重新崛起,并成为其功能转变的重要契机。

面对此起彼伏的市民环保运动,政府意识到居住环境对竞争社会中人们精神安定的重要意义。为了确保居住的安定感和长期性,使经济与社会协调发展,日本政府适时提出了"地域开发和社区建设并行,对居住环境实施综合治理"的方略。其中最值得关注的是调整城市基层管理机制,提倡居民作为主体参与社区的建设与完善,改变了把町内会仅作为行政管理工具的旧思路,力图赋予它更多的自主权利和自治功能。1977 年日本政府制定的"第三次全国综合开发计划"提出自然环境、生活环境、生产环境三者和谐发展的方针,并着手组建"定居区"。即由几十户居民组成一个町内会,在此基础上,以小学学区为范围、几个町内会为单位形成一个"定居区"。② 政府通过开展"社区建设示范"活动,努力调动城市居民的参与意识。政府还提供大量经费,帮助居民建设"定居区"内的办公和集会设施等。由此,町内会既完善着协助政府实施行政管理的功能,又强化着地域社会居民自主、自治的力度,其角色向"半官半民"转换。

一方面,作为地方政府的辅助组织,町内会继续行使着行政末端的诸多职能。只是随着"市町村"③地方政府内部的功能分化,町内会也从"全职性地缘组织"向"多元性功能集团"转化,即产生了与地方行政机构相对应的功能性辅助团体,实现了组织再编和专门化。在城市行政管理体系中,它是诸多自上而下的组织系统的末端(如地区警察署→地区防范协会→町内会防范部,地区清扫事务所→地区清扫事业协力会→町内会卫生部等)。町内会还协助政府机构进行户籍管理、民意调查和人口普查,落实诸如统计调查、救济募捐、义务献血等政府统一组织开展的工作。町内会领导人的构成也从原来主要由地区名门望族担任,转变为主要由与政府部门有关系的人员担任。④

另一方面,作为社区居民的自治组织,在町内会的自主活动中,维护居民的切身利益,提高居民的生活质量,尊重居民的自主选择,强调居民的参与性逐渐上升为主要任务和宗旨。它包括:(1)组织游说活动,反映居民利益需求。如通过撰写意见书和汇编资料册,代表居民就居住区内的道路交通、水电煤设施、学校、幼托机构、公园、社区活动场所等的维护和改善向地方政府提出意见和建议;组织居民与地方政府官员的座谈会,与行政职能部门进行双向沟通,向政府部门及时提供各种信息。(2)实施社区日常管理与危机管理,增进地域社会整合。如生活垃圾管理,组织购买绿色食品网络,进行防犯、防火、防灾训练和宣传,举办防疫卫生、交通安全讲座,协调各类团体活动,调解町内各类利益冲突等。(3)开展社区文化活动,加强地区人际互动。如举

---

① 如 1969 年国立市人行天桥事件,70 年代崎玉、福岛县新干线事件、新潟、熊本县水俣病事件等。
② 奥田道大:《都市と地域の文脉を求めて》,有信堂高文社 1993 年版,第 127 页。
③ 在日本,"都道府县"是日本省级地方政府的统称,"市町村"则是基层地方政府的统称。"市"的含义与我国相同,"町"相当于我国的"镇","村"则与我国"村"的含义不同,与市、町同属一级地方政府,虽然规模相差悬殊,但相互之间地位平等。
④ 盐原勉:《社会学の基礎知識》,有斐阁 1970 年版,第 231 页。

办各类民族节日庆典和祭祀活动、运动会、体育节,开展插花、读书、合唱、舞蹈、远足等活动,组织各类学习班和文化讲座;发放地域内的各类报刊、通讯和活动信息;开展保护本地区的文化遗产、街道景观和自然环境的活动等。①

这一时期的町内会仍然没有法律地位,没有财政经费来源。地方政府向町内会提供少量的委托工作补贴,但一般不到总收入的 10%。町内会的活动费用主要来自会费、各项活动收益和捐款、赠款。町内会以户为单位加入,分为一般会员(当地家庭户)、特别会员(企业职工宿舍住户)和赞助会员(当地的商店、企业及办公机构等)。② 一般每月交纳会费 100—300 日元(相当于一个三明治的价格)。町内会已消除了战前由地方豪绅把持的局面,负责人的产生主要采取 3 种方式:前任指定,轮流坐庄,选举或推选。选举又可以分为两种,一是由会员自由参加竞选的"海选",一是先由前任町内会干部推荐出候选人,再由会员选举。③ 会长任期两年,可连选连任。担任町内会一般干部的主要是本地区的退休人员和家庭妇女,当地的在职人员兼任。地方政府派出"驻在员"协助町内会的管理和组织工作,町内会的干部作为"委托员"以非正式的身份参与一些地方行政工作。

与战前及战后恢复期以完成行政任务、开展生活互助为主要功能的行政末端组织不同,20 世纪 70 年代的町内会已经演变为具有行政管理和居民自治双重性格的"半官半民"组织,町内会的活动机制也逐渐从以他律性为主转向以自律性为主。确切地说,这一时期的町内会处于从行政管理为主向居民自治为主的过渡之中。

三、准 市 民 团 体

20 世纪 80 年代中期,日本的经济发展如日中天,1988 年人均国民收入达到 16 730 美元④,城市化水平位居世界第三,受教育程度继续提高,1990 年全国具有高中以上学历人口比例为 60%,其中大专以上学历者为 19.2%⑤,无论经济指标还是人文指标都表明日本进入了富裕社会。为了构建与经济大国相匹配的政治大国、文化大国的形象与地位,日本提出了全面"国际化"的口号。这不仅意味着经济上的全球意识和参与世界政治的企求,还表明了促进社会的开放与融合、文化的吸收与输出的强烈意向。

伴随着物质生活的丰裕和代际的更替,人们观念、行为的最大变化是追求个性化,它直接挑战最具日本战后伦理特色的划一性和从众性。日本人的集团归属意识开始发生变化,越来越多的人乐意按照自己的喜好和意愿在不同的组织中从事活动,在各种团体内实现自我。同时,富

---

① 仓沢进、秋元律郎编,《町内会と地域集団》,ミネルヴァ书房 1990 版,第 224 页;韩铁英:《日本町内会的组织和功能浅析》,《日本学刊》2002 年第 1 期。
② 田晓虹:《日本社区建设管窥》,《学术月刊》1996 年第 4 期。
③ 韩铁英:《日本町内会的组织和功能浅析》,《日本学刊》2002 年第 1 期。
④ 矢野恒太纪念会编:《日本国势图会》,国势社 1990 年版,第 113 页。
⑤ 日本国立社会保障·人口问题研究所:《人口统计资料集》1997 年版,第 143 页。

裕社会面临着高龄化、青少年教育、外国劳工、环境保护等新的问题,仅仅依靠政府职能部门去解决这些异质性极强的社会问题已经显得十分困难和难以奏效,而民间组织则在这方面显示出独特的作用。这一切与世界范围内的"结社革命"相呼应,导致志愿者活动和市民团体的蓬勃发展,据1997年日本政府的一项调查,约有20%的民众参与不包括社区组织在内的市民团体活动,这些市民团体中有半数以上成立于进入富裕社会的80年代中期以后。①

在地域生活方面,营造充满生机与活力的"第三空间"(家庭为第一空间,学校及供职场所为第二空间,社区为第三空间)成为当时的热点。一些具有日本特色的地域社团组织纷纷登场,诸如助残协会、留学生援助会、保护环境和文化遗产组织等济世互助团体,以及读书会、研究会、书道、茶道、花道、编织、缝纫、陶艺、绘画、烹饪、和服穿戴等兴趣爱好组织大量涌现。引人注目的是,除了家庭主妇和退休老年人以外,在职人员开始加入各类地域社团组织和志愿者活动中,并在其中发挥了很大的能动性和积极性。②

面对市民团体的蓬勃兴起和社会生活多样化、个性化的发展,赋予町内会符合时代潮流的组织特性和地位认可就显得越来越重要和迫切起来。一方面,町内会自身在组织上进一步走向系统化。1985年,在市町村和都道府县两级町内会联合会的基础上,成立了全国町内会联合会。一方面,考虑到发展社区自治对于政府的"双赢"意义,1991年日本国会在修改《地方自治法》时,将町内会作为"地缘群体"写进了该法的附则中,使其重新获得法律地位和法人资格,从而结束了町内会第二次世界大战后40年来得不到法律承认的历史。与第一次出于战时体制需要作为行政末端组织的法律认定不同,这一次对町内会民事主体地位的法律认定,表明了政府向民间下放权力的意向,并正式确认了町内会的民间地位。从此,这一覆盖面最大、最具传统性的社区居民组织被纳入现代社会制度化、法制化的轨道。

在町内会获得更为优越、稳定的发展空间的同时,市民结社运动和"非政府组织"仍然保持着强劲的发展势头,形成了两者并行不悖、优势互补的格局。这在1995年阪神大地震的救灾过程中得到了充分体现。地震发生后,与政府的滞后、被动形成鲜明对照,各种非政府组织展开了迅速而卓有成效的救援活动。在灾民的临时住宅区内,由志愿者组成的"自治互助中心",发挥了"临时町内会"的作用。它不但与政府有关部门保持紧密联系,协助政府对临时住宅区进行管理和服务(包括落实搬迁户的分批抽签工作、接受生活困难灾民咨询、整治住宅区内的环境卫生),而且还组织、协调各类经常性的、来自社会的志愿援助与福利(诸如演艺、体育等各界人士的慰问与捐赠,小学生与灾民的联欢,为老年人提供医疗保健服务,组织民族节日庆典活动等)。③ 在这一突发事件中,町内会与市民团体互动、交融,志愿性、民间性、自治性功能得到进一步发掘。

在震灾援救及生活恢复的全过程中,民间非营利团体、社区自治组织所发挥的低成本、高效

---

① 王绍光:《多元与统一》,浙江人民出版社1999年版,第191页。
② 田晓虹:《解读日本》,东方出版中心2001年版,第222页。
③ 同上,第206页。

率、能动性、灵活性共俱的积极作用,以及无处不在的共同参与、互助自治的公共精神,产生了出乎意料的社会影响和广泛认同。阪神大地震之后,社会各界关于改善非营利组织的制度环境的呼声不断高涨。经过政府和民间广泛参与的三年大讨论,1998年日本议会全票通过了《非营利组织法》①,为"第三部门"的生存、发展解除了最大的制度障碍。随后,2000年日本开始实施地方分权法,旨在大力推进地方自治,町内会作为自下而上代表居民愿望的社区自治组织的作用得到进一步强调。这样,在"第三部门"蓬勃兴起和"社区自治"不断强化两股潮流并进的背景下,町内会日益凸显出"准市民团体"的特征(对此概念的讨论见下文)。

四、讨论与启示

(一) 町内会与"第三部门"

对于"第三部门"的基本特征,学者们作过各种概括与表述,其中最具标识性的是民间性、非营利性、自愿(志愿)性、自治(自主)性和专业性。战后50年来,町内会长期既无法律地位,亦无经营行为,经费自筹,负责人自选,活动自理,似乎可以很自然地将其归入第三部门的范畴。然而,如果以上述五项特征为标准仔细加以衡量,又会发现町内会与严格意义上的"第三部门"有不少差异之处。

就民间性而言,町内会是由政府的末端组织演变而来,至今仍保持着协助政府管理基层社会的功能。需要指出的是,在日本,"自治"并不等同于"非政府",各级地方政府通常都被称为相对于中央政府的"地方自治体",其"自治"的主要含义是指地方政府的负责人由当地居民选举产生。尽管后来町内会因其负责人由居民推选产生而带有了"自治"的特征,但不能仅以此一点就判定其不再具有行政末端组织的属性。事实上,町内会长期以来一直作为地方政府的底层组织而存在,承担着大量的行政辅助业务。20世纪90年代以来,随着地方分权改革的推进和社区发展的需要,町内会的自治性不断增强;然而,在可以预见的时期内它还难以完全摆脱部分依托行政、协助行政的职能,并将继续担任政府与居民联系的桥梁。

就自愿性而言,町内会也表现出较大的"偏离"。与其他一些只有主动加入才能成为其成员的市民团体不同,町内会虽然名义上以个人自愿加入为原则,实际上则大都以迁入居住地的住户为准自动被吸收为会员而带有某种强制性。尤其在"二战"期间,根本不存在自愿参加的问题。战后町内会才在原则上成为可以自愿参加的"任意团体",但现实生活中全体加入已经成为普遍惯例。近年来,随着年轻的单身家庭数量的增加,拒不加入町内会的户数有所增加,100%的入会率在下降。

就专业性而言,町内会自诞生起就承担着相当广泛的综合性功能。日本著名学者高桥勇悦对町内会的定义是"包罗全体居民、囊括所有功能的传统性、代表性组织"②。另一著名学者中田

---

① 王绍光:《多元与统一》,浙江人民出版社1999年版,第214页。
② 本间康平:《社会学概論》,有斐阁1988年版,第313页。

实的定义是"在一定的地域性区划内,尽可能地将在当地居住或营业的所有住户和企业组织起来,参加共同管理,以解决在该地域性区划内出现的各种问题的居民自治组织"①。尽管在不同时期和地区,町内会的组织和功能有很大变化和差别,但它一直以目标的复合性与功能的综合性为主要特征,从而区别于其他目标单一、功能限定的非营利团体和组织。

  细究町内会之所以与一般"第三部门"有上述不同,乃是源自其在日本特定社会体制中的特定角色地位。日本具有国家全面管理和控制社会的悠久历史传统,在现代化进程启动之后,无论是产业化初期的举国动员体制,还是"二战"时期的军国主义体制,以及高度产业化时期的行政指导型政治体制,国家对社会的直接掌控都是其鲜明的特征。要将直接掌控贯彻到基层社会,就需要依托相应的社会组织资源,这种组织资源在性质上必须满足两个基本前提条件:一是囊括所有居民的组织形式,另一是全方位的管理功能。而町内会正是具有这两大基本特性的基层地缘组织。它既能对社区居民实行全员纳入,又能对社区生活实施全面管理,这就是町内会之所以长期成为地方政府的行政末端、外围组织的原因。虽然从发展过程与趋势来看,町内会的行政色彩逐渐趋淡,自治功能不断增强,但客观地说,只要全员入会的组织方式和综合管理的组织功能不变,町内会就会继续在社区内扮演"总管家""总代表"的角色,从而带有社区内"准政府"的色彩。而只要町内会在"民间性""自愿性"和"专业性"上仍保持其固有的局限和差异,就始终不会成为严格意义上的"第三部门"组织。正因为如此,本文才给予其"准市民团体"("准第三部门")的概念认定。

  在当今日本的城市社区中,町内会与各种市民团体既有独立活动的一面,也有交叉重叠的一面,这是由两者的组织功能与特性所决定的。

  在组织功能上,由于町内会是统括全体居民的、具有"全职功能"的代表性组织,因此在反映、代表全体居民共同利益的一些重大事项中,町内会更具整合性、权威性。然而,组织上的网罗性和功能上的囊括性,又使其成为刚性较强的"硬性组织",以致面对不断涌现的新问题难以及时、有效地进行处理。与此相对,各种市民团体在组织上以自愿加入和共同意向为准则,功能上又具有限定性,从而成为弹性较大的"柔性组织",能够敏感、灵活地应对一些即时性、专门性问题。随着现实需求的增长,这些柔性组织仍在不断发展,同时也普遍遇到怎样与町内会这样的硬性组织进行合作、避免对立的问题。②

  在组织特性上,市民团体有较强的自主性和独立性,町内会则无法完全消除其行政辅助的历史本相。近年来大量产生和日益活跃的市民社团对社区居民产生了更大的吸引力,并出现朝着摆脱政府束缚,更加自主、独立的方向发展的趋势。面对这种局面,町内会往往陷入相形见绌的被动境地。专门化市民团体活动所产生的替代效应,将许多原来由町内会统揽的非行政功能层层剥离,活动空间受到挤压。从这个角度上可以说,町内会在日益兴盛的市民运动中面临被边缘化的挑战。在未来的社区生活中,町内会仍会发挥其特定的、不可替代的角色功能,但自愿

---

① 转引自韩铁英:《日本町内会的组织和功能浅析》,《日本学刊》2002年第1期。
② 本间康平:《社会学概論》,有斐阁1988年版,第314页。

性、专门化的市民团体将成为社区自主参与活动的主体。

町内会功能的发挥，在很大程度上取决于人们的认同感和参与性。在此必须注意到这样一个事实，那就是在经济高增长时期普遍推行的"性别角色分工"，使社区的日间活动中滞留了为数众多的具有相当文化水准的家庭主妇，成为町内会有效开展活动的基础群体。也正是她们的边缘化存在，决定了她们受到的主流社会伦理价值的约束相对薄弱，自主意识、公共意识的萌发更少制度和文化的羁绊。这是像町内会这样比较松散的、以横向互动为主的地缘组织能够获得认同的另一重要原因。然而近10年来，经济的不振和女性意识的增强，导致中年主妇的再就业率不断上升，中年妇女对个人时空定位的调整在一定程度上削弱了町内会的内在活力和动能。此外，年轻单身家庭数的快速增加，以及他们与传统地域社会的隔阂，也冲淡了町内会的凝聚力。这些都一定程度地影响了町内会活动的参与性和活跃度。

（二）文化传统与东亚路径

在对町内会角色与功能演变的历史过程进行考察时，关注现代化进程中文化类型及社会价值更迭的潜在意义，或许能够给我们认识国家与社会关系演进的东亚路径，带来更为全面、深入的启示。

日本和东亚各国从文化传统上主要属于发源于中国的"儒家文化圈"。由于受儒学"家国一体""官重民轻"政治文化的影响，长期以来，日本民众头脑中"公"的概念只有统治权威机构的含义。具体而言就是以天皇为代表的国家、政府，它高高在上，是庶民们仰慕、遵从的存在。明治维新时期的知识分子在介绍西方思潮时，找不到与西文"public"相对应的日语词汇，因为在日语中"公"历来是一个纵向概念，而"public"所代表的是公众、公共意义上的横向关系。直至今天，当日本人在运用"公"这个字时，更多的是指向政府、官方，并带有主流、正式的含义。它不仅单指统治机构本身，而且还包括与政府沾边的人和机构，如政府官员以及公立学校、公立医院等等。因此，无论日本民众对政府的政策有多少不满，就整体国民而言，所表现出来的批判态度始终是有保留和克制的。

此外，牢固统治日本国民精神的"集团主义"文化，广泛渗透于各个社会组织内部和社会关系之中。它决定了每个人的社会类属是其全力依附的实体，具体而言，在传统社会中主要是对家族、村落、作坊等共同体的依附，在进入现代社会以后主要是对供职场所的依附。这些依附性实体在"集团主义"的伦理中被视为"家"，人们通过它不但获得个人地位和资源，而且还获得社会认同和安全感，它是连接个人与国家的唯一载体，是由"家族主义"派生的"国家主义"赖以存在的重要基础。整个日本社会就是无数自成一体的、具有高度凝聚力的小集团的复合体。由于依附性实体在经济起飞阶段以新的形式继替，并创造了高速发展的神话，因此日本的社会组织和关系结构的传统神髓并没有发生实质性改变，即在"利益社会"的发展中，"共同社会"的某些特征并没有消失，有时反而得到强化，两者是重叠、糅合为一体的，其界限十分模糊。加之建立在这一模式基础上的"行政指导型"的战后政治体制，不但使现代意义上的"公共""公众"意识十分薄弱，更使社会的"第三部门"缺乏生成的深厚土壤。这也是日本进入产业化社会以来，以横向联系为特征的纯民间的、志愿的、非营利组织远不像西方发达国家那样活跃、成熟的重要原因。虽然伴随着生活方式、生命周期,以及人的精神需求的变化与更迭,基层社区市民的自主性、自治性需求不断产生,但直到 1998 年通过的有史以来第一个《非营利组织法》之前,在所有发达资本主义国家中,日本是对非营利组织限制最多最严的国家。①

伴随着近十年来日本经济的衰退,终身雇佣制、年功序列制等雇佣制度趋于崩溃,"家族主义""集团主义"等传统观念和战后价值观正在遭遇前所未有的冲击。从当今日本民众的观念变化看,自我塑造、自主选择的生存理念试图挑战被塑造、被选择的因袭模式,多元与开放的社会机制正在逐步冲击、取代纵向与封闭的社会组织形态。在这一大背景下,出于个人自主和喜好参与的各类社团活动和人们的横向社会关系明显增多。在一定意义上可以说,日本人正开始从"集团人"向"社会人"转变。进入富裕社会以来蓬勃发展的民间自由结社浪潮,突出地反映了这一趋势。然而,由于除依附性实体之外的社会横向组织资源十分缺乏,像町内会这样的社区自治组织的发育和成长不得不依赖、借助政府的力量;而只有得到政府的督导和扶持它才能获得稳定的发展空间。町内会就是在日本本土文化与现代民主精神不断交融的过程中发育起来的,表现出鲜明东亚特征的基层社区组织。

东亚传统文明的三大核心要素是:趋向于精工细作的农业自然经济,以家庭和家族为基础的社会结构,中央集权的官僚体制对经济和社会生活的组织与调控。② 在工业化进程启动之后,东亚各国都依靠和发挥国家的权威作用,将传统群体主义文化与行政主导型体制相结合,走上了政府主导的发展之路。国家主宰的自上而下的组织结构,政府对社会生活的全面干预和控制,使社会自主性领域受到很大挤压和限制,形成了强国家、弱社会的格局。随着经济的发展,市场化、全球化程度的加深,社会结构的分化,东亚各国普遍出现国家的行政权力逐步收缩,社会自主性领域渐进扩大的趋势。然而,这种变化依然是在政府主导和控制下发生的。政府对社会管理空间的让渡,或者是由于新的社会需求和活动使原有的行政管理机制难以完全满足、容纳,或者是由于新的整合方式对政府与民众都有好处。这样,在政府与民间的长期互动中,逐渐形成了一种在政府主导下双方合作、协调、互助的发展路径。这无疑与西方现代化初期"市民社会"与国家分离、对立、抗衡的发展路径有很大的不同。③

这一点在日本"第三部门",尤其是町内会的发展中鲜明地表现了出来。各种非营利组织的发展既源于民间的自发驱动,又仰仗政府的人为扶持,后者的作用往往是决定性的,规定着发展的速度、规模和具体走向。而在町内会这样全覆盖、多功能的地缘性组织身上,更突出地表现出国家主导和社会自治相互交织的两重性。应当看到,"行政指导型"的权威体制是一把双刃剑,它既是推进经济起飞、维持社会稳定的利器,又可以成为扭曲市场关系、压抑社会自主发育的障碍。如果不能随着现代化进程中内在需求与外部条件的不断变化,及时对这种体制加以调整、

---

① 王绍光:《多元与统一》,浙江人民出版社 1999 年版,第 218 页。
② 陈伯海:《东亚文化与文化东亚》,《上海社会科学院学术季刊》1997 年第 1 期。
③ 值得注意的是,目前西方发达国家在国家与社会的关系上也出现了从分离、对抗走向协调、合作的发展趋势。

变革和更新，利弊的天平就会发生逆转（日本在创造经济奇迹之后陷入长期衰退就是一种表现）。在町内会和"第三部门"的发展上，日本政府总的来说采取了比较开明、理性的态度和做法，尽管因体制的惯性而有不尽人意之处，但已逐步顺应、吸纳了社会自主性增长的需求和潮流，并使之步入了制度化、法制化的成长阶段，其未来的发展将对日本社会的进一步民主化、现代化产生重要而深远的影响。可以说，日本町内会从"行政末端""半官半民"到"准市民团体"的发展过程，集中反映了避免国家与社会的分离、对抗，力求政府与民间"良性互动"的东亚价值取向和路径特征。在此消彼长的渐进演变中，国家与社会的关系没有发生断裂，而是较好地实现了过渡与整合。这其中，民间自主意识的生长和公共精神的养成是基础，政府顺应时代、审时度势的改革是关键。

作为东亚文化主要发源地的中国，在 1949 年之后建立了与日本和其他东亚国家不同的社会制度，但在现代化的推进方式、社会的组织方式和国家与社会的关系上仍带有上述鲜明的东亚特征。中国的"单位"制度与日本的企业制度在类似传统共同体上有共通之处，都造成了人们对供职场所的依附性关系；中国的居民委员会和日本的町内会在组织与功能上十分相似[①]，都既有社区自治组织的身份，又担负着基层行政管理的职能。自 20 世纪 80 年代中国实行以市场经济为取向的改革开放以来，经济成分的多元化打破了"单位制"的一统天下，个人对单位的依附性关系逐渐松弛，单位的社会性功能不断外移，社会流动迅速加大，出现了从"单位人"向"社会人"转变的趋势。大量市场解决不了、政府又解决不好的问题的出现，促使政府将大力推进"社区建设"提上了重要工作日程，居委会作为"居民自我管理、自我教育、自我服务的基层群众性自治组织"的性质亦被重新强调。虽然目前居委会的"官办"色彩依然较浓，但随着住房私有化、利益多元化和人们对社区环境要求的不断提高，居民对社区公共事务的参与动力和愿望不断增长，政府主导的推进机制也在努力将自下而上的参与需求统合到社区建设的进程中来。种种现象表明，中国与日本及东亚各国在现代化的演进路径上有许多相似之处。探视日本町内会的发展历程和经验，可以为推动中国基层社区自治（和第三部门）的进一步发展，促进国家与社会的良性互动，提供一些启迪和借镜。

（原文载于《社会科学》2004 年第 2 期）

---

① 一些日本机构编写的向中国人介绍日本简况的小册子就注明："町内会·自治会（即居民委员会）"。（见网页：鸟取县国际交流中心：《初次生活在鸟取》，http://www.pref.tottori.jp/chinese/foreign/guide5.htm）

市场经济行为规范的道德两重性与精神文明建设

陆晓文

自进行改革开放以来,随着市场经济制度的逐步建立和完善,"经济人"意识开始成为经济行为主体进行经济行为的行为规范,其核心是:在存在市场需要的前提下,用生产、服务等各种不同的经济行为方式充分满足市场需求,以最大限度地实现自身的经济利益。

市场经济行为规范是经济行为主体从事经济行为时所采用的、调整自身经济行为方式以适应外部经济环境的社会行为规范。与其他社会行为和社会行为规范不同的是,市场经济社会行为的实现是以物的最终实现加以体现的,商品交换的实现程度即物的实现程度,是市场经济行为实现程度的终极表现,其中心内容是如何以最低的代价或投入、最合理的资源配置、最佳的商品和服务换取最大的物的收入,即货币或实物的收入。正如马克思指出的那样,市场经济的一般特征和一般本质是"以物的依赖性为基础的人的独立性"[①]。正因为如此,市场经济行为规范具有明显的道德两重性,这种两重性表现在社会和经济两个领域之中。

在伦理学中,道德评价是以善与恶、正义与非正义、诚实与虚伪等正面和负面概念来评价、调整人们的关系和行为的。当对某种社会行为的道德评价同时具有正负两种倾向时,这种评价即为道德的两重性评价。市场经济行为规范的道德两重性,即是对这种行为规范社会作用的正面和负面的道德评价。

一、市场经济行为规范在经济领域中的道德两重性

(一)在经济领域中市场经济行为规范的正道德意义

市场经济行为规范的正道德意义是指这种行为规范在经济领域中调节人们经济行为时所起的积极意义,体现在经济行为的经济后果和人与人之间的经济关系方面。

履行市场经济行为规范的动机是实现经济活动主体所期待的物的增值或增加,是在最大限度利他的基础上达到最大限度的利我,达到物的最大实现。这一特征使市场经济行为规范成为

[①]《马克思恩格斯全集》(第一版)第46卷(上),第104页。

人类历史上容许个人和社会组织能自主、自由地追逐利益并由此获取财富的经济行为准则,成为现今人类社会最普遍、最常见的经济制度的伦理基础。

在非市场经济的经济行为中,经济活动的目的可以分为三种形式:一是自主自享,即自己生产自我享用;二是无偿享用,即无偿享用他人的生产成果;三是不等价的有偿享用。就伦理意义而言,第一种享用形式似乎最符合道德意义,但由于自主生产的生产条件和规模往往有限,这时人们的经济行为仅仅是以自身为目的的,是人的工具性和目的性自然融合的初级形式,不是完全意义上的社会行为。如果说道德评价是一种社会性的评价,那么,自主享用型的生产方式不在道德评价的范围之内。就完全无偿享用他人的生产成果而言,由于一小部分人享用另一部分人的劳动成果和服务,导致一小部分人成为目的而绝大多数人成为工具;在此这是一种毫无道德意义而言的行为。不等价的有偿享用即一部分人凭借其所占资源(自然的和社会的)的稀缺性,以低代价的东西获取高价值的劳动成果。相对于完全无偿的享用形式而言,这是一种道德进步。

在市场经济的等价交换中,供需双方的互利性使市场经济行为规范产生强烈的道德约束,消费者须交付不低于成本的货币,在满足生产者的目的的同时才能获取其所需的消费品。生产者则要根据消费对象的需求确定自己的产品性质和效用,以消费者的评价作为对自身行为的评价,作为自己行为是否成功的标志。

在市场经济中,利益的天平往往会偏向消费者一边,生产者总是受到市场需求的巨大制约;因为无须求的生产是无效亦无用的生产,过多的生产将导致边际效用的下降。消费者可以在名目繁多和庞大的市场中选择自己需要的东西。市场越是发达,选择的余地就越大,消费成本也就越低。消费者永远有新的消费对象和领域,一切有商业价值的发现都会有人去把它变为一种新的消费趋势。由于现代生产的规模效应,产品的质量成为数额巨大的产品得以全部进入市场的前提,而质量提高的最大受益人自然是消费者,还有,在发达市场经济的条件下,消费者享受着伴随商品销售同时出现的服务和环境。总之,在今天市场高度发达,商品充分涌流的社会中,消费者才得以享受以往一切社会都不能比拟的消费品和服务,并由此大幅度地改善整个社会的生活质量。这是一种历史性的道德进步。

(二)在经济领域中市场经济行为规范的负道德意义

财富的获得形式和经济行为利他性上的巨大社会进步,并不意味着市场经济活动追逐利益和利我的本质有所改变,相反,由于等价交换原则的普遍建立和市场规模的迅速扩大,市场经济行为规范的确立,使社会中的几乎一切人都能自主、自由地追逐利益,把他人作为达到自己目的的中介和手段。当年马克思在谈到商品经济的本质特征时指出:市场经济中的"基本经济事实"表明,物的世界的增值是以人的世界的贬值为代价的;社会物质财物的增长是以牺牲人的全面发展为代价的。

就消费者而言,市场经济造就的巨大生产力把他们带到了不知道哪里是目的的消费迷雾中,只要肯付钱,消费者就可能在市场上获得其所需的东西,包括性、毒品和其他可能的一切。

于是原先消费的含义发生了根本的改变,以往作为满足人们基本生存需要的消费已降到次要的地位,而炫耀奢侈型消费、个人独占型消费(以往是家庭共享型)成为消费的主导;于是,生产过程中的尽可能地合理配置和节约与消费过程中的尽可能的奢华和浪费,成为现代经济运行过程中的奇特现象,大量宝贵的天然资源被挥霍,整个人类生存的环境被破坏。实际上,整个地球都在为人类的无节制的消费付出代价。

在人类社会漫长的历史中,生产总是消费的前提和基础,生产不足一直是困扰人类的主要问题。但是,当市场经济行为规范成为经济行为的主要规范之后,在发达的经济和技术条件下,人们为之困惑的不再是生产的不足,而是消费的不足。社会的总消费量决定了社会的总生产量及其经济的发展速度,如何促进消费,已成为当今经济学家们的主要议题之一。推行赤字型的经济政策,曾是众多国家采取的经济政策和消费导向。这种经济政策和消费方式,已向人们展示了其严重的后果。

在现代社会中,涉及经济领域和经济行为的法律是最多和最完整的,细致有效的法律条例导致了现代经济的高效率和高度的协同精神。但不能忘记的是,这种高效率和高度的协同精神是在经济行为主体谋求最大利益的前提下生产的,是在无数经济行为主体间的矛盾冲突和利益分歧中产生的,越是完备的法律,越是证明市场经济行为所导致的社会矛盾和冲突的广泛性及其后果的严重性。18—19世纪自由资本主义发展的严重后果,如严重的社会不公、贫富差距和激烈的阶级冲突,就是当时市场经济行为规范负面效应的充分显现。

与市场经济导致过度消费因而造成的自然被破坏并为此付出巨大代价的情景相似,市场经济行为规范的确立也导致了巨大的社会成本,政治制度、社会保障制度等社会制度的建立,确实保证了市场经济制度的顺利运行,但这都是为确保市场经济能正常运转和降低其负面效应的社会代价,这些代价是极其高昂的。

二、市场经济行为规范在社会领域中的道德两重性

(一) 在社会领域中市场经济行为规范的正道德意义

在社会领域中,市场经济行为规范亦有其积极的意义,表现为人的自主、自由、自立性,人与人之间的平等和可信性以及社会共同意志的发展。

在市场经济形态以外的经济形态中,作为经济活动主体的人不能充分地展示其自主、自由和自立性。在一个以自主享用的生产活动为主的环境中,生产活动只是一种生存活动,个人的能力只是实现群体整体生存的条件,并不是个人实现其自身利益的手段。在无偿占有和不等价有偿占有的经济形态中,一部分人利用自己所掌握的政治、宗教、军事、身份或自然等资源,完全无偿或不等价地占有另一部分人的劳动成果,社会阶级、阶层的高度分化和不平等是这种经济形态的必然结果和表现。由下而上的政治和社会身份的阶梯决定了个人的社会权利和义务,越往上,越具有经济权利,越往下,越具有经济义务。权利和义务的不对等,人们社会地位的不对

等,社会行为规范的不对等,是这种社会的基本表现。

然而,在完全市场经济的条件下,等价交换的原则使无偿占有他人劳动成为不可能,身份和权力并不是可以直接获取财富的手段。在普遍交换的前提下,人在社会地位上趋于平等。这种社会平等主要表现在两个方面:一是从事经济活动时的机会平等,不同的社会需求(而不是特殊的社会地位和身份)造就了巨大的市场,从而导致了全社会相等的获利机会;二是在交换过程中人们的人格平等,人人都可以积极自觉地通过物来表现、实现和确证自己,长官意志、身份门第、等级特权关系在市场经济活动中不再是决定因素。市场经济行为规范还进一步导致了社会的深刻变化,如能力本位代替了权力本位,平民民主代替了等级特权,个人独立代替了人身依附,遵守规范代替了讲究人情,社会交往代替了地区封闭,自我责任代替了向上应付,谋求发展代替了简单生存,信用代替了利用,等等。

更值得注意的是,广泛的商品交换导致了一项具有历史意义的结果,这就是适用于社会整体的法律规范体系的建立和完善。这是人类进行伦理选择的结果。在以身份和专制制度无偿占有或不等价占有财富的社会中,只有一部分人的财产具有确定的归属性并需要确切保护,社会地位的不平等使大多数人的经济行为并不具有自主性,不仅其经济行为的成果往往归他人所有,甚至连人身权利都没有。在这样的社会中建立普遍一致,适用于社会全体人员从事经济活动和保护每个人的财富的法律规范是不需要的。然而,在市场经济中,不仅人们的经济行为必须遵守严格的等价交换原则,而且,由于市场经济行为的需要,经济行为主体必须是独立的行为主体,具有处置自身财产的全部自由,因此,已拥有的财产(无论是个人或团体的)不可侵犯成为社会进行经济活动的必要前提,建立全社会普遍执行的公平、平等、等价、自愿的契约性法律是一种必须采取的方法。从制定只维护一小部分人特权利益的法律到建立视社会全体公民为具有同等行为能力的行为主体的法律,是社会的巨大道德进步。

(二)在社会领域中市场经济行为规范的负道德意义

在实际的社会生活中,经济关系只是人们社会关系的一部分,在这个关系之外,还存在着众多其他各种重要的社会关系,如家庭中的子女父母关系、夫妇关系等,这些关系意味着大量无报偿的义务;除此之外,人们还在一定的社会群体中生活,对其所在的社会群体负有不可推卸的社会义务和责任,如公民义务。为维护市场经济的正常运行和社会秩序的有序,在实行市场经济制度的社会中,都建立了相应的社会管理组织,这些社会组织必须在经济运行和经济组织之外维护经济和社会秩序,它们的行为不能具有利己的经济目的。所以,在以上几个或其他一些社会领域里,市场经济行为规范是不能成为指导性行为规范的。但是,市场经济行为规范的强大利己性和利益性使其具有巨大的渗透力和影响力,不仅会使人不自觉地发生行为规范的错位,甚至会使人把市场经济行为规范视为指导一切行为的出发点,将其作为处理人与人关系的最高准则,把他人作为实现自己目的的途径,把社会义务视作利益投资,把社会职责作为牟利的手段,这时,人与人之间剩下的只是赤裸裸的利益交换。

在市场经济中,市场经济行为规范使利益的追求公开化、合法化、个体化,任何社会组织和个人都可以在合法的市场范围内,以各种合法的形式追逐财富,并把种种人间事物推向市场,贴上交换的价格标签,由此把对物的追求推向极限。在物欲和利益统治的经济王国里,人日益处于次要的地位,这就是马克思所说的物对人的统治,即人的异化。一部分人成为物的奴隶,把获取物质条件或物质财富当作首要、直接的目的,把自己当作获取经济利润的工具,虽获得了财富但湮灭了自身。

在市场经济自由竞争法则下,必然导致财富的积聚和集中,使一部分人成为所谓的"从事经济活动的主体",而另一部分人成为这些"主体"的工具,后者只是某一"经济活动主体"的组成部分,在市场经济领域处于被动的地位。如果没有外来强制力量的干预和调整,市场经济自由竞争的加剧必将导致这两个社会群体之间距离的扩大和矛盾激化,形成剧烈社会冲突和斗争。人成为物的奴隶已是一种可悲的结果,而人类中还将有一部分人成为"被物化的奴隶"手中的工具,这更是人类社会的悲哀。

三、市场经济行为规范的道德两重性与精神文明建设

在中国,人们对市场经济的经济和社会后果的两重性越来越具有共识,在经济领域中强调政府干预和整体调控与在社会领域中强调精神文明和道德建设,已是建设具有中国特色社会主义市场经济的重要举措。在中国,市场经济行为规范应有其相应的活动范围,主要表现在两个方面:

(一)市场经济是手段而不是目的

由于经济行为是一种追逐经济利益的行为,因此要完全经过计划来加以实施和控制是不现实和不明智的。但是,通过政府和其他一系列行为来实现社会公平,通过市场经济行为来合理配置资源和快速发展生产力,提高人们的物质生活水平,是可以并行不悖的。邓小平对社会主义理论的重大突破之一,就是将实现社会主义的具体方法和最终目的加以区分,指出社会主义是为了实现全社会的共同富裕,市场经济是快速发展生产力,达到共同富裕的有效途径。这不仅澄清了多年来人们对于计划经济和市场经济的误解,而且提醒和告诫人们,市场经济仅仅是手段,不能把它视为目的。在中国,当个人和团体在经济领域里追逐利益的时候,不能忘记的是他们在其他社会领域中有着更高、更伟大的目的。因此,邓小平同志始终强调的是让一部分人先富起来,然后达到全社会的共同富裕,而不是只让一部分人富起来。从哲学的高度看,说市场经济是手段不是目的,体现了以人为目的,而不是以物为目的,体现了人们从事劳动生产活动的本质,避免了人的异化;从社会学而言,强调市场经济行为是手段不是目的,表明了实现社会的共同富裕和公平是保证经济和社会协调、平衡地发展的必要前提;从伦理学上讲,不把追逐经济利益作为人们活动的最高目的,是避免个人利益至上、唯利是图、拜金主义盛行的重要手段;同时,明确经济行为的手段性质也是社会主义立法的基础,因为谋求个人经济利益而损害他人利益、公共利益、社会整体利益的行为为法律所不允许的。

(二) 确定市场经济行为规范的适用范围

市场经济行为规范在经济领域里发挥作用是不言而喻的。尽管市场经济行为规范在经济领域中有可能导致种种不道德的后果,但这种不良后果可经过法律和社会政策将其减少到最小的程度。各发达的实行市场经济制度的国家在这方面已积累了丰富的经验和办法。然而,重要的是不能让市场经济行为规范进入社会管理和政治领域,不能使其成为指导人们社会管理和政治行为的主导原则。

在现代社会中,社会管理是避免市场经济运作的种种不良影响和后果的最重要的途径和方法,它的行为准则和出发点是保证整个社会经济机制的正常运作和社会生活的平衡和谐。市场经济发展的历史告诉人们,在无数经济行为主体追逐经济利益的时候,没有强有力的、独立的社会控制机构是不可想象的,亦是非常危险的。试想,如果政党和政治家可以买通,政府管理人员允许受贿,法律条文的内容以价格确定、司法行为上市拍卖,那么,呈现给人们的一定是一个混乱残酷的社会。中国作为社会主义国家,决不允许这种现象的发生。

在广泛的社会活动领域和众多社会关系中,有许多是不允许市场经济行为规范侵入的,执行的是与这些领域和关系相适应的社会规范,如公益活动、慈善活动、亲友关系等,往往是以无偿和付出为代价的,不能以等价交换作为活动的条件。在每个国家和地区,都有一系列调整这些活动领域和社会关系的社会行为规范,它们融汇和体现在习俗、宗教、道德意识等不同的形式中,因此,必须分清在不同的社会场合和社会关系中使用的社会行为规范,避免规范错位。不分清市场经济行为规范的适用范围是非常危险的。

此外,在一些领域里,经济因素和非经济因素是同时存在的,市场经济行为规范和非经济规范亦同时存在,如文艺学术的创作和保存、科学发现和发明等,有的可以进入市场并在市场中大获其利,有的则因为其无现实的使用价值而根本不为市场所承认。陈景润在破译哥德巴赫猜想上的成功可能在市场上值不了几个钱,但他对人类数学发展的贡献则是无法用金钱来加以计算的。这些创造和发明,是人类文明进步的最高和集中的表现,构成了人类的文明史。这些特殊的领域和行为,往往需要全社会的资助和政府的大量投入,功利意识是对这些领域和行为的亵渎和侮辱。因此,无论是视市场经济行为为手段,或把市场经济行为规范限制在适当的范围内,都应该成为当前中国精神文明建设的重要任务。这是中国向市场经济过渡,建设具有中国持色社会主义的必要条件之一。

(原文载于《社会科学》1997 年第 3 期)

非稳定就业与劳动力市场分割
——内地与香港的比较研究

李 骏

劳动力市场分割理论是在与新古典劳动力市场理论的争论中产生和发展起来的。[①] 新古典理论认为,劳动力市场是统一的竞争性市场,市场机制决定了劳动力资源配置和工资水平,最终会使劳动力市场达到均衡。但劳动力市场分割理论却认为,制度性、社会性、结构性因素会将劳动力市场分割为不同的部门,造成劳动力市场的非统一性和非竞争性,并阻碍劳动力在部门之间的自由流动。

最早和最有代表性的观点,是由多林格和皮奥罗[②]提出的二元劳动力市场分割(dual labor market segmentation)。他们认为劳动力市场存在首要与次级之分,并且描述了两个劳动力市场的一系列反差,例如前者工资收入较高、工作条件较好、存在晋升通道、工作管理制度规范、工作稳定,而后者工资收入低下、工作环境差、缺少晋升机会、劳动者换工频率较高,等等。后来的研究则从职业分工与职业封闭、产业结构与行业垄断、组织结构与组织模式等不同的分割逻辑出发,提出了不同的部门划分方案。[③]

20世纪末期以来,全球劳动力市场的一个重要变化是非标准劳动关系与非稳定工作的扩张。一些学者敏锐地注意到,标准化就业者与非标准化就业者之间可能形成组织层面的"内部人—外部人"区分,从而在微观机制上形成新的分割形态,进而导致一般意义上的劳动力市场分割。[④] 这个新的劳动力市场分割命题已经在包括中国在内的多个社会情境下展开了实证研究,但却十分缺乏直接的跨社会比较,以考察宏观的经济、政治和制度因素如何影响非标准劳动关系在不同社会情境下的

[①] 葛苏勤:《劳动力市场分割理论的最新进展》,《经济学动态》2000年第12期;姚先国、黎煦:《劳动力市场分割:一个文献综述》,《渤海大学学报(哲学社会科学版)》2005年第1期。

[②] Doeringer, Peter B. & Michael J. Piore. 1971, *Internal Labor Markets and Manpower Analysis*. Lexington, MA.: D. C. Heath.

[③] 李骏:《中国城镇劳动力市场分割:一个整合与比较分析》,《江海学刊》2016年第3期。

[④] Atkinson, J. "Manpower Strategies for Flexible Organizations." *Personal Management*, 1984,16(8). "Flexibility or Fragmentation? The United Kingdom Labour Market in the Eighties." *Labour and Society*, 1987,12. Kalleberg, Arne L. "Flexible Firms and Labor Market Segmentation." *Work and Occupations*, 2003,30(2).

状况。内地和香港在全球化背景下都经历了非标准劳动关系或非稳定就业的迅速扩张,但却存在"一国两制"的差异,本文通过这种具有某种"自然实验"性质的比较,尝试弥补该领域研究的缺憾。

一、非稳定就业与劳动力市场分割

灵活/弹性就业(flexible employment)、非标准劳动关系(nonstandard employment relations)与非稳定工作(precarious work)的扩张是 20 世纪末期以来全球劳动力市场的一个重要现象。[①] 在第二次世界大战结束以后资本主义发展的"黄金时期",标准的、典型的、稳定的劳动关系占据主导地位,其基本特征表现为:长期雇佣、全职全时劳动、固定工作时间和工作场所、雇主的解雇权受到严格限制、劳动者享受社会保障及福利。但自从 20 世纪七八十年代的经济危机之后,发达国家劳动力市场对灵活或弹性工作安排的呼声和实践都越来越高,发展中国家或地区也将增加灵活性或弹性化作为促进就业的一个重要途径来加以推广,从而导致了非标准劳动关系和非稳定工作在全球的蔓延。

在学术界,工作的灵活性或弹性化最早是从管理学视角提出的,用来描述企业在人力资源管理与运用上的种种安排与措施。阿特金森[②]最早将弹性化分成以下几类:(1) 数量弹性化(numerical flexibility),指企业通过对劳动力投入数量的调整,以适应经济景气情况的变动;(2) 功能弹性化(functional flexibility),指企业通过改进人事配置、追求多样化技术、训练员工多重职能等方式,使现有人员的效率更高;(3) 时间弹性化(temporal flexibility),指企业通过实行更加灵活的劳动期限和工时制度,以适应市场变化、提高工作效率;(4) 财务弹性化(financial flexibility),指企业对劳动者报酬的给付方式,可按时薪、日薪、周薪、月薪、年薪等区别或弹性运用,通过工资项目的"可变性"来实现工资数量的"伸缩性"。相应地,非标准劳动关系也呈现出多样性。在科尔伯格[③]的综述性文章中,就包括非全时工作、派遣或外包工作、短期和临时工作等,其中每个亚类又可能包括多个细类。有学者也将欧盟各国的非标准雇佣划分为兼职、临时工、派遣工、自由职业等类型。[④] 这些劳动关系都是对以往标准劳动关系的偏离,虽然偏离的具体形式各异。

关于灵活/弹性就业与非标准劳动关系的兴起,从企业、劳动者和政府这三个劳动力市场主体上都可以找到原因。第一个同时也是最重要的原因是,对企业来说,它可以用来降低组织成本,以便更好地应对越来越复杂多变的市场环境,上述数量、功能、时间、财务的弹性化就是从企

[①] 这三个概念在文献中都曾被广泛使用,它们之间既有联系,也有差别。本文在后面的实证部分具体关注的是非稳定工作,但在理论部分则基于三者的共性作合并论述。

[②] Atkinson, J. "Manpower Strategies for Flexible Organizations." *Personal Management*, 1984,16(8).

[③] Kalleberg, Arne L., Barbara F. Reskin & Ken Hudson. "Bad Jobs in America: Standard and Nonstandard Employment Relations and Job Quality in the United States." *American Sociological Review*, 2000,65(2).

[④] O'Connor, Julia S. 2014, "Non-Standard Employment and European Union Employment Regulation." In Max Koch & Martin Fritz (eds.). *Non-Standard Employment in Europe: Paradigms, Prevelance and Policy Responses*. Palgrave Macmilan.

业角度所做的充分说明。劳动者就业观念或偏好的转变有时也被用来说明非标准劳动关系的内在正当性。各国政府在劳动立法上的"去管制化"被认为是另一个重要原因。最明显的例证就是对待劳务派遣的立场变化,这种用工方式原来都是被各国立法禁止的,但之后却一步步解禁,其中 1997 年国际劳工组织颁布的《民营职业介绍所公约》(Private Employment Agencies Convention)起到了重要的推动作用。① 历史性地来看,西方工业化国家不仅在劳动立法上走过了"自治—管制—放松管制"的道路,而且在更广义的劳动关系实践模式上可能处于"灵活—稳定"之间的钟摆式"双向运动"。②

灵活/弹性就业与非标准劳动关系的扩张同时也增加了工作的不稳定性,因此在许多国家引起了争议。支持者通常从企业和经济发展角度强调其积极作用,反对者则往往强调其对劳动者带来的负面影响,例如"工作的穷人"或"新穷人"现象。③ 后一个问题在经验层次上已经受到了国外研究者的普遍关注,并隐约形成了新的劳动力市场分割命题。之所以称其为新命题,如引言所述,是因为在非标准劳动关系兴起之前,劳动力市场分割研究多强调职业、行业以及组织等分割。④

新分割命题的最先提出者仍然是阿特金森⑤,后来又由其他学者作了进一步阐发。阿特金森指出,英国公司的种种弹性化举措打破了传统的组织结构,蓝领或白领的区分不再重要,(对组织来说)必不可少与可有可无的工作区分才更重要,而这两类工作都包括上至生产经理、系统分析员,下至维修工人与班车司机等各种层次的职业。基于这种新的区分,组织就能对员工实施不同的雇佣政策,形成新的"核心-边缘"结构。核心员工负责组织赖以生存和发展的关键任务,受到重视和保护,而边缘员工则从事一般化、可替代的工作,由组织根据市场好坏情况随时扩充或压缩。哈里森⑥认为,美国公司也刻意制造两类员工的区分,一类是那些全职、稳定的员工,拥有好的福利、培训和晋升机会,另一类通常就是那些非正式员工。科尔伯格⑦进而明确提出,标准化就业者与非标准化就业者之间可能形成组织层面的"内部人-外部人"区分,从而在微观机制上形成新的劳动力市场分割。可见,新分割命题仍然承袭了多林格和皮奥罗最早提出的二元劳动力市场分割思想,但强调的是一种与以往不同的分割逻辑。⑧

---

① 李凌云:《国际劳工组织对劳动力派遣的法律规制》,《工会理论研究》2011 年第 3 期;田野:《非典型劳动关系的法律规制研究》,中国政法大学出版社 2014 年版。
② Kalleberg, Arne L. "Precarious Work, Insecure Workers: Employment Relations in Transition." *American Sociological Review*, 2009, 74(1). Polanyi, Karl. 1944, *The Great Transformation*. New York: Parrar and Rinehart, Inc.
③ 熊易寒:《新穷人的全球图景:三个世界的交集何以可能?》,《文化纵横》2015 年第 1 期。
④ Baron, James N. & William T. Bielby. "Bringing the Firms Back in: Stratification, Segmentation, and the Organization of Work." *American Sociological Review*, 1980, 45(5). Kalleberg, Arne L. & Aage B. Sørensen. "The Sociology of Labor Markets." *Annual Review of Sociology*, 1979, 5.
⑤ Atkinson, J. "Manpower Strategies for Flexible Organizations." *Personal Management*, 1984, 16(8). "Flexibility or Fragmentation? The United Kingdom Labour Market in the Eighties." *Labour and Society*, 1987, 12.
⑥ Harrison, Bennett. 1994, *Lean and Mean: The Changing Landscape of Corporate Power in the Age of Flexibility*. New York: Basic Books.
⑦ Kalleberg, Arne L. "Flexible Firms and Labor Market Segmentation." *Work and Occupations*, 2003, 30(2).
⑧ Hudson, Kenneth. "The New Labor Market Segmentation: Labor Market Dualism in the New Economy." *Social Science Research*, 2007, 36(1).

但在实证研究陆续展开的过程中,学者们并非都严格遵循组织内部的劳动者分割,而是将新分割命题推广至非标准或非稳定就业类型在整个劳动力市场上所造成的一般意义上的分割。这些研究虽然分别聚焦于某种或多种具体形式的非标准或非稳定就业,但对新分割命题的探讨不外乎围绕以下两条主要线索来进行。

一条主线是考察非标准或非稳定就业对劳动者工资收入或工作质量的影响。科尔伯格等人[1]首先考察了美国劳动力市场中非标准化就业与工作特征之间的关系,发现即使是在控制了劳动者的个人特征、家庭地位、职业与行业属性等因素后,非标准化就业仍然与"差的"工作特征相连。他们所说的非标准化就业具体包括电召工、计日工、承包工、外包工、兼职等,"差的"工作特征是用低工资和缺乏养老金和健康保险来定义。麦戈文等人[2]将同样的研究应用于英国,得出了同样的结论,虽然他们所说的非标准化就业只包括兼职、临时工和固定期限合同三种形式。加什和麦基[3]也发现,固定期限劳动合同对工资的负面影响在德国和法国都存在,并称它造成了欧洲"新的不平等"。基泽克[4]进一步发现,非典型就业关系(atypical employment relationships)对德国劳动者工资和失业的负面影响并不均匀,固定期限和劳务派遣比兼职工作要更加糟糕。

另一条主线是考察非标准或非稳定就业在劳动者的职业生涯中到底是扮演了(通向标准就业或首要劳动力市场的)"桥梁"还是(通向失业或在次级劳动力市场中徘徊的)"陷阱"作用。雅各布斯和钱震超[5]研究了美国兼职工作者的流动史,发现其中60%的人在一年之后仍然保持着这种就业形式,并且流入全职工作的概率要低于退出劳动力市场的概率。佩杜拉[6]通过田野实验和问卷调查也发现,兼职工作会对未来求职的成功率产生负面影响,尤其是对男性而言。基泽克与其同事[7]对德国劳动者就业史的研究同样发现,临时就业或固定期限工作增大了在合同期结束后继续从事短期就业或干脆失业的风险。作者据此认为,短期或固定期合同签约者构成了次级劳动力市场,弹性就业加强了劳动力市场的分割。曼森和奥特森[8]对瑞士的研究也明确反对兼职工作为劳动者提供了进入核心劳动力市场机会的观点,因为他们发现这些劳动者找到全职工作的可能性

---

[1] Kalleberg, Arne L., Barbara F. Reskin & Ken Hudson. "Bad Jobs in America: Standard and Nonstandard Employment Relations and Job Quality in the United States." *American Sociological Review*, 2000, 65(2).

[2] McGovern, Patrick, Deborah Smeaton & Stephen Hill. "Bad Jobs in Britain: Nonstandard Employment and Job Quality." *Work and Occupations*, 2004, 31(2).

[3] Gash, Vanessa & Frances McGinnity. "Fixed-term contracts—the new European inequality? Comparing men and women in West Germany and France." *Socio-Economic Review*, 2007, 5(3).

[4] Giesecke, Johannes. "Socio-economic Risks of Atypical Employment Relationships: Evidence from the German Labour Market." *European Sociological Review*, 2009, 25(6).

[5] Jacobs, Jerry A. & Zhenchao Qian. "The Mobility Patterns of Part-Time Workers." *Research in Social Stratification and Mobility*, 1997, 15.

[6] Pedulla, David S. "Penalized or Protected? Gender and the Consequences of Nonstandard and Mismatched employment Histories." *American Sociological Review*, 2016, 81(2).

[7] Giesecke, Johannes & Martin Groß. "Temporary Employment: Chance or Risk?" *European Sociological Review*, 2003, 19(2).

[8] Mansson, J. & J. Ottosson. "Transitions from Part-time Unemployment: Is Part-time Work a Dead End or a Stepping Stone to the Labour Market?" *Economic and Industrial Democracy*, 2011, 32(4).

并不高。然而,"桥梁"或"垫脚石"理论也得到了一些经验研究的支持或部分支持。① 经验证据存在分歧,意味着对这一问题的研究和理解还需要再深入。

二、内地和香港的非稳定就业及其研究

上述回顾表明,正像非标准劳动关系和非稳定工作在全球范围内的迅速扩张一样,对它是否造成了新的劳动力市场分割的学术研究也正在各国相继展开。在美国、英国以及欧洲大陆都被研究过之后,亚洲也正在进入学者的分析视野。2013 年,《美国行为科学家》(American Behavioral Scientist)杂志出版了两期专刊,对日本、韩国、中国等十个亚洲国家或地区的非稳定工作的发展情况分别作了介绍。② 但是,这批论文并没有实证检验新分割命题在亚洲是否同样存在。科尔伯格③在他的综述性文章中早就呼吁跨社会比较研究,以考察宏观的经济、政治和制度因素如何影响了非标准劳动关系在特定社会情境下的状况。然而,直接的跨社会比较研究时至今日依然相当匮乏。

从这个角度来讲,我国香港地区被遗漏在上述亚洲社会研究系列之外令人遗憾。原因在于,香港是公认的全球范围内"最自由"的经济体之一,长期奉行自由资本主义,当局很少干预包括劳动力市场在内的所有市场行为。相反,内地一直奉行社会主义制度,并于 2008 年实施被广泛认为是限制资本力量、维护劳工权益的"新劳动法"。然而,中国内地和香港近年来都在全球化进程中经历了非稳定就业的迅速扩张。香港的统计数据显示,自雇和兼职的发生率从 20 世纪 90 年代中期以来不断上扬(见图 1)。内地的统计数据表明,自雇和其他类就业比重也从 20 世纪 90 年代中期开始攀升(见图 2)。这里所谓的其他类就业,是根据就业统计的"分总不和"计算出来的,根据蔡昉及其同事的分析,即为非正式就业。④ 有学者甚至认为,在

---

① Gash, Vanessa. "Bridge or Trap? Temporary Workers' Transitions to Unemployment and to the Standard Employment Contract." *European Sociological Review*, 2008, 24(5). McGinnity, Frances, Antje Mertens & Stefanie Gundert. "A Bad Start? Fixed-Term Contracts and the Transition to Work in West Germany." *European Sociological Review*, 2005, 21(4). Scherer, Stefani. "Stepping-Stones or Traps: The Consequences of Labour Market Entry Positions on Future Careers in West Germany, Great Britain and Italy." *Work, Employment & Society*, 2004, 18(2). Steijin, Bram, Ariana Need & Maurice Gesthuizen. "Well Begun, Half Done? Long-term Effects of Labour Market Entry in the Netherlands, 1950–2000." *Work, Employment and Society*, 2006, 20(3).

② Kalleberg, Arne L. & Kevin Hewison. "Precarious Work and the Challenge for Asia." *American Behavioral Scientist*, 2013, 57(3).

③ Kalleberg, Arne L. "Nonstandard Employment Relations: Part-Time, Temporary and Contract Work." *Annual Review of Sociology*, 2000, 26.

④ 1990 年之前,城镇全部就业人数是直接用单位就业数和登记的私营企业、个体就业人数相加得到。1990 年之后,城镇全部就业人数是用城镇劳动力住户抽样调查数据推算得到,于是,较为全面和准确的城镇全部就业人数,产生了与不全面的单位就业数和登记的私营企业、个体就业人数相加之和的差额,形成了"分总不和"。2001 以后,城镇全部就业人数又根据第六次人口普查数据重新修订,图 2 中显示的其他类就业比重在这段时期的下降可能与此有关。参见蔡昉:《中国就业统计的一致性:事实和政策涵义》,《中国人口科学》2004 年第 3 期;Park, Albert & Fang Cai. 2011, "The Informalization of the Chinese Labor Market." In Sarosh Kuruvilla, Mary Elizabeth Gallagher, & Ching-kwan Lee(eds.), *From Iron Rice Bowl to Informalization: Markets, State and Workers in a Changing China*. Ithaca, NY: ILR Press.

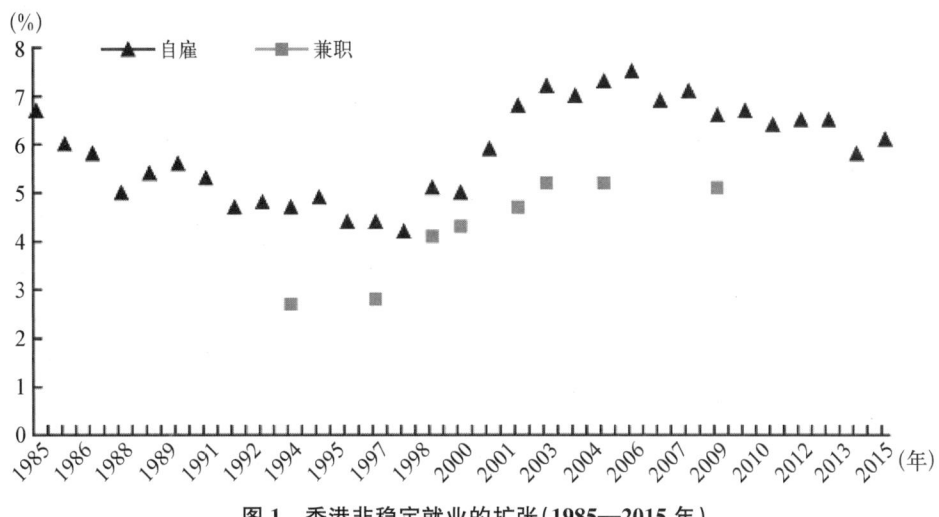

图 1 香港非稳定就业的扩张（1985—2015 年）

注：图中报告的是自雇和兼职的发生率。作者根据香港统计署有关数据事理而得。

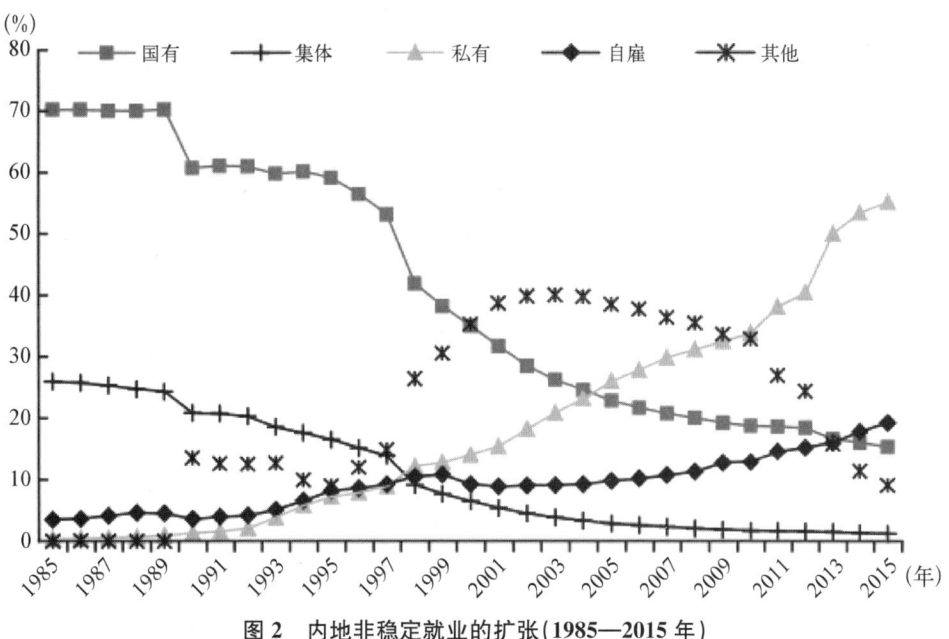

图 2 内地非稳定就业的扩张（1985—2015 年）

注：图中报告的是各类就业比重。作者根据国家统计局有关数据整理而得。

国有企业改制和社会契约瓦解进程中，内地所有行业的就业形式几乎都变得非正规化了。[1] 这

---

[1] Friedman, Eli & Ching K. Lee. "Remaking the World of Chinese Labour: A 30-Year Retrospective." *British Journal of Industrial Relations*, 2010, 48(3).

与其他学者在汽车制造业、建筑业等特定行业中所观察到的非正规化现象相呼应。①

这就为跨社会研究提供了两个理想的比较对象。本文要回答的问题正是:在非稳定就业是否造成了新的劳动力市场分割这个问题上,两地是否会因社会经济制度的不同而存在差异? 当然,仅限于意识形态式的"资本主义—社会主义"宏观体制对比是不够的,还需要具体分析两地在劳动力市场管制上的实际差异,及其在微观层面上可能会给非稳定就业者带来的影响。两地已有的少量相关研究为此提供了基础。

香港学界的研究侧重于描述非标准或非稳定就业的发生特点、扩张趋势,并分析背后的经济社会原因。赵永佳等人②勾勒了灵活就业在香港的变化趋势,指出香港劳动力市场本来就十分灵活,而灵活就业比重在 1997 年亚洲金融危机之后更见上升。他们认为,这主要是雇主为降低成本而推动的,可由殖民地传统、政府对劳资关系的低度干预、工人运动的低度发展等制度原因来解释。王美玲③侧重从雇主角度分析了香港企业越来越多使用临时工的原因。她对四家公司的访谈研究发现,虽然不乏降低成本和增加弹性的动机,但也不能排除"跟风效应",即紧随国际同行广泛使用非标准劳动关系的流行趋势。敖恒宇④强调香港的兼职工作并没有像西方社会那样表现为一种"性别现象",并描述了此类劳动者的分布特征以及工资收入处于底层的现实。他也指出,兼职工作在香港的增多,微观上是雇主为了降低成本和增加弹性而采取的策略,宏观上是受自由主义经济政策所决定的。虽然敖恒宇对兼职工作是否构成了"次级就业"以及是否遭受了工资歧视持谨慎态度,但李剑明与其同事⑤明确指出,企业在管理策略上推行的弹性就业,与去工业化、自动化技术、移民引入以及去管制化共同造成了香港工人的边缘化。其结果是香港形成了一个三层分割的劳动力市场,处于底层的就包括那些非标准就业者。然而,对于非标准或非稳定就业是否造成了劳动力市场分割的定量实证分析,香港学界却付之阙如。

内地学界的研究大致包括三类。一类是在总体层面论述内地非正规就业现象的界定、规模、问题、产生原因或可能后果等⑥,一类是从劳动法的角度梳理国外非典型劳动关系的发展情

---

① Swider, Sarah. "Building China: Precarious Employment among Migrant Construction Workers." *Work, Employment and Society*, 2015, 29(1). Zhang, Lu. 2011, "The Paradox of Labor Force Dualism and State-Labor-Capital Rlations in the Chinese Automobile Industry." In Sarosh Kuruvilla, Ching Kwan Lee & Mary Elizabeth(eds.). *From Iron Rice Bowl to Informalization: Markets, Workers, and the State in a Changing China*. Ithaca, NY: ILR Press.

② Chiu, Stephen W. K., Alvin Y. So & May Yeuk-mui Tam. "Flexible Employment in Hong Kong: Trends and Patterns in Comparative Perspective." *Asian Survey*, 2008, 48(4).

③ Wong, May M. "The Strategic Use of Contingent Workers in Hong Kong's Economic Upheaval." *Human Resource Management Journal*, 2001, 11(4).

④ Ngo, Hang-Yue. "Part-time Employment in Hong Kong: A Gendered Phenomenon?" *International Journal of Human Resource Management*, 2002, 13(2).

⑤ Lee, Kim M. & Hung Wong. "Marginalized Workers in Postindustrial Hong Kong." *The Journal of Comparative Asian Development*, 2004, 3(2).

⑥ 彭希哲、姚宇:《厘清非正规就业概念,推动非正规就业发展》,《社会科学》2004 年第 7 期;吴要武、蔡昉:《中国城镇非正规就业:规模与特征》,《中国劳动经济学》2006 年第 2 期。

况和对内地的相应立法建议①,还有一类就是用定量实证方法研究非正规或非稳定就业与工资收入差距的关系。

在第三类研究中,罗楚亮②和吴要武③分别从就业稳定性和非正规就业这两个角度做了初步探索。他们都发现,在控制了劳动者的个人特征乃至解决了选择性或内生性后,虽然非稳定就业和非正规就业者的工资收入确实显著低于稳定就业和正规就业者,但他们的人力资本收益率却不低,甚至较高。罗楚亮认为存在劳动力市场分割,但吴要武认为并不存在劳动力市场扭曲。然而,基于相同数据或更多更新数据的后续研究大多发现,这种新的劳动力市场分割不仅存在,而且有扩大之势。例如,薛进军、高文书④同样使用2005年小普查数据,发现正规就业者不仅收入更高,人力资本回报率也更高。常进雄、王丹枫⑤和屈小博⑥使用1997—2006年"中国健康与营养调查"(CHNS)数据,均发现正规就业与非正规就业者的工资差距在扩大,前者还发现教育和经验回报率差距也在扩大。魏下海、余玲铮⑦对2009年调查数据的分析发现,正规就业者的教育回报率不仅在均值上,而且在收入分布的各个分位点上都明显高于非正规就业者。有些学者摒弃二分法,进一步同时比较多种就业类型之间的收入差距。例如,屈小博⑧将劳动者区分为正规就业者、非正规受雇者和自我经营者,李小瑛、赵忠⑨将雇佣合约划分为类终身雇佣合约、长期雇佣合约、短期雇佣合约和无雇佣合约,仍然发现就业类型对工资收入存在分割效应。其他学者还专门研究了农民工或流动人口,发现即使在这个特定的劳动力群体中,非正规或非稳定就业也会导致收入损失或收入歧视。⑩

虽然两地学界的研究似乎共同指向基于非稳定就业的劳动力市场分割,但在对劳动力市场的管制上,香港和内地还是存在差异的。香港《雇佣条例》只规定了连续就业者享有休息日、带薪年假、病假津贴、遣散费、长期服务金等方面的权益⑪,缺乏对灵活/弹性或非标准就业者的权

---

① 董保华:《劳动力派遣》,中国劳动社会保障出版社2007年版;田野:《非典型劳动关系的法律规制研究》,中国政法大学出版社2014年版。
② 罗楚亮:《就业稳定性与工资收入差距研究》,《中国人口科学》2008年第4期。
③ 吴要武:《非正规就业者的未来》,《经济研究》2009年第7期。
④ 薛进军、高文书:《中国城镇非正规就业:规模、特征和收入差距》,《经济社会体制比较》2012年第6期。
⑤ 常进雄、王丹枫:《我国城镇正规就业与非正规就业的工资差异》,《数量经济技术经济研究》2010年第9期。
⑥ 屈小博:《城市正规就业与非正规就业收入差距及影响因素贡献》,《财经论丛》2011年第2期。
⑦ 魏下海、余玲铮:《我国城镇正规就业与非正规就业工资差异的实证研究》,《数量经济技术经济研究》2012年第1期。
⑧ 屈小博:《中国城市正规就业与非正规就业的工资差异——基于非正规就业异质性的收入差距分解》,《南方经济》2012年第4期。
⑨ 李小瑛、赵忠:《我国城镇劳动力市场分割和收入差距的新趋势——基于雇佣合约的视角》,《北京工商大学学报(社会科学版)》2016年第2期。
⑩ 黄乾:《城市农民工的就业稳定性及其工资效应》,《人口研究》2009年第3期;寇恩惠、刘柏惠:《城镇化进程中农民工就业稳定性及工资差距》,《数量经济技术经济研究》2013年第7期;杨凡:《流动人口正规就业与非正规就业的工资差异研究——基于倾向值方法的分析》,《人口研究》2015年第6期。
⑪ 连续就业是指被同一雇主连续雇佣四周或以上,同时每周至少工作18小时。

益保护。① 以兼职工作者为例,除了为雇主连续工作 60 天后能够获得强积金,全职工作者在法律上所享有的权益保障并不适用于他们。② 就连《最低工资条例》也只是在 2010 年才被通过。在这种法律环境下,雇主自然就会利用非标准劳动关系规避本来需要为劳动者提供权益保障的法律义务。举例来说,2000 年强积金政策实施后自雇就业人数就开始上升,其原因正是雇主借此逃避为劳动者缴付强积金。③

在内地,劳动立法走过了"管制—自治—管制—加强管制与放松管制并存"的道路,加强管制的表现是放宽了无固定期限劳动合同的订立条件,放松管制的表现则是同时将劳务派遣和非全日制用工入法。④ 但在社会各界反响强烈的情况下,又迅速对非典型劳动提升管制强度,例如 2012 年修正的劳动合同法以及 2013 年《劳务派遣暂行规定》和《劳务派遣行政许可实施办法》加强对劳务派遣的管制等。即使是在 2000 年前后为解决下岗失业问题而促进灵活就业时,政府也曾制定了非全日制用工、临时就业人员医疗保险等政策,在劳动关系、工资支付、社会保险等方面建立规管制度,促进和保障灵活就业人员的合法权益。⑤

基于以上种种制度差异,本研究提出的核心假设是:非稳定就业者所面临的劳动力市场分割在香港比在内地更为严重。回顾中外研究文献,对劳动力市场分割的检验或测度就在于实证回答不同部门的工资决定和劳动力配置机制是否存在差异这个问题,而这又包括两项具体的研究内容:一是部门之间的工资差异,基本思想是考察具有相同人力资本禀赋的劳动者在不同部门中的期望工资是否相同,如果不同,则分割得到证实;二是部门之间的人力资本(主要是教育年限)回报差异,基本思想是考察人力资本的工资或收入回报在不同部门是否相同,如果在次级市场中没有回报或回报较低,则分割得到证实。⑥ 因此,本文检验是否存在分割的依据是两类就业者的工资水平和教育回报是否存在差异;而比较两地分割程度的依据就是两类就业者的这种差异在两地又是否具有差异。

三、数据、变量与模型

内地的数据来自中山大学社会科学调查中心于 2012 年开展的"中国劳动力动态调查"

---

① Lee, Kim M. & Hung Wong. "Marginalized Workers in Postindustrial Hong Kong." *The Journal of Comparative Asian Development*, 2004, 3(2).
② Wong, May M. "The Strategic Use of Contingent Workers in Hong Kong's Economic Upheaval." *Human Resource Management Journal*, 2001, 11(4).
③ Chiu, Stephen W. K., Alvin Y. So & May Yeuk-mui Tam. "Flexible Employment in Hong Kong: Trends and Patterns in Comparative Perspective." *Asian Survey*, 2008, 48(4).
④ 田野:《非典型劳动关系的法律规制研究》,中国政法大学出版社 2014 年版,第 23—24 页。
⑤ 同上,第 67—68 页。
⑥ 袁志刚:《劳动力市场是分割的吗?——"劳动力市场分割"经验研究文献综述》,《云南财经大学学报》2008 年第 5 期。李骏:《中国城镇劳动力市场分割:一个整合与比较分析》,《江海学刊》2016 年第 3 期。

(CLDS)(本研究只使用其中的城镇样本)①,以及上海大学数据科学与都市研究中心于 2017 年完成的"上海都市社区调查"(SUNS)(本研究使用其中的住户调查部分)。② 香港的数据来自香港科技大学应用社会与经济研究中心于 2011—2012 年开展的"香港社会动态追踪调查"(HKPSSD)。③ CLDS 和 HKPSSD 这两个调查项目在时间上非常接近,都采用了概率抽样,都对两地的劳动力人口具有很好的代表性。两项数据还都有类似的问题来界定非稳定就业,能够很好地满足本文进行跨社会比较的研究目的。

在 CLDS 数据中,对非稳定就业的界定是看劳动者的就业形式是否属于以下任意一种:(1)自雇体力工作者,包括自雇中的非专业技术类与非个体户的所有人员,例如零散工、街头摊贩、钟点工、自营司机、拾荒、街头修鞋或擦鞋者、街头洗车人员、街头卖唱卖艺人员等;(2)非全职工作;(3)无固定雇主。④ 在 HKPSSD 数据中,对非稳定就业的界定是看劳动者的就业形式是否属于以下任意一种:(1)自雇人士(小贩)或外发工;(2)非全职工作;(3)短工或散工。可见,对非稳定就业的界定逻辑和范围在两地数据中是大体一致、可以接受的。这构成了本研究的关键自变量——非稳定就业,它是一个二分变量,1 表示非稳定就业,0 表示稳定就业。

但是,由于 CLDS 是一项全国调查数据,将它代表的内地与 HKPSSD 代表的香港进行比较,即使本研究将分析对象限定为城镇样本、在分析模型中控制省份变量,仍然有理由担心可比性问题。为此,本研究将做两个补充比较分析。一是将 CLDS 数据限定为主要城市(包括大中城市和沿海经济发达城市,含上海),再与 HKPSSD 数据重新比较,二是将上海的 SUNS 数据与香港的 HKPSSD 数据进行比较。上海是中国经济发展的龙头,代表了内地城市化、现代化、全球化的最高水平,与香港更具有可比性。如果上述三次数据比较能得到一致的发现,则表示内地与香港的差异是稳健的。当然,引入 SUNS 数据也有一定问题。首先,它的调查时点比较晚。另外,它对非稳定就业的界定与测量不像 CLDS 和 HKPSSD 那样一致,只包括两种形式:(1)自雇体力工作者;(2)非全职工作。

此外,本研究还将做更为重要的第四次数据比较:将 CLDS 数据与 SUNS 数据进行比较。其原因是为了进一步论证上文提出的核心假设的逻辑,即制度差异是造成非稳定就业者所面临的劳动力市场分割在香港比在内地更为严重的原因。如果这个逻辑成立,那么 CLDS 数据与 SUNS 数据在关键结果上将不存在显著差异,因为包括上海在内的内地有着同样的劳动力市场规管制度。

本研究的因变量是月工资收入(取对数)。非稳定就业变量与其他自变量一起被用来估计

---

① 关于 CLDS 的介绍,可参见其官方网站(http://css.sysu.edu.cn/)。
② SUNS 由上海市"高峰高原"计划社会学Ⅲ类高峰计划资助,其介绍可参见吴晓刚、孙秀林:《城市调查基础数据库助力社会治理》,《中国社会科学报》2017 年 11 月 8 日。
③ 关于 HKPSSD 的介绍,可参见吴晓刚:《香港社会动态追踪调查:设计理念与初步发现》,《港澳研究》2014 年第 4 期。
④ 笔者还尝试了加入其他的判定条件,例如工资计算方式与合同签订类型等,但不影响基本结论。由于这些其他的判定条件在 HKPSSD 数据中并不存在,所以,为了尽量保证两地数据的一致性和可比性,最终没有保留。

工资收入方程,后者选取的是那些在两地数据中都包括并且在概念和测量上也都类似的变量,包括受教育年限/教育程度、性别、年龄、职业、行业、部门(公共 vs.私有)、是否移民、工作时间,等等。

在检验因分割而导致的工资收入差异时,本研究使用 OLS 和倾向值分析模型。OLS 模型是在控制了其他变量的情况下考察非稳定就业者的工资收入是否比稳定就业者显著更低。但是,如果存在忽略变量偏误,或者说如果是否从事非稳定就业这一行为本身存在自我选择性,那么 OLS 模型得到的非稳定就业与工资收入之间的净关系估计值就是有偏的。倾向值分析模型正是解决此问题的一种方法。[①] 它根据非稳定就业者与稳定就业者在发生非稳定就业的倾向性上的分值为其进行匹配,匹配后的两组差异就是从事非稳定就业本身的"干预"或因果效应。

在检验因分割而导致的教育回报差异时,本研究使用 OLS 和切换回归模型。在 OLS 模型中引入受教育年限与非稳定就业之间的交互项,通过考察其是否统计显著来检验两组就业者的教育回报(即受教育年限对工资收入的影响系数)是否存在显著差异。同样,由于非稳定就业可能具有自我选择性,OLS 的估计可能有偏。切换回归模型就是针对该问题的一种方法。[②] 它同时估计非稳定就业的选择模型、非稳定就业者的收入决定模型和稳定就业者的收入决定模型,通过这种联立方程来得到更加准确的估计。

四、分析结果

内地和香港劳动力市场上的非稳定就业分布见表 1。表中同时报告了原始样本和分析样本的数据,二者大体一致,表明分析样本是有效的。因此,下文只围绕分析样本展开。

表 1　内地和香港非稳定就业的分布　　　　　　　　　　　　　单位:%

	内　地		香　港	
	原始样本 (N=348+)	分析样本 (N=333)	原始样本 (N=565+)	分析样本 (N=515)
年龄分布				
<30	17.85	18.02	19.83	20.19
30+	24.67	25.23	14.58	14.56
40+	35.17	35.14	25.08	25.05
50+	17.32	16.52	29.83	29.90
≥60	4.99	5.11	10.68	10.29

[①] Guo, Shenyang & W. M. Fraser. 2010, *Propensity Score Analysis: Statistical Methods and Applications*. Thousand Oaks, CA: Sage Publications.

[②] Sakamoto, Arthur & Meichu D. Chen. "Sample Selection and the Dual Labor Market." *Research in Social Stratification and Mobility*, 1991, 10, "Inequality and Attainment in a Dual Labor Market." *American Sociological Review*, 1991, 56(3).

续 表

	内 地		香 港	
	原始样本 (N=348+)	分析样本 (N=333)	原始样本 (N=565+)	分析样本 (N=515)
教育分布				
小学及以下	17.06	17.72	30.85	29.71
初中	35.70	35.74	31.36	32.23
高中	27.03	26.13	29.66	30.10
大专	8.66	8.71	3.73	3.69
大学及以上	11.55	11.71	4.41	4.27
职业分布				
负责人	7.09	7.21	1.19	0.78
专业技术人员	27.82	28.53	5.61	5.24
办事人员和有关人员	10.50	10.81	5.77	6.41
商业、服务业人员	18.64	19.52	33.45	34.95
生产人员	16.80	17.41	19.86	19.80
非技术体力及其他	19.16	16.52	34.13	32.81
部门分布				
私有部门	69.83	70.87	95.75	95.53
公有部门	30.17	29.13	4.25	4.47
行业分布				
建筑业	19.05	18.62	22.87	22.52
交通、仓储及邮电通信业	19.58	20.72	—	—
批发和零售贸易、餐饮业	10.32	11.11	32.08	31.45
卫生体育和社会福利业	13.23	12.01	—	—
其他	略	略	略	略
移民分布				
本地	54.07	53.75	51.86	50.68
移民	45.93	46.25	48.14	49.32
性别分布				
女性	41.99	41.74	47.46	50.10
男性	58.01	58.26	52.54	49.90

从非稳定就业者的年龄、教育、职业、部门分布来看,两地存在明显的差异。简言之,非稳定就业在内地劳动力市场上分布更广,而在香港劳动力市场上则分布集中。以教育为例,在内地的非稳定就业者中,各级教育程度均有一定的分布,小学及以下占17.72%,初中占35.74%,高中占26.13%,大专及以上也占到20.42%之多;但香港的非稳定就业者则明显集中在教育程度

的低端,大专及以上仅占到7.96%。再以部门为例,内地的非稳定就业者也一定程度地存在于公共部门(占29.13%),但香港的非稳定就业者则几乎全都集中在私有部门(占95.53%)。因此,虽然有学者指出香港的灵活就业有从低端职业向高端职业、从私有部门向公共部门蔓延的趋势[1],但与内地相比,它在劳动力市场上的分布仍然是相当集中的。这种分布的集中性其实已经见之于香港的官方统计数据[2],只是在缺乏跨社会比较的情况下,该特征被忽略了。相反,内地则见证了非稳定就业在各种行业与职业的大幅扩张,这与一些学者的观察也是相符的。[3]

然而,两地的非稳定就业在移民和性别分布上相似性却较多。移民在非稳定就业者中的比例都占到了40%多,男性也都占到了50%上下。可见,不仅香港的非稳定就业没有像西方国家那样成为一种"性别现象",内地同样没有。至于行业分布,两地同时呈现出相似性和差异性。相似的是,非稳定就业者在建筑业的分布都在20%左右。不同的是,香港的非稳定就业者进入批发和零售贸易、餐饮业这种典型的低端服务业的比例高达31.45%,而在内地则仅为11.11%。这很可能与两地的产业结构差异有关。香港从20世纪90年代以来经历了严重的"去工业化"或制造业"空心化",导致服务业——尤其是低端服务业——就业人口的大幅上升,而内地至今保持着"世界工厂"的地位。已有研究指出,"去工业化"和低端服务业的兴起是导致非标准或非稳定就业扩张的重要推动力[4],这从上述比较中得到了印证。

表2给出的是内地和香港非稳定就业的发生率。从分析总样本的跨社会比较来看,非稳定就业在香港劳动力市场上的发生率(18.31%)略高于内地(13.80%)。[5] 从两地内部各类分样本的比较来看,非稳定就业的发生率与年龄、教育、职业、部门、移民之间的双变量关系模式在两地具有很大程度的相似性。以年龄为例,两地都呈现出劳动者年龄越大越可能从事非稳定就业的模式。在内地,30多岁、40多岁、50多岁、60岁及以上各个年龄组的非稳定就业发生率依次为11.19%、16.76%、18.84%、31.48%,卡方检验表明这种差异具有统计显著性($p<0.001$);在香港,从30多岁至60岁及以上,各个年龄组的非稳定就业发生率也从11.96%依次上升到29.44%,卡方检验也具有统计显著性($p<0.001$)。两地的共性还表现为教育程度和职业地位越低的劳动者越可能从事非稳定就业,私有部门比公共部门的劳动者更可能从事非稳定就业,移民比本地居民更可能从事非稳定就业,相应的卡方检验也都在0.001的水平上统计显著。表2同时说明,是否从事非稳定就业确实具有内生性或选择性,需要引入适当的高级统计模型来克服OLS模型的不足。

---

[1] Chiu, Stephen W. K., Alvin Y. So & May Yeuk-mui Tam. "Flexible Employment in Hong Kong: Trends and Patterns in Comparative Perspective." *Asian Survey*, 2008, 48(4).吴晓刚、李骏:《香港的边缘化就业问题:情况与趋势》,《紫荆论坛》2013年第4期。

[2] Ngo, Hang-Yue. "Part-time Employment in Hong Kong: A Gendered Phenomenon?" *International Journal of Human Resource Management*, 2002, 13(2).

[3] Friedman, Eli & Ching K. Lee. "Remaking the World of Chinese Labour: A 30-Year Retrospective." *British Journal of Industrial Relations*, 2010, 48(3).田野:《非典型劳动关系的法律规制研究》,中国政法大学出版社2014年版。

[4] Lee, Kim M. & Hung Wong. "Marginalized Workers in Postindustrial Hong Kong." *The Journal of Comparative Asian Development*, 2004, 3(2).

[5] 该发生率只能作为参考值,并且有可能低估,因为它们只是按上文所说的三个标准来定义和计算的。

表 2 内地和香港非稳定就业的发生率

	内地		香港	
	样本量	发生率(%)	样本量	发生率(%)
分析总样本	2 413	13.80	2 812	18.31
年龄分样本				
<30	618	9.71	670	15.52
30+	751	11.19	627	11.96
40+	698	16.76	724	17.82
50+	292	18.84	611	25.20
≥60	54	31.48	180	29.44
教育分样本				
小学及以下	161	36.65	438	34.93
初中	607	19.60	560	29.64
高中	768	11.33	1 079	14.37
大专	406	7.14	214	8.88
大学及以上	471	8.28	521	4.22
职业分样本				
负责人	192	12.50	212	1.89
专业技术人员	842	11.28	534	5.06
办事人员和有关人员	446	8.07	525	6.29
商业、服务业人员	492	13.21	677	26.59
生产人员	237	18.57	399	25.56
非技术体力及其他	204	33.82	465	36.34
部门分样本				
私有部门	1 391	16.97	2 495	19.72
公有部门	1 022	9.49	317	7.26
移民分样本				
本地	1 547	11.57	1 918	13.61
移民	866	17.78	894	28.41
性别分样本				
女性	1 081	12.86	1 302	19.82
男性	1 332	14.56	1 510	17.02
行业分样本	略	略	略	略

回到本文的核心问题,非稳定就业所造成的劳动力市场分割是否在香港比在内地更为严重?表3是OLS模型的分析结果。就内地而言,在控制了其他变量的情况下,模型1显示,非稳定就业者比稳定就业者的月工资收入低13%($1-e^{-0.134}=0.13$),表明工资收入差异意义上的分割成立。但在模型2中,加入的非稳定就业与受教育年限之间的交互项并不具有统计显著性,似乎表明教育回报差异意义上的分割不成立。考虑到该交互项与非稳定就业变量之间存在多

重共线性问题(相关系数达到了0.95),笔者对受教育年限变量作对中处理,重新生成交互项,再估计模型3。结果发现,非稳定就业变量的主效应仍然为负向显著,而交互项仍然不显著。因此,仍然支持工资收入差异意义上的分割,而不支持教育回报差异意义上的分割。

表3　内地和香港非稳定就业的收入与教育回报差异(OLS模型)

	内地			香港		
	模型1	模型2	模型3	模型1	模型2	模型3
非稳定就业	−0.134*** (0.039)	−0.165 (0.135)	−0.130** (0.042)	−0.524*** (0.029)	−0.036 (0.067)	−0.613*** (0.031)
受教育年限	0.073*** (0.006)	0.073*** (0.006)	0.073*** (0.006)	0.044*** (0.003)	0.056*** (0.004)	0.056*** (0.004)
非稳定就业×受教育年限	—	0.003 (0.012)	0.003 (0.012)	—	−0.052*** (0.006)	−0.052*** (0.006)
控制变量	是	是	是	是	是	是
R^2	0.37	0.37	0.37	0.61	0.62	0.62
样本量	2 413	2 413	2 413	2 812	2 812	2 812

注:(1)模型1和模型2没对受教育年限作对中处理,模型3对受教育年限作了对中处理。(2)控制变量包括性别、年龄、年龄平方、部门、户口(移民)、职业、行业、周工作时间、截距项(内地模型还包括省份)。(3)表中报告的是非标准化回归系数,括号中的数字是标准误。(4) $*p<0.05, ** p<0.01, *** p<0.001$(双尾检验)。

就香港而言,在控制了其他变量的情况下,模型1显示,非稳定就业者比稳定就业者的月工资收入低41%($1-e^{-0.524}=0.41$)。与内地数据模型1的估计值13%相比,它显然大出许多,这意味着工资收入差异意义上的分割,在香港比在内地更严重。模型2显示,非稳定就业与受教育年限之间的交互项也具有统计显著性($p<0.001$),并且是在该交互项与非稳定就业变量之间的相关系数为0.92的情况下。可能正是这一多重共线性问题导致了此模型中非稳定就业变量的主效应不显著。因此,我们对受教育年限变量作对中处理后再估计模型3,果然得到了同时具有统计显著性的主效应和交互效应。模型2和模型3都表明,与稳定就业者相比,非稳定就业者不仅在工资收入上显著更低(主效应为负),而且在教育回报上显著更低(交互效应为负)。以模型2为例,对稳定就业者来说,受教育年限每增加一年其平均收入会增加5.8%($e^{0.056}-1=0.058$);但对非稳定就业者来说,这一数字却仅为0.4%($e^{0.056-0.052}-1=0.004$)。因此,在香港,工资收入差异和教育回报差异意义上的分割同时得到支持。

由于OLS模型的估计可能有偏,笔者又分别采用倾向值分析模型和切换回归模型来对两个意义上的分割再次进行检验。在表4中,不管使用倾向值加权还是倾向值匹配方法[①],内地非稳定就业者的收入仍然比稳定就业者显著更低,香港同样如此。而且,比较新的回归系数,仍然

---

① 具体来说,倾向值加权方法是用倾向值得分作加权回归,倾向值匹配方法是用倾向值得分作一对一贪婪匹配。无论哪种方法,倾向值得分都是用性别、年龄、教育、职业、部门、行业、移民身份等预测变量来得到倾向值得分。

是香港的估计绝对值大于内地。以倾向值加权方法的结果为例,内地的估计值为-0.141,而香港的估计值为-0.461。这再次表明,就工资收入差异意义上的分割而言,香港比内地更严重。笔者还对该工资收入差异进行了 Blinder-Oaxaca 分解[①],结果发现,不可解释的部分在内地仅占36.18%,而在香港则占到53.13%。这从另一个角度说明,非稳定就业者在香港劳动力市场上所遭遇的工资歧视更大,因而所面临的分割也更强。

表 4　内地和香港非稳定就业的收入差异(倾向值分析模型)

	内地		香港	
	倾向值加权	倾向值匹配	倾向值加权	倾向值匹配
非稳定就业	-0.141** (0.044)	-0.117* (0.055)	-0.461*** (0.042)	-0.399*** (0.040)
控制变量	是	是	是	是
R^2	0.39	0.42	0.63	0.55
N	2 413	662	2 812	1 021

注:(1)控制变量同表3注。(2)表中报告的是非标准化回归系数,括号中的数字是标准误。(3)倾向值预测模型的结果未展示。(4) * $p<0.05$,** $p<0.01$,*** $p<0.001$(双尾检验)。

表5的切换回归模型结果也仍然显示,非稳定就业者与稳定就业者之间的教育回报差异,内地要小于香港。在内地,稳定就业者的教育回报系数为0.07,非稳定就业者为0.05,仅相差0.02个单位。在香港,稳定就业者的教育回报系数为0.06,非稳定就业者为0.02,相差了0.04个单位。其实,非稳定就业者的教育回报系数0.02甚至没有通过统计显著性检验,意味着人力资本在该劳动力市场上根本不起作用,这与劳动力市场分割的经典论述是相当吻合的。因此,在教育回报差异意义上的分割,香港比内地更严重。

表 5　内地和香港非稳定就业的教育回报差异(切换回归模型)

	内地		香港	
	稳定就业	非稳定就业	稳定就业	非稳定就业
受教育年限	0.071*** (0.006)	0.048* (0.021)	0.061*** (0.003)	0.015 (0.011)
控制变量	是	是	是	是
N	2 413		2 812	

注:(1)控制变量同表3注。(2)表中报告的是非标准化回归系数,括号中的数字是标准误。(3)选择模型的结果未展示。(4) * $p<0.05$,** $p<0.01$,*** $p<0.001$(双尾检验)。

考虑到内地幅员辽阔、地区之间的异质性大,即使本研究已将分析对象限定为城镇样本并

---

① Blinder, Alan S. "Wage Discrimination: Reduced Form and Structural Estimates." *The Journal of Human Resources*, 1973, 8(4).

已在分析模型中控制了省份变量,仍然有理由担心它与香港这个城市社会的可比性。因此,笔者将内地数据限定为主要城市(包括大中城市和沿海经济发达城市,含上海),并引入 SUNS 数据,再与 HKPSSD 数据重新比较,结果见表 6。从收入差异来看,无论哪种估计方法,三套数据中非稳定就业者的平均工资收入都显著低于稳定就业者,并且这种差距在香港比在内地更大。从教育回报差异来看,无论哪种估计方法,香港非稳定就业者的教育回报都显著低于稳定就业者,而内地却并非如此。这与表 3 至表 5 的结果高度一致。

表 6　内地主要城市、上海和香港非稳定就业的收入与教育回报差异

	CLDS 主要城市		SUNS		HKPSSD	
	稳定就业	非稳定就业	稳定就业	非稳定就业	稳定就业	非稳定就业
收入差异（OLS）	—	−0.134** (0.047)	—	−0.264*** (0.047)	—	−0.524*** (0.029)
收入差异（倾向值加权）	—	−0.109* (0.051)	—	−0.260** (0.081)	—	−0.461*** (0.042)
收入差异（倾向值匹配）	—	−0.139* (0.065)	—	−0.271*** (0.076)	—	−0.399*** (0.040)
教育回报差异（OLS）	—	0.003 (0.012)	—	−0.017 (0.011)	—	−0.052*** (0.006)
教育回报差异（切换回归）	0.075*** (0.007)	0.059* (0.027)	0.062*** (0.005)	0.067** (0.021)	0.061*** (0.003)	0.015 (0.011)

注:(1) 控制变量同表 3 注。(2) 表中报告的是非标准化回归系数,括号中的数字是标准误。(3) CLDS 主要城市是指大中城市和沿海经济发达城市,包括直辖市、副省级城市、省会城市和沿海省份人均 GDP 较高的城市,有效样本量为 1 846 人(HKPSSD 样本不变)。(4) SUNS 的有效样本量为 4 366 人。(5) $*p<0.05$, $**p<0.01$, $***p<0.001$(双尾检验)。

上述表 3 至表 6 的分析仍然有两个局限。首先,使用的均值回归模型只能反映稳定就业者与非稳定就业者的平均差异状况,忽略了群组内部的工资收入分布特征。换言之,在不同收入组的人群中,稳定与非稳定就业对工资收入的影响可能会有差异,它对教育回报的影响也可能会有差异。为了反映这种异质性,笔者又对这三套数据做了分位数回归模型,得到收入分布的各个分位点上非稳定就业对工资收入的主效应系数以及它与教育的交互效应系数,分别显示在图 3 和图 4 中。① 从图 3 可见,非稳定就业对工资收入的负面影响,随分位点的上升而减小,表明非稳定就业者与稳定就业者的工资收入差距在低收入组中更大,在高收入组中则低得多。虽然确实存在这种异质性,但从香港与内地(包括上海)的比较来看,无论在哪个分位点上,非稳定就业导致的工资收入差距始终是在香港更大。从图 4 可见,非稳定就业对教育回报的调节作用随分位点变化的规律在三套数据中有较大不同。在 CLDS 数据中,该调节作用由正向逐渐变为负向;在 SUNS 数据中,该调节作用始终为负向,并呈现出随分位数上升而略微缓和的迹象;在 HKPSSD 数据中,该调节作用不仅始终为负向,而且较为稳定。然而,尽管存在这种异质性,从

---

① CLDS 主要城市的数据结果与 CLDS 的数据结果很相似,所以不在图 3 和图 4 中给出。

香港与内地(包括上海)的比较来看,无论在哪个分位点上,非稳定就业对教育回报的负向调节作用始终是在香港更大。因此,图3和图4的分位数回归模型结果表明,尽管非稳定与稳定就业在内地(包括上海)和香港都存在异质性,但它所造成的劳动力市场分割程度在两地仍然存在系统差异,这与上述均值回归模型结果是一致的。

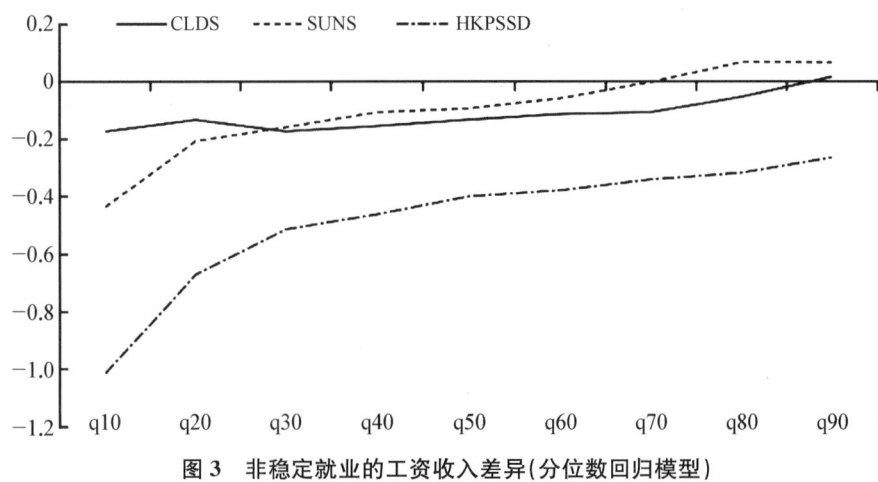

图3　非稳定就业的工资收入差异(分位数回归模型)

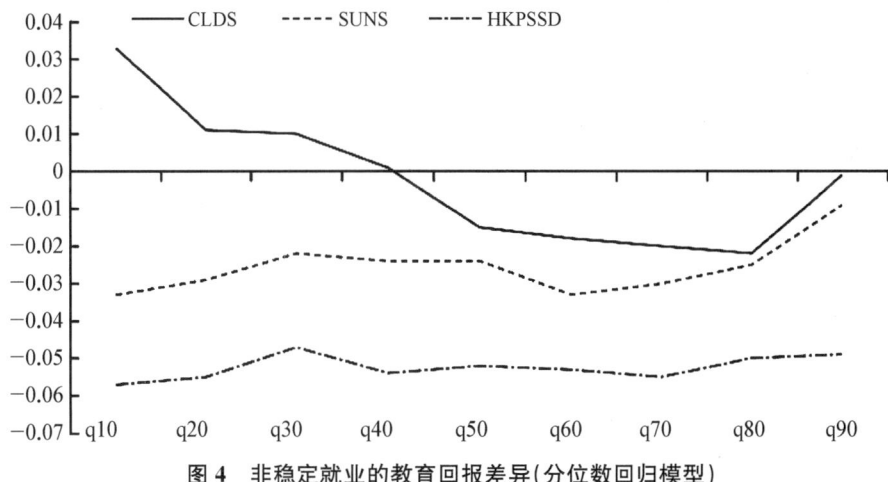

图4　非稳定就业的教育回报差异(分位数回归模型)

其次,表3至表6的分析是对内地(包括上海)和香港数据分别建模,并没有直接检验两地的差异。为此,笔者将两地数据合并在一起,正式检验之前得到的两个关键发现:(1)非稳定就业导致的工资收入差距,在香港比在内地(包括上海)更大;(2)非稳定就业对教育回报的负向调节作用,在香港比在内地(包括上海)更大。① 同时,为了进一步论证本文提出的核心假设的逻

---

① 内地(包括上海)和香港的收入原始数据并不可比,本研究按世界银行发布的购买力平价转换因子(2012年)对收入进行调整之后再做分析,转换方式参见世界银行官网(https://data.worldbank.org.cn/indicator/PA.NUS.PPP?end=2011&start=1990&view=chart)。

辑——制度差异是造成香港劳动力市场分割比内地更为严重的原因,还将预期;(3)非稳定就业导致的工资收入差距,在CLDS(或CLDS主要城市)和SUNS数据中并无显著差异;(4)非稳定就业对教育回报的负向调节作用,在CLDS(或CLDS主要城市)和SUNS数据中并无显著差异。因此,笔者分别做四次数据合并与比较,结果见表7。

表7 内地和香港的数据合并分析

	CLDS vs. HKPSSD			SUNS vs. HKPSSD		
	模型1	模型2	模型3	模型4	模型5	模型6
非稳定	−0.211*** (0.035)	−0.167* (0.069)	−0.209 (0.123)	−0.290*** (0.035)	−0.061 (0.067)	−0.139 (0.083)
教育	0.068*** (0.003)	0.074*** (0.003)	0.086*** (0.005)	0.075*** (0.003)	0.081*** (0.003)	0.085*** (0.004)
香港	1.393*** (0.046)	1.316*** (0.019)	1.599*** (0.070)	0.561*** (0.024)	0.516*** (0.021)	0.757*** (0.070)
非稳定×香港	−0.463*** (0.046)	—	0.159 (0.146)	−0.262*** (0.054)	—	0.219 (0.140)
非稳定×教育	—	−0.030*** (0.006)	0.003 (0.011)	—	−0.036*** (0.007)	−0.013 (0.008)
教育×香港	—	—	−0.016** (0.006)	—	—	−0.016** (0.006)
非稳定×教育×香港	—	—	−0.071*** (0.013)	—	—	−0.057*** (0.014)
控制变量	是	是	是	是	是	是
R^2	0.63	0.62	0.63	0.39	0.39	0.39
N	5 225	5 225	5 225	7 178	7 178	7 178
	CLDS vs. SUNS			CLDS主要城市 vs. SUNS		
	模型7	模型8	模型9	模型10	模型11	模型12
非稳定	−0.148** (0.052)	−0.126 (0.079)	−0.060 (0.184)	−0.154* (0.064)	−0.121 (0.084)	−0.212 (0.239)
教育	0.080*** (0.003)	0.082*** (0.004)	0.095*** (0.007)	0.080*** (0.004)	0.082*** (0.004)	0.100*** (0.008)
上海	0.803*** (0.025)	0.785*** (0.023)	0.992*** (0.092)	0.742*** (0.027)	0.728*** (0.025)	0.986*** (0.105)
非稳定×上海	−0.107 (0.062)	—	−0.068 (0.203)	−0.091 (0.073)	—	0.103 (0.254)
非稳定×教育	—	−0.010 (0.007)	−0.006 (0.016)	—	−0.011 (0.008)	0.008 (0.021)

续 表

	CLDS vs. SUNS			CLDS 主要城市 vs. SUNS		
	模型7	模型8	模型9	模型10	模型11	模型12
教育×上海	—	—	−0.016* (0.007)	—	—	−0.020* (0.008)
非稳定×教育×上海	—	—	−0.009 (0.018)	—	—	−0.025 (0.023)
控制变量	是	是	是	是	是	是
R^2	0.37	0.37	0.37	0.36	0.36	0.36
N	6 779	6 779	6 779	6 212	6 212	6 212

注：(1) 控制变量同表3注。(2) 表中报告的是非标准化回归系数,括号中的数字是标准误。(3) * $p<0.05$,** $p<0.01$,*** $p<0.001$(双尾检验)。

表7上半部分是 CLDS vs. HKPSSD 和 SUNS vs. HKPSSD 的结果。在模型1和模型4中,非稳定就业对工资收入的主效应为负向显著,同时非稳定就业与香港这两个变量的交互效应也为负向显著,支持上述发现(1)。在模型2和模型5中,教育系数为正向显著,同时非稳定就业与教育的交互效应为负向显著,表明非稳定就业对教育回报存在负向调节作用。在模型3和模型6中,再加入非稳定就业×教育×香港这个三项交互效应,它也为负向显著,表明非稳定就业对教育回报的负向调节作用在香港更大,从而支持上述发现(2)。

表7的下半部分是 CLDS vs. SUNS 和 CLDS 主要城市 vs. SUNS 的结果。在模型7和模型10中,非稳定就业与上海这两个变量的交互效应并不显著,支持上述发现(3)。在模型8和模型11中,非稳定就业与教育的交互效应也不显著;在模型9和模型12中,非稳定就业×教育×香港这个三项交互效应仍然不显著,从而支持上述发现(4)。

五、结 语 与 讨 论

近年来,内地和香港都经历了非标准劳动关系或非稳定就业的迅速扩张,这为该领域的跨社会研究提供了两个理想的比较对象。本文的核心问题是：在非稳定就业是否造成了新的劳动力市场分割这个问题上,二者是否会因社会经济制度的不同而存在差异？由于香港奉行自由主义经济政策、政府只对劳资关系采取低度干预,而内地对劳动关系的立法和管制保持着放松与加强交替循环的动态调整,本文提出的核心假设是：非稳定就业者所面临的劳动力市场分割在香港可能比在内地更为严重。

这种分割在经验事实上具有两重意义,一是工资收入差异,二是教育回报差异。通过分析对两地社会各具代表性的抽样调查数据,本文在这两重意义上都发现了支持上述核心假设的证据。由非稳定就业分割而导致的工资收入差异在两地都存在,但在香港比在内地更严重。也就是说,非稳定就业者所遭遇的收入损失或工资歧视,在香港比在内地更大。由非稳定就业分割而导致的教育回报差异,在香港存在并且较大,但在内地基本不存在或仅微弱存在。即使只将上海与香港相比,也能得到一致的发现。相反,将内地数据与上海数据相比,却并不存在显著差异。可见,内地与香港劳动力市场在规管体制和实践逻辑上的差异确实带来了非稳定就业所导致的分割程度的差异。

非标准劳动关系与非稳定工作的扩张其实是20世纪末期以来全球劳动力市场的一个普遍现象。不管是国外对美国、英国和欧洲大陆的研究,还是本文对中国内地和香港地区的研究,都发现它造成了新的劳动力市场分割。但本文的跨社会比较研究进一步揭示,政府在劳动立法和劳动关系管制上的干预程度也决定了这种劳动力市场分割强度。换言之,即使"新经济"会不可避免地带来劳动关系的非标准化和工作就业的不稳定化,政府仍能通过相应的法律政策规制尽量减轻它对劳动者的不利影响。这呼应了海外理论家早前对美日欧等地所做的政治经济学比较研究判断。[1]

本文对非稳定就业与劳动力市场分割的研究受数据牵制,也存在两点主要局限。一是非稳定就业的内部异质性问题,由于所用数据的样本量较少,未能详细分类比较。二是非稳定就业在劳动者职业生涯中到底是"桥梁"还是"陷阱"问题,由于缺乏中长期追踪数据,未能同时加以考察。此外,非稳定就业还可能导致就业领域之外的其他社会后果——例如教育投资的犹豫、婚育意愿的降低、志愿参与的下降等[2],甚至在中东、南非、西欧、美国等全球各地已表现出一定程度的政治性。[3] 这些重要议题,都有待未来开展进一步研究。

(原文载于《社会学研究》2018年第5期)

---

[1] Gottfried, Heidi. "Developing Neo-Fordism: A Comparative Perspective." *Critical Sociology*, 1995, 21.

[2] Kalleberg, Arne L. "Precarious Work, Insecure Workers: Employment Relations in Transition." *American Sociological Review*, 2009, 74(1).

[3] Lee, Ching K. & Yelizavetta Kofman. "The Politics of Precarity: Views Beyond the United States." *Work and Occupations*, 2012, 39(4).

组织忠诚的社会基础：劳动关系"嵌入性"及其作用条件

朱 妍

一、问题的提出

企业主或管理者如何能让雇员忠诚于企业？为什么有些企业能够形成有效的激励和管控模式，有些企业却无法做到，甚至需要面对高比例的转工率、持续不断的怠工和抵抗？对这一问题有许多解释机制。其中，经济社会学与新制度主义组织研究提出的"劳动关系具有'社会嵌入性'"的命题很有影响力。研究者认为，工作场所的社会关系能够让正式的劳动契约"嵌入于"非正式的社会关系与角色认知，从而影响雇员的忠诚与服从。[1]

中国的工厂充斥着各种社会关系。工业化促发了劳动力从农村向城镇的大量迁徙，这一进程并没有如现代化理论所料想的那样显著弱化劳动者的传统社会关系；恰恰相反，迁徙带来的不确定性与城镇的排斥性制度安排维持甚至还强化了迁徙中传统社会关系的作用，这种作用也被带到工作场所中，并对新兴工人群体的劳动关系产生了深远影响。[2]

许多研究者注意到劳动关系的"嵌入性"特征，但仍存在缺憾：一方面，社会关系对于企业管理究竟带来了何种效果，是削弱了正式制度的效力，还是能够让企业管理者以低廉的成本实施有效管理，仍然存在争议；另一方面，研究者对于社会关系为什么能够发挥作用，以及不同条件下社会关系的作用变化疏于讨论。[3]

本研究聚焦于企业内社会关系的一种典型形态，即上下级之间的同乡关系，考察这种社会关系对于员工组织忠诚的作用效力及作用条件。采用长三角地区280余家制造业企业的"雇主—雇员"匹配数据，辅以对企业所有者、管理者与员工的深访，本研究发现：（1）员工通过攀附与雇主或管理者的关系，可以争取到更好的生活机遇，因此当雇员与较高层级的管理者或是企

---

[1] Baron, J. N. "The Employment Relation as a Social Relation." *Journal of the Japanese and International Economies*, 1988, 2(4); Granovetter, M. 1974, *Getting a Job: A Study of Contacts and Careers*. Cambridge, MA: Harvard University Press.
[2] 闻翔、周潇：《西方劳动过程理论与中国经验：一个批判性的述评》，《中国社会科学》2007年第3期。
[3] Portes, A. 2010, *Economic Sociology: A Systematic Inquiry*. Princeton and Oxford: Princeton University Press.

业所有者之间共享同乡关系且关系强度较高时,能够有效提升雇员的组织忠诚;(2)企业内部劳动力市场的流动性会影响同乡关系的作用效果,当内部劳动力市场的流动性逐渐增强时,雇员便可以通过正式途径争取所需资源和机会,攀附社会关系的诉求会弱化。内部劳动力市场因此构成了社会关系作用的调节变量。

二、关于劳动关系的两类文献

从劳动关系①研究成为一个领域开始,就有两种不同的理论思路。一类研究以古典组织理论为代表,强调工厂企业中正式制度的作用,认为通过一系列的激励、奖惩、矛盾化解和生产安排可以促使雇工认同于企业的目标。这一视角受到韦伯"理性化"理论的极大影响,认为组织运作与人事管理的逻辑都是技术导向的,主要考虑管理的效率、组织的失序等问题,管理的有效性在于任务的精细化界定和工作指示的明确性。在这一模式下,权威是集中的,每个环节上的自主性都被尽可能降低,每一道工序都被尽力简化、机械化和流水线化。② 而工人服从的逻辑通常被认为是直接的物质性激励,正如韦伯所言,"在资本主义体制下,使人最乐于劳动的最直接的基础,就是高计件工资率的收益机会和遭到解雇的危险"③。

第二类文献则与这种思路形成鲜明对照,以经济社会学和新制度主义的组织研究为代表的"嵌入论"认为,正式制度的管理效果十分有限。从行为科学的视角来看,组织是一个有机体,雇员之间、雇员与雇主之间的关系并不依照正式制度的框架而呈现,他们会有情感需求,许多决定和反馈不是机械的,而要体现人的主观能动性。正式制度对于组织中"支配-服从"关系之作用忽略了人际关系、小群体的非正式规范、人的非物质需求等各种因素对劳动关系的影响,而恰恰是这些因素构成了组织秩序的"群体动力"基础。

这类文献的奠基性主张很大程度上来自20世纪二三十年代的"霍桑实验"。研究者以涂尔干式的语调提出,人们有社会性结合的本能,满足这种本能甚至胜过了物质条件的刺激;而工业发展则打破了生活性结合起来的小社群,将工人原子化地放置于科层制底端,无视人们的本能,这是激励受挫、劳资冲突的重要诱因。④ 梅奥(Mayo)进一步提出,如果工业社会不能形成新的社群来替代传统生活性结合下的社群,社会解组(social dis-aggregation)就会发生,而这也是史国衡在民国时期所著的《昆厂劳工》一书中所呈现的现象,来自农村、手工作坊或私人小厂的工人在进入科层制大企业后,遭遇"讲形式,打官腔,摆架子"这样的"官僚气"十足的机构和人事,

---

① 也有研究称作产业关系或工业关系(industrial relations),或是雇佣关系(employment relations)。
② Guillen, M. F. 1994, *Models of Management: Work, Authority, and Organization in a Comparative Perspective*. Chicago, IL: University of Chicago Press.
③ 马克斯·韦伯:《经济与社会》(第一卷),阎克文译,上海人民出版社2009年版,第254页。
④ Mayo, E. 2003/1933, *The Human Problems of an Industrial Civilization*. London & New York: Routledge, p.171-173.

原先"邻里往还"式的私人情谊被消解,导致工人缺乏对企业的认同,怠工和转工现象严重。①

作为对古典管理理论的反驳,这一视角强调工作场所非正式制度的作用,认为所谓科学管理的实践长久以来一直奉行经济效率逻辑,而没有看到工人有作为"人",尤其是"社会人"的特征。这套实践方式试图用严苛戒律和技术流动来分解工人的工作步骤,但这种通过标准化工作流程而强力促成的原子化的工人之间的依赖并没有带来良好合作和企业忠诚,却导致了无序和抵触情绪。②

如果将企业内部的劳动管理实践看作一种"合约",上述两种理论视角则分别着眼于合约的市场性与权威性特征。强调正式制度作用的学者常常认为,合约的本质是"市场性"的。他们坚持价格机制的有效性,强调在长期重复博弈中,行动者对于他人可能背离合约所采取的策略仍然是通过诉诸赔偿、通过将来拒绝与之合作等"市场性"方式,而不是通过科层式权威来施加"惩罚"、规避风险。市场性合约假定合约的缔结是自愿的,在劳动力的雇佣与管理中也是如此,雇佣双方都面临着市场压力,并愿意迅速调整以应对市场变化,最终经过一系列的反应与筛选过程最终会形成有效率的合约。这一视角下的研究虽然意识到劳动力交易与一般商品交易有所不同,要让劳动力转化成劳动在一定程度上需要依赖雇员对雇主的忠诚,但主要强调通过让渡经济利益、劳动立法和创制争议化解机制来规范劳雇双方的"权益"、避免劳动合约实施中的"委托—代理"难题、规避双方的机会主义倾向。③

而主张权威式合约的学者则认为,合约并不总是由效率逻辑驱使的,合约的有效执行很大程度上依赖当事人对于合约合法性的认可。科斯认为企业的实质是用科层式命令替代自愿的市场交易,所以企业合约的实质是权威性的。科斯提出,使用市场价格机制来组织生产存在交易成本,"交易费用太高就使得企业家在较大范围内通过专断权威的方式来指挥各种活动……将人们长期的相互守诺制序化,使之很容易用社会认同和尊敬来替代财富"④。雇佣关系也类似,研究者认为,劳雇双方的契约性劳动关系其实包含了工人与其雇主的社会、经济、心理和政治关联,这些"非契约性的"(non-contractual)社会关系会影响人们的这种"适宜性判断",原本意在激励或控制雇员的规定一旦缺少"合法性",那么这些举措就会失效⑤;反之,如果这些社会因素有助于建立权威关系的合法性,正式契约的效力便会格外显著。⑥

---

① 闻翔:《"乡土中国"遭遇"机器时代"——重读费孝通关于〈昆厂劳工〉的讨论》,《开放时代》2013 年第 1 期。
② Mayo, E. 2003/1933, *The Human Problems of an Industrial Civilization*. London & New York: Routledge, p.174.
③ Goldthorpe, J. & A. McKnight. 2006, "The Economic Basis of Social Class." In S. L. Morgan, D. B. Grusky & G. S. Fields(eds.), *Mobility and Inequality: Frontiers of Research from Sociology and Economics*. Stanford, CA: Stanford University Press.
④ 盖瑞·J.米勒:《管理困境:科层的政治经济学》,王勇等译,上海人民出版社 2002 年版,第 5—15 页。
⑤ Baron, J. N. "The Employment Relation as a Social Relation." *Journal of the Japanese and International Economies*, 1988, 2(4).
⑥ 这里还需要说明一点,劳动契约相比其他契约,制度化显得更为艰难。作者在另一篇论文中详细讨论了这个问题,参见朱妍:《合同失灵与机会主义:中国式劳动争议的调处困境》,《文化纵横》2016 年第 8 期。

大量经验研究佐证了"嵌入论"。例如,塞尔兹尼克对于田纳西河谷事业局的研究就发现,组织内部成员基于各种社会关系而形成的人际网络、共谋性派系会偏离和制约组织规则的各个层面①,产生默顿所说的"负功能"(dyfunctional effect)②。组织在理性化和正式化转变过程中,新引进的制度与传统规范之间会出现断裂,正式化措施与非正式制度的合法性基础有所不同,就会产生张力,旧有非正式制度的约束力不会自动消失,而是会以各种方式残存下来,甚至影响正式制度的目标。正式化过程本身也会导致形式合理性与实质合理性的背反③,例如在实践中,正式制度为了实现技术型治理,往往无可避免地导致过细的技术分工以及针对各类雇员近乎刻板的招聘、监督、考核与晋升规则,这不仅不能削弱传统因素的作用,反而会增加员工之间互动的不确定性和互相依赖,强化非正式制度,抵消正式制度的约束力。④

后发展社会的劳动力管理与生产组织也是类似,研究者发现,在这些经济体中,劳动关系的正式化过程往往与劳动者的传统社会特征交织在一起:一方面,正式化过程没有能够如现代化论者所预期的那样"挤出"传统关系;另一方面,传统关系的存在反而有助于维系既有的生产秩序。⑤ 裴宜理对民国时期上海工人的研究表明,工人在技术水平、来源地、从事工种、资历、性别等特征上的分化往往会叠加起来,导致工人群体在政治性上出现剧烈分化,她甚至认为,中国当时的资本主义是"在农村包围下建立起来的"⑥。

处于劳动关系制度化转型中的中国,情况也是类似。研究者认为,尽管有各种规章制度,但中国仍然处于"制度真空"(institutional holes),在新老制度的更替交叠中,新设定的正式制度尚无法获得有效实施,也得不到就业者与雇主的一致信任,法律在解决纠纷中显得效率低下,也很难约束契约当事人的机会主义行为。⑦ 制度真空带来的风险与不确定性会导致雇佣关系的正式化转型特别艰难,而劳动契约中的"非契约性"因素也将长期留存。

本文认同经济社会学者提出的"嵌入论",即认为劳动契约将持续保有权威性特征,社会关系对于契约的建立、维系与有效执行会产生极大的影响。然而,"嵌入论"者没有进一步深入探讨,这种权威性特征在不同情境下是否会发生变化,也就是社会关系的作用条件问题。正如波特斯所说,知晓行动者的取向是由于"嵌入性"所致并不足以增进人们的理解,研究者需要对"嵌

---

① Selznick, P. 1949, *TVA and Grassroots*. Berkeley, CA: University of California Press.
② Merton, R. K. "The Unanticipated Consequences of Purposive Social Action." *American Sociological Review*, 1936,1(6).
③ 克罗戴特·拉法耶:《组织社会学》,安延译,社会科学文献出版社 2000 年版,第 34—38 页。
④ 米歇尔克·罗齐埃:《科层现象》,刘汉全译,上海人民出版社 2002 年版。
⑤ Arrighi, G. "Labour Supplies in Historical Perspective: A Study of the Proletarianization of the African Peasantry in Rhodesia." *Journal of Development Studies*, 1970, 6(3);Burawoy, M. "The Functions and Reproduction of Migrant Labor: Comparative Material from Southern Africa and the United States." *American Journal of Sociology*, 1976, 81(5).
⑥ 裴宜理:《上海罢工:中国工人政治研究》,江苏人民出版社 2012 年版,第 192,251—286 页。
⑦ Bian, Y. 2002,"Institutional Holes and Job Mobility Processes: Guanxi Mechanisms in China's Emergent Labor Markets." In T. Gold., D. Guthrie & D. Wank (eds.), *Social Connections in China*. Cambridge, UK: Cambridge University Press, p.131-133.

入性"的发生机制和作用条件了解得更为细致深入,为"嵌入性"提供更近似的解释机制。①

三、"雇主—雇员"同乡关系与雇员的组织忠诚

(一) 社会关系能带来管理便利吗?

如果雇主与雇员共享某种社会连带,这会对雇员的组织忠诚产生何种影响?能为雇主带来管理上的便利吗?研究者对此有不同观点。

一些研究者认为,"雇主—雇员"社会关系能够提高雇员的服从与忠诚,减少争议,带来治理便利。雇用"自己人"能够获知更多关于潜在雇员的信息,降低人职不匹配的风险,减少沟通成本,避免工作场所的族群冲突。② 这种作用在社区异质性较强、市场风险较大的情景中显得尤为突出。斯马特等人对香港企业家在大陆工厂的研究发现,老板和管理者喜欢招募"自己人"③,这种特殊主义的管理方式甚至被看作是一种"中国式资本主义精神"④。对于有着大量人口迁徙的新兴工业化与城市化地区,从"农民"到"工人"的大规模群体身份转换使得"雇主—雇员"社会关系显得尤为重要。以中国为例,流动人口往往需要从家庭、宗族和地缘关系中谋求支持,较穷的农村人口可以借助与富裕同乡的关系,或是依靠在城镇中已经立足下来的族人移居城镇,寻找工作,获得各种支持。⑤ 进城的农民持有强烈的乡土观念,传统的惯例习俗和人际网络在工业生活中得到延续或再造。城镇在就业、住房、社会保障等方面所构筑的制度性排斥也强化了流动人口对于传统社会关系的依赖。⑥ 研究者提出"关系霸权""逆差序格局"等概念来解释中国工厂中劳动力管理与激励的主导逻辑⑦,提出管理者会利用地缘关系来激励工人,而缺失了传统社会纽带的雇主—雇员关系主要依靠经济利益进行支配和约束。⑧ 对于家户制工厂的研究也发现,社会关系在劳动控制中发挥着重要作用,人格化的招工与家长式的治理使得生产过程被家庭关系、传统伦理所环绕,由此改变了雇员的公平观念以及对报酬差距的合法性判断,将正式的劳雇关系变成一种仅有朴素权利和义务的前现代式的、依附型关系,因而促进了雇员对雇主的忠诚与服从。⑨

然而,对于这种社会关系带来的治理便利也有相反的证据,即认为管理者雇用"自己人"不

---

① Portes, A. 2010, *Economic Sociology: A Systematic Inquiry*. Princeton and Oxford: Princeton University Press.
② Streeck, W. 2005, "The Sociology of Labor Markets and Trade Unions." In N. Smelser and R. Swedberg (eds.), *The Handbook of Economic Sociology*. Princeton and Oxford: Princeton University Press, p.256.
③ Smart, J. & A. Smart, "Obligation and Control: Employment of Kin in Capitalist Labour Management in China." *Critique of Anthropology*, 1993, 13(1), p.10,19.
④ Redding, S. G. 1990, *The Spirit of Chinese Capitalism*. Berlin: Walter de Gruyter.
⑤ 苏黛瑞:《在中国城市中争取公民权》,王春光、单丽卿译,浙江人民出版社 2009 年版,第 31 页。
⑥ 李培林:《流动民工的社会网络和社会地位》,《社会学研究》1996 年第 4 期。
⑦ 蔡禾、贾文娟:《路桥建设业中包工头工资发放的"逆差序格局":"关系"降低了谁的市场风险》,《社会》2009 年第 5 期。
⑧ 周潇:《关系霸权:建筑工地的控制与反抗》,郑也夫、沈原、潘绥铭编《北大清华人大社会学硕士论文选编》,中国青年出版社 2007 年版,第 419 页。
⑨ 童根兴:《北镇家户工——日常实践逻辑与宏观政治经济学逻辑》,郑也夫、沈原、潘绥铭编《北大清华人大社会学硕士论文选编》,山东人民出版社 2005 年版,第 304—311 页。

仅会带来便利,也会造成麻烦和冲突。与雇员之间的社会关系能帮忙建立信任,也能大大降低沟通与管理成本;但与此同时,这种契约之外的社会关系也会给管理者带来"令不行、禁不止"的困难,以及员工不断要求特殊对待的烦扰。社会关系会成为雇员要求雇主在管理上网开一面的借口,对于"自己人"的高期待也许反而会削弱雇员的服从与认同取向。斯马特和他的同事就发现,严格的管理制度在"自己人"面前往往显得很无力,"即使(他们)达不到生产要求,你也没法解雇,因为他们和你、你的家人有各种交情,所以雇亲戚老乡,既有好处,成本也不低"[1]。华尔德的研究也表明,当员工与上司之间存在较为特殊的关系时,员工会相信他们总能在既有的制度规定之外获得某种特殊对待,但这种派系要能够为派系成员换来实际的利益,也就是说奖赏能够给到该得的人手中[2],这种心态使得组织的权威结构受到日常持久的挑战。

笔者的田野调查也印证了上述观点。一位中等规模的服装企业总经理在被问及"手下30多名管理人员中是否有自家亲戚"时明确表示,"基本没有亲戚,我不喜欢用亲戚……亲戚什么的麻烦得很,能力啊,理念啊,都跟你不一样。到时候我做的每个决定都要和他们先去做(思想沟通)工作,(企业)还能有执行力吗? 一个组织、权力还是要相对集中的,有了沾亲带故的、七大姑八大姨,就没办法相对集中了,这样管理成本就太高了"(XCS-01-131201)。

一家电子元器件公司的负责人表示,他试图通过利益让渡构建一套新的"自己人"系统,"我给他股份,所以他和我是一条心",这样形成的团队凝聚力最强,既保证立场的高度一致性,又能分享利益,"光有立场也不行,现在人的想法都很实惠的。但是只看利益肯定也不行……立场是这个基础,别看有时候(是)自己家里人,(但)立场也不一样的"(ZT-02-131117)。

雇员的态度也佐证了社会关系的复杂性,工人既会因为与管理者共享的社会关系而更为顺从,但同时也会将这种关系视作一种互惠式的交换,期待从管理者那里获得更多的"个人化的"对待。例如,一个由管理者介绍入厂的工人表示,"我就是因着他(指那位管理者)才给带过来的,有时让多干点就多干点吧。干多了,老帮忙,他也不好意思,有时让他媳妇回老家给我小孩带点东西。这人情就是这样。你说他让别人多干,人家都不愿意。现在线上(指流水线)年轻人多,家里都不缺吃穿,出来就是见见世面的,你说多给点加班工资让他们赶赶活,根本叫不动,还得'自己人'顶着。但我们帮了忙,他要不记在心里,一来二去的就没意思了"(ZT-07-131118)。

我们注意到,社会关系是否会带来劳动关系的治理便利,在经验上存在争议。而要理解经验现象的不一致,就要考虑到社会关系的作用兼有规范性和工具性特征。许多研究倾向于认为,社会关系大抵是规范性的,也就是类似于一种文化性的无条件约束,附着于传统关系的社会资本能够将雇员对雇主的正式服从转化为对于"我属群体"的非正式服从,雇主因此能够利用社会关系有效地控制和激励雇员。但事实并非如此,雇员往往会期待通过这种社会关系从雇主处

---

[1] Smart, J. & A. Smart. "Obligation and Control: Employment of Kin in Capitalist Labour Management in China." *Critique of Anthropology*, 1993, 13(1), p.20-21.

[2] Walder, Andrew G. 1986, *Communist Neo-Traditionalism: Work and Authority in Chinese Industry*. Berkeley, CA: University of California Press.

获得更好的回报（物质或非物质的），雇主则基于社会关系差别化地让渡资源与利益，从而换取雇员的服从。规范性与工具性特征可以看作是社会关系的"两张面孔"，在某一情境下，哪一种特征占据主导，往往决定了社会关系的作用大小与作用方向。

这里，我们将提出第一组假设。该假设试图检验社会关系即"雇主—雇员"同乡关系能够起作用吗？下一节，我们将进一步讨论社会关系的作用条件。

假设1.1：在企业中，与雇主有同乡关系的雇员，相比没有此类关系的雇员，更认可工作场所中雇主对其的支配，组织忠诚度更高。

假设1.2：这种同乡关系的强度越高，雇员的组织忠诚度越高。

假设1.3：这种同乡关系的层级越高，雇员的组织忠诚度越高。

（二）社会关系的作用条件：企业内部劳动力市场

前文已经提出，社会关系有工具性的面向，拿本文所讨论的话题来说，当雇员与雇主之间的社会关系能够为雇员带来切实利益时，雇员会更服膺于这种关系的支配，让渡更多的忠诚，以此作为特殊待遇的回报。一旦我们认可，社会关系并不必然带来无条件遵从，相反，关系当事人也会对关系中无法言明的权利义务进行精巧算计，从而选择适宜的行为，这就引出了一个非常重要的议题：社会关系的作用条件。条件或情境会大大影响当事人的计算结果。

为了讨论社会关系的作用条件，我们首先提出"工具性作用的（部分）可替代性"命题。这一命题指的是，人们对于社会关系的服从或多或少地呈现"工具性"特征，即期待能够从社会关系中获取正向收益，而这种服从带来的收益具有可替代性。①

我们进而可以提出"社会关系的作用条件"命题，即当雇员能够从其他渠道获得同等甚至更多的收益，而不需要借助于与雇主的社会关系时，社会关系对于雇员行为的约束作用会弱化；而当雇员缺乏其他选择，只能依赖同雇主的社会关系谋求有利地位或资源时，社会关系对于雇员行为的约束作用会强化。

在企业中，工人可以通过攀附和运作与雇主的社会关系来获取资源和机会，在这种渠道之外，工人在企业中还有其他渠道吗？许多研究指出了"内部劳动力市场"的重要性。内部劳动力市场是与（外部）劳动力市场相对应的一个概念。制度经济学认为，为了规避信息不对称，原本在外部劳动力市场上进行的对劳动力的定价、分配与培训会被"内部化"，以此降低遴选、监督和替换劳动力的成本。②

---

① 笔者在另一篇论文中更深入地讨论了这一命题，参见朱妍：《雇佣中的社会交换与"嵌入性"机制：一个尝试性的分析框架》，《社会发展研究》2016年第4期。

② Burawoy, M. 1979, *Manufacturing Consent: Changes in the Labor Process under Monopoly Capitalism*. Chicago, IL: University of Chicago Press; Doeringer, P. B. & M. J. Piore 1971, *Internal Labor Markets and Manpower Analysis*. Lexington, MA: Heath Lexington Books.

内部劳动力市场对于促进雇员的组织忠诚与权威服从有直接作用。当工人被放置在一套内部晋升系统中时,他们会对自身利益与企业利益形成一致性假定,任何不忠诚、不服从的行为倾向既背离了企业利益,也与其个体利益相抵触。[1] 内部劳动力市场也能增强雇员对企业的工具性依赖,提高雇员背弃或离开企业的机会成本,从而增加雇员"胶着于"企业的倾向。[2]

内部劳动力市场既能促发情感与认同,也能生成利益关联,这种特征与社会关系的作用十分类似,因此内部劳动力市场可以(部分地)替代垂直型社会关系的工具性作用:

第一项原因是,内部劳动力市场能够有效降低雇员面临的不确定性。内部劳动力市场的本质是为了应对"委托—代理"难题、信息不对称和机会主义行为,经济学家认为这虽然不是最有效率的,但也是"次优"方案。[3] 雇主可以通过各种渠道及时获知雇员的人力资本储量,以及他的人力资本与岗位要求之间的一致性情况;通过晋升(或不晋升)给予雇员适时的引导和信号,来换取雇员的忠诚与投入;雇主—雇员被同时放置在长期博弈通道中,降低彼此的机会主义倾向;雇主可以通过为工人设计一套看上去符合其利益的职业晋升阶梯,与其达成"隐性契约"(implicit contract),即提供长期雇佣预期和稳定工资保障,让雇员自觉自愿地为之努力。[4]

不少受访企业的管理者都表示,以职位晋升为主的内部劳动力市场制度是让工人预见自身长远发展的关键性设计。一家民营石材加工企业的总经理向我表示,晋升是让工人"感觉有劲"的最有效办法,即便没有那么多正式的岗位安排,只要管理层给工人一种"骨干"的身份,"工人都已经很开心了。他看的也不一定是眼前一点得失,在发展快的企业里,他看的也是长远。你说如果公司不成长,他肯定走人。你说公司也在成长,给他一个上升空间,他肯定待着嘛"(NS-01-131025)。另一家做金属制品精加工的企业管理者也表示,企业的主管和技术人员都是从小工培养起来的,"这种人容易在公司里面生根发芽,有点儿技术的人找来后很难养家(指很难把这里当成自己的家),就像大树一样,你搬过来成活率很低的,但是一个小树苗它很容易长大的"。晋升也能够改变员工对于劳雇关系的认知,"其实很多经理手下一个人也没有,但有头衔,人心理也就平衡了。有头衔就会有很多权限,头衔上去了,要做的工作也会比较全面,这对于员工的心理影响也很大。他会觉得自己受到重视,没升上来的也会觉得自己有希望"(YT-02-140113)。

第二项原因是内部劳动力市场通过明晰化等级制度与遴选标准对垂直型社会关系的运作

---

[1] Yang, S., S. Worden & G. Wilson. "Sources of Organizational Commitment: The Effects of Internal Labor Markets and Worker Values." *Sociological Spectrum*, 2004, 24(6).

[2] Becker, G. S. 1993, *Human Capital: A Theoretical and Empirical Analysis with Special Reference to Education (3rd Edition)*. New York: Columbia University Press.

[3] Baker, G. & B. Holmstrom. "Internal Labor Markets: Too Many Theories, Too Few Facts." *American Economic Review*, 1995, 85(2).

[4] Crompton, R. & G. Jones 1984, *White-Collar Proletariat: Deskilling and Gender in Clerical Work*. London: Macmillan Press, p.76.

进行"制度化"和"结构化"。企业的内部劳动力市场往往有着一整套的人力资源管理实践方法（human resource practice），这一套规制体系的运作逻辑可能是多元的，基于忠诚原则或是基于绩效主义，但相对于社会关系运作的"黑箱"，内部劳动力市场的运作逻辑往往更清晰。如果说，社会关系主导下的晋升机遇、薪资报酬分配大多依据各种非正式的、无法言明的规则进行运作，形成一种多林格和皮奥里所说的"工业封建主义"模式①，那么依据忠诚或绩效表现的内部劳动力市场规则就显得格外明晰。

组织中正式与非正式制度的关系及其后果一直为研究者所关注②，多数研究者都认为非正式制度会更隐晦，它的制裁和约束成本更低，因此通常能够弱化、替代或是抵制正式制度。③ 但事实上，当正式制度的规定比较明晰，实施成本较低时，它也可以显著削弱非正式制度的效应，有时甚至能对非正式制度的效力进行"结构化"，将非正式制度"吸纳"进正式的制度框架。④

在此项研究中，内部劳动力市场与"雇主—雇员"社会纽带之间的关系就属于这种情况，即正式制度会削弱非正式制度的效应，并对非正式制度的效力进行"结构化"和替代，由于内部劳动力市场的流动性程度⑤不同，"雇主—雇员"同乡关系的效应会发生变化。

在访谈中，某企业车间主管的观点很有代表性，他表示，"老板一直讲，大家都没事做、没钱赚的时候才最喜欢拉拢一派打击一派，搞得你死我活的，（如果）大家都有机会，一起赚钱多好"。他是公司副总经理陈某的远方表亲，由其介绍入厂，早期公司的发展不那么快，也没有太多的事情做，当与上下游车间发生矛盾时，"有点要靠着陈总，毕竟他是自己人，跟别的车间有点'打架'什么想要他帮忙，也想看看能不能建自己的队伍。这几年发展越来越好了，这种感觉真的没有了，反正大家的目的都是一样的"（YT-04-140113）。

根据以上推导，在此提出第二组假设，即"'雇主—雇员'同乡关系的作用条件"假设：

假设2：在其他条件不变的情况下，企业内部劳动力市场的流动性程度会影响"雇主—雇员"同乡关系的作用效力。当内部劳动力市场的流动性提升，这种同乡关系对于组织忠诚的促进作用会被削弱；当内部劳动力市场的流动性下降，这种同乡关系对于组织忠诚的

---

① Doeringer, P. B. & M. J. Piore 1971, *Internal Labor Markets and Manpower Analysis*. Lexington, MA: Heath Lexington Books.
② DiMaggio, P. J. & W. W. Powell 1991, "Introduction." In W. W. Powell & P. J. DiMaggio (eds.), *The New Institutionalism in Organizational Analysis*. Chicago and London: University of Chicago Press.
③ Peng, Y. "Kinship Networks and Entrepreneurs in China's Transitional Economy." *American Journal of Sociology*, 2004, 109(5); 郭云南、姚洋、Jeremy Foltz:《正式与非正式权威、问责与平滑消费：来自中国村庄的经验数据》，《管理世界》2012年第1期。
④ 杰克·奈特:《制度与社会冲突》，周伟林译，上海人民出版社2009年版。
⑤ 这里的"流动性"指的是企业多大程度上给予其雇员内部晋升的机遇。可参见 Lazear, E.P. & P. Oyer 2012, "Personnel Economics." In Robert Gibbons & John Roberts (eds.), *The Handbook of Organizational Economics*. Princeton: Princeton University Press.

促进作用会增强。

四、数据资料、操作测量与模型设定

研究使用的调查数据资料来自上海社会科学院社会学所于2011—2012年和2012—2013年间在长三角地区所做的两次入厂问卷调查,包含企业与个体层次的资料信息。①

研究的因变量是组织忠诚②,测量指标综合了迈尔(Meyer)等人在1993年提出的经典量表③与中国组织心理学者对其量表的中国化方案④,包含以下关键性要素:(1)归属感与身份感知,指个体形成对组织的一种安全型的依附关系,在中国情境下表现为雇员对企业的家庭情结;(2)个体与组织的一致性,指个体是否认同组织的使命、愿景、价值观和目标,决策的时候是否会考虑组织的利益;(3)组织吸引力,指个体在评价与比较各类群体的社会地位和声誉时,会因为自己所处的群体而感到自尊感提升。

调查中,研究者询问雇员对企业的感受与认知,以下陈述分别对应于情感型忠诚的几项维度,每项陈述都有从"很不同意"(1分)到"很同意"(4分)的选项。为了构成一个复合型的组织忠诚指标,需要将这些条目的得分加总。最终形成的情感型忠诚是一个居于(-14,14)之间的连续变量,均值为2.47,标准差为3.60。

表1呈现了所有被访者在每一题项上的得分均值。对每一项子维度求得其均值,因三项子维度涉及的题器数目有差别,将得分加总后除以题项数目得到均值。

表1 组织忠诚:各题项得分均值

维 度	题 项	均 值
归属感与身份感知	D14.1 我觉得我是企业"大家庭"中的一员。	0.74
	D14.3 我能感到领导对我们工人是很关心的。	0.46
个体与组织的一致性	D14.2 我认为我的利益和企业的利益常常不一致。(反向)	-0.32
	D14.7 总的来说,企业的事情就是我的事情。	0.53
组织吸引力	D14.4 我觉得我的价值观和我们企业鼓励的价值观不一样。(反向)	-0.42
	D14.5 我为能成为这个企业的一员感到自豪。	0.64
	D14.8 如果我厂生产的产品销往国外,我会感到很自豪。	0.84

---

① 此次调查共有282家企业、5 049位员工受访,员工中一线生产工人比例不低于80%。各城市受访企业的行业、所有制与企业规模分布、不同规模企业的受访人数分布、受访者的岗位和阶层分布,因篇幅限制未附在文中,如需要请向作者索取。
② 即organizational commitment,心理学与管理学者也常常翻译成"组织承诺"。
③ Meyer, J., N. Allen & C. Smith, "Commitment to Organizations and Occupations: Extension and Test of a Three-Component Conceptualization." *Journal of Applied Psychology*, 1993, 78(4).
④ 孙健敏、姜铠丰:《中国背景下组织认同的结构——一项探索性研究》,《社会学研究》2009年第1期。

本研究的解释变量是被访者与企业所有者、中层管理者或工段长/小组长之间是否存在同乡关系，以及这种关系的强度。每一类同乡关系生成三项取值：有此类关系且关系亲近、有此类关系但并不亲近、无此类关系。

在所有受访者中，有15.37%表示企业老板与其是同乡，23.47%表示在中层管理者中有同乡，31.99%在工段长/小组长中有同乡。随着关系层级的提升，有此类关系且关系较为亲近的比例显著降低。与老板有同乡关系且关系亲近的仅为3.64%，而与中层管理者有较为亲近同乡关系的比例就达7.65%，与工段长/小组长等基层管理者的亲近同乡关系比例进一步提高到13.65%。

此项研究的调节变量是企业内部劳动力市场的流动性，操作化为企业每年大约有多少雇员能够得到晋升，用个体层次的数据聚合（aggregate）成群体层次的变量。聚合基于两项指标，一是晋升可能性，调查询问"您觉得，在未来的几年内，您在这个厂里被提拔或升迁的机会有多大"，将"几乎不可能"编码为0，其余编码为1；二是实际晋升经历，调查询问"您在这个单位有没有被提拔过"，凡是回答"有"的编码为1，其余编码为0。任一取值为"1"的，则认为有晋升（机遇）。再进一步计算有晋升（机遇）的雇员比例，以此来测量该企业内部劳动力市场的流动性，比例越高，则说明内部劳动力市场的流动性更高。在受访的282个企业中，比例最高为100%，而比例最低则为4.3%。

许多因素都会影响员工的组织忠诚：个体层次控制变量包括性别、教育年限、户籍状况、世代、工龄、职业阶层、小时工资（取对数）、是否签订劳动合同、是否享有社会保险、是否经历过劳动权益受侵害、工会会员身份、工作受监控程度、参与企业民主决策情况；群体层次控制变量包括城市、行业、所有制、规模、是否劳动力密集型、企业人力资本存量、有否工会或党支部等权益保障机制。①

以上这些控制变量的描述性统计结果在表2中呈现：

表2 变量的描述性统计

个体层次控制变量	频数	比例(%)	群体层次控制变量	频数	比例(%)
性别			城市		
男性	3 021	59.83	上海	40	14.18
女性	2 028	40.17	南京	40	14.18
			南通	40	14.18
户籍状况			常州	40	14.18
本地城镇	970	19.21	杭州	41	14.54
本地农村	846	16.76	宁波	40	14.18
外地城镇	765	15.15	温州	41	14.54
外地农村	2 468	48.88			

① 控制变量的操作测量，所涉篇幅较长，如需要可向作者索取。

续　表

个体层次控制变量	频数	比例(%)	群体层次控制变量	频数	比例(%)
世代			所有制		
1980年前	1 802	35.69	国有	21	7.45
1980—1986年	1 378	27.29	民营	170	60.28
1986年后	1 869	37.02	三资/外资	20	7.09
阶层			合资/合作	71	25.18
管理/技术	345	6.83	行业		
一般非体力	515	10.20	机电行业	45	15.96
技术工人/工段长	1 592	31.53	纺织行业	66	23.40
非技术工人	2 597	51.44	机械制造行业	92	32.62
劳动合同			汽配行业	28	9.93
有	3 278	64.92	化工行业	51	18.09
无	1 771	35.08	企业类型		
社会保险			劳动力密集型	140	49.65
有	2 883	57.10	非劳动力密集型	142	50.35
无	2 166	42.90	企业对劳工权益的制度化保障		
劳动权益侵害			有	105	37.23
有	731	14.48	无	177	62.77
无	4 318	85.52	连续变量	均值	标准差
工会会员身份			教育年限(年)	10.66	2.47
加入工会	929	18.40	工龄(年)	7.84	6.91
未入工会	4 120	81.60	工作受监控程度	4.58	1.69
提合理化建议			小时工资	13.37	5.41
有	1 277	25.29	企业规模(人)	267.91	569.08
无	3 772	74.71	企业员工大专以上比例(%)	21.17	15.67

本研究的自变量和控制变量涉及个体与企业两个测量层次,因变量是单项加总的态度量表,因此采用多层次线性模型进行拟合。首先用零模型分解组织忠诚的差异。数据显示,不同企业中员工的组织忠诚均值为2.473,也就是零模型的截距项。如果将雇员组织忠诚差异分解到两个层级中,企业内组织忠诚的方差为8.947 61,而企业间则为3.645 11,x^2为1 300.74,在281个自由度下p值远接近于0,说明组织忠诚在企业间的差异十分显著。如果根据方差成分进一步计算,可以得出企业的不同特征会影响雇员的组织忠诚,而这部分差异占到了雇员组织忠

诚整体差异的 28.95%,是较高的一个比例。

随后考察"雇主—雇员"同乡关系对雇员组织忠诚的影响机制,以及这种影响如何受到企业内部劳动力市场的影响。其中有几重机制,一是"雇主—雇员"同乡关系对组织忠诚的直接作用;二是企业内部劳动力市场对组织忠诚的直接作用;三是企业内部劳动力市场对"雇主—雇员"同乡关系作用的调节。

第一层模型:

$$Y_1 = \beta_0 + \beta_1 \times \text{vertical tie} + \beta_2 \times \text{control var set (individual)} + r \qquad (1)$$

第二层模型:

$$\beta_0 = \gamma_{00} + \gamma_{01} \times \text{ILM} + \gamma_{02} \times \text{control var set (group)} + \mu_{00} \qquad (2)$$

$$\beta_1 = \gamma_{10} + \gamma_{11} \times \text{ILM} + \mu_{10} \qquad (3)$$

其中方程(1)呈现了在控制个体层次变量(control var set)的效应后,雇员与雇主的同乡关系(vertical tie)对雇员组织忠诚的直接效应。

方程(2)是截距模型,呈现的是企业特征对于员工组织忠诚的直接影响。

方程(3)是斜率模型,呈现的是内部劳动力市场的调节效应,即"雇主—雇员"同乡关系(vertical tie)对组织忠诚的效应(β_1)多大程度上受到内部劳动力市场流动性的影响。

五、研 究 发 现

(一)"雇主—雇员"同乡关系对雇员组织忠诚的直接作用

表 3 呈现了"雇主—雇员"同乡关系对雇员组织忠诚的直接影响:[①]模型 1 仅加入控制变量;模型 2—4 在模型 1 的基础上分别加入了核心自变量的 3 项指标,并加入自变量的随机效应;模型 5 将 3 项指标一同引入,考察三种同乡关系的净效应。有以下发现:

表 3 "雇主—雇员"同乡关系与组织忠诚:不同关系类型和关系强度的效应[②]

	模型 1 控制变量	模型 2 与所有者	模型 3 与中层管理者	模型 4 与工段长/小组长	模型 5 三种同乡关系
固定效应	系数	系数	系数	系数	
同乡关系[a]					

---

① 此处采用的是随机系数模型(random-coefficient model,即 RCM,也称为随机效应模型)。经似然比检验(lrtest),自变量随机斜率为零的假设均被拒绝,因此判定应当在模型拟合中加入自变量的随机效应。

② 如无特殊注明,这一部分所有加入了核心自变量的模型均采用随机系数模型,即对核心自变量斜率加入了随机效应,以此呈现个体的地缘关系对个体组织忠诚的作用在多大程度上受到组织层次变量的影响。

续 表

	模型 1 控制变量	模型 2 与所有者	模型 3 与中层管理者	模型 4 与工段长/ 小组长	模型 5 三种同乡关系
与所有者					
有,但不亲近		−0.503**			−0.520***
有,且亲近		0.529			0.129
与中层管理者					
有,但不亲近			−0.211		0.001
有,且亲近			0.440*		0.401**
与工段长/小组长					
有,但不亲近				−0.168	−0.061
有,且亲近				0.104	0.018
控制变量(个体)					
性别(男=1)	−0.333***	−0.357***	−0.332***	−0.321***	−0.340***
教育年限	0.052**	0.057**	0.052**	0.051**	0.054**
户籍状况[b]					
本地农村	−0.175	−0.136	−0.129	−0.163	−0.145
外地城镇	−0.409**	−0.435**	−0.410**	−0.428**	−0.457**
外地农村	−0.331**	−0.373**	−0.329**	−0.349**	−0.384**
同期群[c]					
1980—1986 年出生	−0.205	−0.212	−0.215	−0.231*	−0.207
1986 年后出生	−0.296**	−0.309**	−0.295**	−0.313**	−0.295**
工龄	−0.017*	−0.019**	−0.019**	−0.019**	−0.169*
阶层[d]					
一般非体力	−0.214	−0.182	−0.163	−0.185	−0.210
技术工人/工段长	−0.382*	−0.354*	−0.332*	−0.366*	−0.367*
非技术工人	−0.473**	−0.419**	−0.395**	−0.435**	−0.439**
小时工资(对数)	0.638***	0.617***	0.600***	0.612***	0.593***
劳动合同[e]	0.177	0.191	0.187	0.209*	0.188
社会保险	−0.036	−0.008	−0.010	−0.028	−0.029
权益侵害	−0.234*	−0.247*	−0.232*	−0.223*	−0.240*
工会会员	0.276*	0.313**	0.280*	0.289*	0.293*
工作受监控程度	−0.059	−0.048	−0.052	−0.059	−0.047
合理化建议	0.301***	0.280**	0.278**	0.294**	0.266**

续 表

	模型 1 控制变量	模型 2 与所有者	模型 3 与中层管理者	模型 4 与工段长/ 小组长	模型 5 三种同乡关系
控制变量(企业)					
城市变量	显著	显著	显著	显著	显著
行业变量	不显著	不显著	不显著	不显著	不显著
所有制[f]					
民营	−0.652	−0.650	−0.738	−0.654	−0.638
外资/三资	−1.237**	−1.159*	−1.238**	−1.198**	−1.221**
合资	−0.927*	−0.899*	−0.987**	−1.006**	−0.906*
企业规模(对数)	−0.009	−0.001	0.023	−0.017	0.013
劳动力密集型	0.165	0.154	0.146	0.188	0.202
人力资本存量	−0.006	−0.006	−0.006	−0.004	−0.006
制度化权益保障	0.006	0.011	0.059	0.195	0.001
截距	3.141***	3.177***	3.011***	3.120***	3.188***
随机效应	标准差	标准差	标准差	标准差	标准差
层次-2 效应	1.758	1.763	1.828	1.812	1.746
层次-1 效应	2.962	2.929	2.915	2.929	2.957
偏差值	25 823.8	25 791.3	25 782.1	25 803.4	25 804.9
层级-2 观察值	282	282	282	282	282
层级-1 观察值	5 046	5 046	5 046	5 046	5 046

注：* $p<0.1$，** $p<0.05$，*** $p<0.01$。[a]：以无此类同乡关系为参照，[b]：以本地城镇为参照，[c]：以1980年前出生为参照，[d]：以管理/技术人员为参照，[e]：二分变量均以"否"为参照，[f]：以国有为参照。

第一，"雇主—雇员"同乡关系能否提升组织忠诚，要视关系强度，而不是关系有无。有较为亲近同乡关系的被访者，相比没有同乡关系的被访者，组织忠诚度更高，然而，当这种关系并不亲近时，组织忠诚度反而更低。

具体而言，在模型2中，当与所有者有同乡关系时，表示"亲近"的被访者与参照组相比，组织忠诚大约提高0.53，而表示"不亲近"的被访者与参照组相比，组织忠诚大约降低0.51（$p<0.05$）。在模型3中，当与中层管理者有同乡关系，表示"亲近"的被访者与参照组相比，组织忠诚大约提高0.44（$p<0.1$），而表示"不亲近"的被访者与参照组相比，组织忠诚则大约降低0.21；在模型4中，与工段长/小组长的同乡关系也是如此，虽然数值并没有通过显著性检验，但表示"亲近"与表示"不亲近"的回归系数符号相反，由此也可以看出与另两类同乡关系的效应模式大体一致。由此可见，假设1.1要得到支持是有条件的，即要看这种同乡关系是否足够紧密；仅仅与管理者共享同乡关系，并不

一定有显著更高的组织忠诚度,同乡关系并不"亲近"的被访者,其组织忠诚度反而会降低。假设1.2得到支持,因为表示关系"亲近"的被访者,他们的组织忠诚得到了提升。

同乡关系的强弱差异会给组织忠诚带来不同的效应,只有存在较为"亲近"的同乡关系,才能有效地促进组织忠诚;当这种同乡关系较弱时,不仅无法提升组织忠诚,反而会产生一定的削弱作用。这也回应了之前所提到的,附着于社会关系的非正式制度具有两面性,即垂直型社会关系不仅构成雇主要求雇员服从的文化性约束,也会促成雇员对雇主更高的期待,期望通过这种社会关系获取更多资源、更好待遇。"强关系"与"弱关系"的文化性与工具性特征有所不同:根据数据所呈现出的情况,"强关系"可能会产生更强的文化性约束,同时也会为雇员带来更多工具性利益,这导致雇员容易服膺于"强关系",即比较亲近的地缘关系;反之,"弱关系"则可能在文化性约束和工具性利益让渡方面都有所不足,甚至可能出现仅有工具性期待,但没有文化性约束的情况。

第二,其他条件不变的情况下,这种同乡关系的层级越高,对组织忠诚的提升作用越明显。与所有者之间较为亲近的同乡关系对于组织忠诚的提升幅度最大,达到 0.53;相比之下,与中层管理者之间较为亲近的同乡关系则能够提升 0.44 的组织忠诚,而与工段长/小组长之间较为亲近的同乡关系对于组织忠诚的提升幅度仅为 0.1。雇员与工段长/小组长等基层管理者之间的关系究竟会如何影响劳动关系仍然存在争议,有些研究者认为,基层管理者也是科层制控制体系的一部分,是企业主或高层管理者向下施压的权力末梢,相对于工人而言,他们是企业支配权力在基层的体现和象征,因此雇员与基层管理者之间的同乡关联应当有利于提升雇员的组织忠诚。但从表 3 来看,这种提升作用十分微弱,更类似于工人之间的水平连带所构成的小群体,而非工人与管理者之间的垂直连带。

模型 5 同时引入三种类型的同乡关系,考虑到被访者可能同时拥有两类或三类同乡关系,有必要采用全模型分析各类同乡关系是否有其独立的净效应,以及与逐一引入的结果是否一致。模型结果发现,层级较高的同乡关系,其独立效应越强。同时引入三种类型后,工段长/小组长该层级同乡关系的效应,消减幅度最大,也就是说,如果被访者同时有多种层级的同乡关系,其较低层次关系的净效应会弱化,而较高层级关系的净效应变化不大,所谓"就高不就低"。这也从另一角度说明,关系层级是重要的。

假设 1.3 能够得到一定程度的支持,但是关系层级与组织忠诚之间的关系并不是线性的。表现在,与工段长/小组长的同乡关系提升组织忠诚的作用最弱;与此同时,与老板的同乡关系并不比与中层管理者的同乡关系更有帮助。这可能恰恰反映了"关系"的内在复杂性,它对于提升忠诚可能兼有文化性与工具性面向,而两种面向谁能占据上风并不清楚。当关系层级较高时,下属既可能产生更强的认同,也可能对上级表达更多的诉求,这都会影响关系纽带的实际功用。

(二)"雇主—雇员"同乡关系的作用受到内部劳动力市场的调节

下面考察"雇主—雇员"同乡关系效应如何受到企业内部劳动力市场(以下简称 ILM)的调节。

表 4 呈现了相关研究发现。模型 2.1、3.1 和 4.1 都在模型 2、3、4 的基础上加入了 ILM 的流动性这一指标。结果发现,企业的 ILM 流动性越强,被访者的组织忠诚度越高。这一效应非常明显,ILM 的流动性每上升一单位,被访者的组织忠诚度上升约 2.3 个单位。

表4 内部劳动力市场的直接作用与调节作用①

	与所有者地缘关系* 内部劳动力市场			与中层管理者地缘关系* 内部劳动力市场			与工段长/小组长地缘关系* 内部劳动力市场		
	模型2: 与所有者 系数	模型2.1: ILM的直接效应 系数	模型2.2: ILM的调节效应 系数	模型3: 与中层管理者 系数	模型3.1: ILM的直接效应 系数	模型3.2: ILM的调节效应 系数	模型4: 与工段长/小组长 系数	模型4.1: ILM的直接效应 系数	模型4.2: ILM的调节效应 系数
固定效应									
"雇主-雇员"同乡关系									
与所有者的同乡关系									
有,但不亲近,bc_2	-0.503**	-0.523***	1.837**						
有,且亲近,bc_3	0.529	0.382	3.714***						
与中层管理者的同乡关系									
有,但不亲近,mc_2				-0.211	-0.247*	0.511			
有,且亲近,mc_3				0.440*	0.389**	2.039**			
与工段长/小组长的同乡关系									
有,但不亲近,tlc_2							-0.168	-0.178	0.047
有,且亲近,tlc_3							0.104	0.030	1.354**
内部劳动力市场的流动性(ILM)		2.287***	2.564***		2.278***	2.475***		2.263***	2.474***
交互效应									
ILM * bc									
ILM * bc_2			-2.485***						

① 表4引入的控制变量与表3完全一致,因篇幅所限,此处省略了控制变量的效应。如读者需要,也可向作者索取。

续 表

	与所有者地缘关系*内部劳动力市场			与中层管理者地缘关系*内部劳动力市场			与工段长/小组长地缘关系*内部劳动力市场		
	模型2:与所有者	模型2.1:ILM的直接效应	模型2.2:ILM的调节效应	模型3:与中层管理者	模型3.1:ILM的直接效应	模型3.2:ILM的调节效应	模型4:与工段长/小组长	模型4.1:ILM的直接效应	模型4.2:ILM的调节效应
ILM * bc_3			−3.952***						
ILM * mc									
ILM * mc_2						−0.883			
ILM * mc_3						−1.931**			
ILM * tlc									
ILM * tlc_2									−0.260
ILM * tlc_3									−1.547**
控制变量(个体)	—	—	—	—	—	—	—	—	—
控制变量(企业)	—	—	—	—	—	—	—	—	—
截距	3.177***	1.515	1.235	3.011***	1.445	1.275	3.120***	1.500	1.359
随机效应	标准差	标准差	标准差	标准差	标准差	标准差	标准差	标准差	标准差
层次-2效应	1.763	1.689	1.693	1.828	1.695	1.696	1.812	1.702	1.700
层次-1效应	2.929	2.959	2.954	2.915	2.960	2.958	2.929	2.961	2.960
偏差值(Deviance)	25 791.3	25 793.6	25 780.8	25 782.1	25 798.4	25 793.9	25 803.4	25 806.2	25 801.8
层级-2观察值	282	282	282	282	282	282	282	282	282
层级-1观察值	5 046	5 046	5 046	5 046	5 046	5 046	5 046	5 046	5 046

注:* $p<0.1$,** $p<0.05$,*** $p<0.01$。参照组设置同表3。

加入 ILM 这一变量,既有变量的回归系数没有明显变化,说明加入 ILM 并没有消减既有变量(包括自变量和控制变量)的效应,也证明 ILM 对于提升组织忠诚有较强的独立效应。仅仅在企业所有制变量上,加入 ILM 后,国有企业与外资/三资、合资企业之间员工的组织忠诚差异在数值上有所下降,在显著性上也有所消减。因此可以认为,原先外资/三资企业和合资企业员工组织忠诚度与国有企业员工相比较低,这种差异部分可以由 ILM 的流动性不同来解释。

接着再考察 ILM 的调节作用。模型 2.2、3.2 和 4.2 是对三种类型同乡关系[即 bc_2 和 bc_3,mc_2 和 mc_3,tlc_2 和 tlc_3)的回归系数进行重新建模,该模型是斜率模型(即之前的方程(3)],即以 ILM 为自变量来解释同乡关系对组织忠诚的效应,考察在 ILM 变化的情况下,同乡关系的效应会出现何种变化。

从表 4 中可以看到,ILM 的流动性提升会显著削弱同乡关系的效应,而这种削弱作用在不同层级的关系上都十分明显。以模型 2.2 和模型 2.1 的比较为例,模型 2.2 加入了 ILM 的调节效应,由于 ILM 的流动性是一个位于(0,1)之间的正值,因此 $\gamma_{11} \times$ ILM 这一乘积的符号取决于 γ_{11} 的符号。在模型 2.2 中,γ_{11} 分别为 -3.952 和 -2.768,导致 $\gamma_{11} \times$ ILM 这一乘积为负值,由此削弱了自变量对于因变量的影响作用,即使得"雇主—雇员"同乡关系这一变量前的系数($\gamma_{10} + \gamma_{11} \times$ ILM)变小。简言之,当这种同乡关系存在于被访者与老板之间时,如果关系较为亲近,也就是有强地缘关系,那么 ILM 的流动性每提升一个单位,强地缘关系对组织忠诚的促进作用将下降 3.952 个单位($p<0.01$);如果关系不那么亲近,也就是同乡关系较弱,那么 ILM 的流动性每提升一个单位,弱地缘关系对组织忠诚的促进作用将下降 2.485 个单位($p<0.01$)。

与之类似,比较模型 3.2 和 3.1 以及模型 4.2 和 4.1,ILM 的负向调节作用也存在:当这种同乡关系存在于被访者与中层管理者之间时,如果关系较为亲近,也就是说具有强地缘关系,ILM 的流动性每提升一个单位,强地缘关系对组织忠诚的促进作用将下降 1.931 个单位($p<0.05$);如果关系不那么亲近,即为弱地缘关系,那么促进作用则下降 0.883。当这种同乡关系存在于被访者与工段长/小组长之间时,如果关系较为亲近,ILM 的流动性每提升一个单位,对组织忠诚的促进作用将下降 1.547 个单位($p<0.05$),如果关系不那么亲近,促进作用则下降 0.260。假设 2.1 和 2.2 都得到支持。

第三,在加入斜率模型后,ILM 的流动性对于提升组织忠诚的直接效应依然显著。从模型 2.2、3.2 和 4.2 中可以看到,内部劳动力市场的流动性每上升一个单位,雇员组织忠诚相应提高 2.287、2.278 和 2.263 个单位。

六、总结与讨论

劳动关系中的忠诚与投机一直是研究者关注的议题,既是因为雇佣无所不在,也是劳动契约的特殊性使然。经济学者最初推崇效率工资①,后来不断进行理论修正,试图在劳动契约中加入"认知"因素②,强调社会性和关系性要素能让劳动力的交易行为包含一种"互惠"(reciprocity)的意味。政治学者在合作主义模式之外,提出"非市场性制度"对于约束投机的重要性。③ 法学家则早早地意识到,仅靠正式契约与法令很难有效促进忠诚。这些都促发研究者注意到附着于社会关系的非正式制度,在促进组织忠诚中的重要作用。

经济社会学认为,雇主—雇员之间如果存在"超越契约"(extra-contractual)的社会关系,这会对雇员的忠诚与服从倾向产生影响,这被称为劳动关系的"社会嵌入性"。对于社会关系和非正式制度的研究很多,但多数聚焦于讨论社会关系是否起到作用,是否调节或扭曲了行动者的取向,也就是"是否嵌入",但正如研究者所言,"嵌入性"似乎变成了无处不在的万能概念,从而模糊了它的指涉性,降低了解释力。④ 一些学者注意到了"嵌入性"的条件,认为人们的行为倾向确实会受到非正式制度的调试和影响,但这种影响本身也受制于某种"结构"。⑤ 研究者提出了形式化的分析框架,但尚未深入探究这些框架如何适配具体的经验研究。

本研究考察"嵌入性"的着眼点有所不同,作者并没有用经验资料去简单地佐证或复验"嵌入性"的作用,而是试图回应知识社会学关于"意识形态如何起作用"的理论难题,提出几项陈述:

第一项陈述是,人们对于非正式制度的服从既出于道德规范的内化,更出于工具性利益的考量。

一些对社会网络的研究也提出,"关系"具有多种面向,既有情感性作用,也有工具性诉求。林南提出了关系理性,认为非对称性社会交换是关系理性的本质,交换双方采用工具性手段来实现承诺、信任与情感的长期化。⑥ 但研究者也发现,虽然不同理论模型都承认了中国式关系的多种面向,但对于兼具情感性与工具性特征的社会关系会带来怎样的后果,还缺乏系统的实证检验。⑦ 在理论和经验上对"关系"作用条件和边界的研究更为鲜见。

本文进一步提出第二项陈述,即"工具性利益"是可以被(部分)替代的,如果有其他渠道可

---

① Shapiro, C. & J. E. Stiglitz, "Equilibrium Unemployment as a Worker Discipline Device." *American Economic Review*, 1984, 74(3).
② Akerlof, G.A. & J.L.Yellen 1986, *Efficiency Wage Models of the Labor Market*. Cambridge, UK: Cambridge University Press.
③ Krieg, J.M., C. S. Wassell (Jr.), D. W. Hedrick & S. E. Henson, "Collective Bargaining and Faculty Job Satisfaction." *Industrial Relations*, 2013, 52(5).
④ 符平:《嵌入性:两种取向及其分歧》,《社会学研究》2009年第5期;刘世定:《"嵌入性"用语的不同概念、逻辑关系及拓展研究》,刘世定主编《经济社会学研究(第二辑)》,社会科学文献出版社2015年版。
⑤ 王水雄:《结构博弈——社会学理论的核心关怀与博弈分析方法的结合》,王水雄执行主编:《制度变迁中的行为逻辑》,知识产权出版社2008年版。
⑥ Lin, N. 2001, "Guanxi: A Conceptual Analysis." In Alvin Y. So, Nan Lin & Dudley Poston (eds.), *The Chinese Triangle of Mainland China, Taiwan, and Hong Kong: Comparative Institutional Analysis*. Westport, Conn.: Greenwood Press.
⑦ 边燕杰:《关系社会学及其学科地位》,《西安交通大学学报》2010年第3期。

以提供行动者等量或更多的收益,行动者对于非正式制度的服从倾向就会被"替代",非正式制度的效力会被削弱,这样我们就得以间接考察社会关系的作用条件。

边燕杰与其合作者在几篇经验研究中,试图考察社会关系对于雇员初职薪资水平的影响在不同的部门是否有差别,结果发现,制度化程度越低,社会关系的影响越大,这在一定程度上探究了社会关系的作用条件。[①] 但研究者没有进一步回答,行业或部门的制度化程度究竟衡量了什么?在理论上,这一变量又如何调节了社会关系的效应?而且,以行业、部门或经济体作为社会关系的调节变量,过于宏观,内部异质性太强,从理论建构和经验测量的角度都不够理想。

本研究借助质性资料和二手文献进行理论推演,并基于"雇主—雇员"匹配数据提出:(1)同乡关系能否提升组织忠诚,要视关系的强度和层级,这也呈现了社会关系具有明显的工具性特征。(2)社会关系为雇员带来的利益如果能被替代,雇员就不需要通过与雇主的特殊关系来谋求利益。(3)企业的内部劳动力市场就是一项重要的替代性制度,这一制度设置确实会对"雇主—雇员"同乡关系的效应产生影响:当内部劳动力市场流动性较强时,"雇主—雇员"同乡关系对于组织忠诚就没有那么大的促进作用;而当内部劳动力市场流动性减弱时,雇员会更服膺于这种同乡关系的约束,"雇主—雇员"同乡关系对于组织忠诚的促进作用也越强。

当然,本文也有诸多缺憾。限于资料,内部劳动力市场的概念化和操作化存在不足,在理论概念上,内部劳动力市场并不仅指雇员"晋升",还包括定价、分配和培训;在操作测量上,用个人晋升聚合成企业制度性特征也会产生测量偏误。目前资料无法从根本上解决测量问题,后续工作可以从企业层面了解晋升比例、职位梯队结构等一系列信息,进一步细化操作测量,弥补目前研究的不足。

另一不足是对于"雇主—雇员"同乡关系和组织忠诚之间的内生性问题缺乏有效处理。并不是所有的员工都能与企业所有者或中高层管理者共享某种同乡关系,某些不可见的因素会使得员工更有可能形成这些地缘连带关系,而这些因素又同时促成了员工对于组织的高忠诚度。要解决这一内生性问题一般需要采用工具变量方法,即找到一个外生变量,该变量与"雇主—雇员"同乡关系相关,但与扰动项或组织忠诚并不直接相关。在后续研究中,研究者将寻找有效的工具变量,尽可能排除同乡关系与组织忠诚之间的内生性问题。

(原文载于《社会学研究》2017年第2期)

---

① Bian, Y. & X. Huang, "Beyond the Strength of Social Ties: Job Search Networks and Entry-Level Wage in Urban China." *American Behavioral Scientist*, 2015, 59(8).
　Bian, Y. & L. Zhang. 2014, "Corporate Social Capital in Chinese Guanxi Culture." In Daniel J. Brass et al. (eds.), *Research in the Sociology of Organizations: Volume40*. Bingley, UK: Emerald Group Publishing Limited.

臧村"关系地权"的实践逻辑
——一个地权研究分析框架的构建

臧得顺

一、问题的提出

在学术领域,围绕"农地集体所有制该如何改革"的学理争论向两个方向展开:一种是沿着新古典经济学的产权理论框架进行,其基本命题是"产权是一束权利",即产权界定了产权所有者对资产使用、资产收益、资产转移诸方面的控制权,为人们的经济行为提供了相应的激励机制,从而保证了资源分配和使用的效率。一句话,农地产权越清晰,农民在农地上投入的积极性就越高,对未来农地收益的预期就越大,使用越有效率[1][2][3],这种农地资源配置的市场逻辑演化的结果最终必然指向农地的私人所有制度。另一种相反的观点是以杨经伦为代表的"农村土地国有化"观点,他在指出家庭联产承包责任制优势的同时,也指出了这种制度的缺陷和不足,认为宏观制度要进行创新,"要将纯粹形式化的土地所有权转归国家,取消土地集体所有权,并用法律形式加以确认,从而把集体与农民之间的土地承包关系转为国家直接与农民发生的土地承包关系,进而用永佃制形式把国家与农民之间的土地承包关系制度化和法律化"。[4] 持相同观点的学者还有陆学艺[5]、周天勇[6]等,我们把这种思路归为农地资源配置的国家逻辑或政府逻辑。

在政策领域,1993 年中共中央、国务院《关于当前农业和农村经济发展的若干政策措施》指出:以家庭联产承包为主的责任制和统分结合的双层经营体制,是我国农村经济的一项基本制度,要长期稳定,并不断完善。还规定在原定的耕地承包期到期之后,再延长 30 年不变。2008

---

[1] 李成贵:《国家干预下的农地有限私有化——一种有选择的激进主义》,《中国社会科学季刊》(香港)秋季号,2000 年总第 31 期。
[2] 杨小凯:《土地私有制与宪政共和的关系》,载《杨小凯文集》,网友整理版,http://bbs.pinggu.org/forum.php?mod=viewthread&tid=398307&page=1。
[3] 周其仁:《产权与制度变迁:中国改革的经验研究》,社科文献出版社 2002 年版;周其仁:《农地制度以俄为师》,载《收入是一连串事件》,中国发展出版社 2004 年版。
[4] 杨经伦:《农村土地制度的变革与创新》,《农业经济问题》1987 年第 7 期。
[5] 陆学艺:《社会主义新农村建设需要先行土地制度》,《东南学术》2007 年第 3 期。
[6] 周天勇:《中国土地制度的困境及改革的框架性安排》,《学习月刊》2003 年第 12 期。

年党的十七届三中全会通过了《中共中央关于推进农村改革发展若干重大问题的决定》,明确指出"以家庭承包经营为基础、统分结合的双层经营体制,是适应社会主义市场经济体制、符合农业生产特点的农村基本经营制度,是党的农村政策的基石,必须毫不动摇地坚持"。这一决定超越了以杨经伦为代表的"农村土地国有化"与以杨小凯为代表的"农村土地私有化"之争①,把农地产权制度定格在所有权归集体公有、经营权归农户私有的"共有私用"产权制度②上。这种折中方案显然体现出对家庭、集体、社区等社会因素在中国特殊国情中重要地位的尊重,坚持的是农地资源配置的社会逻辑。

我们的问题是,在产权界定的政府逻辑和市场逻辑之外,社会逻辑运行的具体过程是怎样的? 社会结构性要素包括家庭、社区、集体、社会关系等非正式制度是如何在现实中对地权进行界定的? 在资源配置的政府这只"看得见的手"和市场这只"看不见的手"之外,"另一只看不见的手"——社会结构性要素是如何配置农地资源的?③ 这是从"产权的社会视角"出发进行研究的"地权配置的社会逻辑"。因为,在真实的现实生活中,农地产权关系要比公有、私有的简单二元划分复杂得多。产权从公有到私有往往是一个"连续谱"。④ 从社会学视角来看,产权是一种社会关系,或者说嵌入在社会关系之中,产权关系受社会关系的影响。产权关系的结果,要看社会关系如何。周雪光从社会学视角提出的"产权是一束关系"命题⑤,为我们认识农地产权问题提供了一个新的分析视角。

二、一个新的分析框架:"关系地权"的概念、原则、层次与类型

(一)"权利产权":地权研究的经济学视角

产权经济学理论在 20 世纪 80 年代逐渐成为西方主流经济学中一个活跃的研究领域,其核心理论思路是把产权看作是"一束权利"(a bundle of rights),代表人物有科斯(R. Coase)、诺思(Douglass North)、阿尔钦(A. Alchian)等。这一学术思潮的出现与同时期世界范围内社会主义经济转型的历史背景不谋而合,恰逢其时地为转型经济的研究和讨论提供了话语框架和思路。特别是在中国 30 年市场经济改革的过程中,产权经济学发挥了重大的理论指导作用。其"产权越清晰,越能对市场主体产生激励机制从而提高效率"的思路可以成功地解释中国转型经济中

---

① 杨经伦:《农村土地制度的变革与创新》,《农业经济问题》1987 年第 7 期。
② 赵阳:《共有与私用:中国农地产权制度的经济学分析》,生活·读书·新知三联书店 2007 年版。
③ 李培林:《另一只看不见的手:社会结构转型》,《中国社会科学》1992 年第 5 期;李培林:《再论"另一只看不见的手"》,《社会学研究》1994 年第 1 期;李培林:《中国社会结构转型对资源配置方式的影响》,《中国社会科学》1995 年第 1 期;李培林:《中国社会结构转型:经济体制改革的社会学分析》,黑龙江人民出版社 1995b 版;李培林:《另一只看不见的手——社会结构转型》,社科文献出版社 2005 年版。
④ 李培林:《村落的终结——羊城村的故事》,商务印书馆 2004 年版,第 64 页。
⑤ 周雪光:《"关系产权":产权制度的一个社会学解释》,《社会学研究》2005 年第 2 期。

的一些现象和问题,譬如国企改革前因"预算软约束"①造成的效率低下、长期亏损,很大程度上即是由政企不分、产权模糊造成的;但是,这一思路在实际生活中也面临着许多难以回避的困难。一个市场主体的产权在现实中往往是模糊不清难以界定的,清晰产权只不过是一种理想化的期望状态而已,而德姆塞茨所讲的"产权的残缺"②往往是一种常态,譬如地方企业(乡镇企业)在"决策权""支配权""转让权"方面并不总是完整拥有的。因此,运用社会学的理论和概念框架对"真实世界"的产权制度进行关注,不仅仅是一种研究的理论需要,更是一种为解释现实问题而做出的必然选择。

(二)"关系产权":地权研究的社会视角

用社会学的理论对产权进行研究,即"产权的社会视角"研究,已有不少成果出现。刘世定提出的"占有"概念对占有制度三个维度的分析③,周雪光提出的"关系产权"概念及关系产权理论,均具有开创性价值。周雪光的独创之处在于,他着眼于组织与其环境即其他组织、制度环境或内部不同群体之间稳定的交往关联,进一步提出与经济学"产权是一束权利"不同的"关系产权"概念,以此强调"产权是一束关系"这一中心命题,从而提供了一种与经济学产权理论不同的全新思路。④ 这一思路的基本观点是,一个组织的产权结构和形式是该组织与其他组织建立长期稳定关系、适应其所处环境的结果。因此,产权结构和形式并不像经济学家所说的那样反映了企业的独立性;恰恰相反,产权是一束关系,反映了一个组织与其环境即其他组织、制度环境,或者组织内部不同群体之间稳定的交往关联。从这个角度来看,关系产权是一个组织应对所处环境的适应机制。

周雪光着力于解释中国乡镇企业发展中"关系产权"的意义及其实践逻辑,用以检验"关系产权"的理论命题,并没有就农村土地问题进行专门的分析讨论。但他为我们分析转型期中国的农村土地问题提供了一个独特视角和理论资源。

(三)"关系地权"的概念、原则、层次及类型

1. "关系地权"

本研究将在经济社会学的理论脉络中,以周雪光的"关系产权"为学术起点,充分借鉴人类学中雷德菲尔德对乡村文化"小传统"的研究⑤,吉尔兹对地方性知识的研究⑥⑦,马凌诺夫斯基对新几内亚附近土著居民"库拉圈"(Kula ring)社会功能的分析⑧,以及斯科特关于农民的生存

---

① [匈]科尔内·亚诺什:《短缺经济学》(上、下),张晓光、李振宁等译,经济科学出版社1986年版。
② Demsetz, H. 1967, "Towards a Theory of Property Rights", American Economic Review, 57, May. Geertz, Clifford. 1983, Local Knowledge, Basic Books, Inc.
③ 刘世定:《占有制度的三个维度及占有认定机制——以乡镇企业为例》,天津人民出版社1996年版。
④ 周雪光:《"关系产权":产权制度的一个社会学解释》,《社会学研究》2005年第2期。
⑤ Redfield, Robert. 1960, The Little Community and Peasant Society and Culture, The University of Chicago Press.
⑥ [美]吉尔兹·克利福德:《地方性知识——阐释人类学论文集》,王海龙、张家瑄译,中央编译出版社2000年版。
⑦ Geertz, Clifford. 1983, Local Knowledge, Basic Books, Inc.
⑧ [英]马凌诺斯基:《西太平洋的航海者》,梁永佳、李绍明译,高丙中校,华夏出版社2002年版。

伦理、道义理性等相关理论资源①②，同时，也借鉴公共选择学派奥斯特罗姆的自主治理理论③④⑤，循着李培林的"另一只看不见的手"命题⑥，把研究对象延伸到农村土地产权上，提出"关系地权"的核心概念和分析框架，希望进一步完善"产权的社会视角"这条研究脉络。

笔者提出的"关系地权"概念，意指现行的农村集体地权是深深地嵌入在社会关系中的，农地产权在真实世界中的界定过程往往与产权主体的社会资本诸如个人能力、威望和社会关系网络包括地缘网络、血缘（亲缘、家族、宗族）网络、业缘网络、乡规民约、"小传统"等地方性知识等有很大关联，产权主体在农地上的收益并不是仅仅靠产权清晰化就能实现的，各主体自身的社会关系、社会资本强弱才是其收益多少的主要变量。"地与人的关系"是表，附着在土地上的"人与人之间的关系"才是农村土地问题的本质与核心。

需要说明的是，"关系地权"中的"关系"概念，虽来自周雪光的"关系产权"，但与后者还不尽一致。在界定"关系产权"概念的时候，周雪光明确指出他"是从社会学制度学派的理论逻辑出发""从制度意义上来界定关系产权的""强调产权基础上的关系在制度层面的稳定性和持续性，这与（经济社会学的）社会关系网络理论中的关系概念有着重要的区别""关系产权强调的恰恰是企业组织通过产权融合而建立的一种类似于亲情关系的'圈子'，是一种极端的强关系"。⑦ 本研究"关系地权"所使用"关系"概念，是在更为宽泛的意义上指称存在于村落共同体中的社会关系，包括经济社会学意义上的"社会资本""社会网络"，也包括周雪光所使用的那种稳定的"自家人"意义上的"关系"；从层次上讲，针对地权主体所代表的不同村落组织，"关系"也包括不同村落之间因农地问题而形成的"村际关系"；从性质上看，还包括信任、团结等水平关系和支配、顺

---

① Scott, James. C. 1976, The Moral Economy of the Peasant: Rebellion and Subsistence in the South-east Asia. New Haven, Conn.: Yale University Press.
② ［美］斯科特·詹姆斯：《农民的道义经济学：东南亚的反叛与生存》，程立显、刘建等译，译林出版社 2001 年版。
③ ［美］奥斯特罗姆·埃莉诺：《公共事务的治理之道——集体行动制度的演进》，余逊达、陈旭东译，上海三联书店 2000 年版，第 10—50 页。
④ Ostrom, Elinor, 1990, Governing the Commons: The Evolution of Institutions for Collective Action, New York: Cambridge University Press.
⑤ 奥斯特罗姆提出了"自主治理"的核心思想，指出：传统的分析公共事务的理论模型有哈丁的"公地悲剧"（Hardin, 1968）,道斯的"囚徒困境"博弈（Dawes, 1973）、奥尔森的"集体行动逻辑"（Olson,1971）三个理论模型，这三个模型都认为：个体的理性行为导致的却是集体的非理性后果，比如理性的个体最终导致"公地"成为"悲剧"、最优的个人选择最终达致的却不是团体最优选择的"非零和博弈"、集体行动中的理性个体"搭便车"行为等。如何解决这些"搭便车"、回避责任和机会主义的倾向呢？根据这三个模型的逻辑得出的方法是两条相互排斥的道路——要么彻底私有化，以完全市场化的路径来解决；要么强化中央集权，通过完全的政府权力控制来解决。她指出当前解决公共事务问题，或者以政府途径（"利维坦"）为唯一或者以市场途径为唯一途径都是有问题的，她怀疑仅仅在这样两种途径中寻找解决方法的思路的合理性；最后，她从理论与案例的结合上提出了通过自治组织管理公共物品的新途径，但同时她也不认为这是唯一的途径，因为不同的事物都可以有一种以上的管理机制，关键是取决于管理的效果、效益和公平（奥斯特罗姆，2000；Ostrom，1990）。奥氏强调了自治组织的正面功能，但在笔者调查的村落中却更多发现了乡村自治组织及乡村精英的负向功能。无论如何，她的思路启发了笔者在农地产权问题上思考关注和引导社会的力量。
⑥ 李培林：《另一只看不见的手：社会结构转型》，《中国社会科学》1992 年第 5 期；李培林：《再论"另一只看不见的手"》，《社会学研究》1994 年第 1 期；李培林：《另一只看不见的手——社会结构转型》，社科文献出版社 2005 年版。
⑦ 周雪光：《"关系产权"：产权制度的一个社会学解释》，《社会学研究》2005 年第 2 期。

从等垂直关系。

与社会网络学派笔下的"关系"不同①,在本研究中,笔者之所以要把"关系"的概念扩大,重在运用产权的社会视角来考察和分析市场化进程中乡村共同体场域中的地权制度和乡村社会结构的新变化,更多关注的是现实问题。为分析的方便,下面把"关系地权"这个概念进行操作化,先区分其在实践中的四种原则,然后明确"关系地权"的层次和类型。

2."关系地权"的四种原则

曹正汉②在总结分析产权的社会建构逻辑时指出:中国社会学家在研究集体产权时发现,所谓"集体产权"其实是社区内一份稳定的、非正式的"社会性合约",这类合约主要不是依据法律来达成,而是各方当事人依据广泛认同的公平原则,在互动中自发建构出来的③④。他总结说:这种公平原则主要有生存原则、"划地为界"原则、成员原则、谁投资谁受益原则。曹正汉这里总结的是乡村集体地权界定的"公平原则",几个研究个案所在的地域大都是中国东南沿海经济发达的村落,譬如王颖对广东南海"新集体主义"的研究所涉及的村落⑤、折晓叶所研究的丰村、塘村、畔村等⑥,曹正汉所研究的崖口村⑦,这些村落的共同点在于——大都是单姓村,都有着深厚的宗族观念、浓厚的集体主义精神,又总是有一个一心为集体、为群众谋福利的村支书(譬如万丰村的潘强恩、崖口村的陆汉满等)。

问题是,以上所有的特有条件发生改变后,那些所谓的"公平原则"还有多少在起作用? 与东南沿海宗族势力强的村落不同,中西部那些贫穷落后的、没有村级工业的、没有一个为村集体谋福利的村领导的村落往往处于散居形态、以杂姓村居多,宗族观念和集体主义比较淡薄⑧,在这些村落,地权的界定凭借的又是什么原则呢? 本文力图对这种类型的村落进行研究。我将以曹正汉的总结为底本,参考诸多农村研究学者的分析,提出"关系地权"的四大原则,而关注更多的是其中的"不公平原则"。

生存原则(safety-first principle,"安全第一原则"或生存底线原则),指地权分配中为满足个体和家庭生存需要的底线公平原则,越过这一底线,农民个体就会凭借"弱武器"(类似于斯科特所讲的农民的"日常形式的反抗")或"强武器"(个体上访、集体上访、静坐示威等)进行反抗,把

---

① 譬如格兰诺维特(Granovetter,1974)、边燕杰(1998)、林南(Lin,1990)、张文宏(2003,2011)等人的研究。边燕杰(边燕杰主编,2011)最近正致力于推动"关系社会学"在中国社会学发展中的地位和作用的研究。
② 曹正汉:《产权的社会建构逻辑——从博弈论的观点评中国社会学家的产权研究》,《社会学研究》2008年第1期。
③ 折晓叶、陈婴婴:《产权怎样界定——一份集体产权私化的社会文本》,《社会学研究》2005年第4期。
④ 申静、王汉生:《集体产权在中国乡村生活中的实践逻辑——社会学视角下的产权建构过程》,《社会学研究》2005年第1期。
⑤ 王颖:《新集体主义:乡村社会再组织》,经济管理出版社1996年版,第197页。
⑥ 折晓叶:《村庄的再造:一个超级村庄的社会变迁》,中国社会科学出版社1997年版。
⑦ 曹正汉:《精英人物影响社会制度的条件和机制——广东省中山市崖口公社制度个案》,《管理世界》2004年第6期;曹正汉:《伶仃洋畔的村庄公社:崖口村的公社制度及其变迁》,中国经济出版社2004年版,第194页。
⑧ 匿名评审人对此处"中西部地区杂姓村居多、宗族观念淡薄"的判断提出异议,笔者这里总体上概括了中西部与东南沿海在宗族观念、单姓村落方面的差距,援用了人类学中的一个常识判断,并不排除个别不符的情况。可参见弗里德曼·莫里斯:《中国东南的宗族组织》,刘晓春译,上海人民出版社2000年版。

原来针对村民和村集体的不满转移到国家政府上来;如果诸多个体得以联合,将会对国家稳定造成很大不良影响。譬如后面将要分析到的臧村金寡妇被臧林丘强占一垄地后拒交公粮,凭借的就是这个借口。① 这一原则隐含着村民主张的最主要一项权利——生存权利。

先占原则(first possession,也称"先到先得原则")②,指满足生存需求和政府均分田地之外建立于个体勤劳、努力基础上的"谁先占用就属谁"原则,是一种共同体内大家都认可的、约定俗成的原则。譬如村民"开荒"所得的荒地,即按照"先占原则"进行配置,按照萨格登(R. Sugden)③的说法,这是一种习俗、一种被普遍接受的共享观念(转引自曹正汉)。这个原则不是本文分析的重点。④

强力原则(社会资本的负功能),指乡村内村民个体、乡村组织等凭借宗族势力、威望、民间暴力等强制性力量占有别人土地的原则,是一种不公平的原则,也是本文重点分析批判的社会事实,体现了消极社会力量的社会功能,需要国家和政府加以规制,引导其朝积极的方向发展。

这里有必要对"强力原则"这一概念进行深入说明,社会学者在研究集体产权的时候,不赞同经济学者认为"集体产权是模糊产权"⑤⑥的观点,申静、王汉生曾指出:"以'共同占有'为特征的集体产权,在集体成员间绝非是模糊的,实际上他们基于对某种原则的共识而形成的权利分配格局,总是异常清晰的。"⑦这种集体产权所依赖的社会性合约⑧是如何明晰到个人的呢? 在这一过程中,社会学学者发现,当事人的"强力"——如人数的多寡、声音的大小、暴力的强弱——也发挥着不可忽视的作用。⑨⑩⑪⑫ 以上社会学者发现了产权界定中的"强力原则",但大都认为这种强力是一种公平的原则,当事人往往依靠自己的"强力"来选择规则和主张权利,凭

---

① 斯科特就是以农民的"生存伦理"为核心概念,分析了缅甸南部和越南农民的起义反叛运动。"这项研究把农民家庭的关键问题——安全生存问题——置于研究农民政治活动的中心,我认为它也确实是个中心问题"(斯科特,2001;前言)。这一"生存原则"所体现的"为生存而战"同样也是中国几千年来农民起义抗争的最直接原因。本文案例中农民进行抗争所采取的策略和行动,最有力的借口就是这个。
② 曹正汉:《产权的社会建构逻辑——从博弈论的观点评中国社会学家的产权研究》,《社会学研究》2008 年第 1 期。
③ Sugden, R. 1989,"Spontaneous Order." Journal of Economic Perspectives 3.
④ 曹正汉(2008)运用"聚焦点"模型分析行为规则(即产权界定规则)的自发形成。会形成什么规则依赖于参与者所共同感知的"聚焦点",即共享观念。他援用了英国海岸村民打捞木头的案例,谁"第一个登上岸"就是谁。此处虽用经济学中博弈论的视角来解释,其实起作用的还是人类学中所谓的"小传统"等地方性知识。在传统社会中,这是乡民们都认可的一种合理的产权界定规则,而本文分析的是市场观念过度进入、村民观念与以前大不相同的臧村,虽然这种"先占原则"仍旧存在,但已被"强力原则"所淹没。
⑤ [荷兰]何·皮特:《谁是中国土地的拥有者?——制度变迁、产权和社会冲突》,林韵然译,社科文献出版社 2008 年版,第 5 页。
⑥ 韩俊:《中国农村土地问题调查》,上海远东出版社 2009 年版,第 42—82 页。
⑦ 申静、王汉生:《集体产权在中国乡村生活中的实践逻辑——社会学视角下的产权建构过程》,《社会学研究》2005 年第 1 期。
⑧ 折晓叶、陈婴婴:《产权怎样界定——一份集体产权私化的社会文本》,《社会学研究》2005 年第 4 期。
⑨ 张静:《土地使用规则的不确定:一个解释框架》,《中国社会科学》2003 年第 1 期。
⑩ 刘世定:《占有、认知与人际关系》,华夏出版社 2003 年版。
⑪ 申静、王汉生:《集体产权在中国乡村生活中的实践逻辑——社会学视角下的产权建构过程》,《社会学研究》2005 年第 1 期。
⑫ 折晓叶、陈婴婴:《产权怎样界定——一份集体产权私化的社会文本》,《社会学研究》2005 年第 4 期。

借某种公平原则,而这样的公平原则也是多元化的。①

笔者这里的"强力原则",既包含当事人援用强力导致的公平性结果的一面,更包括当事人利用自身强力、欺压乡村弱者以暴力牟取别人土地导致社会矛盾激化、产生不公平结果的一面。

公平原则(成员均等),指在满足个体生存需求的基础上,政府均分土地、保护农民每一个体土地权益的平等原则,是一种正式规则,但在现实中还存在很多名不符实的情况。

总体看来,在以"家庭承包"分配农地"经营使用权"(政府的逻辑)为主体的"公平原则"下,还掺杂着以"民间暴力"为特点的"强力原则",以维持生存、底线公平的"生存原则"和先占先得的"先占原则"。在下文分析的臧村案例中,"强力原则"居于强势地位,是市场化进程中不断转型的乡村社会结构、地方性区域文化和地方传统变化后在地权分配实践中的体现,是笔者着重分析并揭示的原则。

3."关系地权"的几个层次

从关系主体上看,"关系地权"有几种不同的层次:村民与村民个体之间的"关系地权"(生存原则、强占原则),村民个体与村委会、村集体之间的"关系地权"(公平原则、强力原则),村与村之间的"关系地权"(强力原则);村民、乡村干部精英与国家之间的"关系地权"(生存原则、公平原则等)。本文主要关注村内村民之间、村民与村委会干部精英之间围绕土地产生的社会关系纠葛,并分析"关系地权"实践中的运作原则和逻辑。

4."关系地权"的几种类型

与社会关系的三种类型血缘关系、地缘关系、业缘关系相对应,乡村共同体地权界定的实践中,"关系地权"大致有三种类型:基于血缘关系的地权界定规则、基于地缘关系的地权界定规则和基于业缘关系的地权界定规则。这种分类是为了分析土地纠纷案例的方便,在实践中三者往往是纠缠在一起的。正是徐晓军研究得出的结论那样,乡村社会个体的社会关系已经呈现出明显的内核与外围两极分化的结构,外围部分已高度利益化,而内核部分则高度情感化。② 臧村"关系地权"的几种类型中,大致上呈一种业缘关系强化,地缘层面邻里关系功利化、陌生化,进而向血缘关系即家庭紧缩的趋势。

三、案例:臧村③"关系地权"的实践逻辑

臧村属于笔者调查的四个村庄中的一个,这四个村庄中,臧村、金村、朴村都是华北地区、位于黄河下游 S 省 N 县的三个普通村庄,桥村位于华中地区、长江中游的 H 省 Y 市郊区。在分析调查农地纠纷事件所在的村庄时,笔者根据有无国家征地、宗族势力强弱、村民有无反抗传统三

---

① 曹正汉:《产权的社会建构逻辑——从博弈论的观点评中国社会学家的产权研究》,《社会学研究》2008 年第 1 期。
② 徐晓军:《内核-外围:传统乡土社会关系结构的变动——以鄂东乡村艾滋病人社会关系重构为例》,《社会学研究》2009 年第 1 期。
③ 按照"为受访者隐"的学术规则,本文案例中出现的地名、人名皆作了匿名化处理。

个维度对调查的三村进行了类型划分,见表1。

表1 个案村落类型表

村民	国家、宗族	国家征地		
		有	无	
			宗族势力弱	宗族势力强
村民抵抗运用"弱武器"还是"强武器"?	弱武器	朴村	臧村	金村
	强武器	桥村	——	——

截至2008年年底,臧村共有230户村民,807人,其中男性村民398人,女性409人。村庄面积约143亩,耕地总面积约889亩①,共占地约1 032亩,人均耕地面积1.1亩,比N县人均耕地面积1.28亩要少(N县地方史志编纂委员会编,2007:162)。臧村的大片耕地按距离村子、道路和水源的远近分为三个等级:水浇地(一等地)、旱地(二等地)和丘陵地(三等地)。臧村为汉族聚居杂姓村落,没有少数民族村民,230户中有大约160户臧姓村民,所以臧姓为村内第一大姓,臧氏家族支系庞杂,家族内部各支系之间关系松散。

臧村距离镇政府驻地较远,约六七公里,又远离国道和高速公路,没有国家征地事件,也没有经济开发区占地事件。臧村独特的农地事件是:近几年的街道整治规划,雷声大,雨点小,进展十分艰难;村民宅基地自由买卖,导致在自由买卖的宅基地上自由地盖房建楼,很少有人按村里的规划来建造房屋,村委会形同虚设,村干部的威望几乎降到最低,无法约束和制约一波又一波的盖房热潮。更要命的是,这些新房子盖起来,旧房却没在规定的时间里拆除,致使村内死胡同增多,街道弯弯曲曲,农忙季节,"想拉一辆地排车进来都很难,更不用说农用三轮开进来了"(宁方明语)。总之,本文分析的案例臧村具有宗族势力较弱、村民反抗意识淡薄、尚无国家征地的特点。

(一)臧村大背景:亲缘关系淡化与社会关系的功利化、理性化

案例1:臧玉旺之死及其耕地的继承。

臧玉旺,男,臧村村民,2003年55岁时病故。生前是老光棍儿、"老酒包",经常醉酒骂街闹事,与臧玉科(1997年病故)、臧玉贵为亲兄弟,排行老大。在村内有一处宅子,后来在田野里自己盖了一间小水泥屋,守在自己的耕地边上,住在田野里。手足之情冷漠,病故之前亲人不在身边,多亏村内几位村民照顾,死后耕地被其中两人私分,以抵偿生前借款。访谈对象是臧玉旺三弟臧玉贵及其媳妇。臧玉贵,男,52岁,是臧玉旺的三弟,妻韩福娟,两个儿子建华、建伟都在外地打工。

---

① 计税面积。访谈村会计时,他给笔者讲了这个计税面积的来历:2002年的时候,各小队长为了少交税,就把以前1 200亩的耕地改为现在的889亩上报。但后来国家取消农业税,又实施粮食补贴政策,当年少报耕地面积的事儿使本村得到的粮食补贴减少,令他们懊悔不已。

问：他大爷①玉旺去世你也没通知他兄弟俩回来？玉科家的德地呢？通知了么？②

答：没。别让他们回来了。他活着的时候太辱没人了，整天喝酒骂街。耽误他兄弟们说媳妇了。现在风俗也变了，火化一下就行了。骨灰盒我都没往家里放，就弄吧弄吧给埋了……

问：那玉旺生前的耕地有多少？现在谁种着呢？

答：一个人九分地啊，咱庄里都是这样。现在那个王向克种着七分半、臧玉冒种着一分半。前两天我还看到王向克她娘在地里拔草呢。

问：你是臧玉旺的亲弟弟，你侄子臧德地考学出去，户口和地都没了。你知道法律上规定臧玉旺的耕地应该是谁来继承么？

答：按理说应该我来种啊，我是他亲弟弟。他活着的时候早都把地给卖了。得了病让臧德仓③看，打吊瓶，欠钱。冬天他住在坡哩④那个破屋子里，冷啊，就赊了臧玉庄120块钱的炭泥⑤生炉子。那天快不行了，咽气之前，在德仓那里，德仓一看不行了，他那叫脑血栓。把我叫去了，我是他亲弟弟啊。我把那些人都叫到他身边，想把他欠谁的账说明白再走……说还欠王向克几百块钱，说那地以后让他种。没多久就老了。⑥ 他老了后，臧玉庄他媳妇来要了好几次，那碳泥钱120块；后来他父辈兄哩⑦臧玉冒说他还钱给臧玉庄，要种我哥的地；王向克早就种了他的七分半地了。他俩分了。⑧

随后，笔者访谈了相关的几个人，包括臧玉庄媳妇陈英兰、王向克等人。

臧玉庄，男，35岁。在山西阳泉一个蔬菜批发市场做生意，批发大姜、花生等。妻陈英兰。王向克，男，37岁，早年在新汶矿务局下窑当工人，因为其父就是那里的工人。后来辞职去北京打工，混北京，3年前回到臧村，买了南头一户人家的旧宅子，在家养兔子。

问：臧玉旺活着的时候欠你家120元钱，你怎么到玉贵那里去要了？没等他侄子回来给他侄子要啊？

陈英兰：臧玉贵是他亲兄哩，俺不给他要给谁要啊？臧玉旺原来的宅子，不都是被老三给拆了么。那些瓦、砖、石头，老三都用了盖新屋了，要不是这些材料，他能盖起那个新屋

---

① 大爷，即大伯，当地方言。
② 当地习俗，亲人死亡，不出五属的亲人都要参加葬礼，周围村亲戚收到消息后也要来参加，按与死者关系远近上礼金。
③ 臧村的一位乡村医生。加上刘安儿，臧村总共两位大夫。
④ 当地方言，指田野。
⑤ 煤炭的一种，相对于成块儿的原煤而言，像土一样，掺水和成块状用来烧煤炉取暖，价格便宜。
⑥ 老了，隐晦语，死了。
⑦ "父辈兄哩"，指说话者大伯或叔叔家的儿子，当地方言。
⑧ 根据对臧玉贵的访谈录音（编号 Z20090801 - ZYC&HFJ）整理。

来?臧玉旺活着的时候就给他了,本指望靠他的一个儿子养老呢……他侄子在外头上学,从小到大吃了多少苦啊?最难的时候是他爹死了的那几年。你不知道。他大爷臧玉旺一点忙不帮,一分钱不给他。那孩子上大学,瘦得皮包骨头。俺要是给他要这120块钱,俺不是丧良心么?臧玉旺去世,葬礼都是老三操持的。按咱这边的风俗应该让他三个侄子和他侄女都来披麻戴孝啊。谁来摔老盆①啊?就应该他大侄子建军②啊。谁摔了老盆,谁就来继承他的东西啊。老三怎么做的啊?他不敢通知他侄子回来,怕他摔了老盆继承他的家产啊。臧玉旺有什么家产啊?人家也不稀罕他那点东西啊。现在他的地就是王向克和俺父辈儿兄哩臧德昌种着,他敢怎么样?他要敢要就揍他。③

问:听说你种着臧玉旺的地?这是怎么回事啊?

王向克:是啊。我种七分半,就是他那间破屋旁边的那点地。他临死前没人照应,好可怜人啊。那天晚上臧玉旺不行了,光着身子。他一个人呆那个坡哩破屋子里,难受得叫人,谁能听见?正好我打那里过,我以前经常去他那里给他拉呱啊。我看不行了,就叫来臧玉冒,俺俩给他穿上裤子,把他拉到臧德仓那里去了。他是大夫。臧玉旺活着的时候就把地给我了,嫌他三兄哩不过去看他,给他赌气。老三太不像话了,不能让这种人沾光。④

案例1中臧村的社会关系大致呈现出这样几个特点。

1. 臧村亲缘关系的淡化和冷漠,社会关系的功利化、理性化

对乡村社会关系现状的判断,学界大致有一个共识:当前乡村社会关系渐趋功利化和理性化。徐晓军曾做过较好的总结分析,他指出,随着改革开放的推进,市场经济体制的确立,利益导向机制的确立,乡村社会中人与人之间的关系由于利益的介入,变得愈来愈理性化了。⑤ 徐勇、邓大才也指出,被高度社会化、将货币收入最大化作为行为与动机的社会化小农,已毫不犹豫地将利益作为自己社会关系行动的主要标准。⑥ 臧村这个围绕臧玉旺耕地继承问题的事件,有力地验证了学界的这一共识性假设——臧玉旺"活着的时候整天喝酒骂街",耽误了侄子们说媳妇(因为农村男子娶媳妇是家中头等大事,而家风不好会使自家的孩子很难得到提亲),也没有对上学的大侄子尽过大伯的责任;死后,三弟臧玉贵因他亲哥的"骨灰盒都没往家放,就弄吧弄吧给埋了"。在传统的臧村这种事情是令人不敢想象的,这对兄弟之间的亲情淡漠成为臧村社会关系变迁的一个缩影。从三弟臧玉贵的角度看,正如徐晓军研究得出的结论那样,乡村社

---

① "摔老盆",当地风俗,死者骨灰入土前,有个烧制的陶罐由后辈中的男性年长者摔碎,表示死者的财产由该人继承。
② 臧玉科儿子臧德地的小名。
③ 根据对臧玉庄夫妇的访谈笔记整理,无录音。
④ 根据对王向克的访谈笔记整理,无录音。
⑤ 徐晓军:《内核-外围:传统乡土社会关系结构的变动——以鄂东乡村艾滋病人社会关系重构为例》,《社会学研究》2009年第1期。
⑥ 徐勇、邓大才:《社会化小农:解释当今农户的一种视角》,《学术月刊》2006年第7期。

会个体的社会关系已经呈现出明显的内核与外围两极分化的结构,外围部分已高度利益化,而内核部分则高度情感化。① 臧玉贵对待自己的小家庭(妻子、两个儿子)的关系是高度情感化的内核,而对大哥臧玉旺的关系则演变为利益化的外围部分。臧玉旺重病在身、临终之际对自己耕地的委托,则同样体现出以上特点——把耕地留给了非亲属的王向克和臧玉昌,而不是留给法律意义上的继承人臧玉贵。

2. 村民对农地产权的法律界定规则的认知是明确的

在这则案例中,村民们对于耕地继承问题的认知,有着超乎笔者预料的清晰性和明确性。当问到"法律规定臧玉旺的耕地应该由谁来继承"时,臧玉贵的回答说明他对法律显然是了然于胸的。按照《土地承包法》和《继承法》之规定,法律应该这样判定:第一,对于第二轮的延包土地,村里"生不增、死不减",说明承包合同的约定是,土地承包权可以由承包人的继承人继续承包。第二,由于臧玉旺没有签订遗赠抚养协议,也没有遗嘱,所以应该按照法定继承来确定继承。第三,臧玉旺没有父母、配偶和子女,应该由第二顺序继承人即兄弟姐妹、祖父母、外祖父母来继承,第二顺序存活着的只有老三臧玉贵。第四,臧玉旺由于欠别人钱,所以把土地承包权用来抵债,而抵债的话,只需要用几年的承包费就可以了,太多,显失公平,继承人可以要求变更。第五,继承人要为臧玉旺还债。②

臧玉贵知道应该由自己来继承大哥的耕地。臧玉庄的媳妇也很清楚,但她去臧玉贵那里要当年臧玉旺的欠款,显然不是按照法律的规定,而是按照乡规民约的传统解释来的。她用"谁摔了老盆谁就继承他的家产"这种"地方性知识"的规定来决定该向谁讨要死者生前的欠款,体现的也是一种利益导向的社会关系特点。

3. 村民农地产权界定的实践与法律规定是不相符的

臧玉旺死后,他的承包地已由村上另外两人经营 3 年,其经营收益足可以抵偿当年臧玉旺的欠款。如上文分析的那样,臧玉贵很清楚,法律规定自己是大哥耕地的继承人,但他为什么不是臧玉旺耕地事实上的拥有者呢?因为他的社会关系网络窄、力量弱,不敢向王向克和臧玉庄、臧玉昌索要这份土地。张静揭示过一个产权界定规则不确定的现象,即裁决纠纷的规则是不确定的、不统一的,一件纠纷适合于何种规则,取决于纠纷双方的利益主张和力量对比。③ "他敢怎么样?他要敢要就揍他",这才是臧玉贵耕地实际上归谁所有的真正原因所在。

从臧玉旺耕地继承案例中,我们可以看出,正式的法律制度与现实的农地实践存在太大差别,"关系地权"的作用更加明显。当地权纠纷发生时,人们是根据当前利益和自身力量对规则进行选择的,而不是根据事前确定的规则衡量利益是否正当。

---

① 徐晓军:《内核-外围:传统乡土社会关系结构的变动——以鄂东乡村艾滋病人社会关系重构为例》,《社会学研究》2009 年第 1 期。

② 关于此案例的法律分析,笔者咨询了上海公义法律服务中心谭红琳律师,在此对其耐心细致的解答表示衷心感谢。

③ 张静:《土地使用规则的不确定:一个解释框架》,《中国社会科学》2003 年第 1 期。

(二) 村内人际关系：生存原则和强力原则的实践

案例 2：臧林丘强占金寡妇一垄地：强力原则的传导与生存原则的抵抗。

金永梅，女，55 岁，丈夫于 1997 年病故。1998 年村内土地"小调整"，金永梅后邻居臧林丘强占其一垄地，村支书、小队长都在场，但无人解决。本案农地利益直接冲突双方是金寡妇和臧林丘，但背后隐情极为复杂，涉及村内铁匠臧玉生、当年村支书臧玉树。

> 丈夫去世后第二年吧，1998 年，村里动地①。就是那时候和臧林丘闹事了。那年动地，村支书臧玉树和小队长宁方文跟着，有人丈量土地，有人埋石根。② 臧林丘的耕地和俺家在"西老林"的地紧挨着，他家在东，俺家的地在西，他家东面是臧玉生的地，是村里的铁匠，很霸道的。当时我们都在，按一个人九分还是多少量完了地，埋好石根，我一转眼的工夫臧林丘用脚把石根朝我家的地这边猛踢了两脚，那地很软和啊，他那两脚就把石根朝俺地里移了有一垄③宽。我当时就问他："你干什么呢？！"他理直气壮地说："我的地少了，就得往你那边延！"他身强力壮，恶狠狠地吼我，我只能抹眼泪，我有什么办法呢？要是俺丈夫活着他哪有这个胆子呢？当时支书、小队长和其他人都不怎么说话，然后大家都回家了。俺家的地就这样少了一垄，就那个样子我种了有两年吧。

乡村共同体中个体之间"关系地权"的"强力原则"体现得近乎赤裸裸。金寡妇老公病逝后，她便丧失了在村内的资本，被臧林丘强行占有了一垄地。臧林丘为什么这么做呢？

> 他说当时是因为他家东边的臧玉生把地朝他地里延了一垄多，他不敢和他斗，就朝俺家地里踩了两脚石根。后来我儿子又去找了当时的村支书臧玉树，他只是赔不是，但是又没办法。这事儿就一直拖着……

被村内"精英"臧玉生铁匠强占一垄地后，身为弱者的金寡妇采取何种方式"抵抗"呢？

> 我父母从金村搬过来后，……俺大大年纪大，年轻的时候出去闯荡过，经验多，他就给我出了一个主意，就是交公粮的时候让我赖着不交。后来我就是不交公粮，大队里来人给我做思想工作，我就说俺家的地被人占了去，没有收获就不交公粮。不给补地就不交公粮。后来镇里来了工作队，我也这么说，就是不交……再后来公粮都给免了，全国都不交了。④

---

① "动地"，就是耕地调整。第二轮土地承包开始实施，臧村这次调地后一直没有再调地，认真贯彻了国家的延包政策。1998 年之后考出去的大学生、嫁进来的媳妇、新生儿和去世的老人，都几乎没有增地也没有减地。
② "石根"，即耕地的界桩，根据丈量和分配结果把一石块儿埋在两家耕地中间，一头埋在土里，一头露出地面，作为两家耕地的分界标志。
③ "垄"，量词，指种庄稼的一行、一沟，占地约半米宽，地长的话，一垄地可以收获很多庄稼。
④ 案例 2 中的访谈文本根据对金永梅的访谈笔记整理而成。

案例2非常明显地体现了"关系地权"的实践特征和强力原则的传导机制。

1. "关系地权"强力原则的实践特征与传导机制

集体地权(使用权)深深地嵌入在社会关系之中,在乡村社会关系功利化、理性化的大背景下,拥有较强社会资本和社会力量的乡村精英便运用"强力"侵占弱者的土地,造成许多乡村社会矛盾和社会问题。地权主体的社会关系、社会资本强弱又是由什么造成的?从臧村的这个案例来看,社会资本和社会关系受当事人经济资本和家庭结构的影响和制约。拿臧玉生来说,他有一份赖以营生的手艺——打铁,家里劳力充足、兄弟势力大。他弟兄三人,排行老大,二弟、三弟都开铁匠铺;四个女儿、一个儿子,家庭势力强大。在农村来讲,铁匠铺不仅为他提供了一定的经济来源,也为他结交各路朋友提供了一个空间和平台。臧玉生经营铁匠铺多年,有十分深厚的经济实力、十分宽广的社交网络,村支书臧玉树都要给他面子,不敢轻易得罪他,这也体现了乡村权力精英与部分经济精英相互结合的特点。

动态地来看强力原则的运行,可见强力是从强者向弱者传导,臧玉生是强力的发出者,臧林丘是过渡者,金寡妇最弱,只能成为强力的承受者。她只有默默承受,"俺家的地就这样少了一垄,就那个样子我种了有两年吧。"

2. 弱者的反抗机制

斯科特较为细致地探讨了小农的反抗机制,当外在剥削和压力还不足以威胁小农的生存底线时,他们凭靠"弱者的武器"(譬如不合作、偷懒、开小差和欺骗等)对外来侵犯进行日常形式的反抗①;而当外来侵犯触及他们的最后生存底线、违背生存规则的道义经济时,农民的日常形式的反抗便以大规模的、暴力的反叛斗争呈现出来。② 臧村显然还没有达到那样的暴烈程度,但仍为我们分析小农的反抗机制提供了范本——臧林丘抢占金寡妇一垄地,其实是将自己被臧玉生强占土地的损失找一个补偿,最弱者金寡妇成了利益的最终受损者。但这种因社会不公平造成的恶果,并不会在最弱者身上终止。金寡妇的案例显示,弱者有自己独特的反抗方式,她总要把自己受到的不公正待遇以自己特有的反抗形式表达出来。她很清楚自己与臧玉生的力量对比悬殊,所以并没有与他正面抵触,而是采取了两种变通的反抗方式:一是让儿子去找当时的村支书臧玉树,求助于村委会的权威来解决,但臧玉树"只是赔不是,但又没办法",村支书也不敢得罪"霸道"的铁匠,只有让弱者金寡妇受委屈。二是等到交公粮的时候拒交公粮,把对乡村精英的不满转嫁到国家、政府身上。她凭借的借口是自己的口粮不足等"生存伦理"和社会公平等正义问题,大队、镇里来人做思想工作,她以"没有收获就不交公粮、不给补地就不交公粮"来抵抗。可见,"关系地权"的运作实践中,生存权利、生存理性、道义等成为弱者抵抗强力的有效借口。

3. 乡村社会矛盾的调处程序

当村民与乡村精英之间发生矛盾时,弱者首先想到求助于村委会和村干部,而不会动用法律武器保护自己,但当干部精英与"村霸"达成妥协而对村民的诉求不屑一顾时,村民便会把委

---

① [美]斯科特·詹姆斯:《弱者的武器》,郑广怀、张敏、何江穗译,译林出版社2007年版。
② [美]斯科特·詹姆斯:《农民的道义经济学:东南亚的反叛与生存》,程立显、刘建等译,译林出版社2001年版。

屈转嫁到政府身上,最后再由国家和政府进行买单。臧村金寡妇被强占一垄地后的反抗案例,清楚地展现了这一程序。传统时代乡村共同体中的乡绅、士绅、乡村精英等,起到维护乡村自治、缓冲国民冲突的功能①②③,但新时代本应具有相似功能的村委会、村干部,却丧失了这一"缓冲器"的作用,甚至成了乡村社会矛盾的直接制造者,使农民的怨气转嫁到国家、政府身上,乡村社会面临很大社会风险。

(三) 乡村精英的分化与强力原则的实践

案例3:臧德雨雇人暴打宁方文:干部精英争夺农地权益。

村支书臧德雨上任后,强行收回四队的20亩耕地,卖给邻村或本村愿意耕种的农户,以每亩80—200元/年不等的价格收取"租金",他这种独断专行的做法并不是没有遭到反抗,四队原小队长宁方文当初就带头反抗,拒不执行臧德雨的丈量命令。④ 几天后,宁方文被臧德雨找人暴打了一顿。这里村支书奉行的是"关系地权"中的"强力原则"。

宁方文,男,45岁,妻子王冬芳务农兼开豆腐房。有两个孩子,大女儿在淄博上大学一年级,小儿子上小学。曾任四队小队长(1989—2005年),村支书臧德雨上台后,宁方文因反对收地而被打,之后经常外出打工。现在臧村各队小队长一职名存实亡,几乎没啥权力。

> 四队和村哩一样,也是分三个等级。最好哩一级地就是西老林这一块儿,魏家林那边归二级地,北山子归三级地。现在北山子都卖了哦。臧德雨上来后卖哩。他因为这事把我揍了一顿。他叫哩(了)人。当时一调整地嗲⑤,他想把西老林这一块一等地给收起来卖,我说这地是咱队里人人都有哩,人家不能种庄稼的话可以种点儿菜,离家近。他想动那块地我没给他,他就"揍了个假导儿"⑥,说让我去量地,走到坡哩,他从北边路上开着一个红面包车,下来几个人都往地里跑,都朝我身上围哦,不找他们找我,明显哩找我,把我打了一顿。那是2005年。四五个人哩。找哩(了)打手。……北山子的地卖了一个人一分四厘多地。加上泉子西那边的自留地,总共有20多亩地。卖给其他队哩,也有咱队里人,也有彩村的。他们卖地是因为没钱开支了,大队里没钱。现在村里也没队长了。⑦

---

① 费孝通:《费孝通文集》第二卷、第四卷、第五卷、第九卷,群言出版社1999年版,第473页。
② 张仲礼:《中国绅士:关于其在19世纪中国社会中作用的研究》,李荣昌译,上海社会科学院出版社1991年版。
③ [美]黄宗智:《华北的小农经济与社会变迁》,中华书局1986年版。
④ 关于臧德雨上任后收回四队的20亩地的原因,笔者在访谈中还听到另一种版本的叙说。村会计在访谈中告诉笔者,前几年镇级公路从彩山脚下的彩村开始,一直往东修,本来计划与104国道接头。在臧段村段占用了除了四队以外的其他五个队的耕地,所以,为了平衡起见,臧德雨上任后就把四队没有被占的这些地收起来出租,以收取一定的费用供入不敷出的村委会办公使用。
⑤ "嗲",语气助词,表示假设或者……的时候,当地方言。
⑥ "揍假导儿",做骗局,当地方言。
⑦ 根据对宁方文的访谈录音(编号Z200907029 - NFW)整理。

案例 4：宁方明购买四家宅基地：平民精英 vs 干部精英。

1995年至2000年前后，臧村村内青壮年劳力出现外出打工热潮，致使村内多"387061部队"①留守，出现耕地频繁流转现象；到2000年后，外出打工者赚钱后回家批地盖房和村领导的街道整治方案相结合，该村似乎进入了一个轰轰烈烈的"村庄规划"和"盖房大潮"中。这期间，臧村的现实新情况是："一户多宅"、村委会地权强化但威信扫地，处理公共事务能力弱化；宅基地私人之间进行买卖不再通过村委会审批、由于自己购买造成宅基地面积和建房面积任意扩大，致使村内街道规划混乱、村民车辆出行极为不便、村民建房成本升高。

宁方明，男，1977年3月生，访谈时32岁。初中毕业，复员军人。已婚，有一女孩，4岁半。卡车司机，有驾照A照，驾龄8年，为镇上一家私营企业开车，运送大罐硫酸。社交网络广泛，战友多，在周围村中朋友众多。最近忙于盖新房，四间正房，加配房：东屋（饭屋）、西屋（杂物房、牛栏、茅房）、南屋（杂物房）。作为平民精英，在与村委会干部的对抗中具有很强的讨价还价能力。

> 我没有直接和大队打交道来申请宅基地。我自己想盖我就在那里盖啊。你大队里必须给我弄啊，你推出这个路来还是沾我个光哩。东边的路基本上是我花钱买过来哩，我花了一万多块钱哦，光买地基。我那个房子前边的街都是我花钱买哩。那时候我给大队里说么，说你还沾我的光哩。十来年了你闯不开这个路，他奶奶哩我买过这个地基儿来闯开路了，这不是你哩个机遇啊。你要如果那时候你闯不开街，我买哩（了）这个地方我说了算啊，你不行我北边垒上墙南边垒上墙，你下去几百年你也闯不开哎。咱拉这个呱不是图么……哎呀，没有按照他那个规划来。你就给我这个房子呗，我想盖多宽就盖多宽，想盖多长就盖多长，我比前后哩我盖哩都宽、都长。我自己花钱买哩，你包括叫我拆屋你没有理由叫我拆屋。②

对于历史上乡村精英功能的探讨，黄宗智③、杜赞奇④沿着费孝通⑤、张仲礼⑥把"士绅理论"发展到"地方精英理论"阶段。⑦ 但臧村案例表明，现阶段乡村精英出现新的分化，有新的行为特征。

1. 乡村精英的分化：干部精英与平民精英

杜赞奇曾对20世纪40年代华北农村的乡村精英分化现象做过研究，他在村庄权力结构的分析中引入了权力的文化网络即宗族和宗教的维度，进而区分了清末国家政权建设加强的背景

---

① "387061部队"，"38"，"三八妇女节"，代指妇女；"70"，年龄，代指老年人；"61"，"六一儿童节"，代指儿童。
② 根据对宁方明的访谈录音（编号 Z20090501-NFM01）整理。对宁方明共有四段访谈录音。
③ [美]黄宗智：《华北的小农经济与社会变迁》，中华书局1986年版。
④ [美]杜赞奇：《文化、权力与国家：1900—1942年的华北农村》，王福明译，江苏人民出版社1994年版。
⑤ 费孝通：《费孝通文集》第二卷、第四卷、第五卷、第九卷，群言出版社1999年版。
⑥ 张仲礼：《中国绅士：关于其在19世纪中国社会中作用的研究》，李荣昌译，上海社会科学院出版社1991年版。
⑦ 李猛：《从"士绅"到"地方精英"》，《中国书评》1995年总第5期。

下乡绅精英的两种类型：保护型经纪与盈利型经纪，并指出村庄中旧有的保护型经纪（精英）因无法适应新形势下角色的改变，而不得不退出乡村精英层，转而由盈利型经纪（精英）填补了村庄中的精英层这一结构变迁趋势。

从案例 3 和案例 4 中可以明显地看到现阶段乡村精英的分化现象：村委会作为国家行政权力在基层的细枝末梢，承载其行政权力的干部精英逐渐成为一个新的精英群体。臧村的案例表明，乡村精英中占据强势地位的是拥有行政权力和成为集体土地所有者的人格化主体的干部精英，他们利用权力围绕农村集体土地进行各种谋利活动。而介于干部精英与普通村民之间的是一个平民精英群体，该群体虽不担任村内行政职务，但对村内公共事务的影响力巨大，其内部分化现象也很严重。一部分平民群体依靠自己拥有的社会资本和社会网络与干部精英进行对抗，仅仅是为了保护自身的利益，可称之为"自保型平民精英"，如案例 4 中的宁方明，与杜赞奇的"保护型经纪"有很大不同；另一部分平民精英与干部精英达成默契，共同靠强力欺压弱势村民，从土地上牟取私利，可称之为"依附型平民精英"，如案例 2 中的臧玉生。宁方文的角色兼具平民精英中两种类型的特点，他原本是小队长，从角色上讲来自权力精英阵营，但因不同意村支书臧德雨的收地决定被暴打一顿，客观上是为了维护大多数村民的土地利益。

2. 干部精英成为"谋地型乡村精英"的主体

在诸多分化了的乡村精英内部，干部精英凭借手中拥有的对集体土地的处置权，成为"谋地型乡村精英"的主体。本文所分析的臧村由于没有国家征地行为的发生，因此该群体围绕土地谋利的行为体现得不是特别充分。在笔者调查的另一村庄朴村，因有 104 国道、京福高速公路、磁窑大市场等国家和基层政府的征地项目，干部精英在这些项目中的谋利行为极为显著，引发村民很大不满。

3. "谋地型乡村精英"行为的暴力化

干部精英在围绕集体土地牟取私利的过程中，一靠手中对集体土地的处置权；二靠暴力化的强力措施。村支书私自收回臧村四队村民的土地，并没有征求任何村民的意见，原小队长宁方文反对他，遭到他雇来的打手的暴打。很多学者关注的乡村黑社会化问题、基层政权被黑恶势力控制问题，也在臧村的案例中得到验证。这加大了乡村治理的社会风险，需要引起有关部门的重视，对这种逐渐膨胀的乡村黑恶势力加以规制甚至打击。

四、总结：从"关系地权"的实践逻辑看乡村社会结构的新变化

通过前文分析框架的提出和对臧村案例的分析，可以对本文的逻辑思路和几个层面的命题做一总结。

（一）集体地权深深地嵌入在乡村社会关系之中

集体地权是一种嵌入社会关系的产权形态，村民农地收益的多少与地权的清晰化程度并不

简单地呈正相关关系,而与各主体的社会关系强弱、社会资本厚薄密切相关。把地权置于社会关系网络之中进行考察,是笔者坚持"产权的社会视角"这一基本立场并贯穿始终的思路。地权权利主体的社会关系网络强弱是其农地权益得失与多少的基础性内生变量,也是农村制度创新和社会经济发展的推动力之一。无论是围绕耕地被收回、被"租售"问题,臧村村支书臧德雨与小队长宁方文之间的对抗,还是围绕宅基地审批程序变化、宅基地村内市场的形成问题,臧德雨与宁方明之间的博弈,再有臧玉生、臧林丘、金寡妇围绕土地的强力占有而进行的韧性抵抗,我们都可以明显地感觉到地权处于社会关系网络之中的复杂性。

市场经济体制和利益导向机制的确立,使乡村社会成员的利益观念和行为得以展现,乡村人际关系在差序上的亲疏远近实质上演变为利益关系的远近,乡村社会中人与人之间的关系由于利益的介入,变得愈来愈理性化。社会关系的理性化和功利化成为乡村地权主体围绕地权进行博弈的大背景。

(二)"关系地权"的四大原则中,强力原则在现实中居于强势地位

社会关系影响地权的配置,在不同层次的关系主体(村民、村干部、村集体、地方政府、国家等)中所遵循原则的比重不同。生存原则、先占原则、强力原则、公平原则四种原则之中,体现社会公平公正的原则渐趋衰微:先占原则作为传统中为大家公认的原则越来越被强力原则替代,以政府制定的均分土地、家庭承包经营所体现的公平原则在现实中并不能得到真实有效的贯彻,反而被强力原则扭曲变形。本文主要通过臧村几桩农地纠纷的案例探讨了乡村地权配置强力原则的强势地位,即拥有较强社会资本和社会力量的主体在社会关系功利化、理性化的大背景下日趋暴力化的行为特征。

(三)"关系地权"的强力原则体现了市场化进程中乡村社会资本的负功能

从学理上进行分析,"关系地权"的强力原则是市场化进程中乡村社会资本负功能的体现,这突破了以往学者只注重社会资本正功能的窠臼。如张文宏[1]分析的那样,社会资本的局限主要表现为:主流学者都忽视了社会资本的消极作用;"多数学者只是强调了社会资本的积极作用,而对于可能产生的消极甚至反功能却鲜有论及"[2]。但近几年来,研究者在经验研究中发现了社会资本负功能存在的几种不同形式,譬如晋军[3]、刘林平[4]、赵延东[5]等人的研究。

从某种意义上说,"社会关系"是一柄双刃剑,它就像社会的血脉网络,当血脉中流淌的是健康的信任、互惠和信息时,它促进了社会的活力;但当它主要成为权钱交易的管道时,血液就被毒化了,一切制度化的社会交往甚至市场交往也都被毒化了。但目前社会学的多数研究,只是

---

[1] 张文宏:《中国社会网络与社会资本研究 30 年(1979—2009)》,载边燕杰主编:《关系社会学:理论与研究》,社科文献出版社 2011 年版,第 249—250 页。

[2] 张文宏:《社会资本:理论争辩与经验研究》,《社会学研究》2003 年第 4 期。

[3] 晋军:《外人资本与过度资本化:消极社会资本理论》,载《清华社会学评论》特辑 2,鹭江出版社 2001 年版。

[4] 刘林平:《企业的社会资本:概念反思与测量途径——兼评边燕杰、丘海雄〈企业的社会资本及其功效〉》,《社会学研究》2006 年第 2 期。

[5] 赵延东:《再就业中社会资本的使用——以武汉市下岗职工为例》,《学习与探索》2006 年第 2 期。

揭示和证明社会关系的作用及运作机制,而很难对关系网络做出价值的分类和判断,这是此类研究继续深化的一个难点。① 本文着重分析了乡村精英围绕土地进行牟利所依靠的强力原则,尝试对社会关系、社会资本做出初步分类和判断,延伸了"社会资本负功能"的学术线索。

(四)地权主体社会资本强弱造成乡村社会结构的分化,在市场化、城市化进程的大背景下催生了一个"谋地型乡村精英"群体

因地权主体的社会关系强弱不同,围绕集体地权的利益争夺造成乡村社会结构的新变化。通过对臧村农地纠纷事件的分析,我们发现:在"农地集体所有"的制度基础上,一个靠土地谋利的"谋地型乡村精英"新群体正在生成,他们的一些做法对现行的以公平、均等原则为主要特征的家庭联产承包责任制造成严重扭曲和变形,是乡村社会矛盾的重要来源之一。农地所有权的人格化主体即乡村干部精英成为新时期"谋地型乡村精英"的主要部分,普通村民在农地权益上处于弱势地位,而一些"自保型平民精英"为保护个人利益,站在了与干部精英对抗的立场上,但他们还没有能力发动、组织大多数的普通村民。现阶段乡村社会结构快速分化,呈现如图1显示的结构性特征。最底层的是拥有较少社会资本和社会关系的普通的村民,他们处于弱势地位,受干部精英和"依附型平民精英"的强力压制;"自保型乡村精英"处于中间位置,他们也拥有较强的社会资本和社会力量,但他们只求自保,与干部精英划清界限,他们也不力图组织普通村民、不为弱势村民争取利益;最上层的是握有基层行政权力的干部精英,它们成为"谋地型乡村精英"(图中阴影部分)的主体。

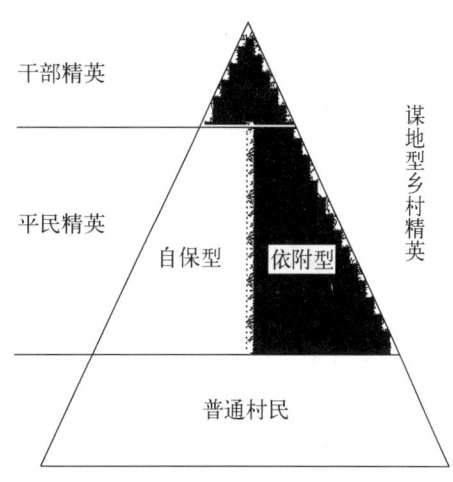

图 1　新时期乡村社会结构简图

针对乡村社会结构的分化现状,政府需要对以干部精英为主体、以"依附型平民精英"为补充的"谋地型乡村精英"进行规制,特别是要削弱干部精英的农地权力。就农地产权的制度设计而言,政府要善于处理复杂的社会关系、培育积极的社会力量,抑制其消极性,朝着"培育社会型政府"的方向转型。地权制度设计应朝着强化国家和农民的权力、弱化基层政府和行政村权力的方向迈进。

五、讨论:"关系地权"分析框架的构建意图与局限

(一)"关系地权"分析的重点是权利主体之间的社会关系

"关系地权"针对的是当前学界"产权是一束权利"的命题而提出的新分析性概念和分

---

① 李培林、尉建文:《〈中国私营企业主关系网络调查〉序》,中国社会科学出版社2009年版。

析框架,因为"权利产权"命题使学者们纠结于地权的公有制和私有制之争①,使其陷于关于土地产权主体缺失和明晰土地产权主体的争论中,这将土地产权问题的研究引向了十分尴尬的边缘。② 长期以来,学术界对土地公有制或私有制的讨论没有切中要害,并掩盖了地权问题的实质。③ 特别是《中共中央关于推进农村改革发展若干重大问题决定》的出台,已经将地权归属定了调,使再继续争论"谁是中国农地的所有者""谁应当是中国农地的所有者"这类问题变得似乎没有意义了。借鉴周雪光的"关系产权"命题,进而探讨地权背后的社会关系与非制度因素,发掘"人-地关系"之后的"人-人"关系,才是地权问题的本质和核心。

(二)"关系地权"分析框架指向的是乡村社会结构的新变化

社会关系格局就是一种基本的社会结构,因此,社会关系强弱、社会结构形态是集体地权界定实践中的重要影响因素,反过来,集体地权又为社会关系主体的博弈与社会结构的变迁提供了制度基础和平台。

在金耀基④及杨中芳、彭泗清⑤那里,关系成为理解中国社会结构的关键社会文化概念;社会关系结构也成为透视中国社会结构的一个重要窗口与指标。⑥ 费孝通先生⑦曾屡次强调"差序格局"式的社会关系结构是中国乡土社会的基层结构;而"差序格局"这一本土社会学概念的理论价值正在于它对于社会结构的横向和纵向两个维度的同时把握。⑧ 作为制度化的角色与关系中的人的配置,社会结构是"在制度即社会上已确立的行为规范或模式所规定或支配的关系中人的不断配置组合"⑨,"为了表明这种实际存在的关系网络,我使用了社会结构这个术语"⑩。华尔德更明确地指出,社会结构不是群体的集合,而是"实际存在的社会关系的模式,或者说,是一种社会网络"⑪。因此,社会关系结构既是社会结构的重要内容,也是社会结构的重要表现,甚至不妨说,"社会关系格局(结构)就是一种基本的社会结构"⑫。

"关系地权"分析框架着力区分了其实践中的原则、层次和类型,但落脚点仍是社会学

---

① 李昌平:《扩大农民地权及其制度建设》(http://www.sachina.edu.cn)。
② 马良灿:《地权是一束权力关系》,《中国农村观察》2009年第2期。
③ 张小军:《象征地权与文化经济:福建杨村的历史地权个案研究》,《中国社会科学》2004年第3期。
④ 金耀基:《关系和网络的建构——一个社会学的诠释》,《金耀基自选集》,上海教育出版社2002年版。
⑤ 杨中芳等:《中国人人际信任的概念化:一个人际关系的观点》,《社会学研究》1999年第2期。
⑥ 徐晓军:《内核-外围:传统乡土社会关系结构的变动——以鄂东乡村艾滋病人社会关系重构为例》,《社会学研究》2009年第1期。
⑦ 费孝通:《乡土中国 生育制度》,北京大学出版社1998年版,第27—32页。
⑧ 阎云翔:《差序格局与中国文化的等级观》,《社会学研究》2006年第4期。
⑨ A.R.拉德克利夫-布朗:《社会人类学方法》,夏建中译,山东人民出版社1988年版,第148页。
⑩ A.R.拉德克利夫-布朗:《原始社会的结构与功能》,潘蛟、王贤海、刘文远、知寒译,中央民族大学出版社1999年版,第213页。
⑪ Walder, A. G. 1986, Communist Neo-traditionalism: Work and Authority in Chinese Industry. Berkeley: University of California Press. p.244.
⑫ 林聚任:《社会信任和社会资本重建:当前乡村社会关系研究》,山东人民出版社2007年版,第52页。

的传统主题——社会结构。在笔者看来，我们分析的地权中的"关系"是一种动态的交互过程，而当这种交互沉淀下来就凝结成一种静态的关系格局，这种格局是社会结构的一种体现，反过来又影响地权主体之间的关系。譬如前文分析的乡村共同体中在地权关系中处于强势的"干部精英"和"依附型平民精英"，他们紧紧围绕农村土地（包括耕地和宅基地）进行争夺，甚至不惜动用黑社会力量。在当下乡村中国，他们已然形成了乡村社会结构中的一个新阶层或新群体，即所谓的"谋地型乡村精英"群体，这个群体与杜赞奇[①]描述的"保护型经纪"不同，而类似于他笔下的"盈利型经纪"。这个群体的生成有制度原因，同时又对当代中国以"家庭承包责任制"为主体、以"均等原则"为特征的地权分配制度起着严重扭曲和变形作用。对于该群体在村内层面，特别是在村际层面和在有国家征地行动卷入的情况下围绕农村土地谋利的行为逻辑和具体特征，笔者将有另外的经验材料加以支持，并将有专文详细讨论。

（三）"关系地权"是一个亟待进一步清晰化的分析性概念

"关系地权"中的"关系"概念虽然对于认识和分析地权问题提供了一个独特的视角，但仍需进一步清晰和深化。折晓叶、陈婴婴[②]的"社会资本产权"揭示的是乡镇企业改制、"集体产权私化"过程中社会资本的作用，但其适用性还有待更普通的村落产权实践进行验证。张小军的"象征地权"[③]与"复合产权"[④]，在更为抽象的文化经济、象征资本层面解释地权问题，与本文的"关系地权"概念较为接近，但他的研究援用的更多是人类学的学术资源，在操作化方面还需进一步细化。周雪光[⑤]的"关系产权"概念是本文分析框架的学术起点，但他的"关系"概念特指乡镇企业之间那种稳定的、持续的类似亲情的关系，是一种强关系，要比本文中泛指权利主体之间的社会交往、社会关系要窄得多。马良灿的"地权是一束权力关系"命题[⑥]，虽致力于揭示关系的权力本质，但似乎有种同义反复的味道，因为"产权是社会中基本权力关系的表征"，即产权本身就是对权力关系的表征，似乎没有必要单独强调。更何况这里的"权力"概念是政治学通常意义上的"行政权力"还是福柯（M. Foucault）意义上的"日常生活中的微观权力"，还有待进一步加以界定。[⑦]边燕杰[⑧]的"关系社会学"，致力于关系的定量化和技术化探讨，是在社会关系的概念范畴中划了很小的一个领域，而很难对充满变数的真实世界中的农地纠纷进行动态的描述和分析，

---

① ［美］杜赞奇：《文化、权力与国家：1900—1942年的华北农村》，王福明译，江苏人民出版社1994年版。
② 折晓叶、陈婴婴：《资本怎样运作——对"改制"中资本能动性的社会学分析》，《中国社会科学》2004年第4期。
③ 张小军：《象征地权与文化经济：福建杨村的历史地权个案研究》，《中国社会科学》2004年第3期。
④ 张小军：《复合产权：一个实质论和资本体系的视角——山西介休洪山泉的历史水权个案研究》，《社会学研究》2007年第4期。
⑤ 周雪光：《"关系产权"：产权制度的一个社会学解释》，《社会学研究》2005年第2期。
⑥ 马良灿：《地权是一束权力关系》，《中国农村观察》2009年第2期。
⑦ 如果是福柯意义上的微观权力，它存在于日常生活中的各种场景中，与本文所界定的"关系就是社会关系的同义语"差异就不大了；如果特指"行政权力"的话，那乡村场域中并不拥有行政权力的平民精英围绕土地的谋利行动就不能包含在他的解释框架中。
⑧ 边燕杰主编：《关系社会学：理论与研究》，社会科学文献出版社2011年版。

需要定性的个案研究弥补其不足。以上学者的研究共同之处在于运用产权的社会视角探讨产权问题,但相互之间的差异仍然很大,希望能有更多的学者致力于此,使其更具分析的可操作性、朝着更为统一的分析路径迈进。

(原文载于《社会学研究》2012年第1期)

乡村社会私人性闲暇兴起及其后果[*]

——基于多省份农村的田野调研与讨论

王 会

一、背景与问题

中国的传统农业村落是一个基本封闭的自给自足的系统,绝大多数农民一辈子都在那里生产生活,很少主动与外界进行信息的交流和商品的交换。日久年深,村落里逐渐形成了地方性的规范和共识,大家遵循着共同的行为准则,共享着农业生产和农村生活的经验,并且在人与人之间的交往中造就了一个熟人社会。

熟人社会,是对中国乡土社会生活形态的深度质性描述和概括。熟人社会中,人们因熟悉而亲密,从而自然的获得信任和可靠性认可,乡土社会因此具有公共性,村庄生活进而生发出内生型价值,在这种价值支配下连规则、规矩的遵守也是无意识的。从"熟悉"到"信任""规矩",其背后是"亲密"!亲密、熟悉和信任是熟人社会的基本性质和基本特征。正如费孝通所说的,熟人社会"是靠亲密和长期的共同生活来配合各个人的相互行为,社会的联系是长成的,是熟习的,到某种程度使人感觉到是自动的。只有生于斯、死于斯的人群里才能培养出这种亲密的群体,其中各个人有着高度的了解"[①]。因此,可以说共同的闲暇交往生活培育了这种亲密关系和自己人关系,闲暇是研究熟人社会及其变迁的一个重要入口。

已有研究从不同角度研究熟人社会的变迁颇为丰富。最早阎云翔以东北一个移民村落下岬村为个案,从农民隐私权出发分析私人生活的变革,认为随着市场渗透和国家退出,农民越来越看重隐私权利和个体权利,"无公德个人"盛行。贺雪峰基于大量田野调研引入村庄及区域差异视野,对其权利崛起论提出质疑,认为村庄社会性质的变迁才是根本[②]。当前中国乡村的行政村,在经历了乡村体制变革后,已经演变成了半熟人社会[③]。20世纪80年代以后,农村社会流动、职业分化等带来社会经济的分化,农民的异质性大为增加,村庄私人生活和公共生活发生了

---

[*] 本文获《人大报刊复印资料》2017年第4期转载。
[①] 费孝通:《乡土中国:生育制度》,北京大学出版社1998年版。
[②] 阎云翔:《私人生活的变革》,上海书店出版社2006年版,第12页。
[③] 贺雪峰:《论半熟人社会——理解村委会选举的一个视角》,《政治学研究》2000年第3期。

重大变化,更加促成了村庄从熟人社会向半熟人社会的转变①。

吴重庆从较为实体的层面理解农村"主体",他认为熟人社会丧失主体的深层内涵还包括农民对村庄失去主体感。他将当前农村社会称为"无主体熟人社会",伴随农村中青年的大量流动,农村社会已经丧失过去的自主性,变成了城市社会的依附者,村民不再关心自己的村庄。陈柏峰基于对两湖平原农村的调研提出"家门口的陌生人"的概念,发现随着市场化和现代性进村,村民极端理性化,熟悉、信息对称反而加剧了村民间的社会性竞争和相互算计,村民在人情往来日常生活中理性算计、相互欺诈已经习以为常②。在后续的研究中,他通过对混混群体的研究深入揭示了熟人社会乡土逻辑的变迁③。

具体到闲暇方面,乡村闲暇生活也发生了根本性的变化,贺雪峰在文章中指出,"我在农村调查,深刻感受到,因为缺少健康的消费闲暇的方式,农村出现了严重病态……第一次获得大量闲暇时间的农民没有形成良好的消费闲暇的方式,因此出现暴饮暴食、带彩娱乐,出现生活无规律、过度诉诸感官刺激。由此带来的身心严重受损,可谓触目惊心。"农村闲暇究竟发生了怎样的变化,闲暇变迁与熟人社会变迁的关系,闲暇性质的变迁对村庄共同体产生怎样的影响,私人性闲暇兴起的后果等,这些都有待深入研究,笔者根据近几年在多省份农村田野调研经验对此问题作一尝试性讨论。④

二、公共闲暇生活的去公共性——从仪式性闲暇和社会性闲暇衰落说起

近几十年来,随着国家权力对乡村社会的不断改造,以及市场竞争、现代性法律观念的不断发展深入,农民的生产、生活私人化的程度上升很快,熟人社会的规则体制逐步解体,"原子化"成为村落中村民之间关系长远的演变趋势,乡村公共生活严重萎缩,闲暇交往利益化、私人化,闲暇时间货币化,更很少再有人愿意去议论或者干涉别人的私人生活,当然也不愿意其他人来干涉自己的私人生活。

农业社会的乡土时代,闲暇与农业生产活动是紧密联系在一起的,田间地头无处不闲暇,闲暇与家庭生活、生养死葬及农业生产甚至很难割分。如果把闲暇分为仪式性闲暇和社会性闲暇的话,不难发现,传统乡土社会中,无论是在农业生产、节气节日中,还是在红白喜事人情方面,仪式性闲暇活动都是无处不在的。相对于社会性闲暇,仪式性闲暇具有超越性的意义。仪式性闲暇是关于人与自然以及人与灵魂的关系,是有关人活着的意义、人与自己内心世界的对话。从关系层面上,仪式性闲暇注重伦理纲常、血缘地缘的差序格局层面上的关系,而非个人建构的

---

① 贺雪峰:《农民价值观变迁对乡村治理的影响——辽宁大古村调查》,《学习与探索》2007年第5期。
② 吴重庆:《无主体熟人社会及社会重建》,社会科学文献出版社2014年版。
③ 陈柏峰:《乡村江湖——两湖平原混混研究》,中国政法大学出版社2010年版。
④ 贺雪峰:《中国农村的低消费高福利实践》,《绿叶》2009年第12期。

圈层关系。①② 从规范和秩序层面上，仪式性闲暇对于熟人社会的整合和亲密社群的再生产是不可或缺的，也从文化层面上，实现了村落基本价值的再生产。

仪式性闲暇更多体现在民间信仰、祖先崇拜、生育文化、节气节日等抽象层面。仪式性闲暇活动中时间具有规定性和神圣性，时间被赋予个体无法超越的神秘力量，仪式性闲暇时间是一种集体性时间，是被抽离了的、集中的时间。这种时间对于村落中的每个个体都是均等的、共享的。这种时间（仪式活动）到来的时候，个体的特殊性被抛之脑后，集体参与带来共同的体验，因而集体有共鸣，有公共情感。当然，仪式性闲暇活动也有公共空间的依托，祠堂庙宇、乡间小道等都是公共空间。生活在村庄场域中的个体参与仪式性闲暇活动预示着必须尊崇村庄社会结构和信仰结构。借由共同参与的时间和空间，乡土社会的文化价值再生产就从丰富的仪式性闲暇活动中延续扩散继承开来，看似简单的闲暇仪式活动饱含着文化传承和文化实践的密码。

乡土社会中，社会性闲暇活动也非常丰富，社会性闲暇相对而言是具象的，包括打牌娱乐、闲而无事的串门聊天、骂街斗嘴等都属于社会性闲暇。社会性闲暇范围很广更类似于现代休闲学意义上的休闲活动。在社会性闲暇中，个体在日常生活中融入村落社会，与村落社会发生连接与关系，个人也可以在社会性闲暇中获得情感寄托、身心满足、价值评价。

正是在社会性闲暇的频繁交往中，"管事佬""三个女人一台戏""多嘴婆"等俗语和绰号也就在村落中有了存在的空间，在人们的日常生活中扮演了重要的角色。也正是在社会性闲暇活动中，村民形成了亲密关系的共同体，农民才注重面子竞争，才关注村庄共同体的事情，讲究是非伦常，甚至才崇尚长幼有序、尊老爱幼的伦理秩序，村民个体才乐于为村庄的发展贡献心力和物质资本，并从中获得道德位序和价值体验。社会性闲暇从生活世界层面建构了熟人社会的"自己人"关系。可以说，没有社会性闲暇，熟人社会就不再是一个"自己人"社会。

在熟人社会里，长久的生活预期和频繁的闲暇交往形成了无处不在的亲密感，多数村民较注重自身行为在村落里形成的影响，村落的价值生产能力较强，这些使得熟人社会的交往规则得以形成并发挥作用。自然而然地，他们也就比较关心身边的事情，村落闲暇生活、闲话等都具有公共性色彩。

仪式性闲暇和社会性闲暇使得村落社会兼具社会性和价值性，村庄公共生活具有公共性。调查表明，随着市场化、社会分化与社会流动的加剧，无论是仪式性闲暇还是社会性闲暇都呈现出去公共性的特征，乡村闲暇逐渐走向个体化的闲暇。现代性的时间框架下个体的时间被重新安排，打工经济条件下的挣钱逻辑是一种"时间就是金钱"的分秒必争的逻辑，不同于传统乡土社会时间，传统乡土社会的时间具有延续性、对等性等特征，而现代性时间具有不对等性、层级性、断裂性。乡村社会的闲暇时间逐渐走向货币化、产权化、个体化。乡土社会中的均等化的时

---

① 谭同学：《当代中国乡村社会结合中的工具性圈层格局——基于桥村田野经验的分析》，《开放时代》2009年第8期。
② 宋丽娜、田先红：《论圈层结构——当代中国农村社会结构变迁的再认识》，《中国农业大学学报（社会科学版）》2011年第3期。

间被打破,"我的时间可能比你的时间更为值钱"。时间创造价值,不同人的时间创造不等的价值,这里的价值仅仅是指金钱价值。祖祖辈辈而来、子子孙孙而去的延续性时间被割裂为个体的有限的时间。这某种程度上使得仪式性的闲暇时间安排被打破,社会性闲暇时间也被割裂。即使有宗族文化重建,传统节日节气被重新重视,但市场化条件下时间观被彻底改变,在现代时间观念下,集体参与的时间遭到重创。没有共同的时间,集体公共空间原有的承载意义不断流失。消遣意义上的打牌娱乐被赌博彻底取代,农民闲下来更多的待在自己家里而不愿外出串门聊天。村民集体参与的公共性活动渐趋衰落。

三、私人性闲暇兴起与闲暇交往中公共责任伦理的缺失

公共闲暇生活的萎缩带来人与人之间关系的淡漠,随之而来的是公共责任伦理的缺失。笔者在很多地方调研,都听到农民提到,20世纪90年代中期特别是2000年以后,人们在一起都慢慢地不说闲话,人际交往遵循互相不得罪逻辑。种种迹象表明农民的闲暇交往已经从公共性转向私人性,交往的性质发生了根本性的变化。伴随私人化闲暇的兴起,农民串门成为浪费时间的行为。同时,对个体的评判不再有道德色彩和公共色彩,只关涉能力、喜好。"各管各的""自己管好自己就行"成为新的行为准则。非议就是政治不正确的,不说人家的事,不打探私事,免得麻烦和惹祸上身,不做判断,不讲是非,不多管闲事,公共交往中的"老好人"逻辑盛行。

调查发现,无论是中年人还是年轻人,他们的闲暇生活日益退到自己的核心家庭中,闲暇生活越来越只是小家庭内部的事情,越来越重视私人性的闲暇时光,而不管家庭之外到底发生了什么。农村社会中以前存在的带有公共性的闲暇生活逐渐被核心小家庭私人性的闲暇生活取代,这是当前农村闲暇的首要变化。

私人闲暇带来单一化情感寄托,感性欲望膨胀,比如男性被拉回到私人生活领域,不参与村庄公共事务,把很多精力和热情放在小家里和感情生活上。近几年,不少村庄中一些有公心的中老年人闲暇时光也情愿待在家养花养鸟,也不愿参与公共生活或者"做得罪人的事情","没钱说不起话"成为不少人挂在嘴边的口头禅。村庄中一些有文化的中年人原本发挥着调解员的作用,他们热心、爱管闲事,现在村庄已经很少看到这种"积极分子"。苏北农村丧事跳脱衣舞,村干部不仅不制止还一起围观,有些村庄村民聚众看黄色录像,村里的长者、村干部不仅置之不问,甚至一起观看。

笔者在河南石村驻村访谈期间,村主任很无奈地说不是他想在外面找"相好的",而是身边有头有脸的人几乎都这样,似乎是一种潮流,甚至本村有人办酒席,赴宴者带的竟然是"二奶"。访谈过程中,村主任很懊恼地说道,自己的妻子非常贤惠,他不知道自己为什么会这样。这位"相好的"是他农闲时间开出租车期间认识的洗脚妹,年龄与他相仿,也是已婚人士,因为婚姻生活不如意寻找情感慰藉,经常向他倾诉,日久生情。而对于他的村主任工作,村庄与他的关系、村庄的历史、村庄的公共事件似乎都不再重要。余暇时间,他不是在村里转悠、调解,了解村情

民情,为村庄谋发展,而是到城里挣钱消费,建构私人利益关系。他说"不愿为了办公事而得罪人,这样的人费力不讨好,情愿不作为"。而村民对村干部的评价是"能人不当村干部,当村干部的不是能人","没有好处,谁愿意当干部?"干群关系紧张,利益关系成为衡量一切的标准。可以说闲暇私人化助长了乡村社会的治理危机。

村庄公共性和政治性不断趋于瓦解。甚至,传统村落的男性人格,如侠义、正直、阳刚,传统村落的母性人格,如勤劳、能干、坚忍等,在当下农村很多年轻人的身上已经很难看到。这无疑是乡土社会传统公共人格的衰落。乡村社会生活中的许多"乱象"不再成为村民茶余饭后的谈资,造成村庄生活进一步地去公共性。村民平日里想的只是挣钱,对村里发生的这一切似乎都习以为常,多是顺应潮流,不会想太多。即便是在闲暇之时,也很少听到有人谈论这些。私人化闲暇的村庄生活,表面上看起来比过去任何时候都要平静,实际上,暗礁无处不在。

这种既不同于礼俗社会又不同于法理社会的当下乡村社会被称为半熟人社会,在一个半熟人社会内部,按照陌生社会交往逻辑出牌的人际关系会更显得冷若冰霜。因为在半熟人社会中,信息对称和地方性共识恰恰使得乡土逻辑走向另一个极端,不少村民懂得如何理性地利用信息规避风险来逃逸地方性共识的约束,如利用信息对称搭便车的行为在当下农村极为常见,熟人之间的尔虞我诈更彰显世态炎凉、人情淡漠,公共责任伦理和村庄内生秩序遭到前所未有的破坏。村庄不再是自己人的村庄,村民对村庄的主体感逐步丧失。"有主体性的村庄,远行千里依然心系故土,飞黄腾达要衣锦还乡回馈父老,最终还要叶落归根;丧失主体性的村庄,即使身在村内心也在村外,村庄如何与己无关,自己得意失意也与村庄无关"。主体感是村民与乡土的利益关联、情感眷恋和价值归属,丧失主体感后,村庄成为外在于村民的存在,村民更看重一时一地的好处,村民也丧失对村庄的责任和关切,从而村庄也丧失内部力量和内生价值。

四、私人生活领域的闲暇私密化及其后果

学界已有的研究都倾向于认为家庭是中国社会结构的最基本单位,是划分群己、人我界限的起点,是一个最小的"私"的单位。在传统乡村社会里,"为自己可以牺牲家"是一种例外,而"为家可以牺牲自己"则更可能是一种常态。①

传统乡土社会,家庭内部实行同财共居制度。家庭财产通常由父母长老管理,大家庭不仅承担着再生产的功能,由长辈主导的再分配对每一个家庭成员而言都有一个基本的保障。家庭成员共同协作,大家庭内部有公有私,公私分明。② 传统婚姻在大家庭时代,缔结婚姻的主要目的是延续香火,传宗接代,家庭从而也有绵延宗族、教养子嗣、赡养老人等多重功能。家庭内部不同的家庭成员有不同的人生任务,每个家庭成员在不同的人生阶段也有不同的人生任务。这

---

① 赵晓峰:《公私定律——村庄视域中的国家政权建设》,社会科学文献出版社2013年版。
② [日]沟口雄三著,郑静、孙歌译:《沟口雄三著作集:中国的公与私·公私》,生活·读书·新知三联书店2011年版。

种规定性使得家庭内部每个人的权责义务明确,即使遭遇家庭风波,家庭的再生产和延续却是最首要的,为了家族的共同目标,个体有时候需要牺牲小我。同时,家族文化和人生任务的规定性对生活成长于家族内部的每一个成员都有耳濡目染的规训和教化功能,家族和大家庭的存在本身就是乡村社会文化实践和再生产的重要载体。长久以来,形成了中国乡土社会的传统家族文化,这种家族文化强调大家庭的责任义务,其得以存在的依托是家族、大家庭。村落家族文化"崇公抑私",某种意义上说,私人化的个体并不存在,村民可以从公共生活交往的道德排序中,也可以从家庭责任伦常中获得生命意义和价值体验。私人化的情感虽被抑制,但村民情感寄托是丰富的,彼此亦相互信任。

为维护一个坚固的群聚共同体,儒家极端重视家庭伦理和家族伦理。礼制对家庭、家族关系的建构,实际上是对人们家庭关系中自然感情的礼俗制度化。"因为自然情感的延伸毕竟有限,无法构成共同体的坚固基础,因此必须通过社会制度来建构其基础。不过,这种人情的礼俗化,并非对所有关系中的情感一视同仁,而是更加强调父子之爱和兄弟之爱,轻视夫妇之爱,压抑夫妻感情"。①

而当闲暇生活退缩到家庭内部后,由于在婚姻家庭之外少有其他的生活体验(如村庄的公共事物、大家庭的生活等),人的内心情感价值、意义世界就只能在婚姻和核心小家庭的生活中寻求满足,这也就必然带来婚姻和私人关系期待的无限提高。随着夫妻轴心成为生活中的主轴,而包括父子轴在内的其他生活面向都处于配轴的位置,两性之间的亲密关系支配着生活中的几乎一切法门。年轻夫妻对私人性闲暇有着美好的想象和期待,核心小家庭私人性的闲暇生活虽有美好的一面,能够给人带来生活上的惬意和感情上的慰藉,但也并不全是如此。建立在单一化情感寄托基础上的私人性闲暇,体现的是感性欲望的膨胀。对农村青年而言,当浪漫的爱情的想象遭遇现实的婚姻的时候,核心家庭私人性的闲暇也可能会出现危机,近几年乡村社会频频出现的离婚率高涨、离婚弃子等现象便是这种危机的表征。

由私人性闲暇的危机引发的家庭内部的两性间信任危机使得熟人社会信任危机走向极致。婚姻在面对个人情感欲求时,变得脆弱,甚至不堪一击。不少村庄调研都发现村庄乱象丛生,这里列举豫东调研遇到的一则案例。有一对往日十分恩爱的夫妻近两年却因为妻子和长辈有私情传到丈夫耳里,丈夫无法承受打击,没多久成为精神病,而妻子很快带女儿改嫁。这则案例可以看到个体高度依赖私人感情,私人感情又极度脆弱,这是一个悖论,也是信任危机的根源所在。对于此事,不少村民评论说:"做人不能太憨厚,一定要想得开,要自己对自己负责","老实人反而经受不起打击"等。甚至不少村民从村落社会交往中总结经验,"做人就是要狠一些,人善被人欺"。

调查中不少农村妇女也表示不知道该如何管教自己的丈夫,管得严了,怕丈夫反感嫌自己不够体贴而影响夫妻感情,管得松了,怕丈夫存私房钱用到外面女人身上。管还是不管,松管还

---

① 陈柏峰:《农村仪式性人情的功能异化》,《华中科技大学学报》2011年第1期。

是严管竟然成为当下令广大妇女内心深处很纠结的问题。还有不少村民都反映现在村里不管男女,都在存私房钱。一个家庭内部,夫妻双方偷偷存私房钱,无疑是核心小家庭内部信任危机的体现。私房钱一方面是对自己的保障,万一哪天丈夫或者妻子在外面有外遇或闹离婚,自己起码还有一点儿保障和心理慰藉,这似乎也是人之常情。另一方面,个体之所以将自己看得更重,实际上是个体在应对整个社会风险和不确定性时所不得不作出的自我保护的措施。现实中的许多例子一次又一次地证明了私人化闲暇带来的情感体验和情感寄托是多么的脆弱。女人的"管与不管",男人的后悔,这些纠结的情感状态都是现代性进村导致村庄变动不居、价值多元化给人带来的情感的压力和困惑。闲暇生活不断私人化,退缩到最局促的领域。

五、结　语

由私人化闲暇带来熟人社会的信任危机进一步导致人际互动和信任的恶性循环,近两年新闻媒体关于私人生活领域因道德沦丧和信任危机带来的恶性事件的报道也频频出现。这是当下青年人私人生活领域的重大问题和危机。一些打工的年轻人在外面过着飘零的生活,他们向往城市里的高消费和刺激的情感体验,但是其中大多数人可能很难实现这样的追求。离开了村庄和稳固的家庭,他们只能以个体的方式感知和体验他们所经历的一切,他们的归属和情感寄托无疑是碎片化的,他们的观念和行为从而更具波动性、随机性、不可预知性。面对村庄归属和家族归属的双重缺失,他们被彻底交给了市场和法律,市场根深蒂固的逐利性会驱逐个体通过走捷径甚至以不择手段的方式以达到个体利益的满足,而法律所能约束的更多的是道德上没有问题的人。法制进村仅能维系村庄秩序底线。熟人社会的瓦解,私人化闲暇最终带来的乡土社会道德的失序。

对普通村民而言,"自己人"意识,"自己村庄"的意识在逐渐淡化,"公"的边界早已模糊,"私"的个体被逐渐放大。传统时代,熟人社会中弥漫的情感无处不在,一个乡邻、一件衣服、一口井、一头牛、一堵篱笆墙都有情感,这些情感赋予了村民的历史感和当地感,赋予了熟人社会丰富的情感寄托。而当这些真切的情感不存在的时候,作为个体的人,其情感寄托也变得匮乏起来。个体的私人化感情被放在最主要的位置,并被无限放大,而情感置放在越局促的位置风险也就越大。在这个情感匮乏的和变动不居的时代,个体情感的空虚感和孤寂感无处不在,私人化闲暇本质上给世俗的个体带来的是自我放逐和情感孤独。

私人化闲暇时代,无论在公共生活中,还是在家庭生活中,为了他人牺牲自我成为个体的无法承受之重,他人导向的责任伦理瓦解,信任危机充斥。个体被抛入无边的市场体系,独自应对一切风险,更讲求一己私权而忽略了应尽的义务和责任,甚至为所欲为。

建立在单纯情欲基础上的私密化的闲暇生活只是现代性展开过程中的一个面向。但这一面向所带来的危机和困境却值得我们深思。这种现实让男人女人都没有从私密性的闲暇中获得长久、稳定的惬意享受,相反,却极有可能都走向绝望的边缘。当在超出个人之外不再存在闲暇空间,人不再能够通过超出于个人及核心小家庭的闲暇生活中寻找到一定程度上的情感的寄托的时候,人的生命的存在是飘零的,不仅一般的人与人之间会出现信任危机,即使是夫妻这样的亲密关系中也可能产生不信任,这种不信任是来自情欲的刺激,来自超越性追求的丧失,也来自一种源于内心深处绝望的恐惧。这是熟人社会的信任危机,也是私人性闲暇所遭遇危机的关键所在。

从更为宏观的层面看,这是现代性和消费主义与村庄社会激烈碰击带来的一系列后果,现代人在从自我当中寻求确定性的根源的过程中,同时也将人本身的感性的、流动的成分宣扬开来。欲求超出了生理本能,进入心理层次,成为无限的要求。马克斯·韦伯指出,现代性在发轫之时,价值理性与工具理性之间存在着一种相互推动、相互支持的亲和力。新教的禁欲伦理精神,促使新教徒在世俗生活世界采取一种理性化的生活态度,通过自己在现实中的辛勤劳作来回应上帝的感召力。这种理性化的生活态度,有力地推动了人类社会的现代化进程,现代社会赖以成立的社会经济组织、科学技术、科层制度、法律系统等,都根植于这种理性化的精神气质。①

但是现代性的进展在突出"经济冲动力"一面的同时,却将"宗教冲动力"忽视了,社会发展中的两个具有相互制约性的因素失去了内在的平衡。市场几乎无坚不摧,现代社会将一切都纳入理性的计算过程当中,工具理性日益远离了价值理性,手段压制了目的,财富的追求剥夺了原有的宗教和伦理含义,只剩下与赤裸裸的世俗情欲的关联。现代性、市场化、货币化带来的信任危机问题是世界性难题,从传统的共同体中"解放"出来的现代人普遍面临着重新建立生活确定性、寻找生命归属的问题,但是,"令人可悲的是,现代人日益为物质的欲望所统治,个人沦落为纯粹物质欲望的奴隶,现代人并没有全面地而是片面地占有了自己的本质。人性残缺不全了,现代人失去了自己的完整性存在,而成为一种碎片化的存在"。

不过,在西方的文化语境中,这种问题是由于宗教祛魅化,世俗化过于张扬导致的,人们的生命意义不再通过与上帝建立本体关联确定,也没有找到可替代的另一个具有永恒稳定性的客观存在,于是,个体在流动的现代性中日渐迷失。面对现代社会条件下个体权利的极度膨胀而导致的价值共识困境、自我认同焦虑的困境,社群主义力图从共同体之中汲取现代性弊病的治病良方,社群主义巨擘麦金泰尔明确认为真正的社群必须要回归亚里士多德传统,回归到一种重视人生目的,讲究德性的环境之中。② 但是社群主义面临的困境是,在西方文化传统中存在根深蒂固的个体主义自我观念,个体与他人、与社会之间始终存在无法消弭的张力,寄希望于重建社群必然要面临西方人视之为最高价值的个体自由和独特性如何捍卫的问题,因此,社群主义更多是发挥着一种批判现代性的作用。对于中国农民来说,问题的实质则是闲暇生活原本就具有的社会性流失,个体性过度膨胀了。中国农民并非是失去了规定生命意义的上帝,"我们没有

---

① [德]马克斯·韦伯:《新教伦理与资本主义精神》,中共中央马克思恩格斯列宁斯大林著作编译局译,人民出版社 2000 年版。

② 麦金泰尔:《德性之后》,中国社会科学出版社 1995 年版。

这么一个至善的上帝来照管人心"①,而是失去了他们的村庄。重建农民的美好生活,休闲学提供的思路与农民距离太遥远,而且其基本逻辑仍然是个体主义式的,真正具有现实契合性的道路应当是重新建立农民与村庄之间的关联,重建村庄公共闲暇生活,这应该构成乡村建设的基本要求。

(原文载于《广东社会科学》2016年第6期)

① 吴飞:《自杀作为中国问题》,生活·读书·新知三联书店2007年版。

社会问题与治理

中年知识分子业余生活的调查

吴锦芳

业余生活在人们生活中占有极其重要的地位。合理、健康、有益地进行各项业余活动,不仅使个人思想品德、知识技能、健康体魄等方面能得到全面发展,而且与两个文明建设密切相关。业余生活的安排随着个人的具体情况而异,特别是由于年龄、文化、职业、经济、兴趣等不同而不同。这次,我们对50名中年知识分子(沪江大学1950、1951、1952、1953年四届毕业生抽样的男性30人,女性20人)的业余生活作了一些调查。

现对这部分中年知识分子业余生活的状况,存在的问题和要求进行简要的分析:

在被调查者中,科技人员占44%,教育工作者占32%,行政管理人员占28%,因工作需要有2/5以上的人既要搞业务工作,又要搞政治思想工作并承担社会工作,因此,每天的平均工作时间都超过8小时,多的甚至延长到12小时左右。在工作日,这些同志除了用餐和睡眠之外,主要就是工作;在休息日,他们虽然可看看电视,听听广播或休息,但仍然平均每天3.5小时用于工作,其中男性3.9小时,女性3小时。他们虽然每天的工作时间很长,但在心理上和精神上普遍还是感到满足的。有一位政治系毕业的讲师,过去在中学教外语,常苦于学非所用,现在调到高校从事法律教学,发挥了自己的专长。他兼任了班主任工作,和同学们亲密相处,心情异常舒畅,经常工作到深夜;并于1982年被评为市级先进教师。还有一位储蓄所女主任,她除了做好8小时以内的本职工作外,还经常利用业余时间照料没有家属陪伴的病员储蓄户。因此,在13年中,她已经获得19项各种光荣称号。

无论是科技工作者或者是教育工作者,他们深感自己原有的知识已经陈旧。为了把祖国"四化"事业迅速向前推进都在抓紧时间更新知识,提高学识水平和工作效率,使自己适应"四化"建设的需要,跟上时代的步伐。他们在业余时间中用于学习科学文化知识和阅读报纸杂志的时间,平均每天为1.59小时。虽然他们用于业余学习的时间较多,但70%感到自己业余生活"充实而有意义"。

年过半百的中年知识分子体力和健康明显下降。这些人平时有夜间工作学习的习惯和需要,他们每天睡眠时间只有六七个小时,业余时间中休息的时间又极少:在工作日,平均每天不到0.2小时,在休息日,平均也只有0.8小时。为了更好提高工作与学习的效率,应适当增加休息时间,以利调节生理机能。

适量的文体活动消除疲劳、陶冶性情和增强体质。在工作日,他们花在文娱活动的时间平均每天为 1.4 小时,其中男性 1.42 小时,女性 1.36 小时;在休息日,平均为 2.8 小时,其中男性 2.7 小时,女性 3.05 小时。在文娱活动中,80％的时间是花在看电视以及听广播和音乐,20％的时间花在看电影和观看演出。有些同志认为目前的文娱活动内容比较单调,他们希望除了丰富电视、广播节目内容外,能在市内增辟有特色的市郊旅游点以及创建适合中老年知识分子的活动场所和项目。

他们在业余生活中花在体育锻炼的时间也是极少的,平均每天只有 0.1 小时,其中男性 0.12 小时,女性 0.09 小时,甚至一些原先在大学时代的运动员也已中断了体育活动。体育锻炼对中年以上知识分子的健康长寿是十分重要的,必须高度引起重视。

社交是人们生活中所必需的,它在促进人际关系,增加社会责任感和扩大知识面中起着一定作用。据调查,他们平均每天有社交活动 0.35 小时,其中男性 0.4 小时,女性 0.25 小时,73％的时间是在休息日进行的。社交的内容主要为探亲访友和师生来往等。随着年岁的增大,不少人都眷恋青年时代的友情。近年来,好些人盼望老同学、老同事相会叙旧。因此一年一度的校友聚会活动就特别受到欢迎。有些人 30 多年来一直保持着往来,在生活、工作中互相帮助,互相勉励,情谊甚笃。他们在交往中还经常交流思想和工作经验,探讨业务协作等问题,因此他们普遍认为这样的社交活动,确实使业余生活过得充实、有生气和丰富多彩。

据统计,他们用于家庭成员之间的交谈时间每天平均为 0.45 小时。有 60％以上的家庭在业余时间里与家庭成员进行毫无拘束的思想交流和亲密交往,这种融洽气氛对提高业余生活满意感有相当的促进作用。有一位女外销员,因夫妻之间意趣相投、关系融洽,凡事共同商量,故而他俩未曾为无子女而感到烦恼,认为业余生活过得十分充实美满。还有一位女处长和一位女工程师,她们过去对子女的教育一直抓得很紧,现在子女已长大成人,都能主动学习和努力工作,于是在她们的业余生活中不必再为子女操心,还能经常和子女共同讨论问题,情趣盎然。另有一位男经理与儿子儿媳共同生活,女儿亦经常带着小外孙来看他,一家人和睦相处,共叙天伦之乐,业余生活感到非常幸福。

在目前我国尚未实现家务劳动社会化和现代化的情况下,琐碎繁重的家务劳动已成为影响知识分子业余生活质量的主要因素。虽然在被调查者中有 50％左右的人因工作经历长、人均收入高,以及在家庭生活中具备煤、卫设施和洗衣机等较好的条件,在做饭和清洁卫生方面已节约了一些时间,但由于全部被调查者都是双职工,除去极个别家庭有保姆和身体特别差的几个男同志可不做家务外,90％的人都必须在一天紧张繁忙工作之余为"买、汰、烧"而忙碌。其中更有 22％的人是三代同居的,多数上一代都已年逾古稀而体弱多病,下一代则多数尚未成家或刚添孙辈,因此在家务上男性忙,女性更忙。他们每天平均要做家务 2.1 小时,其中男性 1.5 小时,女性 2.9 小时。在工作日平均为 1.8 小时,其中男性 1.3 小时,最多的达 5 小时;女性 2.6 小时,最多的达 6 小时,女的比男的多一倍。在休息日中,因为把平时不能安排或完成的家务,如大扫除、洗被单、修理物品等杂务都集中在这一天,所以劳动要比往日加倍,平均为 3.6 小时,其中男性

2.8 小时,女性 4.9 小时。有一位多子女的女经济师,为了服侍年迈多病的婆婆,让丈夫和孩子们专心于写作和学习,不得不长期放弃娱乐和社交而整天忙于家务之中。她每天平均在工作日要花 6 小时于家务劳动,休息日竟高达 14 小时!有 5 位男同志,为了照顾年老父母和正在求学的子女,都承担了繁重的家务工作,一般在休息日要高达 8 小时。

从调查中,有 40% 的女同志和 17% 的男同志在一天繁忙工作后,回家接着干家务,筋疲力尽,深感家务负荷过重。

对这些年过半百,在工作岗位上尚能起骨干作用的中年知识分子,每天平均要花费 2.1 小时于家务劳动上,确实是个沉重负担。如果能让他们能从这 2.1 小时中解放出来,使他们有更多的时间用于业余学习、休息、娱乐和社交等方面,必将进一步发挥他们的才干,在两个文明建设中可作出更多的贡献。多生产具有我国特色的、保健的、简便的、廉价的食品,增产家用电器具,建立家务劳动服务公司,增设儿童保育机构(如托儿所、幼儿园),是使中年知识分子从家务劳动中解放出来的主要途径,切望有关部门能重视解决之。

(原文载于上海市社会学学会编:《社会学文集》,1983 年版)

维护社会稳定的两个理论问题

丁水木

在新的历史时期,邓小平有许多关于维护稳定的极端重要性和改革、发展、稳定三者关系的论述。在实际操作中,党和政府提出了一整套的理论与政策,诸如要牢牢把握"抓住机遇,深化改革,扩大开放,促进发展,保持稳定"的20字工作方针;在推进改革、发展时,改革的力度、发展的速度要取决于社会稳定的程度等。本文仅就有关社会稳定的两个理论问题作简单的论述。

一、反腐败的理论基点问题

转型时期的社会不稳定因素很多,诸如物价上涨、失业下岗人员增加、社会治安状况欠佳、贫富差距扩大、邪教组织迷惑人心、境外敌对势力颠覆破坏等。对所有这些,都不能掉以轻心。但是,中国共产党和党所领导下的政府是有强大的社会控制能力的。只要党和政府的领导层自身是清正廉洁的,是受到人民群众拥护的,上述种种不稳定因素都是有办法化解和控制在一定范围之内的。20世纪60年代初的极其严重的粮食短缺,我们的国家还是比较平稳地度过来了,靠的就是社会管理层总体上的清正廉洁、艰苦奋斗的良好的能够凝聚人心的形象。

对社会稳定最具破坏力的是社会管理层的腐败。改革开放20多年来,在计划经济和市场经济的交互作用下,权钱交易的现象曾一度较普遍和严重。腐败从企业管理层逐步向社会管理层渗透,从经济领域逐步向其他领域渗透。令人忧虑的是,当前腐败已经蔓延和渗透到领导班子和领导干部中及一些要害领域,如一些地方和单位的一二把手,掌握官员任免大权的人事组织部门和公检法司等执法机关。涉案人员已经出现了党和国家领导人一级,省部级领导干部中就更多了。

反腐败是关系党和国家生死存亡的大问题,老一辈无产阶级革命家谆谆告诫过,党的第三代领导集体高度重视,并在近些年采取了一系列强有力的措施。遏制腐败现象的蔓延是维护社会稳定的重中之重。

中国共产党从它成立开始,就是以广大劳动人民的解放和幸福为己任的。在还没有取得政权以前,它的存在与发展有赖于同人民群众的血肉联系,客观条件也不允许它的各级干部谋取私利。全国胜利前夕,毛泽东谆谆告诫广大干部,不要在资产阶级糖衣炮弹的进攻中打败仗,为广大干部在思想上注射了一支防腐剂。全国胜利以后,为反对干部队伍中的腐败现象,党和政府发动了一次又一次的运动,包括以教育为主要手段的整风运动、教育与惩治相结合的"三反"斗争、"四清"运动。反腐败理论的理论基点则一直是"外在影响论",其理论根据是:中国共产党和它所领导下的人民政权,本质上是人民利益的代表,这就表明在党和政府的内部不可能产生腐败;一部分人之所以会腐化变质,是受了旧社会的遗毒和腐朽的资产阶级生活方式的影响。防治之法,就是加强对干部的教育改造,惩治也是一种教育。遗憾的是,教育的力度虽然不断加强,运动的强度虽然不断提高,腐败现象还是顽固地存在。

党的十一届三中全会以后,反腐败理论的基点开始转换,由"外在影响论"逐步转换为"内在生长论"。在此以前,对腐败产生于权力,产生于不受制约或制约不力的权力的问题,是忽略了的。权力有它自身的特性。权力不受制约,就会产生腐败;绝对的权力会产生绝对的腐败。权力的这种特性,不会因为掌权者自称或人们共识的某种属性而有所改变。20世纪50年代社会管理层的腐败现象之所以并不多见或者并不严重,是因为新政权的领导者基本上都来自底层社会,权力对他们的腐蚀还没有足够的时间。弥漫于全社会特别是社会管理层的理想主义激情,也在相当大的程度上起了遏制腐败蔓延的作用。即使如此,从全国情况看,也还是发生了50年代初期天津地区的刘青山、张子善案件。对这类案件的严厉惩处,也遏制了腐败的蔓延。当然,腐败还是缓慢地蔓延着。随着时间的推移,因腐败而受惩处的大大小小案件逐步增多。

行使权力可以造福于人民,但也容易犯错误。早在1957年春天,邓小平同志就说过:"我们党是执政党,威信很高。我们大量的干部居于领导岗位。在中国来说,谁有资格犯大错误,就是中国共产党。"什么样的大错误呢?邓小平提到的有:闭目塞听,独断专行,强迫命令,官僚主义,宗派主义等。中国共产党的领导地位是写上了宪法的。但是,邓小平说:"共产党有没有资格领导,这决定于我们党自己决定于我们党的思想和作风。"为防止思想作风的变坏,党就要接受监督。近些年来,江泽民同志反复提到要加强对领导干部的监督。在2000年1月召开的中纪委第四次全会上,江泽民就从严治党问题发表了长篇讲话。他指出,从严治党,首先要治理好领导班子和领导干部。对领导干部一定要严格要求、严格教育、严格监督。江泽民说:"从这些年和最近揭露出来的一些大案要案来看,一些领导干部搞权钱交易、权色交易,简直到了利令智昏、利欲熏心、胆大包天、无法无天的地步;据了解,这几年查处的领导干部违纪违法案件,大多数是群众举报或查办其他案件带出来而获得线索的,这在很大程度上反映出对领导干部的监督软弱乏力。这里面的突出问题,就是还没有完全形成有效的管理制度和机制,越是高级干部越少有力的监督和管理。"

反腐败成因的理论基点的转换有一个过程。在当前,对腐败成因的分析是"外在影响"与"内在生长"并重,是两者相互作用的结果。既然权力内部有产生腐败的可能,就要加强对权力的监督。十一届三中全会以后,社会监督机制的建设逐步加强。包括党内监督、国家权力机关的监督、行政监督、司法监督、各民主党派的监督、新闻舆论监督和群众监督在内的各种监督形式都在逐步建立和发展。但是,由于对"内在生长论"的认识还不彻底和存在局限,影响了监督机制建设的进程。现在的问题是,从党内监督看,上级监督比较容易,同级监督也还可以,自下而上的监督则甚为困难。国家权力机关的监督、行政监督和司法监督也有许多不如人意之处。新闻媒体的舆论监督作用也很难发挥。上下一致交口称颂的中央电视台《焦点访谈》,是舆论监督的典范。这表明,因为中国的民主与法制建设远远没有完善,才使得这个节目以准法律和准民主的形式出现。通过正常渠道的群众监督作用十分有限,倒是那些用非正规的社会宣泄形式,例如通过群体行为方式所表达的强烈意见还能引起高层领导的注意,从而客观上对某些地方或部门的权力者的腐败起着某种遏制作用。

近些年来,党和政府虽然加大了反腐败斗争的力度,但是,腐败的面仍不小,涉案人员的层次越来越高,金额越来越大,大案要案为数不少,而且出现了群蛀性的串案窝案。一些地方要么"平安无事",一旦有事,查起来就是班子中的一大片。

当务之急,是要把反腐败的理论基点完全转换到"内在生长论"上来,加快推进权力结构的外在制约。

腐败是政治肌体上的一个毒瘤。只要人类社会存在着权力管理,就必然会有由权力产生的腐败现象。反腐败是常话常新的永恒主题。在由计划经济向市场经济的转型过程中,腐败不但是难免的,而且是极其容易发生的。

腐败生长于权力又受控于权力,用权力制约权力是遏制腐败的根本途径。这里,我们讲的是遏制腐败而不是消除腐败。要使权力不产生腐败,需要权力者的自律和他律。但是,光靠自律,没有制度的约束是不行的。邓小平说:"制度好可以使坏人无法任意横行,制度不好可以使好人无法充分做好事,甚至会走向反面。……领导制度、组织制度问题更带有根本性、全局性、稳定性和长期性。"

推进政治体制改革,是邓小平在推行经济体制改革以后不久就提出来的。邓小平说:"政治体制改革同经济体制改革应该相互依赖,相互配合。""进行政治体制改革的目的,总的来讲是要消除官僚主义,发展社会主义民主,调动人民和基层单位的积极性。""政治体制改革总的目标是三条:第一,巩固社会主义制度;第二,发展社会主义社会的生产力;第三,发扬社会主义民主,调动广大人民的积极性。"从反腐败的角度看,政治体制改革的一个重要目标,是强化对权力者的监督,构建在权力结构以外对权力进行制约的机制。具体来说:

第一,加强已经建立的专职监督机构的监督功能。纪检监察部门实行人财物相对独立,不受被监督机构的领导和管理,领导体制由受同级党和政府的领导改为不受地方干预的垂直领导。

第二,放手实行舆论监督。舆论监督的威力众所周知。"不怕你通报,就怕你见报"的说法之所以流传开来,正说明公众对舆论监督的看重。全国有数以千计的大众媒体,充分发挥它们的监督作用,可能有利有弊,但是利大弊小。"舆论监督调查组"对河北省新闻舆论监督状况所作的调查表明,现在舆论监督的情况是,党和政府支持,新闻媒介重视,人民群众欢迎,社会效果良好,但监督力度不够,监督难的问题仍很突出,主要原因是开展正常的舆论监督缺乏法律保障和个别领导的干预。舆论监督要受法律的保障与限制。通过制定《新闻法》，运用法律法规保护大众传媒对各级公务员进行批评曝光的报道权。批评失实，可以责之以失职，被批评单位还可以控之以诬陷。

第三，建立制度化的宣泄渠道。邓小平说过："一个革命政党，就怕听不到人民的声音，最可怕的是鸦雀无声。""群众有气就要出，我们的办法就是使群众有出气的地方，有说话的地方，有申诉的地方。"在任何社会里，总会存在矛盾、冲突和问题。总会有人在某种情况下需要表述、申诉、发泄委曲、不满、苦闷、怨恨甚至愤慨，这就需要有社会宣泄渠道。怪话、牢骚、流言、民谣、顺口溜、请愿、上访、静坐、游行、骚乱等都是一种宣泄方式。宣泄渠道的制度化建设要进一步加强。1989 年 10 月颁布的《中华人民共和国集会游行示威法》，是将集会游行示威等宣泄方式纳入法制化、规范化轨道的法律。

二、如何认识群体行为的社会功能问题

众多人聚合在一起的社会行为，可以分为乌合行为、群体行为和组织行为。

乌合行为是一种自发的，或有组织但却有众多人自发参与的社会行为。典型的乌合行为是突发事件中的人群恐慌行为，如球迷闹事、现金挤兑和抢购风潮等。

组织行为是完全有组织的群众性的社会行为，具有集中的指挥系统、周密的行动计划、明确的目标指向和严格的组织纪律。安排周密的大型集会，是最典型的组织行为。

群体行为介乎乌合行为和组织行为之间。群体行为的产生，既有自发因素，也有或明或暗、或多或少、或大或小的组织因素。群体性的上访、请愿，规模较小的怠工、罢工、罢市，种族骚乱，学潮工潮，都是属于这种性质的社会行为。

群体行为，是群体矛盾的一种表达方式。群体矛盾，是人民内部矛盾的一种类型。毛泽东在 1957 年发表的《关于正确处理人民内部矛盾的问题》，主要分析的是阶级矛盾和阶级内部的矛盾。他当时着重从政治思想和意识形态方面来观察和分析问题，提出处理人民内部矛盾的基本公式是"团结—批评—团结""惩前毖后，治病救人"。新时期的群体矛盾，除了原有的阶级矛盾外，还有阶层矛盾和利益群体矛盾，大量的、需要认真处理的是经济利益方面的矛盾。由群体矛盾引发的群体行为，主要需要通过调整利益关系来解决。

西方社会学家对聚合行为(collective behavior)的研究已经有几十年的历史。我国社会学界一般把 collective behavior 译为集体行为(如《中国大百科全书·社会学卷》)，笔者也曾写过《论集体行为》的文章。当然，collective behavior 有多种译法，除"集体行为"外，还有"聚合行为""集合行为""聚众行为"等。现在笔者用"聚合行为"一词来取代"集体行为"，是觉得"集体行为"的译名有不够恰当之处。

《现代汉语词典》对集体的释义是："许多人合起来的有组织的整体。"

《辞海》无"集体"词条，但从所收"集体主义""集体农庄""集体经济""集体领导"等条目的释

义看,"集体"所指的含义与《现代汉语词典》相同。球迷闹事固然是众多人聚合在一起的社会行为,但他们并不是一个有组织的整体,学潮工潮的参与者虽然有一定的组织因素,但也不同于组织严密的整体。用"聚合行为"来代替,可以避免这个问题。

西方社会学家认为,聚合行为一般具有行为的自发性、偶然性、匿名性,时间的短暂性,人际互动的敏感性和行为过程的不可控性等特点。

群体行为是一种常见的聚合行为。群体行为发生的时间是短暂的,最短的可能只有几分钟或者几十分钟,最长的一般也不过几天。在群体行为中,人际互动的频率相当快。快速的互动,使行动中的人群情绪越来越激动,行为越来越不受理智的控制。发展到一定阶段,人群中就会出现一些违反人们公认的准则的行为来,越轨行为会在互相感染、互相模仿中迅速传播和扩散。许多群体行为都有这样的发展过程:最初是少数人的不满和牢骚,接着是群体激动。卷入群体行为的某些人自我意识下降,并且容易产生不能自制的愤怒、失望、兴奋、狂躁等情绪,致使一部分人行为失控。在中国,群体行为又会引发出围观和尾随,使行为的不可控性更加放大。群体行为的频发,是社会不稳定的一种预示。在各种条件交互作用下,群体行为会产生某些(甚至一系列)破坏性行为。高频率的群体行为,会使小规模的上访、请愿,逐步酿成大规模的学潮工潮。

群体行为有着巨大的负面社会功能。在这方面,社会管理者和理论界对之作过详尽的分析。但是,对群体行为的社会功能要有一个全面的认识,在充分认识它的负面社会功能的同时,也要看到它的正面的社会功能。

马克思主义社会学认为,任何事物都具有两重性。群体行为也不例外。群体行为的两重性,从社会功能来看,既有不利于社会稳定和社会发展的负功能,也有某些有利于社会整合和社会进步的正功能。

对群体行为的这种正负两方面的社会功能,毛泽东在20世纪50年代中期的多次讲话就论及过。1956年下半年到1957年上半年,中国社会出现了比较频繁的群体行为。工厂罢工、学校罢课,农村也有因退社而引起的请愿、殴打、哄闹等事件。当时对游行、示威、罢工、罢课之类的社会行为,领导层称之为"群众闹事"。毛泽东说:"群众闹事是坏事,是我们所不赞成的。"但他同时也说:"在我们这样的大国里,有少数人闹事,并不值得大惊小怪,倒是可以帮助我们克服官僚主义。""对于闹事,要分几种情况处理。一种是闹得对的,我们应当承认错误,并且改正。"帮助克服官僚主义,帮助改进工作、改正错误,这就是"群众闹事"的社会正功能。

当前群体矛盾的一种经常性的表现形式,是社会管理者(包括企事业单位的领导人,以下简称管理者)与一部分群众之间的矛盾。作为矛盾的一方,管理者尤其应当注意这一点。管理者当然要通过宣传和教育让群众了解群体行为有影响社会稳定的负功能,不要一有矛盾,就上访、请愿、游行、示威,使来之不易的安定团结的大好局面遭到破坏。但是,从管理者本身讲,不要一发生群体行为,就简单地、片面地认为大事不好,特别不要凭主观臆想,认为一定是有坏人捣乱,而不考虑如何克服官僚主义,改进自己的工作。

如何全面认识群体行为的社会功能,我们可以借助于马克思主义和社会学理论中的一个流派,即冲突理论。

马克思主义哲学认为,矛盾是普遍的、绝对的,存在于事物发展的一切过程中,又贯穿于一切过程的始终。这个观点,不但适用于自然界,也适用于人类社会;不但适用于资本主义社会,也适用于社会主义社会。列宁认为,在社会主义社会,对抗消灭了,矛盾存在着。毛泽东发展了列宁的观点,认为社会主义社会不但存在矛盾,而且是充满着矛盾。社会学的冲突理论认为,任何社会和群体,都不仅有和谐和一致,而且存在着冲突和斗争。

历史唯物主义认为,社会是在矛盾的斗争中发展和前进的。在阶级社会里,阶级斗争是历史发展的动力。冲突理论认为,群体与群体之间的冲突,有利于群体内部的整合;群体内部的冲突,也并不只是对该群体产生破坏作用,在一定条件下,冲突具有增强群体的适应性、促进群体内部整合的功能。可不可以这样说,在社会主义社会里,群体矛盾的存在、发展和恰当的处理,是社会主义社会健康发展的一个重要推动力。在如何认识群体行为上,既要看到上访、请愿影响社会稳定、阻碍改革和发展的方面,但也不能认为凡是上访、请愿,就是捣乱,就是破坏。当群众在反映问题的渠道不畅,或者某些地方、某些部门的领导官僚主义严重,只顾自己捞钱,不顾群众死活,群众再怎么反映也解决不了问题的情况下,上访、请愿不能不认为是引起领导关注、促进问题解决的一种补充方式,可以对官僚主义者、腐败分子以及党内相当部分干部中存在的不正之风起一种制约作用。上访、请愿也是一种民意表达的形式,是社会成员排解不满情绪、反映意见和要求的一种非正规形式,也是社会成员对领导工作进行监督的一种非规范化方式。对群体行为的处置不当,会使本来比较容易解决的矛盾变得复杂起来,甚至使本来非对抗性的矛盾转化为对抗。正是基于这一点,朱镕基总理在1999年的《政府工作报告》中讲了这样一段话:要"综合运用法律、经济、行政的方法和进行深入细致的思想政治工作,妥善处理新形势下的人民内部矛盾,及时化解矛盾,把问题解决在萌芽状态,决不能简单粗暴、激化矛盾,更不能动用专政手段对待人民群众"。这是正确处理群体行为的重要的指导思想。

(原文载于《党政论坛》2000年11期)

社会性别、人口流动与艾滋病风险

夏国美

一、引　言

艾滋病正以前所未有的速度在全球蔓延。2005年,全球艾滋病病毒感染者总数达到最高水平,从2003年的3 750万上升为4 030万,其中女性所占比例呈现快速增长的趋势。①

在中国,自1989年以来②,吸毒者共用注射器始终是艾滋病传播的最主要途径。③ 但专家们认为,在21世纪,艾滋病的蔓延将越来越以性传播为主;④经性途径传播将成为中国艾滋病传播的主要方式。⑤ 不幸的是,上述观点已经开始得到证实。2005年中国新发生艾滋病病毒感染约7万人,其中经性传播者占49.8%,经注射吸毒传播占48.6%。⑥ 这标志着性传播已经成为中国艾滋病更大规模蔓延的主要潜在威胁。另一方面,商业性交易和无保护的性行为将继续扩大这种威胁。国家监测数据显示,暗娼中的艾滋病病毒感染率10年中上升了将近50倍,从0.02%上升到0.93%,局部地区的感染率已经超过1%。⑦ 2000年,中国报告的艾滋病病毒感染者中女性的比率为9.4%,但2005年3月已上升至28.1%。⑧ 和其他国家一样,中国女性正在成为艾滋病新增感染者中增长最快的群体。⑨

---

① 央视国际:《2005年联合国艾滋病规划署和世界卫生组织艾滋病流行状况最新数据》,http://www.cctv.com/health/topic/health/UNAIDS/20060207/101434.shtml,2006-2-7。

② 1989年,在云南省德宏傣族景颇族自治州瑞丽市的吸毒人群中检测出146例艾滋病病毒感染者,标志着中国艾滋病流行的开始。

③ 卫生部:《中国艾滋病防治工作情况》,http://www.china.com.cn/zhuanti2005/txt/2002-10/21/content_5220453.htm,2002-10-21。2001年,中国艾滋病的传播途径主要以经注射吸毒感染为主,占累计总数的68.0%,经采血(血浆)途径感染人数占9.7%。此外,经性接触途径感染人数占7.2%,血液和血制品感染占1.5%,母婴传播为0.2%,尚有13.4%传播途径不详。

④ 邱仁宗:《艾滋病、性和伦理学》,首都师范大学出版社1999年版,前言第1页。

⑤ 夏国美、杨秀石:《艾滋病认知、态度与行为——对不同性别商业性交易者的调查》,《社会》2005年第1期。

⑥ 中国疾病预防控制中心性艾滋病预防控制中心:卫生部公布《2005年中国艾滋病疫情与防治工作进展》报告,http://www.ncaids.chinacdc.cn/jb/fzdt/zxdd/200601/t20060126_1081268.htm,2006-1-26。

⑦ 同上。

⑧ 新华网:《白皮书:中国努力使妇女远离艾滋病威胁》,http://news.sohu.com/20050824/n226770092.shtml,2005-8-24。

⑨ MOH (China Ministry of Health) & UNAIDS, 2003, "A Joint Assessment of HIV/AIDS Prevention, Treatment and Care in China." Beijing: China Ministry of Health and UNAIDS China Office.

目前，一些研究者已经开始关注导致无保护的、临时或商业的性行为蔓延的因素，以及这类性关系中女性的易受伤害性。由于商业性交易女性基本上由流动人口女性构成，中国近期的研究也趋向重视人口流动与临时或商业的性行为以及艾滋病风险之间可能存在的关系。① 但是，到目前为止，有关流动人口和艾滋病方面的文献都没有特别注意到流动后的性行为改变以及性别不平等对构成艾滋病风险的作用。

在本文中，我们关注的是性别不平等尤其是性别权力的作用对女性流动人口艾滋病风险行为的影响。关注的焦点是：（1）性别不平等与人口流动的相互作用是否会促成女性流动人口越来越多地暴露于临时或商业的性行为，其作用程度如何；（2）在临时或商业的性行为中，导致女性流动人口不能采取安全性行为的个人因素和社会因素。这项研究的结果将具有重要的公共政策意义。因为女性流动人口不仅在城市中处于感染艾滋病病毒的高风险之中，一旦她们不幸感染了艾滋病病毒并回到家乡，在知情或不知情中将病毒传染给其配偶或性伴，则她们就会成为艾滋病病毒传播的重要桥梁人群。② 这种状况将使感染艾滋病病毒的女性流动人口的生存环境变得更加恶化，甚至造成其家庭瓦解或被迫重新流动，社会也将为此付出更高的代价。

二、文 献 综 述

在中国，人口流动、临时或商业的性行为与艾滋病病毒传播之间的联系已经充分建立起来。研究发现，相对于非流动人口，流动人口更容易受到艾滋病风险行为的伤害。③ 一般来说，流动人口的选择性（migration selectivity）、配偶或伴侣的分离以及迁入地新的社会经济环境的影响，

---

① Anderson, A., Z. Qingsi, X. Hua, & B. Jianfeng. "China's Floating Population and the Potential for HIV Transmission: A Social-Behavioural Perspective." *AIDS Care*, 2003, 15(2); Yang, X. "Temporary Migration and the Spread of STDs/HIV in China: Is There a Link?" *International Migration Review*, 2004, 38(1); Smith, C.J. & X. Yang. "Examining the Connection between Temporary Migration and the Spread of STDs and HIV/AIDS in China." *The China Review*, 2005, 5(1).

② Lau, J. & J. Thomas. "Risk Behaviors of Hong Kong Male Residents Travelling to Mainland China: A Potential Bridge Population for HIV Infection." *AIDS Care*, 2001, 13; Hirsch, S., J. Higgins, M. E. Bentley, & C. A. Nathanson. "The Social Constructions of Sexuality: Marital Infidelity and Sexually Transmitted Disease — HIV Risk in a Mexican Migrant Community." *American Journal of Public Health*, 2002, 92(8); Anderson, A., Z. Qingsi, X. Hua, & B. Jianfeng. "China's Floating Population and the Potential for HIV Transmission: a Social-Behavioural Perspective." *AIDS Care*, 2003, 15(2); Lurie, M., B. Williams, K. Suma, D. Mkaya-Mwamburi, G. Garnett, A. Sturm, M. Sweat, J. Gittelsohn, & S. Karim. "The Impact of Migration on HIV - 1 Transmission in South Africa: A Study of Migrant and Nonmigrant Men and Their Partners." *Sexually Transmitted Diseases*, 2003, 30(2).

③ Skeldon, R. "Population Mobility and HIV Vulnerability in South East Asia: An Assessment and Analysis." Bangkok: UNDP, 2000; UNAID. "Population Mobility and AIDS" Geneva: UNAIDS, 2001; Anderson, A., Z. Qingsi, X. Hua, & B. Jianfeng. "China's Floating Population and the Potential for HIV Transmission: A Social-Behavioural Perspective." *AIDS Care*, 2003, 15(2); Li, X., B. Stanton, X. Fang, D. Lin, R. Mao, J. Wang, L. Cottrell, & C. Harris. "HIV/STD Risk Behaviors and Perceptions among Rural-to-Urban Migrants in China." *AIDS Education and Prevention*, 2004, 16(6).

都可能造成流动人口风险行为的增多。① 与配偶或固定性伴的分离以及流动人口的流动后环境,对艾滋病风险行为具有显著的推动作用。②

当配偶间处于经常或长期的分离状态,流动人口的固定性关系就受到了破坏,再加上流动后的经济边缘化和社会隔离,更会导致他们为了逃避孤独感,摆脱对家庭和工作的焦虑并释放性压力而过上多性伴的生活。③ 对未婚的女性流动人口来说,同居可以使其在心理和生活上有依靠感。④ 由于离开家庭也意味着脱离了家庭监督,从而在某种程度上产生了社会控制的真空。当家人和朋友无法知道他(她)们在外面做了什么,他(她)们就会感到相对较少的社会规范的束缚,从而增加了行为的自由度。⑤ 匿名的生活和城市中的商业性交易的存在,更容易促使流动人口摆脱社会道德规范的束缚和对性的忠诚,从而鼓励他(她)们接受临时的性关系。在流动人群聚集的地方,往往也是性问题发生比较多的地方,而非婚性关系的受害者几乎必然是女性。⑥

但是,关于流动人口和艾滋病风险关系的文献通常没有涉及性别问题。虽然和其他发展中国家一样⑦,中国的人口流动正在被越来越多地作为一种性别化过程(gendered process)来加以认识和研究⑧,但却很少有文献从性别化过程去研究由于流动而导致的性行为改变,以及这种改变与艾滋病风险的关系;我们也很少能够了解到,作为人口流动产生的后果,女性和男性经历的性行为改变与感染艾滋病的风险是否相同。由于在中国的人口流动中,女性的活跃程度不亚于男性⑨,而且近年来新增的艾滋病病毒感染者中女性的比例在不断上升,所以这一研究缺失就显得尤为突出。

由于女性更容易受到艾滋病病毒的伤害,因此,在艾滋病问题上更需要关注性别不平等,特

---

① Brockerhoff, M. & A. E. Biddlecom, Migration. "Sexual Behavior and the Risk of HIV in Kenya. International Migration Review."1999,33(4).

② Wolffers, I., I. Fernandez, S. Verghis, & M. Vink."Sexual Behaviour and Vulnerability of Migrant Workers for HIV Infection." *Culture, Health and Sexuality*,2002,4(4).

③ Jochelson, K., M. Mothibeli, & J. Leger. "Human Immunodeficiency Virus and Migrant Labor in South Africa." *International Journal of Health Services*,1991,21(1).

④ 夏国美:《边缘化现象与社会整合——城市外来未婚女性生育健康问题的调查与解析》,《江苏社会科学》2004年第2期。

⑤ 郑真真等:《城市外来未婚青年女工的性行为、避孕知识和实践——来自五个城市的调查》,《中国人口科学》2001年第2期。

⑥ 谭深:《外出和回乡:农村流动女性的经历》,http://www.sociology.cass.cn/shxw/shld/t20040609_2176.htm.

⑦ Chant, S. (ed.).1992, *Gender and Migration in Developing Countries*. New York:Belhaven Press.

⑧ Davin, D.1999, *Internal Migration in Contemporary China*. New York:St. Martin's Press; Fan, C. C.2000, "Migration and Gender in China."In C. M. Lau & J. Shen (eds.), *China Review*. Hong Kong:Chinese University Press.pp.423-454; Gaetano, A. M. & T. Jacka (eds.). 2004, *On the Move: Women in Rural-to-Urban Migration in Contemporary China*. New York:Columbia University Press.

⑨ Fan, C. C. 2000, "Migration and Gender in China."In C. M. Lau and J. Shen (eds.), *China Review*. Hong Kong:Chinese University Press.pp.423-454.

别是性关系中的权力不对等以及性别和性的文化规范。① 根据性别和权力理论②,妇女对艾滋病病毒的较强的易受伤害性是性别不平等的结果,它来源于工作和权力的性别分配不平等,以及性别化的社会结构和社会规范。工作的性别分配限制造成了男女在经济上的不平等,使女性在经济上更加依附于男性,从而增加了女性对艾滋病病毒的"经济暴露"(economic exposure);权力的性别分配导致性别不平等,这种不平等产生于两性关系中的男性控制权,它使女性处于性或生理虐待的易受伤害地位,从而增加了女性对艾滋病病毒的"生理暴露"(physical exposure);性别化的社会结构和社会规范则阻碍两性关系中的公开讨论,限制女性获得信息,进而增加了女性对艾滋病病毒的"社会暴露"(social exposure)。

两性关系中经济的不平等、权力的不平等和性别文化规范将对女性性行为产生重要影响,并对女性在性关系中坚持安全性行为造成极大障碍;③人口流动的过程可能会进一步扩大性别不平等,并增加女性流动人口对无保护的、临时或商业的性行为的经济暴露和生理暴露。举例来说,由于教育和职业培训的性别不平等,在一个分性别的劳动力市场中,女性流动人口要想得到一定的工作收入,就必须付出比男性更多的辛劳。④ 中国的市场转型会进一步削弱对性别平等的制度支持,并增加流动人口劳动力市场的性别隔离。因此,大多数女性流动人口只能毫无抵抗地进入城市社会中最底层的职业,从而加固了女性的次级和从属地位。⑤ 在沿海地区和大城市中,年轻的女性流动人口高度集中于"性别化"倾向明显的、无规范管理和缺乏基本健康保护的行业,如带有色情性质的娱乐、洗浴、发廊、餐饮、旅馆等服务业,社会经济的边缘化在该群体中表现得尤为显著。她们在商业性交易中通常处于被支配地位,甚至不敢抗拒老板的性掠夺。为了寻求经济和情感的支持,她们往往会与一个或多个男性建立临时的性关系。

如果说,从农村向城市的流动是导致女性流动人口进入娱乐服务业并发生临时或商业性行为的重要因素,那么经济困窘、社会支持网络的缺乏以及对于性伴侣的依赖,都会在一定程度上削弱女性流动人口在这种性关系中的控制权力。对娱乐服务业女性性工作者(主要是流动人口)的社会歧视以及商业性交易的非法性,都会使她们处于更加边缘化的状态,妨碍其获得信息

---

① Browning, J., D. Kessler, E. Hatfield, & P. Choo."Power, Gender, and Sexual Behavior."*Journal of Sex Research*,1999,36(4); Tang, C. S., C. Wong, & A. M. Lee."Gender-Related Psychosocial and Cultural Factors Associated with Condom Use among Chinese Married Women." *AIDS Education and Prevention*, 2001,13(4).

② Connell, R. W. 1987, *Gender and Power*. Stanford: Stanford University Press; Wingood, G. M. & R. J. DiClemente.2002,"The Theory of Gender and Power: A Social Structural Theory for Guiding Public Health Interventions." In R. J. DiClemente, R. A. Crosby, & M. C. Kegler (eds.), *Emerging Theories in Health Promotion Practice and Research: Strategies for Improving Public Health*. San Francisco: Jossey-Bass.pp.313 – 346.

③ Amaro, H. & A. Raj. "On the Margin: Power and Women's HIV Risk Reduction Strategies." *Sex Roles*, 2000, 42(7).

④ Huang, Y."Gender, Hukou, and the Occupational Attainment of Female Migrants in China (1985 – 1990)." *Environment and Planning A*, 2001, (33).

⑤ Fan, C. C. "Rural-Urban Migration and Gender Division of Labor in Transitional China."*International Journal of Urban and Regional Research*, 2003, 27(1).

和服务,增加了商业性交易中的权力不平等,并且更容易受到客人和老板的性虐待及生理虐待。① 换言之,女性流动人口独特的经济、社会关系和社会、文化因素的合力使她们在临时或商业的性关系中处于弱势地位,这种弱势地位反过来又破坏了她们坚持安全性行为的能力。②

我们认为,中国的女性流动人口正面临着来自人口流动和性别不平等所构成的双重风险之中。本文将着重强调人口流动和性别的相互作用是理解女性流动人口艾滋病风险行为增加的关键。除了个人风险因素之外,女性流动人口所生活的极度不稳定的社会经济环境,也会促使她们越来越多地暴露于临时的或商业的性行为,并对她们坚持安全性行为造成极大的障碍。

三、数据和方法

本文分析所使用的数据有两个来源。一是2003年进行的一项问卷调查。该调查是关于人口流动和海洛因依赖的艾滋病风险研究中的一部分。调查覆盖中国西南部的一个省,既包括流动人口也包括非流动人口。其样本的选择遵循三阶段取样程序。第一,选取了8个县,这8个县都被认为是艾滋病和海洛因依赖流行的地方,并且在省内具有地理分布代表意义。第二,根据对这8个县艾滋病流行状况的估计以及海洛因依赖者人数、流动人口的数量,按照镇和乡进行排序,从每个县的列表中,选择5个镇或乡,优先选择艾滋病病毒感染者、海洛因依赖者和流动人口较为集中的地方,这样就产生了40个镇或乡作为我们的主要样本单元(PSUs)。最后,在每个样本单元中,将所有18—55岁的个体分成4类:艾滋病病毒阳性、海洛因依赖者、流动人口、非流动人口。经过不等比例随机抽样,从每个样本单元抽取大约150个个体组成目标随机样本③,从而产生了总数为5687个的初始样本。在5687个被抽取的调查对象中,有5499个人同意参与调查并且完成了面对面的问卷调查。

数据的另一个来源是2004年对上海娱乐服务场所中流动人口女性从业者进行的试点调查。我们选取了上海19个行政区中的一个区,在该区确定了18家娱乐服务场所。虽然样本选

---

① Gil, V. E., M. S. Wang, A. F. Anderson, G. M. Lin, & Z. O. Wu. "Prostitutes, Prostitution and STD/HIV Transmission in Mainland China."*Social Science and Medicine*,1996,42(1). Wang, Y. "A Strategy of Clinical Tolerance for the Prevention of HIV and AIDS in China."*The Journal of Medicine and Philosophy*, 2000,25(1). Kaufman, J. & J. Jing, "China and AIDS—the Time to Act Is Now." *Science*, 2002,296(5577).

② Liao, S., J. Schensul, & I. Wolffers. "Sex-Related Health Risks and Implications for Interventions with Hospitality Women in Hainan, China." *AIDS Education and Prevention*, 2003,15(2). Xia, G. & X. Yang. "Risky Sexual Behavior among Female Entertainment Workers in China: Implications for HIV/STI Prevention Intervention." *AIDS Education and Prevention*,2005, 17(2). Yang, H., X. Li, B. Stanton, H. Liu, N. Wang, X. Fang, D. Lin, & X. Chen. "Heterosexual Transmission of HIV in China: A Systematic Review of Behavioral Studies in Past Two Decades." *Sexually Transmitted Diseases*, 2005, 32(5).

③ Kalton, G. 1993, "Sampling Considerations in Research on HIV Risk and Illness." In D. G. Ostrow & R. C. Kessler (eds.). *Methodological Issues in AIDS Behavioral Research*. New York: Plenum.pp.53-74. Bilsborrow, R. E., G. J. Hugo, A. S. Oberai, & H. Zlotnik. 1997, *International Migration Statistics: Guidelines for the Improvement of Data Collection Systems*. Geneva: International Labor Office.

取不是随机的,但选取的时候充分考虑了地理的覆盖面以及不同规模、不同类型具有代表性的娱乐服务场所。研究者访问了被选取的娱乐服务场所,向管理者说明研究的目的和程序,在知情同意和隐私保密的前提下,请求该场所的流动人口女性从业者参与问卷调查。18家场所中有15家同意参与,其中6家是美发美容店,3家是洗浴按摩中心,6家是KTV歌舞厅。为了招募被调查对象,研究者对上述15家场所进行了多次访问,包括向被调查对象说明该项研究的目的、研究机构的性质以及研究获得的信息怎样使用等。同时,研究者要告知可能参与调查的人在研究中的作用,对于占用她们时间的经济补偿,并询问她们是否愿意并可能参与基线调查和随后6个月的跟踪调查,这些调查都将以面对面的问卷访谈形式进行。调查员要向参与者保证资料的保密性,并向她们说明保护其隐私的程序;她们被告知可以拒绝参与调查,拒绝回答问卷中的任何子问题,或者无理由中途退出调查。最后,有297个娱乐服务场所的流动人口女性从业者同意参与并完成了面对面的基线调查,对其中的259个人在6个月后成功地进行了第二次调查。

本项研究运用STATA软件9.0版本进行两部分的统计分析。第一部分使用第一个来源的数据,目的是针对人口流动和性别不平等的相互作用是否并且在多大程度上使女性流动人口成为临时的或商业的性行为的易受伤害者。我们在以下两者间做了双变量比较:(1)不同性别的流动人口和非流动人口;(2)男性流动人口和女性流动人口,以突出说明女性流动人口集中就业于娱乐服务业从而增加其陷于临时性关系和商业性行为的风险。

为了利用该调查覆盖所有人群的优点,我们使用了STATA软件中的"svytab"方法(一种统计修正方法)来修正来自整群抽样和不同比抽样所带来的影响。第二部分分析的数据来源于上海的试点调查,主要目的是分析娱乐服务场所女性流动人口从业者的无保护临时性行为,以及与此相关的个人及社会因素。基线调查和6个月跟踪调查的数据被合二为一用于统计分析。在分析中使用对数比率回归(logistic regression),重点在于确认个人认知及社会相关因素能否解释,并且能在多大程度上解释基线调查或跟踪调查之前一个月中被调查者无保护的、临时的或商业的性行为的可能性。因变量是调查前30天内无保护性行为的概率,自变量包括社会人口统计学特征以及个人和社会的相关指数。

个体的社会人口统计学特征变量无须解释,所有的个人认知和社会相关变量均由综合指数和指标来代表。所有指数和指标都是由调查问卷中的多重问题或陈述构成的,首先用STATA的"alpha"方法获得平均得分,再将该均值乘以用于构成该指标的问题数量而获得。如果使用的原始问题与构成的指标呈负相关,这些子问题的初始得分都将先被倒置,再用于指标的构成。各项指标及其统计特性简述如下。

对个人认知方面的变量,我们侧重"信息—动机—行为能力"高危行为理论模式[1]中所强调的对艾滋病知识的了解程度、预防艾滋病的动机及采取预防措施的行为能力。艾滋病知识指数

---

[1] Fisher, J. D. & W. A. Fisher. "Changing AIDS-Risk Behavior." *Psychological Bulletin*, 1992, 111(3). Misovich, S. J., W. A. Fisher, & J. D. Fisher. 1998, "A Measure of AIDS Prevention Information, Motivation, Behavioral Skills, and Behavior." In C. M. Davis et al. (eds.), *Handbook of Sexuality-Related Measures*. Thousand Oaks, CA: Sage Publications.

由对被访者对 26 个关于艾滋病传播途径和预防方法的回答得分加总所得(1,正确;0,错误)。比如,艾滋病不会通过蚊虫叮咬传播;如果使用正确,安全套可以在很大程度上降低艾滋病的传播风险等。指数值越高,说明被访者知识程度越高。该综合指数的 Cronbach's alpha 值为 0.72。

预防艾滋病的动机将通过两个综合指数来衡量:对使用安全套的消极态度和对艾滋病病毒感染的自我评估。该二项指标均基于被访者对多重问题的 5 分制(1,非常不同意;5,非常同意)回答。第一个是基于对安全套使用的 10 个消极描述(比如,用安全套很麻烦,安全套会破坏做爱的自然感觉);第二个是基于对感染艾滋病病毒风险自我评估的 4 个描述(比如,我确定我不会感染艾滋病毒,我的一些性伴侣可能已经感染了艾滋病,我感觉到自己有感染艾滋病的风险)。指数值越高,被访者对安全套使用的态度就越消极,自认感染艾滋病的风险就越高。该二项指数的 Cronbach's alphas 值分别是 0.88 和 0.73。

行为能力是通过对安全套使用能力的自我评估综合指数来衡量。该指数由被访者对 21 项陈述用 5 分制回答(1,非常困难或不可能;5,非常容易或完全可能)加总获得。这 21 个陈述是与安全套使用有关的预防行为(比如,在性交前讨论使用安全套,说服伴侣同意只进行安全性行为,如果伴侣不使用安全套则拒绝性交)。指数值越高,说明被访者在性关系中采取预防措施就越会感到容易和自信。该指数的 Cronbach's alpha 值为 0.85,说明有较高的可信度。

对于社会相关因素,我们使用了两个综合指数,分别重点衡量性关系中的性别权力和工作环境。性别权力主要是指性关系中的权力,使用的是加以修改后的性关系权力指数。① 被访者对 11 项陈述进行 5 分制(1,非常不同意;5,非常同意)的选择。这 11 项陈述反映了被访者在性关系中的控制力和决定力(比如,我们按我的伴侣想要的方式做爱;如果我要求使用安全套,我的伴侣会对我施以暴力)。将所有 11 项回答加总则构成一个代表性关系中权力缺乏的指数。指数值越高,被访者在性关系中的控制力和决定力就越弱。

工作环境强调业主及场所管理人员对降低风险行为的支持程度。被访者对 6 项陈述用 5 分制(1,非常正确;5,非常不正确)回答。这些陈述都是有关被访者所在工作场所对于艾滋病预防和安全套使用的政策、态度和支持(比如,如果客人拒绝使用安全套,老板会支持我)。将被访者的回答加总则形成了场所支持指数(Cronback's alpha=0.77)。指数值越高,工作场所对降低艾滋病风险行为的支持程度就越高。

四、研 究 发 现

总的来说,样本人群中女性与男性人口在受教育程度上没有差别,但是流动人口的平均受教育程度明显低于非流动人口:流动人口中仅有 12% 是高中及以上文化水平,而非流动人口则达到 24%(见表 1)。表 1 中最下面两组分性别和流动状况的数据进一步显示,流动人口与非流

---

① Pulerwitz, J., S. L. Gortmaker, & W. DeJong. "Measuring Sexual Relationship Power in HIV/STD Research." *Sex Roles*, 2000, 42(7).

动人口在受教育程度上的差异在女性样本中表现得更为突出,证明女性流动人口的教育劣势相对男性流动人口来说更为显著。

表1 流动状况、性别和受教育程度   单位:%

性别/流动状况	受教育程度			未加权样本量
	初中以下	初中	高中及以下	
性别				
男性	38.0	38.9	23.1	3 460
女性	38.2	39.6	22.2	2 002
流动状况				
流动人口	43.4**	44.6**	12.0**	1 620
非流动人口	37.7	38.4	23.9	3 813
流动状况和性别交叉				
男性流动人口	40.8*	44.7*	14.5*	928
男性非流动人口	37.9	37.9	24.2	2 500
女性流动人口	46.2**	44.6**	9.1**	681
女性非流动人口	37.5	38.9	23.6	1 297

注:① 表中的统计显著性检验基于各组中两个人群间的对比,使用的是 STATA 的"svy"中双变量交叉分析的组间百分比差异的皮尔森卡方检验,并进一步对调查设计可能带来的误差进行修正后,转换为 F 统计检验。
② $*p<0.05$;$**p<0.01$。

表2反映了样本的职业分布。总体来说,男性更多地在工厂制造业(男性与女性所占比例分别是9.3%和5.5%)和交通业(8.0%和2.3%)以及政府部门(15.7%和11.9%)工作;而女性在以下行业中占据更大比例:农业(55.0%和50.1%)和服务业(11.4%和3.4%)。将流动人口和非流动人口进行比较可以发现,前者中非在业人口的比例更高(2.6%和1.2%)。在业人口中,非流动人口更多地在农业和政府、学校、医院及国有企业工作。

表2 分性别和流动状况的职业比例[a]   单位:%

性别/流动状况	劳动部门[b]								未加权样本量
	0	1	2	3	4	5	6	7	
性别									
男性	1.3**	50.1**	9.3**	7.1**	3.4**	8.0**	5.2**	15.7**	2 945
女性	1.3	55.0	5.5	7.6	11.5	2.3	4.9	11.9	1 661
流动状况									
流动人口	2.6**	6.0**	14.3**	17.7**	34.5**	10.9**	10.5**	3.5**	1 387
非流动人口	1.2	57.2	6.8	6.2	4.3	4.6	4.5	15.1	3 813

续表

性别/流动状况	劳动部门[b]								未加权样本量
	0	1	2	3	4	5	6	7	
流动状况和性别交叉									
男性流动人口	2.2**	7.3**	22.6**	22.9**	11.7**	15.9**	12.5**	4.9**	820
男性非流动人口	1.2	54.8	7.8	5.3	2.4	6.9	4.5	17.1	2 094
女性流动人口	3.1**	4.1**	4.0**	11.3**	63.2**	4.6**	7.9**	1.8**	557
女性非流动人口	1.1	59.8	5.6	7.3	6.4	2.1	4.6	13.1	1 082

注:① a. 表中的统计显著性检验基于各组中两个人群间的对比,使用的是 STATA 的"svy"中双变量交叉分析的组间百分比差异的皮尔森卡方检验,并进一步对调查设计可能带来的误差进行修正后,转换为 F 统计检验; b. 每一类劳动部门总结如下: 0 失业和监禁,1 农业,2 工厂工人,3 自营业者、小零售业、临时工,4 商业、餐饮、旅馆和娱乐业(舞厅、美容院、按摩院)及其他服务业,5 建筑、运输和通信,6 办公室人员、财会、保险,7 政府部门、学校、医药、国有企业。
② ** $p<0.01$。

尽管女性和男性流动人口在流动后都脱离了农业生产,但其流动后从事的行业有着极大差异。女性流动人口绝大多数集中在服务业(63.2%),而男性流动人口较平均地分布在工厂(22.6%)、自营业(22.9%)、建筑和交通(15.9%)等非农业部门。很明显,男性和女性在流动后从事的工作是非常不同的。

在接受访问的前一个月内,女性和男性样本人群有临时或商业性行为的可能性没有显著差异(见表3)。但是,流动人口比非流动人口进行临时或商业的性行为的概率显然要高得多。实际上,流动人口中有临时性关系和临时性伴的比例(13.8%)几乎是非流动人口(2.8%)的 5 倍;流动人口中有商业性行为的比例是非流动人口的 6 倍多。

表3 调查前3个月内分性别和流动状况的临时或商业的性行为比例   单位:%

性别/流动状况	临时性行为			商业性行为		
	是	否	未加权样本量	是	否	未加权样本量
性别						
男性	3.9	96.1	3 465	3.4	96.6	2 973
女性	3.8	96.2	2 007	2.3	97.7	1 763
流动状况						
流动人口	13.8**	86.2**	1 620	13.9**	86.1**	1 305
非流动人口	2.8	97.2	3 822	1.8	98.2	3 404
流动状况和性别交叉						
男性流动人口	4.7	95.4	928	5.2	94.8	735
男性非流动人口	3.9	96.1	2 504	3.3	96.7	2 209
女性流动人口	24.3**	75.7**	681	23.9**	76.1**	559
女性非流动人口	1.7	98.3	1 302	0.3	99.7	1 183

注:① 表中的统计显著性检验基于各组中两个人群间的对比,使用的是 STATA 的"svy"中双变量交叉分析的组间百分比差异的皮尔森卡方检验,并进一步对调查设计可能带来的误差进行修正后,转换为 F 统计检验;② ** $p<0.01$。

能够支持我们研究假设的是,作为流动的后果,男性和女性的性行为改变有着显著差异。在访问前一个月,男性流动人口有临时或商业性行为的可能性与男性非流动人口没有显著区别。但是女性流动人口有临时性行为的比例(24.3%)和商业性行为的比例(23.9%)分别是非流动人口女性的14倍和80倍。此外,我们的数据证实,流动后所进入行业的明显不同,是造成女性和男性流动人口临时或商业性行为比例有显著差异的主要原因。流动人口作为一个整体,其临时或商业性行为比例的加权均值分别是13.8%和13.9%,而在服务行业中工作的人有临时性行为的比例(28.0%)和商业性行为的比例(30.0%)是均值的两倍多。像前面所讨论的那样,女性流动人口绝大多数(63.2%,相对男性流动人口的11.7%)在服务业中工作。失业是女性流动人口高于男性流动人口比例的唯一一项职业分类(见表2)。将这两者相加,结果显示,人口流动和性别的交互作用产生了两个互相关联的结果:一是导致女性流动人口高度集中在服务业并有较高的失业率,二是导致女性流动人口临时或商业性行为的显著增加。

尽管女性流动人口在流动后临时或商业性行为显著增加,但她们中却很少有人坚持在这种性行为中一直使用安全套。上海试点研究的数据表明,只有14%的被访者在访前一个月的临时或商业性行为中一直使用安全套。

那么,什么是女性流动人口无保护的、临时或商业的性行为的个人及社会相关风险因素?运用上海试点研究的数据,表4显示了娱乐服务场所女性在临时或商业性行为中坚持使用安全套可能性的二元和多元对数比率(logistic regression)回归分析。在二元分析中,似乎没有一个人口统计学特征变量能够显著预测一直使用安全套的概率。但是,除了艾滋病相关知识以外,所有的个人认知因素都对被访者使用安全套行为的预测具有统计显著性。两个社会相关变量也都是坚持使用安全套可能性的显著预测因子。

表4 娱乐场所女性从业者临时或商业性行为中使用安全套概率的个人和社会相关解释因素的对数比率(logistic regression)回归分析

自 变 量	二元回归	多元回归		
		模型1	模型2	模型3
人口统计学特征				
年龄	1.05	1.01	1.06	1.02
初中文化	1.73	1.99	1.86	1.98
高中文化	1.98	1.85	1.79	1.78
单身	1.01	0.79	1.05	0.81
流动	0.78	0.73	0.77	0.74
个人认知/情感因素				
艾滋病知识	1.03	1.01	/	1.00
对于安全套的消极态度	0.95**	0.97	/	0.98
对易受伤害性的认知	0.90*	0.94	/	0.95
行为能力	1.05**	1.04**	/	1.03**

续　表

自变量	二元回归	多元回归		
		模型 1	模型 2	模型 3
社会相关因素				
关系控制力的缺乏	0.95**	/	0.95**	0.97
工作场所的支持	1.08**	/	1.07**	1.05*
模型 X^2		36.15**	24.50**	40.42**
样本量		537	527	515

注：① 表中初中/高中文化水平、单身和流动的相应对照组分别是初中以下文化水平、已婚、非流动人口。其他自变量均为连续变量；② * $p<0.05$；** $p<0.01$。

在多元对数比率回归中对所有个人认知因素的检测（模型 1）发现，只有行为能力指数具有统计显著性。被访者行为能力指数得分越高，在访前一个月的临时或商业性行为中一直使用安全套的可能性就越大（用与不用的概率比＝1.04）。在多元对数比率回归中对社会相关因素检测（模型 2），两者都具有统计显著性。实际上，两个变量的回归参数在二元和多元回归中几乎相等，表明两个变量对被访者坚持使用安全套可能性的影响是独立的。研究结果和我们预期的一样，性关系中控制力的缺乏会显著减少被访者坚持使用安全套的可能性，而工作场所的支持程度则会显著增加这一可能性。

最后，我们对坚持使用安全套可能性的个人认知及社会因素同时进行回归分析。结果（模型 3）显示，行为能力指数仍保持其高显著性，表明其对安全套使用的影响独立于两个社会因素。而对于独立影响坚持使用安全套的可能性，性关系中控制力的缺乏则不再显著，工作场所的支持也失去了一定程度的统计显著性（从 1% 到 5%）。由此看来，安全套使用的社会相关影响因素可能通过行为能力这一媒介起作用，其他个人认知因素对安全套使用的影响可能也是如此。

为了检测行为能力所显示出的重要媒介作用，我们分别用其他 3 个个人认知和社会相关因素在回归分析中预测行为能力的指数。表 5 中的结果清晰显示，其他所有的个人认知和社会相关变量都是行为能力的显著预测因子，从而确定了行为能力的重要媒介作用。简单地说，艾滋病知识的掌握能增进行为能力，而对安全套使用的消极态度和缺乏受感染的自我意识则都对行为能力产生消极影响；性关系中权力的缺乏会显著降低被访者的行为能力，而工作场所的支持则会显著增加在临时性行为中坚持使用安全套的自我能力。

表 5　娱乐场所女性从业者在临时或商业性行为中与安全套使用
相关行为能力的一般最小二乘法线性回归分析

自变量	模型 1	模型 2
人口统计学特征		
年龄	0.52*	0.61*
初中文化	−1.86	−3.32

续表

自变量	模型 1	模型 2
高中文化	0.97	−0.76
单身	5.19**	5.15**
流动	1.32	2.45
个人认知/情感因素		
艾滋病知识	0.47**	/
对安全套使用的消极态度	−0.18**	/
易受伤害性认知	−0.56**	/
社会相关因素		
性关系中权力的缺乏	/	−0.23**
工作场所支持	/	0.63**
模型 R^2	0.09**	0.11**
样本量	539	529

注：① 表中初中/高中文化水平、单身和流动的相应对照组分别是初中以下文化水平、已婚、非流动人口。其他自变量均为连续变量；② * $p<0.05$；** $p<0.01$。

五、讨论和总结

虽然全球艾滋病领域所遇到的挑战由于涉及各国文化、制度、经济和多样性发展等因素而被放大了许多，但如何找到一种更加公正和公平的政策机制，尤其是针对女性的结构性干预措施来降低艾滋病蔓延的风险确实是至关重要。

在中国，尽管人口流动、临时的或商业的性行为与艾滋病的关系已经引起人们的关注，但很少有研究重视性别化过程对性行为改变的影响，以及性别化过程与流动人口感染艾滋病风险的问题。本文论证了在性别不平等的社会中，女性流动人口在进入城市后会处于特别不利的地位，并处于无保护的、临时或商业的性行为与随之而来的艾滋病风险之中。分析使用两个独立调查得到的数据，着眼于测量在性行为改变方面女性流动人口和男性流动人口的差别，以及女性流动人口无保护的、临时或商业的性行为的主要风险因素。

研究结果显示，性别与人口流动之间有着清晰的相互作用；女性流动人口在流动后有着明显增多的临时或商业的性行为；女性流动人口的较高失业率以及在娱乐服务业工作的高度集中，是导致她们临时或商业性行为显著增多的主要原因。教育和职业培训的性别不平等，促使女性流动人口在城市劳动力市场中被进一步边缘化。中国城市改革后的劳动力市场一般还没有平等地接受女性流动人口。① 而且，市场转型削弱了对性别平等的制度支持，增加了劳动力市

---

① Liang, Z. & Y. P. Chen. "Migration and Gender in China: An Origin-Destination Linked Approach." *Economic Development and Cultural Change*, 2004, 52(2).

场的性别隔离。因此,大多数女性流动人口只能就业于社会身份低下的娱乐服务场所,从而增加了她们发生临时或商业性行为的可能性。

再者,劳动力市场的性别隔离加强了女性流动人口在城市中的从属地位,导致她们在临时或商业的性行为中缺乏控制力,从而无法抵抗无保护性行为的压力;两性关系中的控制力和工作场所支持力的缺乏会进一步限制她们主动并坚持采取对艾滋病的预防措施。上海试点的研究结果表明,在接受访问的前一个月中,只有14%的娱乐服务场所女性从业者在临时或商业的性行为中一直坚持安全性行为。临时或商业的性行为的高发率与无保护性行为的高发率结合起来,使得女性流动人口很容易成为感染与传播艾滋病病毒的脆弱人群。

无保护性行为危险因素的分析结果表明,个人认知和社会因素对于理解女性流动人口在临时或商业的性行为中不能坚持安全性行为都很重要。在所有经过检测的变量中,与坚持使用安全套相关的行为能力指数是与安全性行为最接近的显著因子。作为中间媒介,它把艾滋病知识和预防动机转化为坚持使用安全套来预防艾滋病的实际行为。[1] 研究发现,艾滋病知识、预防动机、性关系的控制力和工作场所的社会影响,会共同显著影响坚持安全性行为的个人自信和能力,这种个人自信和能力反过来会增强女性流动人口在临时或商业的性行为中坚持自我保护的行为。

除了通过行为能力中介的间接影响外,我们发现工作场所的支持对女性流动人口的安全性行为也有直接的积极影响。分析结果表明,工作场所对使用安全套的支持是影响女性流动人口安全性行为的重要因素。工作场所的支持很可能增强女性流动人口在性关系中的权力,并促使其在临时或商业的性关系中采用保护措施。

本文提出了一个研究重点的变化,即不仅要研究艾滋病在流动人口中的传播,更要看到其中的社会性别差异。这一研究重点的改变,其意义是十分重大的。因为对社会性别的关注其实是和构成艾滋病风险的因素相应的,它同时伴随着以产生结构性干预为目标的研究。所谓结构性干预是力图改变环境中的风险,而不是仅仅帮助女性流动人口应对没有改变的风险环境。正像研究结果所清晰显示的那样,知道了"什么(知识)""是否(动机)"和"怎样做(能力)",对于降低女性流动人口艾滋病风险的努力是不够充分的。女性流动人口存在于复杂的"风险环境"中[2],其中个人的风险行为由包括资源获得有限性在内的各种因素塑造着。也就是说,在针对女性流动人口的艾滋病干预中,不但要强调降低风险的行为能力和自我意识的训练,更要强调性关系中的权力和工作场所的社会支持,激发干预对象的自尊和自我保护意识,并通过赋予她们在社会及两性关系中的应有权力来实现。最后,还要促进工作场所对安全性行为的支持,促使

---

[1] Fisher, J. D. & W. A. Fisher. 2000, Theoretical Approaches to Individual-Level Change in HIV Risk Behavior. In J. L. Peterson and R. J. DiClemente (eds.), *Handbook of HIV prevention*. New York: Kluwer Academic/Plenum Publishers.

[2] Rhodes, Tim. "The 'risk environment': A framework for understanding and reducing drug-related harm." *International Journal of Drug Policy*, 2002, 13.

这些场所把降低艾滋病风险变成一种行业规范。

全球艾滋病蔓延难以扭转的严峻态势表明,艾滋病问题是一个十分复杂的问题。复杂的问题必须要用相对复杂的方式来解决。从社会性别的视角来看,一方面,妇女所处的不利的文化和社会地位使其更容易陷入艾滋病风险;另一方面,艾滋病的难以遏制将制造更为严重的社会性别不平等。因此,中国迫切需要制定促进社会平等的应对艾滋病流行和减少负面影响的政策措施,并将艾滋病传播中的人口流动与社会性别问题置于宏观的文化和政策机制中加以考察。

(原文载于《中国社会科学》2006年第6期,与杨秀石合作)

上海村级经济发展趋势与对策建议

刘文敏

村是上海郊区农村最基层的行政单位。在现行行政管理体制下,村级经济实力是上海新郊区新农村建设的重要经济基础,村级经济直接影响村域社会事业建设。近年来,由于受政策、制度、资源等因素的制约,上海郊区村级经济发展整体处于停滞状态。突破现行政策与制度制约,调整村级经济发展方向,形成资源利用高效、环境友好型的与城市区域经济协调发展的村级经济发展形态,是新时期上海村级经济发展的必然趋势和现实选择。

一、上海郊区村级经济发展现状与问题

第一,村级经济总体发展水平较低。 2005年,郊区10个区县共有1 887个行政村。2005年郊区村级经济经营总收入达到223.78亿元,经营净收益总额达到15.2亿元,平均村经营净收益80.5万元。在1 887个行政村中,30%左右的村级组织比较富足;50%的村级组织有稳定的收入来源,能够基本满足村域日常开支;20%的村缺乏稳定的收入来源,村年可支配收入不足30万元,村级日常开支入不敷出。

上海郊区村级经济是建立在级差地租基础上的租赁经济。在整个郊区村级收入来源中,1/3来源于厂房、仓库等租赁收入,1/3来源于转移支付,1/3来源于招商引税、企业上交、农业收入或其他收入。近郊与中心城区临近的村,厂房、仓库等的对外租赁收入占村级收入的70%以上,农业收入很少。

郊区村级企业大部分是中小企业,生产方式粗放,产品技术含量和附加值低,企业经济效益较低。部分村级企业环境保护意识差,在环保上投入很少;一些村级企业对农村环境造成严重的污染。在村级企业发展过程中,村域为其付出了环境代价。

第二,村级经济发展的地域特点明显。 上海村级经济发展水平呈现明显环状分布特点。在外环线周边、郊环线内和郊环线外形成三种不同水平的发展圈层。村级经济整体实力由内层向外层由强渐弱。距离市中心20千米的外环线周边村的经济实力较强,村级经济一般占镇级经济的比例在30%以上,村级经济收入多在500万元以上。根据市农调队对郊区村级经济的调查,村级收入超亿元和超500万元的村多分布这一地区。2005年,75.5%的亿元村集中在近郊

的闵行、浦东、嘉定和宝山四区。而远郊的南汇、奉贤、松江、金山、青浦和崇明6个区县特色亿元村共有105个,占全市亿元村总数的14.5%。2005年,村级平均可支配收入超过500万元的村有218个,其中闵行80个,宝山43个,嘉定43个,浦东14个,占全市总数的82.6%。距离市中心40千米的郊环线内的行政村,村级组织主要依靠村域厂房、仓库等土地租赁为村级提供了稳定的收入来源,在这一地带村级经济收入一般占镇级经济的比例在10%以上。郊环线外距离市中心40千米以外的远郊村域,村级经济比较薄弱,部分村日常收支勉强能够平衡,部分村入不敷出,特别是崇明县,崇明县90%的行政村属于经济薄弱村。

第三,村级经济区域间的发展水平极不平衡。由于在区域环境、经济基础、领导观念上存在差别,导致郊区村级经济在区县之间,区县内镇与镇之间、村与村之间的发展水平差别很大,村的可支配收入水平相距悬殊。据统计,2005年,村级平均可支配收入最高的是闵行区,达到779.45万元,是平均水平的2.42倍。宝山第二,为586.76万元。嘉定排在第三,为504.55万元。最低的是奉贤区和崇明县,村平均可支配收入分别只有44.62万元和44.21万元,与全市平均村级可支配收入相差5倍多,比闵行区、宝山区和嘉定区低了10多倍。村级经济发展的不平衡同样表现在区县内镇与镇之间、同镇内村与村之间。如松江的浦北和浦南、青浦的青东和青西、南汇的西部和东部,都是一边富裕,一边贫穷。又如南汇区宣桥镇张家桥村可支配收入946万元,而新安村可支配收入只有19万元,二者相差近50倍。

二、上海郊区村级经济发展的制约因素与走向判断

(一)上海村级经济发展的制约因素分析

一是村域人才资源匮乏,制约村级经济发展。上海村级经济发展缺乏持续发展的人才支撑,人才短缺已严重制约了村级经济的进一步发展。目前郊区半数以上村的村级资产已有相当规模的积累,管好用好村级资产不仅需要制度的刚性规范,更需要村级经济组织经营管理者的开拓能力与创新发展意识。但是目前上海郊区相当部分的村干部文化程度偏低,年龄老化,缺乏创新意识和开拓能力。如崇明县1 243名村干部初中及以下学历占52.9%,高中(中专)以上文化占43.1%,大专以上学历占4%。全县村支书平均年龄在51岁,村委会主任平均年龄在50岁。目前郊区农村流传"能人进市场,青年进工厂,毕业生进城市"的话,真实反映了上海郊区农村人才流动现状,留村务农劳动力年龄大多在50至60岁以上,文化程度和职业技能与素质偏低。留村务农是无奈的选择。

二是村级经济发展受土地利用指标的制约。土地级差地租是郊区大部分村级组织的主要经营收入来源,土地是村级经济发展最重要的生产要素和决定性因素。一旦土地供应受到限制,这种靠土地级差地租发展的村级经济便陷入了停顿。而目前郊区农村许多地区被划入市级重大项目规划区、基本农田保护区和生态保护区,土地利用受到严格控制。加上农民承包地二轮延包后,村域大部分耕地按户分给了农民,集体留用的"机动地"很少,可利用的非农建设用地

越来越少。村级经济发展缺少最重要的生产要素资源。所以,"招商引资"已成过去,"招商引税"成为村干部努力的目标。

三是经济薄弱村负担沉重,村级经济发展困难重重。随着城乡社会经济一体化发展步伐的加快,村级组织承担的社会公益事业负担越来越重。村级组织不仅承担了包括农民福利、合作医疗、卫生保洁、社会治安、文化服务、来访信息等管理职能,而且承担了村级道路、危桥维修、河道整治、水电排灌、"三室一点"(办公室、卫生室、活动室和便民服务点)等社会公益事业工程建设任务,导致村级组织在社会公益福利事业上的开支,以及村干部、管理人员的报酬和办公管理费用的不断上升。这些费用的上升对于近郊村级经济发达村不是问题,但对于郊区38%可支配收入在50万元以下(其中包括了财政转移支付收入)的经济薄弱村,却是十分沉重的负担。据调查,在郊区维持村级最低水平的自治"成本",一般一年至少需要50万—60万元。郊区村级组织的年支出项目多达60多项,有的村光人头费就要支付100多人。村级经济薄弱村在维持村的日常运转时已入不敷出,发展村级经济更是奢谈。以至于每当遇到非常规公共事业建设支出时,村级组织只能举债完成。特别是地处于远郊的经济薄弱村,经济发展更为困难。如崇明县有些村可支配收入只有10万元左右,但开支却要30万元左右。

(二)村级经济发展的趋势判断

第一,村级经济发展空间越来越小。在20世纪80年代之前,农业经济是上海村级主体经济。20世纪80年代初期至90年代中期,伴随改革开放和上海中心城市产业结构的调整,上海郊区加快了工业化和城市化的发展步伐。在此期间,郊区村级经济迎来了服务城市工业,承接城市工业、与城市重点工业产业配套的发展繁荣期。从20世纪90年代后期到21世纪初期,受国家宏观调控政策的影响,上海郊区村级经济发展趋缓。近年来,由于郊区村级经济发展受制于严格控制土地征用政策和村域人力资源持续流出的不可逆转的刚性约束,村级经济的发展空间已越来越小。近几年在郊区农村的市级重大项目规划区用地面积的不断增加,郊区村域整体面积在缩小。导致上海村级经济年经营净收益出现逐年下降趋势。2005年村级经营净收益15.2亿元,比2004年减少6.7%,2004年村级经营净收益比2003年减少18.6%。

第二,村级经济走入过渡性阶段。20世纪90年代,上海市政府提出了"三个集中"的战略思想。其中"工业向园区集中"为郊区村级工业发展指明了战略方向。在上海实施"三个集中"过程中,郊区根据区域经济和社会发展需要,撤销和归并了部分村级企业。如崇明县为建设生态岛已将村镇工业集中于两个县工业园区。郊区村镇工业企业的整合与归并,改变了郊区农村工业"村村建厂、处处冒烟"的散乱分布。部分污染严重、影响农村环境发展的村级企业被整治和搬迁。通过郊区村镇工业企业的适度的集聚发展,提高了郊区镇域生产要素资源利用效率,并形成郊区市、区县、镇三级工业聚集发展格局。

未来上海郊区村级经济将呈现近郊与远郊不同的发展趋势和发展形态。近郊村级经济趋向二三产业为主体的经济形态。远郊村级经济趋向以农业经济为基础的复合型都市现代农业为主的经济形态,即向"一业为主、三业为辅,一三复合"方向发展,向生态型现代农业及其延伸产业和衍生产业为主的方向发展。

三、上海村级经济发展的政策建议

一是分层发展，融入区域经济发展轨道。发展村级经济，必须从实际出发，根据郊区不同区域资源条件，村级经济发展水平、发展特点，分层发展，形成区域化村级经济发展格局。对距离市中心20千米的外环线以内及其周边城镇化和村级经济发达村，要加快村级集体经济的股份化改革，逐步实行"村改居"，从经济、社会事业、社会保障、生态环境各方面加快步伐融入城市社会经济运行轨道，率先实现与中心城市的经济社会的一体化发展。对距离市中心40千米的外环线以外、郊环线内的行政村，围绕区域性主导产业，调整村级经济产业结构，因地制宜发展与区域主导产业配套的二三产业。对郊环线外的远郊村域，发展成为以农业生产为基础、集农产品加工与农产品流通产业、乡村疗养休闲旅游服务产业等多领域多功能一、三产业集聚发展区域。

二是转变村级经济增长方式，走"内生"型发展道路。对近郊和中郊村级经济发达村，注重村级企业"存量"经济产业结构的调整，提高企业"内生"发展能力。通过产业结构调整，改变郊区的村级工业初加工、粗加工，低附加值、低效益的现实状况，产业结构向深加工、高附加值方向调整与发展。产业技术结构由劳动密集型向劳动密集型和资本技术密集相结合方向调整。企业组织规模由小而散向效益为主导的方向调整。摒弃、淘汰那些高消耗、高排放、低效益、对环境有影响有污染的落后的生产能力，努力发展较先进的制造业、高新技术产业和区域重点工业配套与服务产业，形成一个与区域经济发展衔接融合的村级经济。

对中远郊以农业为经济主体的村域，改变目前小规模传统的生产方式，走适度规模化的生态型现代化农业发展道路。通过组织创新、产业结构调整和生产方式创新，提高农村经济效益，增加农民收入。组织创新，就是要改变与提高农民的社会化组织水平。建立村级农业技术与生产服务综合组织，在专业分工的基础上，提高上海农业科技进步水平和农产品社会化流通水平。产业结构调整，就是要提高高附加值农产品比例，发展高附加值的非食品类农产品，如花卉、观赏植物类农产品，芳香植物类农产品。生产方式创新，就是要发展农产品加工、农业产前产后服务等延伸产业，发展将农业生产与农村生态环境资源结合起来的农业衍生产业，如旅游农业、休闲农业，乡村保健养老等服务产业，将传统的农业生产方式向多功能都市复合型现代生态农业生产方式转变。同时，实施农业的"链"式生产，发展农业产业联盟，紧密农业上下游产业联合，化解农业生产风险。

三是加强农村专业人才的管理和培养。农村人才素质是决定村级经济发展的关键因素之一。目前，提高农民职业技能和综合素质已成为促进村级经济发展的当务之急。一要积极开展与郊区农村产业相适应的职业技能培训，提高农民专业技能，特别要重视培养农民的经营意识和市场营销意识，培育有文化、懂技术、会经营的新型农民。二要加强村级干部队伍建设，提高村级干部政治素质,培育热心为公、一心为民的领导班子。鼓励中青年干部与经营人才到乡村去工作。加大村级干部经营管理能力的培训力度,造就善于经营、勇于创新的经营管理干部队伍,确保村级经济建设的组织基础。三要建立区县村镇网络化农村人才资源信息库。把农村各类人才如"种养大王""能工巧匠""土专家""田秀才"纳入人才资源管理的范畴;对农村各类人才实行分层次、分类、分级统一管理,逐步实现农村人才管理的制度化、规范化和科学化。

四是加大经济薄弱村的财政扶持力度。农业的弱质性决定了经济薄弱村难以依靠自身积累去缩小历史留下的城乡差距。所以对郊区经济薄弱村,要加大财政扶持和"反哺"力度,建立市区镇三级财政扶持分摊制度,加大市级财政对经济薄弱村的支出比例,特别是要加大对崇明等远郊经济薄弱村的公共品供给。确保财政对经济薄弱村基础设施建设、农田基本建设和农村环境治理的财政全额优先供给,为提高远郊经济薄弱村居民生活质量和农业产业化经营创造条件。同时,建立与完善的郊区生态环境补偿机制,对郊区水源地、自然生态保护区等生态敏感村实施财政支持和"替代项目"支持,扶持村级经济发展。对经济薄弱村的农业及其延伸和衍生产业,建立专项扶持基金,进行专项扶持。

五是建立以工促农、以城带乡的长效机制。郊区村级经济薄弱村发展不仅需要政府的支持,也需要全社会不同经济组织的支持。按照政府引导、市场运作的原则,鼓励建立市级工业集团、大企业对口帮扶机制,通过适当的项目转移,帮助培育新的区域经济增长点。也可以通过指标化的劳务吸纳,转移农村多余劳动力。市级教育和科研机构应加强对农村的智力帮扶。市级大专院校应积极开展相关职业培训,提高村级人力资源水平;通过对科技要素的输入,增强经济薄弱村自我发展能力。鼓励社会资本,到农村进行投资,发展农业旅游休闲保健产业、农村传统手工艺和食品加工业等适宜产业。

六是完善农村土地流转制度。土地制度是农村经济发展的基础,村级经济发展还有赖于农村土地制度的完善。首先,要建立合理的有利于农地适度规模化的村域内农地流转制度。现行的农村农地承包制度侧重公平而忽视效益,制约了郊区农业规模化发展。因此,要鼓励农地在村域内的使用权流转,以村民自愿为原则,将农田集中于村级组织,在公平和公正的原则下,由村级组织通过公开招标,转包给村内种田能手。或通过股份制,由村级组织聘请懂技术、会经营的复合型人员进行企业化经营,村民则成为专职农业工人。其次,在农村土地的征用时,要切实落实征地留用制,细化实施细则,让农民得到实惠。应将农村土地作为一种资本化的生产要素,以市场经济基本规律对农村土地资源进行合理配置、合理流动。强化土地作为农民生活保障,确保农民得到基本的社会保障。另外,对远郊发展农业旅游应给予适当的土地利用指标,用于必需的农村旅馆和饭店建设,或在建设村级综合性文体服务设施时给予综合考虑。

(原文载于《中国乡镇企业》2007年第7期)

中国访民的理想型[*]

——立基于韦伯社会行动理论的本土解释

刘正强

信访制度作为中国独具特色的本土化、辅助性的政治设计,长期以来成为国家基础性的社会治理资源和手段。大约自20世纪90年代以来,随着社会的急剧变迁,中国信访总量高企、"爆棚"不断,而治理成本居高不下,尤其是灰色治理大行其道,不断触痛着国家与社会的敏感神经,演绎着社会变迁与转型之痛,成为屡遭戳击的社会"痛点"。当前中国已步入"新常态"这一经济社会发展的新时段,中国经济的竞争力在走入瓶颈后增速放缓,面临着一个长期、缓慢而痛苦的过程。"新常态"将对信访治理产生重大影响:一方面,社会问题乃至民生需求依旧强势释放,并没有因经济增速放缓而降低甚至有所加剧;另一方面,信访治理中的片面绥靖偏好越发不可持续,甚至使信访制度的合法性、正当性遭到质疑。因此,不同于十几年前关于信访制度臧否、存废的鲜明论争,今天人们一边抨击着信访乱局尤其是维稳乱象,一边却对信访的调整、改革更加困惑:如何理解信访的功能定位?怎样纾缓信访的运行困境?这显然需要更有深度的思索。至少可以肯定的是,信访制度用之虽不畅、弃之却不能,其在国家治理结构中仍然不可或缺,是贯通中央与地方、链接国家与社会的中介。而求解国家治理所面临的"访"务困境,需要对信访行为及其类型进行基础性的分析。

一、信访分类治理的贡献与限度

至少近10年来,信访制度所面临的运行困境使信访研究的领域与范式不断拓延。不管是对信访制度的存废、去留、臧否之争,还是对其的现实、历史、学理之论,最终都要落脚于对于严峻现实问题的学术与道义关怀上。在依法治国理念的彰显下,"法治范式"登台亮相,成为信访研究的主流,通过"信访法治化"实现法治对信访问题的全盘治理几乎成为一种共识。而"治理范式"的提出表征信访研究视角的转换,部分学者由对信访制度合法性的论证转向对信访治理有效性的探究。这种转向不仅仅是信访研究思路、兴趣和策略的转移,它更是在面对信访治理

---

[*] 本文获上海市社会学学会学术年会(2017年度)征文一等奖。

所遭遇的乱象时,试图走出信访运行困境并释放其制度活力、从中突围的一种可贵努力。

分类治理是信访治理范式的一个基干概念。在这种视野中,治理之困在于分类治理体系的缺失,从而导致政府难以类别化上访者及其问题。分类治理的研究肇始于对农村上访问题的关注,申端锋、田先红、陈柏峰等学者对分类的原则①进行了讨论并提出了具体分类设想,如维权型上访、谋利型上访②、治理型上访③、有理上访、无理上访、商谈型上访④、情绪释放类信访⑤、抗争型上访、揭发型上访、求助型上访和非治理型上访⑥等。也有一些学者提出了特定职业人群的上访类型,如申端锋、魏程琳对非正常人(疑似精神病人)的上访行为进行了刻画⑦⑧;陈柏峰对退伍军人、民办教师、下岗工人、政府分流人员等特定上访群体做了分析⑨,认为这是社会转型期特有的现象。另外,尹利民以表演型上访作为"作为弱者的上访人"的武器的展示⑩,饶静等以要挟型上访作为农民上访分析框架的使用⑪等,都丰富了分类治理的思路与逻辑。

上述研究一改既往对于研究对象过于超然的态度,试图通过信访类型化建构一套简明有效的分类系统,为信访治理提供技术支持,这是非常有意义的。但他们在关于分类治理的研究中往往"渗入了过多的现实关怀和浓厚的'治理'情结,从而导致在研究中形成了许多价值预设,这表现在关于有理—无理、合法—非法、谋利—维权、强势—弱势、刁民—良民等非此即彼的对立二分上。"⑫在社会问题法律化程度比较低,而法律自身又没有至上性的前提下,不管是对其进行合法与非法的判断,还是进行有理与无理的辨识,在中国复杂的文化背景下都面临着一些内在的困难。尤其是既有分类研究多以信访事项为主线展开,对访民类型和特征的分析着墨不多、涉及较少,在刻画上也比较偏于微观或局部,全面剖析访民行动的研究更是付诸阙如。

为此,笔者曾倡导"回归马克斯·韦伯'价值中立'的立场,在悬置对访民的价值判断基础上,将信访分为原发型信访和扩展型信访两类,从而试图超越杂多的分类",将现有的信访类型囊括于这种二元划分之中。⑬ 在本文中,笔者将在此基础上继续深耕,通过适度修正韦伯的社会行动理论,形成理解中国访民的分类框架。笔者坚信,通过对访民理想类型的建构,既可以为当前复杂的信访困局提出解释理路,又能为信访治理贡献操作思路。

---

① 申端锋:《乡村治权与分类治理》,《开放时代》2010年第6期。
② 田先红:《从维权到谋利——农民上访行为逻辑变迁的一个解释框架》,《开放时代》2010年第6期。
③ 杨华:《重塑农村基层组织的治理责任》,《南京农业大学学报(社会科学版)》2011年第2期。
④ 陈柏峰:《无理上访与基层法治》,《中外法学》2011年第2期。
⑤ 陈锋、袁松:《富人治村下的农民上访:维权还是出气?》,《战略与管理》2010年第3·4期。
⑥ 桂华:《农民上访的类型及其变化机制探析——基层治理的视角》,《中共杭州市委党校党报》2012年第2期。
⑦ 申端锋:《精神病人上访与信访的神经》,未刊稿。
⑧ 魏程琳:《边缘人上访与信访体制改革——基于个案的实证分析》,《南京农业大学学报(社会科学版)》2015年第2期。
⑨ 陈柏峰:《特定职业群体上访的发生机制》,《社会科学》2012年第8期。
⑩ 尹利民:《"表演型上访":作为弱者的上访人的"武器"》,《南昌大学学报(人文社会科学版)》2012年第1期。
⑪ 饶静、叶敬忠、谭思:《"要挟型上访"——底层政治逻辑下的农民上访分析框架》,《中国农村观察》2011年第3期。
⑫ 刘正强:《政治、法治与治理——国家与社会治理的信访语境》,《学习与实践》2015年第4期。
⑬ 刘正强:《扩展型信访:对中国信访僵局的一个基础性解释》,《思想战线》2015年第4期。

二、韦伯社会行动理论及其价值

在人类认识史上,认识作为主观世界的自我要远比探究外部世界困难和复杂得多——认识到这点,就能就体会到韦伯在理解人类社会行动方面的独特魅力与杰出贡献。作为一名典型的社会唯名论者,韦伯坚持认为社会行动而非社会事实才是社会学研究的基本对象和出发点。社会行动是韦伯在总结前人成果基础上提出来的,可以说是韦伯整个社会学理论的基石。而行动之重要性在于"行动个体对其行为赋予主观意义——不论是外显或内隐、不作为或容忍默认。"①韦伯正是试图借助社会行动链接微观与宏观,使社会行动与整个社会发生关联。因而,韦伯的社会学理论又可以称作理解社会学,他认为社会生活是有意义的,是与自然现象不同的一种社会现象,要理解社会生活、社会行动,就必须用理解的方式去理解人,实现同被研究者的意义沟通,然后才能开展有效的社会学研究。②

正是因为人类具有移情(将自己代入他者处境中以理解其动机)的能力,如此一旦把握到行动者的动机,人们就可以反推该社会行动于行动者的主观意义。于是,对有意义的个体行动的解释就成为社会理论的中心点。但如何建构出一套概念,从个体社会行动这个微观基础出发做到对社会结构、制度、秩序的理解呢?韦伯对此进行了精巧而大胆的构思,理想类型(Ideal-Typical Methods)就是韦伯的天才创意。作为纯粹逻辑上的概念构造,其独特之处在于通过考察经验现实对理想类型的偏离,来分析和解释经验现象。但这种由研究者主观建构的模型在现实中却没有对应之物——按照韦伯自己的说法,这种精神建构不可能通过经验观察在现实世界的任何地方发现——它是一种理想的完美境界(Utopia)。理想类型意味着对复杂经验事物的简化(Simplification),"一种理想类型是通过片面突出一个或更多的观点,通过综合许多弥漫的、无联系的、或多或少存在和偶尔又不存在的个别具体现象而形成的,这些现象根据那些被片面强调的观点而被整理到统一的分析结构中。"③由此,韦伯根据理性成分递减的原则,将社会行动的类型分为四类:"(1)目的合乎理性的,即通过对外界事物的情况和其他人的举止的期待,并利用这种期待作为'条件'或者作为'手段',以期实现自己合乎理性所争取和考虑的作为成果的目的;(2)价值合乎理性的,即通过有意识地对一个特定的举止的——伦理的、美学的、宗教的或做任何其他阐释——无条件的固有价值的纯粹信仰,不管是否取得成就;(3)情绪的,尤其是感情的,即由现时的情绪或感情状况;(4)传统的,由约定俗成的习惯。"④

工具合理性行动(Instrumentally Rational Action)又称目的合理性行动,这是出自功利主义或工具主义的行动方针,"是个体借以达到其精心计算的短期自得目标的方式。在这种行动中,

---

① [德]韦伯:《社会学基本概念》,顾中华译,广西师范大学出版社 2005 年版,第 3 页。
② 刘博:《韦伯、帕森斯、吉登斯社会行动理论之比较》,《社科纵横》2010 年第 12 期。
③ [德]韦伯:《社会科学方法论》,杨富斌译,华夏出版社 1999 年版,第 186 页。
④ [德]韦伯:《经济与社会》(上卷),林荣远译,商务印书馆 2006 年版,第 61 页。

目标和手段都是通过个体理性选择的"①，行动者通过对行动目标的充分权衡，得以在诸多可能手段中选择一款对达到目的最有助益的方法。韦伯指出现代社会的实质是高度的目的理性化，社会生活的诸多领域越来越依赖于效率计算："谁若根据目的、手段和附带后果来作他的行动的取向，而且同时既把手段与目的，也把目的与附带结果，以及最后把各种可能的目的相比较，做出合乎理性的权衡，这就是目的合乎理性的行动，也就是说，既不是情绪的，也不是传统的"。②"可见，目的理性行动是对目的以及达到目的的手段、后果都作出筹划、思考和选择而采取的社会行动的概括。采取目的理性行动的人，不是看重所选择行动本身的价值，而是看重所选行动能否作为达到目的之有效手段"，"并且选择过程及使用被选手段开展实际操作时，都应当按照某种可计量的规则进行系统的计划和调控"③，达到最有效率、成本最小而受益最大。

而价值合理性行动（Value Rational Action）则基于某种绝对价值或自觉信仰（真善美），表达了对行为本身所包含价值所持之自觉信念，且不管此种价值是以美学、宗教还是信念等其他方式来呈现。它是超现实、超功利的，指向某种不可选择目的的社会行动——而行动的现实成效则不是行动者要考虑的。价值理性行动的目标是先定的，它不能由行动者基于自己的利益与偏好而自行选择；它虽然并不排除对可以达到此一价值的手段的衡量，但却不涉及目标的转换，纯以特定的行动为依归，即这种目的是去功利化的和超越现实生活的。"谁要是无视可以预见的后果，他的行动服务于他对义务、尊严、美、宗教训示、孝顺，或者某一件'事'的重要性的信念，不管什么形式的，他坚信必须这样做，这就是纯粹的价值合乎理性的行动。价值合乎理性的行动总是一种根据行动者认为是向自己提出'戒律'或'要求'而发生的行动。"④最典型和最基本的例子是宗教活动，信徒们能够选择的是通过何种方式和途径来实现自己的信仰与境界。

对于那些因情感而生的行动，韦伯称之为情感式行动（Affective Action）。这种行动由激情、感觉、心理需求或身体受侵、性行为、发脾气等情感状态决定，并常常处在"有意义行动"的边缘。"情感式行动是为了满足那些直接的报复、享受、热爱、喜乐和对抒发直接感情的需要——无论它们是以何种被动或升华的方式出现——做出反应的行动。"⑤韦伯所说的情感类型是一般性的概括，即在社会层面上所做的理论分析。情感类型的本质特征是："人们开展社会行动时，把喜、怒、哀、乐等感情和情绪作为自己行动的主要根据，尽管这时工具理性、价值理性和传统习惯等因素仍然在规定着人们的行动，但是同感情因素的直接支配作用相比，它们已经被淡化或退居到后台，成为隐性或深层因素在发挥作用。"⑥而且"我们自己越涉入以下这些情感性反应，

---

① 洪强强：《我们今天该如何看待工具理性与价值理性》，《学术评论》2012 年第 4·5 期。
② ［德］韦伯：《经济与社会》（上卷），林荣远译，商务印书馆 2006 年版，第 57 页。
③ 杨成波：《韦伯社会行动理论及对中国人经济社会行动的当代启示》，东北师范大学硕士论文，2007 年。
④ ［德］韦伯：《经济与社会》（上卷），林荣远译，商务印书馆 2006 年版，第 57 页。
⑤ ［德］韦伯：《社会学的基本概念》，顾忠华译，广西师范大学出版社 2005 年版，第 33 页。
⑥ 杨成波：《韦伯社会行动理论及对中国人经济社会行动的当代启示》，东北师范大学硕士论文，2007 年。

如焦虑、愤怒、野心、羡慕、嫉妒、爱、狂热、骄傲、仇恨、忠诚、奉献和各种不同欲望以及所衍生的非理性行为时,我们越能够同情地去理解。即使当感情强烈的程度完全无法拟情式理解,并且无法知性地计算情感对行动方向和手段的影响时,亦是如此。"①

顾名思义,传统行动(Traditional Action)是通过习惯而进行的。这些行动出自既成的实践,基于对权威的尊重、通过根深蒂固的习惯而作出。人类绝大多数行为都属于这一类型,比如婚丧嫁娶的各种礼仪、基于交通规则的驾驶行为等都在此列。传统社会行动因循守旧、超越功利、坚持习惯、沿袭历史,举凡目的、手段、行动皆无须理性思索。韦伯深知,传统之根深蒂固,要被彻底清除是不可能的,"严格的传统举止——正如纯粹的反应性模仿一样——完全处于边缘状态,而且往往是超然于可以称之为'意向性'取向的行动之外。因为它往往是一种对习以为常的、刺激的、迟钝的、在约定俗成的态度方向上进行的反应。"②

贯穿于这四种行动类型核心的就是"理性化"这个韦伯社会学研究的关键概念。韦伯将人类的社会行动分为理性行动(工具合理性行动与价值合理性行动)与非理性行动(情感行动与传统行动)。"他认为,人类社会的发展是人类行动从情感行动和传统行动不断转化为理性行动,尤其是理性化程度最高的目的合理性行动,(这)是人类行动发展的运动方向,是现代社会的本质特征"③。严格说来,后两种行动(传统行动和情感行动)从合理性这个角度来看不属于社会行动,因为在他们中间并不包含行动者明确的主观意义。但从韦伯理想类型的原旨看来,情感与传统的行动可被视作对价值合理与工具合理之行动的"偏差",而在这个层面上他们也具有自身的意义,即便前者总体上表现为"不合理性",这两者仍然也包含了过渡到理性行动的可能。就当代转型中的中国社会而言,"理性"与"非理性"的复杂性程度远远超乎我们的想象。但笔者坚信韦伯社会行动理论的生命力与穿透力,相信其对于我们研究中国人行动的启发不止于一二。

三、中国访民理想型构建的逻辑

在中国当下语境中,"访民"是一个具有特殊含义的语汇,它所包含的内容远远超出了其字面含义本身。30多年前,随着"拨乱反正"任务的基本完成,中国社会步入常态化发展轨道,社会冤恨大规模产生的土壤不复存在。然而,令人始料不及的是,中国信访形势不但没有根本好转,反而从20世纪90年代开始愈演愈烈。信访是一个事关社会公平、大众福利,尤其是社会稳定的领域,它在某种意义上真实地表征了中国社会运行的景气指数。在倡行法治的今天,为什么信访这种具有"青天情结",依赖"长官意志"的诉愿方式仍然大行其道?"访民"这支奇特的队伍,成为令人怜悯、头痛甚至困惑的所在,不断撩拨着社会的敏感神经。对中国访民的解读,可能不

---

① [德]韦伯:《社会学的基本概念》,顾忠华译,广西师范大学出版社2005年版,第5—7页。
② [德]韦伯:《经济与社会》(上卷),林荣远译,商务印书馆2006年版,第56页。
③ 张广利、王登峰:《社会行动:韦伯和吉登斯行动理论之比较》,《学术交流》2010年第7期。

仅是理解中国信访局势的前提,而且是洞悉中国政治运行的必需。

然而人们往往习惯于从道义、法律等几大原则出发对访民做简单化、脸谱化的理解,为他们贴上"弱者""维权人士""钉子户"等标签,这实际上是对访民极其片面的认知。任何社会现象经由不同维度的观察,会呈现出不同的面貌,只有那些使该现象显著区别于其他现象的极端与突出的特征才有实际意义,也就是说对事物的深刻认识离不开对其"极化"的过程——韦伯是根据理性"含量"递减的原则来对社会行动进行分类的,这种"极化"分析法能否加诸对访民及其"理性"的分析?然而韦伯自己也坦言关于社会行动的理想类型甚至在现实生活中没有直接的对应物。不仅如此,韦伯据以建立理想型的"理性"概念在中国并无严格的对应词汇,如果直接套用这个理想型来分析中国访民的情况有着内在的困难。

进行访民行动类型构建的一个基本前提或者假设是:人不可能公开地做自认为没有正当性的事情,也就是说人们总要为自己的行为寻找合情、合理或合法的依据。这对访民来说更是如此,行动的理由是其诉求得以成立与持续的前提。在中国的语境中,情理法是一个紧密联系的整体,"理"总是以常理、道理、法理、天理等格式与其他价值联系在一起,而"正当性"的内核则隐含其中。同时,中国乃人情超级大国,"天理无非人情、王法本乎人情",感性的作用常常在理与法之上,对基于理性的制度运行常常形成解构。对此,金观涛从常识理性的角度对中国人的文化价值取向进行了剖析,他认为中国文化的终极关怀是道德,而常识理性构成道德的基础。毋庸置疑的常识和人的自然感情(人之常情)作为中国文化合理性标准一起成为论证社会制度(行动)与道德伦理之正当与否的基础,"在这种推理方式中,常识(人之常情)首先被认为是天然合理的,是不能怀疑、不必深究的东西,然后用它们来类比、外推产生出高层观念",即常识理性结构。[1] 显然,构成中国人社会行动依据的"常识理性结构"与西方语境下的"理性"之间有着显著的差异,基于理性单一维度的行动分类可能不足以涵盖中国的情形。

另外,韦伯所分析的社会行动主要是由个体实施的,即确立了个体具有自主性这一前提。在现代化、理性化的过程中,"个人不再被视为整体的一部分,而是体现了'自我'的主体性,和他人区分开来。人们通过'深思熟虑',为他自己选择合适的手段来实现他的个人目标,而与他人发生结合关系只是因为这是实现目标的手段。"[2]但在中国社会中,个人尽管要基于关系而存在,却无法在对"私"的追求中实现"公",为公共利益达到"共同体的善"。中共建政后,曾实现了基于强势意识形态的整合,建立了与计划体制相吻合的准共同体社会结构。但改革开放后一旦这种意识形态解体便使"常识个人主义膨胀为市场经济提供正当性和价值动力",而"建立在现代常识理性之上的常识个人主义是一种关系的个人主义。它表现在经济的组织方面,不是建立一个唯权的契约社会,而是关系社会"[3]。不仅如此,这种个人既然不是西方自我代表的个人,那

---

[1] 金观涛、刘青峰:《开放中的变迁》,香港中文大学出版社 1993 年版,第 235—249 页。
[2] 徐珂:《意义的叠加和浮现——对社区和社区发展理念的梳理》,载于复旦大学社会发展与公共政策学院社会学系:《转型中的中国社会——复旦社会学讲坛(第 2 辑)》,上海社会科学院出版社 2008 年版,第 289 页。
[3] 金观涛:《探索现代社会的起源》(未刊稿),第 143 页。

么在没有充分发育的情况下,个人主义极有可能沦为现代社会形成中的障碍性因素。查尔斯·泰勒(Charles Taylor)就曾提出过关于个人主义的隐忧,"人们失去了宽广的目标,因为他们只关注他们的个人生活……换句话说,个人主义的阴暗面是把自我放在中心位置,这挫平和限制了我们的生活,使之缺少意义,并对他人和社会漠不关心。"[①]

这很符合当下中国的社会实际:在情理法这样的架构中,未必只有符合理性的要求才能成为社会行动的主要理由,相反,反理性的情感也常常成为社会行动的坚实依据。即使于重大的事务,人们也未必事事、时时、处处权衡利弊、精心算计——这并非一概由于人们缺乏足够的时间和精力,我们的情感、习惯等反而会以无意识的方式"多快好省"地处理人们的行动。从缺失理性传统这个意义上说,传统中国社会中人们主要的行动类型是情感行动与传统行动——自然其中也纠葛了理性化的内容。中共建政后以革命伦理进行了社会建构,形成了新的社会传统,这在某种意义上是反理性的。改革开放以来,我们不断加强工具理性建设,严格控制不良"社会资本"的建构与扩散,以实现社会合理化、现代化。但旧有的、固有的东西剪不断、理还乱,人情社会的血缘、伦理与工具理性、工商文化的结合,不断功利化并以其强大的惯性支配和影响着我们的生活。在这种情况下,中国访民的理想型要具备本土化的逻辑基础,就必须对韦伯社会行动的理想型进行适当修正。鉴于此,本文把对"理性"的考量延展到感性区域,将"理性-感性"作为支撑中国访民行动依据的一对指标,即不仅关注理性的"浓度",也关注理性的"方向"——感性本身可以视作"负"理性,这种处理甚至可以把一些精神、心理癫狂的情形纳入进来,而"精神病"上访在事实上也一直存在着。

不过,这个标准仍然显得过于纯粹——作为具有浓厚政治色彩的信访制度历来为社会所形塑,而中国访民的行动并不完全发乎当事人一己之情理,他们行动的理由具有弥漫性,支撑其行动的"正当性"不但相对含混和模糊,并且具有情景性和"关系"性。"个体性—社会性"这对指标用于刻画当事人背后的社会与历史因素,以弥补韦伯没有考虑社会因素的缺陷。通过对访民行动社会性的分析,实现对其行为的臧否与褒贬——尽管本研究声称悬置对访民的价值评判,但社会对他们的认识和看法毕竟是一种既成的事实。于是,"理性—感性"作为"合理性"即"如何行动"与"个体性—社会性"作为"合法性"即"为何行动"的交叉组合形成了四个板块,与韦伯社会行动四种理想型的名称一一对应(见图1),形成了本文分析的逻辑基础。

四、关于访民理想型的一个简约分析

事实上,在现实生活中社会行动很少会表现为某种单一的形式,他们往往会接近于多种类型或者混杂着不同的类型要素。而当初韦伯并不单单对社会行动及其合理性进行分类,他还在此基础上分析了人类行为的理性化及社会发展的合理化倾向,对社会事实甚至历史发展

[①] Charles Taylor, 1991, *The Ethics of Authenticity*. Cambridge: Harvard University Press, p.4.

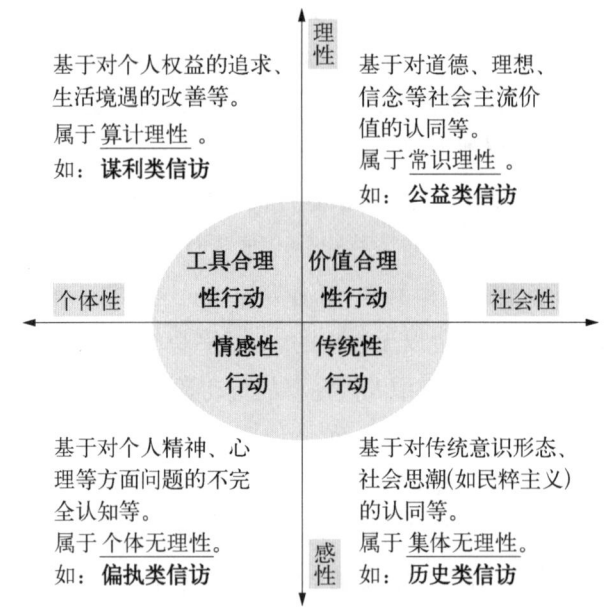

图 1　中国访民的理想型

提出了深刻的洞见。一如韦伯关于社会行动理想型的分类只是一种有意识的主观建构,不可能穷尽所有的行动方式,但却构成理解人类行动的基础,确立中国访民行动的理想型并非为了人为地简化他们行动的复杂性,相反,这种抽象与简化反而是洞察访民行动复杂性的前提。

(一) 工具合理性信访: 纠缠的逻辑与技术

在认为工具理性代表了现代社会发展方向的同时,韦伯对工具理性过度侵入人们的生活忧心忡忡:工具理性容易导致个人或组织追求自身利益的最大化,甚至损人利己,这在当下中国不乏注脚。由于传统、习俗、道德等对人的约束力下降,加之没有宗教信仰的传统,中国访民的工具合理性主要是一种"算计理性",其行动往往表现为利己主义的展开,或至少没有共同的利益或公益的性质,谋利型信访就是其突出表现。这些利益既有对个人正当权益的追求,也有基于生活境遇的求助,但更多的是以信访为平台谋得额外的利益。在这类信访中,访民掌握了一套娴熟的思路、策略和技术,他们对各种手段烂熟于心,无所不用其极,尤其是"纠缠"的实践与逻辑,早已走出"一哭二闹三上吊"这样的"形下"低端款式,不断趋向政治化甚至国际化。

1. "依法"纠缠

对于缠访、闹访者来说,"纠缠"是他们最重要的武器。但纯粹的纠缠,则无异于无赖,不但在道德上难以立足,而且也会激化与政府人员的矛盾,甚至触犯刑律。因此,许多聪明的上访者往往紧紧把握住"底线"原则,做到踩线不越线,"依法"纠缠、"安全"闹事。"依法"表现在两个方面:一是守法"自保",遵守治安和刑事法规,防止"犯事"。二是依法"理论",至少将法律当作工具意义上的武器。许多访民长于死抠法律的条文、字眼儿,以找出法律文书的瑕疵和问题,与官员死磕。①

2. "有理"取闹

按照常情常理,中国人的行为准则是相对明确而清晰的。相反,通常以明确的条文作为载体的"法"在指导人们行为的时候,却相当含混。事实上,人们对"法"的理解通常不是刻意去"守"法,而是不能"犯"法,即不能触犯刑事法律。在中国人的行为认知中,"理"对人的支配力远在法之上,他们认为只要不犯罪,就可以按常情常理来支配自己的行为。

3. "抱团"行动

抱团上访,自然可以使个体上访者找到"组织"、获得归属感。"除了纯粹的集体访(比如因整个村庄的土地被征而导致的上访),抱团有两种情形:一种是将个体访转化为集体访,即召集家人、亲戚、朋友甚至花钱雇人来制造声势、施加压力;另一种是访民自发或有组织的集体行动,尽管组织方式比较松散。"②"抱团""拼访"无疑可以降低长期信访的风险。

4. "国际"战略

近几年来,在国家领导人的出访中常常有访民"随访"的影子,造成了恶劣的国际影响。在中国人的心中,京城、朝廷、中央一脉相承,代表了"天命"和最终、最高的正义。③ 信访国际化的要害在于它对传统权威模式的突破——将"国际社会"确立为高于中央的外部权威,访民施压对象也转向"中央"本身。信访国际化一般有三条路径:一是向外媒报料以获报道;二是去外国驻华机构"告洋状";三是赴国外甚至中国香港、台湾地区"上访"。

(二) 价值合理性信访:意识形态及其变构

韦伯认为价值合理性类型的行动比较罕见且以宗教活动为典型。这在中国有所不同:由于宗教相对式微,不是正式的制度,意识形态往往充当了价值合理性行动的依据,它是毋庸置疑的缺省的正确,是只知其然而无须问其所以然的行动理由。同其他三种类型相比,价值合理性信访的正当性理由最为充分和主流,访民立基于"政治正确"信念的行为祛除了功利考虑——或者说物质利益只是他们价值化了的信访行为的副产品,比如在一些"反腐"或者"要个说法"的背后可能顺带着利益诉求。

1. 意识形态的正当性

近现代以降,随着社会变迁、朝代更迭,中国人固有的主导价值体系不断受到冲击,但以意识形态整合社会的机制依旧。中共建政后至改革开放前,以"为人民服务"为核心的共产主义意识形态作为建构、整合社会的手段占据主导地位,形成了民众与国家关系的基本定位,成为维持

---

① 一些访民准备的涉诉信访材料之丰富与精致令人叹为观止,他们不但会附上法律条文,而且也常常加了批注、索引、案例等。

② 刘正强:《扩展型信访:对中国信访僵局的一个基础性解释》,《思想战线》2015年第4期。

③ 欧中坦:《千方百计上京城:清朝的京控》,谢鹏程译,载于高道蕴、高鸿钧、贺卫方编:《美国学者论中国法律传统》,中国政法大学出版社2004年版,第512—551页。

执政合法性的基础,更为百姓提供了长久的期许。韦伯曾提出过的三种权威来源之一的卡理斯玛权威,其超凡魅力在这个体系中更是空前绝后①,貌似十分癫狂的情感型行动,可能有着价值合理性的内核。这种威权政体的"政教"合一力度更强,自然也能为人们提供更坚实的行动根据。意识形态话语对作为政治上"正确"的信访活动有着直接的支撑和论证作用;而访民由于长期浸淫其中、耳濡目染,对这套话语非常熟悉,援引起来更是信手拈来、轻车熟路。

2. 意识形态的持久性

"文化大革命"结束后,意识形态经历了重大转型,其各个组成部分之间的关联也不断松动。不过,由于其本身的历史惯性,兼中国核心的政治构架维持如初,党—政—民这一基础性的政治格局依然如故,中共在向执政党转型中仍然注重保持社会动员能力,以新思想、新论断刷新马克思主义政党的政治本色。由于继承了中国传统中的卡理斯玛权威②,并努力将其渗透于社会的方方面面,中共及其传统意识形态仍然构成访民价值合理性行动的主要来源。党的十八大、十九大以来,访民行动的理论支点也与时俱进,但举凡法治、反腐、中国梦、"打老虎"等基本无出其右,仍与意识形态相关或被意识形态化。

3. 意识形态的延展性

一般来说,访民的价值合理性行动往往基于对道德、理想、信念等社会主流价值的认同而生发。由于作为治国方略的法治的普适性不断彰显,它本身也常常被意识形态化,成为人们支撑自己行动的依据。价值合理性行动的出发点在于"社会性",具有一定的公益、公共与利他性质,并常常由工具合理性行为转化而来:"一些访民长年累月上访后,对最初的上访缘由逐步淡化,甚至抛到一边,转而开始'关心政治'、关心国家大事,将自身的问题赋予了广泛的政治色彩,从'政治高度'上解释自己的信访事项,越来越具有泛政治化的倾向。"③

(三)情感性信访:疯癫与文明的当下

诚如前面的分析,在中国人的情理法结构中,"情"往往居于核心位置,甚至广义上的情(人之常情)构成人们行动的正当性理由。在情感性信访行动中,各种情感性的心理与精神状态是支撑当事人信访的主要动因,外观相似的信访行动,既可能是经过理性化了的深思熟虑,也可能是因为咽不下一口气而为之。即使这些诉求以非情感性的面目出现,情感性信访的性质仍是不变的。普通的信访行为如果掺杂了情感的因素,就会变得更加复杂,形同火上浇油。但情不是独立的,在情背后依然有理性、道德等因素的支撑——韦伯虽然认为情感是个人的心理活动,但他仍然倡导在社会层面上对此做理论分析。毕竟一个人由情感而信访仍然是广义文化的产物,是情感与尊严、利益等的结合。

---

① 比如仅仅因为要"听毛主席的话"就可以做出许多在今天看来匪夷所思的举动,为了公社的一根木头甚至可以牺牲性命。

② 在现代社会的制度建设过程中,卡理斯玛权威可能会经由一个常规化过程而以新的形式生存下来,继续发挥巨大作用,即某些特定组织形态获得了超凡禀赋的特征,从而成为卡理斯玛权威的化身(艾森斯塔得,1968)。见周雪光:《运动型治理机制:中国国家治理的制度逻辑再思考》,《开放时代》2012年第5期。

③ 刘正强:《重建信访政治——超越国家"访"务困境的一种思路》,《开放时代》2015年第1期。

1. 情感性信访的社会土壤

何以情感性信访在当今成了一个社会问题,这与社会总体结构密切相关。在一个社会转型和急剧变迁的时代,由于现代化的挤压尤其是物欲对人的袭扰,人的心灵很难得以舒展;而社会失范、社会矛盾、社会不公等也会不断地对人的心理造成折磨甚至扭曲,使得暴戾、怨恨、抑郁等情感不断释放出来。大众情感燃点的不断降低及网络的持续助推,刺激着社会的敏感神经,情感性信访就是这种情绪与信访制度相结合的产物。由于信访制度对信访人总体上秉持有理推定的原则,不可能对信访事由与当事人进行过滤,遂使信访成为这类访民的心理与精神宣泄渠道。

2. 情感性信访的个人特质

情感性信访者在自身精神、心理等方面存在着不完全认知,偏执是他们的共有特征,这属于个体无理性,一些信访钉子户之所以爱较真、认死理,往往是由他们独特的人格特质决定的。偏执型人格一般无碍,但其一旦与信访制度碰撞则可能导致意外后果,易于释放极端情绪乃至失常行动,当达到一个临界点时,心理障碍或者神经质就可能会转化为精神疾病。[①] 当然这并不一定意味着完全的精神失常,许多人在精神上偏执和妄想的同时,借访谋利生财的念头依然清晰,理性与疯癫混杂在一起。

3. 情感性信访的治理误区

在改革开放前甚至一直到20世纪90年代,国家在某种程度上保有着"专制权力"[②]作为社会治理的兜底性机制,情感性信访必然会受到抑制。但在倡行法治、保障民生、弘扬人本的社会环境下,国家缺乏对纯粹情感性信访的阻却手段,导致这类信访快速滋长。更令人忧虑的是,官方常常以治理牟利性信访的思路来治理情感性信访,即以压制与收买两端人为将情感问题利益化、矛盾化,这在拉高信访治理成本的同时,并没有使情感性信访得以缓解。而民众对情感性信访的理解也具有某种情感化、情绪化的色彩,如孙东东曾因为对老上访户"99%以上精神有问题"的言论而招致轩然大波[③]。

(四)传统性信访:作为一种"政治记忆"

传统性信访大体上是情感性与社会性的结合。不过,同其他三类行动相比,传统性信访具有一定的模糊性——这取决于我们如何看待访民为何、因何而行动。韦伯所谓的"传统性行动"

---

① 如何判断访民的精神状态不是一个单纯的医学问题,即便对精神病问题本身历来也是争议颇大。在福柯看来,我们现在所拥有的一切关于疯癫的知识都是理性的偏见,正是科学主义和理性主义使正常和非正常结构化了,精神病人从此被现代文明制造出来。见[法]福柯:《疯癫与文明》,生活·读书·新知三联书店2007年版。

② 迈克尔·曼曾将国家权力区分为专制权力和基础权力。专制权力是一种针对市民社会的国家个别权力,它由国家精英运作,且无须跟市民社会协商即可行使。参见[英]迈克尔·曼:《社会权力的来源》(第三卷),郭台辉、茅根红、余宜斌译,世纪出版集团2015年版,第17—18页。

③ 孙东东认为,一般人对精神病有误解,认为只有那种疯打疯闹蓬头垢面的,才是精神病。但实际上有相当多的精神病人,只要不涉及精神症状,别的都正常。他认为偏执型精神障碍属于需要强制的一类。这些人为了实现一个妄想症状可以抛家舍业,不惜一切代价上访。实际上他们反映的问题已解决,或者根本就没有问题,然而却没完没了地闹,http://news.ifeng.com/mainland/200904/0403_17_1089530.shtml。

类似于集体无意识下的行动,即无须后天学习、不假思索的行动。但集体无意识这个概念具有浓厚的思辨色彩,它本身难以上升到经验层面,尤其是考虑到中华文化的复杂特质,其对中国人行动的理解与解释尚需拓展。

1. 传统行动与集体无意识

在弗洛伊德看来,人们精神生活中的意识部分只代表了人格的外在方面,而深不可测的无意识则包含了种种隐秘的力量,这些最本质的部分乃是人类行为真正的内力,属于人的心理结构中更深的层次。荣格则进一步把无意识区分为个体无意识与集体无意识两个层次,集体无意识作为深藏在人类头脑中一种不由自主的精神活动,是一种代代相传的无数同类经验在某一族群成员心理上的沉淀,而相应的社会结构则是这种集体无意识的支柱。其实,韦伯对"传统性行动"的解释也语焉不详,在他关于社会行动的理想型的设想中,传统性行动未经理性思考,其理性的浓度庶几为零。但纯粹无理性的行动似乎匪夷所思,除非是本能性的行为,否则人类怎么可能从自己的行动中完全驱逐理性?

2. 信访作为一种"政治记忆"

韦伯是在高度抽象和概略的意义上使用传统性行动这一概念的,他假设在人们的惯习中并没有理性的成分,这是失之偏颇的。一些典型的传统性行动如婚丧嫁娶的各种礼仪、基于交通规则的驾驶行为等是通过根深蒂固的习惯作出的。在这些礼仪和规训的背后,不可能没有当事人的理性思考,只不过这种行动已内化到人们心灵的深处,大家习焉不察罢了。在现实语境下,传统性信访"实质上是中国人特殊文化心理的外显,尤其是人们政治习惯的集中展现","作为一项根源于群众路线的政治辅助制度,借由政治时代的不断'植入',信访已成为中国人深沉的政治记忆。"①传统性信访可以理解为在政治记忆被激活后所导致的行动。

3. 传统性信访的"政治正确"

在韦伯看来,传统性行动迟早要被工具理性行动所取代——法律等现代制度就可以看作是对这类行动的克服。但一些似应过气的风俗习惯,却每每在后来的制度文化中得以传承——传统性信访就是一个注脚:中共倡导的群众路线、公仆理念等常常与传统残存的皇恩意识、清官情结等形成亲和与叠加,致使民众对于执政党和政府的角色期待更是有增无减,有困难找党找政府成为民众的集体无意识与不假思索的行动。因而,尽管作为"理性"对应物的制度设置不断完善,而与此在表面上相冲突、对立的传统性信访机制却屡屡被激活与唤起,并没有式微的迹象。

五、中国政治变迁如何形塑访民行为

在中国访民的理性结构中,意识形态向来是具有支配性的力量:在以意识形态统合为特征的中华人民共和国政治架构中,国家拥有成熟的逐级动员体系,"通过'共意'形成了集体行动框

---

① 刘正强:《国"访"焦虑的政治化解——对信访制度回归政治本位的一个论证》,《经济社会体制比较》2016年第5期。

架,形塑了民众的认知、情感和意识","使社会动员既能够由上层推始,也能够在一定程度上得到基层的响应和贯彻"①对于现实中林林总总的信访行动与理想型的差异,需要我们立基于本土立场,从中国政治与社会变迁的实际出发,在韦伯理解社会学理论的观照下给出一个概略性的理解。

(一) 原初设计:作为大众民主实践样态的信访

中华人民共和国成立后,在大一统的计划经济体制和高度集权的政治模式下,新的政权实现了以强大的意识形态统领为主导的社会整合。随着国家机器的逐步健全,国家与社会的治理应当逐步建立在官僚制的常规机制之上,但这有着几乎不可克服的困难:"如何防范科层制的僵化、保守及回应性不足的问题,不唯中国,也是在世界范围内面临的一个难题。"②从建政伊始,毛泽东就对官僚体系抱有深深的警惕,试图建构一条可以直通民意的制度装置,使底层民众可以直接触摸国家权力。奠基于群众路线、人民民主等中共执政伦理的信访制度就是破解此困境的一个有意无意地创造,并同毛泽东的卡理斯玛效应结合在一起,成为中国民主政治相对滞后情况下具有中国本土特色的政治参与方式。作为最贴近弱势群体的一项"草根"制度,信访成为底层民众非制度化的发声装置与表达渠道,使他们举凡求助、哀告、抱怨、诉苦、抗议等愿望得以表达。

在政治挂帅的年代里,价值合理性信访无疑占据主导地位,与当时此起彼伏的政治运动共生、共鸣,构为那个时代的政治原生态。其他三种类型的信访行动不但不占主流,而且要受制和服从于总体的政治安排。当然,受政治文化的浸润,信访制度也是民众释放无产阶级情感的平台乃至发泄生活怨恨的渠道,这使得在情感性行动与价值合理性行动之间很难形成一条明显的界限:韦伯认为"如果为情绪制约的行动以有意识的发泄感情的形式出现,那便是一种升华:它在大多数情况下已经处于通往'价值理性化'或者目的行动,或者二者兼而有之的道路上。"③情感因素的加入,往往会为信访行动注入燃料,并可导致情感行动与价值理性行动的互相转化和强化——如果没有情感诉求的推动,单纯的价值合理性行动也难持久。传统性信访同样助推了这种混合的信访格式,"党中央、毛主席"几乎承载了传统的皇恩和青天意识,为芸芸民众所追逐、触摸、膜拜,这是那个年代里的一种常态。

(二) 拨乱反正:信访的社会救援行动

一直到20世纪80年代前,在意识形态的强力渗透与社会的致密管控下,信访与政治运动互为表里,成为毛泽东时代群众运动的惯常表达方式。人们可以借助信访表达政见甚至异见,表明自己的政治态度,特别是揭发政权机构中的官僚主义、形式主义等问题。"价值合理"成为当时信访的主流,构成那个特殊政治时代的底色。而一旦"文革"结束、政治时代终结,高度政治化

---

① 范斌、赵欣:《结构、组织与话语:社区动员的三维整合与社会建设》,《2012年中国社会学年会政治社会学分论坛论文集》(未刊稿)。
② 刘正强:《"总体性治理"与国家"访"务——以信访制度变迁为中心的考察》,《社会科学》2016年第6期。
③ [德]韦伯:《经济与社会》(上卷),林荣远译,商务印书馆2004年版,第56页。

了的信访之政治色彩自然迅速隐退,价值合理性信访开始式微。

在"拨乱反正"期间,全国对历史遗留问题甄别、处理的力度空前。应星曾从制度的角度将中华人民共和国成立以来的信访分为三种类型:大众动员型信访、拨乱反正型信访和安定团结型信访。① 事实上,拨乱反正型信访是一种特殊的、过渡形式的动员型信访——"平反落政"就是自上而下的平反冤假错案与自下而上的信访上告合力的结果。叶笑云认为,"革命逻辑的泛化导致制度功能的紊乱,最后通过信访制度平反冤假错案,实现拨乱反正和秩序恢复,执政党通过制度进行了自我纠错,合法性基础得以修复,政治体系得以恢复平衡。"②燃烧的激情、狂热的政治、领袖的魅力持续降温,"工具理性"成为访民的支配性行动原则。曾几何时,人们的利益表达受到漠视,拨乱反正期间信访的反弹乃至井喷实质上是对这些功能的恢复。嗣后,人民内部矛盾被利益化解释与解决,中国进入了世俗和功利化的时代(见图2)。

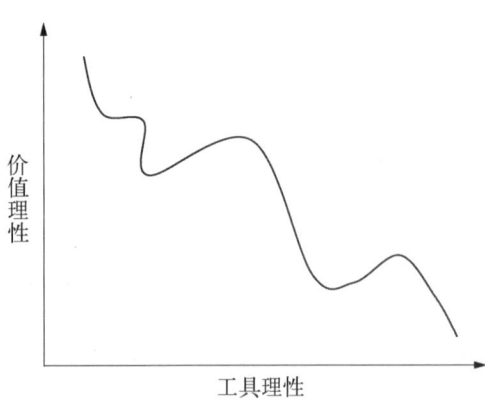

图 2 政治变迁与"理性"演变

(三)维稳时代:被反转了的信访治理

伴随着国家治理方式的变迁,信访的去政治化引发了始料不及的后果。"在国家主导的背景下,信访政治化主要表现为信访制度受制于国家的政治安排,以政治化、运动化等非常规的运作为特点,成为贯彻国家政治任务的得力工具。""去政治化意味着国家不再'运动'信访,信访的主导权由国家下沉至社会。"③在国家与社会转入常态化的运行后,信访的动力机制由国家转向了个人,政府职能的履行也要顾及合法性、正当性等原则,受有限、责任、法治等的规制,主要运用技术性和物质性的手段治理社会,传统治理手段萎缩,治理难度加大。"在这种情况下,国家不再鼓励而是防范民众的信访尤其是来访,信访不但不能承载政治动员的功能,而且反而成为被治理的对象。"④于是,政治说教被摒弃,物质利益被重视。随着压力式信访体制的建立,信访运行剑走偏锋:"维稳"成为信访治理的总原则,国家对信访由倡导变成抑制,信访由社会治理的手段演化为被治理的对象,信访行动从总体上受到抑制。

六、小结:基于访民理想型的治理愿景

回望改革开放近 40 年来的实践,毋庸讳言,整个社会变迁之剧烈,给人不啻以天翻地覆、改

---

① 应星:《信访救济:一种特殊的行政救济》,《法学研究》2004 年第 2 期。
② 叶笑云:《平衡视阈下的当代中国信访制度研究》,复旦大学博士学位论文,2008 年。
③ 刘正强:《重建信访政治——超越国家"访"务困境的一种思路》,《开放时代》2015 年第 1 期。
④ 刘正强:《重建信访政治——超越国家"访"务困境的一种思路》,《开放时代》2015 年第 1 期。

天换日之感。在新的历史阶段,整个社会风尚已经从追求超凡入圣转向了回归常识与世俗理性。在这种社会境遇中,理性、激情、利益等之纠葛是一种社会常态,而当其诉诸访民时则格外复杂,其行动之多姿多彩远远超出人们的想象。本文所尝试建立的访民理想型,依照韦伯的思路,就是谋求在现实行动与理想型的偏离中实现对访民行动新的认知和诠释——这种分类尝试为深入洞察访民这个特殊人群提供了一个新的视角。

基于访民的理想型,信访治理理应在总体性反思基础上,走出基于"维稳"要求的以收买或打压为特色的非常态治理惯习,形成更加精准的分类治理结构,最终通过刷新与盘活信访机制使其潜在的制度优势转化为显性的治理绩效。不过,这四种理想型毕竟与现实社会形成了某种区隔,如果不过分拘泥于这种抽象分类的"乌托邦",则可以退而求其次,使用与理想型大致对应的算计理性、常识理性、个体无理性、集体无理性这四种行动状态与现实进行对话,而谋利类信访、公益类信访、偏执类信访、历史类信访则分别是其最具代表性的类别。在此基础上,可以形成一系列的应对思路与策略。抑制策略主要针对谋利类信访,即通过抑制而不是激化和放大当事人欲望、需求的方式来化解信访问题。在实践中,拿钱摆平已成为应对谋利类信访的通常套路,加剧了信访治理的困境,并诱使其他三类信访行动利益化。与谋利类信访相比,虽同受理性的约束,公益类信访的出发点却在于"社会性",其主要诉求具有一定的公益、利他性质,适合采用引导策略,发挥这类信访在纠正与完善公共政策方面的作用。对于偏执类信访,由于当事人一般都有各种各样的思维问题或精神障碍,可能更需要专业机构的介入和专业手段的使用,而不适用常规方法,即对他们采用容忍策略,既不主动干预,也不置之不理,而是适度容忍、淡化处理,甚至用时间来消弭这类问题。由于问题的产生根植于社会结构,历史类信访问题比较敏感且在短期内难以解决,预警策略意味着对这类问题要保持高度敏感,以防止此类行动受民粹主义等社会思潮的影响转化为政治群体性事件。

在中国的制度体系中,信访无疑可谓最亲民的制度之一。作为中国政治体系的缺省配置,信访于保障中国政治安全功莫大焉。它是社会运行的救援系统与公民参与的制度预备,是中国对世界的政治制度多样性贡献。今天,尽管信访制度危机重重,其赖以生成与运行的社会政治环境却没有发生本质性的改变,基于政治、通过行动认识与解读访民群体构成我们洞悉与走出信访治理困境的一个基础性前提。"社会行动理论"作为韦伯思想中最灿烂的部分之一,历久弥新,将持续启迪着我们对信访治理愿景的理论想象。

(原文载于《学术月刊》2018年第2期)

中国社会治理的转型及其逻辑*

张虎祥

作为国家治理体系的重要组成部分,社会治理是国家治理能力在社会领域的重要体现。随着全球化趋势的深入发展以及我国经济社会发展进入"新常态",社会治理格局也将发生深刻的变化。相较于西方意义上基于成熟市场经济与公民社会的"治理"(governance),当代中国的"治理"发生在我国尚处于社会主义初级阶段,工业化还没有完全完成,社会矛盾积累并频发,社会发育滞后。虽然也遇到类似于西方发达国家的市场失灵和政府失灵,但这些"失灵"更多地表现为市场不完备、制度不健全、法治缺失以及行政体制僵化、官僚主义和官员腐败等问题,由此,中国语境下的"治理",即如习近平总书记所说的"治"(ruling)国"理"(managing)政。① 要理解当下中国的社会治理实践及其发展,不能简单地照搬或参照源于西方的治理理论,而是必须在"全球化与本土化、传统与现代、国家与社会、治理与秩序"等多维视角下,才能准确把握"治理"在当下中国的特殊意义。② 同时,也只有追溯中国社会治理的传统和实践,才有可能揭示蕴含其中的历史与现实逻辑及其相互关系,为当下乃至于今后社会治理格局的构建提供有益的借鉴。

一、传统中国的社会治理:以 18 世纪清朝、晚清及民国

论及传统中国的社会治理,国内外许多学者都有着较为深刻的认识,如费孝通先生的"双轨政治",即所谓"皇权不下县、县下皆自治"③;韦伯认为中国的村落是无官员的自治地区等。④ 进一步的讨论则关注传统中国地方自治"国家是否在场"的问题,如秦晖认为乡村治理呈现的是中央集权控制下的"编户齐名"⑤;罗兹曼此前也持类似观点。⑥ 此后,对中国传统社会治理的分析

---

* 本文曾获上海市第十四届哲学社会科学优秀成果奖(2016—2017)论文类二等奖,曾被《新华文摘·网刊》2017 年第 4 期、人大复印报刊资料《社会学》2017 年第 4 期、《体制改革》2017 年第 3 期转载。
① 习近平:《习近平谈治国理政》,外文出版社 2014 年版。
② 张虎祥、仇立平:《社会治理辨析:一个多元的概念》,《江苏行政学院学报》2015 年第 1 期。
③ 费孝通:《乡土中国与乡土重建》,台北风云时代出版公司 1993 年版,第 147—169 页。
④ [德] 马克斯·韦伯:《儒教与道教》,洪天富译,江苏人民出版社 2003 年版,第 77 页。
⑤ 秦晖:《传统十论:本土社会的制度、文化及其变革》,复旦大学出版社 2003 年版,第 21、27 页。
⑥ [美] 罗兹曼:《中国的现代化》,陶骅等译,上海人民出版社 1989 年版,第 79 页。

经历了"国家与社会"或"国家与宗族"二元对立的研究范式,又逐步转向以国家为主导的多元治理主体的讨论,即认为传统中国乡村社会治理是"官督绅办"或"官督绅治"[①];国家的不干预是因为政府目标和地方非官方制度安排的融合,能够使国家和社群共同参与,官方职能与地方制度安排交织在一起[②];正式官僚机构的简约化是因为在治理实践中依赖不带薪的准官员,从而使中央王朝能够对乡村治理实施半正式简约的行政方法[③];但国家权力通过经济组织、社会组织和宗教组织等深入到社会底层,也陷入了"内卷化"的困境。[④] 同样的,作为传统社会政治、军事、文化中心的城市,尽管随着商品经济的发展,商人社群也开始参与社会治理,但仍然处于国家高度控制和全面治理之下。上述研究表明,国家权力是社会治理的主导,国家意志能够透过各种制度安排,控制并深刻地影响着地方社会;社会只有在承认国家合法性的前提下,才具有相对独立的自治空间;而国家只有顺应社会的变化,才能在治理实践中获得其合法性或正当性。

作为中国历史上最后一个王朝,清朝统治者认真总结了中国历朝包括少数民族政权的统治经验,全面继承并发展了以儒家为主体的中国传统文化,其确立的正统观包容或者说孕育着新的多民族国家观念,并由此实现了从民族认同到统一国家认同的转变,初步奠定了中华文化一体格局。[⑤] 可以说,清王朝的社会治理集秦一统以来之大成并臻于完善,尤其是处于历史鼎盛时期的"康乾盛世",显示出当时的社会整合处于较高水平且社会秩序较为良好。

从整体上看,官僚体系的建构、行政效率的提升与信息网络监控为社会治理提供了最重要的条件。作为国家行政的组织基础,朝廷允许县一级向下作一些延伸,任命县丞和主簿以及在村庄建立准官府性质的典史。[⑥] 清政府以皇帝为中心,构建了一整套高效率的信息网络,提高了统治者对于信息的掌控能力并由此增强了皇权的效率和对官僚的控制能力,如雍正的密折制度和利用满族包衣建立起来的行政监视网络[⑦],成为与正式科层制(官僚制)并行的信息摄取和监控制度。[⑧] 在治理实践中,庞大的官僚行政体制沿用了明代以来逐渐形成的一些治理措施,并将一些纸面上的制度执行得更有效率。如在1720年前后到19世纪初,国家通过一套严密的规章制度和官僚机构以及技术性相当强的复杂的"近乎自动化的程序"操作,在赈灾救济过程中发挥了积极作用。[⑨]

在地方社会中,地方精英与官僚体制的结合形成了地方治理网络。毛泽东对传统中国统治

---

① 从翰香:《近代冀鲁豫乡村》,中国社会科学出版社1995年版,第36页。
② 李怀印:《华北村治:晚清和民国时期的国家与乡村》,中华书局2008年版,第15页。
③ 黄宗智:《经验与理论:中国社会、经济与法律的实践历史研究》,中国人民大学出版社2007年版,第428页。
④ [美]杜赞奇:《文化、权力与国家:1900—1949年的华北农村》,胡福明译,江苏人民出版社2003年版。
⑤ 常建华:《国家认同:清史研究的新视野》,《清史研究》2010年第4期。
⑥ 胡恒:《皇权不下县? 清代县辖政区与基层社会治理》,北京师范大学出版社2015年版。
⑦ [美]史景迁:《曹寅与康熙:一个皇室宠臣的生涯揭秘》,陈引驰等译,上海远东出版社2005年版,第241—241页。
⑧ S. E. Finer. 1997, *History of Government from the Earliest Times*, *Monarchies and the Modern State* (Vol 3). Oxford University Press, p.1137.
⑨ [法]魏丕信:《18世纪中国的官僚制度与荒政》,徐建清译,江苏人民出版社2003年版,前言、导论。

分析表明,皇帝的统治依赖于地主绅士①,此外还有能在地方上具有支配力量的范围更广、更具异质性的地方精英(如持有功名的士绅、地方长老,各种"职能性精英"等);②他们结成受中央权力控制的盟友网和恩眷网。已获功名的精英阶层的紧张焦虑(如后代能否维持其地位,与朝廷的潜在冲突)通过科举考试、发挥地方精英作用等方式得到一定化解。在人口密集和经济发达的核心区域,中央王朝将一些政府功能委托给地方精英,如处理灌溉、调解纠纷、慈善救济、收税、办学、储粮和办团练等。③

在城市中,"随着商品化的发展,出现了商业资本主义的许多迹象,如公共管理、民法、商业性印刷业以及自治团体"。④ 商人群体成了最有活力的社区领袖,承担着越来越多的公共功能,成为众多福利和市政服务的倡导者;由职业团体组成的会馆不仅逐步成为商业中心,而且形成了有势力的城市产业所有者(阶层),他们作为市民领袖协调社区事务,(会馆)甚至演变成城市的准政府。⑤ 地方政府与精英之间这种既相互依赖又相互抗衡的关系格局,意味着处于萌芽期的市场经济开始作用于社会治理,但也在逐渐蚕食政府的权力。⑥

"民惟邦本,本固邦宁"的民本思想始终是重要的官方意识形态,从皇帝到各级官员,民生受到关注且成为不容置疑的行动目的。⑦ 清代的爱民政纲不仅体现在不加派、大量蠲免钱粮上,还大力推进慈善事业与经济发展。⑧ 如在经济复苏方面,清政府安置流民并向他们提供耕牛、农具、种子等,用很大精力恢复水利系统;同时扩大商品私人生产和分配范围,缩小国家的垄断。虽然还存在家奴等贱民以及承受屈辱和强制劳役的"佃农"或"佃仆",但允许被看作贱业的世袭职业按正常平民入籍;在日常生活中签订书面契约已成为通常做法,官方和非官方都想将地方活动规范化,通过法律实施稳定秩序;鼓励移民,恢复生产,扩展疆域等。尽量避免因民本问题处理不当而引起的民变。⑨

意识形态控制以及文化教化成为黏合国家、精英与民众的重要手段。中华帝国在其历史绵延中不仅"发展出了一套独特的行政和军事机制",而且建构了"天下一统"和"君主至上"的政治文化。"天命论""尚贤论""德行论"为皇权和官僚制度提供了合法性基础,建立了循吏、清官信仰、忠孝等士大夫官僚阶层的基本的道德规范,形成了一整套文化教化体系。在地方社会,国家和地方政府也通过各种不同的形式来影响和促成主流价值体系向社会的渗透,形成大众共有的

---

① 毛泽东:《毛泽东选集(第2卷)》,人民出版社1968年版,第587页。
② Joseph W. Esherick and Mary Backus Rankin (eds.). 1990, *Chinese Local Elites and Patterns of Dominance*. Berkeley: University of California Press, p.140.
③ [美]韩书瑞、罗友枝:《十八世纪中国社会》,陈仲丹译,江苏人民出版2008年版,第55页。
④ William T. Rowe. "The Problem of 'Civil Society' in Late Imperial China." *Modern China*, 1993(2).
⑤ [美]罗威廉:《汉口:一个中国城市的冲突和社区(1796—1895)》,鲁西奇等译,中国人民大学出版社2008年版。
⑥ [美]韩书瑞、罗友枝:《十八世纪中国社会》,陈仲丹译,江苏人民出版2008年版,第55页。
⑦ [美]罗威廉:《救世:陈宏谋与十八世纪中国的精英意识》,陈乃宣等译,中国人民大学出版社2013年版。
⑧ 常建华:《清代的国家与社会研究》,人民出版社2005年版,第56—64页。
⑨ [美]韩书瑞、罗友枝:《十八世纪中国社会》,陈仲丹译,江苏人民出版2008年版;巫仁恕:《激变良民:传统中国城市群众集体行动之分析》,北京大学出版社2011年版,第321页。

核心价值观(三纲五常),并以此作为民众行为的道德规范①,成为清王朝社会秩序维护的重要依托。

晚清及民国期间,随着清王朝的衰败和西方列强对中国的瓜分,帝国政治体制和行政机构分崩离析,形成了所谓的"军绅政权"②,相对稳定的传统社会结构也日趋解体,社会治理也日益碎片化。科举制的废除以及皇权的崩溃,导致士绅"继替常轨"的中断,乡村传统士绅阶层逐步走向没落,"土豪劣绅"借助强制性力量横行乡里。民国时期国家权力虽然力图通过基层政权建设(如建立保甲制、新县制改革等)不断向下渗透,但由于高昂的组织成本与薄弱的组织力量,仍不得不借重和仰仗土豪劣绅势力来维持基层统治秩序,以实现国家对乡村社会的动员、控制以及对资源的汲取。③ 在此过程中,一些地方的乡村建设运动企图重建自治性的乡村社会,但终被战乱所打断。④ 与乡村衰败对照的是近代城市化的快速发展,出现了"市民社会"的雏形,尤其是在一些沿江沿海地区。⑤ 以工商业者、中高级专业人员、自由职业者为代表的城市中间阶层逐步形成,新式社团得到发展,并致力于慈善救济、文化发展、教育以及革命运动等社会事务,近代社会的"公共性"开始出现。⑥ 但是,国家政权在城市基层社会建立保甲制度的努力则由于新制度安排与实际生活脱节和隔膜而收效甚微。⑦ 反观之,中国共产党则走出了一条以政治动员与群众运动为核心的"延安道路"⑧,以"打土豪、分田地""推翻三座大山",解放劳苦大众的平民主义诉求为政治目标,发动群众闹革命,重新实现了乡村的组织化,建构了新的治理传统⑨,为全国革命的胜利奠定了坚实的基础。

二、计划经济体制时期的社会治理:
高度组织化⑩下的社会适应

1949 年中华人民共和国建立后,国家面临的是一个"胜利的困境"⑪,为了国家安全与发展

---

① 谷宇:《轴心制度与帝国的政治体系:中国传统官僚制度的政治学解读》,上海人民出版社 2011 年版,第 159—225 页。
② 陈志让:《军绅政权:近代中国的军阀时期》,广西师范大学出版社 2008 年版。
③ 周积明、宋德金:《中国社会史论》,湖北教育出版社 2000 年版,第 552—590 页。
④ 郑大华:《民国乡村建设运动》,社会科学文献出版社 2000 年版。
⑤ William T. Rowe. "The Public Sphere in Modern China." Modern China,1990(3).
⑥ 李明伟:《清末民初中国城市社会阶层研究(1897—1927)》,社会科学文献出版社 2005 年版;[日]小浜正子:《近代上海的公共性与国家》,葛涛译,上海古籍出版社 2003 年版。
⑦ 郭圣莉:《城市社会重构与国家政权建设》,天津人民出版社 2006 年版。
⑧ [美]马克·塞尔登:《革命中的中国:延安道路》,魏晓明等译,社会科学文献出版社 2002 年版。
⑨ Tetsuya Kataoka. 1974, *Resistance and Revolution in China: the Communist and the Second United Front*. Berkeley: University of California Press. [美]李侃如:《治理中国:从革命到改革》,胡国成等译,中国社会科学出版社 2009 年版,第 50—51 页。
⑩ 20 世纪 20 年代的知识界普遍认为,解决中国问题的出路首先在于对中国社会进行组织化,这也在一定程度上使得马克思列宁主义能够在各种社会思潮中脱颖而出,并最终促成了中国共产党的成立。而社会的组织化,首先意味着强有力国家的重建。参见李友梅等:《从弥散到秩序:"制度与生活"视野下的中国社会变迁(1921—2011)》,中国大百科全书出版社 2011 年版,第 26—30 页。
⑪ [加]周杰荣、毕克伟:《胜利的困境:中华人民共和国的最初岁月》,姚昱等译,香港中文大学出版社 2011 年版。

以及满足人民生活的需要,在资源匮乏、西方国家封锁的情况下,国家采取了高积累政策和资源配置集中体制。从1950年开始,随着统一财经、土地改革和贯彻稳定物价等措施的推进,人民生活水平逐步稳定并提高。1956年以后,我国完成了农村集体化和城市工商业社会主义改造,中国社会治理由此进入新的阶段:即在社会高度组织化的基础上,建立了以资源高度集中为基础的计划经济体系,国家依靠单位、居委会(街居制)和公社(1958年)对社会进行治理,形成了"总体性支配"格局和高度组织化的社会;平民主义的福利模式、集体主义的工作与生活方式、共产主义理想主导的意义系统成为国家制度逻辑的重要部分①,实际上也是国家治理社会的理想追求。

第一,从制度架构上,通过与计划经济体制相关联的单位制及其延伸,国家实现了对资源的控制与分配,单位成为社会组织化的基本单位。城市居民的日常生活与工作就业、社会保障与福利等直接或间接与单位相联系,形成了"国家—单位—个人"的纵向社会调控体系。作为革命后的组织形式,单位同时也承继了传统社会中间组织的属性,类似于乡村社会家族与个人关系模式的复制与翻版。② "单位"内部虽然存在着诸如依附(dependence)、庇护(patron-client)、特殊主义(particularism)等"传统"现象③,但这些现象并不能遮蔽中国共产党力图实现社会平等、为人民服务的努力。同时,国家建立了基于地域之上的"街居制"并力图实现横向的社会控制,将地方政府权力延伸到人们生活的日常区域——社区,从而将城市社会严密地掌控在国家的权力之下。④ 此外,在户籍制度基础上形成了"城乡分治"格局,人民公社的建立标志着社会组织化原则在农村得到贯彻,国家权力下沉到乡村社会,重塑了乡村社会结构,将农民的日常生活纳入行政化网络之中,农村的社会秩序也得以重建。⑤

第二,间或展开的"运动"在中国半个世纪的社会历史中成为社会治理的重要方式。从中华人民共和国的建立,到此后利用非制度化、大众化甚至是非理性的群众运动的治理实践⑥,都使得国家权力与政治力量深刻而透彻地嵌入于普通民众的日常生活之中。⑦ 运动本身也反映出国家意识形态所表现出来的发动群众积极参与的特征:从走群众路线到"两参一改三结合",再到"文化大革命"中的广泛的群众动员,力图使群众意识到积极参加运动关系到自己的短期或长期利益。⑧

第三,1949年之后的社会治理实践无不反映了党和政府"打造新社会""塑造社会主义新人"的努力。经由执政党意识形态转化形成的"政党伦理",为社会提供了一套以英雄模范为代表的

---

① 李友梅、肖瑛、黄晓春:《社会认同:一种结构视野的分析》,上海人民出版社2007年版。
② 刘建军:《单位中国:社会调控体系重构中的个人、组织和国家》,天津人民出版社2000年版。
③ [美]华尔德:《共产主义社会的新传统主义》,龚小夏译,牛津大学出版社1996年版。
④ 张虎祥、梁波等:《街居制的制度演化及其实践逻辑:基于上海经验的研究》,广西师范大学出版社2013年版。
⑤ 张乐天:《告别理想:人民公社制度研究》,上海人民出版社2005年版。
⑥ 林蕴晖:《乌托邦运动?——从大跃进到大饥荒(1958—1961)》,香港中文大学出版社2009年版;卜伟华:《"砸烂旧世界"——文化大革命的动乱与浩劫(1966—1968)》,香港中文大学出版社2008年版。
⑦ 郭于华:《受苦人的讲述:骥村历史与一种文明的逻辑》,香港中文大学出版社2013年版,第231页。
⑧ 孙立平:《平民主义与中国改革》,《战略与管理》1994年第5期。

评价体系、思想和行为规范,并以此规约"思想—知识"的活动样式和日常生活的价值评价①,树立起具有集体主义取向的"我为人人、人人为我"的良好社会主义道德风尚。也有学者将其视为"新德治",即"新德治的真理话语—国家的治理技术—个人的策略行动"的完善的社会治理体系。② 无疑,中国共产党社会治理实践贯穿了对理想社会的追求,它在约束着人民同时也改善着人民的生活。"共产党中国犹如一栋由不同的砖石砌成的大楼,它被糅合在一起,站立着,而把它糅合在一起的就是意识形态和组织。"③

但是,这一总体性治理框架的实践并不能完全消除人们通过策略性行为维护与日常生活有关的社会空间的努力,国家权力的强制仍然会受到来自"社会"的策略性抵制,普通民众会采用自己的方式,自发或自主地建构自己的"社会"。

在农村集体化运动中,当农民个人利益不能通过诉诸固有的价值观和习俗得到维护时,便逐渐转向使用政府允许的合法途径,运用官方的话语来表达他们的要求,力图在新的制度框架内获取"反制"位势,来维护自己的利益。④ 在城市中,国家仍然借用商品经济的形式实行生活消费品的分配。市民日常消费品包括文化消费品的供应方式采用的是一种"类市场"或"市场"的商品经济形式,而不像西方学者所描述的那样完全由单位直接分配各种生活消费品。⑤ 在面对如像上海那样具有强大的商业文化积淀的一些大城市,社会仍然会有其生长的空间。上海市民奉行的"不偷、不抢、不赌、不搞腐化、不反党"和"啥宁要侬管"(谁要你管)的行为准则,意味着国家与社会的政治、法律和道德边界在普通市民那里泾渭分明。⑥ 虽然经历各种运动的打击,但"资本主义尾巴"依然割而不断,对"资本主义生活方式"的批判难以收到预期的效果,甚至作为计划经济象征的消费品"票证"也形成半公开的"交易市场"……即使"文化大革命"期间在像上海那样的大城市,社会生活也仍然照常运行,维系社会生活的基本机制还在正常运转。⑦ 因此,在高度组织化的社会中,国家试图按照预设的理想蓝图来"改造"社会,但在社会和国家的互动中,社会也可能在悄无声息中影响着国家,并"迫使"国家不断改变其回应的方式。⑧ "国家"与"社会"往往会在一定程度上达成相互妥协,"社会"仍然具有一定的生存空间。由是观之,当前被普遍认同的观点,即认为改革前的中国社会是一个"总体性社会"⑨或"单位制社会",这种观点虽然触及了那个时代社会治理格局的本质,但至少不能断言建立在

---

① 刘小枫:《这一代人的怕和爱》(增订本),华夏出版社 2007 年版,第 281—282 页。
② 魏沂:《中国新德治论析——改革前中国道德化政治的历史反思》,《战略与管理》2001 年第 2 期。
③ Franz Schurmann. 1968. *Ideology and Organization in Communist China*. Berkeley: University of California Press.
④ 高玉凌:《中国农民反行为研究》,香港中文大学出版社 2013 年版,绪论。
⑤ 如大城市的文化消费等就是采用"市场"的方式。
⑥ 仇立平:《市民社会的延续与特大城市的社会治理:以上海为例》,"新型城镇化与社会治理学术研讨会"论文,2014 年。
⑦ 金大陆:《非常与正常:上海"文革"时期的社会生活》,上海辞书出版社 2011 年版。
⑧ 肖文明:《国家触角的限度之再考察——以新中国成立初期上海的文化改造为个案》,《开放时代》2013 年第 3 期。
⑨ 孙立平:《转型与断裂:改革以来中国社会结构的变迁》,清华大学出版社 2004 年版。

"私人生活"基础上的"社会"已经荡然无存了,并且这种状况依然影响着当下的城市社会治理。

三、市场转型与社会治理:变轨与延续

改革开放以来,社会治理所依托的组织制度框架开始弱化乃至于解体,单位制逐步松动,人民公社解体,新兴社会力量兴起,社会得到了一定的发育,逐步形成了社会多元主体并存的格局,使得20世纪末以来的中国社会治理转型呈现出与以往不同的特征。

第一,国家建设开始进入新阶段,国家行政体制在实践中不断深化改革。随着市场化改革的进一步深入发展,国际市场经济的通行规则反作用于国家科层体制。出于"为市场经济打造良好的政策和制度环境"的意图,国家行政体制改革开始快速推进,其管理的规范化和法治化水平进一步提升。例如20世纪90年代中期开始的几次政府机构改革、公务员体制改革、财政金融体制改革、自然垄断产业管理体制改革以及社会保障体制改革等,"中央政府在继续推动和深化市场化改革的同时,也在致力于重建国家体系"。[1] 同时,技术治理得到高度重视,强化依法行政,健全问责制,政府公共服务职能被纳入数字化管理等[2];现代信息技术也成为提升政府管理与服务能力和行政绩效的有效手段,推动了治理的信息化进程。

第二,制度优势所具有的包容性和适应性,使得国家能够主动回应社会的需求,积极参与社会组织化力量的培育和发展。自1978年以来,中国社会内部正在经历一场不可逆转的"权力分裂"过程,逐步发育出相对自治的社会空间。[3] 面对正在崛起的有组织的社会力量,虽然国家在与社会组织互动关系中仍处于主导地位,但两者之间在建立一个公正公平的社会体制上存在着高度的利益契合,使得社会组织在符合国家利益的前提下得到发展。[4] 国家对民间组织与第三部门不再实行全面或直接干预,而是依据整个社会发展目标,对不同的社会组织实施不同的控制策略和控制强度;[5]在公共物品的提供上,政府开始通过购买服务的方式允许社会组织提供一些公共物品。[6] 多数社会组织具有清醒的"底线意识"或法律意识,一般不会与国家直接对抗,因此,国家对公民结社权利的限制和对社会的干预是有效的。[7]

城市社会中单位社会功能的剥离与转移和城乡分割藩篱的打破,以及劳动力市场的开放,触发了大规模的人口流动,作为日常生活领域的城市社区开始成为社会治理的关键性领域。20

---

[1] 刘鹏:《三十年来海外学者视野下的当代中国国家性及其争论述评》,《社会学研究》2009年第5期。
[2] 渠敬东、周飞舟、应星:《从总体支配到技术治理:基于中国30年改革经验的社会学分析》,《中国社会科学》2009年第6期。
[3] 康晓光:《权力的转移——转型时期中国权力格局的变迁》,浙江人民出版社1999年版。
[4] 江华、张建明、周莹:《利益契合:转型期中国国家与社会关系的一个分析框架》,《社会学研究》2011年第3期。
[5] 康晓光、韩恒:《分类控制:当前中国大陆国家与社会关系研究》,《社会学研究》2005年第5期。
[6] 敬乂嘉、公婷:《政府领导的社会创新:以上海市政府发起的公益创投为例》,《公共管理与政策评论》2015年第2期。
[7] 王名:《中国民间组织30年:走向公民社会》,社会科学文献出版社2008年版。

世纪 90 年代以来政府主导的社区建设运动,力图在单位制松动后解决城市社会整合与社会控制问题,并自上而下开始重建国家治理单元。① 尽管社区的社会性在不断生长,但居委会仍然是国家与城市基层社会的结合部和缓冲部,承担着对上化解,对下"驱动运作"的双重功能;国家与基层社会演变为"粘连"关系,即国家对城市社区依然拥有一定的动员控制能力,但开始受到各种社会政治因素相当大的限制。②

由于资本与不受制约的地方行政权力对社会的侵害,社会矛盾加剧,往往发展成群体性的抗争事件。面对由此带来的对社会稳定和社会秩序的威胁,政府能够在制度框架内,采用灵活的治理策略,化解基层社会的矛盾和冲突。这种治理策略也可以称作"体制吸纳",即将社会组织和民众的利益诉求和政治表达纳入体制管理范围,进行协调和整合③,它显示现有的制度和法律仍然具有回应社会的能力而具有自己的生命力,以及社会矛盾和冲突具有倒逼改革深化的积极效应。④

第三,尽管国家在推动社会治理走向规范化和法治化,但还不足以完全应对各种社会问题及其严峻挑战,运动式治理仍在一定范围内发挥作用。⑤ 与改革开放前的"群众运动"不同,20世纪 90 年代以来的运动式治理正在逐渐发展成为"制度化动员"。⑥ 多元价值体系的形成使得"国家不得不依靠经济手段来维持动员的持续性,完成社会控制目标"。⑦ 它意味着"运动"作为一种社会治理的重要方式被纳入制度化的常规治理之中,其中一些"项目"蕴含着满足民生的利益诉求,市场因素也渗透其中。这也反映出所谓的"中国经验"需要经历长期实践,才有可能建立相对稳定和规范的制度。

第四,执政党对社会环境变动及其产生的问题具有清醒的认识并能顺应社会市场改革,采取积极的"适应性建构"战略。从改革之初的"经济建设为中心"逐步转向以民生为重点的社会建设,提出了围绕构建中国特色的社会主义社会管理体系,在突出依法治理的同时,进一步强调治理能力的提升与治理体系的构建,强化执政党在社会治理中的领导地位,发挥党在社会整合与秩序重建中的主导作用。其中,党的建设被看作关系到党的生死存亡的大问题,实际上也意味着党内治理是社会有效治理的重要条件,党的建设正在努力达到"打铁还需自身硬"的要求,并以此凝聚社会共识,塑造社会认同。

正是从这个意义上看,执政党在新时期社会治理领域内的战略选择转变,反映了毛泽东时

---

① 杨敏:《作为国家治理单元的社区——对城市社区建设运动过程中居民社区参与和社区认知的个案研究》,《社会学研究》2007 年第 4 期。
② 桂勇:《邻里政治:城市基层的权力操作策略与国家—社会的粘连模式》,《社会》2007 年第 6 期。
③ 在"国家—社会"分立的分析框架内,这种包容性的治理策略被称为"制造同意"。参见张永宏、李静君:《制造同意:基层政府怎样吸纳民众的抗争》,《开放时代》2012 年第 7 期。
④ 吴忠民:《社会矛盾倒逼改革发展的机制分析》,《中国社会科学》2015 年第 5 期。
⑤ [美]汤森·沃马克:《中国政治》,顾速等译,江苏人民出版社 1995 年版。
⑥ T. White. "Post-Revolutionary Mobilization in China: the One-Child Policy Reconsidered." World Politics, 1990(1).
⑦ M. Dutton. "The End of the (Mass) Line? Chinese Policing in the Era of the Contract." Social Justice, 2000(2).

代以来"适应性治理"(Adaptive governance)的特征,因其不拘成规而工于变化,积极调适自身以适应不断变换的外部环境,故能脱离规则和制度的存废而得以延续。①

四、国家、社会、市场形塑下的社会治理

基于前文的分析不难看出,在从 18 世纪到当代中国不同历史时期的社会治理实践中,国家、市场与社会在不同程度上都发挥着或大或小的影响,要理解中国社会治理变迁及其内在逻辑,离不开对这三者及其相互间关系的分析。

从学术脉络上看,波兰尼与米格代尔对国家、市场和社会三者之间的关系进行了富有启发的理论探索。面对欧洲文明从前工业社会到工业化时代大转变及其挑战,波兰尼认为,国家需要重建治理制度,由此形成的"双向运动"表现为"市场的不断扩张以及它所遭遇的反向运动(即把市场的扩张控制在某种确定方向上)":一方面,在国家的推动和干预下,自由市场才得以建立;另一方面,自由市场不断扩展所带来的好处并不能抵消它对社会造成的破坏,社会为了保护自己,必须依靠国家建立法律法规和制度来限制市场的扩张。② 米格代尔则强调国家与社会之间是相互调适或形塑的动态过程,也就是"社会中的国家"(state in society)。他虽然没有将经济或市场单独作为一个分析单元,但认为"国家是社会中的一个蔓生的机构,它与从家庭到大型工业企业等其他很多正式和非正式的社会机构共同存在。"由此,国家、市场与社会之间的关系就简化为国家与社会之间的关系,而国家与社会之间的相互影响与作用,使得国家和社会之间的力量对比和边界持续变动,任何一方都无法建立起绝对的权威或霸权,由此,在米格代尔看来,要实现社会的有效治理,关键在于国家与社会更好的合作,也就是加强"国家与它们理论上应该治理的部分之间的关系"。③

作为在特定疆域内成功地垄断合法的暴力机器的人类共同体④,国家所体现的制度对于全社会具有普遍的约束力,并且力争以公益的代表者和保护者形象出现,其政治统治的存续在于对社会事务的管理,即"政治统治到处都是以执行某种社会职能为基础,而且政治统治只有在它执行了它的这种社会职能时才能持续下去。"⑤ 20 世纪 80 年代的制度学派在"找回国家"主旨下,重新把国家当作一个有着自身利益和政策偏好且具有执行能力的实体,一个隔离的完全自主的主体。近年来,在承认国家相对自主性的同时,曼和米格代尔等人又将其"嵌入"在广阔的

---

① Sebastian Heilmann and Elizabeth J. Perry (ed.). 2011. Mao's invisible Hand: The Political Foundations of Adaptive Governance in China. Cambridge: Harvard University Press.
② [匈]卡尔·波兰尼:《大转型:我们时代的政治和经济起源》,冯刚等译,浙江人民出版社 2007 年版,第 4、112、114、119—120 页。
③ [美]乔尔·S.米格代尔:《社会中的国家:国家与社会如何相互改变与相互构成》,李杨等译,江苏人民出版社 2013 年版,第 173—175 页。
④ [德]马克斯·韦伯:《韦伯作品集:学术与政治》,钱永祥等译,广西师范大学出版社 2004 年版,第 197 页。
⑤ [德]恩格斯:《反杜林论》,《马克思恩格斯选集》第 3 卷,人民出版社 2012 年版,第 559—560、668 页。

社会关系之中,国家由此成为一个"机构混合体"(米格代尔)①或者"混杂物"(曼)②。无论是曼的"基础权力"还是米格代尔的"社会控制",都强调的是"国家能力",即渗入社会的能力,调节社会关系、提取资源以及以特定方式配置或运用资源等能力。由此,强国家不仅表现为国力的增强,更重要的是国家要具有"制定规则"的能力③,它还体现为:政府是完全必要并要有效能,以及由统一的税收、法律和军队构成的基础性条件等三大要素。④

相对于国家的主导地位,社会不仅是治理的对象,同时社会本身也在社会治理中发挥重要作用。正如米格代尔所指出的,"社会中的国家"意味着国家与社会之间是一个相互形塑的动态过程,国家如果脱离了社会,就将失去自己的合法性;同时,"经济自由无法带来平等"⑤,自由市场的无限扩张必将面临社会的自我保护和反制。社会(共同体)的价值追求就是与自身利益直接相关的公正和公平,并倾向于诉诸平民主义意识形态推动下的社会动员。从历史上看,强调社会平等和公平的平民主义传统在近代以来逐步形成并得到强化,持续影响着当代中国的社会治理实践。

无疑,中国语境下的平民主义既不等同于本源意义上的平民主义但又与之紧密联系。平民主义又被称为民粹主义,是"一种对于平民百姓、未受教育者、非知识分子之创造性和道德优越性的崇信",同人民是否保持密切联系是衡量善与恶、尊重与鄙视的道德标准。⑥ 因此,平民主义的本意是维护平民利益、反对权威,强调道德主义而不是实用主义的思维方式。作为一种社会思潮,平民主义推动了18、19世纪的欧洲革命运动,其激进且带有恐怖主义倾向塑造了许多"狂热分子"⑦,它所产生的"大众的反叛"⑧造成了社会的持续动荡。

中国语境下的平民主义,一方面受到西方平民主义思潮的影响,成为发动群众闹革命的重要手段;另一方面又揉捏了自己的文化和意识形态,既把平民主义主要看作是追求社会平等和公正,关注底层民生,但又具有绝对平均主义甚至"反智"倾向。

除了国家和社会的因素以外,影响中国社会治理的还有市场或资本的力量。恩格斯指出,"经济运动会替自己开辟道路"。⑨ 马克思更以诗意般的话语肯定了以市场经济为特征的现代

---

① [美]乔尔·S.米格代尔:《社会中的国家:国家与社会如何相互改变与相互构成》,李杨等译,江苏人民出版社2013年版,第51页。
② [美]迈克尔·曼:《社会权力的起源》第2卷(上),刘北成等译,上海人民出版社2002年版,第69页。
③ [美]乔尔·S.米格代尔:《社会中的国家:国家与社会如何相互改变与相互构成》,李杨等译,江苏人民出版社2013年版,第66页。
④ 包刚升:《强国家抑或弱国家?——联邦党人的国家理论与美国早期国家构建》,《复旦学报(社会科学版)》2014年第5期。
⑤ [美]彼得·德鲁克:《经济人的末日》,洪世民、赵志恒译,上海译文出版社2015年版,第20页。
⑥ Edward Shils. 1972, The Intellectuals and the Power and Other Essays. Chicago and London: University of Chicago Press, pp.20、405.
⑦ [美]埃里克·霍弗:《狂热分子:群众运动圣经》,梁永安译,广西师范大学出版社2011年版。
⑧ [西]奥尔特加·加塞特:《大众的反叛》,刘训练、佟德志译,吉林人民出版社2004年版。
⑨ [德]恩格斯:《恩格斯致康·施米特》,载《马克思恩格斯选集》第4卷,人民出版社2012年版,第609—610页。

生产方式将使"一切等级的和固定的东西都烟消云散了,一切神圣的东西都被亵渎了"。① 其实在经济学家看来,正是通过分工与交易,价格机制对资源分配、供给与需求的作用,市场乃至于社会的秩序才得以形成,这种秩序是"自生自发"的②;在一个通过市场而得以组织和协调的社会里,个人不再是孤立的原子式的存在,分工和交易将分散的个体结合成一个有机的整体;抛开专制主义的规划,自主的社会也能建立其和谐的秩序。③ 同时,市场经济对于政治发展与包括市民社会在内的社会发育起着积极作用。黑格尔很早就指出,在市民社会里,各个人是以自私的物质利益联系起来的,从本质上说,市民社会就是"私人自律的商品交换领域"④,潘恩也认为,为市民社会形成提供机会的是市场而不是国家,因为个人满足自然欲望的能力受到限制时只能通过商品交换来超越。⑤ 但是,由于市场中充满了斗争和冲突,将对社会的整合产生影响,即从社会发育的角度来看,市场在为人们提供自由和参与社会生活空间的同时,也有可能损害社会必需的合作精神与公共责任感,诱发社会成员原子化与机会主义倾向。⑥

因此,要能够发挥市场机制的积极作用,抑制其消极影响,就要在强国家的基础上完善法治。福山认为,一个良好运作的社会必须要有强大的国家政权,而国家要通过法律来治理。⑦ 基于法治的市场经济的发展,将能够确立社会成员的规则意识、契约意识与权利意识,有助于有效社会治理与社会秩序的形成。

五、讨论:社会治理转型中的强国家逻辑、平民主义逻辑与市场逻辑

基于前文分析的中国社会治理转型以及国家、社会与市场之间的关系,笔者将影响中国社会治理转型的三大因素转变为另一种话语表达,即强国家逻辑、平民主义逻辑和市场或资本逻辑,从而强调三大逻辑与社会治理转型的内在关系。因此,当代中国社会治理转型在本质上是受到强国家逻辑及其主导下的平民主义逻辑和市场或资本逻辑的重要影响,它们之间的相互作用塑造了中国社会治理的基本格局。

强国家逻辑始终在社会治理中处于主导地位,反映了后发国家在社会治理转型过程中国家

---

① [德]马克思:《共产党宣言》,《马克思恩格斯选集》第 1 卷,人民出版社 2012 年版,第 403 页。
② [英]阿尔弗雷德·马歇尔:《经济学原理》,廉运杰译,华夏出版社 2005 年版。
③ [英]亚当·斯密:《国民财富的性质和原因的研究》(下卷),郭大力、王亚南译,商务印书馆 1974 年版。
④ [德]黑格尔:《法哲学原理》,范阳、张企泰译,商务印书馆 1961 年版,第 124 页。
⑤ [美]托马斯·潘恩:《人权论》,载迈克尔·基梅尔、查尔斯·斯蒂芬著:《社会与政治原理》,北京大学出版社 2005 年版,第 79 页。
⑥ 陶传进:《市场经济与公民社会的关系:一种批判的视角》,《社会学研究》2003 年第 1 期。
⑦ [美]弗朗西斯·福山:《政治秩序与政治衰败:从工业革命到民主全球化》,毛俊杰译,广西师范大学出版社 2015 年版。

与社会之间关系的变动和重构。国家的形塑受制于观念和实践两个因素,即国家要"具有凝聚性和控制力的、代表生活于领土之上的民众组织观念"和"国家各个组成部分的实际实践"。① 简单来说,国家既是一个具有高度认同的"想象共同体",也要具有强大的行动能力。对于第三世界来说,只有强国家才能保证国家和社会的安全②,现代世界最可怕的命运莫过于失去国家,"如果他没有国家,他什么也不是"。③ 近代中国以来的历史表明,包括国家在内的共同体崩溃,才是近代中国自我中心主义或利己主义泛滥的重要因素:当整个社会成为一盘散沙,个人不能得到共同体的庇护时,沦为原子化的个人必然会采用最原始的方法维持自己的生存,社会也就可能变成霍布斯意义上的"自然状态"。从历史上看,国家起源的重要因素就是保护共同体的安全,国家内生于社会,但又外在于社会。它对外保障共同体不受侵犯,并根据共同体生存和发展的需要对外扩张;对内则根据共同体的要求制定法律法规等,整合共同体的内部秩序。④ 哈贝马斯所说的"生活世界的殖民化"虽然是指公民社会国家,但也可以认为国家对社会的干预或"殖民化",实际上也是通过一套制度安排将国家目标嵌入其中,只不过有的比较直接或"简单",有的更为巧妙。⑤ 放眼全球,当今世界发达国家通行的都是强国家逻辑,即使是像美国这样所谓的"民主的典范",在 19 世纪末 20 世纪初的"进步主义运动"中也经历了所谓"元治理"时期,即依靠政府权力的强制性或权威性重塑抗衡力量之间的平衡,政府直接承担"公共利益的实现者"和"社会公正的维护者"。⑥ 同样的,德国和日本这些后发现代化国家,在其走向现代民族国家的过程中,也伴随着国家对社会的主导和宰制。

当然,正如亨廷顿、阿西莫格鲁和罗宾逊、福山等指出的,如果新兴社会群体的政治参与无法在现行政治体制下得到满足⑦,或者形成以榨干多数人的利益,为极少数人服务为目的"攫取性体制"(extractive institutions)⑧,都会导致国家的失败。在笔者看来,国家失败的根源之一在于国家本身失去了平民主义逻辑与市场逻辑的反制,也就是说,民众与市场(参与者)的需求既没能得到国家的回应,具有潜在自主性的国家行为又仅仅服务于极少数利益集团而忽视平民与市场的利益。

随着市场经济的发展和信息革命的推动,平民主义的权力扩张获得更多新的来源,形成了

---

① [美]乔尔·S.米格代尔:《社会中的国家:国家与社会如何相互改变与相互构成》,李杨等译,江苏人民出版社 2013 年版,第 16 页。
② 参见[美]乔尔·S.米格代尔:《强社会与弱国家:第三世界的国家社会关系及国家能力》,张长东等译,江苏人民出版社 2009 年版。
③ [美]约瑟夫·R.斯特雷耶:《现代国家的起源》,华佳等译,上海人民出版社 2012 年版。
④ 斯特雷耶认为国家能够成功地使大量人口聚在一起有效率地工作,为人类合作实现共同目标提供了保障。
⑤ 国家意识形态和社会安排的巧妙或不露声色地结合,实际上也意味着哈贝马斯所批评的"生活世界殖民化"是不可避免或克服的。
⑥ 王涵:《美国进步时代的政府治理:1890—1920》,复旦大学博士学位论文,2009 年。
⑦ [美]塞缪尔·P.亨廷顿:《变化社会中的政治秩序》,王冠华等译,上海人民出版社 2008 年版。
⑧ [美]德隆·阿西莫格鲁、詹姆斯·A.罗宾逊:《国家为什么会失败》,李增刚译,湖南科学技术出版社 2015 年版。

许多对抗资本和政治权力的社会运动,它在一定程度上遏制了资本和行政权力的扩张①,显示出平民主义逻辑已经开始发挥其积极作用与影响。需要引起重视的是,若是平民主义诉求超出一个国家经济、政治所能承受的范围,社会组织的壮大和权力超越国家之上,不仅社会改革无法进行,而且也会出现所有的国家政策朝向有利于甚至是迎合社会大众的方向运行,也就是米格代尔所言的"社会将侵蚀国家",从而使社会治理偏离其应有方向。②

改革开放以来国家推动的市场化改革及其呈现的市场或资本逻辑,在促进经济发展的同时,也在潜移默化地影响着强国家逻辑和平民主义逻辑,成为社会治理转型的重要条件。

第一,国家主导下的市场化改革,在驱动政府职能转变的同时,社会的发育也因市场的"倒逼"而获得了较大的自主性空间。市场经济推动了市民社会的发育并为其创造了生存空间,如波兰尼所指出的那样,市场制度要求建立不受干涉的、具有摧毁社会危险的彻底的生产要素(即劳动力、土地与货币)市场,迫使社会保卫自己。

第二,市场经济必须建立一套与法律法规相衔接的市场规则才能正常运行,才有可能走出吴敬琏所说的"政治经济学时代"。③ 因此,在社会治理过程中,市场或资本逻辑的渗透会逐步改变强国家逻辑的表现方式,即通过法律法规体现国家意志,进而规范市场与社会,全面依法治国的转向将是当代中国强国家逻辑的重要表征。

第三,伴随着流动性和市场经济带来的现代性获得,将会逐步改变传统的平民主义逻辑。自中国加入WTO后,大批农民喷薄式地涌向城市,以第二次"农村包围城市"的方式推动了中国城市化的急遽发展,使得"脱嵌"表现得更具张力,个人现代性的获得变得更加复杂。跨越式的经济发展使得中国在较短时间内实现了经济发展与财富的累积,但它无法使人的现代化实现同步跨越。当我们在感叹社会发展滞后于经济发展时,人的现代性的获得也同样滞后于经济的发展。这种基于现代性获得滞后的"社会堕距"将在相当长时段的存在,会使得极端平民主义诉求很有可能表现为民粹主义的群氓式集体行动,或者转化为极端利己主义主导下的个人恐怖主义。因此,如何阻断平民主义演化为"民粹主义",将成为中国社会治理转型面临的重大问题。实践证明,坚持市场化改革是实现这种转变的一个有效途径。例如在众多群体性事件中,采取相对理性策略进行抗争的基本上都发生在市场化程度较高的大城市,而采取激烈方式、极端行为进行抗争的大多发生在经济社会相对落后的农村或城镇。④ 这是因为大城市的法治化程度相

---

① 有研究发现,在中国农村,一些公民之所以抵制某些政策措施,恰是因为他们对政府抱有信心。通过拒绝执行他们看来不甚合理的规定和要求,是希望政府能意识到政策与现实之间的差距,从而做出调整,研究者称其为"建设性抗命"(constructive noncompliance)。参见 Lily L. Tsai, "Constructive Noncompliance", Comparative Politics, vol.47, no.3, 2015, pp. 253 – 279.

② 希腊的例子提供了很好的佐证,参见 Takis S. Pappas. 2014, *Populism and Crisis Politics in Greece*, Basingstoke: Palgrave Macmillan.

③ 吴敬琏:《我认同"我们仍然处在政治经济学时代"这个重要提醒》,http://theory.people.com.cn/GB/49154/49155/9232065.html,2009年5月4日/2015年7月6日。

④ 赵楚:《上海觉醒:在鲜花怒涛中醒来的城市》,《南都周刊》2010年第46期;清华大学公共管理学院社会管理创新课题组:《乌坎事件始末》,载王名主编:《中国非营利评论》2012年第2期,社会科学文献出版社。

对较高，市场化传统遗留的市民意识，以及伴随工业化过程的工厂制度的"规训"等，都将有利于形成理性的平民主义诉求和表达方式。因此，进一步强化社会治理的法治化，加快推进市场化取向的改革，才有可能改变平民主义逻辑的性质，即在形成现代社会治理的"市民性"（civility）基础上，将具有盲动性质的、追求极端平等的平民主义转变为具有理性倾向的平民主义。

从这个意义上看，强国家逻辑主导下的社会治理转型，市场或资本逻辑将是一个极其重要的因素，它将如马克思所说的，"一切等级的和固定的东西都烟消云散了"，新的制度孕育在旧制度的萌芽中；或者如吉登斯所说的，系统存在的结构性因素将会否定系统本身。市场逻辑或许无法改变强国家逻辑的性质，但将会改变强国家逻辑的表达方式，同时也有可能改变平民主义逻辑的性质，逐步形成具有理性诉求的平民主义。

（原文载于《探索与争鸣》2016年第10期，原标题为《中国社会治理的转型及其三大逻辑》，与仇立平合作）

跨界治理：中国社会公共治理的战略选择

陶希东

"边界"是我们熟知的一个概念，但在不同学科体系和语境中，边界具有不同的指示和内涵①，人们对其最普遍的理解首先是地理空间边界，如国家边界、省市边界等。如何化解各类跨边界矛盾，理顺跨界合作机制，一直是国际政治经济学、政治地理学、区域政治学等学科长期研究的主要议题，特别是近年来随着经济活动的全球化，一种跨越传统地域边界的新型空间组织结构也正在形成之中，诸如全球城市区域、跨国界区域、次国家区域、全球数字化市场、自由贸易集团等。正是在这种背景下，如何构建跨越行政区边界的跨界组织管理体系，成为国内外学术研究的一个热点问题，产生了很多相关理论。② 尽管不少学者在跨边界治理的思想理论、实践模式等方面作出了很大的贡献，但对跨界治理体系的完整性、规范性、可操作性等方面还有很多不足。本文拟结合国内外已有的研究成果，从三个维度出发，构建一套相对完整的跨界治理理论框架，并通过逐一解构分析其深刻的理论内涵及其对中国社会公共治理的重大意义和价值启示。

一、跨界治理的三个维度及其治理机制

学者们关于跨越行政边界治理的诸多研究中，一个核心思想就是在不变动现有行政区划格局的背景下，通过建立健全政府之间的横向协调机制，采用协商、对话、妥协的方式，化解区际矛盾，平衡区际利益，构筑区域利益共同体。很显然，这是一种最常见、最普遍、最容易被理解的跨界治理现象，但并不是跨界治理的全部内容，实际上，跨行政边界治理只是本文拟构建的"跨界治理"体系的一个重要组成部分而已。如果从跨学科视角来看的话，跨界治理应该是强调纵横交错、多元互动、网络运行的合作性管理理念，是顺应经济全球化、产业融合化、组织变革化而产

---

① 在古代汉语中，"界"蕴含着多重含义，主要指边陲、边境（如界，境也；界，陲也；田边谓之界），界限、范围（如是非之封界，分职名象之所起；求而无度量分界，则不能不争），毗邻、毗连（如三国之与秦壤界而患急），离间、隔开（如界泾阳，抵穰侯而代之）等含义。

② Scott, A. J. "globalization and the rise of city-regions european". *Regional Studys*, 2001, (7).

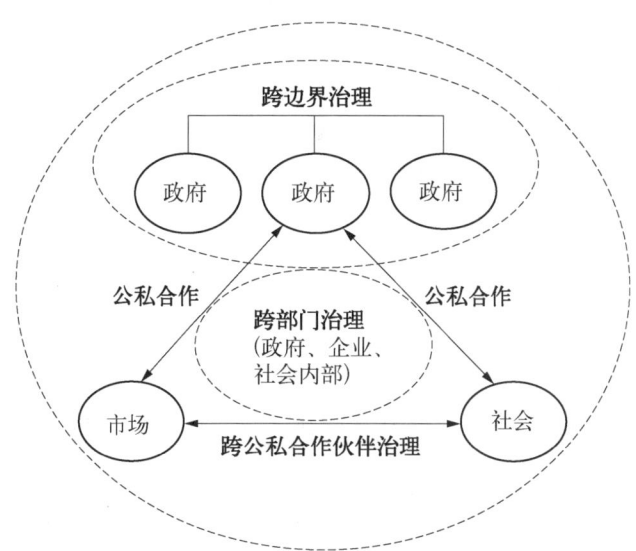

图1 跨界治理的三维分析框架示意图

生的新治理理论,至少包括跨边界治理、跨部门治理、跨公私合作伙伴治理三层内容(图1):

其一,从政治地理学的角度来看,跨界治理是指在当前跨国界城市网络或跨国界市场体系的格局下,对诸如环境跨界污染、跨界犯罪、传染病等典型的跨界公共问题时,通过设置超越地方政府权限的跨界协调管理机构或协调组织,采取对话、协商等手段,协商处理跨界区域公共问题的集体行动与过程。这种跨界治理既发生在国际层面,如全球治理、国际治理、次区域治理等,也发生在一个国家内部的不同级别政府之间,如美国的州际协定①、州政府理事会②、湾区地方政府协会、中国长三角地区的城市经济协调会等。这种跨界治理,实质上就是在现代行政边界依然发挥约束力的作用下,行政区政府顺应区域经济和社会公共事务跨界发展的趋势和特征,积极推动区域政治改革,寻求与时代发展相适应的新型政府间关系,以促进集体行动的能力、扩大区域集体利益。

其二,从组织管理学的角度来说,跨界治理是指政府内部的不同职能部门之间,按照产业链、价值链或服务链的原理,遵循业务流程的连续性、整体性,实行跨部门、跨职能边界的分工协作与协商配合,构筑"无边界管理"或"无缝隙管理"的运行机制,整合政府所有的部门、人员和其他资源,以单一的界面为公众提供优质高效的信息和服务,全面消除政出多门、多头管理的部门间合作困境,实现资源共享的协作性管理过程。

其三,从社会管理学的角度来说,跨界治理是指跨越政府、市场、社会三大领域的边界,按照信任、沟通、合作、伙伴、契约的原则,采用政府购买服务、政府出售、合同承包、特许经营、补助等形式,构建政府-企业-社会之间的公私合作伙伴关系,让社会组织和企业等组织充分参与公共

---

① 何渊:《州际协定——美国的政府间协调机制》,《国家行政学院学报》2006年第2期。
② [美]查尔斯·A.比尔德:《美国政府与政治(下册)》,商务印书馆1987年版,第570页。

服务的供给和社会管理过程,整合政府、社会、市场三方资源,发挥各自优势,努力实现经济增长、政治民主、社会发育的多赢式治理目标。当今中西方所奉行的"新公共管理"或"新公共服务"运动,实质上就是公私合作型的社会治理过程。

根据上述三个维度来看,跨界治理所涉及的核心成员是依然是政府自身,关键是让政府如何顺应社会经济发展的时代要求,加快推动自身改革,努力构筑纵横交错的政策网络体系,在与相邻政府、社会、市场等多元主体之间的合作网络中提高为民服务的效率和能力,共同解决重大跨界性问题。也就是说,跨界治理要求我们的政府是一个合作型政府、公共服务型政府、有限政府,这与当前我国全面推动创新驱动、转型发展的现实要求非常吻合。如果从理论视角来看的话,"跨界治理"较好地吸收并涵盖了传统的科层制理论、新公共管理理论、虚拟政府理论等管理的合理内核,具有鲜明的时代性、包容性、整合性,是一种旨在解决重大现实问题的新型治理模式。实际上,跨界治理的理念和方法已经在西方发达经济国家取得诸多成功的实践,例如在处理跨行政区矛盾中,美国政府建立健全了"洲际协定"[①]"洲际商务委员会",欧盟建立了"欧洲边界地区委员会(ARFE)"[②];在政府跨部门治理中,美国、日本等国家已经健全了"大部制"或"部际联席会议"等跨部门管理制度;在公私合作治理中,他们建立健全了成熟的公私合作伙伴制(简称PPP),社会组织成为推动其经济社会发展的重要内生动力。

在协调人类经济、政治和社会活动的制度安排上,有四种可供选择的方式:无人统治、市场机制、等级制(政府)、自组织治理[③],但到底哪一种机制最有效,学术界仍无定论,实际上,根据不同的跨界问题,需要采取不同的跨界治理机制。笔者以为,跨界治理主要强调三种机制:一是规则制度。不管是跨边界、跨部门、跨领域的任何一种治理过程,除了项目为纽带的多主体"一次性"非正式协作外,大多行动具有一定的长久性和连续性,需要包括原则、规范、标准、法律、协议、协定、盟约、规制、程序、政策等有共同约束力的规则体系和制度框架,以降低多方跨界合作和跨界治理的社会成本,提高相关利益群体参与治理的预期。二是社会资本。跨界治理实际上也属于治理范畴,多元主体之间除了正式的制度性互动外,更要大量非正式、松散性的互动合作,而要持续开展这种非正式的合作,主要依靠不同组织或部门领导人(管理者)之间的个人关系,这在某种程度上决定着跨界合作能否形成及其运作的过程和结果。再说,在繁杂的多样化组织之间都要形成正式的跨界合作制度体系,本身也是不现实和不可能的,特别是在一些基层社区内,为了有效处理好社区公共事务,更多时候需要的是相关部门管理者和非政府组织领导人之间建立在常年工作关系基础上的地缘情节和社会资本,并非是事无巨细的制度和政策。因此,笔者认为,不管是在中国传统文化背景下,还是在西方的市民社会体系中,政治文化和心理因素是跨界治理必须考虑的重要因素,以"人际交往"为核心的社会资本,是保障各种跨界治理

---

① 何渊:《州际协定——美国的政府间协调机制》,《国家行政学院学报》2006年第2期。
② [西]徐利奥·里约斯:《欧洲的跨界合作:西班牙的多样性》,邓颖洁译,《世界民族》2008年第4期。
③ [英]鲍勃·杰索普:《治理的兴起及其失败的风险:以经济发展为例的论述》,《国际社会科学》1999年第1期。

有效运转的内在支撑力。三是组织网络。在实践中,当各类组织面临跨界矛盾、利益冲突或社会需求的时候,不可能仅仅通过与某个政府、企业或社会组织的单边协作就能彻底解决问题,往往需要以自己为中心或以自己为圆心,在错综复杂的政府之间、部门之间、公私之间寻求多重、多边的跨界合作关系,在一个网络化的组织体系中获得跨界合作利益的最优化、最大化,每个组织单位则是这个上下左右、纵横交织的组织网络体系中一个节点。

在跨界治理体系中,除了强调公私之间的合作伙伴外,如何处理好政府间关系(包括政府职能部门间关系)是决定跨界治理成败的关键和核心。笔者认为,府际管理、合作伙伴这两种方法是跨界治理依赖的重要治理工具。府际管理(Intergovernmental management,IGM),是20世纪80年代发源于欧美等国家的一种"多方治理"[①]的政府间活动,是一种跨区域和跨部门的、以合作为基础的互惠的政府关系模型,主张政府组织由传统的金字塔型趋向扁平化结构;淡化政府权威,由政府单边管理转向多边(政府、企业、公民、社会团体等)民主参与。府际管理除了注重各级政府关系外,还重视公、私部门的协作,追求建立一种平等关系,主要依靠协商对话、网络参与来达到解决争端的目的[②]。而主要借助企业管理中的供应链合作伙伴关系(supply chain partnership,SCP),即在供应链内部两个或两个以上独立的成员之间形成的一种协调关系,以保证实现某个特定的目标或效益。针对跨界治理而言,根据需要和可能相适应的原则,不同利益主体之间构建战略合作伙伴关系,实现信息共享和网络互动,是处理好一切跨界问题的核心理念和方法之一。具体而言,在实际跨界治理过程中,第一步就是围绕服务的供应链或产业链,明确建立战略合作关系的需求和可能;第二步是确定标准,选择服务供给者,选择合作伙伴;第三步是通过制定契约或非正式的组织形式,建立合作关系;第四步健全机制,强化合作、互动交换,不断解决面临的跨界问题。

二、跨边界治理与中国的区域组织图景

首先,需要阐明的是什么因素诱发了"跨边界治理"这一重大战略议题。西班牙学者徐利奥·里约斯说:"地理边界是一种分离因素、一种分割、一种威胁、一种孤立和不往来。一般来讲,边界可控制人员的进入,阻拦那些不受欢迎的人。"[③]但边界并不能从根本上隔绝文化、历史和语言上固有的互动与联系。可见,政治边界具有一定的控制职能,但随着人类经济社会的分散化发展,这一传统职能必将趋于弱化,空间扩张的动力学及其过程都会发生相应的变化。实际上,表现为资本、劳动力、货物、原材料、旅游者等流动为主的跨国界经济活动由来已久,这一现象在19世纪主要发生于宗主国与殖民国之间,但自20世纪以来,一方面,随着私有化进程、放松管制、数字技术的突破、国内经济向外资企业开放,以及国内经济主体越来越多地参与全球市

[①] 戴维·卡梅伦:《政府间关系的几种结构》,《国外社会科学》2002年第1期。
[②] 汪伟全:《府际管理的兴起及其内容》,《中共天津市委党校学报》2005年第3期。
[③] [西]徐利奥·里约斯:《欧洲的跨界合作:西班牙的多样性》,《世界民族》2008年第4期。

场的运作,国家作为空间单位的角色开始弱化,取而代之的是次国家单位、全球城市区域、跨国界区域、超国家的全球数字化市场和自由贸易集团等①新型组织结构,尤其是随着经济全球化的深入发展,近年来全球出现了包括核扩散、网络安全、能源管理、移民、跨国污染、恐怖主义、传染病、气候变化等诸多新的跨国问题,世界发展更趋多极化、流动化和复杂化,一个国家无法单独应对全球性挑战,跨国问题也无法依靠政府自身来解决,以民族国家边界为范围的传统政府治理模式明显难以为继,这直接导致了包括国家政府和非国家行为体在内、紧密合作的"跨界合作""全球治理""世界治理"等新战略选择。

显而易见,跨边界治理就是在不同层面上,对共同面临的跨界问题所进行的集体管理,包括国际层面的全球治理和国内的区域治理。但不管是哪个层面的跨边界治理,其要解决的核心问题是跨行政区边界的矛盾和利益冲突。这是因为行政区划作为政治权力的空间投影,代表着某些政治利益的空间边界,在经济全球化的背景下,大到国与国之间,小到乡镇与乡镇之间,必然存在诸如国际要素流动、战略资源争夺、生态污染以及基础设施对接、产业竞争、政策竞争等各种的边界利益矛盾。跨边界治理是一个多元主体横向互动与紧密协作的过程,需要有效的治理机制。如在国际层面的全球治理而言,随着世界权力由发达国家向发展中新兴经济体转移、由国家政府组织向非国家行为体转移,发达国家、发展中国家、新兴经济体、非国家行为体(包括跨国非政府组织、公民社会团体、教会以及其他宗教组织、多国合作、商业团体、利益集团等)都将成为跨国治理的多元主体,一些非国家行为体扮演着国际合作促进者或干扰者的角色。面对这种极度复杂化的国际发展格局,跨边界治理需要一套具有合法性、民主性的多边协商机制和国际新规则,更要强调多元主体之间的紧密合作。最近的金融危机表明,异质性的国家、全球和区域性组织完全能携手合作,成功避免新一轮的经济大萧条。

自改革开放以来,以分权化、市场化为导向的财政体制改革,使得地方政府长期以来承担着区域经济组织和区域经济利益的重要主体之一,地方政府之间的竞争使得我国区域经济整体上获得了长足的进步和发展,特别是以各自行政区划为边界的省域经济、市域经济、县域经济等都取得了超常规的增长和发展,我国经济连续高增长与这种纵向调控的制度安排具有十分紧密的关系。但在此过程中,由于政治体制改革滞后于经济体制改革,使得我国的各级地方政府的经济职能非常强大,行政区划边界对区域经济的横向发展依然发挥着巨大的刚性约束,相邻政府之间的跨界横向合作与协调始终没有统一的制度安排和政策支持,现有的行政制度安排难以适应市场化的区域发展格局,行政分割依然是我国区域经济发展主要的困境之一。近年来随着市场化、信息化发展以及国家相关区域规划政策的引导下,以京津唐、长三角、珠三角大都市圈为代表,突破行政区划阻隔,构建具有同城化效应的全球城市区域或区域经济共同体,成为区域经济组织和发展的新情况和新趋势。而面对区域跨界融合发展的新趋势,就得需要有与经济融合发展要求相适应的区域政治新格局和新制度安排,也就是要具有一套完善的跨边界治理体系。

---

① [美]丝奇雅·沙森著:《全球城市》,周振华等译,上海社科院出版社2005年版,第2—3页。

与此同时,我国一些流域的跨界污染也是必须高度重视的现实问题,特别是在一些跨边界地区存在的水资源争夺和水污染(如江浙沪交界地区的太湖污染等),已经成为危害社会稳定的不安定因素之一。从这个意义上来说,切实采取并构筑有效的跨边界治理体系,是我国区域经济发展到现在这个阶段必须要做出的制度选择。一套纵横结合、公私合作互动的跨边界治理,可以有效化解区际基础设施不对接、城市间产业恶性竞争、经济要素行政阻隔、生态跨界污染、跨界流动犯罪等重大现实问题,提高区域整体协作力、竞争力和凝聚力,从根本上可以适应经济市场化发展的内在要求,创造有利于区域经济集聚化、融合化、规模化发展的制度体系或区域政治新格局,以更好地适应现实经济发展的需要。具体而言,我国可以构建三个层级、三个领域的跨界区域治理新体系(表1)。

表1 中国跨界区域治理体系建构

	国家层级	省际层级	市际层级
政府领域	"国家区域发展管理局"	省长定期会晤机制(中部、西部、东部、东北、海西、京津唐、长三角、珠三角、淮海经济区等)、区域部门合作协议	市长联席会、城市协调会、城市联盟、城市政府协会等
市场领域	跨区域企业集团	跨界区域性行业协会、大型企业集团	跨界区域性行业协会、城市共同市场
社会领域	中国区域治理世界论坛	区域发展论坛 跨界性社会组织	城市区域社会组织 全球城市区论坛

三、跨部门治理与中国协同政府的建设

跨部门治理,是本文提出的"跨界治理"体系第二层面的内容,就是针对公共治理中面临的关键问题(具有一定的复杂性、系统性和地理联系性),按照价值链、服务链、产业链、供应链的思路出发,在不取消部门边界的前提和关切各部门的利益下,通过签署备忘录或协议等正式方式或商议并提出建议等非正式的形式,整合或动用整个部门、资源和利益,以共同达到具体的目标。它是带来更好决策和结果、带来方法创新以达到整个社会可持续发展的基本工具。它确保了知识共享,所有关键问题和部门得到适当的考虑,在适当的地方合作地制定决策和采取行动。它在具体问题上,并不替代每个部门在各自负责的项目上的责任,但所有的参与者都面临任何部门或利益相关者单方面不协作地追求最大化,则存在着重大潜在风险和缺陷,其中信任是把具有不同性质、目标、管理模式和动力机制的组织整合起来的关键,平等和尊重,信息共享以致共识决策是跨部门协作的基础[1]。政府跨部门合作在实践中包括"协同政府"和"整体政府"两种。"协同政府"(Joint-Up Government,JUG)的核心目标是整合相互独立的各种组织以实现

---

[1] 李海峰:《加拿大政府跨部门协作的实践及其启示》,载"建设服务型政府的理论与实践"研讨会暨中国行政管理学会2008年年会论文集》2008年。

政府所追求的共同目标。其基本观点是：公共政策目标的实现既不能靠互相隔离的政府部门，也不能靠设立新的"超级部门"，而是围绕特定的政策目标，在不取消部门边界的前提下实行跨部门合作。整体政府是指公共服务机构为了完成共同的目标而实行的跨部门协作，或是为了解决某些特殊问题而组成的联合机构。所采取的措施可以是正式的也可以是非正式的；可以侧重于政策的制定、项目的管理或者服务的提供[1]。

从发展历程看，跨部门治理起源于第二次世界大战以后的英、美等西方发达国家，特别是 20 世纪 80 年代以来，"新公共管理改革运动"加速了西方国家和新加坡等政府推动跨部门管理改革的进程，他们通过政府机构的重组与改革，实现了机构减少[2]、职能整合、管理高效的目标（表2）。例如日本在2001年发生疯牛病后，为了保护消费者的权益，打破各部门条块分割，设立了内阁府食品安全委员会，主要发挥实施食品安全风险评估、对风险管理部门进行政策指导与监督、风险信息沟通与公开等方面的职责，其委员全部为民间专家，经国会批准，由当时的首相小泉任命，任期3年；加拿大在1961年，为推动环境治理跨部门协调而专门设立了"加拿大环境部长理事会"（简称 CCME），它由联邦、10个省和3个大区的共14位环境部长组成，每年召开两次会议讨论环境问题，并就相应对策进行磋商。

表 2　市场经济国家内阁政府机构设置的数量

国　　别	美国	英国	加拿大	德国	西班牙	俄罗斯	澳大利亚	新西兰	法国	日本	韩国	新加坡
机构数量	15	18	19	14	15	15	16	19	18	12	18	15

资料来源：查振祥：《西方国家和中国香港地区、新加坡实行"大部制"行政体制的经验研究》，载《第二届中国综合配套改革试验区论坛暨纪念建国六十周年高层经济论坛论文集》，2009。

从马克思关于经济基础决定上层建筑的原理来看，跨部门治理是与我国现代服务经济、融合经济发展要求相适应的有效管理策略，是适应新经济类型的适应性制度安排。产业发展趋势表明，当前我国正处于一个趋向服务化、外包化、专业化、市场不断细化的后工业化或服务经济的转型关键时期，相关产业之间的融合化、链条化、集群化趋势更加明显，全球消费电子产业、文化创意产业的发展实践充分证明了我们正迎来一个跨界融合发展的新阶段。现代服务经济要求我们重新审视有关市场准入、信用、监管、税收和政府管理等方面的制度体系，特别是要有一套适应产业融合发展的跨部门治理体制。但综观我国当前的管理体制，主要还是按照工业社会、行业细分为依据的部门管理、"条"的管理为主，尤其是在我国渐进式改革的推动下，改革的分利化、局部化、碎片化现象比较严重，不同专业职能部门之间独立性有余，合作性不足，在现实中往往出现"好事抢着管"和"难事不愿管、没人管"的怪象，各自为政、多头管理、政出多门、信息割据就成为难以治愈的管理常态问题。这种情况典型地表现在食品公共安全、水污染治理等多个方面，例如在食品安全管理方面，存在着"八个部委管不好一头猪"的问题，食品的生产、加工、

---

[1] 孙迎春：《国外政府跨部门合作机制的探索与研究》，《中国行政管理》2010年第7期。
[2] 市场经济国家内阁政府机构设置典范的国家，其内阁机构数量基本上14—19个之间。

销售和配送体系被有意地分割,这种"分段式、不连续"的制度自然就难以保障食品的真正安全;例如在水污染治理方面,根据《中华人民共和国水污染防治法》的规定,管理部门包括环保部门、交通主管部门、水行政部门、国土资源部门、卫生部门、建设部门、农业部门、渔业部门,以及江湖流域水资源保护机构,一共九家,真正呈现"九龙治水"的格局。除此之外,在城市违法用地、违法搭建、建筑施工、无证照经营、群租及娱乐场所治理等顽症治理过程中,也存在着涉及多项"大盖帽",却是"铁路警察各管一段"的分割式管理问题。这种部门化、碎片化、分利化的管理体制难以适应当前我国经济社会发展趋势和民生诉求,亟待加强改革与创新。胡锦涛在党的"十七大"报告中提出:要"加大机构整合力度,探索实行职能有机统一的大部门体制,健全部门间协调配合机制"。近年来我国进行了大部制的改革,取得了显著成效,但大部门的边界依然存在,不同部门之间的扯皮和矛盾依然无法避免。因此,笔者认为,面对我国当前的"碎片化政府"格局,我们除了不断完善大部制体系建设外,更重要的是要不断健全跨部门间的协调配合机制,努力建设相关部门之间目标相一致的"协同政府",才是真正解决部门分割、相互扯皮的根本出路。为此,要强化以下几点改革:首先,要制定出台《政府部门间关系法》或《政府部门间关系条例》等法律法规,对同一层级政府(中央层面、省市层面、区县层面等)相关职能部门之间协作配合的权利、义务、机构、人员、经费投入等议题做出明确的法律规定,特别是财政预算部门应该考虑允许部门在财年、组织和预算之间更加轻松地挪动资金,以促进各种跨部门合作,还应该鼓励储备更多的跨部门合作预算[①],为跨部门协作提供坚实的法律依据和政策保障。其次,在充分尊重不同部门各自分工与专业化的基础上,围绕共同面临的问题及服务目标,建立健全由相关职能部门联合组成的"部(部门)际联席会议"制度,以共同目标为指向,明确各自分工,确认协作关系,建立联合领导机构、牵头机构或联合执法机构,构建稳健的协商、对话、交流机制,营造跨部门协作联动的行政文化。再次,全面推动和实施跨部门、跨机构的信息共享与电子政府工程:一是通过文献回顾、专门研究和相互磋商,保证机构间在基本概念界定、数据统计方法、信息解释等方面的一致性,以利相互的交流、比较和标杆管理;二是建立伙伴机构之间的信息共享机制,打破部门之间信息割据的态势,实现相关部门之间信息互联互通,为跨部门项目的有序运行提供坚实的信息基础和技术支撑。最后,对政府重要职能部门的领导群体进行新思维管理培训,一方面要提升他们的专业技术知识,另一方面要提升他们的外部组织谈判与合作的能力,力争要将政府职能部门的领导者培养为共同完成某种目标和管理任务的催化人、召集人和经纪人,而不是将自己视为实干家。

四、公私合作伙伴与中国公共服务型政府构建

自20世纪70年代以来,全世界范围内牵起了汹涌澎湃的行政改革浪潮,如何重塑政府

---

① 孙迎春:《国外政府跨部门合作机制的探索与研究》,《中国行政管理》2010年第7期。

职能,妥善处理政府与社会之间的关系,为服务对象提供足够、有效的公共服务,成为世界各国政府治理面临的重大议题。对此,西方发达国家产生过公共选择理论、新公共管理理论、新公共服务理论、民营化等新理论、新思想。但无论怎么说,其核心议题就是面对政府本身无法满足的巨大公共服务需求,根据不同公共产品的类型和特征,对一些可以实行竞争的公共服务,通过多元化、科学化的合作机制,构筑政府、社会组织、消费者之间的互动协作关系,充分发挥非政府组织或社会组织(私有领域)的力量,协同提升公共服务的效率,满足公众多元化、多层次的公共服务需求。与此同时,有效防范了政府规模的不断扩张、提升了政治民主化程度,也大大提升了政府的公共服务能力和水平。对此,不同理论有不同的称谓,如"第三部门政府""非政府组织""市民社会"等,但笔者认为,本文所谓的"跨界治理"的重要内容之一——跨公私领域的"公私合作伙伴治理",较为准确地刻画了跨越政治、经济、社会三大领域的跨边界治理内涵,即公共(政治领域)和私营部门(企业部门)、非营利性社会组织(社会领域)共同参与生产和提供物品和服务的任何制度安排,包括合同承包、特许经营、凭单、补助等形式,它也可以是指企业(家)、宗教领袖、社会贤达、非营利组织领袖和地方政府官员为改善城市状况而进行的一种非正式合作。公私之间构建的合作伙伴关系包括社区伙伴(公民与志愿者)、私营部门伙伴、非营利组织伙伴等。跨公私合作伙伴不仅是一个治理工具,更是一个社会治理的基本战略,也是跨界治理的最高境界。

特殊的政治生态、行政文化和社会发展阶段,使得西方发达国家政府率先构筑了政府与社会之间的公私合作制,在基础设施领域、城市公共管理、社会福利、文化教育、应急管理等诸多社会服务领域,通过政府购买公共服务制度建立多元化的公私合作伙伴关系,让大量的社会组织或私营企业参与公共服务的生产过程,大大提高了政府的公共服务效率,有效满足了社会服务需求。例如"二战"以后,美国联邦政府提议了一个主要政策行动,包括医疗和卫生保健、环境清理与修复、扶贫项目、岗位培训、洲际高速公路以及污水处理厂等,都是通过公私伙伴关系进行管理的。西方发达国家公私合作伙伴的直接结果,就是培育了一大批有能力、有专业化服务能力的社会组织体系(或者 NGO)以及一大批专业化的社会工作者队伍,使得社会工作成为像政府公务员、医生、律师等职业同等重要、同等待遇、同等社会地位的正规职业,例如数据显示,20世纪 50 年代,美国慈善公益机构仅 5 万个,到 20 世纪末已达到 100 多万个,从 5 万到 100 万的激增,很大程度上就是因为政府的政策支持;美国的社会工作者队伍十分庞大,截至 2004 年约有 56 万多人,约每 500 人就有一位专业社工。正是西方发达国家政府与私人公私、各种协会和慈善组织等开展合作的历史基础,造就了其强大的社会工作系统和强有力的社会服务系统,有效地处理和化解了繁杂的社会矛盾与冲突,为经济增长和社会发展提供了内生型的增长动力和基础。2008 年的全球金融危机及其引发的诸多社会危机充分表明,一个完全市场自由化,抑或完全企业化的社会治理思路是行不通的,一个有效的社会治理一定要兼顾公共性和私有性的平衡,一定需要政府和市场、政府与社会之间的协作,在公私合作伙伴的制度体系内谋求利益均衡和社会公正。

中国经过30年的经济体制改革,经济增长方面创造了少有的世界奇迹,但相对快速推进的经济改革进程,社会体制的建设与改革明显滞后,社会公共服务短缺,服务供给结构不平衡、不均等,进而造成社会的不平等,成为限制中国社会和谐发展的重要因素。特别是对政府与社会之间的关系,尚未从根本制度和政策上作出明确的规定、规范和引导,致使我们的政府经常扮演公共服务生产者的角色,缺乏对社会组织的培育和信任,大量的社会组织并没有进入公共服务供给网络体系中,使得许多公益性和草根性的社会组织及其专业化的社工队伍均处于难以持续发展的困境之中,在面对快速增长的民众需求时,这样的结果往往使得政府做了很多好事,但吃力不讨好,离真正的公共服务型政府还有很大的距离。令人可喜的是,近年来我国深圳、上海等省市在社会组织发展、社工队伍培育、构建新型政社关系等方面率先开展了很多实验性改革,改革成效比较显著,但形成"星星之火可以燎原""由点到面"的改革辐射效应,才是全面推动我国构筑公共服务型政府的关键所在。

笔者在此提出的跨越政府、市场、社会三大领域的"公私合作伙伴"治理模式,主要想解决两大问题:一是解决我国社会发展普遍存在的"强政府、弱社会"问题,二是解决我国社会建设的主体不明确或主体缺失的问题。也就是旨在通过社会制度的改革与社会政策的设计,搭建多形式的"公私合作伙伴"渠道和方式,将大量的私人企业、社会组织等社会力量全面纳入国家社会治理和城市管理之中,利用社会力量帮助政府来提供适合的公共服务,更好地满足当前多元化、多层次的社会需求,最终在全国范围内全面建成公共服务型政府体系,让社会组织成为社会建设的中坚力量和主体、成为社会建设与社会管理的合作伙伴,让社会工作者成为社会建设的职业化力量,全面形成"强政府、强社会"的公私合作型治理体系。但需要指出的是,本文所说的公私合作伙伴治理,并不是简单的民营化或市场化,绝对不是不加区别地将所有公共服务外包给企业或社会组织来做,或放任市场自由发展,而是要根据公共服务的类型和特点,有选择性地构建公私合作合作的渠道和机制,联合提供有效的公共服务或公共产品,特别是对教育、医疗、住房、文化等准公共服务的生产和提供中,一方面既要坚持政府的公共服务职能,为普通大众要提供基本的、公益性的服务,另一方面对部分高收入群体的需求完全可以市场和社会组织的力量,按照市场化的经营思路,提供高端、高标准、高价格的个性化服务。也就是说,公私合作伙伴治理视野下的公共服务供给,需要"两条腿"走路,推行公益化和市场化紧密结合,这样才会实现公共服务的有效供给,满足民众多元化、多层次的现实需求。为此,我们需要在以下几个方面做出改革和努力:一是,从中央到地方各级政府的官员,切实转变观念、解放思想,重新认识社会组织在社会管理和社会建设当中的功能和作用,并要学会如何利用社会组织来帮助政府解决相关社会问题,努力构建紧密合作的伙伴关系;二是,在现有改革成效的基础上,继续深化政府职能转变,出台并定制有助于社会组织发展的法律法规和政策体系,实现像经济改革确立了企业的主体地位一样确立社会组织在社会建设当中的主体地位,让社会组织承担社会服务的主体功能;三是,建立健全政府购买公共服务制度体系,构筑规范、稳定的第三方服务递送模式,努力在传统服务领域和非传统部门(教育、监狱管理、军事等)内形成全方位的公私合作伙伴关系;四是,尽快依法确立社会工作者的职业身份,促进社工队伍的职业化、专业化、体系化发展,为全面提供专业化、高水平的社会服务建构坚实的人力资源保障。

(原文载于《学术月刊》2011年第7期)

个体化赋权:特大城市中新"土—客"关系的调适路径[*]

康 岚

中国正处于一个大规模快速城市化的人口大流动时期,大量人口从农村和中小城镇流向大城市,这对中国基于户籍的属地化管理和公共资源配置带来了巨大挑战,也在大城市引发了本地户籍人口与外来非户籍人口之间的新"土—客"之争[①]。这场新"土—客"矛盾的制度根源是长期以户籍管理人口的体制所积淀形成的福利壁垒,但本质上是要解决"土—客"群体间利益冲突和资源再配置的问题。本文拟以上海大规模抽样调查数据为基础,尝试基于民意的最大公约数,探索化解特大城市"土—客"矛盾的可操作化现实路径。

由于,中国城乡和区域间的社会经济发展差距,使人口向发达地区流动的推动一直存在。这种地域流动本身暗含着对优质资源的争夺和追逐,而户籍制度是阻碍或延缓这种争逐关系的最坚硬的制度屏障。尽管改革开放后,户籍制度弱化,直至取消了对个体人身的地域流动限制,但作为一种具有身份制特点的歧视性制度,在公民权利、社会福利和公共服务上的差异化对待仍然存在。其所造成的社会差别和不平等,使相关国家治理体制的合法性、正当性日益受到质疑。近年来学术界和社会舆论对外来人口公民权和权益保护的呼吁日益高涨,正是体现了要将既有固化的、带有强烈地方主义色彩的"市民特权"化解为普遍主义的"公民平权"的改革理想。

另一方面,市场化和城市化运动对社会流动的需求,以及人口迁移大潮下户籍制度的社会管理功能的不适应,都使维持这一制度的中央和地方政府面临巨大的改革压力。2013年3月,中央政府在政府工作报告中首提"自由迁徙",然而制度变革背后所涉及的是重大的利益调整。正如李克强总理所坦言:"现在触动利益往往比触及灵魂还难。"在地区间差距短期内无法"抹平"而人口流动长期大规模和单向流动的态势下,中央政府又难以制定全国范围内统一的具有可操作性的制度体系[②],政府解决问题的途径主要是将国家层面上的"公民权"问题转换成为在

---

[*] 本文获得上海市第十四届哲学社会科学优秀成果(2016—2017年)学科学术奖论文类二等奖。本文被《中国社会科学文摘》2016年第7期转载;被人大复印资料《人口学》2016年第4期全文转载。

[①] 中国曾有"土—客冲突"一说,土、客两词,是对当地不同族群按到来的先后进行的区分,本文借用这一说法来简化地指称今天城市中的本地户籍人口与外来非户籍人口这两大群体。

[②] 彭希哲等:《户籍制度改革的政治经济学思考》,《复旦大学学报(社科版)》2009年第3期。

城市层面上实现"市民权"问题①。然而对于特大城市而言,这又带来两个问题,一是福利接轨和控制人口的矛盾:流入地政府理论上承担了外来人口社会福利与公共服务"市民化"接轨的责任,以及"福利洼地"的预期给特大城市承载力和控制人口规模所带来的巨大的压力。党的十八届三中全会决定指出,要"严格控制特大城市人口规模"。虽然,自由迁徙已经是中国大规模城市化进程中一个不能无视的事实,户籍制度改革也是大势所趋;但是,在发展主义理念的驱动下,特大城市政府将更可能强化发展主义的户籍制度设计,进一步将户籍作为进行人口分类与管理、控制人口规模、吸引人才以增强城市竞争力的工具②,特大城市户籍的价值实际上被日益凸显。另外一个后果是在户籍改革过程中,中央政府的"市民化"政策宣示令外来人口有较高的利益期待,而地方政府限于资源和自身的利益又无法兑现承诺,客观上使"土—客"矛盾日益显化、激化,"土—客"各有依据,激发了争取承认和排斥承认的"市民权"获得过程。

本文认为,对于特大城市客观存在的"土—客"福利鸿沟,如果不对公民权和市民权的权利实质进行实证剖析,而只是简单地基于抽象"公民权"概念进行应然性的"平权"倡导,对于实践与政策的指导意义非常有限,在特定情势下反而可能激化矛盾、形成对立性的群体心态,甚至造成社会的割裂和对抗,威胁社会发展和稳定的大局。

不同于单纯的"公民权"应然性倡导,近年来已有越来越多的研究开始从"公民权政治"的实然性视角来分析农民工或外来人口问题。③ 这一类研究触及了新"土—客"关系研究的核心问题,即权利的获得是一个利益博弈妥协的政治过程,是在一定制度框架下身份转换和权益逐渐兑现的过程。目前的户籍制度的"市民权",特指在一定行政区域内赋予特定群体的一套社会福利和社会权利。这一特定群体通常为户籍人口,有时也包括小部分特定人员(如持境外护照或特殊引进人才)视同户籍人口享有权益。

众所周知,目前我国正在推进中的特大城市户籍改革的整体方向是"两个打破、一个拉平"。两个打破,一是将原来捆绑在户籍身份上整体化的"福利权利包"打破,分割为不同权益领域,或视个体条件逐步向非户籍人口开放;二是打破非户籍人口统一的群体身份,依照不同从业类型、人员素质、居住年限等指标进行人群区分,进而向符合特定条件的个体赋体。一个拉平是,在权益领域分割和人员分类的基础上,逐渐拉平户籍与非户籍人口的福利和权益差距,以求最终实现常住人口普遍的"市民化待遇"。在这一过程中,打破、拉平的政策实现途径是居住证制度的推行和实施。在城市社会的总体承载能力有限的情况下,居住证制度设计的核心是规范外来人口中"谁"有权在"何时"有权享受"何种"本地资源的问题。而这一系列需要讨论和界定的问题,不仅是政府根据现有城市资源状况做出的决策,更需要慎重考察和尊重"土—客"双方的民意和

---

① 陈映芳:《"农民工":制度安排与身份认同》,《社会学研究》2005年第3期。
② 陈映芳:《关注城市新移民》,《解放日报》2006年2月27日;吴开亚、张力:《发展主义政府与城市落户门槛:关于户籍制度改革的反思》,《社会学研究》2010年第6期。
③ 王小章:《从"生存"到"承认":公民权视野下的农民工问题》,《社会学研究》2009年第1期;熊易寒:《新生代农民工与公民权政治的兴起》,《开放时代》2012年第11期。

利益表达,根据现实可操作的路径,探求"土—客"双方利益协商、共生发展之道,以最终完成户籍制度的改革、兑现完整的公民流动权。

一、权利:市民权观念的三种类型及其民意基础

对于"市民权"的界定,始终与"公民权"交织在一起,两者有同一个英文对应词 citizenship。公民权是一个外来词,其内涵一直富于变化和争议。但总体上学界都将公民权视为一种具有法权意义的普遍性的平等权利,是由宪法赋予本国公民享有的完全平等的国民待遇。① 而市民权主要指目前中国社会中拥有居住地城市户籍身份的居民所享有的社会福利及相关权利。② 公民权的获得依据是国籍身份,市民权的获得依据是行政区域的户籍身份,两者的共同点都是一种属地身份,都体现集体赋权逻辑。不同之处是两者在界定成员资格时地理区域范围不同,因此在一国之内,公民权体现平权的属性,而市民权则具有"地域性特权"的性质。

在中国,户籍制度本质上是一种属地性公民权,拥有城市户籍的居民通过享有属地市民权实现了公民权,而外来人口因为长期离开户籍所在地而难以兑现。这就形成了一个悖论,使基于户籍的市民特权成为实现普遍性公民权利的载体。③ 这是外来人口的权利困境难以化解的根源:本地户籍人口可以借由市民权而实现作为国民的公民权,而外来人口对公民权的诉求虽有法理依据却无现实的制度保障。为了化解这一困境,外来人口就必须寻找户籍身份赋权之外的其他赋权渠道。有学者指出,我国人口目前所享有的社会福利和相关权利主要来自两个渠道:因身份而获得的福利和权利;因劳动或贡献而取得的福利和权利。④ 很显然,户籍制度的存在将每个中国公民的身份"固定"在了户籍地,一旦离开户籍所在地,就成了"没身份"的人,其享有社会福利和相关权利的渠道只剩下一个:因劳动或贡献而取得福利和权利,这体现了基于权利义务对等原则的个体赋权逻辑。

这种将市民权转换成为个体"挣得"特权的赋权逻辑,非常符合对权利的中国式理解⑤:在中国,个人权利并不是基于一种适用于所有人的普遍的自然权利观念,而是通过个人努力后天挣得的,因此人们往往会对"谁值得拥有什么"存在意见分歧。这种对个人权利的理解,最终导致竞争中的个体,都寻求一个具有权力和资源的权威来向自己赋权。国家就是这个绝对权威的化身,而个体则有赖于国家赋权所提供的保护和福利。当下特大城市的新"土—客"之争中,无

---

① 马歇尔:《公民身份与社会阶级》,郭忠华等编,江苏人民出版社 2007 年版;苏黛瑞:《在中国城市中争取公民权》,王春光等译,浙江人民出版社 2009 年版;王小章:《公民权视野下的社会保障》,《浙江社会科学》2007 年第 3 期。
② 陈映芳:《"农民工":制度安排与身份认同》,《社会学研究》2005 年第 3 期。
③ 康岚:《特大城市市民权的权利观念及其影响因素——以上海为例》,《同济大学学报(社会科学版)》2015 年第 4 期。
④ 彭希哲等:《户籍制度改革的政治经济学思考》,《复旦大学学报(社科版)》2009 年第 3 期;蔡禾:《行政赋权与劳动赋权:农民工权利变迁的制度文本分析》,《开放时代》2009 年第 6 期。
⑤ 阎云翔:《暂住证的政治》,转引自《中国社会的个体化》,上海译文出版社 2012 年版。

论是户籍市民还是外来人口,与地方政府都遵循了这一关系模式。对于本地市民来说,已有的户籍制度是他们享有市民权的保障;而对于外来人口来说,他们同样要倚赖于制度的赋权,只是这种制度不是户籍制度而已。一些特大城市现行的居住证制度就是很好的示范,它通过要求外来人口在流入地签订正规的劳务合同、缴纳社会保险费等措施,来向外来人口开放部分的市民权。

通过以上分析可以看到,市民权的享有基础实际上存在着三种类型:(1) 公民权;(2) 劳动或贡献赋权;(3) 户籍身份赋权。从权利实质看,第(1)(3)种类型是集体权,第(2)种类型是个体权,同时第(1)种类型面向全体国民具有平权的属性,而第(2)(3)种类型都具有特权的属性。

在权利观念上,劳动或贡献赋权还可以细化为基于年限的个体权和基于贡献的个体权。有学者曾提出"劳动赋权"的理念,认为外来人口通过自身的劳动和消费为城市社会经济的发展作出了贡献,劳动是他们获取权利的唯一依据;在中国现有国情下,权利的实现是一个过程,因此制度设计依据应该以是否参加城市劳动和劳动时间为依据,一个公平的制度要求所有的公共产品对每个阶层都有公平的标准,而时间标准对不同阶层来说是最具公平性的。① "劳动赋权"理念所体现的正是基于年限原则的个体权,相对于年限原则的个体权,基于贡献的个体权的实现可能会因个体的年龄、学历、职业、纳税、投资等情况的不同而不同,比如认定纳税越多即贡献越大,或者假定职业阶层越高即贡献越大、学历越高即未来潜在的贡献也会越大,因此享受的权利也越多。以上两种是劳动或贡献赋权的基本形式。

关于身份赋权,本研究中指户籍特权,主要表现为户籍优先权;同时考虑到目前特大城市普遍采取精英主义的外来人口吸纳政策,一些拥有高学历、高专业技能、高投资、高纳税的外来精英很可能直接获得流入地的户籍身份,因此将这些精英视为户籍特权的"潜在对象",一并列入身份赋权的范畴。具体的操作化测量和调查结果详见表1。

表 1 市民权观念的三种类型

权利实质	权利观念	测量	户籍人口(%)	外来人口(%)	户籍人口(%)	外来人口(%)
平权 公民权	公民权	只要是中国公民,就应该人人平等、一视同仁	15.3	45.5	15.3	45.5
特权					84.7	54.5
个体特权: 即劳动或贡献赋权	基于年限的个体权	只要在上海合法工作达到一定年限,就应该有平等的权利	11.5	22.9	(23.9)	(32.2)
	基于贡献的个体权	要看每个人为城市作出的贡献,贡献越大,可享受的权利越多	12.4	9.3		

---

① 蔡禾:《行政赋权与劳动赋权:农民工权利变迁的制度文本分析》,《开放时代》2009 年第 6 期。

续 表

权利实质	权利观念	测量	户籍人口(%)	外来人口(%)	户籍人口(%)	外来人口(%)
集体特权:即身份赋权	户籍权+精英权 户籍权	有户口的优先,但真正优秀的外地人也可享受	22.8	14.6	(60.8)	(22.3)
		任何时候,本地人都比外地人有优先权	38.0	7.7		
Total (样本量)			100 (1 178)	100 (323)	100 (1 178)	100 (323)

注：此题为单选题,试图测量上文所述三种权利观念类型,虽然在现实中个体与集体赋权的逻辑可能并不完全互斥,但这一类型划分的测量能有效反映被访者的相关态度倾向。本文所使用的调查数据均来自上海社会科学院社会学所于2014年年初完成的"上海市民社会心态调查"。该调查范围为上海市中心城区,抽样方式为分层随机入户抽样,调查对象为来沪3个月以上的上海常住居民,总样本量为1 501份,其中户籍居民占78.5%,非户籍居民占21.5%。

表1的调查结果主要有三个发现：

(1) 市民权是一种"特权"而非公民权,这一观念得到较普遍的认同。超过八成的户籍人口认为市民权是一种特权,即便在外来人口心中,也有超过一半(54.5%)的人认同这种观点,表明市民权的"特权"属性仍占主导地位。

(2) 户籍人口强调市民权的集体赋权逻辑,外来人口则强调其个体赋权逻辑。虽然"土—客"都有更多的人认同市民权是一种特权而非公民权,但户籍人口认为这种特权应基于户籍身份的(60.8%)远高于认为应基于劳动或贡献的(23.9%),而外来人口认为这种特权应基于劳动或贡献赋权的(32.2%)却高于认为应基于户籍身份的(22.3%)。这一结果提示,同为对特权的认同,"土—客"的公平逻辑存在差别,户籍人口主要强调户籍这一集体性身份,外来人口则偏向个体性"挣得"。上述结果表明,户籍身份作为福利特权的分配基础已经削弱了。

(3) 对于个体特权而言,权利义务对等的原则是较有共识的一种市民权赋权逻辑。23.9%的户籍人口认同基于劳动或贡献的市民权赋权逻辑,外来人口的同比是32.2%,两者仅相差8.3%,这是三种权利类型中"土—客"间态度分歧最小的一种类型。

上述发现的主要启示是,户籍作为"福利特权"的社会基础已开始动摇,外来人口以个体身份在流入地争取市民权已具有相当的民意基础。因此,有序改革的关键是如何对外来人口进行区分,区分的标准可以基于外来人口对城市的实际贡献,也可以基于他们作为常住居民在城市居留时间的长短标准。

二、劳动或贡献：外来人口的差异化接纳

在新"土—客"关系中,外来人口作为城市建设者和贡献者的观点正在日益深入人心。本次调查也发现,80.8%的户籍人口认同"外地人为上海作出了重要贡献",关于这一点,"土—客"的态度非常接近。主要的差异在于对外来人口遵纪守法的认知,84.2%的户籍人口认为"外地人的

超生现象非常普遍",74.1%的户籍人口认为"上海的违法犯罪事件,大部分是外地人干的",均比外来人口的同比高出近25个百分点。已有研究指出,户籍人口对外来人口的整体评价是客观上肯定其贡献,但情感上仍然排斥他们的到来,并对其形象存在明显的刻板性歧视,尤其对外来人口"违法"的印象很强烈,整体评价存在接纳与排斥并存的矛盾。①

但是调查同时也发现,户籍人口对外来人口分群体的评价却不是铁板一块的,即存在明显的群体间差异。表2是以职业为基础对外来人口进行类群划分后所获得的户籍人口对外来人口的分类评价。在表中的七类人群中,前四类为中下层的体力职业者(包括劳务工作者、商业服务者、有营业执照的自雇业者、无营业执照的自雇业者),他们可能已经在所在城市默默工作了很多年,但在现行的制度框架下,仍较难获得共享城市公共资源和社会福利的机会。以某市居住证积分制为例,主要的受惠人群是表中的后三类,即中上层的非体力职业者(包括老板/投资者、普通白领、中高级白领),他们也正是未来拥有落户机会的人群。

表2 户籍人口对外来人口印象的分职业类群认知* 单位:%

职 业 类 群**	上海人的日常生活离不开他们	对上海的经济发展有利	影响社会稳定增加违法犯罪	抢了上海人的工作	占用公共资源增加财政负担
体力职业者:					
劳务工作者	61.0	46.3	7.0	12.5	2.3
商业服务提供者	47.0	37.9	31.2	12.7	6.6
有营业执照的自雇业者	29.8	49.6	16.6	22.6	13.2
无营业执照的自雇业者	9.3	16.7	67.4	23.7	20.3
非体力职业者:					
老板/投资者	7.9	52.1	10.9	31.5	18.6
普通白领	8.5	31.4	9.4	52.6	8.7
中高级白领	7.1	51.0	8.1	38.0	5.6

* 本表的设计借鉴了西方关于移民的社会经济后果的经典测量,并稍做修改。参见:Lauren McLaren & Mark Johnson.2004. "Understanding the Rising Tide of Anti-immigrant Sentiment". British Social Attitudes: The 21st Report.
** 劳务工作者比如家政护工、环卫、快递、保安保洁等;商业服务提供者比如美容美发、洗脚按摩、娱乐业的服务员等;有营业执照的自雇业者主要指有营业执照的个体户/小商贩/小店面,无营业执照的自雇业者主要指没有营业执照的个体户,如私车个体营运、流动地摊、流动餐饮/夜排档等;老板/投资者主要指开厂、办公司的外地人老板;普通白领主要包括非专业技能类的普通白领、文员;中高级白领主要包括中高级专业技术人员和管理人员。

分类评估结果显示:(1)位于社会底层的普通劳务工作者受到普遍欢迎,户籍人口认同他们对城市的贡献大,超过六成的人认为"上海人的日常生活离不开他们"。(2)户籍人口同时接纳商业服务提供者、有营业执照的合法守纪的小商贩以及拥有专业技术的中高级白领,认为这

① 康岚:《新"土—客"关系中的外群印象与差异化接纳:兼谈完善居住证积分制的民意基础》,《城市发展研究》2005年第1期。

三类职业人群对于流入地来说也是贡献为主，对于前两类既认为"上海人的日常生活离不开他们"、也认同他们"对上海的经济发展有利"，对于中高级白领主要是肯定他们"对上海的经济发展有利"。(3) 户籍人口最排斥的是没有营业执照的无序商贩，认为他们增加了违法犯罪(67.4%)。其次排斥非专业技术类的普通白领、文员，认为他们对流入地贡献不大而且是来"抢饭碗"(52.6%)的。(4) 外地人老板和投资者是一个较难评估的类群，一方面承认他们"对上海的经济发展有利"，但觉得他们的竞争威胁也不小(详见表2)。

以上结果折射出户籍人口对差异化接纳的基本态度是：在遵纪守法的前提下，呈现出一定的"极化接纳"的特点。即倾向于吸纳外来的低技能劳务阶层与高技能精英阶层，排斥一般中间阶层，反映的是人力资源稀缺性(或不可替代性)优先的结构性吸纳原则。这为个体化赋权的操作化路径提供了依据。众所周知，目前特大城市普遍采用的是精英主义取向的外来人口吸纳政策，即主要吸纳拥有中高级专业技术职称或接受过高等教育或在投资纳税方面有较大贡献的非体力职业者和商务人士，基本上可以对应于表2所列的后三类职业人群。但从调查数据看，他们的受欢迎程度并不如人们通常以为得那么高，而那些遵纪守法、诚实劳动、长期为流入地服务却在现行的制度框架中难有一席之地的中下层的体力劳动者，他们也并不如人们以为得那么不受欢迎，其中的某些类群恰恰是很受欢迎的，比如家政护工、环卫、快递、保安保洁这些最普通的劳务工作者，城市的基本运行离不开他们。总的来说，户籍人口对提供劳务的普通劳动者、有营业执照的自雇业者是表示欢迎的，认可他们是城市的贡献者，同时接纳人力资本较高的中高级白领，而对于一般非体力职业者，即俗称的普通小白领并不如想象中受到欢迎，认为他们总体对上海贡献有限。

户籍人口的这一态度具有明显的功利主义取向，也表明户籍人口与外来人口之间的利益关系并不是一种纯粹的"零和游戏"①，外来人口所获得的不一定就是本地人所失去的。事实上，外来人口的到来不仅在消费着城市资源，同时也在创造着新的资源，"土—客"双方不必将在城市生活的合法权利视为一种静态的、有限的、不可再生的资源，双方完全有可能形成一种"利益共生"②的格局。而这个正是建立新"土—客"关系公平观的基础。

极化接纳的特点使差异化接纳的路径也变得不再单一，"精英吸纳"与"居留转化"可以并存不悖，取舍的标准只有一个，只要对城市真正有贡献。研究显示，47.8%的户籍人口认为城市的公共资源应该向刚来的高学历、高技术人才开放(即精英吸纳的原则)，而认为应该向长期作贡献的普通劳动者开放(即居留转化的原则)的比例是35.7%，两者的差距是12%，另有16.5%的人持"说不清"的态度。③ 这表明，"精英吸纳"仍占民意上风，但"居留转化"的民意支持率也不算低，这为遵纪守法、长期居留的底层劳务工作者打开了机会之门。

---

① 阎云翔：《暂住证的政治》，转引自《中国社会的个体化》，上海译文出版社2012年版。
② 李煜、朱志燕：《以"利益共生"化解"土—客"心态对立》，《中国社会科学报》2015年5月29日。
③ 康岚：《特大城市外来人口属地化管理取向民意基础分析》，《城市问题》2015年第4期。

三、时间门槛：不同权益领域的差别化开放

本文所提出的"差别化开放"的含义不仅指在时间维度上依照年限原则有先后之别，而且区分不同的权益领域，对外来人口实行差异化的开放。这就需要了解"土—客"对不同权益领域的权利适用标准的态度，哪些领域适合平权取向（即与户籍脱钩），哪些领域适合特权取向（即仍需要与户籍挂钩）。对于外来人口认为必须与户籍脱钩或户籍人口认为可以脱钩的领域，可以设置较短的时间门槛，比如2—3年或3—5年。而对于户籍人口认为必须与户籍挂钩或外来人口认为可以挂钩的领域，则需要设置较长的时间门槛，比如10年以上甚至15—20年。有学者指出，依居留时间梯度整合的制度安排，不仅体现了城市社会对外来人口的接纳和包容，也符合公平性和城市发展的可持续性原则；如果一个人在城市工作、生活超过20年（一代人的时间），遵纪守法，依法纳税，为城市创造财富，把一生中最宝贵的时间贡献给了这座城市，城市政府就没有理由不给予他平等的市民待遇。①

市民权的不同领域主要包括平等就业权、子女教育权、社会保险权、住房保障权等，本研究对上述四个领域权利的操作化指标详见表3。根据问卷的提问②，将权利适用标准分为三类：（A）平权：即两人应该完全平等，一视同仁；（B）户籍优先权："张移民"有权享受，但"李上海"有优先权；（C）户籍专属权："张移民"没权享受。其中前两类标准都认同外来人口在流入地的个体权利，但第一类强调完全的个体权利，第二类是户籍优先权前提下的个体权利，第三类则完全否认个体权利。本文认为，越认同个体权利的领域，越适合尽早将福利与户籍脱钩，可以设置较低的时间门槛；而越不认同个体权利的领域，则将福利与户籍脱钩的难度就越大，就需要设置相对较高的时间门槛。

表3 "土—客"对不同权益领域权利适用标准的态度 单位：%

		两人应该完全平等一视同仁（A. 平权）		"张移民"有权享受但"李上海"有优先权（B. 户籍优先权）		"张移民"没权享受（C. 户籍专属权）	
		户籍人口	非户籍人口	户籍人口	非户籍人口	户籍人口	非户籍人口
就业	国有单位招工招聘	42.4	77.1	37.4	20.4	20.3	2.5
	公务员招聘	38.9	72.1	36.5	23.8	24.6	4.0
教育	孩子上公立学校	34.3	71.5	39.6	22.3	26.1	6.2
	孩子可报名参加上海的中考高考	31.7	68.1	38.7	25.7	29.6	6.2

---

① 彭希哲等：《户籍制度改革的政治经济学思考》，《复旦大学学报（社科版）》2009年第3期。
② 问卷提问如下："张移民"在上海有合法稳定的工作，遵纪守法，按规定缴纳社会保险和纳税申报，但没有上海户口。"李上海"有上海户口。您认为他们在享受上海公共资源方面的权利是怎样的？

续　表

		两人应该完全平等一视同仁（A. 平权）		"张移民"有权享受但"李上海"有优先权（B. 户籍优先权）		"张移民"没权享受（C. 户籍专属权）	
		户籍人口	非户籍人口	户籍人口	非户籍人口	户籍人口	非户籍人口
住房	申请经济适用房	14.3	41.5	34.3	45.5	51.4	13.0
	申请公租房	19.0	40.6	41.1	45.5	39.9	13.9
养老金	退休后按上海标准领取养老金	12.6	39.0	46.4	42.4	40.9	18.6

从调查数据中主要有以下发现（见表3）：(1) 户籍人口对各领域的个体权利的认同率（即表3中的A＋B）基本上都超过一半，只有"申请经济适用房"一项没达到一半（48.6%），个体权利认同率最高的两项都在就业领域，分别达到79.8%（国有单位招工招聘）和75.4%（公务员招聘）。而且这两项指的都是体制内的就业权，可以推断，对体制外就业的个体权利的认同率会更高。(2) 户籍人口最"放不下"的是住房保障权，分别有51.4%和39.9%的人在"申请经济适用房"和"申请公租房"方面完全排斥个体权利，只强调户籍专属权。其次，"放不下"的是"养老金的地方标准"，也有40.9%的人排斥个体权利。(3) 教育领域的两项指标，户籍人口虽然认同个体权利的比例并不低（都超过七成），但并非更认同完全的个体权利（分别为34.3%和31.7%），而是更强调户籍优先权前提下的个体权利（分别为39.6%和38.7%），这表明教育领域是户籍人口比较纠结的领域。(4) 外来人口对于就业和教育两个领域的四项指标总体上都持个体权利的态度，个体权利认同率均超过九成。相对来说，对于"养老金标准"这个远期福利的关注度低一些，有18.6%的人认同它具有户籍专属权。

以上发现的主要启示是，户籍权益差别化开放的可能路径是：就业权—子女教育权—住房福利（即时性福利）/养老福利（累积性福利），时间门槛可以依次升高。但目前在教育和住房保障这两个领域，"土—客"的冲突还是比较明显的。教育领域是户籍人口最矛盾、外来人口却很看重的领域，而"申请经济适用房"是户籍人口最不愿意放手、外来人口也诉求很高的领域。因此对这两个领域的权利开放还需要做更精细的调研。另一方面也要注意到，户籍优先权仍是户籍人口的主要诉求，在各领域的诉求比例都在三至四成左右。

四、结论与展望

本研究表明，在当前特大城市的新"土—客"关系中，外来人口相关权利的获得需要经历一个过程，这个过程的关键是如何在协调"土—客"双方利益、尊重"土—客"双方权利诉求的基础上，在制度框架内进行有序的个体化赋权。

首先，在特大城市中，市民权作为一种"特权"具有较普遍的社会认可，户籍人口获得市民权的依据是长期户籍管理制度沉淀下来的福利捆绑，外来人口争取市民权的依据是相关的外来人口政策,比如居住证制度。但是,户籍作为"福利特权"的社会基础已经开始动摇,在公民平权和户籍特权的矛盾中,外来人口以个体身份在流入地争取市民权已具有相当的民意基础。因此,对外来人口进行有序赋权的关键是如何对外来人口进行区分,区分的标准不仅可以基于外来人口对城市的实际或潜在贡献,也应该基于他们作为常住居民在城市居留时间的长短标准。可操作性的制度框架仍需要进行精细的调研和设计,但基本思路是,外来人口在城市生活、工作的时间越长,为城市付出的劳动越多,对城市经济社会发展的贡献越大,就越有权利享受更多的城市福利和公共服务。

其次,在城市承载力相对不足的前提下,基于权利义务对等原则的个体权利是"土—客"较有共识的一种市民权赋权逻辑,这构成了外来人口差异化接纳的观念基础。衡量外来人口对城市付出的劳动或贡献,包括诚信守法地履行劳动合同,到作为自雇个体为城市运行提供最基本的服务,再到对当地的社会经济有突出、重大的贡献,也就是说要综合衡量正、负两方面的影响,总的原则是负面影响越少、正面影响越多,就越有权利分享更多的城市福利和社会发展的成果。调查表明,户籍人口对外来人口差异化接纳的主要特点是遵纪守法的前提下的"极化接纳"。外来的底层劳务和精英阶层虽分处职业阶层的两端,却都是比较受欢迎的,因为他们都填补了城市人力资源的结构性空缺,具有人力资源上的不可替代性,因而户籍人口总体上认同他们对城市的贡献大于威胁。而诸如普通白领、一般文职人员这样的中间职业阶层,由于不具有城市人力资源上的结构性优势,反而可能成为户籍人口的潜在竞争对手,因此并不受户籍人口的欢迎。"极化接纳"的这一特点对于特大城市现行的居住证制度的完善具有重要的参考价值,尤其是对现行的单一的精英化取向的外来人口吸纳政策需要进行反思。

再次,除了外来人口的分群体接纳外,更能体现公平性和城市发展可持续性原则的另一种个体化赋权的路径是:制定统一标准的不同户籍权益领域的差别化开放,这个统一的标准就是为外来人口享受相关权利设置一个时间门槛,达到时间门槛的个体就有权享受相关权益,所谓的差别化开放就是不同领域的时间门槛是不同的。这一路径也是近年来特大城市外来人口常住化趋势不断发展而户籍门槛居高不下的情势下,应对大量外来人口对城市公共服务具有长期的、刚性的需求的有效办法。根据民意调查结果,不同权益领域差别化开放的可能路径是:就业权—子女教育权—住房与养老福利,时间门槛可以依次升高。另外,针对教育和社会保障住房这两个"土—客"冲突最激烈的领域,仍需要更精细的研究来制定可操作的方案。

总之,当前特大城市在"控制人口规模"和促进城市经济社会可持续发展的双重任务下,唯有在广泛听取各方民意的基础上,以渐进式的个体化赋权为过渡,有序、有效地调整"土—客"双方的利益关系,并进行相关权利的重新界定,为实现常住人口的公共服务和福利均等化提供可靠的制度保障,才能最终实现"土—客"和谐共生的新格局。

(原文载于《江苏社会科学》2016年第2期,与李煜合作)

民族形象建构与双重弱势：
城市中的维吾尔族流动人口

——对"切糕事件"的社会学分析

朱志燕

关注网络舆情和社会热点的人对于"切糕事件"或者"切糕党"也许不会陌生。因普通买卖关系而引发的一起发生于 2012 年年底的地方性事件在不到一个月的时间内经过网络新媒体以及电台、报纸等传统媒体的热议、发酵，迅速在全国走红，一时间引发全国上下的大讨论，"切糕"以及"切糕党"等词汇也成为 2012 年度最为走红的网络热词。本文以"切糕事件"网络舆情的考察为基本研究素材，把该事件本身和由其所引发的社会讨论看作维吾尔族流动人口在内地城市生存、生活的一个缩影，通过"网上田野"的方式运用社会学的相关理论，对该事件反映出的新疆维吾尔族流动人口在内地城市的民族形象加以分析，同时探讨"切糕事件"背后隐含的维吾尔族流动人口在内地城市双重弱势的生存状况。

一、事件始末和事件的发酵、走红

2012 年 12 月 3 日上午，湖南岳阳警方的认证微博——"岳阳公安警事"发布一则关于平江县城关镇天岳村村民凌某等与新疆籍商贩发生纠纷的信息。微博写道：

> 村民凌某在购买新疆人核桃仁糖果时，因语言沟通不畅造成误会，双方口角导致肢体冲突引发群体殴打事件。事件造成二人轻伤，损坏核桃仁糖果约 16 万。加损坏的摩托车和受伤人员共计 20 万。目前平江公安天岳派出所将凌某刑事拘留，16 名新疆人员财物得到赔偿并被遣返回疆。①

该微博虽然发出后的当天下午即被删除，但仍被有心网民截屏并广为传播，微博中提到的"核桃仁糖果"俗称"切糕"价值 16 万元的信息立刻成为网民集体调侃的对象。当天下午《新周

---

① 《村民买切糕引冲突，警方称被毁切糕值 16 万》，华商网，http://society.huanqiu.com/news/2012-12/3340758.html，2012 年 12 月 4 日。

刊》随即在微博发布了一张切糕的图片,并配上了"硬通货"的调侃性标注。12月5日上午,岳阳市公安局的官方微博"岳阳公安警事"在其微博上第二次发布长微博:"经物价、司法鉴定,被损的16台三轮摩托车、车上核桃仁糖果5 520斤的损失以及受害人医疗费用共计15万余元。此前'岳阳公安警事'微博工作人员未经核实发布不准确信息,再次深表歉意"①。此微博发出后即遭转发近1 000条,但致歉微博被发出不足半小时后也被删除。5日下午,岳阳警方在接受新华社长沙站记者采访时提供了四项补偿明细:

> 第一项是人员受伤及补偿情况,伤者阿雷,轻微伤,全休6天,后段医药费400元;伤者斯迪克,轻微伤,全休15天,后段医药费700元。第二项是物品损失及补偿情况,损坏的核桃仁糖果5 520斤,经物价部门鉴定为价值96 600元。第三项是摩托车和工具损失及补偿情况,被损摩托车16台(事发前在长沙购买的报废车),鉴定损失共为6 825元。第四项是16名新疆籍商贩返程路费、误工费、伤者营养费等。上述补偿总计15.2万元,已由平江县人民政府先行垫付。②

从12月3—5日的3天内,由岳阳市公安局微博发起的"切糕事件"几易说法,政府官方信息如此反复引起舆论猜疑和网民讨论的巨大热情,使原本简单的买卖纠纷事件变得扑朔迷离。

与此同时,以电视台为主的传统媒体也加入"切糕事件"报道和事件相关的讨论热潮中。据笔者在"优酷""土豆"等国内主要视频网站相关视频资料的不完全统计,自"天价切糕"首次曝光以来,包括贵州卫视、东南卫视、山东卫视、河北卫视、深圳卫视、四川卫视等多家地方电视台对"切糕事件"进行了报道。除了报道事件本身的来龙去脉之外,电视报道一般也都着意强调切糕"天价"的一面,而这恰恰迎合了网民热议切糕"价格高——天价"焦点之处。同时,成都卫视在《真相30分》中以《"变味"的新疆切糕》为题曾做了专题报道,专题记者在成都青羊宫和成都繁华街道进行了专题调查。专题报道通过暗访和现场记录的方式向观众展现切糕卖家以"暴力威胁""强买强卖"为特征的切糕销售现象,同时借助随机采访透过买家的观点反映了"强买强卖、价格高得离谱和吃着不放心(不见得干净)"三大切糕本身和售卖切糕过程所存在的问题。

在以微博为主体的新媒体的积极助力和传统媒体的推波助澜之下,网民针对"切糕事件"发微博、跟帖讨论的热情尤为高涨。网络舆情的关注点主要集中在诉说个人购买切糕既气愤又无奈的经历、切糕的昂贵价格、切糕卖家强买强卖的销售方式、地方执法机关管理上的不作为、对切糕从业人员(切糕党)的指责以及从对切糕售卖不良商贩的不满转变为对新疆人不满等几大主要方面展开。一时间,"切糕恒久远,一斤永流传""爱她就送她二斤切糕吧""宁愿坐在切糕车上哭,也不愿坐在宝马车里笑""一块切糕一平方,一个切糕换套房""切糕天然不是货币,但货币

---

① 《价值16万切糕事件》,百度百科,http://baike.baidu.com/view/9706895.htm#sub9828740。
② 《切糕16万赔偿明细出炉 网友恶搞"切糕诗"盛行网络》,9C娱乐联盟,http://ent.ifeng.com.9cunion.com/shehui/2012-12-08/1256.html,2012年12月8日。

天然是切糕""糕富帅"等网络流行语大红。"天价切糕"成为2012年年底网络最热话题。

二、被妖魔化的"切糕"

在"切糕事件"引发的网络热议氛围之下,广大网民和各类媒体之间形成了相互激发、启迪、碰撞的"语言狂欢"现象。网民关注的焦点话题很大程度上成为各类媒体的议题设置主题。同时,随着讨论初期对切糕昂贵价格的调侃和遣责,后期的讨论逐渐走向妖魔化切糕的路径。

(一)"切糕中加入了水银"

"切糕事件"的曝光不仅反映了切糕所谓"天价"的一面,也间接反映出切糕密度大的事实。对此,网络流行语调侃其为"听大家说宇宙间密度最大的东西前三名:黑洞、中子星、切糕"。对此,网民纷纷讨论切糕密度大的原因所在,而"切糕的原料中加了水银和松香水,以便于增重和防腐,因而切糕卖家一般自己不吃"的说法不胫而走。"切糕中加入了水银"随即成为妖魔化切糕的最抢眼版本。下面这则源自"中原网资讯频道"2012年12月4日报道文章,被网民转帖于"天涯社区",是切糕妖魔化的鲜活文本。

> 您往常看到卖切糕的,上面花花绿绿的是很多好吃的核桃仁、葡萄干还有花生米等,让人看上去就很有食欲的,看上去好像很不错,让很多嘴馋的垂涎欲滴。大家没有看错,这些食材是没有问题的,而最大的问题在于重量,还有制作的辅料,据说,"水银"也被用在这些食物当中,难道就不怕吃中毒?
>
> ……
>
> 小小切糕为何这么重?一片如面包片大小的切糕,为何能称出5斤的重量?这让很多受骗者感到费解。带着这个问题,记者咨询了夫子庙一家正宗切糕店的糕点师傅胡强。
>
> 胡师傅称,一般切糕的主要原料为面粉、糖稀,以及红枣等一些干果,制作得松软可口。但街头外地人的那种切糕,却是掺入了松香、糖精等一些"辅料",且做好后,会用铁板压实,甚至用铁锤敲打,将切糕做得格外"瓷实"。
>
> 针对胡师傅的说法,记者随后又上网查询求证,发现网友对切糕重量之谜其实早有报料:做切糕过程中,会浇入高温水银(汞),由于水银沸点比水高,从切糕中经过时,除了会让切糕中的水分彻底蒸发,还能有效聚合糖分,加大切糕密度,提高重量。"最可怕的是,切糕中会有水银残留,这样还能防止切糕变质!"
>
> 一位网友称,那些卖切糕的外地人,一块切糕,风吹日晒能卖半年,且自己从来不吃,正是这个原因。①

---

① 《新疆切糕有何猫腻?一块切糕几斤重?都怪水银在作祟》,天涯论坛,http://bbs.tianya.cn/post-free-2925991-1.shtml,2012年12月4日。

分析这一网络文章不难发现其中可疑之处。常识中一般以次充好或以假乱真的假冒伪劣商品遵循的是以低价物品替换或混入高价商品的经济逻辑,而帖子中提到的"切糕中掺入水银以增大切糕密度"的方法却是以高价商品混入相对低价商品的行为,显然属于违背商家利益的经济不理性行为。关于此点前文提及的成都卫视《真相30分》在《"变味"的新疆切糕》专题报道中也进行了专门考证:节目表示,经过记者现实取样的切糕被送往成都市食品药品检验中心,最终的监测结果显示,送检的切糕样本中并没有如网友所说的那样掺入了水银。

(二)"切糕的价格欺诈"

切糕昂贵的价格是"切糕事件"从始至终最受关注的焦点之一。2012年12月5日一篇题为《路边切糕成本100元卖四五千元大肠杆菌超标300倍》的文章瞄准切糕的昂贵价格进行了专门报道。报道称:"据厦门市思明城管行政执法局的工作人员介绍,按照市场价,切糕的价格是一两20元,一整块切糕200—300斤重,可以卖到4 000—6 000元,但成本才100元,获利达40倍以上。"①根据报道的数据,细心的读者稍加计算就能够发现上述意在妖魔化切糕的媒体文章的不合理之处。如果以报道中所列一整块切糕重200—300斤、成本100元计算,那么每斤切糕原料的成本只有三到五角钱。而现实中的物价水平之下,仅仅三到五角的原料成本不论以何种原料都无法制作出一斤的任何食品。

由此可以看出,后期的"切糕事件"网络热议愈发走向了妖魔化切糕的道路。在各类媒体和网民互相印证、炮制讨论兴奋点的舆论大氛围中,"切糕"越来越偏离民族传统食品的原初内涵,舆论在一边倒地试图挖掘切糕更多的"问题",对于"切糕"表现出一致的谴责和声讨。

三、作为新疆人形象的"切糕党"

除了切糕本身之外,引发网民对"切糕事件"广泛关注的另一原因在于事件当事人是少数民族。因而"切糕党"(也叫"切糕帮")也成为伴随"切糕"一起风行的网络流行语。

在网络热议中,"切糕党"被定义为:

> 从新疆来到内地的商贩,他们操着半生不熟的普通话或者直接说着本民族的语言,售卖一种被称为新疆切糕的商品。当顾客打算购买一点后却发现商贩一刀切下去,重量和价格远远高出心理预期,令人 hold 不住(承受不了的意思——笔者注)。若顾客不买有可能遭遇武力威胁,强买强卖。全国各地有不少网友有过类似遭遇。②

网民同时总结归纳出"切糕党"的"团伙特点"为:"多人团伙,相隔距离不远,说着不标准的

---

① 《媒体称切糕成本100卖四五千 大肠杆菌超标300倍》,环球时报-环球网,http://news.163.com/12/1205/15/8HVIS2OT00011229.html,2012年12月5日。

② "切糕党",百度百科,http://baike.baidu.com/view/4564907.htm。

普通话,多听不懂地方语言,或装作听不懂,贩卖切糕时多哄劝顾客购买,若顾客有犹豫,则立即切下部分切糕,这时顾客便不得不买了"。①

从这则出自具有网络权威性的百度百科的"切糕党"定义中,我们可以发现这样的问题:第一,把切糕销售行业中具有强买强卖行为的个别商贩等同于从事切糕销售的所有商贩。第二,把从事切糕销售的所有商贩都视为是具有销售诈骗行为的商家。这样,"个别维吾尔族不法商贩=全体维吾尔族商贩=维吾尔族骗子"的逻辑被建构出来,维吾尔族流动人口在内地城市的负面民族形象得以确立。另一方面,由于在公众认知中维吾尔族都来自新疆,因而维吾尔人成为全体新疆人的代表,而上述"个别维吾尔族不法商贩=全体维吾尔族商贩=维吾尔族骗子"的逻辑进一步被继续极端化为"个别维吾尔族不法商贩=全体维吾尔族商贩=维吾尔族骗子=新疆骗子=新疆人"。"切糕党"等同于了"新疆人",成为整个新疆人的代名词,维吾尔族流动人口在内地城市负面的民族形象与地域人群相结合,演变成为歧视性的地域人群形象。在各大论坛对于"切糕事件"的讨论中不难看到网民公开表达对新疆人不满情绪,甚至带有偏激言论的网络评论。例如,在"百度贴吧"中,一位网民用"穷山恶水出刁民"②来概括切糕事件出现的原因;另一位网民则直接写道:"在我的城市里,我见过新疆人10个有9个渣"③。可见,在"切糕党"的负面民族形象影响下,"新疆人"成为标签化民族形象与歧视性地域偏见的集合。

四、双重弱势的城市维吾尔族流动人口: "切糕事件"背后的社会背景

"切糕事件"因发生于汉族和维吾尔族之间而引起全国上下的广泛关注。个别的不法商业行为何以出现群体性特征?如果个别维吾尔族商贩为追求经济利益不惜以身犯法只是市场经济活动中的偶然现象,那么此类不法商业行为甚至足以形成"结群成党"的群体性特征就必然有其产生的深刻社会原因。从学术的角度理解"切糕事件",我们需要找出维吾尔族流动人口卖切糕为生背后的经济、社会以及文化方面的原因。

在现代化都市中,不同民族、族群的人共同生活在一起是城市化发展的必然趋势。改革开放后,农村劳动力得以自由流动,中国西部少数民族成员也随之加入城市流动人口的大军中,特别是到了21世纪,越来越多的西部少数民族自发流动到东部和沿海城镇,这不仅对我国民族地域分布格局产生一定影响,也在一定程度上引发了内陆城市民族、族群关系问题。据相关数据资料显示,改革开放以来1990—2000年的10年间,新疆以外的维吾尔族人口从7 544人增加到53 771人,即内地城市的维吾尔族增长了7倍④;1982—2000年维吾尔族人口在广东、福建和江

---

① "切糕党",百度百科,http://baike.baidu.com/view/4564907.htm.
② 百度贴吧:http://tieba.baidu.com/p/2028789884,2012年12月5日.
③ 同上.
④ 马戎:《关于当前中国城市民族关系的思考》,《西北民族研究》2009年第1期.

西三省增长超过百倍①。

作为中国目前城市庞大流动人口的一分子,与来自农村的汉族流动人口一样,在城市社会中,维吾尔族流动人口是处于社会下层地位的弱势群体。其中最主要表现在:首先,虽然国家新近不断推出意在统筹城乡的福利保障政策,但是现实中整个流动人口在获取社会保障、福利以及城市公共服务方面水平依然低下。2011年全国雇主或单位为农民工缴纳养老、医疗保险的比例仅为13.9%和16.7%。② 城市流动人口仍然是未纳入社会保障系统的弱势群体。其次,整个流动人口在城市空间的居住中与市民居住隔离现象仍旧严重。在20世纪90年代中国城市住房商品化之前,进入城市的流动人口无权分享国家的住房分配福利政策,他们在城市的居住条件非常恶劣,集聚于"城中村"③。进入21世纪随着旧城改造和城市产业布局结构调整,城市流动人口逐渐向城郊迁移,或是分散在市区老旧的居民小区,户籍属地差别导致的劳动力市场分割和住房政策构成了城镇中排斥性的制度环境④。某些地区的城郊流动人口聚居区正在向贫民窟发展⑤。再次,城市社会对农民工群体的歧视仍然普遍存在。"农村人"与"城市人"不只是地理学意义,更具有社会学的意义。城市人在自身优越感的驱使下,习惯性带着"有色眼镜"看待"来自穷乡僻壤的农村人",不少城市人把经济发展水平的差异与人格差异联系在一起,视城市里的农民工为"二等公民"⑥。

除此之外,作为城市少数民族流动人口,维吾尔族流动人口还有着由于民族身份带来的另一重弱势。主要表现在以下几个方面:

第一,生活在内地城市的维吾尔族流动人口可能从事的就业方式和行业非常单一。对于大多数出自新疆南疆农村的维吾尔族流动人口来说,在内地城市就业的可能性只有三种:一是进工厂,二是小商贸自主经营,三是从事服务业。⑦ 有研究显示,维吾尔族农民工从事服务业和小商贸的比例分别占到55.72%和24.38%;从事散工和零工的占13.93%。在所有的工作类型中,服务员和厨师所占比重最高。充分证明了餐饮业是维吾尔族农民工的主要就业途径。而这也是显著区别于汉族农民工的。⑧ 总的说来,维吾尔族流动人口在内地城市所从事的职业以餐馆服务业为主,一般以从事不需要技能的营生为主,就业行业非常单一。一般来说,在一个社会中,主流群体多是以正规就业为主,非主流的边缘群体更多从事的是非正规就业方式,这种现象

---

① 马戎:《中国人口跨地域流动及其对族际交往的影响》,《中国人口科学》2009年第6期。
② 王海宁:《城市外来人口劳动福利获得歧视分析》,《中国人口科学》2010年第2期。
③ 项飙:《跨越边界的社区:北京浙江村的生活史》,生活·读书·新知三联书店2000年版。
④ 朱妍、李煜:《双重脱嵌:农民工代际分化的政治经济学分析》,《社会科学》2013年第11期。
⑤ 甘满堂:《农民工住居边缘化与空间隔离:从城中村到城郊村》,《福建论坛》(人文社会科学版)2008年第1期。
⑥ 徐晓兰:《农民工权益保障:问题、原因与对策》,《理论探索》2008年第6期。
⑦ 从维吾尔族流动人口在全国的流动情况来看,在新疆省内摘棉花也是维吾尔族流动人口从事工作的重要一类。但一方面这是新疆省内流动情况下才有的就业方式,另一方面,摘棉花的人口流入地更多是在新疆兵团团场。因此严格来说,这是一种"农村到农村"的特殊人口流动形式,不同于一般意义上所说的乡—城人口流动。
⑧ 阿不都外力·依米提、胡宏伟:《维吾尔族流动人口特点、存在问题及对策:基于乌鲁木齐市和西安市的调查》,《中南民族大学学报》(人文社会科学版)2010年第1期。

通常可以在民族社会中看到。此点在当前内地城市维吾尔族流动人口群体中得到印证。单一的就业方式和行业不仅体现了维吾尔族流动人口在城市社会中的边缘地位,还对维吾尔族流动人口造成重大影响:虽然一方面从事行业的高同构型使主要依靠地缘和亲缘等初级关系进入城市的维吾尔族流动人口在谋生方式上有经验可以借鉴,少走弯路,但也由此造成了同行业的过度竞争,先来者与后来者的竞争不仅有时可能带来纠纷,也必然使从事该行业人员的利润减少①。

第二,进工厂的渠道单一。事实上,如上述数字显示,绝大部分的城市维吾尔族流动人口以从事服务业和小商贸为主,另一部分以散工和零工为生计,真正在工厂工作的维吾尔族农民工比例不高。而且这些比例很低的在工厂就业的维吾尔族农民工进厂的途径几乎都是依靠政府组织的劳务输出,几乎很少有内地城市的维吾尔族流动人口能够在城市劳动力市场实现自由择业。其中最主要原因在于他们绝大多数无法使用汉语进行日常交流。少数只能够在日常交易和生活中进行简单的沟通,一部分人甚至基本不具备与其他民族交流的汉语言能力。对喀什疏附县劳务输出的调查研究显示:从整体来看,新疆南疆农村绝大多数维吾尔族初中和高中毕业生来到当地城镇(如疏附县城、喀什市)就业都会面临语言障碍②。究其原因,一方面在于绝大多数的维吾尔族流动人口来自维吾尔族人口集中聚居的新疆南疆地区,在当地几乎没有汉族居民,日常生活中缺乏相应的汉语语言环境;另一方面,2000年之前南疆农村中小学长期以来实施的是民族教育,即用维吾尔语讲授全部课程,从小学三年级才开始讲授汉语课程。由于课本难度低和缺乏汉族教师,任教的很多维吾尔族汉语教师甚至自己都不能很好运用汉语,造成维吾尔学生到初高中毕业时汉语言能力仍然很差,基本不能使用汉语交流。据2007年4月疏附县教育局统计,全县小学生中只有3.1%进入"双语班"学习,初中学生中有8.7%进入"双语班",高中学生中只有2.9%进入"双语班"。换言之,前几年毕业的维吾尔族初中生基本没有汉语交流能力,2008年也只有133名初三学生从"双语班"毕业③。虽然自新世纪起新疆区政府着力推动双语教育,南疆的汉语教学状况开始有所好转。但当前城市中的维吾尔族流动人口仍未能较大受益于缓慢好转的家乡汉语教学状况,因而汉语言能力低的他们即使在本县城镇就业都有困难,更难以设想他们自发前去内地城市寻找就业机会的客观可能性。少数去内地城市的维吾尔族流动人口面临严峻的语言障碍问题,一旦进入自由的劳动力市场,由于不懂汉语言文字,他们甚至无法填写一张简单的就业表格。统计数据显示全疆1000多万少数民族人口中约70%尚未掌握或根本不懂汉语文字④。政府组织的集体劳务输出成为他们进入内地工厂就业的主要甚至唯一渠道。同时,由于政府组织的集体劳务输出对口城市有限,对于生活在不是新疆劳务输出对

---

① 阿不都艾尼:《在京维吾尔族流动人口调查研究》,中央民族大学博士论文2011年,第83页。
② 山旭:《"7·5"后治疆十个瞬间》,《瞭望东方周刊》2013年第28期。
③ 马戎:《南疆维吾尔族农民工走向沿海城市:新疆喀什地区疏附县劳务输出调查》,《中国人口科学》2007年第5期。
④ 新疆工作文献选编:《新疆的发展与进步(三)》,新疆昆仑网:http://www.xjkunlun.cn/dswx/dszl/2010/2041898.htm,2010年11月8日。

口城市的维吾尔族流动人口来说,进工厂几乎难以实现的。

第三,受教育程度普遍偏低。在现代社会中,接受正规教育是人们学习和掌握知识、技能的不可替代的必经渠道,也是能否具备市场竞争力、顺利就业,能否在个人事业上取得成功的重要保证。一般而言,一个人所接受的正规建议程度越高,他/她选择工作的范围就越大、个人发展的机会就越多。在城市的劳动力市场,受教育程度已经成为衡量劳动者人力资本的重要方面,决定着劳动者适应城市管理方式和现代文明的能力。第五次全国人口普查数据资料显示:全新疆文盲、半文盲人口占全疆总人口的 5.62%,达到 103.68 万人。新疆少数民族 6 岁以上文盲率高达 10.76%,比汉族高 4 个百分点。其中,少数民族较为聚集的南疆西南部区的文盲半文盲人口占全疆总人口的 36.08%,是全疆文盲、半文盲人口最多的区域,达 37.41 万人。从全疆各地州已转移的劳动力的素质来看,具有初中以上文化水平的极少,仅占 10% 左右,小学文化水平偏多,占 85% 以上,文盲也不同程度地存在。① 许多城市维吾尔族流动人口在劳动力市场上甚至达不到招聘单位对需求人员的最低学历要求,即使与同为弱势的汉族流动人口相比,由于受教育程度方面的差异,内地城市中的维吾尔族农村流动人口比同样来自农村的汉族农民工更难找到合适的工作,在劳动力市场竞争中处在十分不利的地位。新疆 1990—2000 年劳动人口职业变化的研究也表明,在当地经济产业结构发生变迁时,除了汉族与回族之外的少数民族劳动力,由于缺乏适应能力(掌握汉语的能力、技能培训),只有很少一部分人能够抓住新出现的就业机会②。

第四,异于汉文化的宗教信仰和饮食禁忌等生活习惯加重了维吾尔族流动人口的就业困难。伊斯兰教是维吾尔族的全民信仰,对维吾尔族社会以及个人产生了非常关键的影响。在漫长的历史发展进程中,宗教信仰和民族文化互相融合,宗教活动变成维吾尔人生活习惯的一部分。汉文化为主的内地企业、工厂一般认为伊斯兰教的礼拜会与工作时间冲突,影响工厂、企业的工作效率。维吾尔族的清真饮食禁忌也是企业主一般不愿承担的"额外"成本。企业基于经济成本因素考虑一般不愿雇佣维吾尔族农民工。而仅靠数量有限的穆斯林企业远远不能缓解维吾尔族流动人口就业难的问题。

第五,对维吾尔族的污名化③恶化了内地城市维吾尔族流动人口的生存空间。"切糕事件"引发的社会情绪沸腾,内地民众对维吾尔人先入为主的刻板民族印象足以可见。维吾尔族人在互联网情绪化、娱乐化解构中陷入了"新疆小偷""切糕党""暴恐民族""犯罪民族"等标签化、污

---

① 张静:《新疆少数民族农村劳动力转移的典型特征分析》,《经济论坛》2009 年第 2 期。
② 马戎:《南疆维吾尔族农民工走向沿海城市:新疆喀什地区疏附县劳务输出调查》,《中国人口科学》2007 年第 5 期。
③ 关于"切糕事件"引发的城市维吾尔族流动人口"内部他者"的想象与建构的污名化过程以及其中的符号文化意义参见刘琪、朱志燕:《城市空间下"内部他者"的想象与建构:对"切糕事件"的文化人类学解读》,《广西民族研究》2014 年第 2 期。

名化的恶性漩涡。随之而来的则是维吾尔族流动人口在内地的差别对待。① 有研究表明,一些职业介绍机构的工作人员对维吾尔族农民工存在歧视现象,很多就业中介机构不太愿意为他们推荐工作。② 一方面,多数的维吾尔族流动人口在城市找工作时候会被拒绝,另一方面,很多从事个体工商的流动人口会被所在区域的城管或者公安等要求"不允许在该区域卖东西"或"到别的区去卖"等。

在上述种种由于特殊民族身份带来的诸多不利因素影响下,虽然同为来自农村的流动人口,与汉族农民工相比,生活在内地城市的维吾尔族流动人口整体上被排斥于初级劳动力市场之外,很难依靠自身力量进入同为流动人口的汉族农民工主要就业领域之一的工厂、企业之中。绝大多数只能从事基本的服务业,稳定性差,收入难以保证。在这种情况下,少数人铤而走险,选择了以"卖切糕"为生。

五、总结与讨论

通过以上分析,我们看到一起发生于中国内地城市的普通商业纠纷经过媒体炒作、发酵以及网民热议而标签化、污名化维吾尔族流动人口的过程。早在 20 世纪 70 年代美国社会心理学家威廉·莱恩在研究美国社会种族和社会不平等现象的名著《责备受害者》(Blaming the Victim)中就指出,人们一般倾向于"责备受害者"——指责穷人的贫穷,弱势者的无权,用诸如今天"素质低"之类的标签贴在某些种族、阶层之上,却忽视他们之所以处于某种不理想的状况很大程度上是社会的责任。莱恩的研究使人们的视线开始从弱势群体本身的素质转向"受害者"所处社会文化环境的讨论。③

本文展示"切糕事件"以及事件发生之后的社会反响,并非意图评判事件双方当事人孰是孰非,以及声讨公众污名化整个生活在内地的城市维吾尔族流动人口的非理性行为,而是意在展现内地城市维吾尔族流动人口负面民族形象的建构过程。同时探讨发生在当代的这一"责备受害者"现象中"受害者"所处的社会文化环境。笔者认为由于身兼"少数民族"与"流动人口"双重身份,内地城市维吾尔族流动人口在城市社会中处于"双重弱势"的地位。一方面,作为来自欠发达地区农村的流动人口,维吾尔族流动人口经历着中国 2.36 亿(2012 年数字)流动人口同样的制度性排斥,与城市市民相比,生活在城市的维吾尔族流动人口与汉族流动人口同为城市社会的弱势群体。另一方面,作为少数民族,维吾尔族流动人口在汉语言水平、受教育程度等方面

---

① 欧阳洪亮:《暴恐事件让无辜的维吾尔族人生存空间变窄 遭受误解》,网易博客,http://zhenhua.163.com/14/0307/11/9MNVBDIO000464NR.html,2013 年 3 月 4 日。
② 哈尼克孜·吐拉克:《维吾尔族农民工内地城市生存与适应研究:以湖北省武汉市维吾尔族农民工为例》,华中师范大学硕士论文 2012 年,第 21 页。
③ William Ryan. 1976, *Blaming the Victim*. New York: Vintage Books.转引自张雯:《中韩渔业纠纷的"社会学想象"》,《中南民族大学学报》2013 年第 1 期。

的劣势更加突出,加上异质于社会主流文化的民族文化具有的信仰和生活习惯需求,使城市中的维吾尔族流动人口在就业竞争、经济收入、权益保护、生活习惯、民族认知、社会地位等方面都处于不利境地,使其成为城市流动人口这一弱势群体中的弱势群体。同时,这种"弱势中的弱势"具有叠加、累积效应(Cumulative effects),由民族身份带来的劣弱加剧、放大了作为城市流动人口一员原有的弱势地位,形成累积性劣弱(Cumulative Disadvantage)[1],使得即使与同为流动人口的汉族农民工相比,维吾尔族流动人口在就业困难、工作稳定性差、收入水平不高、社会保障度低、居住隔离与边缘化和受歧视程度等方面都面临更加严峻的形势。

目前关于城市流动人口的诸多研究中,流动人口内部的代际分化和阶层分化现象已经引起学界广泛关注,而对于流动人口中的民族分化现象的关注仍然不多。关注流动人口中的民族分化现象有利于辨识出流动人口中民族群体的特殊需求,学术上可以丰富流动人口构成群体差异性、多样性的认识,实践中利于更好地引导、帮助流动人口中的不同群体就地适应。

(原文载于《中南民族大学学报》2014 年第 4 期)

---

[1] Blau PM, Duncan OD. 1967, *The American Occupational Structure*, New York: Wiley.

污名化情境及其应对策略

——流动人口的城市适应及其社区变迁的个案研究

张友庭

一、问题的提出

改革开放以来,随着全国范围的农村体制改革、乡镇企业的转型、农民观念的变化和城乡壁垒的打破,农村剩余劳动力开始大量涌入城市。但是,由于城乡二元体制的长期存在,即使农民工到了城市,他们仍然被视为农民,成为受制度排斥的都市边缘人。在这样的经济社会背景下,各大城市的城乡接合部形成了大量流动人口租赁房屋聚居生活的社区,学界称之为流动人口聚居区。作为快速城市化过程中非均衡发展的产物,流动人口聚居区较之城市社区和农村社区在社会属性、区位分布、居民构成、生活方式等方面呈现出自发性、异质性和独特性特征。针对聚居区的这些特征,学界对流动人口聚居区进行了系统的研究,既有的分析性概念有"都市里的编外村"[1]"跨越边界的社区"[2]"流动人口聚落"[3]"二元社区"[4]"城市里的农村社区"[5]"边缘社区"[6]"边缘村"[7]"非正式移民聚居区"[8]等。从这些分析性概念可以看出,学界的研究在同化(assimilation)理论的指导下,将聚居区视为流动人口适应城市生活的重要媒介和方式,强调流动人口聚居区的暂时性和过渡性,将之视为流动人口逐渐适应城市生活并最终融入城市的跳板,随着流动人口适应城市生活转化为城市居民,他们就会带着子女搬离,作为"城市—乡村"连续体的过渡形态的流动人口聚居区就将自然消失。

客观而言,以进城务工人员为主体的流动人口及其在城乡接合部的自发聚居区和相对聚居区的形成,是在快速城市化过程中非均衡发展所出现的异质型社区,自有其生长的必然性和内

---

[1] 杨桃源、胡俊凯、潘燕、程青:《都市里的编外村》,《瞭望》1995年第48期。
[2] 项飙:《跨越边界的社区:北京"浙江村"的生活史》,生活·读书·新知三联书店2000年版,第1页。
[3] 刘贵利、顾朝林:《城市社区与流动人口聚落的生态关系及其调控》,《人文地理》2000年第4期。
[4] 周大鸣:《外来工与"二元社区"——珠江三角洲的考察》,《中山大学学报》(社科版)2000年第2期。
[5] 吴晓:《城市里的"农村社区"——流动人口聚居区的现状和整合研究》,《城市规划》2001年第12期。
[6] 吴晓:《"边缘社区"探析——我国流动人口聚居区的现状特征分析》,《规划研究》2003年第7期。
[7] "边缘村"课题组:《"边缘村":农民的流动与分化》,《安徽大学学报》2003年第2期。
[8] 魏立华、闫小培:《中国经济发达地区城市非正式移民聚居区》,《管理世界》2005年第8期。

在合理性,但是,近年来随着流动人口群体构成的不断变化,流动人口聚居区形态也在不断发生变化,由一个流动人口居住生活的过渡社区逐渐演化成为一个流动人口工作创业的发展场所,以北京"浙江村"为代表的相关研究①就可以看到这一变迁过程。从某种意义来说,流动人口聚居区强大的社区生命力与学界对其过渡社区的概念界定之间的不协调,其实质上是一个方法论问题,反映的是既有的同化理论定式与变迁中的社会实践之间的紧张关系。中国台湾地区学者黄光国借用德国社会学家舒茨的观点,指出所谓的"第一序的生活世界"是指行动者对自身行动所做的"第一度解释",而研究者根据观察所做出的解释则为"第二度解释",在他看来,社会科学家对个体生活世界所做的"第二度解释"(second-order interpretation)和社会行动者对自身行动所做的"第一度解释",并没有必然的对应关系②。笔者认为,黄光国的观点概括了已有流动人口聚居区研究所面临的方法论困境,即混淆了"第一序的生活世界"与第二序的理论世界之间的区别,将流动人口视为社会结构意义的被动行动者,将流动人口城市适应的过程等同于其城市适应的结果,既忽略了流动人口面临新社会情境中个体选择的自主性特征,又忽略了流动人口作为社会实践群体的能动性特征,在理论建构过程"想当然地"将"第二度解释"等同于"第一度解释",这样与社会实践断裂的"反社会事实的理论建构"打破了理论建构与社会事实之间的实践纽带,无法对流动人口城市适应实践及其社区变迁实践的复杂过程做出严格意义上的理论解释。本文正是认识到这一理论解释缺陷,尝试从底层历史及其日常生活实践出发,以近年来流动人口聚居区所出现的新问题为切入点,结合近年来流动人口群体构成主体变化的背景,以社区变迁为主线分析了上海郊区某流动人口聚居区(M村)的社区实践历程,通过考察流动人口面对污名化的社会情境及其群体适应城市的集体实践过程来揭示出社会转型过程中流动人口聚居区所呈现的新变化,尝试通过分析社会实践形态来弥补已有研究的方法论困境,帮助理解流动人口社区实践与城市适应实践之间共生共变的动态演变过程,以此更好地理解社会转型过程中的流动人口群体。

二、调查地 M 村的社区历程

上海在历史上就是一座移民城市,其大部分城市居民是由来自全国各地的流动人口三代以内后裔所组成。新中国成立以后,随着户口制度的实施,上海所吸纳的流动人口大量减少,人口主要增长方式转向自然增长方式,20 世纪 80 年代以来的上海人口增长出现了自新中国成立以来以自然增长为主转向以迁移增长为主的重要变化,特别是进入 90 年代以后,上海的流动人口发展都进入了一个与以往相比具有不同特点的新时期,2000 年之后,随着城市化的加快发展进程,中心城区产业结构升级和居住成本剧增,流动人口在呈现不断增长趋势的同时,新增流动人

---

① 王春光:《社会流动与社会重构——京城"浙江村"研究》,浙江人民出版社 1995 年版;项飚:《跨越边界的社区:北京"浙江村"的生活史》,生活·读书·新知三联书店 2000 年版;张继焦:《城市的适应》,商务印书馆 2004 年版。
② 黄光国:《科学哲学与创造力》,立绪文化 2002 年版,第 93 页。

口主要为郊区所吸纳。至 2005 年,上海市中心城区来沪人员稳中有降,浦东新区和闵行、宝山、嘉定 3 个近郊区流动人口总量超过半数,金山、松江、青浦、南汇、奉贤 5 个远郊区及崇明县流动人口总量增长趋快①。

表 1　1982—2005 年上海市流动人口变化表

年　份	流动人口 （万人）	户籍人口 （万人）	流动人口与户籍人口之比 （以流动人口为 1）
1982	53.8	1 180.5	1∶22
1984	75.9	1 204.3	1∶16
1988	105.6	1 262.4	1∶12
1993	251.0	1 294.7	1∶5.1
1997	237.0	1 305.5	1∶5.5
2000	387.1	1 321.6	1∶3.4
2005	581.0	1 360.2	1∶2.3

资料来源：上海统计局：《上海人口概况(2005)》。

表 2　上海市流动人口区域分布表

	中心城区	浦东新区	近郊区	远郊区	崇明县
绝对数（万人）					
半年以上常住流动人口	97	79	145	111	5
半年以下流动人口	29	23	47	43	1
相对数（％）					
半年以上常住流动人口	22.2	17.9	33.1	25.4	1.3
半年以下流动人口	20.2	16.6	32.5	30.0	0.7

资料来源：上海统计局：《上海人口概况(2005)》,2006 年 4 月 5 日发布。

2000 年以来,上海流动人口数量的迅速增加和流动人口向城乡接合部集中的趋势明显,在近郊和远郊的一些工厂和市场集中的地区出现了大量的流动人口聚居区,笔者所调查的就是位于嘉定区的一个流动人口聚居区(M 村)。M 村是嘉定区某镇中心村,截至 2006 年 7 月,该中心村总面积 1.75 平方千米,共有 12 个生产队,户籍人口有 538 户 1 865 人,60％户籍人口不住村,村内现有各类企业 63 家和 2 家大型批发市场。该中心村在 20 世纪 80 年代初期村级集体工厂通过为市厂代工的方式蓬勃发展而成为嘉定区远近闻名的富裕村,这种情况一直持续到 1990年。1990 年后随着市厂的改制和转制,属于市厂联营企业的村级集体工厂也开始脱离市厂而走向市场,其经济效益在激烈的市场竞争中急剧下降。1995 年,M 村开始集体经济改制,村内的企

---

① 上海统计局：《上海人口概况 2005》,上海统计网 2006 年 4 月 5 日。

业相继以租赁、买卖、关闭的方式进行调整,目前大部分成为私营企业,村级集体经济收益一直在低水平徘徊。2002 年,M 村所有耕地纳入镇级土地储备,村民享受镇保,成为快速城市化过程的一个失地村。

1976 年,M 村出现第一个流动人口刘 QY,来自安徽寿县,目前仍在村内。据刘某的介绍,随着 1974 年体制下放,刘某就从自己的生产队出来,来到 M 村凭借其炸油条的手艺在村内供销店做工。刘某在工作稳定之后就写信回家叫亲戚朋友来 M 村,并介绍他们进入村集体工厂做工。80 年代 M 村集体工厂蓬勃发展,对劳动力的需求大量增加,在雇用本村村民的同时也在不断雇用外地农民,只是两者待遇不同,就 1992 年而言,本村村民是 1 500 元/月,外地农民则只有 500 元。至 1995 年,M 村的流动人口就已经超过 900 人,他们一般进入改制后的私营企业工作,在 M 村则以租赁房屋居住生活为主,这一时期开始进行外来人口登记注册工作实行属地化管理,1998 年开始为外来人口办理暂住证,派出所负责分发暂住证工本,村里负责具体办理,按月向流动人口收取卫生费 15 元/人,一个流动人口一年需缴费 130—150 元。2000 年,登记的流动人口数开始超过户籍村民数。2003 年取消收容遣送办法之后,流动人口办证率下降到 60% 以下,村委会开始按年对流动人口收取卫生管理费 100 元/人。至 2006 年 7 月,登记的流动人口数量达 5 432 人(不包括老人和子女),现有外来子弟学校两家和一个初中班,在读外来子弟 712 名。

通过以上的简要描绘,可以看到,在 M 村,在居户籍人口和登记流动人口的比例达 1∶7.3,如果将未登记的流动人口纳入计算,则预计比例将高达 1∶12。一般而言,学界将"流动人口聚居区"界定为以流动人口为相对居住主体、以房屋租赁为主导聚合方式、以城乡接合部为主要区位选择的自发型集中居住区,具备这三个条件的居住形态就可以称为流动人口聚居区①,这是一个较为宽泛的定义。从这一定义来看,M 村具备"流动人口聚居区"的各项特征。在调查过程中笔者发现,M 村自身的经济社会发展历程在集体企业改制之后的上海城乡接合部中具有一定的代表性,同时,其在居村民和流动人口的比例一直维持在很高的水平,并出现了以新生代农民工和外来市民为代表的流动人口构成的新变化,这也带来了流动人口聚居区的新变化。总的来说,作为一个流动人口聚居区的 M 村在城市化进程中是具有一定代表性的,其社区发展历程在某种程度上可以代表当前流动人口聚居区的发展历程及其未来走向。

三、污名化:流动人口制度性排斥的社会建构

国际上对污名化的研究开始于社会心理学家和人类学家。1963 年,戈夫曼(E. Goffman)最早系统地提出了"污名"(stigma)的概念,将污名视为是刻板印象的最初建构,并将它作为社会歧视的起点②。玛丽·道格拉斯在深入研究了肮脏的规则之后,分析了肮脏的社会根源,发现那种

---

① 吴明伟:《我国城市化背景下的流动人口聚居形态研究:以江苏省为例》,东南大学出版社 2005 年版,第 13 页。
② "sitgma"这个词最早起源于希腊文,最初是作为奴隶的一种标志,后来演化成为一种有污点人的身体标记;在中世纪,污名又加上了宗教色彩,被用来指异教徒和肮脏身体的标记。

将肮脏视为格格不入的问题的想法实际上包含着一套秩序的关联和对秩序的违反,因此,肮脏和洁净的区分实际上是一个象征体系,存在于人的认知"图式"①。Link 和 Phelan 在综合前人研究的基础上系统地界定了污名的概念及其五个要素:贴标签、刻板印象、隔离、地位丧失、歧视②。一般认为,污名概念包含污名化(stigmatization)、被污名者(stigmatized person)和实施污名者(stigmatizer)三个要素,而污名化被视为一种动态的群体过程,在这个互动过程中,处于强势的实施污名者通过贴标签(labelling)将被污名者的某些负面特征加以扩大直至形成固定的刻板印象。笔者认为,流动人口当前的污名化处境,一方面来源于城市居民对其污名化的外在过程,另一方面则来源于流动人口自身将污名化内化的内在过程。

根据 M 村第一个流动人口刘 QY 的描述,刚来 M 村的时候还是人民公社生产大队,每年年末都定期开展清理盲流的工作,据村干部的介绍,如果当时被抓,盲流将面临比收容遣送更严厉的惩罚。刘某刚来的 1976 年年底就经历了一次抓流窜盲流的工作,据刘某的回忆,清盲工作一般由公社干部下乡来主持,由于 M 村属于公社中心大队,离公社所在地很近,公社干部和大队干部格外重视清盲工作,按时检查和随时检查几乎每天交替进行,有的时候半夜还到各生产队进行连夜清盲。而刘某至今回忆起来仍然心有余悸,每天晚上早早地就跑到大队四周的庄稼地里躲着,一直到半夜三四点钟才敢回来,有的时候甚至一整夜都不能回来。刘某多亏了有炸油条的手艺,许多村民都在暗中为他通风报信,要是没有刘某,村民就没有油条吃。在当时各生产队队员的积极帮助下,刘某在村民的菜园子(自留地)里待过,在生产队的猪圈躲过,甚至还在生产队的仓库睡过好几天,由于缺少经验,用刘某的话来说就是"比超生游击队还狼狈"。总的来说,在刘某的经历中所体现出其与村民之间的亲密关系,从某一方面说明了当时由于流动人口少,村民和流动人口之间的关系还是比较和睦的。至于抓盲流的工作,似乎仅仅是作为公社下达的政治任务,停留在公社和大队干部层面,似乎对村民的日常生活没有什么影响,相反,有了刘某等人的存在,补充了大队及各生产队一些技术性劳动力的不足,满足了生产队员的生活需要和生产需要,他们的存在自然成为大队队员心照不宣的秘密。

进入 20 世纪 80 年代以来,随着家庭联产承包责任制的实行出现了大量农村剩余劳动力,国家开始在限制范围内有条件地允许农民进城,如 1984 年国家规定允许农民自带口粮进城务工等。同时,这一时期是人民公社体制崩溃的时期,人民公社改为镇人民政府,M 村也恢复行政村级建制,在原有的大队和生产队各级队办企业的基础上开始了集体经济的蓬勃发展时期,村民也从中获益,在当时一般村民每月收入可以达到 500 元左右,成为远近闻名的富裕村。由于 M 村的区位优势和交通优势,80 年代中期村内及各生产队共拥有 113 家集体工厂,其中近三成是作为市级国有企业的联营企业,特别是规模较大的冷动机厂、农具厂和自行车部件分厂,因扩大生产急需大量的劳动力,M 村各生产队将责任田转包给一些种粮户之后所盈余的劳动力已不能

---

① [英]玛丽·道格拉斯:《洁净与危险》,载罗伯特·鲍柯克、肯尼迪·汤普森编:《宗教与意识形态》,四川人民出版社 1992 年版,第 139—141 页;Douglas, Mary. [1970]2003. *Natural Symbols*, London: Routledge Classics.
② Link, B, G. & Phelan, J, C."Conceptualizing Stigma", *Annual Review of Sociology*, 2001(27).

满足工厂扩大生产的需求。这一时期,虽然 M 村的发展情况良好,但是由于其处于上海市的远郊区,从外地来的劳动力非常少,当时村里只好采取奖励的方式,叫来一人奖励 30 元的方法鼓动村民和外乡人联系各自的亲戚朋友来村里工厂做工,吸引了许多外乡人来 M 村就业,一直到 1990 年上海市区企业改制,这时候 M 村的外乡人已经达到 600 人以上,主要以安徽人为主。1990 年以后村集体企业的效益急速下滑,但是外来人口还在继续增加,到 1995 年就已经超过 900 人。从 1990 年到 1995 年的这一段时期,由于村集体企业效益普遍下降,很多企业处于关停的状态,廉价的外乡人更加受欢迎,许多村民开始待业在家,而逐渐增加的外乡人除了在工厂做工之外也通过帮助村民种植土地而在村内生活。1995 年村集体工厂通过租赁、转让、买卖、关闭的方式大部分改制成为私人企业,由于村民的月工资一般在 1 000—1 500 元,而外乡人一般只要 500 元,两者的工作量却是接近的,很多以低价承包或购买集体工厂的老板,就开始大量减少本地工人以维持工厂的运转和营利,有的老板甚至将工厂工人全部辞退,将工厂设备一买了之。与此同时,大量外乡人居住在村里,日常生活开始出现各种问题,村内治安情况恶化,平常的口角矛盾经常升级,大量待业在家的村民开始有意识地排斥外乡人,特别是外乡人盗谷子的谣言使整个村庄如临大敌,本地村民和外乡人之间的潜在矛盾开始外显。

关于 1993 年外乡人盗谷子的谣言,现在的村干部回忆起来,都表示当时肯定有这样的事情在别处发生,M 村则由于措施得当和实施时间早,才使全村的稻谷没有遭到损失。事情是这样的,1993 年 5 月底,稻谷快成熟的时候,在嘉定县开始流传着外乡人在其他县区哄抢未熟稻谷的谣言。至于为何哄抢,村干部的猜测是,可能是由于各村集体工厂改制,很多外乡人被辞退,没有饭吃就只好哄抢郊区稻田中尚未成熟的稻谷。谣言越传越广,越传越神,很多村民至今说起来仍绘声绘色,现在在村民口中还能得到不同的精彩版本。各村村民自发组织起来,轮流到农田中看守,而妇女儿童则早早闭户待在家中,各个村庄都是一片安静而骚动的景象。当时村民热烈讨论的情况已经无法想象,正如一个村民所说的,家家户户连电视也不看了,田间地头一碰见就开始谈论(这个事情),就像听说什么东西价格要上涨赶着去买一样。谣言很快演化成为冲突,帮助村民种植水稻的外乡人首先被赶走了,很多不走的也因村民从家里将其被子扔出而只好走了。越来越多的村民开始不让外乡人居住其空闲房间,同时还有许多人借机迅速提高房租,一些小的流血事件也时有发生,以前刘 QY 所描绘的本地人和外地人之间含情脉脉的关系消失了,代之以一种在污名化过程中矛盾冲突的对立方关系。就谣言的形成机制而言,"一则谣言的历史,首先应该是某一群体有能力相互交流的历史,而集体记忆、实验的社会空间和机遇则是用不同方法促进谣言形成的工具"①,本地村民面临流动人口日益激烈竞争的生存困境,就迫切需要一个对象"成为团体他者的替罪羊,就足以使整体干预在彻底清除所有残留者的报复愿望中停止表面上的有效,而成为真正的有效"②。客观而言,本地村民的生存困境来源是多方面的,有市场化、城市化、原有体制落后等多元因素共同作用的结果,特别是人民公社制集体经济

---

① [法]弗朗索瓦丝·勒莫:《黑寡妇——谣言的示意及传播》,唐家龙译,商务印书馆 1999 年版,第 126 页。
② [法]勒内·吉拉尔:《替罪羊》,冯寿农译,东方出版社 2002 年版,第 108 页。

的崩溃直接动摇了小农的日常生活保障,虽然人民公社时期的保障水平很低,但是合作化过程实施了集体经济统一经营、收获物按土地入股和劳动比例进行分配的原则极大地削弱了小农家庭的生存风险,客观上满足了小农"安全第一"的生存伦理和求安求稳的心理需求①,随着人民公社体制的崩溃,市场化进程对小农家庭所带来的风险与阵痛,重新回归以家庭生产经营的村民在一时之间难以适应。作为群体间实践的谣言形成及其传播过程,实质上反映的是处于强势的群体面对来自弱势群体的挑战而采用集体污名化方式来排斥弱势群体进而保持群体利益的群体应对风险实践。流动人口的大量涌入对本地村民在就业、日常生活等方面的冲击是直接的,直接打破了本地村民既有的模式化认识和自我认同,在社会冲突外显的过程中似乎成为本地村民生存风险的直接来源,本地村民通过集体协作来抵御日益增大的生存风险的客观结果形成了群体内部团结,主客之间的矛盾激化强化了以户籍制度为代表的群体符号边界②,作为群体直接外来威胁的流动人口客观上成为群体整合的假想敌和替罪羊,伴随而来的制度性排斥显示了村民集体采用群体整合的方式抵抗外部生存风险的群体生存策略。

外乡人哄抢未熟稻谷的谣言成为本地村民对外乡人整体污名化的起点。在这以前,本地村民讨论外乡人,一般都指涉具体个体如刘某及其老乡等,但是自从谣言发生以后,本地村民在和外乡人争吵的时候就经常以"你们外地人"开头,这一细节的变化反映出外地人的缺点被整体放大进而形成群体负面印象的变化过程,呈现出明显的集体行动色彩。作为群体实践过程的谣言传播机制就污名化实施者本地村民而言,社会冲突是一种安全阀,具有对群体整合的功能,"冲突有利于建立和维持社会或群体的身份和边界……模式化的憎恨和互相对立可以起保护社会分工和分层系统的作用。这种模式化的对立,可以防止社会系统中各子群体之间界线的逐步消失,并为整个系统中的各个子系统指定他们的位置"③。就这一意义而言,谣言的形成就是本地村民集体对外乡人群体整体污名化的实践过程,而替罪羊式的谣言传播机制将潜在的矛盾显现化,污名化过程的结果就呈现为冲突性社会排斥,有的甚至以更为隐性的歧视排斥方式存在着④,就如孙立平所指出的,在我国城市中,对农民工的污名化过程相当普遍地存在着,肮脏、随地吐痰、偷盗、不礼貌、不文明等,似乎天然正当地加在农民工的身上,一旦在一个地方发生了刑事犯罪,人们也总是首先将怀疑的对象指向进入城市的农村人⑤。作为直接威胁的外来人口成为本地村民生存风险来源的象征,从这一意义来说,谣言的形成机制和传播机制也从另一角度验证了贴标签和污名化发生的社会机制进而形成刻板印象的观点,以集体抵抗风险所带来的对

---

① [美]詹姆斯·斯科特:《农民的道义经济学》,程立显、刘健译,译林出版社2001年版,第13页。
② 方文:《群体符号边界如何形成》,《社会学研究》2005年第1期。
③ [美]L.科塞:《社会冲突的功能》,孙立平等译,华夏出版社1988年版,第17—23页。
④ 在笔者的调查中也发现这样的情况,一个外地人抱怨,要到村委会办理企业的各种手续,去了七八趟都没有办成,村干部的接待和反应也很冷淡;而一些本地人特别是从城里来的,一般一两次就办好了,有时甚至还会亲自上门办理。
⑤ 孙立平:《城乡之间的新二元结构与农民工的流动》,载李培林主编:《农民工:中国进城农民工的经济社会分析》,社会科学文献出版社2003年版,第155页。笔者在调查中也发现这样的现象,一个镇治安干部说,该镇90%以上的违法犯罪案件都是外地人干的,一旦出现什么重要案件,他们就要配合公安干警在外来人口集中的地区进行排查,运用这样的排查来破案似乎一直被认为是非常有效的方法。

另一群体的集体污名化过程被陆续地扩展到新闻媒体①等社会各个环节,直至成为城乡二元分割的制度性安排长期不变的社会性基础,流动人口及其作为城市边缘人的角色认同也在制度性排斥中得以在新的条件下延续。

四、自愿性隔离与聚居区形成:流动人口的关系性适应策略

从污名化现象发展到制度性排斥,处于弱势的流动人口所面临的生存困境也在逐渐增大,其迁徙适应策略就需要发生相应变化。作为流动性的个体远离乡土来到城市里,同既有的亲戚朋友和社区纽带暂时中断,这时,先出来的亲戚和老乡就取而代之,相同情境压力下形成的相互帮助和相互慰藉,成为适应陌生环境和生存困境的关系网络依托,称为关系性适应策略。关系性适应策略的外在形式,就是在互惠互助网络基础上所形成的以自愿性隔离为标志的流动人口聚居形态,这是一种庇护所式的流动人口聚居区形态。国外的研究将这样的现象称为"社会群体隔离"(social groups segregation),简称社群隔离,是指由于社会群体之间存在社会距离而导致社会群体隔阂和疏离的现象,社群隔离有三种形式:区位性隔离(ecological segregation)、自愿性隔离(voluntary segregation)、非自愿性隔离(involuntary segregation)②。自愿性隔离被视为是群体成员出于自我选择的自愿性因素的结果,笔者认为,非自愿性隔离作为污名化外化的社会情境因素,自愿性隔离作为污名化内化过程的中介因素,指出了流动人口所面临的制度性排斥及其心理诉求,关系性适应策略作为另一种集体抵抗生存风险的方式经由自愿性隔离而发展成为流动人口聚居区形态即结果上的区位性隔离。

80年代初期,类似刘QY的迁移就业先遣者开始同其后来剧增的外乡人一起,在流动人口流动形态上由个体流动转变成为链式流动(chain migration)③,即带同一区域的老乡一起来,具有明显的地域性流动色彩。据刘某的介绍,一开始带什么老乡来还是有讲究的,以亲戚朋友为主,还要同时考虑其个人品质和个人特征如年龄等,后来,由于劳动力需求的大量增加,这些讲究没有了,同时,很多老乡也自发地来到了M村,向早来的老乡寻求帮助。进入20世纪90年代以来,随着本地村民和镇村政府对外地人的排斥意识上升,还有收容遣送制度在实际操作存在的某些不规范的环节,越来越多的流动人口,开始面临越来越大的生存风险,这样的情况一直延续到2003年。其间的2000年,M村登记的流动人口首次超过本地村民。由此可以看出,流动人口群体所面临的生存困境是另一种集体困境,它不但没有各种制度政策的支持和保护,而且还要面临污名化情境和制度性排斥,"水深齐颈"的他们处于一种夹缝中生存的艰难状态,"只要

---

① 李红涛、乔同舟:《污名化与贴标签:农民工群体的媒介形象》,《二十一世纪》2005年第40期。
② 郭星华:《社群隔离及其测量》,《广西民族学院学报》(哲社版)2000年第6期。
③ 项飙:《逃避、联合与表达:北京"浙江村"的故事》,载《中国社会学》(第一卷),上海人民出版社2002年版,第265页。

涌来一阵细浪,就会陷入灭顶之灾"①。

首先,流动人口作为外来者,在打破本地社会的生活秩序的同时,其自身在面对一个陌生的世界时一方面惊叹于想象与现实之间的巨大落差,另一方面又为自己离开以往熟悉的社会网络而感到无所适从,这集中地表现了许烺光所指出的中国人那种行动高度依赖外部集团的"相互依赖的情境中心取向"②。

> 1998年,我到这个地方,这个地方荒得不得了,我都找不到车,哎哟,当时我找了好长时间找不到那边。后来是一直打电话问,问了好几次,才找到那个地方,找到公交车。当时的路呀,哪里有现在的路发展快呀,两边都是农田呀。人家说来上海,大城市的呀,哪里呀,当时我不就在农田附近的中学教书呀,这个地方就像家里一样。(S1-13)

> 刚来的时候,就是坐火车过来的时候,是充满幻想的,满脑子都是东方明珠什么的,但当时我刚刚到这的时候,我真是吓了一跳。那个时候这个地方还没有现在发展得好呢,这个地方很破的。来这里的时候,这个地方正在建设,到处都是很破的。附近商品房很少,基本上都是这两年盖起来的,当时只有民房。我刚来的时候住在医院里面,租房到处租不到,很少有能租的房子。(S1-16)

> 一开始就是我的第一站嘛,住在那个人家废弃的房子里面,具体的平方没有办法说,它是整个一破楼,屋檐上面都长草的那种,可以想象是多么老旧的房子,很破很破的房子,里面有很多很多的老鼠,成群的老鼠是钻过来钻过去。房子虽然是两层的房子,但是很破的,估计是四五十年代建的旧民房,这个在村里面的房子,给人的感觉就是摇摇晃晃的,要倒了的感觉,房东又早已入住公房,等于说这个房子是没有人管了。当时也没有办法,刚来又没有什么积蓄,因为这房子便宜,就住这房子了呀。说实在的,老家的房子比这都不知强多少倍了,就是在老家,那时你也很难找到这样破旧的房子了。(S1-23)

其次,流动人口作为外来者,在脱离了熟悉的社区环境及其人际关系之后,其所面临的不再是所熟悉的社会关系,而是被放置于一个多变的异质性社会中,在与作为"陌生人"的本地人的各种交往过程中开始面临着各种制度性排斥,以语言适应为代表的各种障碍开始制约其与本地人的各种交往,以老乡朋友为主的交往圈成为自愿性隔离的外在形式,无形中强化了流动人口群体内部的团结,以集体协作的方式抵抗各种制度性排斥所带来的各种生存风险。

> 刚来的时候,外地老师比较少,本地老师都是说上海话的。在语言上,首先是听不懂,有一些老教师还不会说普通话的,我就自己到一个地方去跟一些年轻的交流,他们会说普

---

① [美] 詹姆斯·斯科特:《农民的道义经济学》,程立显、刘健译,译林出版社2001年版,第1页。
② [美] 许烺光:《宗族·种姓·俱乐部》,薛刚译,华夏出版社1990年版,第1页。

通话的。现在听多了,基本上能够听懂上海话了,但是说还是不能说的,那个音调,连我们学音乐的也学不来的呀。这个话,我觉得呀,真是比外语还难学的。一些音调,还有一些舌头的变化,还是非常难的,不像普通话,说出来有眼有板的,这个话讲出来很难听。(S1-14)

出来以后,感觉外面的生活和家里的生活,是完全不一样的生活。我们出来以后,经历了很多磨难,很难说清楚。出来过后就进厂,在人家厂里做点简单的,因为你没有技术,只能从基础的开始来做,做过刨工,做过服装呀,我大概尝试过有七八个职业,每个职业我没有干过两个月就不行了,这个时间是两年,这两年打工我不但没有挣到钱,还要家里贴钱给我用。感觉那个时候,时间过程很长的。(S1-17)

刚来的时候确实是很苦的,现在我想想,当时是怎么熬出来的,都不知道怎么过来的。因为家里人,孩子什么的,都没有带过来,一个人来的,然后,上海话听不懂,那个时候,科室里面都是本地的,不像现在招了很多人,当时科室还比较少,招来的人很少,感觉都是正式工,就我们一两个是临时工,然后,早晨交班都是用上海话的,根本就听不懂,我真的是一句也听不懂,心理也觉得特别难过,我当时拼命就是想学上海话,心理特别难过。住的条件也不好,在值班室里面,很乱的,病人也有,还有医生出来进去的,休息不好,然后我又没有地方去,下了班也是上班,上班也是上班,特别想家。(S1-20)

其实好多外来人口来,就是因为这里是外来人口的接生点,她在这里至少可以找到平等,我觉得有这个方面的因素,她们觉得这个是给我们外来人口开的医院,来这里就是有点名正言顺的样子,她也觉得医生会做到平等的待遇。其实,好多外地人来了,不是她们没有受到公平的待遇,她是怕受到不公平的待遇,她觉得,来这里会好一点,这里的病人也和自己一样,她来了这里会很舒服的。(S1-18)

最后,流动人口迁移就业初期的一段时间,是其工作变动频繁的时期,他们比较容易遭遇经济上的困难,危机情境迫使他们采用各种手段来应对日常生活风险,生存困境下的社会支持显得尤为重要,强化了其群体内部的相互认同感,同时,在日常交往与互助基础上形成的生存危机防范网络,使流动人口之间的关系迅速提升,他们在居住地在群体认同的基础上形成了社区认同感,自愿性隔离交往圈基础上的自发聚居区和相对聚居区开始在日常生活实践中形成,在M村内各村民小组就出现了"安徽村""河南村""四川村"等自发聚居的"村中村"形态,正如一位村干部所说的"在这里,只要是外地的就都是老乡"。

来上海以后,确实也经历过很多次经济压力,特别是刚来的时候。到这个时候,没有办法,只好借钱了,找老乡借钱了。说实在的,借钱我都不好意思张嘴的。我记得,我最好的一个朋友,她对我真的是相当好。那时候,我是穷到什么程度,那时候说我头发长长了,主管就叫我把头发弄一弄,我说我没钱,那时候头发弄一下大概是十块钱。正好那个时候,我跟我最好的朋友说起这个事情,她当时就给了我十五块钱,这个我印象最深的。当时我含着眼泪说我不要,她不但给了我十五块钱,还带我到街上买了一把伞,因为我以前上班都是淋着雨去的。她带着我给我买了一把伞,我到现在都记得,所以到她生孩子的时候,不是钱的问题了,我可以说是全情投入,"患难见真情",这真是我最深切的感受。(S1-29)

在那么困难的情况,我又不好意思借钱,后来我没钱了,没钱到什么程度呢,我们当时用煤油炉,没有电饭煲什么的,就用钢精锅放到煤油炉上来煮饭。有一段时间,我们连煤油都没有了,米也没有了,我们当时舍不得吃精制油,而是吃菜油,菜油也没有了,可以说是三光了,真的什么都光了。当时非常地困难,身上只有两块钱,没有办法,逼得我不得不去张嘴借钱。我就去我老乡那里,坐了好长时间都不好意思开口,然后我老乡就说了一句话,说是不是没钱了吧,当时就马上掏一百块钱出来,我特别地感激。这个事情到现在我还记得,当时,一百块钱对我来说,可以够我维持好长好长一段时间的。当时处理这种经济压力,就是靠自己的忍耐,还有就是靠朋友的帮助,这样来度过压力期的。(S1-23)

我平时交往的也就是这些人,像我们科室的这些人,也是外来的这些小护士医生什么的,她们现在刚来的都比我们小,关系都挺好的,她们也都住在那些民房里面,我都把她们带到我的家里面,过年啊过节啊,只要她们不回去,我都把她们带回到家里来。过八月十五的时候,她们也是来我家的,有的回家了,小不点还打电话过来,说不回家就好了,就可以去你家了。一般情况下,都到我们家里去。(S1-16)

就"相互依赖的情境中心取向"①的中国人而言,"'社会圈子'不仅是'己'赖以自我发展的'文化器具',而且是人们在一定的社会空间范围内展开具有伦理性和社会性交换互助的场合"②。对流动人口而言,他们在脱离了日常所熟悉的生活来到一个异质性的新世界,首先面对的就是生存困境,要解决困境必须在新社会空间基础上重新建立"社会圈子",以获得关于就业、租房、生活等各种信息,而这些则要求通过充分利用先遣流动人口的各种网络得以满足。率先融入社区的先遣流动人口的网络实际上就是一个创造各种机会的信息渠道,这种建立在日常交往基础上的网络,虽然只是一个极其个人化的非正式人际关系网,但是流动人员个体却依靠它绕过各种制度化障碍而获得各种信息进而实现各种需求,也就是说,"有时不得不在制度不健全的情况下'绕行'强加于自己的社会角色来实现自我"③。

先遣者网络在化解经济压力过程中加深了流动人口之间的相互依赖,在此基础上所形成的以自愿性隔离为标志的聚居区在一定程度上展示了流动人口如何在制度性排斥的情境下通过互助交往在新社会空间重新建立社会关系网络以规避风险来适应陌生城市生活的努力,笔者称这种适应方式为关系性适应策略,即"新移民(Newcomers)流入朋友或亲戚所在的地区后,一旦

---

① [美]许烺光:《宗族・种姓・俱乐部》,薛刚译,华夏出版社1990年版,第1页。
② 王铭铭:《村落视野中的文化与权力》,生活・读书・新知三联书店1997年版,第181页。
③ [日]广田康生:《移民与城市》,马铭译,商务印书馆2005年版,第219页。

在某种程度上获得了承认,就在该地区寻找住房并逐渐扩大其独自的族群飞地(Ethnic Enclave)"①。流动人口的迁移首先是社会关系网络的迁移,保留了大量以亲戚、朋友、老乡、战友等关系为代表的社会关系纽带,通过这些关系纽带嵌入新环境的社会网络获取所需信息和帮助以克服新环境的生存风险,然后是个体关系网络衍生发展的社区实践过程,即在嵌入关系网络的基础上在新的社区环境中建立新的关系网络,"他们的行为是不冒风险的,他们要尽量缩小最大损失的主观概率"②,流动人口聚居区正是客观上为流动人口提供这样一个安全网络孵化的新社会空间。从某种意义来说,以"二元社区"③为特征的流动人口聚居区正是这样一种"族群飞地"④,相似就业和生活背景的人居住在一起,共同面临制度性排斥的社会情境所带来的生存风险,日常生活实践基础上形成的超地域关系网络,满足了流动人口群体以集体协作的方式抵抗外来风险的心理需求,这就是作为"跨越边界的社区"⑤的流动人口聚居区的形成机制。正如周敏在研究唐人街过程中所发现的,"唐人街那个凝聚力强的社会结构,孕育了一种特殊形式的社会资本,它帮助中国移民克服结构上的障碍,并提高他们的社会经济地位"⑥,关系性适应策略基础上形成的以关系网络为基础的流动人口聚居区无疑也具有这样的社会经济潜质。

五、自主创业与聚居区经济:新生代流动人口的发展性适应策略

一般而言,流动人口的自发性迁移就业,可以分为三个阶段:个人先遣性迁移就业、链性迁移就业、网络式迁移就业,在不同阶段采用不同的适应策略⑦。个人先遣性迁移就业时期,就是前面所述的刘QY,其适应过程就是要尽快融入M村生活,扎稳脚跟,以便为后来者奠定基础,其适应策略具有明显的同化色彩,刘某现在会说一口流利的上海话就是其中一个例子;链性迁移就业时期,就是后来的外来者顺着先遣者的经验和基础,通过居住在一起互相帮助,后来者就减少了在陌生情境中的生存风险,这一时期的适应策略就具有明显的关系性适应策略的色彩;进入网络式迁移就业时期之后,随着新生代流动人口⑧比例的增加,流动人口的群体构成发生了变化,依靠先遣者个体努力形成的关系网络已经难以满足其要求。那么,在网络式迁移就业时期,流动人口的适应方式又发生什么变化呢?聚居区整体形态又发生什么变化呢?

2000年4月,M村登记的流动人口数量开始超过户籍人口数,其实流动人口的实际数量要

---

① [日]广田康生:《移民与城市》,马铭译,商务印书馆2005年版,第65页。
② [美]詹姆斯·斯科特:《农民的道义经济学》,程立显、刘健等译,译林出版社2001年版,第6页。
③ 周大鸣:《外来工与"二元社区"——珠江三角洲的考察》,《中山大学学报》(社科版)2000年第2期。
④ [日]广田康生:《移民与城市》,马铭译,商务印书馆2005年版,第65页。
⑤ 项飙:《跨越边界的社区:北京"浙江村"的生活史》,生活·读书·新知三联书店2000年版,第1页。
⑥ [美]周敏:《唐人街——深具社会经济潜质的华人社区》,鲍霭斌译,商务印书馆1995年版,第137页。
⑦ 张继焦:《城市的适应》,商务印书馆2004年版,第112—114页。
⑧ 王春光:《新生代农村流动人口的社会认同与城乡融合的关系》,《社会学研究》2001年第3期。

远远多于登记人数,还有一些老人一直没有进行登记,还有因没有身份证而无法登记的流动人口子女,到2006年7月登记流动人口数已达5 432人,这是在外来人口登记率不断下降的情况下出现的情况,实际数量要远远高于登记数,据村干部估计,现在住在M村的流动人口将近1.3万人。进入2000年以来,流动人口在上海就业和居住的时间越来越长,68.7%的人在上海待1年以上,18.1%的人在上海待5年以上①。其中,在M村待5年以上的比例可以达到1/4,待10年以上的也不在少数,像前面所提的刘某这样在M村待30年的也有几位。村联防队队长兼外来人口信息员田某介绍说,自从他1993年开始在村里负责流动人口记录以来,很多人就在这里,大约80%的流动人口在M村待的时间在1年以上,所以他们和田某都很熟悉。在M村,除了数量上的急剧增加之外,流动人口群体还出现了以下的变化:一是来源地更加多元,从原来以安徽为主到现在以安徽、湖南、四川、河南、江西、浙江为主;二是举家来沪的比例不断增加,达到2/3,家庭规模也在不断扩大,有的家庭还把老人小孩接到M村来居住;三是流动人口职业构成中私营业主和个体工商户比例不断增加,据田某估计达到30%以上;四是流动人口的户籍类型不再单一即农村户口的农民工,外来市民也开始大量拥入,这个比例超过40%。同这些情况相对应的是,本地村民开始向外迁移,开始是90年代中期的一些集资建房小区,2002年耕地纳入土地储备之后这个速度开始加快,其中第8村民小组整体搬迁到镇中心附近,这一时期主要是迁入商品房小区。目前还居住在本村村民比例约为三成,主要是一些中老年人。

随着新生代流动人口的迅速增加,流动人口群体内部的职业构成也在发生变化。新生代流动人口主要包括高中毕业生甚至大学毕业生(包括中专技校毕业的技工)、原来从事如公务员、教师、工人等的非农行业的外来市民、流动时间长有部分积蓄的个体户、没有上海户口的外地私营业主。这部分子群体在流动人口总群体中的比例不断上升,也改变了原来以体力工为主的劳动密集型职业形态,虽然一些新生代流动人口还是谦虚地说自己在打工,但是"打工"形式和内容发生了变化,打什么类型的"工",为"谁"打工,同样的词汇却开始有了不同的实际内涵。紧挨着M村的大型综合批发市场成为一些外地批发商的天地,村内的小商店、小餐馆、小游艺厅、小网吧等已经几乎被外地个体户所垄断,村内新增的如旅馆宾馆、洗浴中心、歌舞厅等大型设施几乎都是一些外地私营业主所建,村内的一些老厂房除了一些规模较大之外几乎都成为外地私营业主所租赁……除此之外,一些房地产商看重了这里的交通环境优势,在储备土地(即原来村耕地)开发三个大型的楼盘,4 000—7 000元/平方米的价格满足了很多人的住房梦,吸引了不少在市区工作的白领来居住,这些人的入住也带来了巨大的经济需求,给M村内的流动人口带来了新的发展机遇,广告公司在这里的出现就是一个例子。

从这些景象可以看出,以新生代流动人口为代表的外来人口已经不只停留在满足温饱、赚小钱的劳动力水平的定位上了,而是开始尝试自主创业成为市场的参与主体,M村一改集体经济改制之后的徘徊状态,开始成为一个流动人口集中创业的发展中社区。这一点体现在他们的

---

① 上海社会科学院人口与发展研究所:《上海流动人口抽样调查数据报告》,2003年。

意识之中,在笔者问及如何看待本地人和外地人之间的差别,他们的答案已经没有了老一代流动人口的那种处于污名化处境中的惊惶不安,也没有了老一代的那种处于制度性排斥情境中的自愿性隔离心理,而是敢于冲破陌生世界的制度性障碍和身份认同,形成一种新的发展性适应方式及新的身份认同。

> 在社会上,我们是外地人,不像上海人,我们起点低,需要更加努力地做事情,慢慢做好来。(S2-1)
>
> 我觉得我们外地人还是自己有点问题,比如要遵守法律呀,该做就去做,不该做的就不要去做,同时,因为你是外地人,起点比较低,你就更应该努力,来实现自己的成功,这样成功的机会就更大一些。(S2-9)
>
> 就本地人来比较而言,外地人的拼劲是高于本地人的。关键在于,我们和他们不是站在同一起跑线的,但是呢,打个比方吧,就好像龟兔赛跑一样的,如果所说我们的速度是龟的话,他们的速度就是兔了,他们的先天条件比较好的,速度也就比较快,但我们如果能够持之以恒的话,像乌龟一样的话,就是说坚持住往前跑的话,还有吃苦耐劳的精神,同样的比赛,我们可能同时,也可能比他们早点到比赛的终点,就可能和他们达到同一境界。我一直觉得是这个样子,我们的起点不同,只要有坚韧不拔的精神的话,我们就有可能比他们早到终点,这个可能还是有的。(S2-3)
>
> 打比方来说,温水里的青蛙的故事,水太热的话,它就可能跳出来,水温温的话,它就不知觉,然后被煮熟了。本地人呢,他们生活在温水中,觉得很适应,慢慢地就失去了跳跃的能力。另外,还有我看见的一个现象,是关于鸡的,鸡在野生的时候它是可以飞翔的,但慢慢地它也满足于在地面上可以找到食物的,或者眼前就可以得到的食物,它已经不想飞翔了,翅膀就开始退化了,只能留在地面上了。我十分认同,外地人的到来给本地人的生活增加了拼搏的因素。我是觉得,外地人就是一个参照物,有了参照物品在旁边之后,我们如果坐车就有感觉的,它始终有一个点在动。如果我们是作为一种参照物,他们还不动的话,他们就会感觉到一种危机感,假如没有我们做比较的话,他们永远在温水中不会长大,永远不会跳跃了。如果有开水给他们烫一下的话,他们可能就会跳跃了,我就是这样的感觉的。(S2-7)

从以上几段访谈摘要中,可以很鲜明地看出当前新生代流动人口与老一代流动人口的差别,从默默接受污名身份到敢于打破污名身份,从为自己是外地人而羞愧到为自己是一个有拼劲的外地人而自豪,从羡慕地仰视本地人的心理到意识自己的优势并尝试超越,从不愿融入的自愿性隔离到成为本地发展参与主体的强烈参与意识,这无疑是一个流动人口迁移就业过程中的巨变,这个从边缘走向主体的身份认同显示了进城流动人口在市场化和城市化进程中显示出来的强大生命力,这也成为流动人口聚居区生命力的来源。流动人口群体构成的变化及其对社区实践形态的影响,实质上是流动人口的城市适应形态发生了变化。从某种程度而言,新生代流动人口的发展型适应及其所带来的社区变化反映出流动人口聚居区所具有的文化缓冲作用,它为新生创业者的发展型适应提供了一个初级群体网络以减轻他们在进入城市次级群体环境时所受到的震动,体现了社会网络在集体应对制度性排斥过程中的效用。虽然现在仍然还处于萌芽的状态,能不能成为周敏在美国唐人街的研究中所得出的具有族裔经济(the ethnic economy)形态的聚居区族裔经济(the ethnic enclave economy)①,还需要笔者的进一步考察,但是当前 M 村社区经济一扫集体经济改制以来的长时间低水平徘徊的窘境,重现勃勃生机的过程无不预示着流动人口所带来的崭新活力,进而成为一个深具社会经济潜质的迁移社区。虽然目前仍处于实践过程当中,但毕竟为我们提供了一个理论上的可能性。

六、结　　语

以涵化(acculturation)概念为核心的同化(assimilation)理论一直是国内外人类学界和社会学界从文化适应角度分析流动人群的基础性理论之一。在这一理论的指导下,文化接触(culture contact)所带来的影响往往是一种处于强势地位的文化取代弱势文化的过程,在这个过程中,迁移者在进入一个陌生的世界,往往具有"文化震撼—文化适应—文化同化"的涵化过程,其中主要的适应方式有同化、分化、整合、边缘化四种②,也有的学者将之概括为三个阶段:定居(settlement)、适应(adaptation)、完全同化(total assimilation)③。但是,同化理论过于采用一种主流文化和边缘文化的简单二元划分将现实过程中的复杂过程简单化,其结果往往是采用一元线性化的分析视野来看待动态的文化适应过程,简单的同化并不能得出一种令人满意的解释,就如笔者在访谈中发现的,很多迁移十年以上流动人口在适应了城市的各种生活,自身各个方面已经和城市人没有什么变化的时候,有的仍拒绝与本地人结婚,在访谈过程中始终表露出对家乡生活的向往,每年一次的春节前后的钟摆式春运,这些无不显示出同化过程的复杂性和有限性。本文主要关注两个问题:一是面对污名化及其制度性排斥的社会情境,流动人口群体如何在社会互动和关系纽带基础上形成以城市适应形态为中心的集体化应对策略来化解新环境的生存风险;二是这种日常生活实践化的集体关系网络如何与社区结构相互作用进而影响社区的发展实践。本文通过记录一个社区的实践过程,从本地人社区到流动人口聚居区,从隔离性社区到发展性社区的变迁过程,从同化适应策略、关系性适应策略到发展性适应策略,显示了流动人口在面对污名化的社会情境和制度性排斥所带来的障碍,自身的城市适应策略及其身份认

---

① [美]周敏:《唐人街——深具社会经济潜质的华人社区》,鲍霭斌译,商务印书馆1995年版。周敏分析的是移民社区,但是在中国户籍制度下的城市与乡村长期隔离所形成的二元社会,流动人口大量涌入所面临的制度性排斥而形成的聚居区,在某种程度上具有唐人街的某些特征,当然了,唐人街的发展历程是否就是流动人口聚居区的演变过程,这一点还需要进一步的考察。
② 王铭铭:《文化变迁与现代性的思考》,《民俗研究》1998年第1期。
③ Sauvy, Alfred. 1966. *General Theory of Population*, New York: Weidenfeld & Nicolson.

同发生了巨大的变化。从这一点出发,笔者将流动人口的城市适应与社区变迁的视野结合起来,尝试运用共生共变的分析来克服以往同化理论将适应过程等同于适应结果的简单化取向,尝试运用族群经济理论和族群交往理论来弥补同化理论的缺憾,尝试以此来理解当前中国社会转型时期动态变迁过程中的复杂社会事件和社会现象,以此来更好地理解流动人口群体。

吉登斯认为,对所有从传统活动场合的控制中解放出来的群体,存在这多元的生活风格的自主选择①。这样的解释对于流动人口也是适合的,通过对上海流动人口聚集区的个案研究,笔者得到了这样一种可能性,即一种满足流动人口自身需求的支持网络,是与在个体互助网络的基础上形成的社区实践紧密地结合在一起的。流动人口聚居区的社区变迁历程,同其城市适应方式的变化紧密相关,显示了从一种消极被动的关系性适应策略向积极主动的发展性适应策略的转变过程。确实,他们置身于一个异质性的陌生世界,逐渐地在群体交往过程中确立了自己所处的状态及其明确了自己所处群体的边界,面对污名化的社会情境,他们在城市适应实践中应对制度性排斥所带来的生存风险,通过聚集区的方式完成自身认同的转变,并在一个异质社会中将自己的行为逻辑化,确认了自身所需的安全状态,在此基础上,新一代的流动人口从聚居区交往网络中获得巨大的关系网络资本,开始尝试在聚居区中打破制度性排斥所形成的边缘身份认同和自愿性隔离的社区形态,而是试图通过自主创业成为市场参与主体的方式来确立自己在城市中的新位置。这与以前新闻媒体和学界所描述流动人口聚居区社区功能布局紊乱、公共基础设施缺乏、人口居住复杂、社会问题严重等那种无序和失控的状态是不同的,相反,以M村为代表的流动人口聚居区正一改集体经济改制以来的萧条局面,在流动人口自主创业的带动下焕发出新的生机,呈现出明朗的发展前景,被视为城市生活跳板的聚居区不会自然消失,还会继续存在下去。虽然在当前阶段,对流动人口的管理仍然是社区管理者的中心任务,但流动聚居区的社区变迁过程所反映出的新情况则显示出另外一个被忽略的任务,至于它何时被发现,我们拭目以待。

(原文载于《社会》2008 年第 4 期)

---

① [英]安东尼·吉登斯:《现代性与自我认同》,赵旭东、方文译,生活·读书·新知三联书店 1998 年版,第 93 页。

贫困治理创新中的慈善信托研究[*]
——基于网络化治理的视角

苑莉莉

一、问题的提出

中国在探索"政府主导、社会参与、自力更生、开发扶贫"的特色扶贫开发之路的同时,也逐渐形成了"政府主导、企业主体、市场运作"的产业扶贫开发模式,逐渐从政府主导的行政化、科层化扶贫转变为参与式治理,政府倡导、引导和动员企业、第三部门等多元力量参与,形成政府(如扶贫办、涉农技术部门、各级政府)、企业(商业银行、社会企业等)、农村经济合作组织(如行业协会)、农村信用社、家庭农场,及贫困农户共同治理贫困的参与机制,不断推动贫困治理结构的转型。其中比较典型的扶贫创新方式是借助银行、保险等金融机构的力量,在政府部门的引导、推动和支持下,精确为扶贫对象提供小额贷款和保险等金融支持的金融扶贫,形成了"贫困户+银行+企业"的运作形式,甚至出现"宜农贷"的 P2P 网络小额信贷扶贫模式。[①] 在这种金融扶贫的基础上,2016 年《中华人民共和国慈善法》的颁布进一步激活了慈善信托这种"公益金融"的新方式。首批落地的 10 单慈善信托,主要聚焦于教育和扶贫领域,其中有 5 单明确用于贫困地区教育事业发展或改善当地群众生活。截至 2016 年年底,全国成功备案 21 单慈善信托,初始资金达 30.85 亿元,其中扶贫济困的总金额占 29%。[②] 由此,从政府-市场-社会之间的互动关系研究扶贫事业的创新,对于有效实现 2020 年全面建设小康社会的脱贫目标有重要意义。

本文旨在研究中国扶贫型慈善信托是如何通过贫困治理创新来更新政府-市场-社会之间的关系,优化其不同类型资源的整合配置,推动贫困治理结构向网络化治理结构转型的。因为慈善信托自身的结构-功能和运作机制可以有效激活慈善公益组织和信托公司等企业的力量参与到扶贫事业当中,并且在这种运作模式中,主要代表政府的民政部门和银监会处于

---

[*] 本文被《中国社会科学文摘》2018 年第 3 期转载,标题为:《网络化治理视角下的贫困治理创新》。
[①] 周强:《"互联网+"时代我国金融扶贫创新模式及其保障机制探析——基于"宜农贷"模式的案例研究》,《中国软科学研究会会议论文集》(下),2015 年,第 259—265 页。
[②] 新华社:《2016 年我国慈善信托成功备案 21 单初始资金逾 30 亿元》,http://news.xinhuanet.com/fortune/2017-01/10/c_1120284089.htm,最后访问日期:2017 年 4 月 12 日。

承接备案和监管职能,而运作主体均为遵循委托人意愿的慈善组织、信托公司、银行、律师事务所、会计师事务所、扶贫参与志愿者和受益人(贫困者)等社会和市场力量,通过慈善项目运作的方式与政府合作扶贫,建立起一种联动的伙伴关系,而不是上下层级的"命令-执行"的指令关系,为以往的社会组织参与扶贫治理注入了新鲜的活力。以此在网络化治理理论中建构出政府-市场-社会的三维互动分析框架,解析扶贫事业中政府职能转移的新路径——慈善信托模式。

二、文献综述

基于网络化治理理论,主要在政府-市场-社会互动框架中分析慈善信托如何有效推动贫困治理结构转型,因此,文献综述分为三部分:

(一) 网络化治理研究

虽然网络社会、网络化组织、组织网络、社会网络、政策网络等术语被频繁应用,而公共管理意义上的"网络化治理"产生于20世纪90年代,是新公共管理领域最新理论趋势之一。

James N.Rosenau、Guy Peters、Gary Stoke 等都对网络化治理进行过探索式研究,Rhodes 指出网络化治理模式对于层级/等级制模式的取代。[①] 也有侧重在公司治理的网络化结构层面的研究,如 Jerry M.Calton 关于网络化治理中通过社会契约关系建构信任的过程研究等。[②] 一般认为网络化治理理论是由哈佛大学教授 Stephen Goldsmith 和 William D.Eggers 联合编著的《网络化治理:公共部门的新形态》一书系统提出:"深深地依赖伙伴关系,能够平衡各种非政府组织以提高公共价值的哲学理念,以及种类繁多的、创新的商业关系。在这种新的模式下;工作不太依赖传统意义上的公共雇员,而是更多地依赖各种伙伴关系、协议和同盟所组成的网络来从事并完成公共事业,我们将这种发展称为'网络化治理'。"[③]该书英文版中比较了4种政府模型,认为这种网络化的政府在公私合作和网络治理能力方面都是最强的。[④] 关于这一理论的国内外研究,主要可归结为以下几点:

一是从其理论相关性视角展开,如宏观的公共管理理论建构演化的维度,李志强指出以行政命令为特征的科层制管理到公私合作为特征的新公共管理,再到"整体政府"公共管理模式指引下逐渐凸显的以多中心治理、协同治理、合作治理、网络化治理为标志的政府治理理论新发

---

① Rhodes, R. A. W. 1997, *Understanding Governance: Policy Networks, Governance, Reflexivity and Accountability*. London: Open University Press.
② Jerry, M.C and Lawrence J. Lad. "Social Contracting as a Trust-Building Process of Network Governance", *Business Ethics Auarterly*, 1995, 5 (2).
③ [美]斯蒂芬·格德史密斯、威廉·艾格斯:《网络化治理:公共部门的新形态》,孙迎春译,北京大学出版社2008年版,第6—8页。
④ Stephen Goldsmith and William D. Eggers.2004. *Governing by Network: The New Shape of the Public Sector*, Washington: Brookings Institution Press.

展。① 也有聚焦于其中一两种理论基础的研究，如政策网络治理②和治理理论③（尤其是网络化治理理论④），以及社会网络与组织概念。⑤ 陈剩勇、于兰兰将国内外学者的相关研究分为四个维度：相互依赖维度、可治理性维度⑥、整合维度和治理理性维度⑦，并在此基础上对其进行定义，分析了网络化治理的缺陷。⑧ 孙健等认为国内外相关研究视角主要有三个：资源依赖、结构主义和无政府主义，侧重于研究信息技术的依赖性和参与主体之间的部门边界柔性化。⑨ Martina D.Molin 和 Cristina Masella 指出网络化治理研究中存在的"碎片化"现象，将 1997—2012 年出版的相关研究成果主要分为四类：影响网络化研究的条件分析、网络化治理模式、元治理的维度和结果评价⑩，以此为基础建构了网络化治理研究的分析框架。

二是从实践应用的视角展开，更关注其结构优势与特征。如 Keith G.Provan 和 Patrick Kenis 认为这是一种多层次复合的不同组织间互动的管理方式⑪，从结构、管理和有效性的维度进行了网络化治理模型的比较研究。Donald P.Moyniha 通过应对危机的解决案例来分析网络化治理结构的优势：多样化网络中共享权利与信任。⑫ 张康之等将其概括为一种复合中心的治理模式。⑬ 柏骏更关注参与主体间的互动⑭，建构了网络化治理多元主体互动交流条件与解释框架。孙健等从公共服务多元供给模式的实践出发，侧重参与主体之间的关系研究，将其特征概括为：治理主体多元化、治理机制网络化和治理责任分散化。⑮ 目前最新的研究趋势，如 Wendy A. Kellogg 和 Aritree Samanta 用案例研究法探析社会生态系统（SES）动态变化过程中网络化治理的产生、组成和演化⑯，关注治理结构的形成过程与治理能力的变化，分析重塑网络化治理结构的条件与活动之间的相互关系（reciprocal relationship）。

---

① 李志强：《网络化治理：意涵、回应性公共价值建构》，《内蒙古大学学报》2013 年第 6 期。
② 孙柏瑛、李卓青：《政策网络治理：公共治理的新途径》，《中国行政管理》2008 年第 5 期。
③ 孙牧：《网络化治理研究综述》，《云南行政学院学报》2010 年第 4 期。
④ 韩兆柱、李亚鹏：《网络化治理理论研究综述》，《上海行政学院学报》2016 第 4 期。
⑤ 李志强：《网络化治理：意涵、回应性公共价值建构》，《内蒙古大学学报》2013 年第 6 期。
⑥ Mark C., and Jenny M. Lewis. "Bureaucracy, Network, or Enterprise? Comparing Models of Governance in Australia, Britain, the Netherlands and New Zealand", *Public Administration Review*, 2003, 63(2).
⑦ Mitchell D. 1999. *Governmentality: Power and Rule in Modern Society*. London: Sage Publications.
⑧ 陈剩勇、于兰兰：《网络化治理：一种新的公共治理模式》，《政治学研究》2012 年第 2 期。
⑨ 孙健、张智瀛：《网络化治理：研究视角及进路》，《中国行政管理》2014 年第 8 期。
⑩ Martina, D. Molim, and Cristina Masella. "From Fragmentation to Comprehensiveness in Network Governance", *Public Orgnastion Review*, 2015, (16).
⑪ Keith G.P. and Patrick Kenis, "Modes of Network Governance: Structure, Management, and Effectiveness", *Journal of Public Administration Research and Theory*, 2008 (2).
⑫ Donald, P. M. "The Network Governance of Crisis Response: Case Studies of Incident Command Systems", *Journal of Public Administration Research and Theory*, 2009,19(4).
⑬ 张康之、程倩：《网络治理理论及其实践》，《新视野》2010 年第 6 期。
⑭ 柏骏：《网络化治理多元主体的互动交流：解释框架与研究议题》，《江海学刊》2012 年第 6 期。
⑮ 孙健、张智瀛：《网络化治理：研究视角及进路》，《中国行政管理》2014 年第 8 期。
⑯ Wendy, A. K. and Aritree Samanta. "Network Structure and Adaptive Capacity in WastershedGovernance", *Journal of Environmental Planning and Management*, 2017,(60).

(二) 贫困治理创新中政府-市场-社会关系研究

贫困治理创新中的重要议题是反贫困治理结构转型问题。20世纪70年代中期 Philippe C. Schmitter 和 Gerhard Lehmbruch 开创的新合作主义,强调国家对生活干涉的合理性与合法性,以及政府和国家组织形式与社会团体和社会力量间的合作。20世纪90年代的国际反贫困的新理论主张赋予穷人分享信息、参与决策的权利,使其从传统的(中央集权及个人统治)模式中被动受益者转化为具有主动权的合作参与者角色。① 这种反贫困治理结构的目的在于避免僵硬死板的官僚作风,通过分权和集权的平衡实现有效治理。② 在我国有贫困治理结构、反贫困治理结构和有效反贫困治理结构等多种提法,共性都是权力分配、多元主体的参与和贫困群体的主动性提升,其背后的逻辑是政府赋权社会,放权换市场活力。Mary Tschirhart、Beth Gazley③ 和 Mark A. Hager④ 提出权力导向下的科层制组织、利润导向下的市场型组织和非营利导向下的社会组织的研究问题。那么,这三种不同类型的组织机构如何通过创新权力分配和利益、责权制约机制形成多元主体参与的贫困治理格局? 法国学者 André-Jean Arnaud 主要是从权力"平衡"与优化"参与"方式来解读治理结构问题⑤;刘娟指出从现行的"扶贫开发机构自上而下的管制型"转为农村"合作式"反贫困治理结构⑥;张欣等提出等级制管理转向多中心反贫困网络中的多层治理、协同治理和自主治理。⑦ 亦有从金融扶贫的视角主张发挥金融机构等市场力量来有效参与扶贫⑧,徐家良从政府-市场-社会三圈互动的视角提出不同资源类型⑨对于秦巴山地区社会组织扶贫工作的影响。

以往扶贫工作中也存在一些问题,如贫困群体的利益表达渠道不畅⑩、资金管理中的协商民主困境⑪、贪污腐败、权力寻租等,所以也要精准反腐⑫,这是脱贫攻坚战的政治生态保障,因此

---

① 杨娅:《"中国转型时期反贫困治理结构国际研讨会"综述》,《创造》1998年第8期。
② 王景新、唐涛:《中国转型时期反贫困治理结构国际研讨会综述》,《开发研究》1998年第4期。
③ Mary, T. and Beth Gazley, "Advancing Scholarship on Membership Associations", *Nonprofit and Voluntary Sector Quarterly* 2013, (43).
④ Hager, Mark A, "Engagement Motivations in Professional Associations", *Nonprofit and Voluntary Sector Quarterly*, 2013, (43).
⑤ André-Jean, A, 2014, *La gouvernance.Un outil de participation*, LGDJ Lextenso édition.
⑥ 刘娟:《扶贫新挑战与农村反贫困治理结构和机制创新》,《探索》2012年第3期;刘娟:《论农村反贫困治理结构创新》,《长白学刊》2012年第5期;牟永福、刘娟:《贫困农户合作机制研究:合作式贫困治理结构的视角》,《河北师范大学学报》2013年第4期。
⑦ 张欣、池忠军:《反贫困治理结构创新——基于中国扶贫脱贫实践的思考》,《求索》2015年第1期。
⑧ 王銮凤、朱小梅、吴秋实:《农村金融扶贫的困境与对策——以湖北省为例》,《国家行政学院学报》2012年第6期;李善民:《普惠制金融视角下金融扶贫模式构建——一个理论分析框架》,《改革与战略》2014年第11期;周孟亮:《新型农村金融组织发展模式:适应性成长——基于现实剖析与理论溯源的创新》,《金融经济学研究》2015年第2期;苏畅、苏细福:《金融精准扶贫难点及对策研究》,《西南金融》2016年第4期。
⑨ 徐家良:《第三部门资源困境与三圈互动:以秦巴山区七个组织为例》,《中国第三部门研究》2012年第3卷。
⑩ 陈映芳:《贫困群体利益表达渠道调查》,《战略与管理》2003年第6期。
⑪ 吴晓燕、赵普兵:《农村精准扶贫中的协商:内容与机制——基于四川省南部县A村的观察》,《社会主义研究》2015年第6期。
⑫ 莫光辉:《精准反腐:脱贫攻坚战的政治生态保障——精准扶贫绩效提升机制系列研究之九》,《行政论坛》2017年第1期。

需要牢固树立创新、协调、绿色、开放、共享的发展理念。也有运动式治理①、政策执行偏差②、官僚组织挤压基层组织,造成识别不精准、帮扶不精准、管理不精准和考核不精准等问题。③ 在缓解上述困境的过程中,政府逐步推动和培育社会组织参与扶贫事业,如祝慧等对于2006—2015年相关研究文献的分析④,对于社会组织参与扶贫的优势与局限性,与政府合作的关系,以及参与扶贫项目运行机制等问题进行了研究。此外,还有刘海英主编的《大扶贫:公益组织的实践与建议》,汪大海、刘金发关于慈善组织参与扶贫领域的社会管理创新价值研究⑤,孔凡义等对于社会组织创新中"小额信贷扶贫与妇女发展"项目⑥的研究等。在这种贫困治理结构进一步转型的趋势中,随着《中华人民共和国慈善法》的实施,激活了慈善信托这种新方式。

(三) 关于慈善信托的研究

慈善信托起源于中世纪的英国,解锟从历史变迁的角度详解了慈善信托法律政策体系是如何逐步完善,并形成世界影响力。⑦ 在漫长的历史选择与进化中,逐渐形成一种独特的慈善组织结构形式。经比较国际上成功与失败的案例发现,慈善信托治理结构中决策、执行、监管等功能的发挥,影响着慈善目标能否有效实现,所以本文侧重对于慈善信托治理结构的综述。事实上,对于是否存在慈善信托治理结构有争议,依据英国慈善委员会的网站,目前英国主要有四种慈善结构⑧:慈善公司组织(CIO)、慈善公司(charitable company)、非公司协会(unicorporated association)和慈善信托(trust),英国慈善委员会法律服务部主任Keenth Dibble(2016)指出一般重在对治理结构进行监管⑨。也有研究认为英国的慈善信托是非法人结构。⑩ 金锦萍指出治理结构主要关注利益平衡与制约机制的建立,在责、权、利之间建构起有效的决策、执行和监督机制⑪,企业法人治理结构与非营利法人治理结构又有很大的差异,而公益信托一般没有专门机构,只规定受托人的信托义务,更需要外部监督。⑫ 但是与非营利法人相比,公益信托在结构上更为简单和灵活,内部管理也更为简单,不需要经常性职员,存续期间也比较灵活(可以永久存

---

① 杨帆、章晓懿:《可行能力方法视阈下的精准扶贫:国际实践对于本土政策的启示》,《上海交通大学学报》2016年第6期。
② 唐丽霞、罗江月、李小云:《精准扶贫机制实施的政策和实践困境》,《贵州社会科学》2015年第5期。
③ 王雨磊:《精准扶贫何以"瞄不准"?——扶贫政策落地的三重对焦》,《国家行政学院学报》2017年第1期。
④ 祝慧、陈正文:《社会组织参与扶贫开发的研究现状及展望——基于2006—2015年研究文献的分析》,《学会》2015年第6期。
⑤ 汪大海、刘金发:《慈善组织参与扶贫领域,社会管理创新的价值与对策》,《中国民政》2012年第12期。
⑥ 孔凡义、汪涵、饶玥:《社会组织创新与发展须立足国情——以内蒙古赤峰市"小额信贷扶贫与妇女发展"项目为例》,《行政管理改革》2013年第4期。
⑦ 解锟:《英国慈善信托制度研究》,法律出版社2011年版,第151—166页。
⑧ The Charity Commission, https://www.gov.uk/government/organisations/charity-commission.
⑨ 引自上海交通大学举办的"中英慈善法双边研讨会",英国慈善委员会法律服务部主任Keenth Dibble的发言,2016年8月18日。
⑩ 中国信托业协会:《慈善信托研究》,中国金融出版社2016年版,第11页。
⑪ 金锦萍:《中国非营利组织法前沿问题》,社会科学文献出版社2014年版,第112页。
⑫ 金锦萍:《非营利法人治理结构研究》,北京大学出版社2005年版,第196—197页。

续,也可以约定期间)。倪受彬认为慈善信托的内部治理机制提高了其运营的透明度。① 马剑银认为慈善信托不同于基金会的法人治理结构,而是一种运作机制。②

关于慈善信托治理结构和运作绩效的案例,如英国国民信托(The National Trust)的成功案例③,依托于英国议会 2005 年的法案规划,开始关注治理结构问题,尤其是该机构如何有效决策和治理。目前在推行改革,董事会成员将从 52 名精简到 36 名,预计在 2018 年完成这一目标。英国国民信托总体架构按功能分为决策监督和执行层,前者主要为两部分组成:委员会负责监督和建议,理事会负责审计、投资和管理,后者包括赞助支出、运作咨询和整体信托三个部门。这个建立于 1895 年,有着悠久历史的慈善信托发展规模非常大,且是以慈善组织为主体运作的,有着强大的动员民众参与的能力,目前世界很多国家都有类似组织,可以为今后中国慈善组织转型做信托业务提供借鉴。但同时也有一些失败的慈善信托案例,如美国的 Samuel P.King 和 Randall W.Roth 出版《美国最大的慈善信托因贪婪、失误的管理和政治操纵而导致的信任损毁》,关于 1884 年 Beinice Pauahi Bishop 公主设立的夏威夷儿童教育慈善信托始于 20 世纪 80 年代发生的危机,在学校治理和信托资金投资项目保值增值方面出现问题④,美国国税局曾指出要撤销其慈善信托资格,为了扭转局面重组了信托理事会企图修复信任,研究者指出真正的问题在于理事会成员做出决策时,无法协调与其他机构的利益纷争。此外,David 和 Rovbert 在编著的《新闻提供者是否还有更好的结构?——慈善和信托关系的潜力》⑤中探索了在新闻传媒领域的慈善机构如何有效转型为信托结构的运作方式。可见,国外学者更关注慈善信托的结构,而国内学者更关注慈善信托机制,无论这是一种结构,还是机制,其运作基础都是信托制度。

而将上述网络化治理、贫困治理和慈善信托三者融合的研究,比较有代表性的是孙同全的《扶贫小额信贷与公益信托制度研究》一书⑥,其将公益信托的网络化治理结构界定为委托人、受托人和受益人等几方关系人组成的网络结构,并且绘制了日本、英国和美国慈善信托的治理结构,以 UNDP 援助我国扶贫小额信贷的信托治理结构分析,并指出了其中存在的问题,其主体思路是在信托制度架构的框架下分析,没有从政府-市场-社会的维度来解析。

通过上述文献综述,可以发现其中存在的问题:一是慈善信托作为一种新兴的慈善方式与贫困治理创新之间的关系有待于深入研究,因为慈善信托独特的治理结构和功能有助于化解贫困治理结构转型中的一些问题;二是如何通过发挥慈善信托的优势,促成网络化治理理论与政府-市场-社会关系分析框架的有机融合,从参与式治理结构进一步转型为网络化治理结构,是

---

① 倪受彬:《现代慈善信托的组织法特征及其功能优势——与慈善基金会法人的比较》,《学术月刊》2014 年第 7 期。
② 马剑银:《中国慈善信托实践的展望》,《社会学》2016 年第 4 期。
③ The National Trust:https://www.nationaltrust.org.uk/.
④ Samuel,P.King and Randall W.Roth. 2006, *Broken Trust:Greed,Mismanagement,and Political Manipulation at America's Largest Charitable Trust*,Hawaii:University of Hawaii Press.
⑤ David,A.L. and Rovbert G Picard. 2011, *Is There a Better Structure for News Providers? The Potential in Charitable and Trust Ownership*,Oxford:Reuters Institute for the Study of Journalism.
⑥ 孙同全:《扶贫小额信贷与公益信托制度研究》,经济科学出版社 2006 年版。

一个亟须研究的问题。

三、研究框架与慈善信托的案例解析

本文主要的分析框架是基于贺璇、王冰建构的政府-社会-市场三维互动框架[①],在此基础上,初构慈善信托"公益金融扶贫"的网络化治理结构(见表1)。

表1 政府-社会-市场分析框架中网络化治理结构

治理主体	治理机制	治理逻辑	治理方式	治理目标
政府(条块治理)	科层官僚机制	权力和等级	政府主导行政化方式为主,动员社会组织、企业和银行"金融扶贫"的参与式治理	精准扶贫、脱贫、小康社会
社会(协作治理)	志愿机制、信任机制、协商机制	自愿、协商、信任、依赖与合作	慈善信托架构下动员慈善组织和信托公司等"公益金融"的网络化治理方式	精准扶贫、脱贫、小康社会
市场(合同治理)	契约机制、竞争机制、价格机制	契约和竞争		
网络化治理结构,链接关键点在于政府-市场-社会不同机构之间的联动伙伴关系				

依据2016年《中华人民共和国慈善法》第5章规定,慈善信托是指"委托人基于慈善目的,依法将其财产委托给受托人,由受托人按照委托人意愿以受托人名义进行管理和处分,开展慈善活动的行为",慈善信托属于公益信托。这种信托制度的架构,有助于在委托人、受托人、受益人、监察人、民政部门、银监会等不同参与主体中形成权力、利益、责任、义务的平衡与制约机制。其突出优点是受托人拥有信托资金的管理运用权却无法享有财产,受益人享有收益权的特殊治理结构,即资产的所有权、经营权、监督权和使用权相分离的产权结构,具有安全、灵活、高效、透明、持久和基于信任的伙伴关系建构等优势。

本文以扶贫型慈善信托为案例,解析政府-市场-社会框架中网络化治理关系的建立,进而助推贫困治理结构从参与式治理结构向网络化治理结构的转型。然而在以往政府主导的行政化扶贫方式转型的参与式贫困治理结构中,政府-市场-社会的关系格局进一步转型:政府的科层体制、条块制可以有效动员各级政府,开展扶贫,政府也是资金的主要提供者;市场中的银行、企业以"金融扶贫"的方式辅助参与,如银行等提供小额贷款,企业发起产业扶贫链,同时发动社会创新的方式参与。近年来在PPP推进中,已经逐渐改变。如张强等对187个创新案例进行分析研究后发现,其中52%的发起者来自社会部门,2005年和2009年的创新项目中扶贫项目远超

---

① 贺璇、王冰:《中国突然事件应急治理的变迁与成长——构建政府-社会-市场三维互动框架》,《学习与实践》2014年第11期。

过教育、健康、社区发展等其他项目。① 虽然包括国内外的扶贫案例,但依然可以显示出社会力量,即第三部门的参与,只是大部分时间段,还是教育类创新项目居首位。其中真正发挥主力作用的社会组织(慈善组织)初创之期还是有很强的政府背景的,如由国务院扶贫开发领导小组办公室主管的中国扶贫基金会和 1988 年由全国妇联发起的中国妇女发展基金会等,在扶贫领域成绩斐然,近年来在资助社会组织运作中逐渐转型。

今后,有望在慈善信托这种"公益金融"的扶贫方式中逐渐建构起网络化的贫困治理结构。因为在这种模式运作下的扶贫动员与参与,主体不再是政府,而是慈善组织和信托公司等,且信托公司起着非常关键的作用,在"政府+信托公司(企业等市场力量)+慈善组织(社会力量为主导)"的三圈互动联合体中,推动网络化治理结构中政府-市场-社会伙伴关系的形成。主要通过两类案例分析揭示:一是 2015 年已经开始运作的"大爱长安·陕西银行业普惠金融扶贫慈善信托"项目,二是 8 单在《中华人民共和国慈善法》正式实施之后新创建的慈善信托(以扶贫济困类为主)。

(一)案例分析一:慈善信托制度与模式创新的优势

相较于以往行政化扶贫的方式,慈善信托制度的优势在于扶贫资金与资源不再主要靠政府提供,且信托资产多元,可持续。相较于其他参与扶贫的社会组织,慈善信托的资产可在保值增值过程中,将本金和收益全部用于扶贫慈善目标实现,资金管理实行专款专户,管理更为安全与透明,且均需要按照《中华人民共和国慈善法》将项目运作情况按照相关法律、法规和管理办法进行公开。引入社会监督机制,可有效遏制扶贫中的腐败现象,也有助于及时发现问题,进行有针对性的完善,有利于建立长效扶贫的信任机制。在此以"大爱长安·陕西银行业普惠金融扶贫慈善信托"②为主要个案,解析慈善信托"公益金融"的优势。

1. 建立之期

政府主要起倡导作用,推动公益、金融机构加盟。2015 年 3 月陕西银监局组织召开了陕西银行业支持延安转型发展推进会,44 家银行金融机构主要负责人签署了《陕西银行业支持延安转型发展共同宣言》,承诺在给予信贷政策倾斜,创新服务方式等方面加大支持力度,共同发起设立"陕西银行业革命老区扶贫担保基金",探索金融扶贫助农新模式,由陕西省银行业协会牵头,30 余家金融机构捐款给陕西省慈善协会,该协会作为委托人开设专门的捐赠账户,设立专项基金,长安国际信托股份有限公司作为受托人,信托监察人为北京市康达(西安)律师事务所。经向陕西银监局报告,和陕西省民间组织管理局的批复,2015 年 12 月 14 日成立了"大爱长安·陕西银行业普惠金融扶贫慈善信托",以期实现定向扶贫,促进三农发展。

2. 运作初期

决策制定与资金来源均不是以政府为主体,而是受托人长安国际信托股份有限公司依据委

---

① 张强、胡雅萌、陆奇斌:《中国社会创新的阶段性特征——基于"政府-市场-社会"三元框架的实证分析》,《经济社会体制比较》2013 年第 4 期。

② 一般来说,这单信托应该属于既有《中华人民共和国信托法》的公益信托,而 2016 年 9 月 1 日随着《中华人民共和国慈善法》的正式生效才开启了国内慈善信托的元年,也就是,之后出现的才是真正意义上的慈善信托。

托人意愿做出相关决策与资产管理,且资金不是依靠政府,主要来源于30多家金融机构和长安信托捐赠(20万),首批约500万募集资金,预计撬动1亿元的扶贫贷款①。

长安国际信托有限公司是目前国内信托公司中为数不多设有公益信托部,且为这单信托专门设立决策委员会的信托公司。决策委员会主要有5名成员组成:陕西省银行业协会副秘书长高剑峰、陕西省农村信用合作社联合社主任张全明、长安信托董事长高成程、陕西省慈善协会副会长张凤英和中行陕西省分行中小企业部总经理谢文杰,并通过了决策委员会议事规则。项目委员会负责监督项目运作,审议项目总结报告和财务报告。② 依据慈善信托目的做出相关决策:利用信托制度优势和受托人专业化的管理手段,探索"精准扶贫"的思路与途径,在实现信托资金保值、增值的同时更好地帮扶贫困地区惠及"三农"发展,帮助陕西省农村地区特别是革命老区的农户和学生。

经查阅该信托公示的管理报告,发现该信托初始设立规模为200多万,期限为10年,运作一年之后,资产接近500万(见表2),可以看出慈善信托的优势,在资金的追加和保值增值过程中,资产总量在不断累积。

表2 "大爱长安·陕西银行业普惠金融扶贫慈善信托"资产情况　　　　单位:元

日　　期	款　项　说　明	金　　额
2015年12月14日	初始设立规模	2 075 840
2016年1月13日	第一次追加资金	2 425 140
2016年5月18日	第二次追加资金	209 580
2016年6月13日	管理汇报存续金额(一)	4 749 073
	银行存款余额 1 014 904.33	资产投资(本金) 3 734 169.48
2016年12月13日	管理汇报存续金额(二)	4 886 914.74
	银行存款余额 2 124 475.03	资产投资(本金) 2 762 439.71

数据来源:长安国际信托有限公司:《"大爱长安·陕西银行业普惠金融扶贫慈善信托"期间管理报告》,2016年12月13日。

从表中数据可以看出,2016年6月和12月资金分配量的变化,存款增加了将近一倍,从1 014 904.33元增加到2 124 475.03元,而投资减少了将近100万元:从3 734 169.48到2 762 439.71元,且这个过程中没有委托人追加资金,几乎是信托公司在运营相关资金管理。之所以出现这种情况,经比较研究的两份公示中的财务管理情况,我们发现共性是投资原则遵循稳健保守的风险承受度,在本金安全的前提下资产增值,做到分级授权、线上留痕。差异在于:从2016年1

---

① 长安国际信托有限公司网站,2016,《"大爱长安·陕西银行业普惠金融扶贫慈善信托"期间管理报告》,参见https://www.xitic.cn/,最后访问日期:2017年4月12日。

② 同上。

月20日至5月30日(第一次管理报告发布期间)先后投资4单(6次)长安信托自己运作的收益率在7%—8%之间的信托产品①,而2016年6月14日至12月13日(第二次管理报告发布)期间只追加投资了"长安信托·长安宝现金管理集合资金信托计划",此期共计投资4单信托产品,而上述这只新追加的信托产品投资了4次,可见其更注重在资金管理类领域的投资获取收益率。

3. 运作期间

慈善信托运作方式灵活,信托公司可以选取政府机构、慈善组织作为合作伙伴,一起推进扶贫工作开展。如首批公益项目合作伙伴是延安市延川县农村信用合作联社和志丹民生村镇银行,第一个信托年度风险损失补偿预备金为50万,项目贷款总额/风险损失补偿预备金的杠杆比例为20倍或授信额度/风险损失补偿预备金为30倍,即延川县农村信用合作联社第一年授信额度达到750万元或发放贷款余额不低于500万元,与志丹民生村镇银行约定第一信托年度发放贷款余额不低于500万元②。资金主要用于支持农户种植果树、大棚蔬菜,购买农具、种子、化肥等,为部分农户提供贷款鼓励创业。以公益金融的方式促进延安革命老区的发展,助力"十三五"期间老区贫困人口脱贫目标实现。由这两家合作伙伴制定了专门的农户小额扶贫贷款管理办法,明确扶贫对象客户群、准入条件和操作流程等要求。可见,在整个慈善信托治理结构体系中分工相对明确,主要运作情况(见表3)。

表3 "大爱长安·陕西银行业普惠金融扶贫慈善信托"项目运作情况

公益项目合作方	项目实施期限(管理报告发布时间)	授信(提供贷款次数)	授信额度(万元)	全年计划完成率(%)
延川县农村信用合作联社	2016年6月13日	68	394	52.53%
	2016年12月13日	99	547	106.2%
志丹民生村镇银行	2016年6月13日	18	164	32.8%
	2016年12月13日	23	249	49.8%

可以看出,慈善信托贷款优惠率体现在,延川县农村信用合作联社的贷款月利率7.20‰比一般贷款月利率10.68‰降低了3.48个千分点,年贷款利率下降了4.176%。而这一变动是决策委员会于2016年4月22日签署补充协议完成的变更,从年利率7.20%变更为月利率7.20‰。志丹民生银行加权贷款利率9.02%,最高贷款利率不超过12.00%。在此期间,2016年10月长安信托公益信托负责人走访了两个县实地了解情况,访问信托受益者,发现两家合作机构重点扶持"台塬苹果、川道大棚、沟壑养殖"的发展,并在农户建档评级授信工作基础上,支持有能力、

---

① 此次4单信托产品主要为:"长安信托·长安宝现金管理集合资金信托计划""长安信托·南京基础设施建设PPP发展基金(01号资产)之舒港大道股权投资集合资金信托计划(二期)""长安信托·临沂东城新区路网建设项目贷款集合资金信托计划"和"长安信托·长安宝现金管理集合资金信托计划"。

② 长安国际信托有限公司网站,2016《"大爱长安·陕西银行业普惠金融扶贫慈善信托"期间管理报告》,参见https://www.xitic.cn/,最后访问日期:2017年4月12日。

有增收项目但缺乏周转资金的农户[①],逐渐形成特色的公益金融扶贫之路。但同时也会发现,年度完成率中,两个合作机构的差异非常大,不禁让人反思为什么志丹民生村镇银行全年计划完成率不达半数,是不是因为延川的机构采取"家乐卡"的形式更有效？经访谈了解到：

> 上述数据其实主要反映出授信与实际贷款的差异,但也在一定程度上反映出两家合作伙伴的不同功能优势。延川县农村信用社有镇里的网点,更靠近农户,有家乐卡形式,更方便。而志丹民生银行在村镇是没有工作点的,只有县城里才有,因为采用慈善信托方式之后,要做入户调查了解未来的还款能力,才能发放农户贷款,以前没有相关经验,初步尝试阶段又比较谨慎,所以实际工作额显得比较低。（访谈 L20170327）

总之,慈善信托的信息披露制度,可以有效确保资金运作的透明与安全,有助于及时发现与化解问题,在这种运作模式中,政府只是在初期建立之时发挥倡导作用,而真正决策出于信托公司、慈善协会等各界代表组成的决策委员会,运作执行主要依靠的农村信用社和银行,此期监察人可以采取问询或查阅合作银行贷款台账的方式审核,这在一定程度上可以确保资金的安全与精准到位,有效遏制以往扶贫中的腐败现象。从决策—执行—监督的流程可以看出,政府不再是扶贫工作的主体,更多是发挥社会和市场的力量（不仅是参与者,而且是主体）,且贫困者群体也在主动贷款和拓展新致富渠道中参与进来,在伙伴关系中形成新的网络化治理结构雏形。

（二）案例分析二：扶贫型慈善信托推动贫困治理结构创新的研究

如何进一步推动上述贫困治理结构从参与式治理向网络化治理转型？在此以多案例分析慈善信托创新模式,来探讨这种贫困治理结构创新的基础条件与趋势。

1. 基础条件

此案例的基础条件是政府支持,促使数单扶贫型慈善信托新生,使自然人、慈善组织、信托公司等多元主体有效融入扶贫事业。

2016 年 4 月 15 日,中国银监会联合国务院扶贫办召开全国银行业扶贫开发金融服务工作推进会,也进一步推动扶贫型慈善信托的新生。在此基础上,以目前已经成功备案的 8 单专注于精准扶贫或贫困家庭中患儿救助的慈善信托为组合案例,比较其各自的模式创新与优势。主要有（见表 4）：北京市国投泰康信托 2016 年国投慈善 1 号慈善信托（关注扶贫领域）、国投泰康信托 2016 年真爱梦想 1 号教育慈善信托（贫困地区儿童素养教育）、上海国际信托有限公司的"上善"系列（困难家庭儿童眼疾）、安徽省微笑行动慈善信托（贫困家庭唇腭裂患儿）、江西省中航信托·天启 977 号爱飞客公益慈善集合信托计划（精准扶贫）和贵州省华能信托·尊承槿华慈善信托计划（精准扶贫）,尤其是 2017 年 3 月 8 日最新一单"创新扶贫善心相托——中航信

---

① 长安国际信托有限公司网站,2016《"大爱长安·陕西银行业普惠金融扶贫慈善信托"期间管理报告》,参见 https://www.xitic.cn/,最后访问日期：2017 年 4 月 12 日。

托·中国扶贫慈善信托"在江西南昌启动,是全国扶贫领域首个由全国性公募基金会和信托公司担任共同受托人模式的慈善信托。本文主要从参与主体的组合方式、资源整合的种类来分析这些创新模式中政府-市场-社会的关系格局。

表 4　单扶贫济困为主的慈善信托基本情况

项目名称	设立期限	备案地	委托人	受托人	监察人	参与主体组合方式
国投慈善1号慈善信托	5年	北京	国家开发投资公司	国投泰康信托有限公司	上海锦天城律师事务所	国企+信托公司+律师事务所
真爱梦想1号教育慈善信托	3年	北京	多位自然人	国投泰康信托有限公司	上海锦天城律师事务所	自然人+信托公司+基金会+律师事务所
蓝天至爱1号慈善信托	永续	上海	上海市慈善基金会	安信信托股份有限公司	上海市联合律师事务所	基金会+信托公司+律师事务所
"上善系列"浦发银行"放眼看世界"	10年	上海	浦发银行	上海国际信托有限公司	上会会计师事务所	银行+信托公司+会计师事务所
微笑行动慈善信托	5年	安徽	中国妇女发展基金会	建信信托有限责任公司		基金会+信托公司
中航信托·天启977号爱飞客公益慈善集合信托计划	5年	江西省南昌市	中航通用飞机有限责任公司、中航信托工会委员会	中航信托股份有限公司	北京六明律师事务所	企业、协会+信托公司+律师事务所
中航信托·中国扶贫慈善信托		江西省	江西省老区建设促进会	中航信托与中国扶贫基金会担任共同受托人		社团+信托公司+基金会
华能信托·尊承槿华慈善信托计划	不低于12个月	贵州省	自然人或机构	华能贵诚有限公司		自然人+机构+信托公司

由上分析可以看出,扶贫型慈善信托的创新模式开启了政府-市场-社会关系的新格局,不同于以往"政府+社会组织"的政社互动型和"政府+企业"的产业化扶贫方式,慈善信托开启了"政府+信托公司(企业等市场力量)+慈善组织(还有自然人,如委托人和受益人等社会力量为主导)"的三圈互动联合体,形成了多元主体伙伴关系的网络化结构雏形,主要体现在以下几个方面。

(1) 参与主体的不同组合方式有助于形成网络化结构:委托方+受托方+监察人主要有以下几种类型,如国有企业+信托公司+律师事务所,自然人+信托公司+基金会+律师事务所,基金会+信托公司+律师事务所,银行+信托公司+会计师事务所,基金会+信托公司,企业、协会+信托公司+律师事务所,社团+信托公司+基金会,自然人、机构+信托公司等,依据《慈善法》,受托人可以是信托公司和慈善组织,上述扶贫型慈善信托受托人主要是信托公司,只有 2017 年 3 月最新成立的双受托人模式①中有慈善组织——中国扶贫基金会,即受托人为慈善组织+信托公司,目前上海也有一单在筹备。案例中监察人一般是律师事务所,只有上海"上善"系列是会计师事务所。其中多样性主要体现在委托人的身份:国有企业、基金会、银行、社团、自然人和机构等,可以看出其中政府不占主导地位,尤其不是政治资本占优势,而是国企的经济资本占优势。

运作方式的创新主要体现在上述不同参与主体的互动合作机制建构中。一般研究是单、双受托人模式的差异,其实不同的委托人类型也导致模式的更加多样化。以往的扶贫工作机制中,多是扶贫办牵头,各级政府部门机关层级到县、村等推进。而在慈善信托的运作模式中,慈善组织和信托公司运作是在民政部门和银监会的监管下自主(依据委托人的意愿)选择慈善项目和受益人,上述参与主体的功能被激活了,如银行以往主要是从事小额信贷扶贫,现在浦发银行以委托人资金投入的方式参与,由信托公司管理资金,经上海市眼防所用于救助贫困家庭儿童的眼疾。还有律师事务所和会计师事务所等以前很少直接介入扶贫事业的机构,也开始以慈善信托的方式参与,从而形成企业界、慈善界、银行界、法律界和会计界等多元力量进入扶贫领域,并通过不同的组合方式更新以往的扶贫工作体系,并在此过程中逐渐形成伙伴关系的网络化治理结构。

(2) 资源整合方式的创新:徐家良在三圈互动理论框架中分析秦巴山区七个组织的时候,将第三部门活动的资源主要分为项目资源、政府组织资源、志愿者资源、社会关系资源、媒体资源和荣誉资源等。② 慈善信托的运作主要是依据项目资源在政府-市场-社会中展开扶贫工作。如扶贫型慈善信托的特点,多在革命老区,如陕西延安、江西南昌和贵州,尤其是江西省老区建设促进会作为委托人,更体现慈善信托的主要目的是助力贫困老区的脱贫攻坚。在这些地区荣誉资源和媒体资源也是相当丰富的,如据中国新闻网报道:"'中航信托·中国扶贫慈善信托计划'是一次多方合作的协同创新:中航信托在慈善信托财产管理方面发挥专业化的资产管理优势;中国扶贫基金会在慈善项目执行以及慈善活动开展方面发挥专业化的项目筛选及运营优势;江西省老区建设促进会在扶贫慈善资金筹集及资源整合方面发挥专业影响力。"③关于资源优势的另一类视角,如何继新等从资源依赖的视角指出政府的优势在于信息资源的控制权和占有权,企业有较强的组织生产能力和物质资源高效分配能力,非营利组织有志愿者精神和维护公众利益的天然禀赋,社会居民对公共服务满意度有绝对的发言权和表决权,四大类参与主体

---

① 国内首个双受托人模式是 2017 年 12 月在北京备案的"中信·北京市企业家环保基金会 2016 阿拉善 SEE 华软资本环保慈善信托",资助和扶持中国民间环保组织的成长,以实现生态环境保护事业的可持续性发展。本文主要聚焦于扶贫领域的慈善信托。
② 徐家良:《第三部门资源困境与三圈互动:以秦巴山区七个组织为例》,《中国第三部门研究》2012 年第 3 卷。
③ 中国新闻网:《中国扶贫基金会启动"中航信托·中国扶贫慈善信托"计划》,http://www.chinanews.com/sh/2017/03-08/8169044.shtml,最后访问日期:2017 年 4 月 12 日。

对其他主体有很大的依赖性,为了达到利益最大化,只有采取伙伴式合作这一最优策略。① 可见,是不同资源类型在慈善信托这种模式中进行协同创新。

本文以政府、市场和社会三类资源的划分为主,将这些基础条件的优势概括为图1所示。

按照上述参与主体不同的组合方式和资源类型,将此8单慈善信托的主导资源优势以图1来表示,距离哪条轴线越近,则哪类资源最丰富。如国投慈善1号慈善信托,国家开发投资公司作为委托人(国企),国投泰康信托有限公司(央企,向市场化转型)作为受托人,受益人是贫困地区亟须改善生活状态和教育支持的群众。可见,有政府背景的企业通过信托公司资助社会贫困大众,所以距离政府和市场的轴线相对较近,其余7单也是按照类似原则以距离轴线远近来衡量。总体来看,因为受托人

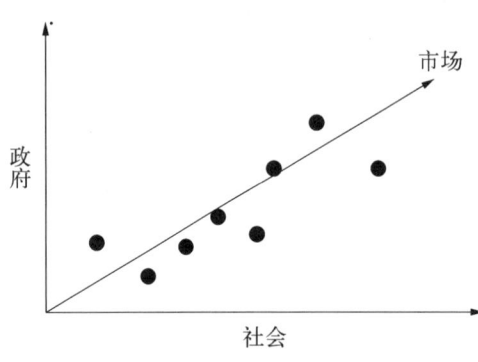

图1 政府-市场-社会框架中的资源优势分析

注:此处排序对应表4中的8单慈善信托,但是仅以距离轴线远近分析其优势主导资源,彼此之间不具有可比性,即位置的高低不代表各信托之间的比较。

主要是信托公司和慈善组织,所以主要还是以市场和社会为主(同时对照表1),二者通过信托制度在联动中形成合力,其中资源最丰富的还是以信托公司牵头的市场领域,遵循市场的逻辑进行不同的资源配置,如慈善资产的保值与增值,再依据公平原则进行社会化再分配,以缓解贫富差距。只是图1中无法展示政府和社会资源都丰富的案例,主要代表是以中国妇女发展基金会为代表的微笑行动慈善信托,这原本是一个民营医院免费治疗唇腭裂的项目,后来发展成中国妇女发展基金会的品牌项目。今后在项目的具体落实过程中,各类资源肯定会通过重组整合发挥各自不同的扶贫效力。

2. 未来趋势

如何在慈善信托这种新兴慈善方式的基础上,进一步将模式创新与资源整合有机协调,推动反贫困治理结构从参与式治理结构向网络化治理结构转型,综合发挥出政府-市场-社会各种资源的优势? 主要需要以下条件。

(1)落实与完善税收优惠政策等制度保障,激发和保护慈善组织与信托公司的积极性。虽然《中华人民共和国慈善法》中提到备案的慈善信托享有税收优惠,但是尚未有效落实,信托公司因其自身受民政部门和银监会的双重监管,每年接受中国信托业协会和银监会的两次评级,可以确保运作规范有效,然而虽有良好的资金保值增值优势,却因无法开具免税发票而制约了业务的进一步发展,而慈善组织迄今依然不能有效开设信托专用账户。这些都制约着慈善信托的进一步发展,也是2016年至今,慈善信托在中国没有出现"井喷"式发展的主要原因。信托公司代表从市场和竞争的逻辑指出:

---

① 何继新、李莹:《公共服务供给"共建共享"的创新转向:一个网络化治理论纲》,《长白学刊》2017年第1期。

其实完全可以独立运作慈善信托业务,但因为不能开具免税发票,而大多数委托人都需要这样的税收优惠,所以不得不与基金会等机构合作,这既增加了运作环节,也徒增了运作成本,是一种资源捆绑与浪费。其还进一步表示:我们需要与慈善组织同等的待遇,无论是免税,还是监管,否则我们受合格投资人限制(仅能向证明自己资金100万的投资者募集资金),又不能向大众广泛宣传,难以有效开展慈善信托业务。(访谈L20170329)

(2)规范和完善备案与监管程序,建立民政、银监、税务、律师与会计师事务所等联动的监管体系。在"互联网+"时代,本着合法、合理、透明、有效、公正、共享的原则进行协作治理,除了组织间的网络关系外,综合发挥社会网络、政策网络和互联网电子政务的信息共享优势,一起促成网络化治理结构的形成。

因为一旦税收优惠与备案直接挂钩,民政部门会很有压力。笔者据访谈了解到:

为了鼓励慈善信托发展,民政部门考虑当场备案,而备案中相关文件的内容都是民政部门工作人员既有知识结构不甚了解的,需要通过培训进一步提升。一旦备案中有些问题没有及时发现,以后就要承担相应的背书风险,且目前对于慈善资金是否有效运用到慈善活动中,慈善目标是否有效实现的评估机制都不健全,因而担心有些享受了税收优惠,但是没有正当履行慈善义务的漏洞存在。(访谈L20170321)

(3)慈善信托自身治理结构要完善,以便于更好发挥出相应的功能。在中国,慈善信托治理结构中存在如下问题。受托人的主要困境在于:一是信托公司很少设置专业的公益信托部门,多是放在各业务部门中由多个部门协调开展,且多与慈善组织合作;二是慈善组织虽有资格担任受托人,但其原生结构中缺乏信托制度和运作架构,以及相关的章程规范与专业工作人员,如果想要扩展,还受限于年度支出和管理费用标准。在以往公益信托、类公益信托和新设立的慈善信托中,已经有以下结构创新的案例:重庆信托的"金色盾牌·重庆人民警察英烈救助基金公益信托计划"设立了专门的基金管理理事会,家族慈善信托中会设立家族慈善委员会,尤其是案例中"大爱长安·陕西银行业普惠金融扶贫慈善信托"内部设立了决策委员会。可见,既有弥合治理结构缺陷是通过成立特定的管理团队来完善的,以后需要相关管理办法统一规定,进一步制度化。

总之,如果慈善信托这种新兴起的"公益金融"方式能发挥出其信托架构的制度优势,将有效促成贫困治理创新中政府-市场-社会的格局关系的链接与转型:从以往的社会组织参与扶贫的"政府主导+社会参与"和企业的产业化扶贫、银行金融扶贫的"政府主导+企业主体参与"的模式,彼此链接更新为"政府+信托公司(企业等市场力量)+慈善组织(社会力量为主导)"的三元主体互动的公益金融方式,政府主要起倡导、支持和监管作用,市场和社会发挥决策与执行运作的作用,目前信托公司在慈善信托中处于优势地位(主体受托人和慈善资产的保值与增值)。

在市场化的运作中,要进一步发挥合作伙伴慈善组织专业化运作慈善项目的能力,推动其制度化运作,在这个过程中形成相互依赖的联动伙伴关系,与其他扶贫方式互补,一起高效实现扶贫慈善目标,进一步增强政府信任、社会信任和慈善组织的公信力,在网络化的治理结构中实现政府、市场、社会互相赋权增能,开创治理体系新格局。

(原文载于《中国第三部门研究》2017 年第 13 卷)

家庭与社会政策

城市家庭的养老功能及其变化

黄彩英

一

我国建设四个现代化过程,从社会变迁的客观方面看,是从传统社会向现代化社会发展的过程。在我国,家庭在现阶段仍然是社会的细胞,同样发生着从传统向现代化方向的变动。中国传统社会中的家庭,世代延续着一种父母抚养、教育子女以及子女成家立业后赡养年老双亲的基本关系,这就是家庭的抚养和赡养职能。上海是较现代化的城市,家庭的赡老职能目前是怎样的?正发生什么变化?向什么方向发展?本文在调查张家弄地区300余户有老人家庭的基础上,对上述问题进行探讨。

张家弄地区人口近3 000人,60岁及60岁以上老人共430人,分居在321个家庭中,老夫妻双方健在与子女及其他亲属同住的直系家庭130个,丧偶后与子女及其他亲属同住的直系家庭143个(寡老119人,鳏老24人)两者占84%,余下的16%,分为两类:一类是双老健在同住的双对夫妻;另一类是独居的26人,他们都是没有子代共同生活的单住老人。其中,无子女无近亲的孤老11人,也有子女在外地工作的,还有子女虽在上海但因各种原因,如住房拥挤、独生子女婚嫁外出、亲子关系恶化等而单住的。显然,从生活场所看,大多数是按传统方式和子女亲属同住一家度过晚年的。

二

家庭赡养职能主要表现在经济供养、日常生活照料、精神慰藉三方面。经济供养是赡养老人最重要的方面。从老人经济收入看,可分有、无两类,结合在家庭中消费情况(一般情况下,老人生活消费水平与其家庭成员差不多,即可用家庭人均生活费来表示),399位老人(26人独居和5人经济情况不清楚除外)和家庭的经济关系有四类:

第一类老人无收入,全靠家庭经济赡养的有122人,占28.3%;

第二类老人有收入,但收入低于家庭人均生活费,差额部分由家庭其他成员负担,有52人,占12%;

第三类老人有收入,大体和家庭人均生活费相等,经济上可看作自给,有70人,占16.2%;

第四类老人有收入,给家庭金额又高于家庭人均生活费,不仅自给,而且全部或部分负担了家庭其他成员(如无收入的配偶,尚未就业的子女等)的生活费用,有 155 人,占 36%。

第三、四类老人占总数 52.2%,他们的收入绝大部分是本人退(离)休金,少数依靠个人积蓄、亲属遗产,极少数尚未退休依靠工资。退(离)休金和退休后继续享有的公费或劳保医疗,是对劳动者晚年生活的一种社会保险。虽然各自从原单位领取,但实际上都取自国民收入中的消费金,可以说,这一半以上的老人是由国家赡养。这是家庭赡养职能发生的根本变化,比传统由子女供养有保障,是向现代化发展的重要变动。

第一、二类是部分和全部依靠家庭经济供养、老人的依靠供养部分和供养者情况见下表1。

表 1　部分和全部依靠家庭供养的老人依靠比重和按供养对象分类

老人按依靠对象分类	依靠部分占生活费比重	部分依靠家庭供养					全部依靠	合计
		10%以下	10%—20%	20%—30%	30%—40%	40%—50%	50%以上	100%	
依靠子女者		1	1	4	3	3	2	67	81
依靠配偶者		1	7	10	3	2	1	24	48
依靠配偶和子女者		2	1	4	3	1		29	40
依靠其他亲属者			1	1	1			2	5
小　计		4	10	19	10	6	3	122	174

老人依靠家庭情况:122 人没有收入,全部依靠家庭供养;部分依靠家庭供养的有 52 人,依靠部分大多集中在占其生活费用的 10%—40%,作为老人经济生活重要的一部分。

从供养者说,多数是子女,79 个依靠子女的老人实际有 163 个子女供养。根据我国的传统习俗,儿子是理所当然的供养者,但这里 163 个子女中,还有 37 个女儿。这里有两种情况,一种是没有儿子,便由女儿供养,另一种是有儿有女,女儿和儿子共同供养。其中有的老人不和已婚儿子同住,而和已婚女儿同住而且经济上女儿是主要供养者,这反映了部分家庭已不囿于男娶女嫁、儿子供养父母的传统。

多个子女供养老人,通常是同住子女负担老人实际生活费用,不同住子女给赡养费。有少数从农村迁入城市不久的家庭还沿袭让老人到各个已婚子女家轮流居住的习惯。但因城市住房拥挤,老人又不易适应生活环境改变,逐渐固定住某子女家,其他子女给赡养费或以实物来承担赡养义务。子女负担的赡养数额在各家也不一样,一种是各子女间平均分摊,另一种是按各人不同收入自动负担的数额,也有在外地就业成家因收入较少而不负担的。

数量上占第二位的供养者是配偶(48 人)。被供养老人绝大多数是女性,由于年轻时处于 1949 年前后,受到"男治外女持内"的传统观念影响而没有工作。年老时绝大多数丈夫已退休,如丈夫退休金在中等或中等以上水平,能担负两人生活;如较低,就需子女供养一部分,这就是表1中的第三位"配偶和子女共同供养",这种情况下,配偶担负份额往往比子女高。

"依靠其他亲属"一类,是由这样一些亲属供养:两人是侄子、侄媳,两人是姐妹,一人是侄孙女,法律和上海的习俗并不要求这些亲属负有赡养义务,在城里通行的办法是给孤老社会救济或让老人住进社会福利院。但这些亲属认为,虽然和老人血缘关系远,但以往生活中建立起来的老人感情和社会提倡的尊老风尚,促使她们把赡养远亲长辈作为小辈应尽的义务,尽管其中有的人就业不久,收入较低。这表明在较现代化的城市里,由家族中的人来供养无子女或失去子女的年长者这种农业社会的传统在某种程度上依然存在。

此外,有些老人还得到已移居国外的子女的资助,一部分中国人在西方社会中生活,仍然保持着在经济上供养老人这一中国的传统观念。

经济供养的另一方面,是老人患病治疗和医药费用。退休老人有公费或劳保医疗;非退休老人有两种情况,一种是可享受配偶或子女的半劳保医疗,即一半费用由配偶或子女所在单位担负,一半自费,另一种全部自费。这两种自费又怎样解决?如果老人和子女和睦相处,费用不大,常由同住子女承担,费用较大,则在子女间分摊。现在这一代的老人大多有几个子女,绝大多数能得到一个子女的半劳保医疗。绝大部分人的治疗医药费用从过去由家庭本身来解决现在转为由社会承担,这是家庭赡养的另一重要变化,改变了老人患病时无钱不医或缺钱少医、影响寿命的状况。

三

日常生活照料是家庭赡养老人的另一方面。

随着这几年拨"乱"反正,人们正确认识了家庭在人类生活中的应有作用,而人均收入的提高,增强了家庭的生活功能。老人晚年主要生活在家庭中,日常生活需要子女照料。首先对360个老人所在的273个家庭子女承担日常打扫、买菜、洗衣、做饭、购物、重体力活6项家务进行了解,结果如表2所示。

表2 各年龄组老人受到子女生活照料项次和人数分布

年龄组	0项	1项	2项	3项	4项	5项	6项
90—							3人
85—89					1人	2人	4人
80—84		1人	2人	3人	5人	6人	8人
75—79		5人	5人	6人	7人	12人	9人
70—74	2人	8人	6人	5人	16人	22人	8人
65—69	8人	6人	15人	21人	23人	17人	6人
60—64	14人	10人	30人	31人	24人	11人	3人
小 计	24	25	58	68	76	70	41

注:单独居住的70位老人不计入。

表 2 所列数字反映下列特点:

70 岁以下低龄老人中,受到子女不同项次照料的人数分布是"两头小,中间大",呈正态分布,即受到照料少的和多的老人,数量都少,受到 2、3、4 项照料的较多。如 60—64 岁年龄组,集中在 2、3、4 项,1、5、6 项都较少。65—69 岁年龄组呈偏正态分布,偏向以 3、4 项为最多。

在 70—74 岁、75—79 岁、80—84 岁各年龄组,分别以 4 和 5 项、5 和 6 项、5 和 6 项为多数。全部数字在总体上呈现出老人随年龄增高,受到子女生活照料项次也增多。

"0 项"类下有 24 人,即他们没有得到子女照料。这些家庭一类是老人刚进入老年比较健康,他们常常对家庭抱有壮年时呕心沥血抚养子女、年老时尽心竭力为儿孙的传统责任感。另一类是子女和老人经济分别自理的家庭,两代人之间关系恶化,小辈不照料老人生活。这个地区有较好的社会风气和舆论,还没有发现明显遗弃老人的子女,但在这类经济分理的直系家庭里,有的收入较多的子女用经济分理的办法切断了和老人经济联系,自己的吃、穿、用的水平显著高于父母,受到冷落的老人对子女失望,往往产生分开独住、自理生活的愿望。已单独居住的 70 人中少数人即出于此因。

独住老人的生活缺少家人的照料,有的住在附近的子女每天来照料,有的几天来一次。一部分老人能自理生活,一部分有困难的、有经济条件者让计时收费的保姆来做,缺乏条件者,求助孤老包护组。这是由孤老周围的两三个热心邻居组成的义务性小组,以解决日常生活中的困难,如陪伴治病、清理卫生、购米买煤等。老人和包护者往往建立起亲密感情,弥补了老人没有家人照料的寂寞和痛苦,这种方式,在上海普遍推广,已建立包护组 3 050 余个,包护孤老 3 200 余人。

老人患病时的治疗护理亦应重视。一般病患大多是由同住子女媳婿照顾,不同住子女闻讯看望。短期的严重疾病,几个子女轮流护理或请护工(有简单医卫知识,以护理病人为职业的中年妇女)照料,这些大多在家庭和亲属的范围内能解决。困难的是患病疾顽症的高龄老人需要长期、费时的护理,俗话"久病床前无孝子"也反映了问题所在。但现在子女普遍就业确实也不可能长时期地花费精力护理病人。近几年,创设"家庭病床",地区医院把病患老人卧床看成设在家庭里的病床,医生定期上门诊疗、送药。部分地缓解了老人"看病难"和"护理难"的矛盾。设想能否在老年人较多的地区设立护理患病、高龄羸弱老人的中心,白天照管老人,傍晚由子领回。这种方式对于老人、子女、社会都是能接受的。在目前上海老人已增长到 148 万,平均寿命达 73 岁的形势下,老人护理能不能从家庭向社会转移是一个亟待解决的问题。

四

老人物质生活有保障,有较多的空闲时间,希望过得有意义、有事干。现今老人有什么精神生活要求?作为子女,怎样理解和满足老年父母的这些需求?这就是本文尝试提出精神方面赡养的主要含义。

从这一地区老人反映的要求看,共同的精神需求是希望健康、幸福,能沟通和子女的感情,期望孙子孙女健康成长,这些是基于生理、血缘因素产生的自然愿望。而又因老人文化程度、价值观、志趣不同,而有不同的精神需要,一般都希望子女尊敬他(她)、尊重他们对家庭生活的安排意见,期望子女体贴,了解自己情绪和需要。较高层次的老人希望过一种轻松而丰富的晚年生活,自己的兴趣爱好和社会交往得到满足。有专业知识和技术特长的老人精神上不服老,尽量发挥余热。这些老人毫无例外地都期望自己的精神要求能得到子女理解和帮助。

子女是否理解老人的这些需求?又怎样满足呢?有以下三种情况:

一类是不去理解和不理解父母的精神需求,他们有的未婚或婚后不久,忙于自己的事情,以为生活上能兼顾老人已不错了,没有考虑到老人还有精神需求。

另一类是虽然有所理解了,但只有老人有所表示才去做;老人不表示,便不主动。这类子女肯尽力但不尽心。

还有一类比较理解父母的子女,能体察老人情绪,常在饭后睡前和老人谈心,大至国家大事,社会动态,小至亲朋好友,油盐酱醋,老人从中知道了形势和子女情况。子女了解老人情绪、需要:凡合理的,尽力满足;不合理、难办到的,也讲清道理。有的支持和创造条件让老人找到适合自己特点的寄托精神方式。

曾就3个项目征询了106个直系家庭中的子女,这些项目在经济上虽然要花钱,却反映子女对老人精神需求的关心,结果如表3所示。

表3 就3个项目征询106个直系家庭中子女

逢老人生日、过春节赠与老人吃、穿、用品者	77人	占73%
平时安排老人看戏曲、电影娱乐者	28人	占26%
赠给老人滋补营养品者	22人	占21%

第一项是老人对传统节日,特别在自己生日时小辈有无表示这事非常敏感,常把它看作晚年有否"福气",此项百分比较高。第二项百分比较低,原因可能是这地区一半以上家庭有电视机和有的老人无这方面爱好,实际上也不很低。第三项是子女对老人健康的积极关心,也很低。

子女对老人精神需要能积极关心的不多,这涉及现今家庭的一个普遍性问题——代际间的关系。上海大学社会学系曾对虹口区某街道的家庭代际关系作调查,结论是两代和睦融洽的占41%,一般的和不和睦的各占29.5%,他们认为,因子女道德水平低而和老人关系不睦者并不多,大量的是小辈和老人在思想、文化、心理方面存在差异而产生不协调。当然,如果代际关系不协调,小辈当然不会积极地去关心老人精神需求。

精神赡养问题,实际生活中和理论研究上,都没有得到重视,这和我国社会长期以来经济发展迟缓、文化水平普遍较低有关,人们首先要求物质生活的温饱,无力顾及精神需要。随着"四化建设",近几年群众生活水平确有提高,老人晚年基本生活有保障,精神需要就日渐增长了。从东方社会的特点看,改善物质生活,注重精神生活,将成为我国不同于某些西方国家的、衡量老人晚年幸福与否的重要指标。

五

对这一地区家庭赡老现状的剖析,看到在各个家庭中,存在不同程度赡养老人的活动。以家为单位,由子女供养老人一切的传统模式正发生着变化。需要分析的是:这些正在发生的变化,哪些是有意义的,即蕴涵着普遍的发展倾向的,什么因素制约着这一些变化。

第一,经济因素变化改变了传统供养老人方式。经济上,这地区目前已有一半多老人由社会供养(在市区 94 万老人中有 73 万余,近 78%),"不劳动者不得食"使城市劳动人口普遍就业,较高的就业率带来了老龄人口中享受退休金比率增高,即社会供养的老人比率增高。这是传统养老方式中的根本变动,它加强了老人对社会的依存,削弱了对血亲子女的依靠。传统的"养儿防老"观念对这些老人是淡薄了,家庭的经济供养职能日益减弱。这几年兴起的个体劳动者和独资或合资企业中的劳动者,不能享受退休金制度,如果没有相应制度,他们进入老龄是靠个人积蓄和家庭供养生活。

第二,家庭人口结构构变动限制了赡养职能。社会发展带来了城市家庭规模小型化,虽然现今老人大都不止一个子女,但由于城市住房拥挤、现代社会的职业需要和人口流动性大等因素,大多数家庭中老人只可能和一个已婚子女同住(该地区和两个已婚子女同住的直系联合家庭 5 户,仅占 0.77%),而没有与子女同住的老人家庭却有 48 户(占 7.3%),并趋向增加,子女和父母不住同一处,赡养活动当然受到限制。

另一方面,子女婚后希望和老人分住的愿望在增长,在传统模式的家庭里,家庭成员关系的主轴是亲子关系,在现代家庭里,主轴正转为夫妻关系,和父母的纽带松弛了。据对 192 户家庭的已婚子女询问,在数种居住方式中选择分居者占 50%,愿和父母(或公婆、岳父母)同住的占 37%。老人方面多数不希望分住,部分子女理解老人愿望,提出"分开住,大家方便,住近些,互有照顾"的办法。这里"住近些"指同一街区或同一里弄、同一幢楼。这个办法,如能办到,确实在改变了家庭人口结构之后,仍然发挥了家庭赡养职能。

第三,亲属制度和财产继承的变化与家庭养老。我国传统社会里家庭养老是与父子关系为主干的亲属制度和家产继承制密切相关的,这两者都以男子为嗣系承袭,子女随父姓、家产按父—子—孙子的血缘系统继承,由此产生了子娶女嫁,子、媳供养父母的模式。近百年来,上海城市的亲属制度和财产继承已发生很多变化。大多家庭的父母对女和子同等看待,嫁出的女儿和娘家常来常往,娘家有事,女儿是不可缺少的角色。近年来,部分老人有"儿子像滑雪衫,女儿像棉毛衫"的议论,感叹女儿比儿子体贴暖心。儿子婚娶在外,女儿婚嫁在家在几十年前是极个别的,这些年多了起来。为了说明问题,剖析 135 个子女双全的老人现在居住情况,如表 4 所示:

表 4　135 户直系家庭的亲子关系

老人和已婚子女同住	103 户
和子、媳同住	66 户
和女、婿同住	19 户
其中:(1) 有数个年长子女成婚在外,该女最小成婚在家	8 户
(2) 长女成婚在家,年幼弟妹成婚在外	2 户
(3) 数个子女中,该女和老人关系最密切	5 户
(4) 有儿子因患病未婚,女儿婚嫁在家	2 户
(5) 有儿子在外地成婚,女儿婚嫁在家	2 户
和子、媳、女、婿两对小辈夫妻同住	5 户
和孙子(女)同住	13 户
老人和未婚子女同住	32 户
已有子女成婚在外,和两个未婚的子、女同住	21 户
已有子女成婚在外,和未婚儿子同住	3 户
已有子女成婚在外,和未婚女儿同住	8 户

　　表中有将近 1/5(19 户)是老人和女、婿同住,如这个比率带有普遍性,可以推知这种已打破了传统父子承袭关系的亲属制度的家庭有一定数量。这 19 户有(1)—(5)五类情况,除(4)、(5)两类是儿子不能在家照顾老人而由女儿替代外,其他三类中都可能有父母选择女儿婚嫁在家的意愿。虽然缺乏历史资料分析这 19 户已婚女儿和老人同住的具体过程,但按上海市民通常所议论的,女儿体贴父母、女婿豁达大度随和,无疑是母女翁婿关系比公婆儿媳关系易于和睦的重要原因。当然,这种改变了传统男子嗣系关系的家庭仍保持着赡养老人职能。

　　家产继承也发生了变化。首先是继承内容。旧时代的田地、企业、房产等大宗生产资料继承已不存在,现在所继承的,主要是死者的生活资料、储蓄和私房,近年才出现了个体户拥有一定生产资料和资金的情况。其次是继承者的变化,子女成年后普遍就业,生活来源主要是本人劳动收入。纵然上海有较多原工商业者,留下一定遗产,大部分子女依然以劳动收入为主。这两种变化削弱了成年子女对父母的经济依赖,淡化了子女对双亲的血缘附从,是社会的进步。城市里,那种传统的子女成家,父母健在时要分家产的做法是极少见的,子女结婚成家费用,是以往的工资积累,经济条件好的父母会有部分资助。一般情况下,在父母去世之后,子女才能分遗产,而同住的子女如较多地尽了赡养老人的职责,多得些遗产也是公认的。现行婚姻法和继承法保障家庭中老人的人身、财产、生活、婚姻权益,不少条文敦促子女首先要尽赡养义务,之后才有继承遗产的权利等,这些准则促进了子女对老人赡养,保障老人晚年生活,各有关家庭的法律巩固了家庭赡养职能。

随着我国社会向现代化发展,毫无疑问,家庭也从传统类型趋向现代类型。张家弄地区的现状表明:那种传统的局限在家庭范围内由子女供养父母一切的赡养方式,只存在于极少几个家庭里,绝大多数家庭的赡养各方面正发生变化,受到变革中的社会诸多因素影响,家庭养老出现了多样化:相当部分老人经济上依靠国家,日常生活依靠家庭,一小部分老人的经济和日常生活都依靠家庭,一部分老人已经或者愿意和子女分住,经济和日常生活自理,并从社会得到部分帮助,少数老人愿进入社会养老机构,社会孤老有国家负担经济和社会给予生活帮助。随着物质生活有保障,老人的精神需要在增长,这种由家庭、社会、国家各方尽责的养老方式日渐形成,尽管某些方面还存在问题,本质上是和我国历史传统、当前国力、群众需要相适应的。

(原文载于刘英、薛素珍主编:《中国婚姻家庭研究》,社会科学文献出版社1987年版,与陶冶合作)

离婚问题今析

薛素珍

家庭是社会的细胞,而婚姻又是组成家庭的前提。因此,正确处理我国的婚姻家庭问题,直接关系到千家万户的每个人的切身利益,关系到社会的安定团结。

早在1950年,我国就颁布了婚姻法,废除了包办婚姻,实行婚姻自主、男女平等,使夫妻关系建立在共同理想、共同事业的基础上。1980年婚姻法又作了修订,公布了新婚姻法,进一步明确社会主义的婚姻必须以感情为基础。实施后,社会上引起各种各样的议论。现就我们所调查的上海市徐汇区1977—1981年的离婚情况,作出如下分析。

一

徐汇区共有住户48万户。居民中大部分为劳动人民和一般职工,但这里也是上海高级干部、高级知识分子、大工商业者集中居住的地区之一。该区自1977—1981的5年中,共受理离婚案件2 231件,其中经法院判决和民政局协议离婚的有961件,为受理总数的43.1%,其余大部分经法院、民政局调解后和好撤销了诉讼,也有少数案件中止或正在处理中。单纯从每年受理数及最后批准离婚数情况来看,是逐年增加的。如以1977年、1979年、1981年的3年为例:1977年受理数226件,离婚数156件;1979年受理数409件,离婚数163件;1981年(实行新婚姻法后)受理数762件,离婚数286件。但和结婚数联系起来看,离婚率(每年离婚夫妻对数与结婚夫妻之比)是逐年下降的:1977年为5.13%,1979年为2.99%,1981年为2.32%,5年中平均离婚率为2.96%。

为了进一步说明问题,我们从961件离婚案中随意抽出633件(占离婚总数的65.9%;每年抽样数均在54%以上)为样本,作进一步调查。其中1981年的抽样数为181件,占这年离婚数的63.3%。我们按每对夫妻离婚的主要原因进行分类,并根据其原因在总数中所占的百分比统计如下:

由于一方或双方生活作风有问题的占35.4%,双分性格不合的占16.6%,经济纠纷的占8.8%,一方生理缺陷或性生活不协调的占6.6%,一方或双方有精神病、慢性病、低能的占5.5%,结婚动机不纯的占5.0%,父母干涉、亲属关系影响或子女反对重婚的占3.9%,男方赌博的占

3.9%,一方或双方怀疑对方有生活作风问题的占 2.8%,一方犯罪或犯严重错误的占 2.8%,男方虐待女方的占 1.1%,重婚的占 1.1%,长期分居两地的占 0.5%,近亲结婚的占 0.5%,其他的占 5.5%。

从上述统计,我们看出,大量的离婚案由于一方或双方生活作风不好、双方性格不合、经济纠纷及一方有生理缺陷或性生活不协调等原因引起的(以上四类原因占总数的 67.4%),还有不少人把结婚作为达到自己某种目的的手段,婚后达到目的或达不到目的就分道扬镳,各奔前程;有的有不良嗜好,赌博、喝酒而置妻子子女于不顾,或夫权思想严重,虐待女方等。这些案例的当事者由于经常争吵,视对方为冤家对头,闹得四邻不安,单位不宁,调解无效,感情破裂。也有相当数量的当事人是多次提出离婚而经多次调解的。如一对无子女的夫妻分居已 7 年,女方曾两次以性格不合提出离婚未经批准,1980 年双方进养老院后,矛盾仍然不可调和,女方在新婚姻法颁布后,再次提出离婚后予以获准。1981 年 181 对离婚案中有 57 对夫妻多年分居(分居 5 年以上的 21 对,其中长达 20—27 年的 3 对)。至于有些因一方患精神病、一方犯罪、长期两地分居引起感情恶化等婚姻关系,也很难有挽回的可能,而维持这样的婚姻对双方来讲也只有痛苦。因此,我国新婚姻法把"感情确已破裂"作为判决离婚的依据是正确的。正如马克思所说:"离婚仅仅是对下面这一事实的确定:某一婚姻已经死亡,它的存在是一种外表和骗局。不用说,既不是立法者的任性,也不是私人的任性,而每一次都是事物的本质来决定婚姻是否已经死亡,因为大家知道,死亡这一事实的确定取决于事物的本质,而不取决于当事人的愿望。"(《马恩全集》第 1 卷,第 184 页)。是否准予这些夫妻离婚,只能根据婚姻是否死亡的实际情况来作出决断。既然感情确已破裂,那就会使离婚无论对于双方或对于社会都成为幸事。至于近亲及重婚婚姻的解除更属理所当然。

二

我们又对 1981 年抽样的 181 对离婚案中由于第三者的插入而导致离婚的情况作了分析。其中以有第三者插入导致离婚的共 64 起,比 1980 年增加 39.1%,为 1979 年的 3.16 倍,从绝对数看,增加是很多的。为了更清楚地说明问题,我们以 1980 年 9 月新婚姻法颁布之时为界,对有第三者插入的时间作了统计。结果表明其中 78.1%(50 起)是在新婚姻法公布之前就已有的,而不是在这之后。从这里可以说明,在徐汇区,至少在目前,把第三者插足破坏婚姻关系的情况增加同新婚姻法的公布与实施联系起来,把前者看成是新婚姻法实施的"恶果",这种看法是站不住脚的。

当然,我们并不否认,个别道德败坏者为了达到自己的私欲,不顾他人幸福,故意制造矛盾使夫妻感情破裂。在徐汇区 1981 年的离婚案中也出现了这个苗头,但毕竟是很个别的现象。这并不是新婚姻法的实施所造成的,而是一些人曲解了"感情确已破裂"这条离婚理由而采取的恶劣手段,这不仅是个人的婚姻道德败坏,同时也与社会风气有密切联系。正因为这样,我们社会必须跟这些道德败坏者作斗争,给他们以必要的道义上的谴责,直至法律制裁。同时也要不断地宣传社会主义社会的婚姻道德,改造社会上的不良风气。

对于新婚姻法规定的"婚姻自由",我们必须全面正确地加以理解。结婚自由和离婚自由是婚姻自由的两个侧面,离婚自由是结婚自由的必要补充,实行离婚自由,才能使感情确已破裂不堪同居的夫妻解除痛苦的婚姻关系,重新建立幸福的家庭。从这个意义上来说,离婚并不是坏事。但离婚终究是不得已的,列宁说过:"两个人参加爱情生活,社会上出现第三个生命,这里包含着社会利益,产生了对集体的义务。"这就是说,离婚不仅影响男女双方,而且涉及对家庭中老人和子女的责任与义务。我们抽样调查的 633 对离婚夫妻,他们的未成年子女共有 402 人。对这些子女来说,父母离婚的影响仅次于父母死亡,在某种情况下,甚至比父母死亡更痛苦,危害性也更大。因此,我们应把离婚自由同尊重社会公德、遵守国家法律统一起来理解,慎重对待和处理离婚问题,当事人在处理自己婚姻问题时,必须受法律和道德的约束,执法机关在受理离婚案件时,应尽量调解,防止给有些家庭带来可以避免的不幸。总之,我们提倡婚姻自由,但同时也反对草率的结婚和轻率的离婚。所以由"离婚自由"而把新婚姻法看成"离婚法",及由"离婚自由"而认为可以视离婚为儿戏,都是错误的。

三

我们在对 633 起离婚案件中围绕离婚原因所集中反映出来的问题又作了探索和分析。我们注意到以下两点:

其一,离婚者的年龄,大都在 35—40 岁,而且年龄小的占离婚者总数的比例还有上升的趋势。1979 年 30 岁以下的离婚者为 27 人,占该年抽样总人数的 15.7%,1981 年 30 岁以下的为 103 人,占该年抽样总人数的 28.5%。

其二,自结婚到批准离婚的时间大都不长,5 年总计,结婚不到 6 个月就离婚的占抽样所得离婚夫妻总数的 3.9%,6 个月到 1 年的占 7.9%,1—5 年的占 28.4%,5—10 年的占 22.9%。这四者相加,登记后不满 10 年即离婚的占总数的 78.4%。若从 1981 年看,这段时间还有缩短的趋势,这年结婚不到 5 年就离婚的夫妻共 90 对,占该年抽样总数的 49.7%;而 1977—1981 的 5 年总计,结婚 5 年以下就离婚的占抽样总数的比例是 40.2%。

从上面可以看出,婚姻基础差及婚后感情迅速恶化是这些离婚案件中反映出来的一个主要问题。而在一定条件下,婚前感情基础差又会导致婚后感情的迅速恶化。因此,对这个问题进行深入的分析是必要的。

首先,是婚姻的感情基础这一问题。这是从离婚原因中大量直接反映出来的第一个问题。因为"感情确已破裂,调解无效,应准予离婚"这一条是写进婚姻法的。所以,尽管婚姻不等于爱情,但婚姻基础上最重要的还是感情基础。这些离婚案件在这方面表现出来的问题大致可以分成以下几种情况:(1) 根本谈不上感情。双方或一方仅把婚姻当作达到自己某种目的的手段,如解决户口、工作、房子等问题，或是满足自己物质享受上的需求。有一个菜场的女营业员想要房子，一个工厂职工就谎称自己家是拆迁户，引她上钩，双方认识7天就登记结婚。登记后，女方发现男方的房子不属拆迁户，上当受骗了，即提出离婚。再婚夫妻离婚的原因中，这种情况更为突出。有一对再婚夫妻，女方是为了女儿找一个顶替对象而结婚，婚后不久，她的女儿参加招工考试被录取了，不需要对方顶替女儿继父的工作，女方就提出离婚。（2）误把一时的感情冲动当作爱情。这样的结合，大都是经人介绍认识后，相互了解不够，各人的志趣爱好、个性特点均未摸清楚，仅凭一时的爱悦就草率结婚，而婚后发现性格不合，志趣各异，屡为一些生活琐事争吵不休，无法共同生活，导致离婚。（3）受西方资产阶级所谓"性自由""性解放"的腐朽思想影响，婚前发生性关系，未登记即同居，未婚先孕的情况增加，这些人误把情欲当成爱情，有的双方认识只几个月甚至几天就发生两性关系。这也给一些道德败坏者以可乘之机，有些青年事后也后悔，意识到这不是爱情而只是生理冲动，虽明知没有共同生活的愿望，但已生米煮成熟饭，只能补办结婚登记手续。这种缺乏感情基础的婚姻在开始时就埋下了不幸的种子。在该区5年来抽样的633件案例中，有婚前发生两性关系、同居、未婚先孕这类情况的案件占总数13.9%，仅1981年就有35起，占该年的抽样总数的19.4%。其中未婚先孕就有25起。

如何正确理解爱情，打好婚前感情基础，重温恩格斯在《家庭、私有制和国家的起源》中一段关于现代性爱的论述也是很有意义的："现代的性爱……第一，它是以所爱者的互爱为前提……在这方面，妇女处于同男子平等的地位……；第二，性爱常常达到这样强烈和持久的程度，如果不能结合和彼此分离，对双方来说即使不是一个最大的不幸，也是一个大不幸……"恩格斯在这里强调的是男女的平等、互爱和感情的强烈持久。当然，只有有了共同的理想和志趣，才能做到上述两点。这就是我们社会主义社会中应有的爱情观。显然上述这些婚姻之所以一开始就在感情基础上出了问题，就是因为不了解什么是真正的爱情，或者根本就没有爱情。就拿个性差异为例，可以说所有婚姻中都有这一因素。因为任何夫妻都不可能做到性格爱好全部投合一致。但只要双方真诚相爱，感情深厚，互相尊重和体谅，个性差异是可以互相调和的。只有感情基础不好或婚后感情发生了变化的夫妻，个性差异才可能给婚姻带来不幸。正由于如此，我们还必须注意感情的可能变化，要重视婚后感情的培养。因为感情的强烈和持久是需要双方不断作出努力才能保持的。我们在调查中，发现有些夫妻结婚时感情很好，但由于不注意增进婚后感情，导致了裂痕，再加上其他原因，终于婚姻基础全部瓦解。

其次，从另一方面说，因为婚后感情是可以变化的，我们认为对于一些感情基础不是最好的夫妻，只要双方都重视婚姻道德，那么就有可能"先结婚后恋爱"，最后成为美满婚姻，所以在一定条件下，社会主义的婚姻道德对婚姻基础的不足可以起到一定的补救作用。有时，这种作用还是很大的。我们这里讲的婚姻道德，主要是指婚姻关系上的行为准则，包括择偶时的严肃、真诚，结婚后夫妻相互尊重和体谅，感情专一，以诚相见，以及对家庭婚姻的社会责任感等。从这5年离婚抽样情况看，第三者插入是婚姻道德中一个突出问题，共156件，占抽样总数的24.6%，其中男方有第三者为51件，女方有第三者为96件，双方均有第三者为9件。从1980年、1981年两年抽样情况分析,纯属喜新厌旧、见异思迁的达68.2%,伴随其他原因,如性格不合、性生活不协调、两地分居、一方有病、一方犯罪或犯严重错误等因素的为31.8%,有的道德败坏者,有了外遇不以为耻,反而曲解新婚姻法中"感情确已破裂"并以此为由,为自己提出离婚和乱搞两性关系辩护。他们无视婚姻是一种社会行为,婚姻一旦缔结,不仅夫妻双方互有责任与义务,而且对社会也有责任与义务。这中间感情专一是很重要的一个方面。它制约着双方和其他异性的关系。婚姻还会产生下一代,所以婚姻的美满与否还会由此给社会造成影响。因此任何一方见异思迁,把自己的幸福建筑在别人的痛苦之上,都是不符合我们社会主义社会的婚姻道德的。即使由于一方生理原因而产生另一方的外遇问题,那么在没有正式办理离婚手续之前,这样做仍是不道德的,因为这是无视对方在婚姻关系上的权利和自己对另一方的义务。值得注意的是这两年有第三者插入的离婚案件增加。仅1980年、1981年两年就有110件,占这两年离婚总数抽样340件的32.4%。它在一定程度上反映了婚姻道德观念上出现的变化。而对感情纽带脆弱的婚姻来说,第三者的插入无疑是促成离婚的催化剂,结果很难挽回。

从这些离婚案件看,婚姻道德上的另一个突出的问题表现在夫妻关系上不是相互尊重、体谅,而是一有争吵,开口就骂、动手就打,有个工人打妻子把皮带都打断了。还有极个别的人甚至不尊重对方起码的人格。有一案例,男方为某厂工人,在女方还在技校读书时诱惑了她,使女方未婚先孕,只得结婚,婚后由于性格不合,经常争吵。男方且不顾女方是否有要求,强行过夫妻性生活,女方不堪忍受,只能离婚。从抽样的案件看,男方虐待女方导致离婚的有8起,情节都很恶劣。至于打骂这类情况就无法统计了。

最后,婚姻是社会行为。婚姻关系是一种特殊的社会关系,它受到各种社因素的影响。从上述这些离婚夫妻看,如父母干涉子女婚姻,父母再婚子女反对,一方犯错误或犯罪,长期两地分居,男方赌博等都与社会因素有关。这些因素对夫妻感情的影响也是不能低估的。我们将这些因素择其要者归类,分成以下几种:(1)家庭和亲属因素;(2)有关部门工作中失误造成的因素;(3)社会风气的因素。第一类情况中,突出的是干涉婚姻自由的问题。其中一种是父母长辈干涉儿女婚姻,如因婆媳关系引起夫妻不和,感情破裂等;另一种是再婚夫妻离婚,除了本人婚姻动机不纯外,更重要的原因是子女干涉。由于现阶段我国物质生活条件的限制,争房子、争财产的继承权是子女干涉的主要原因。也有子女因受旧传统观念的影响,无视父母幸福,坚决反对父母再婚的。从第二类情况看,有的部门在制订具体政策和办法的时候"只从自己的实用、方便出发"不注意从全局来全面衡量它的社会效果。结婚证原来是庄严的法律证书,但有些人现在却把结婚证变成了"房屋申请证""购物卡",有的青年为了早日分到房子或买到家具,感情还未成熟就提前登记,这种草率婚姻的结局自然是可以想象得到的。由于办了结婚登记手续,离婚还必须经过法律程序,这对女青年再婚是不利的。有一对青年在登记后未组织家庭也未同居时,女方就由于对家具不满足而与男方吵架离婚。可是当她第二次找到对象准备结婚时,对方发现她是离过婚的人,就与她一刀两断,这个女青年一气之下,服毒自杀。第三类情况包含面较广,与资产阶级腐朽的意识形态、淫靡的风气影响都有关系。近两年值得注意的另一个不良风气,是由于社会上赌博风气未能根除,赌博也成了离婚原因。

综合离婚问题的分析,可见,离婚不是一个孤立的社会现象,除了婚姻关系本身的问题,还有其他的社会原因,所以要使更多的婚姻成为美满婚姻,我们就必须从全社会角度来考虑,给予综合治理。由于婚姻受到社会生产水平、生活水平和人们的道德水平的制约,建设社会主义的精神文明和物质文明,提高全民族的文化和道德水平,加强法制观念,和资产阶级的腐朽思想作斗争,保证缔结婚姻所必需的物质条件,做到列宁在 1915 年给印涅萨的信中提出的"使婚姻摆脱物质上的打算和操心"就成为综合治理中首先应解决的问题。其次,从这些离婚案件中,还使我们感到对青年进行婚前教育的必要性,婚前教育要以让青年正确理解婚姻法的精神,帮助他们树立正确的人生观,使将结婚的双方懂得把婚姻建筑在感情基础上的重要性,了解夫妻相处的原则,重视婚后继续增进双方感情,自觉用社会主义的通姻道德约束自己的行为,加强婚姻关系的社会责任感。最后还应提出的,是对那些婚姻问题上的道德败坏者、触犯刑律的应给予必要的法律制裁;够不上犯罪的也要给以一定的行政处分。为了伸张正义,还要充分发挥舆论的作用,使这些道德败坏者受到社会舆论的谴责。总之,只要社会各个有关部门密切配合,我们一定可以把不幸的婚姻数量降到最低限度,使我们的国家出现更多幸福美满的家庭。

(原文载于《社会科学》1982 年 5 期,与王友竹、王莉娟、杨善华、徐安琪合作)

老年残疾人社会保障问题研究

吴书松

社会保障是国家和社会依照一定的法律规范,通过对国民收入进行再分配,对社会成员的基本需求提供保障的一种安全制度,也是国家重要的社会政策和政府重要的社会职能。我国《宪法》规定:"中华人民共和国公民在年老、疾病或者丧失劳动能力的情况下,有从国家和社会获得物质帮助的权利。国家发展为公民享受这些权利所需的社会保险、社会救济和医疗卫生事业";"国家和社会帮助安排盲、聋、哑和其他有残疾的公民的劳动、生活和教育。"发展社会保障一直是党和政府重要的社会政策,也是社会主义的基本内容之一。但由于种种原因,我国社会保障体系还不够健全,特别是残疾人的社会保障制度还有待进一步完善。由于残疾人在心理、生理、人体结构上,某种组织、功能丧失或者不正常,全部或者部分丧失以正常从事某种活动能力。尤其是老年残疾人,需要国家采取辅助方法和扶助措施,给予特别扶助,减轻或者消除残疾影响和外界障碍,保障其基本生活和权利。为此,国家在第二次全国残疾人抽样调查中,将残疾人的社会保障问题列于其中,现根据抽样调查的有关资料,对老年残疾人的社会保障问题进行分析研究(凡未注明出处的有关老年残疾人的数据均根据上海市第二次全国残疾人抽样调查统计结果推算而来,以下称为"调查资料")。

一、上海市老年残疾人的现状与发展趋势

(一) 上海60岁及以上残疾人人数及比例

根据2006年6月4日上海市残疾人抽样调查结果推算总体,全市六类60岁以上残疾人约为60.01万人,占残疾人总人数的63.71%(65岁及以上的人口为54.93万,占58.31%)。其中男25.65万人,占42.75%;女34.36万人,占57.25%(见表1)。

表1 上海市60岁及以上不同年龄、性别的残疾人人口

年龄(岁)	合计(万人)	男(万人)	女(万人)	性别比 女性=100
60—64	5.07	2.37	2.70	88
65—69	5.96	2.92	3.04	96

续 表

年龄（岁）	合计（万人）	男（万人）	女（万人）	性别比 女性＝100
70—74	13.28	5.93	7.35	81
75—79	14.53	6.22	8.31	75
80—84	12.18	5.10	7.08	72
＞85	8.99	3.11	5.88	53
合 计	60.01	25.65	34.36	75

各类残疾人的比重分别是：视力残疾10.94万人，占18.23%；听力残疾22.72万人，占37.86%；言语残疾0.58万人，占0.96%；肢体残疾15.37万人，占25.61%；智力残疾1.11万人，占1.85%；精神残疾2.33万人，占3.89%；多重残疾6.96万人，占11.6%。听力残疾人最多，言语残疾人最少（见表2）。

表2　上海市60岁及以上各类残疾人比重表

类　　别	残疾人数（万人）	占残疾人比重（%）
视力残疾人	10.94	18.23
听力残疾人	22.72	37.86
言语残疾人	0.58	0.96
肢体残疾人	15.37	25.61
智力残疾人	1.11	1.85
精神残疾人	2.33	3.89
多种残疾人	6.96	11.60
合　　计	60.01	100

（二）老年残疾人的社会特征

1. 老年残疾人口女性多于男性

男女性别比是75∶100，年龄越高，女性比例越大。不同年龄段男性与女性的性别比是：60—64岁为88∶100；65—69岁为96∶100；70—74岁为81∶100；75—79岁为75∶100；80—84岁为72∶100；85岁及以上为53∶1 000。

2. 老年残疾人受教育程度较低

不识字的占23.11%，未上过学占0.83%，小学占28.38%，也就是说，老年残疾人有近1/4的人是文盲，一半以上是初中以下文化水平，大专专科以上仅占11.08%，在老年残疾人中，10个人只有1人受过高等教育。

3. 老年残疾人大多有婚姻和配偶供生活和情感的支持

70.26%的人是初婚有配偶,2.35%的人再婚有配偶,但未婚、离婚和丧偶的人占27.18%。对于身有残疾的老年人缺乏来自配偶的关怀和照顾,使得他们在生活上、生理上面临更多的问题,也使得他们更加需要国家、社会和家庭的关怀和照顾。

(三)老年残疾人发展趋势

1987年上海市残疾人抽样调查结果全体六类残疾人占全市总人口4%,其中65岁及以上残疾人占残疾人总人数的45.6%;2006年上海市残疾人抽样调查结果全体六类残疾人占全市总人口5.29%,其中65岁及以上残疾人占总人口的58.31%。以上两组数字表明,上海市残疾人的数量在不断地增加,老年残疾人的比例逐步提高,而残疾人数的增长又是与上海老年人口增长的趋势是一致的。自从提倡计划生育以来,人们对优生优育的意识有了很大的提高,残疾儿童的出生率、致残率明显减少,2006年残疾人抽样调查统计资料推算,全市残疾人口中,0—14岁的残疾人口仅1.37万,占1.46%。但老年人随年龄的增高,受伤致残的概率大大增加,据有关方面统计70%的残疾人是在65岁以上致残的。这种趋势已不可逆转,将会继续下去。上海人口正向着老龄化高速发展。随着上海市人口的老龄化和高龄化,老年残疾人也会相应增加,老年残疾人的社会保障问题更加突出(见表3)。

表3　上海市人口老龄化预测　　　　　　　　　　　　单位:%

年份	60岁及以上人口占全市总人口百分比	65岁及以上人口占全市总人口百分比
2007	20.63	15.07
2010	22.71	15.56
2015	28.43	18.72
2020	34.50	23.72
2025	37.91	29.44
2030	38.92	32.42
2035	39.11	32.76
2040	40.30	32.25

资料来源:上海社会科学院人口发展研究所、市老龄科研中心:《上海市未来人口发展趋势预测(2003—2040)》。

二、上海市老年残疾人社会保障状况

(一)老年残疾人社会保障的历史发展

社会保障是现代国家文明的标志,其基本内容是国家和社会对生活困难的社会成员给予物质和劳务性的帮助,以保证他们的基本生活。在我国虽然长期没有使用"社会保障"这一名称,但在中华人民共和国成立之初就以劳动保险为基础,开始建立社会保障制度了。1951年中央人民政府政务院公布实施的《中华人民共和国保险条例》(1953年修订后再公布),条例规定,企业职工享有集体劳动保险的权利,凡遇疾病、工伤、残疾、年老、死亡和生活等项,均按一定条件和标准,享受补助工资、医药费补助、退休金、抚恤金等待遇和其他福利。1985年中共十二届四中全会提出,把社会保障列入国民经济和社会发展第七个五年计划。此后,不仅社会保障这一术语被广泛使用,而且社会保障事业得到了很快发展,包括老年残疾人在内享受社会保障的人越来越多。

1991年5月15日施行的《中华人民共和国残疾人保障法》规定:"保障残疾人平等地、充分地参与社会生活,共享社会物质文化成果","国家采取辅助方法和扶助措施,对残疾人给予特别扶助,减轻或者消除残疾影响和外界障碍,保障残疾人权利的实现。"还对残疾人的救济与供养、残疾人参与社会保险、各项福利以及特殊照顾等方面作了明确规定。此后国务院和各部委又制定了许多维护残疾人权利的法律法规,用法律的形式确保残疾人特别是老年。残疾人享受社会保障的权利。

1993年党的十四届三中全会通过的《中共中央关于建立社会主义市场经济体制若干问题的决定》明确提出,要"建立多层次的社会保障体系","社会保障体系包括社会保险、社会救济、社会福利、优抚安置和社会互助、个人储蓄积累保障。提高社会互助,发展商业性编写业,作为社会保险的补充"。随着社会保障体系的建立和发展,社会保障的覆盖面不断扩大,社会成员享受社会保障的内容也越来越多。老年残疾人也得到了养老医疗保障,社会救济和社会福利等多种社会保障。

以下分别概述老年残疾人各种社会保障项目发展的历史过程。

1. 养老保障

按照《劳动保险条例》规定,企业退休退职的老年残疾人可享受退休待遇,1958年国务院颁布了《关于工人、职员退休处理暂行规定》,国家对企业、事业单位和机关人民团体的工人、职员实行统一养老保险制度。1994年上海市颁布了《上海市城镇职工养老办法》,1995年市政府又发布了《上海市城镇和私营企业职工养老办法》和《上海市城镇个体工商户及其帮工养老办法》,把城镇私营企业的职工、个体工商户及其帮工纳入了城镇职工养老保险之内。1996年上海市又发布了《上海市农村养老保险办法规定》,农村的劳动者在年老时按照养老保险费缴纳状况,享受基本养老保险。2003年上海市政府又发布了《上海市小城镇养老保险暂行办法》(又称"镇保")。国家通过立法,强制执行,不仅使普通的小城镇职工得到养老保险,同样也使退休退职的老年残疾人得到了养老保险。2006年上海市政府决定未参加养老保险的高龄老人(包括残疾人)可享受养老保障。

2. 医疗保障

按照《劳动保险条例》规定,老年残疾人如果是从企业退休退职的,仍可享受劳保医疗待遇,是企业职工直系亲属可享受半劳保医疗待遇。在国家机关事业单位和人民团体退休、退职的残疾老人仍可享受公费医疗待遇。2000年医疗改革后,凡退休退职的残疾老人均可享受医疗保险待遇。2007年上海市医疗保险局等单位经市政府批准,发布了《关于将本市城镇重残人员纳入基本医疗保障的试行意见》中规定,凡具有本市户籍,年满16周岁,持有《中华人民共和国残疾证》,并符合本市重残标准的无医疗保障人员纳入享受基本医疗保障待遇,门急诊医疗发生费用,由保障资金报销50%;住院医疗发生费用,由保障资金报销70%。在上海郊区农村,残疾老人始终可以享受合作医疗待遇。

3. 社会救济

1950年,中央人民政府内政部就把社会救济扶助贫困作为该部的一项任务,老年残疾人特别是残疾孤老,是重点救济对象。1953年,上海市制定了《上海市救济暂行办法》,无依无靠的残疾老人开始得到了定期救济。1993年6月1日,上海市在全国率先建立了城市居民最低生活保障制度,生活困难的残疾老人家庭得到了最低生活需求的资金和实物。1996年10月,上海市政府发布了《上海市社会救济办法》,将社会救济改为社会救助,是上海第一次以立法的形式,规定社会救助工作。从1956年开始,在上海郊区农村,无依无靠的残疾老人一直享受"五保",在吃、穿、住、医、葬方面得到生活照顾和物质帮助。

4. 社会福利

上海的老年残疾人享有养老、医疗、康复、文化等多种福利,最主要的有机构养老服务和居家养老服务。在机构养老服务方面:中华人民共和国成立之初,人民政府接管了旧有的养老机构,收养滞留于家庭养老体系之外的老人,老年残疾人是主要收养对象,故当时称养老机构为"老残院"。1984年市政府要求各区(县)、街道、乡(镇)新建一所福利院或敬老院。到20世纪90年代中期,上海区(县)、街道、乡(镇)已实现了这一目标,基本上将需要进入养老机构的老年残疾人纳入了机构养老服务体系。在居家养老服务方面:居家养老服务是从20世纪80年代的社区为老服务开始,当时主要解决就医、午餐等困难。从2000年起,上海开展了专业的居家养老服务,主要有日托、上门服务和志愿援助服务。到2005年年底,全市在19个区县都成立了居家养老服务(指导)中心,在233个街道(乡镇)建立了助老服务社,并建成了83家社区老年日间中心。一个以家庭为核心,以社区为依托,以老年人日间照料、生活护理、家政服务和精神慰藉为主要内容,以服务和社区日托为主要形式的居家养老服务网络和体系已全面形成,使居家的老年残疾人受到了良好的社会服务。

(二) 老年残疾人社会保障现状

2006年上海市残疾人抽样调查统计资料表明,目前老年残疾人享受社会保险、社会救助和社会福利等多种社会保障。

1. 老年残疾人参加社会保险情况

社会保险是以国家立法形式,对丧失或暂时丧失劳动能力以及失去工作机会的劳动者,按照权利与义务在劳动上对等的原则,实行确保其基本生活需要的一项社会保障制度。社会保险是保障制度中非常重要的组成部分,也是最基本的内容。老年残疾人在社会保险中主要享受的是养老保险和医疗保险。

(1) 养老保险。养老保险是国家和社会依据法律规定,为解决劳动者因年老丧失劳动力,退出劳动岗位后的基本生活而建立的一种社会保险制度。养老保险只有在年龄界限老人完全或基本退出社会劳动生活后才能发生作用。养老保险的目的是为老年人提供保障其基本生活需求的稳定可靠的生活来源。

上海老年残疾人参加养老保险的有 44.19 万人,占老年残疾人总数的 73.63%;其中视力残疾 7.81 万人,占视力残疾人总数 11.36%;听力残疾 17.30 万人,占听力残疾人总数 76.14%;言语残疾 0.46 万人,占其中 79.17%;肢体残疾 8.14 万人,占肢体残疾人总数 71.63%;智力残疾 0.67 万人,占智力残疾人总数 60.87%;精神残疾 1.81 万人,占精神残疾人总数 79.38%;多重残疾 5.12 万人,占多重残疾人总数 73.01%。各类老年残疾人参加养老保险的比例最高还不到 80%,最低只有 60%,扩大老年残疾人参加养老保险面势在必行。

(2) 老年残疾人参加医疗保险的情况。医疗保险是社会成员在患病受伤时,由社会提供必要的医疗服务和物质保障的一种社会保险制度。医疗保险根据立法规定,通过缴纳一定的保险费,把具有不同医疗需求群体的资金集中起来,为受保人提供医疗需要的资金。当受保人生病或受伤后,由国家或社会提供医疗服务或经济补偿。

调查资料显示,今上海老年残疾人参加医疗保险的有 50.35 万人,占老年残疾人总数的 83.9%。其中视力残疾 8.60 万人,占同类残疾人总数 78.63%;听力残疾 19.71 万人,占同类残疾人总数 86.74%;言语残疾 0.53 方人,占同类残疾人总数 91.67%;肢体残疾 12.98,占同类残疾人总数 84.48%;智力残疾 0.84 万人,占同类残疾人总数 76%;精神残疾 1.91 万人,占同类残疾人总数 81.44%;多种残疾 5.78 万人,占同类残疾人总数 83.04%。残疾人参加医疗保险比例略高于养老保险,但不平衡,最高的是言语残疾人,高达 90%以上,而智力残疾人参保的只有 76%,也就是说,有 1/4 的人还未参加医疗保险。生病是造成老年残疾人贫困的重要原因,解决老年残疾人参加医疗保险不仅需要,而且十分迫切。

2. 老年残疾人的社会救助

社会救助是在社会成员陷入生存危机或不能维持最低限度的生活水平时,由国家及各种社会组织,按照法定标准,向其提供满足最低生活需求的物质援助的一种社会保障制度。老年残疾人享受的社会救助主要有最低生活保障和社会救济。

(1) 最低生活保障。国务院颁布的《城市居民最低生活保障制度条例》规定,"对无生活来源,无劳动能力又无法定的赡养人、扶养人和抚养人的城市居民,批准其按照当地城市居民最低生活保障标准全额享受","对尚有一定收入的城市居民,批准其按照家庭人均收入低于当地城市居民最低生活保障标准的差额享受"。上海市《社会救助办法》规定,对生活水平低于生活保障标准的本市城乡居民提供必要的物质帮助。上海老年残疾人及家庭接受城市和农村最低生活保障的有 5.85 万人,占老年残疾人总数的 9.75%。其中视力残疾人 0.96 万人,占同类残疾人总数 8.81%;听力残疾人 1.71 方人,占同类残疾人总数 7.53%;言语残疾人,无;肢体残疾人 1.44 万人,占同类残疾人总数 9.4%;智力残疾人 0.97 万人,占同类残疾人总数 8.70%;精神残疾人

0.14万人,占同类残疾人总数6.20%;多重残疾人0.63万人,占同类残疾人总数9.00%。最低生活保障是我国社会保障制度的最后一道防线,它使那些从社会保险网中漏出的老年残疾人得到起码的生活保障,不至于陷入绝对贫困。

(2) 社会救济。获得最低生活保障的城乡居民仅仅得到购买日常生活必需品的救助金,为解决居民其他方面的困难,如医疗、住房、教育等。上海市还设立了各种社会救济项目,生活困难的老年残疾人还能享受到社会救济的保障。调查资料显示,上海老年残疾人领取上海救济的有4万人,占老年残疾人总数6.67%。其中视力残疾人1.11万人,占同类残疾人总数10%—13%;听力残疾人0.72万人,占同类残疾人总数3.18%;言语残疾人0.10万人,占同类残疾人总数16.67%;肢体残疾人0.67万人,占同类残疾人总数4.3%;智力残疾人0.72万人,占同类残疾人总数6.52%;精神残疾人0.29万人,占同类残疾人总数12.3%;多重残疾人0.39万人,占同类残疾人总数5.54%。社会救济对老年残疾人乃至他们所在的家庭生活起了非常重要的作用。

3. 老年残疾人的社会福利

我国社会福利主要是国家和社会组织对其社会成员因年老、疾病、生理或心理缺陷而丧失劳动力,出现生活困难时向其提供的服务和措施。老年残疾人由于受残疾的影响,他们在日常生活中有着常人难以想象的困难。为了帮助老年残疾人克服困难,提高其生活质量,上海市政府和社会组织为老年残疾人提供了多种服务和扶助的社会福利项目。调查资料表明:曾接受医疗服务与救助的老年残疾人38.59万人,占老年残疾人总数的64.30%;辅助器具13.03万人,占21.72%;康复训练与服务8.02万人,占13.37%;贫困残疾人救助与扶持3.35万人,占5.58%;法律援助与服务0.14万人,占0.24%;无障碍设施0.38万人,占7.55%;信息无障碍4.65万人,占0.64%;生活服务4.65万人,占7.75%;文化服务0.43万人,占0.72%;其他1.21万人,占2.01%。但老年残疾人对政府和社会组织提供的服务和扶助仍有较大的需求。调查资料表明:医疗服务与救助46.18万人,占老年残疾人总数的76.95%;辅助器具26.68万人,占44.46%;康复训练与服务15.73万人,占26.21%;贫困残疾人救助与扶持11.71万人,占19.51%;法律援助与服务0.55万人,占0.92%;无障碍设施5.18万人,占8.63%;信息无障碍0.34万人,占0.56%;生活服务13.39万人,占22.32%;文化服务0.85万人,占1.41%;其他0.99万人,占1.65%。

三、老年残疾人社会保障面临的困难和问题

(一) 老年残疾人生活水平较低

2004年上海市统计局调查对100户城市残疾人家庭日记账调查显示,残疾人家庭人均收入水平仅为健全人家庭的一半。消费以满足家庭基本生活需求为主,食品、医疗和居住刚性消费支出的比例明显高于健全人家庭。2005年上海市统计年鉴显示,2005年上海城市居民家庭人均收入已达1.864万元,农村居民家庭人均总收入已达9234元,但调查资料显示,城镇残疾人家庭人均收入仅为9895元,农村为4848元,仍只有健全人家庭收入的一半。而且2.05%的农村

残疾人家庭户年人均全部收入低于 683 元,10.25% 的农村残疾人户年人均收入在 684—944 元,其中大多数是老年残疾人户。上海有将近 10 万老年残疾人靠最低生活保障和社会救济生活。

(二) 老年残疾人社会保险面过窄

社会保险是老年残疾人生活保障最基本、最重要的部分,但目前老年人参加养老保险的人还不到 3/4,参加医疗保险的也只有 4/5。在养老和医疗保险之外的老年残疾人,只能靠家庭扶养和社会救助生活,大多数在贫困之中。老年残疾人身体弱,疾病多,需要经常就医吃药,即使有医疗保险的人,医疗开支也比较大,没有医疗保险的人,沉重的医疗费用压得他们和家庭喘不过气来。据有关街道和居委干部反映,有不少无医疗保险老年残疾人生了病都不去医院看病。

(三) 老年残疾人的社会福利服务与扶助、供求之间存在较大的差距

调查资料显示,老年残疾人曾接受、医疗服务与扶助、辅助器具、康复训练与服务和残疾人救助与扶持、生活服务的分别占全体老年残疾人的 64.3%、21.72%、13.37%、5.58%、7.75%,但是需求的分别是 76.95%、44.64%、26.21%、19.51%、22.32%。

由于社会福利设施的不足,多数老年残疾人还进不了养老院,享受不到无障碍设施和文化服务,大部分时间只能待在家里,难以参与社会生活。更为困难的是那些高位截瘫(肢)、偏瘫、智残、精神残疾的老人待在家里需要专人护理。家庭有这样一个残疾的老人,全家都会为他的生活、医疗、护理问题弄得焦头烂额,苦不堪言,迫切需要得到社会的帮助。

(四) 老年残疾人社会保障法律法规不健全

我国目前还没有一部老年残疾人社会保障的专门法律法规。老年残疾人的社会保障问题虽然在《中华人民共和国残疾人保障法》《老年人权益保障法》等多部法律中有规定,但这些法律法规都有自己特定的对象,如《残疾人保障法》的对象是全部残疾人,《老年人权益保障法》的对象是所有的老年人,老年残疾人只是其中的一部分,这就决定了这些法律法规不可能对老年残疾人的社会保障问题作出有针对性的全面规定。老年残疾人是弱势群体中最困难、问题最大、矛盾最突出的群体,他们有着特殊的困难和需求。由于老年社会保障法律法规的缺位,使得有关政府部门在制定政策上有了较大的随意性,在老年残疾人社会保障的措施上缺乏长远通盘考虑,往往只能就现时所发生的问题寻求短期应对之策,很难解决老年残疾人的特殊困难。

四、对策建议

在党和政府的高度重视下,经过多年努力,我国已经初步建成了老年残疾人的社会保障体系,但必须看到,这个体系在法制、保障内容等方面还存在不少缺陷,为了贯彻科学发展观,维护社会公正,协调社会各阶层利益,构建和谐社会,必须进一步完善老年残疾人社会保障体系。

(一) 建立和健全老年社会保障法制

社会保障是国家和社会根据法律法规对其成员进行保障的措施,社会保障发展的历史,就是法制不断完善的历史。例如德国这个现代社会保障制度起源的国家,社会保障法律法规进行运行管理和运营。社会保障法律一经通过,全社会必须遵照执行,要改变某一社会保障措施,也须经过立法。联邦德国还专门设立了社会法院和行政法院为司法机构。整个社会保障制度都置于法制之上,大大增强了社会保障的规范性,免受外界干预,不会出现社会保障政策发生大的变化和波动。目前我国老年社会保障还没有制定专门基本法律,这种状况必须改变。建议在调查和研究的基础上,根据老年残疾人的实际情况,制定《老年残疾人保障法》,用法律的形式把老年残疾人的保障权益确定下来。社会保障待遇的有关法律来自多个渠道,因此社会保障法律还必须制定具体规章,如《老年社会保障法施行细则》。老年残疾人情况复杂,有视力残疾、听力残疾、言语残疾、肢体残疾、智力残疾和精神残疾。各类残疾人的社会保障也应制定相应的保障条例,以保证他们应享受的保障权益。

(二) 进一步扩大老年残疾人的社会保险覆盖面

社会保险是老年残疾人社会保障最重要的内容,缺少社会保险的残疾人只能依靠家庭扶养和社会救济,过着仅能维持生命的最低生活。特别是没有医疗保险的老年残疾人更惨,一旦生病,不仅自己受罪,更连累家庭,使家庭陷入贫困之中。养老保险和医疗保险是保障老年残疾人基本生活的关键,建议建立老年残疾人社会保险基金,由国家财政支出和社会募集,残疾人无须负担。原则上老年残疾人都要参加养老保险和医疗保险,特别是医疗保险,不管什么情况,老年残疾人都应包括在内。老年残疾人丧偶率高,老年妇女平均寿命延长,丧偶比例大,建议制定遗嘱保险,保障老年妇女的基本生活。

(三) 健全老年残疾人救助体系

老年残疾人是弱势群体中的弱势人群,他们存在特殊的困难,需要他人和社会的帮助,国家和社会应当不推卸地去承担这种责任和义务。老年残疾人只要他还活着,说明他们生命的力量,即使他们不能做任何事,国家和社会应赋予他生命的意义,应该让他们分享社会进步的成果。建议在最低生活保障和社会救济标准的基础上建立老年残疾人补贴制度,包括重残津贴、残疾护理津贴、残疾生活津贴、残疾高龄津贴。使所有的老年残疾人的生活水平高于最低生活保障标准。

(四) 加强老年残疾人社会服务与扶持的力度

老年残疾人身体条件差,经济收入低,理应得到国家和社会采取的特殊的保护。建议政府对老年残疾人福利事业采取特殊的政策。政府要加大资金投入,改善服务设施,提高社会服务水平,增强扶持力度。

首先,要加强对老年性致残疾病的研究,以预防、减少老年残疾的产生。对各类残疾老年进行医疗康复工作,为他们能够和健全人一样平等参与社会生活创造必要的条件。

其次,机构养老服务、居家养老服务、住房等对老年残疾人采取优先、优惠政策,尤其是重残老年人、高龄残疾人要有特殊照顾。

再次,公共文化、体育、旅游和娱乐设施等对老年残疾人开放并提供免费或优惠服务。

最后,社区服务要将老年残疾人列为重点服务对象,增加服务内容,提高服务水平,以满足老年残疾人的生活和精神需求。同时也要为老年残疾人提供社会参与一定的条件和机会。政府要鼓励慈善机构向老年残疾人提供资助和服务。

(原文载于卢汉龙、吴书松主编:《时代性与社会学》,上海社会科学院出版社 2010 年版)

离婚风险的影响机制*
——中国的综合解释模型探讨

徐安琪

自20世纪70年代末以来中国的离婚率持续上升,2010年的粗离婚率从1979年的0.33‰上升到2.00‰①,约增加了6倍。但中国现有的离婚研究大多只停留在宏观的概念化或定性论述上,较少定量分析和检验,尤其缺乏对微观家庭的婚姻稳定性及其影响机制的定量研究。既有的西方研究发展出多种理论,但无论是相关理论还是一些具体测量都仍有完善的空间。

一、研究回顾和评述

(一)已有研究的理论视角

婚姻质量论认为,婚姻质量或婚姻幸福与婚姻离散之间的因果关系显而易见。② 路易斯和斯帕尼尔首次把婚姻质量和婚姻稳定性联系起来分析,他们相信,婚姻质量和稳定性之间存在正相关,即婚姻质量越高,婚姻的稳定性越好。③ 之后的不少经验研究都支持了他们的观点。④ 我们的前期研究还显示,婚姻质量除了对婚姻稳定有直接的影响外,还是具有中介变量的作用,其他多元因素通过婚姻质量对离婚风险起着不同方向和程度的作用,婚姻质量是婚姻稳定性最重要的预测指标。⑤

代际传递的假说已为众多研究所一致验证。有研究者根据全美家庭与户调查的研究发现,父

---

* 本文获上海市第十二届哲学社会科学优秀成果论文类二等奖。
① 中华人民共和国民政部编:《中国民政统计年鉴》,中国统计出版社2011年版。
② White, L. K. "Determinants of divorce: a review of research in the eighties". *Journal of Marriage and the Families*, 1990,52.
③ Lewis, R. A. &., G. B.Spanier 1979, "Theorizing about the quality and stability of marriage", pp.268 - 294, in W. R. Burr (eds.), *Contemporary Theories about Family*, New York: Free Press.
④ Booth, A. &. L.White, "Thinking About Divorce". *Journal of Marriage and the Family*, 1980, 42. Booth, A., Johnson, D., White, L. & J. Edwards, "Divorce and marital instability over the life course." *Journal of Family Issues*, 1986,7.许传新:《西部农村留守妇女婚姻稳定性及其影响因素分析》,《中国农业大学学报》2010年第1期。
⑤ 徐安琪、叶文振:《婚姻质量:婚姻稳定的主要预测指标》,《学术季刊》2002年第4期。

母的离婚会导致女儿婚姻破裂的概率比增加 70%。① 阿马托(Amato)通过对在生命周期中婚姻不稳定的研究报告,如果妻子的父母离婚,那么,她们的离婚发生比将增加 69%;如果她和丈夫的父母都曾离婚,那么,她的离婚发生比将增加 189%。② 德、英、澳大利亚等国的研究也都得出类似的结论。③

文化规范论认为,个人本位文化的社会通常更易为寻求个人幸福而放弃原有的婚姻,快乐主义/幸福主义被用于与终身婚姻观念相对立的观念。即对终身婚姻深信不疑者通常愿意花更多的时间和精力来解决婚姻问题,相反,那些对离婚更为宽容的人则更可能选择离婚,去寻找更好的伴侣。有研究以婚姻稳定性为因变量所作的回归分析结果显示,赞成婚姻是一种终身承诺者不太可能考虑离婚。④ 另一项对 1980—2000 年美国婚姻质量的变化及其影响因素的研究结果也显示,认同终身婚姻的被访者有更大的概率对婚姻关系满意并有较少离异意向。⑤ 在中国,文化规范论还表现在地区和城乡之间存在较大的差异。由于城乡二元结构的长期存在,不仅经济社会发展水平差异巨大,农村还因地域和信息等的封闭性,婚姻观念更为保守,价值规范趋同且社会聚合力较强,加上农村出生人口多,"没妈的孩子像根草""好人不离婚,离婚不正经"以及"从一而终"的伦理文化在家庭本位的农村更难以改变。⑥ 而城市社区提倡并促进价值多元化,减少人们的一致性,社会聚合力降低,并导致离婚率的上升。⑦

成本效用分析将经济学领域的成本效用理论用于社会学领域,孩子数和结婚年数则被视为两个重要的成本变量,它们都会起到稳定婚姻关系的作用。婚姻持续的时间越长,当事人在婚姻关系上投入的个人资源越多,婚姻解体的损失也就越大。⑧ 孩子是婚姻的特有资本,它使婚

---

① Bumpass, L. L. Martin, T. C. & J. A. Sweet, "The impact of family background and early marital factors on marital disruption." *Journal of Family Issues*, 1991, 12.

② Amato, P. R. "Explaining the intergenerational transmission of divorce." *Journal of Marriage and the Family*, 1996, 58.

③ Amato, P. R. & D. D. DeBoer, "The Transmission of Marital Instability Across Generations: Relationship Skills or Commitment to Marriage?" *Journal of Marriage & Family*, 2001, 63(4). D'Onofrio, B. M., Turkheimer, E., Emery, R. E. Harden, K. P., Slutske, W. S., Heath, A. C., Madden, P. A. F. & N. G. Martin, "A Genetically Informed Study of the Intergenerational Transmission of Marital Instability." *Journal of Marriage and the Family*, 2007, 69(3). Diekmann, A., & H. Engelhardt, "The social inheritance of divorce: Effects of parent's family type in postwar Germany." *American Sociological Review*, 1999, 64. Kulka, R., & H. Weingarten, "The long-term effects of parental divorce in childhood on adult adjustment." *Journal of Social Issues*, 1979, 35.

④ Heaton, T. B. & S. L. Albrecht, "Stable Unhappy Marriages." *Journal of Marriage and the Family*, 1991, 53.

⑤ Amato, P. R., Johnson, D. R., Booth, A. & S. J. Rogers, "Continuity and Change in Marital Quality between 1980 and 2000." *Journal of Marriage and the Family*, 2003, 65.

⑥ 徐安琪、叶文振:《中国婚姻研究报告》,中国社会科学出版社 2002 年版。

⑦ Glenn, N. D. & M. Supancic, "The social and demographic correlates of divorce and separations in the United States: an update and reconsideration." *Journal of Marriage and the Family*, 1984, 46. Glenn, N. D. & B. A. Shelton, "Regional difference in divorce in the United Sates." *Journal of Marriage and the Family*, 1985, 47. Breault, K. D. & A. J. Kposowa, "Explaining divorce in the United States: a study of 3111 counties, 1980." *Journal of Marriage and the Family*, 1987, 49.

⑧ Becker, G. S., Landes, E. M. & R. T. Michael, "An economic analysis of marital instability." *Journal of Political Economy*, 1977, 85. 加里·斯坦利·贝克尔:《家庭论》,商务印书馆 1998 年版;徐安琪、叶文振:《中国婚姻质量研究》,中国社会科学出版社 1999 年版。

增值,并阻止婚姻关系的解除。孩子数与离婚的负相关已在许多研究中得到证实。①

替代选择假说最早由莱文奇(Levinge)提出,他认为婚姻稳定性是由婚姻本身的吸引力、婚姻以外其他选择的诱惑(也称配偶替代)和离婚障碍相平衡的结果。② 当阻碍离婚的因素和婚姻本身的吸引力保持不变时,其他选择的吸引力越大,婚姻受挫的危险也越大。配偶替代本身具有对离婚意向的独立预测能力,在控制其他影响因素后,结婚替代会提高离婚可能性。③ 之后不少研究都以经验资料验证了终身婚姻承诺、经济安全、宗教信仰、对子女痛苦的担心、不想离开现居住地等会成为夫妻分手的阻力。④ 普雷维蒂和阿马托以"维系你们婚姻的最重要因素是什么"的开放性问题加以编码后进行测试的结果显示,60%的被访者自述爱情是维系他们婚姻的主要因素,24%认为是友情,31%回答是孩子,只有1%提及(缺乏)结婚替代者。但由于提及替代者的比重极少,故未对婚姻解体有预测作用。而回答全是爱、友谊、相互沟通、尊重等婚姻回报的被访者比没有提到回报的离婚发生比更低;回答全是孩子、宗教、终身承诺等障碍的被访者离婚发生比是未提及障碍的两倍。⑤

家庭压力论主要为心理学所关注,该理论强调婚姻危机常建立在压力源/事件本身、对压力的主观认知、缓解压力所拥有的资源以及调适等多重因素的相互影响上。家庭成员若对压力的主观认知不正确,加上应对压力的支持系统不足时,便容易造成婚姻关系的紧张。⑥ 家庭压力尤其是经济压力往往导致配偶之间的冲突和互动上的障碍,并降低婚姻满意感、影响婚姻稳定性的研究结果也为不少既有文献所展示。⑦

此外还有异质假说。不少研究认为,双方年龄、个性、宗教信仰、种族、社会地位及其变化等

---

① Peters, E. H. "Marriage and Divorce: Informational Constraints and Private Contracting." *American Economic Review*, 1986, 76. Canabal, M. E. "An Economic Approach to Marital Dissolution in Puerto Rico". *Journal of Marriage and the Family*, 1990, 52. 曾毅、舒尔茨、王德明:《上海、陕西、河北三省市的离婚分析》,《人口科学》1993年第5期。

② Levinger, G. "A Social Psychological Perspective on Marital Dissolution." *Journal of Social Issues*, 1976, 32.

③ Udry, J. R. "Marital alternatives and marital disruption." *Journal of Marriage and the Family*, 1981, 43.

④ Heaton, T. B. "Time-related determinants of marital dissolution." *Journal of Marriage and the Family*, 1991, 53. Larson, L.E. & J.W. Goltz "Religious Participation and Marital Commitment." *Review of Religious Research* 1989, 30. White, L. K. & A. Booth, "Divorce over the life course: The role of marital happiness." *Journal of Family Issues*, 1991, 12.

⑤ Previti, D. & P. R. Amato "Why Stay Married? Rewards, Barriers, and Marital Stability." *Journal of Marriage and the Family*, 2003, 65.

⑥ McCubbin, H. I. & J. M. Patterson, 1982, "Family Stress, coping, and social support." 转引自McKenry, P. C. and Price, S. J. 编著,郑维、杨康临、黄郁婷译:《家庭压力》,台北:五南图书出版股份有限公司2004年版;波玲·布思着,周月清等译:《家庭压力管理》,台北:桂冠图书股份有限公司1994年版。

⑦ Conger, R. D., Elder, G. H., Jr., Lorenz, F. O., Conger, K. J., Simons, R. L., Whitebeck, L. B., Huck, S., & J. N. Melby, "Linking economic hardship to marital quality and instability". *Journal of Marriage and Family*, 1990, 52. Kwon, Hee-kyung, Rueter, M. A., Lee, Mi-Sook, Koh, S. & Sun Wha Ok, "Marital Relationships Following the Korean Economic Crisis: Applying the Family Stress Model". *Journal of Marriage and the Family*, 2003, 65. Vinokur, A. D., Price, R. H., & R. D. Caplan, "Hard times and hurtful partners: How financial strain affects depression and relationship satisfaction of unemployed persons and their spouses". *Journal of Personality and Social Psychology*, 1996, 71.

方面差异比较大的婚姻，通常具有较高的离婚风险，因为这些差异容易引起更多的不一致和冲突。① 但也有研究报告了不同的结果，即夫妇年龄、社会阶级的差别与离婚的潜在风险没有显著关系。② 有学者提出，不同的夫妻异质性对离婚存在不同方向的影响，如夫妇户口、职业同类降低离婚风险，但单位性质、政治身份同类则增加离婚风险。③ 也有研究认为，夫妻年龄差对婚姻稳定性的影响主要是间接的，因为它和婚姻调适或婚姻整合有着相当密切的关系。④

婚姻互动论主要通过对夫妻间的行为互动模式和过程的观察，来揭示一些婚姻最终走向失败的行为原因。⑤ 它虽然为进一步理解离婚的成因提供了一个更贴近具体婚姻生活的观察角度，有助于提醒婚姻当事人改变不利于婚姻关系可持续发展的行为互动习惯，但它在实证研究方面的推进主要在于心理学领域，如戈特曼和列文森以实验方法破译夫妻运用语言、表情、声调、身体姿势等象征性符号中蕴含的情感密码，发现激烈的斗殴也就是双方在发生冲突时较多地指责、防卫、轻蔑、阻碍谈话的进行等消极互动行为，以及较少的赞同、幽默、关爱、好奇、喜悦等积极互动和情绪是婚姻不满意和离婚时间的有效预测指标。⑥ 社会学领域通常以夫妻一起度过的时间和发生争吵的频率来测量，夫妇共同参与各种活动的时间越多或婚姻互动的质量越高，其婚姻稳定性也越高，⑦ 而冲突频率自然和婚姻解体呈正相关。⑧ 最新的一项中美比较研究则显示，美国的夫妻经常一起逛街/购物、一起参加休闲活动或参加朋友聚会等共同度过的时间越多，离婚的概率越低，而中国夫妻在一起互动的时间的长短则与离婚风险无显著相关⑨。

(二) 对已有理论视角的评述和本研究框架的改进

尽管不少解释离婚风险的理论已较成熟，如社会学领域的婚姻质量论、代际传递说，但婚姻互动论、替代选择假说和家庭压力论等多为心理学领域的专题研究，因此，多数研究通常只检视自己感兴趣的理论，而仅对某些人口和社会特征变量加以控制，少有将不同学科视野的多种理

---

① Bitter, R. G. "The marriage and marital instability: the effects of heterogeneity and inflexibility." *Journal of Marriage and the Family*, 1986, 48. Tzeng, Meei-Shenn. "The effects of socioeconomic heterogamy and changes on marital dissolution for first marriages." *Journal of Marriage and the Family*, 1992, 54.

② Rogler, H. & M. Procidano, "Marital Heterogamy and Marital Quality in Puerto Rican Families". *Journal of Marriage and the Family*. 1989, 51.

③ 陆益龙：《"门当户对"的婚姻会更稳吗？——匹配结构与离婚风险的实证分析》，《人口研究》2009 年第 2 期。

④ Atkinson, M. P. & B. L. Glass. "Marital age heterogamy and homogamy." *Journal of Marriage and the Family*, 1985, 47.

⑤ Matthews, L. S. & K.A.S.Wickrama, "Predicting marital instability from spouse and observer reports of marital interaction." *Journal of Marriage and the Family*, 1996, 58(3).

⑥ Gottman, J. M. & R. W. Levenson, "The Timing of Divorce: Predicting When a Couple Will Divorce Over a 14-Year Period." *Journal of Marriage and the Family*, 2000, 62(3).

⑦ Booth, A., Johnson, D., White, L. & J. Edwards, "Divorce and Marital Instability over the Life Course."*Journal of Family Issues*, 1986, 7. Hill, M."Marital Stability and Spouses' Shared Time."*Journal of Family Issues*, 1988, 9.

⑧ Booth, A., Johnson, D., White, L. & J. Edwards, "Predicting divorce and permanent separation." *Journal of Family Issues*, 1985, 6. Xu, A. Q., Zhang, Y. T. & P. A. Amato, "Comparison of Divorce Risk Models in China and the United States." *Journal of Comparative Family Studies*,2011, 42(2).

⑨ Xu, A. Q., Zhang, Y. T. & P. A.Amato, "Comparison of Divorce Risk Models in China and the United States." *Journal of Comparative Family Studies*, 2011, 42(2).

论融入同一模型加以检验的研究。针对这一缺憾,本研究将建立一个综合性的解释模型,以检视多种理论在排除其他层面因素的作用后是否具有独立影响。其次,婚姻质量论虽曾被国内外众多研究(包括我们的前期研究)所充分验证,但反思婚姻美满幸福的夫妻较少离婚风险的假设,或许有循环论证的缺陷,夫妻离婚自然是因为婚姻质量较差!因此,本研究不再将婚姻质量纳入解释模型。再次,西方的一些理论视角未必符合中国国情,如父母传递说尽管在西方研究中得到有力解释,但在中国,一则被访者父母中离婚者甚少(在本研究2 000多个样本中父母感情破裂/离婚的仅为1%),二则最新的一项研究表明,父母的婚姻状况作为被访者离婚风险的预测变量缺乏敏感度[1],故代际传递也不在本研究的考察视野。

西方解释模型在验证其他理论时还存在如下缺憾:

其一,几乎所有的研究在验证夫妻异质假说时,通常将年龄、教育、宗教、种族等的性别差异作自变量,但这些变量主要是个人外在身份的差异,难以准确地反映概念的真正内涵,加上年龄和教育等差异究竟多大时才会增加离婚风险也难以界定,如有的研究以连续变量即丈夫年龄减去妻子年龄的岁差作解释变量,有的以虚拟变量即观察妻子年龄大于丈夫或丈夫大于妻子者,是否比夫妻年龄差不多的更具离婚风险,但年龄段的划分并不相同(夫妻教育差异的分类同样存在不一致的情况),以至于不同研究的结果也各异,由此造成指标的效度不高。而宗教、种族等变量也不适合中国的国情,我们最新研究也显示,宗教异质性对离婚风险无显著影响[2]。况且,根据美国《婚姻与家庭杂志》最新的一项关于家庭成员宗教信仰的研究综述的梳理,夫妻宗教信仰的一致性对婚姻质量和离婚风险的影响在不同研究中出现相互矛盾的结果,其中涉及性别、年龄、地域、个性特质和宗教一致性的指标等差异[3]。

其二,以往婚姻互动模式较多地使用夫妻一起参加各种聚会或闲暇活动以及双方发生冲突的频率等变量,其中发生冲突多更可能离婚似乎毋庸置疑,但夫妻共同参加各种聚会或活动变量则未必适合中国国情,因为中国大部分家庭没有私家车,购物等由夫妻一起去的不多,加上女性在婚后多为连续就业,双职工家庭生存压力大,闲暇时间少,紧张的工作之余,通常作出在平时一方购物、另一方做饭,或者在休息天一方带孩子去活动,另一方在家做家务的分工;此外,周末各自回自己父母家以及分别参加自己朋友聚会的情况也很常见。因此,双方的共同活动是否能为婚姻凝聚力加分有待进一步的检验。

为了克服以往研究在测量上的缺陷并对相关的研究构架有所贡献,本研究对相关因变量和解释变量作了如下改进:

第一,因变量除了"过去一年中您曾有过和对方分手的念头吗"外,考虑到去年的分手念头/

---

[1] Xu, A. Q., Zhang, Y. T. & P. A. Amato, "Comparison of Divorce Risk Models in China and the United States." *Journal of Comparative Family Studies*, 2011, 42(2).

[2] 同上。

[3] Mahoney, A. "Religion in Families, 1999-2009: A Relational Spirituality Framework". *Journal of Marriage and the Family*, 2010, 4.

意向未必是今后离婚行为的必经步骤,一些虽有分手一闪念甚至经常想离婚者,却常因各种分手障碍而凑合,或因关系改善又和好;而去年自己没有分手念头,但配偶却有或者双方关系可能发生新的变故等,最后仍可能劳燕分飞。所以,我们增加了"对婚姻的未来进行预测通常很困难,但从目前的实际情况来看,您认为您和配偶最终会分居或离婚的可能性有多大"变项,以检验这两个指标的影响因素是否有所不同。

第二,以往验证异质假说时,更多地将夫妻年龄、教育、收入差距和宗教、种族等的异质性等作自变量而缺乏效度,本研究将不纳入这些指标,而采用双方在兴趣爱好、思想观念、生活习惯、性格脾气等内在相容适应的同质性来验证其与分手念头和离婚可能性的负相关。

第三,以往检测婚姻互动模式较多地使用夫妻一起参加各种聚会或活动以及双方发生冲突的频率等变量,本研究虽仍纳入夫妻经常参与共同活动变量,但我们的假设是该变量对离婚风险无显著影响;我们还增加了夫妻双方相互交流/沟通的互动指标,同时,夫妻冲突也不纳入吵架频率变量,而是考察被访处理冲突的常用方式,即"最近6个月,夫妻发生冲突时是否常陷入不理不睬/赌气冷战状态""是否常以一方动手、摔/砸东西、拒绝同房或出走而告终"两个变量。

第四,家庭压力变量除了考察经济压力对离婚风险的正相关外,还将对方是否有酗酒/赌博/外遇等不良行为作为心理压力变量纳入模型。

第五,文化规范论除了检视较为封闭、保守的农村社区更少离婚风险外,考虑到婚姻承诺也可能增加离婚阻力,我们还假设"认同自己会尽力维持夫妻间的关系"者更少有分手意向。

第六,配偶替代变量除了国外常用的替代机会即"假如您与配偶分手的话,能否找到更好的"外,本研究增设了替代意识/想法指标,以在多大程度上赞同"假如我和别人结婚,也许会比现在更幸福"作测量,同时还添加了离婚障碍变量,询问的是"您目前的夫妻关系主要靠什么来维持"(多选),我们假设仅靠子女、舆论或为让父母放心而维系夫妻关系的被访尽管在平时凑合意识较强,但他们通常更具离异意向和离异可能性。

第七,鉴于人口特征中的婚姻经历在中美比较研究中,均未显示再婚者比初婚者更具离婚风险[1],本研究将再婚分为"离异后再婚"和"丧偶后再婚"两个虚拟变量,并根据以往研究结果[2]假设丧偶者由于大多与原配关系良好,再婚后常把对方的缺陷和原配的优点作比较,更易产生失望感和分手念头。

二、资料来源与变量说明

检验相关理论假设的资料来自上海城乡和兰州城乡4个社区,调查样本按分层多阶段概率抽样方法从上海9个区/县的22个街道/镇的43个居委会/村委会和兰州4个区/县的10

---

[1] Xu, A. Q., Zhang, Y. T. & P. A. Amato, "Comparison of Divorce Risk Models in China and the United States," *Journal of Comparative Family Studies*, 2011, 42(2).

[2] 徐安琪、王友竹:《离异者再婚能成功吗?》,《社会》1991年第9期。

个街道/镇的33个居委会/村委会中选取家庭,并以家庭中20—65岁成员的生日离7月1日最近者为访问对象,由经过培训的访问员入户进行问卷调查。由于婚姻关系具有很强的私密性,我们采取如下措施以增加资料的信度:一是在调查前给每个样本户都邮寄"致受访者信",告知被访者调查机构为上海社会科学院社会学研究所,"调查是无记名的,问卷上不会记录有可能公开您身份的内容,比如姓名、地址等,调查结果将以数字形式进入计算机,所获得的资料绝不用作科学研究以外的用途。您被选中为我们的调查对象是根据人口普查资料进行随机抽样的结果,您与我的谈话内容是完全保密的,请您放心",以取得被访的信任和知情同意(不同意的不上门)。二是调查员入户时取背靠背的访问方式,即必须在夫妻一方回避的情况下询问另一方。三在询问方法上采取委婉而不是唐突的方式,如关于离异可能性问题,我们问对象"对婚姻的未来进行预测通常很困难,但从目前的实际情况来看,您认为您和配偶/伴侣最终会分居或离婚的可能性有多大?"

上海和兰州完成的有效样本分别为1 200个和1 000个,本研究使用的为目前有婚姻关系的1 934个样本[1],其中初婚占96.7%,再婚为3.3%;男女样本各占50%,市郊样本分别为64%和36%;市区夫妻婚姻延续的平均时间为18.3年,郊县为21.1年;52%的市区家庭有男孩,郊县则达69%;市区家庭39%存在不同程度的经济压力,4.3%存在因配偶有酗酒/赌博/外遇等问题引起的压力,郊县家庭存在两种压力的比例分别为54.1%和6.6%。有关变量的刻度和描述性统计结果见表1。

表1 变量的描述性统计

变量	N	Minimum	Maximum	Mean	Std. Deviation
双方同质性(复合/标准化)	1909	−3.90	2.69	0.00	1.000
夫妻经常参与共同活动(复合/标准化)	1908	−2.17	2.56	0.00	1.000
对双方的相互交流/沟通的满意度(1—5表示从"非常不满"到"非常满意")	1909	1	5	3.93	0.798
发生冲突时常陷入不理不睬/赌气冷战状态(1—4表示"从不"到"经常")	1907	1	4	1.74	0.697
发生冲突时常采取动手、摔/砸东西、拒绝同房或出走的处理方式(同上)	1909	1	4	1.17	0.432
子女数	1909	0	5	1.32	0.745
婚姻延续时间(月)	1909	0	575	231.61	129.177
家庭经济拮据压力大(0—2表示从"没有"到"严重",复合/标准化)	1909	−0.67	3.56	0.00	1.000
配偶有酗酒/赌博/外遇等问题(0—2表示"从无"到"经常";复合/标准化)	1909	−0.20	12.91	0.00	1.000

---

[1] 另有25个未婚/离婚同居样本因未回答"婚姻延续时间"而丢失。

续 表

变 量	N	Minimum	Maximum	Mean	Std. Deviation
认同自己会尽力维持夫妻间的关系(1—5 表示从"很不认同"到"非常认同")	1908	1	5	4.22	0.914
城乡（1＝市区）	1909	0	1	0.64	0.481
假如我和别人结婚,也许会比现在更幸福	1909	1	5	2.15	0.924
假如与配偶分手,我能找到更好的	1909	1	5	2.54	1.077
夫妻关系仅靠子女、舆论或为让父母放心而维系（1＝是）	1909	0	1	0.24	0.425
性别（1＝女）	1909	0	1	0.50	0.500
地区（1＝上海）	1909	0	1	0.56	0.496
丧偶后再婚(1＝是)	1909	0	1	0.01	0.094
离异后再婚(1＝是)	1909	0	1	0.02	0.153
过去一年中曾有过和对方分手的念头(0—3 表示"从无"到"经常")	1909	0	3	0.11	0.432
和配偶最终会分居或离婚的可能性(1—4 表示"极小可能"到"很大可能")	1909	1	5	1.25	0.617

其中 4 个复合并标准化的变量说明如下：

（1）"双方同质性"是将双方在兴趣爱好、思想观念、性格脾气、生活习惯、消费意向/习惯、教育子女方法和处理亲属关系等方面是否一致或相容(1—5 分分别表示从"很不一致/相容"到"非常一致/相容")共 7 项加总,这 7 个项目的 Alpha＝0.75。

（2）"夫妻经常参与共同活动"是将过去一年中,被访者是否经常和配偶一起参加"锻炼身体/散步/看竞赛等体育活动""看电影/戏剧/歌舞/观博物馆等文娱活动""去公园/游乐园/郊外/外地/外国旅游""逛街/赶集/商店购物（不包括买日常用品）""同学/朋友/同事的友情聚会""探望老人、与子女、兄弟姐妹等亲戚聚会"和"在家看电视/卡拉 OK 等家庭自娱自乐"等活动(0—2 分别表示从"没有"到"经常")加总之和并加以标准化,这 7 个项目的 Alpha＝0.75。

（3）"家庭经济拮据压力大"变量询问的是在过去一年中,您家是否面临"平时或到月底时没有足够的钱来应付家庭日常开销""因经济拮据向亲戚/朋友借过钱""有病不看医生/推迟看病/吃药/手术/吃低效药"和"因为家人下岗/失业/待业/经营亏本而降低了家庭生活水平"等经济压力简单相加的总值并标准化,这 4 个项目的 Alpha＝0.83。

（4）"因配偶有酗酒/赌博/外遇等问题形成的压力",也是将在过去的一年中,配偶有无酗酒、赌博、性问题（包括性生理缺陷、嫖娼、卖淫、婚外恋等）3 个变量相加之和（最低为 0,最高为 5）加以标准化。

三、研究结果与分析

首先来看离婚风险。分析结果显示,被访者在过去一年中从无与配偶分手念头的占93.0%,偶尔有的为4.3%,有时有的占1.7%,经常有的仅为0.9%;认为最终会和配偶分居或离婚可能性很大的只占0.4%,较大的为0.8%,难说的占4.8%,可能性很小的为11.4%,不可能的达82.6%;分手念头和离婚可能性两个变量的相关系数为0.49。尽管市区被访更多地承认自己有离婚念头和认为婚姻可能最终解体,但总体而言,中国婚姻仍具有相当高的凝聚力和稳定性。统计结果还显示,82.3%的被访者对双方的相互交流/沟通非常满意或比较满意,只有7.2%表示不大满意或很不满意;85.3%的夫妻在冲突时从不以动手、摔/砸东西、拒绝同房或出走告终,总是这样的只占0.5%;87.2%的被访认同自己会尽力维持夫妻间的关系,不认同的仅占7.1%。

为了验证异质假说和婚姻互动论所改进指标的效度,我们将用多元回归分析方法,在排除其他因素后来估计我们感兴趣的变量对离异念头和离异可能性的净影响。

分析结果首先支持了我们的第一个假设,即双方在观念、性格、旨趣、生活习惯、消费意向/习惯、子女教育和处理亲属关系等方面的同质性越强,婚姻的凝聚力也越强,离异的可能性就越小(参见表2—表4,夫妻内在相容适应的同质性复合指数在6个模型中都具有统计显著性)。

从婚姻的互动模式看,夫妻经常参与共同活动在所有6个模型中都不起作用,说明美国式的夫妻共处互动模式对离婚风险的影响和中国有所不同,我们不宜照搬西方的指标而应根据中国的实际情况加以改进。此外,双方的相互沟通/交流越有效,关系也越融洽,离异念头和离异可能性越少;而在发生冲突时常陷入不理不睬、赌气冷战状态,乃至采取动手打人、摔/砸东西、拒绝同房或出走等处理方式,都将严重伤害夫妻感情直至婚姻关系亮红灯。

回归分析结果同时还检验了成本效用假说、家庭压力论、文化规范论和婚姻替代论,其中有不少有意思的发现:如以离婚成本来说,子女越多的被访者有分手念头的更少,但未必能最终阻止其分道扬镳;结婚时间越长,个人投入和付出也越多,最终解体的可能性就越小(见表2)。从家庭压力来讲,经济压力较大者有离异意向的概率也更大,对于男性更是如此,但在女性和郊县模型中未呈显著性影响,前者或许是因为在传统上男性才被认为是养家的顶梁柱,故经济拮据更易成为男性的压力,后者可能是因为农村家庭面临经济压力的更为普遍,如本研究郊县被访完全没有感受到经济压力的只占四成,因此,经济压力对离婚风险的负面影响或被消减。配偶有酗酒/赌博/外遇等问题,不仅会增加被访者的分手念头,同时也可能最终走向离婚[①](参见表4)。从文化规范看,城市的文化环境使人们的凑合意识更少,有分手想法和最终采取离婚行动的概率都更大些,认同自己会尽力维持夫妻间关系的被访者也较少有离婚风险(见表2)。从配偶替代论看,有婚姻替代意识和替代可能的被访显然分手的念头和离婚的可能性都更大些

---

① 我们曾对被访或家人是否面临经常出差/应酬/加班/换岗/定额过高/同事竞争等工作压力变量进行过测试,但因与离婚风险无显著相关而未纳入模型。

(见表2),尤其是女性,较少会在没有更好的替代机会时产生离异念头(见表3),而夫妻关系仅靠子女、舆论或为让父母放心而维系者,无论离婚意向还是最终离婚可能性的概率都更大些(参见表4)。

表2 离异念头和离异可能性影响因素的多元回归分析结果(B值)

	模型Ⅰ 离异念头	模型Ⅱ 离异可能性
双方相容适应的同质性		
双方同质性	−0.038***	−0.061***
夫妻互动模式		
夫妻经常参与共同活动	−0.004	−0.014
对双方的相互交流/沟通的满意度	−0.119***	−0.110***
冲突时常陷入不理不睬/赌气冷战状态	0.048***	0.101***
冲突时常动手、摔/砸东西、拒绝同房或出走	0.139***	0.192***
离婚成本		
子女数	−0.035*	−0.023
婚姻延续时间	0.000	−0.000***
家庭压力		
因家庭经济拮据经常有压力	0.036***	0.024+
因配偶有酗酒/赌博/外遇等问题的压力	0.045***	0.053***
文化规范		
认同自己会尽力维持夫妻间的关系	−0.028**	−0.069***
城乡(市区=1)	0.047*	0.075*
结婚替代		
假如我和别人结婚,也许会比现在更幸福	0.033**	0.054***
假如与配偶分手,我能找到更好的	0.025**	0.039**
夫妻关系仅靠子女、舆论或为让父母放心而维系	0.085***	0.108***
人口特征		
性别(女性=1)	0.020	−0.028
地区(上海=1)	−0.041*	0.068*
婚姻经历(以初婚为参照)		
丧偶后再婚	0.294**	0.192
离异后再婚	0.054	0.033
常数	0.317***	1.398***
R^2	0.275	0.252
调整后的 R^2	0.268	0.245
F	39.80***	35.37***

　　+$P<0.10$,* $P<0.05$,** $P<0.01$,*** $P<0.001$,表3、4同。

表3 不同性别被访者离异意向影响因素的多元回归分析结果

	模型Ⅲ 女性	模型Ⅳ 男性
双方相容适应的同质性		
双方同质性	−0.049**	−0.024*
夫妻互动模式		
夫妻经常参与共同活动	−0.008	0.003
对双方的相互交流/沟通的满意度	−0.118***	−0.116***
冲突时常陷入不理不睬/赌气冷战状态	0.048*	0.055**
冲突时常动手、摔/砸东西、拒绝同房或出走	0.152***	0.121***
离婚成本		
子女数	−0.032	−0.037+
婚姻延续时间	0.000	0.000
家庭压力		
因家庭经济拮据经常有压力	0.025	0.043***
因配偶有酗酒/赌博/外遇等问题的压力	0.043***	0.040*
文化规范		
认同自己会尽力维持夫妻间的关系	−0.035*	−0.024
城乡(市区＝1)	0.071*	0.019
结婚替代		
假如我和别人结婚,也许会比现在更幸福	0.020	0.044***
假如与配偶分手,我能找到更好的	0.040**	0.007
夫妻关系仅靠子女、舆论或为让父母放心而维系	0.100**	0.069**
人口特征		
地区(上海＝1)	−0.067+	−0.024
婚姻经历(以初婚为参照)		
丧偶后再婚	0.615***	0.117
离异后再婚	0.102	0.008
常数	0.326*	0.326**
R^2	0.299	0.246
调整后的 R^2	0.287	0.233
F	23.40***	18.04***

表4 不同区域被访者离异意向影响因素的多元回归分析结果

	模型Ⅴ 市区	模型Ⅵ 郊县
双方相容适应的同质性		
双方同质性(复合/标准化)	−0.035*	−0.040**

续　表

	模型 V 市区	模型 VI 郊县
夫妻互动模式		
夫妻经常参与共同活动（复合/标准化）	−0.006	0.009
对双方相互交流/沟通的满意度	−0.130***	−0.082***
冲突时常陷入不理不睬/赌气冷战状态	0.064***	0.002
冲突时至少一方动手、摔/砸东西、拒绝同房或出走	0.125***	0.188***
离婚成本		
子女数	−0.016	−0.026
婚姻延续时间（月）	0.000	0.000
家庭压力		
因家庭经济拮据经常有压力（复合/标准化）	0.069***	0.002
因配偶有酗酒/赌博/外遇等问题的压力	0.070***	0.019*
文化规范		
认同自己会尽力维持夫妻间的关系	−0.023	−0.039**
结婚替代		
假如我和别人结婚，也许会比现在更幸福	0.038**	0.010
假如与配偶分手，我能找到更好的	0.022+	0.014
夫妻关系仅靠子女、舆论或为让父母放心而维系	0.064*	0.114***
人口特征		
性别（女性＝1）	0.039	0.001
地区（上海＝1）	−0.050+	−0.016
婚姻经历（以初婚为参照）		
丧偶后再婚	0.329**	0.158
离异后再婚	−0.075	0.264***
常数	0.383**	0.271*
R^2	0.290	0.308
调整后的 R^2	0.280	0.291
F	28.68***	17.68***

　　婚史与婚姻稳定性的关系也和我们的假设基本相符，丧偶后再婚的被访者更容易对现配偶不满、失望而产生分手念头（见表2），尤其是丧偶后的再婚女性（见表3模型Ⅳ），这或许与女性往往更敏锐地觉察到婚姻互动的不足，更易受婚姻冲突的负面影响有关[①]，丧偶女性或更易将再婚对象的不足之处与前夫的优点作比较，从而降低自己的婚姻满意度；但郊县离异后再婚的被访者有离异念头的概率更大些（见表4模型Ⅵ），这或许与农村的离异观更为保守、对离婚者的

---

① Bernard, J. 1982, *The Future of Marriage*. 转引自徐安琪、叶文振：《中国婚姻研究报告》，中国社会科学出版社2002年版，第30页。

负面评价更甚不无关系,农村离异者出于生存压力而仓促再婚的或许更多些(如女性离异后无居所或经济能力,男性离异后孩子无人抚养急于再婚等)。总之,本研究将再婚前是离异还是丧偶分为两个虚拟变量并分别具有独立的影响力。

此外,城乡差异也显示了家庭本位和"熟人社会"的农村、限制离婚的外在文化与习俗的压力,也会减少人们的离婚意向和行为,表4的模型Ⅴ和Ⅵ报告了如下的结果:郊县被访者更能忍受夫妻冲突时陷入不理不睬、赌气冷战状态以及对方有酗酒、赌博或外遇等不良行为,而市区被访者正相反。

四、结　　语

本研究摈弃以往国内外相关研究已反复验证的对离婚风险有重要影响的婚姻质量论、代际传递论,关注异质假说和婚姻互动论并对原有的解释变量加以改进、充实,同时将离婚成本分析、家庭压力论、文化规范论和替代选择假说的相关指标加以改进后纳入一个综合性分析框架,以上海、兰州城乡4个区域的概率抽样调查资料来检视离婚风险的影响机制。

研究结果表明,尽管离婚率在上升,但中国婚姻仍具有较高的稳定性,最近一年来有与配偶分手念头的比重很低,绝大多数人认同终身婚姻观,并认为夫妻最终离异的可能性很小。

本研究认为国外主流文献以双方人口特征差异来测量夫妻的异质性难以反映两性异质的真正内涵,继而改用双方在观念、性格、旨趣、生活习惯、消费意向/习惯、子女教育和处理亲属关系等方面协调适应的同质性作为检验离婚风险异质假说的自变量,结果表明该指标比以往的夫妻年龄、教育、宗教等差异的变量更具解释力。其理论意义在于探讨了更具效度的测量指标,拓展了异质假说的内涵,其实践意义则体现在提醒年轻人在择偶时更慎重、理智,选择相互了解、协调适应同质性较强的异性作伴侣。

而夫妻经常参与共同活动对于减少中国夫妻的离婚风险缺乏解释力,说明我们不宜照搬西方的指标而应根据中国国情对相关指标加以改进,以提高其效度。此外,在夫妻发生争执后陷入不理不睬、赌气冷战的状态,乃至动手打人、摔/砸东西、拒绝同房或出走等,都将对婚姻凝聚力和婚姻稳定有明显的不良预后,因此,提倡豁达、宽容的气度和善于妥协、忍让的冲突处理模式对于化解夫妻矛盾、消释前嫌甚为重要。而将婚姻建立在爱情和亲情的基础上,以及终身婚姻的承诺,都将消减离婚风险。只有在相互承诺、相互尊重和相互包容、谦让中才能珍惜爱、培植爱、升华爱和更新爱,这些都是上述研究给予我们的启示和忠告。

但同时也应该看到,承诺"自己会尽力维系夫妻关系"或许隐含着有些人将婚姻看作是一种责任甚至只是附和社会期待的一种无奈,换句话说,低离婚风险的稳定婚姻未必都是高质量的,离婚对个人声誉、经济安全或子女身心健康的负面影响常成为夫妻最终分手难以逾越的心理障碍或阻力。

本研究将不同学科视野的相关理论融入一个综合性模型,通过控制其他决定因素,不仅显示了新异质性变量的有效性,拓展了异质假说的内涵,同时也验证了婚姻互动论、离婚成本分析、家庭压力论、文化规范论和替代选择假说在中国的适用性,在探究中国式离婚风险的影响机制方面不失为一个有益的尝试。

(原文载于《社会学研究》2012年第2期,原标题为"离婚风险的影响机制——一个综合解释模型探讨",本次收录略有修改)

转型期的我国养老保险制度改革

孙克勤

养老保险,是指劳动者在达到国家规定的解除劳动义务的劳动年龄界限,或因年老丧失劳动能力的情况下,能够依法获得经济收入、物质帮助和生活服务的社会保障制度。养老保险制度是我国社会保障体系的核心内容,也是关系经济发展与社会稳定、规避社会风险的基础性制度。

一、转型时期的社会风险与养老保险

在过去20多年中,我国经历了两个重大的转型,即人口增长转型与经济社会转型。

(一) 人口增长转型

我国人口增长转型,是指由高出生率、低死亡率、高增长率转向低出生率、低死亡率、低增长率。在这个转型过程中,伴随着我国经济和社会不断发展,人民生活水平不断提高,医疗卫生条件不断改善,人均期望寿命延长,再加上20世纪70年代以后严格的计划生育政策,我国正面临日益加剧的人口老龄化、高龄化发展趋势。老龄化发展速度快和"未富先老"是我国与国外经济发达国家相比的两个突出问题。

1. 人口老龄化程度不断提高

我国老年人口增长速度快于自然人口的增长速度。从1970年到2002年,全国总人口净增59%,而老年人口增加1.48倍。30年里,老年人口增长了8 346万人,平均每年增长260万人。目前老年人口以年平均3.2%的速度递增,大大超过总人口1.68%的年平均增长速度,全国人口老龄化程度有不断上升的趋势。

2. 高龄化速度大大快于老龄化速度

随着平均预期寿命的不断增长,老年群体高龄化趋势加快。1980—2000年,全国人口增长了28%,60岁以上老人增长了73%,而高龄老人增长了168%。由于高龄老人在供养、医疗、居住和生活照料等方面远比低龄老人要困难得多、复杂得多,因此高龄化的发展必将会对我国社会养老保障产生重大的影响。

3. 人口老龄化超前于社会经济发展

我国人口老龄化相对超前于经济现代化,是在人均收入较低、综合财力有限、社会保障体系尚不健全的条件下,提前进入老龄化社会的,这与发达工业化国家形成了明显反差。

首先从时间上看,发达国家人口老龄化都经历过一个漫长而平稳的渐进过程。60岁以上老人占总人口的比例从7%增长到10%,法国用了115年,瑞典用了85年,美国用了75年,德国与英国用了45年,日本用了30年,而我国仅用了21年时间。

再从人均国民生产总值来看,20世纪90年代末,西方发达国家60岁以上老年人口占总人口比重10%时的人均国民生产总值一般都在18 000美元以上;发展中国家如韩国、智利、巴西等国一般都在5 000—8 000美元,而我国仅为800美元,相去甚远。一般地说,人口老龄化是社会经济发展的产物,是与经济比较发达相联系的社会现象。而我国人口老龄化是在受到特殊的强有力的人口政策影响下,超前于社会经济发展水平而来到的,也就是通常所说的"未富先老"。

尤为严重的是,由于20世纪五六十年代我国人口的高速增长,加上目前我国人口预期寿命不断提高,据此推断,2040年前后我国人口老龄化将达到顶峰期。届时,60岁以上老人将有3.9亿,占全国总人数的26%,60岁以上老年抚养比为45.3%,养老保障制度将要面临和承受人口老龄化顶峰期空前严峻的压力。

(二) 城市化是现代化进程中必然出现的现象

在国家政策的推动下,目前我国已经进入快速城市化时期,城市人口迅速增加,城市规模日益扩大,目前城市化率已达40%。据估算,在未来10多年里,中国的城镇化率将以每年1%的递增速度提高。加快城镇化进程是全面建设小康社会的必然要求,也是逐步改变城乡二元经济结构、解决三农问题的重要举措。但是,我国城市化进程并没有稳定地改变人口的城乡分布,大量人口在城市与乡村之间流动。2003年,我国流动人口已达到1.3亿,其中流入城镇的有1.1亿。外来流动人口流动性强,职业转换率高。此外,全国还有1.33亿乡镇企业职工。目前,以城镇居民和职工为主要覆盖对象的社会养老保险体系基本不涵盖这1亿多外来流动民工和1.33亿乡镇企业职工的养老保险问题。无论是政府还是社会,在对农民工的关心和帮助中,更多地是将农民工视为需要帮助的弱势群体,自身则是以强者的身份向农民工施以"同情"和"关怀",而较少地去探讨导致城乡人口形成为强势群体和弱势群体的制度安排。

农民工规模庞大,且人数不断增长(按目前的城镇化速度,今后5年内将每年增加农民工600万人左右,"九五"期间实际每年转移农民工800多万人),已日益成为我国产业大军的重要力量。但是,庞大的农民工群体长期游离于社会保险制度之外,他们所面临的高社会风险将带来难以预料的社会后果,也不利于建立广覆盖、社会化、可持续发展的社会保险制度,其对现行社会保险制度的冲击和挑战是显而易见的。

(三) 农村社会保障问题

我国是一个城乡二元结构明显的国家,有近70%的人口是农村居民。

农村经济发展水平较低,20世纪80年代中期以来,相比城市而言,农村发展越来越滞后,城乡差距,包括经济差距、社会差距、文化差距乃至环境差距,都呈现不断扩大的趋势,乡村目前已经成为落后与衰败的象征。

与此同时,农村人口老龄化速度却高于城市人口老龄化速度。1982年第三次人口普查时,农村和城镇65岁以上老年人的比重分别为5.0%和5.1%;1990年第四次人口普查时,农村达到5.74%,城市为5.1%;2000年第五次人口普查时,农村达到7.35%,城市为6.30%。由于农村人口基数庞大,加上青壮年人口从农村外迁,农村老龄化程度高于城市成为进一步发展趋势。

我国农村居民的社会保险覆盖面窄、可拥有的社会保障资源少,对自我保障的依赖程度远远高于城镇居民。以土地作为规避老年风险和老年生活来源,是我国农村社会养老的主要方式。然而,城市化发展趋势必然带来耕地资源减少和农民对农业依存度的下降。

土地保障是目前中国家庭养老保障的主要经济基础,但中国的特殊国情使土地养老保障的功能已经越来越弱:一是因为人多地少,农村的人地矛盾日益加剧,大量农民只能在人均有限的土地上耕作,大量农村劳动力富余。中国是用全球7%的土地养活全球22%的人口。据统计,按照发达国家的农业发展水平和我国农村实际,中国的农业将来有1亿人就足够了。1996年,我国农民人均经营耕地面积2.23亩,1999年下降到2.07亩,2001年进一步下降到1.98亩,人均减少0.25亩。有666个县人均耕地在国际警戒线0.8亩以下,并且,全国耕地面积仍以每年300万至400万亩的速度递减。二是土地农业经营收入较低,并出现下滑趋势。1998年平均每亩耕地的农业收入为450.12元,1999年和2000年分别减少到426.13元和421.18元,这将给仰仗土地收益养老的农村老年人的生活带来不利影响。① 小块土地经营模式和土地农业经营收益下降,已经严重削弱了土地养老保障功能。

失地农民社会养老保障问题更加突出。农民失地(土地使用权的丧失)是近期中国一个突出的社会现象。随着城市化和非农产业的发展,我国每年建设占用耕地250万—300万亩,将有越来越多的农村人口离开土地。1996—2000年每年失地农民在240万人左右,2001—2010年将有4 000万失地农民。据有关部门估计,改革开放以来,国家通过土地征用从农村转移出的土地资产收益超过2万亿元。由于不少征地项目没有给农民合理的补偿,没有妥善解决农民的长远生计,对失地农民的就业和养老保险没有做出制度性安排,导致相当数量的失地农民既丧失了拥有土地所带来的社会保障权利,同时又无法享受与城市居民同等的社会保障权利,成为"种田无地、就业无岗、低保无份"的"三无"人员,潜伏着极大的社会风险。

(四)养老保障由单位转向社会

在社会转型时期,社会成员固定地从属于一定社会组织的管理体制已被打破,大量的"单位人"转化成"社会人"。

单位养老保障制度是计划经济体制的产物。随着国有企业改革的深化,企业剥离的养老职能,大部分要由社会来承担。单位养老保障制度越来越不适应企业竞争和劳动力流动的要求。

同时,在社会主义市场经济体制转轨过程中,国家、集体、民营、外资、合资、个体等多种所有制经济并存发展。随着经济成分的变化,我国的就业出现了新格局。非公有制经济已成为吸纳

---

① 李建民:《中国农村计划生育夫妇养老问题及其社会养老保障机制研究》,《中国人口科学》2004年第3期。

新生和存量劳动力的主渠道,大量劳动者以灵活方式就业。从1985年起,全国在城镇私营企业就业和个体户人数从450万增加到1990年的670万、2002年的4 268万;占同期全国就业人员总数的比例也从1985年的2%迅速上升到1990年的6%、2002年的19.8%。

传统的依托单位的社会养老保险体系不能适应这种分散化、流动性强的就业格局。目前,为数众多的非公有制经济从业人员、灵活就业人员尚未纳入社会保障的覆盖范围。为了大力发展和积极引导非公有制经济,保障在这类企业工作的职工合法权益,促进劳动力资源在国有单位、集体单位与非公有制单位之间的有序流动,建立一个独立于企事业单位以外、资金来源多元化、保障制度规范化、管理服务社会化的社会养老保障体系势在必行。

二、我国现行社会养老保险体系存在的主要问题

我国从20世纪80年代开始进行养老保险制度改革。90年代中期以来,随着国有企业改革的深化,社会养老保障制度的改革与建设步伐明显加快。1997年,国务院发布了《关于建立统一的企业职工基本养老保险制度的决定》,确定了统一的城镇企业职工基本养老保险制度。

然而,我国是一个城乡二元结构明显、东西部地区经济发展极不平衡、农村人口众多的发展中国家。公民户籍、工作单位所有制与职业身份的不同,使我国现行养老保险体系中存在以下主要问题。

(一) 养老保险社会化程度低、覆盖面窄,社会公平性不足

我国社会养老保险体系以城市和农村为界限划分为明显的两个板块。据统计,占人口70%的农民,只享有社会保障支出的10%左右,而占总人口30%的城市人口却享有将近90%的社会保障支出费用。在城市,又侧重于全民所有制部门,即国有企事业单位和行政部门。我国社会养老保险制度带有强烈的户籍、职业身份烙印。"体制"外劳动者没有享受到正规的社会保障。除了70%的农业人口外,城镇个体、集体、合资等经济成分的从业人员也在快速增加。在这些劳动者中,除小部分参加了养老保险试点或社会统筹养老保险之外,大多数人未被纳入社会保障的安全内,未能从根本上解决养老保险问题。2002年,全国6.3亿劳动者中,享受养老保险的只有2亿人,占劳动者人数的31%。这显然不能体现社会公平发展和平等进步的原则,不能体现社会主义制度的优越性。

(二) 养老保险统筹层次不高

目前多数省市的养老保险金还没有实现省级统筹。即使宣布省级统筹的省份,养老资金在省内不同地区、城市之间的调剂也十分困难,其结果是不同城市间的养老负担苦乐不均。

与此同时,尽管国家反复明确要求将养老金的"差额缴拨"改为"全额缴拨",并实施社会化发放,责任全由地方社会保障机构承担,但"差额缴拨"问题依然在许多地区存在,极易造成一些效益差的企业拖欠、挪用退休职工的养老金,诱发社会矛盾。统筹层次低是养老保障社会化程度低的集中表现。

（三）可持续发展前景不容乐观

首先，它表现在沉重的历史隐性债务上。所谓养老保险隐性债务，是指在养老保险基金筹资由"现收现付"向"完全积累"或"部分积累"转轨过程中，兑现对过去在职职工和退休人员养老待遇承诺的负担。这是旧计划经济体制遗留的政府责任，估计在 4 万—6 万亿元。

其次，养老保险基金收不抵支现象严重。据统计，全国城镇企业退休人员每年增加 200 万人左右。缴费人员与退休人员之比，已从 20 世纪 90 年代初的 10：1 迅速上升到目前的 3：1，从而导致全国养老保险基金赤字总体水平不断扩大。目前，中央财政和地方财政每年给予 500 亿元左右的补助来解决基金赤字问题，相当于全国当年支付养老金总量的 16% 左右。养老保险基金缺口已经成为深化我国养老保险制度改革的瓶颈，成为困扰社会养老保险发展的主要问题。

第三，职工个人账户"空账运行"。在企业开始为在职职工提供个人账户积累的情况下，由于社会统筹缴费部分根本不足以支付离退休职工的养老金，唯一出路只能是利用社会统筹与个人账户混账管理的便利，直接挪用在职职工个人账户中的资金，结果使职工个人账户变成空账户，形成了一个在资金流程上与"现收现付"没有实质区别的"空账运行"体制，目前空账已达 3 000 亿元左右。

"空账"问题不是由于某个人或者某个单位造成的，这是一个制度安排上的问题。计划经济体制时期，职工的养老保险没有一个个人账户的安排，也没有相应的资金积累。1993 年我国提出要建立社会统筹和个人账户相结合的养老保险制度，从那时候开始，就为每一个参加养老保险的职工建立个人账户，但是由于以前没有资金积累，大量已经退休或者将要退休的职工，实际上他们的账上是空账。"空账"问题，其潜在的危机不亚于金融风险。银行对个人储蓄的支付风险，涉及的是老百姓的"闲钱"，而个人账户所涉及的则是老百姓的"活命钱"。长此以往，社会养老保险危机总有一天要爆发，危及整个社会稳定和经济发展。

第四，社会收入差距的不断扩大，给养老保险可持续发展带来了严重的负面影响。一是城乡间收入差距拉大。以 2002 年为例，城镇居民人均收入为 7 702 元，农村居民人均收入为 2 476 元，城乡差距比为 3.11：1，而 2000 年和 2001 年，城乡差距比为 2.79：1 和 2.90：1。城乡收入差距存在一种继续扩大的趋势，从而使农村养老保险筹资遇到更大困难，农村与城市之间养老保险出现更大差异，农村社会性养老保险的完善客观阻力增大。二是地区间收入差距拉大。以 2002 年各省市城市居民人均可支配收入比较，最高的是上海为 13 250 元，最低的是贵州为 5 944 元，两者收入差距比为 2.23：1，从而使各地区间养老保险的筹资与给付的差距也在扩大，以致城镇养老保险的全国统一更加困难。三是城市居民间收入差距拉大，使养老保险很难满足不同收入阶层的保障要求，基本保障理念受到冲击。

（四）农村社会养老保险长期停滞不前甚至倒退

自 20 世纪 50 年代中期以来的很长时期中，我国农村除了极少数的国家机关工作人员、国营农场职工可以享受退休待遇外，广大农民不能领取养老金。国家和集体只对农村中无子女、无依无靠、无收入来源的孤老给予救济,实行"五保"(即保吃、保住、保穿、保医、保葬)制度。80 年代中期以来,我国少数农村地区开展了农村社会养老保险的试点。1991 年,民政部负责进行的全国县级农村社会养老保险试点,其目标是在有条件的农村,以农民自愿为基础,采用养老保险费由个人缴纳为主,集体补助为辅,国家予以政策扶持和自助为主、互济为辅的办法,实行个人储蓄积累养老保险,以保障年老后的基本生活。

10 多年来农村社会养老保险制度运行效果并不理想,参保率低,覆盖面窄,并且出现退保、萎缩现象。据统计,1999 年有 1 139.7 万人退保,2000 年有 473.3 万人退保,2001 年有 488.7 万人退保,2002 年有 946.1 万人退保,参保率连续 4 年为负数,呈下降态势。产生这种现象的原因主要是:(1) 由于我国近年来出现较为严重的通货紧缩,利率持续下降,导致农村社会养老保险机构在不得已的情况下,对事先承诺的预定利率进行了较大程度的下调,由农村养老社会保险计划开始推行时的 8.8% 利息率,调整为 2.5%(1999 年 7 月起执行),严重损害了参保人的利益,使得农民对农村社会养老保险制度产生严重不信任。(2) 资金来源不足。在农村社会养老保险制度中,实行农民个人缴一些、集体补助一点的筹资方法。但农民缴纳的经济实力普遍偏低,集体经济也不够强大,这样就必然造成缴费的低水平和享受的低水平,很难满足农民的养老保障需要①。(3) 保富不保贫。由于农民个人需要缴纳保费才能加入,没有经济实力的农民就无法加入这种制度,而且,由于实行缴纳标准的多档次,经济实力越强的农民越有能力缴纳比较多的保费,将来也可以享受较高的待遇。但恰恰贫困农民比富裕农民更需要社会保障制度。(4) 农村社会养老保险基金投资渠道单一,实现保值增值的能力较差,养老基金收益太低,国家在农村社会养老保险中的责任和义务太轻。(5) 没有与我国城镇居民养老保险制度衔接起来,无法有效地解决现在及今后一部分农民转变为城镇居民后的养老保险问题,也无法真正解决目前业已存在的农民工今后的养老问题。

三、我国养老保险改革的发展思路

社会养老保险制度建设,天然地要受一个国家的政治、经济、人口、社会结构、地区差别、传统保障制度、民族传统和历史文化等诸多因素的制约。我国在经济发展水平不高、城乡和地区差别悬殊、管理能力和技术支持手段薄弱的条件下,建设一个完善的社会保障体系需要一个艰苦的长达几十年的过程。当前及今后一个时期,我国发展社会养老保障事业的任务十分艰巨。这是因为,人口老龄化将进一步加大养老金的支付压力,城镇化水平的提高将使建立健全城乡衔接的社会保障制度更为迫切,就业形式多样化将使更多的非公有制经济从业人员和灵活就业人员要尽快被纳入社会保障覆盖范围,等等。

加快完善社会养老保障体系,是全面推进小康社会建设的一项重要任务,也是提高构建社

---

① 杨燕绥:《建立农村眼老保障的战略意义》,《战略与管理》2004 年第 2 期。

会主义和谐社会能力的一个重要举措。我国国民经济保持持续、快速、协调、健康发展而使国家综合经济实力的增强,"以人为本"全面、协调、可持续的科学发展观的贯彻落实,经过多年探索建立起来的适合我国国情的社会保障体系,为我国社会养老保障事业的持续发展提供了各种有利条件。我国养老保险改革的目标应该是:"广覆盖,低水平,多层次,可衔接",即整体的保障体系,不同的保障水平,灵活的保障方式和多样化、可衔接的保障模式,以确保绝大多数人的养老安全。这是社会稳定的需要,也是社会发展的重要目标。

"广覆盖",即人作为社会的一员,不论其何种身份、职业、性别和所处地域,都应有享受社会养老保障等权利。

"低水平",即社会养老保险从根本上来说是对收入的一种再分配,可供再分配资源的多少取决于国家经济发展的水平,这就决定目前我国社会基本养老保险只能是低水平的,同时兼顾差距适度,各种劳动者的养老保险错落有致、公平、公正、合理。

"多层次",即在充分尊重当前全国城乡二元结构、工农差异和地区间保障落差较大实际的基础上,构建以包括面向城镇单位和职工的城镇企事业单位职工基本养老保险、面向小城镇单位和职工的小城镇职工基本养老保险和面向农民的农村社会基本养老保险等组成的多层次基本养老保险体系。全社会养老保险体系应有三个支柱支撑:第一个支柱是由国家依法强制建立,通过税收或缴费筹资的广覆盖、低水平的基本养老保险制度;第二个支柱是依靠企业和个人缴费筹资、通过个人账户管理、完全积累的补充养老保险(企业年金)制度;第三个支柱是个人自愿购买的商业性的养老保险。

"可衔接",即消除人为障碍,打破1949年以来长期沿袭的养老保险制度按城镇企业职工、国家机关和事业单位职工、农村劳动者三大类分别由劳动、人事、民政等部门主管,带有强烈"公民身份"色彩的格局,打破城乡界限,不论何种职业或在何地,劳动者都能自由方便地接续养老保险关系。

(一)理顺城乡养老保险关系

将进城务工农民纳入有差别的社会养老保险制度,建立农民工社会养老保险制度,是提高城镇化水平、转移农村人口、优化城乡结构、促进国民经济良性循环和社会协调发展的重要制度保障,是建立公平市场竞争环境、解除农民工后顾之忧的内在要求,有利于最大限度维护农民工合法权益和城乡社会稳定。进城农民工的工作、生活、居住等情况各不相同,有的农民工已在城镇工作生活了较长的时间并且拥有比较稳定的工作和固定的住所,有些则是刚刚进入城镇,工作和生活的流动性都很大,因此,有必要针对不同的情况建立有差别的社会养老保险方案。拥有比较稳定职业并已在城镇就业较长时间的农民工,他们实际上已经成为"城镇人口",应该将他们纳入城镇社会养老保险体系,其养老保险费的交纳办法可以视同于城镇职工,即企业缴纳基本养老保险费的比例一般不得低于企业招用农民合同工工资总额的20%,个人缴纳部分一般不低于本人工资的7%—8%。对于无稳定职业且流动性较大的农民工,可以制定一定范围内不同档次的缴费率供农民工自愿选择,同时规定凡雇用农民工的企业必须根据农民工所选择的缴费率,缴纳相应档次的基本养老保险费。对于进入城市从事经营性的自雇性农民,则可以参照城镇个体工商户的保障制度安排。① 同时,为所有参加社会养老保险的进城农民工建立个人账户。

为了便于城乡养老保险关系的衔接,应尽快地将农村社会养老保险个人账户的号码与城镇职工养老保险个人账户的号码衔接起来,建立全国统一的个人养老保险账户,以有利于全国劳动力在各省、自治区、直辖市之间,以及城乡之间的有序流动,有利于农民工从城镇返回农村后养老保险关系的合理转移。

(二) 尽力加强 农村社会养老保障制度建设

由于现阶段我国大部分农村地区的经济比较落后,许多农民家庭在解决温饱的基础上只是略有节余,有些至今还未摘掉"病困户"的帽子;农村人口众多,而我国经济实力又有限。在这种情况下,要建立一定层次和规模上的农村社会养老保险统筹还有很大困难。但是,对于当前突出的失地农民的社会养老保险,可以率先实施。"以土地换保障"就是目前国内最具创新性并可操作的农村社会养老过渡办法。

所谓以土地换保障,是指用社会保障代替土地保障的方案,即农民在年老、到乡镇企业就业、进入小城镇定居的时候,让出其原先承包的土地,由转包者缴纳一定数量的经济补偿,使其参加相应的社会保险;或在因建设被征用土地的情况下,征地单位用征地补偿费的一部分为被征地农民建立社会保险。"以土地换保障",一方面保护了农民承包土地的合法权益,另一方面又符合《土地管理法》的精神,是由土地保障向社会保障转变的重要机制。2003 年 11 月起实施的《上海市小城镇社会保险暂行办法》(简称"镇保模式")②,规定征地安置补助费应当首先用于解决被征地人员的社会保障问题。征地补偿金在一次性缴纳不低于 15 年的基本养老保险、医疗保险金之后,失地农民可以享受基本养老保险和医疗保险待遇,这在一定程度上解决了失地农民年老后的生活以及患大病的医疗费用问题,免除了失地农民的后顾之忧。同时,由于"镇保模式"落实了失地农民的基本养老保险和医疗保险,实际也就相当于降低了失地农民就业的非工资成本,提高了失地农民的就业竞争能力,将会提高失地农民的市场就业率。

(三) 同步推进机关、事业单位养老保险制度改革

在我国,事业单位是一个庞大的体系,数量超过 130 万,从业者 2 900 多万,离休人员 67 万,退休人员 931 万,拥有近 3 000 亿国有资产,70% 以上的科研人员、95% 以上的教师和医生都集中在各类事业单位,其经费支出占政府财政支出的 30% 以上。20 世纪 90 年代以来,全国城镇职工的养老保险改革均未包括国家机关和事业单位。目前公务员领取的养老金仍然沿用计划体制下的按工龄来计算退休待遇的办法,按其退休前一个月的基础工资、工龄工资、职务工资和地方岗位津贴的一定比例计算的,只是发放的途径由原来财政全额支付,改为由一部分由社会保险基金支付,一部分仍由财政支付。由于计算方法不同,公务员的平均养老金水平比企业职工

---

① 樊小钢:《论城市农民工的社会保障问题》,《农业经济问题》2003 年第 11 期。
② 常进雄:《城市化进程中失地农民合理利益保障研究》,《中国软科学》2004 年第 3 期。

的平均养老金水平高得多。以上海为例,2002年全市机关当年退休公务员的人均月领养老金为1896元,比全市城镇企业当年退休人员人均月领基本养老金1043元高81.2%。公务员与城镇企业职工在领取养老金方面的矛盾,不利于国家机关与企业之间人才的有序流动,不利于公务员的"能上能下"以及在不同地区之间的有序流动。

在城乡一体化养老保险改革中,应同步进行机关事业单位养老保险制度改革。机关事业单位养老保险制度的建立既要借鉴国外的成熟经验,也要从我国的实际出发。(1)机关事业单位的养老保险待遇要相对高于企业的养老保险待遇。因为在机关事业单位工作,收入相对稳定,不可能有高收入的机会;同时,机关事业单位也不可能像企业那样建立补充养老保险,待遇扩大的可能性也不大,这样做的目的可以吸引更多的高素质的人才留在公务员的队伍里,对反腐败也有一定的辅助作用。(2)建立权利和义务相统一的退休待遇计发办法。目前机关事业单位养老保险制度的待遇计发办法和缴费之间没有必然的联系,缴费的多少并不决定待遇的高低,使很多公务员对养老保险的重视程度不够,风险意识也不强。解决的办法是将目前由国家财政发的补差部分也纳入退休待遇的计发办法里,退休待遇的计发办法要充分反映参保人员的工作经历,也就是他有多少时间在机关工作,有多少时间在企业工作,这样有利于参保人员在机关和企业之间流动,使退休待遇更加公平合理。

(四)加大财政支持力度,多渠道筹集偿付转轨成本所需要的资金

养老保险的财源,虽然主要来自单位和个人的缴费,但国家财政支持是不可缺少的。鉴于养老保险的法定地位,政府有义务对养老保险基金提供财政支持。此外,从保证退休人员的基本生活,以及社会的稳定大局出发,政府也有着不可推卸的责任。由于我国养老保险改革,是从现收现付制向部分积累制转换,这种破常规的做法,使我们面临新旧体制所带来的双重负担,养老保险基金出现了很大缺口。为此,我国的财政支持也从税收优惠或是托底支持,转向增加财政直接投入的支持。1997年以来,中央财政向养老保险投入了1760亿元,用于弥补养老保险基金的当期缺口,对我国养老保险的正常运转作出了贡献。

然而,目前国家财政对整个社会保障的支持力度还比较薄弱,仅相当于财政收入的12%左右,离国家"十五规划"明确提出的15%—20%的目标还有相当距离。我国目前养老保险基金的状况并不好,不少省市基金收支还不能平衡,国家继续加大财政支持力度是必要的,且不要说对未来老龄化高峰期作准备,就是从实行部分积累制的真正到位,以及做实个人账户来说,强化财政投入势在必行。

同时,要多渠道筹集偿付转轨成本所需要的资金,解决隐性债务问题。主要途径有:(1)国有企业公司化改制过程中的售股变现收入;(2)中小企业拍卖、租赁的所得收入;(3)国有房地产的出售、租赁所得收入;(4)新增税收以及调整财政支出结构的节余部分;(5)政府发放特种债券的收入等。

(五)开辟社保基金运营增值新渠道

2000年,我国政府决定建立全国社会保障基金。全国社会保障基金的来源包括:国有股减持划入资金及股权资产、中央财政拨入资金、经国务院批准以其他方式筹集的资金及投资收益。全国社会保障基金是养老保险等各项社会保障得以实施的重要财力储备,2003年年底已积累资金1 300多亿元。

社保基金投入运营并收益,是增加基金支撑能力的重要措施,可用于弥补目前缴费与未来支付能力增长所需资金之间的差额。我国目前基金增值渠道单一,只有存入银行和买国债,增值速度不快。为此,要抓紧解决基金投资问题:一是可以购买在证券交易所上市的基金间接入市,使社会保险基金分享社会发展成果;二是委托实力厚、规模大的商业银行或其他金融机构增值,由金融机构承担风险,基金支付一定的管理费用;三是根据基金收支情况,将暂时不用的基金通过资本市场拆借给商业银行等金融机构,享受优惠利率;四是选择前景良好、收益高,且比较稳定的基础设施建设项目,如能源、交通、通信等行业进行投资,以保证较高的投资回报;五是投向地方建设,对那些风险特别大的投资,由拥有数倍于投资的权威性财团作法律担保。

社会养老保险基金是职工的"活命钱",是社会稳定的物质基础,必须加强监督管理,确保专款专用和保值增值。建立劳动保障、财政、银行、审计四体一位的监督体系,既对基金投资运营实施监督,也对未投入运营的基金存量实施监督,以确保整个基金的安全运行和增值。

(六)延长职工退休年龄

目前,退休过早的情况已影响到养老保险体系,加重了养老保险基金的支付压力。据测算,我国退休年龄每推迟1年,养老保险统筹基金1年可增加40亿元,减支160亿元,基金缺口就能缩小200亿元。

现行退休年龄(即男60周岁、女干部55周岁、女工人50周岁)是1949年后确定的,当时平均人口寿命是42岁。目前,我国平均预期寿命已达72岁,退休年龄应根据预期平均年龄增长而延长,国际上已普遍呈现延长退休年龄的趋势。由于我国劳动力市场供求矛盾突出,短时期内无法将目前法定退休年龄往后延长,但可以先从男女同龄退休推进。经过较长时间过渡,最终达到整体提高的目的。提高女性劳动者法定退休年龄,理由是女性平均寿命越来越长,领取养老金的年限已大大超过缴费年限。此外,从落实男女平等就业和缓解基金危机出发,也都需要女性劳动者逐步延长劳动期限。

同时,我国养老保险制度规定,企业职工社会统筹账户的养老金给付水平为退休前一年省、自治区、直辖市或地(市)职工月平均工资的20%—30%。一般情况下,社会平均工资水平是逐年增长的,退休越晚,社会统筹账户的养老金给付水平越高。养老保险基金投资收入也会随着绝对值和投资期限增加而提高。因此,逐步提高退休年龄,对于增加企业职工养老保险缴费,提高养老保险基金的投资收益,增加退休金收入,减轻社会养老保险的给付压力都有重要意义。

(原文载于《社会科学》2004年第12期)

市场背景下我国福利企业发展分析[*]
——以上海市为例

汤 潇

对残疾人而言,就业不仅是为了获得经济收入,保障基本生活,而且是他们以平等的姿态走进社会,享受公民的一切权利。中国政府在提高残疾人社会保障、解决残疾人就业方面进行了长期的探索实践,其中,发展社会福利企业就是重要的成果之一。

根据国家对福利企业的相关政策规定,所谓"福利企业",是指经民政部门认可,集中安置残疾人劳动就业,并且残疾职工达到国家规定的比例,享受相应的税收优惠等政策,具有社会福利性质和社会保障功能,开展生产经营活动的特殊企业。[①] 可以说,福利企业是我国社会主义制度背景下的特殊产物,具有完全的中国特色。

长期以来,福利企业在为残疾职工提供生活保障、提高生活质量、平等参与社会、实现人生价值,以及促进经济发展、维护社会和谐稳定方面,发挥了不可磨灭的积极贡献,并且在残疾人就业的无障碍环境建设以及社会心理认同等方面,具有其他就业方式所不可替代的优势。[②]

但是,在向市场经济转轨的过程中,福利企业作为残疾人集中就业最主要的渠道,也遭遇了发展的困境,全国各地的福利企业不同程度地存在企业规模缩减、经济效益下降、吸纳残疾人就业功能退化的现象。上海的福利企业也不例外。因此,研究分析市场经济背景下,福利企业的发展及其对残疾人就业的影响具有很强的现实意义。

一、福利企业在残疾人集中就业方面的作用与贡献

福利企业的起源可以追溯到中华人民共和国成立初期,至今已有60余年的历史。回顾上海福利企业的发展历程,可以看到,无论是过去还是今天,福利企业不仅为残疾人解决就业和提高保障,而且为上海的社会稳定、经济发展、文明建设,都做出了特殊的贡献。

---

[*] 本研究获中国残疾人联合会、中国残疾人事业研究会"第二届中国残疾人研究优秀学术成果奖"(2012年11月)。
[①] 民政部:《关于印发〈福利企业资格认定办法〉的通知(民发〔2007〕103号)》。
[②] 民政部:《2011年全国社会服务发展统计公报》,民政部门户网站2012-06-21, http://www.mca.gov.cn/article/zwgk/mzyw/201206/20120600324725.shtml。

(一) 长期承担安置残疾人就业的社会重任

20世纪50年代福利企业诞生之初,就是通过组织贫困残疾人自食其力,解决其生活困难,以减轻政府的财力负担。在以后的岁月里,福利企业一直就是各地政府安置"四残"人员的主要场所。尽管国家和政府寄予了特别的保护,但福利企业自身也在克服各种困难中不断发展,实现了"安置一人、解放一家、稳定一片"的政策目的与和谐稳定的社会功能。

长期以来,福利企业一直是我国有劳动能力的残疾人实现就业的最主要的途径,直到1993年《残疾人保障法》出台后,国家才有了对残疾人分散就业的法律规定,越来越多的社会企业开始接纳残疾人工作,减轻和分散了福利企业的安置压力。

20世纪80年代到90年代,上海在福利企业就业的残疾人总数始终占据有劳动能力残疾人(持有残疾证)的半数以上,1997年福利企业残疾职工总共超过9万人,占当年已就业残疾人的比例约75%,达到了历史最高点。即使经历了将近15年的严重滑坡,到2011年年底,上海福利企业仍然拥有约3.5万的残疾职工,占据全市已就业残疾人的35%左右。可以说,福利企业一直就是上海安置残疾人就业的主力军。

(二) 提供残疾职工社会保障及平等参与机会

福利企业为大量有就业能力的残疾人提供了工作、生活保障乃至施展才能的空间。通过在福利企业参加劳动,他们学会了生产服务技能,以自己的能力改善了生活,以平等的地位和机会参与社会生活和国家建设,共享社会物质文明与精神文明的成果。

计划经济时代,由于福利工厂的残疾人不仅有工资性收入,还能享受医疗费报销、住院补助、交通补贴、住房分配以及奖金等福利,极大地解决了残疾人的生活困难及家庭负担。在今天社会保障高覆盖的情况下,上海的无业残疾人和重残无业者都能享受到一定的生活保障金。以2010年为例,上海城镇失业人员低保金5 400元/年(450元/月),城镇重残无业人员的生活补助7 320元/年(620元/月);但同期福利企业中残疾职工的平均收入为1.38万元/年,还能享有其他诸如职工体检、集体旅游、文化娱乐等福利待遇,相对而言体现出了福利企业在保障功能上的比较优势。

(三) 为推进地方福利事业发展作出重大贡献

在计划经济体制时期,福利企业的利润除了留用职工福利和奖励之外,其余必须上缴市、区民政部门。改革开放之后,国家针对福利企业制定了相关的税收减免政策,其退返的税金也有相当部分贡献给了区县乃至乡镇、街道的民政部门,主要用于上海的社会福利事业,如支持敬老院建设、建立福利企业扶持发展基金和扶残帮困基金等,从多方面弥补了财政拨款的不足,为上海的"民政经济"(指计划经济时期民政部门工作职能范畴内各项资金之间的关系——作者注)和所属地区的福利事业发展作出了巨大贡献。据不完全统计,改革开放以来上海福利企业支持市、区(县)、乡(镇)三级财政用于扶贫帮困、助医助学、扶残扶优等各项社会福利公益事业经费达20多亿元。

同时,几十年的发展使上海福利企业在众多生产领域涌现出了一批行业龙头企业和知名品牌,成为上海民政经济发展的佼佼者。例如,上海假肢厂与多个大学及科研院所合作,研制高精尖的生物假肢技术,获得国家科技银质奖,其多种产品获得过民政部和上海市的重大表彰。上海图钉厂的"四方牌"图钉曾获得国家轻工部质量评比第一名,20世纪80年代曾远销东南亚、中东、欧洲等地区,为国家换取外汇。

(四)为残疾职工营造身心健康的就业环境

一般来说,分散就业方式较适合残疾程度较轻、技能素质较高的残疾人,但无法满足所有残疾人的就业需求,因此,残疾人集中就业仍然是一种重要的就业模式。福利企业作为残疾人集中就业的主要模式,在提供平等发展、保护身心健康、实现自身价值等方面,具有其他就业模式不可替代的优势。在福利企业中,残疾人是非常普遍、普通的群体,他们不但可以和残疾人同事互相切磋、互相帮助,还能在一个相对平和融洽的环境里与健全职工共同劳动、沟通交流,心态上更加平和,更利于残疾职工的身心康复。因而,在残疾人心目中福利企业是他们就业的"保护伞"。而且,福利企业中残疾员工的工作能力可以得到更充分的施展和发挥,培训与晋升的机会也相对较多,许多能力、成绩突出的残疾员工被安排在企业管理、技术研发等较高层次的工作岗位上,甚至还有残疾职工入党、参选人大或者政协,不仅极大地提高了残疾人的社会地位,而且为推进上海的社会和谐与文明建设发挥了重要作用。

有一点必须清醒地认识到,我国现阶段的社会氛围,还没有形成对残疾现象以及残疾人的全面理解和接纳,许多企事业单位出于单位形象、增加负担和承担风险的考虑,宁愿缴纳残保金也不愿接纳残疾人工作,甚至连党政机关的残疾职工比例都普遍低于规定的1.6%。残疾人分散就业,往往会遇到生理、心理差异以及理解沟通的障碍,很容易受到健全人的忽视甚至是歧视。因此,对许多竞争性就业比较困难的残疾人,福利企业无疑是他们走出家门、融入社会和职业康复的最佳选择,尤其是那些发展前景好、助残理念强的福利企业很受残疾人青睐。

在调研中我们发现,有些类别的残疾人对福利企业的需求特别强烈。例如,中心城区一些聋哑青少年的家长一再要求将孩子安排进福利企业工作,原因是孩子们在目前的工作单位由于同类少、沟通困难、领导重视不够等原因,均产生孤独感和抵触情绪,不愿上班上岗,集体在社会上游荡,令家长们很是担心。而市中心区福利企业数量少、规模小、效益差,无法吸纳过多残疾人就业,使这类问题一时无法解决。

(五)集中效应便于企业管理和政府提供服务

福利企业使得残疾人这一社会的"弱势"人群相对集中起来,从而便于企业为他们集体劳动提供所需的设备、工具和必要的无障碍环境设施,使他们拥有较好的工作条件。一般而言,福利企业在残疾职工的安置管理方面相对经验较多,残疾职工的各项保障措施和福利待遇也比较易于完善和形成体系。同时,福利企业残疾人的劳动生产具有一定的规模效应,一定程度上也可以为企业节约成本。

目前,我国绝大多数城市都设有隶属于民政部门的福利企业专门管理服务机构,如上海市社会福利企业管理处。福利企业实行残疾职工集中就业,使得政府管理部门对残疾人集中就业的推进与监管更容易得到实施,例如,残疾人岗位开发、职业技能培训、无障碍环境建设、劳动报酬与社会保险等合法权益维护,等等。此外,上海许多福利企业在政府的指导督促和配套补贴下,为残疾职工建立了健身、学习、娱乐等活动场所,提供专门的心理辅导,各种建筑物及通道按照无障碍设施配置,大大方便了残疾职工的工作和生活。诸多事例说明,绝大多数残疾人在福利企业中有人关心、得到重视,环境障碍较少,对鼓励他们走出家门、走向社会、积极就业、改善生活状态、创造人生价值都是非常有利、有效的。

二、市场化转型对福利企业及残疾人集中就业的影响

自改革开放以来,我国福利企业的市场化转型经历了三个阶段:20世纪80年代的平稳增长,90年代的急剧扩张,和21世纪以来至今的快速收缩。① 我们认为,造成今天福利企业全面萎缩的最重要原因,是政策对福利企业的市场化定位,即由原来纯粹的生产型福利机构,转变为完全独立的市场竞争主体。先天不足的福利企业在激烈的市场竞争中必然处于不利地位,发展受挫并严重影响了对残疾人就业的安置和吸纳。

(一) 福利企业整体规模及残疾人就业容量持续下降

根据本研究对1979—2011年的统计数据进行分析,上海福利企业30余年的发展几乎是从线性上升走向线性下滑,呈现出一个倒V字形曲线,顶峰位于1997年。上海福利企业的数量从1997年的4188家下滑至2011年年底的1389家,安置残疾职工人数从1997年的9万多人减少至目前的约3.5万人。而且,残疾职工占福利企业全部职工的比例也在不断下降,从2006年的44%下降至2011年的约33%。即1997年之后,无论是福利企业数量还是残疾职工人数,都一直处于滑落和衰退的状态,直至今日。

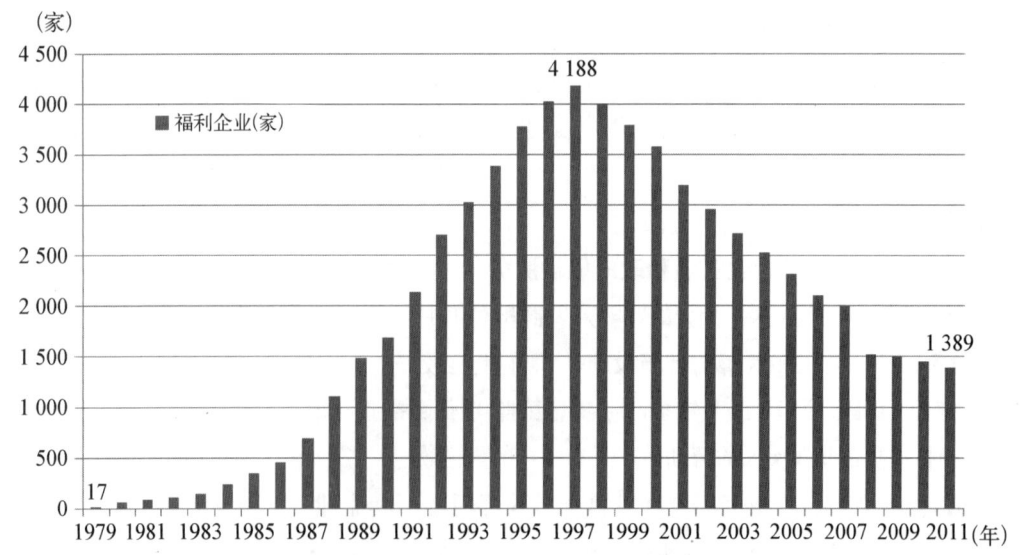

图1 上海福利企业数量历年变化情况(1979—2011年)

---

① 廖慧卿、罗观翠:《从国家到市场——中国大陆残疾人集中就业政策变迁(1949—2007)》,《学习与实践》2010年第10期,第94—100页。

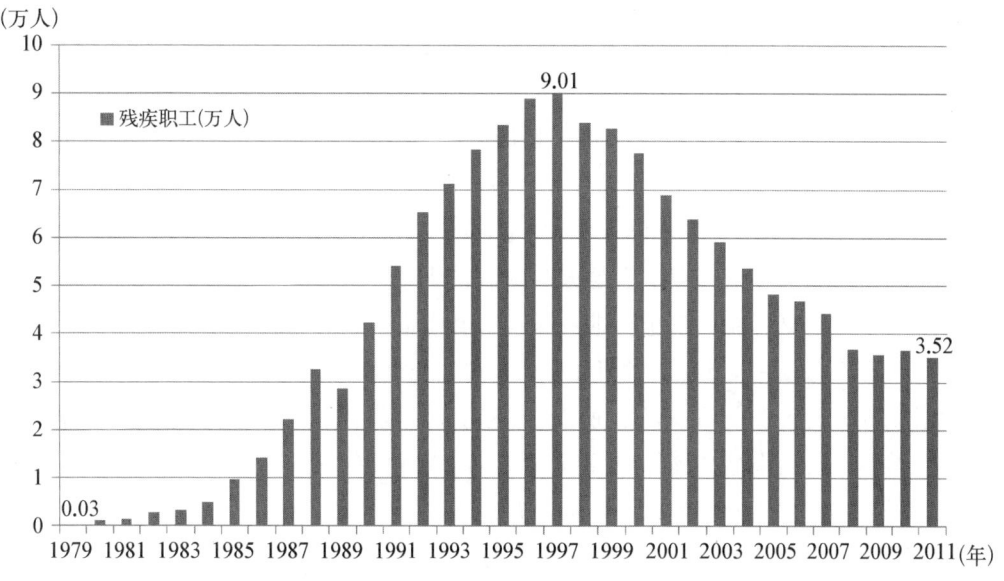

图 2 上海福利企业残疾职工人数历年变化情况(1979—2011 年)

当前,上海福利企业的发展从规模上已经走到了历史最低点,究其原因是多方面的。如残疾人社会保障政策的调整与完善,国内外市场环境的变幻无常,以及福利企业的自身不足等诸多因素。但是,近年来对福利企业在市场经济条件下的性质、定位以及社会功能认识不清,应当是导致福利企业发展不利的深层原因。

从以往历史看,自 1949 年至 20 世纪 90 年代以前,上海的福利企业大多是中小规模的国有企业或者集体企业,政府几乎包揽了企业生产、销售、流通的各个环节,并运用财政手段为残疾人提供保障和服务。这种全包全揽的就业组织形式的确不利于企业创新发展的原动力,但却充分体现了福利企业的公益性质。只是限于财力,当时的福利企业对残疾人就业的吸纳能力很有限。

而后在市场经济改革的大潮推动下,福利企业开始了市场化改造的过程。20 多年的发展历程,使福利企业从原先纯粹的生产型福利机构,一步步演变成为独立参与竞争的经济主体。那些原本依靠政府庇护扶持的众多中小福利企业,有相当一部分在激烈的商业竞争中惨遭挫败和淘汰,导致大批残疾职工流向社会;而有一些则选择了退出福利企业队伍而另谋生路,也将残疾职工推出了企业。一方面大量福利企业遭淘汰或退出,生存下来的福利企业多数也面临着各种问题与困难,另一方面每年新增的福利企业数量寥寥无几,因而福利企业对上海残疾人就业的吸纳总量在持续下降。

2007 年下半年,国家出台实施了新的福利企业认定办法和税收优惠方案,即《关于促进残疾人就业税收优惠政策的通知》。不可否认,这一税收新政对强化残疾职工的社会保障、规范企业财税制度起到了非常积极有效的作用。但是,新政一方面允许任何投资者申办福利企业,彻底放开了福利企业的所有制范围,确认了福利企业是享有限定优惠的市场竞争主体;另一方面,新政并未对福利企业参与市场竞争所面临的特殊困难给予有效的支持,其结果是挫伤了相当一部分福利企业吸纳残疾人就业的积极性,因此,新政出台后导致了又一轮福利企业规模的大幅缩减。①

2006—2008年的统计数据也反映这一情况。2006年年末,上海共有社会福利企业2 104家,其中残疾职工4.68万人,残疾职工占全部职工比例44%。2007年,税收新政开始实施。2008年,上海福利企业数量便急速降至1 524家,其中残疾职工3.7万人,占比不到35%。

(二) 福利企业严重集聚于远郊区县及传统制造业

福利企业从中心城区撤退搬迁至郊区,甚至迁离上海的现象已经持续了10多年。2006年,上海郊区福利企业数量占全市福利企业的80%,郊区残疾职工人数占全市的87%;到2011年,这两个数据分别上升为89%和92%。所以,郊区毋庸置疑占据了上海福利企业的大半江山,尤其是远郊如奉贤、金山、南汇、青浦以及嘉定等区县。即使在中心城区注册的福利企业,其中也有相当一部分已经把主要的生产加工场地迁至郊区县。

上海社会福利企业在地区分布上的严重失衡,与多数企业长期集中于劳动密集的传统加工制造业有关。由于残疾人总体文化与技能水平较低,所以多数福利企业都集中于技术含量少、产品低端、劳动密集的生产加工行业。从20世纪90年代的初期开始,随着上海城市功能定位和产业结构的不断调整升级,中心城区的土地资源日益紧俏,租金贵,加之用电用水以及环保限制的增加,迫使大批传统制造业企业逐步转型、外迁,中心城区的福利企业亦不能幸免。许多福利企业不得已关闭、转停或迁往远郊区县,以至于大批残疾职工因企业倒闭、上下班交通不便等因素失去了原有的工作岗位。

例如,中心城区虹口区是上海最早创办福利企业的区县之一,历史上福利企业最多时曾达到201家,但至2011年年底仅余留20家。在寸土寸金的静安区,有的福利企业经屡次搬迁,最终落在了远郊的奉贤工业园区,残疾职工仅每天上下班单程就超过50千米。

上海作为国际大都市,金融、贸易、餐饮、旅游等各种服务性产业蓬勃兴起,就业人数不断增长。然而据粗略估计,上海福利企业中服务类福利企业仅占1%左右,第二产业依然占98%以上,并且全部位于远郊区县。根据上海产业发展的趋势,中心城区福利企业若不能大幅提高第三产业的比重,残疾人集中就业必将面临更大的困难。

(三) 传统福利企业先天不足难抵市场风险

虽有少数大型福利企业,依靠自己的技术力量、产品和充足的资金作后盾,搏杀在市场经济的大潮之中,但就总体而言,上海社会福利企业在技术、管理、人才、资产等方面仍处于较低水准,相当一部分中小福利企业只能加工生产粗放型、低附加值的产品。加上长期依靠国家特殊政策保护和扶持,创新意识淡薄、创新能力低下、创新人才缺乏,已难以适应迅速变化的市场形势。

---

① 任凡:《对现行福利企业税收优惠政策的思考与建议》,中国福利企业网浙江频道2012-11-7,http://zj.f7168.com/show.asp? ArticleID=20330。

自1998年的亚洲金融危机、2008年的全球金融风暴、欧洲债务危机,以及国内CPI飞涨等,都对实体经济包括本市大部分福利企业形成了严重冲击,不仅出现了业务减少、人员下岗、资金短缺、效益下降的现象,个别企业甚至连工资发放和社保缴费都有困难。这些经济不稳定因素加上自身的缺陷不足,使得相当一部分中小福利企业步履维艰,风雨飘摇。

根据统计数据,上海福利企业的生产经营状况多年来总体不佳。2006年,上海福利企业平均主营收入为1 790万元/家,平均净利润159.2万元/家;2011年,虽然平均主营收入上升为2 548万元/家,但平均净利润则降为124.2万元/家,如果考虑物价上涨指数,实际收益率远低于2006年。在调研中我们看到,每年都有相当一部分福利企业微利或亏损,惨淡经营,甚至连政策规定的退税优惠也无法享受。企业效益不佳,必然影响职工的收入和岗位,残疾职工自然首当其冲。

(四)福利企业安置残疾人就业的政策获益不断下降

近年来,尽管总体经营状况不佳,但上海福利企业安置残疾人就业的成本却在逐年上升。

首先,福利企业必须向每位残疾职工实际支付不低于全市最低工资标准的工资。从2006—2011年的5年间,上海最低工资标准由2006年的750元/月,逐年上调到2011年的1 450元/月。福利企业残疾职工工资也随之逐年增高,由2006年人均0.78万元/年,上涨至2011年人均1.74万元/年,涨幅为123%。

其次,残疾职工的社会保险以及其他各类费用也在不断提高。2006年,上海福利企业职工人均社保支出0.21万元/人,2011年增加至0.53万元/人,涨幅为152%。由于2011年7月,上海开始实施农保(农村户籍养老保险)、镇保(小城镇保险)向社会保险的全部并轨,对于绝大多数残疾职工为镇保和农保的福利企业来说,今后每年在社保支出上必将有所增加。

再次,2007年的税收新政对福利企业的退税优惠进行了更为严格的规范。从全市统计数据看,上海福利企业残疾职工的人均退税额2006年为3.32万元/人,2011年下降至2.73万元/人,跌幅为18%,即意味着企业安置残疾人就业的税收回报在不断下降。

因此,一方面是残疾职工收入待遇的逐年提高,企业隐形成本不断增长;另一方面国家税收优惠政策的刚性约束导致企业退税额的下降,而又缺乏地方扶持。这样的一进一出大大压缩了福利企业的利益空间,对福利企业的发展产生直接的负面影响,也使得社会创办福利企业、吸纳残疾人就业的热情和信心受到了更为严峻的考验。

(五)残疾职工人均收入与社会平均水平差距明显

令人欣慰的是,虽然福利企业数量萎缩,残疾职工流失严重,企业效益不容乐观,但上海福利企业中现有的残疾职工的人均年收入却有明显的上涨,2006—2011年涨幅达到了123%,超过了同期上海最低工资标准的涨幅水平。

此外,与平均工资同样上升的还有残疾职工的参保比例和参保标准。2006年上海福利企业残疾职工的参保比例为97%,2011年达到了100%。2011年7月《社会保险法》实施之后,上海将逐步实行农保、镇保与社保的整合并轨，上海福利企业残疾职工的保障水准将获得进一步提高。

不过，尽管残疾职工的人均收入增长较快，但其收入水平依然相对较低，大部分年份甚至低于上海市的最低工资标准。分析其原因，一是残疾职工多半从事简单、低端和辅助的工种，薪酬标准较低；二是很多残疾人不能正常上班上岗，甚至根本就没上过岗，因此很难拿到岗位全额工资；三是部分福利企业未能严格执行最低工资标准。

三、现阶段促进上海福利企业良性发展的对策建议

当前，民生问题已提升成为从中央到地方各级政府的政策重心，残疾人就业也是社会民生发展中的焦点问题之一。并且"十二五"期间，上海已将"创新驱动、转型发展"的城市战略全方位落地实施，为众多困境中的福利企业觅得转机、走出低谷、实现浴火重生带来了新的希望。为此，我们认为现阶段上海福利企业的发展思路应重点在以下几方面：

（一）加大对福利企业的地方扶持力度

总体评价，目前上海福利企业在规模、技术、资金、设备、人力资源等诸多方面都落后于一般企业，我们认为，可以借鉴北京、浙江与广州等地的做法，加大地方政策扶持力度，为本市的困难福利企业输血造血，并创造机会实现新的发展。比如，以划拨残保金的方式，对福利企业为残疾职工缴纳的社会保险部分予以50%的补贴，对福利企业残疾职工个人缴纳社会保险部分予以100%补贴。地方一级政府对福利企业免收、少收某些社会性费用，如养路费、生产用取水费、土地租用费等，增加企业的利润空间。重点面向本市中小福利企业提供优惠贷款，帮助企业实现科技创新、新品开发、环保改造、专业人才引进和产业升级等。

（二）培育试点福利企业向现代产业转型发展

长期以来，上海福利企业主要集中于以产品或加工为特征的第二产业。随着城市功能和产业结构的调整，上海第二产业的比重逐步缩小，20世纪七八十年代工业企业遍地开花的情况已一去不复返，而现有第二产业规模企业大多迁入高新产业开发区，结果，以第二产业的福利企业既被赶出了中心城区，又被挡在了开发区之外，福利企业在第二产业的发展空间越来越窄。建议选择一部分中小福利企业作为培育试点，鼓励并扶持他们向第一产业和第三产业的行业领域拓展转型，如饮食服务行业、物流贸易业、农业深加工、"农家乐"休闲服务等。

（三）将残疾人庇护性就业场所纳入公共设施配套建设

由于福利企业也是一项社会公益事业，是社会保障工作的重要组成部分，担负着残疾人就业的重要功能，因而也同样需要政府的全力扶持、严格监管和政策保护。因此，应当把残疾人集中庇护性就业与老年养护院、儿童福利院等社会福利事业放在同等重要的位置加以重视。针对上海中心城区福利企业严重萎缩、残疾人就业面临困境的情形，可参照《社区老年人日间照料中心建设标准》，按居住人口密度建设社区型残疾人集中就业暨职业康复场所。

（四）动员社会力量举办公益性残疾人集中就业机构

近年来上海新办福利企业数量日趋减少，如何继续鼓励、引导各种投资主体兴办福利企业，不断壮大福利企业的规模和阵营，应当成为政策研究和制定的重点。在目前的政策和市场环境下，一般企业投资者创办福利企业困难较大，因而亟须开拓思路进行其他探索，比如放手让有条件的社区和慈善事业创办纯粹的生产型福利机构。

（五）理顺社会福利企业的服务与管理机制

目前，社会福利企业的服务与监管牵涉多个部门。例如，残疾证发放归口残联系统，残疾职工参保归口人社局，福利企业认定与日常管理归口民政局，企业营业执照归口工商局，企业税金退返归口税务局，等等。多头管理必然增加企业的负担，影响企业安置残疾人就业的积极性，也不利于残疾职工各项保障与权益的落实。梳理有关残疾人就业保障的各项管理与服务职能，理顺民政、残联、社保、工商及税务等各方面的关系，统一归口，分工协作，突出重点，分头落实。

（六）宣传优秀福利企业，营造助残社会氛围

残疾人就业需要全社会的关心关注，福利企业的发展也同样需要一个重视、关心、支持的舆论氛围和社会环境，引导全社会认识福利企业为繁荣公益事业、助推民生保障、维护和谐稳定所发挥的重要作用，鼓励其他社会企业和经济实体兴办福利企业吸纳残疾人就业，形成全社会尊重残疾人就业、关心福利企业发展的良好氛围。

（原文载于《残疾人研究》2013 年第 3 期）

我国关于儿童早期发展的家庭政策(1980—2008)*

——从"家庭支持"到"支持家庭"?

徐浙宁

儿童早期发展是成年期基本素质形成的最初阶段,其影响深远。美国国家儿童早期发展委员会在其报告《儿童早期发展科学》(The Science of Early Childhood Development)中指出:成年期成就的最重要的基础,是儿童认知技能、良好的情感、社会能力的早期发展,以及体格和心理的健康①。胡锦涛总书记在党的十七大报告中提出了"加快推进以改善民生为重点的社会建设"目标,并把"重视学前教育"作为"优先发展教育,建设人力资源强国"的重要举措之一,进一步明确了儿童早期发展对国家、民族的深远意义。家庭政策的研究与制定,直接关系到家庭功能的实现,决定着儿童早期能否得到重视和关注,能否实现公平、健康和有效的发展,直接关系到国家和民族未来的实力与安全。而且,随着我国社会变迁,社会压力加剧,家庭结构与家庭功能发生变化②③④,家庭的社会风险增加,留守儿童、隔代教养、儿童贫困、单亲养育、孤残儿童等社会问题突出,儿童早期的家庭生活和发展面临挑战,亟待强有力的家庭政策给予家庭及儿童切实的保障和保护。

一、发展特点:三个时代的纵向比较

本文所研究的"家庭政策"主要指为实现扮演家庭中某一角色的个人目标和以家庭为单位的整体目标而设计的各种法律、规章制度、福利和方案⑤。目前,我国尚没有独立成文的、专门针对"儿童早期发展"的家庭政策,只有包含在"其他政策文本中的相关政策",故本文以1980—

---

* 本文转载于《中国社会科学文摘》2009年第12期和《中国人大复印资料-青少年导刊》2010年第2期。
① 朱宗涵:《儿童早期发展学科进展的启示》,《中国儿童保健》2008年第1期。
② 王跃生:《当代中国城乡家庭结构变动比较》,《社会》2006年第3期。
③ 刘宝驹:《现代中国城市家庭结构变化研究》,《社会学研究》2000年第6期。
④ 徐安琪:《家庭结构与代际关系研究——以上海为例的实证分析》,《江苏社会科学》2001年第2期。
⑤ 梁祖彬:《香港社会福利政策对家庭的支援——二十一世纪家庭支援的再思》,参见香港大学"社会工作及社会行政学系"网(http://www.socialwork.hku.hk/people/staff/files/attachment/20070912024304.ppt)。

2008年的约65个相关法律规范以及国际性文件为分析对象①②。其中,明确适用于"儿童早期"(包括"婴儿""幼儿""婴幼儿"或"6岁以下"等不同提法)的有36个,约占55.4%;另有29个虽然没有明确指出适用于儿童早期,但因为适用于"儿童"或"未成年人",所以也予以包括。采用的方法为政策文本分析,即仅对相关法律、法规、规章以及方案等文本内容做出分析,而不涉及其执行或落实情况。

(一) 量化趋势

就相关政策文本的数量而言,随着时代发展,相关政策文本呈倍数增加,**20世纪90年代后增长尤甚**。1980—1989年仅3个,约占相关政策文本总量的4.6%;1990—1999年有16个,约占24.6%;2000—2008年有46个,约占70.8%。也就是说,20世纪90年代颁布的相关政策文本约是20世纪80年代的5倍,21世纪初颁布的约是20世纪90年代的3倍(见图1)。

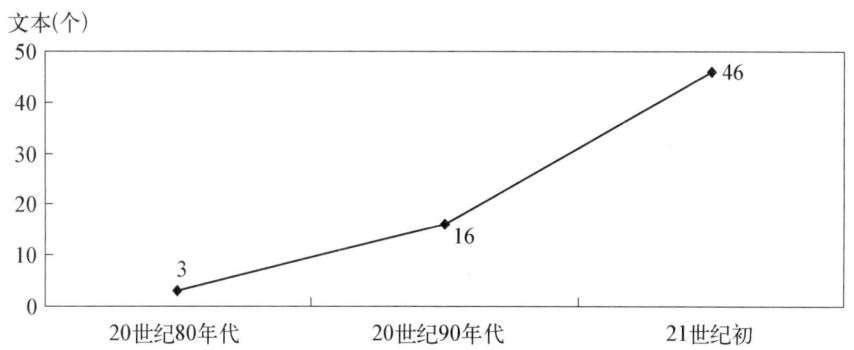

图1 我国现有关于儿童早期发展的家庭政策:1980—2008年

(二) 类型分布

从类型分布看,我国相关政策具有从"一般"到"具体"、从"综合性"到"专门性"的特征,政策的可操作性增强,对儿童早期发展的支持更加实际。按照政策的作用范围来看,可将相关政策分为三类:(1) 综合性政策,指涵盖面广,作用范围宽泛,涉及多种权益问题的法律法规、纲要、国际性文件等,诸如:《中华人民共和国宪法》《中华人民共和国民法通则》《儿童权利公约》等。(2) 专项政策,指针对某一领域问题或权益而制定的法律法规、指导意见、计划或决定等,诸如:《中华人民共和国教育法》《中华人民共和国母婴保健法》《关于幼儿教育改革与发展的指导意见》等。(3) 单项政策,指针对某一具体问题而制定的、可操作性的管理办法、技术规范、实施条例等。

随着时代发展,综合性政策、专项政策和单项政策的数量都在增长(见表1),但从不同年代之间的比较来看,综合性政策逐渐减少,而专项政策和单项政策逐渐增加,尤其是单项政策主要

---

① 雷海潮、刘新亮、李立秋、王晶:《中国妇女儿童发展政策及主要进展研究(2001—2006)》,参见"国务院妇女儿童工作委员会"网"调查研究"(http://www.nwccw.gov.cn/html/18/n-139618.html)。

② 参见"国务院妇女儿童工作委员会"网"政策法规"(http://www.nwccw.gov.cn/html/2/category-catid-2.html)。

出现在 20 世纪 90 年代后,且增幅明显(见图 2)。以关于"儿童早期健康"的政策为例,在 20 世纪 80 年代,基本上没有特定的政策,只有诸如"父母对子女有抚养教育的义务""禁止溺婴、弃婴和其他残害婴儿的行为"等法律条款;到了 20 世纪 90 年代,先是有了《儿童权利公约》和《九十年代中国儿童发展规划纲要(1992—2000 年)》等综合性政策,其中明确包含了儿童早期健康的内容和监测指标,然后出台了《中华人民共和国母婴保健法》(1994 年)这一专项政策,紧接着推出了《托儿所、幼儿园卫生保健管理办法》(1994 年)和《母婴保健医学技术鉴定管理办法》(1995 年)等单项政策;2000 年以后,随着《中国儿童发展纲要(2001—2010 年)》等综合性政策的出台,相继推出了一系列专项和单项政策(见图 3)。这表明我国的相关家庭政策越来越具体、可操作,对儿童早期的支持越来越实际可行。

表 1 我国相关家庭政策的类型分布:1980—2008 年

年 份	综合性政策	专项政策	单项政策
1980—1989	2(66.7%)	1(33.3%)	0(0.0%)
1990—1999	6(37.5%)	5(31.3%)	5(31.3%)
2000—2008	7(15.2%)	18(39.1%)	21(45.7%)
合 计	15(23.1%)	24(36.9%)	26(40.0%)

注:表格中的数据为包含有相关家庭政策的政策文本数目及其在该时间段内的百分比。以下同。

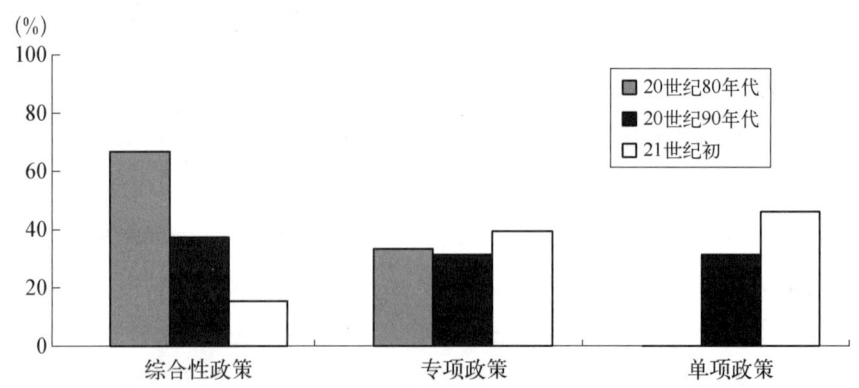

图 2 我国相关家庭政策的类型分布:1980—2008 年

(三)权益保障范围

从对儿童早期的权益保障来看,我国相关家庭政策的功能范围越来越广,目前覆盖了"健康""教育""法律保护"和"环境"等四个领域。除去《儿童权利公约》《中国儿童发展纲要》等 6 个综合性权益保障政策外,根据《中国儿童发展纲要(2001—2010 年)》,儿童早期权益保障涉及"健康""教育""法律保护"和"环境"四大领域。20 世纪 80 年代,主要是包含在宪法、民法通则和婚姻法中的某些"法律保护"方面的条款;20 世纪 90 年代后,各领域政策都快速增长,尤其是"健

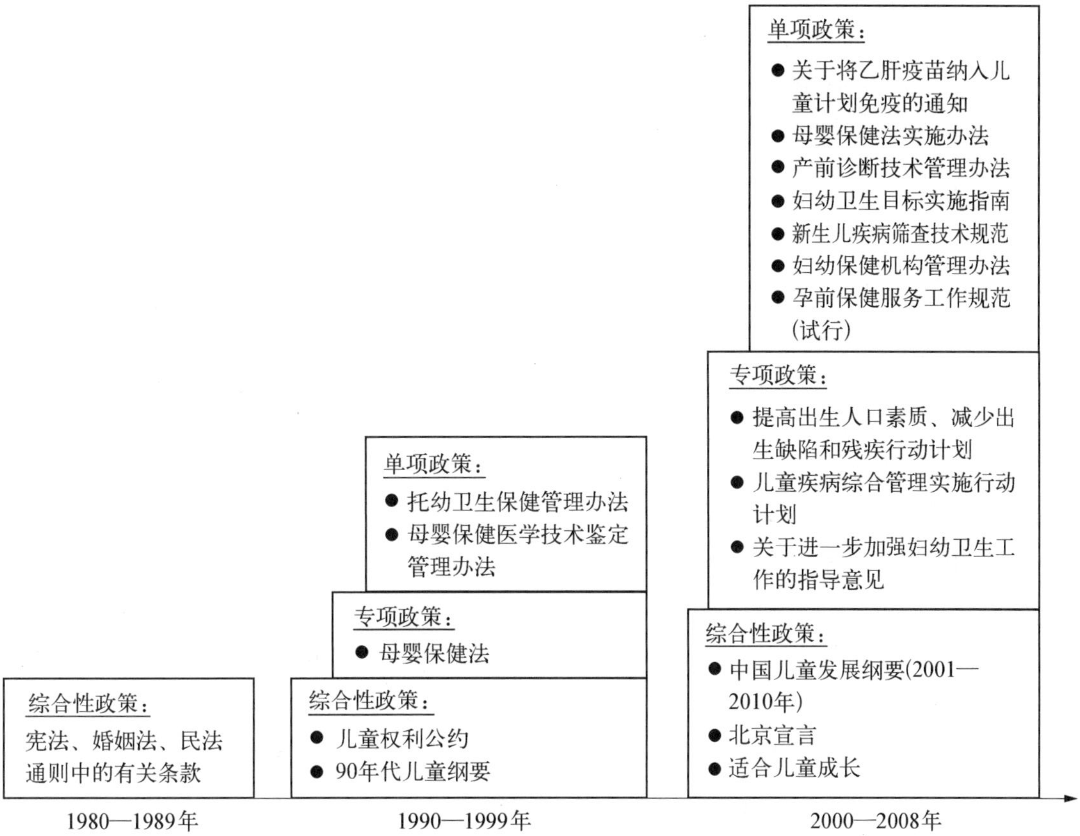

单项政策:
- 关于将乙肝疫苗纳入儿童计划免疫的通知
- 母婴保健法实施办法
- 产前诊断技术管理办法
- 妇幼卫生目标实施指南
- 新生儿疾病筛查技术规范
- 妇幼保健机构管理办法
- 孕前保健服务工作规范（试行）

专项政策:
- 提高出生人口素质、减少出生缺陷和残疾行动计划
- 儿童疾病综合管理实施行动计划
- 关于进一步加强妇幼卫生工作的指导意见

单项政策:
- 托幼卫生保健管理办法
- 母婴保健医学技术鉴定管理办法

专项政策:
- 母婴保健法

综合性政策:
- 中国儿童发展纲要(2001—2010年)
- 北京宣言
- 适合儿童成长

综合性政策:
- 宪法、婚姻法、民法通则中的有关条款

综合性政策:
- 儿童权利公约
- 90年代儿童纲要

1980—1989年　　　1990—1999年　　　2000—2008年

图3　关于"儿童早期健康"的相关政策：1980—2008年

康"政策；2000年以后，"环境"政策增加较多(见表2)。

表2　我国现有相关家庭政策的儿童权益覆盖情况：1980—2008年

年　份	健　康	教　育	法律保护	环　境
1980—1989	0(0.0%)	0(0.0%)	3(100.0%)	0(0.0%)
1990—1999	7(50.0%)	3(21.4%)	3(21.4%)	1(7.1%)
2000—2008	24(57.1%)	5(11.9%)	4(9.5%)	9(21.4%)
合　计	31(52.5%)	8(13.6%)	10(16.9%)	10(16.9%)

目前，我国相关家庭政策基本全覆盖，四个领域所占的比例依次为：健康52.5%、教育13.6%、法律保护16.9%和环境16.9%。其中，涉及儿童早期"健康"的比重最大，尤其是明确适用于"儿童早期"的36个政策中，高达78.8%的属于"健康"领域；而且，越是适用于年龄小的儿童，"健康"领域的政策比例越高，比如：适用于0—1岁儿童的高达88.0%。

（四）政策取向

从相关政策的制定取向看，随着时代发展，"权利取向"的"支持家庭"政策逐渐增加，"责任取向"的"家庭支持"政策相对减少。综合文献,目前的家庭政策取向,主要有两类,即"责任取向"与"权利取向"。前者主要视家庭为儿童早期发展的"责任主体",是政策的执行者,强调家庭对儿童早期发展的支持责任与义务,政策的关系主体是"家庭内部"的家庭成员(比如父母与子女),相关政策主要是"政府为保障儿童的基本权利,而制定或规定父母或其他监护人的具体责任与义务的政策",简称"家庭支持"政策。而后者则更多看到家庭在支持儿童早期发展中的困难与需求,强调政策对家庭的支持作用,认为虽然家庭对儿童早期发展负有不可推卸的责任,但家庭本身也需要支持,"家庭"在相关政策中是"权利主体",是政策的受益者,政策的关系主体是"家庭"与家庭外部相关机构,比如:与社区、托幼机构或妇幼保健机构等,相关政策主要是"政府为保障家庭功能,而制定的帮助父母或其他监护人可以最大程度上照顾其子女或未成年人的政策",简称"支持家庭"政策。

我国相关家庭政策具有从"责任取向"转向"权利取向"的特征:当20世纪80年代,相关政策基本属于"责任取向",主要散布于《中华人民共和国宪法》《中华人民共和国民法通则》《中华人民共和国婚姻法》等法律文本中,强调家庭对儿童早期发展的责任与义务。诸如,"父母对子女有抚养教育的义务""父母有保护和教育未成年子女的权利和义务"等条款。20世纪90年代后,随着我国签署《儿童权利公约》和颁布《九十年代中国儿童发展规划纲要》,"权利取向"的政策文本显著增加,与"责任取向"的政策文本在数量上相当,各占到当时相关文本的31.3%,另有37.5%的属于"混合取向",即同时包含了两种取向,既规定了家庭对儿童早期发展的责任,又制定了支持家庭实现责任的政策。2000年以后,出台的相关政策文本基本上是"权利取向"或"混合取向"(见表3)。这表明我国的相关家庭政策越来越重视"家庭"的"权利主体"地位,越来越倾向于认同从支持家庭到支持儿童早期发展的家庭政策理念。

表3 我国现有相关家庭政策的政策取向:1980—2008年

年 份	责任取向 (家庭支持)	权利取向 (支持家庭)	混合取向 (家庭支持及支持家庭)
1980—1989	3(100.0%)	0(0.0%)	0(0.0%)
1990—1999	5(31.3%)	5(31.3%)	6(37.5%)
2000—2008	0(0.0%)	20(43.5%)	26(56.5%)
合 计	8(12.3%)	25(38.5%)	32(49.2%)

二、内容分析:从"家庭支持"到"支持家庭"?

尽管我国从20世纪90年代开始,相关政策越来越多地体现"权利取向",包含"支持家庭"政策的文本数量明显增加。如表3所示,就本文所分析的65个政策文本中,"支持家庭"政策的文本有25个,占到38.5%,显著多于"家庭支持"政策的文本。这是否意味着我国的相关家庭政策已经从"家庭支持"转为"支持家庭"了呢？这还需要从政策文本的内容上做具体分析，对"支持家庭"政策的构成进一步分析，看是否达到了相关的标准与效力。

(一)"支持家庭"政策的内涵与构成

自20世纪80年代以来，尤其是进入20世纪90年代后，西方福利国家的社会政策越来越转向对家庭和儿童成长需要的关注，而以预防和早期干预为目标的家庭服务更是受到政府的重视。为使儿童能够在家庭中得到恰当的照顾，政府普遍制定由各种法律、收入保障和社会服务构成的"支持家庭"政策。概括而言，相关政策通常包含三个部分①②。

其一，经济支持，即家庭津贴或给付体系(family benefits system)，涵盖多种与子女有关的所得转移政策(income transfer policies)，诸如：(1)家庭薪资报酬不足以维持生计的现金给付，如家庭津贴、子女津贴、租税给付、房屋津贴等；(2)子女相关风险丧失所得而需要补充的给付，如子女抚养费、单亲母亲特定给付；(3)分娩或怀孕期间所减少的薪资，诸如生育津贴或亲职给付；(4)特定亲职责任给付，如育儿及特定亲职给付(child-rearing and special parenting benefits)。

其二，亲职福利，即与亲职角色相关的工作福利制度，主要包括：(1)亲职时间(time for parenting)，即让双亲在子女需要时，能有时间照顾子女，如产假、哺乳假、育婴假；(2)亲职保护，即给予双亲实现亲职角色的特殊工作保护，如孕期工作保护等。

其三，对子女或家庭的配套服务(child and family services)，诸如：(1)托育服务，即设立托幼机构，为家庭提供照料、托管婴幼儿的服务；(2)保健服务，即设立相关保健机构，为家庭提供必要的母婴保健服务，如婚检、孕产期保健、计划免疫等；(3)社区服务，即以社区为平台，对家庭提供早期保育、教育、健康等综合服务。

(二)我国相关"支持家庭"政策的具体分析

1. 构成分布："支持家庭"政策的组成及其比重

对"权利取向"和"混合取向"的57个包含"支持家庭"政策的文本做内容分析，结果如下(见表4)。

表4 我国关于儿童早期发展的"支持家庭"政策构成：1990—2008年

年 份	政策支持	经济支持	亲职福利	配套服务
1990—1999	4(36.4%)	2(18.2%)	2(18.2%)	3(27.3%)
2000—2008	22(47.8%)	8(17.4%)	3(6.5%)	13(28.3%)
合 计	26(45.6%)	10(17.5%)	5(8.8%)	16(28.1%)

---

① Kamerman, Sheila B. 1999, "Child and Family Policies: An International Overview". In Edward F. Zigler, Sharon Lynn Kagan and Nancy W. Hall (eds.), *Children, Families, and Government: Preparing for the Twenty-first Century*. Cambridge, uk.: Cambridge University Press.

② 张秀兰、徐月宾：《建构中国的发展型家庭政策》，《中国社会科学》2003年第6期。

(1) 26个文本中的相关政策属于"政策支持",即对家庭的支持停留在文本指导层面,只是一种"支持精神",缺乏具体的实施细则和操作办法。从严格意义上来说,这些还不是真正"支持家庭"政策。比如,《儿童权利公约》中第27条第3款规定:"缔约国按照本国条件并在其能力范围内,采取适当措施帮助父母或其他负责照顾儿童的人实现此项权利①,并在需要时提供物质援助和资助方案,特别是在营养、衣着和住房方面。"该规定明显体现了"权利取向",对缔约国政府制定相关"支持家庭"政策提出了要求,但其本身还不能算作真正的"支持家庭"政策。

(2) 31个文本中的相关政策符合前文"支持家庭"政策的界定,包含"经济支持""亲职福利"和"配套服务"的文本数量分别为10、5和16个。其中,"配套服务"所占的比重最大,约51.6%(见图4)。

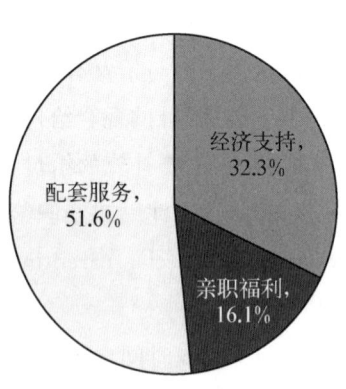

图4 我国现有相关"支持家庭"政策的构成

2. 主要内容:政策条款的集中指向

(1) "经济支持"的政策主要集中在三个方面:其一,与生育有关的津贴或免费服务政策,比如《企业职工生育保险试行办法》(1994年)、《关于进一步加强生育保险工作的指导意见》(2004年)、《关于生育津贴和生育医疗费有关个人所得税政策的通知》(2008年)等文本中的有关规定;其二,与儿童保健有关的免费政策,比如《关于将乙肝疫苗纳入儿童计划免疫的通知》(2001年)等文本中的有关规定;其三,适用于某些处境不利家庭的给付政策,比如《关于尽快解决农村贫困人口温饱问题的决定》(1996年)、《城镇最低收入家庭廉租住房管理办法》(2003年)、《关于加强对生活困难的艾滋病患者、患者家属和患者遗孤救助工作的通知》(2004年)、《儿童艾滋病抗病毒治疗工作实施细则(试行)》(2006年)等文本中的有关规定。

(2) "亲职福利"的政策主要集中在产假、哺乳假和孕期特殊工作保护上,比如《女职工禁忌劳动范围的规定》(1990年)、《中华人民共和国劳动法》(1994年)、《禁止使用童工规定》(2002年)、《最低工资规定》(2003年)和《中华人民共和国就业促进法》(2008年)等文本中的有关规定。

(3) "配套服务"的政策大多集中在医疗保健服务上(约68.8%),比如《中华人民共和国母婴保健法实施办法》(2001年)、《产前诊断技术管理办法》(2002年)、《妇幼保健机构管理办法》(2006年)等文本中的相关规定;其次是托幼机构服务(约18.8%),比如《幼儿园管理条例》(1990年)、《托儿所、幼儿园卫生保健管理办法》(1994年)、《中小学幼儿园安全管理办法》(2006年)等文本中的相关规定;包含社区服务政策的仅1个(约6.3%)——《关于发展城市社区卫生服务的指导意见》(2006年),还是与医疗卫生有关的。

3. 局限与不足:与西方福利国家"支持家庭"政策的比较

(1) 我国现有相关"支持家庭"政策对家庭的支持范围非常有限。首先,从"经济支持"政策

---

① "此项权利"指《儿童权利公约》第27条第2款中规定的"父母或其他负责照顾儿童的人负有首要责任在其能力和经济条件许可范围内确保儿童发展所需的生活条件"。

来看,除生育津贴、免费接种、部分医疗补贴外,我国 0—6 岁儿童发展所必需的衣、食、住、行、教育、娱乐、医疗等费用基本上全部由家庭承担。即使对于某些处境不利家庭有一定经济支持,但多限于贫困补助或重大疾病补助,基本属于"以补救为主"的救助型政策。而西方福利国家的"经济支持"政策强调"以预防为主",基本涵盖了多种与子女有关的所得转移政策。目前,全世界已有 80 多个国家实施家庭(儿童)津贴,其中很多国家还为单亲家庭、家庭第一个孩子等设立了特定津贴。

其次,从"亲职福利"政策来看,除了适龄女性孕产期中的相关支持政策外,其他诸如儿童计划免疫、疾病护理、托幼接送或亲子游戏等亲职角色所必需的时间,则难以得到保证;而且相关政策仅适用于女性,针对父亲的工作支持基本没有。虽然上海、北京、广东、南京、山东等很多省、市近年来相继在本地"人口与计划生育规定"中给予了男性一定时间的产期护理假,但在国家层面上尚无相应政策。这样的工作福利显然不能满足 0—6 岁不同年龄儿童家庭的亲职需要,尤其是"剥夺"或"削弱"了在职父亲与儿童早期的天然联系。在这样的政策框架下,工作与亲职角色之间的冲突还很难调节,隔代养育、留守儿童等问题突出也在情理之中。而工作与家庭并重的北欧国家,在产假和育婴假上相当慷慨,而且也是最先推行该制度的国家。比如,瑞典的产假为 102 天,给付 80%薪资,而且早在 1974 年就最先实施了育婴假,长达 263 天,期间给付 80%薪资;芬兰的产假为 18 周,给付薪资比率 70%,并在 1980 年推行育婴假,长达 26 周,甚至到子女 3 岁;挪威的产假长达 42—52 周,其间给付薪资比率 80%—100%。特别值得注意的是,这些国家的育婴假可以由父亲或母亲或双亲共享。

最后,从"配套服务"政策来看,我国有关"社区服务"的政策最少,缺乏以社区为依托的促进儿童早期发展的专项家庭政策。这一状况不仅增加了政策的宣传与知情难度,一般家庭很难全面了解和理解相关政策,更难以有效给予利用,使政策多停留在文本层面,无法为家庭和早期儿童服务,而且,给支持家庭的行动带来资源整合难度。托幼机构、妇幼保健机构、儿童福利机构、社区(街道)等服务于家庭和儿童的基层机构或组织,基本只能了解与自己明确有关的政策,做与自己明确有关的事,而难以在政策引导下建立跨部门机制,难以实现 IECD[①] 所提倡的"以社区为依托、家庭为基础、儿童为中心"的儿童早期综合服务模式,早期儿童的家庭很难在社区平台上获得集保育、教育为一体的综合服务。而自 20 世纪 60 年代以来,美国、英国、加拿大等国家都先后制定了有关的专项政策,体现了以下三个共同特征:其一,以确保所有儿童获得尽可能好的开端、协助父母履行养育责任为总体目标。其二,向处境不利的儿童及其家庭给予资源倾斜。比如,英国的"确保开端计划"(Sure Start),资源优先向 20%处境最不利的地区倾斜,在最需要

[①] IECD(Intergrated Early Childhood Development),是联合国儿童基金会提出的"儿童早期综合发展项目",其宗旨是"我们要努力提高儿童早期的综合发展,确保每一位儿童都能拥有最佳的人生开端"。2003 年,联合国儿童基金会与教育部合作在中国 6 省和 3 市实施了"儿童早期发展"(ECD)的试点项目。6 省包括甘肃、宁夏、四川、贵州、广西和内蒙古,3 市包括天津、沈阳和青岛。该项目以天津作为先行试点城市,倡导教育和卫生部门在社区的合作,促进全面的儿童早期关爱与发展。

帮助的地方设立儿童中心,在最欠发达地区提供早期保育、教育、健康和家庭支持服务,使那些处境最不利的家庭和儿童得到支持。① 其三,以社区为依托,建立跨部门支持机制。这样的家庭政策,产生了非常积极的效果。比如,美国自 1965 年实施"开端计划"(Head Start)至 2006 年,已经有 240 万名儿童参加,不仅促进了教育机会均等,改善了处境不利儿童的学前教育,而且促进了少数民族多元文化和语言的发展,促进了贫困家庭的经济独立和社会稳定②。还比如英国的"确保开端计划"(Sure Start),自项目 1999 年实施到 2004 年 3 月,已经帮助 40 万处境不利的 4 岁以下儿童。③ 而且,该项目将教育、医疗及其他社会服务部门整合一体,凡是有新生儿童的家庭,工作人员会在孩子出生后的 3 个月内定期进行家访,对每个孩子及其家庭的需求进行评估,然后向父母提出相关的建议。研究证明,如果能够在孩子出生前后开始为家庭提供服务并持续几个月或几年,不仅可以有效地减少虐待儿童现象的发生,还能帮助家庭形成积极健康的抚育孩子的行为。

(2) 我国现有相关"支持家庭"政策的适用家庭有限,难以满足不同类型家庭的发展需要。 首先,覆盖所有家庭的"普惠式"政策少,尤其是"经济支持"。根据前面的分析,适用于所有家庭的,主要集中在"计划免疫"或"配套服务"方面;其他的相关政策基本都有适用限制,比如:"生育津贴"的适用对象是"城镇企业职工"家庭,而且前提是所在单位"按照其工资总额的一定比例向社会保险经办机构缴纳生育保险费,建立生育保险基金"。其次,适用于特殊需要家庭的"特定式"政策的覆盖面窄,基本限于"贫困"或"艾滋病"家庭,而像单亲、隔代、其他重大疾病(如白血病)儿童的家庭却难以得到政策支持。

相比之下,西方福利国家的"支持家庭"政策的适用家庭就宽泛得多。它们相信任何家庭都是有需要的家庭,所以政策适用对象不只是有问题的家庭,更要惠及所有家庭;不仅提供特殊需要家庭应急或修补性的帮助,更重视对一般家庭的预防和支持性帮助。比如在英国,双职工家庭的父母每周工作时间超过 16 小时即可享受税收优惠政策(working families tax credit);贫困家庭和享受福利的单亲家庭享受经济帮助和就业培训;另外,还有"全国家庭及亲职中心"(National Family and Parenting Institute),为所有家庭提供辅导和支持性服务。而素有"儿童天堂"之称的瑞典,更是为国民提供了"从摇篮到坟墓"的全面保障。就适用于早期儿童家庭的政策看,既有针对所有家庭的"经济支持"(如产前产后保健及分娩免费、产前 180—270 天的生育津贴、产假补贴、儿童津贴、父母津贴、免费医疗等)、"亲职福利"(如长达 16 个月的产假和育婴假、每年 60—120 天的育儿假、工时缩减等),以及"配套服务"(如各地都有负责孕产妇的母亲保健中心、接收 6 个月—6 岁儿童的不同形式的托儿所等);同时,还有适用于特殊需要家庭的特殊政策,如对多子女给付儿童附加补贴和额外父母津贴、对多子女或低收入家庭给予住房补贴和

---

① 王峥、朱家雄:《建立以社区为基础的学前儿童整合性服务——英国"确保开端"项目的启示》,《幼儿教育》2005 年第 3 期。
② 姚艳杰、许明:《美国开端计划的发展、问题与走向》,《学前教育研究》2008 年第 4 期。
③ 朱梅花、傅淳:《英国"确保开端"项目对我国学前教育的启示》,《幼儿教育(教育科学)》2008 年第 1 期。

减免托育费用、对丧亲家庭给予儿童抚养金或寡妇补贴、对残疾儿童家庭给予类似提前退休金的健康照料假及照料金等。① 可以说,西方福利国家的"支持家庭"政策基本呈现"金字塔"结构,融合了适用于所有家庭的"普惠式"政策,适用于单亲、低收入、有残疾或重病儿童、学习困难儿童、心理行为异常儿童等特殊需要家庭的"特定式"政策以及适用于家庭暴力、遗弃或因战争、自然灾害陷入困境的高危、高风险家庭的"保护式"政策(见图5)。

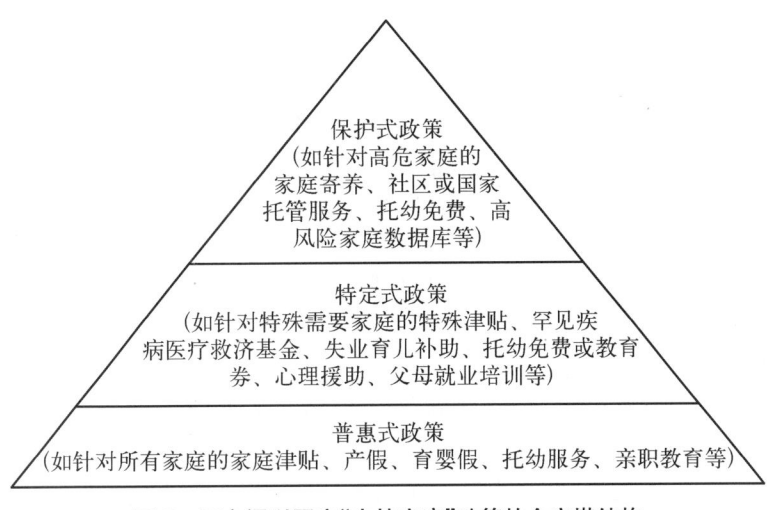

图5 西方福利国家"支持家庭"政策的金字塔结构

(3)我国现有相关政策的主要适用于0—1岁婴儿家庭,难以系统全面地支持不同生命历程的家庭发展。在36个明确适用于"儿童早期"的政策文本中,有25个(69.4%)针对0—1岁儿童家庭,仅4个(11.1%)针对1岁以上家庭,另有7个(19.4%)涵盖0—6岁儿童家庭。进一步分析其中21个"实际支持"政策文本,发现有15个(71.4%)是针对0—1岁儿童的,涉及"经济支持""亲职福利"和"配套服务"等三个方面,具体诸如:生育保险、孕产假期、妇幼保健操作规范;而明确适用于1岁以上儿童家庭的仅包含在3个文件中,均属于托幼服务(见表5)。

表5 明确适用于"儿童早期"的实际支持政策分布

	经济支持	亲职福利	配套服务	合　计
0—1岁儿童家庭	6(28.6%)	3(14.3%)	6(28.6%)	15(71.4%)
1岁以上儿童家庭	0(0.0%)	0(0.0%)	3(14.3%)	3(14.3%)
0—6岁儿童家庭	0(0.0%)	0(0.0%)	3(14.3%)	3(14.3%)
合　计	6(28.6%)	3(14.3%)	12(57.1%)	21(100.0%)

事实上,处在不同生命历程的家庭会有不同的压力与需求,比如,准备结婚的"家庭",会面临购房、婚姻准备等压力,在经济、心理方面需求强烈;已婚未育家庭,可能面临与生育相关的生

---

① 何玲:《瑞典儿童福利模式及发展趋势研究》,《中国青年研究》2009年第2期。

理、心理、经济压力,需要相应的辅导与支持;0—1岁儿童家庭,会面临孕产期风险、育婴压力及其与工作的冲突,对母婴保健服务、育婴指导及亲职时间等有现实需求;1岁以上儿童家庭,除了延续1岁前的育儿压力、家庭与工作之间的矛盾外,还将面临孩子的托幼问题,对经济支持、亲职福利和配套服务的需求会更丰富、更多元(见表6)。

表6 家庭生命周期视角下的家庭政策需求①

生命周期	政 策 需 求
未婚阶段	● 新婚首次购屋优惠利率 ● 婚前服务(保健、教育及婚前心理辅导等)
已婚未育家庭	● 生育子女时的换房优惠利率 ● 生育前指导服务(保健、教育及孕前心理辅导等)
0—1岁儿童家庭	● 生育津贴 ● 儿童家庭津贴(尤其针对特殊需要家庭) ● 孕产妇保护 ● 产假、育婴假及相应的薪资比率 ● 育儿津贴(尤其针对失业父母) ● 社区服务(保健、家访、育儿指导等)
1—6岁儿童家庭	● 儿童家庭津贴(尤其针对特殊需要家庭) ● 托幼费用的税收抵扣或减免 ● 5岁儿童免费学前教育 ● 强化社区托育系统 ● 设立综合性早期儿童服务中心(含亲职教育与亲职辅导) ● 亲职假 ● 建构家庭评估制度(包括学前幼儿发展检核筛检、高风险家庭数据库等) ● 规划少儿定期健康检查及医疗照顾措施
离婚等特殊阶段	● 建构高风险家庭服务策略与处理模式

但我国现有的相关政策,对于1岁以上儿童家庭的支持非常少,如果没有政策规定的若干处境不利状况,基本享受不到经济支持或利于亲职角色的工作支持。显然,这样的政策对于1—3岁儿童的家庭尤为"苛刻",因为这些家庭一来得不到任何育儿津贴,二来没有保障亲职角色的工作制度,三来由于孩子年龄尚幼还不能进入托幼机构,他们该如何面对工作与家庭的双重压力? 近期,全国妇联妇女研究中心和社科文献出版社联合发布了2009年《妇女绿皮书》,其中公布了一项在北京、上海进行的托幼服务现状调查:3岁以下幼儿的托幼服务萎缩,原来由政府、单位和街道等举办的托儿所已基本销声匿迹,尽管有少量私立托幼机构招收3岁以下的孩子,但主要是以智力开发、早期教育为目的,并不是为缓解家长就业压力而提供的托幼服务。大多数政府、单位及街道开办的声称招收3岁以下婴幼儿的托幼园所也只招收2岁半及以上的幼儿入园。这一现状难以满足父母的"托儿"需求,客观上常常造成母亲被迫延长产假,中断职业生

---

① 参考王顺民:《从"家庭照顾"到"照顾家庭"?!——关于儿童、少年福利政策白皮书的愿景蓝图与行动纲领》(http://www.npf.org.tw/particle-4445-2.html.)。

涯,增加生育的机会成本。调查显示,在北京和上海接受调查的家长中,分别有55.3%和69.8%的人认为3岁以下的幼儿适宜入托,分别有24.8%和23.9%的人曾有过找不到托儿所的经历。另外,北京、上海分别有九成以上家长认为"有必要发展"托儿所①。当然,对于3—6岁儿童的家庭而言,可以借助托幼服务来照料孩子,但由于费用、托幼机构数量等原因,事实上也只有一部分,甚至是一小部分家庭能利用。资料显示,我国2005年的学前3年毛入园率仅41.0%,农村学前1年入园率仅为72.7%②。

相对而言,西方福利国家的"支持家庭"政策所涵盖的家庭历程就完整许多。以德国为例,在女性孕产期,由《怀孕职业妇女保护法》专门规定了相应的权利,诸如:"女性职员在怀孕及产后4个月内不得被解雇""产前6周孕妇有权拒绝工作""产后8周不得被要求工作"等,同时对没有工作收入的孕产妇提供"育儿金"补贴;对于0—3岁儿童家庭,《联邦育儿金法》中规定了"父母中的任一方或父母双方可以在孩子出生的3年内从事每周不超过30个小时的兼职工作",并配有"抚育补贴费""父母补助金""针对抚育子女的税收减免""多子女奖金"等经济支持政策,以及设立了"福利住房""托育服务"等政策,为该阶段的家庭发展提供了非常多的实际支持;对于3—6岁儿童家庭,依然有"针对抚育子女的税收减免""多子女奖金""福利住房""托育服务"等支持政策。③

(三) 基本结论

综上所述,尽管我国从20世纪90年代后,相关家庭政策的制定越来越倾向"权利取向",政府基于对家庭的支持,出台了一系列涉及"经济支持""亲职福利"和"配套服务"的家庭政策,但由于所覆盖的家庭还很有限,还难以对不同发展阶段的家庭给予支持,与儿童早期发展有关的生育、照料、保育、教育、医疗等责任基本或绝大多数由家庭承担。因此,就我国现有促进儿童早期发展的家庭政策而言,其主体构成依然是"家庭支持"政策,与西方福利国家的"支持家庭"政策还有相当大的差距。

三、形成原因:以"家庭支持"为主体的相关政策构成与发展

任何的政策,总是嵌入在一定的社会背景中的,其形成和发展离不开具体的国情与社会发展。根据前文分析,自20世纪80年代以来,我国相关的家庭政策有了很大发展,但主体依然是"家庭支持",在"经济支持""亲职福利"和"配套服务"等政策方面还有很多需要完善的地方。这

---

① 王茜、李菲:《妇女绿皮书建议:发展适合需要的公共托幼服务》,参见"新华网"(http://news.xinhuanet.com/newscenter/2009-02/27/content_10912336.htm)。
② 国务院妇女儿童工作委员会:《中国儿童发展纲要(2001—2010年)实施情况中期评估报告》,参见"国务院妇女儿童工作委员会"网(http://www.nwccw.gov.cn/html/29/n-125229.html)。
③ 张雨露:《家庭——个人与社会的博弈——关于德国家庭现状及目前家庭政策的分析》,《德国研究》2007年第1期。

一现状与我国的"家庭化"儿童观、社会经济发展状况及国际社会的影响紧密相关。

（一）"家庭化"的儿童观对早期养育责任分配的影响

就相关家庭政策的制定而言，其根本思想在于政府如何看待早期儿童的养育责任。如果政府认为这一责任或主要责任应归于自己，那么就会在政策上倾向于"支持家庭"，尽管家庭依然对儿童担负监护责任，但最大的"监护人"是政府、是国家，政府（或国家）与家庭之间犹如"雇佣"关系，家庭代替国家实施监护行为，而国家给予家庭在经济、亲职福利及服务等方面的诸多支持。反之，如果政府认为这一责任或主要责任在家庭，那么其制定的政策就会更倾向于"家庭支持"，即规定家庭作为早期儿童的监护人，政府的角色更类似"判官"或"裁判员"，主要起到平衡父母与早期儿童权利和义务的作用。

我国长期受儒家传统思想的影响，在儿童观上倾向于"家庭化"，即偏重于儿童的"家庭身份"，更多视儿童为"家庭私有"。尽管从20世纪后，随着西方民主思想的发展与传播，尤其是《儿童权利公约》的颁布，儿童观在世界范围里发生了变化，儿童的"社会身份"被重视，"儿童是社会公民"的理念越来越被认同，但我国"家庭化"的儿童观依然有着广泛影响。比如，"打孩子"是非常典型的外化表现。如果有人干涉，父母多半会有"我打'我的'孩子，与你何干"的感受或反应。即使程度达到"虐待罪"，我国刑法也限于"告诉的才处理"，依然属于"自诉"案件；在量刑上也轻于非家庭成员之间的"故意伤害罪"①。这一状况，直接影响到儿童养育责任的分配。不论是家庭，还是政府，都会很自然地认同家庭应当对儿童担负主要的养育责任，特别是对于处在生命开端的早期儿童，其与家庭的依附关系更决定了他们的"家庭化"特征。事实上，任何政策的制定，都是以解决问题为首要目的，而问题来源于两个方面：其一，自下而上的需求，即社会呼声；其二，自上而下的要求，即国家意志。在我国，"家庭化"的儿童观很大程度上掩盖或弱化了早期儿童家庭对相关政策的需求。比如，就托育服务而言，尽管全国妇联的调查显示，北京、上海家庭对于3岁以下入托的需求强烈，但另一方面由于我国传统的"大家庭"文化、我国独生子女政策的推行，家庭对早期儿童的照料和发展关注加倍，对孩子入托的健康与安全问题顾虑重重，居家照料成为最普遍的方式，这无形地使很多社区、单位办的托儿所名存实亡，最后关门停办。而这反过来导致了这样一个结果：从表面上看，3岁以下家庭对托幼机构的需求不强烈。也就是说，"家庭化"的儿童观使早期儿童家庭在社会支持有限的情况下，自然、自觉地选择了"家庭化"养育，弱化了对政府的诉求，以至于这一方面的问题显得并不突出，从而减少或丧失了制定相关政策的社会基础。另外，我国的社会福利资源相对有限，社会政策向来强调减轻企业（国家）的社会负担、增加家庭和个人责任，而由于"家庭化"儿童观的存在，相关政策的制定与推行都比较顺利。因此，不论"自下而上"，还是"自上而下"，我国现阶段的相关政策以"家庭支持"为主体都合

---

① 我国《刑法》第260条规定："虐待家庭成员，情节恶劣的，处二年以下有期徒刑、拘役或者管制。犯前款罪，致使被害人重伤、死亡的，处二年以上七年以下有期徒刑。"《刑法》第234条规定："故意伤害他人身体的，处三年以下有期徒刑、拘役或者管制。犯前款罪，致人重伤的，处三年以上十年以下有期徒刑；致人死亡或者以特别残忍手段致人重伤造成严重残疾的，处十年以上有期徒刑、无期徒刑或者死刑。"

情合理。相比之下,在公民社会发育较早的西方国家,子女更多地被视为新一代的公民,而不是家庭的传宗接代者或私有财产的继承人。这一"社会化"的儿童观,使家庭和国家都认为政府和社会有责任为家庭提供支持。一方面,家庭会有意识地反映需求、凸显问题、争取支持;另一方面,政府非常明确家庭政策的目的就是要分担家庭抚育子女的责任。所以,西方福利国家的家庭政策更多体现了"支持家庭"。特别是以芬兰、瑞典、丹麦、挪威为代表的社会民主主义福利国家,其家庭福利指标非常高,早期儿童的养育责任基本上由国家承担。

(二) 社会经济发展对相关政策的促进与制约

很明显,家庭政策的制定与社会经济发展紧密相关。"经济支持""亲职福利""配套服务"等各方面政策都有赖于社会经济发展。只有国家在聚集了大量的经济财富,有足够的经济实力的时候,才能够制定、完善和提高相关政策。自20世纪80年代以来,我国经济快速发展。1979—2004年我国GDP平均每年递增9.6%,人均GDP平均每年递增8.3%,尤其是进入2000年后,GDP总量从原来的世界第11位提高到第6位,2003年我国人均GDP首次突破1 000美元。1995年我国已实现GDP总量比1980年翻两番,比预定到2000年的目标提早了5年;1997年已实现人均GDP比1980年翻两番。① 这些为我国相关的生育津贴、计划免疫、困难家庭补助、廉租房等"支持家庭"政策的制定奠定了必要的经济基础。

但另一方面,我国社会正处于"从自给半自给的产品经济社会向社会主义市场经济社会转型,从农业社会向工业社会转型,从乡村社会向城镇社会转型,从封闭半封闭社会向开放社会转型,从同质的单一性社会向异质的多样性社会转型,从伦理社会向法理社会转型"的特殊时期②,市场竞争和社会分化加剧,多元价值观相互碰撞,城乡差距拉大,家庭压力和家庭冲突普遍,儿童早期的家庭生活面临很多挑战,"家庭问题""问题家庭""儿童问题""问题儿童"大量产生③④,亟待一系列的相关政策予以支持。但我国尚处于社会主义初级阶段,人均GDP水平仍然很低,世界排名仍在100位之后,远远落后于西方福利国家,而且尚有1亿多人口生活困难。因此,我国政府只能优先制定最急需的保障性政策。就早期儿童发展而言,"生存权"的保障理所当然是第一位的。所以,如前所述,我国现有相关政策涉及儿童早期"健康"的比重最大,尤其是0—1岁儿童的"生命健康权"的保障方面,诸如:孕产妇的保健、生育津贴、产假、哺乳假、儿童计划免疫等一系列"普惠式"政策,以及适用于陷入贫困、孤残、艾滋病等极端不利处境家庭的"特定式"政策。

(三) 国际公约对相关政策的推动与贡献

我国是联合国、世贸组织、世界卫生组织等国际组织的成员,因此,国际公约、国际组织的政

---

① 中华人民共和国国家统计局编:《中国统计年鉴(2008)》,参见"中华人民共和国国家统计局"网"统计数据"(http://www.stats.gov.cn/tjsj/ndsj/2008/indexch.htm)。
② 李培林:《另一只看不见的手:社会结构转型》,社会科学文献出版社2005年版,第2页。
③ 徐安琪、张亮:《转型期家庭压力特征和社会网络资源的运用》,《社会科学研究》2008年第2期。
④ 刘继同:《中国社会结构转型、家庭结构功能变迁与儿童福利政策议题》,《青少年犯罪问题》2007年第6期。

策建议,对我国国内的政策有着重要影响。就我国促进早期儿童发展的家庭政策而言,与我国政府在20世纪90年代相继签署了联合国《儿童权利公约》和《儿童生存、保护和发展世界宣言》有密切关系。在《儿童权利公约》中,将儿童的权利由目的上的宣示变为有约束力的立法条文,是一项国际性的对儿童权益保障最直白、最重要法律规范,它提出了对儿童照顾的国家责任与家庭的亲职责任,父母对儿童虽然有抚养权,但当父母无能力抚养或儿童权益遭受损害时,国家就有权行使干预或提供必要的支持。这一国际公约要求缔约国必须根据本国国情制定相应的支持性政策及实施细则。我国政府于1990年8月29日正式签署了联合国《儿童权利公约》,1992年3月2日全国人民代表大会批准该公约,公约于1992年4月1日正式对我国生效。之后,国务院先后制定了《九十年代中国儿童发展规划纲要(1992—2000年)》《中国儿童发展纲要(2001—2010年)》,将国家保护与关爱儿童的意志上升为国家政策与发展规划。① 其中"儿童早期发展"又是侧重点。就"儿童健康"指标看,70%左右针对"婴幼儿"。② 这些直接影响了随后制定的一系列相关政策文本,诸如《中华人民共和国未成年人保护法》《中华人民共和国母婴保健法》《中华人民共和国预防未成年人犯罪法》等。

另外,我国对相关政策的重视,与近20年有关儿童早期发展的研究不可分割。特别是研究一致证实,家庭对儿童的生存质量和发展机遇都具有决定意义,尤其与儿童早期发展更有着不可分割的联系。良好的早期家庭环境,特别是父母的角色,不仅有助于儿童的身心健康③④、学业表现⑤、能力培养⑥⑦以及未来的发展⑧,还会减少儿童出现各种不良行为和心理病理的概率。这些研究为政策制定提供了科学参考,对我国相关家庭政策的发展提供了有力的支持。⑨

总之,自20世纪80年代以来,随着我国社会经济的快速发展、世界儿童观的转变以及国际公约的影响,我国关于儿童早期的家庭政策在数量、类型、权益保障、政策取向等方面都有显著发展,基本形成了涵盖综合性政策、专项政策和单项政策,覆盖儿童早期健康、教育、法律保护和环境的政策体系,越来越体现出政策的"权利取向"。这些都极大地促进了我国儿童早期在卫生保健、保育和教育等方面的进步,儿童早期的生存、保护和发展状况得到很大改善。⑩ 但由于长

---

① 刘继同:《儿童福利的四种典范与中国儿童福利政策模式的选择》,《青年研究》2002年第6期。
② 徐浙宁:《中国与欧美儿童健康指标体系比较》,《中国青年研究》2008年第9期。
③ 张晓、陈会昌、张桂芳等:《亲子关系与问题行为的动态相互作用模型:对儿童早期的追踪研究》,《心理学报》2008年第5期。
④ 吕勤、陈会昌、王莉:《儿童问题行为及其相关父母教养因素研究综述》,《心理科学》2003年第1期。
⑤ 赵琳:《儿童早期语言教育与其后继语文能力发展关系的研究报告——一项早期家庭教育的追溯研究》,《学前教育研究》2003年第11期。
⑥ 谷传华、陈会昌、许晶晶:《中国近现代社会创造性人物早期的家庭环境与父母教养方式》,《心理发展与教育》2003年第4期。
⑦ 张华、庞丽娟、许晓晖:《家庭生态环境与儿童早期数学认知能力》,《北京师范大学学报(社会科学版)》2005年第3期。
⑧ 侯志瑾:《家庭对青少年职业发展影响的研究综述》,《心理发展与教育》2004年第3期。
⑨ 张秀兰、徐月宾:《建构中国的发展型家庭政策》,《中国社会科学》2003年第6期。
⑩ 顾秀莲:《关注儿童的生存、教育和发展》,《早期教育》2008年第1期。

期以来"家庭化"的养育责任分配、尚不发达的社会经济状况等,我国现有相关政策依然以"家庭支持"为主体,对家庭的支持还很有限,对于由于社会转型而出现的各种特殊需要家庭难以兼顾,还很难起到预防、补救和发展家庭功能的多重作用。然而,家庭政策理应切实考虑如何帮助父母平衡家庭与社会角色,如何在家庭生命周期的不同阶段兼顾子女照顾与社会责任。它不应只是一种"工具",只是为了达到政府其他政策的目标、实现国家整体发展的手段;它更应该成为一种"支持",以利家庭实现其各种功能。尤其对于早期儿童的家庭,更应该注重"支持",这不仅因为早期儿童需要更多的家庭照顾、有更多的生命风险,而且因为对这些家庭的实际支持,其实是社会的预防性投资,是充分发展儿童潜能、减少家庭及其子女问题以及对未来福利依赖的有效途径。我国现有相关政策要做到"支持家庭",还有很长的路要走。

(原文载于《青年研究》2009年第4期)

中国流浪儿童福利政策的绩效：
基于流浪儿童视角的分析

程福财

一、政策背景与研究目的

目前,我国共有 100 万—150 万的流浪儿童。① 他们终日浪迹街头,得不到负责任的成人的照护,不仅自身面临生存的人道主义危机,也给社会秩序的维持带来挑战。1995 年,中央明确指出,要试办流浪儿童保护教育中心(以下简称"儿保中心"),对在社会上长期流浪、无家可归、失去正常生活、学习条件和安全保障的少年儿童,采取保护性的教育措施。② 从这一年开始,民政部着手建立儿保中心,尝试制度化地为流浪儿童提供照顾、保护。民政部要求每个地级城市都建立一所儿保中心来保护、教育流浪儿童。到 2005 年年底,全国儿保中心的总数达 130 所。③ 在尚未建立儿保中心的城市,流浪儿童的救助工作则继续由救助管理站承担。

这些政府创立、运营的儿保中心与救助管理站,承担着临时救助流浪儿童,并最终将流浪儿童护送回家的职责。④ 然而,长期以来,流浪儿童救助机构的运作都缺乏明确的政策指导。它们的具体运营,主要是依据旨在保护一般儿童的《中华人民共和国未成年人保护法》《中华人民共和国预防未成年人犯罪法》与 2003 年国务院出台的旨在救助城市生活无着的流浪乞讨人员的《城市生活无着的流浪乞讨人员救助管理办法》及其《实施细则》。⑤ 这些法律政策,只对流浪儿童的救助保护作了抽象的原则性规定,操作性低。在过去 10 多年里,各地流浪儿童救助机构依据自身对上述法制规章的理解,依托现有的资源,因地制宜地展开了相关的救助服务。民政部

---

① 民政部等:《"十一五"流浪未成年人救助保护体系建设规划（2007）》(http://fss.mca.gov.cn/article/jhgh/200712/20071200008828.shtml.)。
② 中共中央,国务院:《中共中央办公厅国务院办公厅关于转发〈中央社会治安综合治理委员会关于加强流动人口管理工作的意见〉的通知》(厅字〔1995〕42 号)(http://www.lm.gov.cn/gb/faqs/2002-05/13/content_335.htm.)。
③ 民政部等:《"十一五"流浪未成年人救助保护体系建设规划（2007）》(http://fss.mca.gov.cn/article/jhgh/200712/20071200008828.shtml.)。
④ 民政部:《全国救助管理暨流浪儿童救助保护工作现场会专辑·各地经验之流浪儿童救助（2005）》(http://www.mca.gov.cn/artical/content/200631685531/2006316113520.html.)。
⑤ 民政部:《流浪儿童救助保护工作简况（2004）》(http://www1.mca.gov.cn/artical/content/WJG_YWJS/200443185205.html.)。

亦鼓励各地民政部门、流浪儿童救助机构创造性地开展流浪儿童救助工作。① 为了进一步规范流浪儿童的救助工作,2006 年年初,民政部等中央十九部委发布了《关于加强流浪未成年人工作的意见》,2007 年,民政部与国家发改委联合制定了《"十一五"流浪未成年人救助保护体系建设规划》和《关于流浪未成年人救助保护设施建设的指导意见》。这两个文件对我国现存的流浪儿童救助工作经验予以了充分的肯定,对我国未来流浪儿童的救助工作提出了总体性的规划。不过,从这个总刚性的规划出发到具体的政策实践仍需要一个过程。

与针对一般流浪乞讨人员的建立在自愿基础上的救助管理不同,针对流浪儿童,目前,我国各地(如宁波、杭州、深圳、重庆、萍乡、银川、西藏等地)普遍借鉴江苏等省的经验,探索实行对流浪儿童进行保护性救助政策。② 按照这种政策,流浪儿童被视为缺乏民事行为能力的个体。因此,针对他们的救助,被认为不适于建立在《城市生活无着的流浪乞讨人员救助管理办法》所强调的"自愿救助"的基础上。无论流浪儿童个人的意愿如何,保护性救助模式一律将流浪儿童视作自愿接受救助,坚持实行"发现一个救助一个"的政策。民政部等中央十九部委发布的《关于加强流浪未成年人工作的意见》明确指出:"公安机关对于执行职务时发现的流浪、乞讨未成年人,打击犯罪行动中解救的未成年人,以及有轻微违法行为但根据有关规定不予处罚且暂时无法查明其父母或其他监护责任人的未成年人等,应当及时将他们护送到流浪未成年人救助保护机构接受救助。"③所有被送进救助机构接受救助的流浪儿童,未经同意,不得擅自脱离救助机构。他们的离开,必须有监护人的陪伴。在救助机构内,救助机构对受助对象享有一定的管理权限。为了防止机构内流浪儿童的擅自出走,采用保护性救助模式的救助管理站/儿保中心都采取了一定的防范、保安措施,在一定程度上约束了机构内流浪儿童自由活动的时间与空间。

根据《城市生活无着的流浪乞讨人员救助管理办法》,各地流浪儿童救助部门为机构内的流浪儿童免费提供以基本生活必需品、住宿与医疗等服务。民政部也积极建议各中心为流浪儿童提供心理咨询与文化教育。不过,这只是倡导,而非强制性规定。从实务层面看,一般地,在流浪儿童主动或被动地(被公安、城管等执法部门移送)初到救助机构寻求救助时,救助机构将努力通过这些儿童获得联系他们父母的办法,试图与其父母建立联系。如能顺利找到他们的父母/监护人,这些儿童就将被救助机构的职员或这些儿童户籍所在地的救助管理部门的职员护送回家,或者直接被他们的父母/监护人领回家。如果长时间与他们的父母联系不上,法律上,这些儿童将被转介到儿童福利院或其他政府办的儿童服务机构内接受看护。

通过儿保中心等救助机构的运作,民政部希望确保有需要的流浪儿童能从救助机构得到适

---

① 民政部:《全国救助管理暨流浪儿童救助保护工作现场会专辑·各地经验之流浪儿童救助(2005)》(http://www.mca.gov.cn/artical/content/200631685531/2006316113520.html.)。
② 民政部:《全国救助管理暨流浪儿童救助保护工作现场会在河南省郑州市召开(2005)》(http://www1.mca.gov.cn/news/content/recent/200582985140.html.);民政部等中央十九部委:《关于加强流浪未成年人工作的意见》(http://www.moe.gov.cn/edoas/website18/info20292.htm.)。
③ 民政部等中央十九部委:《关于加强流浪未成年人工作的意见》(http://www.moe.gov.cn/edoas/website18/info20292.htm.)。

当的保护与教育,并得到妥善安置。迄今为止,以儿保中心等为载体的流浪儿童救助体系的建立与运作已逾 10 年,预期的目标是否已经达成? 现行流浪儿童福利政策是否有效地帮助了流浪儿童、解决了流浪儿童问题? 对于这些问题,目前仍然缺乏系统的评估研究。由于无法取得关于全国流浪儿童救助机构运作的详细数据资料,特别是定量统计资料,对现行政策绩效的客观评估研究很难进行。为此,本研究拟根据该政策的目标群体——流浪儿童——对于流浪儿童救助机构的主观经验与评价,去评估现存流浪儿童福利政策的运作效果。这一研究思路的选择,也是由于流浪儿童是我国流浪儿童福利政策的最直接利益相关人的事实。他们的主观经验、感受与评定,对于对我国流浪儿童福利政策效果的评估,具有重要的参考价值。

二、研究方法

本研究主要通过定性的民族志(Ethnography)调查的方法进行。下文将对研究的对象、数据的收集与分析过程予以分别界定、说明。

(一) 研究对象

在本研究中,流浪儿童,特指 18 岁以下的、大部分时间在城市公共场所流浪、得不到负责任的成人监护的未成年人。本研究的线人(Informants)是研究者在街头调查到的 49 名流浪儿童。这 49 名儿童中有 21 位曾经一次或多次、主动或被动地去过上海或其他城市的流浪儿童救助机构接受救助,他们亲身体验过这些机构的运作。另外 28 位儿童则是从其他流浪儿童等人那里获得对流浪儿童救助机构的间接体认。这些孩童的年龄在 9—18 岁[①],仅 4 位女孩,其他全部是男童,只有 1 位是上海本地人,其他的都来自上海之外的省市,他们的文化程度都在初中一年级及以下,在街头流浪的时间从 2 天到 14 年不等。

(二) 数据收集

本研究是研究者在上海展开的一项流浪儿童研究的子项目。该研究采用民族志的方法进行。民族志的研究路径给研究者提供了一个在"自然"情境中了解流浪儿童的机会,它使得研究者有可能通过长期的互动而与被研究者建立可靠的信任关系,从而深入流浪儿童的日常生活,倾听、记录他们的声音,获得许多其他研究方法所无法得到的翔实而可靠的数据。[②] 从 2005 年 4 月到 2006 年 1 月,研究者先后用 7 个月的时间在铁路上海站地区,观察、访问流浪儿童,先后在街头接触流浪儿童 49 人,写就 60 万字的田野调查笔记。2008 年 10 月开始,研究者对该地区流浪儿童开始了新一轮的追踪调查。有关流浪儿童对我国流浪儿童救助政策的经验、感受与评估,正是在该项民族志的调查中获得的。

由于流浪儿童一般不愿意接受正式的结构式访谈,本研究主要通过无结构式访谈收集数

---

① 本文所涉及的流浪儿童的年龄,概指他们在本研究进行民族志调查的 2005 年时的年龄。
② Young, L., & Barrett, H. "Issues of access and identity: Adapting research methods with Kampala street children". *Childhood*, 2001(8), 383-395.

据。为了尽可能地确保访谈的质量,所有的访谈都是在研究者成功地与流浪儿童建立起信任关系之后进行。在访谈中,研究者鼓励被访流浪儿童自由地表达他们的所有关于流浪儿童救助机构的感受、体会、意见与建议。受访者不受任何引导性问题的限制。具体的访谈,大多以小组形式进行。当研究者在访谈一个流浪儿童时,他/她通常要求邀请其同伴参与,或者其同伴会主动要求加入访谈中。这些儿童显得很乐意集体性地与研究者分享他们的经验与体会。在访谈过程中,小组中的流浪儿童总是倾向根据自己的经验与体会,及时地或赞成、或纠正、或补充其他流浪儿童的说法。因此,研究者所收集的资料大多是在访谈小组内的流浪儿童相互提醒、互相验证之下获得的。得到被访流浪儿童的同意,研究者对访谈进行了录音。在访谈现场,除了适时控制访谈过程外,研究者简要记录了被访者的表情、肢体动作等无法录音的信息,并在翻译录音时一并纪录。

(三) 数据分析

民族志调查的数据分析过程起始于数据的收集过程。① 在本研究中,每天的田野调查结束后,研究者就尽可能快地详细写下田野笔记②,并将录音资料翻译成文字。在随后反复阅读这些文字资料的过程中,研究者以数据主导(Data-driven)与理论主导(Theory-driven)并重的方法对所有的数据进行初步的编码、分析,逐步发现一些相关的主题(Themes)、类型(Types)与模式(Patterns),并将自己在此过程中的任何感受、初步的理论思索与分析等以备忘录的形式记载下来。所有前一阶段的初步的数据分析结果,都在不同程度上指引着后续的访谈调查。在结束所有的田野调查、访谈后的正式的数据分析阶段,研究者对由全部的田野笔记与翻译成文字的录音反复阅读,反复编码,采用Glaser与Strauss倡导的反复比较的方法追踪业已出现的任何的主题、类型与模式,直到稳定的关系模型出现后为止。③ 为了确保调查的可信度,研究者采用成员检验(Member checks)的方法④,邀请受访的流浪儿童对我们的研究发现与阐释予以确认、补充与校正,以便在更大程度上确保本研究能够准确反映流浪儿童的心声,同时,也对与研究发现的关系模式不吻合的负面数据予以特别的强调、分析,以进一步保证研究的可信度。

三、研 究 结 果

对于现行流浪儿童救助政策的目标与手段,本研究调查到的流浪儿童大多都不予认同。尽管他们在救助机构内可以免费获得包括食物、衣物、住宿、医疗等在内的基本的生活资料,但他们无法接受这些救助机构采用的种种防范他们擅自外出的严格的保安措施,亦拒不接受救助机

---

① Brewer, J. D. 2000. *Ethnography*. Buckingham; Philadelphia: Open University Press.
② 具体到本研究,田野笔记主要记载的是访谈过程中录音笔所无法记载的资料,如受访儿童的面部表情、肢体动作等。
③ Glaser, B. G., & Strauss, A. L. 1968. *The discovery of grounded theory: strategies for qualitative research*. London: Weidenfeld and Nicolson.
④ Lincoln, Y. S., & Guba, E. G. 1985. *Naturalistic inquiry*. Beverly Hills: Sage Pubs.

构确立的强制性护送他们回家的所谓"家庭融合"的政策目标。

(一) 保护性政策手段的控制性

为了确保"家庭融合"的政策目标的实现,救助机构采取了严密的措施防范流浪儿童擅自外出。但是,调查发现,几乎所有的受访流浪儿童都反对这些所谓的"保护性"的救助策略。他们明显不满意自己"被关在儿保"的经历①,抱怨自己在救助机构缺乏必要的自由,生活太过单调。访谈中,15岁的流浪男童王涛这样说道:②

> 我是自己主动去儿保的,但是,我去错了。我以为那(儿保)是个好地方。有一个家伙,也是流浪的,比我大,说儿保是个很好的地方……③有免费的饭吃,有地方睡,不用干活……但是,实际上不只是那样……在我第一次进儿保的时候,我的第一印象就是:这哪是什么好地方啊,分明就是一个监狱……铁门、铁窗,还有大锁锁门,还有保安看门,进去了,根本就出不来,不自由。

王涛非常反感儿保的铁门铁窗。说起这个的时候,他的语调明显加强,失望而愤怒。在他看来,在儿保的生活,"实在太没有意思"。因为在大多数时间里,他们都被限制在特定的房间里。在他看来,这样的保护性救助很不适当,救助机构不必要限制他们的外出,不必要规定儿童的外出必须由成人的陪伴、监护:"如果我真的想回家,我自己能回去……你知道,我当初就是自己出来的。我现在已经15岁了,不需要别人陪。"当他还在儿保的时候,他一直伺机逃跑、重返街头。他说自己非常不能忍受儿保的生活。儿保中心的严格的监管措施严重限制了流浪儿童的活动自由,他们强烈反对。当被问到"你觉得儿保的生活怎样"时,在2003年曾经在某市儿保中心接受过救助保护的14岁流浪男孩羌利不假思索地回答道:"那里不好。很不好……要自己扫厕所。每天都只能坐在那里,一坐就是很长时间,没事干,不好玩……非常不舒服。"

羌利在街头的"死敌"——14岁的流浪女童花生米——对儿保有类似看法。2004年冬天,因为在上海火车站南广场偷窃,花生米曾被警察强制性地护送到救助站接受救助。在她与其同伴回忆、讨论自己在救助站的生活时,她给出了强烈的批评:

> 妈的。儿保根本就不是人待的地方……没有自由,没有什么娱乐活动,最多就是看电视。每天就是坐在那里,从早坐到晚……如果你在那里待上一年,我敢肯定,人都要傻掉……我可再也不想去。

---

① 流浪儿童常用"儿保"这个简称来指代"流浪儿童保护教育中心"。
② 为了保护流浪儿童的隐私,本文涉及的人名都是化名。
③ 为了叙述的完整性,在引文里,本文将访谈中与该引文需要说明的主题无关的叙述(流浪儿童的或研究者的)一概删除,以省略号"……"替代。

据这些流浪儿童反应,儿保里的不少流浪儿童都曾经试图逃离那里。羌利就是其中之一。在研究者的要求下,羌利不无得意地、绘声绘色地回忆了自己当初翻墙逃离儿保的经历:

那是前年(2003年)。我被关在三楼,一共有20来个小孩……每天我都想逃跑……里面不好玩。有一天,我在拉屎的时候,无意中看到厕所窗户外有一根大的水管子。这管子从地上通到楼顶。我就想我顺着这管子往下爬,就可以逃跑出去……那时候,厕所的窗户还没有用钢筋封住……我把我的想法告诉了另外两个小孩,我们都很兴奋,但是,没有告诉其他人……这种事,要悄悄做,不然就会被儿保的叔叔①发现。后来,终于有一个好机会。一天晚上,很晚,下大雨。保安都睡着了。我们就打开窗户,顺着那水管往下溜……不危险。一到地上,我们就往围墙那里跑,翻墙逃跑……很多小孩都跟着我们逃跑,我们都跑掉了……妈的,那些小孩应该感谢我。要不是我,他们哪里能出去?

羌利的逃跑经历及其对该经历的叙述,生动地体现了流浪儿童对于儿保的"保护"的不满与抗议。为了逃跑,他们不惜冒从三楼坠楼的风险,不惜夜半翻墙;为防止泄密,他们尽可能地不将逃跑计划告诉他人。当他们认定的逃跑的好时机——大雨滂沱的黑夜——来临的时候,他们毫不犹豫地从三楼外的水管往下滑。在背后驱使他们如此行动的,是其对充满"保护性"措施的儿保的单调生活的反抗和对自由的童年生活的向往。尽管这次逃跑距离访谈的时候业已两年多,羌利对于免费提供食宿的流浪儿童救助机构仍心存戒惧。他说自己无论如何都不会再去那里。不仅如此,他更严肃地警告他的朋友光头——一个13岁的流浪男孩——不要试图去儿保寻找帮助:

羌利:我告诉你,不要去那里(儿保)……不管怎么样都不要去。你一进去,你就出不来,每天都要坐在那里,不能乱动。他们不会让你出来的……直到把你送回家。一天不送回家,你就一天都别想出来。

光头:不要紧的。如果这样,我就逃跑。这很简单。

羌利:逃跑?我告诉你,现在没那么容易。现在大门、窗户都用钢筋封住了。你还能逃跑吗?

光头:那不就像一个监狱?

羌利:像?那就是一个监狱。不是"像"。我反正再也不去那里。

光头:那我也不去。

经过这番对话,原来一直想去儿保"体验生活"的光头再也不提去儿保的事,尽管他知道儿

---

① "叔叔"是流浪儿童对救助机构内的男性职员的尊称。

保会为所有的流浪儿童免费提供食物、衣服与住宿。他说他在街上"找得到吃的……不缺衣服……睡觉的地方多着呢"。儿保严格的保护性措施,剥夺了他对于该机构提供的免费服务的兴趣。

事实上,几乎所有的被访流浪儿童都不认同儿保中心内的单调生活。即使是自己选择、心甘情愿地待在儿保的流浪儿童吕强与小沈,也抱怨里面的生活太过单调。根据他们的叙述,他们当初之所以自愿选择待在儿保,是因为他们实在没有更好的归宿。他们在自己的家里找不到温暖,但是,他们也不喜欢漂泊的、充满风险的街头生活。因此,一旦被警察转送到儿保,发现有免费的生活必需品,也便在其中待下去。不过,吕强也抱怨儿保内生活的不自由,他恨透了儿保那紧闭的大门,向往生活无忧、充满自由的童年。后来,他有机会被儿保的职员选中为工作助理,在其机构内协助职员作清洁等内务工作。作为非预期的报酬,他可以获得更多的在儿保内自由活动的时间与空间。他为此十分欣喜,努力工作,倍加珍惜这样的机会。

可见,尽管流浪儿童救助机构为流浪儿童提供了免费的良好的物质生活条件,以一种良好的动机与辛勤的努力为流浪儿童提供保护,但是,那种依保护性路径展开日常运作的救助机构实际上剥夺了不少流浪儿童从中寻求帮助的意愿。流浪儿童不仅需要食物、衣服、住宿等可见的生活资料,更需要自由欢快的童年,需要自主的生活。

(二) 家庭融合政策目标的强制性

如上文所言,将流浪儿童护送回家,实现其与家庭的"融合",是我国流浪儿童救助机构运作的目标。不管流浪儿童个人的期望如何,他们一旦进入到救助机构,该救助机构就将想方设法与他们的父母、自然监护人取得联系,以便将其护送回家,以实现所谓的"家庭融合"。不过,本研究发现,救助机构这样的努力,对于大多数的流浪儿童来说,都没有实际的意义。因为大多数的流浪儿童与自己的家庭、父母的情感联系都比较微弱,他们十分拒绝被简单生硬地护送回家。对于那些因为被父母、家人忽视、虐待而外出流浪的儿童,尤其如此。

让我们先以光头的故事为例加以说明。光头来自安徽的一个农村。很小的时候他就被过继给他的姑妈。不幸的是,他不但得不到养父母的关爱、照顾,还经常遭受他们的挑剔、责骂与殴打。他的亲生父母尽管知道光头的如此经历,却也不闻不问。2005年农历新年过后,光头忍无可忍而离家出走,开始其流浪生活。尽管他不清楚他的父母、养父母为什么要那样对待他,但是,他很明确地告诉研究者:"我一点都不想回家。"所以,尽管他一开始非常有兴趣于上海的儿保中心,在他得知儿保的目的就是要送其回家后,他变得非常失望。他说:"我家里没有阳光。那整个房子都是黑的……在那里根本就笑不起来……没有感情。哪来的感情?只有打……每天都是那样。"对他而言,回家只意味着每天遭打。他对于家的厌恨,是他选择与以送流浪儿童回家为目标的儿保保持距离的重要原因。

对于儿保中心确立的"家庭融合"的目标的反应,光头并不是特殊的个案。那些因为家庭忽视与虐待而离家外出流浪的儿童,大多有非常类似的看法。在吕强得知自己的父母终于被儿保中心找到、自己将被很快送回家的时候,他非常失望:

我情愿待在儿保……我不想回家。我爸爸妈妈只对我姐姐好。他们买很好的衣服给她,给我就买差的。我觉得不公平,但是不能说,一说就要挨打……我爸总是打我。他很残忍。真的……你能想象他曾经逼我光着脚在冰上站很长时间吗?他一点都不在乎我……我妈也是那样。她总是挑我的刺,然后唆叫我爸去打我……我恨我爸,恨我全家……从来就不想回那里去。

但是,由不得他的不喜欢,吕强很快就被安徽救助管理站的职员从上海领走。不过,吕强很得意地告诉研究者,他很快就从他们家乡逃回上海来:

(我)被送到我们家的那个民政局后,那里的人让我在那里等我爸妈来领。他们说,他们会联系我爸妈。我说不需要他们来领,我自己认识路。他们就同意了,让我走……实在是太好了。但是我一分钱都没有……我想回上海的儿保,从听说我要被送回安徽那天起我就想我一定要回来……为了找钱买火车票,我就开始骗警察……我到一个派出所,告诉那的警察,说我迷路了,没钱回家。我让他们给我一些钱,让我回去。我得手了。一个警察叔叔给了我5块钱。然后,我去另一个派出所,又骗到5块钱。警察真是好。但是,在第三个派出所,我不但没有成功,还差点被他们送回家……在听完我编的故事后,那的头儿要一个小警察送我回家。我吓坏了!你知道,我根本就不想回家。我就飞快地跑开了……我再也不敢去派出所要钱,就去火车站,买了张最便宜的火车票就上了回上海的火车。

吕强无论如何不能接受回家的安排。在他看来,家里只有轻视与虐待。和回家相比,他宁愿选择他也不喜欢的充满拘束的儿保。尽管他被强制性地护送回到他们家乡,他仍想方设法回到上海。他所需要的,不是儿保所安排的"回家",而是远离那个在他看来没有关爱的家。

在所有被调查的流浪儿童中,只有一位与其父母、家庭仍然保持良好关系的流浪儿童认同儿保中心"家庭融合"的制度安排。这位16岁的女童的一位亲戚曾经许诺她父母帮她在上海找一份工作。然而,当她来到上海后,等待她的工作却是做妓女。在美容院待了15天后,她终于成功逃脱,并被警察护送到儿保中心。她十分想念她的父母,急切地想回到家里。对于这位女孩而言,在街头流浪并非她的自主选择,她与父母仍然保持着良好的关系,她的父母仍然关心着她、爱护着她。流浪儿童救助机构的"家庭融合"的安排,正好切中与这位女孩的流浪经历类似的流浪儿童。但是,对于大多数因为父母的忽视、虐待而离家出走的流浪儿童来说,简单地将他们送回家,并不是对他们的保护,而是将他们重新推入到一个缺乏关心和爱、充满忽视或虐待的恶劣的生存环境。

四、结论与讨论

我国现存的流浪儿童救助政策的核心,在于通过强制性的措施将流浪儿童送返回家,实现所谓的"家庭融合"的目标。这样的一种政策安排,与国际上通行的做法有其一致性。如果可能,儿童应该尽量生活在家庭或类似家庭的机构之中。从现实的情况看,这个政策,对我国流浪儿童问题的解决在一定程度上起到了积极的作用。它有效地帮助了那些和父母、家庭之间依然保存着良好情感关系的流浪儿童。那些因为被骗而不幸流浪的儿童、那些因为迷路走失而流浪街头的儿童、那些因为一时冲动而离家出走的流浪儿童、那些被人拐骗绑架外出的儿童等,都能从这样的政策安排中获益良多。将他们护送回家,在实际上帮助了他们摆脱充满风险的街头生活,并重新回到有利于他们成长的家庭环境之中。从这个意义上说,当下的政策服务有其积极作用,应予充分肯定。

但是,需要注意的是,真正认同目前的流浪儿童救助政策、渴望被送回家的儿童,仅仅是少数。对于大多数与父母、家庭的情感关系微弱甚至断绝的流浪儿童来说,除非发展出有效的公共服务来改善他们的亲子关系、家庭环境,否则,"家庭融合"的安排就不会为他们接受。从本研究的结果看,我国现行的流浪儿童救助政策所确立的目标,并没有能够有效实现。旨在保护和教育流浪儿童的救助机构实际上成了流浪儿童眼里的剥夺他们自由的"监狱",大多数流浪儿童都抱怨救助机构内生活单调、乏味,护送他们回家的制度安排变成对他们的一种恶意的惩罚。在这里,人们需要反省:提供以免费的食物、衣物与住宿的救助机构,缘何不能吸引住流浪儿童?他们为什么总是伺机外逃、重返街头、抗拒回家的安排?对于这些问题,可以尝试从以下两个方面予以解释。

(一)成人统治与儿童反抗

显然,流浪儿童并不喜欢救助机构内严重限制他们活动自由的保安措施。而为了这些保安措施,救助机构其实投入了很多的资源,其职员需要高度注意防范类似羌利这样的流浪儿童的奋不顾身的逃跑。这样费力又不让人欢迎的做法,在流浪儿童救助机构看来,也许是一种不得已而为之的唯一选择。根据我国的有关法律,救助机构有义务照看好这些儿童;在道义上,救助机构的职员也可能觉得自己有责任将这些流浪的孩子护送回家。一般看来,放任儿童返回街头流浪的做法,将使得这些年幼的儿童重新返回到危险之中。在这个意义上,以强制护送回家为核心内容的保护性的救助政策获得了其合理性。

然而,流浪儿童并不这样认为。在他们看来,他们有权决定是否留在救助机构接受救助服务,有权决定是否回家、如何回家等涉及他们切身利益的问题。很多流浪儿童相信,如果他们真的想回家,没有成人的陪伴、护送,他们照样能够顺利地回去。这一点,可以从王涛的有关述说中得到清晰的认识。可见,对于他们在街头的生活以及生活的能力、能动性(Agency),流浪儿童有着与成人社会不一样的体认。不过,由于成人与儿童之间权力关系的不对称性,他们的意见大多数时候都未能被成人社会的严肃考虑,他们的个人选择亦未能被成人社会认可、尊重。救助机构的职员从流浪儿童的逃跑等抗拒性反应中一定可以看到儿童对其间的所谓保护的不满,但是,从民政部门公布的资料看,所谓的保护性救助模式仍为民政部门所倡导。① 笔者以为,儿

---

① 民政部等中央十九部委:《关于加强流浪未成年人工作的意见》(民发[2006]11号)(http://www.moe.gov.cn/edoas/website18/info20292.htm.)。

保中心采取的严密的保护性救助措施、严格的保安措施等,其实是成人社会对流浪儿童的能力、能动性的不信任的反映。这种不信任的结果,则是此种保护性救助服务的失效。

本研究发现,大多数流浪儿童都不愿意回到他们的缺乏关爱,甚至充满暴力的家。因此,强制性的"家庭融合"这一政策安排,不仅对其面临问题的解决无济于事,更可能对流浪儿童造成进一步的伤害。流浪儿童有他们自己的生活经验、判断与偏好。正如其他的一些研究已经发现的,流浪儿童远非被动的服务接受者,而是能动的社会行动者。① 班杜拉(Bandura)的研究曾经令人信服地指出,除非让儿童参与到决策过程之中,否则,他们就不会积极地参与到决策的执行过程中去。② 认真倾听并尊重流浪儿童的声音,是流浪儿童工作者成功地与流浪儿童建立信任关系并有效开展流浪儿童工作的前提。③ 在决定是否放弃以及如何放弃流浪生活的问题上,流浪儿童自己的意志具有决定性作用。④ 如果我国的流浪儿童救助政策对于流浪儿童的声音充耳不闻,"家庭融合"的政策目标就难以实现。

(二) 基于流浪儿童需要与实际的服务缺位

研究表明,流浪儿童对现存救助服务的不满,部分是因为目前流浪儿童救助机构提供的服务相对比较欠缺。救助机构通常只负责为其中的流浪儿童提供生活必需品、医疗服务与强制性护送回家服务。尽管民政部倡导各地的流浪儿童救助机构积极为流浪儿童提供文化教育与心理咨询等服务,但是,这些服务的量与质,都有待提高。据统计,有69.2%的流浪儿童救助机构仅有住宿床位,缺乏独立的生活空间和活动场地,无法开展心理辅导、行为矫治、教育培训等工作。⑤ 不仅如此,因为流浪儿童的受教育水平参差不齐,很多儿童对文化教育活动甚至毫无兴趣,救助机构内的文化教育活动对教师的要求又比较高。然而,现在,大多数流浪儿童救助机构的职员都来自原来的收容遣送站,他们大多没有接受过专业的教育教学训练,缺乏必要的教育技能。没有专业的流浪儿童工作者,便很难有效地发展出专业的流浪儿童服务。这种局限性与严格的保安措施一起,使得机构内的流浪儿童生活变得单调乏味。

流浪儿童离家外出的原因多种多样。不过,他们中的相当一部分人与其父母的关系都存在一定的障碍。对于这些儿童的发展来说,必要的亲子教育技能训练与替代性的儿童照顾方案,尤为紧要。然而,在目前的流浪儿童福利政策框架内,并没有针对护送流浪儿童回家后的后续

---

① James, A., & Prout, A. 1997. *Constructing and reconstructing childhood: contemporary issues in the sociological study of childhood* (2nd ed.). London: Falmer Press; Stephenson, S. "Street children in Moscow: Using and creating social capital". *The Sociological Review*, 2001, 49(4), 530 – 547.

② Bandura, A. 1986. *Social foundations of thought and action: a social cognitive theory*. Englewood Cliffs, N.J.: Prentice-Hall.

③ Kidd, S. A., Miner, S., Walker, D., & Davidson, L. "Stories of working with homeless youth: On being 'mind-boggling'". *Children and Youth Services Review*, 2007, 29(1), 16 – 34.

④ Hecht, T. 1998. *At home in the street: Street children of Northeast Brazil*. Cambridge: Cambridge University Press.

⑤ 民政部等:《"十一五"流浪未成年人救助保护体系建设规划(2007)》(http://fss.mca.gov.cn/article/jhgh/200712/20071200008828.shtml.)。

跟踪服务,没有致力于消除流浪儿童外出流浪的根本原因的努力。我国流浪儿童的流出地大多是相对欠发达的中西部农村地区,流入地则为大中城市,特别是沿海大中城市。① 考虑到我国幅员辽阔与福利政策行政的地域性现实,沿海城市的流浪儿童救助机构往往很难发展出有效的服务去消除家在中西部农村的流浪儿童的家庭问题;而中西部地区又相对欠发达,农村地区的儿童福利水平落后,针对流浪儿童的预防性服务与治疗性服务都很欠缺。当发达的城市地区的儿童被父母、家庭当掌上明珠一样照顾的时候,很多农村地区的流浪儿童或边缘儿童过着完全不一样的、相对艰难的童年。如果不能建立针对这些儿童所在家庭的支持性服务、解决他们的家庭问题,即使将流浪儿童强制送返回家,他们也不会在那个充满问题、缺少关爱的家庭久留并健康成长。

五、政 策 建 议

综上可见,现存的流浪儿童福利政策的合理性有待重估。首先,人们需要更多地理解流浪儿童问题产生的根本性原因。在宏观层面,流浪儿童大多是从不发达地区流向相对发达的城市地区寻找更好的生存机会。无疑,这种流动,是为自然生存之所需。从这个角度看,要从政策上有效解决我国流浪儿童问题,需要先解决我国城乡发展、各地区发展的不平衡性。近年来,国家正在加大对中西部的开发力度,加大对广大农村地区发展的支持力度。但是,这些努力的成效的显现,尚需时日。为此,人们需要更现实地考虑应该采取什么样的政策措施来改善流浪儿童的生活状况,以确保我国政府签署的《联合国儿童权利公约》规定的原则在我国能够得到落实。对此,我们可以看到,我国民政部门正在努力探索之中。2005 年,民政部在郑州召开了全国性的有关流浪儿童救助的研讨会,来自全国各地的流浪儿童救助机构分享了相互的工作经验。显然,国家已经清楚地认识到加大流浪儿童工作力度的必要性。现在的问题是如何具体地去做。②

我国政府已经承诺将会继续加大对各地流浪儿童保护教育中心的投入,强调要加大对救助机构的设施建设,③但只是加大基础设施建设等硬件建设,并不足够。那种不顾流浪儿童的家庭背景与个人选择而强制性地将流浪儿童送返回家的政策安排亟待检讨。流浪儿童救助机构提供的服务,应该更大程度地切合流浪儿童身心发展的需要。比如,其中的文化教育活动要切合流浪儿童的特殊性,可以开展必要的专业的心理咨询为流浪儿童廓清人生的目标,适当从社会引进志愿者加入流浪儿童救助工作中来,让流浪儿童在更大范围内与社会保持联系。

---

① 张齐安、杨海宇:《中国流浪儿童状况和救助对策》,《社会福利》2002 年第 9 期。
② 民政部:《全国救助管理暨流浪儿童救助保护工作现场会专辑·各地经验之流浪儿童救助(2005)》(http://www.mca.gov.cn/artical/content/200631685531/2006316113520.html.)。
③ 民政部等:《"十一五"流浪未成年人救助保护体系建设规划(2007)》(http://fss.mca.gov.cn/article/jhgh/200712/20071200008828.shtml.)。

根据 Bar-On 的研究,对于那些无法从父母、家庭那里获得必要照顾的儿童来说,流浪生活其实是一个不错的选择。[①] 相对于一味简单地将流浪儿童送返回家的做法,那些帮助流浪儿童更好地在街头生活的政策措施,可能更能切实地提高这些儿童的生存质量。在这方面,目前亟须要采取具体的行动来防止流浪儿童在街头被黑社会人士、犯罪分子所剥削、滥用。针对流浪儿童的外展服务,可能有利于防止流浪儿童因为谋生的需要而陷入黑社会的沼泽之中。有研究发现,如果流浪儿童有更好的生存之道,他们就不会去越轨犯罪。[②] 各地流浪儿童救助机构可以主动走上街头,寻找并帮助那些浪迹街头的儿童;警察与城管等在街头执法的公务人员,也要在必要的时候为街头的流浪儿童提供帮助、保护。

流浪儿童现象是经济快速发展过程中产生的一个新问题。然则,流浪儿童工作所需要的知识与技能需要一个逐步积累的过程。在流浪儿童救助的实践中,尽管民政部门已积极与联合国儿童基金会、英国儿童救助会等国际非政府组织保持联系、协作,继续虚心学习他国的流浪儿童福利政策与救助服务的经验仍然十分有用。让更多的国际 NGO 组织参与到我国的流浪儿童救助事业中来,不仅能够吸引更多的资金,也能吸收到更多的富有创新的服务经验、模式。在比较洛杉矶、孟买与内罗毕等地的流浪儿童救助项目后,Ferguson 与他的同事们敏锐地发现,不同组织之间的合作能够显著提高流浪儿童援助工作的效度(Ferguson, et. al., 2006)。令人欣喜的是,民政部正在鼓励各地的儿保中心创造性地开展流浪儿童救助工作。下一步要做的就是更好地做好相关的培训工作、项目评估工作与相关的研究工作。

(原文载于《社会科学》2009 年第 4 期)

[①] Bar-On, A. "Criminalising survival: Images and reality of street children". *Journal of Social Policy*, 1997, 26 (1), 63-78.

[②] Sauvé, S. "Changing paradigms for working with street youth: the experience of Street Kids International". *Children, Youth and Environments*, 2003, 13(1); Cheng, F. C. 2008. *Negotiating exclusion: an ethnographic study of the street children in Shanghai, China*. Unpublished PhD dissertation of the University of Hong Kong.

"丁克"家庭：青年人的时尚？
——一项国际比较研究

张 亮

为人父母被视为一件有意义的事情，在养育孩子过程中可获得丰厚的个人和社会回报，如为人父母的喜悦和满足，体会人生的意义和个人成长，扩大社会交往圈，体验生命的延续等。① 然而，不育已成为近年来导致发达国家低生育水平和未来人口下降的一个重要因素，如在20世纪50年代出生的西欧妇女中，有10%—20%的人没有生育过孩子。② 由于不育不仅影响着人类繁衍和社会延续，还影响着个人尤其是老年时期的生活状况，自20世纪70年代以来，不育现象进入了欧美学者的研究视野。③

20世纪80年代以来，随着"丁克"(Double Income No Kids)概念由欧美传入中国，自愿不育的生育意愿和行为开始引起了国内学者的关注，丁克意向、丁克家庭规模及发展趋势成为研究者关注的重点。然而，由于缺乏专业背景，一些研究者常对有关统计数据进行错误解读，如有人从"美国人口普查局1994年5月公布的年度分析报告表明：1993年美国有6 180万个家庭，其中3 480万个家庭无子女"这一统计数据，就推断出"美国丁克家庭已经超过家庭总数的一半以上"④，并且，这一结论还被反复传播。⑤ 还有的研究者则混淆丁克意愿和丁克行为、推迟生育/暂时不育和终身不育之间的区别，得出"目前中国的大中城市已出现60万个自愿不育的丁克家庭""结了婚但没有孩子的丁克家庭已经占到上海家庭总数的12.4%""广州的丁克夫妇在1986年有3万人，1989年猛增到10万人"等结论。⑥ 此外，"丁克"现象还受到了传媒长期的关注，有

---

① Umberson, D. & Gove, W. "Parenthood and psychological well-being: Theory, measurement, and stage in the family life course". *Journal of Family Issues*, 1989, 10(4).
② Rowland, D. T. "Historical Trends in Childlessness". *Journal of Family Issues*, 2007, 28(10).
③ Koropeckyj-Cox, T., & Call, V. A. "Characteristics of Older Childless Persons and Parents: Cross-National Comparisons". *Journal of Family Issues*, 2007, 28(10).
④ 刘杰森：《社会学视野中的"丁克"家庭》，《社会》2000年第3期。
⑤ 齐麟：《自愿不育的人口社会学视角》，《南方人口》2001年第4期；王皓田：《中国"丁克"现象及其对经济社会的影响》，《生产力研究》2009年第16期。
⑥ 林丛、石人炳：《浅论"丁克"家庭形成原因及其社会影响》，《西北人口》2007年第4期；肖爱树：《当代中国丁克家庭的社会历史学考察》，《苏州科技学院学报社科版》2004年第8期；王皓田：《中国"丁克"现象及其对经济社会的影响》，《生产力研究》2009年第16期。

关中国青年的丁克意向或中国丁克家庭规模的报道时常见诸各种报刊,并不时发出"许多中国人已不再愿意生儿育女了""80后不愿生孩子""丁克家庭模式在中国蔓延"等惊呼。受媒体长期的渲染,丁克似乎在中国成为年轻人普遍接受的观念,丁克现象似乎有不断攀升之势,并引发人们从忧心多生向忧心不生转变。

那么,为人父母是否真的对年轻人失去了吸引力?丁克意向随着社会经济发展而在不断上升吗?与发达国家相比,中国的丁克意愿与丁克行为处于何种水平?本文将通过对中国与欧美发达国家的不育意愿和行为的国际比较,力图描述出不育现象的真实图景。

一、态度:生育不再是婚姻的"必需品"

长期以来,社会把不愿为人父母视作一种耻辱行为,认为结婚后不生孩子是逃避社会责任和自我放纵,为人父母才意味着个人以成熟和负责任的社会成员身份定居下来。[①] 相应地,个人通常也认为做父母才标志着自己进入成人阶段,而不是结婚或工作等其他事件。[②] 直到20世纪60年代以来,人们对自愿不育的接受度才逐渐提高,生儿育女不再被看成是婚姻的"必需品"。

美国一项代际定组研究的结果显示,在1962年,有85%的母亲支持"已婚夫妻只要有生育能力就应该生孩子",到1980年,这一比例已降至40%,进入90年代,该比例仍然保持在这个水平。[③] 在荷兰进行的多次态度调查也显示,反对自愿不育的比例在不断下降,在1965年,有68%的人表示不能接受"夫妻自愿不育",到1970年,该比例降至29%,1980年为8%,到1995年,仅4%的人认为自愿不育是不能接受的。[④] 美国和荷兰两国的调查结果表明,人们对自愿不育的态度发生显著和普遍性改变发生在20世纪60和70年代,而这一时期正是人们对其他非传统家庭行为接受度递增的时期,如对婚前性行为、非婚同居和非婚生育等容忍度增加。

尽管在过去几十年间,人们对丁克的态度发生了较大转变,但代际之间对自愿不育的接受度存在显著差异。如前面提到的美国代际定组研究,在20世纪80年代早期对这些母亲的女儿所做的调查显示,女儿与她们的母亲相比更少把做父母视作"义务",在随后的13年间,支持该观点的女儿比例还在不断下降。[⑤] 1988年在英国、爱尔兰、美国和联邦德国进行的国际社会调查项目(ISSP)的数据显示,年老者对无子女婚姻的认同度最低,超过半数的60岁以上男女受访者赞同"没有孩子的婚姻是不完整的"的观点(见表1)。

[①] Akerlof, G. A. "Men without children". *Economic Journal*, 1998, 108(2).
[②] Hoffman, L. W., & Manis, J. D. "The value of children in the United States: A new approach to the study of fertility". *Journal of Marriage and Family*. 1979, 41(3).
[③] Thornton, A., & Young-Demarco, L. "Four Decades of Trends in Attitudes Toward Family Issues in the United States: The 1960s Through the 1990s". *Journal of marriage and family*, 2001, 63(4).
[④] Dykstra, P. A. & Hagestad, G. O. "Roads Less Taken: Developing a Nuanced View of Older Adults Without Children". *Journal of Family Issues*. 2007, 28(10).
[⑤] Thornton, A., & Young-Demarco, L., 2001.

表1 不同年代出生的被访者对"没有孩子的婚姻是不完整的"的赞同度(%)

	男性(出生年)			女性(出生年)		
	—1930	1930—1949	1950—1970	—1930	1930—1949	1950—1970
英 国	73	54	35	63	40	29
爱尔兰	55	59	45	54	48	39
美 国	64	46	34	56	46	34
西 德	54	45	24	51	40	24

资料来源:Dykstra & Hagestad,2007。

即使在不同国家之间,对自愿不育的容忍度也存在较大差异。1992年和2002年进行的两次国际比较研究发现,对于"结婚未必一定要孩子"的观点,英国和瑞典两国女性的认同度最高,两次调查都有超过八成的女性表示赞同。美国女性的态度则呈现出一定的反复,赞同"结婚未必一定要孩子"的比例由1992年的87%降至2002年的66%。相比同为欧洲的英国和瑞典女性,法国和德国女性对丁克的态度则要保守一些,两次调查中均只有六成左右的人赞同自愿不育。相比之下,亚洲国家女性更多认为生儿育女是婚姻的"必需品",韩国女性的态度在10年间基本没发生变化,赞同"结婚未必一定要孩子"的女性比例保持在四成左右。日本女性的态度则有明显变化,对丁克的接受度有所上升,但还是低于欧美国家女性的水平(见图1)。

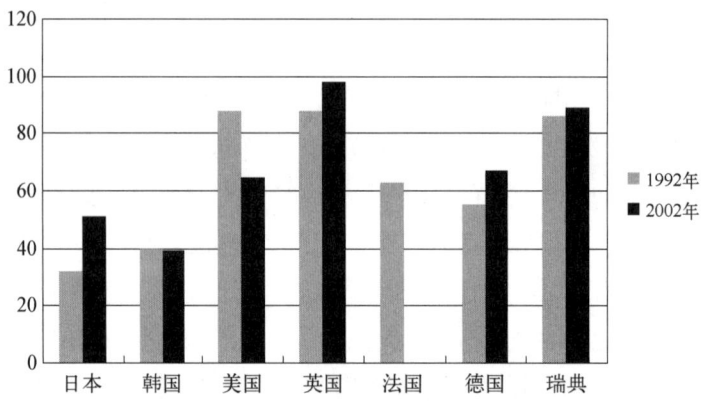

图1 女性对"结婚未必一定要孩子"认同率的国际比较(%)

资料来源:1992年的资料参见日本东京都生活文化局:《女性问题に关する国际比较调查》,1994年;2002年的资料根据日本内阁府男女共同参画局:《男女共同参画社会に關する國際比較調查》,2003年提供的数据制作(该年未调查法国)。

那么,中国人对"丁克"家庭的态度又是如何呢? 2006年全国综合社会调查(CGSS)[①]的结果显示,只有25%的被访赞成"结婚后不一定要有孩子"的观念。进一步分析表明,尽管年轻的、城市的、受教育程度较高的被访者对"丁克"家庭的接受度要高一些,但即使是20世纪70年代后

---

① 全国综合社会调查由中国人民大学社会学系和香港科技大学社会科学部执行,项目主持人为李路路教授和边燕杰教授,作者感谢上述机构及其人员提供的数据资料。

出生的被访者(即所谓的"70后""80后"),认同"丁克"家庭的也仅占三成左右。这表明,与欧美发达国家相比,大多数中国人对生育的态度还是保守的,为人父母依然被视作人生必经之途。就是与同处亚洲的日本和韩国相比,中国人对"丁克"家庭的认同度也是最低的。

二、意愿:"丁克"只是少数人的理想

正如桑顿和扬-德马科在40年来美国家庭态度趋势分析中所指出的那样,接受丁克和自己想丁克之间是有区别的。[1] 尽管人们不再把自愿不育视为一种耻辱,生育是个人自主选择的观念为越来越多的人接受,但为人父母仍被视作人生重要的成就,各国的研究结果都显示,丁克只是少数人的生育理想。

在欧洲,2005年的调查数据显示,欧盟15国平均仅有4%的15—39岁女性表示其理想子女数是0,其中:奥地利女性的丁克意愿最高,达11%;其次是卢森堡,为10%;德国和芬兰女性的比例也达7%。[2] 美国综合社会调查的结果显示,在18—44岁已婚妇女中,1966年的调查显示仅有2%的人表示不想生孩子,到1988年,该比例也只升至6%。[3] 另一项美国家庭成长调查的结果也显示,1982—1995年,青少年女性表示不想生孩子的比例一直保持在稳定的低水平状态。[4]

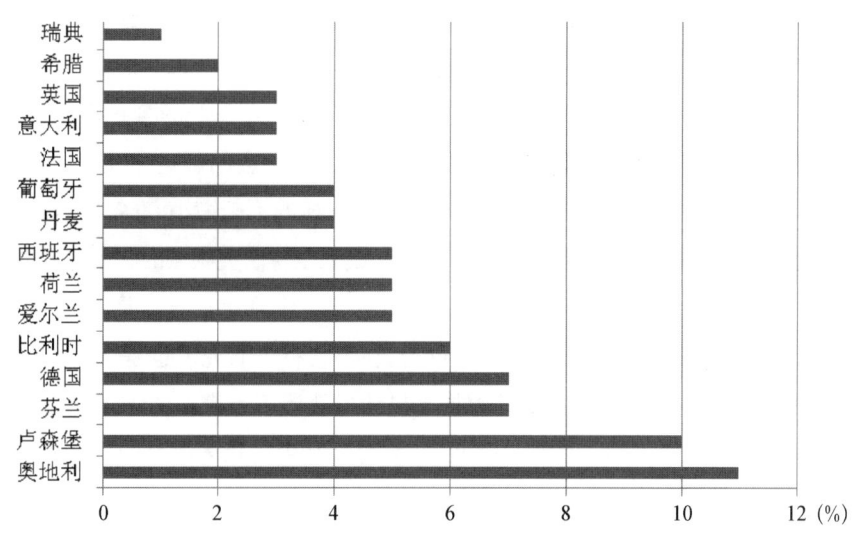

图2 欧盟国家15—39岁女性理想子女数为0的比例

资料来源:OECD Family Database, www.oecd.org/els/social/family/database.

---

[1] Thornton, A., & Young-Demarco, L. "Four Decades of Trends in Attitudes Toward Family Issues in the United States: The 1960s Through the 1990s". *Journal of marriage and family*, 2001, 63(4).

[2] Testa, M. R. "Childbearing Preferences and Family Issues in Europe", http://ec.europa.eu/public_opinion/archives/ebs/ebs_253_en.pdf.

[3] Rovi, S. "Taking 'no' for an answer: Using negative reproductive intentions to study the childless/childfree". *Population Research and Policy Review*. 1994, 13(4).

[4] Thornton, A., & Young-Demarco, L.. 2001.

那么,中国人的丁克意愿又怎样呢?是否真的如传媒所渲染的那样,"许多中国人已不再愿意生儿育女了"?实证调查的结果并未支持该观点。在中国,丁克同样只是少数人的生育理想。2001年全国计划生育与生殖健康调查对育龄妇女(n=39 586)的调查显示,在20—29岁、30—39岁两个年龄段的女性中,理想子女数为0的比例分别仅占1.3%和0.8%。① 2006年全国综合社会调查(CGSS)所获得的调查结果也基本类似,20—29岁、30—39岁女性的理想子女数为0的比例分别为3.5%和1.4%,同年龄段男性分别为1.6%和2.4%。

欧美国家和中国的研究都表明,虽然人们越来越接受多元化的生育选择,但还是希望自己能为人父母,人们做父母的意愿并未下降。美国密歇根大学调查研究中心自1976年开始每年对全美高中学生进行的"监测未来"研究的调查结果也显示,从20世纪80年代早期到90年代末,认同养育孩子是人生价值的高中生比例一直保持在60%—70%。②

三、行为:终生不育率的中外差异

直到20世纪60年代中后期,人们对生育的态度才发生重大转变,生儿育女不再被视作已婚夫妻必须履行的"义务",然而,有学者在对不育的历史考察中发现,在西欧、北欧以及美国和澳大利亚,不育行为有着悠长的历史。③ 早在19世纪,就有不少妇女终生未育,美国和澳大利亚的数据显示,在19世纪中后期出生的妇女中,没有生育过孩子的比例在15%—25%之间。④ 在欧洲,约有24%的出生于1880—1884年的荷兰妇女和26%左右的出生于1885—1889年的联邦德国妇女终生未育。⑤ 不过,由于当时人口出生的总体水平较高,不育现象对社会的影响并没有凸显出来。直到20世纪70年代,欧美国家持续存在的低生育水平和家庭规模的不断缩小,青年推迟生育和不育对人口增长和长期人口下降的影响逐渐明显,不育也由此成为生育研究领域的一个重要内容。

要评估是否终生不育,要到一个人的生育能力结束时,其中女性通常是在45岁至49岁之间。⑥ 由于生育研究一般关注的是妇女的生育行为,在不育行为研究上也是如此,男性终生不育的数据很少⑦,因此下面将以无子女妇女的数据来描述发达国家不育率的年代变迁和趋势特征。表2显示了不同国家1920—1965年出生的妇女在生育期结束时从未生育的比例。

---

① 屈坚定、Therese, H.:《中国的独生子女政策与家庭理想子女数、子女性别偏好和出生性别比:国家计划生育和生殖健康调查结果》,《英国医学杂志》(中文版)2006年第4期。

② Thornton, A., & Young-Demarco, L., 2001.

③ Rowland, D. T., 2007.

④ Morgan, S. P. "Late nineteenth and early twentieth-century childlessness". *American Journal of Sociology*. 1991, 97(3). Rowland, D. T. "The prevalence of childlessness in cohorts of older women". *Australian Journal on Aging*. 1998, 17(1).

⑤ Rowland, D. T., 2007.

⑥ OECD Family Database, SF2.5: Childlessness, www.oecd.org/els/social/family/database.

⑦ Greene, M. E., & Biddlecom, A. E. "Absent and problematic men: Demographic accounts of male reproductive roles". *Population and Development Review*. 2000, 26(1).

表2 不同年代出生的妇女到45岁*时从未生育的比例**(%)

	出生年代											
	1920—1924	1925—1929	1930—1934	1935—1939	1940—1944	1945—1949	1950—1954	1955	1960	1963	1964	1965
奥地利			16	14	15	15	17	15	17	18	22	21
比利时	12ª		16	14	13	13	14	15				
丹麦						9	11					
英格兰和威尔士	21	17	14	13	12	10	14	16	19	20	20	21
芬兰	18	16	16	15	14	14	15		19	20	20	
法国	19	16	13	11	11	11	12	8	10			
德国(联邦德国)	17		10	10	12	14	18	20				
意大利	16	15	13	10	14	12	12	13	15	18	20	
希腊					11	12	10	8	11	15	16	16
荷兰	15	14	12	12	12	11	15	17	18	18	18	18
挪威		10ª		9	9	9	11	14				12
葡萄牙	17	17	14		11	10	10		5	5	4	
西班牙	14ª				12		9		10	12	12	13
瑞典			14	13	13	13	15	13	13	13	13	13
澳大利亚	15	11	9	9	9	10ᵇ	13					
新西兰	13	11	9	9	9	10	12ᵇ					
加拿大	10ª	8ª	7ª									
美国	17	14	13	10	9	11	17	16	15	15	15	14

注:*在实际统计中,国外把妇女到45岁时从未生育过计作终生不育;**如未特别说明,妇女终生未育比例指的是该国全部妇女中终生未育妇女的比例;a.已婚妇女中终生未育的比例;b.40—44岁妇女从未生育的比例。

资料来源:OECD Family Database,www.oecd.org/els/social/family/database;Rowland,2007。

主要发达国家不同年代出生妇女终生未育的统计资料显示了两个重要特征:一是在1920—1944年之间出生的妇女中,无子女妇女的比例呈下降趋势;二是1945年之后出生妇女的不育率逐渐回升。具体来说,在20世纪20年代出生的妇女中,无子女的比例处于较高水平,英格兰和威尔士、法国、德国、芬兰、意大利、葡萄牙以及美国的数据显示,大约有15%—20%的1920—1929年出生的妇女终生未育。之后出生的妇女的不育比例逐渐下降,最低点是在20世纪40年代前后出生的妇女中,不少国家降至10%左右。这个年龄群妇女的主要生育期正好是在西方社会发生"第二次人口转变"的80年代之前。① 不过,无子女妇女的比例在1945年后出

---

① Van de Kaa, D. J. "Europe's second demographic transition". *Population Bulletin*. 1987, 42(1).

生的年龄群中又逐渐回升,在奥地利、英格兰和威尔士,1965年出生的妇女有高达21%的人无子女,芬兰和意大利的比例为20%(1964年出生的妇女),荷兰也达18%。

不少学者对20世纪妇女不育率变化的原因进行了分析和探讨,对于1920—1940年间出生妇女的不育率下降的原因,研究者们一致认为是由于导致妇女不育的"非自愿性"因素在不断减少。一是随着社会经济发展水平和医疗水平的提高,可能导致妇女不育的营养不良、肺结核、疟疾以及遗传等因素逐渐消除。① 二是20世纪上半叶欧洲发生的"婚姻革命"改变了19世纪中后期以来的婚姻模式,20世纪20—40年代出生的妇女的结婚时间普遍比之前年代出生的妇女结婚时间要早,结婚率也高出很多,从而降低了因结婚太晚或未婚而造成的妇女不育的比例。②

对于第二次世界大战后出生妇女的不育率逐渐回升,一些研究者认为主要是自愿不育妇女增多,原因则与那些导致生育率下降的因素有关,如城市化、个人主义、对自由的追求。③ 还有一些研究者则认为是"非自愿"因素的影响,如某些因素与生育行为相互抗衡和竞争,使有生育意愿的妇女最终放弃生育,这些竞争性因素包括对教育、职业和收入的追求,也包括从养儿育女的繁重责任中解脱出来。④

自"丁克"概念由欧美传入中国之后,国内研究者和传媒一致推测,随着经济发展,中国丁克家庭的规模会不断扩大,并最终达到发达国家水平。那么,中国的不育率到底处于什么水平呢,终生未育的比例是否如同发达国家那样在近几十年来呈现不断攀升的趋势? 遗憾的是,目前我国尚未有这方面的统计数据,我们仅能从一些全国性的抽样调查数据来获取有关不育水平年代变迁的情况。

2001年全国计划生育与生殖健康调查的结果显示,在40—49岁(1952—1961年出生,n=10 074)年龄组中无子女的妇女比例仅为1.3%,30—39岁(1962—1971年出生,n=14 716)年龄组的比例也只有2.2%。⑤ 2006年和2008年进行的两次全国综合社会调查(CGSS)使我们能了解更大年龄范围男女两性的不育比例。

从表3可以看出,两次全国样本获得的调查结果基本一致,都显示不同出生年代被访终生未育的比例一直处于极低水平。在1965年之前出生的已婚(包括离婚和丧偶)被访者中,两次调查报告的无子女比例均在1%以内,1965—1969年出生的已婚被访的无子女比例稍有所增加,但也都不足2%。很显然,中国与欧美国家存在明显差异,中国并没有出现不育率逐渐上升的趋势。

---

① Poston, D. L., & Trent, K. "International variability in childlessness: A descriptive and analytical study". *Journal of Family Issues*. 1982, 3(4).

② Haines, M. R. "Long-term marriage patterns in the United States from colonial times to the present". *History of the Family*. 1996, 1(1). Toulemon, L. "Very few couples remain voluntarily childless". *Population: An English Selection*. 1996, 8(1). Rowland, D. T., 2007.

③ Carmichael, G. A. "Consensual partnering in the more developed countries". *Journal of the Australian Population Association*, 1995, 12(1). Poston, D. L., & Kramer, K. B. "Voluntary and involuntary childlessness in the United States, 1955—1973". *Social Biology*. 1983, 30(2).

④ 杨菊华:《意愿与行为的悖离:发达国家生育意愿与生育行为研究述评及对中国的启示》,《学海》2008年第1期。

⑤ 屈坚定、Therese, H., 2006。

表 3 不同出生年代、已婚被访无子女的比例　　　　　　　　　　　　　　单位：%

出生时间	2006年 总体	2006年 已婚	出生时间	2008年 总体	2008年 已婚
1936—1944(n=269)	1.1	0.4	1910—1944(n=537)	0.9	0.6
1945—1949(n=289)	0.3	0.3	1945—1949(n=456)	1.3	0.7
1950—1954(n=440)	1.4	0.5	1950—1954(n=562)	1.2	0.5
1955—1959(n=286)	1.4	0.4	1955—1959(n=588)	1.0	0.3
1960—1964(n=347)	1.4	0.3	1960—1964(n=681)	2.5	0.9
1965—1969(n=396)	3.5	1.6	1965—1969(n=765)	2.0	1.3

四、晚育：已成全球性的普遍趋势

不少人将年轻人未生育比例的上升当作"丁克"现象的蔓延，其实，某一年代出生人口的不育率要到其生育能力结束时才能确切探知，对于还处于生育期的年轻世代，我们很难断定他们的不育是一种暂时抑或永久的特征。但可以肯定的是，随着结婚年龄的不断推迟，晚育也已成为全球性的普遍趋势。

表 4 的数据显示，在大多数国家，30 岁尚未生育的妇女比例在显著增加。在 1970 年出生的妇女中，超过半数的西班牙、爱尔兰、荷兰和意大利妇女在 30 岁时无子女，波兰和匈牙利的比例稍低一些，也超过了 1/4。

表 4 不同出生年妇女 30 岁未生育的比例（%）

	出生时间		
	1950 年	1960 年	1970 年
西班牙		31.8	59.6
爱尔兰		37.9	56.9
荷兰		44.9	56.1
意大利	29.1	36.6	53.8
希腊		24.2	48.5
芬兰	24.3	38.1	47.0
联邦德国		37.0	47.0
瑞典		36.0	44.7
丹麦	20.0	34.0	37.7
美国		31.7	32.6

续 表

	出 生 时 间		
	1950年	1960年	1970年
挪威	16.9	25.9	30.1
斯洛伐克	14.8	14.5	29.7
民主德国		11.0	29.0
波兰		16.5	26.1
匈牙利	14.7	13.6	25.4
经合组织14国平均		28.3	40.5

资料来源：OECD Family Database，表SF2.5.A，www.oecd.org/els/social/family/database.

根据青年不断推迟进入婚姻和父母角色的这一事实，国外学者一致认为1960年之后出生妇女的不育率将继续保持上升的趋势，并预测大多数国家的不育率将保持在20%左右的高水平。① 已有研究发现，推迟生育会产生非预期的影响，如生育能力随年龄增长而下降，可能最终造成非自愿的不育。生育不断延迟还可能会使适应了丁克生活方式的人不再愿意发生改变，同时他们可能更加追求工作成就（特别是女性），并最终放弃生育。② 施瓦茨(Schwarz)就以1965年结婚的德国夫妻为研究对象，发现婚后10年内没生育子女的夫妇基本上会将丁克状态继续保持下去。③

此外，步入婚姻的时间也会影响妇女的不育水平，晚婚女性终生不育的比例远高于早婚女性。德国的研究发现，在1945年之后出生的妇女中，30岁以后结婚的妇女，无子女的比例大约是20多岁结婚妇女的4倍，欧洲其他国家和美国的研究也报告了类似的结果。④ 其原因在于晚婚缩短了发生怀孕的时间，已婚夫妻掌握更多的避孕知识，他们也更适应丁克的生活方式。⑤

那么，在中国，晚育是否也同样成为一种趋势？与中老年相比，年轻人为人父母的时间在推迟吗？我们同样以30岁未生育的比例来考察这个问题，2008年全国综合社会调查的数据显示，在农村，被访妇女在30岁时未生育的比例很低，即使是在20世纪70年代出生者中也只占5.8%，相比而言，城市30岁尚未生育妇女的比例相对较高，在20世纪70年代出生者中占到11.5%（见表5）。

---

① Rowland, D. T., 2007.

② Bongaarts, J. "Fertility and reproductive preferences in post-transitional societies". *Population and Development Review*. 2001, 27(2). Quesnel-Vallée, A. & Morgan, S. P. "Missing the target? Correspondence of fertility intentions and behavior in the U.S". *Population Research and Policy Review*. 2003, 22(5/6).

③ Rowland, D. T., 2007.

④ Ibid.

⑤ De Jong, G. F. & Sell, R. R. "Changes in childlessness in the United States: A demographic path analysis". *Population Studies*. 1977, 31(1).

表5　不同出生年代妇女30岁未生育的比例　　　　　　　　　　　　　单位：%

	出生时间		
	1950—1959	1960—1969	1970—1978
城　镇	4.6	6.2	11.5
农　村	2.8	1.2	5.8
全　国	3.6	3.5	8.6
样本数	615	781	651

但与上述经合组织国家相比,中国女性晚育比例显著较低。但这至少也表明,晚育在中国城市也是一种趋势,只是在传统上晚育和不育的比例就不高,目前和今后的增长幅度也是较缓慢。

五、结　语

尽管传媒不时发出"80后不愿生孩子""中国丁克家庭规模不断扩大"等惊呼,不少研究者也认为随着经济社会发展,中国的丁克现象也会像在发达国家那样流行,但这些推测或论断并没有揭示不育态度、意愿和行为在中国和发达国家的真实图景。本研究以经验研究资料对中国与发达国家的自愿不育态度和意愿进行了比较,并利用多国终生未育妇女的统计数据和中国的抽样调查数据,对不育在中国与发达国家的趋势和特征进行了系统的描述和分析。

研究结果表明,人们对自愿不育的态度发生了显著和普遍性的改变,生育是个人自主选择的观念为越来越多的人所接受,尤其在欧美国家,生育不再是人生的必经途径,要不要孩子,什么时候生育、生几个孩子已成为个人自由选择的私事,生育意向的多元化成为潮流。在亚洲地区的日本和韩国,社会对自愿不育的容忍和接受度也有所上升,但程度尚不及欧美国家。相比较而言,中国社会对丁克的态度仍比较保守,为人父母依然被大多数人视作人生必经之途。

在个人的丁克意愿上,无论是在生育观念多元化的发达国家,还是在社会经济快速变迁的中国,虽然人们越来越接受多元化的生育选择,但还是希望自己能为人父母,只有少数人把丁克作为理想的生育选择,人们做父母的意愿并未下降。

本文还运用翔实的数据描述和分析了20世纪20—60年代中期出生的欧洲、澳大利亚和美国妇女终生不育状况的年代变迁和趋势特征,结果表明不同国家妇女不育率的变迁模式具有很高的相似性:在1920—1945年出生的妇女中,不育率持续下降,到了战后出生的世代,妇女的不育率又逐渐回升。而据几次全国性抽样调查所获得的结果,不同出生年代的中国夫妻终生未育的比例一直处于极低水平,中国并没有出现不育率逐渐上升的趋势。

最后,对于生育能力尚未结束的年轻一代,现有统计显示晚育已成为全球性普遍趋势,发达国家的不育率将继续上升。而在中国,普遍结婚和生育的趋势在年轻一代上并未发生改变,由此可推测,中国丁克家庭的比例在一段时间内仍将处于很低的水平,即使会有上升,幅度也将很小。本文认为,受文化传统的影响,尤其在中国广大农村,孩子作为劳动力以及父母的养老保障功效依旧,抚育成本又较低,"丁克"对他们而言显然是天方夜谭。即使在城市,孩子作为爱情的结晶和夫妻关系的纽带,他们给父母所带来的心理满足和快乐也使父母感到生命更有意义,并促使他们更加成熟,更有爱心和责任心,因此,青年更多地会选择少生优生而极少会选择"丁克"。但作为一个理性的多元的社会,我们应宽容地接纳不同的生育观和生活方式,即便年轻人不要孩子,他们也有自己决定生活方式的权利,父母和社会不宜给予指责和压力,而应赋予他们个人自我选择的自由!

(原文载于《青年研究》2012年第5期)

转型期的家庭代际情感与团结*
——基于对上海两类"啃老"家庭的比较

刘汶蓉

本文所指的"啃老",是成年子女在日常生活上高度依赖父母的现象,既包括经济依赖,也包括劳务依赖。"啃老"之所以被持续热议,在于它文化上的不契合,既不符合中国家庭主义文化传统下的"反馈模式"[①]的角色期待,也不符合西方个体主义文化传统下的"自决个体"[②]的角色期待。这种三代一体的紧密代际关系被称为"中国式啃老"和"后现代式啃老"[③],更是有趣地反映出中国家庭代际关系在现代化进程中的独特性。

个体化是中国社会转型的特征之一。虽然中国缺乏古典个体主义和民主文化,国家管理和公共福利体制也欠发达,但当下的中国个体也生活在由动荡的劳动力市场、流动的职业、持续增长的个人风险和强调亲密与自我表达的文化所构成的后现代大环境之中。[④] 在一定意义上,"啃老"是这种特殊个体化社会情境的产物,是中国家庭领域充满结构性张力和矛盾意向的集中体现。一方面,现代社会高昂的生活成本需要两代人共同分摊,青年夫妇对父母经济、住房以及孩子照料、家务分担等有较高的依赖。[⑤] 对于个体生存来说,家庭主义的福利需求更显紧迫。但另一方面,在个体主义文化观念的传播下,子代寻求自由和自我实现的理想更加普遍和强烈[⑥],亲

---

* 本文被《中国社会科学文摘》2016年第11期长文转摘,获上海市第十四届哲学社会科学优秀成果(2016—2017)"学科学术奖"论文类二等奖。

① 费孝通:《家庭结构变动中的老年赡养问题——再论中国家庭结构的变动》,《北京大学学报(哲学社会科学版)》1983年第3期。

② 阎云翔:《私人生活的变革:一个中国村庄里的爱情、家庭与亲密关系(1949—1999)》,龚小夏译,上海书店出版社2006版;阎云翔:《自相矛盾的个体形象,纷争不已的个体化进程》,贺美德、鲁纳编著,许烨芳等译:《"自我"中国——现代中国社会中个体的崛起》,上海译文出版社2011年版;阎云翔:《中国社会的个体化》,陆洋等译,上海译文出版社2012年版。

③ 素描:《"中国式啃老"本质上是一种后现代式啃老》,http://www.groundbreaking.cn/mingxing/zm/3610.html,2015-10-08。

④ 阎云翔:《中国社会的个体化》,陆洋等译,上海译文出版社2012年版,第345页。

⑤ 宋健、戚晶晶:《"啃老":事实还是偏见——基于中国4城市青年调查数据的实证分析》,《人口与发展》2011年第5期;陈辉:《"啃老"现象的中西比较》,《中国青年研究》2012年第3期;许琪:《子女需求对城市家庭居住方式的影响》,《社会》2013年第3期。

⑥ 阎云翔:《自相矛盾的个体形象,纷争不已的个体化进程》,贺美德、鲁纳编著,许烨芳等译:《"自我"中国——现代中国社会中个体的崛起》,上海译文出版社2011年版。

子关系中固有的冲突和世代间的隔膜①更加激烈。

本文将"啃老"视为一种团结和冲突并存的矛盾意向关系,以期理解传统(代际责任伦理与规范)与现代(个体理性和情感取向)如何共同塑造当下的中国家庭生活。在个体化和矛盾意向视角之下,通过分析关系和谐与冲突的两类"啃老"家庭的认知策略及其对代际关系走向的影响,来展示生活实践中,家庭成员之间在利益、价值、情感方面的互构和张力,讨论具有主体性的个体如何实现代际团结。本文力图证明,在当下中国的社会转型情境下,代际关系中基于血缘的情感和责任仍是家庭认同的基础,个体的自反性行动并未导致家庭的个体化,而是再造了代际责任伦理和团结。

一、个体化进程中的代际关系及其研究

贝克等人的个体化理论认为,后工业时代带来了新的制度需求,劳动力市场需要更大的自主性、灵活性和流动性。第二现代性将个体从家庭团结的义务中解放出来,家庭从需求共同体变成了"选择性关系"②。在这一框架中,自反性变化(reflexive change)成为后现代社会中家庭最重要的特征。在第一现代性情境下,家庭关系是先赋的,家庭生活方式和行为受制于社会规范的约束。但在第二现代性之下,家庭生活变成了关乎自我认同的一项自我创造的事业。个体更关注表达性需求的实现,规范不再先于个体行为,而是被个体行动不断定义和改变。③ 个体化理论框架在解释全球化的离婚率上升、不婚、晚婚、不育等方面得到有效的应用,但在代际关系方面的解释力受到挑战。吉尔丁认为,家庭社会学出现了"私人生活"研究范式的转向,但对自反性、去制度化、去传统化的过度强调,会忽略人类行为的生物性基础和经济意义基础。④ 吉尔丁的这一警示同样适用于中国的家庭代际关系研究。

(一) 有待弥合的代际关系研究

关于现代化进程中的中国家庭代际关系变迁,既有研究可概括为两条路径。一方面,大量量化研究显示,中国家庭在现代化进程中依然保持着紧密的代际团结。人口社会学家比较历年的人口普查数据发现,中国三代直系家庭的比例 30 年来始终保持稳定⑤。基于抽样调查数据的研究基本认为,代际支持关系依然沿循"反馈模式",成年子女与父母在日常照料、经济支持、情

---

① 费孝通:《乡土中国 生育制度》,北京大学出版社 2002 年版,第 209—210 页。
② 乌尔里希·贝克、伊丽莎白·贝克-恩格斯海姆:《个体化》,李荣山、范譞、张惠强译,北京大学出版社 2011 年版,第 101—112 页。
③ Cherlin, A. J. 2008, *Public and Private Families: An Introduction*. New York: McGraw-Hill Humanities, pp. 505 - 507.
④ Gilding, M. "Reflexivity over and above Convention: The New Orthodoxy in the Sociology of Personal Life, Formerly Sociology of the Family." *The British Journal of Sociology*, 2010,61(4).
⑤ 王跃生:《三代直系家庭最新变动分析——以 2010 年中国人口普查数据为基础》,《人口研究》2014 年第 1 期。

感慰藉等方面依然存在密切的互动①,以善待父母为核心的孝道观念在青年人群体中依然得到高度肯定。② 虽然,研究者们基本达成共识,认为中国家庭变迁道路上的"现代性"与"传统性"共存③,但这一研究路径因为囿于现代化理论和数据等的局限,并没有揭示这种共存是如何实现的,对于家庭生活实践的复杂性,以及新现象、新特征揭示的非常少。

另一方面,一些基于个案分析的研究则更多地强调家庭结构的多元化、流动性,以及基于个体利益的策略性建构,在代际关系方面侧重于揭示家庭内部的矛盾、压力,和结构不平等。在个体化理论的启示下,一些学者论证了家庭代际关系的个体化倾向。比如,子代的权利意识上升,强调个人利益与家庭利益平衡④;传统制度化的家庭权力结构松动、对情感亲密性的主动建构⑤等。更有一些研究者鲜明地提出中国家庭个体化的命题。比如,姚俊通过对"临时主干家庭"的观察分析,认为当前中国家庭是一种走向"自我中心式家庭"的变迁之路。⑥ 沈奕斐基于对上海城市家庭生活的体验和观察,提出"个体家庭"概念,强调个体以自我为中心,根据自己的需要来建构家庭结构和家庭关系。⑦ 这类研究因循个体化理论认为,在当代中国,个体不再是为了延续家庭或家族的需要而存在,而是家庭不断变动以服务于个体的需要。作为文化规范的传统,早已失去了制约力量,只是个体可资利用的资源,作为"想象的共同体"发挥着塑造个体身份认同的作用。⑧

个体化理论在家庭研究中的应用,展现了在日常生活实践中,家庭成员作为行动者本身所具有的主体性。但就目前的研究来看,因为强调家庭成员对资源的争夺和权力的博弈,难以整合总体上中国家庭趋于代际团结的社会事实。比如,在家庭个体化的视角下,亲代主动采取寻求代际和睦的个人策略,将使自身面临主体性消融、权力让渡和权力丧失的困境。⑨ 这种结论暗含的逻辑是家庭成员彼此的利益诉求具有不可整合性,以及个人利益诉求与家庭利益之间是相分离和相互竞争的关系。这种个体主义范式下对"个人"和家庭关系的理解,与中国人关系本位

---

① 杨菊华、李路路:《代际互动与家庭凝聚力——东亚国家和地区比较研究》,《社会学研究》2009年第3期;徐勤:《农村老年人家庭代际交往调查》,《南京人口管理干部学院学报》2011年第1期。
② 刘汶蓉:《孝道衰落?成年子女支持父母的观念、行为及其影响因素》,《青年研究》2012年第2期。
③ 唐灿、陈午晴:《中国城市家庭的亲属关系——基于五城市家庭结构与家庭关系调查》,《江苏社会科学》2012年第2期;杨菊华、何炤华:《社会转型过程中家庭的变迁与延续》,《人口研究》2014年第2期;刘汶蓉:《当代家庭代际支持观念与群体差异——兼论反馈模式的文化基础变迁》,《当代青年研究》2013年第3期。
④ 康岚:《反馈模式的变迁:转型期城市亲子关系研究》,上海社会科学院出版社2012年版。
⑤ 钟晓慧、何式凝:《协商式亲密关系:独生子女父母对家庭关系和孝道的期待》,《开放时代》2014年第1期;肖索未:《"严母慈祖":儿童抚育中的代际合作与权力关系》,《社会学研究》2014年第6期;张爱华:《农村中年女性的温情策略与家庭关系期待——对河北上村隔代照顾实践的研究》,《妇女研究论丛》2015年第5期。
⑥ 姚俊:《"临时主干家庭":城市家庭结构的变动与策略化——基于N市个案资料的分析》,《青年研究》2012年第3期。
⑦ 沈奕斐:《个体家庭 iFamily:中国城市现代化进程中的个体、家庭与国家》,上海三联书店2013年版。
⑧ 阎云翔:《自相矛盾的个体形象,纷争不已的个体化进程》,贺美德、鲁纳编著,许烨芳等译:《"自我"中国——现代中国社会中个体的崛起》,上海译文出版社2011年版。
⑨ 沈奕斐:《个体家庭 iFamily:中国城市现代化进程中的个体、家庭与国家》,上海三联书店2013年版;张爱华:《农村中年女性的温情策略与家庭关系期待——对河北上村隔代照顾实践的研究》,《妇女研究论丛》2015年第5期。

的主体认知和情感结构存在隔膜①。另外,在描述中国当前的家庭关系趋势方面,"家庭个体化"论断存在一个解释难题,即中国家庭到底还有没有高于个体利益的家庭利益?事实上,很多学者都认为,当前中国家庭紧密的代际关系是因为有共同的利益和价值基础。② 为此,对于社会转型中的结构性力量如何作用于个体的行为、价值领域中对个体利益的强调、对亲密情感需求的增长,以及个体主义文化和家庭主义文化的角力,到底如何形塑着中国人的日常生活,尚需更多、更细致的研究来加以探究。

(二) 个体化背景下的代际团结

代际团结(intergenerational solidarity)是一个内涵多维的概念,既包括了代际间实体性的关系,如接触见面、经济和劳务帮助,也包括非实体性的关系,如情感和精神上的归属感和密切性。③ 在用"团结"来描述家庭成员之间的关系时,除了表明家庭内部成员的互相帮助之外,通常还传达了家庭是一个整体,而非个体简单之和的意思。家庭行为是为整个家庭的行为,而非一个成员为另一个成员的行为。④ 早期的研究者区分了传统社会与现代社会的代际团结机制,前者依赖于家庭主义的文化规范,后者依赖于个体之间的情感联结。⑤ 后来,本特森等人将代际团结的类型细致化,区分为交往性团结、功能性团结、结构性团结、情感性团结、一致性团结、规范性团结。⑥ 国际比较研究显示,代际间的情感团结与工具性团结呈现无关联甚至矛盾的关系。⑦ 虽然,这种彼此独立的类型学划分能有效说明不同文化下的代际关系特征,但无法描述生活实践中的代际互动过程。对于日常生活中的代际互动来说,规范性团结、工具性团结和情感性团结并非隔离,而是相互作用和内嵌的过程。

代际团结在20世纪末再次成为研究焦点,与19世纪末社会学家关注社会分工对社会团结机制的影响不同,这一次的背景主要是第二现代性引发的个体化,即"现代"社会组织如婚姻、社

---

① 参见许烺光:《宗族·种姓·俱乐部》,薛刚译、尚会鹏校,华夏出版社1990年版,第1—2页;梁漱溟:《中国文化的命运》,中信出版社2010年版,第138、168页;潘光旦:《潘光旦文集》(第一卷),北京大学出版社2000年版,第135—136页。

② 杨菊华、何炤华:《社会转型过程中家庭的变迁与延续》,《人口研究》2014年第2期;王跃生:《三代直系家庭最新变动分析——以2010年中国人口普查数据为基础》,《人口研究》2014年第1期。

③ Cherlin, A. J. 2008, *Public and Private Families: An Introduction*. New York: McGraw-Hill Humanities. pp. 349-350.

④ Bawin-Legros, B. & J.F. Stassen, "Intergenerational Solidarity: Between the Family and the State." *Current Sociology*, 2002, 50(2).

⑤ Burgess, E. W. & H. S. Locke 1945, *The Family: From Institution to Companionship*. New York: American Book Company. p.69.

⑥ Bengtson, V. L. & R. E. L. Roberts, "Intergenerational Solidarity in Aging Families: An Example of Formal Theory Construction." *Journal of Marriage and the Family*, 1991, 53.

⑦ Silverstein, M., D. Gans, A. Lowenstein, R. Giarrusso & V. L. Bengtson, "Older Parent-Child Relationships in Six Developed Nations: Comparisons at the Intersection of Affection and Conflict." *Journal of Marriage and the Family*, 2010, 72(4).

区等在社会团结功能方面的失效。① 进入21世纪后,代际关系重要性的上升趋势明显,并被视作是家庭变迁研究领域继家庭核心化、制度性衰落、异质性增长之后最重要的趋势和假说。② 成年子女与父母之间的代际关系在全球化、个体化、福利保障私人化的后现代经济和文化环境中所展现出强大的韧性和弹性,让西方学者开始反思"家庭"(family)概念的历史局限性。③ 切尔林在回顾古德(William J. Goode)的家庭现代化理论时指出,世界家庭变迁的事实证明了现代趋同理论和发展范式的错误,虽然婚姻制度呈现了明晰的"制度婚—伴侣婚—个体婚"的发展道路,但从家庭整体制度看,当前的家庭正在超越夫妇家庭(conjugal family)模式,而重返复杂模式(the return to complexity)。纵观整个西方世界,只有20世纪中叶,婚姻关系在家庭生活中才占据绝对主导地位,之前和之后的家庭模式都不是如此。④

对于向来以纵轴为核心的中国扩大家庭模式(expanded family)⑤来说,我们甚至没有观察到一个亲子轴曾被夫妻轴战胜的清晰的历史阶段。而这,也让中国家庭关系的呈现和发展趋势都更为复杂和模糊。在当下的压缩现代性⑥情境中,家庭中的个人还未从前现代的孝道传统束缚中彻底解放出来,就又在后现代式的风险压力下更深地嵌入代际关系之中。但需指出的是,团结的增长并不意味着冲突的减少。相反,在以文化多元、绝对权威消解、市场经济和全球化为特征的风险社会情境下,家庭成员之间的利益冲突、观念冲突也在增多。

(三) 代际关系的自反性特征

个体化理论认为,对于后工业时代的家庭实践来说,自反性(reflexivity)超越了习俗和规范,个体行动的标准依赖于自己之前做出的决策后果和行动质量,而非遵从既定的规则和历史传统。⑦ 个体从传统的家庭制度和血缘关系中脱嵌出来,线性的标准化人生轨迹不再存在,被解放的个体不得不"为自己而活",自己为自己的行为找依据并作出决定,通过各种尝试和努力,包括同居、结婚、离婚、再婚等,拼凑自己的人生轨迹。⑧ 对低收入人群的研究表明,在个体的自反性生涯中,家庭关系的生产和维系依赖于个体的情感体验和认同,而这种情感产生于共同的生活

---

① Komter, A. E. & W. A. M. Vollebergh, "Solidarity in Dutch Families: Family Ties Under Strain?" *Journal of Family Issues*, 2002, 23(2).
② Bengtson, V. L. "Beyond the Nuclear Family: The Increasing Importance of Multigenerational Bonds." *Journal of Marriage and Family*, 2001, 63(1).
③ Swartz, T. T. "Intergenerational Family Relations in Adulthood: Patterns, Variations, and Implications in the Contemporary United States." *Annual Review of Sociology*, 2009, 35.
④ Cherlin, A. J. "Goode's 'World Revolution and Family Patterns': A Reconsideration at Fifty Years." *Population and Development Review*, 2012, 38(4).
⑤ 费孝通:《乡土中国 生育制度》,北京大学出版社2002年版,第38页。
⑥ Chang, Kyung-Sup, "Individualization without Individualism: Compressed Modernity and Obfuscated Family Crisis in East Asia." *Journal of Intimate and Public Spheres*, 2010, 3.
⑦ Gilding, M. "Reflexivity over and above Convention: The New Orthodoxy in the Sociology of Personal Life, Formerly Sociology of the Family." *The British Journal of Sociology*, 2010, 61(4).
⑧ 乌尔里希·贝克、伊丽莎白·贝克-恩格斯海姆:《个体化》,李荣山、范譞、张惠强译,北京大学出版社2011年版,第61—113页。

经历和工具性支持,以及共享的价值观念。① 对于中国家庭代际关系的观察也表明,工具性支持与情感并不是二元对立和两分的关系。② 因此,本文认为,生活实践中的代际关系自反性,体现为家庭成员根据各自的利益需求、价值和情感不断协商的过程。首先,代际关系变化的基点是满足家庭成员的日常生活所需,和对生老病死的应对。这种生活上的互助和协作是构成家庭成员对"家之所以为家"认同感的重要来源。其次,代际关系是家庭成员的认知、理念和情感相互影响和建构的过程。而且,家庭成员之间长期的、模式化的互动行为会沉淀为个体的情感结构,影响具体的个体行为决策。再次,个体行动的标准具有选择性,但文化规范和传统并非不重要,而是以一种内在于"心"的主观结构③对个体行为产生影响,形塑行动者对家庭生活的理想和代际关系的期待。

在中国的家庭研究中,情感结构是一个"被忽略而极重要的研究对象"④。近年来有研究者开始关注情感纽带对于代际团结的意义。一些研究者发现,亲代主动付出经济资源、劳务资源,甚至放弃权力争夺,以建构与子代的亲密关系,认为亲代"被啃"并非是在与子代权力博弈中的失败,而是情感在建构成年子女与父母互助关系中的重要性上升。⑤ 梳理既有国内代际关系研究发现,以子代为中心的研究强调行动者的理性逻辑,而以亲代为中心的研究突出行动者的情感逻辑。事实上,要使理论解释更接近生活实践,子代行动的价值和情感面向以及亲代行动的理性面向也都是不能忽略的。如何理解变迁社会中家庭的内部张力,代际矛盾意向理论(intergenerational ambivalence)可能是一个有益的探索。

二、代际矛盾意向视角下的"啃老"

源自精神分析学派的"矛盾意向"是指积极情感和消极情感同时存在和相混合的状态。社会学意义上的矛盾意向主要指无法兼容的角色(地位)规则或期望所引发的矛盾的情感、态度、信仰及行为,以及结构性的资源限制与实际需求引发的矛盾。⑥ 从宏观层面讲,代际矛盾意向产生于社会关于亲子关系的文化规范本身存在冲突。从微观层面看,家庭内部的代际依赖、代际间不平等的工具性支持、亲代和子代的观念不相容,都会产生矛盾意向⑦。经验研究发现,当成

---

① Gazso, A. & S. McDaniel, "Families by Choice and the Management of Low Income through Social Supports." *Journal of Family Issues*, 2015, 36(3).
② 钟晓慧、何式凝:《协商式亲密关系:独生子女父母对家庭关系和孝道的期待》,《开放时代》2014 年第 1 期。
③ 周怡:《文化社会学之争辩:概念、关系及思考》,《社会学研究》2004 年第 5 期。
④ 费孝通:《乡土中国 生育制度》,北京大学出版社 2002 年版,第 149 页。
⑤ 钟晓慧、何式凝:《协商式亲密关系:独生子女父母对家庭关系和孝道的期待》,《开放时代》2014 年第 1 期;肖索未:《"严母慈祖":儿童抚育中的代际合作与权力关系》,《社会学研究》2014 年第 6 期;张爱华:《农村中年女性的温情策略与家庭关系期待——对河北上村隔代照顾实践的研究》,《妇女研究论丛》2015 年第 5 期。
⑥ Connidis, I. A. "Exploring Ambivalence in Family Ties: Progress and Prospects." *Journal of Marriage and Family*, 2015, 77(1).
⑦ Fingerman, K. L., J. Sechrist & K. Birditt, "Changing Views on Intergenerational Ties." *Gerontology*, 2013, 59.

年子女在经济上依赖父母的时候,父母就会产生矛盾意向。一方面老年父母会基于责任伦理认为,他们有责任帮助子女,为他们提供工具性支持,但另一方面,他们又感到成年子女应该独立建立自己的生活,甚至认为子女应该为他们提供工具性支持。[1]

"啃老"是一种明显的团结与冲突并存的矛盾意向型代际关系。啃老家庭实现了两代人的紧密互助,特别是父母家庭对子代的帮助,缓解了社会快速转型所带来的压力和社会失范。但是,啃老家庭的功能团结并不一定带来代际关系的和睦和情感团结,因为成年子女对父母的高度依赖既不符合现代意义上的个体主义文化规范,也不符合传统意义上的孝道文化规范。研究显示,当生活世界中的行动者背离制度化、规范化的家庭生活模式,无法扮演符合社会文化期望的家庭角色时,家庭成员将经历和体验被矛盾的撕扯(being torn),以及积极和消极情绪共存的焦灼。[2] 在代际矛盾意向视角下,这种个人付出的心理和精神成本从根本上反映的是关系和结构的矛盾特征。[3] 石金群认为,当前的中国人受个体化进程和结构因素的影响,处在特定家庭代际关系中的个体摇摆于独立和责任之间。代际关系最终走向团结,还是冲突甚至解体,都源自个体与结构之间的协商和博弈,以及在应对这些矛盾心境时采取的不同行为策略。[4]

在中国,"啃老"之所以有趣,还在于社会对"啃老"的弹性接纳。因为中国父母与成年子女之间向来有紧密的互助和互惠传统,代际间的适度依赖是幸福家庭的象征。虽然很多研究者认为,啃老是"逆反哺"[5]和"代际失衡"[6],是年轻人无视亲代利益,向亲代无节制索取以满足自我需求的结果,彰显的是年轻人对自我利益的追求,被斥为"自我中心式的个人主义"和"无公德的个人"[7]。但现实生活中,父母心甘情愿地被"啃老"并不鲜见。那么,生活实践中哪种啃老是可以被接受的?哪种情况是不能被接受的呢?在本研究开展的焦点组座谈会上,亲代的判断标准有两个方面:一是子女的依赖是否超出了父母的承受能力,如果父母经济条件好、身体状况好,给孩子贴钱、烧饭、照料家务都是"可以的",但如果父母条件不好,那这样的子女就是"作孽";二是子女是否"有孝心""有感恩心",如果子女从语言和行为上表现出了"不好意思""知道父母在为他们付出",也就"不算啥了""可以理解",否则就是"逆子""讨债鬼"。这些信息揭示出"啃老"能否被成功合理化,既取决于家庭所拥有的客观资源,也取决于家庭成员的主观认知,并最终体现为情感上的相融与否。

---

[1] Pillemer, K & J. J. Suitor, "Explaining Mothers' Ambivalence toward Their Children." *Journal of Marriage and Family*, 2002, 64(3).

[2] Fingerman, K. L., J. Sechrist & K. Birditt, "Changing Views on Intergenerational Ties." *Gerontology*, 2013, 59.

[3] Connidis, I. A. "Exploring Ambivalence in Family Ties: Progress and Prospects." *Journal of Marriage and Family*, 2015, 77(1).

[4] 石金群:《独立还是延续:当代都市家庭代际关系中的矛盾心境》,《广西民族大学学报(哲学社会科学版)》2014年第4期。

[5] 车茂娟:《中国家庭养育关系中的"逆反哺模式"》,《人口学刊》1990年第4期。

[6] 贺雪峰:《农村代际关系论:兼论代际关系的价值基础》,《社会科学研究》2009年第5期。

[7] Yan, Y. X. 2003, *Private Life under Socialism: Love, Intimacy, and Family Change in a Chinese Village, 1949-1999*. Stanford, CA: Stanford University Press.

三、资料搜集和案例概况

在中国日常语境中,"啃老"是一个含混和充满争议的概念,远远超出英语中对"尼特族"(NEET,Not currently engaged in Employment,Education or Training)的"有劳动能力而不上学、不工作、不受训"的内涵界定。在既有的研究中,研究者们对啃老的判断主要是依据"反馈模式"的文化规范,即成年子女在代际支持关系中应该扮演"给予者"而非"获得者"①。不同作者按照子女依赖父母的程度和原因等,提出了"显性啃老、隐性啃老""主动啃老、被动啃老""啃钱财、啃劳力、啃关系"②等类型。从这些多元的界定和分类可知,"啃老"的核心指向是成年子女对父母的高度依赖,但边界和内涵有很大的弹性。

为了反映现实中子女依赖父母的多种形态,本文采取广义的界定,将啃老群体界定为:具有劳动能力,已经毕业离开学校,目前无工作或已就业、有工资收入,但仍然长时间、大量地接受父母提供的各种支持和帮助,包括金钱支持和劳力支持。本研究沿着"可接受与否"的标准,在诸多的研究个案中③,选择了关系和谐和关系冲突两类"啃老"家庭进行比较分析。在具体选取案例的时候,主要依据有二:一是被访家庭的主观态度,即被访的亲代或子代或双方认为子女/自己属于啃老族;二是子代的日常生活对亲代有高度依赖,这些案例中的子代均表示,离开父母的帮助自己目前的生活无法进行,而且希望继续得到亲代的帮助。研究案例来自作者身边亲戚、朋友、邻居以及介绍的人。除了案例的可得性限制之外,案例的最终选取考虑了啃老方式和代际关系类型的可比性,以及访谈对象的性别、年龄,以及家庭背景等相关因素的差异性。

最终,本研究确定的4个家庭,共访谈了9人,其中一个家庭访问了父母双方和女儿本人,另外3个家庭都只访问了子女和父母中的一位。4个案例中,案例1和2是代际关系和谐的家庭,案例3和4是关系冲突的家庭;案例1和3的啃老方式主要是经济依赖,案例2和4虽然也有经济依赖,但子代对亲代劳务上的依赖更为突出。对每个家庭正式访谈一次,非正式访谈和观察多次。因为每个个案的被访与作者关系远近有不同,因而进行的观察和谈话次数也有所不同。亲代和子代访谈分别进行,访谈以半结构方式进行,当面交流,聆听他们讲故事,了解他们家庭形成啃老局面的来龙去脉,了解双方对"啃老"相关问题的看法以及对他们代际关系的看法。

(一)关系和谐的啃老家庭案例

案例1:子代T,男,32岁。大学本科毕业,无业,已婚,孩子4岁。母亲,58岁,某医院主任医生;父亲,59岁,大学教授。

---

① 宋健、戚晶晶:《"啃老":事实还是偏见——基于中国4城市青年调查数据的实证分析》,《人口与发展》2011年第5期。

② 费微:《我国啃老族问题的社会学研究》,东北师范大学2009年硕士学位论文;蒋晓平:《逆向代际关系:城市从业青年隐性啃老行为分析》,《中国青年研究》2012年第2期。

③ 作者所主持的"家庭代际文化价值观变迁研究"课题组于2012—2014年期间,在上海以座谈会、深访的形式总共搜集了71个个案,其中"啃老"案例只是其中一部分。

T毕业后工作不顺利,辞职至今10年未工作。家境较殷实,有车有房。目前T先生和妻子靠在家带孩子及照顾两边父母的日常家事以此来换取双方父母给予的报酬。

案例2:子代X,女,37岁,博士研究生学历,高校教师,两个儿子,一个6岁,一个半岁。母亲,62岁;父亲,69岁,两人均退休。

X自怀孕开始,父母从老家搬进女儿家,帮助女儿、女婿料理家务、养育孩子。第三代自出生以来,睡觉、吃饭、穿衣、打疫苗、看病、送幼儿园几乎都由外婆管理。6年以来从未间断。另外,父母两次支持女儿购房,第一次帮助女儿支付了首付,第二次不惜卖掉了老家的房子。

(二)关系冲突的啃老家庭案例

案例3:子代Y,男,26岁,美术学院本科毕业,专业油画画师。母亲,56岁,会计,丧偶。

Y毕业后,放弃了留校当老师的铁饭碗,一心想要成为油画第一人,目前无固定工作,画作销路不畅,生活主要经济来源来自母亲。

案例4:子代L,女,43岁,硕士研究生学历,离异,单亲妈妈,孩子2岁。父亲,74岁;母亲,69岁,两人均退休。

L两次离婚,第二次离婚时孩子刚出生不久。因为女儿上班,父母不得不和女儿一起居住,长期帮她带孩子、做饭和料理家务。平时,L父还帮女儿打理股票账户。

四、案例分析和发现

矛盾意向性代际关系中存在着持续变动的要素,同时包含"推—拉"两种力量,代际关系最终是走向团结、冲突还是继续矛盾,取决于矛盾的需求、期待之间的角力和协商。[①] 合理化、接纳是个体应对代际矛盾意向的重要策略,而行动者对自己所承担的代际责任的认同程度,以及对代际关系的期待实现与否等都影响着合理化的可能性。[②] 只有当子代和亲代都能对啃老事件合理化时,代际关系才能维持平衡与和谐状态,否则代际关系则因紧张冲突而失衡。

(一)和谐型啃老家庭:代际和合下的理性合作

在关系和谐的啃老家庭中,两代人实现了基于利益、观念一致基础上的代际互惠和情感团结。"啃老"这一看似以子代利益为核心的代际关系,其内核是亲代权威和责任伦理传统的延续。但与传统的威权式关系不同,代际间的日常互动以平等和关爱的亲密形式展现。

1. 情感化的关系认知和接纳

首先,两代人将啃老局面的形成主要归因为彼此的关心和爱护。"从对方利益出发""考虑对方的感受和需求"是此类家庭成员访谈中提及的最重要的理由。比如,T先生(案例1)的父母

[①] Connidis, I. A. & J. A. McMullin "Sociological Ambivalence and Family Ties: A Critical Perspective." *Journal of Marriage and Family*, 2002, 64(3).

[②] Connidis, I. A. "Exploring Ambivalence in Family Ties: Progress and Prospects." Journal of Marriage and Family, 2015, 77(1).

因为担心他"身体垮掉",所以让他辞职在家养病。后来又担心儿子"到外面去学坏""走上歪路",宁愿自己掏钱,让孩子在自己眼皮子底下生活。访谈中,T母既没有表达对儿子抱有中国传统家庭主义文化中"光宗耀祖"的期许,也没有西方个体主义文化中"独立自足"的期许,而是在价值选择上更看重"家庭和睦""健健康康"和"情感陪伴"。

> 一开始孩子大学毕业是去上班的,当时还是试用期。上班蛮远的,坐地铁单程就要1小时。上班2个月里面加班就30几天,有时候甚至会加班通宵的。……2个月下来,生病了!身体吃不消的。……这个孩子从小身体并不好,我做医生的,晓得的。如果放任他折腾下去,身体垮了,什么都完了。IT行业过劳猝死案例很多的。……其实我们对小孩的要求不高,不需要他们赚很多钱,只要他们健健康康,开开心心就好了。他们现在一家三口陪着我们,我们已经很满足的了。(案例1访谈记录,母亲)

X女士(案例2)拥有高学历却在生活上高度依赖父母,甚至在"生不生二孩"的人生大事上也遵从了母亲的意愿。用她自己本人的话来说,就是"我们家没有我和我老公没问题,但离不开外公外婆,离了他们就肯定(运)转不下去"。在一些研究者看来,正是父母的溺爱和全权代理阻碍了子女的正常社会化,造成子女缺乏基本的生活自理能力。① 但访谈资料显示,从家庭内部视角来看,正是这种依赖建构了他们"母慈女孝"的和谐大家庭,再造了代际间互以对方为重的责任伦理。访谈中,X母充分表达了"为女儿着想"的观点,是一个全方位、没完没了操心的母亲。因为女儿"从小只会读书,家务事一点不会做",如果老两口不来帮忙,"肯定得哭"。她不仅怕女儿体力上受苦,还担心女儿、女婿因家务分工闹婚姻矛盾,还怕女儿照顾孩子耽误自己的事业,因为"女人不能没有工作,没工作就没地位",甚至因为担心"一个儿子靠不住",所以极力说服女儿再生一个孩子,等等。

在子女的话语中,他们凸显了自己的独立心和责任心,通过强调"为父母着想""孝顺父母""自我牺牲""有责任心"的话语来塑造自己道德个体的形象,以合法化自己的啃老行为。比如,访谈中,T先生一再强调,他目前的啃老状态,其实是一份工作,"虽然老板是爸妈",但自己一直是以辛苦付出回报父母的。而且,这是和父母"双方你情我愿、和谐商议,没有死皮赖脸",是一种公平的关系,而非占父母的便宜。他甚至强调,为父母打工,照顾父母孩子的生活起居,是"我们(夫妻)二人牺牲了去打造社会基础(的机会)",才实现了家庭的"双赢",既给家庭节约了开销,还陪伴了父母。X女士在谈到自己长期在家务劳动上依赖父母的时候,表示十分感谢父母对自己的帮助,但同时,她认为自己是一个有做家务潜能和"能抗事"的人。目前啃老状况更多的是出于对"爱操心"母亲的迁就,"既然她都做了,我也不能去操心,掺和的人多了就会起矛盾""她不开心,大家就不开心",暗示这也是她为了家庭关系的和谐而做出的努力。

---

① 张茜:《中国城市80后啃老族的社会学研究》,安徽大学2010年硕士学位论文。

其次，两代人之间表现出高度的认可和接纳。一方面，亲代并没有将子女的啃老行为认定为子女缺乏独立性，或者人生失败，而是正向地理解子女的行为。在案例1的访谈中，T母表示，儿子在家做"保姆"七八个月的时候，她也曾担心焦虑过，想过"堂堂一个大男人总是不上班也不是个事儿"。但在"颇有见地"的教授丈夫的劝说下，她内心的焦灼得到了消解，认可儿子在家属于"男孩耐得住性子""是好事"。对于儿子不外出工作这件事，T母在访谈中不仅没有从孩子社会化失败的角度进行解读，甚至认为儿子"愣是把亲家一家人也说动了，我们双方父母给他们发工资"是"这孩子厉害"，话语中充满着对儿子的理解和赞许。另一方面，亲代经常表达子女"听话"和"懂事"。比如，T母认为，儿子主动提出照顾一家老小，是儿子"知道自己长大了，不好意思白吃白住"，是"这孩子好的地方"。因为父母的认可和关爱，也因为子女在成长经历中始终享有较高的自主权，子代几乎没有想过和父母分开，甚至没有认真考虑过"独立"的意义，反而认为"爸妈就我一个小孩，住在一起、方便相互照顾，不是蛮好的?!"（T先生），或者"爸妈最后肯定是要和我住一起的，还不如早点儿磨合好"（X女士）。

2. 代际互惠的理性建构

在关系和谐的啃老家庭中，两代人将维持目前的啃老关系认定为一种代际互惠与合作，是一种"划算"的理性安排。首先，这种安排是一种出于以家庭为单位的经济理性计算，两代人能在啃老的关系中各取所需。比如，案例1中的T先生和妻子能"为父母打工"10年，是因为两代人都理性地算过一笔账。

> 双方家长对现在的状况很满意，可以说非常高兴……其实很多人没有算过一笔账，算过了你就认同了。我不工作，但是一日两餐我来准备，你请一个做饭的钟点工，多少钱？一小时25元，一天3小时多少？75元，一个月就是2 250元，对吧？买日用品、买菜、人工要吧？请个人照看小孩要多少钱？高级一点的要上万的。早教，就是要教会小孩上幼儿园之前的所有知识！这个又要多少钱?!……省下就是赚到，我们付出时间和精力，省下上万元的支出，比我们各自去朝九晚五赚5 000元要划算多了吧？（案例1访谈记录，儿子）

访谈中，T母表示，自己和老公因为工作忙，没时间烧饭，"钟点工也换过好几个，称心的却做不长"，正好儿子喜欢做家务，自己家里人做饭和照顾孩子比请人"放心"也"省心"。同样，案例2中，女儿一家四口长期和父母住在一起，也有"放心、省心"的考量。X母认为，"每个月花五六千也请不到像我和她爸爸这样尽心尽力、能包下所有家务事的人"，而且，"带孩子可不只是一般的照顾吃饭睡觉，还要接送孩子上学，还要带孩子看病，要承担很多责任呢！"。因此，在家务劳动市场、保姆市场服务不让人放心的情况下，对于年轻父母都要外出工作的家庭来说，祖辈带孙辈成为两代人理性计算后的家庭策略。

其次，除了经济理性之外，这种互惠关系还来自亲代的工具性付出，在子代和孙辈身上获得了情感和精神性的回报。比如，T母对儿子一家三口"陪在身边""不走歪路"的强调，充分显示了独生子女家庭中,亲代对子代情感和精神上的依赖。对于案例 2 的 X 母来说,她所获得的精神回馈,不仅来自子代和孙代的陪伴,还来自自我价值感的提升。她认为,家庭"6 年来没发生过什么大的矛盾"主要源于自己的牺牲和奉献,"我把所有的事情都做了,他们还有什么话呢?"。而且,她对自己的家庭贡献和在家庭中所拥有的地位感到很骄傲,"我女婿单位的人说我本事大,开玩笑说我一个小学生管理着一个博士(女儿)、一个硕士(女婿)、一个本科生(老公),还有两个混世魔王(外孙)哩!"。

3. 利益共识和亲代意志彰显

和谐型啃老家庭的代际团结表现出鲜明的价值整合特征。首先,亲子两代人都存在共同的"大家庭"观念和利益共生意识。两代人将彼此和第三代组成的家庭视为一体,为了这个"三代一体"大家庭的延续和发展,家庭成员在不同时间段承担着的不同分工。案例 2 的 X 母表示,"我们老的把家里的事情担起来,让他们年轻人安心去奋斗,他们混得好,也是给我们脸上贴金哩,是不是?"。在利益共生的意识和默契下,代际间分摊家庭的发展成本是自利行为,亲代为子代的付出就是在为自己的将来努力。正如其他研究显示的那样,与非独生子女家庭相比,独生子女家庭的代际关系更平等、代际间的情感互动更多、精神共同体色彩更强烈。① 在这种共同体中,不仅亲代自愿将子代的事视为自己的事,子代也将保障亲代的利益看作自己的责任。访谈中,案例 1 和 2 的子代都多处谈到"我是爸妈唯一的孩子",父母将来"总归是我的责任"。

案例 1 的访谈资料显示,两代人对家庭的未来已经达成共识,即等父母退休以后,小两口再出去挣钱,老两口再照料家务。虽然未来好不好找工作、怎么挣钱也让人"发愁",但对于这个大家庭来说,"家务总是要有人照料的",目前儿子不出去工作是一种合理和风险最小的安排。就像 T 母说的那样,"等过几年我们退休了在家带孩子,他们两个人就可以安心去闯闯了,毕竟有点年纪,不容易走歪路了"。而 T 先生在访谈中也表示"等爸妈退休了,能照顾小孩了,好!我们就冲出去,全部冲出去!",表现出对未来承担"主外"责任的信心和向往。对于这个家庭来说,两代人勾画的共同的未来图景,有效地消解了亲代对现状的焦虑和不满。而父母将会衰老和退回家庭的必然事实,让子代对自身价值拥有强烈的预期,极大地减少了他们的自卑心理。因此,在这类家庭中,子代并没有因为目前对父母的依赖而认为自己是一个失败者的想法。

其次,两代人拥有共同的情感反应和代际意识。在"三代一体"的价值体系下,第三代是家庭的最终利益,是一个人活着的时候所能看见的最远的家庭的未来,这也是两代人共同的未来。访谈中,X 女士讲述了"生不生老二"的家庭协商过程。

> 我老公一开始坚决反对,他说生两个孩子根本不是他想要的生活,甚至说再生一个就是毁掉他的人生!冲突还是蛮大的……确实,两个孩子的经济压力和时间精力成本都太大了。……但我妈就一直找我们谈话啊,说独生子女对孩子不好,我们都是要老要走的,到时

---

① 刘汶蓉:《当代家庭代际支持观念与群体差异——兼论反馈模式的文化基础变迁》,《当代青年研究》2013 年第 3 期。

候 MM(指大儿子)在这个世界上连个照应都没有……我自己是独生子女,这方面我很有感触……还有关键的一点是,我妈坚决表示说她会带孩子的,不用我们操心……我就劝我老公,有这么一个坚强的后盾,还怕啥?……我们听我妈的话,其实也是这么多年的经验。……我们家很多事都是按她的决定办的,因为大体上结果也都证明没有错。如果外婆决定总是错的话,我们也就不会都听她的了,是吧?(案例 2 访谈记录,女儿)

既有研究指出,亲代会为了维持与子女的代际互助和亲密关系而主动让渡自己的权力[1],而本文的案例显示,子代也会为了维持与亲代的互助和亲密关系而让渡自己的权力。在以上案例中,虽然女儿表示,遵从母亲的意志是自己"主动"的选择,强调了自己的听话并非盲从,以突显自我的理性和自主性。但成长经验之所以取代了个体反思,源于"母亲总是对的"的直觉反应。这让我们看到,在关系和谐的独生子女家庭中,子代对亲代的依赖根植于思想和情感深处的信任。正是基于长期"成功"被保护、被关爱的代际互动而产生的情感和信任,"听话"和遵从父母权威则成为子代自然的和理性选择。另外,以上的访谈资料,除了展现了小夫妻的理性之外,还反映了两代人拥有共同的"以下一代为重"的思考和感受方式。"为了孩子""让孩子有个照应"成功地激发了子代的情感认同,降低了代际协商的成本。

(二) 冲突型啃老家庭:情感捆绑下的理性冲突

在关系冲突的啃老家庭中,亲代未能成功合理化子代的行为,而合理化失败的主要原因在于价值整合的失败。由于子代与亲代的理性选择相异,代际之间因亲子一体而形成的情感和责任捆绑失去了互惠和平衡基础,代际关系因紧密和冲突并存而产生矛盾意向。

1. 价值冲突和情感绑架

首先,访谈资料显示,两代人对"何为有价值的生活"有很深的歧见。价值观的不一致,特别是亲代对子代生活道路选择的不认同,极大地损害了亲代为子代付出的意愿,也伤害了代际间和谐的关系。在亲代看来,子女"主动"不要稳定的工作、不要"完整"的家庭,是缺乏规划、没有未来的人生道路。一些被研究者概括的"啃老族"特征,诸如"缺乏清醒的自我认识和定位""心气高,能力不足""过于理想化""自我中心,不考虑父母感受"[2]等在亲代的话语中被反复述说。

现在的年轻人到底在想点啥,我真的搞不懂! 有好工作机会,放弃! 有赚钞票方向,放弃! 就一天到夜做梦,那么简单成为中国第一人啊! 你又不是生在大富大贵人家,我们是啥? 工薪阶层啊,就这点点死钞票,你还想做点啥? ……你看看人家小孩,就算读书成绩差的也有一份正正经经的工作,不像我家这个讨债鬼,一天到晚做梦。(案例 3 访谈记录,母亲)

我当年和她讲,如果你打算以后一个人过一辈子,你就离! 但谁知道她又整出这样一

---

[1] 肖索未:《"严母慈祖":儿童抚育中的代际合作与权力关系》,《社会学研究》2014 年第 6 期。
[2] 张茜:《中国城市 80 后啃老族的社会学研究》,安徽大学 2010 年硕士学位论文。

个事情(指刚生孩子又离婚),还一点儿不打招呼?!人还是要对社会有敬畏之心,社会将来会发生什么你是看不清的,应该有长远眼光一点,要给自己留后路!!(案例4访谈记录,父亲)

但子代的访谈资料却显示,他们认为,选择这种人生道路是对自己有自信,也是为了过一种更有价值的人生,虽然"父母那个年纪的人无法理解"。Y先生(案例3)知道如果去临摹画就能养活自己,但他认为:"一旦开始临摹谋生,就很难再有自己的创意灵感了……我此生最大的愿望就是能在油画上,做近代中国第一人……放弃梦想去临摹,这太浪费我的才华了。"怀抱理想的Y认为自己目前的啃老只是暂时的不如意,访谈中,他说:"没错!现在我单靠卖画确实还不能养活自己,但以后,也许我就是中国的毕加索、梵高。"至于生活和经济上对母亲的依赖,他觉得这些都只是暂时的,只要有一天他获得了成功,母亲对他一切的付出自然就有了回报。L女士(案例4)其实在生孩子前就想要离婚了,她不想过那种"没有爱的生活",之所以"生了孩子才离婚",是因为她考虑自己年纪大了,朋友劝她"想要一个孩子的话,这可能是唯一的机会了"。经历了两段婚姻之后,她对婚姻很失望,她渴望从血缘纽带上获得一种稳定的安全感。"这个时代,其实人们对婚姻期望都不高的,夫妻说散了也就散了,但和孩子的关系总是稳定的,只要你自己不讨厌孩子,有个孩子总是好的。"

其次,亲代表达了强烈的不情愿和无奈的被情感绑架的感受。访谈中,案例3的母亲多次谈到独自抚养儿子的辛苦,抱怨说"不是为了这个小鬼头啊,我生活不要太舒服哦""我以前打一份厂里的工,兼职3个私人老板公司的会计记账、报税工作,每天都不休息,才供他上完大学",原本以为儿子大学毕业就算熬出头,谁知道"毕业3年多了",还是要自己赚钱给儿子买画布、颜料、画笔。"小姐妹们都讲我赚钱疯掉了,肯定攒了很多钱",其实连给未来儿媳妇的礼金都没攒下,"真丢人啊!"案例4中,L的母亲无奈地表示,"请保姆照顾孩子,白天也要家里有人啊?我们不来和她住,她怎么上班呢?不上班,养孩子怎么养?"而L的父亲则表示过来和女儿一起住纯属无奈,完全是因为"她妈要来帮忙,身体又不好,我只好跟着来"。在谈到现在的生活时,两个家庭的父母充满了抱怨和不平,多次谈及自己的"不容易"和孩子的"不懂事",抱怨被子女拖累。在这类家庭中,父母对子女的控诉和子女对现状的执拗,让代际关系长期处于一种关系紧张的状态。

2. 责任伦理下的矛盾意向

首先,"对责任的无可逃避感"和"不得已"的两难是亲代产生负面情绪的重要原因。访谈资料显示,亲代虽没有直接表达对传统伦理规范的认可,但"被子女所累""不能不管"在父母看来却是没有选择的,对为人父母责任的认定具有无可辩驳性。案例3中,Y母始终不支持儿子的选择,但她不得已地3年来一直给儿子钱,支持他独立创作。虽然,她说她已经给儿子下了最后通牒,最多再支持两年。但我们可以预见,如果儿子坚持不改变的话,这位母亲依然只能一边控诉一边给儿子掏钱。本研究的其他案例也显示,亲代会"不得已地纵容"子女的"啃老",他们真正的担忧并不是孩子用了自己的钱,因为认定"做父母的,就是把最好的给孩子,自己的就是孩子的",他们深层次的烦恼和痛苦在于担心孩子怎么活。就像Y母反复念叨的那样"到时候我老了,做不动了,他还这个样子,怎么办哦?!"。在案例4中,深感焦灼的L父亲同样践行着这种"不得已"的纵容,他一方面表达自己不想帮女儿带孩子、理财,不愿意"受这个罪",另一方面又表达"不管不行"的想法。

> 她是典型的折东墙补西墙,一屁股贷款,就指望着股市挣钱。我是知道她的理财能力的,如果不帮她,她很快就会把钱折腾光的。到那个时候,可怎么收场呢?!……我想过不管她的,谁叫她不听话呢?但事已至此,怎么办呢?她已经是没有其他路可走了。……我总不能看着自己的孩子在这个世上活不下去吧?(案例4访谈记录,父亲)

阎云翔指出,亲代之所以向子代做出让步主要是源于情感和道德层面的"父母心"[1]。也有研究者指出,啃老的存在是因为亲代对子女的单向庇护对亲代仍构成心理压力。[2] 本文的案例资料分析还显示,亲代的让步不仅是道德约束的结果,也是家庭主义福利下被迫的理性选择。受过大学教育的L父亲,在访谈中表达了他"按道理来说"的代际责任观,"父母不可能管子女一辈子,养到18岁就尽到责任了!",但他又说"现实做不到啊!"。如上面的访谈资料所示,他认定与女儿的利益具有不可分割性,子女未来的失败对于自己来说也是无法"收场"的。这种责任认知不仅产生于舐犊情深的人类情感,也反映了中国人在长期的家庭主义福利体制下的惯性思考。基于利益的捆绑、无限责任和"亲子一体"的父母观,"子女必须管"以行为主体内在结构的方式,成为亲代"自然"的反应和思考方式。

其次,子代的矛盾意向性在于,对父母的工具性依赖根深蒂固,但在情感上却对父母亲近不起来。访谈中,Y先生表达了对自由的强烈追求。对于为什么自己挣钱不多,还要花钱租房子的原因,他说:"我是成年人了,而且是搞艺术创作的,当然需要很独立的空间。和妈一起住,很多地方都会受到束缚,会让我觉得很不自由,创作的灵感也会受到影响。"子代对自己生活道路执拗的前提固然有自我性格上的原因,潜在的也有"父母的,就是我的""以后我所拥有的,也是父母的"的观念。这种亲子一体化的观念"正当化"了他们的啃老行为。而独生子女家庭中,子代啃老的底气更足。比如在案例3中,Y对自己未来可能对母亲所作的贡献充满自信,这种自信不仅仅来源于对自己才华的确定,也来自他的独生子女身份。在亲子一体化的家庭主义文化中,独生子女身份使他几乎不假思索地认定自己是未来母亲生活的唯一支持者,这个背景是他和母亲之所以能维持啃老现状的潜在契约和保障。

3. 理性冲突和孝行落空

首先,父母对子女"不听话"有强烈的挫败感,认为不仅是子女的失败,也是自己人生的失

---

[1] 阎云翔:《中国社会的个体化》,陆洋等译,上海译文出版社2012年版,第218—219页。
[2] 张杰:《闪婚与啃老——80后理性行为的文化逻辑》,《青年研究》2008年第6期。

败。访谈中,L父亲显得很沉痛,他自视是一个颇有远见的人,也认为在子女的教育方面尽心尽责,"她从小我该说的话都说了",但还是不明白为什么女儿的生活会如此不如人意。访谈中,L父亲讲述了他如何劝阻女儿不要换学区房、不要投资公司,但"一意孤行"的女儿总是让他觉着自己白努力和白辛苦,经常想"不管她"。父亲希望女儿能过上一种安全、稳妥的人生,他之所以帮女儿炒股,是希望能帮助女儿获得经济安全,但女儿却热衷于"以小博大"和结果未卜的投资。然而,L女士并不认为自己的投资不明智。在她看来,从小父亲的"告诫和谈话很多",但她"不能都赞同"。她说,自己第一次离婚换大房子的时候,父母也坚决反对,但"现在看来自己幸亏当时买了这个大房子"。与关系和谐的啃老家庭不同,在关系冲突的案例中,子代的理性思考结果与亲代预期不一致,因而显示出权力博弈和情感绑架的特征。

其次,子代的非标准人生道路,损害了亲代对子女孝行的感受。访谈中,案例3和案例4的亲代都表达了对子女婚姻状态的焦虑。在社区压力明显的熟人社会中,子女结婚意味着父母任务的完成,血脉延续的维持,是自我社会人格完整的需要。①但在当下城市生活陌生人化的情境下,个体所感受到的舆论压力大大减小,父母对子女结婚生子的强烈期待,主要是一种基于家庭主义福利现实的理性衡量。如前所述,父母深层次的焦虑在于自己死后子女生活没"着落",而结婚是让人生有着落的有效途径,比子女追求的"成名成家""发大财"更让他们有安全感。对于秉持无限责任伦理观念的父母来说,子女是自己一生的责任,除非子女有了其他有效支持网络,不然就意味着自己不能放手,无法安享晚年生活。因此,自身资源越有限的父母,对子女婚姻稳定的需求越迫切。就像L母亲表达的那样,"如果她有个完整的家,我和她爸至少还能趁身体还好的时候,过个十来年的好日子",而如果子女不能体谅父母的这种心理,不能设法减轻父母的压力,就会引发父母"子女不孝""子女自私"的抱怨。

访谈资料还显示,由于对"好生活"缺乏共识,即使子代明确表达了赡养父母、对父母好的意愿,也不能成功激发起亲代在情感和精神上的获得感。案例4中,女儿L表示她打算换更大的房子,并不完全是为了投资,更是为了能与父母、孩子一起住得舒适一些,"再过几年,他们年纪更大了,单独住是不可能的,身边总得有个人吧? 和我一起住,我多少还是能帮得上忙!"但在L父母看来,日常生活中与女儿摩擦太多,共同居住太辛苦。他们的理想是女儿能够有一个自己的家庭,老两口能"解脱"出来,住在自己的房子里。

案例3的母亲在访谈中多次谈及自己与儿子对未来期望存在矛盾,她苦口婆心地劝儿子放弃成名的梦想,目的是想让儿子和她过上稳定的、儿孙绕膝的普通幸福生活。但在儿子看来,母亲这种没有远见的思想源自惜财,所以会说"等我出名了,全都还给你!"Y母表示,"知道儿子还是很孝顺的""每年母亲节都会买点儿东西给我",但她苦于儿子不懂她的心,一句"我养大他,就是为了让他还给我啊?"道出了她对儿子不理解自己的痛苦。在访谈的结尾,Y母用无奈的口吻,述说了她的生活理想,希望儿子能结婚生子、生活安定,这样她多年的苦熬才算没白费,才

---

① 阎云翔:《中国社会的个体化》,陆洋等译,上海译文出版社2012年版,第218—219页。

"对得起孩子死去的父亲"。在亲子一体的代际关系中,家庭的未来在于下一代,下一代过得好对自己来说是一种解脱。从现实利益来讲,对于经济能力有限但还能够独立养老的城市老人来说,子女最要紧的孝行不是许诺将来奉养父母,而是尽早自立以减轻父母独立养老的负担。

总体而言,由于缺乏一致的未来预期,子代啃老不仅不能给亲代带来工具性的帮助,而且削减了亲代未来独立养老的资源,特别是子女对"标准"人生道路的背离,冲击了子代给予亲代精神和情感回馈的基础。在深层次上,子女听话是代际"和合"文化传统的内生性要求。[①] 对于秉持亲子一体和无限责任伦理的父母来说,子女"不听话"和非标准人生道路不仅仅关乎为人父母的权威丧失,还意味着对未来生活安全感的丧失。

五、结论和思考

作为个体化进程影响下的一种矛盾意向性代际关系,"啃老"反映出中国家庭亲子文化在社会转型背景下的韧性和内在张力。韧性表现为代际责任伦理依然对家庭生活中的个体具有约束力,是代际功能性团结的基础。而张力则集中表现在价值团结的日趋艰难性,亲代权威的实现越来越倚重于代际互动中的情感内化。案例显示,关系和谐的啃老家庭成功延续了以亲子一体和无限责任为特征的代际"和合"文化传统,关系结构中双方的利益、价值和情感都得以平衡。但"传统"的亲代权威、责任伦理和家本位关系模式,是以理性分析和情感取向的"现代"方式呈现的。而关系失衡的啃老家庭则是对代际和合文化传统的不彻底延续,子代对亲代的工具性依赖和价值观念上的"反叛"构成了关系的结构性矛盾。由于两代人价值整合的失败,责任伦理的践行失去了互惠和平衡的基础,代际关系陷入情感捆绑下的理性冲突。

综上分析,笔者认为,在中国当下的个体化进程中,家庭代际关系的自反性并未导致家庭个体化,相反,亲子一体和代际责任伦理在家庭成员的自反性生涯和协商过程中得以再造。因此,从代际关系角度看,当前中国家庭是个体实现自我利益的资源,也是统摄个体的社会结构,并非个体化理论所预设的那样成为一种"选择性关系"。虽然代际的协商实践,两代人都表现出高度的理性化和情感化取向,但反思的起点和结果都是关系导向的而非个体导向的。无论是关系和谐还是冲突,亲代和子代在观念和意识上都将对方的未来纳入自己未来的生活预期中。年轻人对父母责任的认定是子代啃老合法性的来源。基于血缘的代际责任强烈地表现出"不可选择性"。事实上,正是这种不可选择的捆绑关系才产生了代际关系中的爱恨纠缠。

关于当下中国家庭这种基于自反性关系的代际团结,其结构性特点以及家庭成员的利益、情感和价值在代际团结过程中的角色,以下几点还需强调和说明。

第一,亲代与子代的需求结构互补是代际合作的基础。一方面,由于老年人经济上能够自足,而且预期寿命和健康状况大大改善,延长了他们在与子女支持关系中的"可给予期",亲代对

---

① 参见孙隆基:《中国文化的深层结构》,广西师范大学出版社2004年版,第200—201页。

子女给予情感陪伴和精神回馈的需求增大。① 另一方面,劳动力市场竞争日趋激烈、年轻人经济自立的难度增大,加上婚姻关系不稳定、兄弟姊妹关系缺失,社会化的幼托服务、养老服务不健全等,亲子纽带成为个人最重要,甚至唯一可以依靠的支持网络。因此,家庭作为需求共同体的特征并未削减。事实上,即使是在全球化、后现代的背景下,即使家庭结构日益变得多元,家庭作为个人的庇护所,依然处于个人生活的中心位置,处于个体与更宏大的结构之间,调节着全球化、社区资源、国家政策对个人的影响。个体很少有脱离家庭的资源和情感依附关系来做决定的。所以,家庭作为行动者(agent),依然是分析社会的一个基本单元。

第二,啃老是两代人的理性合谋,但个体的理性计算是通过情感被合理化而接受的。在中国的家庭主义文化语境下,孝顺是子女对父母"报之以情"的主要体现,使代际间原本不对等的支持关系得以平衡。对于有自养能力的城市父母来说,他们的获得感不在于子女的赡养承诺,而在于子女"顺"和"听话"所带来的情感慰藉和安全感。但在威权式孝道式微的背景下,亲代权威无法来源于父母身份,而取决于子女在人生经历中对父母所形成的情感依赖和决策信任水平。亲代先赋权威的丧失,造成了代际间价值整合对日常互动和情感内化的依赖。另外,在价值多元的语境下,两代人在日常生活中形成的共同的、无意识的情感反应模式和"集体惯性化",②能有助于代际间达成理解和协商成功。

第三,社会转型强化了"亲子一体"的情感结构,让代际互助传统表现出了强大的文化抗逆性。不同于强调"断裂"的个体主义文化,中国的代际文化强调父母与子女的"和合"与"共生",子女教养方式并不围绕培养"独立、完整的个人"而设,成年子女的"儿童化"和代际间的撒娇式亲密行为在文化上具有正当性。虽然自20世纪初以后,中国经历了一系列反传统文化运动,但"独立自我"和割裂式代际关系在文化上并没有得以制度化。③ 在经济风险、婚姻风险增大的社会背景下,亲子关系的工具性意义强化了代际依赖的精神意义,成为个体寻求稳定感、安全感和自我认同的最重要的资源。需注意的是,在独生子女家庭中,责任对象的唯一性减少了代际间的利益矛盾,同时也增加了代际亲密的需求和代际互助责任的紧迫性,由此也增大了产生矛盾意向的风险。另外,因为家庭占有资源的差异性,个体福利对代际纽带的高度依赖将会导致社会不平等的代际传递。这一点也是在探讨家庭主义和代际团结的韧性及其后果时所不能忽略的。

(原文载于《社会学研究》2016年第4期)

---

① 康岚:《反馈模式的变迁:转型期城市亲子关系研究》,上海社会科学院出版社2012年版,第185—194页。
② 乌尔里希·贝克、伊丽莎白·贝克-恩格斯海姆:《个体化》,李荣山、范譞、张惠强译,北京大学出版社2011年版,第7页。
③ 参见孙隆基:《中国文化的深层结构》,广西师范大学出版社2004年版,第194—226页。

提升国家竞争潜力亟需变革家庭教养方式

——基于上海市"90后"青少年成就动机的实证研究

魏莉莉

一、导 论

当今世界是一个竞争的世界,一个国家竞争力的大小最终取决于人才的竞争力,人才的竞争力则受制于客观的竞争能力和主观的竞争动力,而竞争动力在很大程度上深受其个体成就动机的影响。因此,"90后"青少年作为国家未来的建设者和接班人,他们的成就动机关系到我国未来几十年的竞争力,关系到我国的战略发展,是构成我国未来国家竞争潜力的重要指标。

在全球范围内,鉴于中国经济的高速增长产生了各种各样的对中国经济增长的乐观估计并随后延伸出各种形式的中国威胁论,姑且不论这些乐观的预测是否具有国家政治意图,实际上,这些预测并无太多的科学依据。例如,美国高盛公司曾经在2009年的全球经济报告中预测,中国将在2027年超过美国成为世界第一经济大国,世界银行曾经在2010年预测,中国将于2029年甚至2023年超越美国成为第一大经济体①,从而改变目前的世界经济格局。但是我们不能因此而过于乐观,我们需要有更加严格的科学依据来加以反思。应该说,美国高盛公司和世界银行的预测主要是基于中国经济的增长率所做出,但是,相关研究已经充分证明了要推动经济发展,其中最核心、最关键的因素在于人。

许多研究者从人的宗教观、价值观以及成就动机的角度解释过人对国家经济发展的关键作用,其中最经典的如韦伯从基督教的新教伦理解释西方资本主义的发展②,英克尔斯从人的现代性分析国家现代化的进程③,麦克利兰从人的成就动机解释国家经济的发展④⑤。麦克利兰曾经

---

① 任群罗:《何时赶超美国?》,《中国经济报告》2012年第6期。
② 马克斯•韦伯:《新教伦理与资本主义精神》,彭强、黄晓京译,陕西师范大学出版社2002年版。
③ 阿历克斯•英克尔斯:《人的现代化素质探索》,曹中德、柯文礼、宋德利、郭惠远、黄铁梁译,天津社会科学院出版社1995年版。
④ McClelland, D.C. 1958, "Methods of Measuring Human Motivation", J.W. Atkinson (Ed.), *Motives in Fantasy, Action and Society*. Princeton, N. J.: Van Nostrand.
⑤ McClelland, D. C. 1961, *The Achieving Society*. Princeton, N. J.: Van Nostrand.

运用档案法比较过 50 多个国家和地区儿童的成就动机(以儿童读物中体现出的成就动机内容所赋的分值为测量指标)与经济增长(以国民收入的变化和国家发电量的增加为测量指标)的关系,发现儿童的成就动机与这些国家 25 年后的经济增长之间存在显著正相关关系[1],因此他认为国家经济发展成功的原因,并不仅仅取决于经济制度、政治制度或地理环境,也在一定程度上取决于社会成员的成就动机[2],可见,儿童的成就动机是国家未来经济发展水平的决定性因素。中国台湾学者余安邦则认为,在 20 世纪 80 年代东亚新兴工业国家和地区,如韩国、新加坡和中国台湾地区高度持续的经济发展中,个人追求成就与成功的动机与欲望,在文化价值系统和国家经济发展之间,扮演着一个相当关键性的角色。[3]

基于前述对相关文献的分析,有理由确信对"90 后"成就动机研究的重要性,因为后者在很大程度上预示着我国未来的国家竞争潜力。限于篇幅,本文将聚焦于家庭环境与"90 后"青少年成就动机的关系问题。

二、文献回顾、研究问题和假设

成就动机是人类的一种社会性动机,指努力追求卓越,以期达成更高目标的内在动力和心理倾向。[4] 家庭资本是目前解释成就动机高低的重要理论视角。根据家庭资本理论,家庭环境可分为家庭结构变量(如家庭的社会经济地位,通常包括父母的收入,父母的受教育程度和父母的职业)和家庭过程变量(如家庭互动和家庭教养方式),其中家庭结构变量具有静态或消极被动的特性,而家庭过程变量具有动态或积极主动的特性[5],虽然这两者在现实生活中是密切相关的,但是其内涵、具体表现形式以及与成就动机之间的关系并不完全相同。

既有研究认为,成就动机主要是教育的结果[6],是个体社会化的结果,由于早期教育影响深远,所以家庭对于个体成就动机的培养特别重要。[7]

国外许多研究表明,在拥有强烈成就需要的青少年的家庭中,父母会对他们的表现设定较高的标准,在儿童期时会因他们获得成就而给予他们奖励,而且会鼓励自主性和独立性的发展。这种培养独立意识和成就动机的过程,一般而言总是在父母和孩子间有着亲密的关系,而且总是在孩子非常认同他们的父母的情况下发生。[8]

---

[1] 张兴贵:《成就动机的跨文化研究述评》,《湛江师范学院学报》1995 年第 2 期。
[2] 张登浩:《基层党政干部的人格特质、成就动机与幸福感》,北京大学 2008 年博士论文,第 19—20 页。
[3] 余安邦:《成就动机与成就观念:华人文化心理的探索》,载于杨国枢、黄光国、杨中芳:《华人本土心理学(下)》,重庆大学出版社 2008 年版,第 644 页。
[4] 林崇德、杨治良、黄希庭:《心理学大辞典(上)》,上海教育出版社 2003 年版,第 129 页。
[5] 蒋逸民:《教育机会与家庭资本》,社会科学文献出版社 2008 年版,第 4—10 页。
[6] 朱智贤:《心理学大词典》,北京师范大学出版社 1989 年版,第 64 页。
[7] 张德、赫文彦:《关于成就动机的几个问题》,《心理科学》2001 年第 1 期。
[8] 劳伦斯·斯滕伯格:《青春期——青少年的心理发展和健康成长》,戴俊毅译,上海社会科学院出版社 2007 年版,第 515 页。

麦克利兰等[①]也探讨过儿童教养方式与成就动机之间的关系,结果发现,父母的独立训练与儿童的成就动机之间具有高度的正相关,即父母愈是强调独立训练,子女的成就动机就越高[②],个体成就动机水平的差异来源于儿童时期父母对其的教养方式的差异,因此,如果父母在儿童早期就开始鼓励和培养他们的自信心与独立性,就会促进儿童产生较高水平的成就需要。[③]

我国也有许多研究者关注到家庭因素与青少年成就动机之间的关系,并开展了多项实证研究。如龚艺华以大学生为调查对象,研究过四种不同类型父母教养方式对个体成就动机水平的影响,研究结果表明,大学生父母教养方式中的民主型教养方式与成就动机得分存在显著正相关关系,专制、溺爱和忽视型教养方式与成就动机的得分呈显著负相关关系。[④] 此外,国内还有多项实证研究都得出了类似的研究结果,即父母对子女越关心、越理解、越温暖,互动越多,孩子的成就动机越高;反之,越溺爱,越过度保护,越严厉,越拒绝,孩子的成就动机越低[⑤⑥⑦⑧⑨⑩⑪⑫]。此外,有的实证研究结果还表明,不同的家庭经济条件对高中生或大学生的成就动机没有显著影响[⑬⑭]。

以上这些研究虽然关注到家庭环境对青少年成就动机的影响,但是并未区分家庭结构变量和家庭过程变量,因此不能深入分析不同的家庭变量对青少年成就动机的具体影响。本研究将在对家庭环境变量细分的基础上,深入探讨家庭环境变量对青少年成就动机的作用机制。

本研究的研究问题为:家庭环境对青少年的成就动机是否具有显著影响?在家庭环境中,究竟是家庭结构变量更重要还是家庭过程变量更重要?在家庭结构变量和家庭过程变量中,不同变量的作用机制如何?

根据既有文献研究的结果形成本研究的研究假设如下。

研究假设1:家庭环境对青少年的成就动机可能存在显著影响。

---

① McClelland, D.C. and G.A. Friedman. 1952, "A Cross-cultural Study of the Relationship between Child-training Practices and Achievement Motivation Appearing in Folk Tales". *Readings in Social Psychology*, G.R. Swanson, T.M. Newcomb, and E.L. Hartley, eds. N.Y.: Holt, Rinehart and Winston.
② 余安邦:《影响成就动机的家庭社会化因素之探讨》,《中央研究院民族学研究所集刊》1991 年第 71 期。
③ 张登浩:《基层党政干部的人格特质、成就动机与幸福感》,北京大学 2008 年博士论文,第 20 页。
④ 龚艺华:《四种不同类型父母教养方式对个体成就动机水平的影响》,《中国临床康复》2006 年第 46 期。
⑤ 杨美荣、王婧艳、高志华、李建明:《初中生成就动机和自尊、父母教养方式的关系研究》,《中国健康心理学杂志》2010 年第 4 期。
⑥ 王林、李伟强:《父母教养方式与中学生成就动机的关系研究》,《中国健康心理学杂志》2010 年第 9 期。
⑦ 邓楠楠:《高中生父母教养方式、自卑感和成就动机之间的关系研究》,河北师范大学 2010 年研究生论文,第 29—30 页。
⑧ 杨邓红:《高中生成就动机的现状及其对策研究》,《湖北师范学院学报(哲学社会科学版)》2011 年第 1 期。
⑨ 黎建斌、马利军:《大学新生父母教养、自我体验对成就动机影响的模型建构》,《中国健康心理学杂志》2008 年第 3 期。
⑩ 崔凯:《家庭教养方式对大学生成就动机及主观幸福感的影响》,郑州大学 2007 年硕士论文,第 43 页。
⑪ 张庆辞、栾国霞、李建伟:《初中生成就动机与自尊、父母教养方式关系研究》,《中国健康心理学杂志》2006 年第 6 期。
⑫ 赵辉:《家庭环境因素与大学生成就动机的相关研究》,《中国健康心理学杂志》2004 年第 5 期。
⑬ 杨邓红:《高中生成就动机的现状及其对策研究》,《湖北师范学院学报(哲学社会科学版)》2011 年第 1 期。
⑭ 杨欢欢:《家庭经济条件与大学生成就动机的关系》,《改革与开放》2011 年第 6 期。

研究假设 2：家庭结构变量和家庭过程变量对青少年成就动机的影响可能存在明显差别。

其中研究假设 2 可进一步分解为：

研究假设 2-1：父母的社会经济地位对青少年的成就动机可能不具有显著影响；

研究假设 2-2：家庭互动越多，青少年的成就动机可能越高；

研究假设 2-3：在家庭教养方式中，民主型得分越高，青少年的成就动机可能越高；专制型、溺爱型和忽视型得分越高，青少年的成就动机可能越低。

三、数据、模型和测量

（一）数据

本研究于 2011 年 9 月至 2012 年 1 月开展问卷调查，调查对象为上海市高中二年级的学生，其中 2011 年 9 月开展试调查，2011 年 11 月—2012 年 1 月开展正式调查。

调查采用分层整群抽样的方法。由于上海各区县的社会经济发展状况存在差异，因此首先根据城市区域的划分进行分层抽样。根据 2011 年上海市行政区划，在上海 4 类区域即中心城核心区、中心城边缘区、近郊区和远郊区中分别随机抽取一个区即静安区、普陀区、浦东新区和松江区作为调查区。同时，考虑到不同类型的学校中学生可能存在的差异，因此从每个调查区中分别随机抽取 4 所不同类型的高中，分别为市重点高中、区重点高中、普通高中和职业高中，共涉及 16 所高中。在每所高中的高中二年级再随机抽取 3—4 个班级，以班级内的所有学生作为调查对象。每所高中平均发放 120 份问卷，共发放学生问卷 1 920 份，回收有效问卷 1 778 份，有效率为 92.60%。

被调查的青少年的出生年份主要集中于 1994 和 1995 年（接受调查时的平均年龄为 16.50 岁），男女生所占比例分别为 44.48% 和 55.52%，其中 82.17% 的青少年是上海户籍，17.83% 的青少年是非上海户籍，81.42% 的青少年为独生子女，18.58% 为非独生子女。具体数据见表 1。

表 1 "90 后"青少年的基本情况

变量	类别	样本量(N)	百分比(%)
出生年份	1991 年	1	0.06
	1992 年	9	0.51
	1993 年	94	5.29
	1994 年	679	38.19
	1995 年	980	55.12
	1996 年	15	0.84
	合计	1 778	100.00

续 表

变　量	类　别	样本量(N)	百分比(%)
性　别	男	790	44.48
	女	986	55.52
	合计	1 776	100.00
户　籍	上海户籍	1 456	82.17
	非上海户籍	316	17.83
	合计	1 772	100.00
是否独生子女	独生子女	1 446	81.42
	非独生子女	330	18.58
	合计	1 776	100.00

(二) 模型和测量

本研究的理论模型见图1，其中各变量的操作化情况如下。

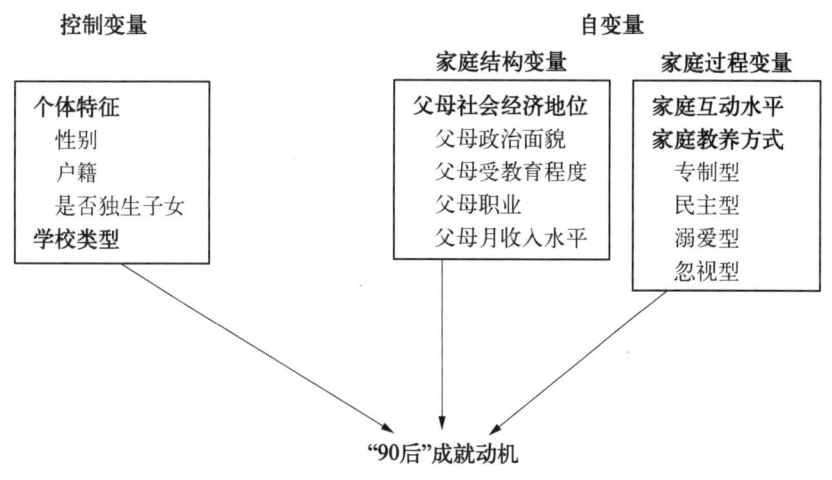

图1　家庭环境与"90后"成就动机关系模型图

1. 因变量

本研究的因变量为"90后"青少年的成就动机水平。研究采用 Heinz Schuler 等人于2004年修订而成的成就动机 AMI(Achievement Motivation Inventory)量表①为研究的初始量表，该量表共包括170道题目，涉及成就动机的17个维度。该量表是在整合了以往关于成就动机的各类研究的基础之上所发展出来的具有广泛应用价值，能够用于跨文化比较研究的成就动机量

---

① Heinz Schuler, George C. Thornton Ⅲ, Andreas Frintrup, Rose Mueller-Hanson. 2004, *AMI: Achievement Motivation Inventory Manual*. Germany: Hogrefe.

表。目前该量表已经在美国、德国、以色列①、保加利亚②、巴西③和韩国④等国家开展过跨国和跨文化的研究,被证明是一个信度和效度都比较好的量表。⑤

考虑到该量表的题目较多,量较大,为了提高问卷回收的有效率,本研究通过试调查,在尊重原量表维度结构的基础上,运用项目分析和相关系数的方法,保留了具有显著性且与各维度总分相关系数最大的85道题形成成就动机简化量表,并将简化量表运用于正式调查,再运用验证性因子分析(CFA)的方法对正式调查的结果进行模型修订,删去不具显著性的2道题目后,形成包括83道题目,17个维度的成就动机修订版量表。量表中每道题目的赋值为1—7分,其中1分代表完全不符合,7分代表完全符合,在1—7分之间,分数越高代表符合的程度越高。本研究中以成就动机修订版量表中各题的平均分作为"90后"青少年成就动机的得分纳入多元回归模型中。

2. 自变量

本研究的自变量为家庭环境,主要包括家庭结构变量和家庭过程变量。

(1) 家庭结构变量:家庭结构变量主要运用父亲和母亲的社会经济地位进行测量。其中父亲的社会经济地位包括父亲的政治面貌、父亲的受教育程度、父亲的职业和父亲的月收入水平;母亲的社会经济地位包括母亲的政治面貌、母亲的受教育程度、母亲的职业和母亲的月收入水平。其中政治面貌分为两类即中共党员和非中共党员。受教育程度分为五类即小学及以下、初中、高中、大专和本科及以上。依据李春玲对当代中国社会阶层的划分,本研究中将职业分为十类即国家与社会管理者、经理人员、私营企业主、专业技术人员、办事人员、个体工商户、商业服务业员工、产业工人、农业劳动者和无业失业半失业者。⑥ 月收入水平分为五类即"≤2 000 元""2 001—3 000 元""3 001—5 000 元""5 001—8 000 元"和"≥8 001 元"。

(2) 家庭过程变量:家庭过程变量主要包括家庭互动水平和家庭教养方式。家庭互动的题目来自经济合作与发展组织(OECD)在2000年国际学生评估项目(Programme for International Student Assessment,PISA)中测量家庭互动时使用的调查问题,题目如下:过去一年中,父母是否与你有以下互动?⑦ ① 与你谈论政治或社会热点问题;② 与你谈论书籍、电影或电视节目;③ 和你一起听音乐⑧;④ 与你谈论你在学校的表现;⑤ 和你一起吃晚餐;⑥ 和你闲

---

① Zinta S. Byrne, Rose A. Mueller-Hanson, Joe M. Cardador, George C. Thornton III, Heinz Schuler, Andreas Frintrup, Shaul Fox. 2004, "Measuring Achievement Motivation: Tests of Equivalency for English, German, and Israeli Versions of the Achievement Motivation Inventory", *Personality and Individual Differences*. 37(1).

② Konstantin Petkov Cigularov. 2008, *Achievement Motivation in Bulgaria and the United States: A Cross-country Comparison*. Fort Collins: Colorado State University.

③ Potemra. 2007, *A Cross-national Study of Achievement Motivation in Brazil and the United States*.

④ Sintek. 2006, *A Cross-cultural Comparison of Achievement Motivation in the United States and South Korea*. Fort Collins: Colorado State University.

⑤ 魏莉莉、马和民:《成就动机研究述评》,《当代青年研究》2011年第12期。

⑥ 李春玲:《断裂与碎片——当代中国社会阶层分化实证分析》,社会科学文献出版社2005年版,第112—113页。

⑦ 原题目为:一般而言,你的父母与你的互动频率。为了方便青少年回忆和选择,本研究对该题做了调整。

⑧ 原题目中为经典音乐(classical music),联系中国的实际,研究者认为用音乐就足以代表其含义。

聊。选项分别为：① 几乎从不；② 一年数次；③ 约每月一次；④ 每月数次；⑤ 每周数次。[①]

在处理家庭互动水平的数据时，首先对以上选项分别赋值为1、2、3、4、5，数值越大代表互动的频率越高，再将这6道题的得分加总，得到每位青少年与父母互动频率的得分。但是这种计算方法存在一定问题，因为以上所赋的值1、2、3、4、5只具有排序功能，是定序变量，代表着互动的多与少，却不能反映出互动具体的次数，非定距变量。因此对变量的得分需做进一步处理。根据选项的性质，将其处理为定类变量，分为两类，得分较低的一半代表家庭互动少的类型，得分较高的一半代表家庭互动多的类型。由于得分存在重复无法恰好分在中间，因此归并之后，家庭互动少的人数为973人，占54.88%，家庭互动多的人数为800人，占45.12%。

本研究中对家庭教养方式的测量运用的原始量表为龚艺华于2005年编制的父母教养方式问卷[②]，该问卷将父母教养方式分为四个维度即专制型、民主型、溺爱型和忽视型，总共包括40道题目，每个维度10道题目。本研究通过试调查，在尊重原量表维度结构的基础上，运用项目分析和相关系数的方法，保留了具有显著性且与各维度总分相关系数最大的26道题目形成家庭教养方式简化量表，并将简化量表运用于正式调查，再运用验证性因子分析（CFA）方法对正式调查的结果进行模型修订，删去不具显著性的1道题目后，形成包括25道题目，四个维度的家庭教养方式修订量表。量表仍然分为四个维度即专制型、民主型、溺爱型和忽视型，量表中每道题目采用5点计分法，其中1代表非常不符合，2代表比较不符合，3代表不确定，4代表比较符合，5代表非常符合。本研究中以各维度的平均分作为各维度的得分纳入多元回归模型中。

3. 其他控制变量

本研究以青少年的性别、户籍、是否独生子女和学校类型为控制变量。其中性别分为男性和女性，户籍分为上海户籍和非上海户籍，是否独生子女分为独生子女和非独生子女，学校类型分为市重点高中、区重点高中、普通高中和职业高中。

本研究中各变量的基本情况如表2所示。

表2 各变量及其描述

变量类型	变量名称	变量性质	描述
因变量	成就动机	连续	量表中各题的平均分，1—7分
自变量	政治面貌	定类	1=中共党员，0=非中共党员
	受教育程度	定类	1=小学及以下，2=初中，3=高中，4=大专，5=本科及以上
	职业	定类	1=国家与社会管理者，2=经理人员，3=私营企业主，4=专业技术人员，5=办事人员，6=个体工商户，7=商业服务业员工，8=产业工人，9=农业劳动者，10=无业失业半失业者

---

① OECD. 2002, *Manual for the PISA 2000 Database*. Paris: OECD Publishing.
② 龚艺华：《父母教养方式问卷的初步编制》，西南师范大学2005年硕士论文，第48—49页。

续　表

变量类型	变量名称	变量性质	描述
自变量	月收入水平	定类	1=≤2 000 元,2=2 001—3 000 元,3=3 001—5 000 元,4=5 001—8 000 元,5=≥8 001 元
	家庭互动	定类	1=家庭互动多,0=家庭互动少
	家庭教养方式		
	专制型	连续	维度中各题的平均分,1—5 分
	民主型	连续	维度中各题的平均分,1—5 分
	溺爱型	连续	维度中各题的平均分,1—5 分
	忽视型	连续	维度中各题的平均分,1—5 分
控制变量	性别	定类	1=男,0=女
	户籍	定类	1=上海户籍,0=非上海户籍
	是否独生子女	定类	1=独生子女,0=非独生子女
	学校类型	定类	1=市重点高中,2=区重点高中,3=普通高中,4=职业高中

四、研究结果与分析

为了分析不同的家庭环境对青少年成就动机的作用,以控制变量的影响模型(模型 1)为基准模式,采用逐步回归的方式逐步引入父亲的社会经济地位变量(模型 2)、母亲的社会经济地位变量(模型 3)、家庭互动变量(模型 4)和家庭教养方式变量(模型 5),构成嵌套回归模型,结果见表 3。

表 3　青少年成就动机影响因素的 OLS 多元回归分析

	模型 1		模型 2		模型 3		模型 4		模型 5	
	β	S.E.	β	S.E.	β	S.E.	β	S.E.	β	S.E.
个体特征										
男性[a]	−0.043	0.032	−0.038	0.032	−0.040	0.032	−0.018	0.032	0.004	0.031
上海户籍[b]	−0.007	0.055	0.008	0.057	−0.026	0.059	−0.026	0.058	−0.025	0.055
独生子女[c]	−0.049	0.048	−0.05	0.049	−0.068	0.051	−0.076	0.050	−0.065	0.048
学校类型[d]										
市重点高中	0.103*	0.051	0.056	0.054	0.041	0.054	0.048	0.054	0.019	0.052
区重点高中	0.111*	0.050	0.066	0.052	0.056	0.053	0.052	0.052	0.028	0.050
普通高中	−0.042	0.051	−0.068	0.052	−0.074	0.053	−0.076	0.053	−0.064	0.051

续　表

	模型 1		模型 2		模型 3		模型 4		模型 5	
	β	S.E.	β	S.E.	β	S.E.	β	S.E.	β	S.E.
父亲社会经济地位										
父亲中共党员[e]			0.036	0.046	0.037	0.046	0.044	0.046	0.030	0.044
父亲受教育程度[f]										
初中			0.144	0.085	0.093	0.089	0.073	0.088	0.056	0.084
高中			0.135	0.087	0.036	0.093	0.018	0.092	0.018	0.088
大专			0.135	0.099	0.017	0.106	−0.007	0.105	0.003	0.100
本科及以上			0.196	0.101	0.082	0.110	0.046	0.109	0.059	0.104
父亲职业[g]										
国家与社会管理者			−0.132	0.101	−0.174	0.107	−0.181	0.106	−0.224*	0.101
经理人员			0.05	0.075	−0.014	0.079	−0.017	0.079	−0.06	0.075
私营企业主			0.169	0.108	0.116	0.119	0.098	0.118	0.059	0.112
专业技术人员			0.067	0.065	0.018	0.068	0.009	0.067	−0.004	0.064
办事人员			0.072	0.062	0.019	0.065	0.022	0.064	−0.014	0.061
个体工商户			0.101	0.058	0.049	0.069	0.045	0.068	0.014	0.065
商业服务业员工			−0.147*	0.065	−0.171*	0.069	−0.197**	0.068	−0.207**	0.065
农业劳动者			0.108	0.128	0.245	0.174	0.241	0.172	0.273	0.163
无业失业半失业者			0.147	0.114	0.152	0.118	0.143	0.117	0.171	0.111
父亲月收入水平[h]										
2 001—3 000 元			−0.006	0.055	0.035	0.059	0.008	0.059	0.005	0.056
3 001—5 000 元			−0.003	0.057	0.029	0.063	0.015	0.062	−0.008	0.059
5 001—8 000 元			0.054	0.066	0.071	0.072	0.047	0.071	0.029	0.068
≥8 001 元			0.090	0.073	0.084	0.080	0.076	0.079	0.058	0.075
母亲社会经济地位										
母亲中共党员					−0.035	0.062	−0.037	0.061	−0.044	0.058
母亲受教育程度										
初中					0.130	0.070	0.106	0.070	0.065	0.066
高中					0.199*	0.078	0.158*	0.078	0.113	0.074
大专					0.237*	0.094	0.188*	0.093	0.140	0.089

续　表

	模型1		模型2		模型3		模型4		模型5	
	β	S.E.	β	S.E.	β	S.E.	β	S.E.	β	S.E.
本科及以上					0.173	0.101	0.131	0.100	0.074	0.096
母亲职业										
国家与社会管理者					0.016	0.143	0.002	0.142	0.077	0.135
经理人员					0.194	0.109	0.176	0.107	0.240*	0.103
私营企业主					0.004	0.164	−0.011	0.163	0.020	0.155
专业技术人员					0.100	0.079	0.089	0.079	0.138	0.075
办事人员					0.070	0.068	0.066	0.067	0.106	0.064
个体工商户					0.072	0.077	0.070	0.076	0.072	0.072
商业服务业员工					0.019	0.056	0.023	0.056	0.046	0.053
农业劳动者					−0.214	0.170	−0.192	0.168	−0.248	0.160
无业失业半失业者					−0.046	0.075	−0.028	0.074	0.028	0.071
母亲月收入水平										
2 001—3 000元					−0.107*	0.051	−0.098	0.051	−0.090	0.048
3 001—5 000元					−0.071	0.064	−0.060	0.063	−0.051	0.061
5 001—8 000元					−0.047	0.075	−0.034	0.074	−0.022	0.071
≥8 001元					−0.016	0.090	−0.005	0.089	−0.010	0.085
家庭互动多[i]							0.211***	0.033	0.087**	0.033
家庭教养方式[j]										
专制型									0.049*	0.021
民主型									0.330***	0.027
溺爱型									−0.048*	0.024
忽视型									0.062*	0.026
常数项	4.578***	0.044	4.391***	0.091	4.391***	0.097	4.361***	0.096	3.058***	0.165
F检验值	3.41**		2.77***		2.10***		3.08***		6.83***	
R^2	0.012		0.038		0.051		0.074		0.163	
调整后的R^2	0.008		0.024		0.027		0.050		0.139	
自由度	6		24		42		43		47	
N	1 769		1 717		1 698		1 694		1 694	

注：1. β为非标准化的回归系数，S.E.为标准误。2. 双尾检验统计显著度：* $p<0.05$，** $p<0.01$，*** $p<0.001$。3. a. 男性，以女性为参照；b. 上海户籍，以非上海户籍为参照；c. 独生子女，以非独生子女为参照；d. 学校类型，以职业高中为参照；e. 中共党员，以非中共党员为参照；f. 受教育程度，以小学及以下为参照；g. 职业，以产业工人为参照；h. 月收入水平，以≤2 000元为参照；i. 家庭互动多，以家庭互动少为参照；j. 家庭教养方式分四种类型：专制型、民主型、溺爱型和忽视型。

(一) 家庭环境比学校作用更重要

从模型 1 来看,性别、户籍和是否独生子女对青少年成就动机的影响均不显著。而市重点和区重点高中学生的成就动机显著高于职业高中学生的成就动机($p<0.05$),但是当加入其他家庭环境变量时(见模型 2、3、4、5),学校类型的显著作用就消失了($p>0.05$)。这与美国于 1964 年开展的教育机会均等研究所形成的《科尔曼报告》中学生的学业成就主要受到家庭背景的影响,而不是学校因素的影响的研究结论[1]是相一致的。

(二) 父亲的社会经济地位对青少年的成就动机没有大的影响

模型 2 中,加入了父亲的社会经济地位变量(包括父亲是否中共党员、父亲受教育程度、父亲职业和父亲月收入水平),只有父亲职业是商业服务业员工这一变量体现出负显著影响($p<0.05$),在加入了其他家庭环境变量的情况下(见模型 3、4、5),除了父亲职业是商业服务业员工继续保持负显著影响外,在模型 5 中,父亲是国家与社会管理者这一变量也体现出负显著影响($p<0.05$)。除此之外,父亲是否中共党员,父亲的受教育程度,父亲的其他职业类型以及父亲的月收入水平对青少年的成就动机均无显著影响。

(三) 母亲的社会经济地位对青少年的成就动机没有大的影响

模型 3 中,加入了母亲的社会经济地位变量(包括母亲是否中共党员、母亲受教育程度、母亲职业和母亲月收入水平),其中,母亲的受教育程度是高中和大专的变量体现出正显著影响($p<0.05$),母亲的月收入是 2 001—3 000 元的变量体现出负显著影响($p<0.05$)。当加入家庭互动变量时(见模型 4),母亲月收入水平的负显著影响消失,当加入家庭教养方式变量时(见模型 5),母亲受教育程度的正显著影响也消失了,但母亲职业是经理人员的变量体现出正显著影响($p<0.05$)。除此之外,母亲是否中共党员,母亲的其他受教育程度,母亲的其他职业类型以及母亲的其他月收入水平对青少年的成就动机均无显著影响。

(四) 家庭互动越多,青少年的成就动机越高

模型 4 中,加入了家庭互动变量。可见,家庭互动水平高的青少年的成就动机显著高于家庭互动水平低的青少年的成就动机($p<0.001$),而且调整后的 R^2 从模型 3 的 2.7% 提高到 5%,解释力增加了 2.3%,说明家庭互动水平对青少年成就动机的解释力是比较强的。即使在加入了家庭教养方式变量(见模型 5)的情况下,家庭互动水平依然具有较高的显著性($p<0.01$)。

(五) 民主型家庭教养方式最有利于提高青少年的成就动机

模型 5 中,加入了家庭教养方式变量,包括专制型、民主型、溺爱型和忽视型。可见,在控制了其他变量的情况下,不同的家庭教养方式对青少年的成就动机具有显著的影响,而且调整后的 R^2 从模型 4 的 5% 提高到 13.9%,解释力增加了 8.9%,说明家庭教养方式对青少年成就动机的解释力是非常强的。模型 5 中的数据显示,专制型、民主型、溺爱型和忽视型的家庭教养方式的回归系数分别为 0.049($p<0.05$),0.330($p<0.001$),−0.048($p<0.05$)和 0.062($p<0.05$),这

---

[1] 尹恩·罗伯逊:《现代西方社会学》,赵明华、戚建平、黄燕、赵梅译,河南人民出版社 1988 年版,第 531 页。

说明,专制型的家庭教养方式每增加一分,青少年的成就动机增加 0.049 分;民主型的家庭教养方式每增加一分,青少年的成就动机增加 0.33 分;溺爱型的家庭教养方式每增加一分,青少年的成就动机减少 0.048 分;忽视型的家庭教养方式每增加一分,青少年的成就动机增加 0.062 分。可见,在这四种类型的家庭教养方式中,民主型、忽视型和专制型对青少年的成就动机具有正显著影响,但是民主型的家庭教养方式对青少年的成就动机影响最显著,力度最大。溺爱型的家庭教养方式对青少年的成就动机具有显著的负影响,即采用溺爱型的家庭教养方式越多,青少年的成就动机就越低。

由此,研究假设 1 得到支持,即家庭环境对青少年的成就动机具有显著影响,并且随着家庭环境变量的引入,学校类型的显著作用被消解,这说明家庭环境对青少年成就动机的影响比学校更重要。

研究假设 2 得到部分支持,即家庭结构变量和家庭过程变量对青少年成就动机的影响存在明显差别,其中研究假设 2-1 和 2-2 基本得到支持,家庭结构变量即父母的社会经济地位对青少年的成就动机没有大的影响,家庭过程变量即家庭互动和家庭教养方式才具有显著的影响,并且,家庭互动越多,青少年的成就动机越高。此外,民主型家庭教养方式得分越高,青少年的成就动机越高;溺爱型家庭教养方式得分越高,青少年的成就动机越低。不过与研究假设 2-3 中专制型和忽视型家庭教养方式得分越高,青少年的成就动机越低的假设相反的是,本研究的结果表明,专制型和忽视型的家庭教养方式也对青少年的成就动机具有正显著影响,不过,与民主型的家庭教养方式比较起来,其显著的程度不同(民主型:$p<0.001$,专制型和忽视型:$p<0.05$),而且其回归系数差别也很大(民主型:$\beta=0.330$,专制型/忽视型:$\beta=0.049/0.062$),这就表明,民主型的家庭教养方式采用越多,青少年成就动机的增长幅度要远远大于其他类型。

五、结 论

关于我国未来国家竞争潜力的研究,尚需拓展研究范围,需要更加深入、细致和具体的探讨。预测国家竞争潜力,不能仅仅依靠经济增长率、GDP 的规模、科研的投入乃至教育的投入等指标。2005 年温家宝总理在看望著名物理学家钱学森时,钱学森提出:"为什么我们的学校总是培养不出杰出人才?"这一问题成为引起社会广泛关注的"钱学森之问",其中折射出的是钱学森对国家人才的高度关注。而只有人才才是构成国家竞争力的核心指标,是关系到国家发展与民族命运的关键问题。因此,对作为未来国家建设者和接班人的"90 后"青少年成就动机的关注,有助于扩展我们对未来国家竞争潜力的预测、探索和分析。

本研究的结论如下:

第一,急需评估家庭教育的重大功能。与流行的观点相反的是,学校教育在影响"90 后"青少年成就动机的作用中,其影响力远远低于家庭环境。尽管在一般的意义上,学校教育被赋予了教育青少年一代主阵地的功能,但至少在成就动机乃至创造性和创新性等类似的教育结果方面,其作用并没有那么巨大。而相反,家庭教育起了重大的作用。这是需要我们特别反思和高度重视的一个问题。正如19世纪德国教育家福禄贝尔所说,"国民的命运与其说是操在掌权者手中,倒不如说是握在母亲的手中",美国谚语说,"摇动摇篮之手,就是支配世界之手",体现的恰恰是家庭教育对于民族和国家命运的重要性。因此,即使在价值多元化、信息多元化的时代,仍然需要高度重视家庭教育的重大功能。

第二,家庭社会经济地位并非是决定青少年成就动机的主变量。与人们热衷探讨富爸爸、穷爸爸以及"富不过三代""贫寒出英才"等社会现象所折射出的青少年的成长完全受制于父母的社会经济地位高低的观点相反的是,本研究证明,在家庭环境中,家庭结构变量不能直接作用于青少年,家庭过程变量才对青少年的成就动机具有显著的影响。这个结论与既有研究中家庭经济条件对青少年的成就动机没有显著影响的结论是相一致的[1][2]。由此可见,问题"富二代"和问题"官二代"现象之所以会频频出现,责任并不在于父母拥有的财富和权力本身,其中的关键在于家庭互动的缺失以及溺爱型的家庭教养方式。因此,不论家庭经济状况是贫穷还是富裕,家长都应有所作为,父母应高度重视对孩子的家庭教育。

第三,家庭教养方式是青少年成就动机的重要指示器。传统家庭结构的解体、独子化的普及以及核心家庭的普遍化是"90后"青少年面临的家庭环境大背景,而快节奏的现代生活和双职工的家庭处境使亲子之间的互动减少,不断细化的社会分工导致个体的异化以及父母对科学家庭教养方式的陌生,这些都导致了现代家庭功能的弱化。而本研究恰恰证明了家庭互动和家庭教养方式才是影响"90后"青少年成就动机的关键变量。因为青少年的发展依赖于与他人的直接的、面对面的互动,而学校等社会机构并不能完全提供这种发展条件,因而父母的照料和家庭的教养对于培养年轻一代的成就动机具有至关重要的作用。

伴随着家庭物质条件的改善以及独子化的人口背景,在"90后"一代的家庭中,父母更有可能采用溺爱型的家庭教养方式,而本研究证明了溺爱型家庭教养方式最不利于培养青少年的成就动机。因此,国家和政府应特别重视家庭教养的变革,将其提到政策的高度加以协调和变革,一方面加强对科学和系统的家庭教育知识的宣传,帮助家长知晓和掌握科学的家庭教养方式,另一方面,营造健康的社会舆论环境,倡导和谐亲密的家庭文化,为青少年的健康成长提供有效的保障。

(原文载于《青年研究》2013年第3期,与马和民合作)

---

[1] 杨邓红:《高中生成就动机的现状及其对策研究》,《湖北师范学院学报》(哲学社会科学版)2011年第1期。
[2] 杨欢欢:《家庭经济条件与大学生成就动机的关系》,《改革与开放》2011年第6期。

美国家庭支持服务育儿模式之审视

何 芳

家庭育儿功能的弱化是现代社会面临的共同问题。在许多发达国家,支持家庭的良性运转、提高家庭抚育儿童的能力,进而增进家庭福利、促进儿童发展,已经成为一项国家发展战略。在中国传统社会文化规范中,养育孩子一直是家庭的责任。然而随着经济社会的快速发展和转型,传统的以家庭为主的育儿模式逐渐难以适应现实,一些家庭无法有效地承担育儿责任。随迁子女、隔代抚养、单亲家庭等各种新的育儿形态渐趋普遍,由此引发了不少社会问题。面对家庭育儿功能的弱化,如何拓展政府与社会在家庭领域的支持和服务功能,分担家庭的育儿责任,已经成为不容回避的重要议题。

美国在20世纪70年代也经历了社会经济与家庭生活模式的剧变。当时,迫于巨大的生活压力,许多抚育孩子的女性不得不进入职场;离婚率和青少年怀孕率的急剧上升,导致单亲家庭大量出现;家庭的流动日趋频繁,逐渐丧失了与亲属、社区邻里的社会联系。种种变化都为抚育孩子的家庭带来严峻的挑战。对此,美国社会自下而上地出现了一种名为"家庭支持"的服务,以每个家庭所在的社区为基础,通过各种形式为家庭提供帮助。到20世纪90年代,家庭支持服务遍布全美,且已从民间自发组织的志愿服务演变为由联邦、州与地方政府共同推动的国家福利。由于家庭支持服务强调家庭的能力和优势,而非家庭的弱势与缺陷,因此它有别于美国儿童福利制度长期以来的"残补"模式(即只有身处危机中的家庭或儿童才能获得帮助),转而采用一种注重早期预防的模式。本文以审视美国的家庭支持服务育儿模式为核心,希望归纳出一些具有应用价值的启示,为我国建立和发展家庭支持政策与服务提供参考。

一、美国家庭支持服务的发展历程

(一) 社会背景

家庭支持服务萌芽于20世纪70年代,当时美国遭遇了极大的社会动荡和变革,对儿童和家庭产生了诸多负面影响。首先是经济的衰退使儿童的生活条件恶化。儿童贫困率在20世纪70年代显著增加,达到全美贫困人口的25%。[①] 另一方面,家庭结构和形态也出现了不利于儿童

---

① Halpern, R. "Key social and demographic trends affecting young families: Implications for early childhood care and education". *Young Children*, 1987, 42(6).

发展的特征。随着离婚率的上升和非婚生育数量的增加,单亲家庭的数量急剧增长。从1970—1979年,与离婚家长生活的儿童数量增加了两倍,与未婚家长生活的儿童数量则增加了6倍。从1960—1979年,青少年的婚外生育率增加了3倍。[①] 与此同时,家庭的流动性愈发明显。在整个70年代,41%的家庭有过搬家到另一个地区的经历。[②] 此外,儿童受虐待的报案数量显著增加。1974年,虐待儿童报案数为60 000件,1980年的报案数已超过了100万件。[③]

面对社会经济的衰退与家庭生活的变革,人们普遍感到养育孩子成为一件艰难的事,希望得到更多的社会支持,而传统的社会服务却难以满足他们的需求。全美儿童委员会(National Commission on Children)的一项调查发现,88%的美国人认为养育孩子比以往任何时候都更艰难,86%的父母承认自己不懂得什么是正确的育儿方法。并且,绝大多数的父母认为自己的生活充满了各种各样的压力:家庭与工作的不平衡、与社会的隔离、经济压力、不安全的社区环境等。[④] 传统的社会服务一般只针对个体而非家庭,只提供单个问题的干预而非整体状况的改善。这种碎片化的服务在面对承受多元压力的家庭时显得力有不逮,人们迫切需要一个针对家庭整体的、综合性的社会服务。

(二) 发展进程

20世纪70年代末,全美各地陆续出现了一些"家庭资源项目"(family resource program),它们是家庭支持服务的雏形。这些项目通常以社区为基础,由与儿童身心发展相关的专业人士、社工、教师等共同参与,为社区内的所有家庭提供育儿知识、社会支持、服务转介等帮助。例如,新奥尔良的"家庭教育中心"(Parenting Center),由当地儿童医院提供场地,开展家庭教育课程、咨询、保姆培训等服务;旧金山的"父母天地"(Parents Place),不仅面向所有0—6岁孩子的家庭,还为单亲母亲、离异父母、养父母和双胞胎的父母提供特别服务;芝加哥的"家庭聚焦"(Family Focus),根据不同社区的文化设计个性化的项目,尤其关注怀孕和养育孩子的青少年;等等。

家庭支持服务在20世纪80年代开始向组织化、专业化发展。1981年,在联邦儿童与家庭署(Administration on Children and Families)的资助下,由芝加哥的"家庭聚焦"项目牵头,全美200多个家庭资源项目首次齐聚,成立了家庭资源联盟(Family Resource Coalition,后更名为Family Support America)。此后几十年中,家庭资源联盟逐渐成为家庭支持服务的理念、研究、信息和技术的交流中心。它的活动内容包括召开全国性会议,提供技术协助和培训,与政策制定者进行问题与信息的交流,出版理论和实践成果,建立合作网络等。一些相关专业领域的知识分子也参与到家庭资源项目的咨询和设计中,他们收集整理各个项目中得出的独特经验,并将其编辑出版。1983年,耶鲁大学儿童发展研究中心与家庭资源联盟联合出版了第一份家庭资

---

① 徐再荣:《当代美国的福利困境与福利改革》,《史学月刊》2001年第6期,第141页。
② Zigler, E. & Black, K. "America's family support movement: Strengths and limitations". *American Journal of Orthopsychiatry*, 1989, 59(1).
③ Myers, A. "A short history of child protection in America". *Family Law Quarterly*, 2008, 42(3).
④ National Commission on Children. 1991, *Speaking of kids: A national survey of children and parents*. Washington, DC: Author.

源项目名单。1987年,耶鲁大学的几位学者又共同编撰了《美国的家庭支持项目》(America's Family Support Programs)一书,其内容涵盖家庭的文化多样性、家庭支持的新理念、家庭支持与学校、早期教育、儿童保护、社会组织的关系等,是第一部系统阐述家庭支持的著作,对家庭支持服务的后续发展起到了指导作用。[1]

20世纪90年代以来,家庭支持服务的经费来源渠道日益拓展,促使项目的规模与影响力不断扩大。1990年,联邦政府出资成立了全国家庭支持项目资源中心(National Resource Center on Family Support Programs),由家庭资源联盟负责运行。3年后,国会又通过了《家庭维系和家庭支持服务计划》(Family Preservation and Family Support Services Program),其中规定划拨10亿美元,用于扩张家庭维系服务和以社区为基础的家庭支持项目。这是联邦政府首次对全国的家庭支持服务提供公共经费资助,在它的鼓励下,一批新的家庭支持项目成长起来。与此同时,越来越多的州、县以经费资助、技术协助和人员培训等方式扶持家庭支持项目的发展。西雅图率先建立了全市的家庭资源项目网络,明尼苏达、密苏里、肯塔基等州紧随其后,建立了覆盖全州的家庭支持服务。家庭支持项目的遍地开花也吸引了知名企业和慈善基金会的资助。著名的安妮·凯西基金会与威斯康星州合作,围绕儿童与家庭支持事务投入了大笔经费;包括埃克森石油、宝洁等跨国公司在内的数百家企业也联合做出承诺,要以家庭支持项目、家庭访视、亲子中心等形式来帮助处于教育不利地位的儿童。[2]

到20世纪末,家庭支持服务已经遍布全美各州,人们认可其在育儿指导、亲子关系、儿童保护等方面的作用后,又开始探索将家庭支持的理念应用于父母领导力发展、机构改革、社区规划、学校教育等领域的可能性。一些州尝试将儿童与家庭服务的管理权下移到社区层面,鼓励父母们参与决策过程。1997年出版的《留出一席之地》(Making Room at the Table),就是一部关于如何促进父母参与儿童和家庭服务决策的指导读物,至今还在全美各地广泛使用。家庭支持服务中使用的工具也被应用到其他领域,最常见的是1995年出版的《认识你的社区》(Know Your Community),它用以评估社区需求和资源的工具被美国的早期教育项目"领先计划"(Head Start)所采用。在学校教育领域,通过学校与家庭支持服务的联结来缩小学生成绩的种族差异,是美国20世纪90年代教育改革关注的重点。到21世纪初,家庭支持的理念已为服务于儿童和家庭的大多数领域所吸收,家庭支持项目不仅成为社区为儿童和家庭提供的重要资源,也成为儿童保护、育儿指导、早期教育、学校教育等相关领域的重要支撑。

二、美国家庭支持服务的模式评析

美国的家庭支持服务采取了一种以早期预防为重点的模式,即在问题发生之前就为家庭提

---

[1] Weissbourd, B. 1987, "A brief history of family support programs." In Kagan S., Powell, D., Weissbourd, B., & Zigler, E. (eds). *America's Family Support Programs*. New Haven, CT: Yale University Press.

[2] Butler, O. "Investing in the very young". *The G.A.O Journal*. 1988,3.

供支持,通过提高家长的育儿能力来确保儿童的健康成长。在这个意义上,家庭支持与其说是一种"服务",不如说是一种帮助家庭的方法,它试图从根本上提升家庭处理问题、应对风险的能力,而不仅仅是一个可供家庭依赖的系统。

(一)家庭支持服务的基本理念

在传统的社会服务中,服务的对象一般是儿童或成人个体,作为一个整体存在的家庭往往被遗忘了。家庭支持则认为,家庭对于儿童来说是最重要、最有效的资源,是改善儿童福利的基石。家庭支持的目的,就是要通过培养家庭的自足感(self-sufficiency)和赋能感(empowerment),促使家庭更有效地发挥其养育儿童的功能。要实现这一目标,还必须让儿童生活中的其他资源如学校、社会机构等与家庭相互合作。家庭资源联盟发表的《家庭支持实践指导方针》(Guidelines for Family Support Practice)对这一理念作了具体的阐述,它指出家庭支持服务项目应该遵循以下9条原则:(1)与家庭在平等和尊重的基础上合作;(2)以提升所有家庭成员成长和发展的能力为目标;(3)将家庭视为其成员、其他家庭、服务项目及社区的资源;(4)尊重家庭的种族、语言等文化身份;(5)融入社区之中并对社区建设作出贡献;(6)服务系统公平、有效、可问责;(7)努力吸纳一切能支持家庭发展的资源;(8)灵活地回应家庭和社区中出现的不同问题;(9)项目的设计、管理、实施等每个环节都应体现上述原则。[①]

家庭支持秉持如下基本观点:(1)家庭支持的目标是所有儿童的最优发展。由于现代社会中的风险因素太多,每个家庭都有可能在某一时刻陷入困境,因此预防服务必须面向所有家庭和所有儿童,即不论儿童的身体是健康或有障碍,也不论他们属于什么种族和社会阶层,都能拥有一个良好的人生起点。(2)家庭支持的对象是儿童发展的生态系统。生态系统理论强调个体与其所处的生态系统之间的相互作用,这一理论对家庭支持服务的影响有二:一是强调儿童所处的生态系统对于服务的重要性,例如,儿童养育模式受到家庭、社会的习俗与传统的制约,故家庭支持服务必须对家庭文化和社会传统保持敏感。二是强调家庭支持服务也会对儿童所处的生态系统产生作用。例如,社区中人们通过参加服务项目加强了彼此之间的联系,最终使得社区关系变得更为融洽。(3)家庭支持的核心是父母的自我成长。在养育孩子的过程中,父母们既从自己的童年经历中汲取经验,又在现实生活中寻求知识,育儿能力不断提高。从这个角度而言,父母与孩子同步成长。家庭支持正是建立在父母具有自我成长潜力的基础之上,其服务的核心就是父母能力的发展和提升。[②]

(二)家庭支持服务与传统社会服务的区别

与传统的社会服务相比,家庭支持服务在理念、内容、形式、过程等方面都有所不同。它强调家庭的能力而非缺陷,提供综合服务而非单一服务,鼓励家庭参与决策,致力于发展平等合作的关系。

---

① Family Resource Coalition. 1996, *Guidelines for Family Support Practice*. Chicago, IL: Author.
② Weissbourd, B. & Kagan, S. "Family support programs: Catalysts for Change". *American Journal of Orthopsychiatry*, 1989, 59(1).

1. 家庭支持服务是能力取向而非缺陷取向

传统的社会服务中普遍存在一种迷思,即只有"问题"家庭才需要寻求帮助,"健康"家庭是不需要帮助的。家庭支持服务认为,寻求帮助并不等同于家庭有缺陷或无能,相反,面对困惑时主动寻求帮助正是家庭有能力的表现。家庭支持服务的作用不是简单的解决问题,而是提升家庭解决问题的能力。

2. 家庭支持服务具有综合性而非单一性

传统的社会服务项目通常局限于某一特定领域,当家庭有多种需求时,只能到不同的机构去寻求帮助;家庭支持服务的内容涵盖多个领域,人们只要到同一机构就可以获得一系列的服务,这不但省去了一些重复的程序,避免了不必要的时间浪费,还使得服务接受者与提供者的接触更加频繁,有助于建立更为紧密的关系。

3. 家庭支持服务具有灵活性而非结构性

传统的社会服务有其固定的内容和形式,而家庭支持服务则鼓励寻求帮助的人们参与项目内容、形式乃至周期的设计,以满足不同家庭和个体的需求。

4. 家庭支持服务强调合作关系而非授受关系

在传统社会服务的输送过程中,服务提供者占主导地位,他们与服务接受者的关系像是教师与学生、医生与患者的关系;而家庭支持服务则提倡在服务过程中建立起一种平等、尊重、共享的合作关系,人们的需求通过双方知识和信息的共享来得到满足。

(三) 家庭支持服务的运作实践

家庭支持服务在社区中的运作依靠家庭资源中心(Family Resources Center)进行。家庭资源中心是一个供父母和孩子游戏玩耍的地方,也是父母们相互交流的场所。在这里他们可以学到育儿技能,可以从照顾孩子的繁杂事务中得到临时的解脱,可以得到如何解决问题的帮助,还可以分享物品和服务。[①] 对很多没有亲戚网络的家庭来说,家庭资源中心承担起社会支持网络的角色。最初,各个社区中的家庭资源中心是相互独立的,如今,一些地区已经建立起这些中心的联系网,尝试把它们整合进更广泛的社会服务系统中。

大多数家庭资源中心的服务包括十大要素:(1) 教育培训,内容包括读写能力教育、职业培训、个人生活技能指导等;(2) 信息课程和支持小组,开设关于儿童发展、养育和家庭生活的课程,也是父母们分享经验和烦恼的平台;(3) 亲子活动,让父母与孩子共度时光;(4) 家庭访视,由项目工作人员对家庭进行定期或不定期的探访;(5) 儿童看护,在父母参与项目活动时代为照顾儿童;(6) 转介服务,为有需要的家庭联系相应的社区机构;(7) 代理服务,代表一个家庭或一组家庭向相关部门表达意愿;(8) 简报,刊印育儿知识以及当地活动和资源的信息;(9) 咨询与

---

① Chamberlin, R. "Preventing low birth weight, child abuse, and school failure: the need for comprehensive, community-wide approaches". *Pediatrics in Review*, 1992, 13(2).

危机干预,针对家庭问题提供专业咨询和干预;(10)其他辅助服务,如应急的衣物、食品、交通工具等。①

家庭资源中心通常由民间创办,但政府会给予一定经费补助。例如,为推动各项以强化家庭功能及增进社区联系的服务措施,让社区内所有家庭都有机会通过多元、便捷的渠道获得服务,旧金山市政府自2000年起设置"儿童基金",每年投入约7亿美元,用以补助民间单位开展家庭支持服务。旧金山市中国城的"聚乐"家庭资源中心就是在这项基金的补助下建立起来的。该中心租用中国城社区内一幢大楼的地下室,占地约1 000平方米,设有图书室、托育室、游乐室及上课教室数间。中心提供社区居民家庭支持服务方案、育儿指导、家庭教育、临时托育、亲子游戏班、父母支持团体、玩具和书籍出租、儿童福利工作人员教育培训等服务。为了培育家庭资源中心,旧金山市政府还资助成立"家庭支持网络协会"(San Francisco Family Support Network),由各地家庭资源中心及家庭支持服务机构以会员制方式组成,致力于建立资源协调及合作网络,以提升家庭服务质量。②

(四)家庭支持服务的成效评估

作为一项新兴的育儿服务模式,家庭支持服务的实际效果究竟如何,是政策制定者、儿童福利倡导者、服务的提供者与接受者等各利益相关方都非常关注的问题。从目前对家庭支持服务项目的评估来看,这种模式在促进儿童发展和提升父母育儿能力两个方面都取得了积极的效果。

对一些学前教育项目的纵向追踪发现,参与家庭支持服务项目有助于儿童的认知发展、学业成就乃至社会经济地位的提升,表现为参与者的识字率、就业率和高等教育入学率上升,而辍学率、犯罪率和福利依赖率下降。③ 另一项对旨在帮助家长参与子女教育的项目评估发现,接受服务的家长更多地参与了孩子的教育活动,与没有接受服务的孩子相比,他们的孩子在阅读和数学的标准化测试中获得了更高的分数。④ 许多证据表明,接受家庭支持服务的家长在育儿态度、知识和行为方面都有了明显进步。家长认识到父母是孩子的老师这一角色,他们学会了在照料孩子时采用较为积极的控制和训练技巧,能够为孩子营造正面的、鼓励性的生活环境;他们的自尊、责任感和问题解决能力都通过家庭支持服务得到了增强。⑤ 家庭支持服务对家长育儿能力的改进,又进一步改善了亲子关系,使父母们对子女的照料参与度更高,儿童虐待和忽视的

---

① Goetz, K. &Peck, S. 1994. *The basics of family support: A guide for state planners (and others)*. Chicago, IL: The Family Resource Coalition of America.
② Official website of San Francisco Family Network [EB/OL]. http://www.sffsn.org/, 2016 - 3 - 26.
③ Weikart, D. & Schweinhart, L. 1991. *Good preschools for poor children are cost effective*. Ypsilanti, MI: High/Scope Press.
④ Harvard Family Research Project. 1992. *Pioneering states: Innovative family support and education programs*. Cambridge, MA: Author.
⑤ Powell, D. 1994. "Evaluating family support programs: Are we making progress?" In Kagan, S. & Weissbourd B. (eds.). *Putting families first: America's family support movement and the challenge of change*. San Francisco, CA: Jossey-Bass.

情况大为减少。①

联邦政府的儿童、青少年及家庭管理局(Administration on Children, Youth and Families)对全美家庭支持服务的总体评估也基本支持上述结果。这项评估以针对 260 个家庭支持项目的 665 项研究报告为对象,通过元分析(meta-analysis),得出的结论是,家庭支持项目在如下 7 个领域产生了积极作用:(1) 儿童认知发展;(2) 儿童的社会性发展;(3) 儿童的身体健康与发展;(4) 儿童安全;(5) 父母的育儿态度、知识、行为和家庭育儿功能的发挥;(6) 父母的精神健康或风险行为的降低;(7) 家庭经济自足能力的提升。②

虽然家庭支持服务在实践中已经取得可喜的成效,但它也存在一些不足,有待于进一步的探索和完善。例如,全美有成百上千个家庭服务项目,它们所取得的成效并不均衡,许多服务没能达到预期的目标。又如,家庭支持服务的本地化特征决定了它只对特定社区及其居民发挥作用,因此很难对某项服务的成功经验进行复制和推广。不过,鉴于联邦政府的资助仍在持续,家庭支持服务的覆盖范围也在不断扩张,可见这一服务模式的发展前景相当乐观。

三、美国家庭支持服务对我国的启示

前文阐述表明,家庭支持不仅是美国社会广泛参与的一项志愿服务,也是美国政府用以增强家庭能力、解决社会问题的一种政策工具。不只美国如此,伴随着现代化的进程,以前被视为私领域范畴的家庭问题,在许多国家,尤其是西方发达国家早已成为公共议题。一些发达国家意识到家庭政策具有广泛的社会效应,率先实行了家庭政策,旨在弥补家庭的功能缺失、解决社会问题和改善公民福利。政府不仅出台家庭政策保障家庭福利,还要根据家庭结构功能的变迁不断对其做出调整。2014 年联合国"纪念国际家庭年 20 周年"会议就指出,世界家庭政策的价值取向发生了两个重要变化:一是由家庭的自我保障转变为由社会与政府共同支持;二是家庭政策从支持型转为发展型的导向,即从满足家庭最基本的生存需求转向建构家庭的功能,进而提升家庭的能力;三是家庭政策向普惠型转变,即政策对象开始从一部分贫困家庭扩大到一般家庭。③

中国目前尚未建立以家庭为基本对象的长期家庭政策和制度安排。随着家庭规模的缩小、老龄化程度的提高、人口的持续流动,家庭的自我保障能力被严重削弱,面临着比以往更加严峻的问题和挑战,对政府和社会支持的需求也更为迫切。有学者指出,当前我国的社会政策正处

---

① Sweet, M. & Appelbaum, M. "Is home visiting and effective strategy? A meta-analytic review of home visiting programs for families with young children". *Child Development*, 2004, 75 (5).

② Layzer, J., Goodson, B., Bernstein, L. & Price, C. National Evaluation of Family Support Programs. Final Report Volume A: The Meta-Analysis, http://www.acf.dhhs.gov/programs/core/pubs_reports/famsup/fa m_sup_vol_a.pdf, 2016 - 3 - 27.

③ 李晓宏:《家庭政策出现价值取向变化》,http://world.people.com.cn/n/2014/1204/c1002 - 26143818.html, 2014 - 12 - 4.

于两难境地:一方面是计划经济体制下的福利供给和保障体系瓦解,新的体系尚在建构,人们对家庭的保障功能寄予厚望,但另一方面人口和家庭变迁又使家庭保障的基础遭受破坏,家庭保障能力自生性不断减弱。① 为应对家庭结构和功能变化带来的挑战,国家不断加大对家庭的政策支持和经济援助,迄今已颁布了57项涉及家庭的社会政策,覆盖领域包括低收入家庭的财政支持、就业扶助、儿童支持、计划生育家庭奖励扶助和其他方面等5个领域。不过,这些政策大多散见于各项法律、法规、条例中,既缺乏专门以家庭为基本单位的家庭政策,也缺乏操作性较强的政策内容和社会行动项目。② 留守儿童、隔代抚养等现象的普遍存在,正说明目前我国城乡家庭在育儿方面仍以自身保障为主,来自政府和社会的支持依旧匮乏。

借鉴美国经验,我国发展家庭支持政策与服务可从以下两个方面入手:

(一)设计以家庭为单位的家庭政策

第一,家庭政策要以家庭整体为福利对象。政府出台家庭政策的目的不是简单地给予家庭经济和物质援助,也不是只针对家庭的某个或某些成员,而是要以家庭整体作为政策实施对象,旨在帮助家庭提升保护儿童成长、承担家庭责任、抵御家庭风险、获得积极发展等方面的能力。因此,在设计家庭政策时,要充分考虑家庭需求,从家庭整体利益出发,以家庭为单位来进行设计。

第二,家庭政策要面向全体家庭。除对弱势家庭的救助以外,未来家庭政策的设计要向覆盖全体家庭的方向迈进,即由"补缺型"向"普惠型"转变。这是经济社会发展到一定程度后福利政策设计的必然趋势,也是我国全面建成小康社会的重要标志。

第三,家庭政策要回应家庭生活的多种需求。前已述及,目前我国家庭福利的各项供给分散在不同的福利供给制度中,既容易造成多头管理和政策真空的现象,也不便于家庭寻求帮助。今后在制定家庭政策时,应当根据家庭的多元需求,设计出行政主体、政策对象及政策内容清楚明晰的综合性的家庭政策体系。

(二)推动社会力量参与家庭支持服务

首先,要营造关心支持家庭的社会氛围和社区环境。充分发挥广播电视、报刊、网络及新媒体的作用,力求"支持家庭是社会责任"的观念深入人心;以社区文化活动和公益活动的形式,营造"邻里一家亲"和睦氛围。

其次,鼓励和扶持社会组织开展家庭支持服务。在城乡街道(镇)设立家庭支持中心,具体负责家庭支持服务项目的管理和评估,通过购买服务的形式,鼓励和帮助一批社会组织开展与家庭支持相关的服务。

再次,倡导全社会各个部门以各种形式支持家庭。通过政策激励、税收减免、国家补贴等形式,倡导学校、医院、文化机构、企业等各个社会部门制定有利于家庭发展、提升家庭能力的办法措施,让支持家庭成为全社会共同参与的事业。

---

① 陈卫民:《社会政策中的家庭》,《学术研究》2012年第9期,第61页。
② 吴帆:《我国家庭政策体系现状及发展路径》,《中国人口报》2012年1月23日第3版。

自 2016 年起,我国全面实施一对夫妇可生育两个孩子的政策,更加凸显出发展家庭支持的相关政策和服务的紧迫性与必要性。对一部分有生育二孩意愿的家庭而言,这不仅意味着经济压力的加大和养育责任的加重,还牵涉到孩子入园、入学、妇女就业等一连串的问题。这些问题如果不能得到重视,可能会成为新的社会不稳定因素。因此,政府应尽快出台强有力的家庭支持政策,并会同社会力量,让国家、社会与家庭共同分担育儿责任和成本,这既能保障家庭与儿童的福利,又能避免社会问题的滋生,不仅正逢其时,也是刻不容缓。

(原文载于《比较教育研究》2016 年第 7 期)

青少年社会学

论中国儿童组织的社会功能

——为庆祝中国少年先锋队 40 周年而作

段 镇

一

中国少年先锋队是由中国共产党创建和领导的中国全体学龄期少年儿童的自愿联合体,它是整个社会组织的一个子系统。这是儿童们社会结合的形式,是儿童社会关系的一种有组织的表现,研究少先队的组织功能,就是要研究这个儿童社会组织对于它所处的社会环境和对于它的组织成员所能起的影响和作用。

研究少先队组织功能的必要性在于:从理论与实践上确认少先队在我国社会发展和社会生活中特殊地位和特殊的价值、作用;便于制定少先队发展与改革的目标及规划,有利于充分、全面地开发少先队组织潜在的社会功能;促使广大少年儿童工作者树立科学的儿童观和组织观,澄清、端正对少先队组织功能的片面的、错误的认识。

1988 年 7 月召开的全国少工委第五次全会提出要完善少先队组织功能,确定符合我们时代实际的少先队社会职能的重大课题,是非常及时、完全必要的。

二

判断少先队组织(以下简称"队")的社会功能,必先弄清功能的形成及其被确认、规定的一般依据。

首先,组织功能是组织特性的体现。

中国少年先锋队的特性包括:(1) 队是由中国共产党创建和领导的社会主义和共产主义建设的预备队;(2) 队是中国全体学龄少年儿童的群众团体;(3) 队是少年儿童学习共产主义的学校。第一条表明队的方向性和目的性,第二条表明队的儿童性和群众性,第三条表明队的教育性和思想性。队的组织功能正是由队的组织特性决定的,它全面体现了队的方向目的,队的作为少年儿童的群众团体的特点和队的主要任务——学习与教育。

第二,组织功能适应社会需要和组织成员的需要而产生。

社会主义的发展,需要有一代代的社会主义接班人——忠于社会主义事业的、个性全面发展的社会主义新人,这种新人的培养,靠学校、家庭与社会教育,还要靠少年儿童的社会组织教育。党根据社会发展对儿童的需求和儿童们自身的需求,帮助孩子们建立队的组织。

少年儿童的基本需求以及他们对自己的队组织的特殊需求有10项:(1) 使自己的生命得以存在和发展的生存需求;(2) 免除身心健康受到威胁、损害的安全需求;(3) 得到快乐的活动——游戏、玩耍的娱乐需求;(4) 独立自主、主动发展的自主需求;(5) 认知、探索、发展智力的求知需求;(6) 喜爱社会交往,过集体生活的合群需求;(7) 力图自我表现以获得他人和社会好评的自尊需求;(8) 爱好感受和欣赏美好的声色、情境、形象及自然美和艺术美的审美需求;(9) 爱好并追求新鲜事物,力图从事探索创新实践的求新需求;(10) 力图进取,不断地发展自我,发挥自我以达到完善自我的至善需求。组织功能体现于对需要的满足。社会和儿童个体的身心需要的统一,是少先队组织发展的基本动力。

第三,组织功能的内部条件是组织成员的能力。

人具有巨大的潜在能力,表现为区别于自然物的自觉能动性。儿童在智力、体力发展的基础上,在良好的影响指导下,具有自治力、参与力和创造力。"自治"指自我学习、自我管理、自我教育和自我保护,"参与"指奉献、管理和监督社会的能力,"创造"指对自然与社会环境以及自身变化发展的革新改造能力。无数个儿童个体自愿联合为少先队这样一个有组织的整体,就形成了一个新的力量——集体力。集体的能力大于并高于个体能力的总和,并提高了每个儿童个体的能力。儿童个体和集体的能力,这就是组织功能的内部基础。

第四,组织功能的鉴定是组织活动的实践。

少先队究竟具有何种社会功能,最终还得由少先队的社会实践成果来判断检验。它不是由人们主观随意确认或规定的,而是少先队组织的实践活动的科学概括,并由实践来证实。1949年前儿童革命组织25年和全国建队以来40年的历史实践,已经为我们在今天正确、全面、具体地认识它的社会功能提供了富有说服力的事实依据。

三

从儿童组织的特性,社会需要与儿童需要,儿童的能力,儿童组织建立以来65年的实践来看,少先队具有六大社会功能。

第一是教育功能。这是少先队适应社会发展需要和儿童身心发展需要,在培养社会主义的未来建设人才方面的社会作用。教育的作用,这是少先队组织的主要的、基本的功能。

少先队教育功能的指向与特性首先指向于少年儿童政治思想的启蒙。少先队对少年儿童有基础共产主义思想启蒙作用。少先队有鲜明的目标和庄严的呼号——"准备着:为共产主义事业而奋斗",有崇高的队礼——"人民的利益高于一切",有光荣的名称("少年先锋")和标志(红领巾),有快乐的活动和民主的集体生活,有严密的组织系统(大、中、小队和市、区、县队部和先进的组织领导(共产党和青年团)。这一切,都使少先队在下列几个方面具有特殊的启蒙教育作用。(1)热爱祖国、热爱党,从小立志为建设社会主义的现代化强国贡献力量,做共产主义的接班人(队章第四条),这是高尚、远大的社会理想和个人理想以及坚定、正确的政治方向的启蒙教育。(2)从小树立以他人、集体和祖国利益为重的"人民利益高于一切"的指导思想,和热爱人民、为人民服务的思想感情,这是人生观、价值观的启蒙教育。(3)从小学习民主、学会自治和自觉遵守纪律与法制,树立主人翁的社会责任感。这是社会主义公民权利与义务意识的启蒙教育。(4)从小养成诚实礼貌、互助合作、勤劳俭朴、见义勇为和敢于创新的作风,这是社会主义基础道德的启蒙教育。

少先队教育功能另一个指向是对少年儿童个性发展的促进作用。少先队作为一个有组织、有领导的儿童集体,不仅是陶冶社会主义和共产主义思想核心——集体主义思想感情的熔炉,而且是人的个性全面发展的肥沃土壤和支柱。少先队集体活动看优化儿童个性发展方面的效能是显著的,它培养儿童正确合理的动机、丰富多样的兴趣、高尚的理想、坚定的信念和科学的世界观,以及优良的性格和多种能力,尤其是从小开发创造才能。它对儿童个体优良道德品质行为习惯的形成及智、体、美诸方面和谐全面发展,具有重要的教育作用。

少先队教育功能区别于学校、家庭和社会教育的独特性在于它是儿童集体的自我教育,以上所述少先队对少年儿童的政治思想启蒙和个性发展促进的作用都是以儿童自主集体为载体,以儿童集体的自主活动为途径,以儿童群众性自我教育形态为表现的。这种有组织、有领导的群众性自我教育就是少先队组织教育的实质。儿童集体的自我教育是社会(主要是学校、共青团和辅导员)有目的教育影响的内化,又是以儿童为主体的儿童集体内在机能的外化。

明确少先队教育的集体自我教育的特性非常重要。我们要自觉地把少先队工作辅导的基点放在自动化儿童集体的培养,即队的组织建设上来,教育着眼点要放在引导少年儿童在组织(集体)中自我教育与相互教育上,只有这样,才能充分发挥和实现少先队的教育功能。

第二是自治功能。自治就是自我管理、自我教育。这种由儿童群众组织自主性派生的自治功能是少先队组织特有的。集体的自治指少先队里头的事由大家来当家作主,大家来民主管理,个人自治指少先队员自己管理自己,自己教育自己。无论是大我或小我的自治,都是在学校和共青团教育的指导下,按照社会的和本团体的规范与自我完善的目标需求,自识、自律、自勉、自力、自制、自责、自珍、自卫、自强、自善的自我教育与主动发展的过程。

自治,也是少年儿童身心发展的需要,他们从小就有自治自理的潜在能力。让少年儿童在组织自治中学自治,民主生活中学民主,逐步养成民主管理和自我教育的能力,今日能大大提高儿童组织的活力,明天,将使各个领域、行业的社会组织具有高度的自主活力,对将来的社会主义民主建设和儿童终生的发展,都具有长远的效益。

自治功能体现于少先队的民主选举、民主评比、民主监督(批评)等民主生活中,体现于少先队代表大会及由它产生的以队员为主体的议事机构——红领巾理事会的民主参与区、县、市的领导活动中;体现于各级队委会和各级队长对队务的管理以及对队员的关心帮助中;体现于他们对自己创办的各种有趣而有益的"小事业""小社团""小阵地"的管理中;尤其是体现于少先队的"自动化"运动——"自己的活动自己搞,自己的事情自己办,自己的同志自己帮,自己的进步自己争"的活动中。

第三是参与功能。少年儿童虽未成年,但同成人一样,也是国家的公民,少先队是我国小公民、小主人的群众团体,在社会生活中,他们同成人一样占有主体地位,既享有一定的主体权利,又负有一定的主体义务,履行自己的社会责任。少年儿童的主要社会责任是好好学习,同时,也要经过自己的组织,适当地直接参与社会生活,参与党领导的社会主义建设和改革的大业。社会参与是社会对少年儿童的需要,又是少年儿童所喜爱并感到自豪的活动。列宁早就提出:"工人阶级的孩子应当帮助革命。"中国共产党在每个历史时期都对少先队、儿童团提出支援革命和建设的要求,经过工会、农会、青联和共青团,带领他们参加火热的人民革命运动。邓小平对儿童参与曾给予高度评价,指出在"革命战争年代,儿童团员、共青团员创造了可歌可泣的英雄业绩"。在社会主义建设新时期,少先队长期坚持"学雷锋、做好事"活动,开展乘车要让座活动,建立"爱国卫生街",种植花草树木以绿化美化祖国,到大街小巷捉拿广告招贴上错别字以净化祖国文字,节约奉献以支援祖国建设和灾区人民,发布"十劝家长书"以促进家庭文明,开展"红领巾禁赌队"和"红领巾物价监督站"活动以抵制社会歪风邪气等。社会管理,社会监督,儿童组织均能小有所为,他们为倡导良好社会风气发挥了小先锋作用,受到广大社会人士和党政领导的赞扬。"从小学会为人民、为祖国、为人类作贡献"(邓小平对中国少年报题词),今日尽小责,出小力,明日尽大责,出大力,这就是少先队参与的社会价值和深远意义。

第四是娱乐功能。儿童们在满足了生存和安全需要后,玩就是他们生活的第一需要,甚至可以这样说,玩是儿童的第二生命。玩是人的早期发展的重要活动形式,孩子们在玩中求乐又在乐中受育。没有娱乐,儿童不能称其为儿童;没有娱乐,就没有真正的儿童教育,没有娱乐,也就没有真正的儿童组织。让少年儿童通过多种多样、生动有趣的活动得到快乐,这是儿童组织体现其儿童性、发挥其教育性的独特社会功能。

娱乐是儿童对自己的组织——少先队的第一需求,他们加入少先队的直接动机主要是为了寻求集体的快乐,而并非一步就到位:立即觉悟到"为祖国社会主义现代化而奋斗"。上海市少年儿童研究中心和重庆、广州、大连、长春、兰州五大城市少先队学会的一项"组织心理"调查表明:大部分少先队员都认为"理想中的少先队应当是使我得到快乐的组织""少先队活动使我感到开心""少先队活动很有趣",在选择指标中都占第一位。

儿童娱乐与儿童教育是不可分割的连体儿。科学的儿童教育是"育中有乐",是快乐的教育,是能给孩子带来乐趣的教育,健康的儿童娱乐是"乐中有育",自乐与他乐结合,享受快乐而又创造快乐。为他人创造快乐的是人生最大的快乐。这里就有人生观和高尚道德情操的教育。娱乐增进儿童的知识,增进儿童的身心健康,集体同乐可以建立友好合作、和谐相处的人际关系,培养集体主义情感和乐观开朗、勇敢创造的性格……总之,儿童娱乐是儿童教育的金桥,是儿童组织朝气蓬勃、富有生命活力的体现。我们必须十分重视发挥少先队的娱乐功能,以实现有效地团结教育广大少年儿童的目的。

第五是交往功能。儿童喜爱结伴成群,过集体生活,喜爱与他人同乐、同学和共同工作,不断地扩大同外界社会人士的接触,都是儿童社会交往需要的表现。儿童组织的建立适应了儿童的交往需要,少先队丰富的集体生活和它同社会外界生活的联系,为少年儿童创设了上下、左右、内外广泛联系的良好交往条件。以一个班级来说,孩子们在无组织、无集体活动的条件下,他们之间的交往是分散的、自发自流的,并且有相当的狭隘性、局限性,往往是各人只管自己的学习。少先队组织及其活动使少年儿童人际交往频繁、丰富和开阔起来,并使之具有组织性、社会性和教育性。

少先队社会交往具有重大的教育意义。孩子们在人际交往中沟通信息,活跃思维,增进知识,发展智力;在交往中交流感情,建立友谊,学会协同合作,锻炼交往能力;在交往中表现、发展自己,满足自尊需要,发挥创造才能;在交往中相互激励,相互制约,学会民主管理,促进自我教育;在交往中掌握人际关系的准则,实现自身的社会化,并建立起新型的社会关系。对于当前日益增多的家庭独户化、住宅独门化的独生子女来说,儿童组织的集体交往更有特别重要的教育意义,它可以消除儿童们的孤独感,有利于克服独生而不可避免的家庭"小太阳"地位带来的消极弊病。正如著名心理学家皮亚杰所说的那样,社会交往可以"帮助儿童摆脱自我中心状态",有利同伴间合作相处,相互学习。

少先队并不只是提供交往的条件,更重要的是进行交往的指导。这里要强调的是:交往的重点是教育儿童乐于合作和善于合作。在儿童社会交往中不适当地强调竞争会带来非常消极有害的后果,马克思早就为我们指出"社会关系的含义是指许多人的合作"。

少先队的活动是儿童社会交往的纽带,通过活动,促进小队和中队内部的人际交往和队际交往,逐步扩展到同青年、成年社会团体和各行业团体间的交往,校内外与本市外地间的交往,各民族间的交往以及中外儿童间的国际交往,在交往中实现教育功能,促进儿童的全面发展和社会化。

第六是保护功能。儿童之所以有归属组织、集体的需要,是因为要依靠集体:来满足自己、增强自己和保护自己。集体不仅要满足社会和集体成员的需要,还有保护集体成员的职责。

早在1886年,马克思在为第一国际的日内瓦代表大会写的《临时中央委员会就若干问题给代表的指示》文件中就关怀儿童的保护问题,他谴责雇佣劳动制对工人阶级后代的野蛮剥削,提出无产阶级要保护自己的后代"不受现代制度破坏作用的危害"。他指出"儿童和少年的权利应当得到保护"。他们自己没有能力保护自己,因此,社会有责任保护他们,"通过变社会意识为社会力量的途径""通过国家政权施行的普遍法律的途径才能办到"。

中国共产党一贯关怀儿童的保护,早在建党后的第三年,就帮助童工建立劳动童子团,为反对资产阶级对儿童的残酷摧残而展开一系列维护童工权益的斗争,以及反对封建军阀压迫和帝国主义列强侵略的谋生存、求解放的革命斗争。全国解放后,人民政府担负起保护儿童的责任,"儿童受国家的保护"写进了宪法,目前又正在制定全国性的《青少年保护法》,还成立了专门的保护机构。

在社会主义初级阶段,儿童保护的必要性在于,随改革开放而来的资本主义腐朽思想、文化和生活方式对儿童的侵蚀;随商品化而来的金钱至上、个人至上及种种腐败现象的影响,社会上流氓歹徒对儿童的诱骗、摧残;封建迷信残余对儿童的毒害,以及由于不正确的儿童观和教育观导致对儿童的人身侵犯(体罚)和人格侮辱,以及对他们诸如接受国家义务教育的学习权、少先队的娱乐活动和在队内享有的民主等合法权利的限制和剥夺,对残疾儿童乃至所谓"后进儿童"的歧视,非人道主义和非平等的待遇;在学校生活和儿童集体中存在的大少年欺侮小儿童现象,等等。

儿童组织的广义保护是通过经常、多样的有趣而有意义的活动来促进儿童身心健康地成长,狭义保护是指同种种侵犯儿童权益、损害儿童身心健康的不良现象作斗争。儿童组织要代表儿童说话。少先队的上级领导及少先队代表大会和红领巾理事会要向政府反映,向社会呼吁。要维护儿童的学习权,反对家长让儿童弃学从工、从商,维护儿童的娱乐权,反对擅自侵占儿童活动场地,剥夺少先队活动时间;维护儿童的民主权利,让儿童在自己的组织里,真正当家作主,反对包办代替。还要教育少先队员敢于保护别人和善于保护自己,使自己的思想不受腐蚀、人身不受虐待、健康不受危害、人格不受侮辱、权利不受侵犯、性别不受歧视。儿童组织的保护力就是儿童组织的权威力和战斗力的体现。

中国少年先锋队拥有 1.3 亿队员,它是我国最大的群众性社会组织,它是社会主义社会基础的基础,是 21 世纪社会主义现代化的新主力。中国之命运怎样,未来的社会怎么样,党的前途怎么样,在相当程度上要看今天的少先队面貌怎样。今年 10 月 13 日是中国少年先锋队建队 40 周年,值此队庆之际,以马克思主义理论为武器,总结少先队 40 年和解放前革命儿童组织 25 年的经验,适应社会主义发展和依照当代少年儿童的需要,全面探索少先队组织的社会功能具有迫切的现实意义。我们冀图引起全党全社会对中国少先队从战略高度上给予充分的重视,切实地加强少先队的工作,充分发挥和全面实现儿童组织的社会功能,为造就新世纪的新主人,提高整个中华民族的素质,振兴国力和增强党力打下良好扎实的基础。

(原文载于《社会科学》1989 年第 10 期)

青年研究在亚洲

金志堃

一种具有现代学科意义的青年研究在亚洲兴起。

日本是亚洲最早实现现代化的国家,它在心理学、社会学、教育学、法学等与青年研究相关的学科中,陆续出现了一批青年研究的理论成果。日本的总理府下设立了青年对策本部,开展了对青少年问题较系统的调查研究。1975年又建立了日本青少年研究所,不少大学与大企业都设有关于青少年研究机构,广泛地开展着应用性、对策性的研究。中国的这种研究,严格地说,始于20世纪70年代末。1980年建立了中国社会科学院青少年研究所,以后在青年工作部门和地方社会科学院相继建立了20余个青少年研究机构,他们正在理论和应用的领域里开拓和建设着这个新的学科。韩国于1987年颁布了《教育青少年法》,按法的规定建立了较大规模的韩国青少年研究院,正进行着有计划的研究。在亚洲的许多国家和地区,特别是一批向着现代化迅速发展的新兴国家,他们设立了政府的青年工作部门。在大学、青年团体以及学术界,有着一批从事于青少年研究的学者和专家,他们根据自己的条件和社会需要,正在进行有特色的研究。

青年和青年群体的出现,是与近代产业革命及公共教育的普及相联系的,因此,青年研究最早开始于欧洲与北美。亚洲,作为一个新兴的发展中地区,正在世界上崛起。随着社会进步,从传统社会向现代社会转变中青年问题变得日益突出起来。青年研究随着社会对青少年问题的关注,而迅速发展起来。

青年研究在亚洲各个国家的实际状况,虽存在许多差异,但围绕着现代化这个中心仍有着许多带有共性的课题。

青年对社会发展的参与程度,仍是关系到青年问题中最突出的课题。我们高兴地看到亚洲地区成了世界经济发展最快的地区。日本在世界经济中的地位继续上升;亚洲四小龙作为新兴工业国的成功典范,正从发展中国家毕业进入发达国家行列;东盟各国继续以较高增长速度发展;中国的改革开放正迅速改变自己的面貌。工业、商业和国际贸易的发展,各个"次区域经济圈"的兴起,亚洲被认为世界上最具经济活力的地区。经济的发展为青年的参与创造了有利条件,问题是我们在发展经济同时如何规划整个社会去帮助青年做到更好参与社会发展。传统社会往往不重视青年的社会参与。事实上青年作为进入社会的新成员,他们的成长、发展以及真正进入社会成为主导力量,主要依靠自身的社会参与和社会实践,特别在亚洲地区显得更为重要。根据联合国1984年的资料,亚洲青年约占全球青年总数62%。就其城乡分布来看,东亚有35%的青年在城市,南亚30%,还有更多的青年生活在农村。经过近十年的发展,我们相信这个数字已有明显的变化,但是农村中青年人口过多、经济不发达的状况,在亚洲不少国家中仍很突出。随着社会和经济发展,如何帮助大量需要从种植业转移的青年人进入城市就业,以避免资本主义早期发展中出现剥夺农民以及城市中出现严重失业群和城市贫民区域的问题。如何在城市化同时,也把农村的现代化解决好。随着经济和社会的发展,必然会出现青年对政治民主和社会进步的要求,这在亚洲地区也是普遍存在的问题。如何解决青年职工参与企业民主管理和改善地位及待遇的要求,也是青年参与的一个不可忽视的问题。我们只有积极引导才能使青年成为推动社会进步的力量,而不是社会进步中的不安定因素。青年的参与程度,标志着社会的进步和活力,青年的发展与社会进步成为良性的互动关系,这是青年研究最重要目标和价值所在。

青年的教育和发展,仍是青年研究的基本课题。亚洲青年人口资源相当丰富,但需要教育培养,才能提高素质以适应现代化的要求;而对于当代青年来说,期望自身发展也是他们的最大愿望。这样,在走向现代化的进程中,如何教育培养自己的下一代,存在着很多需要研究和解决的课题。亚洲地区教育事业有较快的发展,但是巨大的人口压力、原有的薄弱基础,使教育事业远远跟不上社会发展的需求;传统的教育模式脱离社会发展的实际需要,不可能更好地为经济与社会发展服务;教育思想上偏重知识传授而忽视青年的基本素质、品德的提高;教育内容上固守原有规范的传递,忽视现代科学和现代意识教育;教育方法上也不适应当代青少年身心发展的特点。青年研究有责任,为教育的改革、教育思想的更新、教育方法的改进,提供研究成果,协同教育战线的先行者促进新教育思想、教育体制健康的发展,也为青年更好发展、成长创造条件。

青年文化的研究,在社会变革时期是一个综合性的影响全局的课题。由于新的科学技术的应用,推动生产力向新的层次发展,从而改变着社会生活的各个方面。社会变革推动了社会进步,转变着原来的社会机制。于是,一种区别于社会主流文化或成人文化的具有特殊的价值观念和行为取向的青年文化产生了。青年文化属于亚文化范畴,有其创造性和未来性的一面,也有其不成熟的一面,以至出现了当代青年人与成年人之间的代际差异或称"代沟",以及社会对青年人思想、行为的不满,"新人类""享乐的一代"……带有贬义的说法随之产生。这就促使我们从广义的文化角度研究青年的思想、信念、行为和价值取向,我们会看到青年正从传统社会的那种依附关系走向自主和独立;会看到商品经济发展带来的世俗化倾向,也会看到部分青年中利己主义、轻视劳动、缺乏责任感的倾向;更会看到在西方文化影响下,东方民族原有文化传统如何与其交融、碰撞,将个人的觉醒与社会发展要求结合,形成走向未来的有民族特色的新文化。为此,青年研究有责任推进这种结合,弘扬青年文化中体现未来发展意义的一面,避免消极的一面,使青年在现代化进程中发挥积极的作用。

青年的社会问题,如青少年犯罪是社会发展过程中出现的一个带有世界性的问题,这种情况在亚洲日益突出,并有继续发展的趋势。动员社会和国家机关力量,形成一种有利于控制犯罪的机制,造就一种有利于青少年成长的文化环境,以减少犯罪。又如青年劳动就业、青年婚恋等问题,不仅是青年研究的课题,而且是涉及社会安定和社会进步的重要课题。

然而,亚洲地区青年研究的发展,在总体上还处于开创阶段,要继续健康而迅速的发展,还需要做大量的工作。

青年研究的发展,需要有它的基础理论。在中国,这几年来较多地介绍了西方也包括日本在这一领域的成果,但对这些成果的系统介绍、整理和消化还不够,特别是结合亚洲各国的实际以形成一个具有东方特色的系统理论框架的问题还没有解决。当然,这几年青年研究做了大量的应用研究,有不少成果,但这些成果尚未能得到理论的抽象,也就无法来充实我们的基础理论。一个新学科的确定与完善,需要有一个发展过程,我们不能急于求成,但也不能放弃这方面的努力,一定要下决心、花力气促使青年研究确立自己坚实的理论依托。

青年研究的主流,还是应以科学的态度、运用相关学科的方法论对实际的青年现象和青年问题作经验事实的搜集、考察和实证的研究。

对青年现实问题不作深入研究,就不能体现青年研究的社会价位。亚洲国家,如日本每年发表一份有权威性的《青少年白皮书》,对取得社会的共识影响很大。再如日本有关政府部门制订的建筑在科学研究基础上的青少年教育、青少年活动的计划书。中国的未成年保护法的制订过程,中学生中开展青春期性教育,这些都是青年研究工作者参与了研究和实际工作的结果。如果把青年研究的大量工作与实际工作部门挂钩,就较能把研究成果转化为社会效益。只要青年研究有理论深度,通过对客观现实的深刻剖析,抓住事物的本来面目,就具有说服力和理论的力量,就能取得社会共识。无论是对青年工作者或成年人,还是对青年人本身,都能起到提高认识和自我认识的作用。现在的青年研究,存在着力量比较分散,课题不集中,比较优秀成果还不够多的问题,这需要青年研究学者努力和协调,只有这样才能提高青年研究的水平和社会影响。

青年研究的国际交流和国际间的比较研究正在逐步发展。在亚洲地区双边的交流比较多,整个区域和国际的交流还不够。国际青年社会学研究委员会在亚洲的活动,推动和发展了地区和国际间的交流,从而打破了过去闭锁的状况,亚洲的青年研究正在国际化。通过国际交流,我们跳出了时空的局限,把青年问题放在国际间作历史和现实的比较,看到了一些世界性的青年现象和青年发展规律,并在比较中把握本国、本民族的特点和发展趋向。我们相信,这种比较和交流将有力地促进各国的青年研究,当各国青年研究有了新突破后,国际交流就会更富成效。在这一方面我们还只是开始,今后应该更有计划、更有准备地做好这一工作。

(原文载于《当年青年研究》1993年第3、4期合辑)

儿童劳动教育与全面发展

——纪念马克思逝世 100 周年

倪新明

近来,加强对少年儿童的劳动教育,已引起各方面的注意。特别在我国进入社会主义建设的新时期,在新形势、新情况下,儿童劳动教育的理论问题和实践问题,更需要深入研究。

要不要对少年儿童进行劳动教育?马克思主义教育理论产生以前,历史上一些代表进步阶级的思想家和教育家,曾经提出过许多进步思想。18世纪法国启蒙学者卢梭,曾主张儿童应该认识各种农业工作,并学习各种工艺,要求儿童的手脑同时发展。沙利·傅立叶主张要使儿童从小就习惯于从事跟游戏有机联系的有趣而愉快的劳动(在学龄初期),他认为劳动可以使儿童得到发展和培养。空想社会主义者罗伯特·欧文试图在自己创立的教育机关里实现教育与生产劳动相结合的原则。他在自己设立的"新学院"里,儿童从2岁到10岁接受初等教育,从10岁起就转到工厂的机床旁从事劳动,同时在夜校继续学习。马克思曾经对欧文的实验给了很高的评价,把它看作是未来共产主义教育的胚芽。但是,欧文的试验,是在不惊动资本主义私有制的条件下进行的,其结果只能是被腐朽的资本主义制度所吞没,不能彻底解决教育与生产劳动相结合的问题。

只是从社会主义成为一门科学,即从马克思揭示出资本主义生产方式发展的客观规律的时候起,才出现了儿童劳动教育的科学理论。这种理论曾由马克思和恩格斯进行过深入的研究,并提出一系列的思想。

一、儿童参加生产劳动的基本思想

关于儿童参加生产劳动的基本思想,主要有以下几点:

第一,少年儿童必须参加生产劳动。马克思根据资本主义大机器生产的条件,认为现代工业吸引男女儿童和少年来参加伟大的社会生产事业,是一种进步的、健康的和合乎规律的趋势。他主张每个儿童从9岁起都应当像每个有劳动能力的成人那样成为生产工作者,应当服从普遍的自然规律,这个规律就是:"为了吃饭,他必须劳动,不仅用脑劳动,而且用双手劳动。"(《临时中央委员会就若干问题给代表的指示》)

第二，儿童参加生产劳动必须与教育结合。马克思认为：儿童参加生产劳动，和教育的早期结合是改造现代社会的最强有力的手段之一。他在《哥达纲领批判》中明确指出在按照各种年龄严格调节劳动时间并采取其他保护儿童的预防措施的条件下，生产劳动和教育的早期结合是改造现代社会的最强有力的手段之一。所以他又说："如果不把儿童和少年的劳动和教育结合起来，那无论如何也不能允许父母和企业主使用这种劳动。"

第三，劳动是培养少年儿童成为全面发展的人的唯一方法。马克思认为：劳动不仅是"人类生活得以实现的永恒的自然必然性"，而且又是培养全面发展的人的唯一方法。他在《资本论》中指出："未来教育对所有已满一定年龄的儿童来说，就是生产劳动同智育和体育结合起来，这不仅是提高社会生产的一种方法，而且是造就全面发展的人的唯一方法。"

第四，教育与生产劳动结合，只有在合理的社会制度下才能实现。马克思在揭露资本主义矛盾的基础上，揭示了人类社会教育与生产劳动结合的前景。他在《共产党宣言》中明确提出：在工人阶级掌握政权以后，实行"普遍义务劳动制"，同时"对一切儿童实行公共和免费的教育，取消现在的这种形式的工厂劳动，把教育同物质生产结合起来"。

马克思离开我们已有100年了，在这100年中，人类社会发生了显著变化。社会主义制度的确立，使马克思关于教育和生产劳动相结合的思想得以在各个社会主义国家广泛的传播和运用。由于生产和科学技术的高度发展，就是在主要资本主义国家里，基本上也实现了中等教育的普及，有的劳动者还受到高等教育。这些都证明了教育和生产劳动相结合是不以人们的意志为转移的客观规律，是机器大工业发展的必然趋势，显示了马克思教育和生产劳动相结合思想的生命力。虽然他的有些论述在实践中碰到了新情况、新问题，必须进一步探讨和发展，但是他的基本原理仍然是我们研究问题的理论基础。

马克思在《共产党宣言》中提出的普遍义务教育制度正在我国实现，我们党根据教育与生产劳动相结合的思想，从中国实际出发，在实践中不断有新的发展。下面就马克思关于儿童劳动教育的基本思想，结合当前少年儿童实际，着重说两个方面的问题。

二、要培养少年儿童成为社会主义劳动者，必须从小让少年儿童参加劳动、学习劳动

马克思论述了大工业吸引儿童和少年参加社会生产劳动的进步意义，主张儿童从小参加，但由于近代工业生产机械化和自动化的发展，工厂中需要从事辅助性劳动的儿童劳动力逐渐减少，资本主义国家里废除童工制度已经成为不可逆转的趋势。在我们社会主义国家里，少年儿童更不需要很早就成为劳动力，成为养家糊口的人。国家普及教育，少年儿童的主要任务是在学校里学习。在这样的情况下，少年儿童要不要参加生产劳动？

毛泽东结合我国的革命实践和具体条件，创造性地运用马克思主义的教育与生产劳动相结合的原理，深刻地论述了生产劳动的重大意义。他根据马克思主义的认识论，首先指出：生产活

动乃是人类最基本的实践活动,人们要想获得真正的完全的科学知识,就必须参加生产实践。在毛泽东的倡导下,在老解放区,学生学习革命理论,学习文化科学知识,同时开荒种田,纺纱织布,积极参加各种生产劳动。学生一面读书,一面劳动,使学生既能从事脑力劳动,又能从事体力劳动。1949年后,中国共产党制订了教育与生产劳动相结合的教育工作方针。1958年中共中央、国务院发布《关于教育工作指示》,明确规定"在一切学校中,必须把生产劳动列为正式课程,每个学生必须依照规定参加一定时间的劳动"。1959年国务院又公布了《关于全日制学校的教学、劳动和生活安排的规定》,对于各种全日制学校的教学、劳动和假期时间的安排以及生产劳动的形式、条件和方法做出了规定。从而学校中生产劳动的开展有了教育制度和教育计划的保证,使我国贯彻教育与生产劳动相结合的方针进入了一个新阶段。

1959年胡耀邦在《预备队的光荣任务》讲话中明确指出:少年儿童怎样才算好好学习呢?应当好好学习什么东西呢?"我认为:第一,应当学习知识。第二,应当学习劳动。第三,应当学习为人民服务的共产主义精神。"胡耀邦同志把少年儿童学习劳动作为预备队的三项任务之一,就是为了让孩子们从小养成劳动习惯,长大为建设社会主义而英勇劳动。许多经验证明,儿童只有直接参加劳动才能学会劳动,而且儿童参加劳动愈早,对他进行劳动教育就会愈有成效。虽然,我国在实行教育和生产劳动相结合的过程中,有过缺点和错误,我们在组织少年儿童参加劳动有过了头的地方,但少年儿童从小参加劳动对于培养体脑结合的人才是有益的。

1976年后,我们不少学校重视教育与生产劳动相结合,但不可否认,也有不少学校在重视知识传授的同时忽视了劳动教育。少年儿童缺乏劳动锻炼,致使有些儿童不爱劳动,不会劳动。特别有一些家长认为:"孩子还小,等长大了自然会干的",不让孩子劳动。但是,从我国当前实际来看,更需要让少年儿童从小学习劳动。

(一)社会主义现代化建设的需要

我们现在正面临着建设现代化的社会主义强国的伟大任务,在本世纪末要实现国民经济总产值翻两番的目标,2000年后还要向四个现代化更高目标前进。要完成这样的任务,需要有全国人民发挥积极性、创造性,艰苦奋斗,辛勤劳动。现在全国有3亿多人口是少年儿童,他们是建设社会主义的预备队。这3亿多少年儿童中,现在满14岁的,到2000年是32岁,如果现在刚出生,到那时候也已是18岁了,他们都将陆续成为主要劳动力。而2000年后我们国家的下一步发展,就更落在现在这一代少年儿童身上。因此,加强对少年儿童的劳动教育,培养他们成为有社会主义觉悟、有文化的劳动者是一项战略性的任务。

(二)厌恶劳动的思想必须从小清除

剥削阶级占统治地位的旧社会异化劳动所造成的人们厌恶劳动的思想遗毒,不是一下子能清除的。我们国家虽然实现了生产资料公有制,但由于生产力水平还比较低,商品生产、经济交换还是人们的基本经济活动,因而异化劳动的最终根源尚未消失,它又必然会或多或少产生新的厌恶劳动的思想。人们厌恶劳动的思想通过社会、家庭不断侵蚀儿童幼小而纯洁的心灵,在儿童中也出现害怕艰苦劳动、轻视体力劳动者等错误思想。据一所小学对四年级学生进行调查后发现,少年儿童多数想当科学家、教授、医生,愿意当工人的只有一个人。一个学生说:"我爷爷是教授,可轻松啦,从来不劳动,照样拿高工资。"这充分反映了学生图轻松、怕艰苦,同时也不懂得脑力劳动也是一种艰苦的劳动。克服厌恶劳动的思想教育是一个长期艰巨的任务,通过生产力的高度发展,社会物质财富的极大提高,人们的劳动完全排除了异化劳动性质,劳动才成为人的生活第一需要,但这是遥远的未来之事。现在要让少年儿童从童年起就习惯于劳动,学会不觉苦恼地由游戏转到严肃认真的劳动,虽然劳动要求努力和紧张,但能带来快乐,能被人们视为一种有益于社会的活动,这是儿童劳动教育的任务。

(三) 物质生活改善,独生子女增多的需要

随着人民生活改善,新一代少年儿童的物质生活越来越优越。据上海一个工人新村调查,10 个 3—6 岁的孩子中,有 8 个每人每月生活费高达 40—50 元,两个属条件一般的,也有 35 元。他们吃的是牛奶、蛋糕、巧克力,穿的是最时髦的衣服。由于物质生活条件的改善,家庭在劳动教育中的作用也已发生变化。家庭根本不需要让儿童从小参加生产劳动,成为养家活口的劳动力,就是家务劳动对儿童的需要也大大减少。独生子女的增多,孩子成为家庭的中心人物,父母、祖父母、外祖父母,甚至叔叔、阿姨都围着一个孩子转,成为"重点保护对象"娇骄两气严重。据一所小学调查,四年级一个班级 46 名学生中有 24 名家长不让他们学做家务劳动,认为"孩子还小,等长大了自然会做的"。就连孩子自己的生活服务也是家长照顾,穿衣有父母帮助,铅笔断了有家长削,女同学不会自己梳辫子,有的学生在学校吃饭的碗也带回家让大人洗。由于优裕的物质生活和家长在生活上无微不至的照顾,孩子们变成"饭来张口,衣来伸手"的懒汉,不愿劳动,不会劳动,养成只习惯于别人关心他、照顾他,而不愿关心别人、帮助别人的自私心理。少数孩子由于家长的溺爱,好逸恶劳,走上了违法犯罪的歧途。据一所工读学校的统计,1981 年在校学生中受溺爱的比例高达 63.7%。

上海在开展"勤巧双手"活动中,有的学校少先队大队委员会在给每位队员家长信中写道:"亲爱的家长请您想一想:如果我们——四化建设的预备队员,没有一点劳动能力,将来四化靠谁去建设呢? 如果我们——您的娇宝贝,从小不会体贴别人,将来更不会去照顾年老的父母。我们希望家长支持您的孩子参加劳动,学做一点家务,把我们培养成一个爱劳动的好孩子。今天成为您的好帮手,明天成为四化的建设者。"孩子们这些诚恳的话,牵动着家长们的心,反响十分强烈,纷纷写回信给少先队组织,支持少先队"勤巧双手"活动的开展。

综上所述,让少年儿童从小参加劳动,是国家建设的需要,社会发展的需要,是培养后代的需要,也是孩子们本身的需要。

三、充分发挥劳动的教育作用,促使少年儿童得到全面发展

马克思把教育与生产劳动相结合作为"造就全面发展的人"的唯一方法。列宁在领导社会主义革命和社会主义建设的实际斗争中,进一步阐明了青少年参加生产劳动的重大意义。他

说："没有年轻一代的教育和生产劳动的结合,未来社会的理想是不能想象的;无论是脱离生产劳动的教学和教育,或是没有同时进行教学和教育的生产劳动,都不能达到现代技术水平和科学知识现状所要求的高度。"并深刻地指出:"共产主义者教育的基本道路在于同工人和农民共同劳动。"

当然,马克思所讲的全面发展的人,指的是"把不同社会职能当作互相交替的活动方式"的个人。这需要生产力的极大发展,现在还不具备条件,不可能做到。毛泽东同志根据我国的实际,提出了"使受教育者在德育、智育、体育几方面都得到发展,成为有社会主义觉悟的有文化的劳动者"的教育方针。这个方针揭示了人的全面发展的基本要素:道德、智慧、健康。全面发展教育的基本组成部分:德育、智育、体育。要培养全面发展的新人必须执行"教育必须为无产阶级政治服务,必须同生产劳动相结合"的教育工作方针。

革命导师的这些论述,充分说明了青少年一代参加生产劳动是全面发展的必然要求,劳动教育是人的全面发展的一个不可分割的部分。让少年儿童从小参加劳动,充分发挥劳动的教育作用,就能促进少年儿童德、智、体几方面都得到发展。

(一) 劳动教育首先是德育的根本内容

用马克思主义的劳动观点教育少年儿童是共产主义思想教育的重要内容。少年儿童思想品德的培养是认识与实践统一的过程。让少年儿童用自己的劳动为社会生产物质财富,为人民服务,就能使儿童亲身体验到劳动创造世界,劳动是英雄豪迈的事业,轻视体力劳动、好逸恶劳、不劳而获等剥削阶级思想是可耻的,从而增长劳动光荣,热爱劳动的思想感情,端正劳动态度,逐步养成劳动习惯。

实践证明:许多少年儿童在学校和队组织的教育下,懂得从小要用自己的双手为红领巾增添光辉。上海少先队组织开展的"勤巧双手"活动,广大队员积极学道理、练本领、勤服务,取得了良好效果。初步形成了自己的事情自己做,家里的事情帮着做,集体的事情大家做的好风气。二年级的一名少先队员,入队后能积极响应队组织的号召,经常为邻居送报,坚持打扫公共楼梯,感动了这幢大楼里的老共产党员,被学校评为"勤巧双手"积极分子。

儿童参加劳动不仅在家庭、在校内,而且还到社会,不仅参加日常生活劳动,而且直接参加生产劳动,这样使少年儿童接触社会、接触工农,学到劳动人民勤劳俭朴、献身四化等优秀品质,懂得国家利益同个人利益联系在一起,幸福生活要靠长期艰苦劳动,每个人都要履行对整个社会、国家应尽的义务,成为一个能贡献出自己一切的人。

儿童参加劳动往往都是集体的,在集体劳动过程中,能使他们理解到互相帮助、密切协作、为实现共同奋斗目标的意义,亲身体验到集体力量的伟大,集体纪律的重要,从而培养儿童关心集体、热爱集体、团结友爱等集体主义精神。在劳动过程中体会到劳动成果来之不易,从而可以培养他们珍惜劳动果实,爱护公共财物等良好品质。

(二) 劳动是对知识的运用和发展

正如马克思指出:人在改造外部自然界的同时,也改造自己本身。随着劳动工具、劳动程序和生产工艺的改变，人的许多能力也得到了发展。劳动工具和生产成果就其实质来说，是知识和才能物化的凝结。劳动教育就是要培养儿童对劳动工具、劳动成果、劳动过程本身的兴趣。具备劳动兴趣，积极实现劳动活动，就可以把书本知识在劳动中运用，使理论知识加深理解和巩固，同时丰富扩大实际知识，促进智力和才能的发展。"勤巧双手"活动中，孩子们能把塑料空瓶做成美丽的小花篮，破乒乓球做成小台灯，都是他们的知识和才能的发挥。事实证明现在我们许多科学家、工程师，少年时期都参加过航模、船模、无线电等科技小组劳动。嘉定县有一位养鸡专家，少年时代就在少先队的饲鸡小组里学习养鸡知识。正如高尔基说过："只有两手教导头脑，随后变聪明一些的头脑教导两手，以及灵巧的两手再度有力地促进头脑发展的时候，人类的社会文化发展过程才能正常地发展起来。"少先队教育思想教育科学把智力（学习）劳动看作是特殊形式的劳动，因此儿童的学习也是一种脑力劳动。在劳动教育中要教育少年儿童认真严肃对待学习劳动，要有勤奋的学习态度，刻苦的钻研精神，不要成为思想懒汉。

（三）劳动是对意志和体力的锻炼

儿童对任何一种劳动都存在着各种困难的适应过程，但每个人生来就具有从事一般劳动的体质，学前儿童的游戏中已有劳动的因素，如果从早期就吸引儿童参加日常生活劳动，教他们在家里帮助大人干活，随着年龄的增长，劳动内容的变化，儿童对完成任务的责任心提高，逐渐尝到由于胜利完成任务而带来的快乐。但是只有经过一定的紧张的努力才能完成的，并使人感到疲劳的那种劳动才会带来快乐。无论在体力上、脑力上还是在意志上都不需要花费很大力量的轻松的劳动，是不会产生积极的教育效果的。所以根据不同的年龄，合理的安排劳动，能够促进人身体的新陈代谢，增强体质和锻炼意志。

四、发挥劳动教育作用的原则

为了更好地发挥劳动的教育作用，促进儿童身心的全面发展，还必须掌握以下原则：

（一）少年儿童的劳动内容应该是多方面的

游戏是儿童参加劳动的准备。马卡连柯说过，"培养一个未来的活动家，首先应该从游戏开始"。幼儿的游戏活动许多是模仿大人的劳动，如用小炊具模仿妈妈烧菜煮饭，用小听诊器模仿医生为娃娃看病；搭积木模仿工人盖房子等等，儿童在游戏中怎么样，长大成人时在劳动中也可能怎么样，所以对学前儿童要充分运用游戏，启发对劳动的兴趣，为参加劳动作准备。

日常生活劳动是儿童最早的劳动形式，它是从自我服务开始的。在家庭中从穿衣、洗脸照料自己生活到帮助父母洗衣、烧饭料理家务；在学校里，打扫教室，保持学校的整洁。这种劳动有助于儿童养成劳动习惯，培养生活必需的劳动技能和独立生活能力。

社会公益劳动有校内的也有校外的，形式和内容是多种多样的。有支援五年计划建设的辅助性劳动，有植树造林，美化校园的劳动，有修理课桌椅、修补图书劳动，有帮助烈军属、五保户等劳动。公益劳动是一种不计报酬,带有共产主义因素,为社会、为集体的利益而进行的劳动,组织儿童经常参加各种公益劳动,不仅能使儿童得到各种知识,学会劳动本领,还具有十分丰富的教育意义。

生产性劳动有学校办小工场、小农场劳动,也有学校与工厂、农村挂钩,组织少年儿童下乡下厂劳动。这是少年儿童直接为社会主义建设贡献力量的劳动。上海广灵路第二小学从1979年建立了加工上海制花一厂外销涤纶花的小工场,生产小铃兰、满天星、车轮菊等17种涤纶花,远销欧美及港澳等地。辛勤劳动换来了丰硕的成果。三年来,不仅全校勤工俭学收入15 000多元,挣得外汇100多万元港币,更重要的使儿童们认识到:劳动成果来之不易,美好生活要靠辛勤劳动来创造。这是一个很成功的经验。但是现在这样生产性劳动在少年儿童中很少开展。

(二) 劳动过程中要有目的有计划地进行教育

劳动不可能自发地产生教育作用,只有当有目的、有计划地把劳动同思想政治教育结合起来的时候,才能发挥劳动的教育作用。马卡连柯曾经根据他的教育经验,深刻地论述在劳动中同时进行教育的重要性。他说:"在任何情况下,劳动如果没有与其并行的教育——没有与其并行的政治的社会的教育,就不会有教育的好处,会成为不起作用的一种过程。"他说:"只有把劳动作为总的体系的一部分时,劳动才可能成为教育的手段。"(马卡连柯《论共产主义教育》)这就是说,只有把劳动看作整个共产主义教育体系的一部分,并与教育目的相结合时,劳动才能成为教育的手段。

那种认为只要参加劳动就会自发地产生教育作用的思想是错误的。特别在少年儿童中弄清劳动观点、劳动态度等思想上、认识上、道德上许多问题,没有教师的引导和教育,儿童是不可能自己弄清这些问题的。因此,在组织儿童参加劳动时,教师和辅导员要充分发挥主导作用,认真做好准备,结合每次劳动的特点、儿童的实际情况,确定思想教育的内容和方法。劳动开始前要向儿童讲清劳动的任务和要求,劳动中要以身作则指导儿童劳动,随时注意对儿童进行劳动态度、纪律和同志间互助合作的教育,这样才能收到良好的效果。

(三) 组织少年儿童参加劳动必须注意儿童的年龄特征和个别差异

少年儿童正在长知识、长身体时期,由于他们的身体素质、生活条件、所受教育的不同,他们的知识水平、思想水平、体质强弱都不一样。在劳动中,为了促进他们的身心发展,就必须考虑到他们的年龄特征和个别差异,妥善安排劳动的内容和分量。为了保护儿童的健康,凡是对儿童健康不利的劳动,都不应参加。

过分轻松的劳动,达不到教育效果,同样过重的劳动和过度的疲劳,也会使儿童对劳动产生消极态度,失去信心,以至产生厌恶逃避的思想。只有适合儿童体力和智力的劳动,才能使他们经常处于积极状态。因此,根据儿童年龄,妥善安排劳动是通过劳动进行教育的重要前提。

(四) 儿童劳动教育必须经常化、制度化、系统化

少年儿童劳动观点的树立、劳动习惯的培养是一个长期的过程,不是靠几次突击能解决的,我们要有顽强精神来搞好劳动教育。教育行政部门应按学生的年龄,确定劳动的内容、时间,编

定劳动教育的大纲、教材。学校和少先队组织要因地制宜、因人制宜,建立各种劳动阵地,有计划地安排劳动内容和分量,通过劳动教育,使少年儿童逐步学会若干种家务劳动、手工劳动、公益劳动和生产劳动的技能,使劳动教育经常化、制度化、系统化。现在有的学校建立了每天10分钟卫生劳动制度,到了规定时间,在音乐声伴奏下,每个少年儿童在自己固定的劳动岗位上,擦门窗,擦桌椅,打扫学校卫生,已经成为一种愉快而自觉的习惯。

(原文载于《上海青少年研究》1983年第2期;并收入倪新明:《倪新明少先队教育文集》,少年儿童出版社2001年版)

论青春期性教育的适合性原理

姚佩宽

青春期性教育已逐渐被广大教育工作者、社会工作者、医务工作者及青少年的家长们所接受。上海、北京、沈阳等地区已有多年实践和研究,有的同志按照学生的生理、心理发展变化的规律组织教育,取得理想的教育效果,有的同志对适时、适量、适度地进行教育感到困惑。同时,因自然环境、生活条件、社会经济文化的发展水平、遗传等因素,青少年的性成熟存在性别差异、民族差异和地区差异,在确定性教育的时机、内容及形式方法上也应讨论有什么不同。因此,随着性教育的不断发展和推广,研究青春期性教育的适合性原理成为亟待解决的课题。

一、青春期性教育适合性原理的含义

什么是青春期性教育适合性原理?它是根据性科学教育特点和青少年身心发展规律,以及社会对青少年的期望而提出来的。

适合性原理是指根据青少年性生理、心理发展变化的自然规律,制定符合青少年年龄特点、性别特征、身心发展水平和知识水平的性科学教育。在整个教育过程中依据青少年身心发展序列,确定恰当的教育时机,选择相吻合的教育内容,组织适当的多样的教育形式,指导青少年形成健康的性意识,促进青少年的性活动(即性欲望、性观念及相应的情感、品质及性行为等)适应社会发展的要求。

在概念中特别要注意"符合""恰当""相吻合"和"适当"这几个词。

青春期性教育一定要符合青少年的特点和水平,青少年的生物性成熟、心理发展和社会化过程是一个整体,而且在这整体内部,三者是相互联系、相互作用、相互影响的。其中性生理的正常发育为他们健康成长提供了可靠的物质基础,如果发育不正常,就会带来一系列的性问题。如性缺陷、性变态等。性心理的健全当然要以性生理发展为前提,同时又有赖于社会化的作用。一个在生理上健康、正常的青少年,如果得不到适合于他的科学健康的性教育,反而受到社会不良的影响,那么人格的形成,性心理的健康发展,都会受到很大的干扰和破坏。因此,性心理的健全发展和社会环境、社会教育有极其密切的联系,并起着决定性作用。可以这样说,人类的性活动,本质在于他的社会性,这是一条真理。

处于青春时期的青少年,最大的特点就是还未成熟,一切都在发展变化之中,健全的人格尚未最终形成,性格还未定型,还不能用正确的性意识来指导自己的性活动,对性欲望在外界刺激下引起的冲动一般还不能很好地加以控制或作出理智思考与判断,性活动还不能很好地符合社会和文化的规范和要求。他们中少数人容易在不良诱因的作用下发生性失误。因此,青春期性教育必须制定符合他们特点的教育目标,使生理、心理、社会三方面发展显示出一种协调状态。在这种状态下,能够按照社会和文化的要求来调整自己的生活和行为,达到与社会期待的统一。

确定恰当的教育时机很重要。性教育应该从什么时候开始?性意识的形成,在人的一生中有两个关键时期,一是幼儿时期,二是青春期。幼儿期性教育暂且不谈,这里研究青春期的性教育应从何开端,大体上应和青春发育的年龄范围相当,性发育是每个青少年必然遇到的生理现象,应该使他们正确了解自身发展的奥秘,科学、理智地对待青春期遇到的各种问题,诸如月经、遗精、性冲动、手淫等。性生理知识的教育应先于他们的性发育。预先传授这些知识,可以使青少年有心理准备,不致茫然失措,担心害怕。同时,也有利于早期发现青春发育的异常情况,及时采取必要的防治措施。总之,既不要过早进行性教育,也不要因过晚进行而丧失了教育的最佳时机。

性心理方面的教育指导应与青少年性心理发展同步。随着青春发育的进程,14、15岁的青少年对两性关系已有朦胧的意识,对异性发生兴趣,并开始频繁交往。16、17岁的青少年在异性群体中已有心中倾慕的"白马王子""白雪公主",是以前从未有过的对异性爱的体验,是一个人从被爱到爱人的一个转化,标志着已进入复杂的情感世界,但它仍属朦胧的爱,具有不成熟的特点,需要教育者根据不同的年龄、不同的心理水平、出现的不同情况,抓住教机循循善诱,引导他们从朦胧的爱发展到成熟的、执着的、深沉的爱,这种爱的过程、爱的表达、爱的深度、爱的获得与给予因人而异,需要不断地蕴育和培养。

青春期是性角色进一步形成的又一关键时期。应该按照社会规范、家庭期望和本人的倾向,使男、女青少年的性角色更鲜明地发展起来,使他们成长得更有个性和魅力。

选择相吻合的教育内容是性教育成败的关键。所谓相吻合,就是指教育内容必须符合青少年身心发展的序列。例如,一个13岁的女孩子月经初潮时,她所需要的是"月经是怎么回事""怎样做好月经期的护理与卫生"的知识。如果此时把恋爱、性交、生育等知识一股脑儿地灌给她,这种超前的教育内容就是与她身心发展序列不相吻合了,甚至还会起副作用。反之,对一个17岁的女青年还在进行"月经怎样护理"的教育,就是落后于她身心发展的序列。

青春期年龄范围跨度很大,其中应分成几个不同的阶段,每个阶段性教育内容都有所不同,但必须吻合于各个阶段的身心发展水平。可以依次地分为:青春早期、中期、后期、成人四个阶段。每一阶段身心发展水平不一,性教育内容也不一样。多年实践告诉我们,唯有这样制定教育目标,编写教材,进行教育,才能达到预想的教育效果。

组织适当的、多样的教育形式是取得性教育成功的手段。性教育与各科教学一样有着多种多样的教育形式,但必须注意"适当"两个字。性教育与其他教育有所不同,它的特殊性表现在与青少年需要、特点、水平相联系,不是单纯的知识传授。青少年有时在生活中会产生不宜公开或不愿为他人所知的个人隐私问题,此时,应选择个别辅导形式,个别辅导可以是教育者与青少年两人(旁无他人)面对面交谈,有时也可以是不见面的通信(或通电话)方式进行指导,这样更有效果。因此,性教育形式要根据青少年实际情况而定,教育形式适当,教育效果就显著。

二、青春期性教育适合性原理的依据

青春期在生物学上是指青春发育开始到性成熟,具有生育的能力。青春期目前尚无统一的分期标准,世界卫生组织推荐10—20岁为青春范围,据调查资料,我国青少年所处青春期相当于小学后期与整个中学阶段。青春发育核心是性成熟,性成熟标志是性器官由原来的幼稚状态,成为具有生殖功能的成熟器官,随之第二性征也发生明显变化。性发育的先后顺序大体如下表1所示:

表1 青春期性发育的顺序

分期	女	性	男	性
早期	8—10岁	子宫开始发育 骨盆开始加宽 卵巢开始发育 乳头发育	9—11岁	睾丸、阴茎开始增大
中期	10—13岁	乳房、乳晕增大 乳头突出 阴毛出现 内外生殖器发达	11—14岁	前列腺开始活动 阴毛出现 睾丸、阴茎急速增大
后期	13—16岁	13—14岁月经初潮 (为不排卵月经) 14—15岁月经变为规律性的、有排卵的周期月经 腋毛出现 变声	141—17岁	精子生成,首次射精 腋毛出现 变声 喉结变大 长胡子
成人	16—18岁	骨骺闭合停止长高	17—20岁	骨骺闭合,停止长高

女性初潮意味着女性生殖机能开始趋向成熟。据调查我国女孩初潮平均年龄为13.38岁。首次射精意味着男性生殖机能开始趋向成熟。据调查我国男孩首次射精平均年龄为14.43岁。

由于性的成熟,男女青少年开始出现性冲动,初次性冲动的高峰年龄男女均为14—15岁。

青春期性发育为性心理发展奠定了基础,青春期性心理发展的基本特点是由朦胧走向理性,由幼稚走向成熟,由单纯走向复杂。它表现在自身性体验和异性交往两个方面。

自身性体验是青少年从未有过的性心理活动,他们感到惊奇、新鲜,但又不知所措。青少年异性交往大体经历疏远异性、接近异性和初恋三个阶段。

第一阶段是疏远异性期。始于青春发育早期,终于青春发育中期。第二阶段是接近异性期,始于青春发育中期,终于青春发育后期。这是青少年异性意识表现和发展时间最长、最重要的阶段。这期间的两性自然吸引是性心理发展的必然进程,不要把此时的男女接近一概定为"早恋",给以不恰当的干涉。第三个阶段是初恋。始于青春发育后期,是青春期间性意识发展的相对成熟阶段,青春发育基本完成,进入成人阶段,性心理的发展也自然进入初恋阶段。据调查资料青春期性心理发展顺序大体如下表所示:

表2 青春期性心理发展的顺序

		女性		男性	
		年龄	性发育期	年龄	性发育期
自身性体验	对自身性征发育感到惊奇、羞涩	10—12岁	早—中	10—12岁	早—中
	开始知道性别差异、内涵	11—13岁	中	11—13岁	中
	开始关心性方面的事	14—15岁	后	14—15岁	中—后
	初次性冲动	15—16岁	后	14—15岁	中—后
	初次手淫	15—16岁	后	15—16岁	后
	初次性梦幻	15—16岁	后	15—16岁	后
	想接触异性身体	14—16岁	后	14—16岁	后
异性交往	疏远异性	10—12岁	早—中	11—13岁	早—中
	愿与异性在一起	12—13岁	中	12—13岁	中
	开始与异性频繁交往	13—14岁	中—后	13—14岁	中
	心中有了特别喜欢的异性	14—15岁	后	14—15岁	后
	已有亲密的异性朋友	14—15岁	后	14—15岁	后
	早期约会	14—15岁	后	14—15岁	后
	初恋	15—16岁	后	15—16岁	后

从调查资料中发现,青少年的性心理发展呈前倾化倾向,与性发育提前同步。男女性发育有明显年龄差异,但在性心理发展方面看不到这种明显性,男青少年性萌动在他们首次射精年龄稍前或同步,女青少年性萌动在月经初潮年龄稍后。

上述性心理发展顺序,与性发育顺序相对应就能看到青少年身心发展是有规律的,这个规律就是青春期性教育适合性原理的依据。

由于自然环境、生活条件、遗传等原因,青少年身心发展存在性别差异,民族差异和地区差异,在组织教育时要根据所在地区青少年的生理、心理发展的自然规律,制订符合他们特点的性教育。

三、青春期性教育适合性原理的应用

青春期性教育适合性原理所要阐明的是青春期性教育的基本规律。青春期性教育的客观规律表现在两个方面：一是性教育与社会文化的关系，二是性教育同青少年身心发展的关系。研究性教育的适合性原理，就是要揭示性教育的基本规律，以便在此基础上找出性教育工作应该遵循的原则，规定性教育的时机、内容、教育形式和方法，指导教育实践。

就性教育与社会文化关系而言，社会文化对青少年身心发展起着极为重要的影响作用。但是社会文化只能决定青少年性意识的发展，不能决定发展的方向。因为社会文化的影响是广泛的、分散的、纷繁复杂的，没有既定目的，不能按照一定方向，长期地影响青少年，并具有偶然性。

在一定条件下，性教育也是一种社会文化，但它与其他社会文化有所区别。性教育有其专门特点：① 它由受过专门训练的教育者对受教育者的性意识、性道德实施有目的、有计划的、有系统的影响过程；② 它有适合青少年身心发展的特定的教育内容；③ 它有特定的教育形式。性教育主导作用体现在：它按社会发展要求与社会规范，根据青少年身心发展特点，有目的、有意识、有计划地施加影响。因此，性教育影响是深刻的，主导青少年的发展方向，指导人的一生。

性教育是人类特有的社会现象，既要适应社会发展和社会规范的需要，又要适应青少年身心发展规律，两者是相互联系、相互制约的。据多年积累的实践经验的概括和总结，再经过理论的分析研究，得出如下必须遵循的性教育原则。

(一) 性知识教育与道德教育相结合

根据我国国情必须把青春发育的性生理、性心理方面的自然科学知识，以及性道德和法制方面的社会科学知识相结合，性教育的范围不仅局限于两性的特殊关系，也涉及在学习、劳动、娱乐等方面的相互关系，因此性教育必须按照社会发展要求与社会道德规范进行。科学的性教育应通过教育不仅让学生明白性的科学知识，同时使学生懂得两性相处的道德准则和社会责任及义务，掌握与他人、与异性建立良好人际关系的基本知识，学会调整自己的行为方式，培养自制力，从而自觉调节和控制自己的某些欲望，并能把这些欲望置于自己的人格之中，建立对自己行为负责的概念，认识个人行为对他人和社会可能造成的影响。

(二) 正面疏导与丰富活动相结合

性知识是人类对自身的科学研究，应该正面地向学生传授，改变那种放任不管或漫无边际的批评与否定。性本身是一种自然现象，教育理应以一种纯正的、自然的、严肃的、科学的、活泼的方式进行。要认识到青少年的性正趋向成熟，性欲会自然萌发，想通过教育方式制止性欲是不可能的，明智的措施是丰富青少年的活动内容，如体育、跳舞、音乐、绘画、科技、文学等，使他们旺盛精力得以发挥。尤其是体育与跳舞等运动，对性本能的发展有良好的作用，能促进个性协调发展，避免性刺激的诱惑，减弱性的敏感度。

(三) 适时、适度、适当

适时、适度、适当的原则是在1988年8月国家教委发出的《关于中学开展青春期教育的通知》中提及的，也是广大教育者多年实践的总结。

适时：指确定教育时机必须遵循青少年身心发展序列，既不超越，也不延缓。确定恰当的教育时机，就能使学生有准备地、愉快健康地成长，具体地说在青春早期就应作为青春期性教育的开端。性心理指导应与青少年心理发展同步进行,性道德教育应贯彻在整个教育的始终,前阶段教育同时顾及后一个阶段的衔接,使之前后一致。

适度:指在传授性知识时要根据学生年龄特点和承受能力,把握分寸,防止过度。在具体教育实践中如何科学地在内容上掌握好分寸,把握好合适的"度"是个既难又不难的问题。"难"是难在不熟悉性科学知识,不明了学生身心发展,心中无数或主观臆断,给教育带来了困惑,量多了适得其反,量少了起不到指导作用,超前了学生不体验,落后了学生不要听。"不难"是有条件的:① 要明了学生身心发展的顺序;② 要熟悉性科学知识;③ 要明确社会对青少年的期望。按青春早期、中期、后期、成人四个阶段身心发展顺序,给以相吻合的性知识内容,循序渐进。在教育中必须根据学生年龄特点和接受能力与水平循循善诱。

例如青春中期,生理上正值性发育高峰,心理上开始出现异性间的关注和吸引,相吻合的教育内容大致如下:

青春期生理发育的特点;性发育的一般情况和顺序;男女生殖器官的构造;月经、遗精及青春期保健,青春期心理发展的特点;青春期性心理发展的一般情况和顺序;愉快接纳性身份;学习自我调节和控制的能力,正确对待异性交往;慎择友,分清友谊和恋爱的界限,学习异性交往的礼仪,懂得男女之间的性关系伴随着义务和责任;青春期行为规范,男女同学之间互相团结、尊重,不打闹挑逗,不讲下流低级的粗话、脏话,敢于反击异性的挑逗和侵害,学会自我保护⋯⋯

适当:指教育形式方法和教育态度要适当。教育形式方法与教育态度适当的关键在理解学生的情感,尊重学生的人格。青春期间的青少年心中常有理想的偶像浮现,为此,时而欢悦,时而烦恼。在行动上有的坦率地向对方吐露真情,有的暗暗窥探对方,有的表现出轻浮的举动。这一切只有理解他们的情感,才会选择和运用适当的态度和方法关怀引导。

尊重是指要坚信每一个学生的独特价值,哪怕是教育者眼中的"差生",他同样有存在的价值。尤其要注意不要随便触及学生的"隐私",如个人的日记、书信、心中不愿公开的私事等。在教育时一定要以真诚、平等、信任的态度出现,只有这样学生才会把心中秘密和盘托出,便于找出症结,利于教育成功。

(四) 性教育与性培养

性教育与性培养是帮助青少年建立健康性意识过程中的两个不同的侧面。性教育是外在信息,性培养则是内化体验,把性教育内容注入他们性本能中去,使青少年把接收到的外在信息内化达到自律水平。性教育与性培养两者不可或缺,只有紧密配合才能取得良好效果。因此,对青少年进行性教育的同时,必须循序渐进地进行性培养,使他们在纷纭复杂的社会生活和社会文化中,不会盲目地受各种性刺激所左右。提高外界性刺激与内在性欲冲动之间的阈值,是进行性培养的重要内容,也是青少年适应身心急剧变化,适应环境,自我保护,和避免心理受损伤的重要手段。

(五) 共同性与差异性

青少年身心发展的基本阶段是共同的,但是发展速度、各种心理机能的优势表现、兴趣的方向、情绪的稳定性等,表现在行为特征中,有很大的差异。同时,由于营养条件、家庭环境和社会影响的不同,青少年身心发展存在个性差异。在不同自然环境、不同种族、不同民族、不同性别之间也存在差异。青少年的青春发育具有一般规律性,但发育起始、高峰、结束的年龄,个体之间差异较大。在同一年龄中有的尚未达到这一相应的年龄阶段,有的已出现下一个发展阶段的现象了。因此,教育时除共同的性教育外,还必须要有针对性,有的放矢的教育,不搞简单划一,采取因人而异的教育。

(六)学校、家庭、社会密切配合同步教育

青春期性教育不仅是传授系统的性科学知识,更重要的是通过性教育培养青少年健全高尚的人格。人格代表着人最本质的特征,是外部行为和内部心理结构的综合。青少年的人格得到完善发展,在任何特定环境中对行为都起着决定性作用。

人格是在个人的生理基础上,受到家庭、学校教育和社会环境等影响逐步发展和完善。家庭是早期性教育最好的场所,儿童最早提出有关性的问题大多数是向父母询问,如"妈妈,我是从哪里来的?"家庭成员的言谈举止、家庭结构、家庭文化环境、家庭教育方式对青少年健康性意识形成像春风化雨、点滴入土,起着潜移默化的作用。

学校是专门教育机构,是青少年接受性知识,形成健全人格的最重要的场所,也可以说是家庭性教育的延续。学校是有目的、有计划、有秩序按学生不同年龄特点和接受能力,分层次的实施系统的性教育,对青少年健康性意识和健全人格形成起着主导作用。

社会是青少年的大课堂,当代青少年在社会信息密集、社会信息源多样化的文化环境之中,他们的思想、行为无不受到社会文化环境的影响。因此,如何有效地运用各种社会教育手段,选择适合青少年身心特点的内容和形式,开展有益的性知识教育,就能在青少年健全人格形成中起导向作用。

青春期性教育适合性原理是在大量实践基础上,经过理论分析研究,逐步形成的。可以得出这样的结论,青春期性教育一方面要根据社会发展,社会规范对青少年给以期望;另一方面又要依据青少年身心发展规律行事。两者相互联系,相互制约。从而表现出它的适合性原理。只要掌握这条基本规律进行性教育,就能把青春期性教育提高到应有的水平。

(原文载于《上海教育科研》1990年第4期)

段镇少先队教育思想评述

陈建强

一、段镇少先队教育思想的基本观点

(一) 基本观点之一：社会主义的儿童观——"主人观"

段镇认为："少年儿童研究，首先要求从本质上认识儿童，树立科学的、进步的儿童观"儿童观，是社会看待儿童和对待儿童的总和。什么样的社会就有什么样的儿童观，而什么样的儿童观就有什么样的儿童教育观和儿童组织观。多年来，他批判封建主义把儿童当成奴隶的"奴才观"，批判资本主义把儿童变为榨取剩余价值对象的"工具观"，他扬弃近代欧美进步教育家倡导的以人性为核心的现代儿童观，他学习继承鲁迅、陶行知、陈鹤琴的新民主主义儿童观，学习运用宋庆龄、胡耀邦、邓颖超的社会主义儿童观。渐渐地，在少先队教育实践和理论研究中，他的社会主义儿童观——"主人观"从朴素的雏形，日趋发展为指导少先队教育的思想基石。他明确地提出，"这种社会主义主人观，体现了中国儿童在社会主义制度下社会地位的根本变化，反映了对儿童本质特性的科学认识"，指导"少先队教育的儿童观，就是社会主义主人观"。

1. 怎样科学地认识儿童？

段镇的主要论点是：

第一，儿童是社会的人，是社会的主人。在社会主义制度的条件下，儿童在社会历史上第一次真正成为社会的主人。具体地说，儿童们首先是他们自己的社会组织的主人，他们在自己的组织中享受主权：自己的目标自己定，自己的活动自己搞，自己的事情自己管……由少先队员们当家作主的中国少先队组织，使儿童的主体性得到了充分的体现和发挥。同时，儿童们又是学校的小主人，社会的小主人。社会主义学校确认了学生在学校中，尤其是在学校教育过程中的主体地位和作用，社会也需要儿童们继承革命战争年代的优良传统，在一定范围内发挥力所能及的小主人作用。儿童们是决定着祖国未来兴衰的社会主义接班人，是担负着重任的 21 世纪的社会主义现代化建设的新主人。

第二，儿童是自然的人，是有意识的、自觉能动的人。人的自然性同动物的自然性的根本区别在于人的自然性受社会支配。儿童的主体意识不仅能动于认识与改造客观世界，还能动于认识和改造包括自身在内的人的主观世界。儿童不仅具有认识能力，还具有自治、参与等能力和创造力。儿童是自我教育活动的主人,又是创造性活动的主人。"创造,使儿童的主体地位和主体作用成为现实的可能,儿童是具有巨大创造潜能的人,又是社会主义精神文明和物质文明建设的小主人。"

第三,儿童是未成熟的人、发展中的人。儿童的身心发展尚未成熟,具有幼稚性和可塑性,处于不断发展之中。由于儿童的年龄特点,他们在各个方面、各个年龄段都有区别于成人的特殊性,他们的身心发展有其独特的规律。对此,人们既不能超越,又不能滞后;既不能用成人的标准要求儿童,包办代替、拔苗助长,又不能不加教育引导,放任自流。少先队工作务必按照儿童特点及其成长的规律办事。段镇常引用卢梭的名言:"大自然希望儿童在成人以前,就要像儿童的样子。如果我们打乱了这个次序,就会造成一些果实早熟。它们长得既不丰满也不甜美,而且很快就会腐烂。"

2. 怎样正确地对待儿童?

段镇一贯宣传要热爱儿童和尊重儿童。段镇认为,确认儿童的真正主人地位,首先要尊重儿童,尊重儿童比热爱儿童更难。"尊重儿童的人必然热爱儿童,热爱儿童的人未必就能尊重儿童。真正重视儿童的人不仅要在情感上热爱儿童,并且要从理性上尊重儿童,真正的热爱儿童要以真正的尊重儿童为基础""少先队工作者应当尊重儿童的主体地位,维护儿童的主体权利,关怀儿童的主体需要,发展儿童的主体作用"。

段镇认为,尊重儿童,就要实现儿童工作的儿童化。"儿童化,就是儿童工作和儿童教育必须按照儿童的年龄特点,符合儿童的兴趣愿望""想儿童之所想,爱儿童之所爱,急儿童之所急""一切为儿童的幸福着想,一切从儿童的实际出发",实现儿童工作的儿童化,不仅仅是方法论的命题,而且是整个儿童工作和儿童教育的指导思想和根本原则。因此,少先队工作者要"从儿童中来,到儿童中去""要善于把教育的内容儿童化、教育方法儿童化和教育组织形式儿童化""要把基础的共产主义教育同儿童的具体实际结合起来"。

以上就是段镇同志看待儿童和对待儿童的基本观点,这些基本观点是构成段镇少先队教育思想的基础。

(二)基本观点之二:少先队的教育观——引导儿童在集体中自觉主动地自我教育

段镇认为,少先队的教育目标同学校的教育目标是一致的,但是,少先队教育区别于学校教育的特性是少年儿童组织集体的自我教育,少先队教育就是引导少年儿童在自己的组织集体中自觉主动地自我教育与相互教育。他的主要观点是:

1. 少先队自我教育的基本概念

段镇在《引导少年儿童在自己的组织中自我教育》一文中指出:"少先队自我教育就是儿童们在集体中和为了集体,自己对自己进行有目的、有意识的自我培养活动,是少先队员按照社会规范和集体规范,从一定的自我信念和自我完善的志向出发,自我规范、自我促进、自我奋斗、自我实现的精神活动。"

构成少先队自我教育的基本要素是:"自我认识、自我评价、自我要求、自我勉励、自我督促、自我批评、自我克制、自我调节、自我充实和自我实现。"

2. 少先队自我教育的基本形态

段镇在《少先队教育学》中指出,少先队集体的自我教育有三种形态,"其一是经由队员的组织观念而发挥的自己对自己的教育作用,它是通过队员个人的内心活动来进行的,队员按队员的标准、集体的规范来严格要求自己;其二是经由队的各级组织而发挥的自动化集体对队员个体的教育作用,这种教育表现于大队,特别是中小队对队员的直接的、具体的关心、教育、督促和帮助;其三是经由多种多样、生动活泼的队活动而发挥的集体实践对队员的教育作用。"

队的观念、队的集体、队的活动,这三种少先队自我教育的基本形态不可分割地联系在一起,相辅相成,构成少先队自我教育的有机整体。其中,少先队集体是少先队自我教育的基本载体,少先队活动是少先队自我教育的基本环节,少先队观念是少先队自我教育的内在动力。"少先队自我教育不是自发的、盲目的,它是自觉主动的,是在辅导员的教育辅导下按一定的方向目标向前运动的。"

3. 少先队自我教育的独特形式——"自动化"

在最近出版的《中国儿童少年工作百科》和《少先队工作辞典》中,少先队诸多专家对"自动化"的价值给以认定,把段镇同志积极倡导的"少先队自动化"收入在"儿童少年组织卷"条目中。少先队的"自动化"是"广大的少先队员在辅导员的指导下,学习自治,发挥自主和创造精神,促进自身全面发展和发挥少先队组织作用的一种群众性自我教育的特殊形式,也是培养队员民主能力,全面经常地发扬民主的重要途径和方法。……少先队自动化运动的教育目的,就是要使每个队员都能成为富有集体主义思想,自主自动和创造精神的小主人,使少先队的每个大、中、小队都能成为奋发向上、团结友爱并富有自动工作能力的好集体"。这就是段镇少先队教育观的集中体现。

"少先队自动化"首创于1978年。"少先队自动化"一出现,很快受到广大少先队员和辅导员老师的"共鸣",两年不到,上海市就表彰了250个"自动化大中小队集体"。同时,这一新事物通过"六少"会议、《辅导员》和《中国少年报》介绍给全国,并由电影《闪光的彩球》搬上了银幕,推荐给了全国少年儿童。

"少年队自动化"诞生于党的十一届三中全会以后,是党的解放思想、实事求是的思想路线,是党的尊重人、相信人、调动人的积极性的群众路线扬起了"少先队自动化"的风帆。"自动化"是少先队运动在新时期的新发展,"自动化"是少先队员喜爱的活动形式,有效的自我教育途径,"自动化"体现着一种新的教育观念——儿童和儿童集体是主体,成人的主导作用要同充分发挥儿童的主体作用相结合,成人的教育要落实到儿童的自我教育上来。我们可以把"少先队自动化"看成是陶行知先生曾经倡导过的自主、自治、自动教育思想在新的历史条件下的创造性运用和发展。"少先队自动化"来自少先队员的自主自动的实践,它是符合儿童意愿和身心发展需求的,其生命力还在于它使少先队的自我教育成为可操作的,具有吸引力的一种群众性自我要求的活动。

10多年来,段镇没有松懈过对少先队自我教育——"自动化"的研究。"少先队自动化"在上海已发展了许许多多的新形式,仅"自动化十分钟"一项就化出了多种的活动,如"十分钟队会""十分钟小舞台""十分钟信息报""十分钟小研究""十分钟小咨询""十分钟小推把"……"自动化十分钟"几乎成了少先队员自主自动、自治自理,实现自我教育的代名词。

段镇以"少先队自动化"为个性的少先队教育观包含着以下几点主要内容:

(1) 少先队教育的目标在于"开发儿童组织的自我教育力"。他认为,"每个正常发育的学龄儿童在一定的社会教育影响下都具有或潜有程度不同的自我教育力。无数个具有或潜有自我教育力的儿童,在同一目标和良好领导下组织起来,团结协作,融为一体后,便产生一种新的教育力量——集体的教育力。儿童集体的教育,是儿童集体对自己成员进行的教育,是孩子们在集体中的相互教育和自我教育,这就是少先队自我教育的实质。"

"儿童组织的自我教育力(集体的自我教育力)总是大于并高于无数个单个儿童自我教育力的总和。这是因为,集体教育提高了每个人的自我教育力。个人的自我教育力只有在集体中和为了集体时,才能获得更大的发展。马克思曾说过:'只有在集体中,个人才能获得全面发展其才能的手段,也就是说,只有在集体中才能有个人的自由'"。"少先队自我教育体现了少先队教育的特性。……少先队要靠自上而下教育指导,但它毕竟要以自下而上的自我教育为主""唯有少先队组织在促进少年儿童自我教育上的特殊作用,才是学校教育无法替代的""只有我们搞了自我教育,才能使少先队组织潜在的优势作用充分显示发挥出来,才能使队真正成为学校不可缺少的得力助手"。因此,少先队的自我教育,开展儿童组织的自我教育力是少先队的主要价值所在。

(2) "少先队自动化"是少先队自我教育理论技术化、操作化的生动载体。段镇同志形象地指出:人的生命在于运动,队的生命同样要靠自身运动——"自动"。"少先队自动化"是指少先队员在学习当小主人的过程中表现出来的一种精神状态和能力,一种独立主动精神,一种自治自教的能力。这种精神和能力,不是生理本能驱使的简单的行为,而是由高级神经系统支配的复杂的活动。它是一种不依赖于他人,凭借自己的力量去完成学习、工作、活动,和以主人翁的态度对待同志、集体、事业的积极表现,它是一种自己管理自己、自己教育自己的实际本领。"少先队自动化,从少年儿童来讲,是少先队员在自己的组织里,学习当家作主,发展独立主动精神和自治自教能力的自我培养活动,从教育者来说,则是一种引导少年儿童在自己当家作主的集体生活中,逐步学习和发展独立主动精神和自治自教能力的教育培养过程"。"少先队自动化"是儿童自我教育的"物化"。

(3) "少先队自动化"体现着现代先进教育学说关于儿童是学习主体的基本思想。段镇倡导的"少先队自动化"的基本内容是"四自":自己的活动自己搞、自己的事情自己管、自己的同志自己帮、自己的进步自己争。"少先队的自动化,不是'自发化''自流化',它是一个有领导、有计划的培养教育过程。"它的工作原则是:"成人精心合理的教育、辅导同充分发挥少先队员的自主、自动、创造精神相结合。""自动化"的辅导方法是:给少先队员创设一个民主、平等的教育环境;

引导队员提出一个富有建设性、创造性与吸引力的目标；提供少先队员独立学习、独立工作、独立活动，充分发挥主动性的时空条件，进入儿童生活、细心体察、深入挖掘、热情扶植等。

总之，"少先队自动化"发展儿童的自动精神，根据马克思主义关于"人民群众是创造世界的真正主人"的唯物史观，体现现代先进教育学说关于儿童是学习主体的基本思想，显示儿童组织自主的特性，符合儿童身心发展的客观规律，适应造就面向世界与未来的现代化建设人才的迫切需求。实践证明：少先队搞了"自动化"，队员的独立自主意识、自治自教能力明显增强，民主精神、集体主义精神受到良好的熏陶，聪明才智充分施展，队员的生活丰富活跃，少先队自我教育得到了落实，"少先队真正像个少队"了。

（三）基本观点之三：少先队的组织观——全面发挥少先队组织的社会功能

少先队组织观是少先队教育的核心思想之一，怎样科学地认识少先队的社会地位与社会价值，关系到少先队教育的把握与少先队工作的决策。儿童组织作为当今世界一个普遍的社会现象，它并非生而有之，它从20世纪初的新生至今才不过80余年的历史，但它一旦作为社会历史发展的时代产儿来到这个世上，就被认为是时代进步、社会文明的标志，它作为社会发展与学校教育之间的有力调节机制，已发挥着不可缺少的独特作用。因此，在理论上探索其社会功能是很有意义的基础性研究。

少先队建队40周年前夕，段镇发表了《论中国儿童组织的社会功能》《队的活力在于满足儿童需求》两篇论文。在这两篇论文中，段镇同志论述了儿童组织功能的实质、中国儿童组织的六大社会功能以及实现儿童组织功能的理论价值和现实意义。

段镇同志关于中国儿童组织的"社会功能说"有着以下几个鲜明观点：

第一，他认为，"中国儿童组织的社会功能"是"自觉能动"的。他说："所谓功能，是指某个事物对它所处的环境和对自身变化发展所能产生的影响和作用。自然物组织的功能是在外界影响下自在自发的自然功能，人的社会组织功能是在社会影响下自觉行动的社会功能。"正是基于这种"自觉能动"的认识，他特别强调要完善少先队的组织功能。他说，少先队的基本功能是教育，"少先队教育功能区别于学校、家庭和社会教育的独特性，在于它是儿童集体的自我教育，……是以儿童自主集体为载体，以儿童集体的自主活动为途径，以儿童群众性自我教育形态为表现的""儿童集体的自我教育是社会有目的教育影响的内化，又是以儿童为主体的儿童集体内在机能的外化"。由此可见，他把少先队教育功能的发挥主要寄于少年儿童自觉能动的自我教育上。

他在论述少先队的"保护功能"时，同样地把依靠组织的"自觉能动"的"自我保护"以及"自觉能动"的积极保护置于突出的地位予以立论。他说："儿童保护靠谁？主要靠社会，靠成人，同时也要靠自己——联合起来，组织起来保护自己"。儿童组织的"狭义保护是指同种侵犯儿童权益、损害儿童身心健康的不良现象作斗争"，儿童组织的"广义保护"也即积极保护，"是通过经常、多样的有趣而有意义的活动来促进儿童身心健康地成长""儿童组织要代表儿童说话"。

第二，他认为"满足少先队员的主体需要和适应社会需要是统一的""组织功能体现于对需要的满足，社会需要和儿童个体的身心需要的统一，是少先队组织发展的基本动力"。中国少年先锋队是全国少年儿童的自愿联合体,……只有满足少年儿童的基本需要及他们对组织的特殊需求,才会有生命活力,才能对少年儿童产生吸引力、凝聚力和教育力,才能切实实现自己特有的社会功能。

通过儿童少年组织需求调查,他说,"我们对少先队组织性质功能的认识获得了新的自下而上的视角"。自上而下看少先队,其功能主要是教育,自下而上看少先队,它是孩子们期望企求的"快乐世界""自主学校""友爱家庭""求知乐园""创造舞台"和"成才摇篮"。"上视",代表社会需求与领导者的要求,"下视"代表儿童的主体需求和儿童组织的要求。少先队工作理应是社会需求和儿童需求的和谐统一。

按照马克思主义的需要理论,并借鉴马斯洛的"层梯"需要理论,他将调查儿童需要中所获得的数据归成两个序列,儿童基本需要序列和儿童组织需求序列。他提出,建队40年的实践反复表明:哪里的少先队尊重、关心并满足了儿童的组织需求,哪里的少先队就生气勃勃,充满活力;相反,如果哪里的少先队单纯地、片面地从教育和领导的需求出发,而漠视或忽视儿童的切身需求,哪里的少先队就暮气沉沉,毫无活力。脱离儿童群众的少先队,就不是真正的少先队,更谈不上有真正的少先队教育。

第三,他认为,娱乐和自主是儿童对少先队组织的"最先、最基本的需求",可以说,这两项需求是"少先队生命的存在的标志",是"队的生命线",因此,他把少先队的"娱乐功能""自治功能""参与功能"放在十分重要的地位。

他提出,"娱乐是儿童对自己组织的第一需求""是儿童的第二生命"。"使儿童得到快乐是建队的目的之一""儿童娱乐和儿童教育是不可分割的连体儿",他提倡"科学的儿童教育是育中有乐,健康的儿童娱乐是乐中有育,自乐与他乐结合,享受快乐而又创造快乐"。

他认为,"自治功能"是"由儿童群众组织自主性派生的""少先队组织特有功能,也是少年儿童身心发展的需要,他们从小就有独立自主……自治自理的能力"。他对少先队自治的概念作了界定,"自治就是自我管理,自我教育。集体的自治指少先队里头的事由大家来当家作主,大家来民主管理,个人自治指少先队员自己管理自己,自己教育自己"。少先队自治是自我教育和主动发展的过程,其功能的实现体现在少先队自己的民主生活、领导活动和管理帮助之中,其途径是在组织自治中学自治,在民主生活中学民主。

他赋予少先队"参与功能"以崇高的评价,他认为这是"小公民、小主人的群众团体"在履行自己的责任,少年儿童尽可能热心参与社会活动,从小学会为人民、为祖国、为人类作贡献,今日尽小责、出小力,明日尽大责、出大力,具有社会价值和深远意义。他把少先队参与的内容概括为"社会奉献、社会管理和社会监督",并指出区别于成人团体的参与特点是教育性、辅助性和量力性。

第四,他还在《通过组织培养新人——关于队的建设》《少先队集体在独生子女教育中的独特地位》等论文中,阐述了关于实现少先队社会功能的组织建设方针,认为,少先队教育的基本载体是队的集体,发挥队的教育作用和组织作用,必须十分重视加强少先队集体的建设。

(1)正确处理队的建设与人的培养的关系,坚持两者的一致性——"建队育人"。少先队"队建"的根本目的在于"建队育人",即"通过组织培养新人"。"人的建设是少先队教育的着眼点,队的建设是少先队教育的立足点""要让广大少先队员做'建队'的主人""要面向中小队,把队的基层集体建设好"。

（2）正确处理队的建设和班组建设的关系,坚持两者的一致性——"和谐一体"。中国教育的特殊性之一,是"少先队建立在学校里,中队建立在班里……"班集体的培养和队集体的建设目标上是一致的,少先队是"我国少年儿童集体的最佳组织形式"。"自上而下的,由教师领导的行政性教学教育组织和自下而上的,由儿童自己挂帅的群众性自我教育组织和谐有机地联结为一体,这是中国儿童教育的特色,是中国儿童教育的优良传统和成功经验。"

（3）正确处理队的建设和团的建设的关系,坚持两者的一致性——"强队建团"。"中学少先队作为一个少年组织来对少年进行教育还是合适的,尽管孩子们在生理、心理特点上发生了变化,但他们依然是少年"。"中学少先队目前比较薄弱,存在许多问题""唯一的办法是改革"。"初中少先队不能削弱,必须加强""团的教育也不能削弱,必须加强""总的方针就是：强队建团,团队衔接,以团带队,相互促进"。

（4）正确处理队的建设与发展个性的关系,坚持两者的一致性——"优化发展"。"少先队集体建设的重要目的之一就是要使每个少先队员的个性在集体中获得充分的发展"。"集体是个体发展的必要社会条件,只有在集体中,个人才能充分自由地全面发展"。"少先队教育要努力实现个性化",把每个儿童的主动性、积极性、创造性充分调动起来,少先队组织应成为儿童们的"用武之地"。"没有个性的集体是僵化的集体,脱离集体的个性是危险的个性""通过集体发展个性,加强集体"。

（5）正确处理队的建设与家庭教育的关系,坚持两者的一致性——"家队结合"。"儿童集体是不可忽视、不可低估的教育力量,它对独生子女的队员来说,具有独特的'治独'作用,其力量正在于'群'——集体的力量。少先队集体满足了孩子们合群的组织欲,满足了孩子们多变的兴趣爱好,为他们个性的充分、自由、全面的发展提供了广阔天地。"对独生子女来说,少先队更"具有'导督'和'慎独'两方面的群众性自我教育作用",因此,"家队结合,是独生子女教育的好办法"。

二、段镇少先队教育思想研究的特点

段镇的少先队教育实践与理论研究是丰富多彩的,成效是显著的,研究段镇少先队教育科研的思路和方法将是十分有益的。段镇的少先队研究别具个性,有以下一些鲜明的特点。

（一）少先队研究与少先队教育实践紧密相连,及时回答现实提出的新课题

段镇以培养21世纪具有新型素质的社会主义接班人为目标启动他的研究,他的少先队教育工作理论从提出到少先队教育实践效益获得的时间差之小,是引人瞩目的。20世纪80年代伊始,面对世界新技术革命的挑战,在"面向现代化、面向世界、面向未来"精神指引下,他集中精力研究少先队的创造教育。他建文《创造是什么——42位日本学者的创造观》,著文《论少年儿

童创造精神的培养》,他研究创造精神的本质特征,研究培养创造精神的基本途径。中共"十三大"以后,当广大少先队工作者提出"处在社会主义初级阶段的少先队组织怎么办?"时,他与同志及时合著作文《浅谈社会主义初级阶段的少先队教育问题》……他一边研究总结少先队教育的基本理论,一边指导上海少先队在各个时期的各种教育活动,理论与实践密切结合,互为作用,相得益彰。

(二)少先队研究与少先队教育实践齐步同行,从感性到理性,又从理性到实践,形成了一种良性循环

段镇的研究不是闭门造车,不是空乏清谈,而是少先队现实生活的提炼,教育实验的结晶,1987年,当他看到上海华阴路小学少先队员创造的"自动化"新形式——"十分钟队会",敏锐地觉察到这是少先队自我教育发展的新信息,立即以"开发儿童组织的自我教育力"为课题,深入研究,从而把少先队自我教育研究推上一个新的台阶。在段镇的研究中,理论的内核很容易为实际工作"内化",理论的成果很快地在实际工作中"物化"。上海"小红星儿童团""红领巾理事会""争三星学规范活动"等一系列改革成果证明了这一点:理论的诞生与实践共存,理论的发展与实践同步。

(三)少先队研究面向全体少先队工作者,面向全体少年儿童,实行"专兼群三结合""大小研究相结合"

多年来,段镇重视组织第一线少先队工作者参加研究,实行"专兼群三结合",如今,上海各区县的专职少先队教研员与总辅导员已成为组织少先队理论研究的主要力量。请孩子们来当"小研究",是段镇研究的另一引人注目之处。正是这种"大小结合"的研究,使段镇研究中洋溢着童真的挚情、充满了儿童化语言。

10多年来,段镇少先队教育思想从诞生到形成、到发展,来自孕育的必然。是党的思想解放运动,是"实践是检验真理的唯一标准"的大讨论,是党的改革开放总方针,带来了宽松和谐的学术研究氛围,为段镇少先队教育研究提供了蔚蓝色的灿烂背景。

上海众多少先队工作专家、学者的通力合作,全国兄弟省市众多少先队教育专家、活动家的热情帮助,都给段镇少先队教育思想"破土而出"提供了助推力。是千百万儿童少年火热的少先队生活培育了段镇少先队教育思想,是上百万少先队工作者的丰富的实践经验、科学实验的成果滋养了段镇少先队教育思想。

少先队教育作为一门学问,只有不断建立和完善自己的理论学科,才具有强大的生命力和发展前途。段镇同志的少先队教育思想还在发展中,尚待进一步完善、深化,建立起更加坚实的理论基础。少先队教育实践呼唤着少先队的完整理论,段镇同志的少先队理论研究将日趋科学、系统、繁荣。

(原文载于《当代青年研究》1991年第Z1期)

当今世界青年研究的若干趋势

苏颂兴

一、全球化与青年

时至今日,任何一个国家的政治、经济、文化和社会的发展都已经无法与国际社会相互割裂。联合国、国际货币基金组织、世界银行、经合组织、关贸总协定等,正发挥着越来越大的作用。1998年新当选的国际社会学协会主席、意大利社会学家阿尔贝托·马丁内里在给全体会员的第一封公开信中就提出,必须反思世界全球化对欧洲、各个地区和国家所带来的严峻挑战。

这种挑战主要来自如下因素:人员、商品、资金、思想和文化产品等跨国界的广泛流动,瓦解了各个国家长期来建立的社会结构和规范秩序。具体地说,由劳工移民、国际旅游、现代传媒、教育合作、文化渗透等跨国界的广泛交流,影响了最易受到这种变化力量冲击的年轻人的生活方式和价值观念。在全球化进程中,青年的生存与发展受到学术界的高度重视。

(一) 全球化促进跨国家特征的青年生活方式和消费模式的形成

外来文化不论是直接的还是间接的,都能帮助当地青年从比较的角度来看待他们自己的文化。这自然促进了文化间的相互了解,与此同时也使青年人能够确定他们自己文化中的积极因素。就符号产品、时装、生活方式、行为标准等而言,来自西方的文化影响几乎是不可抗拒的,因为它得到现代消费主义以及全球化所提供给个人的通过多种手段积累财富与消费机会的支持。由于大众媒介在文化扩散的过程中所起的关键介体作用,越来越显示出,青年人在卫星电视、电影和其他视听材料的影响之下,可以自由地借用跨国文化因素,形成几乎独立于本国传统文化的独特群体。

消费方式作为青年生活方式的重要方面,已经呈现出一个全球化世界的存在。"耐克""阿迪达斯"等品牌系列风靡全球;"可口可乐""百事可乐"饮料可谓人见人爱;"麦当劳""肯德基"快餐称雄市场。这些商品在打开一个国家的大门之后,亦即"征服"了一代青年。虽然这些商品仅仅是一种消费符号,但改造的却是人的生活观念和习惯。以"麦当劳"为例,今天在全世界100多个国家开设了2万多家快餐馆,一天的顾客超过3 000万。据有关资料,在世界上有些地方每3小时内就有一家"麦当劳"开张。这就是商家利用现代化的大众传媒进行声势浩大的宣传来培养年轻消费者的结果。"麦当劳"之所以受到青少年的青睐,除适应快节奏的生活方式外,还在于它的卫生、口味和标准化风格。然而当"麦当劳"在东西方各国青少年中走红的同时,美国学者 G.里茨尔提出了要研究社会"麦当劳"化的现象。他认为,其负面影响是:使人的工作和生活产生一种"例行公事"的感觉,即人在生产线上就餐,自己好像也是被服务员控制的机器人一样。这种非理性的特征对青少年的影响深刻,以致成为桎梏人的"麦当劳化的铁笼"。在全球化的过程中,不仅西方饮食文化在世界各地长驱直入,各国青年还对其他民族的某些节庆日给予广泛的认同。一般来说,节庆既具有历史或传统的纪念意义,又具有社会文化整合及凝聚人心的功能。诸如圣诞节、情人节,青年人与其说是对基督教习俗的欣赏,还不如说是寻找某种消费的娱乐和感觉,对这些节日本身的意义并不在乎。

(二) 全球化促进了跨国界的青年社会运动

原先局限在发达国家的某些青年社会运动现在扩散到了发展中国家。典型的例子是环境保护运动、和平运动、反核运动、女权主义运动、原教旨主义运动等。青年对这些运动的认同,无疑使他们现在所处的社会和文化增加了新的特征。

以环境保护主义者为主体的绿色运动,吸引了许多国家的青年追随者,使得宣传这种思想的群体和相关的群众运动得以广泛兴起。同时,环境保护也逐渐纳入许多国家青年志愿服务工作的领域,比如在美国就有 117 个"山林抢险服务队",其成员全部是自愿参加的中学生。

生存环境的改善不仅仅只靠一部分人来维护环境,更重要的是要求所有的人停止对环境的破坏。在这种情况下,把环境教育作为全民教育的题中之义,就凸显出来了。它强调的是全民的参与性。联合国教科文组织副总干事 N.鲍尔指出:"学校教授阅读、写作、数学、基础科学以及其他许多科目。但是除了一系列科目外,学生还要学习的是,他们是社会的参与者。在年幼阶段,儿童对社会或社区的意识或许主要局限于村庄或邻居,但是参与的观念一旦获得,这种观念就会扩展至县、地区、国家以及最终至全球社会。"正是这样,学术界把学校教育与解决环境问题联系起来,认为前者是后者的先决条件之一,即主要通过教育改变青少年、青年的态度和观念,培养他们与可持续发展相一致的环境意识,提供在改善生活和环境方面发挥参与作用的价值观、技能和知识。

树立环境保护意识是当代青年培养全球意识的重要内容。众所周知,自然资源的短缺与生态环境的恶化,已成为全球性制约人类生存和发展的严重障碍。因此,从人类发展的角度去思考环境保护问题,是当代青年的一种社会责任。有学者提出,我们要给青年人以新的价值观导向:(1) 青年具有与自然和谐相处的、健康而富有成效的生活权利,公平地满足后代的发展需要和环境需要;(2) 青年是保存和恢复地球生态系统的健康和完整的主力军;(3) 广泛开展野外活动,增进对大自然的感情、认识和了解,在野外活动中履行人对大自然的伦理义务,保障花木鱼虫的生存权利;(4) 收集可回收利用的废品,防止环境污染。

(三) 全球化促进了跨国的劳动力流动与移民潮

快速经济发展对劳动力需求的增加,使青年劳动力资源得到了进一步的开发和利用。在世界各地区内以及地区外已经存在着相当可观的劳动力移民。这和几十年前的情况形成鲜明的对照。

斯里兰卡S.T.赫蒂盖提供了他的研究成果：该国的失业率在20世纪70年代中期曾达到过25%，但大部分青年失业者无法到别国去寻找工作。今天，失业者甚至隐性失业者，都倾向于在国外打工。这种移民经历很自然会具有塑造大批亚洲国家青年新世界观的作用。他们越来越表现出外向型的劳动力特征和具有较少的地方主义。他们较少依赖政府为自己创造生活的机会，更多的是靠自己的主观努力。这样的倾向可以削弱发展中国家狭隘的民族主义色彩。越来越多的青年人在计划他们的未来时不再把自己局限在国家的边界内，从而具有重要的社会政治含义。

在足球这个社会的窗口内，球员的流动也被看成是一种特殊的劳动力（人才）流动。它不以从穷国流向富国的规则运作。奥地利学者M.马斯彻克调查了外籍球员在该国联盟和非联盟球队里的状况，认为他们的薪金和地位虽然各不相同，甚至相差悬殊，但是这种加入其他国家球队的参与行为使外籍与本国球员融为一体。因此，足球被人们认为是一种能兼容不同文化的青年活动。随着全球化程度的进一步提高，更多的体育运动项目会像足球一样实现更广泛的人员交流。

（四）全球化促进了全球青少年价值观大同的趋势

美国《华商时报》曾用如下的标题来说明这种相似性："世界媒体一炉共冶，'新生代'难生二样。"据报道，美国DMB机构调查了全球26个国家的年龄在15—16岁的6 500名高中生，发现无论国度、种族、文化，全球青少年的价值观念差异正在缩小，甚至逐渐消失。

一个最大的共同点是，青少年的心态"比实际年龄来得成熟"。青少年对"生老病死"已不再是"少年不识愁滋味"的态度，而怀有很强的焦虑感。上述调查显示，他们对生离死别的担心有点出乎人们的意料：在受访者中有64%的人害怕失去所爱的人，63%的人牵挂父母的健康，57%的人担心自己的健康，50%的人关心艾滋病对自己的影响。另一个最大的共同点是，青少年生活态度的"现实主义"取向显得突出。现实的体验使他们褪去了"理想主义"的光彩：在受访者中，有86%的人期待完成更高学业，82%的人等待找一份喜爱的工作，81%的人准备子承父业，79%的人只是希望自己生活快乐，38%的人想终其一生生活在自己出生的国度。

美国密歇根大学出版的《全球价值观变迁前景》一书，阐明了全球青年中出现追求自身发展的倾向：自我实现与提高生活质量。虽然对不发达国家的青年来说，生存的价值目标依然存在，但发达国家所创造的经济力量会逐渐转向面向大众的价值目标。该结论的基础是对全球40多个国家进行调查的结果。资料显示：青年对"自身发展"调查指标有着类似的热情，在大多数国家里至少有50%以上的被调查者是这样。事实上，年轻一代比老一代更容易接受追求"自身发展"的价值观，从而使全球价值观趋同现象在他们身上更显突出。

二、区域化与青年

作为全球化进程中的一个重要方面，区域一体化与青年发展的问题也同样成为当前学术界关注的新热点。

欧洲大陆目前正处在一个史无前例的变动时代,即欧盟这一跨国经济合作体制以进入欧洲货币联盟而达到一个新的顶峰。于是,在欧洲一体化的进程中,青年既是一个国家的青年,又是跨国家的青年。他们有着这样的双重身份。虽然因极低的生育率而使他们成为社会人口群体中的少数,但从教育学和文化学的角度来看,老一代权威的日益弱化与青年在人口数量上的弱小正好抵消。因此,青年的作用依然不可忽视,未来青年研究与青年政策必须注意这些根本的变化。

(一) 欧洲青年对欧洲一体化的认同存在许多障碍

很多欧洲政治家把解决青年与欧洲之间存在"鸿沟"的希望寄托在欧洲一体化上。目前看来,这几乎是行不通的。欧洲从1949年建立欧洲理事会开始,经历了欧共体的发展阶段,至90年代又采取若干重要的一体化步骤和扩大这一体制的措施,使之变成欧盟。在这漫长的历史进程中,欧洲并没有提供制度上的条件让青年发展他们自己的"欧洲身份"。现代青年不把自己和现有的生活实际联系在一起,更不用说以欧洲一体化的眼光或欧洲体制的观点与他们相联系了。比如,他们仍把其他欧洲国家的青年看成是"外国人"而不是欧洲人。至今也没有迹象表明,政治家会采取有效措施来让青年发展自己的"欧洲身份"。学者普遍认为,"欧洲身份"并非是可以在传统中出现的东西,也不是一体化战略所能创造的东西,而是需要不同国家和不同文化地区的青年的广泛接触才能实现。这种接触包括开展制度性的文化和艺术交流的活动,进行有计划的不同语言的训练,提供优惠的国际间的旅游和考察,发展网络通信,等等。因此学者们呼吁,实施欧洲各国青年的广泛接触必须有政策上的保证。

德国慕尼黑青年研究中心的西比尔·芬克博士认为,未来欧洲青年政策应该是一项文化与教育的政策。在历史上,欧盟没有承诺任何具体的文化项目。在其几十亿经费中,文化和教育项目仅占1%的份额。这必将损害欧盟在联系欧洲青年方面的政策和在欧洲青年研究领域中所作出的努力。也正因为如此,全欧洲的青年对政治不感兴趣。不过,这并不意味着出现了新的对政治感到幻灭的青年一代,而是青年要使自己和老一代的政治定义和做法保持一定距离的信号。总的来说,青年人藐视党派政治,特别是欧洲政治;厌倦那些侵权者,特别是损害青年利益的政客。芬克博士还认为,欧洲青年政策必须得到文化与教育的支持,这是青年对文化和教育的客观需求。到目前为止,所有的欧洲青年问题没有一个可以在没有文化或教育内涵的情况下得到解决。

青年与欧洲一体化之间的关系不融洽,还有一个重要的原因就是缺乏一个共同的青年论坛来表达他们不同利益的意见。荷兰莱登大学曼努力埃拉·雷蒙德教授指出,在国家层面上代表他们的利益已经够困难了,何况在欧洲一体化的层面上。欧洲青年面临许多问题:不适当的教育、失业、东西方的紧张关系、仇外与排外、性别差异与歧视以及吸毒、犯罪等。看来,解决青年与欧洲关系的一个重要途径便是通过论坛来动员青年,开发他们的潜力和真正让他们参与政府的决策。

(二)南北欧洲青年对欧洲一体化未来发展的认识存在显著差异

青年眼中的欧洲是一片带有鲜明对比的土地。一般地说,那些贫穷的、劳动力市场混乱和社会保障薄弱的国家,恰恰对欧洲一体化的信心最强,因为他们希望进入"欧洲大厦"分享富足。而那些较为发达的国家,理所当然地不愿意"肥水外流"。英国伦敦经济学院简·夏勒教授运用一项大型调查的数据来说明上述观点。这项调查涉及9 500名15—24岁的欧洲青年。结果显示,34%的青年表示欧洲一体化意味着未来更美好——经济收入更富裕、旅行机会更多、劳动就业更充分。相比之下,对欧洲未来发展持悲观态度的青年的比例要低一些。其中14%的青年认为,欧洲一体化是浪费时间和金钱;12%的青年认为,有失去文化多样性的风险;8%的青年认为,这是一个梦想或乌托邦。结果进一步显示,从南欧到北欧,青年对欧洲一体化的支持程度逐步减弱。地中海国家的青年非常强烈、鲜明地支持欧洲一体化,支持率远高于平均值(34%):希腊为40%、意大利为51%、葡萄牙为40%。

青年对欧洲一体化支持的原因在不同国家也是千差万别的。分歧来自传统的实利主义和后实利主义的价值观。地中海国家的青年希望欧洲给他们带来更大的繁荣,其支持欧洲一体化的程度与未来经济发展、就业前景相关;德国和斯堪的纳维亚半岛国家的青年则希望将来能有愉快的旅行和享受名牌的消费。后者之所以反映出一定的悲观情绪,则是因为他们认为在未来的10年中,欧洲一体化的进程会带来更大的政治决策的困难、更多的失业、更广泛的社会问题,很难通过欧洲单一货币进一步实现一体化。客观上,不同国家青年的社会参与方法不同,也决定了上述的差异性。比如对于体育运动的参与率:瑞典为51%,荷兰为50%,丹麦为44%,卢森堡为40%,而意大利为23%,希腊为16%,西班牙为12%,葡萄牙仅为1%;就加入社会的方式而言,如参加童子军、青年中心或青年俱乐部等:希腊为3%,葡萄牙为3%,丹麦为18%,卢森堡为26%。这些数字并不表明这些国家青年参加体育运动或集体活动是一种自然的倾向,而是来自其社会生活。这种参与方式在北欧是正式的,有很好的组织和机构,而在南欧是非正式的,是由个人自由决定的。也就是说,前者有国家的"保护伞",后者则更需要个人来承担责任,从而对现状和未来的把握产生不同的价值取向。

(三)青年对欧盟干预力量的认识,体现了他们的政治哲学思想

在青年对欧盟干预的优先次序和不能干预领域的认识的背后,隐藏着一种政治哲学思想。青年人有一种共识:为了实现欧洲一体化,为了使每个人过得更好些,欧洲需要一种真正的干预力量。因此国家的问题就出现了。但这种共识也以各地区青年的差异为特点。北欧和德国的青年是国家独立的强烈支持者,地中海国家的青年对接受超国家(政府)力量的统治最为热情。意识问题似乎是理解欧洲青年对待欧洲一体化的不同态度的关键。前者正在铸造一种民族(国家)意识,以便使他们能无忧无虑地加入欧洲化的过程。对北欧那样的小国来说,他们害怕被淹没在占压倒优势的强大欧洲的汪洋大海之中而失去他们民族(国家)的灵魂。一边是希望在经济层面上得益而又不冒失去其意识和文化特性的风险;另一边是在物质上得益少而在行为方式上会冒很大的风险。这就是南北欧洲青年对欧洲一体化干预力量表现出差异性的根系所在。

除欧洲"区域化与青年"问题引起学者的关注之外,东南亚区域化与青年的生存发展也成为当前世界青年研究领域中的重点。

东南亚地区是一个有着多样性文化的地区:它由跨越3个时区的10个国家组成,是一个多民族、多宗教和多语种的地区。目前,东盟的经济文化合作将强化地区意识,正在为创建一个强有力的东盟共同体而努力。有些学者将地中海地理与社会的概念运用于东南亚地区,指出它们之间有四个共同点。一是开放的空间;二是可以成倍地增加经济的空间,即交流密度和频度会产生强大的发展动力;三是不同文明交汇,各有特点;四是新的准则和文化样式的实验。那么,青年在东南亚地区发展中会处于什么地位?代际影响是什么?青年对地区发展的参与程度如何?与欧洲区域化发展中的青年问题相比又有哪些自身的特征?这些问题可以从下面一些学者的研究中找到相应的答案。

斯里兰卡科伦坡大学S.T.赫蒂盖教授认为,东南亚区域化的一个特点是"国家边界"逐步模糊,青年传统生活方式受到冲击。与欧洲政治一体化早就取得进展不同,东南亚地区则依赖日益增加的经济合作来推动区域化的进程,从而迅速破坏了自给自足的民族社会。如印度、斯里兰卡在独立后实行了国家保护主义政策,而在当今全球化、区域化浪潮的冲击下,大都采取了自由开放的经济政策。这就促进了物质与意识的相互渗透,并以不同方式冲击人们,尤其是青年的生活方式:跨国家的生活方式和消费方式出现;对某种生活技能需求的增加;在国际劳动分工的背景下社会等级的加深;青年作用发生变化,从集体行动转向以个人为核心的行动;等等。

马来西亚普特拉大学E.塔曼博士认为,东南亚区域化进程的加快,对青年加强日常的爱国主义教育的任务就摆到突出的位置上来。特别是整个区域在受到金融危机的连锁影响时,更需要青年的支持以帮助国家克服经济困难。在他看来,爱国主义在太平盛世是不成问题的,而在经济政治局势危急时往往会成问题,于是爱国主义就变成一个"季节性"的概念。事实上,全球化、区域化既给一个国家带来经济繁荣,也必然会把挑战和威胁强加到一个国家的身上,这是不以人的意志为转移的。为了避免这种挑战的威胁,要教育青年热爱自己的国家,抵御跨国界的大众传媒的消极影响。所以强调爱国将有助于国家的稳定和整合,在任何时候都应该把爱国主义看作年轻国民必须拥有和必须表现的一种社会文化价值。

马来西亚大学A.哈马赞博士认为,在东南亚,青年作用的焦点是东盟青年部长会议宣言的落实。东盟青年代表了东盟的很大一部分人口,是巨大和生气勃勃的一支力量,是国家和地区发展的资源。有鉴于此,东盟比欧盟更加重视青年在区域化进程中的作用,接连召开东盟青年部长会议:1992年雅加达会议,1992年新加坡会议,1993年曼谷会议,1995年曼谷会议,1997年吉隆坡会议,制定东盟青年合作的原则,发表东盟青年宣言,提出东盟青年发展议事日程。这些文件的主要内容包括:第一,东盟青年政策的目标:在东盟兄弟精神指导下通过东盟青年的积极、进取和前瞻性参与,寻求东盟地区的持续的和平、团结、进步和繁荣;第二,东盟成员的战略:加强青年精神的、道德的和文化的价值观,用技术能力武装青年以确保地区的竞争能力;第三,优先考虑的有:加强青年的东盟意识,通过有效的网络加强与青年有关的研究与发展、作为国家发展的组成部分来促进青年的发展、促进非政府组织对青年活动的参与;第四,加强国家与地区的协调。应该说,亚洲青年问题研究的专家以自己的研究成果,为东盟制订切实可行和必要的青年政策和青年战略,提供了理论和实践的依据,为东南亚地区的健康发展作出了贡献。

三、网络化与青年

如果说全球化、区域化趋势的出现首先依赖于工业社会便利的交通和迅捷的通信,那么在步入高度信息化的时代,计算机网络则使地球变得更"小",让全世界素不相识的人们能够进行信息的交流与沟通,从而进一步推动了全球化与区域化的进程。从1993年开始,国际网络以迅雷不及掩耳之势向世界特别是北美各个角落传播。网络化已成为世界青年研究离不开的一个时代背景。西方社会学家认为,一个网络世代已经形成(简称N代,即Net Generation)。

从人口数量看,这一世代的出生率在北美、大洋洲类似于战后的婴儿潮。以美国为例,1946—1964年的婴儿潮,共计有7720万个孩子降生,占总人口的29%;而1977—1997年,大约有8110万个孩子出生,占总人口的30%,是美国有史以来最大的一个世代。今天,这一代人的年龄为2—22岁。从上网状况看,进入网络的青少年随时间呈倍数递增。根据美国Teenage Research Unlimited的研究报告,上网青少年比例由1994年的50%,跃升到1996年的74%及1997年的88%。其中家庭拥有网络的比例从10%上升到46%。虽然这一代人中有相当部分的孩子还没有接触到网络,但或多或少已受到网络的影响。从电脑用途看,他们开始用数位媒体处理生活中所有的事情。他们是利用数位媒体的"天才",不仅会娱乐、休闲,而且会依靠CD-ROM进行学习,依靠E-MAIL进行对外联络,依靠商业网页了解市场行情购物和付款。他们还用电脑自行理财、动员抗议行动、证明老师是否有错、讨论恼人的青春痘、查询他们支持的球队比赛成绩、发起拯救雨林的行动、检索图书、结交朋友、寻医问药、参加选举、获取新电影的精彩片段等。据调查,现在北美地区的孩子看电视的时间比5年前少,比其父母在和他们同年龄时看电视的时间更少。他们是在数位媒体环境下成长起来的一代人,他们首次比其父母更能轻松地面对复杂的社会生活,汲取知识与提高素养,应付社会不断的创新。总之,网络世代正以与其父母截然不同的方式,积极地学习、玩乐、交往、工作和创造社群。他们将是未来社会变迁的一股巨大的动力。

网络化会对网络世代有哪些深刻的影响呢?美国 *PC Home* 杂志社社长李宏麟先生以其工作实务经验来考察网络世代的发展。该杂志成立两年来已累积20万名订户,其中30岁以下的占72%。他认为网络对青年的积极影响是主流,具体表现为:

(1)数位式行为。对于50岁以下的人来说,他们熟悉电子媒体,而不明了数位媒体。数位媒体带有跳跃性质、储存复倒性质,比电子媒体需要更多的想象力。网络建立后,想象空间更大。有的人接触网络,犹如进入迷宫。对网络世代而言,他们不用多想就可以了解数位行为,因为他们是在这个过程中成长的。

（2）更多的DIY。DIY（Do it yourself，自己动手）是个人电脑改变人类行为的结果。网络要求个人做更多的事情，这种DIY观念就越来越普及。以网络出版为例，整个出版流程一个人就可把印刷、装订、递送完全取代。自己动手的特性代表网络世代使用数位式产品的数量，会比非网络世代更多。

（3）反权威。网络具有权力下放的性质，网络世代自然对于个人主义、自我、民主看得相当重要。数位科技也让网络世代发现，他们在某些地方比老师、领导、父母懂得多。这样的过程产生出反权威的意识也是自然的。

（4）世界观。网络有助于世界和平，因为它让全球沟通便利千万倍。由此，网络世代心中的"世界地图"会更具体。这种从小养成的世界观，在长大后影响深远。

（5）效率观。网络运行的快捷是一个方面，另一方面网上操作规矩也更简化（电子邮件的格式随意便是一个例子）。所以，网络会让青年养成效率观念与习惯。了解了这一点，人们才会认识他们。

（6）多元的知识。网络增加网络世代接触外界的机会，每一接触都是新知识开启之门。网络也是充实知识的宝库，它替代了图书馆。这种便利性为青年知识更新和调整自身的知识结构创造了不可忽视的客观条件。

比较而言，美国未来学家唐·泰普斯考特在访问了全球的300多名网络世代成员之后，对网络化与青年的关系作出了全面的分析和评价。他的最新力作《N世代——主导21世纪数位生活的新族群》，尝试将网络世代的种种现象勾勒清楚。他的研究涉及代沟、社交、心理、学习、娱乐、消费、就业、家庭、未来领袖等方面。当然，我们不可能详尽地介绍作者的所有观点，这里仅以"社交"为例来看网络是如何改变当代青年的人际交往模式的，网络交往的青年人又有些什么样的特点。

据泰普斯考特的研究，网络世代社交的模式特点概括起来是：第一，充满关爱。他们不易被骗，也不敢轻易去骗人，因为网络里一切都会透明化。而谁一旦失去信赖，就会被排斥在网络活动之外。网络世代将构建出一个充满爱、懂得关心人的共生社会。第二，落落大方。他们敢于讲话，敢于接触，比他们的父母更自如地面对环境。因为网上讯息管道多、流通快，每个人都见多识广。第三，陌路相知。他们在网上可与无数未谋面的网友志同道合地学习和娱乐。用"海内存知己、天涯若比邻"来形容，一点也不为过。第四，孤而不独。远在偏僻地区的人，也能在网上交友。网友比他们现实生活中的朋友多得多。网络开辟了一个新的社会化渠道。但是，网上形成的人际关系也有问题：其一，多重自我。他们在同时段、不同地点扮演不同角色，容易在选择中造成精神失控。其二，为人鲁莽。网上出错，"鼠标"一点即可改正，日久形成的草率习惯会影响其现实中的为人。其三，充满不确定性。西方学者称网络世代为"年轻的航海家"，自己的未来不知托付给谁。

综上所述，许多学者认为要制定社会教育的青年政策来使网络里成长起来的一代人有更正常、健康的人际关系。政策内容包括：（1）尊重孩子、了解孩子。父母、老师不要用权威的方法去教育他们。(2)沟通对话,双向互动。父辈在电视单向传播影响下长大,今天的青年人则是在网络双向传播影响下成人,所以一定要有平等权利观念。(3)回到现实,社会实践。网上交友不能完全代替生活中面对面的交友,要在实践中提高他们为人处世的能力。(4)加强信息和网络的管理。这需要全社会统一规划。

战后出生的婴儿潮及其后代——网络世代,这一西方历史上规模最大的两个世代之间的关系在未来究竟如何发展,有学者根据双方的态度作出四种可能性预测。即由婴儿潮世代对年轻人的态度是积极认同的或是敌意的,与网络世代对数位媒体的使用是主动的或是被动的,交叉作用后得出四种结果,即和平共处、冷战、世代爆炸、网络化社会。顾名思义,"和平共处"使两代人共处,社会与过去数十年相比无太大差异;"冷战"使两代人关系紧张,网络世代的工作机会受到限制;"世代爆炸"使两代人水火不容,网络世代处处挑战现实社会;"网络化社会"使两代人携手共享数字化生存这一新的生活方式。在这四种可能性结果中,据预测,"世代爆炸"出现的可能性最大。

一旦网络世代中最年轻的成员成年后,两代人之间将出现许多矛盾。泰普斯考特作了概括。矛盾之一:网络世代积极武装自己,以创造财富。因为老一代紧抱着权力与财富,并且越是有钱越将自己锁在家园中,越有权力越让债务把年轻人压得喘不过气来,所以网络世代要靠自己奋斗去挣钱。矛盾之二:网络世代积极寻求自己命运的掌握。这与世代自然替换过程完全不同,而有"夺权"的味道,因而两代人都颇为尴尬。矛盾之三:大部分成人拥有及掌握新媒体,但因为使用有困难而成为数位世界中的"无家可归者",孩子们则使用娴熟。矛盾之四:网络世代做好迎接未来的准备,显然与他们面前所能理解及可能的真实机会不调和。若要把他们的未来整合到婴儿潮世代掌控的机构,恐怕会格格不入。矛盾之五:是非分明的成人世界与黑白难辨的网络世代的世界之间存有冲突。即成人中往往非此即彼没有"中间地带",而在年轻人看来则复杂得多。矛盾之六:成人的口头宣传与实际行为有距离,网络世代对此表示担忧。矛盾之七:成人表面上说的与他们心里想说的之间也有很大差距。言论本身就拉大了世代差距,更不用说言论与行动不一而造成的冲突了。矛盾之八:今日的年轻人与依恋年轻时期美好时光的婴儿潮世代间,会产生对立。比如,由于网络世代拥有强大传播工具与传播能力,他们的抗争与婴儿潮世代在60年代的抗议行动相比,看起来好像是孩子们在做游戏。上述矛盾林林总总,但每个国家都只有其中个别的问题发生。

站在时代的高度,全球化与青年、区域化与青年、网络化与青年,是跨世纪世界青年研究未来发展的三大趋势。

(原文载于《青年研究》2000年第1期)

后发型现代化进程与民族性发展

——新时代国民素质与青少年教育建构性演进之路的探讨

孙抱弘

处于后发型现代化进程中的当代中国,当下国民的素质从何发展而来,又可能向何发展而去?国民(青少年)的教育又如何应对这一发展?笔者试图在以往探讨[①]的基础上,从系统思维的视角,对国民素质的诸要素(小系统)以及影响制约素质生成的诸要素(大系统)来进行结构功能性的解读与分析。作为首次以系统思维对此重大问题的假设性研究,笔者深感诚惶诚恐,更祈望得到专家学者的斧正。2019年6月,中共中央、国务院发布了《关于深化教育教学改革,全面提高义务教育质量的意见》,笔者的研究或许能对深入理解中央文件的现实意义与历史意义有所裨益,倘若能提供一个基础性的理论解读视野,则更感荣幸。

一、国民素质研究:问题的分析与发展的愿景

(一)国民"劣根性"与"改造论"话题的超越

近代以来,凡提起国民素质,"国民劣根性"与"国民性改造"就是我们经常的话题,以至于成为中国人素质低的一个标签。近年来,人们认为这一话题有损民族自尊与文化自信,带来负面影响,以至于回避这一话题。笔者以为,历史地看这一话题对处于民族存亡之际的国人而言,具有警示、惊醒之意,体现了鲁迅所说的"怒其不争"的愿望,但也确有过于简单笼统,同样产生了自贬、自损的后果。

笔者以为,站在今天的历史制高点上,我们仍应从"存在的大致上总是有其存在的合理性"的起点出发,以系统性的思维去分析探寻国民素质问题,分析主体素质(养)与客观环境互动推演发展的复杂过程,探寻在全球化时代与百年未遇之大变局的背景下,国民素质发展的现实取向与未来发展愿景,使我们这个命运多舛的伟大民族在自身的复兴与人类的和谐相处、共同发展中作出应有的努力。

(二)"问题与发展":国民素质研究的基本内容

国民素质的研究归根结底是为了把握国民素质的现状,让国人的素质与民族国家、社会经济文

---

① 孙抱弘、张建:《民族性发展:从主义回归问题——百年"新民新人"的简要回顾与前瞻》,《上海思想界》2015年第12期。

化的演进相互协调、相互推动;使民族性的发展与人类前行的律动相互合拍、相互激荡。以此为目标的民族—国民性发展研究,当以探寻差距—问题为出发点,以发现、解决问题—探究民族—国民性发展的可能性、可行性路径为基本立场。这里,何谓问题? 何以发展? 是我们首先要讨论的内容。

1. 何谓问题,何以认识?

这里说的问题就是指差距。所谓差距则有两个维度需要把握。

其一,就人的个体而言,就是指人的素质的层次性差距而具备了生存素质(如身体、技能、知识素质)者,与既具备了生存素质,又具备生活素质(如伦理、反思素养)者,就存在着差距;而仅具备了生存、生活素质者显然又与兼具生存、生活与存在(如科学、人文、审美素养)者又存在着差距。就个体而言,在不同的层次之中,尽管各种素养存在着一定的关联性(这种关联性在高层次的素养中显得尤为明显),但因个体的旨趣与需求不同而存在着一定的差异,这种差异是人的丰富性的体现,并不能认作问题或差距。①

其二,就个体与社会(含经济、文化等)的结构性互动而言,具备了臣民素养与前现代—传统—神圣社会互动者,其素养与具备了国民素养与现代—工商—世俗社会互动者的差距(如果现代社会存在着初级阶段与高级阶段的话,那么,具备了国民素养与现代—法制—威权社会互动者,其素养与具备了公民素养—法治—民主社会互动者之间也存在着差距);而具备了国家—民族公民素养与现代社会互动者,其素养与具备了人类—世界公民素养与人文科学—后现代社会互动者自然也存在着差距。

2. 何谓发展,如何发展?

这里所谓的发展就是发现问题缩短差距,就个体自身而言主要是层次性发展,就个体乃至群体与社会的互动而言就是结构性的发展。

在全球化背景下,人类社会特别是由一次次的科技革命引发的经济发展已经是不以人的意志为转移的了。由此,与之互动发展的人的素质的演进提升也是不可逆转的。历史已经证明,如果一个国家或地区的民众的素质不能与其所处地的社会经济发展阶段相适应的话,那么其国家的社会运行就会出现问题乃至引起动乱。环顾当今世界,即便是在那些原发型的现代化国家里,也不乏因为部分国民(包括移民)素质发展滞后,与社会经济的发展不能形成良性互动,而影响了社会的健康运转的事例;特别是至今仍不愿退出历史舞台的原教旨主义、极端民族主义、民粹主义者,更是在少数政客特别是野心家、阴谋家的蛊惑下,给人类社会带来危害。在后发型现代化国家中,由于国民素质与迅猛发展的社会经济不能形成良性互动,引发的社会问题就更加严重了,尤其是再加上外部势力的种种干扰与影响。为此,任何一个民族与国家都要高度重视国民素质的发展问题。具体地说,这样的发展仍可从两个维度来展开分析:

其一,个体的层次性发展。人的素质的层次性,之前已有所述及,这里略作展开:作为个体的人,首先应具备的是生存素质,这是立身所必备的,也就是说要有健康的身体、必要的技能与

---

① 孙抱弘:《社会环境·接受图式·养成途径》,《当代青年研究》2001年第6期。

知识,而作为现代人,健康的心理也至关重要。

作为一个社会的人,能思考的个体,能尊重他人并与他人合作、能不断总结自己在实践生活中的经验教训并适时上升为理论。具备了这些素养的人,才能融入社会,并与他者实现良性互动。

作为真正的人,必定还关注生存与生活的意义,追求人之存在的价值,并以求真、求善、求美作为人生之意义与价值之所在。

在一个健康发展的好社会中,绝大多数人应具备生存与生活的素养,大多数人应认同与崇尚存在的意义与价值;否则,这个社会就是不健康的、不可持续发展的。

其二,个体—群体—共同体与社会环境互动素养的阶段性发展。由于社会个体不可能孤立地存在,其素养总是与生活和文化之"场"相伴相生、相辅相成,所以,民族—国家的素质总是群体性呈现,这种群体性呈现的共同体素养,大致就是我们所说的民族性或国民性。这一整体性呈现的国民素质与不同地域或国家的不同社会发展的不同阶段相互影响、相互融合,产生着或良性或恶性的互动。也就是说,国家—民族共同体的素养,特别是作为共同体精英的整体素质能与其置身的社会发展阶段相合相谐时,国家—民族才能良性运行、持续发展,否则社会就会崩塌、国家就会失败。

由此,探讨不同社会发展阶段对国民素质的诉求,特别是社会精英应具备的素质,以及生成、培育此素质的结构与结构性要素,把握存在的问题,就成为我们当前国民素质研究的重点。这也正是本文以下将进一步展开讨论的问题。

二、素质的结构性诸要素及其动态性演进

鉴于人的素质发展的复杂特点,以人类当代认知水平的高度而言,似从系统论的视角或可更加接近科学。由此,或许也可使我们能更真实地把握情况,认清问题,并较为自觉主动地促进当代国民素质的建构性演进与功能性优化。

我们在上节中对人的素质的层次性特点与阶段性发展的粗略探讨的基础上,对处于两个维度交叉点上的素质的诸要素展开举例性的阐释,由于这是首次的假设性的解读,其粗疏与失误肯定不少。为了便于展开探讨,我们将按下表来进行解读。

表 1 素质发展的层次性与社会演进阶段性的态势举略

社会演进阶段 自身素质发展		前 现 代	现 代	后 现 代
存在素质	审美素养(美)	朦胧的审美感,自在的审美意识	"有用"的审美感,自觉的审美意识	"无用"的审美感,多元的审美意识
	人文素养(善)	漠视生命,不尚文明	重视生命人权,追求物质文明	以人为本,物质文明、生态文明与精神文明并重
	科学素养(真)	偶像与真理崇拜,追求规律与本质	崇尚"知识就是力量"科学技术是第一生产力	坚持科学立场就是坚持批判精神,追求科学理性就是试错、证伪、建构

续表

社会演进阶段 自身素质发展		前 现 代	现 代	后 现 代
生活素质	伦理素养（合作）	家庭、宗族共同体伦理，小群体外的无序竞争，族群间的适者生存	民族、国家共同体伦理，民族、国家内的有序竞争，国族间的丛林法则、弱肉强食	人类共同体伦理,崇尚合作精神,保护弱势族群
	反思素养（创造）	天不变道亦不变,简单思维,"脑筋急转弯"式创新	与时俱进思维，二元对立思维，局部性创新	复杂性整合思维,多元性关联思维,系统性创新思维
生存素质	心理素养（心）	无心理概念,人对人的依附人格	探究心理问题,人对物的依附人格	心理健康纳入健康范畴,无依附的独立人格
	文化素养（知）	笼统的知识概念,偏重信仰性知识	分门别类的知识概念,偏重知识的实用性	重视知识的整合性,人文社会知识与科技知识并重
	技能素养（能）	简单加工作业,手工艺能力	复杂加工,大机器操控	复杂多样的管理才能,高科技、高智能工艺掌握
	生理素养（体）	头脑相对简单,四肢比较发达	头脑趋于复杂,四肢发育欠均衡	头脑复杂且全面,四肢发育均衡

说明：1. 本表将国民应具备的基本素质（养）置于国民自身发展层次与社会演进阶段两个维度上展开描述，初步从人类个体生存、群体生活、整体存在的层面和人类社会前现代、现代、后现代三个演进阶段，展示了现代国民安身立命必须具备的九个基本素养。2. 本表将素质理解为多个素养的累加即素质＝素养 n＋素养 n＋素养 n……，主要是为了显示素质内涵的层次性和动态性；同时也是为了与相应国际用语的对接。3. 本表显示的是广大民众在自身发展和社会演进的过程中，大致的粗线条的素质状态，其素质的状况一般与社会演进的阶段同步。但是，少数的社会精英与贤达则往往有超前的发展。就民众的个体而言其发展层次及所显示的素养状况。

（一）前现代社会发展阶段的臣民素质

大致说来，前现代社会发展阶段是一个以农耕或游牧为主的、以族权、皇（王）权和神权统治为核心的神圣社会。就个体生存而言，体质健壮，具备从事各种劳作与手工工艺的能力，掌握了解外界的笼统知识，特别是信仰方面的知识就是获得了生存的基本资格；就群体生活而言，尊奉家庭、家族的伦理纲常，进行血缘、亲缘、业缘之间的合作，就能维持较为和谐的生活。他们崇拜偶像与绝对真理，坚信"天不变道亦不变"，他们依附于皇（王）权、神权、族权乃至这些权力的代表人物，以获得安全感。至于关注人的存在意义、具有审美意识，则基本上属于社会上层的有闲阶层专有。

当然，在人类历史长河中，除了芸芸众生外，也会不断出现超越时代束缚限制的思想家、发明家，以及各行各业的能工巧匠，他们的素质体现了历史的高度，并大大推动了人类文明的发展。不过，在那些年代中，他们毕竟是凤毛麟角。

（二）现代社会发展阶段的国民素质

一般认为，面对工业化、城市化的浪潮，国民不仅需要身体与大脑的均衡发展，也需要有健康的心理与相对独立的人格，并有重点地掌握已经分门别类的知识，提升对日趋复杂的高科技、数字化工业的控制能力;而在高速扩张的公共空间中,社会共同体的和谐生活,需要国民大力提升有序竞争的意识、契约理性与共生共荣共赢的共同体精神;在科学技术迅猛发展的当下,更要求国民摆脱前现代观念与思维定式,努力创新与创造;而摆脱物质主义、技术主义、人类中心主义等极端思维模式的桎梏,也是现代社会发展前行中必须进行的切割。随着物质的丰富、生活的改善,国民对于价值意义的存在开始有所认识,对于生命、人权、环保乃至审美的认知渐趋深化。不过,受历史条件的限制,大多数国民对能力、素养的意义认识还止步于工具理性的层面,即偏重于"有用性""功利性"。在这一般意义的普遍性的理解基础之上,我们还有必要对以下一些特殊性作一阐释。

研究者根据不同的学科视角,把现代社会又称作"工业社会""工商社会""世俗社会"等,这是一个漫长而又至今远未完成的人类社会发展阶段,而且在不同文化、历史背景与不同国家地区发展的不同路径的差异中,国民素质的发展建构也呈现出一定的差异。为此,在阐述现代社会发展阶段国民素质各要素之前,对上述的差异问题应有一个说明:

1. 现代社会的发展阶段是一个漫长的人类历史阶段

鉴于一些国家与地区现代社会建构失败或暂时失败的教训,现代社会的发展似可分为初级阶段与高级阶段来实现。初级阶段实际上是过渡阶段,是一个准备阶段,以渐进地完成现代社会所需要具备的经济、政治与文化要素的转型与变革,从而也为国民现代素质的生成提供良性的互动环境。如果在这一阶段,只是止步于"准备"而不思进取,那么就会倒退。

2. 原发型与后发型现代化国家的现代化进程在发展的基础与时间上存在着明显的差异

大多数研究者都指出,原发型现代化国家在前期的发展中,是以政治上集权、经济上殖民掠夺来完成。而后发型现代化国家早已不可能搞殖民,只有依赖相对的国家集权以整合资源来完成工业化,进行相应的专业化教育以培养工业化所需要的人才。当然这也造成了不少弊端,但这实在是一种两难的选择。

3. 大多数的后发型现代化国家都有着悠长的前现代社会的发展历史,这也意味着身负沉重的历史包袱

比如,长期专制统治下形成的依附人格、臣民素养、弱势心态、无序竞争与丛林生存意识。这些历史积淀的习惯性定式,都会严重影响后发型现代化进程。一遇困顿与挫折,就会习惯性地回头看而滋生复旧记忆与意念。从这个意义上说,后发型现代化国家的基础性建构"过程"包括国民素质的发展应更长——也就是初级阶段的准备期应更充裕;但是世界的发展格局不是延长而是剥夺了这种"准备",再加上一些国家管理者或软弱无力或贪污腐败或为外部势力所操控,这些国家的现代化进程不是停滞就是倒退。

4. 国民与公民的区分与演进

我们可能将进入现代社会发展初级阶段,但尚未完成现代民主进程的国家的民众称为"国民"。但笔者以为,在一个国家命运共同体内的公民仍然是国家公民,只有在人类命运共同体内的世界公民,才是真正的人类的公民,成为这样的"公民"我们还有很多路要走,而这也是后现代

社会发展阶段要培育生成的人,成为具有真正独立人格的自由人。

综上所述,我们只有充分认识原发型现代化国家与后发型现代化国家,在其现代化进程特别是人的现代化进程的差异,从自身的历史文化的实际情况出发,一步步渐进且坚定地前行,不作简单的横向比较,不急于只争朝夕求成求全,持续稳健地去完成从"臣民"到"国民"再到"公民"的素质发展进程。

(三) 后现代社会发展阶段的公民素质

正如哈贝马斯所言:后现代社会就是未完成的现代社会。就人的素质而言,由于种种现实条件的限制,现代社会发展阶段某些先行者已具备的素质,并未成为社会大多数成员的素质,这种素质的发展只有在与现代社会的进一步发展中,才可能互动生成,也只有在这样的良性互动中,我们才有可能进入后现代社会的进程。这似乎有些像是一个悖论,然而这是人类必须面对并跨越的悖论。

在后现代社会中,大多数公民的体质与思维都得到均衡的发展,心理健康、人格独立、人文社会知识与科学技术知识并重,且能注重知识的整合性运用,能适合复杂多样的社会管理与高技术调控能力。高度重视人类共同体的命运,自觉维护已经充分发育的公共空间,共建和谐合作的地球村;在这个后现代的人类共同体中,公民和平共处,追求多元意义与价值的实现,享受多元文明建设带来的安宁生活。

在现实生活中,由于社会运行与人性演进的复杂性,人的素质(养)的层次性、阶段性发展,往往显现出交叉、复合等状态。认识这一状况,有助于我们把握素质发展的反复与多变与长期艰难。

1. 跨层次的交叉与复合

反映在实际生活中的素质,往往呈现出交叉、互联与复合状态。比如,在生存层面的心理素养,在生活层面则与伦理素养交叉而成为道德心理素养,在存在层面又与审美素养关联、复合而成为审美素养的重要内涵——审美心理。又如,技能素养在现实社会中是与行业的分工相关联,当其与伦理素养交叉时就成为职业伦理,当其上升至存在—价值素质层面时,就成为职业精神,这就与求真的科学素养、求善的人文素养以及与求美的审美素养都关联起来,成为一种意义境界。我们现今热议的工匠精神,恐怕也应在这种意义境界中来理解与把握其深邃的内蕴。再如,现代社会中,数字素养已成为技能素养的重要部分,成为人类生存的关键能力,但是在现代社会中,其更应成为伦理与人文素养的重要部分,才能成为人类为自己造福的能力,成为推动社会良性运转的素养,内中原委已经为当今的现实所一再证明。

2. 跨阶段的交叉与跃进

由于文化的绵延性、人性的特质乃至集团的利益驱使,人的素质发展的趋向呈现多种面相,或超前或滞后或止步不前。一些思想的先驱、民族与人类的先行者,其认知结构、思维方式往往是超越其所在的社会发展阶段;而出于各种原因不愿或不能与时俱进的政治家、宗教领袖、权力精英往往是身处新时代,却抱残守缺,鼓吹各种过时的理念与思维方式,坚持逆时代潮流、反社会发展的极端立场与行为方式,显现出个体乃至其代表的群体的素质的退化倾向。当然,这种现象也会出现在某些国民群体中,如当今颇为流行的民粹主义之类。

三、素质生成诸结构性功能及其嬗变

这里说的"素质生成诸要素的结构性功能",是指在素质的结构这个小系统之外,还有一个影响制约着素质要素生成、发展、演变的具有建构功能的更大的系统。我们要研究素质的生成发展即要把握素质自身小系统的结构及其要素,也要研究影响、制约乃至决定着素质小系统发展的那个更大的系统,这也仍然可以用一句俗话来,简单明了地概括,即"知其然亦知其所以然"——当然,这"然"于"所以然"也不是传统意义上的线性因果关系的。尽管我们对这个"大系统"还知之有限,大多还止于假设状态,但逐步向"所以然"推进,肯定有助于我们主动地发现与分析素质的"短板"产生的原因,逐步优化、完善素质的生成系统及功能。以下我们对这个"大系统"略作阐释,为了更形象地解读,我们以比喻性的方法(见图1)来加以表述。

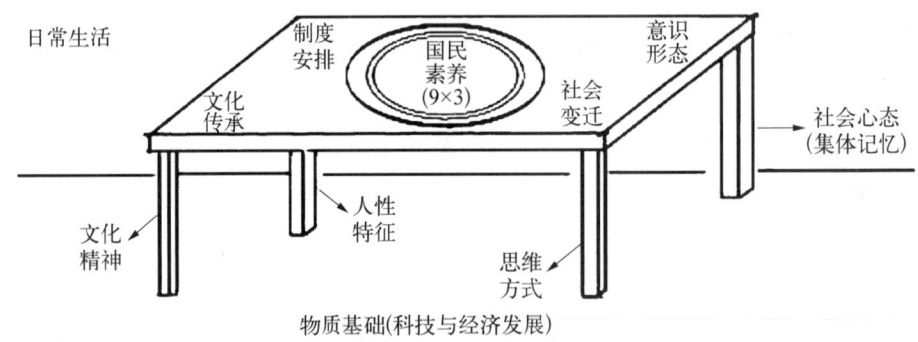

图 1 国民素质(养)生成相关的结构性要素

(一)"大系统"结构功能的整体性描述

"大系统"与小系统的相互制约、影响是层次性的,也就是由浅入深地推展的,是从显在到潜在地持续地发生、变动的。当然,由于认识、认知的有限性,我们这里所揭示的"大系统"的结构要素并非能完全穷尽,而其功能性的生成机制也只是假设性的,暂时也无法用数理的模式来推演展示。

1. "大系统"浅层次的直接制约要素

如图 1 所示,本文揭示的是意识形态、制度安排、社会变迁与文化传承。可以说,这四个要素在平时对每个生活在任何环境里的个体,无时不在发生着明显的影响,人们也就是生活在由这些要素所构建起来的"屋子"里、"桌面"上,无处逃遁。这些要素显现的先进性、科学性将引领个体素质的发展提升;反之,要素的"滞后"则阻碍个体—群体的进步,甚至走向反面。

2. "大系统"深层次的潜在制约要素

如果说,显在的"大系统"要素无处不在且有迹可循,那么,这些潜在的大系统要素也是无处不在但几乎无迹可寻,思维、人性、心态、精神都是一种假设性的存在,而且,我们对这些要素的定义至今还是众说纷纭、莫衷一是,但是,其对人的影响制约却是实实在在的。比如,失去理性的极端思维的危害、尚斗与尚和的文化精神、深植而挥之难去的集体记忆、趋利避害的人性特质总是与人类形影不离。而且这些潜在的深层次要素往往纠缠在一起影响着、决定着人类的素质发展方向。比如,消极的心态、低水平的思维能力,总是和落后的文化与人性的阴暗相关联,阻碍着人的素质的提升与演进。

3. "大系统"背景性、根本性的功能要素

(1) 在大系统中,如果说无论是浅层次的功能要素还是深层次的功能要素只是空间①性的、因果关联功能要素,那么日常生活就是时间性的过程互动功能要素,所有的空间性功能要素都将在时间性过程中发生作用、影响着人的素质的生成发展。从这个意义上说,日常生活才是素质生成发展的最根本的要素。然而,也正是因为这个要素太日常、太平常而常常为我们所忽略、所无视。这就使得大系统的功能发挥大打折扣。也正是由于这一原因,使我们过多、过重地依赖于表面、夸张、热闹的运动式形式化的"功能要素",而缺乏足够的耐心去进行依托于日常生活"功能"而展开的素质生成功能的构建。顺便要说明的是日常生活的转变是一个渐进的过程,是一个"慢工出细活"的过程,操之过急的疾风骤雨式的转变是不可能的,更可能走向反面。那种形式化、运动式的"素质塑造"工程正是如此。

(2) 在大系统中,与科技进步同步发展的经济,作为大系统的根本性的功能要素的"物质基础",我们一直予以高度的重视,以至过度倚重:以为只要将这一基础性的功能要素打造好,其他功能要素也会自然而然地同步发展,以至并未切实地关注和深入研究其他大系统的功能要素。正是由于对大系统根本性要素功能在认识与行动上的失衡,也就影响到小系统诸要素的发展。长期以来,西学为用、技术主义等片面的理念总是挥之不去,其深层原因恐怕也就在此。

为此,进一步深入地研究、把握"大""小"系统诸要素的关联互动,是自觉、科学、有效地推进国民素质发展的关键所在。尽管这一研究似乎还在起步中,但笔者愿在下文中作些许尝试。

(二) 素质生成系统诸要素与素质诸要素的关联互动

由于素质生成系统诸要素对于素质诸要素的关联影响有主次、有深浅、有强弱,所以,还有必要逐项分析探讨其具体的、丰富的关联状态与互动影响程度等问题。在本文的图 1 中我们假设列举的素质生成系统的要素共有两个层次 8 项要素,鉴于文化传承的核心内容是文化精神的传承,所以我们将其并成了 1 项;此外,社会变迁与素质生成的关联互动,前文已作较详细的分析,这里也就不再复述。因此,本节只就六个方面展开问题探讨。鉴于以上 6 项要素涉及多个学科,所以我们只作汉语词汇中最一般意义的引用。

1. 意识形态的建构、引领与国民素质发展

用最简洁的话来概括意识形态的建构并引领国民素质发展就是要写好、讲好"故事",这个

---

① "空间"的概念,其实还应包括一些更外在的要素,如家庭、社区、学校、企事业单位等,但笔者以为,这些"空间"我们已经进行了太多的关注,而且在日常生活中,只是本文所说的显在、潜在要素的载体,对此本文不再加以讨论。

"故事"实际上包括 3 个故事：本国、本民族的故事，外国、外族的故事，人类世界的故事。这些故事写好、讲好了，民族的精神、人类的精神就会成为国民—公民认同与维护的"真、善、美"的素养，成为凝聚民族与人类的存在性素质。这里，讲本民族、本国的故事，就应以民众的福祉为中心，要讲成绩、讲成就，但也要有忧患意识，这是为了争取更大的成就；也要讲问题、讲教训——这是更宝贵的民族遗产、人类遗产——继承了这些遗产的民族与人类必定有很高的反思素养，能更自觉地、理性地思考，也更有助于社会的进步与发展。讲民族、国家的故事，也要讲世界的故事，把握特殊性与普遍性的关联——民族国家命运共同体本来就是与人类命运共同体息息相关，共生共荣。此外，还要讲好外国、外族的故事，任何文明都有其特色与长处，都可供借鉴与学习；当然，借鉴与学习都不是照搬照抄，也不可能照搬照抄；更何况只有在认真、深入的借鉴学习中，通过纵横对比、分析，才能学到别人的长处，逐步地融入本国的故事中，助推民族与国家的持续发展。任何简单的切割乃至粗暴屏蔽他者的故事，并不利于写好、讲好自己的故事，而且更可能适得其反。

我们常说在温室中的孩子是长不大、长不好的，同理，只听着本地故事的国民也很难生成全球化、地球村的素质，又如何去承担构建人类命运共同体的重任。这里我们说明的似乎只是一些常识，不过，这常识往往容易为人所忽视。

2. 制度安排与素质发展

如果说意识形态的建构与引领是素质发展的方向盘，那么制度安排，就是素质发展的抓手与引擎。就国民素质特别是一代代青少年的素质发展而言，教育制度的设计与安排是关键。尽管我们的主流意识形态极为重视教育及其制度安排的目标——立德树人，但是限于种种束缚，尽管我们的教育制度确实显示了一定的平等原则，但在不少方面却明显地表示出制度的功利性的引导倾向，并不利于合作的伦理素养与反思的创新素养的培育发展。比如，过度重视考试的竞争，这种各自为战、不思交流的氛围加上为得高分而导致的无序竞争，根本无法培养合作意识；而为了考试的平等而大量采用标准答案，则大大挫伤了学生活跃思维的积极性，这也就从根本上抑制了学生的创新能力。又如，将鲜活的思想和道德教育变成了知识的灌输与功利的考试，又如何让学生从根本上认同与维护主流意识形态的教材内涵。更有一些教材不能与那些反映了学术研究的科学进展同步，这显然有悖于教育的目标。政治制度的安排也是与人的素质的发展取向密切相关联。这些年来，随着一系列惩治腐败、规范公权力的制度设计与安排，有力地增强了国人的公共意识，增强了政府的公信力，也推动着国人公共精神与公共伦理素养的正向发展。此外，还需提及的是，长期以来，我们习惯于用政策设计来补充制度安排的不足或缺失，这固然显示了灵活性与原则性的结合，有助于应对高速发展社会中的突发问题。但是，多变的政策有可能降低政府的公信力，也会对国人的素质发展带来负面影响，如增长了一些人投机取巧，钻政策漏洞的不健康心理，降低了道德意识与伦理素养。

3. 文化精神的传承与国民素质发展

文化的传承，主要是其作为内核的精神的传承。但任何事物均有两面性，文化精神也具有两面性,也就是有着主流与非主流的区分(这往往又与人性之物性与理性相关联),而且随着社会秩序的变化,主流与非主流也会相互转换发生变化。在农耕文明的"治世—盛世"中,关注和谐有序伦理生活的儒家文化无疑是主流文化,其内核就是"尚和"精神。从根本上说,"尚和"向往和谐安定的伦理生活在中国几千年的文明史中始终是民众内生的主流文化。不过,由于落后的生产方式、专制的政治制度以及严重的自然灾害,农耕文明中间歇性地爆发"乱世",随着失去土地的"流民"队伍的扩大,人性中本能生存的、无序竞争的非主流的"流民文化""江湖文化""黑社会文化"也相伴而生。尽管这个文化的上端是"侠客文化",但这并非"江湖文化"的主体,甚至可能只是乱世中民众对除暴安良之憧憬而臆生的想象。江湖文化的内核是讲权术、尚争斗、搞帮派之类的丛林精神。

在乱世中,这种在"治世"中处于边缘的非主流文化公然登堂入室成为主流,并在长期生活在专制皇权下的民众中,一直暗流涌动,成为社会丛林生活与弱势群体的生存准则,而深深地影响、阻滞着国人现代文明生活素质的发展生成①。

今天,在全球化的时代潮流中,在百年未遇的大变局里,我们也应对以欧美为代表的西方文化精神有一个全面的认识——因为,自五四以来,西方的文化精神也对国人的素质生成有着明显的影响力。以古希腊、古罗马文化为发端的欧美文化,是一种海洋文明,其文化精神有两个面相。综合众多学者的研究②来思考,笔者以为这就是以商贸文化为载体的契约精神和以海盗文化为载体的尚斗精神——社会达尔文主义更给这种精神披上了理论的色彩。正是这种文化精神催生了原发型现代国家积累财富与资源的殖民文化,以及以这种文化精神为依据的霸权主义、自我优先行径等。毫无疑问,在全球化——后现代化的进程中,契约精神应吸纳融入我们的生活伦理乃至存在价值的素质发展中,而源生于海盗精神的掠夺他人、自我优先的文化糟粕与源生于流民文化的丛林生存法则——是不同文明中滋生的、人性本能的反文明毒瘤(或者说,无论是江湖文化还是海盗文化从其生存本能的面相上讲,都是丛林文化)——在人类现代化的进程中都应加以切割。由此,人类才能携手迎接命运共同体的建构时代。

4. 积极健康的社会心态与国民素质发展

作为群体生存的人,其社会心态主要表现为群体心态、民族心态。一般的研究,首先把社会心态分为积极心态与消极心态,积极的心态是以健康心理为基础的奋发向上、创新发展的心态,这种心态是群体、民族乃至人类从上文中提及的两个维度上提升、发展素质的原动力。社会心态的积极还是消极,一方面,与人的本能、社会境遇与文化传统密切相关——这一话题过于宏大,本文不展开;另一方面,从更具体的中观、微观层面上讲,意识形态的科学引导、制度设计的

---

① 孙抱弘、张建:《日常生活重建:从不和谐走向和谐——文化自觉视野中非主流文化的演进与生成》,《中国政法大学学报》2012年第5期。

② 温铁军:《告别百年激进(上):中国的现代化问题——温铁军演讲录》,东方出版社2016年4月版;温铁军:《八次危机:中国的真实经验(1949—2009)》,东方出版社2013年1月版;哈尔特穆特·罗萨:《加速现代社会中时间结构的改变》,北京大学出版社2015年12月版;哈尔特穆特·罗萨:《新异化的诞生——社会加速批判理论大纲》,上海人民出版社2018年1月版。

透明公正以及集体记忆的建构重组、思维方式的转变发展都是抑制消极心态、激发积极心态的重要影响因素。任何因素的缺失、偏颇都会导致消极心态的滋生,挫伤积极心态与阻遏正向发展素质的提升意愿。在社会发展的转型期,上述诸要素发展必然会出现短期的失衡,进而引发社会利益的分化,催生消极的社会心态,国人素质发展的动力消失,社会停滞不前,诸多本该退出历史舞台的旧意识、老观念、落后文化死灰复燃、从而引发社会危机。这时,如果再有一个自私、短视、投机的社会精英集团,或饮鸩止渴,或杀鸡取卵,或茫然失措,或内讧自乱,那社会的崩溃、民族的灾难随时可能爆发。这在世界的近现代史上不乏先例。面对百年之大变局,作为一个发展中的大国,唯有一个坚强而稳定的领导核心,唯有一个以民众福祉为初心的政党,才会面对危难,激发民众积极的心态,全面提升发展所应具备的素质,为世界、为人类跨越危局作出应有的努力。

5. 思维方式转变与国民素质发展

近代科学证明,人与其他高级动物的主要区别是具有反思意识与能力。这里的"思"也包括思维方式,也正是不同的思维方式体现了人类在不同社会、经济、科技发展阶段的反思水平,这种水平受制于发展的阶段,同时也反作用于社会、经济与科技的发展创新,在现代化的进程中这种关联互动日益显见。由此,也明确地告诉我们,国民反思或思维素质的自觉提升不仅是个人—群体进步的关键,更是民族—人类和谐合作共同发展的根基。

与社会、经济、科技的发展同步,人类的思维水平的发展与思维方式的演进也有其自身的嬗变进程。从宏观的方面概括而言,人类思维方式演进大体是从"一维"——线性思维到"二维"——平面思维,再到"三维"——立体思维,然后再到"四维"——立体/动态思维,再到"N维"——系统(结构、功能)思维。随着高科技大数据时代的到来,人类的思维还将继续发展。从具体的思维方式来说,在从前现代到现代的进程中,人类具体的思维方式至少显示出以下三方面的发展态势:

(1)从极端对立思维到中和间性思维。对立思维是一种非此即彼的思维,诸如,人类中心主义、自然中心主义、西方中心主义、东方中心主义就是这种思维方式的体现;当今纷乱世界中的民族、国家乃至宗教冲突的发生也处处可见这种思维方式的危害。只有提倡、承认二元之外的第三元的存在,看到对立之外的中间地带,也就是从极端的二元对立思维走向中和的间性思维,才有可能超越极端的单边主义、你死我活的对立冲突。

(2)从简单划一思维到多样共存思维。从二元对立就必然走向简单划一,突出了唯一性,抹杀了多样性、丰富性;遮蔽了创新性、创造性,走向了绝对主义、极端主义。这种思维方式一方面会将人类拉回前现代;另一方面在高科技时代,更可能将人类推向自我毁灭的深渊。所以,唯有超越简单划一,提倡多样共存的思维方式,我们才能充满创新的活力,共建和谐的人类命运共同体。

(3)从无机碎片化思维到有机整合化思维。世界本来就是一个有机整合的结构功能性的大系统,在现代社会的初期由于科学技术研究的需要,人类进行分门别类的研究取得了极大的成果;而今天则是将这些成果加以有机整合的时候了,有机整合思维由此而建构。面对复杂的世界,生态危机、文化冲突、利益调整等全球性的问题,也只有以跨界、跨学科、跨文化的大智慧才可能面对,才有望解决。作为人类命运共同体建构的首倡国、作为全球化的世界公民,我们应该如钱学森先生当年大声疾呼的那样——努力提升整个民族的思维水平,以尽到一个负责任大国应尽的责任。

6. 人性特质的认识与国民素质发展

这是一个最内隐也是最难以把握的决定人的素质发展的功能性要素。人天生具有趋利避害、近感性远理性的特质,毋庸讳言这是人的动物性本能的体现。为此,有节制的趋利、有必要的避害,有克制的近感性、有区分的远理性——有限度地追求工具理性、无限度地崇尚人文理性,这是人超越动物性、实现自我解放、弘扬人性的关键所在。与此相对应,人的素质的层次性提升、阶段性发展在总体上都是朝向这一方向——健康的心理、科学的思维乃至真善美的追求均是如此;而和谐而有活力的社会秩序、美好而丰富多彩的人类生活正是发端于斯。

为此,任何一个正常的群体,任何一个成熟的民族,都应将意识形态的建构、文化传统与文化精神的继承、社会制度的设计与安排、社会心态与集体记忆的调整以及思维水平的提升与发展都指向这一人类的理想目标。反其道而行之,则必将给民族与人类带来灾难,这已经一再为历史所证明。综上所述,素质自身要素与素质生成背景诸要素结构功能性的关联互动,我们只是作了些许简单的探讨,可能是挂一漏万,诸多更深层、更复杂的关系互动还需要我们更努力地去探寻。

四、民族性发展与国民——青少年教育的变革趋向

民族性的发展、国民素质的提升无疑与国民教育紧密关联,而由于青少年的可塑性特征,我们必然将民族性发展的期望更多地指向一代又一代的青少年身上。上述对人的素质生成的系统性结构功能的多方位的解读分析,对于新时代国民—青少年教育的格局设置、思路调整和重心还是有一定的启发,以下是相关的几点思考。

(一)"小教育"走向"大教育"从原子化、碎片化的小格局到整体性、整合化的大格局

所谓"小教育"是指我们常说的家庭、学校、社区"三位一体"教育,这是一种现代社会初级阶段的教育设计,是一种有限时段性的、以课程目标设置为主的教育;"大教育"则是日常生活的教育:从关注人的素质的全面发展和人的素质生成的结构性关联要素的基本立场出发,大教育在吸纳"小教育"的全部内涵的同时,也重视那些人的素质生成的结构性要素的现代转型,以及人的素质生成诸结构性要素的功能机制整合构建。所以,大教育较之"小教育"有两个明显的时空特点:

1. 全方位大格局教育

人的素质生成有其自身的特点,应体现科学性、人文性的指向,而反对工具性、功利性的扭

曲。由此,首先,本文所提出的与素质生成密切关联互动的多层面、多类别的要素,如意识形态的构建、社会制度的安排、文化精神的传承、社会心态的疏导、集体记忆的调整、思维方式的转变及人性弱点的认识与克服,似都有必要从自在到自觉,摆脱对传统—前现代的"路径依赖",努力指向助推国民—青少年现代素质的生成。其次,整合这些素质原先处于原子化、碎片化的状态下的国人的素质的生成要素,使其结构功能性产生最优化的效应。当然,这种大格局教育的建构在当下只是一种"应然性"的设想,但是其对于国人的素质的生成与提升之效,是那些零打碎敲的教育难望其项背的,也可能为囿于传统教育思路的人们难以理解——尽管这种大格局早已客观地存在。

2. 长时段的过程性教育

尽管"十年树木,百年树人"的道理似乎不难理解,但是在现实的教育中,"点石成金"的心态、"拔苗助长"的做法仍时时可见,这种世俗的功利的短视行径、焦虑心态正在冲击着当代国民—青少年的教育,阻滞着国人素质的健康生成。这种短视的焦虑、功利的行为必须扭转。其实,无论是个体的素质生成、民族性的发展,都是在诸素质生成结构性要素的良性互动过程中逐渐发育长成。这个是人与人、人与社会、人与自然的有序交流、交往的过程,而且是通过日常生活中的对话讨论和相互尊重的平等学习实现的。课程性、短时段的知识的传授只是教育的最低境界,自我教育、终身学习才是教育的最高境界。特别是在信息时代,教育的长时段、过程性现代特征已经日益明显,不确立这一理念,自觉地持续不断地提升自身的素质,就会为时代与社会所淘汰。

(二)新时代国民—青少年教育:从失衡到均衡

国民—青少年素质的全面发展一直是我们追求的教育理想,不过,面对后发型的快速发展的现代化进程,面对当下百年未遇的世界大变动格局,面对科技高速发展、公共空间无限扩张,国人相应素质明显缺失的现实,而国民—青少年教育的相应制度、政策又处于调整完善的变动中。国人的素质发展如何面对现实,而国民—青少年的教育如何从一时的失衡走向较长远的均衡,以下是笔者的粗略思考。

1. 网络素养与工匠精神

首先是网络(数字)素养的发展提升,网络技术对日常生活的全面渗透,已经使得每个人都必须掌握一定的网络知识与能力才能融入网络社会的日常生活;同时,网络使公共空间无限扩大,网络社会的有序运转,需要每个人都要具备公共意识与公共伦理精神,否则造福于人类的技术会反过来祸害于人。其次,要培育新的工匠精神。这种精神发端于人对技术的兴趣乃至痴迷,延续于人对职业伦理的坚守,完成于人对职业境界的审美追求。这实际上是跨越生存、生活与价值层面的从技能而伦理而精神的追求。这种精神将推动人类从工具理性的功利性沉迷走向人文理想的存在性探寻,标志着从现代世俗社会向人文性后现代社会的跨越,显示出人类自我超越、自我解放的一种可能。

2. 合作素养与创新精神

在现代社会,无论是个体还是群体,合作素养与创新的意识与能力已经是其健康有序发展不可或缺的两翼。趋利避害的本能、弱肉强食的社会达尔文主义,以及在此基础上滋生的海盗文化、殖民文化和江湖文化、痞子文化,使得群体与群体、民族与民族、国家与国家之间的互不信任日益加剧。合作意识与契约精神的重建已是世界格局再塑与民族国家稳定的定海神针。

在高科技信息时代,创新已成为人类的共识:创新首先是理念创新、思维创新。这里,思维方式的转变与调整,求真之科学素养与求善之人文素养的引领,都应在日常生活这个大教育的时空中,通过多种形式,多条路径来推展、传承,反映了人类高水平反思素养的思维方式,已成为当今指引我们走出混乱的世界的大智慧。当年钱学森先生曾大声疾呼应把思维科学作为与自然科学、社会科学并驾齐驱的科学来研究、发展与建构,今天看来这不啻是钱老留给人类的重大遗产!

3. 存在精神与价值追求

随着物质生活的日益充裕,对欲望的沉迷会使人迷失方向,皈依宗教是人们自我救赎的一种方式,对存在意义与价值的追问,以及对真善美的向往其实也体现出一种最高境界的信仰性的文化精神,也能帮助人摆脱对物欲的沉溺。这里,社会精英阶层的示范与引导十分重要。当下,对党的干部及全体党员"不忘初心"的教育正谱写着国民素质从生存、生活向价值意义跃升的前奏曲。

民族性的发展大有希望!民族梦的实现已如船桅出现在东方的地平线上!

(原文载于《青年发展论坛》2019 年第 5 期)

1992—2012：中国青少年的社会参与

董小苹

当今世界经济、文化、科技和国际政治格局的变化,对青少年产生了巨大的影响。联合国秘书长安南在 2000 年发表的《千年报告》中指出:"在国家推进社会民主化进程中,深信青年参与是全人类发展的一个先决条件。"在 21 世纪,青少年不仅要参与各国的经济和社会文化建设,而且要参与国家的政治变革和综合管理,更要参与国际事务管理和世界竞争。因此,青少年是否真正参与当地的社会变革,其参与意识和决策、管理、实施以及评估能力是否提高,将直接影响各国的社会民主和经济的发展进程。

一、青少年社会参与的概念界定、内涵与性质

(一) 青少年参与概念的界定

"参与"概念最早出现于 20 世纪 40 年代末,其后 20 年逐渐发展成具有实践意义的参与式活动。20 世纪 90 年代后,"参与"成为发展领域最常用的一个概念和基本规则,主要包含如下三个方面的含义:(1) 从政治学的角度,强调对弱势群体赋权,注重发展项目的目标群体在发展过程中的决策作用、对资源的控制以及对制度的影响。项目最重要的目标是达成发展的公正、公平,使目标群体受益。(2) 从社会学的角度,强调各类社会角色在发展过程中的平等参与,相互交往。"参与"意味着在社会中构建相互平等的伙伴关系,这种关系不仅意味着他们相互之间应该磋商,而且意味着其基本愿望和知识系统都得到充分的尊重。(3) 从经济学的角度,强调"参与"的干预效果。"参与"被认为既是手段,又是目的,因为"参与"可以使社会发展更有成效;由于目标群体的参与降低了干预发生偏差的概率,外来"专家"与当地民众间的相互学习使干预更具有创新性。①

(二) 青少年社会参与的内涵与性质

社会参与是一个内涵丰富、外延宽泛的概念。国外学者的研究从介入角度、角色角度、活动角度和资源角度四个视角对社会参与加以分析和界定。实际上,国外学者对社会参与的界定提

---

① 李小云:《参与式发展概论》,中国农业出版社 2001 年版。

出了如下三方面的要点：(1) 社会参与是社会层面的；(2) 社会参与是与他人联系的；(3) 社会参与是体现参与者价值的。①

社会参与主要指社会成员以角色承担着的身份，为制定、实施社会政策或阻止某些损害国家和社会利益的社会措施的推行所从事的活动。个人在社会参与中不仅改造着社会，而且也促进了自身的发展。社会参与既是社会对青少年的客观要求，也是青少年发展的主体需要。马斯洛曾经指出："从人的天性中可以看出，人类总是不断地寻找一个更加充实完善的自我，追求更加完善的自我实现"②。然而，人的自我实现的追求，只有在具备了一定的主体条件之后，在社会实践中才能完成。青少年在生理、心理、文化素质和社会经验方面，都一定程度地具备了参与社会的基础和条件；青少年的自立意识也较儿童期大为增强，而生活领域和活动范围的拓展，更使他们产生了亲身验证这些看法的欲望和冲动；随着文化水平的提高、知识结构与生活经验的日趋丰富、完善，青少年完全有能力参与社会实践。

青少年社会参与的内容丰富多样，包括参与职业社会（职业的确立即社会参与的具体体现）、参与社会交往（以交往活动的主体和客体相一致的身份参与其间）、参与社会事务（参加青少年团体、青少年组织等）等。青少年要实现对社会生活的有效参与，除有明确的参与意识外，还须深入社会，了解国情、民情，增强社会责任感，方能在社会发展进程中实现自我价值，发挥个人才干。

就青少年参与的性质而言，以20世纪90年代罗杰·哈特（Roger Harl）的"参与阶梯"（Ladder of Participation）理论为标志性成果，清楚地界定了青少年参与的本质，以及8种青少年参与的模式，其中3种属于非真正参与，另5种属于真正的参与。而所谓的真正参与和非真正参与的鉴别标准则是青少年在参与过程中主体性的在场或缺失。

在青少年参与性质问题上经常被提及的另一个关键术语是"有意义的参与"（Meaningful Participation），这个范畴较之"真正的参与"包括的内容更宽泛，涉及青少年的参与是否有利于自身发展，或使其具体获益，参与是否被青少年所乐意接受，参与的方法是否符合其年龄特点，参与是否出于其自愿，是仅仅限于偶发性的活动还是制度化的深层参与等一系列问题。反之，不能有效解答上述问题，单纯出于成年人良好意愿的设计，不能满足上述参与条件的各类参与行动，则属无意义参与。

二、青少年社会参与的理论基础

(一) 参与式发展理论

参与式发展理论（Participatory Development）起源于对传统发展模式的反思，成熟于对发展中国家援助的国际发展实践。参与式发展理论认为，外部支持虽然重要，但当地人在一般情况

---

① 段世江、张辉：《老年人社会参与的概念和理论基础研究》，《河北大学成人教育学院学报》2008年第3期。
② 戈布尔：《第三思潮：马斯洛心理学》，吕明、陈红雯译，上海译文出版社1987年版。

下有能力认识和解决自己的问题,其重要过程是强化和提高当地人自我发展的能力。因此,参与式发展能促进人们自主地组织起来,分担不同的责任,瞄准一致的发展目标。参与式发展思想的核心在于强调人不是一个被动和消极的客体,而是发展过程的主体。按照参与式发展理论,通过社会参与,青少年既能以个体或群体的特有优势为项目进展和社会发展作出贡献,也能从中得到自我能力和价值的提升。如果说前者是推进项目的手段,那么后者就是推进项目的目的,即青少年社会参与是手段和目的的有机统一。

(二) 世代理论

世代理论(Generation Theory)致力于研究作为一种社会、文化、心理群体的世代的形成原因、发展规律以及代际关系性质、代际互动模式、世代在社会变迁中的作用等问题。世代理论对青少年的角色和地位给予了特别的关注,所以,该理论已成为青少年社会学重要的理论分支和分析视角。美国学者 V.本特森等[1]指出,世代概念成为时间与社会结构之间存在着的主要桥梁,对于理解历史事件的进展与社会变迁的过程是十分重要的。[2] 沈杰梳理了世代理论发展的基本脉络:世代理论的孕育阶段(古希腊罗马时代到 18 世纪中叶)、世代理论的基本形成阶段(18 世纪下半叶到 20 世纪 20 年代)、世代理论的确立阶段(20 世纪 20 年代至 50 年代)、世代理论的扩展阶段(20 世纪 50 年代以来);沈杰指出,世代与社会结构之间存在着一种辩证互动的关系。一代人的形成,既是社会结构发生深刻变迁的一种独特的产物,又将对社会结构的未来变迁产生一种独特的影响。在当今中国所处急剧变迁的时代,呈现出一种世代周期缩短,代内分化明显——代代叠起、代内有代的重要特点。同时,青少年世代表现出了与以往任何时代的世代都不同的新质——人的主体性这一重要特征。[3]

沈杰以"80 后"为新型世代剖析了其基本特征:人的主体性的生长是其最重要的特征,是新质最重要的表现。在社会维度上,"80 后"以积极的经济参与和社会参与行动,有效地进入社会结构,从而有力地改变青少年的边缘性;在文化维度上,以对工具合理性和价值合理性的有机结合,倡导着绩效性的文化而非评价性的文化,倡导着行动文化而非观念文化;在心理维度上、由出自个体多样化的切身感受而最终形成对于同一时代的认同感。因此,不是被社会构建出来,而是去构建社会。

今天,青少年世代对中国社会变迁的影响更多地表现为社会人格或日常行为层面上的具体担当或微观层面的变革,而在改革开放初期,青少年对社会变迁的影响较多地表现为观念层面上的超前意识。

由于世代理论勾勒出了青少年社会参与的历史轨迹和基本状况,人们得以清晰地看到:随着人类从农业社会发展到工业社会、再向信息社会转型,青少年的社会地位日趋重要,其主体意

---

[1] V.本特森、M.弗朗、R.劳弗:《世代分析的主要论点及争议问题》,戴侃译,《国外社会科学》1984 年第 11 期,第 25 页。
[2] 同上,第 26 页。
[3] 沈杰:《青年世代在中国社会变迁进程中的角色扮演(大纲)——在第五届中国青少年发展论坛上的专题演讲》,《中国青少年研究网》,http://www.eyes.org/FMInfo.asp? FMID=3&ID=13358。

识日益增强,主体性也日渐凸显,这既为青少年社会参与提供了基本动因,也成为青少年社会参与的重要成果。

(三) 行为主义理论与青少年行为学的兴起

20世纪初,国际社会科学界发生了两件影响深远的事情:一是1904年美国心理学家霍尔(Granville Stanley Hall)发表的《青少年期:青少年期心理学及与其相联系的生理学、人类学、社会学、性犯罪和教育的关系》一书,首次揭开了现代科学史上青少年研究的序幕;二是自1913年起,行为主义理论(Behaviorism Theory)从欧美心理学流派中脱颖而出,随后与社会学、政治学、经济学等学科相互影响渗透,最终形成行为主义思潮。至20世纪三四十年代,这股思潮又衍化成一个带有综合集群性的新兴学科群体——行为科学。

行为科学广泛汲取自然科学、社会科学的相关理论,构建自己的学科体系;同时,它注重拓展自身的研究领域,使学科群体内不断分化、繁衍出更多的行为学分支。自20世纪70年代以来,随着科学界对"生命历程"认识的深化,人们开始对个体生命各个阶段的行为研究产生了更大的兴趣,并开始关注行为科学。青少年行为学借助于青少年心理学、青少年社会学、青少年生理学等理论,把青少年个体、青少年群体的行为方式、行为特征与行为机制作为研究对象,积极探索青少年行为现象和其规律以及促进青少年社会化与人格健全的有效途径;力求在推进社会变革的进程中,认识青少年行为现象、调控青少年行为活动、预测青少年行为发展,从而展示本学科创立的社会价值。

青少年行为学理论和方法,对青少年社会参与行为机制的研究具有重要的意义。学者们认为,虽然我国的基本社会制度为公众参与提供了根本保障,但在规范参与行为、畅通参与渠道、保障参与实施的制度等方面尚不健全,致使许多公民参与以非制度化的形式出现,一定程度上使公众参与变形、走样。[①] 学者们指出,在青少年对社会发展的积极参与中,社会必须利用法规影响、制约和保障的功能,规范调控青少年行为、保障青少年权益。帮助青少年理性地评估自己或他人的行为是合法还是违法,懂得在法律许可的范围内活动。

(四) 赋权理论

赋权理论(Empowerment Theory)于20世纪80年代后盛行于社会工作和妇女研究、贫困研究以及弱势群体等研究领域。"赋权是赋予权力或权威的过程,是把平等的权利通过法律、制度赋予对象并使之具有维护自身应有权利的能力。透过这一过程,人们变得具有足够的能力去参与影响他们生活的事件和机构,并且努力地加以改变"[②]。

按照参与式发展理论和实践,项目的组织者和主持者不能像传统发展理论主张的那样能够完全掌控发展过程和各种发展资源。他们必须把一部分权利转移给干预目标即必须"赋权"。在社会参与过程中,赋权是必不可少的前提和基础。

青少年是一个由儿童向成年人过渡的时期,往往缺乏社会独立地位,处于社会和权力的边

---

① 刘俊奇:《关于我国公民政治参与》,《社会主义研究》2010年第6期。
② 孙九霞:《赋权理论与旅游发展中的社区能力建设》,《旅游学刊》2008年第9期。

缘。因此，赋权是青少年成长的必要基础，也是青少年社会参与的必要前提。只有赋权给青少年，才能使他们获得更多的资源和更大的控制力，从而更有效地进行社会参与。也只有赋权，才能使青少年在社会参与过程中增强自信和责任感，提高自我发展能力。

以上介绍的参与式发展理论、世代理论、青少年行为学以及相关的学科理论都存在一定的局限性，但在拓展青少年参与研究视角、研究领域和研究深度等方面都具有积极的借鉴意义。

参与式发展理论揭示了青少年社会参与既是推进社会发展的手段，也是提升自我价值，增强自信心和社会责任感的过程。

世代理论揭示了在社会转型和发展过程中，青少年的社会地位日趋重要、主体意识日益增强、主体性日渐凸显，社会参与的动因也越来越强烈，从而为青少年社会参与提供了重要的时代背景和社会基础。

青少年行为学揭示了青少年的行为规律，探索促进青少年社会化与人格健全的有效途径；力求在社会变革的进程中，预测青少年的行为发展，调控青少年的行为活动，帮助青少年顺应社会变化，提高自我评估能力，积极参与地方经济、文化建设和社会变革。

赋权理论揭示只有赋权给青少年，才能使其更有效地进行社会参与，这就要求政党和政府立足于促进青少年的健康发展，实施和完善保障机制，努力推进青少年社会参与。

三、青少年社会参与相关文献研究

社会参与是一个比较晚近的概念，学术界的研究相对较少。从目前掌握的资料看，关于青少年社会参与的全面研究起步于20世纪90年代初期。

田科武在《中国青少年参与历史与现实》一文中梳理了中国青少年参与的历史和现实状况。文章提出，改革开放前的青少年参与，以有组织的政治参与为主，是一种青少年为社会整体利益而进行的参与。而改革开放以来，中国青少年渴望通过参与来维护自身的政治、文化、经济方面的利益和权益，青少年参与走上了全面发展的道路。他预言：市场经济时代将是青年参与大发展的时代，青年参与的大发展必将在推动青年发展的同时也推动社会向前发展。①

陆建华认为，历史表明，没有青少年的积极参与，青少年工作是不可能有成效的。反之，青少年的积极参与正是青少年工作最根本的目标。② 蒲伟中梳理了20世纪90年代初青少年参与的基本特点后指出：青少年参与社会改革、社会发展的途径多样，既可在文化建构上参与，也可在政治事务上参与，还可以在经济转型过程中参与。但人们普遍认为，青少年尚处于学习阶段，缺乏建构或整合整个社会文化的能力。因其自身素质的不完备，与社会的要求形成巨大的反差，如果只注重参与而不注重学习与积累，其对国家政治、经济、文化的参与很可能是无足轻

---

① 田科武：《中国青年参与历史与现实》，《青年研究》1994年第1期。
② 陆建华：《青年工作与青年参与初论》，《青年探索》1993年第2期。

重的。①

1994年9月,上海社会科学院青少年研究所与澳门教育暨青少年司、澳门基金会与澳门学联合举办了"第二届亚洲地区青少年问题国际研讨会"。与会学者以"现代化与青少年参与"为主题,围绕青少年参与的意识和行为变化、青少年参与与青少年政策制定等议题进行了研讨。《当代青少年研究》刊发了部分青少年社会参与的论文。这些文章围绕青少年参与这一主题,梳理了不同国家和地区青少年参与的历史和现状,分析了青少年参与的社会环境,对青少年政策的制定、青少年参与素质的培养等问题进行了深入的探讨。

论著方面,全面系统研究青少年社会参与问题的专著不多。董小苹的《全球化与青年参与》②在禁化视野下,对青年、青年参与作了界定,梳理了青年参与的相关基础理论,对中外青年的政治、经济、文化和社会参与现状从多角度加以分析和论述,同时还对全球化时代青年参与所涉及的青年政策等问题作了分析和探讨。陆士桢主编的《青少年参与和青年文化的国际视野》③收录了中、日、法、美、韩等多个国家专家学者的论文,对"青年、公民权利及政治参与:源自欧洲经验的概念发展""日本青少年的人权""韩国青年的政治参与:现状与未来"等问题进行了深入的探讨。郁杰英主编的《当代中国青年权益状况研究报告》④全面梳理了中国青年的权益状况,对青年公共参与权问题作了详尽的探讨,包括青年选举权、青年参与公共事务和决策的渠道、青年参与公共监督的力度等。该书对青年权益实现过程中存在的突出问题提出了相应的对策和建议。刘宏森⑤主编的《激情与回应——青少年社会参与研究》资料翔实,内容丰富,该书以文献梳理、实证调查等方式,对20世纪上海青少年的政治、经济、文化和社会活动参与等基本情况加以分析和总结。在此基础上,该书对青少年社会参与的态度、意识、行为等方面存在的不足,特别是针对青少年社会参与途径较狭窄、单一等问题,加以深入分析、探讨并提出了相关建议。

四、中国青少年社会参与概况

中国青少年的社会参与在"十五"至"十二五"期间受到党和政府的高度关注,成为国家制定社会公共政策,尤其是青少年政策的一个重要组成部分。青少年日益广泛的社会参与已成为我国社会发展的一个主流趋势,其参与的领域不断扩大,参与的渠道和方式也日趋丰富和多样化。

2011年7月26日,中国共青团中央书记处书记周长奎代表中国在联合国发言时指出,过去16年间,中国政府进一步加大了对教育、就业、文化、卫生等领域的资金投入,为青少年发展提供

---

① 蒲伟忠:《社会发展与青年参与》,《青年研究》1994年第1期。
② 董小苹:《全球化与青年参与》,上海社会科学院出版社2004年版。
③ 陆士桢:《青少年参与和青年文化的国际视野》,中国国际广播出版社2008年版。
④ 郁杰英:《当代中国青年权益状况研究报告》,研究出版社2009年版。
⑤ 刘宏森:《激情与回应——青少年社会参与研究》,上海交通大学出版社2011年版。

了更好的条件;青少年的整体素质得到了极大提高,中国青少年对社会发展进程的参与也达到了前所未有的程度。1995年第五十届联合国大会决议通过了《到2000年及其后世界青少年行动纲领》,首次较为系统地提出了具有世界普遍意义的青少年政策框架和行动指导原则,周长奎同志所指的过去16年也正是纲领通过后的16年。①

如上述,青少年社会参与内涵丰富,外延宽泛。从广义的角度看,政治参与、经济参与和文化参与都可视为社会参与。② 联合国大会将青年参与定义为以下四个组成部分:经济参与、政治参与、文化参与和社会参与,而社会参与的内容主要包括社区参与和同代群体。③ 限于篇幅,本研究将社会参与限定于社会公共事务的参与方面,主要涉及青少年的社团参与和社区事务参与,及近年来兴起的青少年同代群体的自组织参与。

(一)青少年志愿者行动

在我国改革开放的进程中,青少年都起着开社会风气之先的积极作用。20世纪80年代末,针对2亿文盲、1亿贫困人口、3 700万失学儿童的严峻现实,团中央通过中国青基会发起了希望工程,动员社会各界力量救助贫困地区失学少年。各地共青团组织迅速健全了覆盖全国的希望工程工作网络,社会各界援手,青少年踊跃响应,希望工程很快成为公民知晓率最高、参与最广泛的社会公益项目。2000年,中国青少年研究中心会同10省市青少年研究机构进行的青少年思想道德状况调查显示,青少年中70%的人为希望工程捐过款。山东省青少年研究所2008年主持的调查显示,为希望工程捐过款的青少年比例高达76.7%。截至2007年年底,希望工程募集资金超过40亿元,累计资助农村贫困家庭学生319万。在边远地区建设了14 385所希望小学,受益青少年达数千万。

中国青少年志愿者行动诞生于1993年,次年12月5日,中国青年志愿者协会宣告成立。此后,青少年志愿者行动迅速在全国范围内展开。2008年奥运会志愿者招募活动原计划招募总人数为10万人,但中国奥组委的相关调查结果表明,青少年志愿者申请人数远远超过100万人,170万名志愿者为奥运会、残奥会志愿服务超过2亿小时。④ 2008年,有491.4万名志愿者参加了"5·12"大地震之后的抗震救灾和灾后重建。在抗击非典和历次洪涝、地震等自然灾害面前,数百万青年志愿者为灾区民众重建家园、恢复正常生产和生活发挥了突击队的作用。在第24个"12·5"国际志愿者日到来之际,新华社记者从共青团中央获悉,中国已有规范注册的志愿者3 047万人,累计有超过4.03亿人次的青少年和社会公众为社会提供了83亿多小时的志愿服务;中国90%以上地、市、州、盟,80%以上的县、区、市以及1 968所高校成立了青少年志愿者协

---

① 孙宇挺:《中国官员称中国青年对社会发展参与度前所未有》,《中国网》,http://www.china.co.cn/news/lo-cal/2011-07/27/content_23076760.Htm,2011-7-27。
② 共青团上海市委员会:《改革开放与当代青年——2008年上海青年发展报告》,上海人民出版社2008年版。
③ 董小苹:《全球化与青年参与》,上海社会科学院出版社2004年版。
④ 廖恩:《青年志愿者行动十五年的发展回顾与思考》,《青运史资料选编》2008年。

会。①"80 后""90 后"青少年志愿者,已成为我国社会公益事业中一支不可或缺的力量。青少年志愿行动中的"一对一结对服务计划""大中专学生暑期文化卫生科技三下乡活动""奉献、友爱、互助、进步"的志愿者精神在青少年中的普及,对实现真正意义上的公民参与产生了不可估量的积极影响;同时为完善青少年参与的评价体系和社会服务体系作出了可贵的探索。

(二) 环境保护与扶贫开发

推动环境保护与扶贫开发是青少年参与社会公共事务的重要方面。加强环境保护是中国的基本国策,广大青少年是推动环境保护、建设资源节约型社会的基本力量和生力军。1993 年 6 月,围绕第 20 个世界环境日,一批青年环境工作者举行"中国青年环境论坛"首届学术年会,发表了《中国青年绿色宣言》。宣言呼吁"中国青年全力以赴,加入人类走向新文明的伟大进军"。

1999 年 2 月,中国青少年发展基金会公布的调查结果表明,环保意识增强已成为当代城市青少年的一个突出特征,且表现出年龄越小环保意识越强的趋势。调查显示,81.2%的被调查者认为,"保护环境"非常重要,14.9%被调查者认为,"保护环境"比较重要,合计比例达 96.1%。在 19 岁以下及 20—24 岁年龄段的青少年中,分别有 86.2%、79.3%的被调查者认为"保护环境"非常重要。国家环保总局 2003 年进行的全国综合社会调查数据显示,在对环境状况的感受、对政府环保措施的评价以及环境意识的整体水平上,青少年的环境意识明显强于成年人。在对我国面临重要问题的选择排序上,青少年把环境保护列在首位,而成年人则把环境保护列在第四位。

随着公众环保意识的逐渐觉醒,青少年和学生环保社团数量有了很大的发展。清华大学(招生办)NGO 研究所的调查数据显示,2004 年全国以环保为主要活动领域的民间环保组织达到 44 000 多家。这些民间环保组织以青少年为主体,开展了丰富多彩的环保活动,成为促进我国环保事业发展的一支重要力量。1999 年,团中央联合国家七部委,在全国范围内广泛开展和实施了保护母亲河行动。2000 年 2 月,中国青少年发展基金会与《读者》杂志社联合发起了"保护母亲河,共建读者林"活动,倡导全国的青年读者关心环保,支持公益,捐款种树,保护母亲河。活动推出后,全国青年积极响应,大量捐款寄往中国青基会。到 2004 年年底,保护母亲河行动吸引了 3 亿多人次青少年参与各项活动,面向海内外筹集资金达 2.5 亿元人民币,在母亲河流域共建设了 1 089 个总面积达 387 万亩的造林工程,有效地改善了中国大江大河流域的环境状况。通过"绿色承诺""天天环保""生态监护"等实践活动,我国青少年保护生态环境的责任感和道德意识不断增强,并由认识转化为行动,积极参与环保实践活动。

广大青少年同样积极投身于贫困地区的扶贫开发。1996 年,大中专学生志愿者暑期文化科技卫生"三下乡"社会实践活动开始实施,此后每年暑假都有 100 万以上的青少年学生以志愿者身份组成实践服务团队,深入全国贫困落后和欠发达地区开展志愿服务。1998 年开始全面实施的"中国青少年志愿者扶贫接力计划",动员和组织城市青少年志愿到中西部贫困地区开展为期

---

① 贾楠:《共青团中央:中国已有规范注册的志愿者 3 047 万人》,《中央政府门户网站》,http://www.gov.cn/jrzg/2009-12/05/content__1481083.htm,2009 年 12 月 5 日。

半年至2年的服务,到2005年年底,共有30多万名青少年自愿报名参加,组织了15 000名城市青少年到19个中西部省份开展服务,受益的贫困县达到223个。从2003年开始,团中央深入实施了大学生志愿服务西部计划,到2006年全国项目共招募大学生志愿者27 000余名;北京、河北等21个省份相继实施了地方项目,招募了近万名大学生志愿者到贫困乡镇开展服务。2005年全国在岗服务的大学生志愿者总数超过了2万名,服务县总数达到392个,为促进西部地区经济和社会发展作出了积极贡献。2012年是第十批西部计划志愿者选派之年,截至5月31日,全国有1 000多所高校61 516名应届高校毕业生踊跃报名参加2012大学生西部志愿服务计划。①

(三) 互联网和非政府组织

互联网和非政府组织为青少年开辟了积极有效的参与渠道。在步入信息社会的今天,互联网和手机技术飞速发展,网络媒体广泛兴起,给青少年的社会参与带来了日益深刻的影响。广大青年利用公共论坛(BBS)表达自己的意愿、通过政府信箱参与政府积极对话。目前,除了人们关注的BBS、QQ、MSN、YY、博客外,微博和微信的发展异军突起。由于3G技术的推行,作为终端信息平台,手机的网络功能日趋完善,用手机上网刷微博、发微信等,已成为青少年沟通和交流的主要方式,为青少年社会参与提供了新的渠道。2012年6月,我国微博用户数量由2010年年底的6 311万猛增至2.74亿,成为世界微博用户最多的国家。② 2013年1月15日,腾讯官方微博宣布,我国微信用户突破3亿。

互联网在青少年社会参与过程中发挥着极其重要的基础性作用。上海团市委的调查显示,到2004年年底,全国各地青少年以互联网为依托的虚拟网络组织已达数十万个。网络虚拟组织具有非物质性、超时空性、可扩展性、开放性、平等性和互动性等特征,是在网络交往平台上形成和发展起来的由一定数量人群网络行为组成的虚拟性网上团体。事实表明,网络虚拟组织对青少年具有强大的吸引力。网络虚拟组织的出现,使青少年选择社会组织的自主性大大增强,社会参与的积极性和主动性大大增强,同时也为丰富青少年社会参与的内容、范围和样式,开拓了新渠道。

我国非政府组织在"十五"至"十二五"期间迅速发展。民政部的统计数据显示,1999年中国的非政府组织总数为17万余个,2012年6月21日,民政部发布的2011年社会服务发展统计公报显示,截至2011年年底,全国共有社会组织(即非政府组织,NGO)46.2万个。③ 在法定非政府组织中,青少年非政府组织数量约占总量的1/3以上,其中35岁以下的青少年约占50%以上,成为其中坚和主体力量。清华大学NGO研究中心的一项调查表明,1998年之前,我国非政府组织中30岁以下的领导者数量很少,而近年来则涌现出一大批30岁左右、年轻的非政府组织

---

① 李晨华:《数万名大学生西部计划志愿者喜迎2013》,中国青年网(http://xibu·youth.cn/yw/201301/t20130106_2780496.Htm),2013年1月6日。
② 尹韵公:《中国新媒体发展报告2012》,社会科学文献出版社2012年版。
③ 《2011年社会服务发展统计公报》,民政部门户网站(http://cws.mca.gov.cn/article/tjbg/201210/20121000362598.shtml)。

领导者。非政府组织秉承济世救贫、服务大众、公平公正、自主自愿、关爱人与自然等价值理念,不仅得到了青少年的认同和支持,而且为青少年参与社会公共事务搭建了舞台,促进了青少年与政府之间的积极互动。从一定意义上说,非政府组织已成为青少年表达个体意愿与利益诉求的有效平台。这个平台的发展,增强了青少年的参与意识和社会责任感,满足了青少年强烈的社会参与愿望,在更广泛的程度和更广阔的领域中促进了青少年的参与和融入社会。

(四) 城市与社区公共事务参与

城市的发展进步,仅靠政府的努力与制度和措施的约束是不够的,只有置身其中的公民积极参与相关事务、履行自身义务、维护自身权利,才能推进社会健康有序地发展。近年来,在城市化进程加速的大背景下,"新生代公民"一词悄然诞生。这一青少年群体虽来自不同的成长环境,关注的公共事务也各不相同,但其共同特征是:他们大多出生于20世纪八九十年代,身为"80后""90后",却能够超越同龄人的视野,不再局限于对教科书、动漫、电玩、流行音乐的关注,而是热衷于城市的公共事务,积极参政议事。以广州为例,通过"征集拇指图片撑广州建委"发起申请光亮工程信息的"拇指妹"、反对地铁一号线翻修方案的高中学生"举牌哥"(陈逸华)、呼吁市民停止食用鲨鱼的"鲨鱼妹"(邓茜元)、由"80后"青年为主体的利用网络公共平台自发组成的"旧城保护小组"等已成为广州市民耳熟能详的名词。对此,《南方都市报》热情称其为"新生代公民"。上述事件看似简单,实则蕴含着深刻的内涵,其目标诉求直指市政工程背后的城市发展思路与发展政策,是一项自下而上的公益性、政策性的倡导活动。当今社会,以青少年为主体的各种公益活动并不鲜见,但大多集中于志愿服务,并不包含政策目标和政策诉求。这些年轻的声音,依赖网络平台得以表达与传播,因为他们是熟悉互联网并由网络伴随其成长的一代。这是一个新特点,这一特点对公民表达、公共意见整合以及政府在公共管理与政策制定过程中吸纳民意的渠道与方式,都带来新的启迪与研究课题。

社区是重要的社会单元,社区成员的参与度是社区发展的内在动力,是社区建设成败的重要标准之一。从社区发展角度来看,社区服务的优劣与完善对增强居民对社区的参与感、认同感和归属感具有重要意义。

2009年,共青团上海市委员会对2 000名18—28岁的青少年的社区参与状况作了调研。① 调查数据显示,绝大多数上海青年的社区参与意识很强,对社区事务有主体感并有具体的参与行动,仅2%的受访者表示"不愿参加"社区志愿活动,有19.4%的青年是"想参加但还没参加过"任何活动。上海青年参与社区活动的动机特点表现为多元共生,动机结构多重,既有58.7%的青年纯粹是想"为社区出份力",39.5%的受访者是为了"改善社会风气",也有39.2%的青年参与社区活动是为了"丰富人生经历",31.6%是为了"结交朋友、拓宽社交"。换言之,上海青年参与社区事务一方面是出于对社区责任的考虑,另一方面还出于自身发展的考虑,即至少应该是建立在有利于自身发展基础之上的奉献。上海青年这一多元复合的参与动机,势必造就

---

① 共青团上海市委员会:《拥抱世博的上海青年——2009年上海青年发展报告》,上海人民出版社2010年版。

其更关注社区活动的实效和价值,而不屑参与只具有仪式性意义的社区活动。与仪式性参与相比,实质性参与更接近参与的本意,即参与的过程是一个充满表达、商讨、质疑、利用的博弈过程;参与的目的不是传达某种意识形态和某种象征意义,而是为了实现自己的兴趣爱好或维护自己的合法权益与促进社区的公共福利。

五、青少年社会参与特点与规律

西方学者艾德勒(Adler)认为,参与行为是人对社会生活的某种愿望与需要,它体现着一种"真正的自我卷入"。通常意义上,青少年参与是青少年个体或群体借此实现利益需求的一种社会表达方式。随着青少年文化素质的发展提高以及世界各国高等教育规模的持续扩大,青少年的主体意识、公民意识和参与意识也将随之同步增长,并在社会发展进程中发挥不可忽视的重要的作用。

未来学家在预测 21 世纪时经常会使用"参与爆炸"和"个人创业爆炸"等概念。由于信息群和先进传播工具的广泛出现,使民众的直接参与成为现实的可能。正如阿尔温·托夫勒①指出的那样:利用先进的计算机、人造卫星、电话、有线电视、投票技术以及其他的工具,一个受过教育的公民,在历史上第一次能够作出自己的许多政治决定。事实上,知识经济发展所依赖的先进理论和科学技术的创新与转接,往往是先在青年群体中进行并得到及时广泛的传播。因为,青年人的特点与风格,以及充满机遇的时代和参与的低成本性,决定了青少年群体总是会成为社会、经济与文化发展变革最积极的参与者和拥护者,同时也决定着在全球化的进程中青少年的社会参与意识和参与热情将进一步增强。

青少年参与与社会发展是互动的关系。青少年参与往往是社会政治或文化运动的先导,而社会发展往往吸引青年积极地参与。当然,时代主题、社会价值取向的不同,也决定着青少年参与动力、内容与方式的基本边界。综观 20 年来中国青少年社会参与的现状,可以肯定地说,青少年的社会参与意识正不断增强并渐趋务实化,参与方式积极有效,参与行为日趋理性化。人们推测,在未来的社会发展进程中,青少年社会参与将呈现如下发展趋势:

(一) 从政治参与到经济参与

20 世纪中后期,人们通常以政治思维决定取舍的行为标准。在"政治时代",比照精神、思想的需要,经济利益退居为次要的位置,而政治生活与政治运动则支配着社会发展的方向。于是,当青年被唤起参与热情时,明显地带有政治参与的色彩:过分看重政治利益,过分强调政治参与的作用,把政治参与作为青年文化表达的唯一形式。试图用政治参与去改造社会并解决现代化问题,是这时代青年参与的基本特征。

进入 20 世纪 90 年代后,青少年失去了政治参与的激情,政治心态冷漠。在发达国家,青年

---

① 阿尔温·托夫勒:《第三次浪潮》,生活·读书·新知三联书店 1984 年版。

已呈现出更保守并维持传统的趋势。在他们眼中,经济优势和个人利益的重要性已远远超越了社会和公共事务。在中国,现代化进程加速了社会分层与社会流动的速率,而市场经济的发展则构成了一种开放的社会结构,它迅速改变着人的社会关系结构,冲击着人们的价值系统,并直接影响青年参与的目标和形式。随着社会主导理念的转移,在改革开放时期剧烈的社会变革驱动下,青年的主体意识开始觉醒,商品经济发展在重构利益格局的同时,也唤醒了人们对自身利益的重视。在全球经济一体化和多元文化并存的格局下,更多的青年以开放的心态,尊重不同价值,兼收并蓄,其参与行为也出现了多元分化的趋势,即由单一的、被动的"政治参与"转为政治、经济、文化和群体、个体并存的多元化参与趋势。在经济全球化时代,中国青少年社会参与的表现形式将越来越趋向于:经济参与成为青年参与社会的主要形式;更多的青年将由经济的配角转为经济的主角;追求社会和平发展、社会公平与公正以及个人成功成为青少年社会参与的主要目标。

2003年3月,毕业于武汉科技学院的孙志刚被收容致死事件发生后,在广大青少年中激起了强烈反响,他们通过多种渠道表达了自己的意见和对事件的深刻反思。正是由于青年的积极参与和推动,当年6月温家宝总理主持召开国务院常务会议,废止了《城市流浪乞讨人员收容遣送办法》,设立了新的法规。青年参与所促成的结果,不仅仅是一个管理办法的废止,更是引起了全社会对维护和保障青少年权益的高度重视,改善和优化了青少年健康成长的客观环境。

社会结构转型对青少年而言,既带来机遇也存在风险。一方面,青少年对国家事务的影响力增强,成为将社会平等、公正纳入国家发展战略和政府决策的中坚力量;另一方面,全球化带来的利益和风险尚不均衡,甚至使不平等现象加剧,并一定程度上使青少年的地位更加边缘化了。以青年就业为例,2013年,全球经济复苏缓慢,下行风险不断加大,受国家整体经济形势影响,就业结构性矛盾更加突出,就业总量压力持续加大。2013年成为"史上最难就业季",各行业对大学毕业生的需求普遍减少,对众多学子而言,毕业即意味着失业。看不到出路,前途渺茫,为数可观的青年在商品化、世俗化风潮的冲击下,失去了政治参与热情,政治心态冷漠,他们排斥社会理想和群体规范,追求感官刺激,对网络和流行文化的兴趣远大于对政府和政治的关注。

(二)由社会动员式参与到个人选择式发展

20世纪80年代,囿于社会发展的局限,在发展中国家甚至在某些发达国家中,青年仍处于边缘人的状态。社会结构决定了当时、当地的青年参与方式。因此,这一时期青年参与是一种社会动员式的参与。这种参与模式在一定的社会发展阶段具有稳定社会秩序的积极意义。在中国,当时青少年参与的主要特征是:青少年参与是一种体制内、有组织的动员式参与;青少年参与的利益需求与当时整个社会的发展需求高度整合。具体而言,当时的青年参与是一种服从于社会整体利益而作出的奉献;青少年参与基本上不是独立或个体的行为,明显具有一元化、群体性的特点。

相形之下,20世纪90年代后中国青少年的参与行为更多地显现出自主性与主动性的特征。社会变革与经济的发展激发了青少年对未来社会发展和个人命运的关注。日益宽松的社会环境使青少年走出以政治思维观察社会的定势,开始独立地思考问题。竞争与流动的社会结构及社会的"年轻化"趋势,使青少年有可能按照自己的意愿去选择个人发展与社会参与的模式。青少年迫切希望在社会、政治和经济生活中听到自己的声音、留下自己的印记。

随着大众传媒的日益发达以及全球范围内青少年流动的加速,青少年群体出现了新的角色群与组织,"族"的概念逐渐替代了"代"的概念;过去常用"迷惘的一代""愤怒的一代""垮掉的一代"等政治称谓去描绘青少年,现在则更多的是从经济或文化的角度去划分青年。如:"海归族""打工族""追星族"等。这不仅仅是一种称谓的改变,更是显现了全球化时代青少年社会参与的新特征:通过职业选择或社会流动参与社会经济发展成为青少年社会参与的新渠道;青少年社会参与明显具有独立、自主、个体选择的色彩,其参与方式丰富多样,参与领域日渐拓展,从而昭示着青年能力时代的到来;青少年社会参与行为更多地与他们的实际利益相联系,"被动式"参与转变为积极的"主动式"的参与;一元的参与发展为多元的参与;凝固的参与演化为流动的参与。

当代青少年不仅重视抗击"非典"、申办奥运、"神舟五号"至"神舟十号"载人飞船的发射、中日关系、国际反恐及两岸关系变化等重大事件,而且对高校收费、住房、价格改革、医疗和社会保障制度改革等涉及自身现实利益的社会热点问题给予了更多的关注。他们利用微信和微博等网络舆论平台表达意见和态度,表现出很高的社会参与热情。

(三)激情、理想的参与到务实冷静的有效参与

如果说成人化显示着社会的尊严、权利与规范的话,那么,青少年文化则代表着社会的理想、激情与活力。青少年文化总是走在时代的前列,青少年参与也总是凸显着它的青春性、激进性的特质。

反观世界发展历史,在诸多革命运动中,通常是青少年率先行动起来,以高昂的热情投入其中。正是由于青少年的加入,才使这些社会变革运动充满激情与活力。可以这样说,参与国家与世界的所有事务,参与解决全球与人类发生的一切问题,是青年的显著特性。青少年的活动,对走向美好未来和世界和平进步事业是一个重要的因素。

以日本"入常"问题为例,我国青年表现得既冷静克制又立场鲜明,有礼有节地以合法方式表明了自己的态度。在全球 4 200 万华人签名的给联合国秘书长的意见书中,70%以上的签名者是 35 岁以下的青年。很多大学生表示,要保持冷静理智的态度,避免因盲目行动给中央决策造成被动。

作为成长于过渡、调整、开放与动荡的时代青少年,较之"分裂的一代"与"愤怒的一代"的青少年,他们更现实,也更"世俗化"。这一代青少年更注重感性文化和现实取向,更崇尚物质与个人成功,更强调自我尽责与自我完善。具体表现为:青少年参与价值由追求理想转向现实利益;由崇拜权威转向自我关注;由浪漫主义转向理想的具体化和现实化;其参与目的更注重自我价值的提升并在参与过程中具体获益。

杨雄指出,中国"第四代"青少年的生活与行为取向具有超前消费、追求时尚、世俗化、满足

于感官与物质享受等"实惠主义"行为特征。① 2002年，杭州市青少年研究所会同全国16个省市，对现代化进程中的中国青少年10年发展状况所做的调查佐证了这一观点。调查数据揭示了青少年对现实利益的高度追求。在回答"个人目前最迫切的需要"这一现实需求问题时，前几位选择均与个人切身利益和职业需求相关，"增加收入，改善生活条件""念书深造""有合适的工作""婚姻美满，家庭幸福""有自己购买的住房"分别高居第一、二、四、五、六位，而"有精神追求"仅居于第七位。如前所述，上海青少年的社区参与动机也更注重实现自己的兴趣爱好或维护自身的合法权益。

六、思考与建议

能否为青少年参与创造便利条件，是社会平等和进步的重要标志。为此联合国大会多次强调青少年参与在社会发展以及全球发展进程中的价值。国际社会为促进青少年参与和青少年发展达成了多项协议，消除经济全球化进程对青少年产生的不利影响正逐步纳入各国政府的重要议程。联合国系统内各部门都制定了争取青少年参与的战略和框架，总部更通过为相当数量的青少年提供工作机会、规定一定比例的青少年代表参与联合国大会、制定联合国总部实习方案、招募青少年志愿者等手段，帮助青少年更多地参与联合国活动。

多年来，中国政府在推进青少年社会参与工作方面取得了积极的进展。但不得不承认，很长一段时间来，我国政府工作中既缺乏"社会参与"的概念，也缺乏相应的制度安排和资源配置。因此，绝大多数社会组织没有"参与"社会公共事务的意识与能力。2008年6月颁布的《汶川地震灾后恢复重建工作条例》把"政府主导与社会参与相结合"作为灾后重建的原则之一，明确"国家鼓励公民、法人和其他组织积极参与汶川特大地震灾后恢复重建工作"。这是新中国成立以后政府第一次对公民、法人和其他社会组织参与社会公共事务的赋权。但面对青少年参与热情日趋高涨的良好态势，中国的现实状况是青少年社会参与途径与渠道不够畅通；规范参与行为、保障参与实施的制度等方面尚不健全。共青团上海市委员会的调查数据显示，49.4%的在职青年认为，青年普遍具有参与公共事务的热情和愿望，只是参与渠道不是很畅通。所以，大力推进公众的社会参与，充分发挥青少年社会参与的积极性和社会参与的有效性，政府还有很多工作要做。为此，我们建议：

（一）加强立法，保障青少年社会参与的权利

青少年社会参与的立法工作涉及面广、政策性强，专家学者各有不同见解，但在加强政府对志愿服务的管理、完善相关机制等方面基本达成共识。

（1）统一手段与目的。青少年不仅是推进重大社会活动过程中廉价甚至无本的劳动力，更是推进社会发展的主力。因此，青少年社会参与不仅是推进重大社会活动的重要手段，更是促

---

① 杨雄：《新时期中国青年社会参与的三大变化》，《当代青年研究》1994年第21期。

进青少年社会化、提升其整体素质这一目的本身,是手段和目的的有机统一。唯独坚持有机统一青少年社会参与的手段和目的,政府才会认同青少年社会参与是其自身的权利;才会明确促进青少年社会参与的目标在于通过参与活动,帮助青少年开阔视野、增长才干;政府才会畅通优化青少年社会参与的途径和渠道;才会在制定相关政策时,更多考虑社会参与对青少年发展的实际意义和利益。

(2) 统一权利与义务。联合国基金会指出:参与不仅是成人给予青年人的一份礼物,它还是在儿童权利公约(CRC)上所定义的对儿童和青年的一个基本人权,它还是国际法中特别赋予儿童与青年的一个基本权利。因此,青少年在承担社会参与活动义务的同时,也有权享有自由表达看法和见解;享有促进其赖以生存和个人发展的服务和政策(包括医疗保健、教育、技能和职业培训等),同时也有权得到免遭暴力、歧视、剥削和虐待方面的保护。政府在制定促进青少年社会参与的政策制度时,应把握权利和义务统一的原则。

(3) 统一原则性与操作性。要确保青少年社会参与的权利,不仅要制定和出台相关的法律和政策,还要明确青少年社会参与的原则、方针,形成相应的、切实可行的促进措施,不断规范和优化青少年社会参与的途径和渠道,有效促进青少年的社会参与。

(二) 完善畅通青少年的社会参与途径

(1) 疏浚与拓宽青少年参与途径。要确保青少年社会参与途径的畅通,一方面需要国家和政府努力改变公众参与途径单一、狭窄的局面,不断疏浚现有的参与途径,优化资源配置,积极建构有助于实现青少年有效参与的体制和机制安排;另一方面则要高度关注互联网和自组织等青少年社会参与的新途径,给予及时引导和服务。

应不断拓宽青少年现有的参与途径,构建社会参与的正式途径和渠道群,不断完善青少年意见表达渠道及青少年的行动组织渠道。如前所述,互联网已成为当下青少年政治参与、文化参与、经济参与和社会参与重要的,甚至是基本的途径和渠道,因此,一方面要加强对青少年通过网络进行社会参与的引导,另一方面要强化主流媒体对青少年社会参与引导功能。对青少年自组织这一社会参与途径,同样要给予扶持、关注和引导。

(2) 强化教育培训机制。加强对青少年的社会参与能力的培训,形成完善的教育培训机制,促进青少年社会参与是提升青少年整体素质的重要途径。教育培训机制主要包括体系化和即时性两类。体系化教育培训主要包括青少年课程中的教育内容;即时性教育培训主要指在动员和组织青少年社会参与之前,根据参与的要求和参与者的实际情况,对参与者进行的针对性培训。即时性培训具有很强的实效性,不仅为参与者打下了良好的参与基础,而且有效地提升了他们的整体素质。

(3) 优化信息沟通机制。本文所指的信息主要包括社会需求信息和青少年群体的信息两部分。社会需求信息主要指社会发展对公民参与提出的要求;青少年群体信息主要指青少年群体的状况及其需求方面的信息。建立并逐步优化信息沟通机制,必须坚持及时准确原则、公开透明原则及双向互动原则。

（4）完善激励机制。激励机制包含的内容既有物质性激励，也有精神性激励；不仅包括现有成果的激励，还包括机会机遇的激励。建立和完善参与激励机制，实质是一种赋权，把平等的参与权利通过法律、制度赋予青少年，使之具有维护自身应有权力的能力，能够参与影响其生活的事件和机构，并努力加以改变。国家和政府应当准确把握青少年的需求，在社会需求和青少年需求之间找到契合点，帮助青少年正确认识社会参与对社会和自身发展的意义和价值所在，并通过参与具体获益。

首先，应加强对青少年信息获得与分辨能力的引导，创办优势网站，把握舆论的正确导向。互联网络信息传递渠道的极度多元化，使传统意义上属于国家专控的信息发布权利飞速丧失，政府正面临信息内容无法控制的处境，统一的舆论在可预见的将来势必瓦解。而青年面对纷繁芜杂的信息也会产生迷惘，失去正确的判断能力，从而在社会参与过程中做出错误的选择。对此，政府应在自己的网站上，以青年乐于接受的方式，向其灌输正确的思想，指导其对新闻事件视点的准确把握，引导青年更有成效地进行参与活动。

其次，向青少年提供社会参与必要的资源，逐步扩大多样化的社会参与途径，是一种有效的激励。网络时代，青少年已不再满足于几种传统的参与方式，同时，网上不同且具有异质性的利益群体的形成，以及各群体利益表达强烈的现状，也要求政府必须开辟出一些新的公民参与的途径，以求形成多元的、顺畅的而非强制的表达渠道。网上投票、网上协商对话以及网上民意测验等，都将为青年多层次、多方位、多样性地参与社会事务创造更加充分的条件。

再次，也是最根本的一点，进一步提高青年参与意识和行为的水平。网络的迅捷便利极大地提高了青年的对社会事务关心度，政府要适时引导青少年使之增强社会效能感，培养、塑造其社会责任感，使青少年不仅具有持续的社会参与热情，更能在现有体制所允许的参与渠道中充分地、制度化地深层参与社会发展。

开放时代长大的当代青年，身处全球经济发展时代，社会给予其选择的自由，时代给予其发展的机遇。他们面向未来，必将会根据自身的能力与才干，审时度势把握自己的命运，选择最适合自己的社会参与途径与模式，用他们的聪明才智和新思想为中国社会发展创造美好的前景。

（原文载于《青年研究》2013年第6期）

青少年性行为"滞后释放"现象的实证解释

杨 雄

一、青少年能否安然度过青春期之不同观点

国际学术界通常将"青少年"以如下几个术语加以界定：Adolescence（狭义的青少年）是指10—18岁年龄段的人，Young adult（未成年）是指15—24岁年龄段的人，Young people（or youth）（广义的青少年）是指10—24岁年龄段的人。在中国通常将14岁以下称为"儿童"，将14—24岁年龄段的人称为"青少年"，将18岁以下统称为"未成年人"。本文研究的对象主要是指"狭义的青少年"，即10—18岁这一年龄段，集中研究处于青春期在校初高中学生。

关于青春期，目前世界各国尚无一致的定论。有人认为，青春期即青少年期的开始阶段（美国著名心理学家G.斯坦利·霍文持此说），青春期指的是人在成长过程中，以第二性征出现为起点，身心各方面发生重大变化的时期。尽管青春期和青少年期在内容上、年龄上有某些重叠，但仍是两个不同的概念。青春期的起止年龄一般为十一二岁至十七八岁，其年龄的上下限，均早于青少年期。"无论从文字上，还是从喻义上，青春期都意味着长大成人——从文字上，词根adolescents在拉丁文中的意思是长大，从喻义上看，粗略地讲，它指的是从开花到成熟之间的一段时间。"①对青春期的理解有一个发展和变化的过程。早期人们认为，人的一生可以划分为成人期和非成人期。随着研究的深入，对人类成长周期的划分越来越细致，非成人期被划分为新生儿、婴儿、幼儿和儿童期，成人期被进一步划分为成年早期、成年中期和成年晚期。专家和学者们发现，在成年期和非成年期之间还应该有一个过渡期，这个过渡期既不同于非成年期，也不同于成年期，这就是青春期。很显然，青春期被认为是从儿童期向成年期的过渡。

大多数学者认为，青春期是人生一个新阶段的诞生，青春期的到来标志着人更加高级、更加复杂的特质的产生。同时，青春期也是一个情感爆发和压力加大的时期，是一个充满冲突和困惑的时期。德国儿童心理学家夏洛特·彪勒则把青春期称之为"消极反抗期"。由于身心的逐渐发展和成熟，青少年在这个时期往往对生活采取消极反抗的态度，否定以前发展起来的一些

---

① ［美］保罗·马森：《人类心理发展历程》，孟昭兰等译，辽宁人民出版社1991年版，第326页。

良好本质。这种反抗倾向，会引起青少年对父母、学校以及社会生活的某些要求、规范的抗拒态度和行为，从而会引起一些心理卫生问题。

美国哈佛大学心理学教授埃里克森提出"青春期的危机与转机"理论。他将人生发展分为八个时期，可简称为人生八段。其中有两点非常值得重视：任一时期身心发展的程度与前各时期以及后各时期的发展有关。前期的发展，即身心统合的程度，对后期的发展起促进或阻碍作用。人生的每一个发展时期，均可视为一个"危机与转机"的关键。人处于每一个时期，各有其可视为根本性发展的问题或困难，困难未解决之前，心理危机将持续存在，困难解决，危机化解，危机转为转机，继续发展。危机因发展而产生，是正常现象，故而又称发展危机。而有些人则由于发展危机不能得到适时化解而相继累积，导致丧失个人适应能力，形成障碍。

美国社会学家哈维格斯特则强调社会环境对个体的人发展的影响。他认为人的发展实质上是学习并完成社会所要求的各种任务的过程。哈维格斯特将人的发展过程划分为几个连续的、有一定顺序的阶段，每个阶段都有相应的发展任务，包括技能、知识、功能、态度等，而这些是人在特定的阶段、特定的社会中取得成功所必需的，每一阶段发展任务的顺利完成将会推动下一阶段发展任务的顺利完成，否则的话，将会造成下一阶段发展任务的失败，导致社会的非难和个人发展的失败。

与之形成鲜明对立的是美国波士顿塔夫斯大学应用发展心理学系理察勒纳的观点。他认为大多数青少年能够平安度过青春期，青春期是"危机期"的认识肇始于社会上对青春期广泛的错误认知。研究显示，多数年轻人在青春期和父母的关系良好，从他们身上学到做人处世的态度和价值观，并在青春期结束后，成为好公民，谁说青春期一定是各种压力和家庭风暴的混合体？其实多数青少年都适应良好。这更能反映出美国一般家庭的状况。

美国学者勒纳最近15年来的研究表明，青春期的确是一个过渡的时期，一如更年期。尽管青春期有激烈的生理和荷尔蒙变化，却不能说这必然是人生发展的一个混乱时期。是否会出现发展危机，要看青少年原本的个性和他们从身边成人所得到的感情上的支持。简而言之，和父母有很大的关系，因此勒纳试图探讨究竟需要什么条件，青少年才能平安度过青春期，而成人又能做些什么来帮助他们。勒纳认为，家长和孩子经常以没有坏事发生来定义正面发展。而他们希望呈现出一个完全不同的视角和词汇，供家长和孩子来使用。"青少年的正面发展"研究的初步结论显示，顺利从青春期进入成人期的人，都拥有可以加以量化的人格特质，这些特质被称为"五C"：有能力(competence)、有自信(confidence)、有良好的人际关系(connection)、稳定的性格(character)和家人的关心(caring)。理论上这五C会带来第六个C——帮助他人(contribution)，即社会意识。勒纳认为，上述人格特质是近几年来许多临床医师共同观察到的结果，不过他的研究是第一次试图测量这些特质如何影响青少年顺利成长。五C人格特质是单独存在，彼此间有密切关系。比方说，个人能力并不单指学业成绩，也包括社交或专业技能。自信除了良好的自我认知，也包括相信自己可以在这个世界上有所成就。

由此看来，青春期中的青少年是处于心理冲突中还是可以平稳度过，一直是心理学和社会学讨论的焦点。青春期是一个变化时期，是少年身心变化最为迅速和明显的时期，在这个时期，青少年的身体、外貌、行为模式、自我意识、交往与情绪特点、人生观等,都脱离了儿童的特征而逐渐成熟起来,更为接近成人。这些迅速的变化,会使青少年产生困扰、自卑、不安、焦虑等心理卫生问题,甚至产生不良行为。因此,青春期是一个既可以预测、又难以预测的时期。也就是说,在这个时期中,人从儿童向成人发展是可预测的,但是在发展过程中会出现什么情况或问题则难以预料。那么,大多数青少年在青春期究竟是处于心理冲突和消极反抗中,还是可以安全和平稳地度过?如何引导青少年平稳地度过青春期?这是本文研究的核心问题。

二、青春期性行为与"推拉理论"

按照"推拉"理论,青春期是一个生物性势能与社会性势能势均力敌、双方"拔河"的特殊阶段。青少年往往在独立与依附、个体倾向与社会取向方面犹豫不决,在试图独立与不尽的依赖情结间踯躅。心理发展使青少年度过儿童的他律阶段,进入自律阶段。青少年能否安稳地度过青春期,既与其心智发育成熟度有关,也与环境变量的"推力"或"拉力"相关。

我们在分析中国大城市独生子女性意识、性行为变化时,首先应该注意到"环境推拉力"对青少年的影响。这种推力或拉力包括家庭、学校、传媒、朋辈等对青少年的"争夺",也包括青少年在青春期中生物、心理等自身变化(如性冲动、性梦幻等)的作用。由此看来,我们应该用一种社会建构主义的方法来看待作用于青春期中青少年的各种环境变量。

本质主义认为人类性冲动是天生的、自发的,而社会建构主义将关注的重心从个人的内在本质转向外部环境。它不是去探讨哪些内在动力产生了性欲望,而是去追问:欲望作为一种社会行为是如何形成的?是如何组织起来的?又是被怎样解释的?欲望是如何被制造出来,又是如何被行动的?这一转变是从内部转向外部,从天然转向人为,从普遍性转向局部性。青春期作为一种社会现象,不仅是个人本质决定的生理现象。社会建构主义者认为:性欲不是"能量"或"冲动",不需要"宣泄",性是历史和文化的变量。在人类生活领域中,同许多其他行为相比,性是最受社会文化影响的一种行为。社会建构主义是将"性"视为可塑性很强的东西。社会建构主义相信"社会教化"理论。人类在开始时是一张白纸或一团胶泥,性总是受到占统治地位的文化道德"话语"的塑造和强化。人们之中的任何区别,无论是性别还是性取向的区别,都是由文化和环境的不同造就的,是通过现存社会环境的改变加以改变的。青春期作为人类性发育、性价值观形成的重要时期,性意识、性冲动同样是社会化的一种经历,是青少年个体与社会的双向互动过程,是推力与拉力之间较量的过程,也是社会文化影响作用的产物。

青春期的发展不是在真空中发生的,而是通过青少年个体与社会互动得到促进或阻碍的。这就是社会性认知的发展。社会性认知的核心思想是"意义采择"。意义采择涉及两种显然不同的活动:静态和动态。在一定的时间和空间里,采择意义的活动处于相对静止的状态。如果个体对自己和他人的关系(或者主体和客体的关系)感到平衡,也即采择了平衡的意义,那么他或她就会按照这一意义去理解生活和处理生活。然而,任何静态都是相对的,因为平衡是相对的。如果个体对自己和他人的关系感到失衡,也即采撷了失衡的意义,那么他或她就会按照这一意义去理解生活和处理生活。失衡涉及青年是接受心理变化还是拒绝心理变化,涉及对自己的重新认识。① 为什么会出现平衡-失衡这一现象?关键在于两个因素:一个是文化的作用,另一个是个体的认知水平。不同的社会具有不同的文化,不同的家庭、学校、同伴团体等也具有不同的文化。处于青春期的青少年要比童年期面临更为宽泛的文化氛围,文化以"植入"的形式影响着他们,他们以"沉浸"的形式接受着文化。倘若"植入"的文化与他们的认知水平相匹配,则他们对文化所内涵的意义就不会有异议,采撷活动没有冲突,从而处于平衡状态。因此,将青春期看成是"问题"就如将青少年看成为"问题"一样,都是社会对青少年的"刻板印象"造成的。青少年发展一方面是青少年身心随着时间的推移而不断成熟的自然过程,另一方面是青少年以个体身份适应社会即社会化的过程。从不成熟走向成熟是青少年的典型特征,青少年阶段本身就内含了不成熟与成熟的矛盾性,内含了不成熟的问题和走向成熟的希望。身体发育、性发育、心智发展、生活扩展、人际社会性发展、个性完善,诸如此类青少年发展内容都处于一种过渡状态。青少年问题的存在本身具有客观必然性。

  青少年问题不只是青少年的,也是社会的问题。青少年问题终究是社会的一种设定。因此,我们不能一味以成人本位、成人眼光和价值观去衡量、看待青少年的行为。虽然父母等成人是过来人,代表着经验,青少年应该听取大人的意见,但是当代青少年是生活在一个开放的、市场经济的社会中,社会许多"环境变量"每时每刻都在影响并作用于他们的日常生活。他们身体发育和成熟提前,致使他们的性能量总要寻找释放的机会和对象。通俗地讲,青春期性能量的积累,要么得到释放,要么得以转移,要么被推迟或"压抑"。这主要看家庭、学校和社会与青少年的关系如何处理。如果家庭、学校和社会各种变量很健康、很和谐,我们与青少年关系处理得当,那么青少年就能比较平稳、安全地度过青春期;反之,青春期教育质量低、家长素质不高、家庭不和睦、社会环境(不良信息、朋辈文化等)很糟糕,那么,青少年的社会化就会遭遇问题。这就提示我们,青春期教育要防止过度社会化。"过度社会化"是美国社会学家丹尼斯·朗(Dennis Wrong)首次提出的。他认为:"人的已过分社会化是一个极类似于社会的已过分整合的观点。"②在这种过分整合的过程中,秩序本身的地位至高无上,个性的意义则被完全消解。青少年的过分社会化是威权社会里青少年社会化过程中常常出现的一种偏差现象,它只承认社会共性,单强调社会秩序,青少年个性存在的合理性则被淡化祛除。③ 所谓"父要子亡,子不得不亡""饿死事小,失节事大"等都是过分社会化的表现。在一个青少年普遍被过分社会化的社会,个性的发展会因为被视为异端而处于被压制状态,整个社会常常处于一种大一统的格式化状态。从社会史的角度看,千篇一律的社会往往也就是最缺乏创新、最守旧呆板的社会。它在达成了社会的高度整合的同时,也桎梏了社会的活力与青少年人的创造性。由于个性的发展总是在本

---

① 杨雄等:《社会转型与青年发展》,上海社科院出版社2004年版,第79页。
② 丹尼斯·朗:《现代社会中人的过分社会化了的概念》,《美国社会学评论》1961年第3期,第183—193页。
③ 庞树奇等:《普通社会学理论》,上海大学出版社2000年版,第130—131页。

能的催动下潜滋暗长,外在的压制充其量只能是把它逼进地下状态。这种内在的累积一旦达到一定的界点,势必要突破秩序整合的需要,颠覆既存的价值体系与利益分配格局。即使是从一定社会秩序维护的需要出发,在青少年社会化过程中过多地强调秩序的意义而使得青少年个性的泯灭,最终却可能使秩序的维护本身成为不堪一击的脆弱存在,因而也是不可取的。因此,我们要努力使青少年在一个比较适宜的环境中健康发展。青春期教育既不能采取"高压""控制"态势,也不是完全"放任自流",而应充分了解青春期"推力"和"拉力"是如何作用、影响当代青少年一代的,从中找到引导他们安稳度过青春期的科学理念与操作路径。

"推拉理论"揭示了青春期中青少年性行为何以发生,又何以约束的本质。它不是一个自然放任发展的过程,也不是一味扼杀的过程。在开放的社会环境下,我们实证发现:越来越多的"环境变量"是健康的,性教育开展本身将有利于绝大多数青少年能够安稳地度过青春期,而不是相反。

三、实证发现:大部分青少年能安全度过青春期

众所周知,青少年的成熟包括两个方面的意义:其一是性成熟、生理成熟,其二是社会性的成熟。个体的性成熟是青少年成熟的生理基础,社会成熟才是一个人成熟的主要标准,占支配地位。按照心理学观点,青少年是从依附的、受监护的、按照成年人制定的规则而生活的童年,向独立的、负有一定责任的成人活动的过渡过程。

现今中国城市大多数独生子女家庭,无论是经济状况、居住面积、代际关系都要好于以往的多子女家庭,这将有助于独生子女一代青少年安稳地度过青春期。我们上海社科院青少年研究所课题组15年来的跟踪研究发现,对学校生活越感到快乐的城市独生子女青少年,越倾向于认同传统的性观念,认同在婚前要守贞洁(参见表1)。

表1 不同学校生活状况的学生对性行为的态度[①] 单位:人

			婚前贞洁	有婚约,可性交	相爱,可性交	无爱,可性交	合计
学校生活	非常快乐	频数	424	42	90	19	575
		行百分比(%)	73.7	7.3	15.7	3.3	100.0

表头:Q37 最接近想法

① 2004年9月,上海社科院青少年研究所课题组在上海、北京、广州和武汉四城市开展大样本聚联调查,纵向比较分析1988年、1999年的研究资料。本研究采取"同期群"时间差研究法、文献研究法和比较研究法。"同期群"时间差研究法即通过实证的统计调查方法在相隔15年的时间里三次对具有同一特征(处在青春发育期)的城市青少年进行纵向的青春期调查研究,以获得社会转型中城市青少年性意识和性行为的变迁资料,了解15年来我国青春期教育的发展状况,同时,以文献研究法和比较研究法作为研究的辅助方法。15年来分别在1989、1999和2004年,选取部分城市,以中学生、家长、教师为对象(S=3 000),开展三次大样本的问卷调查。三次调查运用的测量工具即调查问卷基本一致,研究假设与变量的操作化过程依照同一模式进行,因此收集的资料具有相当的可比性。

续 表

			Q37 最接近想法				
			婚前贞洁	有婚约，可性交	相爱，可性交	无爱，可性交	合计
学校生活	比较快乐	频数	920	123	355	30	1 428
		行百分比(%)	64.4	8.6	24.9	2.1	100.0
	不太快乐	频数	141	28	73	12	254
		行百分比(%)	55.5	11.0	28.7	4.7	100.0
	不快乐	频数	28	8	19	12	67
		行百分比(%)	41.8	11.9	28.4	17.9	100.0
合 计		频数	1 513	201	537	73	2 324
		行百分比(%)	65.1	8.6	23.1	3.1	100.0

按照独生子女"子代中心"理论，由于我国目前城市中独生子女家庭典型模式是三口之家，家庭成员间关系既具有最简单、无重复的性质，又具有对象集中、关系强度大的特色，在子代家庭与祖辈家庭的关系上，独生子女家庭与祖辈家庭关系更为密切，因此，独生子女在家庭中具有三个"唯一性"，即独生子女是家庭中同父母进行代际价值交换的唯一对象，独生子女是家庭中同父母进行亲子社会互动的唯一对象，独生子女是父母老年社会保障所依赖的唯一对象。独生子女在家庭中的地位具有三个方面的特征：一是结构要素不可缺少性，二是角色不可替代性，三是性别不可选择性。这使得独生子女家庭中父母与子女关系沿着"子代中心"的轨道发展。这点早被德国学者内特尔(Z. Neter)研究所证实。内特尔认为，独生子女总是受到过分多的教育。这里面有各种类型，其中一个就是"过分保护"型[①]。由于独生子女从小就是在父母、爷爷奶奶、外公外婆的宠爱中长大，很多事都是大人替他们安排好的，很少要自己去思考、去安排。大城市家庭父母对子女的普遍良好家庭教育，加上大城市的独生子女家庭父母对自己孩子的成长从身体、心理与学业上普遍较关注，子女的任何细微变化都会引起父母的高度重视，这一方面容易使独生子女青少年社会性成熟变慢，另一方面(也是一个"副产品")使得独生子女中的绝大多数青少年能够平稳、安全地度过青春期。我们的实证研究支持了上述结论。

四、城市青少年性行为"滞后释放"现象

我们的研究发现，当代中国城市青少年性行为存在一些新现象和趋势。

[①] 内特尔(Z. Neter)根据临床经验和博汉农等人研究成果，写成《独生子女及其教育》(1906)，成为独生子女研究先驱，德国独生子女研究以临床研究为出发点，强调独生子女的特异性。独生子女研究有美国流派与德国流派之分，前者从教育学角度研究，后者从医学角度研究。两者都肯定独生子女特异性，尔后美国研究予以否定，但德国研究依然强调这一点。

一是中学生性活动被人为地"高估"了。大城市独生子女青少年能够平稳、安全地度过青春期的另外一个原因,则是中国升学压力存在。中考、高考的制度性安排,致使城市(包括农村)众多的中学生压抑掉了许多进入青春期带来的性冲动、性欲望,而不得不面对紧张的学业、升学考试的竞争。当下一些社会调查显示,中国城市青少年(中学生)早恋、性行为已非常活跃,问题已相当严重。然而这仅仅是社会媒体或公众对青少年的"刻板印象"造成的。我们15年的跟踪调查发现,问题远没有想象得那样夸张。笔者认为,由于存在众所周知的中考和高考制度,使我国大城市青少年(中学生)性冲动在很大程度上被人为推迟或"压抑"掉了。因而,时下媒体和社会对青少年(中学生)性行为评论报道,带有主观猜测或者"高估"倾向。

通过数据我们发现,即便是在有过(边缘性或核心)性行为的大城市青少年中,初三和高三的青少年性行为明显呈"低峰",这显然与中考、高考紧张复习和压力相关(见表2)。

表2 有过"性行为"体验不同年级青少年接触异性身体比较　　　　单位:人

	手拉手	拥抱	接吻	爱抚	性交	被调查人数
小学高年级		1	1	1	1	3(0.4%)
初一	63	23	11	8	3	70(9.2%)
初二	124	35	13	14	7	130(17.1%)
初三	86	35	26	18	11	93(12.2%)
高一	137	63	36	20	10	155(20.4%)
高二	190	101	79	50	23	205(27.0%)
高三	94	72	55	35	18	104(13.7)
	697	330	221	146	73	760(100%)

二是性观念开放者其性行为也相对开放,但并不必然导致性行为的激进。从性观念开放度与实际接触异性身体相关分析,我们进一步发现:青少年性观念开放度并不必然导致性行为的激进。认为"可以有性行为"(如接吻、爱抚、性关系)的青少年并不必然发生相应事实上的性行为。持有较开放性观念之青少年与其实际性行为之间,只具有统计学上的一般意义(见表3)。

表3 性观念开放度与实际接触异性身体交叉分析　　　　单位:人

认同观念	实际接触				
	手拉手	拥抱	接吻	爱抚	性交
伙伴交往	689	333	218	141	72
单独看电影	517	290	194	132	68
相互写信	635	322	211	138	69
约会	419	260	181	124	64

续 表

认同观念	实际接触				
	手拉手	拥 抱	接 吻	爱 抚	性 交
拉手挽胳膊	425	244	164	122	65
单独旅行	356	225	157	117	63
接吻	166	132	105	76	50
爱抚	140	103	78	80	48
性关系	75	68	60	55	46
被试人数(合计)	706	340	226	147	74

三是中国大陆青少年性行为发生率同比低于港台地区,远低于欧美。近10多年来国内对青少年(中学生、大学生)性观念和性行为做过很多调查。由于测量时间、对象年龄与地区、抽样方法的差异,结果有所不同。笔者对其中比较权威的10次调查做了对比分析,发现如下结果:近15年来我国中学生的性行为有所上升,但没有出现像有些学者宣称的那样大幅度上升趋势,中学生性经验发生率自我报告1989—2003年平均在2.8%(2002—2003年平均在3.5%,1998—2000年平均在2.6%,1989—1990年平均在1.75%)。考虑到人对自己敏感问题的响应率一般为低,但中国大陆青少年性行为发生率同比低于港台地区,更远低于欧美日(平均超过50%)同比水平。

四是中学生中的"D族"不是"大数现象"。在这里,笔者对所谓时下城市中学生中的"ABCDE"流行语作简要分析。据说"ABCDE"已在中学生中流行已久。其中A为接吻,B为爱抚,C为性行为,D为怀孕,E为堕胎。不少初中学生已不同程度地尝试过A和B。而其中一些少男少女由于受到社会环境和流行文化的影响,视恋爱于无物,乃至把C称为"酷",极容易产生尝试性行为的强烈欲望。而"勇敢"偷吃禁果后,不得不面对C所导致的"附属物"——D、E则成了他们的无奈选择。笔者认为,中学生"D族"并不具有社会学意义上的"大数现象"特征。正如2004年初出版的书名为《藏在书包里的玫瑰——校园性问题访谈实录》的作者所言:通过对13位在中学阶段发生过性行为的学生进行访谈,得出的结论是13人中半数以上是师生公认的好学生,1/3来自重点中学甚至是名声显赫的学校,他们初次发生性行为时百分之百不用安全套;他们有过性行为的事实,父母与教师百分之百不知道,他们对学校与家庭的性教育百分之百不满意。作者之一张引墨在后记中引用李银河的一句话作为这个结论的解释:"由于我的样本很少,所以没有任何统计意义,也不能做任何统计推论。其中所有的材料只具有'存在着这样一种事实'的意义。"笔者认为,该书仅具有新闻或报告文学的价值,而不是严格意义上的研究专著。因此,我们不能据此推断当前城市中学生青少年的性行为已经到了泛滥之地步。

五是中国青少年性活动"后滞释放"现象。青春期是青少年社会化之重要阶段。市场经济和开放社会的竞争压力,使得青少年在走向社会之前必须学习、习得更多的知识、技能,接受更多的社会化训练,这加重了他们的负担,但又是必不可少的。从总体上说,升学压力和高考的制度性安排,使得中国大城市中学生青少年性活动"活跃期"有被人为推迟至大学阶段的可能。这姑且可称为青少年性活动的"后滞效应"。除了我们调查证实了上述结论外,由美国福特基金资助的"青春健康"项目、首都师大性健康教育中心等机构所作的大型调查同样支持我们的观点。"青春健康"(2003)调查显示:中国青少年目前性成熟年龄普遍比20世纪70年代提前了4至5岁,目前中国21岁的年轻人中79%有过婚前性行为,在农村地区该比例则超过80%。可以说,19—21岁是这种"后滞释放"的爆发期,首都师大性健康教育中心2004年对中国近30所大学1万名在校生性行为观念进行的调查结果表明:有性行为的男大学生高达15.7%,女大学生为5%,赞成婚前性行为的男大学生为57%,女大学生为26.7%[①]。

研究表明,中国女性的首次性行为平均年龄为20.3岁,仅有8.9%发生在中学时代。性伴侣总数平均为1.2个,并不像人们所认为的那样开放。北京大学妇幼保健中心与世界卫生组织2002年针对北京、郑州、南宁、深圳四地区10家医院2002位做人工流产的未婚女子所做的"性与生殖健康调查"结果显示:接受调查的女性90%认为,如果双方相爱,就可以有婚前性行为。未婚女性首次流产最小年龄为13岁。此外,被调查者曾有11.7%遭遇过性暴力,首次性行为中,有7.8%是被迫的(强迫者大部分是其男友)。

由此可见:(1)即使针对特定的比较开放的人群,女性的首次性行为平均年龄也要20.3岁。仅有8.9%发生在中学时代。(2)接受调查的女性90%认为,如果双方相爱,就可以有婚前性行为,即绝大多数青少年女性是有爱才愿意发生性行为的。(3)性伴侣总数平均为1.2个。平均性生活年龄提前2.1岁,并不如媒体报道的那么开放。在中国大陆,18—23岁大学生才是性活动的主流群体,而不是13—17岁的中学生。所以,我们的青春期性教育要注意到我国城市青少年性活动的"后滞释放效应"。时下社会、学界一方面对青少年(中学生)性行为存在"高估"偏向,另一方面却对大学生性行为存在"低估"倾向。

综上所述,中国当代城市中学生的性行为并没有想象中那样开放,性观念开放并不意味其性行为之激进;当代中学生的性行为被人为"高估",青少年性行为存在"滞后释放"现象。开放环境应该进行开放、科学的性教育,性教育有助于独生子女青少年安全地度过青春期,青春期性教育有助于减少青少年不安全的性行为。下面笔者就青春期性教育的几个具体问题进行深入探讨。

五、关于青少年性权利和性责任

有关性教育的基础考虑中往往忽略了一个最基本的方面,即个人的权利和责任。性权利和责任作为人的基本权利应该包括:(1)人类的性的概念应该加以扩大;(2)发展一种性别平等的

[①] 参见新加坡《联合早报》2004年11月26日。

观点是明智道德的基本特点;(3)压抑的禁忌应该被更加均衡的、更加客观的性观点所取代;(4)每个人既有义务又有权利被充分的告知有关人类性的各种公民的、社会的层面的知识;(5)"候补"父母既有义务又有权利计划他们生孩子的数量和时间,使之既纳入社会的需要,又考虑个人的愿望;(6)性道德应来自对他人的关怀和尊重,而不应来自法律;(7)身体的欢娱和道德的价值一样有价值;(8)个人应该有能力积极地、肯定地通过生活承担性责任,这个事实应该被承认并加以接受;(9)在所有的性的结合中,应该显示出对人情味和人道主义是承担了义务的。

这里就产生了有关"性肯定"和"性否定"两种对立的思想。这也是性哲学讨论的性伦理基本问题,本世纪性学著述最丰富的美国性学家莫尼(John Money)教授提出:"Sexology"(性学)处理的是有关性的科学证据,而"Sexosophy"(性哲学)则处理有关性的信念和教条。Sexosophy比Philosophy of Sex所包含内涵更广,即包括不同个体的、人群的、文化的性信念和教条,不同地区、不同民族、不同历史时代的性信念和教条。就像哲学与伦理学(道德哲学)、美学(艺术哲学)有从属交叉的关系一样,性哲学与性伦理学、性美学等也有从属交叉的关系。在中国古代传统中,对性观念认识,社会经历了一个从肯定到否定的过程。上古至宋代,对性是基本肯定的。其中有两种观念最突出:第一,阴阳和合;第二,节制欲望。孔子曾说:食色性也。此为人之本性,并没有什么不好。古代中国人还相信天人合一,男女代表阳和阴,男女交合,就是阴阳和合,也就是天地交合的象征,交合之果便是新生命的诞生。中国古代又认为必须节制欲望,方能延年益寿,否则,会损精而折寿。当然这种观念并不反对性欲。

由此可见,中国传统的性观念首先是顺应自然的,是比较开放的,与基督教性罪恶观是不同的。可是,从宋代至明清,中国人对人自身的精神控制不断加强,对性的否定逐渐占据了主导地位。纲常礼教不断加强,将古代以性为耻的观念进一步发展,使人们处于被压抑的状态。至今,依然有很多人认为与性相关的事情、行为、生理特征都是肮脏的,不能随便说的,是不能登大雅之堂的。因此,我国传统性文化和性伦理是反对讲授"性教育"的。尽管20世纪80年代以来,中国许多城市和农村开始普及青春期性教育,并在不少城市中学进行推广,取得了一定实效。但是至今,仍有约半数学生家长不赞成学校开设性教育课程。从"青春期教育"这个称谓的模糊性就可看出,我们成人文化还是希望将性放入这一时期的各种生理、心理变化(甚至作为德育课程范围)去解释和教育。其实青春期性教育包括生理发育(骨骼、循环系统、皮肤等各种发育带来的变化),并由此扩展到心理成熟与人际关系的方方面面。①"性肯定"和"性否定"两种取向反映了两种性价值,涉及了如下的性哲学问题:性是不是一种独立的存在?性应该受到肯定还是应加以否定?

第一,性是不是一种独立的存在?有关"性"的第一个哲学问题,是带有"本体论"性质的基本问题:"性"是不是一种单纯的并不一定要和别的概念掺和在一起的独立存在?自古以来,不同的宗教,不同的文化,多半实际上给予了一种否定的回答,而治疗性或者只应和生殖连在一

---

① 从2005年开始,上海市教委开始将青春期教育纳入中小学"生命教育"课程之中。

起,或者只应和爱情连在一起,或者只应和婚姻连在一起,或者和另外的什么玄学的东西连在一起,光为性而性,是低级的、堕落的、非法的、反道德的,等等。近年来,一些性哲学研究从不同的方面论证性是一种单纯的存在(plain-sex philosophy),例如,A. Goldman 在 1997 年发表《单纯的性》(Plain Sex)一文,认为"性只不过是一个人想和另一个人的身体相接触并因而产生快感而已"。R. Vannoy 在 1980 年出版了一本书题为《性不伴有爱:一种哲学探讨》(Sex without Love: A Philosophical Exploration),主张性的本质只在于体验"性感受",法国存在主义哲学家萨特(J. P. Satre),美国性哲学研究者 T. Nagel、R. Solomon 等则将"性"的本质加以扩大,认为性的唯一或主要目标,只是人际沟通交流的一种复杂的形式,并不一定要有性交的存在,等等。到现在为止,并没有任何一种对"性"的本质的界说或定义是被一致接受的,一时恐怕也不会有定论。

第二,性应该受到肯定还是应加以否定? 概括起来说,不同个体、不同人群、不同民族、不同社会、不同宗教、不同时代、不同文化对于"性"的信念、态度和评价,可以大致区别为"性肯定观"(Sex-positive)和"性否定观"(Sex-negative)两种。性肯定观以一种积极的、正面的观点来看待性欢乐、性亲密关系和性行为,将其看成是人类生活极其自然的一部分,承认性欢乐和对这种欢乐的追求是个人生活和社会生活中的一种建设性力量。性否定观指一种社会的评价、文化的态度、宗教的传统,或一种个人的价值观念系统,把人类的性行为看成是需要加以限制和压抑的,常常谴责任何异性之外的、婚姻之外的、生殖之外的性欢乐,甚至对其加以治罪。性否定观基于一种信念,认为性冲动、性欲、性驱力乃是一种危险的、有潜在的破坏性的力量,需要加以压抑,加以升华,或以其他方法加以控制以维护社会。由于客观上的复杂性,在一个民族、一个社会、一种宗教和一种文化中,对于性的态度很少会 100% 全持否定观或肯定观,因而判断起来会遇到困难,必须多做具体分析,抓住主要的、本质的倾向。例如,对于中国传统文化的儒家来说,一向被指斥为对性持保守、压抑和否定的态度。其实,这种指斥是缺乏具体分析和充足论据的。就原初的儒家学说来说,即以孔子和孟子为代表的儒家经典中,人们可以看到的倒是一种性的肯定观。《论语·述而》中说:"子不语怪力乱神"。这里的"不语"带有不同意、不支持的意思。孔子的学生们只举出"怪""力""乱""神"四样东西是孔子不赞成的,其中并没有列举"色"(性)。《论语·子罕》中,孔子倒是直截了当地说"吾未见好德如好色者也",承认人们普遍地喜欢"性"。在《礼记》中,孔子更以肯定的态度直接指出:"饮食男女,人之大欲存焉",把人们对性生活的追求和饮食一样加以并列,指出这两者乃是人类两个最大的自然欲望。《孟子》中"食色性也"这一论断广被引用。虽然这话并非孟子,更非孔子说的,而是告子的话。但是,孟子对告子的这句话并没有反对,而是默认,进一步在《孟子·万章上》中还有"好色,人之所欲",还有孟子正面为齐宣王自称"好色"的有力辩护,说"当是时也,内无怨女,外无旷夫,王如好色,与百姓同之,于王何有?"加上"男女居,人之大伦也"等许多关于婚姻、家庭的论述,可以说孔子和孟子所代表的儒家,把性看成是自然的正常欲望,应该说是一种很有力的性肯定观。

上面举出的两个性哲学问题,如何回答、如何解决,直接地与性价值态度、性行为、性社会、性道德、性法律、性文化等问题紧密相关。随着性哲学研究的深入,将会有更多的问题,在更大的尺度上为人们所认识、所认同,而这必然会有助于现代性文明的建设,有助于增进社会和家庭的福祉,也有助于中国青春期性教育的健康开展。

六、关于西方性教育经验之借鉴

美国社会学家皮蒂里姆·索罗金1956年出版《美国的性革命》一书引起普遍争议。众所周知,在第二次世界大战后的美国社会可以找到促使"性革命"诞生的五股力量:战争带来的生死无度,战后经济的崛起导致的以私人汽车为标志的富裕,妇女参与劳动大军而引起的女性的觉醒,青年学生的反越战、反种族歧视及反传统模式的"反主流文化",以及医学科学的发达而导致留体激素类口服避孕药及青霉素(传统性病如淋病、梅毒等的克星)的普及。这五股力量在20世纪60年代合在一起,就带来了"性革命"。当时的"性革命"主要表现为六个方面变化:女性的解放,传统婚姻的破裂而代之以"连续的单婚",青年人婚前性行为的流行,避孕的极大普及,同性恋的被接受及色情的外露(包括从商业广告、色情文艺到神圣的讲坛上公开传授性的知识等一系列变化)。

然而,进入80年代后,美国的性观念以及婚姻家庭开始发生了新变化。首先,人们开始抱怨、批判性解放带来的危害,倡导严肃对待婚姻和贞洁。人们抨击"性解放"给他们带来的痛苦和不幸,甚至以穿戴白色服装来表示贞洁观念的复苏。其次,人们开始向往传统家庭,强调婚姻的责任和家庭的义务。美国的离婚率在连续15年上升后,现在已经保持稳定,甚至开始下降。越来越多的人对20世纪70年代爱情生活上的放荡感到厌倦、空虚,对单身的生活方式感到孤独和反感。社会上出现了一批"孤老"无所归宿,晚景凄凉。他们深感不断地变换伴侣终究不是一件好事,强烈要求有一个稳定的家庭,期望过平静、和谐的家庭生活。总之,20世纪80年代"性革命"趋于冷落的原因在于:一是性病的猖獗。特别是艾滋病的出现和蔓延,给人们心理上带来巨大的恐惧。不少人从道德观念上重新把性病看作是对男女性生活混乱的一种惩罚。二是女性传统价值的重新确立。性放荡带给女性的损失要比男性大得多,其结果往往是不必要的怀孕、流产以及患病等。三是经济的衰退。这促使人们在性生活、事业两者中作出新的选择。

当代西方学校系统的性道德教育大多开始于20世纪50至70年代,是随着西方学校性教育课程的开设和不断的检讨改进而发展的。众所周知,战后经济迅速发展,引发了严重的社会价值冲突,传统的抑欲主义的性价值观受到冲击,出现了性自由、性解放等思潮,青少年性问题十分突出,少女怀孕、性病、堕胎等日益严重,使西方各国越来越感到学校性教育的重要性。1956年,瑞典政府规定性教育为中小学的必修课。1967年,美国"全国学校委员会联合会"和"美国学校管理者联合会"联合通过两项决议,呼吁推行中小学12年连续性教育,要求各校拨出课时进行专门的性教育。此后,德日英等西方国家纷纷在中小学开设了性教育课程。各国开设的性教育课程各有其特点,但有一个共同之处就是在非常重视性生理、性心理知识教育的同时,都没有忘记把性道德教育作为对青少年性教育的重要内容。例如《美国性知识和性教育指导委员会学习手册》就强调,必须通过性教育,"使学生形成正确的性表达,发展客观的和共同遵守的性交往原则与态度""使学生形成良好的性关系,能从与同性或异性的交往中获得关心,并从性教育中懂得性的义务和责任""使学生建立起完整的性价值观,能以理性来作出明智的性决定"。瑞典的性教育指导书《人际关系导论》中也阐明了性教育的主要目的,是"使学生获得性和其他人际关系方面的信念、思想和价值观,以便接受性教育所倡导的价值观并对其他价值观有正确的认识""使学生认识到性是人类生活中的一个重要组成部分,与个人的发展、社会关系及社会构成有密切联系"。可见西方学校的性道德教育是伴随着学校性教育的发展而发展的。当代西方社会对学校性道德教育的重要性和必要性的认识经历了一个逐步深化的过程。这里,有必要对西方青少年道德教育理论的三个阶段演变作一简单回顾,这有助于我们进行反思、借鉴。

20世纪60年代以来,随着原住民和移民群体争取自身文化权利的民主运动的兴起,西方社会发生了广泛的文化变迁,其表现之一即是多元文化主义的兴起。按照通常的认识,青少年个人的道德是在家庭、学校以及社会中形成的。这三种场所为个人提供了道德学习所需要的整合性背景。而当代多元文化社会令西方道德教育难以施行,致使上述三个场所之间丧失了道德共识。如何解决多元文化背景下的道德教育,这就是60年代价值澄清派兴起的社会背景。价值澄清派在理论上受到杜威经验主义价值论的影响,认为经验是个人价值的源泉。代表人物拉思斯认为:"不同的经验会导致不同价值观,而任何个人的价值观将随着经验的积累和改变而改变",而且,"价值观随着个人的经验的发展成熟而发展成熟"①。由于人们赖以指导行为的价值标准来自经验,所以,不同的经验产生不同的价值,经验的变化导致价值的变化。价值因而是个人的、相对的。在这意义上,价值澄清学派认为不存在普遍的绝对的价值标准,道德规则只不过是"在许多情况下被发现起作用的假设,从而提供颇有助益的建议,它们所能提供的仅此而已"②。所以,价值澄清学派主张在不同的价值观之间保持一种价值中立的立场,也就是不对个人所拥有的具体的价值观念进行善恶正当与否的判断,认为"儿童应该自由地陈述他们的兴趣、他们自己的目的与抱负、他们自己的信仰与态度,以及其他许多或然价值指示"。换言之,青少年应当自由地拥有不同的价值指示,而且他们的态度应当得到尊重。

笔者认为,这是导致西方60年代青少年"性解放"运动出现的一个道德相对主义理论的重要背景。由此而来的西方人越来越把公私领域分离,公众领域受法律规范,宗教和道德取向则视为私人的生活、私人的爱好,只要法律容许,其他人无权干涉。而学校教育亦不例外,趋向于避免道德教育问题。以知识技能教学为例,由于在价值澄清学派中,教师只帮助学生反省分析技能的发展,而在价值内容上须保持中立,就算一个学生选择在一般看来是违反道德的行为(如吸毒、婚前性行为等),只要他是通过价值澄清的程序而且是在了解结果的情况下作出的选择,教师就不应批评。教师只帮助学生建立他自己的评价能力。这种在道德上不能给青少年以指导的做法,非但没有解决青少年价值自我冲突,反而加剧青少年的道德混乱。所以,到了70年

---

① 路易斯·拉思斯:《价值与教学》,谭松贤译,浙江教育出版社2003年版,第24、330页、序言。
② Lawrence Kohlberg. 1981: *The Philosophy of Moral Development*. New York: Harper and Row.

代,价值澄清学派衰落下去,而由道德认知发展模式取而代之。

道德认知发展模式代表人物是柯尔伯格。他认为在儿童道德认知发展的六个阶段中,每一个阶段都是独特的,因此,道德教育的任务就是通过道德两难问题的思考,推动儿童道德推理能力的发展,培养个体运用公正原则解决道德问题的能力,而反对教儿童具体的道德标准与内容,反对传统的"美德袋"式的道德教育。而这点恰恰受到麦金太尔等社群主义的批评:"如果一个儿童没有从内心认识到什么是遵从规则的话,很难理解他怎么能开始自动地遵从规则。而儿童大概都是通过概括总结他们获得某种特殊'美德袋'的经验,从而学会这一点的。"正如"尊重""责任"这些道德法则[①],无论多么完美,如果一个人不具备好的人格、美德,就不大可能对个人的行为产生什么影响作用,也不可能成为他的行为规范。只有拥有美德的人,才能更好地运用"尊重""责任"等道德法则。由于在具体的道德价值观这一点上,道德认知发展模式与价值澄清学派同样没能解决价值冲突与价值混乱的问题,因此到了20世纪90年代之后,主张美德品格教育的"品性教育"(Education for Character)运动便复兴起来。

20世纪80年代,随着西方文化上回归传统伦理的保守主义势力日益强大,青少年问题大量出现,美国教育界开始对道德认知发展模式进行批评,并重新反思回归传统的美德和"品性教育"模式。如今"品性教育"模式已经成为西方道德教育的主流。

在当代美国公立学校中,最流行的道德教育模式是"品性教育"。"品性教育"被认为是教导学生于个人有益、于社会有益的核心美德,以培养良好品德的审慎的努力。"品性教育"运动反对道德相对主义的教育者必须避免提倡特定价值观的观点,认为某些道德价值观,例如关爱、诚实、公平、责任、尊重自我和他人等,事实上是带有普遍性的、不证自明的"普世伦理"。学校道德教育的任务,就是要用这些核心价值观来促进学生的道德发展,从而最终减少人们的道德混乱。"品性教育"的代表人物利克纳(Lickona)指出,在社会道德日趋败坏的情况下,学校一定要做一些事情教孩子们正确的价值观,教师无法回避传授道德和价值观。他更明确地说美德教育是民主的基石[②]。他在《品性教育》一书中指出,学校应该培养学生两项伟大的道德价值:尊重(Respect)与责任(Responsibility),其他优良素质都会从此两项美德中衍生。伴随着西方道德教育理论的上述演变,西方青春期性教育也经历了如下三个阶段的明显变化:

第一个阶段,20世纪50年代中—70年代初。面对日益增多的少女早孕、性病、堕胎等问题,西方社会在反思和检讨传统性伦理的同时,着重强调性生理特别是生殖、避孕知识的教育,冲破性神秘的禁区。从实际操作来看,此时期的学校性教育主要是从生物学的角度讲述性生理、性角色、性生殖和避孕知识,没有很好地把性教育的知识性和道德伦理性结合起来。

第二个阶段,20世纪70年代初—80年代初。70年代以后,西方社会经受了性解放主义的全面冲击,青少年性问题日益恶化,少女怀孕率在急剧上升,性病大规模流行,公众对此反映非

---

① A.威尔斯:《美国道德教育危机的教训》,湘学译,《国外社会科学》2002年第2期;彼得斯:《道德发展和道德教育》,邬冬星译,浙江教育出版社2003年版,第172页。

② Lickona. 1991, *Educating for Character*, New York: Babtam. pp.21, 40-43.

常强烈。这一状况迫使人们开始重新认识性教育的任务,许多国家都提出了性教育既应关心性知识的传播,也应注重性价值观的培养,使学生形成一个积极的理想指导和行为规范,发展健康人格,从而把性知识教育和性道德教育、人格教育结合起来。比如,瑞典在1975年专门修正法律,提出在进行性生理教育的同时,充实性道德、性评价的内容,进行性社会学、性伦理学和宗教观教育,强调性责任和性约束。此时期学校性道德教育才得到了应有的真正的重视。

第三个阶段,20世纪80年代以来。20世纪80年代初艾滋病被发现并在全世界的流行,给社会和人们带来了许多痛苦和不幸。宗教界和保守人士发起对70年代"性革命"的全面反攻,声势浩大。面对"性革命"所造成的诸如家庭的解体、婚姻关系的松散、性关系的混乱等社会问题,在事实的教育下,西方社会的人们在性问题上的价值观向传统作某种程度的回归,他们重申家庭价值,越来越多地追求小家庭的温馨,建立正常的婚姻关系又成为时尚。青少年们开始以较为严肃的态度对待两性关系,把性爱和责任结合起来,人们称之为"性回归"。

据美国《新闻周刊》在90年代中期发表的一项民意调查指出,认为发生婚外性行为是羞耻的占62%,而根据芝加哥大学于80年代末至90年代初的性调查,对婚外性行为,美国人多视为例外,而不是常态。有75%的丈夫和85%的妻子都说他们从未有过婚外性行为。在这一背景下,学校性道德受到了更加的重视,性道德的内容也发生了很大的变化。许多国家都认为应当给学生灌输什么是好的、正确的,什么是不好的、不提倡的,唯有旗帜鲜明地反对不正确的价值观,性教育才能产生有效的力量。比如,日本在反思70年代性教育的同时,就提出要注重性约束方面的教育,他们认为性教育首先应当是性的文明教育、伦理教育和道德教育,其次才是性的卫生教育。另外有一个值得注意的动向是,90年代后期,禁欲成为美中小学性教育重点,大多数学校敦促学生将性交推迟到婚后进行。著名的性教育专家、凯塞基金会的霍夫表示:"禁欲,教育孩子们在进行性活动方面要耐心等待,是今天大多数性教育计划的核心要素。"古特马契研究所的调查显示,在过去十年里,大多数学区改变了它们的性教育政策,有1/3的学区增加了禁欲的强调程度。2004年,国会通过了一项立法,在5年时间内,有将近4.4亿元州和联邦的资金用于宣扬禁欲的计划,共和党总统布什甚至要求给予这一计划更多的资助。英国也在大张旗鼓地进行"无性之乐"(The Joy of No Sex)运动,教育少男少女们保持贞操,降低少女怀孕率,英国政府为这一计划拨款8700万美元。纵观当代西方学校性道德的发展历程,我们认为它给我们带来了许多经验和教训。

第一,青少年的性教育是一个综合的系统工程,应把性知识教育和性道德教育有机地统一起来。当代西方社会对学校的性道德教育重要性和必要性的认识所经历的逐步演化的过程,证实了光有性生理、性心理知识教育是远为不够的。笔者认为,从西方发达国家道德教育演变的历史来反观当代中国,可以发现,我们在学习西方现代化经验的同时,社会道德价值观上正在经历人家60年代走过的痛苦历程。因此,我们对独生子女一代,绝不能放弃传统和美德教育。在青春期教育方面,必须加强性道德教育和引导,应该大声疾呼地告诉青少年一些正确性价值观。由于性行为是由价值观而不仅仅是由知识决定的,因此,性教育必须教育年轻人有关性行为的道德规范,必须教育他们运用核心伦理道德观,如尊重、责任,以及性领域中的自我控制。

第二,对青少年的性道德的教育,应坚持学校的引导灌输和学生自主选择相结合的原则。由于西方是一个多元的社会,因此是否对学生灌输性价值观,一直成为有关性教育的最有争议的问题之一。20世纪60至70年代,西方的许多学校选择了中间道路的方式,强调学生在性价值观上的自主选择。但70年代形成的严重的青少年的性问题,使越来越多的人认识到,光靠青少年的自主选择是不够的,性价值观应经过选择,并在评价其结果之后,再由学生自由选择。社会有责任和必要向他们灌输主流的性价值观。社会中存在着某些共同的、基本的、普遍适用的性价值观,把这些价值观灌输给青少年,有助于引导他们进行正确的自主选择,从而树立正确的积极的性道德。

第三,在信息传播发达的背景下,性教育不能再仅仅靠道德教育来约束,而应在观念到方法等方面进行重新设计。有时性禁忌会使青少年不正常地强化对异性的好奇心,会加强品尝"禁果"的意念。"性教育"不能剥夺青少年应该得到必要的、正确的性教育的机会,转变传统观念是进行性健康教育的重要基础。

第四,大力开展同伴教育。许多研究证明,同伴教育在使人们形成正确的知识、态度、行为方面发挥着十分有效的作用。同伴教育的本质特征为教育者与被教育者是相互融洽、有信任感的同龄伙伴关系,而非师生关系,因而便于通过人际交流与反馈,相互分享生活中有用的经验和信息。这一方法,已作为预防性病、艾滋病的先进经验向世界推广。目前,该方法也已广泛推广应用于劝阻吸烟、药物滥用、疾病预防等领域的健康教育。因此,青少年同伴教育方法应在我国中大学生中广泛开展和推广,使青少年成为迎战艾滋病的生力军。

第五,要加强安全性行为教育。20世纪80年代中期,在青少年性病流行的基础上又开始发生艾滋病的性传播。在这种严峻的形势下,美国的教育、卫生和计划生育部门把避孕套看作既可避免少女怀孕,又可预防性病艾滋病的可靠工具,于是在青少年中加大力度推行使用避孕套的"有保护的性行为",也称"安全性行为"。在目前开放环境下,既然对信息无法堵住,那么,对大、中学生进行安全性行为教育和避孕教育就显得十分必要,一个地区、学校性教育搞得好,往往那里中学生"性失误"、性越轨行为比例也较低。实践表明,开展科学的性教育更有利于青少年健康成长。

第六,性和爱的教育不是一生只有一次的教育。不要指望进行一次性教育就能使孩子终身免疫。性教育目的之一是帮助学生提高性器官的感觉刺激阈。从人的感官刺激来说,同样一件事,在不同人的身上反映可以是不同的。例如一幅逼真的少女彩色裸体画,对于有艺术素养的人来说,它是一件很美的艺术品,而对于没有这种艺术素养的人或许会浮想联翩。形成这种差别的原因就是视觉刺激与性欲之间的阈值问题,前者是"见怪不怪",后者是"少见多怪"。对于青春期少年,在理解的前提下,进行包括性生理、性心理、性卫生和性道德的教育,可以使他们经过自身的努力而养成一种良好的适应能力和性抑制能力,防止性冲动行为的发生。

(原文载于《社会科学》2006年第5期)

社区青年就业促进机制研究
——上海市中心城区社区青年的生存与发展

曾燕波

一、问题的提出

(一) 研究背景

青年人失业(包括待业)占失业总数相当大比率,是我国历年存在的问题。特别是传统的就业制度被打破之后,这一问题显得尤为严峻。改革开放 30 多年,青年人失业基本呈上升趋势,目前,我国面临着高校毕业生就业、城镇新增劳动力就业、农村劳动力转移、体制转轨中遗留的下岗失业人员再就业、退役军人和失地农民就业等众多问题。由于劳动力市场总体供大于求,劳动者充分就业的需求与劳动力总量过大,致使失业和就业方面的矛盾日益突出,而中国的失业和就业问题更多地体现为社区青年的就业和失业问题。

本研究中的社区青年就业问题指的是在社区中没有工作或者非正规就业的青年所面临的生存与发展问题。从全国的劳动就业情况来看,我国城镇非正规就业的人数基本占到城镇部门总就业人口的 51%[①],这是个日益扩大的群体,主要人群为社区青年。客观而论,我国的非正规就业实际上隐含着以牺牲劳动者的部分权益为代价,尤其是劳动者的社会保险权益受到了损害。在劳动力市场供过于求、劳动法制不成熟、劳动监管不到位以及全球性的强资本弱劳工格局下,非正规就业的劳动者比正规就业的劳动者因缺少了群体保护而更易受到损害。非正规就业在某种程度上使劳动者处于更为被动的地位,他们很难通过组织与群体的力量来维护自己的权益,而在非正规就业人口中以社区青年为多数,并且社区青年涉世不深,社会资源少,其生存和发展更容易受到影响。

从青年工作的角度出发,失业青年数统计就是以社区青年为依据的,失业导致啃老的持续发生和青年的心理健康问题以及对继续社会化的不利影响等,非正规就业青年的职业稳定和个人发展也对我们提出要求,这不仅是社区青年及家庭的生存和发展问题,更是社会稳定、公平正义问题,社区青年失业或就业不足,不仅是人力资源的浪费,而且容易造成治安和犯罪等社会问

---

① 彭德倩:《城镇非正规就业人数占"半壁江山"》,《解放日报》2007 年 12 月 21 日。

题的发生。

(二) 国内外同类研究状况

国外主要有萨伊的传统失业理论、马歇尔的新古典失业理论和凯恩斯的有效需求不足失业理论。关于青年就业的论述大多是围绕就业问题及政府促进就业政策展开的,如 ILO 专家乔可斯·高德(1997)认为,当经济不景气时,青年的失业率高于成人失业率,这是从培训成本和赔偿金上考虑的。① 马丁·瑞马(1999)认为,在发达国家受教育程度和失业率通常呈反比,而发展中国家出现的高学历失业现象属于自愿性失业。② ILO 专家冯·艾克伦等(2001)认为政府开展大规模公共工程建设可减少失业压力。③ 国外经济学界和国际组织(包括国际劳工组织,ILO;联合国,UN;世界银行,WB;经济合作与发展组织,简称经合组织,OECD)认为政府应建立各种政策支持青年就业与创业。阿根廷的马丁·哥德弗瑞(2003)提出要从减少税收和财政补贴方面提高就业率。④ 近年来,西方国家失业保障制度的发展趋势是在自由市场经济的效率和社会公平的人文价值之间寻找一个平衡点,实现经济效率和社会公平、保障机制和激励机制的有机结合。丹麦负责发放失业救济金的各级地方政府近几年改变了政策,由单纯发放津贴的做法转向积极主动地向失业者提供就业机会并制定再培训计划。面对国内日趋严峻的就业形势,韩国政府把创造就业岗位作为首要工作任务,通过政府财政在资金上给予支持。法国发起青年挑战计划,颁布《促进青年人就业法》,对青年人提供咨询指导服务,进行青年职业活动的个案追踪。德国的青年就业政策在国际上常被作为成功的典范。与其他西欧国家相比,德国青年失业率一直被控制在较低水平,这是与其完善的青年就业扶助体系分不开的。美国政府运用法律规范促进青年就业。英国为了解决渐趋严重的青年失业问题,促进青年实现自我就业,英国王子基金启动了青年创业计划。

国内学者多从教育学、经济学、社会学的理论角度出发研究青年就业问题。教育学研究在变化的社会背景下,研究国家、高校与大学生三者之间如何调整相互关系和角色。黄敬宝(2007)从劳动力市场供给的角度将大学生就业难归因于大学生就业能力不足,而就业能力与高等教育体制密不可分。⑤ 经济学研究运用劳动经济学理论对青年就业问题进行研究,宋爱忠(2006)发现青年失业问题有两种性质的根源:一种是发展性质的,即我国是个工业化尚未完成的发展中国家,对以大学生为代表的知识型人力资源的需求还没达到预想的程度;另一种是社会转型性质的、体制性的、生

---

① Gaude, J., "L'Insertion des Jeunes et les Politiques d'Emploi Formation, Employment and Training", *Employment and Training Department*, ILO, Geneva, 1997.

② Martin, R., "The Sri Lankan Unemployment Problem Revisited", *World Bank Working Paper* No. 2227, Washington D.C., World Bank, 1999.

③ Van Eekelen, W., L.de Luca and N. Ismail, "Youth Employment in Eygpt", *ILO Skills Working Paper* No.2, Geneva, ILO, 2001.

④ Godfrey, M., "Youth Employment Policy in Developing and Transition Countries-Preventions as well as Cure", *Youth Employment Workshop*, World Bank, Washington D.C, 2003.

⑤ 黄敬宝:《高等教育体制与大学毕业生就业》,《江苏高教》2007 年第 1 期。

产关系方面的,即处于现代化进程中的中国存在的种种体制性不协调综合影响,导致、加剧了青年失业。① 社会学研究注重从个人属性上探讨个体对就业的影响,如就业期望、就业途径等。王诚(2004)认为,现代市场经济社会中的劳动力供给和劳动力需求是相互有关联的。劳动力的供给决定于创新能力,而劳动力的需求也决定于创新能力。这意味着在现代市场经济中,劳动力的需求或就业量在本质上是由劳动力的供给创造的。② 徐小平(2009)认为,青年在就业困难情况下,养活自己是硬道理,即使干清洁工,也能干出一家清洁公司来,也是一种创业机会。③

目前,学界对青年就业问题的研究已有不少,但关于政策性建议可操作性相对不够,对社区就业问题的不良后果,尤其是对社会稳定影响的研究还没有看到。本课题将在分析社区青年就业问题的基础上重点研究在社会稳定前提下的相关举措。

二、研究的基本情况

本研究将理论研究与实证分析,典型(案例)研究和统计分析相结合,运用社会学田野调查方法,选取典型的上海市中心城区 J 区社区的失业青年 20 人进行个案访谈,并在这 20 名社区青年中以方便的原则选取 10 名家长进行访谈。问卷调查对 J 区所有失业社区青年进行普查,共发放问卷 180 份,收回有效问卷 180 份,有效回收率为 100%。在统计技术上,运用 SPSS20.0 统计计量分析软件进行经验分析。设计类型为解释性研究、横剖研究。个案访谈与问卷调查同时进行,调查时间为 2013 年 8 月。

表 1 问卷样本概况

	样本特征	频数	百分比(%)		样本特征	频数	百分比(%)
性别	男	120	66.7	年龄	14—16 岁	14	7.8
	女	60	33.3		16—25 岁	166	92.2
户籍情况	上海农业	6	3.3	学历	本科及以上	20	11.1
	上海非农	160	88.9		大专含高职	57	31.7
	外省市农业	12	6.7		高中含中专	64	35.5
	外省市非农业	1	0.6		初中及以下	39	21.7
目前状态	在家休息	97	53.9	政治面貌	党员	2	1.1
	临时就业	42	23.3		团员	62	34.4
	业余学习	36	20		民主党派	7	3.9
	临时就业加业余学习	5	2.8		群众	109	60.6

---

① 宋爱忠:《当下中国大学生失业的原因分析》,《社科纵横》2006 年第 9 期。
② 王诚:《中国宏观经济分析面临新挑战》,《经济研究》2004 年第 11 期。
③ 徐小平:《谈谈生命最根本的价值与归宿》,《中国大学生就业》2009 年第 7 期。

	样 本 特 征	频数	百分比(%)		样 本 特 征	频数	百分比(%)
健康状况	良好	157	93.5	婚姻状态	结婚	9	5
	慢性疾病	10	6		未婚	171	95
	其他	1	0.6				

三、结果与分析

2012年年底,J区16—25岁失业人口113人,其中,上海户籍91人,毕业后未工作的有54人。本次对J区进行普查的情况是共有180名社区青年,其中168名为户籍人口,12名为非户籍常住人口,这一人口分布情况在上海市中心城区具有一定的代表性。本次调查对普查对象均进行问卷访问,而抽样出的个案访谈青年为户籍人口。调查发现,社区青年生存状况有所好转,但是社区青年生活上的实际困难及就业问题要引起我们的重视。

(一)社区青年的家庭状况一般,不完整家庭相对较多

社区青年的家庭经济一般。无论是在个案访谈还是在问卷调查中,我们发现,社区青年的家庭经济状况基本属于普通和较低经济水平家庭。在访谈的20人中只有4人表示家庭经济状况良好,其他均为一般或不好。在问卷调查中,社区青年的生活来源主要靠家庭其他成员供养(60.6%),收入来源于打临工收入的占25.7%,其他则为失业保险金、低保、房租、股票等财产性收入。社区青年的居住条件相对较差,居住商品房的不到一半(40.3%),居住老公房的占29.5%,居住自建房的占20.1%,居住租赁房的占5.0%,居住经适房的占1.6%,居住廉租房的占0.8%。

社区青年的家庭结构不完整较多,监护人学历以中学居多。社区青年的不完整、不和谐家庭数占总数的20%,相对较高(见表2)。在对社区青年监护人的调查中,监护人学历水平不是很高,多为中学,高中占42.4%,初中占27.7%。健康状况大多良好,占85.0%,慢性疾病的比例较高,占14.5%(见表3、表4)。

表2 社区青年的家庭结构

	频率	百分比(%)	有效百分比(%)	累积百分比(%)
完整且和谐	144	80.0	80.0	80.0
完整不和谐	8	4.4	4.4	84.4
单亲	26	14.4	14.4	98.9
无双亲	2	1.1	1.1	100.0
合计	180	100.0	100.0	

表 3　监护人学历

	频率	百分比(%)	有效百分比(%)	累积百分比(%)
研究生	1	0.6	0.6	0.6
本科生	11	6.1	6.2	6.8
大专/高职	12	6.7	6.8	13.6
中专	17	9.4	9.6	23.2
高中	75	41.7	42.4	65.5
职校/技校	8	4.4	4.5	70.1
初中	49	27.2	27.7	97.7
小学	4	2.2	2.3	100.0
合计	177	98.3	100.0	

表 4　监护人健康状况

	频率	百分比(%)	有效百分比(%)	累积百分比(%)
良好	147	81.7	85.0	85.0
慢性疾病	25	13.9	14.5	99.4
其他	1	0.6	0.6	100.0
合计	173	96.1	100.0	

(二) 社区青年主观就业意愿不强,失业原因多样主要为找不到合适的工作

调查显示,社区青年的求职意愿不强,有 2/3 的人不愿去找工作(见表 5)。当问到小 E 对未来人生的计划和生活的具体想法时,回答没有具体想法,也没计划过、打算过人生。像小 E 这样的访谈对象还有很多。进一步分析我们发现,学历越高求职意愿越不强烈($P=0$),未婚者求职意愿差于已婚者,相差 52.9 个百分点。在个案访谈中,当问到小 S"如果家庭经济条件允许,是否可以不工作,而靠父母资助生活"时,小 S 表示自己是无所谓的,就怕父母和老婆不肯,但长期总归不行的,自己也要有份工作。当问到小 R 这个问题时,他表示目前自己就是靠父亲生活,也没觉得有什么不妥。关于将来最有可能实现的愿望,目前还没想过,但先要把身体养好,将来的事将来再说了。

表 5　社区青年在最近一周找工作的情况

	频率	百分比(%)	有效百分比(%)	累积百分比(%)
找过	54	30.0	30.9	30.9
没有找过	121	67.2	69.1	100.0
合计	175	97.2	100.0	

社区青年待业失业时间大多在半年以内,原因多样主要为找不到合适的工作。调查显示,社区青年在毕业或辍学后没有参加过工作的占22.1%,失业的社区青年为87.9%。其中,失业后找过工作,但目前还没找到的占68.3%;失业后没有再找过工作的占9.6%。而处于上述情况的时间为3个月以下的占24.1%,3—6个月(不含)的占23.0%,6—9个月(不含)的占14.5%,9—12个月(不含)的占10.1%,12—24个月(不含)的占12.3%,24个月(含)以上的占13.8%。当问到社区青年未参加过工作的处于前三位的原因时,回答找不到合适工作的占40.2%,想继续学习的占21.4%,身体不好的占7.1%,此外,也有青年是因为工作太累不想工作(3%)。当问到社区青年没有继续工作的前三位原因时,回答因为收入太低的占15.4%,因为工作太累的占11.0%,因为工作单位太远的占10.1%。从以上数据可以看出,社区青年待业失业的主要原因是由于各种待遇不理想及个人技能不足而找不到合适的工作。

(三) 社区青年的隐性就业需引起重视

关于隐性就业,社区青年大多表示自己有过这样的经历,以后如果有条件的话,也会考虑作尝试。但是隐性就业中就业者的基本权益(如遇纠纷)则难以保障,涉J区社区青年的隐性就业问题则主要是工作不稳定、收入不高、无发展前景可言。在我们的访谈中,小A认为,"隐性就业,如果是自己很感兴趣的工作,其实也可以试着做下去。反之,这个工作自己完全没兴趣,老板给的待遇又不高,那当然就不会做下去。"小B说:"隐性就业这一块自己从来没有去尝试过,因为女孩子还是求稳定比较好,也不想让自己太辛苦了,钱多钱少都能过。"小C表示:"隐性就业其实自己早在当兵回来后就尝试过了,在两年里自己作为总负责人,兢兢业业地工作过,如果以后还有这样的机会,一定要好好把握。"小I表示:"自己有过一段时间隐性就业的工作经历,在星巴克和DQ工作过,以后如果有条件的话,会考虑尝试。"小Q也曾有过短期的隐性就业,"因为薪水太低,没有保障,自己以后肯定不会再做这样的工作了。"小R说到自己一直玩网络游戏,通过网友赚了一点钱,"我是抱着玩的心态,没有把这当职业看待过。以后如果没有其他选择,可能会考虑就这样谋生吧。"小S表示:"工作基本都做不满试用期就被辞职了,所以虽然有过收入,但都没有签过合同。之前不能胜任工作是因为完不成指标或不适应工作,以后还是想找份轻松的工作,最好不要是销售或有硬性指标的工作,也最好不要打电话的、一直要跟人讲话的工作。如果能找到合适的,当然是长期签合同最好了。"从大量的调查结果我们可以看出,社区青年隐性就业普遍,其中的问题多多,原因多多,我们对此要加以重视。为社区青年服务,不仅是为了他们职业生涯的长期稳定发展,也是为了保证他们的基本权益以及他们对社会的整体认知。

(四) 社区青年创业是未来就业的重要途径,但资金不足成为壁垒

J区社区青年创业者不是很多,但是创业愿望很强烈,在我们的调研中,很多青年表示自己有创业的梦想,但苦于现实环境,目前还不能实现。小T曾经想过开个儿童服装店,但是缺少投入的资金,所以作罢,表示以后如果有条件的话,会考虑作尝试。小C从来没有考虑过向父母要钱来完成自己开店的梦想,他说:"这样就算店面开起来了,也不会觉得满足,必须要通过自己努

力,一步步成长起来,那样才算踏实。"小D表示自己最大的愿望就是有朝一日能有自己的公司,做老板,最有可能实现的愿望目前还没有。小N表示想找份正式的工作或进行创业,这样比较充实一点。但是,目前资金短缺。

在问卷调查中,当问到社区青年"如果想创业,您认为现在创业最大的障碍是什么"时,"缺少启动资金"占第一(39.7%),其次是"创业能力不够"(22.3%),接下来依次为"缺乏合适项目"(11.6%)、"担心创业失败"(9.2%)、"经营场地租金太贵"(7.3%)、"劳动力成本过高"(2.0%)、"缺乏政策支持"(1.9%)、"市场管理太严"(0.3%)等。

(五)对于所遇困难,社区青年往往归结为客观因素

社区青年在城市青年整体中属于相对弱势的群体,大多自身素质不高,家庭环境不好。在这样的情况下,一些社区青年走上犯罪道路,并且城市青年犯罪主要在社区青年中,所以做好社区青年工作,无论是对于帮助社区青年,还是促进社会和谐都有重要的意义。在此我们必须要了解社区青年的需求,帮助他们走出误区。

问卷回答中,非常需要外部帮助或服务需求的社区青年占总数的58.7%;对自己目前的生活状况不满意的占多数,为47.5%,满意的占42.8%,说不清的占6.7%;对未来的生活充满信心的占72.6%,没有信心的占17.%,说不清者占10.1;当问到"社区青年目前最害怕的事情是什么"时,第一是害怕自己或家人生病或出意外(54.0%),第二是害怕找不到工作(13.9%),第三是害怕没钱(9.4%)。

个案访谈中,小S表示对目前状态不是非常满意,"对目前生活状态不满意主要是因为工作不稳定,好工作难找,钱难赚,养家糊口压力很大,女儿上幼儿园的钱都拿不出来。困惑自己的最大问题是学历低,找工作比较困难,读书又读不好,所以现在只能找苦的工作。"小A表示:"现在生活中自己最大的困惑其实是缺乏自信,还有懒惰。有时候遇到自己喜欢的东西也不去努力得到,错过了又觉得后悔。对人生没有明确的规划,也没有特别想做的事情,随遇而安就行。"小L感觉目前无力解决的困难是找工作,他认为造成这一现状的原因是学历和专业的问题。

当问到社区青年"是什么导致了你现在遇到的困难""阻碍你脱离目前状况的最大问题是什么""你最希望社会能为你解决的问题是什么"时,一些社区青年往往把不能就业、目前生活状态不好的原因归结为客观因素。比如,小H认为:"是政治事件和国家问题导致了我现在的困难,GDP的不断上涨和国家体制问题阻碍了我脱离现状。我最希望社会为我解决的是出国问题。"小E认为:"外在的社会现实导致了我现在的困难,'拼爹'时代的出现阻碍了我脱离困境,最希望社会为我解决的是就业问题。"小F说:"社会体制和走后门等不良风气导致了我现在的困难,阻碍了我脱离现状的主要问题就是现在这个社会的大环境不好,最希望社会为我解决的是出国问题。"

(六)社区青年急需各种帮助,帮助解决工作是最大的需求,但在求助时很少考虑相关组织

社区青年急需各种帮助,但是他们想到相关组织的却占少数,当问到"如果需要帮助,请选出三个您可能求助的对象"时,排位依次如下:父母(52.0%),同学或朋友(11.2%),专业社工

(11.0%),居委会工作人员(7.2%),街道等政府部门工作人员(6.8%),互联网(6.6%),亲戚(3.6%),报纸、电视等传统媒体(0.8%)。小F对现在的生活现状不满意,"不满意没工作、没钱,很想改善现状。"小G认为"有无能为力的感觉,也有力不从心的感觉,自己实在找不到工作。"当问到小I是否有无力解决的困难时,他回答:"电器坏了没法修。"这大大出乎我们的意料,于是又问了他有没有最近特别想解决的问题,他想了一下,然后说:"想找工作,希望社会能给毕业生多点机会。对于自己未来生活的计划是工作稳定,然后结婚。"小Q表示对现状不是非常满意,"一直没有找到满意的工作,就是钱多事少离家近的那种工作。"并表示目前无力解决的困难是由于市中心房租太高,导致许多企业搬去郊区,普遍很远,对他来说,想要找离家近的工作就更困难了。从中我们可以看出,就业是社区青年最需要解决的困难,但一些观念性失业因素要引起重视。

调查中我们发现,社区青年及其家长对于共青团等相关组织缺少了解,导致的结果则是,他们很需要帮助,但是真正想到共青团等组织的很少。当问到"你认为自己的生活应该靠自己还是靠父母?你将来遇到困难的话,会向共青团等相关组织寻求帮助么?"小E回答:"靠自己,朋友不多,觉得也没啥帮助,像共青团这样的组织,我绝对不会寻求帮助的。"小I认为,"未来只有靠自己,朋友很多但谈不上能提供帮助,有困难不会向共青团等相关组织求助,因为不知相关组织有什么服务。"当问到B的家长对社会资源的认识时,"不清楚团区委,但知道社工,听女儿说社工会时不时地和她联系,问她的近况,有好几次给她介绍工作,我表示感谢。"G的家长:"在社会上也没啥关系,认为自己是平头老百姓而已。如果孩子找不到合适工作就让她在家休息,不会赶她出去。知道社工的,如果遇到困难,到时候再看看是不是向社会求助,一般向居委会求助。"H的家长对于孩子暂时还没找到工作有些着急,"我会为了孩子关注就业信息,也有可能会为了孩子找工作的事情想办法托关系。其实我觉得孩子应该凭自己的实力找到一份满意的工作。如果孩子不愿意出去找工作,我也会劝说孩子去找工作的。"当问到L的家长对社会资源的认识时,他表示:"不清楚团区委,但知道社工,社工和居委会经常来关心女儿的,好几次介绍很好的工作给她,但她都错过了,很可惜。"

也有一些社区青年在困难时会想到团组织和相关机构人员。小D认为,"对于自己的未来,当然还是要靠努力得来,朋友虽然不算太多,但基本上都是比较要好的、值得信赖的朋友。如果遇到困难也会向共青团等相关组织寻求帮助。"对于未来的希望寄托点,小O认为,"未来只有靠自己,有一些朋友,如果有急需的话,可以找他们帮忙。"当问到有困难是否会向共青团等相关组织求助时,他表示:"应该会,或多或少还能帮助到自己一些事情。"当我们问及N的家长对孩子将来生活道路的态度时,他表示:"关键还是看孩子自己,父母总归希望她越来越好。"另外,他还提到社工上次帮另一位服务对象介绍的放映厅的工作蛮好的,他们家亲戚很多在电影院工作,他表示,"觉得这样的工作对孩子来说就不错了。我们夫妻对孩子的工作没什么高要求,关键是能为人民服务。平时我们也蛮关心她的,但是孩子也不听我们的,老想能找到更好的工作,但是好的工作要求也高,她也没有能力做呀。其实孩子只要能找到一份工作就好,希望社工推荐工作给孩子,她还是比较上进的,会愿意去上班的,不像有些孩子,上班也不愿意去。"

四、结 论

就本次调研,我们看到,在上海市中心城区的社区青年虽然整体人数不多,但是几年来积累下来的问题却是比较"顽固"的,容易解决的问题通过这几年上海市对社区青年工作的加强已基本解决,社区青年的人数也因此明显减少。但正因如此,社区青年所代表的弱势群体更具代表性。本次调研得出的上海市中心城区社区青年的情况基本如下:

第一,由于10多年来政府重视社区发展,特别是在中心城区,社区青年生存与发展环境比以前有了很大改善,但是,相比其他青年群体,社区青年的生存与发展问题依然显著,而就业困难是其中最大的问题。近年来,社会整体就业环境不是很好,特别是大学毕业生就业困难,加之社区青年社会资源少,所以,就业问题是社区青年自身较难克服的问题。

第二,社区青年就业困难的成因复杂,其中,社区青年主观就业意愿不强,加之对于工作比较挑剔,害怕辛苦,这是社区青年就业问题的主要原因之一,很多社区青年不就业多为找不到认为合适的工作。

第三,很多社区青年并非没有工作过,在上海中心城区,有隐性就业经历的社区青年占多数,有创业意愿的更不在少数,但是,由于社区青年所处的弱势社会地位,很难有所作为,权益保障和资金存在严重问题。

第四,对于求职中所处的劣势,一些社区青年并没有更多地从主观上找原因,而是归于客观因素,归于社会和政府。同时,对于所要达成的愿望也很高,希望相关部门能够主动帮助解决。因此,如何帮助社区青年就业,如何帮助社区青年改变不利的就业观念成为目前社区青年工作的重点。

第五,社区青年的帮扶工作主要在社区展开,然而,多数社区青年寻求共同团等组织帮助的不多,有困难和需要帮助时想不到相关组织和部门,原因在于:一是社区青年及其家长对于相关组织及部门的工作职能和所能作为不了解,二是对相关组织和部门缺乏应有的信任。所以,作为共同团组织要在社区的青年工作中发挥重要作用,应加大宣传力度,主动了解和帮助社区青年,为其就业提供必要的和可行的服务。

五、对策与建议

早在2002年,J区就率先成立了社区青少年工作联席会议,承担社区青少年教育帮扶的职能。2012年成立了J区青少年工作领导小组,明确团区委、各类青年社会组织和其他青年工作力量的角色责任。其中,青年创业就业一直是团区委扶持的重点项目。目前,区委对于社区青年已实现百分之百建档,社工的工作也实现全覆盖,对于每个社区青年基本了解。然而,面对新形势和新困难,要在工作力度、工作方法上加以推进,使帮扶效果更加明显。

(一)加强社区青年就业指导工作,实施职业生涯教育

对青年实施职业生涯教育与辅导工作不仅是高校的事情,在社区,共青团组织可以发挥重要作用。社区青年的就业力不强,主要是职业观念的偏差和职业信心的挫败感,因此,职业生涯教育对于社区青年是非常重要的。青年就业问题不仅包括青年失业问题,在首先解决好这个问题的基础上,还应进一步关注青年就业的质量,关注目前劳动力市场对青年的思想观念有何影响、青年对职业生涯如何考虑等更为深入的问题。未来青年就业的走向,将取决于宏观社会经济结构与个人职业认知之间的互动结果。生涯辅导是指依据一套有系统的辅导计划,通过辅导人员的协助,引导个人探究、评判并整合运用有关知识、经验而开展的活动。培养青年生涯发展的能力,从而成为一个能够获得自我认定,善于开发自身潜能的社会成员。在本次调查中,我们看到很多社区青年虽有职业理想,但是职业生涯计划不够。还有一些社区青年对人生目前还没有什么想法。所以,帮助社区青年就业不是简单地为他找一份工作,要在工作中坚持"以人为本"和"人生发展"的思想,使社区青年成为智力和身心都健康的人,提高社区青年的市场竞争能力。要从他们的自身需要考虑,把青年主动开发自身资源和社会压力结合起来,效果会更加突出。

(二)提升社区青年就业素质,加强有针对性的相关技能培训

劳动力供给结构与需求结构不相吻合的矛盾将成为解决青年就业的主要障碍。目前,就职场存在大量青年找不到工作、不少用人单位招不到合适人才的问题。而由于素质未达到无法高层次就业,导致出现社区青年就业层次低等相对性问题,则需要为提高社区青年"就业力"寻求解决的办法。劳动力的竞争,最根本的就是劳动力素质竞争。综合素质包括与工作相关的知识和技能、能力水平及倾向、个性特点和行为特征、职业发展取向、工作经验,等等,这是用人单位在招聘所有人才时都必然会考虑的要素。

从对 J 区以往的青年工作中我们得出的经验是:对社区青年的帮扶工作可以解决一些实际问题,但是授之以鱼不如授之以渔,要使社区青年的就业素质得到有效提高,他们才有能力找到工作,才有能力实现稳定的工作需求。因此,加强社区青年的职业培训是青年工作的重要内容之一。帮助强化政府促进就业职能不是唯一的目标,要加强创业和再就业培训,提高对就业困难青年的扶持能力。强化政府促进就业职能,为促进就业提供服务是政府履行公共服务的主要职能之一,进一步发挥政府弥补市场缺陷的基本职能,对就业困难青年实施特殊的扶持政策,广泛深入地开展基层的就业管理和服务工作,积极创建充分就业社区,帮助零就业家庭和就业困难人员就业,对困难群体进行全方位的、有针对性的就业培训援助。

(三)加强就业市场建设,促进社会和谐发展

就业市场中信息不充分是影响用人单位选材和青年就业的突出问题,充分而有效的信息可以降低市场成本,实现节省资源和提高效益的目标。因此,加强就业市场和信息化建设是当务之急。同时,还要制订相关规定,加强对就业市场的管理。目前,劳动力市场中还存在缺乏监督、秩序混乱等情况,不利于劳动力市场充分发挥资源配置作用。有效调控和管理是市场发挥优势的重要保证,各级主管部门应出台相关管理办法和规定,提供统一规范,保证市场秩序。此外,要大力扶持各种社会中介组织的形成,建立各种服务代理、评估、公证组织等;进一步规范各种录用考试,为青年创造公平的竞争环境;完善相关制度和条例,保障受雇者和用人单位的权益。应进一步制定细化的各项规定,使就业工作有据可依,有章可循、落到实处。

(四)鼓励社区青年开展创业活动

创业是社会发展的源动力,在任何一种社会形态和任何一个经济发展时期,都是最具活力、吸引力和最富有挑战性的活动。因此,世界上许多国家都把"创业"作为经济发展的一个重要问题来对待。从我国现阶段的形势来看,就业问题的实质在很大程度上更是一个创业的问题。我国是一个发展中的人口大国,就业压力十分沉重,完全靠政府来"计划安排"是不可能的。根据国际有关经验,青年创造就业岗位是就业的重要途径。因此,在帮助社区青年求职的过程中,鼓励青年创业,这是青年就业的一个重要突破。

自主创业可以成为个人层面上减少就业难度的一种主动性的现实选择方案。在个人层面上,减少就业难度的方法大致有两类:一是被动选择,如对自己原先的就业意愿进行调整。降低择业标准,就可能意味着获得就业机会。二是主动选择,如自主创业。自改革开放以来,中国的就业形式经历了几种重要转变:从最初主要是体制内就业,到出现了更多的体制外就业;从原先主要是机构化就业,到出现了更多的个体化就业;从最初主要是占据现有的就业岗位,到出现了更多的创造就业岗位。这种变化与体制改革和市场经济进程是一致的。后期出现的就业形式,对个体自主性的要求越来越高。自主创业则是这一方面的集中体现,它成为个体在解决就业问题上发挥主观能动性的重要形式。自主创业需要以个体自身的素质和实力为基础,也需要社会建立有效的导向机制和保障机制。

目前,可以通过创业教育使社区青年树立创业的意识和能力,使青年摆脱一次安排终身的意识,把不同的工作、职业经历当作是为创业而进行的准备,在这些职业生活中可以不断地对比、反思不同行业的活动规则,充分了解市场,寻找创业机会。有这样的意识,那么社区青年在就业时就不会拘泥于工作地点、职业好坏,以及工资高低,从而减少或消除个人与用人单位要求的冲突,提高就业成功率。市场经济的高速发展,每年都会催生诸多新职业。在新兴的市场中,青年反而因为没有传统经验主义的束缚,往往能够出奇制胜。像IT、电脑、管理咨询、医药科技等这些新兴产业,早已被创业者们列入名单之中。事实上,在任何一个行业初兴之时,都需要有充满雄心的年轻人们给它以活力,而这种行业需求,才是创业的真正契机。

(五)呼吁社会公平的逐步实现

社会公正主要是指社会的制度和结构,相应的法律、法规,社会统治层所实施的各项国家决策行为,社会总体上的人际关系以及以国家或集体面目出现的其他行为的客观合理性和合理程度的道德评价。社会公正是稳定社会的均衡器,在促进社区发展方面具有决定的意义。直接掌握着制定"游戏规则"的掌权者的公正观念和水准,直接影响着社会公正的性质和水准。当代西方的哲学大师麦金太尔指出:"德性的正当性取决于规则和原则的正当性,后者先于前者。如果后者很成问题,它们也的确如此,那么前者也必定如此。"[①]目前,存在于社区青年中的不公平主要有两点:一是在职场供远远大于求的情况下,很多用人单位趁机渔利,特别是对于隐性就业的青年权益保障,这种看似正常的市场经济结果,事实上是极不正常的,对整个社会的长期发展带来消极影响;二是由于社区青年掌握的社会资本不同而产生的不公平竞争。因此,政府有责任采取有效措施来扭转这一局面,而不能把这些问题都推于市场来解决。政府不能包办青年的就业,但有创造公平就业环境的当然责任。

(六)建立健全社会保障制度

如前所述,社区青年在失业和创业过程中,要有社会保障的支持才能够有更好的生存和发展空间。建立社会保障基金,重视对人力资源的未来保障投资,制定相应法律条款,保护青年劳动中的权益,解决社区青年的最低生活保障问题。使社会保险、社会救济、社会福利规范化、科学化、法规化和社会化,真正发挥社会保障维护社会公平、保持社会稳定、促进社会有序发展的作用。

(原文载于《社会科学》2014年第9期)

[①] [美]A.麦金太尔:《德性之后》,龚群、戴扬毅译,中国社会科学出版社1995年版,第150页。

日本"无欲世代"的群体画像和成因探析

裘晓兰

日本厚生劳动省发布的人口统计显示,2017年日本的出生人口数量为946 060人,比2016年减少30 918人,创下自1899年有统计数据以来的最低值;总和生育率(TRF)①为1.43,比2016年降低0.01,自2015年以来连续两年下降。根据厚生劳动省的测算,日本人口将在2053年跌破1亿,到2065年,人口预计比2015年的1.27亿减少三成,降至8 808万,且届时超过40%的将是高龄老年人口。为了提升生育率,日本政府过去推出多项政策措施,但从上述数据看,这些政策措施对人口的促进效果有限,日本老龄化和少子化趋向严重,已经成为深刻的国家问题。对于少子化的背后原因,日本社会普遍认为是青年一代对于婚姻、家庭乃至性爱的拒绝。

一、从"欲望社会"到"低欲望社会"

20世纪50年代中期至70年代初是日本经济的高速发展期,平均年增长率接近10%的持续发展,在创造了经济腾飞的"日本奇迹"的同时,也让日本社会的生活现代化达到了新高度。伴随经济的发展民众的收入水平不断提升,对消费的欲求也日益旺盛,而城市化进程和传统家庭结构解体等社会变化将家庭推上了消费的主体,其结果是促生了"家庭电器化时代"的全面到来。50年代中后期以洗衣机、冰箱和黑白电视机为代表的"三大神器",以及60—70年代以彩电、空调和汽车为代表的新"三大神器"在家庭相继普及,大量生产、大众消费是这一阶段的主要消费特征。

20世纪70年代中期至90年代初是日本经济的稳定成长期,平均保持在5%左右的年增长率让日本经济进入了"新的成长轨迹"。凭借持续稳定的经济发展,日本的国际竞争力迅速提升,80年代日本取代英国成为世界第一海外债权大国,同时也登上了世界第二大经济体的位置。经济增长带来了金融资产和房地产价格的上涨,而随资产急剧膨胀而来的财富效应也促使民众的消费欲望不断扩张,这不仅表现在消费能力上,也体现在消费需求上。随着可支配收入的不

---

① 合计特殊出生率:指一个人口群体的各年龄妇女生育率的总和,是衡量生育水平最常用的指标之一。

断增加,加上家庭的小型化发展等趋势,日本的消费主体由家庭逐渐转向个人,消费结构由家庭刚需升级为娱乐教育、交通通信等,消费需求由大众化日益向个性化、高端化、品牌化发展。① 强劲的购买力不仅体现在民众身上,也表现在企业层面,而购买的对象也不局限于日本国内。1989年,日本三菱公司购买了美国国家象征洛克菲勒中心,日本索尼公司收购了美国娱乐业巨头哥伦比亚影片公司;20世纪80年代、90年代,洛杉矶中心区域近一半的房产权属于日本人,夏威夷96%以上的外国投资来自日本,法国、意大利等欧洲奢侈品店挤满日本游客,"买买买"成为这一阶段的日本的消费形象。

进入20世纪90年代,随着泡沫经济的破灭,日本陷入了被称为"失去的20年"的经济发展停滞期,同时,高龄少子化的加剧使得日本劳动人口不断减少,也成为进一步制约经济增长的因素。急转直下的经济溃败氛围和可支配收入的停滞乃至负增长消灭了多余的欲望,在消费上行空间被打断,民众消费理念趋于朴素理性的背景下,"低欲望"成为日本的整体社会氛围,特别是年轻世代表现出的"低欲望"群体特征成为社会问题。一方面,经济高速发展的神话虽然陨灭,但日本社会长期积储的优厚物质基础并未消失,丰裕物质条件下成长的年轻一代表现出追求自我、享受安逸、缺乏奋斗目标等群体表征。另一方面,随经济低迷而来的失业率上升、收入不稳定,以及少子高龄化、国际地位下降等引发的社会发展不透明性,让年轻一代对未来丧失信心,呈现生活态度消沉、人际关系淡薄等群体表征。当如此人口负增长、经济疲软背景下成长起来的新生代成为消费主体,表现出对物质的寡欲和消费的低落,不买房、不炒股、不结婚,衣食住行将就、远离奢侈品,成为这一代人的群体消费特征。

2015年,日本经济学家大前研一在著作《低欲望社会「大志なき時代」の新·国富論》(中译名《低欲望社会:"丧失大志时代"的新·国富论》)中指出,日本在人口老龄化背景下社会整体陷入了消费行为极度萎缩的"低欲望"漩涡,其突出表现是越来越多的年轻人对未来生活感到不安,选择不结婚、不生子、不消费的"低配"生活。"日本年轻人没有欲望,因为他们没有体验过有无限希望的高度成长时代或是泡沫经济时代,只经历过通货紧缩、不景气的黑暗时代,从懂事起就对未来充满不安,薪资一直是冻涨、降低的状态,因此不出门、不消费、不结婚生子,尽量减少人生风险,这已经成了基本性格。"②越来越多的年轻人不愿意背负危机、丧失物欲和成功欲,"选择不拥有"成为时代脉络下的合理选择,也有学者称之为"厌恶消费世代"。③《低欲望社会「大志なき時代」の新·国富論》一书的出版在日本国内引发了极大的反响,这不仅仅因为年轻一代表现出的"低需求""低消费"会导致经济萎靡不振、社会失去活力,更因为青年群体的"低欲望"趋势已蔓延到对"婚恋"和"性"的态度和行为上,这可能会进一步加剧日本社会少子高龄化,对日本的人口结构、经济发展形成致命的打击。

---

① 国泰君安消费行业系列报告:《从日本消费及业态变迁看中国消费机遇》,2017年,第6—11页。
② 大前研一:《低欲望社会「大志なき時代」の新·国富論》,日本:小学馆2015年版,第1—10页。
③ 松田久一:《「嫌消費」世代の研究》,日本:东洋经济新报社2009年版,第1—6页。

二、日本年轻一代的"性"群体画像——基于青少年全国调查数据

青少年是生命历程的特殊阶段,"性"作为青少年时期成长发育的主要特征之一,不仅是青少年身心健康的重要组成,也会直接影响到未来的婚恋生育观,进而对整个社会发展和国家的人口环境形成深刻的影响。日本青少年对"性"究竟是怎样的态度,在行为上又有着怎样的变化,是否如一般认为的随着经济的低迷呈现"低欲望"特征。本研究利用日本性教育协会的翔实数据资料①,聚焦青少年的性心理和性体验的变化趋势,从纵横两个维度对当代日本青少年的"性"进行客观把握和呈现。其中,性心理主要从青少年的性兴趣及性态度进行分析,性体验主要从青少年的恋爱经历以及性行为的体验情况进行分析。

(一) 性心理

1. 对性的兴趣

"性意识"的觉醒是进入青春期的重要心理标志。随着青春期生理发育,青少年心理和行为上也出现显著变化,对性征发育感到惊奇、神秘、羞涩并促使他们产生了解和探索性奥秘的欲望,开始对性出现兴趣,有时还会出现性冲动。与童年期对性的好奇心理不同,在性欲驱使下对性产生兴趣,是青少年性心理发展的一个本质表现。"青少年性行为全国调查"自1981年第二次调查开始纳入了关于性兴趣的问题,通过询问是否对"性"有兴趣来了解青少年的性心理情况。从数据结果来看,主要呈现以下两个特征:

一是青少年对性的兴趣存在显著年龄和性别差异。数据分析发现,伴随年龄的增长,青少年对"性"的兴趣会不断提升。如2017年的调查数据显示,初中阶段男女生对"性"感兴趣的比例为46.2%和28.9%,到了高中阶段比例升至76.9%和42.9%,至大学阶段比例进一步增加到93.2%和68.6%,伴随年龄上升青少年"性"兴趣的增幅明显。同时,对数据的分析发现,在任何年龄段男生对"性"的兴趣均显著高于女生,且近年呈现差异越来越大的趋势。以大学生的数据为例,在1981年、1987年、1993年、1999年和2005年的调查中,男生对"性"感兴趣的比例基本高于女生10个百分点左右;2011年的调查比例差开始扩大,增加到21.8百分点;至2017年,比例差进一步扩大至24.6个百分点。

二是青少年对性的兴趣在逐渐降低。对历年的数据比较发现,青少年对"性"的兴趣自20世纪80年代调查开始后日渐上升,90年代达到高值,新世纪以后出现急速回落。2017年的最新调查结果显示,76.9%的高中男生和42.9%的高中女生对"性"感兴趣,相比1999年的数据分别

---

① 日本性教育协会自1974年以来约每6年对15—24岁的青少年进行一次"青少年性行为全国调查",迄今已经持续了8届,共对超过4.2万名青少年进行了相关调查。调查主要采用问卷调查法,通过分层抽样方式从全国的大城市、中城市和町村抽取初中生、高中生和大学生为调查对象,调查内容包括性生理、性心理、性体验等多个方面。第8次调查于2017—2018年实施完成。

下降了16.1和36.1个百分点;同时,大学生的数据相比1999年分别下降了6.2和22.3个百分点。

表1 青少年对性感兴趣的比例　　　　　　　　　　　　　单位:%

年份	初中生		高中生		大学生	
	男	女	男	女	男	女
1981	—	—	94.3	80.1	98.9	92.2
1987	56.5	49.7	91.6	77.2	97.3	87.6
1993	57.9	52.1	92.7	75.5	97.9	90.3
1999	61.0	51.4	93.0	79	99.4	90.9
2005	45.9	38.8	80.9	58.6	95.6	89.7
2011	42.2	33.7	75.2	46.4	95.5	73.7
2017	46.2	28.9	76.9	42.9	93.2	68.6

2. 对性的认识

性心理涉及与性有关的一切心理活动,其中对性的认识是重要的组成部分。"青少年性行为全国调查"自1987年的调查开始通过询问青少年对"性"的印象了解青少年对性的认识。从数据结果看,近年对性持负面认识的青少年有增多趋势。如1987年、1993年和1999年的调查数据显示,认同性是"快乐的"青少年比例基本在1/4—1/3之间,不认同性是"快乐的"比例约为5%;从2005年的调查数据开始认同的比例出现下降,不认同的比例不断增加,至2011年不认同的比例首次超过了认同的比例;2017年的最新数据显示,认同性是"快乐的"青少年比例为14.7%,不认同的比例为16.5%。同时,认同性是"羞耻的"青少年比例除了1999年的调查数据出现较大下降外,基本维持在35%左右的平稳状态,但不能忽略的是,不认同性是"羞耻的"青少年比例呈现不断下降的趋势,如1987年时有17.6%的青少年不认同性是"羞耻的",到了2017年,比例下降到了8.2%。

表2 青少年对性的认识　　　　　　　　　　　　　单位:%

年份	快乐的			羞耻的		
	认同	说不清	不认同	认同	说不清	不认同
1987	27.3	67.5	5.1	35.6	46.9	17.6
1993	33.6	62.0	4.4	39.2	42.9	17.9
1999	24.3	69.9	5.8	25.1	63.9	11.0
2005	18.2	70.0	11.8	37.7	52.8	9.5
2011	12.2	70.3	17.4	34.2	58.3	7.5
2017	14.7	68.8	16.5	35.0	56.8	8.2

(二)性体验

1. 恋爱经历

"异性相吸"是青少年身心发展过程中的正常现象,也是青少年生理和心理健康的一种表现。进入青春期后,由性生理成熟引发的深层次性意识逐渐觉醒,对异性产生好感和爱慕倾向的青少年,会主动接近喜欢的对象,进而可能发生恋爱关系。"青少年性行为全国调查"自1974年第一次调查以来,主要通过询问恋爱经历了解青少年的恋爱情况。对数据的分析结果显示,青少年的恋爱情况显现低龄化和普遍化趋势。

比较初中生的数据可以发现,自1987年有相关调查数据以来,初中生有恋爱经历的比例呈现逐渐上升的趋势,从1987年的男生11.4%、女生15.3%,到1999年的男生24.2%、女生23.5%,再到2017年的男生27%、女生29.2%,增幅明显。整体看,有恋爱经历的初中生比例从20世纪80年代的一成多到如今的近三成,增加了三倍。高中生和大学生的数据则显现较为平稳的曲线,在40年的过程中虽然也有上下波动,但整体看高中生有恋爱经历的比例基本在五成左右,大学生有恋爱经历的比例基本在七成左右,保持较为稳定的状态。

表3 青少年有恋爱经历的比例 单位:%

年份	初中生		高中生		大学生	
	男	女	男	女	男	女
1974	—	—	53.6	47.6	73.4	77.4
1981			57.5	52.1	74.4	79.0
1987	11.4	15.3	40.1	50.4	78.3	79.5
1993	15.1	17.2	45.9	53	82.5	83.8
1999	24.2	23.5	52.4	56.7	82.1	74.2
2005	23.9	26.7	59.6	63.1	79.8	81.4
2011	25.0	23.2	56.1	59.7	76.2	75.4
2017	27.0	29.2	54.2	59.1	71.8	69.3

2. 性行为体验

性行为是个体旨在满足性欲和获得性快感而出现的动作和活动。青少年性生理发育年龄的不断提前,使他们能够更早地体验和接触与性相关的内容,而现代信息技术的高速发展也进一步促进了性文化的传播,部分青少年在性好奇和性冲动的推动下会发生接触性性行为。"青少年性行为全国调查"自1974年第一次调查以来,主要通过接吻和性交的经历了解青少年的性行为体验情况。从数据结果来看,主要呈现以下两个特征:

一是青少年性体验的比例呈现明显回落。对数据分析发现,青少年的性体验比例在经历了上升趋势后近年来出现明显的回落。以大学生的数据为例,有过接吻体验的比例在70、80、90年代不断攀升,至2005年达到最高值,男女生的比例分别为72.9%和73.3%,之后开始出现下降趋势,2017

年的最新数据为男生59.1%,女生59.7%,降幅明显。有过性交体验的比例也呈现同样的变化趋势,2005年达到最高值,男女生的比例为62.1%和61.7%,之后逐渐减少,2017年的最新数据为男生47%,女生36.7%。整体看,青少年性行为的体验率基本降低到二三十年前的数据水准。

二是青少年性体验存在显著性别差异。数据分析发现,不同性别青少年的性体验比例有较大差异性,基本呈现初中、高中阶段女生的体验比例高于男生,大学阶段男生的体验比例高于女生的特征。以接吻体验为例,2017年的数据显示,初中生有接吻体验的女生比例为12.6%,比男生高3.1个百分点;高中生有接吻体验的女生比例为40.7%,比男生高8.8个百分点;到了大学阶段,有接吻体验的女生比例则要比男生低4.8个百分点。比较历年的数据发现,初中、高中阶段女生的性行为体验比例高于男生是从80年代开始出现的特征,1974年的调查数据显示当时的男生性行为体验比例均高于女生。

表4 青少年有接吻体验的比例　　　　　　　　　　　　　单位:%

年份	初中生		高中生		大学生	
	男	女	男	女	男	女
1974	—	—	26.0	21.8	45.2	38.9
1981	—	—	25.2	27.7	54.4	50.4
1987	5.9	6.9	23.7	26.4	60.5	50.8
1993	7.0	8.4	30.5	35.5	70.7	66.5
1999	13.7	12.9	42.5	44.9	72.3	64.9
2005	16.6	20.3	49.4	54.1	72.9	73.3
2011	12	14.7	39.7	46.4	65.4	62.3
2017	9.5	12.6	31.9	40.7	59.1	54.3

表5 青少年有性交体验的比例　　　　　　　　　　　　　单位:%

年份	初中生		高中生		大学生	
	男	女	男	女	男	女
1974	—	—	10.2	5.5	23.1	11.0
1981	—	—	8.0	9.0	33.1	19.0
1987	2.3	1.8	11.8	9.0	47.8	27.2
1993	2.0	3.1	15.5	16.9	59.3	46.8
1999	4.0	3.1	27.0	24.6	62.8	53.6
2005	3.7	4.4	27.0	31.1	62.1	61.7
2011	3.0	4.8	19.1	26.3	51.7	45.1
2017	3.7	4.5	13.6	19.3	47.0	36.7

三、"无欲世代"(さとり世代)及其背后的成因探析

(一)"无欲世代"(さとり世代)的出现

从上述对日本全国青少年的调查数据的分析可以发现,年轻一代对性的"低欲望"趋势特征确实存在。首先,"低欲望"趋势在性心理方面的体现是青少年对"性"的兴趣在逐渐降低,同时,青少年对"性"的负面认识有所上升。其次,"低欲望"趋势在性体验方面的体现是青少年的"性"行为体验比例在逐渐回落。值得注意的是,虽然性行为的回落与性兴趣的下降呈现相同曲线特征,但进一步分析可以发现,青少年"性"兴趣降低趋势的显现要略早于"性"行为体验降低趋势的显现,前者基本在新世纪之初就开始出现明显的回落,而后者则要到2011年以后开始呈现回落趋势。这表明,心理的"低欲望"要先于行为的"低欲望"。从这一角度出发,基于青少年"性"兴趣降低趋势仍在持续这一客观数据可以预测,日本青年一代的性行为体验在未来还可能继续降低。

"さとり世代"是日本继"ゆとり世代"(宽松世代)后推出来的新名词,最先流传于网络,之后逐渐被社会广泛接受,指的这样一个特定的群体:出生于1987年至21世纪前后,和"ゆとり世代"(宽松世代)的年龄基本一致,群体特征表现为:在童年时期经历过经济崩溃,和网络共同成长,成人后远离物欲、食欲、性欲,不愿出人头地,不善表现自我,对人(包括婚恋)冷淡,人际关系简单,缺乏野心,对任何事物都没有过多的期待,容易放弃。因此也被称为"无欲无求的一代"或"无欲世代"。如此"无欲世代"被认为是日本少子化深刻发展的最大推手,也是日本克服改善少子化问题的最大障碍。

根据日本厚生劳动省下属国立社会保障与人口问题研究所的调查数据[①],2015年日本男性的"终生未婚率"[②]为23.4%,女性的"终生未婚率"为14.1%,均创下历史新高值。这也意味着,有1/4的日本男性和1/7的日本女性终生未婚。同时,调查数据还显示,18—34岁未婚群体中,有42.9%的男性和39.2%的女性认同"碰不到理想的对象就不结婚"。此外,调查结果发现,18—34岁未婚群体中,69.8%的男性和59.1%的女性没有交往对象;35—39岁的未婚群体中,26%的男性和33.4%的女性从未有过性经验。

(二)"无欲世代"背后的成因分析

1. 平等说

对于日本社会逐渐增多的对恋爱和性持消极态度年轻群体,专栏作家深泽真纪[③]和社会学家森冈正博将之称为"草食男"或是"草食系男子"。森冈正博对"草食系男子"的定义是:心地善

---

① 日本国立社会保障人口问题研究所:《第15回出生同行基本調查——結婚と出産に関する全国調查》,2015年,第13—35页。
② 终生未婚率指至50岁尚未结婚的人口比例。
③ 深泽真纪:《平成男子图鉴》,日本:日经BP社2007年版,第1—3页。

良,不被传统的"男子汉气概"所束缚,缺乏恋爱欲望,不想在恋爱中受伤也不想去伤害别人的男子,认为男女平等新型关系的出现是日本社会产生"草食系男子"现象的内在原因。①

一直以来,"男主外、女主内"是主宰日本社会的性别观念,在此传统观念下,男性被认为是"勇敢""责任"的象征,在战场和劳动生活中具有着特殊的意义与价值。在日本的经济高速成长期,也是男性积极奋进,在撑起日本经济崛起的同时承担着扶养家庭的主要责任。然而,随着社会的不断进步发展,上述情况发生了巨大的变化。一方面,和平时代不再需要"为国捐躯"的战士,而科技的发展、服务业的兴起等也使得单纯体力劳动不断减少,让男性可以大展身手的舞台越来越小,这使得男性的社会角色不再如过去那么明确和重要的同时,社会地位也不再如过去那般高高在上;另一方面,在男女平等的理念下,女性不仅走出家门进入社会,在许多领域的作用和贡献都可媲美男性,甚至更为出色。女性的经济能力越来越强,社会地位也越来越高,生活不再必须要依靠男性。换言之,传统的男性主导女性的人际关系模式正在瓦解和消失,女性不再需要通过婚姻获取社会身份,男性必须成家立业、抚养妻儿的责任分工也在逐渐淡化,这样的氛围中"草食男"们渐渐出现,他们对结婚、恋爱失去兴趣,在性欲上也没有过高的要求,不会积极主动追求婚恋关系。与此同时,女性在其中感受到了平等,也因此并不讨厌"草食男"的存在,这也成为促进"草食男"扩大化的原因。根据日本婚介服务网站 2009 年对 30—39 岁的未婚群体的调查结果显示:有 3/4 男性认为自己是"草食男"②。"女强"带来的"男弱"是导致"草食男"的出现的原因,也因此,森岗等认为"草食男"的产生是男女平等的一种新表现形式。

2. 风险说

相对于森岗正博的平等说,日本社会学家高桥征仁提出了"风险说"的解释,认为近年年轻人中日益增多的对恋爱和性没有兴趣的现象,主要源自年轻一代对"性"的态度正从"欲望时代"走向"风险时代"③。

在长期的经济低迷期出生和成长的日本年轻一代缺乏远大理想、安于现状、社会意识薄弱,这些都使得他们不愿迎接挑战,不愿承担风险,追求和享受封闭安逸的生活。相比较需要承担未知的风险去挑战不熟悉或未知的领域,日本的年轻人更倾向于选择留在自己比较熟悉的生活环境,不愿离开舒适便利的 comfort zone(安乐窝)。如对 18—26 岁职场新人的调查数据显示,2004 年时有 71.3% 的调查对象表示愿意赴海外工作,2007 年该比例减至 63.8%,2013 年更跌至 41.7%。④ 而当这种风险规避意识落实到人际关系上时,表现为青年一代不再认为与人交往意味着是"快乐"的或是"机会",他们首先考虑是未知的"风险"。对此,高桥征仁称之为"风险化",即当代青年在做决定之前,首先思考的不是行动带来的积极效用,而是对随之产生的消极结果

---

① 森冈正博:《「草食系男子」の現象学的考察》,《生活学习研究》2011 年第 1 期。
② パートナーエージェント:《「草食男子」と「肉食女子」に関する意識調査》,2009 年,第 1—5 页。
③ 高桥征仁:《「草食系男子」をめぐる虚実——欲望の時代からリスクの時代へ》,《现代性教育研究月报》2010 年第 10 期。
④ 学校法人産業能率大学:《第 4 回新入社員のグローバル意識調査》,2010 年,第 7 页。

更为敏感和关注。在现代社会,无论结婚还是恋爱(包括同居等共同生活)是对个体生活产生重要影响的行为,对当代年轻一代而言,和自己喜欢的人一起组建家庭、生儿育女之前,首先考虑的是开始"新"的生活导致现有"生活状况"发生变化这一重大风险,而出于风险规避心理和安全趋向,更倾向于选择"不改变"来应对未知风险。这也促使青年一代在面临"性"这一位未知领域时,不是选择积极面对,而是选择通过自我管理,如减少与人交往、不愿维持人情交际、消极对待婚恋等方式来降低风险的存在,其结果是这一代日本青年呈现出前所未有的"无欲无求"特征。

3. 负担说

对于青年群体"不婚不育"的趋势特征,近年另外一种"负担说"的解释逐渐增多,即年轻一代因为经济的困窘而无力承担"婚恋"和"性"带来的重担而不得不选择远离。

20世纪90年代初泡沫经济崩溃,日本陷入了长期的经济萧条,一方面企业难以维持以往的增长率大量消减人员,另一方面信息技术的进步导致劳动密集型产业减少,众多低端产业向发展中国家转移以寻求更低的原材料成本和更廉价的劳动力,其结果使得一直以来日本引以为豪的"终身雇佣制"崩坏,失业人员剧增。在缩减成本提高效益的强大压力下,为了进一步降低用工成本,日本中小企业开始改变雇佣模式,正是从这个时期开始,不拿奖金、不参加保险、随时可以解聘的非正式雇佣员工①数量开始逐渐增加。根据日本厚生劳动省的统计,非正式雇佣员工的数量从1988年的755万人,上升到2018年的2156万人,30年间增长了2.9倍。② 非正式雇佣员工主要集中在服务业、批发零售业、制造业等领域,在数量增加的同时,非正式雇佣员工群体呈现出年轻化、薪金低、就业不安定等特征。日本日清基础研究所的调查数据显示,30—34岁男性正式雇佣职工的平均年收入为404.6万日元,而同年龄的男性非正式雇佣员工的平均年收入仅为251.4万日元。③ 如此的低收入养活自己尚且困难,更遑论建立家庭、抚养儿女。日本公益法人联合综合生活开发研究所发布的统计数据显示,有20.9%的非正式雇佣者通过减少吃饭次数来应对贫困生活,有13%的非正式雇佣者近一年没有缴纳过税金和社会保险。④ 低收入、低保障,加上工作的不稳定性使得非正式雇佣群体在婚恋问题上不得不采取保守和消极的态度,根据日本厚生劳动省的调查结果显示,同一年龄段中,男性非正式雇佣员工的结婚率仅为正式雇佣职工的1/2。对此,有人称之为是对男性"经济上的阉割"⑤。

"低欲望社会"和"无欲世代"的出现反映了当今日本社会的现实情况,其背后是经济压力的增加和生活环境的改变等复合因素的作用。正如学者土田阳子指出的,"草食系"一词并没有如

---

① 非正式雇佣员工主要包括派遣员工、短期合同工、临时工、钟点工、业余打工者等形式。
② 日本厚生劳动省:《劳动力调查》,1988—2018年。
③ 张石:《日本大叔们为什么无性到中年》,http://dajia.qq.com/original/japan/zhangshi20160306.html,2019年3月24日。
④ 公益法人联合综合生活开发研究所:《第2回非正規労働者の働き方・意識に関する実態調査》,2016年,第7—10页。
⑤ 张石:《日本大叔们为什么"无性到中年"》,http://dajia.qq.com/original/japan/zhangshi20160306.html,2019年3月24日。

同过去常见的青年亚文化那样,成为风靡一时但很快被人忘记的"流行语",而今已俨然成为对恋爱和性持消极态度的"代名词"而长期存在[1],而清心寡欲的"无欲世代"也逐渐成为社会的固定组成,并有不断蔓延的趋向。大前研一在《低欲望社会「大志なき時代」の新·国富論》书中预测,世界各国都将面对"低欲望社会"现象。放眼全球,经济减速和人口老龄少子化几乎是所有发达国家和地区的通病,只是日本表现得尤为突出。面对如此缺乏活力的"无欲世代",今后该何去何从,这不仅是日本社会面临的巨大考验,也是国际社会整体需要思考的课题。

(原文载于《中国青年研究》2019年第8期)

---

[1] 日本性教育协会编:《「若者の性」——第7回青少年の性行動全国調査報告》,日本小学館2013年版,第121—140页。

青年网络集体行动的社会心理路径分析

雷开春

如今,个人可以通过网络改变社会,青年人的社会境遇和需求不容忽视。在中国,网络集体行动拥有巨大社会影响力。它不但能催生新的社会政策,导致政府官员下台,甚至还能影响司法判决。因此,寻找和构建青年网络集体行动的社会心理路径尤其重要。

然而,当前社会心理学的潜在研究逻辑是,已有行动路径解释仍适用于网络集体行动。大多数学者认为,网络集体行动与现实集体行动并无本质差异,只是行动形式有所变化而已。学者偏爱研究现实集体行动,倾向于把网络集体行动看成前者的特殊现象。因此,社会心理学并未对网络集体行动提出特别的社会心理机制解释,相关解释仍建立在现实集体行动之上。通过定量数据,本研究试图检验社会心理学对集体行动路径的解释模型是否适用于解释网络集体行动。

一、研 究 回 顾

(一) 单一行动路径的提出

社会心理学对集体行动的解释主要包括四种心理机制:工具理性、集体情绪、身份认同和道德信念。[1] 其中,道德信念是最晚提出的心理机制。

工具理性是参与集体行动的首要动机[2]。奥尔森发现,个体对成本-收益的权衡是影响其参与集体行动的重要因素。[3] 那么,人们如何权衡成本-收益? 克兰德曼斯[4]提出,集体行动的参

---

[1] Van Stekelenburg, J. & B. Klandermans 2013, "The Social Psychology of Protest." *Current Sociology*, 61(5-6).
[2] Klandermans, B. 1984, "Mobilisation and Participation: Social-psychological Expansions of Resource Mobilization Theory." *American Sociological Review*, 49(5).
Mummendey, A. et al. 1999, "Strategies to Cope with Negative Social Identity: Predictions by Social Identity Theory and Relative Deprivation Theory." *Journal of Personality and Social Psychology*, 76(2).
Simon, B. et al. 1998, "Collective Identification and Social Movement Participation." *Journal of Personality and Social Psychology*, 74(3).
[3] Olson, M. 1971, *The Logic of Collective Action: Public Goods and the Theory of Groups*. Cambridge: Harvard University Press.
[4] Klandermans, B. 1984, "Mobilisation and Participation: Social-psychological Expansions of Resource Mobilization Theory." *American Sociological Review*, 49(5).

与动机可分为集体性动机(如群体效能感)、社会性动机(如对重要他人期望的反应)和奖赏性动机(如共同经历感)三类。其中,群体效能(感)最为重要。①

人们最初倾向于用个体情绪解释集体行动②,但未获得实证研究的支持。③ 有研究发现,只有群体基础上的剥夺体验才可能导致集体行动,个体剥夺感只与个体行动相关。④ 当群体成员感知到群体不平等或不公平剥夺时,他们会对造成现状的负责对象(多数为另一群体)的责任、意图、实力、行为可预测性进行综合评价,产生集体性情绪,如愤怒、恐惧、焦虑等。⑤ 其中,愤怒是同集体行动相关最高的情绪。⑥ 集体愤怒不但可以预测个体参与集体行动的意愿,也能很好预测实际的集体行动。⑦

个人通过社会特征或群体属性认识自己,他们会像维护个人评价一样积极维护社会身份评价⑧,这就是身份认同理论对集体行动的解释。⑨ 在这些情况下(对自己的社会处境感到不满,但却无力通过个人努力改变现实;发现这一情况并不是个别化问题,而是群体性问题;认为这种群体地位差异不合理、不稳定),那么通过集体行动改变群体现状就会成为个人最后的合理选

---

① Mummendey, A. et al. 1999, "Strategies to Cope with Negative Social Identity: Predictions by Social Identity Theory and Relative Deprivation Theory." *Journal of Personality and Social Psychology*, 76(2).

② LeBon, G. 1896, The Crowd: A Study of the Popular Mind. London: T. Fisher Unwin.
Stouffer, S. A. et al. 1949, "The American Soldier: Adjustment during Army Life." *Journal of the American Medical Association*, 140(14).

③ Frijda, N. H. 1986, *The Emotions*. Cambridge: Cambridge University Press.
Scherer, K. R. et al. 2001, *Appraisal Processes in Emotion*. Oxford: Oxford University Press.
Bushman, Brad J. 2002, "Does Venting Anger Feed or Extinguish the Flame? Catharsis, Rumination, Distraction, Anger and Aggressive Responding." *Personality and Social Psychology Bulletin*, 28(2).

④ Smith, H. J. & D. J. Ortiz 2002, "Is it just Me? The Different Consequences of Personal and Group Relative Deprivation." In I. Walker & H. J. Smith (eds.), *Relative Deprivation: Specification, Development, and Integration*. Cambridge: Cambridge University Press.

⑤ Smith, E. R. 1993, "Social Identity and Social Emotions: Toward New Conceptualizations of Prejudice." In D. M. Mackie & D. L. Hamilton(eds.), *Affect, Cognition & Stereotyping*. San Diego: Academic Press.
Yzerbyt, V. et al. 2003, "I Feel for Us: The Impact of Categorization and Identification on Emotions and Action Tendencies." *British Journal of Social Psychology*, 42(4).

⑥ Lazarus, R. S. 1991, *Emotion and Adaptation*. New York: Oxford University Press.
Runciman, W. G. 1966, *Relative Deprivation and Social Justice: A Study of Attitudes to Social Inequality in Twentieth-century England*. Berkeley: University of California Press.
Walker, I. & H. Smith 2002, *Relative Deprivation: Specification, Development, and Integration*. Cambridge: Cambridge University Press.

⑦ Garcia, A. L. & N. R. Branscombe 2009, "The Relative Impact of Anger and Efficacy on Collective Action is Affected by Feelings of Fear." *Group Processes and Intergroup Relations*, 12(4).
Tausch, N. & J. C. Becker 2012, "Emotional Reactions to Success and Failure of Collective Action as Predictors of Future Action Intentions: A Longitudinal Investigation in the Context of Student Protests in Germany." *British Journal of Social Psychology*, 52(3).

⑧ Turner, J. C. et al. 1987, *Rediscovering the Social Group: A Self-categorization Perspective*. Oxford: Basil Blackwell.

⑨ Tajfel, H. & J. C. Turner 1979, "An Integrative Theory of Inter-group Conflict." In W. G. Austin & S. Worchel (eds.), *the Social Psychology of Inter-group Relations*. Monterey: Brooks/Cole Publishing Company.

择。有关工人或妇女①、老年人或同性恋②、东德人③等的研究表明,个体对某一社会类别、群体的认同感越强,他们就越有可能参与集体行动。元分析研究也表明,群体身份认同是集体行动的有效预测指标,对行动群体的认同感的预测力更强。④

当个体认为自己的道德标准受到冲击时,就可能产生愤怒情绪。⑤ 特纳等⑥发现,道德信念存在群体水平与个体水平的差异。当某一道德标准成为群体性特征时,人们更愿意参与集体行动。这意味着,对某些社会规范的维护(如维护人权)会使持有相同信念的那些人聚集到一起,尽管他们本人可能归属于毫不相关的群体。道德信念不但是个体参与集体行动的重要动机,也是将弱势群体成员与部分优势群体成员团结在一起,并致力于社会变革的重要因素。⑦ 换言之,道德信念机制指,集体行动是个体为了维护公共道德信念所做出的努力。

(二) 行动路径的整合模型

随着多层线性回归分析、结构方程模型等统计技术的发展,探讨和证实不同心理机制的关系成为可能,近30年来整合模型逐渐成为西方社会心理学的主流研究趋势其中,理性-情绪模型、理性-认同模型、身份认同整合模型及最新的四因素模型的发展最为重要。

理性-情绪模型⑧提出,集体行动包括工具理性和群体愤怒两条路径。其中,工具理性路径包括群体效能和行动支持两个变量;群体愤怒路径包括不公平感和社会支持两个变量。导致不公平结果的程序(程序不公平)要比结果(结果不公平)更容易激怒人们;工具性支持感(行动支持)可强化情绪支持感(社会支持),但情绪支持并不必然增强工具性支持感。换言之,行动支持感和群体效能会增强个体对群内其他成员分享其观点的期望,但情绪支持分享并不必然增强群

---

① Kelly, C. & S. Breinlinger 1996. *The Social Psychology of Collective Action: Identity, Injustice, and Gender*. London: Taylor & Francis.
② Simon, B. et al. 1998, "Collective Identification and Social Movement Participation." *Journal of Personality and Social Psychology*, 74(3).
③ Mummendey, A. et al. 1999, "Strategies to Cope with Negative Social Identity: Predictions by Social Identity Theory and Relative Deprivation Theory." *Journal of Personality and Social Psychology*, 76(2).
④ Van Zomeren, M., T. Postmes & R. Spears 2008, "Toward an Integrative Social identity Model of Collective Action: A Quantitative Research Synthesis of Three Socio-psychological Perspectives." *Psychological Bulletin*, 134(4).
⑤ Rozin, P. et al. 1999, "The CAD Triad Hypothesis: A Mapping between Three Morale Motions (Contempt, Anger, Disgust) and Three Moral Codes (Community, Autonomy, Divinity)." *Journal of Personality and Social Psychology*, 76(4). Shweder, R. A. et al. 1997, "The 'Big Three' of Morality (Autonomy, Community, and Divinity), and the 'Big Three' Explanations of Suffering." In A. Brandt & P. Rozin (eds.), Morality and Health. New York: Routledge. Tetlock, P. E. 2002, "Social Functionalist Frameworks for Judgment and Choice: Intuitive Politicians, Theologians, and Prosecutors." *Psychological Review*, 109(3).
⑥ Turner, J. C. et al. 1987, *Rediscovering the Social Group: A Self-categorization Perspective*. Oxford: Basil Blackwell.
⑦ Van Zomeren M., T. Postmes, R. Spears & K. Bettache 2011, "Can Moral Convictions Motivate the Advantaged to Challenge Social Inequality? Extending the Social Identity Model of Collective Action." *Group Processes and Intergroup Relations*, 14(5).
⑧ Van Zomeren, M., R. Spears, A. H. Fischer & C. W. Leach. 2004, "Put Your Money Where Your Mouth Is! Explaining Collective Action Tendencies Through Group-based Anger and Group Efficacy." *Journal of Personality and Social Psychology*, 87(5).

体效能感。

理性-认同模型[1]提出,集体行动只包括计算和认同两条路径,集体情绪不应纳入其中。一方面,集体情绪只在身份认同形成时才起作用,身份认同是集体行动的直接参与动机;另一方面,由于愤怒情绪在群体成员中普遍体验到,它实际上并非变量而是常量,因此不应作为模型的独立路径。其中,计算路径由工具理性引导,集中于参与成本和收益计算;认同路径则由个体对所属群体的身份认同引导,强调所属群体成员资格的认知、评价和情感重要性。

身份认同整合模型[2]提出,身份认同既可直接预测集体行动,也可通过(群际)不公变量和(群体)效能变量间接影响集体行动(见图1)。身份认同能作用于不公正变量,是因为它提供了不公正体验的群体分享基础,在情绪上可激发个体参与集体行动。[3] 身份认同作用于效能变量,是因为较强的认同感能够向相对无力的个体增能。[4] 这一模型在很大程度上克服、弥补了以往模型依赖特定行动类型的缺陷以及前因变量考虑不周的遗憾,同时也获得实证研究的支持。

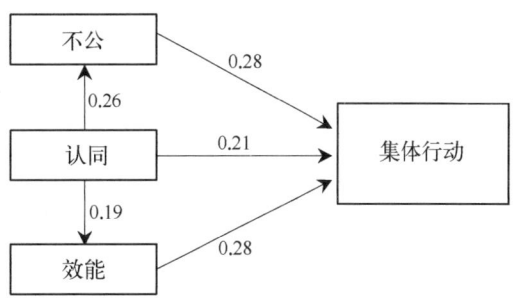

图1 集体行动的身份认同整合模型

身份认同扩展模型[5]提出,道德信念会突显某些身份,并强化群体认同,也能激发群体愤怒和提升群体效能。道德信念能通过认同、情绪和理性三个中间变量对集体行动产生影响(见图2)。这就从根本上解释了那些非弱势群体成员为何会参与到其他群体的集体行动中去的问题。因为共同的道德信念为他们赋予了新的社会身份:信念共同体。来自不同抽样、问题和社会背景的许多实证研究也间接证实了这一模型[6];同时,模型的内在效度也得到一系列实验研究的支持。[7]

---

[1] Simon, B. et al. 1998, "Collective Identification and Social Movement Participation." *Journal of Personality and Social Psychology*, 74(3).

[2] Van Zomeren, M., T. Postmes & R. Spears 2008, "Toward an Integrative Social identity Model of Collective Action: A Quantitative Research Synthesis of Three Socio-psychological Perspectives." *Psychological Bulletin*, 134(4).

[3] Smith, E. R. 1993, "Social Identity and Social Emotions: Toward New Conceptualizations of Prejudice." In D. M. Mackie & D. L. Hamilton(eds.), *Affect, Cognition & Stereotyping*. San Diego: Academic Press.

[4] Drury, John & S. Reicher 2005, "Explaining Enduring Empowerment: A Comparative Study of Collective Action and Psychological Outcomes." *European Journal of Social Psychology*, 35(1).

[5] Van Zomeren, M., C. W. Leach & R. Spears 2010, "Does Group Efficacy Increase Group Identification? Resolving Their Paradoxical Relationship." *Journal of Experimental Social Psychology*, 46(6).

[6] Tabri, N. & M. Conway 2011, "Negative Expectancies for The Group's Outcomes Undermine Normative Collective Action: Conflict between Christian and Muslim Groups in Lebanon." *British Journal of Social Psychology*, 50(4). Cakal, Huseyin et al. 2011, "An Investigation of the Social Identity Model of Collective Action and the 'Sedative' Effect of Intergroup Contact Among Black and White Students in South Africa." *British Journal of Social Psychology*, 50(4).

[7] Van Zomeren, M., T. Postmes & R. Spears 2012, "On Conviction's Collective Consequences: Integrating Moral Conviction With the Social Identity Model of Collective Action." *British Journal of Social Psychology*, 51(1).

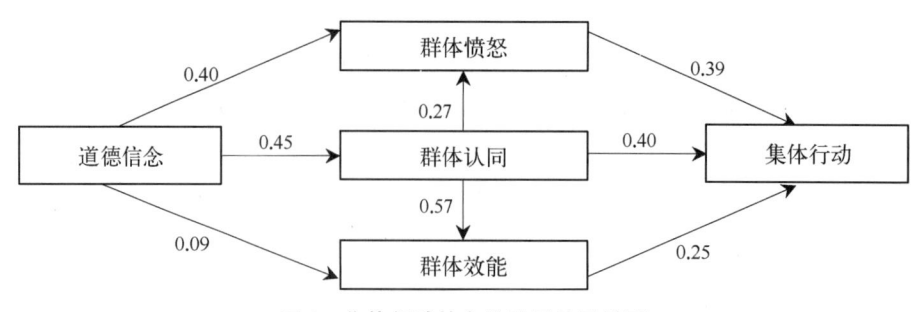

图 2　集体行动的身份认同扩展模型

二、研究假设

现实集体行动的社会心理逻辑是否也适用于网络集体行动呢？哪一种模型更适合解释青年的网络集体行动现象？沿着前人的研究逻辑，我们提出适用于网络集体行动的具体研究假设。①

从近十年网络事件的发展历程来看，愤怒一直是促进网民大量聚集的最主要情绪，几乎每件引起社会舆论大波的网络事件都同愤怒情绪不可分离；同时，这些网络事件对社会、政府、组织及个体的影响经常远远超出人们预期。因此，网络集体行动同时实现了民众对表达集体情绪和获得工具理性的效用。此外，由于每位社会成员都被嵌于以国家、民族、阶层、性别、家庭等共同身份形成的社会网络之中，这些共同的背景、经历、体验和团结很容易演化为共同（集体）的情绪。② 因此，根据社会心理学对现实集体行动的四种核心解释机制，本研究提出假设1：工具理性、集体情绪、身份认同和道德信念分别对网络集体行动有显著预测作用。

从近十年网络集体行动案例来看，网络行动从某种程度来讲释放了大量社会情绪，避免了大规模现实集体行动的产生。③ 网络事件中经常以官员下台、政策变更等结果告终。例如，2012年的网络事件中，有44.8%导致官员下台，44.1%导致政策变更。④ 网络留言极易被其他网民看到并转发，这在某种程度上也是"有更多他人参与"的直接证据——网络集体行动的后果和过程都极易强化网民对网络行动效能的判断。根据情绪-理性模型，本研究提出假设2：工具理性和集体情绪同时发挥作用，且工具理性能增强集体情绪的影响效应。

根据认同-理性模型，行动者参与集体行动不只为了结果收益，而是内群体成员间的认同感

---

① 本研究从整体上探讨和证实现实集体行动的社会心理学理论及模型对解释网络集体行动的适用性。因此，有关网络集体行动的路径偏好现象（即某些社会心理机制可能更适合解释某些特定类型的集体行动）未在本研究中展现。
② 单光鼐：《群体性事件背后的五大社会心态》，《中国党政干部论坛》2015年第5期。
③ Hassid, J. 2012, "Safety Valve or Pressure Cooker? Blogs in Chinese Political Life." *Journal of Communication*, 62(2).
④ 钟智锦、曾繁旭：《十年来网络事件的趋势研究：诱因、表现与结局》，《新闻与传播研究》2014年第4期。

和紧密联系,网络行动会增加网民群体的认同感和网民之间的紧密联系。结合假设2,本研究提出假设3:身份认同与工具理性同时对网络集体行动发挥显著影响作用。

根据身份认同整合模型,身份认同既可直接预测集体行动,也可通过工具理性和群体情绪间接影响集体行动。网络赋予以个体极大的表达权,他们极易在网络上找到与自己经历相似的人,而共同经历或体验的分享也极为便捷(照片或小视频)。从现实的社会制度安排来看,同构性使网民的生活经历和体验有太多相似性。这种经历共同体极易激发集体情绪。因此,本研究提出假设4:身份认同直接影响网络集体行动,并通过工具理性和集体情绪间接影响网络集体行动(见图3)。

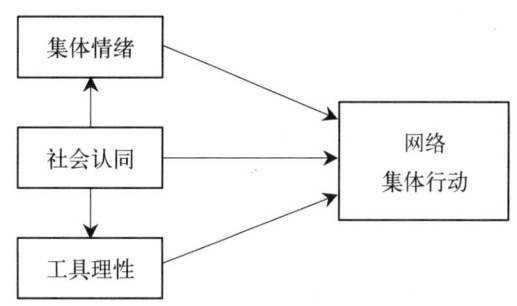

图3 社会认同整合模型假设

根据身份认同扩展模型,道德信念是更为基础的变量,信念共同体是跨越客观社会阶层的凝聚性因素。在我国,触碰道德底线和社会伦理的事件大多会产生巨大的情感震撼,从而导致网络集体行动的发生。越是能形成道德震撼的事件,越是能打动网民参与网络行动。为此,共同道德信念能解释网络集体行动事件的跨地区性和跨阶层性。由此,本研究提出假设5:道德信念会增强身份认同、工具理性和集体情绪,并通过后三者间接影响网络集体行动;身份认同直接影响网络集体行动,并通过工具理性和集体情绪间接影响网络集体行动(见图4)。

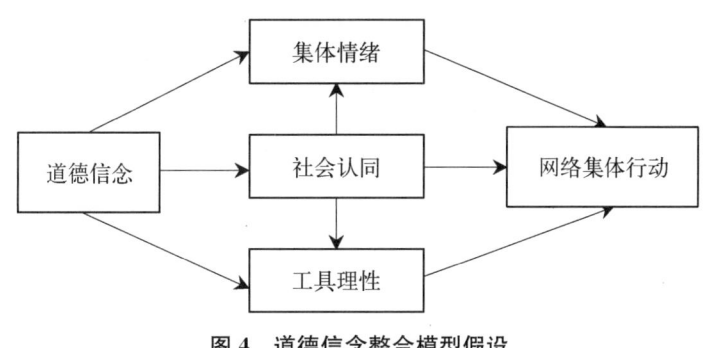

图4 道德信念整合模型假设

三、研究设计

(一)数据来源

本研究主要聚焦青年白领、青年农民工和青年学生三大群体,年龄分布为18—34岁。调查地点分别集中于上海(经济中心)、北京(政治中心)和郑州(省会城市);同时,根据国家统计局有关各群体的主要特征分布数据进行分层随机抽样,从而较好保证样本代表性。调查员由经过专业培训的当地大学本科生构成,调查督导分别为当地社会调查专家。调查时间为2014年5—6月,调查方式为问卷调查,最终有效样本3 483,实际分析样本3 450。其中,青年白领占33.2%,青年农民工占32.5%,青年学生(大学生)占34.3%;平均年龄为24.94岁(标准差为4.56)。

(二) 变量测量

1. 网络集体行动①

网络集体行动是指公民借助互联网开展的关注、表达、传播、动员等社会活动,以达到影响社会价值形成、公共事务发展或公共决策制定的目的。由于网络空间的行动形式是"身体缺位的表达",因此在网络空间难以直接看到网民个体,能见到的仅是网民在网络上留下的"痕迹"。我们可以大体从时间、内容和形式这三方面解析网络痕迹。具体来说,参与时间是指每天主动上网了解国内外重要时事政治的时间;参与内容包括政治参与(操作化为通过网络关注政治新闻等5个选项)和社会参与(操作化为与其他网民一起捍卫共同利益人意愿等三项指标)。参与形式包括看帖、发帖、评帖、转帖等情况。

2. 集体情绪②

本研究将集体情绪聚焦于集体愤怒。在网络集体行动中,愤怒情绪通过具体的指向和普遍共识。本研究列举出12件引起巨大网络愤怒情绪的社会事件,包括老太讹人事件、"到此一游"事件、中驻美使馆纵火事件、上海高院集体嫖娼事件、韩国沉船事件等。这些事件既有国内事件,也有国际事件;既有伦理道德事件,也有社会安全事件。询问受访者是否产生过强烈愤怒情绪。如果是,表明其个体愤怒已被转化为集体愤怒。选中1项计1分,由于选中超过6项的比例非常低,均不超过2%,故将选中6项及以上者均计分为6。

3. 工具理性③

集体行动中的工具理性主要体现为集体效能。就网络集体行动来说,集体效能主要表现为对网络效能的评估与信念。本研究通过3个具体指标(包括"网络围观有利于促进政府相关部门对事件的重视"等)间接测量青年群体的网络效能。每个指标采用5级评分法。

4. 身份认同④

本研究受访者的共同身份为"青年"。因此,"身份认同"通过对青年身份的认同感间接测量获得,具体包括"我以自己是一名中国青年而自豪"等三项指标。每个指标采用5级评分法。

---

① 对网络集体行动的尝试性测量,有对我国语境下集体行动实践可能性的考虑;网络空间中的行动形式更加广泛,且带有更明显的新社会运动特征。此观点在《"新社会运动"视野下的青年集体行动》一文中有更多论述,在此不再赘述。

② 根据理性-情绪论和已有研究,社会不公平(感)也是集体行动很好的测量指标。然而,数据分析结果表明,社会不公平感对网络集体行动的影响效用呈现出负相关关系。鉴于结果的特殊性,我们将另行撰文讨论。

③ 在数据分析过程中,我们曾尝试采用普遍的集体/群体效能感指标,结果发现预测效果并不理想。因而采用更为直接的测量指标(网络效能)。这也从侧面反映出青年网民的理性特点。

④ 在实际变量设置过程中,我们尝试过政治身份(共产党员)和阶层身份(主观阶层认同)。不过,这些在整合模型中效果均不理想。

5. 道德信念

本研究将道德信念操作化为对维持道德底线的意识,包括"违背道德底线的人,就必须受到惩罚"等三项观测指标。每个指标采用 5 级评分法。

(三)变量处理

通过因子分析对四个主要分析变量进行降维处理,并将所有变量的数据转换为 1—100 之间的标准分。[①] 网络集体行动的分值越大,表明个体参与网络集体行动的程度越高;集体情绪的分值越大,表明网络事件激发的愤怒情绪越强;身份认同的分值越大,表明个体对其青年身份的认同感越强;道德信念的分值越大,表明个体维护道德底线的意识越强(见表 1)。

表 1 青年网络集体行动及四种社会心理路径的分布情况

研究变量	网络集体行动[②]	集体情绪	工具理性	身份认同	道德信念
KMO 检验值	0.765		0.691	0.673	0.606
Barterlet	8 366.107 ($p<0.001$)		2 695.593 ($p<0.001$)	1 842.691 ($p<0.001$)	1 322.818 ($p<0.001$)
累计方差贡献率	64.510%		68.404%	63.002%	57.202%
转换后 Mean(S.D.)	50.30 (14.29)	51.79 (22.99)	38.22 (18.57)	69.20 (18.35)	69.40 (18.69)

四、结 果 与 分 析

(一)已有理论假设检验

对假设 1、2、3,我们采用回归分析法[③]进行验证(见表 2)。其中模型 1、2、3、4 考察四种心理路径对网络集体行动的影响作用;模型 5、6 考察双元路径假设。

表 2 单一路径和双元路径假设检验结果(OLS,Beta 值,N=3 450)

主要参数	模型 1	模型 2	模型 3	模型 4	模型 5	模型 6
	情绪路径	理性路径	认同路径	道德路径	情绪-理性路径	认同-理性路径
集体情绪	0.140***				0.112***	
工具理性		0.369***			0.360***	0.366***
身份认同			0.064***			0.030

---

① 网络集体行动变量是以三项新因子方差贡献率为权数的合成数值。我们将在另一研究论文中详细论述。

② 因子分析的结果表明,青年网络集体行动主要由三个新因子组成。网络集体行动变量是以三项新因子方差贡献率为权数的合成数值。具体详情,另有撰文。

③ 在路径分析中,一般不展现控制变量的影响作用。为了同整合模型中的标准回归系数进行对比,回归分析中未放入控制变量,且列出的是标准回归系数。

续表

主要参数	模型 1 情绪路径	模型 2 理性路径	模型 3 认同路径	模型 4 道德路径	模型 5 情绪-理性路径	模型 6 认同-理性路径
道德信念				0.039***		
Adjusted R^2	0.019	0.136	0.004	0.001	0.148	0.137
F	68.967***	543.405***	14.115***	5.168*	300.608***	273.736***

注：* $p<0.05$；** $p<0.01$；*** $p<0.001$。下同。

从模型 1、2、3、4 可以看出，集体情绪、工具理性、身份认同、道德信念的标准回归系数分别为 0.140($p<0.001$)、0.369($p<0.001$)、0.064($p<0.001$)、0.039($p<0.001$)。这四种路径的影响系数均达到统计上的极显著水平。这表明，集体情绪越强、工具理性越高、身份认同越强、道德信念越高的青年越容易参与网络集体行动。由此，假设 1 获得验证。

从模型 5 可以看出，集体情绪、工具理性的标准回归系数分别为 0.112($p<0.001$)和 0.360($p<0.001$)。尽管两者影响系数均达到统计上的极显著水平，但同模型 1 的系数值相比，愤怒情绪的系数有所减小。① 这表明，情绪-理性双元路径存在，但理性路径并未强化情绪路径的影响作用。由此，假设 2 获得部分证实。从模型 6 可以看出，工具理性和身份认同的标准回归系数分别为 0.366($p<0.001$)和 0.030($p>0.05$)。其中身份认同的影响系数未达到统计上的显著水平；而工具理性的影响系数依旧显著。这表明，工具理性和身份认同并未同时发挥显著影响作用。由此，假设 3 未获得证实。

此外，从标准回归系数值来看，网络效能的系数最大；其次为愤怒情绪；身份认同和道德信念的系数明显小得多。这一结果有可能提示出，理性路径和情绪路径有可能是核心路径。根据后期的整合模型理论，道德路径和认同路径的影响作用还可能通过理性和情绪两条路径来间接实现(中介作用)。我们通过路径分析②来检验这一推测(见表 3)。

表 3　身份认同整合模型和道德信念整合模型的检验参数指标

参数估计	身份认同整合模型假设验证	道德信念整合模型假设验证
CMIN	14.217($p=0.000$)	4.239($p=0.014$)
AGFI	0.979	0.993
TLI	0.887	0.984
RESEA	0.062	0.031
N	3 450	3 450
DF	1	2

① 进一步系数差异检验表明，这一变化并未达到统计上的显著水平。
② 作者也曾尝试采用结构方程模型(SEM)。由于实际结果并不支持，因而改用了路径分析法。

根据已有研究,绝对拟合检验(CMIN)置信度 $p>0.05$,调整后的拟合指数 AGFI、塔克-刘易斯指数(TLI)大于 0.9,近似均方根误差(RMSEA)小于 0.05 时,模型是比较令人满意的。[①] 从表 3 可以看出,尽管身份认同整合模型调整后的拟合指数达到拟合标准(AGFI=0.979),但未能通过绝对拟合检验(CMIN=14.217,df=1,$p=0.000$),塔克-刘易斯指数(TLI=0.887)和近似均方根误差(RMSEA=0.062)均未达拟合测量标准,因此身份认同整合模型不能被接受,假设 4 未获得证实。同时,道德信念整合模型的近似均方根误差(RMSEA=0.031)达到拟合测量标准,塔克-刘易斯指数(TLI=0.984)和调整后的拟合指数达到拟合标准(AGFI=0.979),但未能通过绝对拟合检验(CMIN=4.239,df=2,$p=0.014$)。由此,道德信念整合模型不能完全接受,假设 5 未获得实证。

值得指出的是,从拟合情况看,与身份认同整合模型假设相比,道德信念整合模型更接近可被接受的模型。因此,我们在道德信念整合模型的基础上构建符合我国网络集体行动的整合模型。

(二) 网络集体行动的模型修正

由于经过修正后的模型无法用原数据进行拟合验证,我们对有效样本进行随机拆分。其中样本 1 用于拟合修正,样本 2 进行拟合验证(见表 4)。首先,我们采用样本 1 对道德信念整合模型进行直接拟合。结果显示,模型除未通过绝对拟合检验(CMIN=3.131,df=2,$p=0.044$)外,近似均方根误差(RMSEA=0.035)、塔克-刘易斯指数(TLI=0.978)和调整后的拟合指数(AGFI=0.989)均达到拟合标准。这表明,道德信念整合模型已非常接近可被接受模型,仍有待修正。

表 4 道德信念整合模型的修正与检验

参数估计	样本 1		样本 2
	修正前	修正后	
CMIN	3.131($p=0.044$)	2.213($p=0.065$)	1.050($p=0.380$)
AGFI	0.989	0.992	0.996
TLI	0.978	0.987	1.000
RESEA	0.035	0.027	0.005
N	1 719	1 719	1 731
DF	2	4	4

根据统计原理,如果自由参数对应的 t 值小于 2,则认为该自由参数不显著,应从模型中剔除,重新拟合模型。从样本 1 的拟合参数结果来看,道德信念对网络效能的影响(t=0.375,$p>$

[①] 郭志刚:《社会统计分析方法》,中国人民大学出版社 1999 年版;侯杰泰、温忠麟、成子娟:《结构方程模型及其应用》,教育科学出版社 2004 年版;刘军、富萍萍:《结构方程模型应用陷阱分析》,《数理统计与管理》2007 年第 2 期。

0.05),身份认同对网络集体行动的影响(t=1.342,p>0.05)均不显著。这两项路径最终剔除。从修正后的拟合结果来看,模型的近似均方根误差(RMSEA=0.027)、塔克-刘易斯指数(TLI=0.987)和调整后的拟合指数(AGFI=0.992)均达到拟合标准;同时,模型也通过绝对拟合检验(CMIN=2.213,df=4,p=0.065),MI 均小于 6.63。这表明,修正后模型是最简拟合模型。修正后模型释放了两个自由度,更为简洁。①

(三) 网络集体行动的模型验证

我们采用样本 2 对样本 1 的修正模型进行验证。结果显示,模型通过绝对拟合检验(CMIN=1.050,df=4,p>0.05),调整后的拟合指数(AGFI=0.996)、塔克-刘易斯指数(TLI=1.000)和近似均方根误差(RMSEA=0.005)均达拟合测量标准(见表4)。这说明,样本 2 能较好地验证样本 1 的修正模型,即我们可以接受样本 1 的修正模型。根据样本 2 的拟合结果,我们得到反映我国网络集体行动的道德信念整合模型,并重新整理为图 5。由于变量测量单位不同,为了清楚看到各变量之间的关系,图中标出的是分析变量的标准路径系数及统计显著水平(残差未显示)。

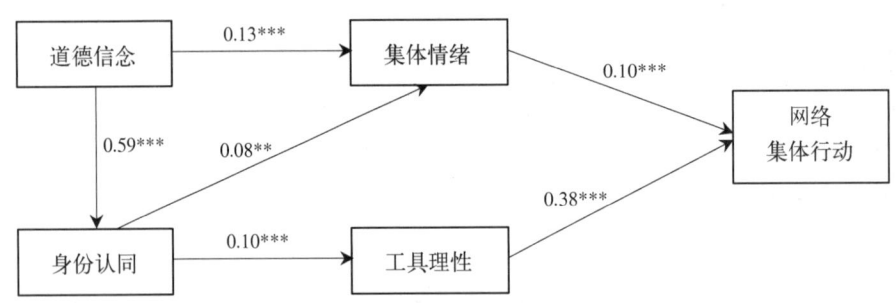

图 5 我国网络集体行动的道德信念整合模型

从图 5 可以看出,道德信念对集体情绪和身份认同的路径系数分别为 0.13($p<0.001$)和 0.59($p<0.001$)。这表明,道德信念越强的青年,有更强的愤怒情绪,身份认同感也越强。身份认同对集体情绪和工具理性的路径系数分别为 0.08($p<0.01$)和 0.10($p<0.001$)。这表明,身份认同感越强的青年,其愤怒情绪反应越强,网络效能感也越高。集体情绪和工具理性对网络集体行动的路径系数分别为 0.10($p<0.001$)和 0.38($p<0.001$)。表明愤怒情绪越强、网络效能感越高的青年,越容易参与到网络集体行动当中。

同时,道德信念对网络效能的直接影响并不显著。道德信念仅通过身份认同和集体情绪两

---

① 除考虑自由参数显著度外,模型修正还需要参考结构方程分析软件输出的模型修正指数和残差矩阵。模型中某个受限制的参数,若允许自由估计,模型会因此而改良,整个模型的卡方减少的数值,称为此参数的修正指数(modification index,MI)。因此,一般来说先修正 MI 最大或较大者。由于修改模型时,原则上每次只修改一个参数,每次修改一个固定路径,变为自由估计后,需重新计算所有固定路径的 MI(侯杰泰等,2004:117)。一般将 MI>6.63 作为路径可改为自由的准则。因为 df=1,若取 α=0.05,χ²=3.84 为显著;若取 α=0.01,χ²=6.63 为显著。完成本次模型修正后,模型的 MI 均小于 6.63,表明这是最简模型,无须进一步修正。

条路径影响集体行动,后两者起到完全中介作用。身份认同对网络集体行动的直接影响作用也不显著。这表明,身份认同本身不直接推动网络集体行动,需要集体情绪和工具理性作为中介变量。

五、结论与讨论

基于大规模调查数据,本研究从社会心理学视角不仅分别考察了集体情绪、工具理性、身份认同和道德信念这四种社会心理机制对网络集体行动的影响,还尝试通过路径分析构建出四种社会心理机制对网络集体行动影响的内在关系模型。结果发现:

第一,集体情绪、工具理性、身份认同和道德信念对网络集体行动均有显著影响效应。其中道德信念和身份认同起间接影响作用;集体情绪和工具理性起直接影响作用。换句话说,集体情绪(尤其是愤怒)、工具理性(网络效能)、身份认同和道德信念都是推动我国青年网民参与网络集体行动的重要原因。其中,集体情绪和工具理性可能只是浅层次网民心理动机;而道德信念和身份认同可能是更深层次的网民心理需求。

在对网络集体行动的研究中,网民参与的能动性和内在的需求较少被提及。他们更多被媒体炒作为意见领袖操控下的"乌合之众",信谣传谣、不辨真相成为其主要特征。[①] 正因如此,网络集体行动从诞生之际就被"负面化"地归类为"群体性事件"。人们对虚拟世界的想象显然忽略了虚拟空间下真实网民的主体性。

转型期中国社会群体性事件的参与者大多为围绕着失业下岗、城市拆迁安置、农民失地、农民负担等源于绝对剥夺而产生的现实或直接的利益群体。与现实世界相比,网络空间更适合满足人们的高层次需求(如情感与价值需求);在传统集体行动的框架下,这一现象通常被描述为"非利益相关"的特征。[②] 本研究结果表明,网民主体的认同与道德是解释网络集体行动的重要因素。民众对明确的身份认同与安全的道德规范具有强烈需要,是否有外在或内在利益相关性或许不再成为网络集体行动的重要分析视角。

第二,工具理性和集体情绪是身份认同的完全中介变量,身份认同和集体情绪是道德信念的完全中介变量。身份认同是社会行动者意义的来源,网络集体行动根源于对承认与归属感的渴望;行动者"集体性地认定他们的处境是不公平的,是需要通过群体行动改变的"。[③] 这极易使处于相同境遇的个体或群体基于共同认同感而聚集到网络空间中。

---

① 刘能:《当代中国群体性集体行动的几点理论思考》,《开放时代》2008年第3期;邱建新:《为"网络公众舆论"正名——关于"网上群体性事件"概念适当性的思考》,《江苏社会科学》2009年第6期;赵岚斐:《"网络集群行为"与"价值累加"——一种集体行动的逻辑与分析》,《新闻与传播研究》2013年第8期;钟龙彪:《网上群体性事件的特点、生成及消解》,《湖南行政学院学报》2010年第2期。

② 王建武:《集体行动的社会空间转向及其呈现机制》,《黑龙江社会科学》2015年第4期。

③ McAdam, D. 1982, *Political Process and the Development of Black Insurgency, 1930—1970*. Chicago: University of Chicago Press.

不同于国外研究,本研究表明,集体情绪和工具理性是身份认同的中介变量,身份认同的独立预测作用可能存在虚假相关。这可能是因为,一直以来"青年"大多作为客观年龄身份的代名词,较少被赋予明确的社会政治责任和行动内涵,青年难以直接通过这一身份获得身份认同。更简单说,青年不太可能因为自己拥有"青年"的身份而采取行动。事实上,除了青年外,我们很难找到网民共同的、清晰的社会行动身份。本研究分析结果表明,阶层身份和党员身份的影响作用也并不显著。更值得一提的是,身份认同的整合效应可能低于道德信念(道德信念整合模型更接近可被接受的模型)。这似乎提示我们,当身份认同的聚合功能不显著时,道德信念可能会代之承担起聚合民众的功能。

第三,集体情绪和工具理性是相互独立的影响路径,无相互增强效应;工具理性是激发网民参与网络集体行动的最重要社会心理机制。在现实集体行动当中,集体情绪因素一直是不可回避的核心变量。① 在已有研究中,青年网络行为常常被赋予"一定的随意性和非理性倾向"的特征②,认为"情感能引发并左右网络群体事件的发展"。③ 由于中国的网络集体事件源于现实社会的结构性问题④,这些问题积压已久又无法解决,所以网络充当了情绪安全阀的角色。

本研究结果也证实了这一观点,情绪尤其是现实社会的负向情绪表达是网民参与网络集体行动不可替代的路径。中国网络中更多是娱乐和社交活动,对民主等宏大主题的追求可能仅仅存在于很少一部分知识分子中。⑤ 对情绪的过分强调使我们难以捕捉到普通网民网络参与的理性考量。不同于此前强调网民非理性(情绪)的许多研究,本研究表明,尽管社会情绪表达是网络集体行动不可忽视的内在原因,但网民对网络效能的评估才是直接促使其参与网络集体行动的最大推动力。

正如习⑥指出,传统大众抗议在中国没有合法性,网络(在线社区)能推动大众抗议的发展。而泰⑦则指出,互联网在中国促进了信息的民主化传播,为公众参与社会和政治议题的公共讨论开辟了空间,改变了传统媒体的角色,从而增强了民意的独立性。作为一种新的公共领域,网络为社会和政治行动提供了非常丰富的机会。根据研究⑧,互联网对抗争行为的影响可区分为三种类型,即"互联网作为动员结构""互联网作为政治机会"以及"互联网作为框架化工具"。互联网在中国的发展进程显示出其对国家和社会具有双重赋权的效应。国家利用互联网不断提升治理能力;社会群体也尝试利用互联网来改变国家的政治和政策实践,公民个体的行为正在逐

---

① Flam, H. & D. King (eds.) 2005, *Emotions and Social Movements*. London: Routledge.
② 王井云:《青年参与网络群体性事件的社会心理分析》,《青年探索》2014 年第 6 期。
③ 隋岩、苗伟山:《中国网络群体事件的主要特征和研究框架》,《现代传播》2014 年第 11 期。
④ Yang, G. 2014, "Internet Activism and the Party State in China." *Daedalus*,143(2).
⑤ Castells, M. 2009, *Communication Power*. Oxford: Oxford University Press.
⑥ Xi, R. 2005, *The Internet, Freedom of Speech, and Social Transformation: An Examination of the Impact of Cyber-forums on Policy-making in China*. Master of Arts, the State University of New York.
⑦ Tai, Z. 2006, *The Internet In China: Cyberspace and Civil Society*. New York: Routledge.
⑧ Garrett, R. K. 2006, "Protest in an Information Society: A Review of Literature on Social Movements and New ICTs." *Information, Communication and Society*, 9(2).

渐转变为以公共政治参与为目的的集体行为。① 网络效能的绝对强势影响作用表明,网络的确起到了增能赋权的社会政治效果。作为一种低成本的、非组织化的"集体策略",网络集体行动得到了青年人的普遍接收与认可。

作为对普遍网络集体行动进行定量分析的首次尝试,本研究还存在一些局限。首先,非全体网民的抽样数据来源,能为理解我国网络集体行动提供参考,但是否适用于所有网民群体还有待进一步验证;其次,三大青年群体的路径分析可能存在群体性差异,这些差异在本研究中未能展现出来;同时数据为何并不支持采用结构方程模型分析,也值得进一步探讨;再次,参考国外相关研究编制的测量指标,还需完善与修订;最后,当青年身份无法直接预测集体行动时,有没有其他共同身份可以承担这一效应? 在后续研究中,我们会收集更为详细的数据资料,对各种路径进行更为细致的测量,从而更为全面地反映我国青年网络集体行动的社会心理路径及其偏好。

(原文载于《青年研究》2017 年第 4 期)

---

① 张盛:《网络群体性事件研究——基于公众参与和国家治理的视角》,复旦大学博士学位论文,2013 年。

社会转型时期的青年未来观研究

——以对上海部分"80""90"后的调查为例

华 桦

伴随着青年一代的快速成长,以"80后""90后"为代表的青年群体受到空前的关注。对我国当代青年群体的研究已经逐渐走向学术化和规范化,其关注的视野也逐渐从青年一代的思想道德、价值观领域向青年群体的社会化、与前辈人的代际问题、青年的角色扮演和角色互动等方面拓展。对当代青年群体的评价已经逐渐突破过去成人经验建构的刻板印象,而从个体生命历程发展、代际认同的角度对其加以客观地分析。但是,大多数已有研究在内容上的共性仍旧是,针对当代青年群体目前的发展状况做出分析和评价,缺乏对青年未来发展可能性和个体能动性的预测和把握。任何决策的制定都要经过认知、设计、选择和执行四个阶段。个体认知将要决策的对象并进行多种可能性的设计,选择最好的方案加以执行。在设计和选择阶段,人们做出的评价判断不仅依赖于已经发生的情况,更要考虑未来可能发生的情况。这些对未来状况的预测就是未来观。[1] 法国未来学创始人儒弗内尔(De Jouvenel)指出,我们用行动塑造未来,而行动又取决于我们的未来观,后者是至关重要的。[2] 任何个体和组织的当前行为与他们所持有的未来观密不可分。当代青年群体眼中的未来世界究竟如何?他们对承担未来责任的信心和能力的自我评价如何?他们获取未来相关信息的渠道如何?他们的未来观对他们现今的行为和态度的影响如何?有关这方面的研究在国外已有了一定程度的积累和发展。

一、已有相关研究

西方对青年未来观的研究得益于未来学的发展。从20世纪50年代起未来学开始在西方广泛传播,以托夫勒为代表的一批学者对未来社会进行的预测和描述推动了未来学研究的浪潮迭起。1980年托夫勒(Alvin Toffler)出版了《第三次浪潮》,从历史的角度考察了技术和社会发生的革命性变化,并对这些变化可能形成的未来局面做了概括性描述。美国未来学家约翰·奈斯比特(John Naisbitt)于1982年出版了《大趋势》,该书的副书名是"改变我们生活的十个新方

---

[1] Mau, J. 1967, *Social change and images of the future*, Schenkman, Cambridge, MA.
[2] Ibid.

向",其中第一个方向就是"从工业社会到信息社会"。20世纪90年代以后,美国著名学者尼葛洛庞帝(Nicholas Negroponte)的《数字化生存》论述了网络技术给人类的生活方式、工作方式、教育方式和娱乐方式带来的各种冲击和其中值得深思的问题。进入21世纪以后,马克·佩恩(Mark J. Penn)和E.金尼·扎莱纳(E. Kinney Zalesne)的《小趋势》更以独特的视角解释了决定未来大变革的潜藏力量。

随着未来学的整体发展,未来学的研究方法和路径亦被应用于青年未来观的研究。《未来学》(Futures)和《未来学家》(Futurist)等期刊上每年刊登大量有关青年未来观的相关研究。这些研究对青年眼中未来世界的图像进行统计分析,探究了青年对未来世界的态度、看法和可能的行动标准,对于如何引导青年形成积极的未来观有较大的借鉴意义。其中,青年未来观中流露出的悲观主义情绪引起了学者们的关注。贝尔观察发现,许多年轻人看不到他们面前的未来可能性和未来幸福。[1] 希克斯和霍尔登的研究中发现,青年担心未来的战争,环境污染,贫穷。[2] 鲁宾的研究也指出,芬兰11—22岁的青少年常常持有破坏性的未来观,例如环境恶化、移民和难民人数的飞速增长,森林湖泊的污染等。[3] 另一些研究则发现,对未来持消极图景的人可能更缺乏处理当前问题的能力。在青年社会学研究领域,帕罗尼倡导关注社会的结构因素对青年一代行动和选择时的价值观和偏好的影响。在他看来,首先,青年人所持有的未来观是树立未来生活目标和计划的手段。青年眼中的未来图景对自我认同、动机和应对能力的形成很重要。其次,未来观部分由社会所决定和传递。因此个体所持有的未来观的形成也取决于个体的历史、经历、知识水平和创造力,这些内容很大部分是被社会共享的。[4]

上述研究大多在未来学较为发达的西方发达国家进行,更强调西方青年普遍的价值倾向和行为选择。和国外相比,中国尽管引进未来学的时间不长,但未来学的研究思路和方法早已渗入各个研究领域,对中国人口、能源、教育、军事、环境、文艺、经济等领域所做出的各种预测实际上都与未来学的应用不无相关。在青年研究尤其是青年群体未来发展可能性方面亦有所运用,例如对青年婚恋观、价值观、竞争力等方面的研究,都蕴含了青年对未来的观念投射。但将"未来观"作为青年研究的主题来加以探讨的研究还较为少见。

二、研究青年未来观的出发点

尽管青年建构未来观是个体的过程,但这一过程取决于社会的结构性因素和偏好。社会的转型、信息社会的来临,使当代青年所面对的社会和以往大不相同,他们所做出的选择、对未来

---

[1] Bell, W. "Making people responsible", *American Behavioral Scientist*, 1998, 42 (3).
[2] Hicks, D. 1996, A lesson for the future: Young people's hopes and fears for tomorrow, *Futures* 28(1).
[3] Rubin, A. 2000, *Growing up in social transition in search of a late modern identity*, Turku: Turun Yliopisto.
[4] Puuronen, V. 1995 *Young People as Producers of their World? A study on the methodology of sociology of youth and of young people's discussions*. Dissertation. University of Joensuu Publications in Social Sciences.

的描述和期盼反映了他们的压力和彷徨。研究青年未来观的出发点在于:

(一) 青年未来观根植于青年对社会现实的感知

对于20世纪80年代以后的中国社会,社会学家通常选择用"社会转型"这个概念来描述其中的巨大变化。这一阶段也是中国社会结构朝向现代化社会结构转型最为迅速的时期,具体而言,当前中国"社会转型"的基本特征表现为:其一,经济体制改革是这次社会转型的重要推动力。其二,社会主义制度的自我完善是这次社会转型的政治目标,是"借着市场经济这一迄今为止被视为合理而有效的社会组织方式,建构一个更加合理的社会制度体系"。其三,社会结构转型是这次社会转型的客观结果。所有制结构中非公有制经济的比重大幅度增加,产业的发展正在从量的增长转向产业结构升级,城市化的加速正在日益强烈冲击城乡分割的二元结构,农民内部高度同质化、均等化的格局已被打破,社会中心的社会利益集团逐步形成,等等。① 过去30年来,我国在社会转型中实现了每年平均9.8%的高速经济增长,从一个封闭贫穷的国家跃进为世界贸易大国,2010年GDP的规模首次跃升为世界第二位。这不仅意味着我们的综合国力又迈上了一个新的台阶,还意味着社会转型带来的经济结构、社会体制、利益格局和思维观念等的转变,为青年成长创造了一系列新的契机。首先,计划经济体制向市场经济体制转变为青年成长创造了更为自由的环境和开明的舆论。最根本性的表现是社会成员普遍的主体意识的觉醒,传统群体伦理、权力本位与身份本位压抑下的个体主体性,在社会转型期得以解放出来。这必然带来青年主体权利意识的增强,要求确认自身利益的合理性与合法性。其次,产业结构的升级直接推动了高等教育扩招,进而带动了教育结构的升级,为青年实现高层次的自我提升提供了广阔的空间。

社会急剧变化对青年成长也带来了一系列的挑战。近年来,我国地区、城乡、行业、群体间的收入差距有所加大,分配格局失衡导致部分社会财富向少数人集中,收入差距已经超过基尼系数标志的警戒"红线"。城乡居民收入比达到3.3倍;行业之间职工工资差距最高达到15倍左右;不同群体间的收入差距也在迅速拉大,上市国企高管与一线职工的收入差距在18倍左右,国有企业高管与社会平均工资相差128倍。② 社会分化和贫富差距扩大使得青年中间出现了贫富分层的趋势。有关统计资料显示,高校经济困难学生约占在校生总数的15%—30%,其中经济特别困难学生的比例为8%—15%。贫富差距的逐渐扩大导致利益关系的深刻变化,加上就业难、住房贵、养老重等不约而同涌向青年的重大社会现实压力,"使得青年在观念和行为上更加重视现实的利益尤其是自身的现实利益,导致人与人之间的关系日趋物质化、功利化"。③

成长于特殊的社会转型时期的青年一代,他们的行为方式必然会受到社会变革的影响,其对于未来的期待和看法必然会深深地烙上社会现实的印记。换言之,青年未来观的形成并非出于对未来的臆测,而是社会现实的影响因素在他们进行未来判断和预测过程中的真实投射。

---

① 张琢:《中国改革开放以来的经济发展与社会变迁的量化分析》,《湖北民族学院学报(哲社版)》2000年第4期。
② 新华社调研小分队:《我国贫富差距正逼近容忍红线》,《理论参考》2010年第7期。
③ 许叶萍:《社会急剧变化对青少年成长和教育的挑战》,《青年研究》2006年第4期。

（二）青年未来观研究有助于确立"大视野"下的青年发展研究

当前我国社会、经济、教育、科技等各个领域都制定了以 2020 年为目标的中长期规划，未来 10 年将是我国发展的重要战略机遇期，这也意味着社会将给这代青年带来难得的发展机遇和选择机会。10 年后，今天"80""90"后将成为社会建设的中坚力量。青年作为一个承前启后、充满活力、富有生命力和创造力的代群，其发展程度往往是衡量一个社会发展程度的重要指标。有鉴于此，对青年发展战略的认识应当着眼于"大视野""大时段"，将青年发展摆在未来社会优先发展的位置。[①] 对青年未来观的研究突破对青年期当下的关注，而是力图建立社会现实与青年未来认知、态度和行动可能之间的联系，培养青年形成以未来观为核心的社会文化认知新方式，挖掘"现时—未来"时间段中的青年发展状况。

（三）青年未来观研究立足于应对信息社会对个体未来观的挑战

20 世纪中期以来，人类社会迎来了一次以信息为核心的新的技术和产业革命。信息技术的创新性、渗透性、倍增性、带动性使其在国民经济和社会生活各个领域不断扩散，而且加速影响着人类社会形态的演变。[②] 1964 年日本梅棹忠夫提出的"信息社会"正在被越来越多的人所接受。个人对未来的认知和态度建基于过去、现在的经历，更具体而言，建基于已有的和正在获取的各种信息。在传统社会，依据惯例和习俗获取信息；在信息社会，人们必须从跨越时空的各种信息中，捕捉到未来的走向。信息社会的来临，为人们认识未来提出了挑战：其一，信息的多元化使得个体认知世界、管理生活和日常应对变得日益困难。对个体而言，再没有系统一致的规则支持他们做出"世界将会怎样"的判断。其二，时间在其本原意义上应作为一种流动性的连续体而为人所感觉。人也因此才作为一个过去、现在与将来相融合的连续体的存在者。过去或者历史总是成为现在与未来的基础，这个基础是向着未来开放的。[③] 但信息技术的即时性传导与更新，使人被淹没在应接不暇的信息流中，任何事件总是以"现在正在进行"的方式获得表达，从而截断了过去、现在、未来本应连续的生存体验。同时割断了个体未来想象的基石。作为对各种信息、资讯反应最为灵敏的群体，青年如何在信息化浪潮中形成预见未来的独立思考和判断能力？这不仅仅关涉对未来的认知，更关涉青年对自我成长和对未来社会影响力的预期。

三、研究方法

未来观是处理事件的可能的未来状态的一种精神建构。这种建构由感知、认知、信念和愿望，以及对当下的观察和事实混合而成。对青年未来观的研究采取问卷调查方式进行。问卷内容主要涉及青年群体对未来的认知、态度，对自己在未来社会发展过程中所起的作用和地位的看法以及对未来的准备行动。

[①] 杨雄：《青年是推动社会进步的重要力量》，《解放日报》2009 年 5 月 3 日。
[②] 安筱鹏、李瑶：《信息社会研究综述》2006 年第 1 期。
[③] Rubin, A. 2000, *Growing up in social transition in search of a late modern identity*, Turku: Turun Yliopisto.

本次抽样调查对象为上海市初中、高中、大学本/专科学生及研究生。本调查采用分层抽样、配额抽样、随机抽样相结合的抽样方法,共发放问卷600份,回收598份,有效回收率为99.7%。为了尽量避免区域公共服务水平和公共资源分布差异可能对个体未来观产生的不同影响,在抽取中学生样本时采用城市区域划分作为分层标准,从上海中心城区、近郊区、远郊区中随机抽取卢湾区、闵行区和松江区作为调查区。同时,考虑到浦东新区在上海城区中的代表性,也将其列入调查区。各区随机抽取初中、高中各一所,每所学校平均配额50个样本,再将配额的样本数量平均分配到各年级,随机抽样。大学生抽样兼顾文理科差异,在复旦大学、华东师大、华东理工、上海理工大学各随机抽取50个样本。实际获得的样本情况如下。性别:男性占47.9%,女性占52.1%。教育程度:初中生34.4%,高中生31.2%,大学生34.4%。户籍:上海户籍67.2%,非上海户籍32.8%。年龄:12—13岁占16.3%,14—18岁占52.7%,19—25岁占31%。[①]

四、对青年未来观的定量分析

认知行为理论指出,不同的信念造就不同的生活。信念不但决定人们感受事情的方式,而且对人们的行为方式产生重要作用。合理的信念,积极的行为与情绪,更可能使人应对紧张的生活环境;反之,错误的信念会导致偏差的行为与情绪,更可能使人退缩、无助与失败。[②] 同理,面对充满不确定性的未来,不同的未来观将导致不同的面向未来的行为取向和生活态度。

(一) 对未来的认知

1. 对个人未来抱有"美好"认同的比例最高

对未来性质的判定是认知未来的重要内容。总体而言,"美好的"未来获得青年较高的认可。但从自己、国家、世界未来三方面的性质选择来看则差异立显。40.1%的人认为自己的未来是"美好的",居于人数比例首位。认为国家未来"美好"的占35.8%,除此以外,"稳定""安全"亦被认为是国家未来的重要特征,选择比例分别为22.3%和19.3%。尽管认为世界未来"美好"的比例并不算低(占26.5%),但相较而言,充满风险、多变和可怕更多地成为世界未来的标签。认为世界、国家、个人未来充满风险的比例分别为12.4%、11.6%、7.6%;认为多变的比例分别为27.7%、21.6%、12.2%;认为可怕的比例分别为8.2%、2.9%、1.4%。

2. 对未来发生的时间预计具有不同步性

未来观研究的重要元素是"时间""空间",因为一切的事件发展总是难以离开"过去、现在、未来"这个时间轴及空间区域。青年眼中的未来究竟发生于何时?数据表明,青年对自己未来

[①] 关于青年的年龄界定,国内外相关组织和机构并没有形成统一的界定标准。世界各国青年年龄下限一般在12—15岁,我国较常采用的是以14岁为下限。近年来亦有学者建议将下限降低至13岁。本研究样本中,有2.5%年龄为12岁,在总体上不影响样本的青年代表性。

[②] 徐浙宁:《风险社会的公众生活信念及其对市民素质影响的分析》,2009年上海市哲学社会科学规划课题"新时期加强国民素质教育的理论与实践研究"之分报告,未出版。

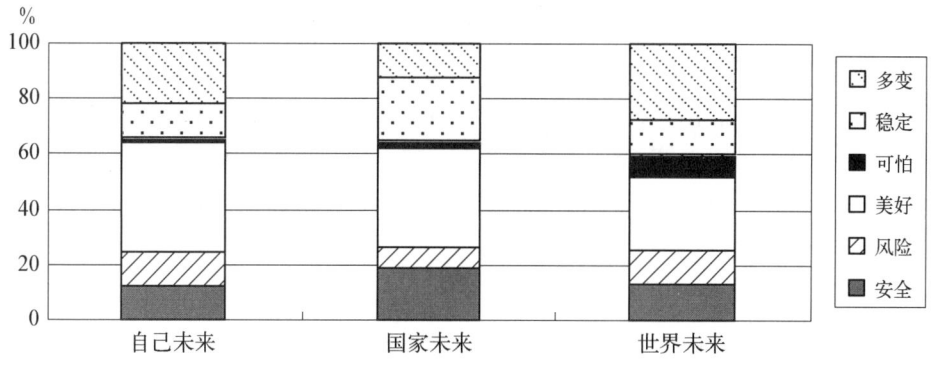

图1 对未来性质的认知

的时间定位并不久远。认为"自己未来"发生于5年以内的占32.7%,5年以后的占34.4%,10年以后的占23.9%,20年占3.5%,50年占5.2%。从时间上不难推测,对自己未来的定位是以升学和就业为核心的。在考虑国家未来时,认为发生于5年以内的占20.4%,5年以后占20.6%,10年以后占25.3%,20年以后占15%,50年以后占18.6%。从下图可以看出,尽管青年对国家未来的时间预期比对自己未来的预期略有延迟,但二者基本保持了相对一致的变化趋势。对世界未来的时间定位则主要集中于遥远的将来,选择50年以后的占到31%。这与国外对未来图景已有的研究结果一致:范围较小的未来图景一般被期待发生的时间更早一些。[①] 青年眼中自己未来、国家未来和世界未来的图景在发生时间上的不同步性产生了非常耐人寻味的问题:在青年的未来想象中,个体、国家和全世界的未来并不处在同一时间点上,自己进入了未来,国家和世界还能停留在现在或过去吗?在国家和世界的未来中,个体自身的价值和意义何在?

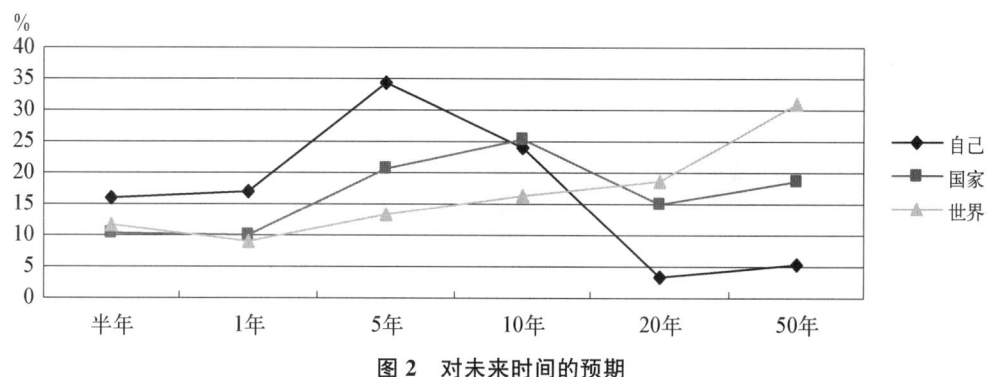

图2 对未来时间的预期

(二) 对未来的态度

1. 对未来的信心和压力共存

有83%的青年表示对未来"非常有信心"和"比较有信心"。具体到与青年最为相关的未来

---

① Ono, R. "Learning from young people's image of the future: a case study in Taiwan and the US". *Futures*, 2003, (35).

学业和就业问题,表示"有信心"的比例有所降低,分别占 68%和 53.9%。无论是在未来学业还是就业方面,初中生选择非常有信心的比例远高于高中生和大学生(学业:初中＝22.4%,高中＝10.8%,大学＝17.6;就业:初中＝23.9%,高中＝12.4%,大学＝11.8%)。无论是箭在弦上的高考还是迫在眉睫的就业问题,对于初中生皆有一段时间缓冲期。当个体不必为即将到来的事件立刻负责时,态度较为乐观亦在情理之中。同时有超过六成青年表示在考虑未来的时候觉得"有压力"(非常有压力＝14.6%,比较有压力＝49.7%)。

2. 对未来的影响力预期存在两极分化

青年对影响自己、国家和世界未来的能力预期上存在两极分化。认为"能影响"自己未来的人数比例高达 82.9%,认为"能影响"国家未来与世界未来的占 13.4%和 10.4%。虽然个体对影响国家和世界未来所持的态度远不如对影响自己未来那样积极,但承认"虽然不能影响国家/世界的未来,但我想影响"的青年分别占 46.4%和 41%。这反映出青年对影响未来能力的判断主要还是基于与影响对象之间的关系,或者说相当部分青年将自己能影响的未来划定在与自我关系最为紧密的小范围中,对超出以个人为中心之外的未来范畴,感到"心有余而力不足"。对于自己影响国家和世界未来,"非不愿也,乃不能也"。身处求学阶段的青年,学习在他们的日常生活中占有重要地位,而这种重要性通常是因为学习与其未来的发展息息相关。调查结果显示,认为现在的学习对个人未来、国家未来、世界未来有用的比例分别为 90.5%、72.8%和 59.4%。其中,初中生认为当前学习对未来有用的比例最高、大学生次之、高中生最低。对这一结果的推论是,随着年龄的增长,青年越来越多地参与社会公共事务,非学业化因素往往在社会行动中发挥更大作用,这也使得成长中的青年对自身影响未来的能力做出了新的评估。

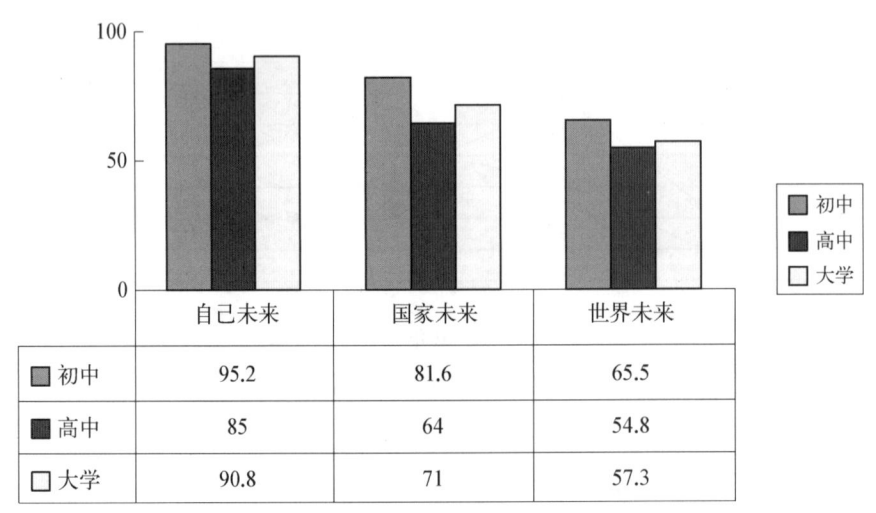

图 3　认为当前学业对未来发展有用的比例(%)

3. 超过半数青年认为未来是不可控的

通常人们认为"不可控"代表着风险,对未来"不可控"的判断有可能意味着一种面向未来的消极态度。本研究中,选择"我觉得未来是不可控"的青年比例为52.6%。但交叉分析显示,与认为未来可控的青年相比,认为未来不可控的青年在自己的未来影响力判断上并未表现出更强的消极态度。事实上,卡方检验表明,未来是否可控与自己对个人、国家、世界未来的影响程度之间皆不存在显著性差异(P值分别为0.119、0.211、0.460)。总体而言,持未来不可控观的青年对未来同样持有较为积极的态度。这在某种程度上亦是面对未来的一种平稳、坦然的心态。因为在充满风险和挑战的现代社会,未来的不确定性和难以控制是更加真实的未来特质。对未来不可控的认同并非意味着可以"随心所欲",也不等同于"随波逐流",相反,未来的不可控要求个体需要更多的智慧来认识未来、选择未来。

(三) 面对未来的行动准备

未来观不仅包括对未来的认知和态度,同时还包括在未来认知和态度影响下的行动准备。这主要从两方面来考察:其一,建立未来预期与当下现实生活的关联;其二,立足现在规划未来。

对未来行动准备的评价按照"完全符合""比较符合""不太符合""完全不符合"分为四个等级,代表投入未来行动准备的积极程度由高到低。调查数据显示,总体上青年对未来的行动准备较为积极。对未来规划持积极态度的青年比例占72%;具有积极的未来关联意识的青年比例占67.5%。未来学家罗伯特·容克(Robert Jungk)指出:未来是由出现在人类面前的人类自身的远见来决定的。[①] 在高度现代性条件下,因为生活方式是无规则的,因此力图因循传统来应对未来无疑是非常困难的。对未来的行动准备中更需要具备一种主动反应的态度。"我对未来的想象常常影响我现在的判断和选择""社会的未来和我息息相关"这两题中,选择否定性答案的比例分别为35.2%和31.8%,表明有超过三成的青年缺乏将未来预期与当下生活密切联系的主动意识。

表1 对未来的行动准备(%)

		完全符合	比较符合	不太符合	完全不符
未来规划	我常常考虑未来的事情	34.4	49.5	13.9	2.2
	我有明确的未来发展目标	30.9	45.5	20.6	3
	预见未来最好的办法是创造未来	42.1	41.8	12.2	3.9
未来关联	未来对我的生活有重要的意义	50.5	41.1	6.7	1.2
	社会的未来和我息息相关	28.9	39.3	24.4	7.4
	我对未来的想象常常影响我现在的判断和选择	21.3	43.5	26.7	8.5

面对转型时期的种种不确定性,青年对未来的规划和预见变得困难起来,这直接影响到个体如何在种种复杂的选择中做出恰当的判断。对未来的积极行动准备是把握机会、迎接挑战、

---

① 郑茂刚:《西方未来政治研究分析引论——未来学家的政治预测》,《社会科学战线》1996年第4期。

直面未来的重要举措。青年对自己未来影响力的积极预期、未来信心、所获得的未来信息数量都与投入未来准备的积极性之间有显著正相关。这表明,越是认为自己能影响未来的能力强,越是对未来充满信心,越是去获取更多的有关未来的信息,面向未来的准备行动也越积极。其中,对未来的信心与未来准备行动之间的正相关性最强。特别需要指出的是,个体对自己影响国家、世界未来的预期与未来行动准备之间的正相关性犹在个体对影响自我未来的预期之上。换言之,当个体越认为自己能对国家和世界的未来产生影响时,可能就越会积极投入对未来的准备和应对中。但根据前面的数据显示,青年对自己影响国家与世界的能力预期恰恰较低,认为自己对国家和世界未来有用的个体比例远低于认为对自己未来有用的比例。要促进青年投入对未来的积极准备中,提高他们对影响国家和世界未来能力的预期尤为可行。

表 2　未来观各因素之间的 spearman 相关

		未来准备	未来关联	未来规划
未来影响力	总体	0.365(**)	0.341(**)	0.304(**)
	自己	0.310(**)	0.257(**)	0.285(**)
	国家	0.335(**)	0.322(**)	0.275(**)
	世界	0.314(**)	0.304(**)	0.257(**)
未来信心	总体	0.528(**)	0.472(**)	0.468(**)
	自己	0.506(**)	0.417(**)	0.481(**)
	社会	0.362(**)	0.360(**)	0.488(**)
未来信息		0.226(**)	0.181(**)	0.218(**)

注：** 相关显著性水平达 0.01。

（四）网络是个体获得未来信息的主要渠道

面对充满不确定性的未来,个体不再能够依赖传统做出选择与判断,对未来的想象一方面基于对现实生活的体验,另一方面受各种信息的影响。个体通过哪些渠道获得了有关未来的信息?换言之,哪些力量影响青年未来观的建构?调查结果显示,网络、电视、书籍是个体获得大量未来信息的最主要渠道,选择这三项的人数分别占 54.5%、51.4%和 44.2%。通过这几种媒体渠道了解未来信息的比例高于通过人际渠道的获得,通过家人、朋友获取大量未来信息的比例分别为 34.6%和 34.4%。除了了解未来信息外,通常互动和交流可以加深对信息的理解、甄别,通过分享彼此的心得,促进未来观念的形成。数据显示,青年更多和家人一起讨论自己的未来,更多和同学一起讨论国家和世界的未来。作为传道授业解惑的教师,学生与之讨论未来的比例最低。这反映出在正规教育体制之内,对未来观的培养和引导不够重视。

对自己最有帮助的未来信息主要来自网络、电视和报纸,选择比例分别为 37.7%、15.8%和 14.9%。信息社会人类生存的必需品是媒体。报纸、广播和电视代表着传统的三大媒体。被称为

"第四媒体"的网络则以最多的信息、最快的传播和独特交互性迅速产生了深远的影响。无论是对未来信息获得的数量还是有用程度,网络新媒体都超越了传统媒体。通过人际渠道传递的未来信息在有用性上再次不敌媒体渠道,通过学校、家人、朋友获得有用信息的比例仅占5%、4.1%和2.8%。对所获得的未来信息的性质,认为手机信息、网络、电影中提供"消极"信息的人数比例最高,分别为29.6%、25.6%和22.5%;认为家人、学校、电视和书籍提供"积极"信息的人数比例最高,分别为90.5%、89.4%、88.8%和88.8%。结合前面对信息有效性的判断,可以推论:青年所获得的未来信息越积极并不一定对个体认知和规划未来的帮助越大。由于网络提供的未来信息兼具大量和消极的特点,如何更加合理利用网络渠道帮助青少年形成良好的未来观值得进一步探讨。

五、青年未来图景折射社会现实

上述的调查结果从认知、态度、行动等维度对青年未来观进行了总体的呈现。青年对未来图景具体化、形象化的描述更进一步反映社会现实对青年未来观的影响。

对于未来,青年担心的可怕情景是什么?期待的美好情景又是什么?对这一开放性问题的回答,初中生、高中生、大学生的回答呈现出各自不同的特征。主要的回答内容整理如下表所示。

表3 青年关于未来的图景

		初中		高中		大学	
		可怕	美好	可怕	美好	可怕	美好
自己		穷	赚钱	穷	赚钱	失业	稳定的收入
		病	考入理想的高中和大学	病	成就事业	实现不了理想	理想的职业
		死亡	有成就	死亡	实现理想	墨守成规	做想做的事情
		考不上高中和大学		没理想	家庭幸福	众叛亲离	家庭幸福和睦
				孤独	生活稳定充实	身不由己	
国家		战争	世界强国	腐败	称霸世界	民主化进程倒退	经济发展
		国力衰竭	世界第一大国	国民素质差	国家安定	人民内部矛盾	稳定发展
		再次落后	经济发达	经济结构崩溃	安居乐业	专制	平衡发展
				贫富差距加大	高福利	贫富差距加大	福利
					国民素质提高		民主法治
					贫穷的人减少		大同社会
							共产主义

续 表

	初 中		高 中		大 学	
	可怕	美好	可怕	美好	可怕	美好
世界	全球灭亡	和平	人类野心膨胀	和平	战争	全球一体
	战争	友好	战争	可持续发展	环境恶劣	合作共赢
	自然生态破坏	好的信息技术	自然环境破坏	资源共享		文化融合
	资源危机	人口控制		环境保护		平等自由

初中生对未来积极图景和消极图景的展望比较抽象和空泛,体现出单一性和强烈的个人功利主义。自己未来的美好想象局限于以经济和地位为衡量标准的个人成就。有少数初中生填写"拯救贫民""成为慈善家"和"有幸福感"。对国家未来的描述体现了经济中心的影响以及对国力强大的热切期盼。高中生对未来图景展望比初中生多了些人文情怀。在个人美好未来上,虽然也强调赚钱,但以成就事业为主,不少人谈到实现理想、家庭幸福、生活稳定安宁充实。金钱不再是主要的衡量尺度。对国家未来强大的憧憬依然强烈;亦有少数高中生认为美好的国家未来应当是"国家安定""老百姓安居乐业""高福利""国民有素质""贫苦的人越来越少""人民具有爱国心"。对未来的消极看法中,个人未来以没钱、死亡、生病为主,亦强调"没理想""落魄孤独";国家未来方面强调"腐败""国民素质差""经济结构崩溃""贫富差距过大产生的社会矛盾"的占一定比例。世界未来方面,高中生表现出对"人类野心膨胀"的担忧。相较于中学生,大学生对未来的期待更加具有现实意义,其人文情怀和社会理想在其中得以放大。在积极图景方面,希望自己未来有"稳定的收入""从事理想的职业""做自己想做的事情"代替"赚钱"成为出现频率较高的美好愿景。对家庭幸福和睦的强调亦占相当比重。国家方面,强调经济发展的比例有所降低,稳定发展、平衡发展、福利、民主法治、大同社会、共产主义成为较多的选择。全球一体、文化融合、合作共赢、平等自由是大学生对世界未来的美好期待。消极图景方面,失业、实现不了理想、墨守成规、众叛亲离、身不由己等描述体现了大学生对现实与精神的双重顾虑。担心国家未来出现的可怕情景集中于"民主化进程倒退""人民内部矛盾""专制""贫富差距过大"等,充分体现了大学生对社会政治现实的高度关注。

青年对未来图景的描述不仅呈现年龄段差异,更体现出建基于社会现实的共性。相对于个人未来描述中流露出的功利性和世界未来描述中对理想性的侧重,对国家未来的描述反映了青年对我国转型时期社会改革和发展方向的期盼。正如美国中国问题专家李侃如在其专著《治理中国》中所指出的,尽管中国在过去的1/4世纪已经享有了巨大的成功,但它面对的是一个不确定的未来。这种不确定性来自中国现状中的矛盾。中国十足的复杂性加剧了这种不确定性。在沿海地区经济疾驰向前的同时,我国必须应付世界上最多的农村人口,以及涉及人类历史上最多的人在最短的时间内离开土地的城市化进程。① 自20世纪70年代以来的市场化努力伴随

---

① 李侃如:《中国正面对一个复杂的未来》,《社会科学报》2010年5月27日。

而来的政府提供公共物品的严重退化,国家服务在农村投入系统上的不足,垄断、特权、社会流动凝滞造成贫富差距不断加大,种种社会不公现象挑战人们敏感的神经。本调查中的青年是享受改革开放成果的一代,亦是感知社会转型阵痛的一代。成长于特殊的社会转型时期的青年一代,他们的行为方式必然会受到社会变革的影响,行为特点会反映在他们的社会态度上,尤其是对社会矛盾和冲突的关注和忧虑,和自身所处的状况有一定的联系。例如有研究调查显示,在公平感和民主意识方面,当代青年明显地与其他人群不同,更倾向于认为社会不公平和更强调个人权利和责任。① 本研究中,青年对国家未来美好图景和可怕图景的描述也正是对当下社会问题的聚焦和放大。表4呈现的图景内容充满了对我国政治体制、经济发展、环境气候、文化教育、国防安全、外交政策等方面的期盼和担忧。问卷调查结果显示,认为中国社会发展变化的速度"适中"的占57.3%,"太快"的占18.6%,"太慢"占11%,"很难说"占13.2%。认为中国社会发展变化的方向趋势是"好"的占57.2%,"坏"的占7.1%,"没变化"的占4.5%,"很难说"占31.1%。社会的转型使中国面对一个复杂的未来,显然,身处社会转型中的青年一代已经体悟到了这一点。

六、进一步的讨论

第一,相较于西方研究中青年流露出的未来悲观主义情绪,本研究反映出青年对未来的信心较高,这与当代青年的自身发展状况以及他们身处社会的发展现状紧密相连。但社会转型时期社会风险的增加,使得青年对未来风险的感知随着年龄的增长而加强。

正如已有研究指出的那样,城市社会进步、经济发展对家庭所产生的正面影响,为青年一代的健康、稳定、快乐成长提供了条件。"80""90"后生长于政治稳定、经济优越、文化开放的社会环境之中,青年整体素质得到提高,家庭教育环境合理,信息化程度较高。加上在独子社会中成长的他们很少经历挫折,这种独特的经历令他们的自信心与自我悦纳度很高,表现出较高的自信、认可自身能力和自我价值,并对未来充满期望。② 不仅如此,由于整个社会政治经济大环境的良性发展,使得他们对国家的未来发展充满了信心。表示对未来国家强盛、民族振兴有信心的比例为83.4%;对未来充满期待的比例为88.4%。同时,在对未来美好图景的畅想中,青年也流露出对国家未来稳定、强大、发达的热切期盼。

尽管国家实力的稳定增长有利于形成积极稳定的心态环境,但社会风险已成为我们社会生活的一个重要组成部分。无论是金融危机的影响抑或是自然灾害的频发,都提醒着人们:社会风险渗透到了社会的每一个角落,无时不有、无处不在。这种对社会风险的体悟与预期随着年龄的增长而越强。本研究发现,对国家和世界的未来,大学生认为多变、充满风险的比例均高于中学生。一方面,中学生大多数的精力集中于学习和应试,升学和高考作为他们近期未来的主

---

① 田丰:《改革开放的孩子们——中国"70后"和"80后"青年的公平感和民主意识研究》,《青年研究》2009年第6期。
② 杨雄、何芳:《被关注成长的一代——一项关于"90后"青少年发展状况分析》,《青年研究》2010年第2期。

要目标,决定了他们生活世界的高度稳定性。另一方面,随着年龄的增长,青年社会化程度提高,认知社会的信息渠道增多,社会参与的能力增强,同时独立面对世界、解决问题的机会增加,这使他们对世界变幻莫测和未来不确定性的感知增强。

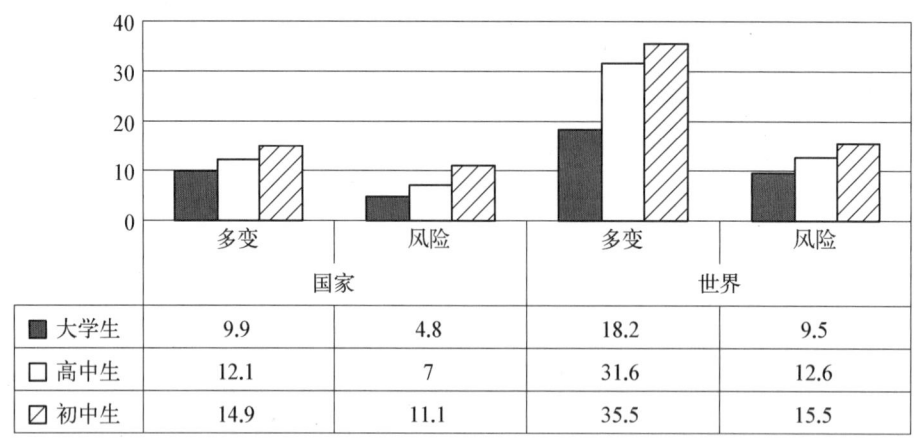

图 4　青年对未来多变与风险的认知(%)

第二,对自我、国家、世界未来态度的不一致性,反映出青年对自我存在对他者的意义还缺乏自觉的意识,应当倡导以他人为中心的目标,提升青年的未来使命感。

尽管青年总体上对未来持积极态度,但事实上这种积极态度更大程度来自对自我未来的积极预期。当青年畅想未来时,总倾向于认为自己的未来是美好的,对自己未来的有用程度和影响力很高。而认为世界的未来倾向于多变和风险,自己对国家和世界未来的有用程度和影响力较低。这一现象仅仅用"个体容易将不熟悉的景象想象得更严峻"[1]来解释显然不够,它反映出青年人之中所建立的个体命运和国家、世界命运的联系尚不稳固,对于自我存在对他者的意义还缺乏自觉的意识。

人之所以为人,既在于他的有中心性,更在于他的去中心性,特别是在社会生活中积极接受他者的影响同时也积极影响他者。当前社会发展风险的增加,就使人们懂得了他者行为特别是公众参与的重要性。因为通常情况下,"公共参与的计划越多,决策越民主,也越能保证人类不在发展的问题上搞投机,从而更有利于社会朝着良性的方向运转,降低认同危机的发生率和程度"。[2] 有学者指出,要减少和安度风险,关键在于构建一个和谐的或者说是互惠共生的社会生态,而构建这一社会生态的前提和基础,就是通过一系列具有针对性的教育与实践,从而形成互惠共生的共识。将人——国民与生俱来的适者生存的低水平的个别生存理性,提升为互惠的、

---

[1] Ono, R. "Learning from young people's image of the future: a case study in Taiwan and the US". *Futures*, 2003, (35).

[2] 刘孝廷:《未来价值与发展认同》,《北京师范大学学报(哲社版)》2004 年第 4 期。

较高水平的群体共生理性。个体既要共享改革成果,也要同担社会建设与发展的责任。① 对青年而言,教育上应当倡导以他人为中心的教育目标,提升其对自我存在对他者意义的体验,增强青年社会认同和未来使命感。正如雅斯贝尔斯指出,学生应该完成共同的任务,以便他们将来成为成熟的公民,能够对公众的事物,共同负起自己应负的责任。②

第三,人际力量在引导青年未来观构建中的作用发挥不足,教育者应当承担起帮助青年认识、选择和准备未来的职责。

如前所示,媒体对青年未来观的影响远远超过人际因素的影响。随着信息化的发展,媒体尤其是网络在传递信息上以其速度快、覆盖面广、获取便捷等优势远远将口耳相传的信息传递模式甩在后面。但不可忽视的是,网络信息表面化、形式化等特点,使得采集信息的人内心的疏离感和孤独感并不会得到缓解,反而会产生更多的焦虑和孤独感。人际渠道传播因身体的在场提高了传播者的责任感。青年的责任是构筑未来,它是教育者亦是成年人的责任。教育者应当帮助青年探索各种可能的未来,提供他们各种机会,便于他们自由开放地讨论可选择的世界观和新行动,培养他们对未来的价值观,并采取积极主动的措施去创造所欲的未来。这些正是网络媒体无法取代的。

第四,青年未来愿景具有功利主义倾向,应当为青年提供多样化的教育体验,形成完整的"意义世界",提升青年未来愿景的丰富性。

一方面,青年的未来愿景随着年龄的变化、阅历的增加、视野的开阔、独立思考能力的增强,会发生相应的变化。另一方面,青年未来愿景中共同暴露出的物质、经济、个人中心取向,皆是青年所获取的现实信息的写照。"金钱至上观""唯大学论""经济决定一切"等对青年的影响至深,从而影响他们对未来的期盼和定位。而这样的未来愿景又会反过来影响他们当下的现实发展,存在发展"单向度""角色化"的隐患。功利主义导向的教育忽视了受教育者的主体性需求,个体的未来价值禁锢于以考试为中心的学习,对未来生活的预测被剥离得只剩下学业成绩的获得。但耐人寻味的是,对于当下的学习和生活,超过四成的人认为对世界的未来是"无用的"。因此,教育倘若要对青年认知和选择未来有所助益,必须为青年提供多样化的教育体验,提升青年未来愿景的丰富性。突破唯认知的教育,提倡道德教育、审美教育、情感教育等丰富性的教育,增强对人的生命存在及其发展的整体关怀,使其形成完整的"意义世界"。教育中增加个体体验的机会,在体验中反思,在反思中学会做出选择。个体的反思、体悟、选择人生的能力正是在丰富的人生体验中逐渐形成的。一个人的经历越是丰富,越容易对未来持有一种开放的心态,对未来进行多样化的畅想和期待。这种未来愿景的丰富性有助于他们在现代社会中从容面对各种不确定性并且做出合理的选择和判断。从而减少个体在离开学校走进变动不居的大社

---

① 孙抱弘:《转型期国民社会教育的思考与建议》,2009 年上海市哲学社会科学规划课题"新时期加强国民素质教育的理论与实践研究"结项报告,未出版。

② 雅斯贝尔斯著:《什么是教育》,邹进译,生活·读书·新知三联书店 1991 年版,第 59 页。

会中去的适应期,为保持个体自我认同的连续性提供了条件。①

第五,个体未来观受社会经济政治环境影响和个体自身发展的影响而变化,具有可塑性,应当引导青年建立主动的面向未来的认同理念。

个体的未来观是发展变化的,它不但伴随着社会政治经济环境的发展而改变,也随着自身的发展而改变。发展对未来的影响主要表现在两个方面:一方面,有什么样的发展和积累,未来就有了什么样的存在基础,人类也就有了什么样的可能前景;另一方面,人类还在发展中调整自身的需要,包括对未来的希望和憧憬,从而影响对未来的判断,改变自身的未来观,进而最终决定未来的可能实现程度。在这个意义上,未来本身就潜在地包含在了发展之中。② 而正是发展对于未来的影响,使得未来观具有了可塑性。因此,引导青年建立主动的面向未来的认同理念应当成为题中之意。个体所持有的对未来特质、通向未来路径和对未来态度应当有所变化。从适应性反应态度向创造性、采取主动反应的态度过渡。由于未来不确定性的增加,"世界将会怎样"的未来追问显得有些不合时宜,"世界可能怎样"则是一种更为实际的探究未来的态度。在面向可能的未来时,被动的适应和应对往往使个体永远跟不上未来发展的脚步。唯有积极地将当下的生活与未来形成紧密的联系,并意识到当下生活对未来的影响力,方有可能在瞬息万变的未来实现自己的目标。对未来的态度绝不仅仅是"同步与适应","创造未来"不应只是一句口号,而应真正落实于日常生活的指导与实践。

(原文载于《青年研究》2011 年第 1 期)

---

① 张洁、李慧敏:《社会转型时期的自我认同与教育——解读吉登斯的自我认同理论》,《河北大学学报(哲社版)》2006 年第 6 期。

② 刘啸霆:《未来价值与环境伦理——关于环境伦理未来学基础的研究》,《清华大学学报(哲社版)》2004 年第 1 期。

城市青年的社会信心现状及其影响因素[*]

刘 程

一、研究缘起与问题

"社会信心"(Social Confidence)指的是人们基于现实生活状况的认知而对未来一段时间内自我与社会发展前景的预期,以及由此引发的行为意向的综合评价和反映。[①] 它所体现的是社会成员对自身与社会未来发展的态度、意见和预期,是重要的舆情风向标。[②] 就基本内容而言,它至少包括对个人发展机会等"个体事项"的信心、对国家的经济社会发展形势等"社会事项"的信心两个层面。[③] 良好的社会信心对于一个社会的健康、稳定、持续发展具有重要意义。

对于进入改革"攻坚期"和"深水区"的当代中国而言,开展社会信心研究无疑具有重要的现实与理论意义。目前我国正处于"欣欣向荣"与"严峻挑战"并存的时期。[④] 一方面,改革开放以来经济突飞猛进的发展,使得百姓的物质文化生活水平和综合国力得到显著提高。另一方面,我国正在步入一个发展的关键期和矛盾的凸显期。在一个压缩的时空范围内,很多社会问题在短期内正以加速方式集中爆发出来。各种深层次社会问题集中凸显,使社会的系统性风险加大、脆弱性加剧,引发了贫富差距、道德伦理滑坡、群体利益冲突频发、利益格局固化等严峻挑战,各种风险制约着经济社会可持续发展的前景。与之相呼应,很多社会成员也存在着普遍的不满意感、不安全感、不信任感和焦虑感。而现代社会发达的传播媒介(尤其是自媒体)也加速了这种"负能量"和负面情绪的扩散与蔓延。一些学者指出:当前部分社会成员正在出现所谓的"社会信心危机"。[⑤] 社会成员的信心危机可能会导致社会缺乏生机活力乃至社会凝聚力的下降。倘若放任形势恶化,可能会形成负向集体意识,甚至酿成社会结构性怨恨心态和深层次的

---

[*] 本文被人大复印资料《青少年导刊》2016 年第 7 期全文转载。
[①] 丛玉飞:《白领新移民社会信心及其影响因素分析》,《青年研究》2013 年第 6 期。
[②] 王丽萍:《和谐社会建设中城市居民社会信心的发展状况研究》,《理论学刊》2007 年第 12 期。
[③] 张彦、魏钦恭、李汉林:《发展过程中的社会景气与社会信心》,《中国社会科学》2015 年第 4 期。
[④] 李汉林、魏钦恭:《社会景气与社会信心研究》,中国社会科学出版社 2013 年版,第 197 页。
[⑤] 田宪臣:《信心危机:社会危机的核心问题》,《河南师范大学学报(哲学社会科学版)》2001 年第 4 期。

社会危机。①

在所有社会成员中,充满朝气和活力的青年群体的社会信心状况具有特殊的指向意义。青年群体是社会的未来和国家的希望,青年群体的社会信心如何,在很大程度上指示了整个社会的未来发展前景。在越来越多农村青年人口进入城市谋职的背景下,在城市工作和生活的青年群体(包括外来青年人口)已经成为当代中国青年群体的主体力量。城市青年群体正处于人生发展阶段,面临着多种人生任务的交汇,加上激烈的职场竞争、快节奏的生活以及多重来源的压力,使得他们不少人对未来的发展预期充满迷茫乃至悲观情绪,甚至有部分青年出现了不容忽视的"信心危机"。

不过,在既有的研究中,学者们更多的是关注当前人们在个别领域的主观态度(幸福感、安全感、满意度、信任感、公平感等),而较少直接聚焦他们指向未来的"信心"问题。即使偶有涉及,也主要是探讨"认知信心""消费信心""就业信心"等单一维度及其产生机制。在更一般的意义上,预示个体与社会未来发展前景预期的"社会信心"问题似乎一直不受重视。目前,少量关于"社会信心"问题的讨论基本上是定性描述取向的,而比较缺乏定量取向的系统研究。这些定性取向的研究认为:当前城市青年的社会信心是积极面与消极面同时并存的。② 一方面,他们仍处于人生发展阶段,对未来充满期待。另一方面,他们缺乏经验和历练,并且外部环境存在一些负面因素,所以,他们也会对未来持有怀疑态度。那么,总体而言,城市青年群体的社会信心状况究竟如何?他们对个体事项的信心度和社会事项的信心度又有何差异?

在此基础上,另一个问题是:城市青年的社会信心水平受到哪些因素的影响?对于社会信心的影响机制的探讨,有助于更好地理解社会信心的基本模式与产生过程,并且可以为公共政策提供启示。遗憾的是,目前仅有少量研究触及这一议题。而且,仅有的这些研究也更多关注的是社会经济地位对社会信心的影响,而较少探讨社会资本与相对剥夺体验等对未来信心预期的意义。③ 所以,关于城市青年社会信心影响机制的既有研究很可能是不充分和不完整的——这一点也可以从其模型决定系数普遍偏低的情况中有所发现。就本质而言,人们的社会信心不仅取决于当前的客观阶层地位,而且也受到社会资本(网络、支持、凝聚力等)与相对剥夺体验(sense of relative deprivation)的影响。据此,本研究提出影响城市青年社会信心的三个理论模型:"阶层地位模型""社会资本模型"和"相对剥夺体验模型"。但是,它们对社会信心的不同维度的影响有所差异。具体如下:

首先,受教育水平、职业地位、经济收入、房产拥有情况等当前阶层地位构成了城市青年未来个体事项信心的客观基础,但它们对社会事项的信心度水平不具有重要影响。社会流动

---

① 朱力:《公众信心聚散的社会心理学解读》,《人民论坛》2013年第5期。
② 刘爱芳:《当代青年"信心危机"的价值反思》,《青海社会科学》2015年第2期。
③ 雷开春:《青年人的阶层地位信心及其影响因素》,《青年研究》2015年第4期。

研究显示：人们的地位流动过程往往是"渐进式"的，而不是"跳跃式"的。① 比如，绝大多数社会成员的财富积累都需要经历漫长的过程，现实中"一夜暴富"的人往往是极少的。从人生历程来看，当前的客观社会经济地位乃是未来个体社会经济地位的重要起点和基础。② 具体而言，受教育程度较高、收入水平较高、职业等级较高以及购有商品住房的城市青年，意味着当前的阶层地位较高（即起点较高），通常，他们对个体未来发展的预期和信心也相对较高。相反，现实中客观阶层地位较低的城市青年（即起点较低），在突破地位和阶层壁垒方面会遇到更多障碍，因此也会抑制到他们对个体未来发展的预期和信心。但是，对于社会事项的发展信心而言，个体的客观阶层地位并不是重要的影响因素。无论是较高或较低阶层地位的城市青年，都有可能对未来社会整体的发展前景产生积极或消极的预判。这构成了本研究的第一个假设。

其次，作为"社会人"，城市青年的信心预期还会受到社会环境的影响。一方面，从个体事项信心来看，个体层次的社会资本（亲密朋友较多、同事关系融洽、潜在社会支持较多等）能够提供面对负面情形的正向社会资源，从而有助于人们形成较高水平的信心预期。许多研究显示，丰富的社会资本可以提供工具性和情感性的交换功能（包括食品、住房、工作、信息和精神慰藉等），可以减缓生活压力、增进身体健康、心理健康和家庭幸福等。③ 相反，个体层次的社会资本的匮乏，会导致个体可获取的社会资源匮乏，在面对可能出现的负面事件时的应对策略也就相对有限，从而会影响到他们对未来生活的预期。所以，个体层次的社会资本可以显著地提升城市青年"个体事项"的发展信心。另一方面，从"社会事项"信心来看，群体层次的社会资本（社区活动参与状况等）还可以起到凝聚社会成员、提高社会效率和促进经济发展等方面的作用，因此会影响到人们对社会整体发展的预期判断。许多研究发现：群体层次的社会资本能够通过促进社会成员的团结合作而提高社会效率，能够促成公共参与、经济发展和社会繁荣的发生，同时也可以带来人们对未来社会发展的积极预期。④ 所以，群体层次的社会资本（社区活动参与状况等）可以有效提高人们对社会整体发展的信心预期。此外，从社会事项信心来看，拥有丰富的个体层次社会资本的人（亲密朋友数量较多、同事关系融洽、潜在社会支持较多等），往往也能更好地融入主流社会，并具有社会归属感，因此会更倾向于对社会发展前景持积极评价。这就形成了本文的第二个研究假设。

再次，人们未来的社会信心（个体事项信心与社会事项信心）如何，在很大程度上还受到"相

---

① 钱民辉、陈旭峰：《社会阶层流动受阻的表现与危害》，《人民论坛》2014 年第 2 期。
② 李汉林、魏钦恭：《社会景气与社会信心研究》，中国社会科学出版社 2013 年版，第 184—185 页。
③ Song, L. & N. Lin, "Social Capital and Health Inequality: Evidence from Taiwan." Journal of Health and Social Behavior, 2009, 50(2).
④ Woolcock, M. "Social Capital and Economic Development: Toward a Theoretical Synthesis and Policy Framework." Theory and Society, 1998, 27(2).
Putnam, R. D. 1993, *Making Democracy Work: Civic Traditions in Modern Italy*. Princeton, NJ: Princeton University Press.

对剥夺体验"的影响。① 通常,相对剥夺体验越强烈的社会成员,越容易感受到社会不平等和缺乏社会信心。② 从个体事项信心来看,当人们对当前地位获得状况和生活满意度评价较低,且认为未来地位上升流动机会渺茫时(即相对剥夺体验强烈),考虑到社会结构具有一定的延续性和稳定性,因此,他们往往会对未来的发展前景持悲观态度。③ 从社会事项信心来看,当人们对社会结构的开放性和公共安全感等评价较低时(即相对剥夺体验强烈),他们对社会整体的发展前景也会相对悲观。所以,相对剥夺体验强烈的城市青年的社会信心往往会更低。④ 这成为本文的第三个研究假设。

综上所述,本研究旨在分析城市青年社会信心的现状与基本特征,并试图从阶层地位、社会资本与相对剥夺体验三方面来探讨城市青年社会信心(个体事项信心和社会事项信心)的影响机制问题。

二、数据、变量与方法

(一) 数据

本研究所使用的数据是上海社会科学院哲学社会科学创新工程"社情民意调查与公共政策评估"智库团队于2014年12月在上海开展的抽样调查。调查对象是18—65岁的上海常住居民(包括户籍居民和在沪居住半年以上的外地户口居民)。课题组根据上海市民政局2012年的统计数据,在综合考虑抽样精度、操作可行性、调查经费等因素的情况下,按1‰的比例抽取居委会,在徐汇区、长宁区、杨浦区、闵行区、浦东新区和松江区6个行政区、40个居委会进行抽样调查,共访问2 010名市民。不过,由于本文的研究对象是18—40岁的青年群体,所以实际进入统计分析阶段的只有1 162名个案。

(二) 变量与测量

一是结果变量。本研究的结果变量是"社会信心"。在问卷调查中,由被访者自评未来五年内在如下方面的信心状况,包括:个人职业前景、个人身心健康、个人未来经济收入、个人生活水平提高、社会风气与市民素质、上海政府公共服务、上海城市活力、国家政局形势、我国未来经济增长、我国社会矛盾风险、未来反腐败形势。对于每个维度,由被访者选择评价"毫无信心""不太有信心""无所谓""比较有信心"或"很有信心",并对它们按1—5依次编码。然后,对这些题目进行因子分析,并采用最大方差法对因子负载进行旋转。如表1所示,有两个主要成分的特征

---

① Runciman, W. G. 1966, *Relative Deprivation and Social Justice: A Study of Attitudes to Social Inequality in Twentieth Century England*. Berkeley: University of California Press.
② 刘欣:《相对剥夺地位与阶层认知》,《社会学研究》2002年第1期。
③ 谭日辉、吴祖平:《社会心态与民生建设研究》,中国社会科学出版社2015年版。
④ 陈光金:《不仅有"相对剥夺",还有"生存焦虑"》,《黑龙江社会科学》2013年第5期;杨宜音、王俊秀等:《当代中国社会心态研究》,社会科学文献出版社2013年版,第56页;李汉林、魏钦恭:《社会景气与社会信心研究》,中国社会科学出版社2013年版,第174—180页。

值大于1,分别用 Factor 1、Factor 2 来表示。这两个公因子的累计解释方差为 52.81%。这些项目的 KMO 值均大于 0.8,说明因子分析结果较为理想。

表1 城市青年社会信心的因子负载情况

	Factor1	Factor2	KMO 值
个人职业前景		0.7455	0.8229
个人身心健康		0.5421	0.8952
个人未来经济收入		0.7799	0.8479
个人生活水平提高		0.7689	0.8493
社会风气与市民素质	0.6168		0.8899
上海政府公共服务	0.6238		0.9154
上海城市活力	0.6416		0.9078
国家的政局形势	0.6842		0.9183
我国未来经济增长	0.7379		0.8951
我国社会矛盾风险	0.7622		0.8782
未来反腐败形势	0.7062		0.8377

从测量维度来看,Factor 2 可以被命名为"个体事项"的信心因子,Factor 1 则被命名为"社会事项"的信心因子。本研究将计算每个个案在这两个公因子上的得分,分别作为个体事项信心与社会事项信心的实际得分。

二是控制变量。控制变量主要是"性别""年龄""是否上海本地户口""政治面貌"等社会人口学因素。其中,"性别"(男、女)和"是否上海本地户口"(是、否)均被操作化为虚拟变量。"政治面貌"包括普通群众、共青团员和中共党员三种类型。而"年龄"则是取值介于18—40岁之间的连续性变量。

三是解释变量。解释变量包括阶层地位变量、社会资本变量和相对剥夺体验变量三类。

阶层地位变量包括:"教育程度"(高中及以下、大专、本科及以上)、"职业等级"(一般工人/办事人员、技术人员/小业主、高级管理人员)、"年收入水平"(连续性)、"有无自购商品房"(有、无)。其中,"有无自购商品房"是虚拟变量,"教育程度"和"职业等级"是有序分类变量,"年收入水平"则是连续性变量。

社会资本变量包括:"亲密朋友数"(基本没有、1—5人、6人及以上)、"同事关系评价"(融洽、不融洽)、"潜在社会支持得分"(连续性)①、"社区公益活动参与"(未参与过、参与过)。其中,

---

① 问卷中对应的题目是:假如遇到不公正对待,您在多大程度上能分别从政府机构、非政府机构、家人、亲戚、邻居、朋友、法院、媒体、居委会获得帮助? 其回答选项有"非常少""不太多""一般""比较多""非常多"五种。对此分别按 1—5 赋值,然后对上述 9 个项目予以总和累加。因此,其取值范围是 9—45。

前三者侧重于个体层次的社会资本测量,第四个变量则侧重于测量群体层次的社会资本。

相对剥夺体验变量包括:"所在单位最高工资与最低工资的差距"(3 倍及以下、4—5 倍、6 倍及以上),"生活满意度"(满意、不满意),"当前社会地位流动开放与否"(是、否),"公共安全度评分"(连续性)。① 其中,前两个变量侧重于个人维度的测量,后两个变量侧重于社会维度测量。

(三) 统计方法与样本描述

本文主要涉及因子分析法和回归分析法。其中,因子分析法主要用于提取"社会信心"的公因子,从而更为简练而不失准确地实现指标测量。而回归分析法则用于阐释城市青年社会信心的影响机制。由于结果变量是取值介于 0—100 的连续性变量,且基本服从正态分布,所以会使用多元线性回归(OLS)来拟合模型。统计分析软件使用的是 Stata 12.0。

统计显示,被访城市青年中有 43.55% 的是男性青年,56.45% 的是女性青年。被访城市青年的平均年龄是 31.19 岁,有 11.62% 的人是"共青团员",有 7.06% 的人是"中共党员",68.42% 的被访青年拥有上海户口。被访城市青年的受教育程度为"高中及以下""大专"和"本科及以上"的分别占 26.76%、40.53% 和 32.70%。被访者的职业属于"一般工人/办事人员""技术人员/小业主"和"高级管理人员"的分别占 51.20%、35.71% 和 13.08%。被访城市青年的年均收入为 6.79 万元,有 49.31% 的被访青年已经拥有自购商品房(限于篇幅,描述性统计表格不在文中列出)。

三、结果与分析

(一) 城市青年社会信心的基本状况

统计分析显示:城市青年"个体事项"的信心因子得分平均值为 63.50,标准差为 14.97;"社会事项"的信心因子得分平均值为 63.97,标准差为 17.09。城市青年的社会信心状况具体如下:

在"个体事项"的信心度方面,明确表示未来 5 年对"个人职业前景"有信心(比较有信心或很有信心)的城市青年占 89.42%,表示没有信心(不太有信心或毫无信心)者占 3.10%。类似的,对"个人身心健康"有信心者占 90.54%,无信心者占 1.55%。对"个人未来经济收入"有信心者占 88.56%,无信心者占 3.45%。对"个人生活水平提高"有信心者占 88.89%,无信心者占 2.58%。此外,对这四个项目的信心度持中间态度的分别占 7.49%、7.92%、8.00% 和 8.52%。由此可见,城市青年对未来 5 年内个体事项的信心度普遍较高,其中,对"个人身心健康"的信心度最高。

在"社会事项"的信心度方面,明确表示未来 5 年对"社会风气与市民素质"有信心的城市青年占 78.39%,无信心者占 6.54%。对"上海政府公共服务"有信心的占 83.30%,无信心者占 2.84%。对"上海城市活力"有信心者占 84.69%,无信心者占 1.89%。对"国家的政局形势"有信心者占 81.41%,无信心者占 3.44%。对"我国未来经济增长"有信心者占 82.96%,无信心者占 2.67%。对"我国社会矛盾风险"有信心的占 75.22%,无信心者占 7.31%。对"未来反腐败形势"有信心者占

---

① 这一变量由被访者对当前社会治安、食品药品、金融消费、私人信息、交通出行、医疗保健和生态环境等 7 个方面安全度的五等分评价累加计算得到,取值范围为 7—35。

82.61%，无信心者占4.56%。此外，他们对这些项目的信心度持中间态度的分别占15.06%、13.86%、13.43%、15.15%、14.37%、17.47%和12.82%。由此可见，大多数城市青年对"社会事项"的信心预期亦较为乐观，但对"社会风气与市民素质""我国社会矛盾风险"两项内容的信心度明显偏低。

相比之下，城市青年对"个体事项"明确表示"有信心"的比例普遍高于"社会事项"，但是，他们对"社会事项"持中间态度的比例明显高于"个体事项"。此外，在明确表示"无信心"的城市青年中，4个"个体事项"的回答之间并无太大差异。不过，城市青年对"社会事项"中"社会风气与市民素质""我国社会矛盾风险"的负面预期明显更多。

(二) 城市青年社会信心的影响因素

城市青年的社会信心状况总体良好、但存在明显的个体差异。那么，城市青年对未来社会信心的预判究竟是由什么因素决定的呢？本文将从阶层地位、社会资本和相对剥夺体验三类因素来建构城市青年个体事项信心与社会事项信心的决定模型。

1. 个体事项信心的决定模型

表2呈现了城市青年个体事项信心的决定模型。仅含控制变量的基准模型（限于篇幅，不在文中列出）的决定系数为0.011，但在加入阶层地位变量后R-squared变为0.096，再加入社会资本变量后R-squared变为0.119，进一步增加相对剥夺体验变量后R-squared升至0.181。从全模型（模型3）来看，阶层地位、社会资本和相对剥夺体验变量都是重要的影响因素，所有变量可以共同解释城市青年个体事项信心因子的18.1%的方差。

表2 城市青年个体事项信心因子的决定模型

	模型1		模型2		模型3	
	系数	标准误	系数	标准误	系数	标准误
控制变量						
性别(参照：女)	−1.409	0.902	−1.113	0.895	−1.062	0.867
年龄	−0.054	0.085	−0.074	0.085	−0.073	0.083
是否上海本地户口(参照：否)	−2.803*	1.105	−3.284**	1.100	−2.715*	1.078
政治面貌(参照：普通群众)						
共青团员	2.489!	1.401	1.980	1.404	1.661	1.366
中共党员	−1.494	1.753	−1.884	1.751	−0.885	1.703
阶层地位变量						
教育程度(参照：高中及以下)						
大专	6.355***	1.134	5.960***	1.140	3.876**	1.136
本科及以上	9.747***	1.296	9.173***	1.299	6.861***	1.292
职业等级(参照：一般工人/办事人员)						
技术人员/小业主	3.055**	1.014	2.845**	1.006	3.736***	0.981
高级管理人员	2.726!	1.472	2.632!	1.458	3.434*	1.424
个人年收入	0.278*	0.115	0.269*	0.116	0.198!	0.112
有无自购商品房(参照：无)	−1.293	0.999	−1.477	0.999	−0.809	1.033

续　表

	模型 1		模型 2		模型 3	
	系数	标准误	系数	标准误	系数	标准误
社会资本变量						
亲密朋友数(参照：基本没有)						
1—5 人			7.022*	3.330	5.662!	3.225
6 人及以上			6.572*	3.340	5.541!	3.232
同事关系(参照：不融洽)			6.026***	1.344	3.143*	1.348
潜在社会支持得分			0.063	0.080	0.068	0.079
社区公益活动参与(参照：未参与)			0.274	0.935	−0.324	0.911
相对剥夺体验变量						
单位工资差异(参照：3 倍及以下)						
4—5 倍					−0.903	0.951
6 倍及以上					4.628***	1.263
生活满意度(参照：不满意)					1.865!	1.087
地位流动开放与否(参照：否)					6.482***	1.104
公共安全感得分					0.204	0.125
常数项	59.243***	2.670	47.055***	4.478	39.166***	5.296
模型决定系数	0.096		0.119		0.181	
校正后的模型决定系数	0.087		0.106		0.165	

注：*** 表示 $p<0.001$，** 表示 $p<0.01$，* 表示 $p<0.05$，! 表示 $p<0.10$。

如模型 3 所示，在客观阶层地位方面，与"高中及以下"学历者相比，"大专"学历的城市青年的个体事项信心因子得分要高出 3.876 个单位，"本科及以上"学历者则更是高出 6.861 个单位。从职业等级来看，"技术人员/小业主"青年对个体事项的信心度比参照组(一般工人/办事人员)高 3.736 个单位，"高级管理人员"的个体事项信心度也比"一般工人/办事人员"高 3.434 个单位。从经济收入来看，个人年收入每增加 1 万元，则城市青年对"个体事项"的信心水平会提高 0.198 个单位。但是，拥有自购商品房的城市青年在"个体事项"信心度方面比没有自购商品房者更低，但其差异不显著——这或许是因为购房消费增加了家庭经济压力所致。

丰富的个体层次的社会资本也为城市青年提升个人发展信心提供了动力。统计显示，与基本没有亲密朋友的城市青年相比，那些拥有 1—5 名亲密朋友的青年对个人未来发展的信心度水平要高出 5.662 个单位，那些亲密朋友数在"6 人及以上"者的个体事项信心得分也要高 5.541 个单位。此外，与单位领导及同事的关系状况也具有显著的影响。那些与单位领导及同事关系融洽的城市青年的个体事项信心水平，比关系不融洽者高出 3.143 个单位。"潜在社会支持得分"具有正向但不显著的效应。"社区公益活动参与"(群体层次的社会资本)的影响也不具有统计显著性意义。

相对剥夺体验的强弱在很大程度上影响了城市青年的个人发展信心。从单位内最高工资和最低工资差异值来看，与"3 倍及以下"差异组(工资差距较小)相比，中等差距组(4—5 倍)的城市青年对个人未来发展的信心水平要更低一些(但未达到统计显著性水平),但是,单位内工资差距较大组(6倍及以上)的城市青年的个体事项信心反而显著地高出参照组达到4.628个单位。这可能是因为工资差距大的单位(大多是体制外单位)更为市场化和具有透明性,个人发展机会更多,且更依赖于市场绩效,所以他们对个人发展前景更有信心。此外,与对当前生活持"不满意"态度的城市青年(相对剥夺感较强)相比,那些对当前生活表示"满意"(相对剥夺感较弱)的城市青年的个体事项信心得分要高出1.865个单位。再次,那些认为当前社会的地位流动具有"开放性"的城市青年,比认为地位流动不具有"开放性"者的个体事项信心得分高出6.482个单位。而"公共安全感得分"变量的效应则没有达到统计显著性水平。

综上所述,阶层地位、社会资本和相对剥夺体验共同决定了城市青年的个体事项信心水平,其中,相对剥夺体验的影响力最为突出。阶层地位越高、社会资本越丰富和相对剥夺体验越弱,则城市青年对个人未来发展前景的预期就越高。

2. 社会事项信心的决定模型

表3列出了城市青年社会事项信心因子的决定模型。与仅包括控制变量的基准模型(限于篇幅,不在文中列出)相比(决定系数为0.018),加入阶层地位变量后的模型1的决定系数仅有细微变化(增至0.029),再增加社会资本变量后的模型2的R-squared值也只是提高到0.056,但在进一步增加相对剥夺体验变量后,全模型3的R-squared值增加到0.150。这说明,模型3的这些变量可以共同解释城市青年社会事项信心因子得分的15.0%的方差。

表3 城市青年社会事项信心因子的决定模型

	模型1		模型2		模型3	
	系数	标准误	系数	标准误	系数	标准误
控制变量						
性别(参照:女)	0.451	1.067	0.783	1.057	0.607	1.008
年龄	−0.240*	0.100	−0.319**	0.101	−0.209*	0.097
是否上海本地户口(参照:否)	1.730	1.308	1.169	1.300	2.122!	1.252
政治面貌(参照:普通群众)						
共青团员	−4.891**	1.658	−5.557**	1.659	−4.151***	1.588
中共党员	−3.134	2.074	−4.160*	2.069	−2.381	1.980
阶层地位变量						
教育程度(参照:高中及以下)						
大专	−0.366	1.341	−0.766	1.347	−1.651	1.321
本科及以上	3.279*	1.532	2.988!	1.535	1.510	1.502
职业等级(参照:一般工人/办事人员)						
技术人员/小业主	−1.769	1.199	−2.006!	1.188	−1.538	1.140
高级管理人员	−0.797	1.741	−1.126	1.722	−0.714	1.655
个人年收入	−0.148	0.136	−0.097	0.137	−0.142	0.131
有无自购商品房(参照:无)	1.667	1.182	0.959	1.181	−1.551	1.201

续 表

	模型 1		模型 2		模型 3	
	系数	标准误	系数	标准误	系数	标准误
社会资本变量						
亲密朋友数（参照：基本没有）						
1—5 人			1.830	3.935	2.056	3.749
6 人及以上			0.508	3.947	0.808	3.757
同事关系（参照：不融洽）			5.063**	1.588	3.353*	1.566
潜在社会支持得分			0.253**	0.094	0.095	0.092
社区公益活动参与（参照：未参与）			3.261**	1.105	2.383*	1.059
相对剥夺体验变量						
单位工资差异（参照：3 倍及以下）						
4—5 倍					0.643	1.106
6 倍及以上					−7.059***	1.468
生活满意度（参照：不满意）					0.908	1.263
地位流动开放与否（参照：否）					6.724***	1.283
公共安全感得分					0.998***	0.146
常数项	70.971***	3.158	60.954***	5.291	32.944***	6.156
模型决定系数	0.029		0.056		0.150	
校正后的模型决定系数	0.019		0.042		0.134	

注：*** 表示 $p<0.001$，** 表示 $p<0.01$，* 表示 $p<0.05$，! 表示 $p<0.10$。

在阶层地位变量方面，虽然教育程度（模型 1、模型 2）和职业等级（模型 2）的影响达到显著性水平，但是，在全模型 3 中，教育程度、职业等级、经济收入和房产拥有情况的效应均不具有统计显著性意义。这与表 2 中个体事项信心的决定模型形成鲜明对比。换言之，较高的阶层地位虽然有助于提升城市青年对个人发展前景的信心预期，但它并不能有效地提升他们对社会事项的信心度水平。所以，假设 1 得到证实。

在社会资本变量方面，拥有亲密朋友的城市青年对社会发展前景的信心更足，但相对没有亲密朋友者的优势并未达到统计显著性水平。同事关系融洽的城市青年相对于不融洽者的社会事项信心水平要高出 3.353 个单位。潜在社会支持得分变量在模型 3 中显示出具有正向但不显著地提升社会事项信心的效应，但它在模型 2 中的效应是具有统计显著意义的。积极参与社区公益活动的城市青年对社会事项的信心度明显高于没有参加过社区公益活动的青年群体（高出 2.383 个单位）。结合此前的讨论，个体层次的社会资本（亲密朋友较多、同事关系融洽）可以显著地提升城市青年个体事项的信心度，而个体层次的社会资本（同事关系融洽）和群体层次的社会资本（参与社区公益活动）则有助于提高他们对社会事项的信心预期。由此可见，社会资本模型也是基本成立的，即假设 2 也基本得到证实。

对于城市青年社会事项信心影响最突出的当属"相对剥夺体验"因素。在表 3 中，模型 3 相对模型2的决定系数发生了明显变化。具体而言,与单位内工资差异较小组(3倍及以下)的城市青年相比,那些单位内工资差异达到"6倍及以上"者(相对剥夺较强)对社会发展前景的信息预判明显更低(低7.059个百分点)。与此相对,那些认同当前社会的地位流动具有"开放性"(相对剥夺感较弱)的城市青年的社会事项信心得分要比不认同者高出6.724个单位。此外,城市青年对社会治安、食品药品等方面安全度评分每提高一个单位,则他们对社会事项的未来信心预期会上升0.998个单位。再者,表示生活满意的城市青年的社会事项信心相对"不满意者"也具有正向但不显著的优势。总体而言,城市青年的相对剥夺体验越弱,则他们对未来社会整体发展前景的预期就越积极。从此前的讨论来看,城市青年的个体事项信心决定机制也具有类似特征。所以说,假设3也基本得到证实。

四、结论与讨论

(一) 城市青年社会信心的基本特征

研究结果表明,大多数城市青年对未来5年的社会信心预期较高,但个体之间存在一定差异。在"个体事项"的信心度方面,城市青年对"个人身心健康"最有信心。在"社会事项"的信心度方面,城市青年对"社会风气与市民素质""我国社会矛盾风险"两项内容的信心度明显更低。

总体而言,对于具有较强个体自主性的项目,城市青年普遍具有良好的预期。大多数城市青年都对未来个人健康与发展前景充满信心,并认为可以通过个人努力来达到提高生活水平的目标。与此同时,多数青年也对社会整体发展前景充满期待。但是,也有一些青年坦承:现实社会中的不少深层次问题未必能在短时期内得到有效解决。尤其是,对于社会风气和市民素质以及潜藏于社会中的各种结构性的矛盾风险,不少青年的态度相对谨慎乃至悲观。

由此可见,虽然经济与社会的发展创造了日益增多的福利与机会,但城市青年对个体和社会的未来发展前景并不总是那么积极乐观。作为未来社会的主体力量,如何不断提高城市青年的现实获得感和未来信心度,仍是值得深入探究的主题。

(二) 个体事项信心与社会事项信心的决定机制及其比较

社会信心是客观因素作用于个体之后的一种主观感受和预期,它同时具有客观和主观意涵。统计分析发现:阶层地位、社会资本和相对剥夺体验共同决定了城市青年的个体事项信心水平。而且,从决定系数的变化情况来看,"相对剥夺体验"因素的效应最为显著。首先,拥有较高学历、较高职业等级、较高收入水平的城市青年,对于自身的职业发展、经济收入、生活水平等个体事项方面的前景更加充满信心。[1] 换言之,阶层地位较高者对个人未来发展更有信心。这是因为,人们的社会经济地位大多是渐进式积累的,而当前的阶层地位不仅是未来地位的起点,同时也是重要基础。[2] 其次,亲密朋友较多、与同事关系融洽的城市青年,由于个体层次的社会

---

[1] 雷开春:《青年人的阶层地位信心及其影响因素》,《青年研究》2015年第4期。
[2] 李汉林、魏钦恭:《社会景气与社会信心研究》,中国社会科学出版社2013年版,第184—185页。

资本能够为人们提供面对不确定未来的社会资源,尤其是提供有价值的情感性支持和工具性支持,所以,他们对"个体事项"的信心预期也明显更高。① 这说明,社会资本(社会支持系统)也有助于提高城市青年的个体事项信心。再者,生活满意度较高、对当前社会的地位流动开放机会持肯定评价的城市青年,所体验到的相对剥夺感、不平等感和失落感往往较少,所以对个人发展机会和前景也往往更为乐观。②

相比之下,就社会事项的信心水平而言,客观阶层地位因素不再具有达到统计显著性意义的影响,丰富的社会资本(同事关系融洽、参与社区公益活动)可以部分地提升社会事项的信心度水平,但是,从决定系数的变化情况来看,真正决定城市青年社会事项信心水平的因素乃是"相对剥夺体验"的强弱。具体而言,单位内工资差距较小、认同当前社会的地位流动具有开放性、公共安全感较高的城市青年,对社会整体发展前景的信心预期要明显更高。在这三个因素中,工资差距不仅是贫富差距的直观体现,而且折射了未来跨越财富鸿沟和实现社会公平的潜在难度。地位流动机会的多寡则是对社会开放或封闭(僵化)程度的评价,开放的社会让人满怀期待、而僵化的社会让人失去信心。同时,作为马斯洛需求层次理论中人类最基本的需求之一,"安全感"既是现实生活的体验,也是未来预期的基础。所以,相对剥夺体验较弱的城市青年,对社会事项的信心往往也更高。③

由此可见,作为"社会信心"的两个基本维度,城市青年的"个体事项信心"与"社会事项信心"的决定机制既有相似又有相异。就相似处而言,"相对剥夺体验"对两者均产生了突出的影响,而且,社会资本也构成了一个重要的解释变量。就相异处而言,较高的阶层地位虽然可以提高个体事项信心,但对于社会事项信心的影响则不具有显著效应。而且,群体层次的社会资本(社区公益活动参与)无法解释个体事项信心的变异,但它可以较好地预测社会事项信心的个体差异。

(三) 启示与不足

本研究分析了当前城市青年社会信心的现状与特征,并从阶层地位、社会资本和相对剥夺体验的角度综合探讨了城市青年"个体事项信心"与"社会事项信心"的决定机制。现有的研究大多是从客观阶层地位、生活压力与社会支持等角度来讨论其影响机制问题的,本研究在此基础上既有延续又有拓展。尤其是,本研究探讨了社会资本通过提供工具性和情感性支持等提升个体事项信心,通过凝聚社会成员和提高社会效率等提升社会事项信心的意义,具有一定的启示性。本研究还分析了"相对剥夺体验"对社会信心(个体事项信心与社会事项信心)的影响,从

---

① Umberson, D., R. Crosone & C. Reczek, "Social Relationships and Health Behavior Across the Life Course." Annual Review of Sociology, 2010, 36.
② 李培林、张翼、赵延东、梁栋:《社会冲突与阶级意识》,社会科学文献出版社 2005 年版,第 82 页。
③ 陈光金:《不仅有"相对剥夺",还有"生存焦虑"》,《黑龙江社会科学》2013 年第 5 期;怀默霆:《中国民众如何看待当前的社会不平等》,《社会学研究》2009 年第 1 期。

而将客观阶层地位与主观社会体验有效地结合起来阐释城市社会信心的决定机制。[①] 它对公共政策的启示是：通过缩小贫富差距、疏通社会流动渠道，通过培育社会支持体系、加强公共安全建设，可以进一步提升社会成员的信心水平。

但是，本研究在调查数据、测量变量等方面仍存在一些不足。首先，本研究所使用的横截面数据对于性格、人格特质等其他可能引起偏误的遗漏变量仍然缺乏控制。其次，这项调查的变量设置也存在不足。比如，关于个体层次社会资本的测量就缺乏社会网络成员的阶层特征、资源含量等细节信息，关于群体层次的社会资本的测量也缺乏社会组织参与等内容，"相对剥夺体验"的测量也存在类似问题。今后可在获取更完备数据的基础上进一步拓展相关研究。

（原文载于《青年研究》2016 年第 2 期）

[①] 杨宜音、王俊秀等：《当代中国社会心态研究》，社会科学文献出版社 2013 年版，第 56 页；李汉林、魏钦恭：《社会景气与社会信心研究》，中国社会科学出版社 2013 年版，第 196—197 页。

居住方式对青少年健康的影响
——基于中国教育追踪调查数据的实证研究

梁海祥

一、研 究 问 题

Smilkstein 在 1980 年将家庭定义为"能提供社会支持,其成员在遭遇躯体或情感危机时能向其寻求帮助的,一些亲密者所组成的团体"。[①] 其中隐含体现了家庭的功能性,同时也印证了功能主义的观点,即家庭是孩子生长的最基本社会组织和社会制度,对于孩子成长和以后的生活至关重要。[②] 家庭结构实质上体现的是家庭成员的组成,以及家庭成员间的相互作用、相互影响的状态,并且由这种状态形成相对稳定的联系模式。[③]

但是这种稳定的结构在中国社会发展的大背景下也发生着变化,杨舸利用"中国家庭动态调查(CFPS)"数据结果显示,现在的家庭规模不断缩小,居住方式也同时发生了显著变化,具体表现为核心家庭比例下降,直系家庭、单人家庭、空巢家庭比例提升。[④] 王跃生利用综合调查数据分析出中国城乡家庭结构变动(如表 1 所示),从 1982 年到 2010 年,全国的家庭结构发生了巨

表 1 中国家庭结构变迁

家庭类型/(%) \ 年份	2010	2000	1990	1982
夫妻核心	18.46	12.93	6.49	4.79
标准核心	33.14	46.75	55.53	48.16
夫妇分居核心	3.27	3.15	4.02	6.96
单亲核心	2.7	2.92	3.58	4.55
扩大核心	1.38	1.61	2.18	2.57

---

① Smilkstein, G. "The Cycle of Family Function: A Conceptual Model for Family Medicine." *Journal of Family Practice*, 1980, 11(2).
② Parsons, T. "The Social Structure of the Family." *Rv Anshen the Family, Its Function & Destiny*, 1949.
③ 关颖:《家庭结构的涵义及类型》,《家教指南》2003 年第 2 期。
④ 杨舸:《社会转型视角下的家庭结构和代际居住模式——以上海、浙江、福建的调查为例》,《人口学刊》2017 年第 2 期。

续 表

家庭类型/(%) \ 年份	2010	2000	1990	1982
过渡核心	1.94	0.82	0.81	1.26
三代及以上直系	17.18	17.26	17.12	16.98
二代直系	3.03	2.35	3.29	3.82
隔代家庭	2.78	2.11	0.91	0.95
复合家庭	0.58	0.56	1.08	0.93
单人户	13.67	8.57	6.34	7.98
残缺家庭	0.93	0.71	0.57	0.84
其他	0.93	0.26	0.08	0.22

注：表格及数据根据王跃生：《中国城乡家庭结构变动分析——基于2010年人口普查数据》(《中国社会科学》2013年第12期，第66—77页)制作。"标准核心"为夫妇和未婚子女组成家庭；"夫妇分居核心"为夫妇一方因配偶外出工作与未婚子女组成家庭；"单亲核心"为父母一方(因丧偶、离异)与未婚子女组成的家庭；"扩大核心"为夫妇与未婚子女及未婚兄弟姐妹组成的家庭；"过渡核心家庭"为夫妇与初婚子女(媳婿不在户内)组成的家庭。

大变化。① 因此随着社会转型，居住方式发生变化，随之而来的家庭功能也发生变化。在中国政府组织发布的《中国家庭发展报告2014》中就提出中国家庭面临的三大挑战，其中一个就是因城镇化产生的流动家庭和留守家庭困难。②

对老年人群体来说居住模式影响的是自身养老问题，居住方式和代际模式的变迁使得家庭功能减少，其中家庭养老的作用也在减弱。另外对于正在工作的群体来说，居住方式对女性与男性劳动参与率及工作时间也有不同影响，研究发现多代同堂家庭中老年父母会协助子女料理家务，这样就有助于她们投入更多的工作时间。③ 对于孩子的影响，家庭功能对心理健康影响均具有显著性。④ 从心理学上探讨在不同居住方式中儿童的人格特征及其差异，结果显示与离异重组和留守寄养家庭的儿童相比，正常家庭的儿童精神健康更好(精神质得分要低，掩饰性得分高，并且差异有统计学意义)⑤。研究也同样发现传统家庭、核心家庭、特殊家庭三组的学生心理健康水平基本一致，但传统家庭以人际关系敏感为主，核心家庭以强迫为主，特殊家庭以抑郁为主。⑥ 学者在研究居住模式对家庭功能的作用，发现子女需求影响着是否决定与父母同住，⑦这就更说明了家庭功能的重要性，而另一方面居住方式成为家庭功能的体现。

---

① 王跃生：《中国城乡家庭结构变动分析——基于2010年人口普查数据》，《中国社会科学》2013年第12期。
② 王培安：《中国家庭发展报告》，中国人口出版社2014年版。
③ 沈可、章元、鄢萍：《中国女性劳动参与率下降的新解释：家庭结构变迁的视角》，《人口研究》2012年第5期。
④ 徐广明、张佩佩、王芳、梁渊：《家庭结构与功能对居民心理健康的影响——城乡差异比较案例分析》，《中国社会医学杂志》2014年第6期。
⑤ 王艳祯、滕洪昌、张进辅：《不同家庭结构下儿童人格特征研究》，《保健医学研究与实践》2010年第2期。
⑥ 赖文琴：《不同家庭结构类型高中生心理健康状况比较》，《健康心理学杂志》2000年第1期。
⑦ 许琪：《子女需求对城市家庭居住方式的影响》，《社会》2013年第3期。

不同于西方家庭因婚姻解体导致的结构变化,中国大量的留守与流动儿童出现,是由于城镇化导致居住方式变化后的结果,因此很多学者从居住方式的角度研究留守、流动情况下的精神健康。研究中多关注留守儿童的健康状况,结论显示留守居住方式、家庭功能和健康之间存在着相互影响,原本核心居住方式的变化减弱了留守家庭获取社会支持的能力,从而会影响在这样居住方式中个体的健康状况。在隔代型的留守家庭中,留守儿童无法得到父母的照顾和抚养,其精神状况则会变差,具体体现在孤独倾向、焦虑度、身体疾病症状等均明显高于父母一方和孩子共同留守的家庭。空巢型和隔代型留守家庭的社会健康最弱,留守家庭由于核心角色的缺失,留守老人必须为自己乃至留守儿童的健康做出决策,而往往这样都会导致孩子健康受损。[1]

本研究以初中学生为研究对象,主要研究孩子与父母的居住方式是否对他们的健康产生显著性影响,使用"中国教育追踪调查(CEPS)"2013—2014 学年和 2014—2015 学年两期的追踪调查数据,试图回答两个问题:第一,青少年与父母的同住形式会不会影响他们自身健康;第二,同住形式通过什么机制影响青少年的健康。研究也是为了试图探讨新的社会环境下,孩子与父母居住形式的改变给青少年健康不平等带来的变化。

二、文献回顾及研究假设

家庭是通过情感将个体联系在一起的经济单位,因此家庭作为成员的重要生活场所,对成员的健康庇护主要体现在情感支持和工具支持两个方面[2],其中婚姻体现情感支持的功能,家庭经济情况则体现工具支持的功能。婚姻关系是成人生活中最重要的关系,婚姻状况同个人的心理健康和身体健康密切相关,在婚者相比其他"非在婚者"有更好的身体功能,更低的心理压抑等,并且这种密切相关的趋势在不同的文化和历史背景下持续稳定。[3] 另外基于婚姻对成年人口的情感支持作用,在婚者在追求心理健康、身体健康等方面的责任感和动机要强于非在婚者,他们受到更多社会规范的约束,因此从事健康损害行为的概率较低[4],从而更有利于健康状况的促进和维护。另外夫妻双方也能够在对方疾病发生时提供疾病的判别和治疗,以及为后期康复照顾提供支持。相反,从在婚状态的人过渡到非在婚状态时(离婚、分居、丧偶等),将承受更多

---

[1] 高红霞、刘露华、李浩淼、金廷君、施利群、陈迎春、徐娟:《基于家庭结构和功能视角的农村留守家庭健康状况分析》,《医学与社会》2016 年第 7 期。

[2] Carr, D & W. Springer. "Advances in Families and Health Research in the 21st Century." *Journal of Marriage & Family*, 2010, 72 (3).

[3] Richard B. S. "Marital Functioning and Physical Health: Implications for Social and Personality Psychology." *Social & Personality Psychology Compass*, 2010, 7(4).

[4] Koball, H.L, et al. "What Do We Know about the Link between Marriage and Health?" *Journal of Family Issues*, 2010, 31(8).

婚姻破裂所导致的压力，从而损害心理和生理健康。① 家庭收入越高越能够为成员提供更多的经济支持，从而可以获取更好的医疗资源及其他社会支持，避免由于经济压力所导致的心理压抑和抑郁而损害身体健康。②

青少年正处于观念的形成时期，很容易因为周边环境的改变受到影响。而以往国内对居住方式研究多关注老年人养老问题，或者留守儿童的精神状况，很少关注居住方式影响青少年健康机制，即很少关注家庭对青少年的健康功能。不管是婚姻解体，还是城镇化发展，所带来的结果是一致的，即造成了中国社会居住方式发生了变化，越来越多的不完整家庭出现。那么居住方式的不完整则会带来家庭功能的不健全，而这则会对孩子健康产生消极影响，因此推出假设。

假设1：生活在非双亲同住家庭中的孩子健康状况比双亲家庭的差。

居住方式的改变会使得家庭中的财产水平发生变化，笔者将从造成居住方式不完整的主要路径进行分析。这里所说的完整家庭就是指孩子与父母同住的家庭，非完整家庭就是指单独一方父母照顾或者受其他人照顾。第一种居住方式改变的产生路径在西方国家中出现的比例较高，即由父母婚姻破裂造成的非完整居住方式，该路径在中国随着市场经济和人们婚姻观念的改变也在增加。另一种是因为结构性的原因，比如因为城乡经济发展不均衡导致很多人进城务工等，从而造成不完整家庭。结构性原因在中国的发展时期比较多见，产生大量的人口流动。

离婚会导致家庭经济规模减小，从而使得家庭社会经济地位降低。而那些因为城乡差异选择进城工作导致的家庭不完整，则更多体现的是样本选择性，社会经济低的群体选择独自外出挣钱，这就形成了非完整家庭的社会经济地位低的现象，而经济损耗则会对孩子的健康产生负面作用。

假设2：社会经济地位剥夺机制，使得与非双亲同住的孩子健康受损。

家庭是初级的社会群体，家庭也是个人社会化中最重要的环节。在与父母同住的家庭中，父母与子女可以高频地面对面互动，有利于子女学习基本知识、技能和规范。社会化理论指出家庭具有特殊功能，在与双亲同住家庭，孩子的生活方式则可能会更健康。因为双亲父母则会因为各自的分工对于孩子有不同功能性的照顾。

家庭的另一项功能就是对孩子的监管与教育，青少年就是在家庭中完成重要的社会化过程，家庭也是提供了重要的社会资本。居住方式的变化，因为不同住就会影响父母对孩子的监管和互动，而缺少父母监管和支持的孩子更容易有不健康的生活习惯，这些会影响孩子的健康。父母同住家庭对孩子社会化有很多优势，抚养主体单一，对孩子身心健康投入较多；家庭关系单一，对孩子正向投入多；成员单一，更多地统一安排时间，这样则有利于与孩子互动。③ 因此推出

---

① Williams, K & D. Umberson. "Marital Status, Marital Transitions, and Health: A Gendered Life Course Perspective." *Journal of Health & Social Behavior*, 2004, 45(1).

② Alaimo, K, et al. "Food Insufficiency, Family Income, and Health in US Preschool and School-Aged Children." *American Journal of Public Health*, 2001, 91(5).

③ 彭渝、懋彬：《当代中国家庭结构的变化及子女的社会化环境》，《社会科学研究》1994年第6期。

假设。

假设 3：生活方式的影响机制，使得非双亲同住家庭中生活的孩子健康受损。

假设 4：父母监督互动机制，使得非双亲同住家庭中生活的孩子健康受损。

三、数据、变量和模型

(一) 数据

本研究使用"中国教育追踪调查(下文简称 CEPS)"2013—2014 学年和 2014—2015 学年两期的追踪调查数据,这个数据是由中国人民大学中国调查与数据中心(NSRC)主持的大型追踪调查,从初中阶段开始,严格按照概率抽样原则,代表在校学生群体的全国性、持续性的数据。该调查使用多阶段的概率和规模成比例(PPS)的抽样方法,以学校为基础,在全国 31 个省份内抽取了 28 个县级单位(PSU)、112 所开设初中教学的学校、438 个班级,共计 19 487 名学生作为调查样本。

在本研究中使用的是两期追踪数据,因为在 2013—2014 学年中 9 年级学生已经毕业,没有继续追踪,因此使用的数据是基期中为 7 年级,第二期中为 8 年级的样本,共计 10 279 名学生。在分析中健康结果变量来自第二期,自变量来自第一期,主要核心自变量为居住方式。去除变量缺失值和无效样本后,进入模型的样本量为 8 738 名中学生。

(二) 变量操作化

1. 因变量

本研究使用两期追踪数据,为了尽量避免双向因果,健康结果变量来自第二期调查,采用综合自评健康指标来测量。自评健康是对自己身体状况的主观评价,内容包括现实自评健康、未来自评健康和对痛苦的感觉等。在实际研究中,因为受到研究成本、技术和手段的限制,自评一般健康指标成为社会研究者分析健康问题的首选工具。另外自评健康操作方便简单,同时自评健康的测量信度也得到了证实。齐亚强使用 2008 年中国流动与健康调查的数据,通过分析发现自评一般健康指标具有良好的信度和效度,但是会存在较为复杂回答偏误问题,因此不同人群的可比性还值得商榷。[①] 但是在本研究中,研究对象都是十三四岁的中学生,因此数据同一年龄段并且同一身份的群体,具有很强的可比性。因此在"中国教育追踪调查(CEPS)2014—2015 学年调查",依据学生问卷中的"你现在的整体健康情况如何",从 1 到 5 由"很不好"到"很好",一共是 5 个选项,数值越大说明被访者(学生)自评综合健康越好。

2. 自变量

被访者(学生)的居住方式是本研究的核心自变量。家庭的居住安排可以反映婚姻或者

---

① 齐亚强:《自评一般健康的信度和效度分析》,《社会》2014 年第 6 期。

非婚姻导致的不同居住形式。另外对孩子自身来说,父母是否与自己同住对其身心产生的作用也更为直接。在"中国教育追踪调查(CEPS)"2013—2014学年调查中涉及居住安排的问题,"在你目前的家里,和你一起住的有哪些人",根据此题将居住方式分成4类:(1)与父母同住(双亲同住);(2)只与母亲同住;(3)只与父亲同住;(4)与父母均不同住(双亲缺位)。在居住方式的界定中主要是以父母的居住安排为主要依据,孩子与祖父母和外祖父母同住的隔代家庭或是留守家庭,或者和其他亲属或其他人居住的家庭都归于与父母均不同住(双亲缺位)的类型。从图1样本数据居住方式的分布比例看,与双亲同住的占主体(62.82%),仅与母亲同住的家庭比例为14.13%,仅与父亲同住的比例为4.19%,双亲缺位的家庭占到18.86%。

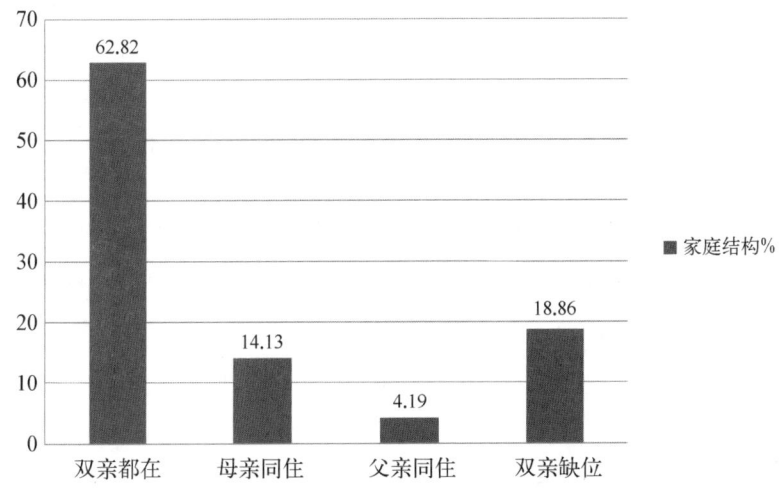

图1 居住方式分布(数据已加权 N=8 738)

生活方式变量,因为基期没有详细的问题测量,另外考虑被访者一年的生活方式不会有较大改变,因此采用CEPS第二期的生活方式变量。具体的因变量包括是吃不健康食物频率,根据问卷"你是否经常吃油炸、烧烤、膨化、西式快餐之类的食品",选项是由1到5,数字越大吃的频率越高,分别为"从不""很少""有时""经常""总是"。喝不健康的饮品频率的测量是根据问卷"你是否经常喝含糖饮料(如奶茶)或者碳酸饮料(如可乐)",选项1"从不",2"很少",3"有时",4"经常",5"总是"。孩子抽烟、喝酒的行为的测量则是根据问卷中询问被访者(学生),"最近一年中是否有抽烟、喝酒的行为",选项也是设计为1—5的频率选择,那么将"从不"到"总是",数字越大说明抽烟、喝酒的频率越高。锻炼行为则是通过询问被访者每周的锻炼天数来测量,是一个0至7的连续变量,数值越大则表明锻炼频率越高。

社会经济地位指数(Socio-Economic Status,SES)是参照以往研究的操作[①],通过被访家庭

---

① 吴愈晓、黄超:《基础教育中的学校阶层分割与学生教育期望》,《中国社会科学》2016年第4期。

的父母的职业、教育、政治面貌和家庭经济状况取公因子而来的分数。其中,父辈受教育水平是指父母双方教育程度较高者的受教育年限;政治面貌是虚拟变量,1 表示共产党员和民主党派,0 表示无党派;户口类型也是虚拟变量,1 表示农业户口,0 表示非农户口;目前从事的职业是根据职业类型转化而来的职业地位指数;家庭经济条件是家长报告的对当前家庭经济条件的主观判断,分为非常困难、比较困难、中等、比较富裕和很富裕 5 类。为了数据分析的简约性,通过主成分分析提取公因子后,我们将取值范围调整为(0,100),数值越大表示家庭社会经济地位越高。

父母的监管、互动和期望变量操作,父母监管主要通过问卷中父母对孩子穿衣交友等各方面的严格程度,从而测量对孩子的监管程度。具体问题是"你父母在以下事情上管你严不严",具体分为:作业、考试,在学校表现,每天按时上学,每天几点回家,和谁交朋友,穿着打扮,上网时间,看电视的时间,共计 8 个方面,每个都是 3 个选项"1 不管","2 管,但是不严","3 管得很严",因此累加起来生成一个 8—24 分的连续变量,数值越大说明父母监管越严格。父母互动的频率,根据 CEPS 基期学生问卷中问被访者(学生),"你和父母一起做一些事情的频率",包括"吃完饭,读书,看电视,做运动,参观博物馆、动物园、科技馆等,外出看电影、演出、体育比赛等",共计 6 题,每个题目回答有 6 个选项(1 从未做过,2 每年一次,3 每半年一次,4 每个月一次,5 每周一次,6 每周一次以上)。加总后得到一个 6—36 分的连续变量,分数越高说明与父母互动的频率越高。父母教育期望压力,对学生来说,最主要的任务是学习。孩子对父母所施加的教育期望的压力情况,在问卷中就有问到"你对这种期望感到"如何,共 5 个选项(1 毫无压力,2 有点压力,3 一般,4 压力比较大,5 压力很大),分值越高则说明孩子的学业压力越大。

基期的健康状况,基期的健康状况也被放入模型作为衡量稳健性的因素,包括自评健康,操作与上文的一致。精神健康是根据问卷中"在过去 7 天内,你是否有以下感觉",有 5 种负面情绪"沮丧、抑郁、不快乐、生活没有意思、悲伤",选项分别从 1 到 5,"从不、很少、有时、经常、总是",将 5 题数值加总,转变选项方向,生成一个 5—25 分的连续变量,数值越大说明精神健康越好。客观健康在基期调查中并没有生病频率的问题,因此采用"过去一年中,你有没有住过院",选项有则赋值为 1,没有则赋值为 0。

3. 控制变量

控制变量主要包括学生性别、户籍、兄弟姐妹数和迁移经历,这些变量都是来自 CEPS 2013—2014 学年基期调查数据。学生性别,男性赋值为 1,女性赋值为 0。户籍是根据"你现在的户籍类型",农业户籍赋值为 1,非农户籍赋值为 0。兄弟、姐妹数则是一个连续变量,数目越多说明兄弟、姐妹越多。迁移经历考察是否是迁移群体,省内迁移和跨省迁移赋值为 1,没有则赋值为 0。而需要注意的是 CEPS 是通过学校层面进行抽样的,因此控制住学校层面的因素,减少因学校异质性而导致的误差,其中包括学校师生比、教师的本科率、人均学生经费、地区和校园设施等。本研究所有变量的描述性统计见表 2。

表 2　变量描述性统计（N=8 738）

变　量　名	均值(或比例)	标准差	最小值	最大值
居住方式				
与双亲同住	0.628	0.483	0	1
与母亲同住	0.141	0.348	0	1
与父亲同住	0.042	0.200	0	1
双亲缺位	0.189	0.391	0	1
家庭因素				
家庭社会经济地位	42.824	14.165	1.552	92.043
父母监管	19.070	3.110	8	24
父母互动	21.808	6.429	6	36
学业期望压力	3.065	1.110	1	5
健康结果				
自评健康 W2	3.823	0.952	1	5
基线自评健康	4.042	0.910	1	5
基线精神健康	19.738	3.782	5	25
基线住院	0.090	0.287	0	1
控制变量				
吃不健康食物频率 W2	2.685	0.841	1	5
喝不健康饮品频率 W2	2.792	0.865	1	5
抽烟喝酒频率 W2	1.122	0.520	1	5
锻炼频率 W2	3.119	1.908	0	7
性别(男性=1)	0.520	0.500	0	1
户籍(农村=1)	0.610	0.488	0	1
兄弟姐妹数	0.872	0.876	0	6
迁移经历(有=1)	0.106	0.308	0	1
学校师生比	12.760	4.029	3.437	33.2
教师本科率	0.645	0.321	0	1
学生经费	6.261	1.366	0	8.256
学校设施	19.981	3.746	12	30
地区				
东部	0.446	0.497	0	1
中部	0.308	0.462	0	1
西部	0.244	0.429	0	1

注：表中结果已加权。变量标注 W2，则表明变量来自第二轮数据，即 CEPS2014—2015 年调查，未标明则来自基期调查。

(三) 统计模型

调查抽样是以学校为基础进行，因此本研究使用固定效应模型(fixed-effects model)，模型设定时将 112 所学校作为固定效应控制起来(即对每一个学校估计一个固定的系数)，同时学校也是从 38 个地区抽样而来,因此控制学校也同时控制了地区的差异,这样最大可能控制住学校层面中未观测到的异质性,尽量避免生态谬误的产生。相比较有序多分类 Logistic 模型,多元线性回归系数具有可比性,另外在以往众多的同类研究中也将自评健康水平作为连续性变量,因此本研究采用多元线性回归模型。

$$y_{ij} = \sum_{k=1}^{n} \beta_k X_{kij} + \alpha_j + \varepsilon_{ij}$$

在方程中 y_{ij} 是因变量,代表的是 j 学校 i 个体(学生)的健康状况。X_{kij} 代表 j 学校 i 个体(学生)的第 k 个个体层次的变量,β_k 是第 k 个个体层次的变量的回归系数;α_j 是固定截距,所有学校层面未观察到的异质性在其中;ε_{ij} 是个体层次的随机误差项。

与一般的多元线性回归模型相比,固定效应模型增加了 α_j,这相当于每个学校的蓄力变量,实际上是学生都在 j 学校内,不同学生的健康是否有差异。纳入 α_j 后,固定效应模型不能估计学校层面的了,如学校师生比、教师的本科率、人均学生经费、地区和校园设施等,因为对于同一学校的学生来说这些都是相同的。

四、数据分析结果

本研究的数据分析结果分为两部分,第一部分是描述性的统计分析,分析父母与孩子的居住方式与生活方式、社会经济地位和父母监管等因素的分布。第二部分是考察居住方式是如何影响孩子的健康。

(一) 居住方式相关因素的描述性分析

1. 居住方式与家庭社会经济地位

经济剥夺是居住方式对孩子健康的剥夺机制之一,在文献中表明双亲家庭有着更高的平均收入水平。① 通过样本数据,我们发现四种不同的居住方式的家庭社会经济状况(见图 2)。

与双亲同住的家庭社会经济地位指数均值为 44.643 7(标准差 14.363 6),与母亲同住家庭社会经济地位均值 38.855 8(标准差 13.796 4),只与父亲同住的家庭社会经济地位均值 38.293 4(标准差 13.124 9),双亲都不在(双亲缺位)的家庭社会经济地位指数均值 39.718(标准差 12.493 4)。与双亲同住的家庭社会经济地位最高,而与母亲同住或与父亲同住的家庭社会经济地位低。这表明模型中经济地位剥夺模式解释了母亲和父亲一方同住的情况,因为家庭社会经济地位低,对于孩子的健康产生负面影响。但是在中国造成这样的影响不仅是因为婚姻因素,另一个重要原因就是城乡间的经济差异,或者说是发达地区与非发达地区的经济差异,因为经济差异造成了工作流动的现象,孩子留守或是与双亲一方居住,因此会造成非双亲同住家庭的社会经济地

---

① Entwisle, D. R & K. L. Alexander. "A Parent's Economic Shadow: Family Structure versus Family Resources as Influences on Early School Achievement." *Journal of Marriage & Family*, 1995, 57(2).

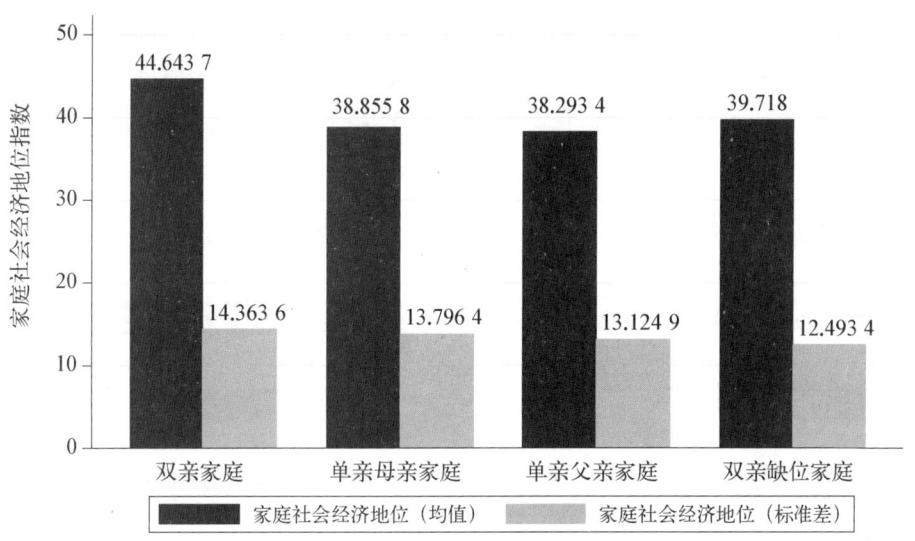

图 2 居住方式与家庭社会经济地位分布图(数据已加权)

位指数比双亲同住家庭低的现象。

2. 居住方式与孩子生活方式

健康生活习惯的养成也是重要的青少年健康剥夺机制，不同居住方式会产生不同的生活方式。对于饮食方面，如图3所示，在与双亲同住的家庭内的，孩子吃不健康食物和喝不健康饮品的频率高于其他同住形式，这是与中国现在的发展阶段密切相关，高油脂食物和碳酸高糖饮料依旧是被很多人作为有营养的好东西被大多数父母提供给孩子。而在与母亲同住的家庭中，吃不健康食物的频率最少，与父亲同住的家庭喝不健康饮品的概率在四类中最少，其中经济能力可能是重要的原因。

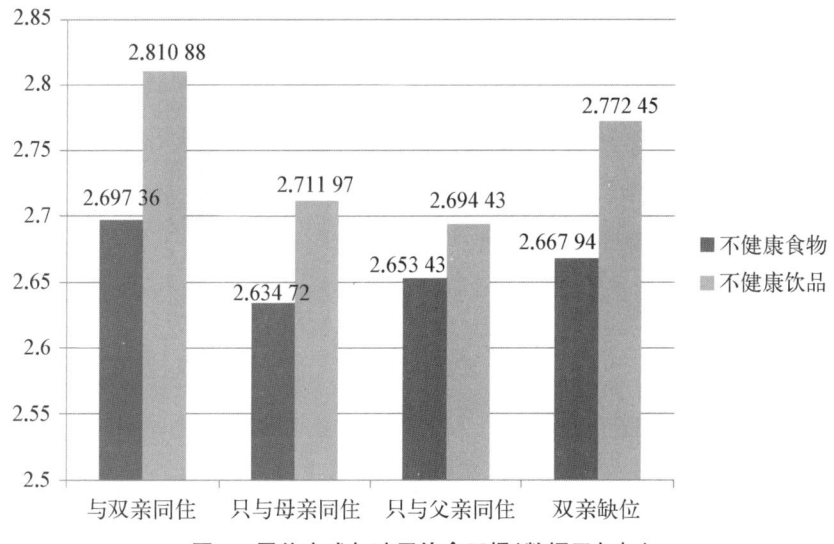

图 3 居住方式与孩子饮食习惯(数据已加权)

从抽烟、喝酒的频率看(见图 4),与父亲同住的孩子抽烟、喝酒的频率远高于其他类型,双亲缺位的家庭排第二,父亲很少关注孩子的生活,孩子甚至会受到父亲抽烟、喝酒行为的影响,增加他们的抽烟、喝酒的频率,并且没有母亲角色的阻拦。

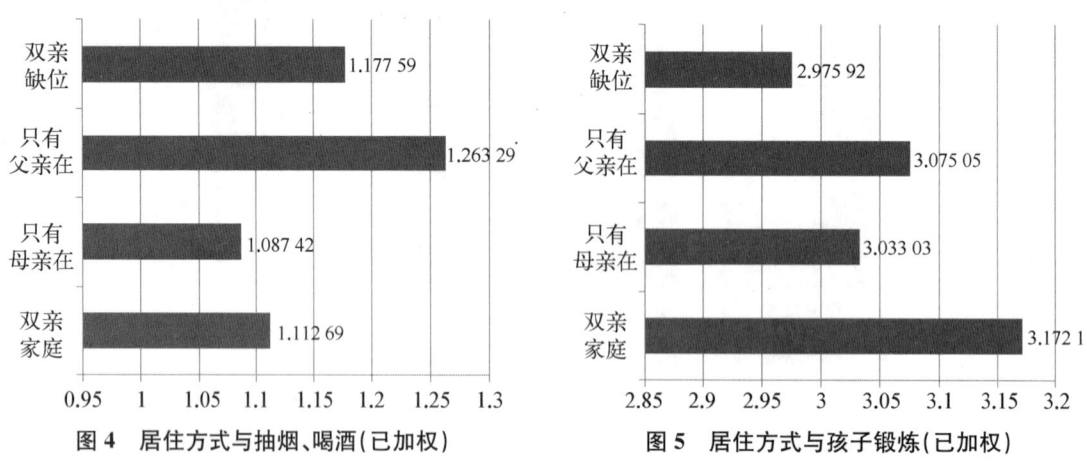

图 4　居住方式与抽烟、喝酒(已加权)　　　　图 5　居住方式与孩子锻炼(已加权)

锻炼身体的频率方面(见图 5),双亲中生活的孩子锻炼的频率最高,而双亲缺位家庭中的孩子锻炼频率最少。完整的家庭更加注重孩子的锻炼习惯,与父同住比与母同住使得孩子有更多锻炼的机会,而双亲缺位的家庭则在运动频率方面最低。

3. 居住方式与父母监管和互动

从图 6 和图 7 可以看出父母互动、监督和孩子感到的教育期望压力在不同居住方式中存在差异。从父母监管强度和互动情况看,在双亲同住的家庭里孩子受到更多的监管和互动。在成长时期,监管和互动可以减少孩子坏习惯的产生(抽烟、喝酒),这些都是影响健康的重要影响因素。

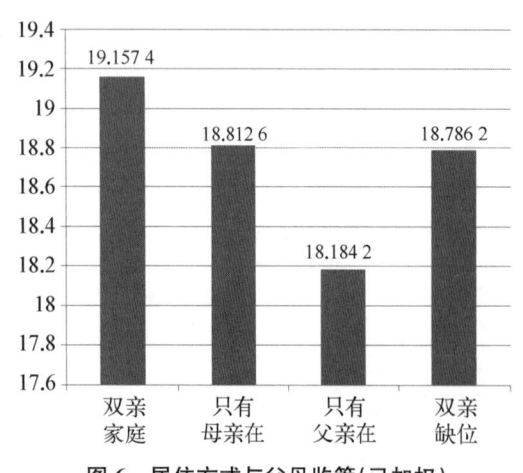
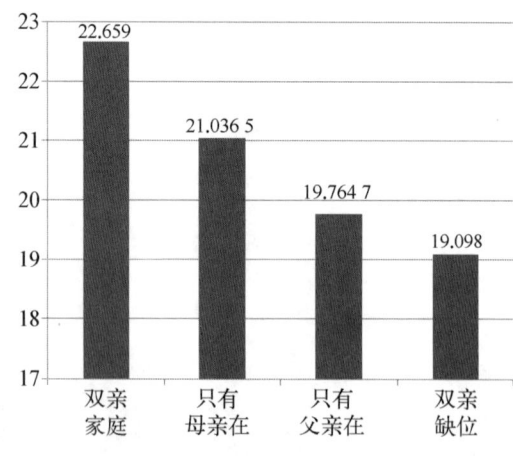

图 6　居住方式与父母监管(已加权)　　　　图 7　居住方式与父母互动(已加权)

在家庭中父母除了关心孩子的成长,另一点就是关注孩子的学业。父母对于孩子的教育期望如果给孩子带来巨大的学业压力,则会影响他们的健康,这一点在上文的数据分析中已经得到论证。如图8所示居住方式与父母教育期望的压力分布,双亲同住家庭中父母给孩子的教育期望并没有产生过大的压力,他们了解孩子,能够给予合适的教育期望。而双亲都不在的家庭教育期望产生很大的压力,因为缺乏与孩子接触的家庭父母的教育期望给孩子产生很大的压力,其中仅与父亲同住的家庭,孩子的教育期望压力最大,与母亲同住的家庭还可以与孩子交流,做出比较合适的教育期望,减少孩子的教育压力,不会危害到孩子的健康。

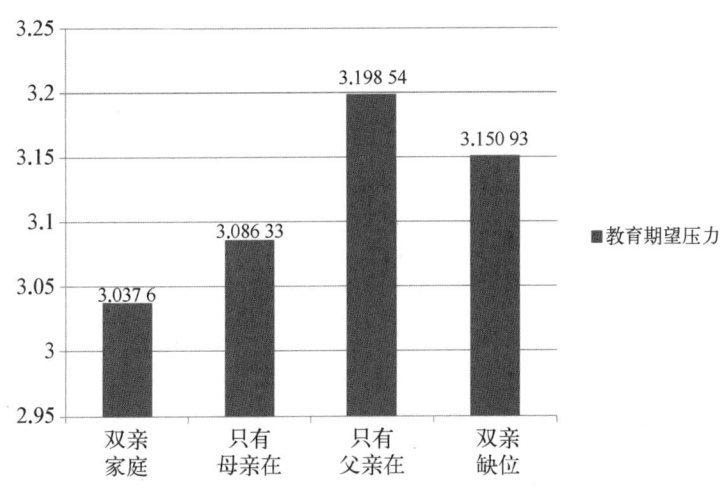

图8 居住方式与教育期望压力(已加权)

(二) 居住方式与青少年健康

在描述性分析的基础上,使用固定效应模型估计居住方式对青少年自评健康的影响,表3的回归模型结果显示了居住方式对于青少年自评健康的效应。根据模型1基准模型的估计结论,控制了个体特征变量(性别、户籍、兄弟姐妹数和迁移与否),非双亲同住的三种居住方式变量系数都是负向并且显著,这说明与生活在双亲同住家庭中的孩子相比,其他三类居住形式下孩子的自评健康水平都更差。具体来说,只与母亲同住的家庭与双亲同住家庭相比自评健康少0.147个单位($p<0.001$),只与父亲同住的家庭系数也是呈现负向作用,减少0.138个单位($p<0.01$)。双亲缺位家庭里,孩子的自评健康比完整家庭差0.134个单位,双亲缺位的家庭与双亲都在的差异在0.001的标准上显著。从影响系数上看,与母亲同住的孩子健康受损在三者中最严重。控制变量中只有性别因素显著,其他变量都不显著。男性相对于女性自评健康更好,在控制其他变量的情况下两者相差0.114个单位($p<0.001$)。

表3 估计居住方式和自评健康的线性固定效应模型

变量	模型1	模型2	模型3	模型4	模型5	模型6
居住方式(参照组:双亲同住)						
母亲同住	−0.147*** (0.032)	−0.144*** (0.032)	−0.136*** (0.032)	−0.126*** (0.032)	−0.117*** (0.032)	−0.077** (0.029)

续 表

变量	模型1	模型2	模型3	模型4	模型5	模型6
父亲同住	−0.138** (0.052)	−0.125* (0.051)	−0.125* (0.052)	−0.084 (0.051)	−0.069 (0.051)	−0.050 (0.048)
双亲缺位	−0.134*** (0.031)	−0.126*** (0.031)	−0.130*** (0.031)	−0.110*** (0.031)	−0.101** (0.031)	−0.057* (0.029)
吃不健康食物频率		−0.071*** (0.014)			−0.072*** (0.014)	−0.046*** (0.013)
喝不健康饮品频率		−0.015 (0.014)			−0.010 (0.014)	−0.004 (0.013)
抽烟喝酒频率		−0.065** (0.021)			−0.059** (0.021)	−0.030 (0.019)
锻炼频率		0.038*** (0.005)			0.033*** (0.005)	0.024*** (0.005)
社会经济地位			0.004*** (0.001)		0.003** (0.001)	0.001 (0.001)
父母监管				0.013*** (0.003)	0.011*** (0.003)	0.005 (0.003)
父母互动				0.016*** (0.002)	0.014*** (0.002)	0.008*** (0.002)
学业期望压力				−0.037*** (0.009)	−0.030** (0.009)	−0.008 (0.009)
基线自评健康						0.353*** (0.011)
基线精神健康						0.022*** (0.002)
基线住院(是=1)						−0.099** (0.033)
男性=1	0.114*** (0.020)	0.112*** (0.020)	0.114*** (0.020)	0.124*** (0.020)	0.119*** (0.020)	0.090*** (0.019)
户籍(农业=1)	−0.021 (0.024)	−0.024 (0.024)	−0.001 (0.024)	−0.007 (0.024)	0.002 (0.024)	0.008 (0.022)
兄弟姐妹数	−0.002 (0.014)	−0.003 (0.014)	0.005 (0.014)	0.005 (0.014)	0.008 (0.014)	0.004 (0.013)
迁移(是=1)	0.012 (0.030)	0.017 (0.030)	0.014 (0.030)	0.011 (0.030)	0.017 (0.030)	0.022 (0.028)
常数项	3.859*** (0.022)	4.037*** (0.051)	3.656*** (0.053)	3.345*** (0.075)	3.432*** (0.096)	1.739*** (0.105)
样本量	8 738	8 738	8 738	8 738	8 738	8 738
Rho	0.038	0.036	0.035	0.032	0.030	0.028
Log-likelihood	−11 579.308	−11 525.142	−11 570.209	−11 511.060	−11 461.730	−10 805.585

注：+ $p<0.10$，* $p<0.05$，** $p<0.01$，*** $p<0.001$（双尾检验）；括号内数字为标准误。

模型 2 是在基准模型上加入青少年的自身生活方式变量,结果显示生活方式对青少年健康有着显著的作用,吃不健康食物的频率越多,那么自评健康就减少 0.071 个单位($p<0.001$),表示吃油炸、烧烤、膨化、西式快餐之类的食品不利于健康,而且吃的频率越高产生的伤害越大。而对喝含糖饮料(如奶茶)或者碳酸饮料(如可乐)也显示出对自评健康的负向作用,但是并没有统计学上的意义。

对还在上初中的学生来说,抽烟、喝酒是一种十分严重的不良行为,数据结果也显示了抽烟、喝酒的频率越多,青少年的健康水平也会越差,影响系数为 0.065($p<0.01$)。锻炼对青少年的健康呈现出正向作用,控制其他变量,锻炼频率变量每提升一个单位,自评健康就增加 0.038 个单位($p<0.001$)。青少年的生活方式解释了部分居住方式对于自评健康的效应,三类居住方式变量的回归系数都减小,其中与父亲同住的孩子回归系数减小的最多(-0.013),并且变量显著性由 0.01 变为 0.05。说明生活方式解释了部分与父亲同住给孩子自评健康带来的危害,即与父亲同住的家庭比双亲同住的孩子生活习惯上更欠缺,没办法使孩子养成更健康的生活方式。

模型 3 是在基准模型基础上加入了家庭社会经济地位变量,进而来检验家庭经济地位对孩子健康的作用。控制其他变量,家庭社会经济地位对孩子的自评健康是有促进作用,家庭社会经济地位每提升一个单位,孩子的自评健康增加 0.004 个单位($p<0.001$)。加入社会经济地位变量,控制其他变量,非双亲同住家庭变量的回归系数都有一定下降,其中与父亲同住的家庭系数和显著性减小幅度最大,回归系数减小的最多(-0.013),并且变量显著性由 0.01 变为 0.05。说明家庭社会经济地位解释部分居住方式带来的自评健康损失。

模型 4 在模型 1 基准模型基础上加入父母因素,父母因素变量主要包括父母的监管、与孩子的互动强度和孩子对父母教育期望的压力程度。从结果可以发现,父母的监管和互动对孩子的自评健康有正向作用,即控制其他变量,父母的监管提升一个单位,孩子的自评健康增加 0.013 个单位($p<0.001$),即父母对青少年的作业、考试,在学校表现,每天按时上学,每天几点回家,和谁交朋友,穿着打扮,上网时间,看电视的时间管理得越严格,实际上减少了健康的危害。经常与父母一起互动也会增加孩子的自评健康程度,父母与孩子互动变量每提升一个单位,自评健康增加 0.016 个单位($p<0.001$)。另外父母对孩子教育期望压力,学业压力对自评健康的作用是反向的,即孩子感到父母教育期望的压力感越大,那么他们的自评健康则会越差,孩子感受的教育期望压力每提升一个单位,孩子的自评健康减少 0.037 个单位。父母互动变量都是在 0.001 的标准上显著,而这 3 个变量也解释了部分居住方式对于孩子自评健康的作用,三类居住方式的回归系数都有所减少。其中与父亲同住的家庭变量系数相比模型 1 减半,显著性消失,这说明互动因素解释了父亲抚养孩子的剥削机制,仅与父亲同住的孩子的监管和互动都不如双亲都在的家庭,这样给孩子自评健康带来危害。父母互动因素加入,与母亲同住和父母缺失的变量系数与模型 1 相比也都大幅度下降,说明非双亲同住家庭在父母互动方面都是缺失的,也都会损害青少年的健康。

模型 5 是将生活方式、家庭社会经济地位和父母互动都加入模型,数据结果显示控制这些变量完全解释了与父亲同住孩子自评健康受损的机制,也部分解释了其他两类非完整家庭自评健康受损的原因。居住方式变量与模型 1 相比系数都有所减少与母亲同住变量系数减少 0.03,显著性没变,双亲缺失系数减少 0.033,显著程度由 0.001 变到了 0.01,说明了与母亲同住和双亲缺失受到的健康危害,除了以上三个机制外,还有其他原因。

模型 6 是全模型上加入基线健康状况,体现的是健康的延续性,基线健康好(自评健康、精神健康和客观健康)的孩子有利于第二期的自评健康。控制了基线健康,居住方式对于孩子自评健康的危害系数减小,但是在与母亲同住和双亲缺位家庭中生活的孩子自评健康仍然受损。

表 3 中的模型 1 验证了假设 1,即生活在非双亲同住家庭中,孩子的健康状况会比生活在双亲同住家庭中的差。模型 3 验证了假设 2,即与非双亲同住的家庭和与双亲同住的相比,社会经济地位更差,而这会造成对孩子的健康投入不同,从而导致健康差异。模型 2 验证了假设 3,在非双亲同住家庭中孩子生活方式会更不健康,如抽烟、喝酒的可能性更高,这都会使孩子的健康受损。模型 4 验证了假设 4,与双亲同住的家庭相对于与非双亲家庭同住的,家长会对孩子有更多的监督和互动,这些监督和互动都有利于孩子的健康。因此由表 3 模型估计结果可见,家庭社会经济地位会对青少年健康产生的经济剥夺,青少年的生活方式会对健康产生的习惯剥夺,父母互动因素对青少年健康产生的互动剥夺,因为居住方式这三种机制都会作用于青少年健康,从而产生了青少年的健康损害。

五、结论与讨论

中国社会经济的发展产生了大量人口流动,带来孩子与父母同流动或留守,加之离婚率上升等因素,中国的居住方式发生了巨大变化。随着居住方式的变化带来的是家庭功能的变化,本研究探讨居住方式对家庭对孩子健康功能的作用及机制。研究结果发现居住方式与子代的健康状况密切相关,控制了相应变量之后,非双亲同住的孩子在自评健康水平比双亲同住家庭中生活的孩子差,非双亲同住的居住方式对孩子的健康是一种剥夺。

我们在分析中发现经济地位剥夺、生活方式影响和家庭互动剥夺的机制,在经济地位剥夺中,在基准模型中加入家庭社会经济地位后,与母亲同住和与父亲同住家庭相比,与双亲同住家庭自评健康的负面效应减弱,这说明非双亲同住家庭与双亲家庭相比一部分因为经济落后导致孩子客观健康受到剥夺,与父亲同住家庭的效应更加明显。第二种剥夺机制是不同居住方式下产生的生活方式,和父亲同住的孩子抽烟、喝酒的频率更高,这对孩子健康产生严重危害,因此加入生活方式变量非双亲家庭健康损失被解释部分,与父亲同住的解释尤为明显,说明生活方式是一个主要的剥夺机制。第三种就是父母互动参与的剥夺,父母互动对于孩子的自评健康都有显著的正向作用,而非双亲同住家庭因为父母部分或全部缺失,与孩子的互动减少或没有,这些都会对孩子的健康起消极作用,其中与父亲同住的孩子受到更少的家长监管,但同时也遭受更大的教育期望压力。因此加入父母互动因素后,与父亲同住变量对健康作用的显著性消失,表明与父亲同住所产生的健康损失可以被父母互动解释。在费孝通的《生育制度》中强调父母与孩子组成的家庭稳定的关系，母亲承担生理性抚育任务，父亲更多承担的是社会性抚育。[①] 数据结果也显示出这样的现象，父亲对于照顾孩子并不在行，与父亲同住的孩子有更高的抽烟、喝酒比例，更多的教育期望压力和更少的监管。

本研究的重要作用就是验证了家庭对孩子的抚育与保护功能，与双亲同住的家庭可以提供给孩子必要的物质基础和精神保障，这就对应着家庭社会经济地位和父母孩子的互动情况，另外一方面家长功能的缺失对孩子的健康生活习惯养成有着重要的损害。双亲都在的家庭经济条件会更好，并且能够给孩子提供更多的关注、监管，较低的教育期望压力，有助于他们养成良好的生活方式。社会经济条件影响了居住方式，进而产生了不一样的照顾模式，影响子代的健康状况。如果家庭社会经济地位高，则更可能维持双亲都在的完整同住形式，而这样的居住方式会有利于子代健康生活方式的养成，更多的互动交流和经济支持，这些都是父母影响青少年健康的渠道。

在中国的情境下，社会经济地位不高的家庭会为了改变生活状态和经济条件，而被迫与孩子分开居住，这样造成了留守儿童或者隔代养育现象。而这样产生的居住方式则可能会增加孩子养成生活坏习惯的比例，另外缺乏父母监管和互动对子代的健康产生损害，从而形成新的健康剥削机制。贫困家庭因收入差距导致的健康差异将会愈加严重甚至产生恶性循环，父母为了工作而不与孩子同住，父母与孩子的居住形式成为青少年健康不平等生成的渠道，也会产生新的贫困，因此需要我们有更多的关注。

（原文载于《华中科技大学学报（社会科学版）》2017 年第 6 期）

---

① 费孝通：《生育制度》，生活·读书·新知三联书店 2014 年版。

针对自闭症谱系障碍患儿的音乐治疗干预

徐一叶

一、自闭症谱系障碍

每年自闭症谱系障碍患儿占了新生儿比例的1%。目前在法国就有643 000位自闭症谱系障碍患者,其中包括了16 000位儿童。根据世界卫生组织公布的国际疾病分类CIM-10,自闭症谱系障碍是一种影响大脑功能的普遍性发育障碍。目前仍无法治愈,但如能及早发现和干预,其症状会有明显减轻。自闭症的成因尚未找到,自闭症的治疗和教育目前也都没有一个统一的、公认有效的方式,甚至各种理论之间还相互有分歧。于是,法国内政部在2007年发布了关于自闭症谱系障碍的一系列社会福利改革与治疗干预方式研究的"自闭症的新动力计划"。考虑到自闭症谱系障碍患者及其所属家庭的困境,2018年起,法国开始了第四轮的致力于有关能够提高所有年龄层的自闭症谱系障碍患者的自理能力,改善其生活质量的干预方式的研究。

二、音乐疗法与自闭症谱系障碍

音乐治疗被广泛地用于儿童的临床干预中。音乐治疗的成本低廉,易于大面积推广和普及,并且具有显著疗效,也不会给他们带来任何负面影响。根据2015年法国卫生部出台的自闭症谱系障碍患儿的特殊医疗补助,音乐疗法被认定为有益于对各种自闭症谱系障碍患者。研究表明大脑处理音乐信息的优先级要高于其他感官信息,比如:视觉指令,对话和触觉信号。① 因此,当其他信息都受阻的情况下,患者依旧能够听到音乐。由于音乐的接收需要同时激活大脑的两个半球。因此,音乐的接收很有可能也刺激到了已经出现障碍的大脑区块从而减轻脑部发育障碍所带来的症状。这也是音乐干预被广泛用于脑部发育障碍的原因。

---

① Foster NE, Zatorre RJ. (2010), "A role for the intraparietal sulcus in transforming musical pitch information", *Cerebral Cortex*, 20(6): 1350-1359.

根据发展心理学的理论，新生儿与环境的交流，早期交流包括其早期的语音交流都至关重要。研究证明父母和新生儿之间能用独属于对方的，有固定音高频率的特殊言语（发音）的沟通，尤其是其主要抚育的声音/言语。这种言语的特殊性将具有普遍性。在许多研究中表明，神经科学也以这种特殊和普遍的方式证明了对婴儿的求助，即所谓的婴儿语言学（IDS）。在这些研究中，特别值得一提的是 Trehub 的研究了这些研究表明，婴儿倾向于接受这种特殊语言（IDS），这种特殊的婴儿语言发展也将参与孩童的早期交流，这对孩童今后的学习以及社会交往都有着至关重要的作用。①

然而自闭症谱系障碍患儿与普通婴儿不同，神经学家告诉我们自闭症谱系障碍患儿的大脑在声音区域与语言区域的衔接存在不同程度的发育障碍，因此会导致这些患儿不会感受到人声，他们无法区分人类声音与其他声音的区别。因此导致了这一类患儿无法在特定声音与特定含义之间建立关系。一些研究早期自闭症谱系障碍的学者发现自闭症谱系障碍患儿不仅无法区分他们主要养育者的声音，甚至无法通过特别的声音去表达自己的意愿（饿了，渴了，不高兴等）。② 这些障碍都直接导致了当他们成长到一定的阶段无法理解言语，也无法理解不同感官所表现出的共同事物，更不会准确地表达他们的基本需求。

不仅是一些低功能的自闭症谱系障碍患儿如此，这些问题同样体现在一些有语言能力的，高功能的患儿身上。这些问题往往表现在他们的言语没有节奏，也没有情绪起伏。自闭症谱系障碍患儿在接收另一个人的声音时，他们似乎常常听不到和/或不去理解所传达的信息，更不会去关注这种声音背后的带有意义和情感。这些问题都给他们的参与社会生活带来极大的困扰。③

关于声音，音乐训练以及早期自闭症谱系障碍的研究已有很多。神经学家们已表明自闭症谱系障碍患者的大脑神经元发育迟缓或者异常，容易产生"大脑内不同区域之间连接功能异常的特征"。换句话说，自闭症谱系障碍的患儿往往很难在不同的感官系统中去收集共同的信息，从而去了解其所处的环境状态。④

根据 Edith Lecourt 在 2010 年关于自闭症谱系障碍儿童对不同声音传播方式（人声、噪音以及各种乐器）的偏好的研究。Lecourt 的研究证明，自闭症谱系障碍患儿对合唱中的低音声部，以及女声的摇篮曲都表现出了特别偏好。这就证明了某些特性的声音能激起自闭症谱系障碍患儿的兴趣。因此，我尝试了用音乐/肢体的游戏形式来刺激自闭症谱系障碍患儿不同感官之间的配合，帮助他们协调不同感官刺激对同一个声音的描述和表达方式。

---

① Roubeau et al. (2009), "Laryngeal Vibratory Mechanisms", *Journal of Voice*, 23(4): 425-438.
② Trevarthen, C. 2005, "Autisme, motivation en résonance et musicothérapie", *Neuropsychiatrie de l'enfance et de l'adolescence*.
③ Thenille Braun Janzen, Michael H. Thaut. 2018, "Rethinking the role of music in the neurodevelopment of autism spectrum disorder", *Music & Science*, 1.
④ Megha et al. 2018, "Music improves social communication and auditory-motor connectivity in children with autism", *Translational Psychiatry*, 8, p. 231.

三、实验部分

本次研究我们选择参照美国精神病学协会于2013年出版的《美国精神病诊断和统计手册》中关于对自闭症谱系障碍的描述,该标准目前在全球范围被广泛使用,法国的各个自闭症谱系研究中心也适用这套标准。根据《美国精神病诊断和统计手册》诊断标准筛选合适的被试都为法国巴黎Ste-anne医疗中心的住院部分中6—8岁的低功能的自闭症谱系患儿,男性,伴随严重言语/语言障碍。本次干预为期6个月,24周,每周一次,每次30—40分钟(具体时长以患儿的能力而定),除了音乐治疗师外,每个患儿都会有一位护士陪同。

实验要求:
- 用玩具乐器完成一组两小节的节奏;
- 患儿在音乐治疗师的带领下进行有节奏地歌唱或者哼唱;
- 完成一组音节与动作的组合;完成一首有舞蹈动作的儿歌。实验中用一些法国儿歌;
- 最后完成一个与音乐治疗师的告别动作,每个患儿自由发挥,可以不同,但需要每周保持一致。

按照要求完成这些项目对伴随严重语言障碍的自闭症谱系障碍患儿来说是极具挑战的。正如所料,第一次干预是完全混乱的。患儿只能在护士的怀里完成拍打玩具鼓的活动,几分钟后甚至出现了对其他声音的厌烦,患儿们也陆续地哭闹着要求离开治疗室。

由于第一次失败的经历,在接下来的干预中,我们又加入一些颜色鲜艳的不同材质的玩具乐器,并由音乐治疗师和护士们的乐器演奏开始治疗,这种交响乐式的多声部音乐反而比单一的声音更能激起患儿们的兴趣,也方便我们能够同时吸引几个患儿的注意力,哪怕只是几秒钟。经过几周的尝试,我们通过更换方式努力寻找每个患儿所偏爱的音域、强度、节奏、快慢等。患儿们也都能完成待在音乐治疗室内45分钟不离开的任务。

7周后,5个患儿们都能完成在由他们各自选择的乐器上按照音乐治疗师的指示模仿出她的节奏,其中3个患儿可以开始用可控制的单音节来模仿音乐治疗师所唱的儿歌旋律并自发配上肢体动作。

9周后,5个患儿都能在音乐治疗师和护士们的带领下,完成单音节模仿,和节奏模仿的环节,于是我们开始安排患儿们进入最后游戏环节(如表1 S1—S15 音乐/肢体游戏环节记录)。进入游戏环境后我们发现,自闭症谱系患儿的刻板反复动作、注意力缺失,以及记忆时间过短的问题都明显地表现了出来,于是,我们继续改变干预流程,由让患儿们完成共同地规定动作改为由他们自主发明出来的动作,或者就是一些简单的重复他们常做的动作。于是接下来的几次干预就变得很顺利,患儿们也逐渐开始适应并喜欢这个游戏,有几个患儿甚至会自发地跟着旋律一边完成动作,一边模仿哼唱。

尽管在治疗过程中,5个患儿分别在不同的时期都表现出了一些倒退的现象。有幸地是,最后一次干预,5 个患儿终于在音乐治疗师和护士们的帮助下,顺利完成了干预的各个流程,也顺利完成了最后的游戏部分。

表 1　S1—S5 音乐/肢体游戏环节记录

	S1	S2	S3	S4	S5	S6	S7	S8	S9	S10	S11	S12	S13	S14	S15
Tempo	++	+	+++	++	++	++	+		+	+++	++	+	+	+	++
Volume	++	+	+++	+++	+	++	+		+	++	+++	+/++	+	+	++
Ecoute	0	0	0	0	++	+	+++		++	+	++	+++	+		
Fond sonore	+	+	+++	++	++	+	+++		+++	++	+	++	++	+++	+++
Energie	++	+	+++	+++	++	++	++		++	++	+++	+	+	++	+++
Silence	0	0	0	0	+	+	++		+	0	0	++	0	++	+
Organi-Sation	0	0	0	0	++	+	+++		+++	++	++	++	+	+++	++
Musical	0	0	0	++	++	+++			++	+	++	+++	++	++	++
Durée		10′24	5′12	7′26	7′27	9′27	5′45	10′41	12′07	5′39	6′44	506	6′42	6′28	8′30

四、结　　论

　　我们在临床观察中发现即使是进行一些简单的节奏模仿,对于一些低功能自闭症谱系障碍患儿而言仍然需要一段适应期。这些都表明了简单地学习模仿和短时间的学习记忆对于一些低功能的自闭症谱系障碍患儿来说都是挑战。因此,为了避免干预要求过于复杂而导致患儿无法完成,且为了去除记忆力与注意力的干扰,获得更好的学习效果,我们通过半年的持续固定模式干预,观察到自闭症谱系障碍患儿渐渐开始建立特定声音与其相对应行为之间的关系。虽然很不稳定,时不时地会出现反复和倒退,但我们依然通过音乐干预帮助了一些低功能的、伴随严重言语/语言障碍的自闭症谱系障碍患儿探索了多重感官之间的联系和共性,并帮助他们协调不同感官刺激对同一个声音的描述/表达方式。

　　虽然这次干预非常成功,但由于此次干预效果主要由音乐治疗师以及参与者们主观体验反馈为主,同时本研究报告的样本量较小,研究结果可能不具备显著意义。但在这个成功的范式下,笔者也将在下次的研究中扩大样本量,并且做到更长时间的跟踪观察,以确定干预效果的成功率以及其持续性。

（原文系法语,载于《法国音乐治疗》《La Revue Française de Musicothérapie》2016 年第 1 期）

图书在版编目(CIP)数据

群学争鸣：社会学所代表作：1980—2020 / 上海社会科学院社会学研究所课题组编. —上海：上海社会科学院出版社，2020
ISBN 978-7-5520-3182-9

Ⅰ.①群… Ⅱ.①上… Ⅲ.①社会学—文集 Ⅳ.①C91-53

中国版本图书馆CIP数据核字(2020)第084956号

群学争鸣：社会学所代表作(1980—2020)

编　　者：上海社会科学院社会学研究所课题组
责任编辑：温　欣
封面设计：周清华
出版发行：上海社会科学院出版社
　　　　　上海顺昌路622号　邮编200025
　　　　　电话总机021-63315947　销售热线021-53063735
　　　　　http://www.sassp.cn　E-mail:sassp@sassp.cn
排　　版：南京展望文化发展有限公司
印　　刷：江阴金马印刷有限公司
开　　本：787毫米×1092毫米　1/16
印　　张：45
插　　页：4
字　　数：974千字
版　　次：2020年6月第1版　2020年6月第1次印刷

ISBN 978-7-5520-3182-9/C·197　　　　定价：199.00元

版权所有　翻印必究